제2판

VHDL을 이용한

디지털 시스템 설계

Digital Systems Design Using VHDL

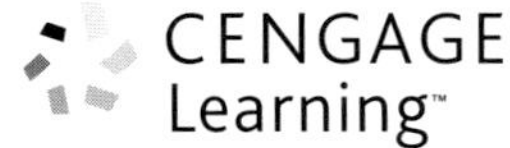

Digital Systems Design Using VHDL, 2nd Edition

Charles H. Roth, Jr., Lizy Kurian John

ISBN-13: 978-89-6218-049-7

ISBN-10: 89-6218-049-9

Cengage Learning Korea Ltd.
Suite 1801 Seokyo Tower Building
353-1 Seokyo-Dong Mapo-Ku
Seoul 121-837 Korea
Tel: (82) 2 322 4926
Fax: (82) 2 322 4927

Cengage Learning products are represented in Canada by Nelson Education, Ltd.

For product information, visit **cengageasia.com**

Printed in Korea
1 2 3 4 11 10 09 08

제2판

VHDL을 이용한

디지털 시스템 설계

Charles H. Roth, Jr.   Lizy Kurian John 지음

강진구 이한호 조경순 최상방 옮김

Digital Systems Design Using VHDL

Australia • Brazil • Japan • Korea • Mexico • Singapore • Spain • United Kingdom • United States

옮긴이 약력

강진구
인하대학교 전자공학부 교수
노스캐롤라이나주립대학교(North Carolina State University) 공학 박사

주요 경력
미국 인텔사 선임 엔지니어(Senior Design Engineer)

이한호
인하대학교 정보통신공학부 교수
미네소타대학교(University of Minnesota) 전기 및 컴퓨터공학 박사

주요 경력
코네티컷대학교(University of Connecticut) 전기 및 컴퓨터공학과 조교수

조경순
한국외국어대학교 정보산업공과대학 전자공학과 교수
카네기멜론대학교(Carnegie Mellon University) 전기 및 컴퓨터공학 박사

주요 경력
삼성전자 반도체 수석연구원

최상방
인하대학교 전자공학부 교수
워싱턴대학교(University of Washington) 공학 박사

주요 경력
LG 정보통신(주)

VHDL을 이용한 디지털 시스템 설계, 제2판
Digital Systems Design Using VHDL, 2nd Edition

2판 1쇄 인쇄 | 2008년 2월 11일
2판 1쇄 발행 | 2008년 2월 15일

지은이 | Charles H. Roth, Jr., Lizy Kurian John
옮긴이 | 강진구, 이한호, 조경순, 최상방
발행인 | 정경한
발행처 | 센게이지러닝코리아㈜
등 록 | 제313-2007-000074호(2007.3.19.)

주 소 | 서울시 마포구 서교동 353-1 서교타워빌딩 1801호
전 화 | 02)322-4926
이메일 | asia.infokorea@cengage.com
홈페이지 | www.cengageasia.com

ISBN 10: 89-6218-049-9
ISBN 13: 978-89-6218-049-7

공급처 | 텍스트북스
주 소 | 서울시 마포구 서교동 461-3
도서안내 및 주문 | TEL 02)333-5725 FAX 02)333-5724
홈페이지 | www.textbooks.co.kr
이메일 | info@textbooks.co.kr

값 25,000원

PREFACE

옮긴이 머리말

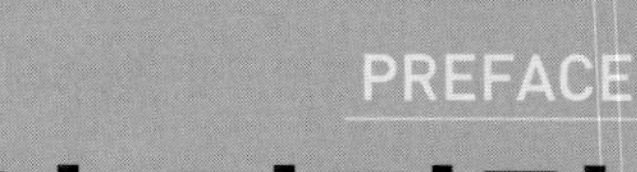

이 책은 디지털 시스템 설계의 상위 레벨 코스에 맞추어 씌어진 교재이다. 1998년에 초판이 발행된 이후 원저자인 Roth 교수는 10년 만에 상당 부분의 내용을 업데이트하여 개정판을 출간하였고, 역자들은 이 책이 전자, 전기, 컴퓨터공학 전공의 3, 4학년 학생들이 논리회로 설계의 기초과정을 마치고 FPGA를 이용한 복잡한 디지털 시스템 설계 과정을 공부하는 데 매우 좋은 책이라 생각하여 번역작업을 시작하게 되었다.

VHDL 사용과 FPGA 설계는 최근 학교와 산업 현장에서 디지털 시스템 설계 과정에 꼭 필요한 중요한 과정이 되었다. 이 책은 어느 정도 수준 이상의 학생이나 엔지니어들이 혼자서도 익힐 수 있도록 체계적으로 짜여져 있으며, 또한 다양하고 많은 예제를 수록하고 있다. 따라서 이 책을 이용하여 VHDL을 이용한 FPGA 설계 방법을 익혀 다양한 시스템 설계에 적용할 수 있는 능력을 기르길 바란다.

주요 내용을 살펴보면, 1장에서는 논리회로의 기본개념을 복습할 수 있도록 하였고, 2장에서는 VHDL 기초적인 내용을, 3장에서는 FPGA 디바이스 구조를 설명하였다. 이후 여러 장에서 실질적인 VHDL 설계 예제들을 익힌 다음 MIPS 프로세서를 설계해보도록 구성되어 있다. 초판에 비해 테스트에 대한 내용을 보강하였으며, 마지막 장에서는 보다 다양하고 깊이 있는 설계 프로젝트를 보여준다.

이 책을 교재로 사용하여 강의를 할 경우 실습과 병행한다면 학습 효과를 극대화할 수 있을 것이다. 시간이 충분하다면 두 학기 정도로 진행해도 좋을 것 같다. 학생들에게 다양한 설계 과제, 프로젝트를 할당하여 실질적인 코딩 기법과 실습을 통해 FPGA에 구현 검증하는 과정까지 할 수 있도록 교육하면 많은 부분에 있어서 실제 현장에 적용할 수 있을 것으로 생각된다.

끝으로, 이 책의 한국어 번역을 허락해준 Roth 교수와 John 교수 및 번역 출판을 위해 도와주신 센게이지러닝코리아(주)의 관계자 여러분에게 감사드린다.

2008년 2월
옮긴이 일동

머리말

이 책은 디지털 시스템 설계의 상위 레벨 코스에 적합한 교재로서 디지털 시스템의 설계 과정에서 필요한 기본원리들과 VHDL(hardware description language)을 이용한 설계 방법을 설명하고 있다. 우선 기본원리를 설명한 다음, 여러 가지 예를 들어 설계 방법을 기술하였다. 이러한 예로 간단한 이진 가산기에서 마이크로프로세서까지 다양한 복잡도를 갖는 설계들을 다루었다.

이 책을 사용하는 학생들은 조합논리와 순차회로 설계를 비롯한 논리회로 설계의 기본개념을 알고 있어야 한다. 비록 VHDL에 관한 지식은 없더라도 C와 같은 고급 언어를 사용한 프로그래밍 경험은 있어야 한다. 어셈블리어 프로그래밍 및 기본적인 컴퓨터 구조에 관한 지식이 있다면 9장을 이해하는 데 많은 도움이 될 것이다.

대부분의 학생들은 2년 전에 논리회로를 배웠기 때문에 다시 한 번 기초에 관한 복습이 필요할 것이다. 그래서 1장에서는 논리회로의 기초를 복습한다. 대부분의 학생들은 스스로 복습할 수 있으리라 생각되므로 1장의 강의에 많은 시간을 들이지는 않겠다. 그러나 디지털 시스템 설계 과정에서 순차회로의 타이밍과 동기회로 설계의 원리들은 충분히 이해하고 있어야만 한다.

2장에서는 현재 사용되는 설계 과정을 간단히 소개하며, 디지털 설계를 구현하기 위한 다양한 기술들을 요약하였다. 그리고 이 책에서 계속 사용되는 하드웨어 기술 언어인 VHDL의 기초를 소개한다. 추가로 필요한 기능은 필요할 때마다 소개하며, 고급 기능들은 8장에서 설명한다. 우리는 처음부터 VHDL의 구성소(construct)와 이에 해당하는 하드웨어를 연관지어 설명할 것이다. 어떤 책들은 VHDL을 프로그래밍 언어로 취급하여 많은 부분을 VHDL 언어의 구문 설명에 할애하기도 하지만, 이 책은 디지털 설계 과정에서 VHDL을 어떻게 사용할 것인가에 대해 중점적으로 서술하였다. VHDL 언어는 매우 복잡하기 때문에 모든 기능들을 설명하려고 하지는 않았다. 디지털 설계를 위해 필요한 기본적인 기능들은 강조하고 사용빈도가 낮은 기능들은 생략하였다. 또한 이 장에서는 표준 IEEE VHDL 라이브러리의 사용에 대해 소개한다. 이 책에서는 IEEE 표준 라이브러리만을 사용한다.

VHDL은 하향식(top-down) 설계 과정을 가르치기에 매우 유용하다. 고수준(high level)에서 시스템을 설계할 수 있고, 알고리즘을 VHDL로 표현할 수 있다. 또한 상세한 논리회로를 설계하기 전에 고수준에서 설계에 대한 시뮬레이션과 디버그를 할 수 있다. 그러나 실제 하드웨어로 구현되고 테스트될 때까지 설계가 완전히 끝나는 것이 아니므로, 교과 과정에 하드웨어로 구현하는 실험문제를 포함시키기를 권한다. 3장에서는 교과 과정에서 실제 하드웨어가 조기에 사용될 수 있도록 간단한 PLD(programmable logic device)들을 소개한다. 3장의 앞부분에서는 PLD의 개요와 간단한 소개를, 뒷부분에서는 CPLD(complex programmable logic device)와 FPGA(field programmable gate array)를 소개한다. 많은 디바이스들이 시중에 나와 있고, 학생들이 시판되는 디바이스를 공부하는 것도 좋지만, 프로그래머블 디바이스를 구성하는 기본적인 원리를 이해하는 것이 더 중요하다. 따라서 일반적인 디바이스에 대하여 주로 기술하고, 특정 디바이스는 예로서 간단히 설명한다. 이 장에서 설명하는 자료는 6장에서 자세히 다루는 FPGA에 대한 소개도 될 수 있다.

4장에서는 산술 연산과 비산술 연산을 포함한 다양한 설계 예들을 소개한다. 간단한 예로는 BCD와 7-세그먼트 디코더를 설명하고, 복잡한 예로는 스코어보드 게임, 키패드 스캐너 그리고 이진 나눗셈기를 설명한다. 또한 캐리 룩어헤드 덧셈, 이진 곱셈과 나눗셈과 같이 컴퓨터 연산에서 사용되는 여러 가지 기법들을 소개한다. 디지털 시스템에서 동작 순서를 제어하는 상태 머신의 설계는 이 장에서 다루는 중요한 개념 중의 하나이다. 또한 여러 설계에 대하여 합성 가능한 VHDL 코드를 설명한다. 강사들이 좋아하는 설계를 선택하여 가르칠 수 있도록 다양한 예를 소개한다.

5장에서는 상태 그래프 대신 사용할 수 있는 상태 머신(state machine, SM) 차트의 사용에 대하여 설명한다. SM 차트에 기반을 둔 VHDL 코드 작성법과 SM 차트의 하드웨어 구현 방법을 보이고, 마이크로프로그래밍에 대한 기술도 설명한다. 여러 가지 타입의 마이크로프로그래밍을 위한 SM 차트의 변형에 대해서도 논의한다. 그러고나서 연결된 상태 머신들이 복잡한 시스템을 단순한 시스템으로 나누는 데 어떻게 사용되는지를 보여준다. 이러한 기술을 설명하기 위해 주사위 게임 시뮬레이터 설계를 예로 들었다.

6장에서는 FPGA를 사용한 디지털 시스템의 구현과 관련된 이슈를 다룬다. 예를 들어 매핑과정을 설명하기 위해 우선 몇 가지 간단한 설계들은 수동으로 FPGA에 매핑한다. 여러 변수를 갖는 함수를 더 작은 함수로 분해하기 위한 섀넌(Shannon) 확장 이론을 설명한다. 그리고 최근의

FPGA가 가지고 있는 캐리 체인, 캐스케이드 체인, 전용 메모리, 전용 곱셈기 등의 기능을 설명한다. 시판되는 디바이스를 하나 선택하여 그 기능을 모두 설명하는 대신에 일반적인 기능을 설명한다. 일단 일반적인 원리를 이해하면, 학생들은 설계 시 사용되는 시중의 모든 디바이스를 이해하고 사용할 수 있을 것이다. 또 이 장에서는 소프트웨어 설계 과정의 프로세스와 알고리즘에 대해서도 소개한다. 합성, 매핑, 배치, 배선(routing) 처리를 간단하게 설명하고, 합성 중의 최적화는 예를 들어 설명한다.

7장에서는 부동소수점 연산에 관한 기본적인 기법들을 설명한다. 먼저 2의 보수를 사용하여 간단한 부동소수점 형식을 설명한 후 IEEE 표준 부동소수점 형식을 설명한다. 예로는 부동소수점 곱셈기를 사용한다. 먼저 기본 알고리즘을 개발하고, VHDL을 이용하여 시스템을 시뮬레이션한 후 최종적으로 FPGA를 이용하여 합성하고 구현한다. 강사들은 7장을 가르치기 전에 8장과 9장을 먼저 강의해도 무방하다. 7장은 생략해도 진도에는 지장이 없다.

8장을 공부할 시점에 이르면 VHDL의 기초는 완전히 이해하고 있어야 한다. 이 장부터는 VHDL의 고급 기능들을 소개하고 그 사용법을 예를 들어 설명한다. IEEE 1164 표준 논리를 포함한 다치 논리의 사용은 이 장에서 다루는 중요한 주제 중의 하나이다. 다치 논리를 사용하는 예로 삼상태(3-state) 출력 버스를 갖는 메모리 모델을 설명한다.

9장에서는 마이크로프로세서 설계를 기술한다. 먼저 초기 RISC 프로세서인 MIPS R2000의 명령어 셋 아키텍처(ISA)를 설명한다. MIPS ISA의 주요 명령어들을 설명한 후 그 일부에 대하여 구현한다. 프로세서를 구성하는 다양한 컴포넌트의 설계는 명령어 메모리 모듈, 데이터 메모리 모듈, 레지스터 파일과 같은 모듈별로 설명한다. 그러고나서 이들 컴포넌트들을 통합하여 완전한 프로세서를 설계한다. 이러한 모듈은 테스트벤치로 테스트할 수 있고 FPGA에서 합성하고 구현할 수 있다. FPGA에서 설계를 테스트하기 위해서는 입출력 모듈을 작성할 필요가 있다. 이러한 예는 어셈블리어 프로그래밍과 컴퓨터 구조에 대한 기본지식을 필요로 한다.

10장에서는 하드웨어 테스팅과 용이한 테스트를 위한 설계에서 중요하다고 여겨지는 주제들을 다룬다. 먼저 조합논리와 순차논리를 테스팅하기 위한 기초 기술들을 소개한다. 그리고 디지털 시스템의 테스팅을 용이하게 하는 주사 설계(scan design) 및 경계 주사(boundary scan) 기술을 설명한 후 내장형 자기테스트(built-in self-test, BIST)에 관한 논의로 끝을 맺는다. 경계 주사 예와 BIST 예에 대한 VHDL 코드를 포함시킨다. 이 장에서 다루는 주제들은 디지털 시스템 설계에서 중요한 역할을 하며, 시스템 설계와 관련된 모든 과목에서 반드시 다루어져야만 한다. 10장은 8장이 끝난 후 언제든지 다룰 수 있다.

11장에서는 VHDL 합성 툴을 사용하는 방법을 설명하기 위해 세 가지 완전한 설계 예를 설명한다. 첫 번째 예는 손목시계 설계이다. 문자로 표현된 상태도로부터 VHDL 모델까지의 설계 과정을 보이며, 모듈러 설계의 실례가 된다. 손목시계의 테스트벤치는 테스팅을 용이하게 하는 다중 procedure 호출을 보여준다. 두 번째 예는 VHDL을 사용하여 RAM 메모리의 모델을 만드는 것이고, 세 번째 예는 8장까지 마친 학생이라면 누구나 쉽게 이해할 수 있는 직렬 통신 송수신기 설계이다.

이 책의 초판을 사용했던 강사들의 이해를 돕기 위해 제2판에서 수정되었거나 추가된 내용을 표로 만들었다. 교재 내에서 개발된 BITLIB 라이브러리는 이번 판에서 사용되지 않는다. 8장에서 다치 논리가 소개될 때까지는 IEEE numeric-bit 라이브러리가 사용되고, 그 이후는 다치 IEEE numeric-std 라이브러리가 사용된다. BITLIB 라이브러리 대신에 IEEE 표준 라이브러리를 사용하기 위해 모든 코드를 변환하였다.

1장	보다 간단한 밀리 설계와 무어 설계들이 추가되었고, 순차회로 타이밍 절에서 자세한 설명이 추가되었다.
2장	설계 흐름과 설계 기술들의 개요가 추가되었다. function과 procedure가 2장에서 8장으로 옮겨졌고, 관성지연과 전달지연이 8장에서 2장으로 옮겨졌다. 2장에서 합성이 소개되고 모든 코드는 일반적으로 합성을 할 수 있다.
3장	이전 판 3장의 전반부는 그대로 포함시켰고, CPLD와 FPGA에 관한 새로운 자료는 후반부에 추가시켰다. 이전 판 3장의 설계 예(신호등, 키패드 스캐너)는 4장으로 옮겼다.
4장	새로운 여러 가지 예들이 추가되었다. 이전 판 4장의 예들은 대부분 그대로 유지하였지만 합성 가능한 코드로 바꾸었다. 이전 판 3장의 두 가지 예는 여기에 포함시켰다.
5장	마이크로프로그래밍에 대하여 더욱 상세하게 다루었다.
6장	어느 특정 시판되는 디바이스 대신에 일반적인 FPGA에 관한 새로운 자료를 포함시켰고, 몇 가지 시판되는 디바이스는 예로 들었다. 매핑, 배치, 배선 원리들을 포함한 소프트웨어 설계 과정을 간단히 다루었다.
7장	IEEE 부동소수점 표준과 부동소수점 가산기의 설계가 추가되었다.
8장	이전 판 8장의 많은 부분들은 여전히 여기에 포함시켰다. 이전 판 2장의 function과 procedure는 여기로 옮겼다. 이전 판 9장의 메모리 모델은 다치 논리 설계의 예로 새로운 8장에서 설명하였다.
9장	이 장은 새롭게 추가된 것으로, MIPS 명령어 셋과 MIPS 프로세서 설계를 설명하였다. 이전 판 9장에서의 메모리 모델은 8장 또는 11장으로 옮겨졌고, 버스 모델은 생략되었다.
10장	경계 주사에 관한 자세한 설명과 STUMPS 구조가 추가되었다.
11장	새로운 설계 예(손목시계)가 추가되었고 이전 판 9장의 메모리 타이밍 모델을 여기에 포함시켰다. 이전 판 11장의 UART 설계는 존속시켰고, 마이크로컨트롤러 설계는 생략하였다.

이 책은 오스틴에 있는 텍사스주립대학교에서 디지털 시스템에 관한 4학년 과목을 수년 동안 강의한 자료를 모은 것이다. 여러 해를 거치는 동안 디지털 시스템을 하드웨어로 구현하는 기술은 변화되어 왔지만, 많은 기본 설계 원리들은 아직까지도 적용될 수 있다. 초기에는 설계를 구현하기 위해 개별 트랜지스터를 수작업으로 연결하여 모듈을 만들었다. 집적회로가 소개된 이후에는 회로조립판(breadboard)과 TLL 회로들을 이용하여 디지털 시스템을 구현하였다. 지금은 FPGA와 CPLD를 사용하여 매우 복잡한 설계를 구현할 수 있다. 원래는 메인프레임 컴퓨터에서 실행되는 시뮬레이터와 자체적으로 개발한 하드웨어 기술 언어를 사용하였다. PC가 등장한 후, 하드웨어 기술 언어를 개선시켰고 PC에서 수행할 수 있는 시뮬레이터를 개발하였다. 이후 VHDL이 IEEE 표준으로 채택되었고 산업체에서 광범위하게 사용되었다. 이에 우리도 VHDL로 바꾸었다. 현재 광범위하게 사용되는 고성능 상용 CAD 툴은 VHDL 코드로부터 복잡한 디지털 시스템 설계를 직접 합성할 수 있게 해준다.

이 책에 나오는 모든 VHDL 코드는 ModelSim 시뮬레이터에 의해 테스트되었다. ModelSim 소프트웨어는 학생판으로 이용할 수 있다. 이 책과 함께 제공되는 CD에는 학생판 ModelSim을 다운로드할 수 있는 링크와 소프트웨어를 처음 사용하는 학생들을 도와줄 수 있는 입문 설명서가 들어 있다. 또한 이 책의 모든 VHDL 코드와 디지털 시스템 설계를 강의하는 데 유용한 두 개의 소프트웨어 패키지 LogicAid와 SimUaid도 포함되어 있다. 사용 설명서와 이 소프트웨어의 사용 예도 잘 활용하기 바란다.

감사의 글

이 책을 개발하는 데 시간과 노력을 아끼지 않은 많은 분들에게 감사드린다. 지난 몇 년 동안 디지털 시스템 설계 과목을 수강한 후 소중한 의견들을 보내 준 많은 학생들과, 특히 이전 판을 검토하고 많은 개선점을 제안해 주신 다음 교수님들에게 감사를 드린다.

Gang Feng, University of Wisconsin, Platteville

Elmer. A. Grubbs, University of Arizona

Marius Z. Jankowski, University of Southern Maine

Chun-Shin Lin, University of Missouri−Columbia

Peter N. Marinos, Duke University

Maryam Moussavi, California State University, Long Beach

Aaron Striegel, University of Notre Dame

Peixin Zhong, Michigan State University

특히 학생판 ModelSim을 주선한 Mentor Graphics사의 Ian Burgess에게 감사드린다. 마지막으로, 이 책의 여러 출판 과정에서 도움을 준 Chris Carson, Hilda Gowans, Rose Kernan, Kamilah Reid Burrell과 워드 프로세싱, VHDL 코드 테스팅, CD, 그림 등을 도와준 Ciji Isen, Roger Chen, William Earle, Manish Kapadia, Matt Morgan, Elizabeth Norris, Raman Suri에게도 감사를 드린다.

Charles H. Roth, Jr.

Lizy K. John

CONTENTS

차례

REVIEW OF LOGIC DESIGN FUNDAMENTALS 01

논리 설계 기초의 복습

이 장에서는 일반적으로 논리* 설계의 첫 번째 코스에서 가르치는 논리 설계와 관련된 많은 주제들을 복습한다. 앞으로 복습하게 되는 일부 예들은 뒤에 나오는 장에서 참조된다. 이 장에서 설명하는 주제에 대해 더 자세한 내용을 원하면 로스(Roth)의 『*Fundamentals of Logic Design*, 5판』(Cengage Brooks/Cole, 2004)과 같이 일반적으로 사용되는 논리 설계 교재를 참조하기 바란다. 우선 조합논리회로와 순차논리회로를 복습하도록 한다. 조합논리회로는 메모리를 가지고 있지 않기 때문에 현재의 출력은 현재의 입력에 의해서만 결정된다. 반면에 순차논리회로는 메모리를 가지고 있기 때문에 현재의 출력은 현재의 입력뿐만 아니라 일련의 과거 입력에 의해서도 결정된다. 타이밍 이슈에 대한 충분한 이해는 디지털 시스템의 성공적인 설계의 필수이므로 이 장에서 순차회로 타이밍과 동기 설계에 관한 절은 특히 중요하다.

1.1 조합논리회로

그림 1-1은 논리회로에서 사용되는 몇 가지 기본적인 게이트를 보여준다. 특별히 명시하지 않는 한, 논리 신호를 나타내기 위해 사용되는 모든 변수는 이치(two-valued)이고, 그 두 값은 0과 1로 나타낸다. 낮은 전압은 0, 높은 전압은 1로 대응시키는 양논리(positive logic)를 일반적으로 사용할 것이다. 만약 음논리(negative logic)가 사용된다면, 낮은 전압은 1, 높은 전압은 0

* 옮긴이 논리(logic)는 로직이라고도 하는데, 이 책에서는 용어에 따라 혼용하여 사용하였다.

으로 대응된다.

그림 1-1의 AND 게이트는 입력 $A = 1$ 그리고 $B = 1$일 때 출력 $C = 1$이 된다. AND 연산은 도트(·)를 이용하거나 두 변수를 나란히 붙여 쓰는 방법으로 나타낼 것이다. 즉, $C = A$ AND $B = A \cdot B = AB$이다. OR 게이트는 입력 $A = 1$ 또는 $B = 1$인 경우에 한해서 출력 $C = 1$이 된다(inclusive OR). OR 연산을 나타내기 위해 +를 사용할 것이다. 즉, $C =$ A OR $B = A + B$이다. NOT 게이트 또는 인버터는 입력의 보수를 나타낸다. 즉, $A = 1$이면 $C = 0$이고, $A = 0$이면 $C = 1$이다. 보수(NOT) 연산을 나타내기 위해 프라임 기호(′)를 사용할 것이다. 따라서 $C =$ NOT $A = A'$이다. 배타적-OR(exclusive-OR, XOR) 게이트는 입력이 $A = 1$, $B = 0$이거나 $A = 0$, $B = 1$이면, 출력 $C = 1$이 된다. 배타적-OR는 기호 ⊕로 나타낸다.

$$C = A \text{ XOR } B = AB' + A'B = A \oplus B \tag{1-1}$$

조합논리회로의 동작은 입력 값들의 각 조합에 대한 회로의 출력을 나타내는 진리표에 의해 정확히 표현할 수 있다. 예를 들어 그림 1-2의 전가산기(full adder)는 두 이진 값 X, Y와 캐리(C_{in})를 더해 합(Sum)과 캐리 출력(C_{out})을 내보낸다. 진리표(truth table)는 가산기의 출력을 가산기의 입력에 대한 함수로 나타낸다. 예를 들어 입력이 $X = 0$, $Y = 0$, $C_{\text{in}} = 1$이면, 세 입력을 더한 값은 $0 + 0 + 1 = 01$이 되며, 따라서 합은 1이고 캐리 출력은 0이 된다. 입력이 011이면 $0 + 1 + 1 = 10$이고, 따라서 $Sum = 0$, $C_{\text{out}} = 1$이 된다. 입력이 $X = Y = C_{\text{in}} = 1$이면 $1 + 1 + 1 = 11$

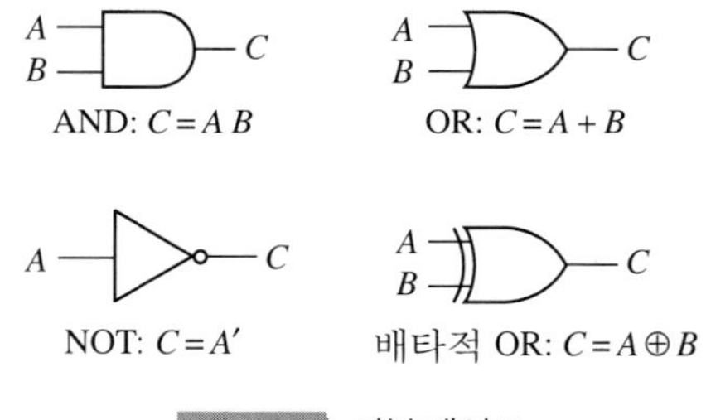

그림 1-1 기본 게이트

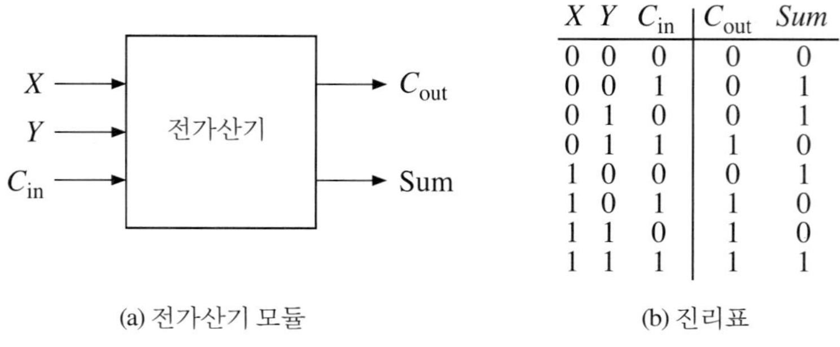

X	Y	C_{in}	C_{out}	Sum
0	0	0	0	0
0	0	1	0	1
0	1	0	0	1
0	1	1	1	0
1	0	0	0	1
1	0	1	1	0
1	1	0	1	0
1	1	1	1	1

(a) 전가산기 모듈 (b) 진리표

그림 1-2 전가산기

이고, 따라서 $Sum = 1$, $C_{out} = 1$이 된다.

진리표로부터 Sum과 C_{out}에 대한 대수적 표현을 유도할 수 있다. 표에서 $X = 0$, $Y = 0$, $C_{in} = 1$일 때 $Sum = 1$이다. $X'Y'C_{in}$ 항은 이러한 입력 조합에만 1이 된다. $X = 0$, $Y = 1$, $C_{in} = 0$일 때만 항 $X'YC'_{in} = 1$이 된다. $X = 1$, $Y = 0$, $C_{in} = 0$의 입력 조합인 경우에만 $XY'C'_{in}$ 항은 1이 된다. XYC_{in} 항은 $X = Y = C_{in} = 1$의 경우에만 1이 된다. 따라서 Sum은 이 네 항의 OR 연산으로 얻을 수 있다.

$$Sum = X'Y'C_{in} + X'YC'_{in} + XY'C'_{in} + XYC_{in} \tag{1-2}$$

위의 곱의 합(sum of products, SOP) 표현에서 각 항은 입력 값의 한 가지 조합에 대하여 1이 된다. 마찬가지 방법으로, C_{out}은 네 항의 OR 연산으로 얻을 수 있다.

$$C_{out} = X'YC_{in} + XY'C_{in} + XYC'_{in} + XYC_{in} \tag{1-3}$$

식 (1-2)와 (1-3)의 각 항은 **최소항**(minterm)이라 하고, 이러한 식들을 **최소항 전개**(minterm expansion)라고 한다. 최소항 전개는 다음과 같이 m-표기법 또는 십진 표기법으로 표현될 수 있다.

$$\begin{aligned} Sum &= m_1 + m_2 + m_4 + m_7 = \Sigma m(1, 2, 4, 7) \\ C_{out} &= m_3 + m_5 + m_6 + m_7 = \Sigma m(3, 5, 6, 7) \end{aligned}$$

각 숫자는 진리표에서 해당 함수가 1이 되는 행을 나타낸다. 즉, 001, 010, 100, 111(1, 2, 4, 7번째 행) 행에서 $Sum = 1$이다.

논리식은 함수 값이 0이 되는 입력 항들로도 나타낼 수 있다. 전가산기의 진리표를 참조하면, $X = Y = C_{in} = 0$일 때 $C_{out} = 0$이 된다. $X + Y + C_{in}$ 항은 이러한 입력 조합에만 0이 된다. $X + Y + C'_{in}$ 항은 $X = Y = 0$, $C_{in} = 1$의 경우에만 0이 된다. $X + Y' + C_{in}$ 항은 $X = C_{in} = 0$, $Y = 1$의 경우에만 0이 된다. $X' + Y + C_{in}$ 항은 $X = 1$, $Y = C_{in} = 0$의 경우에만 0이 된다. C_{out}은 이 네 항의 AND 연산으로 얻을 수 있다.

$$C_{out} = (X + Y + C_{in})(X + Y + C'_{in})(X + Y' + C_{in})(X' + Y + C_{in}) \tag{1-4}$$

C_{out}은 진리표의 000, 001, 010, 100 행에서만 0의 값을 갖고, 나머지 네 행에서는 1의 값을 가진다. 합의 곱(product of sums, POS)으로 표현된 식 (1-4)의 각 항은 **최대항**(maxterm)이라 하고, 식 (1-4)를 **최대항 전개**(maxterm expansion)라고 한다. 최대항 전개는 다음과 같이 십진 표기법으로 표현될 수 있다.

$$C_{out} = M_0 \cdot M_1 \cdot M_2 \cdot M_4 = \Pi M(0, 1, 2, 4)$$

여기서 각 숫자는 진리표에서 $C_{out} = 0$에 해당하는 행을 나타낸다.

1.2 부울 대수와 대수적 단순화

논리 설계에서 사용되는 기본 수학은 부울 대수이다. 표 1-1은 부울 대수의 법칙과 정리들을 요약한 것이다. 쌍대가 되는 두 식을 한 짝으로 나열하였다. 예를 들면 식 (1-10D)는 식 (1-10)의 쌍대이며, 진리표를 사용하면 이치 논리에 대하여 쉽게 증명할 수 있다. 이러한 법칙과 정리들은 적은 수의 컴포넌트로 구현될 수 있도록 논리함수를 간단히 하는 데 사용될 수 있다.

부울 대수에서 가장 중요한 법칙은 드모르간의 법칙(DeMorgan's law)이다. 식 (1-16, 1-16D)로 나타낸 드모르간의 법칙은 단계적으로 한 식의 보수를 얻기 위해 사용될 수 있다. 식 (1-17)로 나타낸 일반화된 드모르간의 법칙은 복잡한 식의 보수를 한 단계로 얻는 데 사용될 수 있다. 식 (1-17)은 다음과 같이 해석할 수 있다: 부울 식의 보수를 얻기 위해 각 변수는 그 보수로 대치한다; 또한 1은 0, 0은 1, OR는 AND, AND는 OR로 대치한다. 정확한 연산 순서를 보장하기 위해 필요하면 괄호를 삽입한다. 만약 F에서 AND가 OR보다 먼저 수행되면, F'에서는 AND보다 OR가 먼저 수행되도록 하기 위해 괄호가 필요할 수 있다.

예제

다음 F의 보수를 구하라.

$$F = X + E'K(C(AB + D') \cdot 1 + WZ'(G'H + 0))$$
$$F' = X'(E + K' + (C' + (A' + B')D + 0)(W' + Z + (G + H') \cdot 1))$$

F'에서 추가된 괄호는 F의 AND 연산이 OR 연산으로 대치될 때 삽입되었다. 한 식의 쌍대는 변수가 보수로 바뀌지 않는 것을 제외하면 그 식의 보수와 같다.

표 1-1의 정리를 사용하여 논리식을 단순화시키는 네 가지 방법은 다음과 같다.

1. 항의 결합. 두 항을 결합하기 위해 $XY + XY' = X$를 사용한다. 예를 들면

$$ABC'D' + ABCD' = ABD' \; [X = ABD', Y = C] \tag{1-4}$$

이다.

이 정리를 사용하여 항들을 결합할 때, 결합되는 두 항은 같은 변수들을 가지고 있어야 하며, 그 중 한 변수만이 한 항에서는 보수로 나타나고, 다른 항에서는 그렇지 않아야 한다. $X + X = X$이므로, 주어진 한 항을 복제하여 두 개 이상의 다른 항과 결합시킬 수 있다. 예를 들면 식 (1-3)의 C_{out}은 첫 번째와 네 번째 항, 두 번째와 네 번째 항, 세 번째와 네 번째 항을 결합

표 1-1 부울 대수의 법칙과 정리

0과 1의 연산(Operations with 0 and 1)			
$X+0=X$	(1-5)	$X \cdot 1 = X$	(1-5D)
$X+1=1$	(1-6)	$X \cdot 0 = 0$	(1-6D)
멱등법칙(Idempotent laws)			
$X+X=X$	(1-7)	$X \cdot X = X$	(1-7D)
대합법칙(Involution law)			
$(X')' = X$	(1-8)		
상보성의 법칙(Laws of complementarity)			
$X+X'=1$	(1-9)	$X \cdot X' = 0$	(1-9D)
교환법칙(Commutative laws)			
$X+Y=Y+X$	(1-10)	$XY = YX$	(1-10D)
결합법칙(Associative laws)			
$(X+Y)+Z=X+(Y+Z)=X+Y+Z$	(1-11)	$(XY)Z = X(YZ) = XYZ$	(1-11D)
분배법칙(Distributive laws)			
$X(Y+Z)=XY+XZ$	(1-12)	$X+YZ=(X+Y)(X+Z)$	(1-12D)
단순화 정리(Simplification theorems)			
$XY+XY'=X$	(1-13)	$(X+Y)(X+Y')=X$	(1-13D)
$X+XY=X$	(1-14)	$X(X+Y)=X$	(1-14D)
$(X+Y')Y=XY$	(1-15)	$XY'+Y=X+Y$	(1-15D)
드모르간의 법칙(DeMorgan's laws)			
$(X+Y+Z+\cdots)'=X'Y'Z'\cdots$	(1-16)	$(XYZ\cdots)'=X'+Y'+Z'+\cdots$	(1-16D)
$[f(X_1, X_2, \ldots, X_n, 0, 1, +, \cdot)]' = f(X_1', X_2', \ldots, X_n', 1, 0, \cdot, +)$			(1-17)
쌍대성(Duality)			
$(X+Y+Z+\cdots)^D = XYZ\cdots$	(1-18)	$(XYZ\cdots)^D = X+Y+Z+\cdots$	(1-18D)
$[f(X_1, X_2, \ldots, X_n, 0, 1, +, \cdot)]^D = f(X_1, X_2, \ldots, X_n, 1, 0, \cdot, +)$			(1-19)
곱셈 전개와 인수분해 정리(Theorem for multiplying out and factoring)			
$(X+Y)(X'+Z)=XZ+X'Y$	(1-20)	$XY+X'Z=(X+Z)(X'+Y)$	(1-20D)
컨센서스 정리(Consensus theorem)			
$XY+YZ+X'Z=XY+X'Z$	(1-21)	$(X+Y)(Y+Z)(X'+Z)=(X+Y)(X'+Z)$	(1-21D)

하여 단순화시킬 수 있다.

$$\begin{aligned} C_{out} &= (X'YC_{in} + XYC_{in}) + (XY'C_{in} + XYC_{in}) + (XYC_{in}' + XYC_{in}) \\ &= YC_{in} + XC_{in} + XY \end{aligned} \tag{1-22}$$

식 (1-3)의 네 번째 항은 세 번 사용되었음을 유념하기 바란다.

이 정리는 X와 Y가 더 복잡한 식으로 대치될 때도 당연히 사용할 수 있다. 예를 들면 다음과 같다.

$$(A + BC)(D + E') + A'(B' + C')(D + E') = D + E'$$
$$[X = D + E', Y = A + BC, Y' = A'(B' + C')]$$

2. **항의 제거.** 가능하면 중복된 항을 제거하기 위해 $X + XY = X$를 사용한다; 그리고 모든 컨센서스 항을 제거하기 위해 컨센서스 정리($XY + X'Z + YZ = XY + X'Z$)를 적용시켜 본다. 예를 들면 다음과 같다.

$$A'B + A'BC = A'B \ [X = A'B]$$
$$A'BC' + BCD + A'BD = A'BC' + BCD \ [X = C, Y = BD, Z = A'B]$$

3. **변수의 제거.** 중복된 변수를 제거하기 위해 정리 $X + X'Y = X + Y$를 사용한다. 이 정리를 적용하기 전에 간단한 인수분해가 필요할 수도 있다. 예를 들면 다음과 같다.

$$A'B + A'B'C'D' + ABCD' = A'(B + B'C'D') + ABCD' \quad \text{(식 (1-12)에 의해)}$$
$$= A'(B + C'D') + ABCD' \quad \text{(식 (1-15D)에 의해)}$$
$$= B(A' + ACD') + A'C'D' \quad \text{(식 (1-10)에 의해)}$$
$$= B(A' + CD') + A'C'D' \quad \text{(식 (1-15D)에 의해)}$$
$$= A'B + BCD' + A'C'D' \quad \text{(식 (1-12)에 의해)}$$

위의 1～3의 세 가지 방법을 적용하여 얻은 식은 반드시 최소 개수의 항이나 최소 개수의 변수를 갖는 것은 아니다. 만약 최소화가 되지 않았는데도 1～3의 방법을 사용하여 더 이상 단순화시킬 수 없다면, 중복된 항을 계획적으로 포함시킬 필요가 있다.

4. **중복된 항의 추가.** 중복된 항은 여러 가지 방법으로 포함시킬 수 있는데, 예를 들면 XX'를 더하거나, $(X + X')$를 곱하거나, YZ를 $XY + X'Z$에 더하거나(컨센서스 정리), XY를 X에 더하는 방법 등이 있다. 가능하다면, 중복된 항은 다른 항들과 결합되거나 다른 항들을 제거할 수 있도록 선택되어야 한다.

$$WX + XY + X'Z' + WY'Z' \quad \text{(컨센서스 정리에 의해 } WZ' \text{ 항을 추가)}$$
$$= WX + XY + X'Z' + WY'Z' + WZ' \quad (WY'Z' \text{ 항을 제거})$$
$$= WX + XY + X'Z' + WZ' \quad (WZ' \text{ 항을 제거})$$
$$= WX + XY + X'Z'$$

식을 곱셈 전개하거나 인수분해를 할 때, 일반적인 분배법칙 (1-12) 이외에도 두 번째 분배법칙 (1-12D)와 정리 (1-20)이 특별히 유용하다. 다음은 합의 곱에서 곱의 합으로 바꾸기 위해 곱셈 전개를 사용한 예이다.

$$(A + B + D)(A + B' + C')(A' + B + D')(A' + B + C')$$

$$= (A + (B + D)(B' + C'))(A' + B + C'D') \quad \text{(식 (1-12D)에 의해)}$$

$$= (A + BC' + B'D)(A' + B + C'D') \quad \text{(식 (1-20)에 의해)}$$

$$= A(B + C'D') + A'(BC' + B'D) \quad \text{(식 (1-20)에 의해)}$$

$$= AB + AC'D' + A'BC' + A'B'D \quad \text{(식 (1-12)에 의해)}$$

일반적인 분배법칙을 적용시키기 전에 두 번째 분배법칙 (1-12D)와 정리 (1-20)을 적용시킨 것을 주목하기 바란다. 어떤 부울 식이라도 두 분배법칙 (1-12, 1-12D)와 정리 (1-20)을 사용하여 인수분해할 수 있다. 인수분해의 예로, 위의 식을 역순으로 따라가 보기 바란다.

다음 정리는 배타적-OR에 적용된다.

$$X \oplus 0 = X \quad (1\text{-}23)$$

$$X \oplus 1 = X' \quad (1\text{-}24)$$

$$X \oplus X = 0 \quad (1\text{-}25)$$

$$X \oplus X' = 1 \quad (1\text{-}26)$$

$$X \oplus Y = Y \oplus X \quad \text{(교환법칙)} \quad (1\text{-}27)$$

$$(X \oplus Y) \oplus Z = X \oplus (Y \oplus Z) = X \oplus Y \oplus Z \quad \text{(결합법칙)} \quad (1\text{-}28)$$

$$X(Y \oplus Z) = XY \oplus XZ \quad \text{(분배법칙)} \quad (1\text{-}29)$$

$$(X \oplus Y)' = X \oplus Y' = X' \oplus Y = XY + X'Y' \quad (1\text{-}30)$$

식 (1-2)의 *Sum*에 대한 식은 식 (1-1)과 (1-30)을 사용하여 배타적-OR의 항으로 다시 나타낼 수 있다.

$$\begin{aligned} Sum &= X'(Y'C_{in} + YC'_{in}) + X(Y'C'_{in} + YC_{in}) \\ &= X'(Y \oplus C_{in}) + X(Y \oplus C_{in})' = X \oplus Y \oplus C_{in} \end{aligned} \quad (1\text{-}31)$$

이 절에서 배운 단순화 법칙은 더 적은 수의 게이트를 사용하기 위해 회로를 최적화해야 할 경우에 중요하다. 등가 표현들은 회로를 어떤 타입(예를 들면 NAND 또는 NOR)의 논리만을 가지고 있는 특정 대상 디바이스에 사상할 때도 도움을 줄 수 있다.

1.3 카노 맵

카노 맵(Karnaugh maps, K-maps)은 3～5개의 변수를 갖는 논리함수를 단순화시키는 데에 편리하게 사용될 수 있다. 그림 1-3은 네 개의 변수를 갖는 카노 맵을 보여준다. 맵에서 각 네모 칸은 네 개의 변수에서 가능한 16개의 최소항 중 하나를 나타낸다. 네모칸에서 1은 함수에 해당 최소항이 있다는 것을 나타내고, 0 또는 빈칸은 최소항이 없다는 것을 나타낸다. 네모칸의 X는 최소항이 있든 없든 개의치 않음을 나타낸다. 돈케어(don't care)는 다음 두 가지 조건 하에서 일어난다. 즉, (1) 돈케어에 해당하는 입력 조합이 결코 발생하지 않거나, (2) 입력 조합은 발생할 수 있지만 해당되는 회로의 출력이 명기되어 있지 않을 때이다.

맵의 가장자리를 따라, 변수 값들은 맵의 인접한 칸과 단 하나의 변수 값만이 다르도록 정렬되어 있다. 첫 번째 열과 마지막 열, 그리고 제일 상단의 행과 하단의 행은 서로 인접한 것으로 간주한다. 인접한 네모칸에 있는 두 개의 1은 $xy + xy' = x$를 이용하여 한 변수를 제거하기 위해 결합될 수 있다. 그림 1-3은 9개의 최소항과 두 개의 돈케어를 갖는 4변수 함수를 보여준다. 최소항 $A'BC'D$와 $A'BCD$는 변수 C만 다르므로, 맵에서 루프로 표현된 것처럼 두 최소항을 결합하여 $A'BD$를 얻을 수 있다. 대칭적인 패턴을 갖는 네 개의 1은 두 변수를 제거하기 위해 결합될 수 있다. 맵의 네 모서리에 있는 1은 루프로 연결된 것처럼 다음과 같이 결합될 수 있다.

$$(A'B'C'D' + AB'C'D') + (A'B'CD' + AB'CD') = B'C'D' + B'CD' = B'D'$$

마찬가지로, 맵 하단의 절반을 차지하고 있는 6개의 1과 두 개의 X는 결합하여 세 변수를 제거하고 항 C를 얻는다. 함수를 단순화시킨 결과는 다음과 같다.

$$F = A'BD + B'D' + C$$

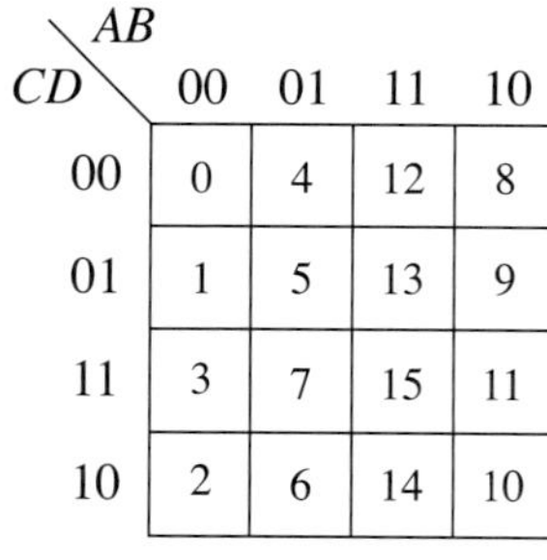

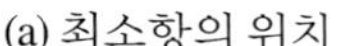
(a) 최소항의 위치

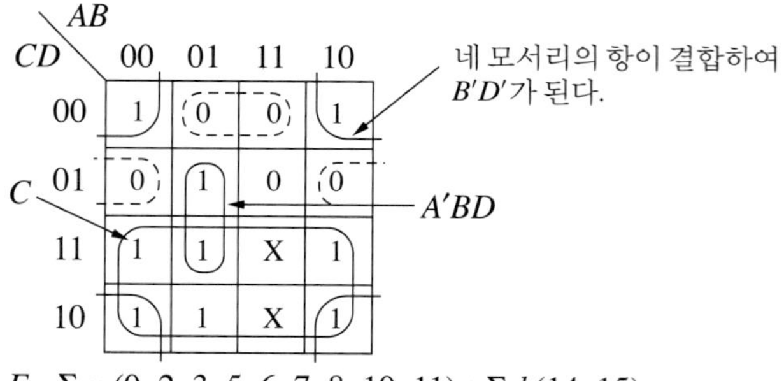

$F = \Sigma m\,(0, 2, 3, 5, 6, 7, 8, 10, 11) + \Sigma d\,(14, 15)$
$= C + B'D' + A'BD$

(b) 여러 항들을 루프로 연결하기

그림 1-3 4 변수 카노 맵

함수의 최소 곱의 합 표현은 **주항**(prime implicant)의 합으로 구성되어 있다. 맵에서 인접한 1이 1, 2, 4, 8개의 그룹을 이루고 있고, 변수를 제거하기 위해 또 다른 1의 그룹과 결합될 수 없다면, 이 인접한 1의 그룹은 주항을 나타낸다. 한 주항이 다른 어떤 주항에도 속하지 않는 1을 포함하면, 이 항은 **필수 주항**(essential prime implicant)이다. 맵에서 최소 곱의 합을 찾을 때에는 먼저 필수 주항들을 루프로 묶고 난 뒤, 남아 있는 1들을 포함하는 최소 개수의 주항들을 루프로 묶어주면 된다. 그림 1-4의 카노 맵은 5개의 주항과 세 개의 필수 주항을 가지고 있다. $A'C'$은 최소항 m_1이 다른 어떤 주항에도 포함되지 않으므로 필수 주항이다. 마찬가지로, ACD는 m_{11} 때문에 필수 주항이고, $A'B'D'$는 m_2 때문에 필수 주항이다. 필수 주항들을 루프로 묶으면, m_7을 제외한 모든 1은 이 주항에 포함된다. m_7은 주항 $A'BD$ 또는 BCD에 의해 포함될 수 있기 때문에, F는 두 가지 최소화된 식을 갖게 된다.

$$F = A'C' + A'B'D' + ACD + A'BD$$

$$F = A'C' + A'B'D' + ACD + BCD$$

맵에 don't care(X)가 있는 경우, 이 don't care는 주항을 만들 때에는 1처럼 취급되지만, 모든 1을 포함하는 주항의 최소 집합을 찾을 때에는 무시된다. 다음 절차는 카노 맵으로부터 최소 곱의 합을 얻을 때 사용할 수 있다.

1. 아직 포함되지 않은 최소항(네모칸의 1)을 선택한다.
2. 이 최소항에 인접하는 모든 1과 X를 찾는다. (n-변수 맵에서 n개의 인접한 네모칸을 조사한다.)
3. 만일 어떤 단일 항이 이 최소항과 그리고 인접한 모든 1과 X를 포함한다면, 이 항은 필수 주항이 되고, 따라서 이 항을 선택한다. (don't care는 단계 2와 3에서는 1처럼 취급되지만, 단계 1에서는 그렇지 않다.)

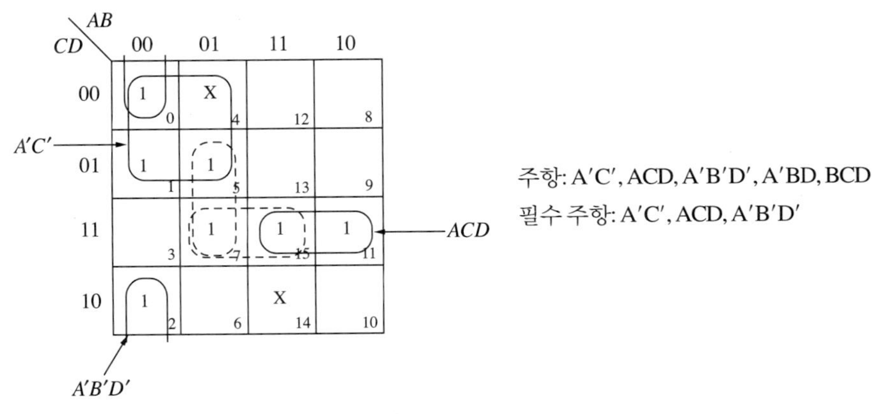

그림 1-4 주항의 선택

4. 모든 필수 주항이 선택될 때까지 단계 1～3을 반복한다.
5. 맵에 남아 있는 1을 포함하는 주항들의 최소 집합을 찾는다. (만약 그러한 집합이 하나 이상이라면, 최소 개수의 변수를 갖는 집합을 선택한다.)

카노 맵에서 최소 합의 곱을 찾기 위해서는 1 대신 0을 루프로 묶는다. F의 0은 F'의 1이기 때문에 0을 적절히 루프로 묶어 F'를 위한 최소 곱의 합을 얻고, 다시 이 식의 보수를 취하여 F를 위한 합의 곱을 얻는다. 그림 1-3에서 먼저 F'의 필수 주항을 루프로 묶을 수 있고(점선의 루프로 묶여진 $BC'D'$와 $B'C'D$), 남아 있는 0은 AB로 포함시킬 수 있다. 따라서 F'를 위한 최소의 합은 다음과 같다.

$$F' = BC'D' + B'C'D + AB$$

이로부터 F를 위한 최소 합의 곱은 다음과 같이 된다.

$$F = (B' + C + D)(B + C + D')(A' + B')$$

1.3.1 맵-입력 변수(Map-Entered Variable)를 사용한 단순화

두 개의 4변수 카노 맵은 5개의 변수를 갖는 함수를 단순화시키기 위해 사용될 수 있다. 만약 함수가 5개 이상의 변수를 가진다면 **맵-입력 변수**를 사용할 수 있다. 표 1-2의 진리표를 보면, 이 진리표에는 6개의 입력 변수(A, B, C, D, E, F)와 한 개의 출력 변수(G)가 있다. 여기서는 진리표의 일부 행만을 열거하였다. 진리표를 완전히 기술하기 위해서는 64개의 행이 필요하다. 진리표에서 열거하지 않는 입력 조합은 출력이 0이 된다.

카노 맵 기법은 이와 같은 함수를 단순화시키기 위해 맵-입력 변수를 사용하여 확장될 수 있다. 입력 변수 E와 F는 대부분 don't care(X)이므로, A, B, C, D로 카노 맵을 만들고, 나머지 두 변수는 맵 안에 기입할 수 있다. 그림 1-5는 맵의 네모칸에 변수 E와 F를 기입한 4변수 맵을 보여준다. E가 네모칸에 있는 경우, $E = 1$이면 해당하는 최소항은 함수 G에 존재하고, 만약 $E = 0$이면, 그 최소항은 부재함을 나타낸다. 진리표의 다섯 번째와 여섯 번째 행은 최소항 5와 7에 해당하는 상자의 E가 되고, 일곱 번째 행은 최소항 9에 해당하는 상자의 F가 된다. 따라서 이 맵은 6변수 함수를 나타낸다.

$$G(A, B, C, D, E, F) = m_0 + m_2 + m_3 + Em_5 + Em_7 + Fm_9 + m_{11} + m_{15}$$
$$(+ \text{ don't care 항})$$

위의 식에서 최소항은 변수 A, B, C, D의 최소항이다. m_9은 $F = 1$일 때만 G에 나타나는 것임을 유념하기 바란다.

표 1-2 6변수 함수를 위한 진리표의 일부

A	B	C	D	E	F	G
0	0	0	0	X	X	1
0	0	0	1	X	X	X
0	0	1	0	X	X	1
0	0	1	1	X	X	1
0	1	0	1	1	X	1
0	1	1	1	1	X	1
1	0	0	1	X	1	1
1	0	1	0	X	X	X
1	0	1	1	X	X	1
1	1	0	1	X	X	X
1	1	1	1	X	X	1

다음은 맵-입력 변수를 사용하여 함수를 간단히 하는 일반적인 방법에 대해 논의할 것이다. 일반적으로, 만약 변수 P_i가 함수 F를 위한 맵의 네모칸 m_j에 있으면, 이것은 $P_i = 1$이고 입력 변수가 $m_j = 1$이 되도록 선택될 때 $F = 1$이 되는 것을 의미한다. 변수 $P_1, P_2, \ldots$ 가 네모칸에 기입된 주어진 맵에서, F의 최소 곱의 합 표현은 다음과 같이 찾을 수 있다: 다음과 같은 형태의 F를 위한 곱의 합 표현을 찾아보자.

$$F = MS_0 + P_1MS_1 + P_2MS_2 + \cdots \tag{1-32}$$

위의 식에서

- MS_0는 $P_1 = P_2 = \cdots = 0$으로 할 때 얻어지는 최소 합이다.
- MS_1은 $P_1 = 1, P_j = 0(j \neq 1)$이고, 맵의 모든 1을 don't care로 대치할 때 얻어지는 최소 합이다.
- MS_2는 $P_2 = 1, P_j = 0(j \neq 2)$이고, 맵의 모든 1을 don't care로 대치할 때 얻어지는 최소 합이다.

남아 있는 모든 맵-입력 변수에 대해서도 이와 유사한 방법으로 해당되는 최소 합을 찾을 수 있다.

F에 대한 결과식은 항상 F의 정확한 표현이 될 것이다. 만약 맵-입력 변수 값을 독립적으로 할당할 수 있으면, 이 식은 최소 합의 표현이 될 것이다. 반면에 만약 변수가 독립이 아니라면, 결과식은 일반적으로 최소 합이 되지 않을 것이다(예를 들어 $P_1 = P_2$인 경우).

그림 1-5의 예는 MS_0, MS_1, MS_2를 찾기 위한 맵을 보여준다. 여기서 E는 P_1에 해당하고, F는 P_2에 해당한다. $E = 1, F = 1$에 대한 맵은 그릴 필요가 없는데, 그 이유는 $E = 1$이 $E = 1, F = 0$인 경우와 $E = 1, F = 1$인 경우를 포함하고 있기 때문이다. 결과식은 G에 대한 최소 곱의 합이다.

$$G = A'B' + ACD + EA'D + FAD$$

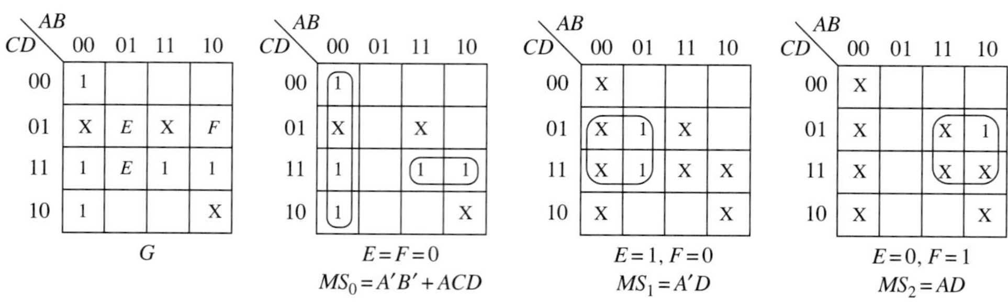

그림 1-5 맵-입력 변수를 사용한 단순화

몇 번 연습한 후에는 각각의 최소 합을 위한 별도의 맵을 작성할 필요 없이 원래의 맵으로부터 최소 식을 직접 작성하는 것이 가능해야 한다.

1.4 NAND와 NOR 게이트를 사용한 설계

많은 제조 기술에서 NAND 게이트나 NOR 게이트는 AND 게이트나 OR 게이트에 비해 구현하기가 더 쉽다. 그림 1-6은 NAND와 NOR 게이트의 기호를 보여준다. 게이트의 입력 또는 출력의 버블(bubble)은 보수를 나타낸다. 모든 논리함수는 NAND 게이트나 NOR 게이트만을 사용하여 구현될 수 있다.

OR와 AND 게이트로 구성된 회로를 모두 NOR 게이트나 또는 모두 NAND 게이트로 구성된 회로로 변환시키는 것은 간단하다. NOR 게이트로 이루어진 회로를 설계하기 위해서는 먼저 함수를 합의 곱으로 표현해야 한다(카노 맵에서 0을 원으로 묶음). AND 게이트를 출력으로 하는 OR 게이트와 AND 게이트의 회로를 만든다. 만약 AND 게이트 출력이 AND 게이트 입력으로 연결되지 않거나 OR 게이트 출력이 OR 게이트 입력으로 연결되지 않으면, 모든 게이트를 NOR 게이트로 바꾸고 필요에 따라서 입력을 보수로 하여 변환된 회로를 얻는다. 그림 1-7은 다

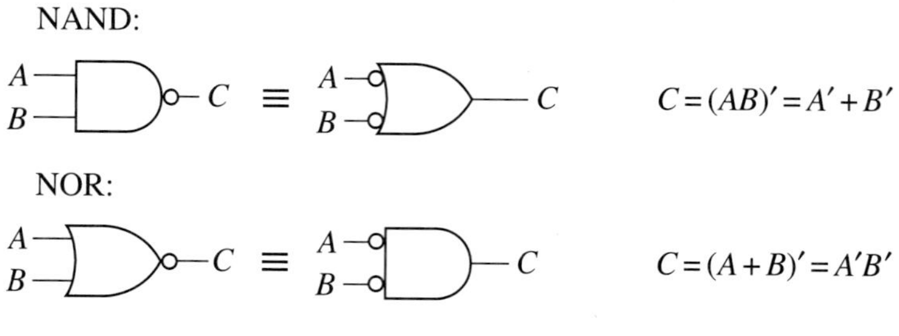

NAND:

A, B — C ≡ A, B — C $\quad C = (AB)' = A' + B'$

NOR:

A, B — C ≡ A, B — C $\quad C = (A + B)' = A'B'$

그림 1-6 NAND와 NOR 게이트

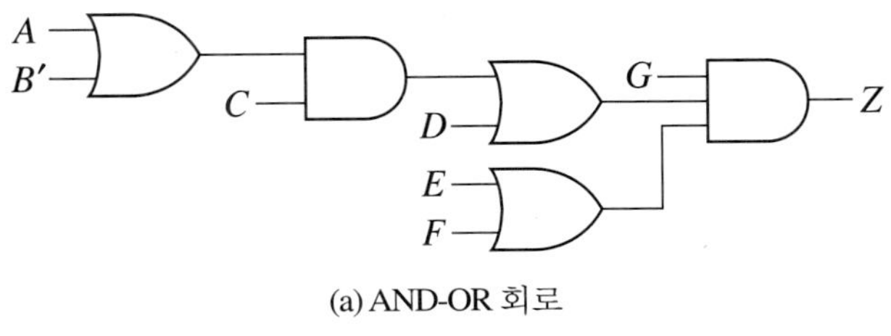

(a) AND-OR 회로

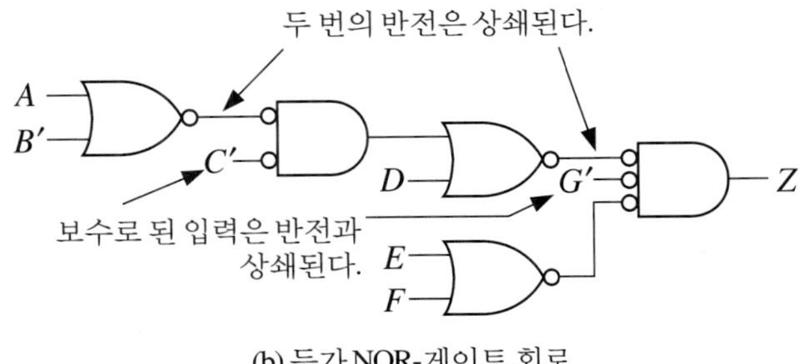

(b) 등가 NOR-게이트 회로

그림 1-7 NOR 게이트로의 변환

음 식을 대상으로 한 변환 과정을 설명하고 있다.

$$Z = G(E + F)(A + B' + D)(C + D) = G(E + F)[(A + B')C + D]$$

NAND 게이트로만 이루어진 회로로의 변환은 시작점이 함수를 곱의 합 형태로 표현해야 하는 것과(맵에서 1을 원으로 묶음) AND-OR 회로의 출력 게이트가 OR 게이트가 되어야 하는 것을 제외하면 유사하다.

비록 AND와 OR 게이트들이 서로 번갈아 나타나지 않아도 AND와 OR 게이트 회로를 NAND나 NOR 게이트 회로로 변환시킬 수 있다. 그러나 추가된 반전을 다시 반전시키기 위한 인버터가 필요할 수 있다. 다음 절차는 NAND(또는 NOR) 회로로 변환하기 위해 사용될 수 있다.

1. 모든 AND 게이트는 출력에 반전 버블을 추가하여 NAND 게이트로 변환한다. OR 게이트는 입력에 반전 버블을 추가하여 NAND 게이트로 변환한다. (NOR 게이트로 변환하기 위해서는 모든 OR 게이트 출력과 모든 AND 게이트 입력에 반전 버블을 추가한다.)
2. 반전된 출력이 반전된 입력과 연결될 때, 두 번의 반전은 상쇄되므로 더 이상 손쓸 필요가 없다.
3. 반전되지 않은 게이트 출력이 반전된 게이트 입력과 연결되거나 또는 그 반대인 경우에는 언제나 버블을 상쇄시키기 위해 인버터를 삽입한다.
4. 어떤 변수가 반전된 입력과 연결될 때에는 언제나 변수의 보수를 취한다(또는 인버터를 추가한다). 변수의 보수는 입력의 반전을 상쇄시킨다.

다시 말하면, 만약 버블(또는 반전)을 항상 쌍으로 추가한다면, 회로에 의해 실현되는 함수는

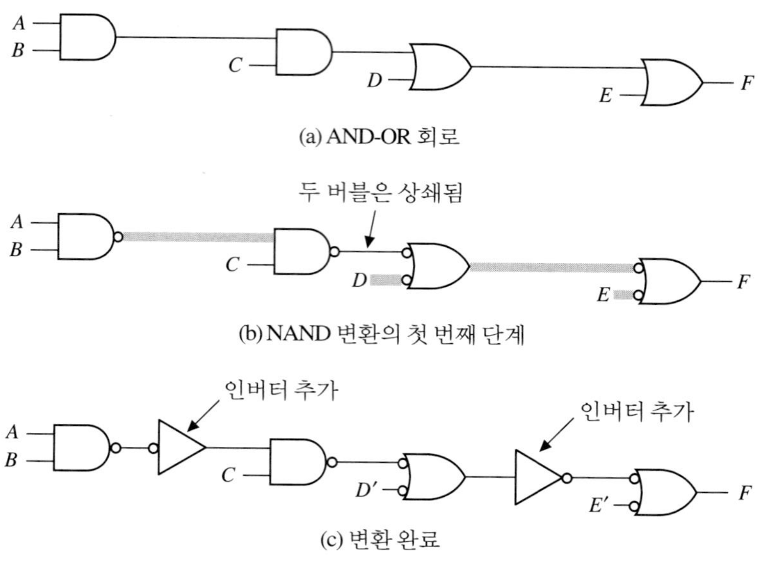

그림 1-8 AND-OR 회로를 NAND 게이트 회로로 변환

변하지 않는다. 위의 절차를 설명하기 위해 그림 1-8(a)를 NAND 회로로 변환시킬 것이다. 우선 모든 게이트들을 NAND 게이트로 바꾸기 위해 버블을 추가한다(그림 1-8(b)). 네 곳에서는 반전을 한 개만 추가하였으며, 이 부분은 굵은 선으로 강조한다. 두 개의 인버터를 추가하고 두 개의 변수는 보수를 취하여 그림 1-8(c)와 같이 회로를 수정한다.

1.5 조합회로의 해저드(Hazard)

조합회로에 대한 입력이 변할 때, 원치 않는 일시적인 전환이 출력에서 나타날 수 있다. 이러한 일시적인 전환은 입력에서 출력으로 가는 여러 경로의 전파지연이 서로 다를 때 발생한다. 입력의 변화에 대한 응답으로 회로의 출력이 일정하게 1을 유지하여야 하나, 어떤 전파지연들의 결합에 의해 그 출력이 순간적으로 0이 되면, 회로는 정적 1-해저드를 갖는다고 한다. 마찬가지로, 회로의 출력이 0을 유지하고 있어야 하지만, 그 출력이 일시적으로 1이 되면, 회로는 정적 0-해저드를 갖는다고 한다. 출력이 0에서 1로(또는 1에서 0으로) 변하기로 되어 있는데, 그 출력이 세 번 이상 바뀌면, 회로는 **동적 해저드(dynamic hazard)**를 가지고 있다고 한다.

그림 1-9의 간단한 두 회로를 조사해 보자. 그림 1-9(a)는 인버터와 OR 게이트로 함수 $A + A'$를 구현한 회로이다. 논리상 이 회로의 출력은 항상 1이어야 하지만, 인버터 게이트에서의 지연은 회로에서 정적 해저드를 발생시킬 수 있다. 인버터의 지연은 0이 아니고, A의 값은 단지 1에서 0으로만 변한다고 가정하자. 짧은 시간 간격의 인버터 지연이 경과할 때까지 OR 게이트의

두 입력은 0이며, 따라서 회로의 출력은 순간적으로 0이 된다. 마찬가지로, 그림 1-9(b)의 회로에서 예상 출력은 항상 0이다. 그러나 A가 1에서 0으로 변할 때, 지연으로 인해 회로의 출력이 순간적으로 1이 된다. 따라서 이 회로는 정적 0-해저드를 갖는다. 이 해저드는 A가 바뀐 후 짧은 시간 동안 A와 A'이 같은 값을 갖기 때문에 발생한다.

곱의 합을 이용하여 구현할 때, 두 최소항에서 하나의 입력 변수만이 다르고 그 최소항이 같은 곱의 항에 의해 커버되지 않으면, 정적 1-해저드가 발생한다. 그림 1-10(a)는 정적 1-해저드를 갖는 또 다른 회로를 보여준다. 만약 $A = C = 1$이면, B가 1에서 0으로 바뀌어도 출력은 일정하게 1을 유지하여야 한다. 그러나 그림 1-10(b)에서 보여주는 바와 같이, 각 게이트의 전파지연이 10 ns이면, D가 1이 되기 전에 E는 0이 되고, 회로의 출력이 순간적으로 0이 되는 결과가 된다(출력 F에서 1-해저드가 발생). 카노 맵에서 볼 수 있는 것처럼 최소항 ABC와 $AB'C$ 둘다를 커버하는 루프는 없다. 따라서 만약 $A = C = 1$이고 B가 1에서 0으로 바뀐다면, BC는 즉시 0이 되지만, AB'는 인버터 지연이 경과할 때까지 1이 되지 않는다. 두 항 모두 순간적으로 0이 될 수 있고, F에는 결과적으로 글리치(glitch)가 나타난다. 맵에 AC 항에 해당하는 루프를 추가하고 회로(그림 1-10(c))에 해당하는 게이트를 포함시키면, 해저드는 제거된다. B가 변할 때 AC 항은 1을 유지하고, 따라서 출력에는 글리치가 나타날 수 없다. 일반적으로 정적 해저드를 제거하기 위해서는 최소화되지 않은 식이 필요하다.

정적 해저드와 동적 해저드가 없는 회로를 설계하기 위해 다음과 같은 절차를 사용할 수 있다.

1. 모든 인접한 1의 쌍이 어떤 하나의 1-항(1에 의하여 만들어지는 항)에 포함되도록, 출력에 대하여 곱의 합으로 표현된 식(F^t)을 찾는다. (모든 주항의 합은 항상 이 조건을 만족한다.) 식 F^t를 기반으로한 2-레벨 AND-OR 회로에는 1-해저드, 0-해저드, 동적 해저드가 없다.
2. 다른 형태의 회로를 원하는 경우에는 간단한 인수분해나 드모르간의 법칙 등을 이용하여 F^t를 변경한다. **각 x_i와 x_i'은 해저드를 방지하기 위하여 독립변수로 다룬다**.

또 한 가지 방법은 모든 인접한 0의 쌍이 어떤 하나의 0-항(0에 의하여 만들어지는 항)에 포함되는 합의 곱 표현을 사용하여 시작하는 것이다.

회로가 주어지는 경우, 정적 해저드는 다음과 같이 찾을 수 있다. 먼저 회로에서 구현된 대로 출력에 대한 식을 입력 변수의 항으로 정확히 표현한다. 그리고 x_i와 x_i'는 독립변수로 취급하여

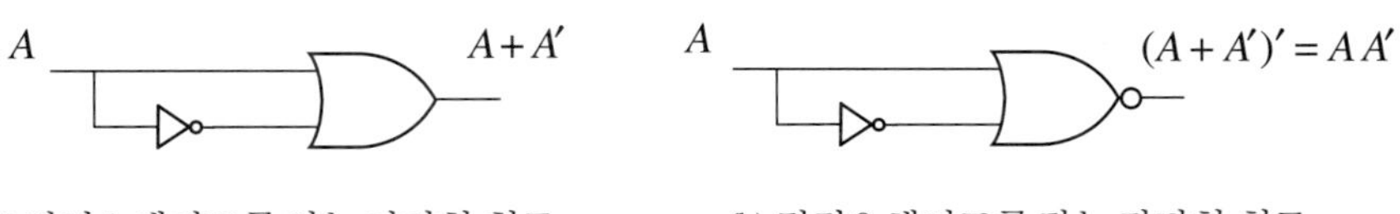

(a) 정적 1-해저드를 갖는 간단한 회로　　(b) 정적 0-해저드를 갖는 간단한 회로

그림 1-9 해저드를 포함하는 간단한 회로

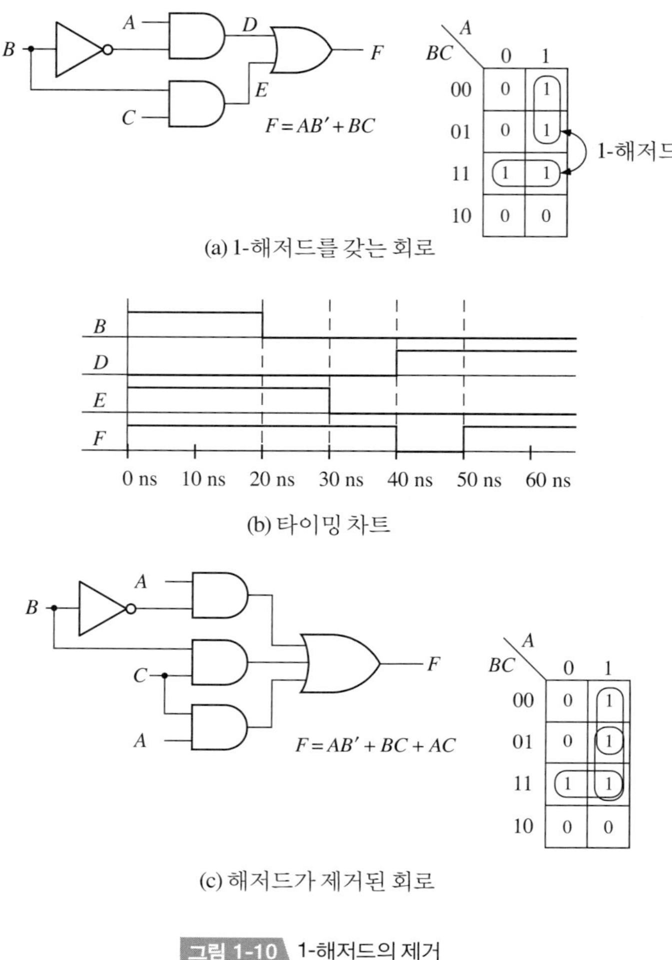

(a) 1-해저드를 갖는 회로

(b) 타이밍 차트

(c) 해저드가 제거된 회로

그림 1-10 1-해저드의 제거

얻은 식을 곱의 합 형태로 변경한다. 카노 맵을 만들어 각 항에 대응하는 모든 관련항(implicant)을 원으로 표시한다. 만약 모든 인접한 1의 쌍이 적어도 한 항에 포함된다면, 정적 1-해저드는 발생하지 않는다. 마찬가지로, 정적 0-해저드는 회로를 합의 곱 표현으로 작성하여 확인할 수 있다.

1.6 플립플롭(Flip-Flop)과 래치(Latch)

순차회로는 보통 저장 소자로서 플립플롭을 사용한다. 플립플롭의 종류로는 D(delay) 플립플롭, J-K 플립플롭, T(toggle) 플립플롭 등 여러 가지가 있다. 그림 1-11은 클럭이 있는 D 플립플롭을 보여준다. 이 플립플롭은 입력 클럭의 상승에지(rising edge)에 대한 응답으로 상태를 바꾼다. 클럭의 상승에지 후 플립플롭의 바로 다음 상태는 상승에지 전의 입력 *D*와 같다. 따라서 플립플롭의 특성방정식은 $Q^+ = D$이다. 여기서 Q^+는 클럭의 활성에지(여기서는 상승에지) 후 Q 출력의 바로 다음 상태를 나타내고, D는 활성에지 이전의 입력을 나타낸다.

그림 1-12는 클럭이 있는 J-K 플립플롭과 진리표를 보여준다. 입력 클럭에 버블이 있으므로, 모든 상태 변화는 클럭의 하강에지(falling edge) 바로 다음에 일어난다. 만약 $J = K = 0$이면, 상태 변화는 일어나지 않는다. $J = 1$이고 $K = 0$이면, 플립플롭은 현재 상태에 관계없이 1로 셋(set)된다. $J = 0$이고 $K = 1$이면, 플립플롭은 항상 0으로 리셋(reset)된다. 만약 $J = K = 1$이면, 플립플롭의 상태는 바뀐다. 그림 1-12의 진리표와 카노 맵으로부터 유도된 특성방정식은 다음과 같다.

$$Q^+ = JQ' + K'Q \tag{1-33}$$

클럭이 있는 T 플립플롭(그림 1-13)은 $T = 1$이면 클럭의 활성에지 바로 다음에 상태가 바뀌고, $T = 0$이면 상태가 바뀌지 않는다. T 플립플롭은 특히 카운터 설계에 편리하다. T 플립플롭에 대한 특성방정식은 다음과 같다.

$$Q^+ = QT' + Q'T = Q \oplus T \tag{1-34}$$

J-K 플립플롭은 T를 J와 K 양쪽 모두와 연결하면 T 플립플롭으로 쉽게 바뀐다. 식 (1-33)에서 J와 K를 T로 대치하면 식 (1-34)가 된다.

그림 1-14에서 보여주는 것과 같이 두 NOR 게이트를 연결하면 클럭이 없는 S-R(set-reset) 플립플롭을 구성할 수 있다. 이와 같이 클럭이 없는 플립플롭을 흔히 S-R 래치라고 한다. 만약 $S = 1$이고 $R = 0$이면, 출력 Q는 1이 되고 $P = Q'$이 된다. $S = 0$이고 $R = 1$이면, 출력 Q는 0이 되

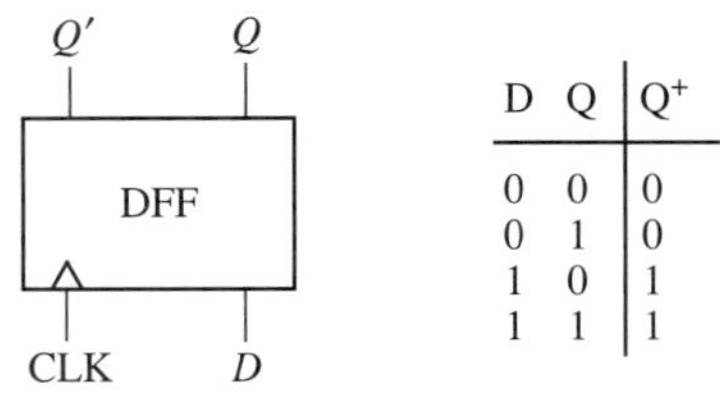

D	Q	Q^+
0	0	0
0	1	0
1	0	1
1	1	1

그림 1-11 클럭이 있고 상승에지에서 트리거되는 D 플립플롭

Q'
Q
FF
CK
K
J

J	K	Q	Q^+
0	0	0	0
0	0	1	1
0	1	0	0
0	1	1	0
1	0	0	1
1	0	1	1
1	1	0	1
1	1	1	0

그림 1-12 클럭이 있는 J-K 플립플롭

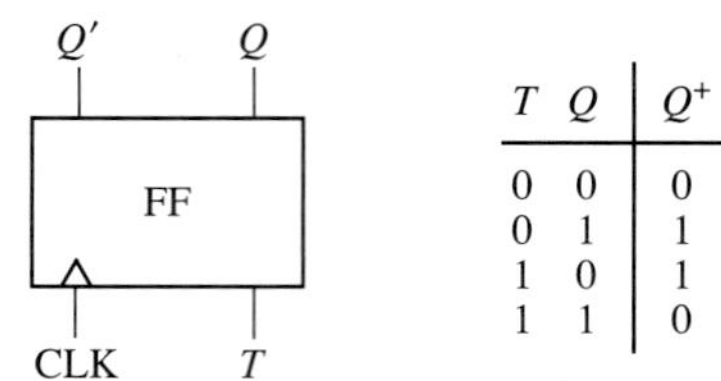

T	Q	Q^+
0	0	0
0	1	1
1	0	1
1	1	0

그림 1-13 클럭이 있는 T 플립플롭

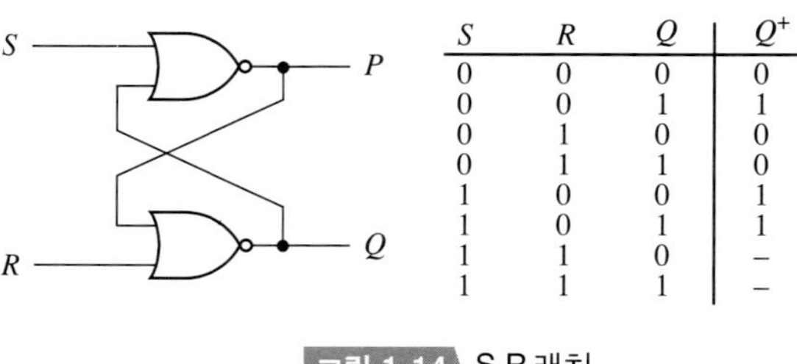

S	R	Q	Q^+
0	0	0	0
0	0	1	1
0	1	0	0
0	1	1	0
1	0	0	1
1	0	1	1
1	1	0	–
1	1	1	–

그림 1-14 S-R 래치

고 $P = Q'$이 된다. $S = R = 0$이면 상태가 바뀌지 않는다. 만약 $R = S = 1$이면, $P = Q = 0$이 된다. 그러나 두 출력은 항상 보수이어야 하기 때문에 적절한 플립플롭의 상태라고 할 수 없다. 만약 현재 $R = S = 1$인 두 입력이 동시에 0으로 바뀌면, 발진이 일어날 수 있다. 이러한 이유로, S와 R이 동시에 1이 되는 것을 허용해서는 안 된다. 특성방정식을 유도하기 위해 $S = R = 1$이 절대 발생하지 않는다고 가정하면, $Q^+ = S + R'Q$이 된다. 여기서 Q^+는 어떤 입력 변화가 Q 출력으로 전파된 후의 상태를 나타낸다.

게이트(gated) D 래치(그림 1-15)는 투과형(transparent) D 래치라고도 하며, 다음과 같이 동작한다: 만약 게이트 신호 $G = 1$이면, 출력 Q는 D 입력을 따른다($Q^+ = D$). 만약 $G = 0$이면, 래치는 Q의 이전 값을 유지한다($Q^+ = Q$). 근본적으로 디바이스는 $G = 1$이 아니면 입력의 변화에 반응하지 않는다; 단순히 G가 0이 되기 바로 전의 입력을 "래치"한다. D 래치는 레벨-반응(level-sensitive) D 플립플롭이라고도 한다. 만약 게이트 입력 G를 클럭으로 보면, 래치는 클럭 레벨이 높으면 동작하고, 클럭 레벨이 낮으면 입력에 반응하지 않는 디바이스로 취급될 수 있다.

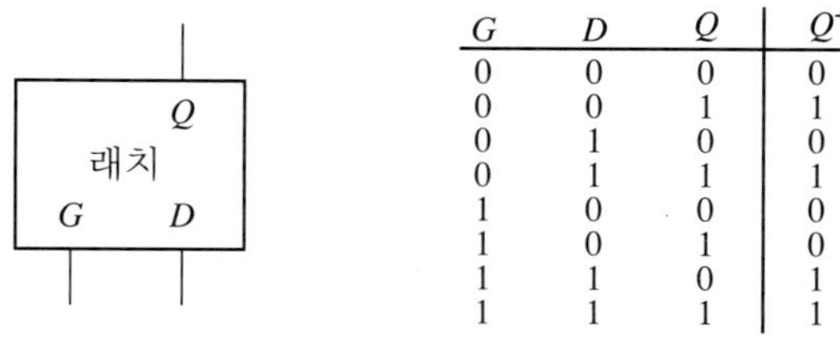

G	D	Q	Q^+
0	0	0	0
0	0	1	1
0	1	0	0
0	1	1	1
1	0	0	0
1	0	1	0
1	1	0	1
1	1	1	1

그림 1-15 투과형 D 래치

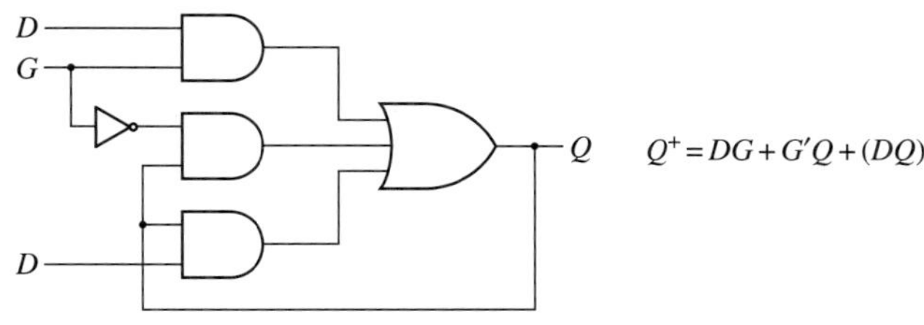

그림 1-16 D 래치의 구현

D 래치에 대한 특성방정식은 $Q^+ = GD + G'Q$이다. 그림 1-16은 게이트를 사용하여 D 래치를 구현한 것이다. Q^+는 1-해저드를 가지고 있으므로, 해저드를 제거하기 위해 AND 게이트를 추가하였다.

1.7 밀리(Mealy) 순차회로 설계

순차회로에는 밀리(Mealy)와 무어(Moore)라는 두 가지 기본 타입이 있다. 밀리 회로에서의 출력은 현재 상태와 현재 입력 모두에 의해 결정되고, 무어 회로에서의 출력은 현재 상태에 의해서만 결정된다. 밀리 순차회로의 일반적인 모델은 출력과 다음 상태를 결정하는 조합회로와 현재 상태를 저장하는 상태 레지스터로 구성된다(그림 1-17 참조). 상태 레지스터는 보통 D 플립플롭으로 구성된다. 일반적인 동작 순서는 다음과 같다: (1) 입력 X가 새로운 값으로 바뀐다; (2)

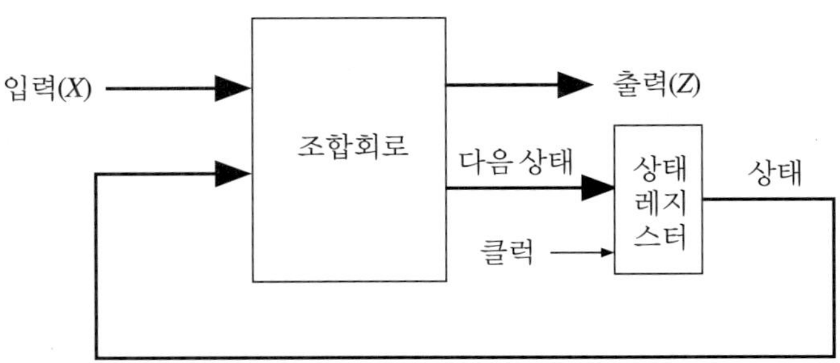

그림 1-17 밀리 순차 머신의 일반적인 모델

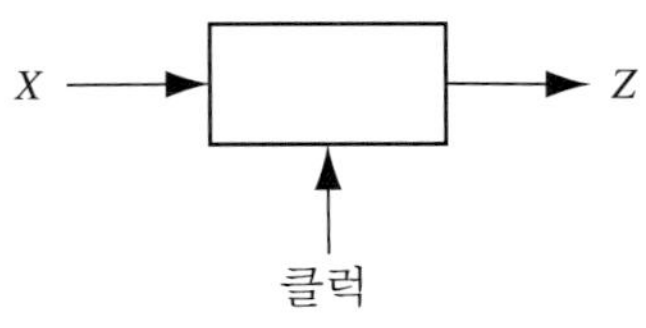

그림 1-18 시퀀스 검출기의 블록도

시간이 지연된 후 해당하는 Z 출력과 다음 상태가 조합회로의 출력에 나타난다; (3) 다음 상태는 클럭에 의해 상태 레지스터로 입력되어 상태가 바뀐다. 새로운 상태는 조합회로로 피드백되고, 이러한 과정이 반복된다.

1.7.1 밀리 머신의 설계 예 1: 시퀀스 검출기

클럭이 있는 밀리 순차회로의 설계를 설명하기 위해 시퀀스 검출기(sequence detector)를 설계하자. 회로는 그림 1-18의 블록도에서 나타낸 형태를 갖는다.

이 회로는 입력 X로 들어가는 일련의 0과 1을 조사하여, 입력 시퀀스가 1 0 1로 끝날 때에만 출력 $Z = 1$을 내보낸다. 입력 X는 클럭 펄스 사이에서만 변한다. 출력 $Z = 1$은 1 0 1에서 마지막 1과 동시에 발생한다. 출력이 1일 때 회로는 리셋되지 않는다. 전형적인 입력 시퀀스와 이에 대응하는 출력 시퀀스는 다음과 같다.

$$
\begin{aligned}
X &= 0\ \ 0\ \ 1\ \ 1\ \ 0\ \ 1\ \ 1\ \ 0\ \ 0\ \ 1\ \ 0\ \ 1\ \ 0\ \ 1\ \ 0\ \ 0 \\
Z &= 0\ \ 0\ \ 0\ \ 0\ \ 0\ \ 1\ \ 0\ \ 0\ \ 0\ \ 0\ \ 0\ \ 1\ \ 0\ \ 1\ \ 0\ \ 0
\end{aligned}
$$

이 시퀀스 검출기에 대한 상태 그래프(state graph)를 만들어 보자. 리셋 상태로 지정된 S_0에서 시작한다. 만약 입력으로 0을 받으면, 우리가 찾고 있는 입력 시퀀스는 0으로 시작하지 않으므로 상태 S_0에 그대로 머물러 있어야 한다. 그러나 1을 받으면 회로는 새로운 상태로 이동하여야 하며, 이 상태를 S_1으로 나타낸다. 만약 S_1에서 입력으로 0을 받으면, 회로는 요구되는 시퀀스의 처음 두 입력(1 0)을 받았다는 것을 기억하기 위해 새로운 상태(S_2)가 되어야 한다. 다시 S_2에서

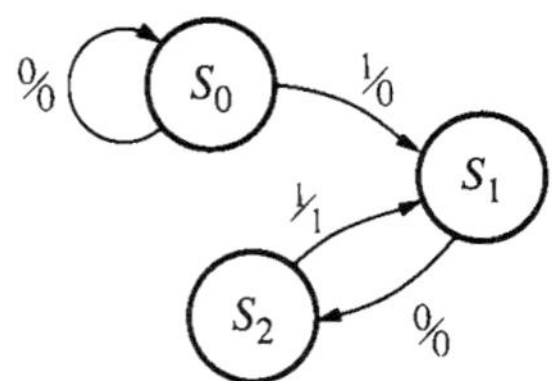

그림 1-19 시퀀스 검출기의 부분적인 상태 그래프

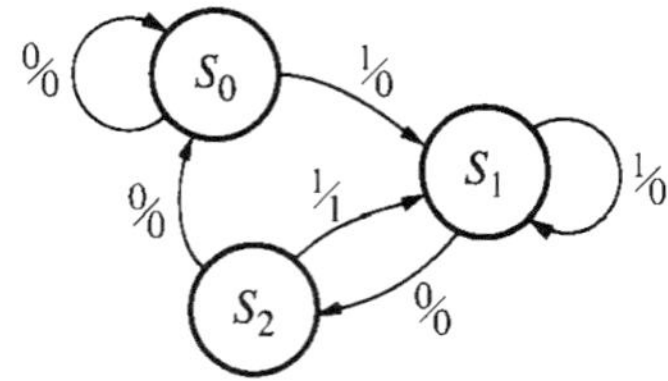

그림 1-20 시퀀스 검출기를 위한 최종 밀리 상태 그래프

입력으로 1을 받으면 요구되는 입력 시퀀스를 완전히 받았으므로, 출력은 1이 되어야 한다. 이 출력은 밀리 출력으로 내보내지고, 검출된 시퀀스의 마지막 1과 동시에 일어난다. 우리는 지금 밀리 회로를 설계하고 있으므로, 시퀀스 101을 받았다는 것을 나타내는 새로운 상태로 이동하지 않을 것이다. S_2에서 입력으로 1을 받을 때, 회로가 시퀀스를 검출할 때마다 리셋되어서는 안 되므로 출발 상태인 S_0로 이동할 수 없다. 그러나 한 시퀀스의 마지막 1은 또 다른 시퀀스의 첫 번째 1이 될 수 있으므로 S_1 상태로 이동할 수 있다. 그림 1-19는 현 시점에서의 부분적인 상태 그래프를 나타낸다.

상태 S_2에서 입력으로 0을 받으면, 연속으로 두 0을 받은 것이 되므로 회로를 S_0로 리셋시켜야 한다. 만약 S_1에서 입력으로 1을 받으면, 이 1은 찾으려는 새로운 시퀀스의 첫 번째 1이 될 수 있기 때문에 S_1에 그대로 머무를 수 있다. 그림 1-20은 최종적인 상태 그래프를 보여준다. S_0는 시작 상태를 나타내고, 상태 S_1은 1로 끝나는 시퀀스를 받았다는 것을 나타내며, 상태 S_2는 10으로 끝나는 시퀀스를 받았다는 것을 나타낸다. 표 1-3은 상태 그래프를 상태표로 변환한 것이다. 표의 S_2 행은 입력 1에 대한 1의 출력을 나타낸다.

다음으로, 특정 플립플롭의 값을 특정 상태와 연관시키는 **상태 할당**(state assignment)을 해야 한다. 상태 할당을 하기 위한 방법에는 두 가지가 있다. 즉, (1) one-hot 상태 할당과 (2) 인코딩된 상태 할당이다. one-hot 상태 할당에서는 각 상태에 하나의 플립플롭이 사용된다. 따라서 이 회로를 one-hot 방법을 사용하여 구현한다면, 세 개의 플립플롭이 필요하게 된다. 인코딩된 상태 할당에서는 각 상태를 유일한 조합으로 표현하기 위한 플립플롭의 개수만 있으면 된다. 이 절에서 설계하고 있는 시퀀스 검출기는 세 가지 상태를 가지고 있으므로, 모든 상태를 나타내기 위해서는 적어도 두 개의 플립플롭이 필요하다. 이 설계에서는 인코딩된 상태 할당을 사용할 것이다. 두 플립플롭을 A와 B로 나타내자. 플립플롭의 상태 $A=0$, $B=0$은 상태 S_0에 해당한다; $A=0$, $B=1$은 상태 S_1에 해당한다; 그리고 $A=1$, $B=0$은 상태 S_2에 해당한다. 회로의 상태 천이표(transition table)는 표 1-4와 같다.

이 표로부터 출력 Z와 다음 상태를 위한 K-맵을 작성할 수 있다. 일반적으로, 다음 상태는 A^+와 B^+로 나타낸다. 그림 1-21은 세 가지 K-맵을 보여준다.

다음 단계는 요구되는 다음 상태를 얻기 위한 플립플롭 입력식을 유도하는 것이다. 만약 D 플립플롭이 사용되면, 단순히 예상되는 플립플롭의 다음 상태가 플립플롭의 입력이 된다. 따라서

표 1-3 시퀀스 검출기의 상태표

현재 상태	다음 상태		현재 출력	
	$X=0$	$X=1$	$X=0$	$X=1$
S_0	S_0	S_1	0	0
S_1	S_2	S_1	0	0
S_2	S_0	S_1	0	1

표 1-4 시퀀스 검출기를 위한 상태 천이표

AB	A^+B^+		Z	
	X=0	X=1	X=0	X=1
00	00	01	0	0
01	10	01	0	0
10	00	01	0	1

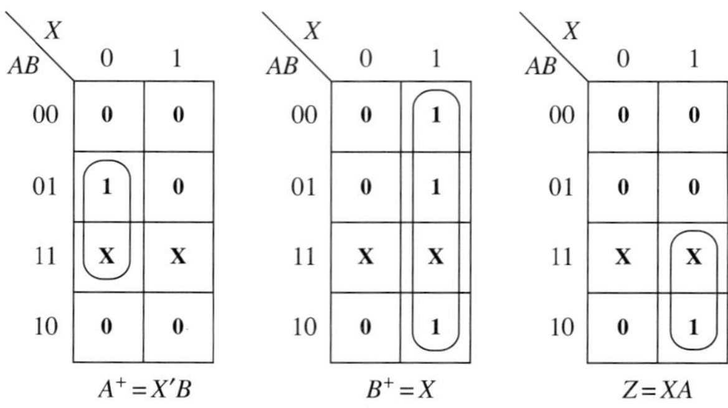

그림 1-21 시퀀스 검출기의 출력과 다음 상태를 위한 K-맵

플립플롭 A와 B에 대해, $D_A = A^+$이고 $D_B = B^+$이다. 그림 1-22는 결과로 얻은 회로를 보여준다.

1.7.2 밀리 머신의 설계 예 2: BCD를 3초과 코드로 바꾸는 변환기

좀 더 복잡한 밀리 순차회로의 예로, 8-4-2-1 이진화 십진수(binary coded decimal, BCD)를 3초과(excess-3) 십진수로 바꾸는 직렬 코드 변환기를 설계한다. 입력(X)은 최하위 비트(LSB)를 첫 번째로 하여 순차적으로 입력되며, 출력 역시 순차적으로 생성된다. 표 1-5의 리스트는 시간 t_0, t_1, t_2, t_3에서의 입력과 요구되는 출력을 나타낸다. 네 개의 입력을 받은 후, 회로는 또 다른 BCD를 받기 위해 초기상태로 리셋되어야 한다.

3초과 코드는 BCD 코드에 0011을 더한 것이다. 예를 들면 다음과 같다.

$$\begin{array}{r} 0\ 1\ 0\ 0 \\ +\ 0\ 0\ 1\ 1 \\ \hline 0\ 1\ 1\ 1 \end{array} \qquad \begin{array}{r} 0\ 1\ 0\ 1 \\ +\ 0\ 0\ 1\ 1 \\ \hline 1\ 0\ 0\ 0 \end{array}$$

만약 모든 BCD 비트가 동시에 이용 가능하다면, 이 코드 변환기는 네 개의 입력과 네 개의 출력을 갖는 조합회로로 구현될 수 있다. 그러나 여기서는 각 비트가 순차적으로 한 번에 한 비트씩 들어온다. 따라서 순차적으로 코드 변환이 일어나도록 구현하여야 한다.

그러면 코드 변환기를 위한 상태 그래프를 그려보자(그림 1-23(a)). 시작 상태는 S_0로 나타낸다.

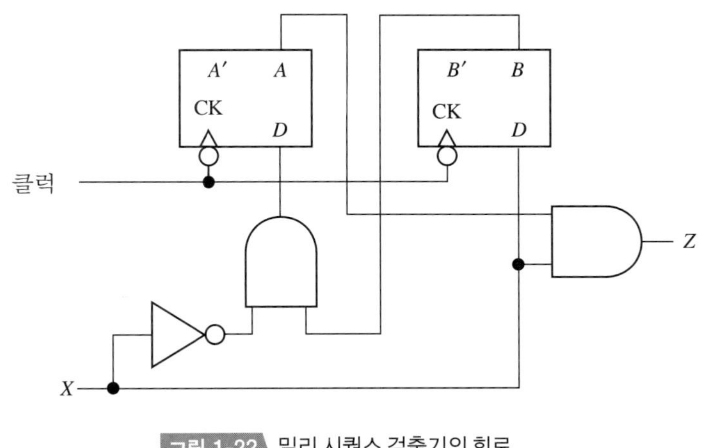

그림 1-22 밀리 시퀀스 검출기의 회로

표 1-5 코드 변환기

입력 X(BCD)				출력 Z(3초과)			
t_3	t_2	t_1	t_0	t_3	t_2	t_1	t_0
0	0	0	0	0	0	1	1
0	0	0	1	0	1	0	0
0	0	1	0	0	1	0	1
0	0	1	1	0	1	1	0
0	1	0	0	0	1	1	1
0	1	0	1	1	0	0	0
0	1	1	0	1	0	0	1
0	1	1	1	1	0	1	0
1	0	0	0	1	0	1	1
1	0	0	1	1	1	0	0

첫 번째 비트가 도착하면, 이 비트에 0011의 최하위 비트인 1을 더한다. 여기서 0011은 3초과 코드를 얻기 위해 BCD에 더해야 하는 수이다. 따라서 t_0에서는 최하위 비트에 1을 더하고, 만약 $X = 0$이면 $Z = 1$(캐리 없음)이 되고, $X = 1$이면 $Z = 0$(캐리 = 1)이 된다. 최하위 비트에 대하여 첫 번째 덧셈을 수행한 후, 캐리가 없으면 상태는 S_1이 되고, 캐리가 있으면 S_2가 된다고 하자.

t_1에서는 두 번째 도착한 비트에 1을 더한다. 먼저 첫 번째 덧셈에서 캐리가 발생하지 않았다고(상태 S_1) 가정하자. 이때 $X = 0$이면 $Z = 0 + 1 + 0 = 1$이 되고 캐리는 발생하지 않으며(상태 S_3), $X = 1$이면 $Z = 1 + 1 + 0 = 0$이 되고 캐리가 발생한다(상태 S_4). 다음으로, 첫 번째 덧셈에서 캐리가 발생했다고(상태 S_2) 가정하자. 이때 $X = 0$이면 $Z = 0 + 1 + 1 = 0$이 되고 캐리가 발생하며(상태 S_4), $X = 1$이면 $Z = 1 + 1 + 1 = 1$이 되고 캐리가 발생한다(상태 S_4).

t_2에서는 세 번째 도착한 비트에 0을 더하며, S_5(캐리 없음)나 S_6로의 천이도 유사한 방법으로

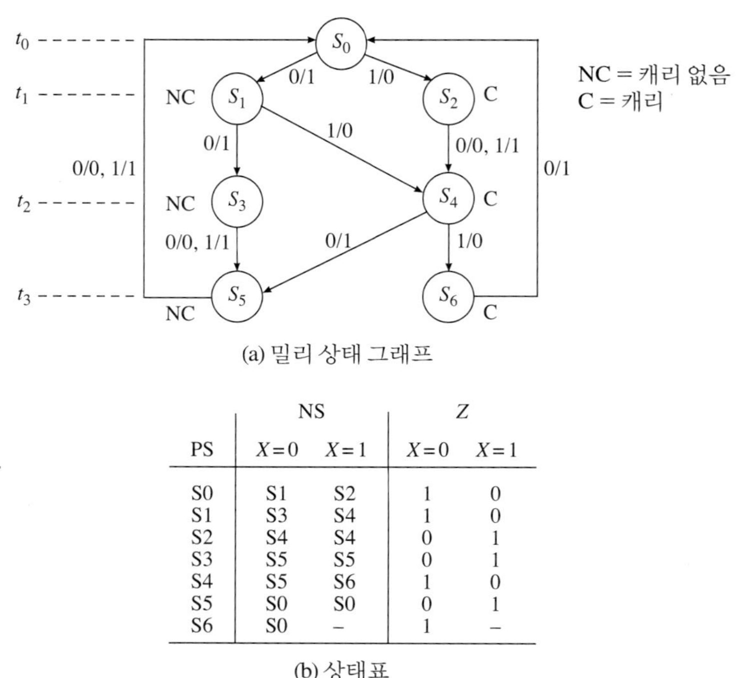

(a) 밀리 상태 그래프

PS	NS $X=0$	NS $X=1$	Z $X=0$	Z $X=1$
S0	S1	S2	1	0
S1	S3	S4	1	0
S2	S4	S4	0	1
S3	S5	S5	0	1
S4	S5	S6	1	0
S5	S0	S0	0	1
S6	S0	–	1	–

(b) 상태표

그림 1-23 코드 변환기를 위한 상태 그래프와 표

결정된다. t_3에서도 0이 다시 더해지고, 회로는 S_0로 리셋된다.

그림 1-23(b)는 해당하는 상태표를 보여준다. 이 시점에서, 계속 진행하기 전에 표의 상태 개수가 최소인지 확인해야 하며(1.9절 참조), 그런 다음 상태 할당을 해야 한다. 이 표는 7개의 상태를 가지고 있으며, 인코딩된 상태 할당에서는 이 표를 구현하기 위해 세 개의 플립플롭이 필요할 것이다. one-hot 상태 할당 방법에서는 각 상태에 한 개의 플립플롭이 사용된다. 따라서 이 회로를 one-hot 상태 할당 방법으로 구현한다면, 7개의 플립플롭이 필요하다. 다음 단계는 플립플롭의 상태를 이 표에서의 상태와 연관짓는 상태 할당을 수행하는 것이다. 시퀀스 검출기의 예에서 사용한 이진 상태 할당에서는 연속으로 상태 번호를 매겼는데, 여기서는 최적으로 번호를 할당하는 방법을 찾을 것이다. 최적의 상태 할당은 여러 가지 요인들의 영향을 받는다. 많은 경우에, 필요한 논리회로를 줄일 수 있는 상태 할당을 찾아야 한다. 몇몇 종류의 프로그래머블 로직에서는 연속으로 번호를 매기는 이진 상태 할당이 다른 방법과 마찬가지로 동작을 잘 한다. 프로그래머블 게이트 어레이에서는 one-hot 상태 할당을 선호할 수도 있다. 최근에는 실리콘 칩의 트랜지스터 집적도가 높아지면서 최적의 상태 할당에 대한 중요도가 떨어졌다.

논리회로를 줄이기 위해서는 다음 지침에 따라 상태를 할당할 것이다(자세한 내용은 『*Fundamentals of Logic Design*, 5판』[Thomson Brooks/Cole, 2004] 참조).

I. 주어진 입력에 대하여 동일한 다음 상태(NS)를 갖게 되는 상태들은 서로 인접하도록 할당한

다(상태표의 세로 열 참조).

II. 동일한 상태의 다음 상태들은 서로 인접하도록 할당한다(가로 행 참조).

III. 주어진 입력에 대하여 출력이 동일한 상태들은 서로 인접하도록 할당한다.

이러한 지침들을 사용하면, 다음 상태와 출력함수를 위한 카노 맵에서 1들이 서로 모이게 된다. 이러한 지침을 따르면, 다음 상태들은 서로 인접하도록 할당하여야 한다.

I. (1, 2), (3, 4), (5, 6) ($X=1$인 열에서 S_1과 S_2는 모두 다음 상태 S_4를 가지고 있고; $X=0$인 열에서 S_3와 S_4는 다음 상태 S_5를 가지고 있으며; S_5와 S_6는 다음 상태 S_0를 가지고 있다.)

II. (1, 2), (3, 4), (5, 6) (S_1과 S_2는 S_0의 다음 상태이고; S_3와 S_4는 S_1의 다음 상태이며; S_5와 S_6는

Q_2Q_3 \ Q_1	0	1
00	S0	S1
01		S2
11	S5	S3
10	S6	S4

(a) 할당 맵

	$Q_1^+Q_2^+Q_3^+$		Z	
$Q_1Q_2Q_3$	$X=0$	$X=1$	$X=0$	$X=1$
000	100	101	1	0
100	111	110	1	0
101	110	110	0	1
111	011	011	0	1
110	011	010	1	0
011	000	000	0	1
010	000	xxx	1	x
001	xxx	xxx	x	x

(b) 상태 천이표

그림 1-24 BCD를 3초과 코드로 바꾸는 변환기의 상태 할당

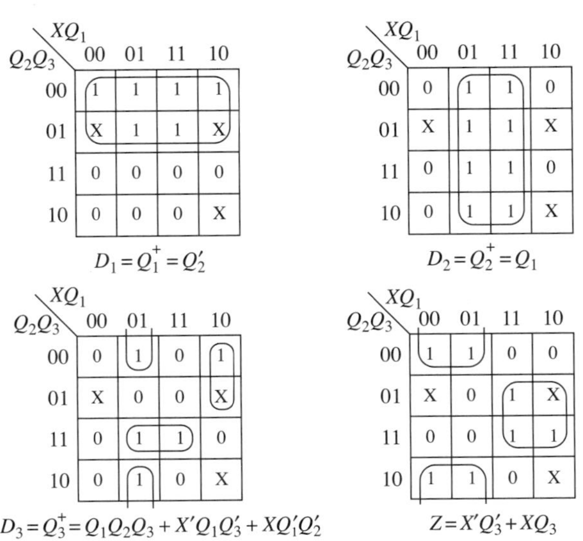

그림 1-25 코드 변환기를 위한 카노 맵

S_4의 다음 상태이다.)

III. (0, 1, 4, 6), (2, 3, 5)

그림 1-24는 위의 지침을 만족하는 상태 할당 맵과 상태 천이표를 보여준다. 상태 001은 사용되지 않으므로, 이 상태에서의 출력과 다음 상태는 don't care가 된다. 그림 1-25는 이 표로부터 유도한 다음 상태 식과 출력식을 보여준다. 그림 1-26은 NAND 게이트와 D 플립플롭을 사용하여 코드 변환기를 구현한 것이다.

만약 J-K 플립플롭을 D 플립플롭 대신에 사용하면, 다음 상태 맵으로부터 J-K 플립플롭을 위한 입력식을 유도할 수 있다. 플립플롭의 현재 상태(Q)와 다음 상태(Q^+)가 주어지면, 입력 J와 K는 여기표(excitation table)라고 알려진 표 1-6에 의해 결정된다. 이 표는 그림 1-12의 진리표로부터 얻어진다.

그림 1-27은 그림 1-24의 상태 할당을 사용하여 그림 1-23의 상태표에 대한 J-K 플립플롭의 입력식을 유도하는 과정을 보여준다. 먼저 Q_1^+를 사용하여 플립플롭 Q_1에 대한 J-K 입력식을 유도하는 것으로부터 시작한다. 앞의 표로부터 Q_1이 0일 때는 언제나 $J = Q_1^+$이고 $K = X$이다. 따라서 J_1 맵에서 $Q_1 = 0$인 절반은 Q_1^+과 같이 채우고, K_1 맵에서 $Q_1 = 0$인 절반은 모두 X로 채운

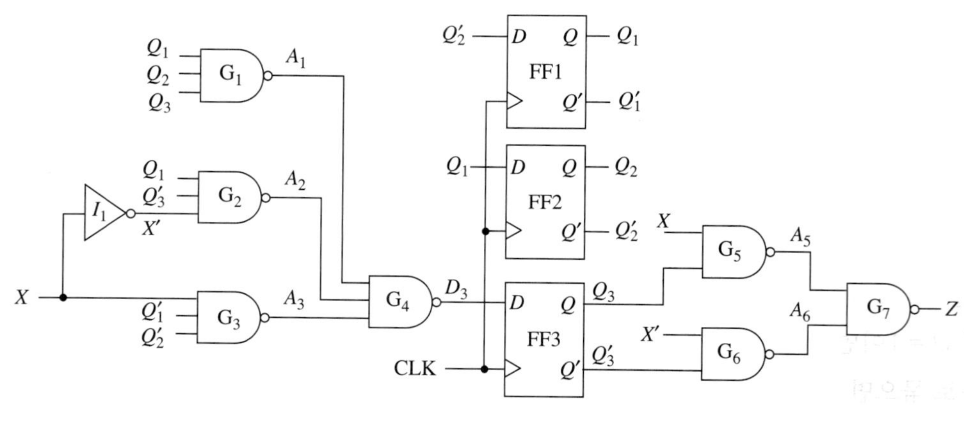

그림 1-26 코드 변환기의 구현

표 1-6 J-K 플립플롭을 위한 여기표

Q	Q^+	J	K	
0	0	0	X	(Q는 변화가 없음; J는 0이 되어야 하고, Q를 0으로 리셋시키기 위해 K는 1이 될 수 있다.)
0	1	1	X	($Q = 1$로 변화; 셋 또는 토글시키기 위해 J는 1이 되어야 한다.)
1	0	X	1	($Q = 0$으로 변화; 리셋 또는 토글시키기 위해 K는 1이 되어야 한다.)
1	1	X	0	(Q는 변화가 없음; K는 0이 되어야 하고, Q를 1로 셋시키기 위해 J는 1이 될 수 있다.)

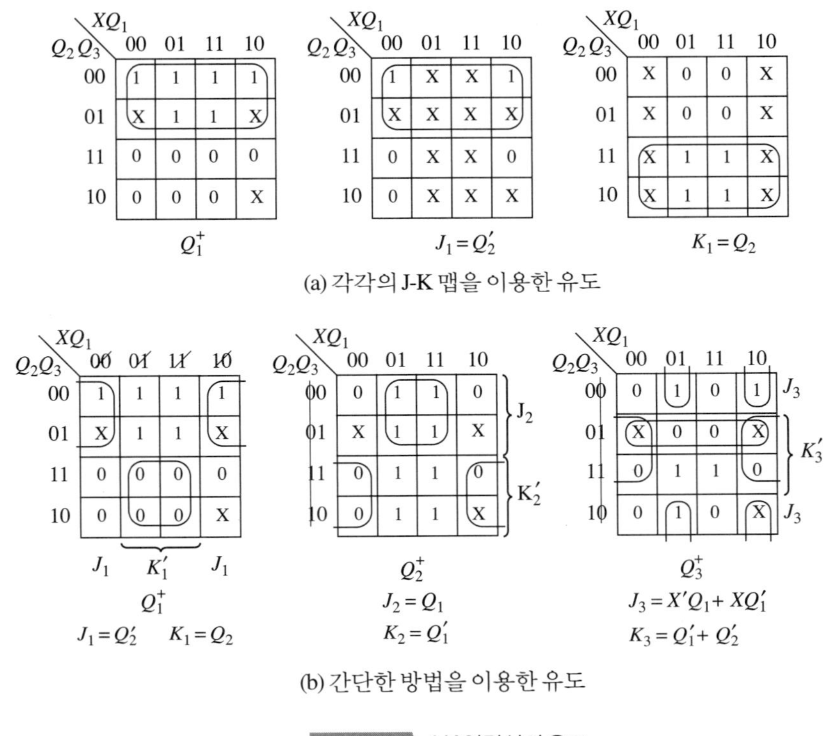

그림 1-27 J-K 입력식의 유도

다. Q_1이 1이면, $J_1 = X$이고 $K_1 = (Q_1^+)'$이다. 따라서 J_1 맵에서 $Q_1 = 1$인 절반은 X로 채우고, K_1 맵에서 $Q_1 = 1$인 절반은 Q_1^+의 보수로 채운다. J와 K 맵에서 각각의 절반은 don't care이므로, 그림 1-27(b)에서 보여주는 바와 같이 J와 K 맵을 따로 그리는 대신에 Q^+ 맵에서 J와 K를 직접 나타낼 수 있다. 이와 같이 간단한 방법은 다음과 같은 사실에 기반을 두고 있다: 만약 $Q = 0$이면 $J = Q^+$이고, 따라서 J를 얻기 위해서는 $Q = 0$인 맵의 절반부분에 있는 1을 루프로 묶으면 된다. 만약 $Q = 1$이면 $K = (Q^+)'$이고, 따라서 K를 얻기 위해서는 $Q = 1$인 맵의 절반부분에 있는 0을 루프로 묶으면 된다. J와 K를 읽어낼 때 Q는 일정한 값(0 또는 1)으로 설정되기 때문에, J와 K의 식은 Q에 독립적이다. J와 K를 좀 더 쉽게 읽어내기 위해, 각 맵에서 해당하는 Q를 제거할 수 있다. 이와 같이 간단하게 하는 방법은 실질적으로 네 개의 변수를 갖는 Q^+ 맵을 세 개의 변수를 갖는 두 개의 맵, 즉 $Q = 0$인 맵과 $Q = 1$인 맵으로 나누는 것과 동일하다.

다음은 순차회로를 설계할 때 필요한 단계를 요약한 것이다.

1. 설계 규격이 주어지면, 입력과 출력 시퀀스 사이에 요구되는 관계를 결정한다. 다음으로 상태 그래프와 상태표를 구한다.
2. 이 표에서 상태의 개수를 최소한으로 줄인다. 우선 행을 서로 비교하여 중복되는 행을 제거한다. 다음으로 관련항 표를 작성하고 1.9절에 있는 절차를 따른다.
3. 최소한으로 줄인 표에 m개의 상태가 있으면($2^{n-1} < m \leq 2^n$), n개의 플립플롭이 필요하다. 이

표의 각 상태를 플립플롭 상태의 유일한 조합으로 할당한다. 이러한 방법을 인코딩된 상태 할당이라고 한다. 또 다른 방법으로는 *m*개의 플립플롭이 사용되는 one-hot 상태 할당이 있다.

4. 상태표의 각 상태 대신에 할당된 플립플롭의 상태를 사용하여 상태 천이표를 작성한다. 얻어지는 상태 천이표에서 출력과 플립플롭의 다음 상태는 입력과 플립플롭의 현재 상태의 항으로 기술된다.
5. 각 플립플롭에 대하여 다음 상태 맵과 입력 맵을 작성하고, 플립플롭의 입력식과 출력식을 유도한다.
6. 이용할 수 있는 논리 게이트로 플립플롭의 입력식과 출력식을 구현한다.
7. 컴퓨터 시뮬레이션이나 또 다른 방법을 사용하여 설계를 검사한다.

단계 2~7까지는 적절한 CAD(computer-aided design) 프로그램을 사용하여 수행할 수 있다.

1.8 무어(Moore) 순차회로 설계

무어 회로에서의 출력은 현재 상태에 의해서만 결정된다. 무어 머신은 밀리 머신에 비해 설계와 오류 수정이 쉽지만, 더 많은 상태를 필요로 한다. 무어 머신에서는 상태 천이 중에 출력이 나오지 않는다. 출력은 전적으로 상태에 의해 결정된다.

1.8.1 무어 머신의 설계 예 1: 시퀀스 검출기

예로서 무어 방법을 사용하여 1.7.1절의 시퀀스 검출기를 설계해 보자. 이 회로는 입력 X로 들어가는 일련의 0과 1을 조사하여 입력 시퀀스가 101로 끝날 때에만 출력 $Z=1$을 내보낸다. 입력 X는 클럭 펄스 사이에서만 변한다. 출력이 1일 때 회로는 리셋되지 않는다.

밀리 머신의 예와 마찬가지로, 그림 1-28에서 리셋 상태로 지정된 S_0에서 시작한다. 입력으로 0을 받으면, 우리가 찾고 있는 입력 시퀀스는 0으로 시작하지 않으므로 상태 S_0에 그대로 머물

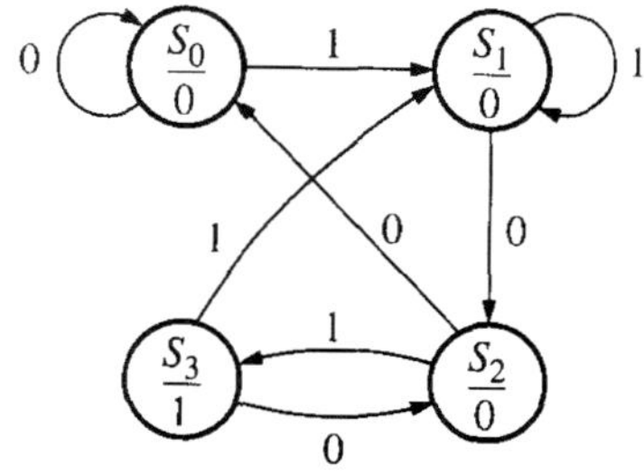

그림 1-28 무어 시퀀스 검출기를 위한 상태 그래프

표 1-7 시퀀스 검출기의 상태표

현재 상태	다음 상태 $X=0$	다음 상태 $X=1$	현재 출력(Z)
S_0	S_0	S_1	0
S_1	S_2	S_1	0
S_2	S_0	S_3	0
S_3	S_2	S_1	1

표 1-8 무어 시퀀스 검출기의 상태 천이표

AB	A^+B^+ $X=0$	A^+B^+ $X=1$	Z
00	00	01	0
01	11	01	0
11	00	10	0
10	11	01	1

러 있어야 한다. 그러나 1을 받으면, 회로는 새로운 상태 S_1으로 이동하여야 한다. S_1에서 입력으로 0을 받으면, 회로는 요구되는 시퀀스의 처음 두 입력(10)을 받았다는 것을 기억하기 위해 새로운 상태(S_2)가 되어야 한다. 다시 S_2에서 입력으로 1을 받으면 요구되는 입력 시퀀스를 완전히 받았다는 것을 나타내기 위해 새로운 상태가 되어야 하고, 이 새로운 상태를 S_3로 나타낸다. S_3의 출력은 1이어야 하고, S_0, S_1, S_2의 출력은 0이어야 한다. 시퀀스 100은 회로를 S_0로 리셋시킨다. 시퀀스 1010은 입력으로 1을 하나 더 받으면 Z는 다시 1이 되어야 하므로, 회로를 S_2로 돌려보내야 한다.

회로에 대한 상태표는 표 1-7과 같다. 출력은 현재 상태에 의해서만 결정되고 X에는 종속되지 않으므로, 출력을 위한 열은 하나 밖에 없다. 이러한 시퀀스 검출기는 표 1-3의 밀리 시퀀스 검출기보다 한 개의 상태가 더 필요하다는 것을 주의하기 바란다.

네 개의 상태가 있으므로, 회로의 구현을 위해서는 두 개의 플립플롭이 필요하다. S_0는 $AB=00$, S_1은 $AB=01$, S_2는 $AB=11$, S_3는 $AB=10$이 되도록 상태를 할당하면, 표 1-8과 같은 상태 천이표를 얻는다.

출력함수 $Z=AB'$이다. Z는 플립플롭의 상태에 의해서만 결정되고 X와는 관계가 없다는 것을 주의하기 바란다. 이에 반해 해당하는 밀리 머신의 Z는 X의 함수였다(그림 1-21에서 $Z=AX$였다). 상태 천이표로부터 다음 상태 맵을 작성할 수 있고, 플립플롭의 입력을 이끌어낼 수 있다.

1.8.2 무어 머신의 설계 예 2: NRZ를 맨체스터 코드(Manchester Code)로 바꾸는 변환기

무어 순차회로 설계의 또 다른 예로서 직렬 데이터를 위한 변환기를 설계할 것이다. 이진 데

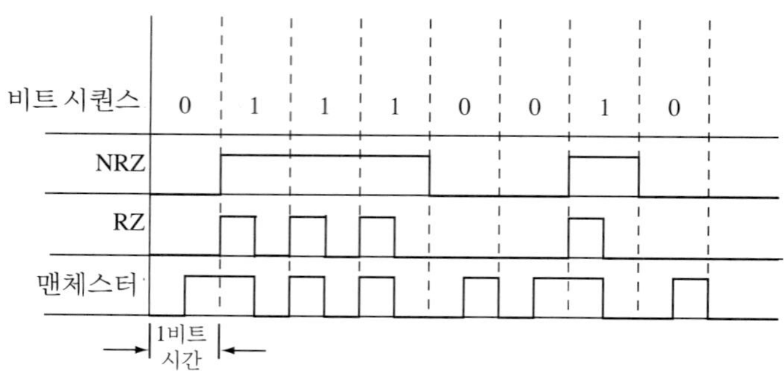

그림 1-29 직렬 데이터 전송을 위한 코딩 방법

이터는 직렬 스트림 형태의 비트로 자주 컴퓨터 간에 전송된다. 그림 1-29는 직렬 데이터에 대한 세 가지 서로 다른 코딩 방법을 보여준다. 이 예는 비트 시퀀스 0, 1, 1, 1, 0, 0, 1, 0의 전송을 보여준다. NRZ(nonreturn-to-zero) 코드에서 각 비트는 한 비트 시간 동안 어떤 변화도 없이 전송된다. 반면에, RZ(return-to-zero) 코드에서 0은 한 비트 시간 동안 전부 0으로 전송되지만, 1은 비트 시간의 전반부에서는 1로 전송되고, 나머지 후반부에서는 신호가 0으로 되돌아간다. 맨체스터 코드에서 0은 비트 시간의 전반부에서는 0으로 전송되고, 나머지 후반부에서는 1로 전송된다. 그러나 1은 전반부에서는 1로 전송되고, 나머지 후반부에서는 0으로 전송된다. 따라서 맨체스터로 인코딩된 비트는 항상 비트 시간의 중간에서 변한다.

NRZ 코드로 된 비트 스트림을 맨체스터 코드로 된 비트 스트림으로 변환하는 무어 순차회로를 설계할 것이다(그림 1-30 참조). 이 설계를 위해 기본 비트 클럭의 두 배가 되는 클럭(*CLOCK2*)을 사용할 것이다. 만약 NRZ 비트가 0이면 *CLOCK2*의 두 주기 동안 0이 될 것이고, NRZ 비트가 1이라면 *CLOCK2*의 두 주기 동안 1이 될 것이다. 따라서 리셋 상태(S_0)에서 시작하여, 입력 시퀀스는 00과 11의 두 가지 경우만 가능하고, 해당하는 출력 시퀀스는 각각 01과 10이 된다. 첫

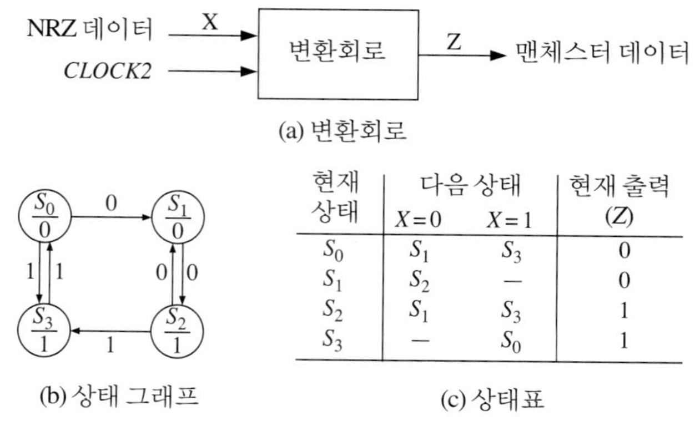

현재 상태	다음 상태 $X=0$	다음 상태 $X=1$	현재 출력 (Z)
S_0	S_1	S_3	0
S_1	S_2	—	0
S_2	S_1	S_3	1
S_3	—	S_0	1

(c) 상태표

그림 1-30 NRZ를 맨체스터 코드로 바꾸는 변환기의 회로

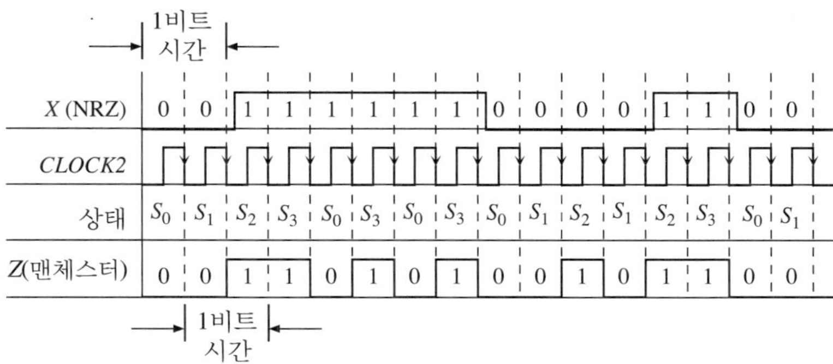

그림 1-31 무어 회로의 타이밍

번째로 0을 받으면, 회로는 S_1이 되고 출력은 0이 된다; 두 번째 0을 받으면, 회로는 S_2가 되고 출력은 1이 된다. S_0에서 시작하여, 만약 첫 번째로 1을 받으면, 회로는 S_3가 되고 출력은 1이 된다; 두 번째 1을 받으면, 출력이 0이 되는 상태로 가야 한다. S_0는 출력이 0이고 회로가 또 다른 00이나 11의 시퀀스를 곧바로 받을 수 있기 때문에, 상태가 다시 S_0가 되도록 할 수 있다. S_2에서 00 시퀀스를 받으면, 회로는 S_1으로 갔다가 다시 S_2로 되돌아온다. 만약 S_2에서 11 시퀀스를 받으면, 회로는 S_3가 되고, 그리고 S_0로 되돌아간다. 해당하는 무어 상태표는 발생할 수 없는 입력 시퀀스에 해당하는 두 개의 don't care를 갖는다.

그림 1-31은 무어 회로에 대한 타이밍 차트를 보여준다. 맨체스터 출력은 NRZ 입력에 대하여 한 클럭 시간지연이 된다는 것에 주의하라. 이와 같이 지연되는 이유는 무어 회로가 클럭의 활성에지가 발생할 때까지 입력에 응답할 수 없기 때문이다. 그러나 밀리 회로에서의 출력은 입력이 바뀌면 다음 클럭이 되기 전에 변할 수 있다.

1.9 등가 상태(Equivalent State)와 상태표의 축소(Reduction of State Table)

등가 상태의 개념은 순차회로의 설계와 테스팅에서 중요하다. 이 개념은 회로에서 사용되는 하드웨어를 줄이는 데 도움이 된다. 만약 순차회로에서 입력 시퀀스와 출력 시퀀스를 관찰하여 두 상태를 구별할 수 없을 때, 두 상태는 등가(equivalent)라고 한다. 두 순차회로 N_1과 N_2를 생각해 보자(그림 1-32 참조). N_1과 N_2는 동일한 회로를 복사한 것일 수도 있다. N_1은 s_i에서 시작하고, N_2는 s_j에서 시작한다. 같은 입력 시퀀스 $\underline{X}$를 두 회로에 입력시키고 출력 시퀀스 $\underline{Z}_1$과 $\underline{Z}_2$를 관찰하자(밑줄은 시퀀스를 나타냄). 만약 $\underline{Z}_1$과 $\underline{Z}_2$가 같다면, 다시 회로의 상태를 s_i와 s_j로 리셋시킨 후, 다른 시퀀스를 입력시키고 $\underline{Z}_1$과 $\underline{Z}_2$를 관찰한다. 만약 모든 가능한 입력 시퀀스에 대해 출력 시퀀스가 같다면, s_i와 s_j는 등가라고 말한다($s_i \equiv s_j$). 공식적으로 등가 상태는 다음과 같이 정의될 수

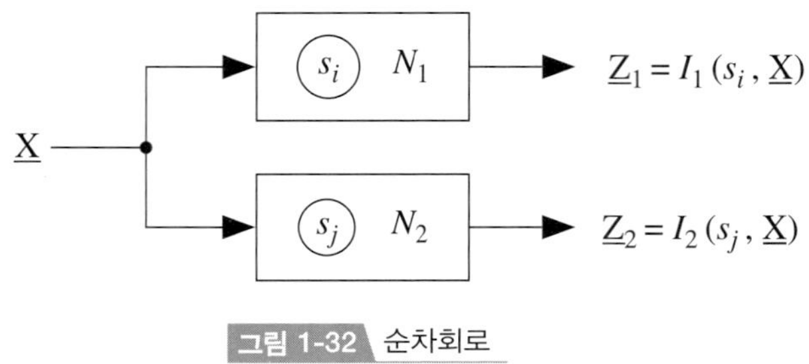

그림 1-32 순차회로

있다: 모든 입력 시퀀스 $\underline{X}$에 대하여, 두 출력 시퀀스 $\underline{Z}_1 = \lambda_1(s_i, \underline{X})$와 $\underline{Z}_2 = \lambda_2(s_j, \underline{X})$가 서로 같은 경우에 한하여 $s_i \equiv s_j$이다. 이 방법은 적어도 이론적인 면에서 무한 길이의 입력 시퀀스를 요구하기 때문에, 상태의 등가를 테스트하기 위한 실용적인 방법이 아니다. 실제로 상태의 개수가 유한하다면 테스트 시퀀스의 길이를 제한할 수 있다.

상태의 등가를 결정하는 좀 더 실제적인 방법은 상태 등가 정리를 사용하는 것이다: 모든 단일 입력 X에 대해, 출력이 동일하고 다음 상태가 같은 경우에 한하여 $s_i \equiv s_j$이다. 등가의 정의를 사용할 때에는 모든 입력 시퀀스를 고려해야 하지만, 시스템의 내부 상태에 관한 정보는 필요하지 않다. 상태 등가 정리를 사용할 때에는 출력과 다음 상태를 관찰해야 하지만, 입력 시퀀스가 아닌 단일 입력만을 생각하면 된다.

그림 1-33(a)의 표는 등가 상태들을 제거함으로써 줄일 수 있다. 먼저 상태 a와 h는 $X = 0$일 때와 $X = 1$일 때 모두 동일한 다음 상태와 출력을 갖는 것을 알 수 있다. 따라서 $a \equiv h$이고, 표에서 h 행을 제거하고 h를 a로 대체할 수 있다. 남은 상태들이 등가인지 결정하기 위해 상태 등가 정리를 사용할 것이다. 표에서 상태 a와 b에 대한 출력이 같으므로, $c \equiv d$이고 $e \equiv f$인 경우에 한하여 $a \equiv b$이다. c-d와 e-f는 a-b를 위한 함축된 쌍(implied pair)이라고 한다. 함축된 쌍을 찾기 위해, 그림 1-33(b)에 나타낸 바와 같이 **함축 차트**(implication chart)를 만든다. a 열과 b 행이 교차하는 네모칸 안에 그러한 의미가 내포(함축)된 c-d와 e-f를 기입한다. 상태 d와 e는 서로 다른 출력을 가지므로, $d \not\equiv e$를 나타내기 위해 d-e 네모칸을 X로 표시한다. 이와 같은 방법으로 함축 차트를 완성한 후, 차트 전체에 걸쳐 또 한 번의 과정을 수행한다. e-g 네모칸은 c-e와 b-g를 포함하고 있다. c-e 네모칸은 X로 표시되어 있으므로 $c \not\equiv e$이고, 이것은 $e \not\equiv g$임을 의미하므로 e-g 네모칸을 X로 표시한다. 유사한 방법으로, $a \not\equiv g$이므로 f-g 네모칸을 X로 표시한다. 차트 전체에 걸쳐서 함축된 쌍으로 e-g나 f-g를 포함하는 모든 네모칸을 X로 표시한다(차트에서 점선으로 X를 표시한 부분). 다음 과정에서 X로 표시할 네모칸이 더 이상 없으므로, 이러한 처리를 종료한다. 등가가 아닌 상태에 해당하는 네모칸을 모두 X로 표시했기 때문에, 남아 있는 각 네모칸의 좌표는 등가인 한 쌍의 상태를 나타낸다. 첫 번째 열로부터 $a \equiv b$; 세 번째 열로부터 $c \equiv d$; 다섯 번째 열로부터 $e \equiv f$임을 알 수 있다.

상태 등가를 결정하는 함축표 방법은 다음과 같이 요약될 수 있다.

현재 상태	다음 상태 X=0	1	현재 출력 X=0	1
a	c	f	0	0
b	d	e	0	0
c	~~h~~a	g	0	0
d	b	g	0	0
e	e	b	0	1
f	f	a	0	1
g	c	g	0	1
~~h~~	~~c~~	~~f~~	~~0~~	~~0~~

(a) 행 매칭을 이용한 상태표 축소

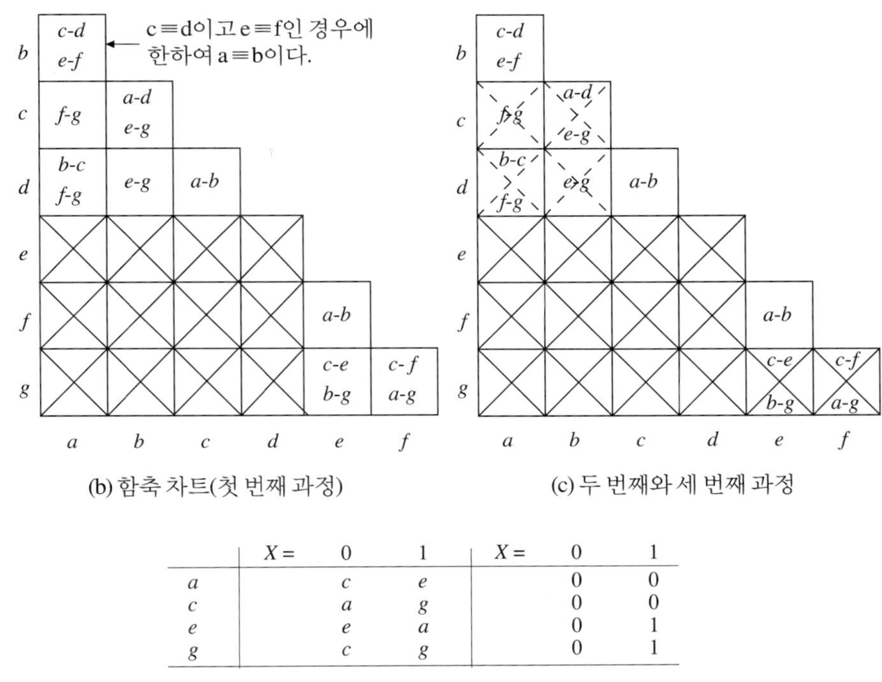

(b) 함축 차트(첫 번째 과정)

(c) 두 번째와 세 번째 과정

	X= 0	1	X= 0	1
a	c	e	0	0
c	a	g	0	0
e	e	a	0	1
g	c	g	0	1

(d) 최종적으로 축소된 표

그림 1-33 상태표 축소

1. 각 상태의 쌍을 네모칸으로 나타내는 차트를 작성한다.
2. 상태표에서 행의 모든 쌍을 비교한다. 만약 상태 i와 j의 출력이 서로 다르다면 $i \neq j$임을 나타내기 위해 i-j 네모칸을 X로 표시한다. 만약 출력이 서로 같다면 i-j 네모칸 안에 함축된 쌍을 기입한다. (만약 i와 j의 다음 상태가 입력 x에 대하여 각각 m과 n이면, m-n은 함축된 쌍이다.) 만약 출력과 다음 상태가 같다면(또는 i-j가 그 자체를 의미하면), $i \equiv j$임을 나타내기 위해 i-j 네모칸 안에 체크(√) 표시를 한다.
3. 표 전체에 걸쳐 각 네모칸 별로 다음과 같은 처리를 한다. 만약 i-j 네모칸이 함축된 쌍 m-n을

포함하고, m-n 네모칸이 X로 표시되어 있으면 $i \neq j$이고, i-j 네모칸은 X로 표시되어야 한다.

4. 만약 단계 3에서 X가 추가되었다면, X가 추가되지 않을 때까지 단계 3을 반복한다.
5. X로 표시되지 않는 각 i-j 네모칸은 $i \equiv j$이다.

만약 원한다면, 함축표를 구성하기 전에 상태표를 부분적으로 줄이기 위해 행 매칭을 사용할 수 있다. 비록 이 과정을 밀리 표에 대해 설명하였지만, 같은 과정을 무어 표에도 적용할 수 있다.

두 순차회로는, 만약 첫 번째 회로의 모든 상태가 두 번째 회로에서 등가 상태를 가지면, 등가라고 한다.

이와 같은 최적화 기술은 CAD 툴에 들어 있다. 상태 최소화의 중요성은 칩의 트랜지스터 집적도가 높아짐에 따라서 최근 들어 조금 감소하였다; 그러나 회로의 면적과 전력을 줄이기 위한 상태 최소화는 여전히 중요시되고 있다.

1.10 순차회로의 타이밍

순차회로의 정확한 동작은 여러 가지 타이밍 이슈와 관련이 있다. 순차회로 설계 시에는 플립플롭, 게이트, 배선의 전파지연, 플립플롭의 셋업 시간(setup time)과 홀드 시간(hold time), 클럭 동기, 클럭 스큐(clock skew) 등이 중요한 이슈가 된다. 이 절에서는 순차회로의 타이밍과 관련된 다양한 주제들을 살펴본다.

1.10.1 전파지연; 셋업 시간과 홀드 시간

클럭이 변하는 시간에서부터 출력 Q가 변하는 시간까지, 비록 작지만 어느 정도의 시간지연은 있다. 이 시간을 **전파지연**(propagation delay)이라 하고, 그림 1-34에 이것을 나타내었다. 전파지연은 출력이 하이(high)에서 로우(low)로 변할 때와 로우에서 하이로 변할 때가 서로 다르다. 그림에서, 출력 Q가 로우에서 하이로 변할 때 발생하는 전파지연은 t_{plh}로 나타내고, 하이에

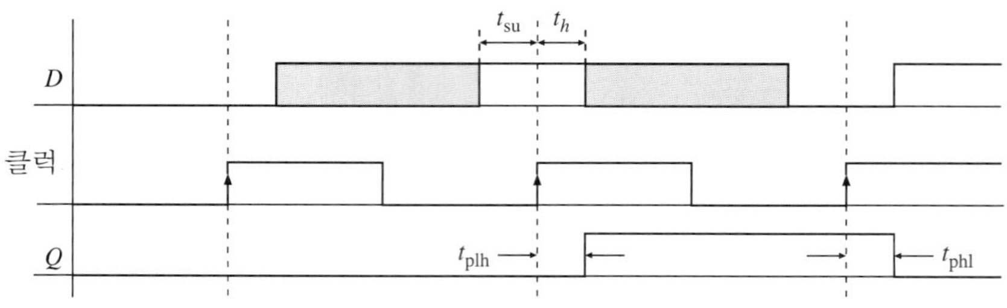

그림 1-34 D 플립플롭의 셋업 시간과 홀드 시간

서 로우로 변할 때 발생하는 전파지연은 t_{phl}로 나타낸다.

이상적인 D 플립플롭에서 입력 D가 클럭의 활성에지와 엄밀하게 동일한 시간에 변하여도, 플립플롭은 정확히 동작한다. 그러나 실제 D 플립플롭에서 입력 D는 클럭의 활성에지 이전에 어느 정도의 시간 동안 안정되어야 하는데, 이 구간을 셋업 시간(t_{su})이라고 한다. 또한 입력 D는 클럭의 활성에지 이후에 어느 정도의 시간 동안 안정되어야 하는데, 이 구간을 홀드 시간(t_h)이라고 한다. 그림 1-34는 클럭의 상승에지에서 상태가 변하는 D 플립플롭의 셋업 시간과 홀드 시간을 보여준다. 그림에서 음영으로 처리된 시간 영역에서 D는 언제라도 변할 수 있지만, 클럭의 활성에지 이전의 t_{su} 시간 동안과 클럭의 활성에지 이후의 t_h 시간 동안은 반드시 안정되어야 한다. 이러한 금지된 구간에서는 D가 언제 변하여도 D 플립플롭의 상태가 변할지의 여부를 단정할 수 없다. 심지어는 플립플롭이 오동작을 할 수 있고, 짧은 펄스가 출력되거나 발진이 일어날 수도 있다. t_{su}와 t_h의 최소값과 t_{plh}와 t_{phl}의 최대값은 제조회사의 데이터 시트에서 얻을 수 있다.

1.10.2 최대 동작 클럭주파수

동기 순차회로에서 상태 변화는 클럭의 활성에지 직후에 발생한다. 순차회로의 최대 클럭주파수는 여러 가지 요인들의 영향을 받는다. 모든 플립플롭과 레지스터의 입력들이 클럭의 다음 활성에지 이전에 안정되도록, 클럭 주기는 충분히 길어야 한다. 순차회로의 타이밍은 전파지연, 셋업 시간과 홀드 시간 등으로 인하여 복잡해진다.

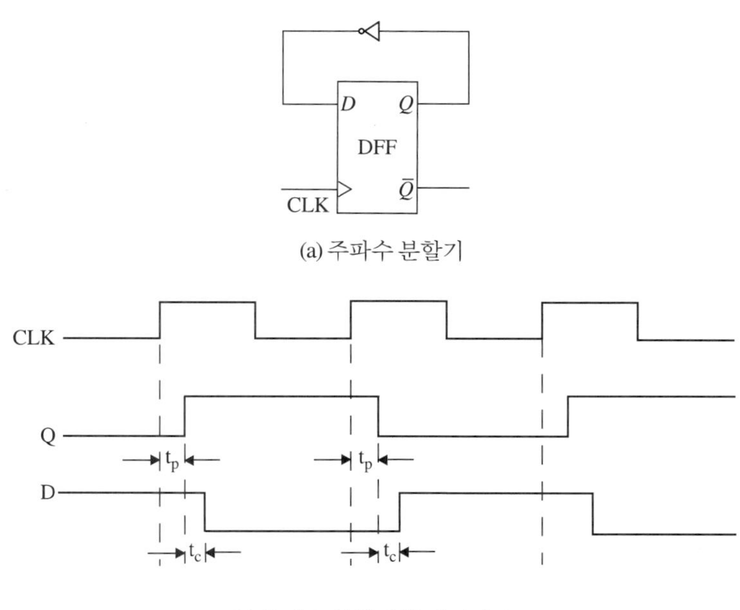

(a) 주파수 분할기

(b) 주파수 분할기의 타이밍도

그림 1-35 간단한 주파수 분할기

그림 1-35(a)에 나타낸 간단한 회로를 살펴보자. D 플립플롭의 출력은 인버터를 통해 입력으로 되돌아온다. 클럭은 그림 1-35(b)에서 보여주는 CLK 파형과 같다고 가정한다. 만약 플립플롭의 현재 출력이 1이면, 인버터에서 전파지연이 발생한 후에 플립플롭의 입력 D에 0의 값으로 나타난다. 클럭의 다음 활성에지가 셋업 시간이 경과한 후에 들어오면, 플립플롭의 출력은 0으로 바뀔 것이다. 이러한 과정이 계속되며, 플립플롭의 출력 Q는 클럭 주기의 두 배가 되는 파형이 된다. 근본적으로 이 회로는 주파수 분할기로 동작을 한다.

만약 클럭주파수가 조금 증가하면, 회로의 출력주파수는 증가된 클럭주파수의 절반만큼 증가할 것이다. 그러나 주파수가 어느 정도 이상 증가하면, 인버터의 출력은 필요한 셋업 시간을 만족시키기에 충분한 시간 동안 안정되지 못할 수도 있다. 마찬가지로, 인버터가 매우 빠르게 동작하여 반전된 출력이 D 입력에 신속히 공급될 수 있다고 하더라도, 플립플롭의 홀드 시간을 충족시키지 못할 수도 있으므로 타이밍 문제가 발생하게 된다. 따라서 전파지연, 셋업 시간과 홀드 시간의 요구조건들로부터 다양하게 발생되는 타이밍 문제를 쉽게 볼 수 있다.

1.10.3 올바른 동작을 위한 타이밍 조건

그림 1-17과 같은 일반적인 형태의 회로에서, 조합회로의 최대 전파지연은 t_{cmax}이고, 클럭이 변하는 시점부터 플립플롭의 출력이 변하는 시점까지 최대 전파지연은 t_{pmax}라고 가정한다. 여기서 t_{pmax}는 t_{plh}와 t_{phl} 중의 최대값이다. 올바른 동작을 보장하기 위해, 이 회로는 다음 네 가지 조건을 만족시켜야 한다.

1. **클럭 주기는 플립플롭의 셋업 시간을 충족시키기에 충분히 길어야 한다.** 클럭 주기는 플립플롭이 변하기에 충분히 긴 시간이어야 하고, 다시 조합회로의 출력이 변하기에 충분히 긴 시간이어야 하며, 그러고 나서 셋업 시간을 충족시키기에 충분히 긴 시간이 남아 있어야 한다. 일단 클럭이 들어오면, 플립플롭의 출력이 변하기까지 최대 t_{pmax}의 지연 시간이 걸리고, 조합회로의 출력이 변하기까지 최대 t_{cmax}의 지연 시간이 걸린다. 따라서 클럭의 활성에지가 들어오는 시간에서부터 Q의 변화가 다시 D 플립플롭의 입력으로 되돌아오는 데까지 걸리는 최대 시간은 $t_{pmax} + t_{cmax}$이다. 플립플롭의 올바른 동작을 보장하기 위해, 조합회로의 출력은 클럭 주기가 끝나기 이전에 t_{su} 시간 동안 안정되어야 한다. 만약 클럭 주기를 t_{ck}라고 하면

$$t_{ck} \geq t_{pmax} + t_{cmax} + t_{su}$$

   이며, t_{ck}와 $(t_{pmax} + t_{cmax} + t_{su})$ 사이의 시간 차이를 셋업 시간의 허용 범위라고 한다.

2. **클럭 주기는 플립플롭의 홀드 시간을 충족시키기에 충분히 길어야 한다.** 클럭 에지가 들어오면 Q가 변하고, 이 Q의 변화는 조합회로를 통해 D로 되돌아오는데, 이때 D가 너무 일찍 변하게 되면 홀드 시간 위반이 발생할 수 있다. 홀드 시간은 다음과 같은 조건에서 만족된다.

$$t_{p\min} + t_{c\min} \geq t_h$$

홀드 시간 위반을 검사할 때, 최악의 경우는 타이밍 파라미터들이 최소값을 가질 때 발생한다. 일반적인 플립플롭에서는 $t_{p\min} > t_h$이기 때문에, Q의 변화에 의한 홀드 시간 위반은 일어나지 않는다.

3. **회로의 외부 입력 변화는 플립플롭의 셋업 시간을 만족시켜야 한다.** 회로의 입력 X가 클럭의 활성에지와 시간적으로 너무 가까이에서 변하게 되면 셋업 시간 위반이 발생할 수 있다. 순차회로의 입력 X가 변할 때, 클럭의 활성에지가 발생하기 이전에 셋업 시간이 만족되도록, 이 입력의 변화가 플립플롭의 입력으로 전파되도록 해야 한다. 입력 X가 클럭의 활성에지가 들어오기 t_x 시간 전에 변한다고 가정하자(그림 1-36 참조). X의 변화가 플립플롭의 입력으로 전달되기까지 조합회로의 최대 전파지연 시간이 걸릴 수 있다. 클럭 에지가 들어오기 전까지 아직 t_{su}의 시간 여유가 남아 있어야 한다. 셋업 시간은 다음과 같은 조건에서 만족된다.

$$t_x \geq t_{cx\max} + t_{su}$$

여기서 $t_{cx\max}$는 X에서 플립플롭의 입력까지의 최대 전파지연 시간을 나타낸다.

4. **회로의 외부 입력 변화는 플립플롭의 홀드 시간을 만족시켜야 한다.** 홀드 시간을 만족시키기 위해서 X는 클럭이 발생한 시점 이후 너무 짧은 시간 내에 변하지 말아야 한다. 만약 X의 변화가 0시간 안에 플립플롭의 입력으로 전파되면, X는 클럭의 활성에지 이후 t_h 시간 동안 변하지 말아야 한다. 다행히 X의 변화가 플립플롭까지 도달하는 데는 얼마간의 전파지연 시간이 걸린다. $t_{cx\min}$을 X에서 플립플롭 입력까지의 최소 전파지연이라고 하면, 클럭 에지가 발생한 이후 적어도 $t_{cx\min}$의 시간이 경과할 때까지 X의 변화는 플립플롭 입력에 도달하지 못할 것이다(그림 1-36 참조). 따라서 클럭의 활성에지가 들어온 시점에서 t_y 시간이 지난 후에 X가 변한다고 하면, 다음 조건일 때 홀드 시간이 만족된다.

$$t_y \geq t_h - t_{cx\min}$$

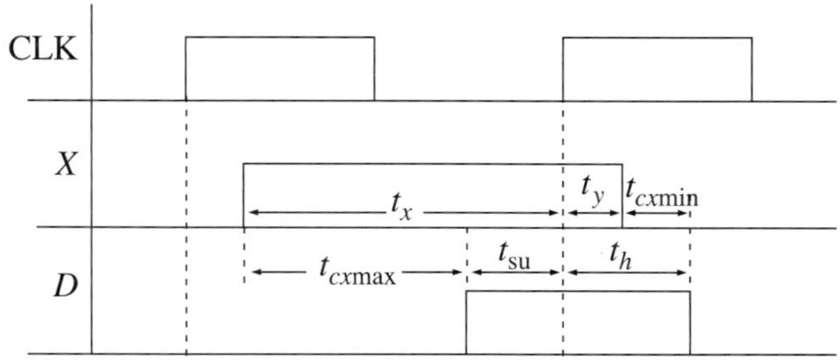

그림 1-36 X 변화에 대한 셋업 시간과 홀드 시간

만약 t_y가 음수이면, X는 클럭의 활성에지 이전에 변할 수 있고, 여전히 홀드 시간을 만족시킬 수 있다.

주어진 회로에서, 위의 원리들을 사용하면 안전한 동작주파수와 입력이 변할 수 있는 안전한 영역을 결정할 수 있다. 예로서 그림 1-35(a)의 주파수 분할기 회로를 생각해 보자. 만약 인버터의 최소 지연과 최대 지연이 각각 1 ns와 3 ns이고, t_{pmin}과 t_{pmax}는 각각 5 ns와 8 ns라고 하면, 클럭의 최대 주파수는 위의 요구조건 (1)을 사용하여 유도할 수 있다. 플립플롭의 셋업 시간과 홀드 시간은 각각 4 ns와 2 ns라고 가정하자. 회로가 올바로 동작하기 위해서는 $t_{ck} \geq t_{pmax} + t_{cmax} + t_{su}$이어야 한다. 이 예에서, 플립플롭의 t_{pmax}는 8 ns, t_{cmax}는 3 ns, t_{su}는 4 ns이다. 그러므로

$$t_{ck} \geq 8 + 3 + 4 = 15 \text{ ns}$$

이며, 최대 클럭주파수는 $1/t_{ck} = 66.67$ MHz이다. 또한 홀드 시간의 요구조건을 만족시키는지 확인하여야 한다. 홀드 시간 요구조건은 입력 D가 클럭 에지가 발생한 시점 이후 2 ns 내에 변하지 말아야 하는 것을 의미한다. 만약 $t_{pmin} + t_{cmin} \geq 2$ ns이면, 이 조건은 만족될 것이다. 이 회로에서, t_{pmin}은 5 ns이고 t_{cmin}은 1 ns이다. 따라서 Q 출력은 클럭 에지 이후 5 ns가 될 때까지 절대로 변하지 않을 것이며, 인버터를 통해 전파되는 데까지 최소한 1 ns 이상이 더 경과한다. 따라서 입력 D는 클럭 에지 이후 6 ns가 될 때까지 변하지 않을 것이며, 자동적으로 홀드 시간 요구조건을 만족시킨다. 외부 입력이 없으므로, 고려해야 할 타이밍 요구조건은 더 이상 없다.

그림 1-37(a)와 같은 회로에 대하여 알아보자. 조합회로의 지연은 2～4 ns 플립플롭의 전파지연은 5～10 ns, 셋업 시간은 8 ns, 그리고 홀드 시간은 3 ns라고 가정하자. 셋업 시간을 만족시키기 위해, 클럭 주기는 $t_{pmax} + t_{cmax} + t_{su}$보다 커야 한다.

$$t_{ck} \geq 10 + 4 + 8 = 22 \text{ ns}$$

만약 클럭이 발생한 이후 3 ns가 될 때까지 출력이 변하지 않으면, 홀드 시간 요구조건은 만족된다. 여기서 출력은 $t_{pmin} + t_{cmin}$ 시간이 지날 때까지 변하지 않는다. t_{pmin}은 5 ns이고 t_{cmin}은 2 ns이므로, 출력은 7 ns가 될 때까지 변하지 않고, 이것은 자동적으로 홀드 시간 요구조건을 만족시킨다. 이 회로에는 외부 입력이 있으며, 위의 요구조건 (3)과 (4)를 사용하여 입력 X가 안전하게 변할 수 있는 영역을 확인할 수 있다. 입력 X는 클럭 에지가 발생하기 이전 $t_{cxmax} + t_{su}$(즉, 4 ns + 8 ns) 시간 동안 안정되어야 한다. 이와 마찬가지로, 입력 X는 클럭 에지 이후 $t_h - t_{cxmin}$(즉, 3 ns − 2 ns) 동안 안정되어야 한다. 따라서 입력 X는 클럭 에지가 발생하기 이전 12 ns 동안 변하지 않아야 하고, 클럭 에지가 발생한 이후 1 ns 동안 변하지 않아야 한다. 비록 홀드 시간이 3 ns이지만, 입력 X의 변화가 플립플롭의 입력 D로 전파되기까지 최소 2 ns(조합회로의 최소 지연)가 걸리므로, 입력 X는 클럭 에지가 발생한 후 1 ns가 지나면 변할 수 있다. X의 파형에서 음영으로 처리된 부분은 입력 신호 X가 회로에서 오동작을 유발시키지 않고 변할 수 있는 안전한 영역을

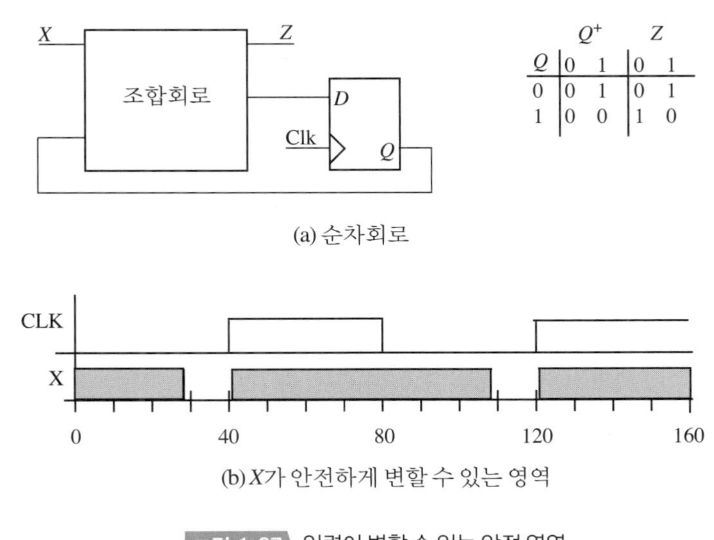

그림 1-37 입력이 변할 수 있는 안전 영역

나타낸다.

1.10.4 순차회로의 글리치

순차회로는 흔히 비동기 외부 입력을 받는다. 입력 변화는 출력과 다음 상태에서 순간적으로 잘못된 값을 가질 수 있는데, 이것을 글리치(glitch)라고 한다. 예를 들어 그림 1-23(b)의 상태표를 그림 1-17의 형태로 구현한다면, 타이밍 파형은 그림 1-38과 같이 나타난다. 플립플롭에서의 전파지연은 무시한다. 따라서 상태 변화는 클럭 에지와 동시에 발생한다. 이 예에서 입력 시퀀스는 0 0 1 0 1 0 0 1이고, X는 클럭 펄스의 중간에 변한다고 가정한다. 주어진 시간의 다음 상태와 출력 Z는 상태표를 통해 알 수 있다. 예를 들면 시간 t_a에서 상태는 S_5이고 $X = 0$이며, 따라서

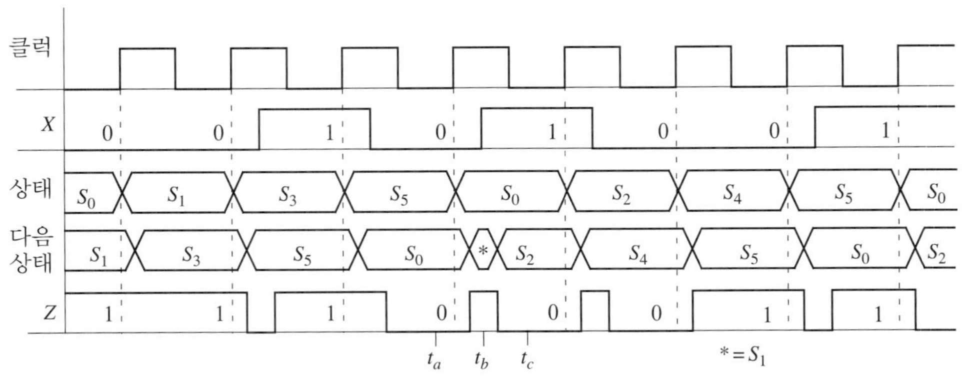

그림 1-38 코드 변환기의 타이밍도

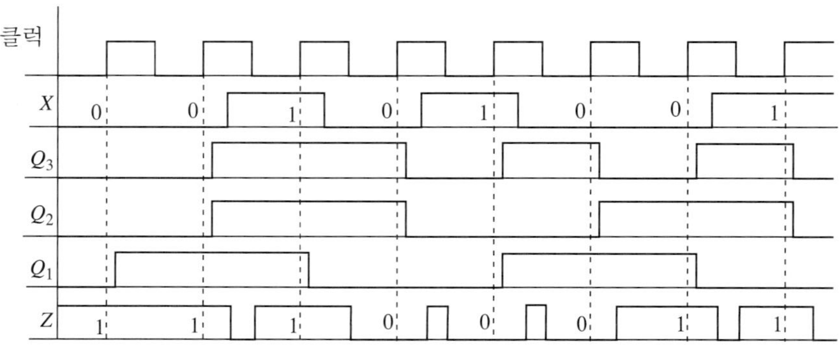

그림 1-39 그림 1-26 회로에 대한 타이밍도

다음 상태는 S_0이고 $Z = 0$이다. 클럭의 상승에지 다음에 오는 시간 t_b에서 상태는 S_0이고, X는 여전히 0이며, 따라서 다음 상태는 S_1이고 $Z = 1$이다. X가 1로 변한 후, 시간 t_c에서 다음 상태는 S_2가 되고 $Z = 0$이 된다. t_b에서 **글리치**(잘못된 출력이라고도 함)가 발생하는 것을 주목하기 바란다. X의 변화가 클럭의 활성에지와 정확하게 동기되지 않기 때문에, 출력 Z는 순간적으로 t_b에서 잘못된 값을 갖는다. 파형에 나타낸 바와 같이, 정확한 출력 시퀀스는 1 1 1 0 0 0 1 1이다. 여러 글리치가 정확한 출력 사이사이에서 나타난다. 그러나 Z를 정확한 시간에 읽으면 전혀 문제가 되지 않는다. t_b에서 다음 상태에 발생한 글리치(S_1) 또한 문제가 되지 않는데, 그 이유는 다음 상태가 클럭의 활성에지에서 정확한 값을 갖기 때문이다.

그림 1-39는 그림 1-26의 회로에서 얻은 타이밍 파형을 보여준다. 상태가 세 플립플롭의 상태들로 대체된 것과, 각각의 게이트와 플립플롭이 10 ns의 전파지연을 가진다고 가정한 것을 제외하고는 그림 1-38에 나타낸 타이밍 파형과 비슷하다.

1.10.5 동기 설계

가장 일반적으로 사용되는 디지털 설계 기술 중의 하나는 **동기 설계**(synchronous design)이다. 이러한 종류의 동기 설계는 시스템의 모든 플립플롭, 레지스터, 카운터들이 동기에 맞추어 동작하도록 클럭을 사용한다. 동기 회로는 비동기 회로보다 신뢰성이 더 높다. 동기 회로에서 사건들은 클럭의 활성에지 직후에 발생한다. 한 부분에서의 출력을 회로의 다음 부분으로 전파하는 데에 한 클럭 사이클 전부를 이용할 수 있다. 동기 설계는 비동기 설계에 비해 설계와 오류 수정이 더 쉽다.

그림 1-40은 동기 디지털 시스템의 예를 보여준다. 시스템이 여러 모듈이나 디바이스들로 구성된다고 가정하자. 디바이스들은 플립플롭, 레지스터, 카운터, 가산기, 곱셈기 등이 될 수 있다. 동기 시스템에서 모든 순차 디바이스는 동일 클럭에 대하여 동기되어 있다. 디지털 시스템을 보

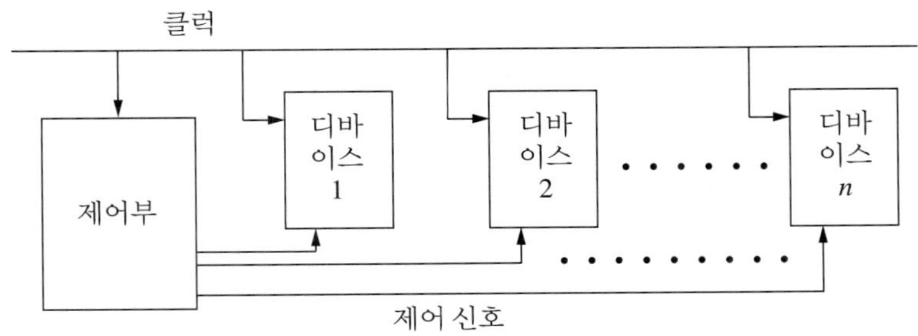

그림 1-40 동기 디지털 시스템

는 가장 일반적인 방법은, 시스템이 **제어 부분**(control section)과 **데이터 부분**(data section)으로 구성된 것으로 보는 것이다. 그림 1-40에서 보여주는 디바이스들은 데이터 부분의 일부이다. 제어 부분은 데이터 부분의 동작을 제어하는 신호를 발생시키는 순차 머신이다. 예를 들어 데이터 부분에 시프트 레지스터가 있다면, 제어 부분은 언제 레지스터가 로드(*Ld*)되고, 언제 시프트(*Sh*)되는지를 결정하는 신호를 발생시킬 수 있다. 제어 부분과 데이터 부분은 같은 클럭에 동기되어 동작한다. 데이터 부분은 제어 시퀀스에 영향을 미치는 상태 신호(그림에는 표시하지 않음)를 발생시킬 수 있다. 예로서 데이터 동작에서 산술 오버플로(overflow)가 발생하면, 데이터 부분은 오버플로를 나타내는 신호인 *V*를 발생시킬 수 있다. 흔히 제어 부분은 제어기라고도 하고, 데이터 부분은 **구조**(architecture)나 **데이터패스**(data path)라고도 한다.

동기 디지털 시스템에서, 우리는 모든 변화가 클럭의 활성에지에서 곧바로 일어나기를 바라지만, 실제 회로에서는 그렇지 않을 수도 있다. 최근의 집적회로(IC)들은 피처 사이즈(feature size)가 0.1마이크론 이하인 제조공정에서 만들어진다. 최근의 마이크로프로세서들은 수 기가 헤르츠의 클럭을 사용한다. 이러한 칩에서의 배선지연(wire delay)은 클럭 주기와 비교해서 상당히 중요하다. 두 플립플롭이 같은 클럭에 연결되어 있다 하더라도, 고르지 못한 배선지연 때문에 클럭 에지는 서로 다른 시간에 두 플립플롭에 도달할 수 있다. 서로 다른 디바이스로 연결되는 클럭 경로들에서 사용되는 조합회로(예를 들면 버퍼 또는 인버터)가 다르면, 시간지연이 고르지 않게 된다. 따라서 클럭이 디바이스에 도달하는 시간이 약간씩 서로 다르게 된다. 이러한 문제를 **클럭 스큐**(clock skew)라고 한다.

제어 신호의 글리치로 인해 문제가 일어나기도 한다. 그림 1-41은 클럭의 하강에지에서 상태가 바뀌는 디바이스를 사용하는 디지털 시스템의 동작을 보여준다. 이 하강에지에 대한 응답으로 인하여 여러 플립플롭의 상태가 바뀔 수 있다. 각 플립플롭의 상태가 바뀌는 시간은 그 플립플롭에 대한 전파지연에 의해 결정된다. 제어 부분에 있는 플립플롭의 상태 변화는 제어 신호를 발생시키는 조합회로를 통하여 전파될 것이고, 그 결과로 일부 제어 신호는 변할 수도 있다. 제어 신호가 바뀌는 정확한 시점은 플립플롭의 지연뿐만 아니라 신호를 발생시키는 게이트 회로의 전파지연에 따라서도 다르다. 따라서 클럭의 하강에지 후 제어 신호가 변할 수도 있는 불확실

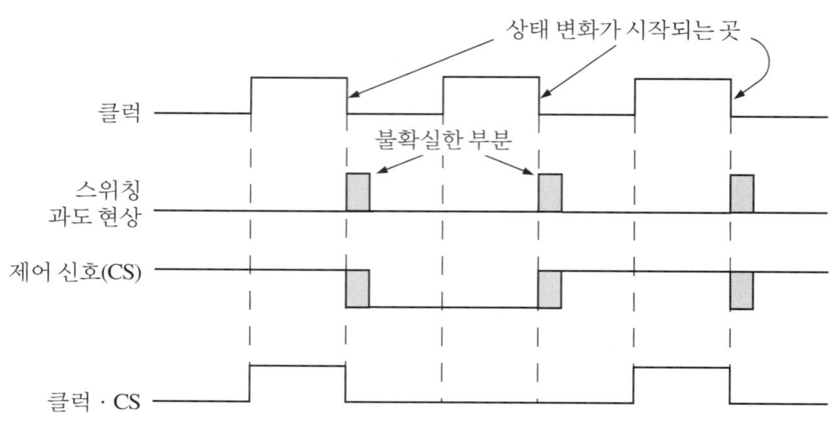

그림 1-41 하강에지 디바이스를 사용하는 시스템의 타이밍 차트

한 기간이 존재하게 된다. 해저드로 인하여 제어 신호에 글리치와 스파이크가 발생할 수 있다. 게다가 회로의 한 부분에서 신호가 변할 때, 회로의 또 다른 부분에서는 잡음이 발생할 수 있다. 그림 1-41에서 음영으로 처리된 구간처럼, 클럭의 각 하강에지 후에는 제어 신호(*CS*)에 잡음이 발생할 수 있는 구간이 있다. 여기서 제어 신호가 변하는 정확한 시간은 알 수 없다.

만약 제어 신호 $CS = 1$일 때에만 데이터 부분의 디바이스가 클럭의 하강에지에서 상태가 변하기를 원한다면, 그림 1-42(a)에서 보여주는 바와 같이 클럭을 *CS*와 AND하면 된다. 이러한 기술을 클럭 게이팅이라고 한다. 디바이스는 AND 게이트에서의 작은 지연을 제외하면 클럭 CLK와 동기가 되어 변할 것이다. CS에서 스위칭 과도 현상이 발생하는 시간 간격 동안에 클럭은 0이므로, 게이트를 통해 나오는 CLK 신호는 깨끗하다.

그림 1-42(a)에서 보여주는 바와 같이, 제어 신호의 클럭 게이팅은 일부 동기화 문제를 해결할 수 있다. 그러나 클럭 게이팅은 클럭 스큐의 원인이 되고, 고속 회로에서는 추가적인 타이밍 문제를 일으킬 수 있다. 제어 신호에 클럭 게이팅을 적용하는 대신 클럭 인에이블(CE)이 있는 디바이스를 사용하여, 그림 1-42(b)와 같이 제어 신호를 이 인에이블 핀에 연결하는 것이 더 바람직하다. 많은 레지스터나 카운터뿐만 아니라 동기 시스템에서 사용되는 그 밖의 디바이스들

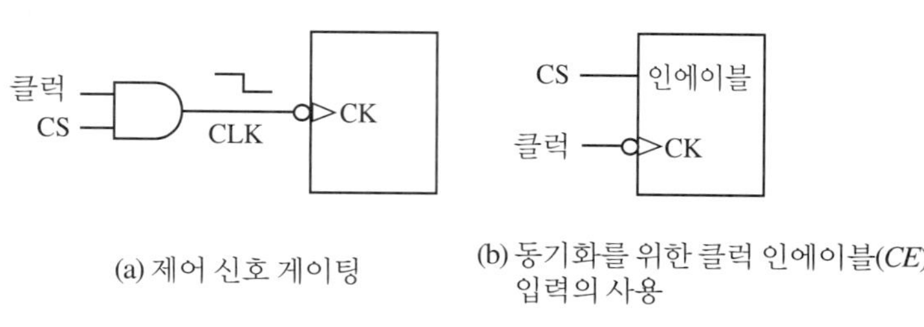

그림 1-42 제어 신호를 동기화시키는 방법

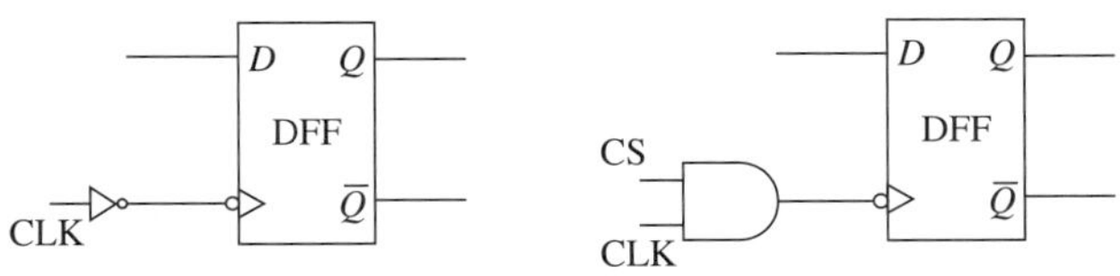

그림 1-43 사용을 피해야 하는 회로의 예

도 인에이블 입력을 가지고 있다. 인에이블이 1일 때 클럭에 대한 응답으로 디바이스의 상태는 변하고, 인에이블이 0일 때 상태는 변하지 않는다. 인에이블 입력을 이용하면 클럭 입력에 대하여 게이트를 사용할 필요가 없고, 관련된 타이밍 문제를 피할 수 있다.

설계자는 클럭 게이팅이나 조합회로의 출력을 클럭 입력으로 연결하지 않는 것이 좋다. 배선 지연에 의한 클럭 스큐는 어느 정도까지 피할 수 없지만, 클럭 경로 상에 있는 조합회로에 기인하는 클럭 스큐는 쉽게 피할 수 있다. 타이밍 문제를 최소화하기 위해 그림 1-43과 같은 회로는 될 수 있는 대로 피해야 한다.

배선지연이나 생각지도 않은 문제로 인해, 때때로 회로에서는 클럭 에지가 여러 플립플롭에 서로 다른 시간에 도달되는 경우가 있다. 클럭이 두 개의 플립플롭에 약간 다른 시간에 도달하는 그림 1-44의 회로를 고려해 보자. 정확하게 동기화된 동작은 두 플립플롭이 동일한 클럭을 받는 것처럼 동작하는 것을 의미한다. 두 번째 플립플롭의 클럭에 지연이 있지만, Q_1의 새로운 값이 D_2에 도달하기 전에 이 플립플롭의 상태 변화는 트리거되어야 한다. 동기화된 동작을 위한 최대 클럭주파수는 클럭 사이의 지연도 고려하여 결정되어야 한다.

만약 디바이스에 인에이블이 없고 클럭 게이팅 없이는 동기화된 동작을 할 수 없다면, 클럭이 정확하게 게이트에 연결되도록 유의하여야 한다. 하강에지에서 트리거되는 디바이스는 그림 1-42(a)와 같이 클럭 신호를 제어 신호와 AND함으로써 정확히 동작하게 할 수 있다. 다음 절에서는 상승에지에서 트리거되는 디바이스를 위한 제어 신호 게이팅과 관련되는 이슈를 설명한다.

그림 1-45는 클럭의 상승에지에서 상태가 바뀌는 디바이스를 사용하는 디지털 시스템의 동작을 보여준다. 이 경우 잡음과 불확실성의 결과로 발생되는 스위칭 과도 현상은 클럭의 상승에지 다음에 발생할 수 있다. 그림에서 음영으로 처리된 부분은 제어 신호 CS에 잡음이 발생할 수

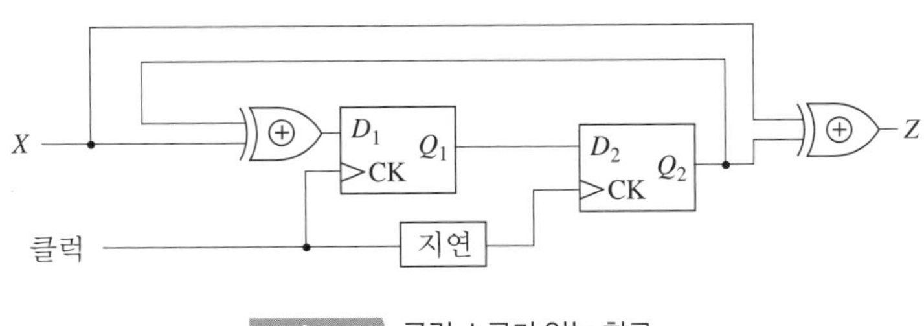

그림 1-44 클럭 스큐가 있는 회로

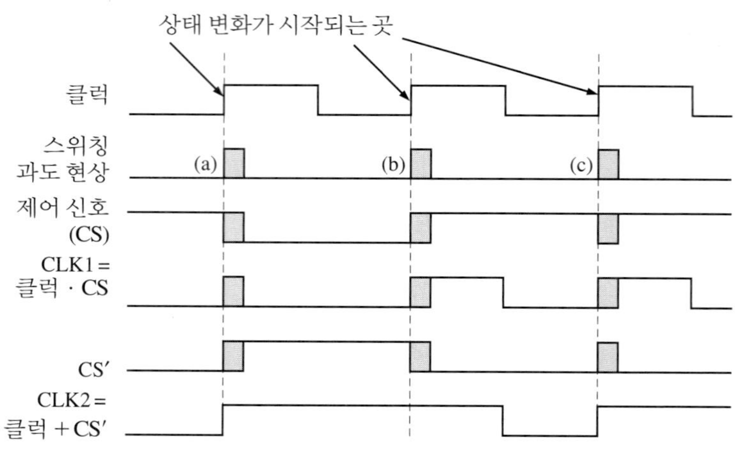

그림 1-45 상승에지 디바이스를 사용하는 시스템의 타이밍 차트

있는 시간 구간을 나타낸다. $CS = 1$이고 클럭이 상승에지일 때 디바이스의 상태가 바뀌는 것을 원한다면, (a)와 (c)의 경우에는 그러한 상태 변화를 예상할 수 있다. 그러나 (b)에서는 클럭 에지가 들어올 때 $CS = 0$이므로, 상태 변화가 일어나지 않을 것이다. 제어 신호에 클럭 게이팅을 사용하기 위해 그림 1-46(a)와 같이 클럭을 *CS*와 AND하려는 생각을 가질 수 있다. 그 결과로 나오는 신호는 디바이스의 입력 *CK*로 들어가는데, 이 신호에는 잡음이 있을 수 있고 타이밍도 부정확하다. 특히, 시점 (a)에서 *CLK1* 펄스는 짧고 잡음이 있다. 이 신호는 디바이스를 트리거시키기에 너무 짧을 수도 있지만, 노이즈(noise) 때문에 디바이스를 한 번 이상 트리거시킬 수도 있다. 일반적으로, 제어회로에서 일부 플립플롭의 상태가 변한 후에도 제어 신호가 바뀌지 않아 클럭과 동기가 맞지 않을 것이다. 시점 (b)에서도 펄스의 상승에지는 클럭과 동기가 맞지 않고, 신호에 노이즈가 있을 수 있다. 심한 경우에는 트리거가 전혀 일어나지 않아야 하는 시점 (b) 부근에서 디바이스를 트리거시킬 것이다. 클럭의 상승에지가 일어나는 시간에 $CS = 0$이므로, $CS = 1$이 되는 다음 상승에지까지는 트리거가 발생하지 않아야 한다.

상승에지에서 동작하는 디바이스를 위해 그림 1-46(b)와 같이 그림 1-42의 AND 게이트를 NAND 게이트로 바꾸면, 잘못된 에지에서 동기가 되기 때문에 부정확한 회로가 된다. 정확한

그림 1-46 상승에지 디바이스의 잘못된 클럭 게이팅

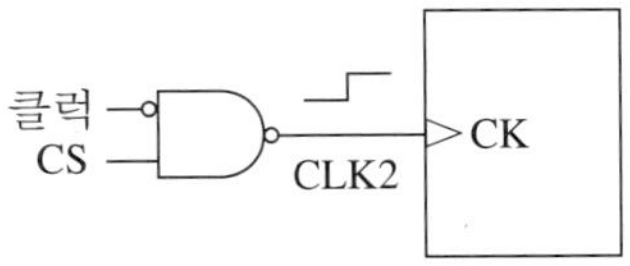

그림 1-47 상승에지 디바이스의 정확한 제어 신호 게이팅

방법은 제어 신호를 그림 1-47과 같이 게이트로 연결하는 것이다. 디바이스의 *CK* 입력은 제어 신호가 양이고 클럭이 상승에지가 될 때에만 포지티브 에지(positive edge)가 된다. *CK* 입력식은 다음과 같다.

$$CLK2 = (CS \cdot clock')' = CS' + clock$$

그림 1-45의 마지막 파형은 이 게이트로 연결된 제어 신호이다. 이 회로는 동기화 문제를 해결할 수 있지만, 설계자는 가능하면 클럭 게이팅을 사용하지 않기를 권장한다.

요약하면, 동기 설계는 다음 원리에 기초를 두어야 한다.

- 방법: 플립플롭, 레지스터, 카운터 등의 모든 클럭 입력은 시스템 클럭으로부터 직접 구동된다.
- 결과: 모든 상태 변화들은 클럭 신호의 활성에지 직후에 일어난다.
- 장점: 모든 스위칭 과도 현상, 스위칭 잡음 등은 클럭 펄스들 사이에서 발생하고, 시스템 실행에는 영향을 미치지 않는다.

비동기 설계는 일반적으로 동기 설계보다 더 어렵다. 상태 변화들을 동기화시키기 위한 클럭이 없기 때문에, 여러 상태 변수들이 동시에 변해야 할 때 문제가 발생할 수 있다. 만약 최종 상태가 변수들이 변하는 순서에 따라 다르면, 레이스(race)가 일어난다. 비동기 설계는 레이스와 해저드와 관련된 문제를 해결하기 위해 특별한 기술을 요구한다. 이에 반해 동기 설계는 여러 가지 단점을 가지고 있다. 배선의 전파지연이 중요한 고속 회로에서는 클럭 신호가 모든 클럭 입력에 실질적으로 동시에 전달되도록(즉, 클럭 스큐가 최소가 되도록) 주의하여 경로를 정해야 한다. 최대 클럭 속도는 최악의 경우 가장 긴 경로에서의 지연에 의해 결정된다. 시스템의 입력은 클럭과 동기되지 않을 수 있어서 동기장치(synchronizer)를 사용할 필요가 있을 수도 있다. 동기 시스템은 또한 비동기 시스템보다 더 많은 전력소비를 한다. 동기 칩에서의 클럭 분배 회로는 종종 칩 전력의 상당 부분을 소모한다.

1.11 삼상태 논리와 버스

보통, 두 개의 게이트나 플립플롭의 출력을 같이 연결하면, 회로는 올바르게 동작하지 않는다.

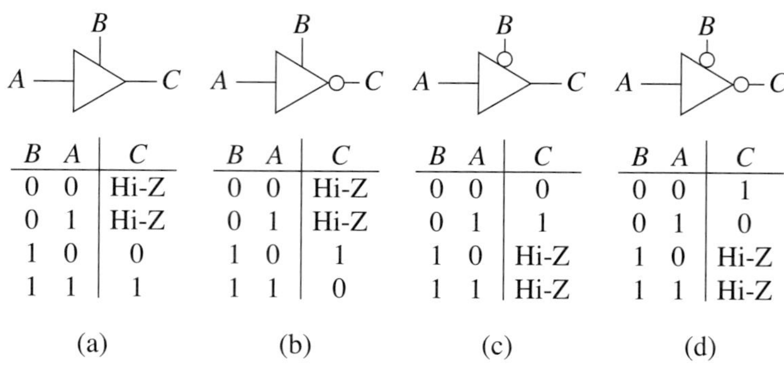

B	A	C
0	0	Hi-Z
0	1	Hi-Z
1	0	0
1	1	1

B	A	C
0	0	Hi-Z
0	1	Hi-Z
1	0	1
1	1	0

B	A	C
0	0	0
0	1	1
1	0	Hi-Z
1	1	Hi-Z

B	A	C
0	0	1
0	1	0
1	0	Hi-Z
1	1	Hi-Z

그림 1-48 네 가지 종류의 삼상태 버퍼

또한 이것은 회로를 손상시킬 수 있다. 따라서 동일한 배선이나 채널에 여러 게이트 출력을 연결할 필요가 있을 때, 한 가지 방법은 삼상태 버퍼를 사용하는 것이다. 삼상태 버퍼(tri-state buffer)는 하이와 로우 논리 상태에 하이 임피던스 상태(hi-Z)가 추가된 게이트이다. 하이 임피던스 상태는 개방회로와 같다. 디지털 시스템에서는 여러 시스템 컴포넌트들이 데이터를 서로 주고받는 것이 종종 필요하다. 삼상태 버스는 레지스터 사이의 데이터 전송을 용이하게 하기 위해 사용될 수 있다. 여러 게이트들이 한 배선에 연결되어 있을 때, 어느 시점에서든 어느 한 게이트만이 실제로 그 배선을 구동하고, 다른 나머지 게이트들은 그 배선에 연결되지 않은 것처럼 동작하여야 한다. 하이 임피던스 상태를 이용하면 이러한 목적을 달성할 수 있다.

삼상태 버퍼는 출력이 반전 또는 비반전일 수 있다. 제어 입력은 액티브 하이(active high) 또는 액티브 로우(active low)에서 동작할 수 있다. 그림 1-48은 네 가지 종류의 삼상태 버퍼를 보여준다. *B*는 버퍼를 작동시키거나 동작을 억제하기 위해 사용되는 제어 입력이다. 버퍼가 작동할 때의 출력(*C*)은 입력(*A*) 또는 그 보수와 같다. 그러나 어느 한 순간에 한 출력만이 작동한다면, 두 삼상태 버퍼의 출력들을 서로 연결할 수 있다.

그림 1-49는 세 개의 레지스터가 삼상태 버스에 연결된 시스템을 보여준다. 각각의 레지스터는 8비트이고, 버스는 병렬로 연결된 8개의 선으로 구성되어 있다. 그림에서 각각의 삼상태 버

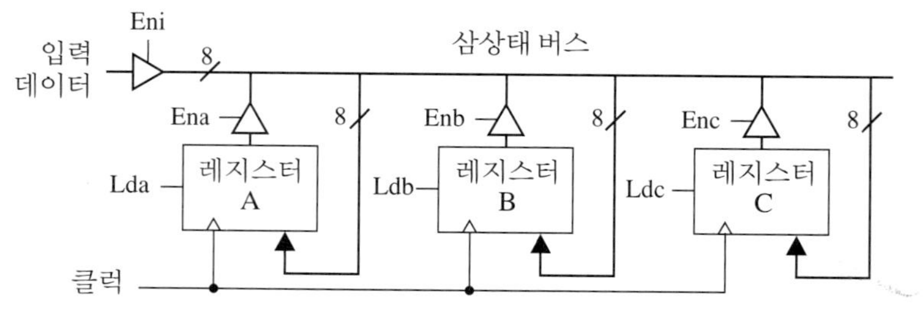

그림 1-49 삼상태 버스를 이용한 데이터 전송

퍼의 기호는 공통의 인에이블 입력을 가지고 있고 병렬로 동작하는 8개의 버퍼를 나타낸다. 한 그룹의 버퍼만이 동시에 작동한다. 예를 들어, 만약 $Enb = 1$이면, 레지스터 B의 출력이 버스를 구동한다. 버스 상의 데이터는 레지스터 A, 레지스터 B 그리고 레지스터 C의 입력으로 보내진다. 그러나 데이터는 로드 입력이 1이고, 클럭이 발생할 때 레지스터에 로딩(loading)된다. 따라서, 만약 $Enb = Ldc = 1$이면, 클럭의 활성에지가 들어올 때 레지스터 B의 데이터는 레지스터 C로 복사된다. 만약 $Eni = Lda = Ldb = 1$이면, 클럭이 들어올 때 입력 데이터는 레지스터 A와 B에 로딩될 것이다.

연습문제

1.1 다음 식의 진리표를 작성하라.

$$F = (A \oplus B) \cdot C + A' \cdot (B' \oplus C)$$

1.2 전감산기는 세 입력 X, Y, B_{in}의 차이를 계산한다. 여기서 $Diff = X - Y - B_{in}$이다. $X < (Y + B_{in})$일 때, 빌림(borrow) 출력 B_{out}은 셋된다. 감산기의 진리표를 작성하고, $Diff$와 B_{out}을 위한 곱의 합 식과 합의 곱 식을 유도하라.

1.3 네 개의 변수를 갖는 맵과 맵-입력 변수를 사용하여 Z를 간단히 하라. $ABCD$는 제어회로의 상태를 나타낸다. 회로는 0100, 0001, 1001 상태가 절대로 될 수 없다고 가정한다.

$$Z = BC'DE + ACDF' + ABCD'F' + ABC'D'G + B'CD + ABC'D'H'$$

1.4 다음 함수에 대하여, 네 개의 변수를 갖는 맵과 맵-입력 변수를 사용하여 최소 곱의 합을 찾아라. (a)와 (b)에서, m_i는 변수 A, B, C, D의 최소항을 나타낸다.

(a) $F(A, B, C, D, E) = \Sigma m(0, 4, 6, 13, 14) + \Sigma d(2, 9) + E(m_1 + m_{12})$

(b) $Z(A, B, C, D, E, F, G) = \Sigma m(2, 5, 6, 9) + \Sigma d(1, 3, 4, 13, 14) + E(m_{11} + m_{12}) + F(m_{10}) + G(m_0)$

(c) $H = A'B'CDF' + A'CD + A'B'CD'E + BCDF'$

(d) $G = C'E'F + DEF + AD'E'F' + BC'E'F + AD'EF'$

힌트: 어떤 변수들이 맵의 가장자리에서 사용되고, 어떤 변수들이 맵-입력 변수로 사용되어야 하는가?

1.5 다음 회로에서 정적 1-해저드를 찾아라. 각 해저드가 발생할 수 있는 조건을 말하라. 해저드가 발생할 때 일어나는 사건의 순서를 보여주는 타이밍도를 그려라(그림 1-10(b)와 유사하게).

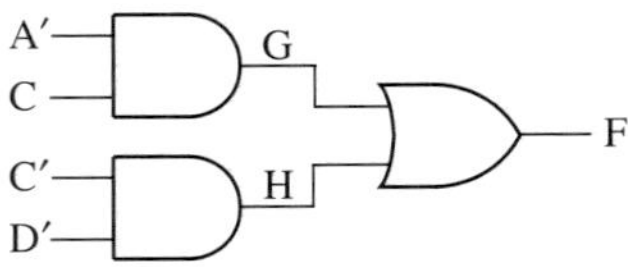

1.6 주어진 회로에서 1-해저드를 모두 찾아라. 해저드를 제거하기 위해서는 회로를 어떻게 바꾸어야 하는지 나타내어라.

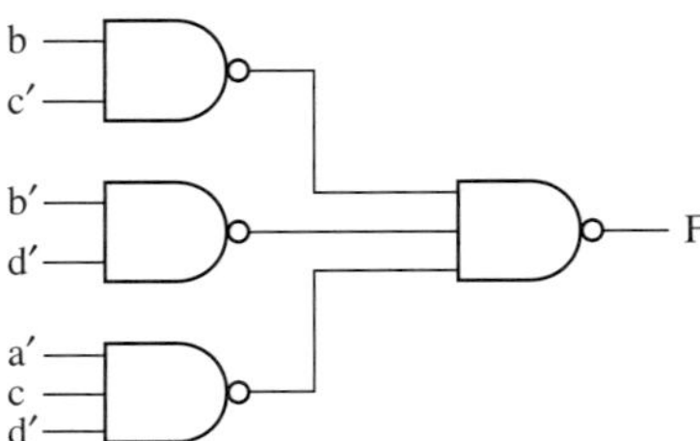

1.7 (a) 다음 회로에서 정적 해저드를 모두 찾아라. 각 해저드에 대하여, 입력 변수들의 값과 해저드가 발생할 때 어떤 변수의 값이 바뀌는지 답하라. 한 해저드에 대해서는 게이트 출력이 어떤 순서로 바뀌어야 하는지를 말하라.

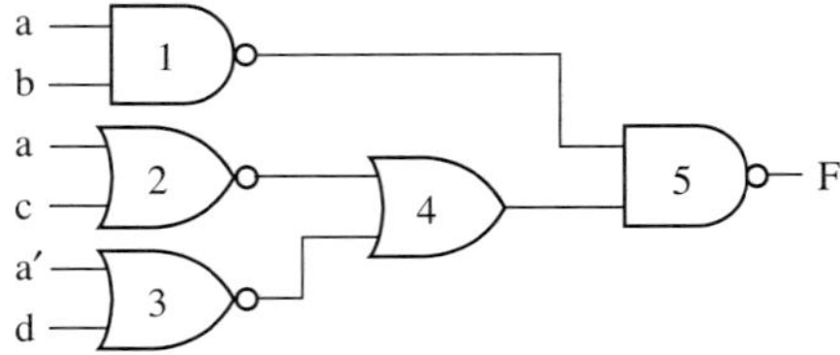

(b) 동일한 기능을 실행하는 정적 해저드가 없는 NAND-게이트 회로를 설계하라.

1.8 (a) 다음 회로에서 정적 해저드를 모두 찾아라. 각 해저드가 발생할 수 있는 조건을 말하라.

(b) 정적 해저드가 없는 회로를 다시 설계하라. 최대 세 개의 입력을 갖는 게이트를 사용하라.

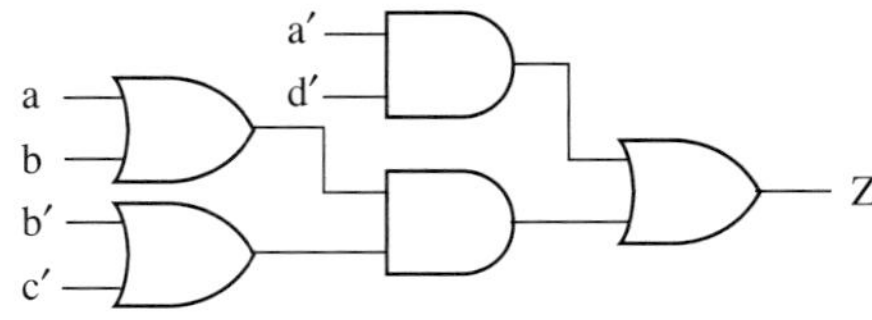

1.9 (a) J-K 플립플롭을 사용하여 T 플립플롭을 구성하는 방법을 보여라.

(b) D 플립플롭과 게이트들을 사용하여 J-K 플립플롭을 구성하는 방법을 보여라.

1.10 두 개의 투과형 D 래치와 모든 필요한 게이트를 사용하여 CLK의 상승에지에서 트리거되는 클럭이 있는 D 플립플롭을 구성하라. 다음의 타이밍도를 완성하라. 여기서 Q_1과 Q_2는 래치 출력이다. 클럭의 상승에지 후 플립플롭의 출력이 D로 변하는 것을 확인하라.

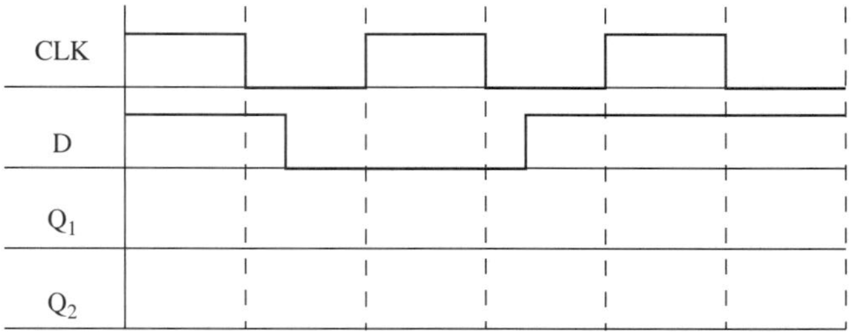

CLK

D

Q_1

Q_2

1.11 어떤 한 동기 순차회로가 하나의 입력과 하나의 출력을 가지고 있다. 만약 입력 시퀀스가 0101이나 0110이면, 두 개의 연속된 1이 출력으로 나온다. 첫 번째 1은 0101이나 0110 시퀀스의 마지막 입력 비트와 동시에 발생하여야 한다. 두 번째 1이 출력으로 나올 때, 회로는 리셋되어야 한다. 예를 들면 다음과 같다.

입력 시퀀스: $X = 0\,1\,0\,0\,1\,1\,1\,0\,1\,0\,1\,0\,1\,0\,1\,1\,0\,1\ldots$
출력 시퀀스: $Z = 0\,0\,0\,0\,0\,0\,0\,0\,0\,0\,1\,1\,0\,0\,0\,0\,1\,1\ldots$

(a) 상태의 개수가 최소(6개의 상태)인 밀리 상태 그래프와 상태표를 구하라.

(b) 적절한 상태 할당을 선택하라. J-K 플립플롭과 NAND 게이트를 사용하여 회로를 구현하라. NOR 게이트를 사용하여 다시 구현하라(이 부분은 손으로 직접 할 것).

(c) *LogicAid* 프로그램을 사용하여 (b)의 답과 대조하라. 다른 두 가지 상태 할당에 대해서도 이 프로그램을 사용하여 NAND로 구현하라.

1.12 어떤 한 순차회로가 한 개의 입력(X)과 두 개의 출력(Z_1과 Z_2)을 가지고 있다. 만약 시퀀스 100이 입력으로 들어온 적이 없다면, 입력 시퀀스가 010으로 끝날 때마다 출력 $Z_1 = 1$이 발생한다. 출력 $Z_2 = 1$은 입력 시퀀스가 100으로 끝날 때마다 발생한다. 일단 출력 $Z_2 = 1$이 발생하면, $Z_1 = 1$은 절대로 발생할 수 없다는 것에 주의하기 바란다. 그러나 그 반대는 발생할 수 있다.

(a) 상태의 개수가 최소(8개의 상태)인 밀리 상태 그래프와 상태표를 구하라.

(b) 적절한 상태 할당을 선택하라. J-K 플립플롭과 NAND 게이트를 사용하는 회로를 구현하라. NOR 게이트를 사용하여 다시 구현하라(이 부분은 손으로 직접 할 것).

(c) *LogicAid* 프로그램을 사용하여 (b)의 답과 대조하라. 다른 두 가지 상태 할당에 대해서도 이 프로그램을 사용하여 NAND로 구현하라.

1.13 어떤 한 순차회로가 한 개의 입력(X)과 두 개의 출력(S와 V)을 가지고 있다. X는 4-비트 이진수 N을 나타내고, 최하위 비트부터 입력된다. S는 4-비트 이진수로 $N + 2$와 같고, 최하위 비트부터 출력된다. 네 번째 입력이 들어올 때, 만약 $N + 2$가 너무 커서 4비트로 표시할 수 없으면 $V = 1$이 되고, 그렇지 않으면 $V = 0$이 된다. 두 경우 모두에서 S는 don't care가 아닌 올바른 값을 가져야 한다. 이 회로는 X의 네 번째 비트를 받은 후에 항상 리셋된다.

(a) 상태의 개수가 최소(6개의 상태)인 밀리 상태 그래프와 상태표를 구하라.

(b) 적절한 상태 할당을 선택하라. J-K 플립플롭과 NAND 게이트를 사용하는 회로를 구현하

라. NOR 게이트를 사용하여 다시 구현하라(이 부분은 손으로 직접 할 것).

(c) *LogicAid* 프로그램을 사용하여 (b)의 답과 대조하라. 다른 두 가지 상태 할당에 대해서도 이 프로그램을 사용하여 NAND로 구현하라.

1.14 어떤 한 순차회로가 한 개의 입력(X)과 두 개의 출력(D와 B)을 가지고 있다. X는 4-비트 이진수 N을 나타내고, 최하위 비트부터 입력된다. D는 4-비트 이진수로 $N-2$와 같고, 최하위 비트부터 출력된다. 네 번째 입력이 들어올 때, 만약 $N-2$가 음수이면 $B=1$이 되고; 그렇지 않으면 $B=0$이 된다. 이 회로는 X의 네 번째 비트를 받은 후에 항상 리셋된다.

(a) 상태의 개수가 최소(6개의 상태)인 밀리 상태 그래프와 상태표를 구하라.

(b) 적절한 상태 할당을 선택하라. J-K 플립플롭과 NAND 게이트를 사용하는 회로를 구현하라. NOR 게이트를 사용하여 다시 구현하라(이 부분은 손으로 직접 할 것).

(c) *LogicAid* 프로그램을 사용하여 (b)의 답과 대조하라. 다른 두 가지 상태 할당에 대해서도 이 프로그램을 사용하여 NAND로 구현하라.

1.15 어떤 한 무어 순차회로가 한 개의 입력과 한 개의 출력을 가지고 있다. 입력 시퀀스 111이 들어오면 출력은 1이 되고, 입력 시퀀스 000이 들어오면 출력은 0이 된다. 다른 모든 경우의 출력은 이전 값을 유지한다.

예: $X = 0\,1\,0\,1\,1\,1\,0\,1\,0\,0\,0\,1\,1\,1\,0\,0\,1\,0\,0\,0$

$Z = 0\,0\,0\,0\,0\,0\,1\,1\,1\,1\,1\,0\,0\,0\,1\,1\,1\,1\,1\,0$

이 회로를 위한 무어 상태 그래프와 상태표를 구하라.

1.16 1～5까지 반복하여 세는 모듈로-6 카운터를 위한 상태 천이표와 플립플롭 입력식을 유도하라. J-K 플립플롭을 사용하라.

1.17 1～6까지 반복하여 세는 카운터를 위한 상태 천이표와 D 플립플롭 입력식을 유도하라.

1.18 상태의 개수가 최소가 되도록 다음 상태표를 간단히 하라.

현재 상태	다음 상태		출력	
	$X=0$	$X=1$	$X=0$	$X=1$
A	B	G	0	1
B	A	D	1	1
C	F	G	0	1
D	H	A	0	0
E	G	C	0	0
F	C	D	1	1
G	G	E	0	0
H	G	D	0	0

1.19 그림 1-44에 나타낸 회로를 사용하여 어떤 밀리 순차회로를 구현한다. 입력 X가 바뀔 때는 항상 클럭의 하강에지와 동시에 변한다고 가정한다.

(a) 아래의 타이밍도를 완성하라. 출력(Z)을 얻을 수 있는 정확한 시간을 나타내어라. “지연 시간”은 0 ns이고, 플립플롭과 XOR 게이트의 전파지연은 명목상 10 ns라고 가정한다. 클럭 주기는 100 ns이다.

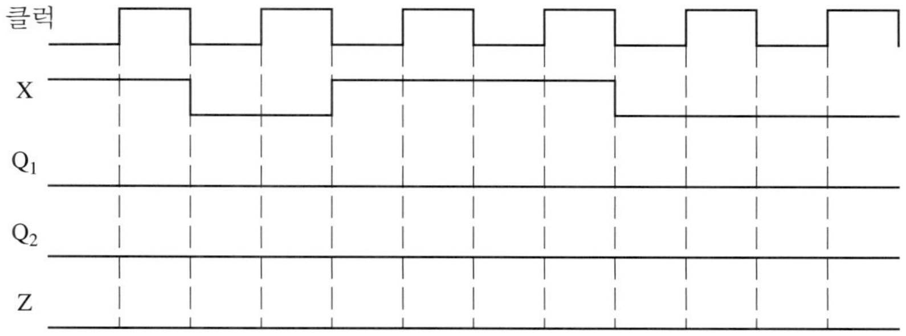

(b) 다음과 같은 지연 시간을 가정한다: XOR 게이트의 지연은 10~20 ns, 플립플롭의 전파지연은 5~10 ns, 셋업 시간은 5 ns, 홀드 시간은 2 ns이다. 또한 “지연 시간”은 0 ns라고 가정한다. 정확한 동기 동작이 가능한 최대 클럭 속도를 구하라. 플립플롭의 전파지연을 포함하는 피드백 경로와 X가 변할 때 시작되는 경로를 고려하라.

(c) 클럭 주기를 100 ns로 가정한다. 또한 (b)와 같은 타이밍 요소들을 가정한다. 적합한 동기 동작을 하기 위한 “지연 시간”의 최대값을 구하라. 즉, 상태 시퀀스는 지연 시간이 없는 것과 같아야 한다.

1.20 두 개의 플립플롭이 아래에 나타낸 것과 같이 연결된다. 지연은 두 클럭 입력 사이의 배선지연을 나타내며, 그 결과로 클럭 스큐가 된다. 클럭 스큐로 인하여 동기화가 실패할 수 있다. 클럭으로부터 Q까지의 플립플롭 전파지연은 $10\text{ ns} < t_p < 15\text{ ns}$이다; 셋업 시간과 홀드 시간은 각각 4 ns와 2 ns이다.

(a) 정확한 동기 동작이 여전히 가능한 지연 시간의 최대값을 구하라. 답을 정당화시키기 위한 타이밍도를 그려라.

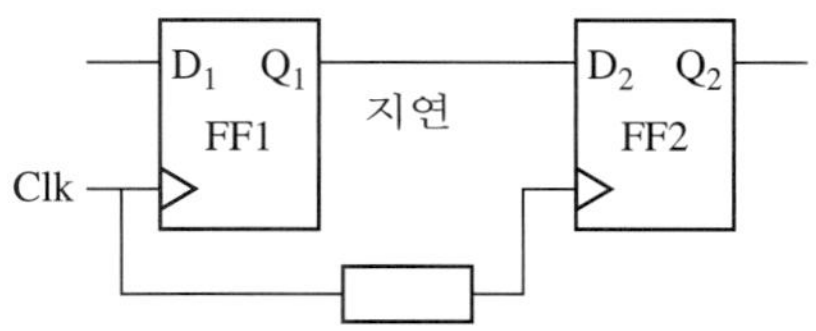

(b) 지연 시간이 < 3 ns라고 가정할 때, 허용할 수 있는 최소 클럭 주기를 구하라.

1.21 어떤 한 D 플립플롭에서 클럭으로부터 Q까지의 전파지연은 7 ns이다. 플립플롭의 셋업 시간은 10 ns이고, 홀드 시간은 5 ns이다. 50 ns 주기의 클럭(25 ns까지는 로우, 25~50 ns는 하이, 등

등)이 플립플롭의 클럭 입력으로 들어온다. 외부 입력 신호와 플립플롭 입력 사이에는 2-레벨의 AND-OR 회로가 있다고 가정한다. 게이트의 지연 시간은 2～4 ns로 가정한다. 플립플롭은 포지티브 에지에서 트리거된다.

(a) D 입력은 $t = 0$에서 $t = 10$ ns까지는 0으로, 10에서 35까지는 1로, 35에서 70까지는 0으로, 그리고 그 후는 1로 가정한다. 100 ns까지 클럭, D, 그리고 Q를 나타내는 타이밍도를 그려라. 만약 출력을 결정할 수 없으면(셋업 시간과 홀드 시간을 충족시키지 않기 때문에), 그 부분은 XX로 나타내어라.

(b) 플립플롭의 D 입력은 클럭 에지 이전 __ ns와 클럭 에지 이후 __ ns 사이에서 변하지 않아야 한다.

(c) 외부 입력은 클럭 에지 이전 __ ns와 클럭 에지 이후 __ ns 사이에서 변하지 않아야 한다.

1.22 어떤 한 순차회로가 다음에 나타낸 것과 같이 PLA(programmable logic array)와 D 플립플롭으로 구성되어 있다.

(a) PLA의 전파지연은 5～10 ns이고, D 플립플롭에서 클럭으로부터 출력까지의 전파지연은 5～10 ns라고 가정하고 타이밍도를 완성하라. 전파지연의 범위를 고려하여 타이밍도에서 Q와 Z가 변할 수 있는 구간을 빗금친 모양(cross-hatching)으로 나타내어라.

(b) X는 클럭의 하강에지와 동시에 항상 변한다고 가정한다. 회로가 여전히 정확한 동작을 할 수 있는 플립플롭의 최대 셋업 시간과 홀드 시간을 구하라.

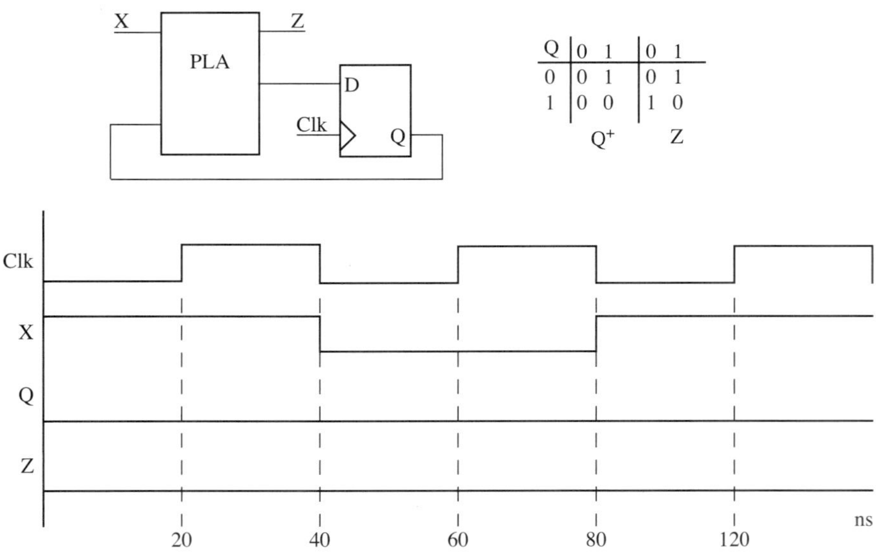

Q	Q^+ (X=0)	Q^+ (X=1)	Z (X=0)	Z (X=1)
0	0	1	0	1
1	0	0	1	0

1.23 어떤 한 D 플립플롭에서 클럭으로부터 Q까지의 전파지연은 15 ns이다. 플립플롭의 셋업 시간은 10 ns이고, 홀드 시간은 2 ns이다. 50 ns 주기의 클럭(25 ns까지는 로우, 25～50 ns는 하이, 등등)이 플립플롭의 클럭 입력으로 들어온다. 플립플롭은 포지티브 에지에서 트리거된다. D는

20에서 하이로 올라가고, 40에서 로우로 떨어지며, 60에서 다시 하이로 올라가고, 80에서 로우로 떨어지는 동작이 되풀이된다. 100 ns까지 클럭, *D*, 그리고 *Q*를 나타내는 타이밍도를 그려라. 만약 출력을 결정할 수 없으면(셋업 시간과 홀드 시간을 충족시키지 않기 때문에), 그 부분은 XX로 나타내어라.

1.24 어떤 한 D 플립플롭에서 셋업 시간은 5 ns이고, 홀드 시간은 3 ns이다. 그리고 클럭의 상승에지에서부터 플립플롭의 출력이 변할 때까지의 전파지연은 6～12 ns 범위에 있다. OR 게이트의 지연 시간은 1～4 ns 범위에 있다.

(a) 다음 회로가 정확히 동작하기 위한 최소 클럭 주기는 얼마인가?

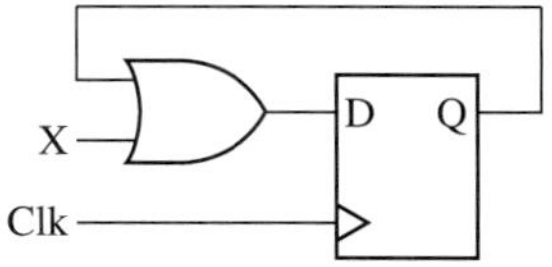

(b) 클럭의 상승에지 이후, *X*가 변하는 것이 허용되는 가장 빠른 시간을 구하라.

(c) J-K 플립플롭을 사용하여 T 플립플롭을 구성하는 방법을 블록도로 보여라. 플립플롭의 내부 회로는 보여줄 필요가 없다.

1.25 다음 회로에서, XOR 게이트는 2～16 ns 범위의 지연 시간을 갖는다. *D* 플립플롭에서 클럭으로부터 *Q*까지의 전파지연은 12～24 ns 범위에 있다. 셋업 시간은 8 ns이고, 홀드 시간은 4 ns이다.

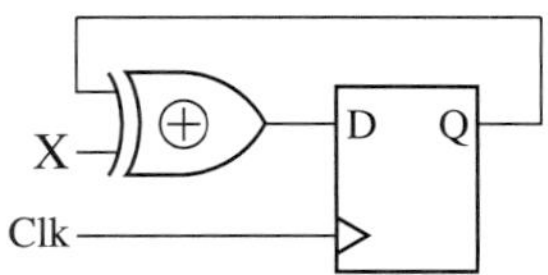

(a) 회로가 정확히 동작할 수 있는 최소 클럭 주기는 얼마인가?

(b) 클럭의 상승에지 이후, 여전히 정확한 동기 동작을 할 수 있고, 또한 *X*가 변하는 것이 허용되는 가장 빠른 시간과 가장 늦은 시간은 얼마인가? ((a)의 최소 주기를 가정하라.)

1.26 어떤 밀리 순차 머신이 다음 상태표를 가지고 있다.

PS	NS		*Z*	
	X=0	*X*=1	*X*=0	*X*=1
1	2	3	0	1
2	3	1	1	0
3	2	2	1	0

다음의 타이밍도를 완성하라. *Z*의 값을 읽을 수 있는 시간을 타이밍도에 분명히 표시하라. 모든 상태 변화는 클럭의 상승에지 이후에 발생한다.

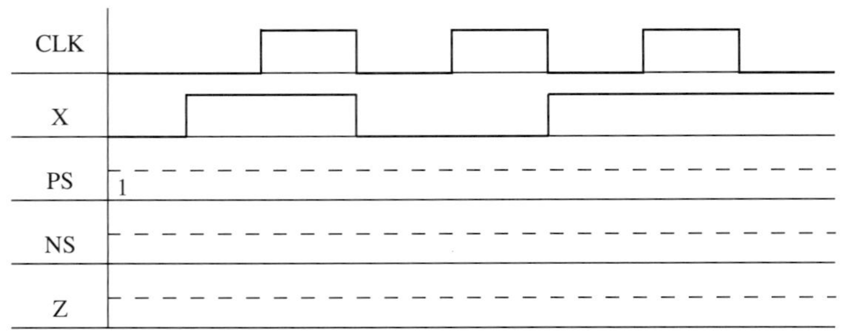

1.27 (a) 다음 두 회로는 근본적으로 동일한 타이밍을 갖는가?

(b) 주어진 타이밍도에서 Q_a와 Q_b에 대한 타이밍을 그려라.

(c) 만약 (a)의 답으로 동일하지 않다고 했다면, 두 회로가 근본적으로 동일한 타이밍을 갖기 위해서는 두 번째 회로를 어떻게 변경하여야 하는지 설명하라(플립플롭은 바꾸지 마라).

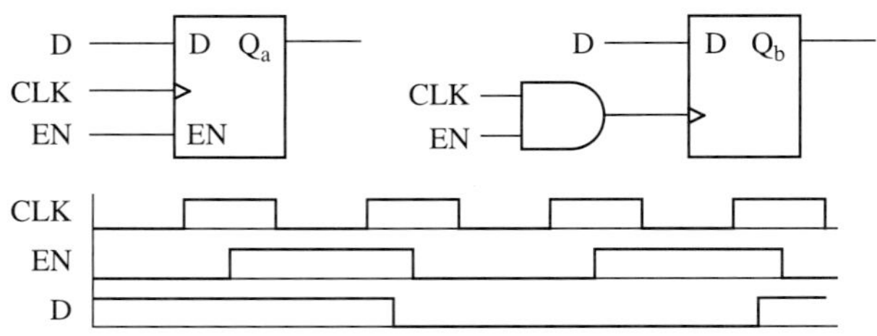

1.28 어떤 간단한 이진 카운터가 클럭 입력(*CK1*)만을 가지고 있다. 이 카운터는 *CK1*의 상승에지에서 증가한다.

(a) $En = 1$일 때 *CLK*의 상승에지에서 카운터가 증가하고, $En = 0$일 때 카운터가 상태를 바꾸지 않도록 하기 위해 신호 *En*과 시스템 클럭(*CLK*)을 올바로 연결하는 방법을 보여라.

(b) 다음의 타이밍도를 완성하라. *CLK*의 상승에지 이후, *En*에서 발생하는 스위칭 과도 현상이 카운터의 동작에 영향을 미치지 않는 이유를 다이어그램으로 설명하라.

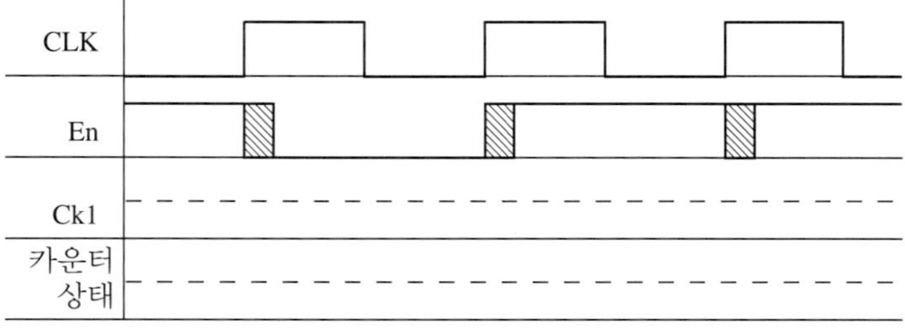

1.29 그림 1-49의 회로에서, 클럭이 들어올 때 레지스터 C의 데이터가 레지스터 A와 B에 복사되도록 *Eni*, *Ena*, *Enb*, *Enc*, *Lda*, *Ldb*, *Ldc* 값을 정하라.

INTRODUCTION TO VHDL 02

VHDL 소개

집적회로 기술이 발달하면서 더 많은 컴포넌트들이 칩에 들어갈 수 있게 됨에 따라, 디지털 시스템의 복잡도는 계속 증가하여 왔다. 처음에는 소수의 트랜지스터를 집적회로(IC)에 집어넣는 것도 기적이었지만, 기술의 발달은 **VLSI**(very large scale integration) 분야를 끊임없이 발전시켰다. 초기 집적회로는 집적도에 따라 **SSI**(small scale integration), **MSI**(medium scale integration), 또는 **LSI**(large scale integration) 범주에 속했다. SSI는 1～20개의 게이트를 갖는 IC를 나타내고, MSI는 20～200개의 게이트를 갖는 IC를 나타내며, LSI는 200～수천 개의 게이트를 갖는 IC를 나타낸다. 가산기, 멀티플렉서, 디코더, 레지스터, 그리고 카운터와 같은 많은 인기 있는 빌딩 블록들은 MSI 표준 부품으로 이용되고 있다. VLSI라는 용어가 만들어졌을 때는 10,000개의 게이트를 갖는 디바이스를 VLSI 칩이라고 불렀다. 오늘날 서로 다른 범주 간의 경계는 불분명하다. 최근의 많은 마이크로프로세서들은 1억 개 이상의 트랜지스터를 포함하고 있다. 초기에 VLSI라고 부르는 것과 비교하면, 최근의 집적 능력은 **ULSI**(ultra large scale integration)로 표현할 수 있다. 집적 능력의 변화와 모호한 정의에도 불구하고, VLSI라는 용어는 여전히 인기가 있다. 그러나 LSI와 같은 용어들은 실제로 더 이상 사용되지 않는다.

디지털 시스템이 복잡해짐에 따라, 게이트나 플립플롭 레벨의 자세한 시스템 설계는 지루하고 시간이 걸리는 일이 되었다. 이삼십년 전에는 손으로 그린 설계도, 회로조립판, 회로조립판에서 연결되는 배선을 사용하여 디지털 시스템을 만들었다. 오늘날 하드웨어 설계는 흔히 회로조립판과 배선을 사용하는 수동 작업이 필요 없다.

이 장에서는, 먼저 컴퓨터를 이용한 설계를 소개한 후, 하드웨어 기술 언어를 소개한다.

VHDL의 기본 기능을 설명하고, VHDL을 사용하여 디지털 하드웨어를 어떻게 기술하고, 시뮬레이션하며, 합성하는지 보여주기 위한 예를 설명한다. VHDL의 고급 기능은 8장에서 설명한다.

2.1 컴퓨터 지원 설계

컴퓨터 지원 설계(computer-aided design, **CAD**) 툴은 지난 10년간 괄목할만한 발전을 이루어 왔고, 오늘날에는 다양한 소프트웨어 툴을 사용하여 디지털 설계를 수행하고 있다. 시제품이나 최종 설계까지도 개별 부품과 상호연결을 위한 배선을 사용하지 않고 설계할 수 있다.

그림 2-1은 최근의 디지털 시스템 설계에서 수행하는 단계를 보여준다. 어떤 공학 설계와 마찬가지로, 설계의 첫 번째 단계는 문제를 체계적으로 나타내고, **설계 요구조건들**을 명확히 한 후 **설계 사양**을 정하는 것이다. 다음 단계는 블록도 레벨이나 알고리즘 레벨과 같은 개념적 수준에서 **설계를 체계화**하는 것이다.

설계 입력(design entry)은 설계 흐름의 다음 단계이다. 옛날에는 설계도를 손으로 그리거나

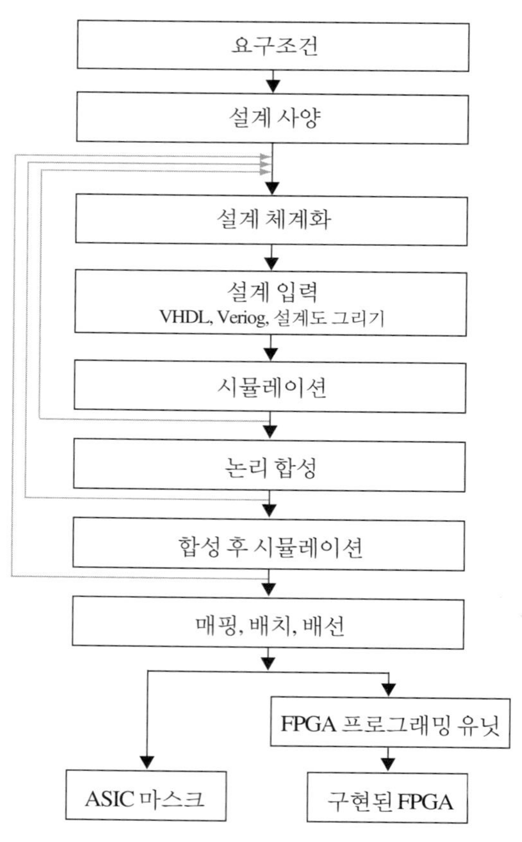

그림 2-1 최근 디지털 시스템 설계에서의 설계 흐름

청사진을 이용하였다. 오늘날은 CAD 툴을 사용하여 전 단계에서 개념화한 설계를 적절한 방법으로 CAD 시스템에 입력시킬 필요가 있다. 설계는 여러 가지 형태로 입력시킬 수 있다. 몇년 전에는 설계를 도식적 방법으로 입력시키기 위해 CAD 툴을 사용하였다. 이것을 **설계도 그리기**(schematic capture)라고 한다. 설계도 편집기들은 일반적으로 게이트, 플립플롭, 멀티플렉서, 디코더, 카운터, 레지스터 등과 같은 표준 디지털 빌딩 블록의 라이브러리가 추가되어 있다. ORCAD(설계 자동화 툴을 만드는 회사)는 가장 인기 있는 설계도 편집기이다. 오늘날에는 **하드웨어 기술 언어**(hardware description language, HDL)가 설계를 입력시키기 위해 사용된다. 가장 많이 사용되는 두 가지 HDL은 VHDL과 Verilog이다. **VHDL**은 **VHSIC Hardware Description Language**의 약어이다. 여기서 VHSIC는 **very high speed integrated circuit**을 의미한다.

하드웨어 기술 언어는 게이트, 플립플롭, 그리고 표준 MSI 빌딩 블록으로 설계도를 그리기보다는 더 높은 추상화 레벨에서 디지털 시스템을 설계하고 디버깅할 수 있다. 설계의 초기 단계에서 게이트와 플립플롭의 상세한 부분은 다룰 필요가 없다. 설계는 소위 **동작적 기술**(behavioral description)로 입력될 수 있다. 동작적 HDL 기술에서는 특정 물리적 부분, 컴포넌트, 또는 구현과 관련시키지 않고, 플로차트나 알고리즘 레벨에서 설계의 일반적인 동작만을 기술하면 된다. VHDL과 Verilog에서 설계를 집어넣는 또 다른 방법은 **구조적 기술**(structured description)로 입력시키는 것이다. 구조적 설계에서는 특정 컴포넌트나 컴포넌트의 특정 구현을 설계와 관련시킨다. VHDL이나 Verilog에서 설계의 구조적 모델은 게이트와 플립플롭들의 상호연결을 그린 설계도를 문자로 기술한 것으로 간주할 수 있다.

일단 설계가 입력되면, 개념화된 설계가 정확히 동작하는지 확인하기 위해 시뮬레이션을 수행하는 것이 중요하다. 처음에는 높은 수준의 동작적 모델에서 **시뮬레이션**을 수행하여야 한다. 이러한 시뮬레이션은 초기 설계에서의 문제점을 밝힐 수 있다. 만약 문제점이 발견되면, 설계자는 전 단계로 돌아가서 요구조건을 만족하도록 설계를 바꾸게 된다.

일단 설계의 기능이 시뮬레이션을 통해 검증되면, 다음 단계는 **합성**(synthesis)이다. 합성은 "설계를 높은 수준에서 추상적으로 표현한 것을 게이트나 플립플롭 레벨의 실제 컴포넌트로 변환"하는 것을 의미한다. 컴퓨터 지원 설계 툴을 써서 이러한 변환(합성)을 수행하는 일은 일반적인 것이 되고 있다. 합성 툴의 출력은 게이트들의 리스트와 이 게이트들을 연결하는 방법을 기술한 상호연결 리스트로 구성되며, 흔히 **넷리스트**(netlist)라고도 한다. 합성은 C와 같은 고급 언어를 사용하여 소프트웨어 프로그램을 작성한 후, 기계어 프로그램으로 변환하기 위해 컴파일러를 사용하는 것과 유사하다. C 컴파일러가 최적화되거나 최적화되지 않은 기계어 코드를 생성할 수 있는 것과 마찬가지로, 합성 툴도 최적화되거나 최적화되지 않은 하드웨어를 생성할 수 있다. 툴에서 변환하고 최적화하는 기술들을 수행하는 소프트웨어의 알고리즘에 따라, 합성 소프트웨어에 의해 구현되는 하드웨어는 달라진다. 합성 툴은 여러 가지 방법으로 표현된 설계를 하드웨어로 변환시키는 컴파일러에 지나지 않으며, 합성 패키지는 설계 컴파일러, 실리콘 컴파일러 등과 같은 유사한 이름으로 흔히 불린다.

다음 단계는 **합성 후 시뮬레이션**(post-synthesis simulation)이다. 앞서 수행하는 좀 더 추상적 레벨의 시뮬레이션에서는 설계에서 사용되는 하드웨어 컴포넌트가 구체적으로 구현되는 것을 고려하지 않는다. 만약 합성 후 시뮬레이션에서 문제가 발견되면, 되돌아가서 타이밍 요구조건을 만족하도록 설계를 수정하여야 한다. 정확한 설계 구현은 이 같은 상호작용의 과정이다.

다음은 구체적으로 설계를 구현하는 단계이다. 설계는 여러 가지 서로 다른 목표 기술로 구현될 수 있다. 완전 주문형 IC(full custom IC)로 구현될 수도 있고, 벤더(vendor)로부터 쉽게 구할 수 있는 라이브러리 내의 표준회로들로도 구현될 수 있다. 일반적으로 이용할 수 있는 목표 기술은 그림 2-2에 설명되어 있다.

가장 밀도가 낮고 정교하지 않는 방법은 규격화된 게이트, 플립플롭, 그리고 다른 표준 로직 빌딩 블록을 사용하는 구식 인쇄회로기판으로 구현하는 것이다. 밀도가 약간 높은 것으로는 프로그래머블 로직 어레이(programmable logic array, PLA), 프로그래머블 어레이 로직(programmable array logic, PAL), 그리고 간단한 프로그래머블 로직 디바이스(simple programmable logic device, SPLD)가 있다. 밀도가 높고 게이트 수가 많은 PLD를 복잡한 프로그래머블 로직 디바이스(complex programmable logic device, CPLD)라고 한다. 다음으로 밀도가 높은 것으로는 간단히 게이트 어레이라고 하는 필드 프로그래머블 게이트 어레이(field programmable gate array, FPGA)와 마스크 프로그래머블 게이트 어레이(mask programmable gate array, MPGA)

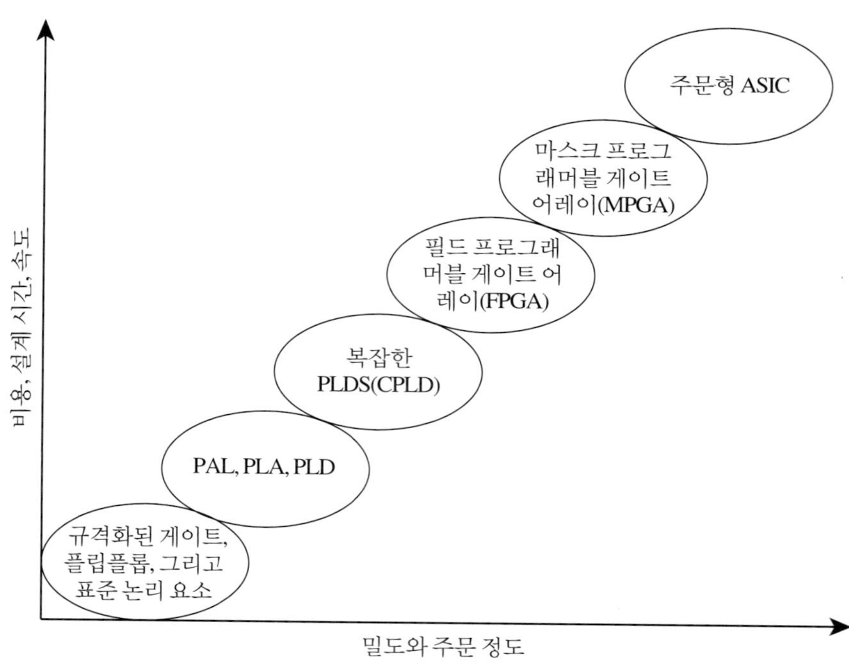

그림 2-2 설계 기술의 스펙트럼

가 있다. 가장 밀도가 높고 성능이 좋은 것은 완전 주문형 반도체(application-specific integrated circuit, ASIC)이다.

오늘날 가장 일반적인 두 가지의 목표 기술은 FPGA와 ASIC이다. 설계 흐름의 초기 단계에서는 어느 기술로 구현을 하든지 대부분 같다. 설계 흐름의 마지막 단계로 가면서, 그림 2-1에 나타낸 것처럼, 목표 기술에 따라 다른 작업을 수행하게 된다. 즉, 설계를 특정 목표 기술에 **매핑**(mapping)하고, 목표 ASIC이나 FPGA의 특정 부분에 **배치**(placement)한다. 컴포넌트 사이를 연결하는 경로는 **배선**(라우팅: routing)에 의해 결정된다. 만약 ASIC으로 설계한다면, 경로가 결정된 설계를 사용하여 IC 제조공정에서 쓰는 포토마스크(photomask)를 만든다. 만약 FPGA로 구현한다면, FPGA에서 프로그램이 가능한 여러 포인트에 대하여 수행해야 하는 것들을 자세히 기술하는 어떤 형식으로 설계를 변경하여야 한다. 최근의 FPGA에서, 프로그래밍은 FPGA의 프로그래머블 셀(cell)에 일련의 0과 1을 단순히 쓰는 것을 수반하며, 개인용 컴퓨터(personal computer)가 요구되는 것 외에는 특별한 프로그래밍 유닛을 필요로 하지 않는다.

2.2 하드웨어 기술 언어

하드웨어 기술 언어(HDL)는 설계를 입력시키는 인기 있는 방법이다. 앞에서 말한 바와 같이, 많이 사용되는 두 가지 HDL은 VHDL과 Verilog이다. 이 책에서는 최근의 디지털 시스템 설계의 원리를 설명하는 데 VHDL을 사용한다.

VHDL은 디지털 시스템의 구조나 동작을 기술하기 위해 사용하는 하드웨어 기술 언어이다. VHDL은 복잡도가 소수의 게이트부터 다수의 복잡한 집적회로의 상호연결까지 다양한 디지털 시스템의 동작을 기술하거나 시뮬레이션하기 위해 사용될 수 있는 다목적 HDL이다. 원래 VHDL은 디지털 시스템을 동일 표준으로 기술하기 위해 미국 국방성(DoD)의 자금 지원으로 개발되었다. VHDL이 개발되었을 때, 주목적은 하드웨어를 명료하게 기술하고 문서화하기 위한 메커니즘을 갖는 것이었다. 고수준(high-level)으로 표현된 하드웨어를 합성하는 것은 원래 목적 중의 하나가 아니었다. 그 후 VHDL 언어는 IEEE(Institute of Electronic and Electrical Engineers) 표준이 되었고, 산업계에서 광범위하게 사용되고 있다. IEEE는 1987년에 VHDL 표준(VHDL-87)을 만들었고, 그 뒤 1993년에 표준을 수정(VHDL-93)하였다. 표준에 대한 추가 개정은 2000년과 2002년에 이루어졌다.

VHDL은 여러 다른 수준에서 디지털 시스템을 표현할 수 있다. 즉, **동작적** 표현, **데이터 흐름**(data flow) 표현, 그리고 **구조적** 표현이 가능하다. 예를 들어 이진 가산기는 구현과 관련된 구체적인 내용 없이 동작적 레벨에서 두 이진수를 더하는 함수의 식으로 표현될 수 있다. 동일한 가산기는 데이터 흐름 레벨에서 주어진 가산기에 대한 논리식에 의해 표현될 수 있다. 마지막으로,

가산기를 구성하는 게이트들과 이들 사이의 상호연결을 기술함으로써 구조적 레벨에서 가산기를 표현할 수 있다.

VHDL은 당연히 하향식 설계 방법론을 사용한다. 따라서 먼저 고수준에서 시스템을 기술하고, 시뮬레이터를 사용하여 테스트한다. 이 수준에서 시스템을 디버깅한 후, 점차적으로 설계를 상세히 함으로써, 결국 실제 하드웨어 구현과 밀접한 관계가 있는 구조적 표현에 이르게 된다. VHDL은 구현 기술에 의존하지 않도록, 즉 기술 독립적으로 만들어졌다. 만약 어떤 설계를 VHDL로 표현하고 최근의 기술로 구현하였다면, 동일한 VHDL 기술을 어떤 미래의 기술로 설계하기 위한 시작점으로 사용할 수 있다. 비록 처음에는 하드웨어를 문서화하기 위한 언어로 생각했지만, 오늘날 대부분의 VHDL은 시뮬레이션과 논리 합성을 위해 사용된다.

Verilog는 또 다른 인기 있는 HDL이다. Verilog는 미국 국방성이 VHDL을 새로 만들기 위해 자금을 지원했던 동일한 시기에 기업체에 의해 개발되었다. Verilog는 1984년 Gateway Design Automation사에 의해 특허가 있는 HDL로 소개되었다. Synopsys사는 1988년경에 Verilog를 위한 합성 툴을 개발하였다. Verilog는 1995년에 IEEE 표준이 되었다.

VHDL은 구문상 그 뿌리를 ADA에 두고 있으나, Verilog는 구문상 그 뿌리를 C에 두고 있다. ADA는 범용 프로그래밍 언어이며, 역시 미국 국방성의 후원을 받았다. Verilog는 C와 유사하기 때문에 배우기 더 쉽고 거부감이 적다고 할 수 있다. VHDL은 대규모 시스템의 설계와 문서화에 있어서 매우 우수하다고 많은 사람들이 알고 있다. VHDL과 Verilog는 대략 50 : 50의 시장점유율을 가지고 있다. 두 언어 모두 디지털 설계를 위한 대부분의 요구조건을 어느 정도 쉽게 만족시킬 수 있다. 흔히 설계 회사들은 익숙한 언어를 계속해서 사용한다. 따라서 Verilog 사용자는 Verilog를 계속하여 사용하고, VHDL 사용자는 VHDL을 계속하여 사용한다. 만약 이 두 언어 중 하나를 알고 있다면, 다른 언어로 바꾸는 것은 어렵지 않다.

최근에는 **System C**, **Handel-C**, **System Verilog**와 같이 시스템 설계 언어에 대해서도 노력을 기울이고 있다. System C는 C++의 확장된 형태로 만들어졌고, 따라서 범용 소프트웨어의 개발에 익숙한 사람은 거부감이 적다. 이러한 언어들은 본래 높은 추상화 레벨에서 대규모 디지털 시스템을 표현하는 데 목표를 두고 있으며, 주로 검증과 확인을 위해 사용된다. 대규모 시스템의 각 부분이 서로 다른 팀에 의해 설계될 때, 한 팀은 설계 초기에 다른 팀에 의해 설계되고 있는 블록에 대한 시스템 레벨의 동작적 표현을 사용할 수 있다. 만약 사용하지 않으면 시스템 통합 중에만 나타나게 되는 문제점들을 초기 단계에서 분명히 알 수 있고, 따라서 대규모 시스템의 설계 사이클을 줄일 수 있다. 시스템 레벨 시뮬레이션 언어는 대규모 시스템을 설계하는 동안 사용된다.

2.2.1 언어 학습

새로운 언어를 배울 때에는 일상의 의사소통을 위한 언어(영어, 스페인어, 프랑스어 등)이든, C와 같은 컴퓨터 언어이든, 또는 VHDL과 같은 특별한 목적의 언어이든지 간에 여러 가지 도전에 직면하게 된다. 만약 처음 접하는 언어가 아니라면, 일반적으로 이미 알고 있는 언어와 비교하려는 버릇이 있다. VHDL을 배우는 경우, 이미 다른 하드웨어 기술 언어를 알고 있다면 그것을 VHDL과 비교하는 것이 좋지만, C와 같은 언어와 비교할 때에는 조심하여야 한다. VHDL과 Verilog는 C 같은 언어와 다른 목적으로 개발되었으므로, C와 비교하는 것은 의미 없는 일이다. 여기서는 HDL을 처음 배운다고 가정하고 VHDL을 설명할 것이다; 그러나 C와 같은 컴퓨터 언어의 기본지식과 초보적인 컴파일 과정, 그리고 실행 흐름을 알고 있다고 가정한다.

새로운 언어를 배울 때는 새로운 언어의 알파벳, 어휘, 문법, 구문 규칙, 그리고 언어 표현의 의미를 공부하여야 한다. VHDL을 배우는 과정도 크게 다르지 않다. 알파벳, 언어의 단어 또는 어휘 요소(lexical element), 구문(문법 또는 법칙), 그리고 의미(표현의 뜻)를 배울 필요가 있다. VHDL-87은 ASCII 문자집합을 사용하지만, VDHL-93은 모든 ISO 문자집합을 허용한다. ISO 문자집합은 ASCII 문자뿐만 아니라 악센트가 있는 문자까지도 포함한다. ASCII 문자집합은 ISO 문자집합의 처음 128개 문자만으로 구성된다. 언어의 어휘 요소는 다양한 **식별자**(identifier), **예약어**(reserved word), 특별 부호, 그리고 상수(literal)를 포함한다. 부록 A에 이러한 것들을 나열하였다. 구문 또는 문법은 어휘 요소의 어떤 조합이 유효한 VHDL 표현이 되는지 결정한다. 이것은 서로 다른 VHDL 구성소(construct)들을 사용하는 방법을 결정하는 법칙이다. 그 다음에 VHDL 표현이 나타내는 뜻이나 의미를 이해할 필요가 있다. 어떤 표현이 순차회로를 나타내고, 어떤 표현이 조합회로를 나타내는지 이해하게 되는 시점이 바로 여기다. 자연 언어가 말하기, 읽기, 쓰기를 통하여 유창해지듯이, VHDL에 숙달되려면 다양한 디지털 시스템에 대한 모델을 만들면서 반복적으로 사용하여야 한다.

VHDL은 하드웨어 기술 언어이므로 일반 프로그래밍 언어와 여러 면에서 다르다. 무엇보다도, 모든 컴포넌트들이 동시에 동작하는 실제 하드웨어를 모델링해야 하므로, 동시에 실행하는 처리문을 가지고 있다. VHDL은 하드웨어를 표현하고, 문서화하고, 시뮬레이션하고, 그리고 자동으로 생성하기 위한 목적으로 흔히 사용된다. 따라서 VHDL 구성소는 이러한 목적에 맞추어져 있다. 다음에 나오는 절들에서는, 예를 사용하여 서로 다른 종류의 디지털 하드웨어를 모델링하는 여러 가지 방법을 설명할 것이다.

➔ 많이 사용되는 약어

VHDL: VHSIC hardware description language
VHSIC: Very high speed integrated circuit

HDL: Hardware description language
CAD: Computer-aided design
EDA: Electronic design automation
LSI: Large scale integration
MSI: Medium scale integration
VLSI: Very large scale integration
ULSI: Ultra large scale integration
ASCII: American standard code for information exchange
ISO: International Standards Organization
ASIC: Application-specific integrated circuit
FPGA: Field programmable gate array
PLA: Programmable logic array
PAL: Programmable array logic
PLD: Programmable logic device
CPLD: Complex programmable logic device

2.3 조합회로의 VHDL 기술

범용 컴퓨터 언어를 사용하여 하드웨어를 모델링하는 데 가장 어려운 점은 동시에 동작하는 하드웨어를 표현하는 것이다. 보통 우리에게 익숙한 컴퓨터 프로그램들은 잘 정의된 순서로 실행되는 일련의 명령어이다. 이러한 프로그램의 실행 과정을 시간적인 관점에서 보면 프로그램은 특정 위치의 어떤 명령어를 수행하고 있으며, 그 명령을 수행하고 나면 순차적으로 다른 명령어를 만나 수행하게 된다. 여러 게이트들(모두 동시에 작동함)로 이루어진 조합회로를 모델링하기 위해서는 회로의 여러 부분이 동시에 수행하는 것을 "시뮬레이션"할 수 있어야 한다.

VHDL은 소위 **병행 처리문**(concurrent statement)을 사용하여 조합회로를 모델링한다. 병행 처리문은 항상 실행할 준비가 되어 있는 처리문이다. 이 처리문은 언제든 우변에 있는 신호가 바뀔 때마다 값을 다시 계산한다.

먼저 VHDL을 사용하여 간단한 게이트 회로를 표현하는 것으로 시작하자. 그림 2-3의 회로에서 각 게이트는 5-ns 전파지연을 갖는다고 가정하면, 그림에 나타낸 것과 같이 회로는 두 VHDL 처리문으로 표현될 수 있다. 여기서 A, B, C, D, E는 신호이다. VHDL의 신호는 실제 물리적 시스템에서의 신호에 해당한다. "<=" 기호는 신호 할당 연산자로, 우변에서 계산한 값을 좌변의 신호에 할당하는 것을 나타낸다. 그림 2-3의 처리문들을 시뮬레이션하면, 첫 번째 처리문은 A나 B가 변할 때마다 그 값이 계산되고, 두 번째 처리문은 C나 D가 변할 때마다 계산된다. 초기에 $A = 1$, $B = C = D = E = 0$이라고 가정하자. 만약 시간 $= 0$에서 B가 1로 변하면, C는 시

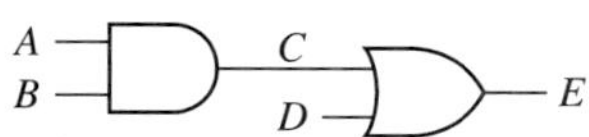


```
C <= A and B after 5 ns;
E <= C or D after 5 ns;
```

그림 2-3 간단한 게이트 회로

간 = 5 ns에서 1로 변할 것이다. 그런 다음 E는 시간 = 10 ns에서 1로 변할 것이다.

VHDL의 신호 할당문은 앞의 예와 같이 병행 처리문의 예이다. VHDL 시뮬레이터는 각 병행 처리문의 우변을 항상 감시하고 있다가, 어떤 신호이든 변할 때마다 우변의 식을 곧바로 다시 계산한다. 계산된 새로운 값은 적절히 지연된 후 좌변의 신호에 할당된다. 이것은 하드웨어가 동작하는 방법과 정확히 일치한다. 언제든 게이트의 입력이 변하게 되면, 하드웨어에 의해 출력이 다시 계산되고, 게이트 지연 후에 출력이 변한다. 병행 처리문은 순서대로 실행되지 않기 때문에 프로그램 내에서 병행 처리문의 위치는 중요하지 않다.

회로를 처음 표현할 때는 전파지연에 관심을 갖지 않을 수도 있다. 다음과 같이 기술한다면 전파지연은 0 ns임을 의미한다.

```
C <= A and B;
E <= C or D;
```

이 경우에 시뮬레이터는 Δ(델타)라는 무한소의 지연 시간을 갖는다고 가정한다. 초기에 $A = 1$ 그리고 $B = C = D = E = 0$이라고 가정하자. 만약 B가 시간 = 1 ns에서 바뀌게 되면, C는 $1 + \Delta$에서 바뀔 것이며, E는 $1 + 2\Delta$에서 바뀔 것이다.

순차 프로그램과 달리, 앞에서 설명한 병행 처리문의 순서는 중요하지 않다. 다음과 같은 병행 처리문의 시뮬레이션 결과는 앞의 것과 동일하다.

```
E <= C or D;
C <= A and B;
```

일반적인 신호 할당문의 형식은 다음과 같다.

```
signal_name <= expression [after delay];
```

처리문이 실행될 때 우변의 식이 계산되고, 좌변의 신호는 `delay` 후에 변경되도록 스케줄링된다. 대괄호는 **after** `delay`가 옵션이라는 것을 나타내는데, 처리문의 필수 항은 아니다. 만약 **after** `delay`를 생략한다면, 신호는 델타지연 후에 업데이트되도록 스케줄링된다. 처리문이 실행되는 시간과 신호가 업데이트되는 시간은 같지 않다는 것에 주목하기 바란다.

비록 VHDL 프로그램에는 루프(loop)가 명시되어 있지 않지만, 병행 처리문은 마치 루프가 있는 것처럼 반복적으로 실행한다. 그림 2-4는 출력이 다시 입력으로 연결된 인버터를 보여준다. 출력이 '0'이면, 이 '0'은 입력으로 피드백되며, 인버터 지연을 10 ns라 한다면 출력은 10 ns 후에 '1'로 바뀔 것이다. 그 다음 입력으로 '1'이 다시 피드백되며, 인버터 지연 후에 출력은 '0'으로 바뀐다. 따라서 *CLK* 신호는 그림에서 보여주는 파형과 같이 '0'과 '1' 사이를 계속 진동할 것이다. 해당하는 그림의 VHDL 병행 처리문은 동일한 결과를 만들어낸다. *CLK*가 '0'으로 초기화되어 있다고 하자. 처리문이 실행되면 *CLK*는 10 ns 후에 '1'로 바뀐다. *CLK*가 변경되었기 때문에 처리문은 다시 실행되며, *CLK*는 10 ns 후에 '0'으로 다시 바뀐다. 이러한 과정은 무한히 계속될 것이다.

그림 2-4의 처리문은 반주기가 10 ns인 클럭 파형을 발생시킨다. 반면에 다음과 같은 병행 처리문은 런타임 오류(run-time error)의 원인이 된다.

```
CLK <= not CLK;
```

지연이 0이므로, CLK는 $0 + \Delta$, $0 + 2\Delta$, $0 + 3\Delta$ 등의 시간에 따라 값이 바뀔 것이다. Δ는 아주 작은 무한소의 시간이기 때문에, 시간은 결코 1 ns가 되지 않을 것이다.

일반적으로, **VHDL은 대소문자를 구별하지 않는다.** 즉, 컴파일러와 시뮬레이터는 대문자와 이에 해당하는 소문자를 같은 문자로 취급한다. 따라서 다음 두 처리문은 똑같이 취급된다.

```
Clk <= NOT clk After 10 ns;

CLK <= not CLK after 10 ns;
```

신호 이름과 그 외 **VHDL 식별자**는 문자, 숫자, 또는 밑줄문자(_)를 포함할 수 있다. 식별자는 반드시 문자로 시작하여야 하며, 마지막은 밑줄문자가 될 수 없다. 따라서 C123과 ab_23은 식별자로 사용할 수 있지만, 1ABC와 ABC_는 사용할 수 없다. 모든 VHDL 처리문은 반드시 세미콜론으로 끝나야 하며, 스페이스, 탭, 엔터는 똑같이 취급된다. VHDL 처리문 하나를 여러 줄에 걸쳐 작성할 수 있으며, 또한 여러 처리문을 한 줄에 작성할 수도 있다. VHDL 코드의 한 줄에서, 더블 대시(--) 다음에 오는 모든 것은 주석으로 취급된다. 그리고 **and**, **or**, **after**와 같은 단어는 예약어(또는 키워드)로 VHDL 컴파일러에서 특별한 의미를 갖기 때문에, 신호 이름이나 식

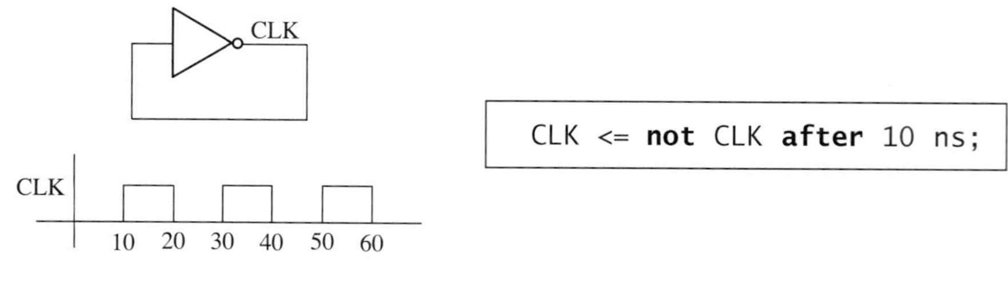

그림 2-4 피드백으로 연결된 인버터

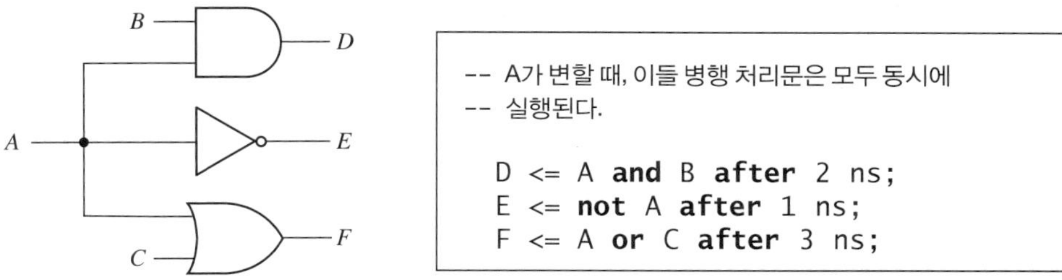

그림 2-5 공통 입력과 서로 다른 지연을 갖는 세 게이트

별자로 사용할 수 없다. 이 책에서 예약어는 볼드체로 표시한다.

그림 2-5는 신호 *A*를 공통 입력으로 받는 세 개의 게이트로 이루어진 회로와 그것을 표현한 VHDL 코드를 보여준다. *A*가 변할 때마다 세 게이트가 동시에 신호를 처리하기 시작하는 것과 마찬가지로 세 병행 처리문도 동시에 실행된다. 그러나 만약 게이트 지연이 다르다면, 게이트 출력은 서로 다른 시간에 바뀐다. 게이트 지연이 각각 2 ns, 1 ns, 3 ns라고 하고, 그리고 *A*가 5 ns에 변한다면, 게이트 출력 *D*, *E*, *F*는 각각 7 ns, 6 ns, 8 ns에 바뀔 것이다. VHDL 처리문도 똑같이 동작한다. 처리문은 비록 동시에 실행되어도, 출력 *D*, *E*, *F*는 각각 7 ns, 6 ns, 8 ns 시간에 업데이트된다. 그러나 처리문에 지연을 따로 명시하지 않으면, 출력 *D*, *E*, *F*는 모두 $5+\Delta$ 시간에 업데이트된다.

앞의 예에서 모든 신호는 비트 타입으로, '0' 또는 '1'의 값을 갖는다는 것을 의미한다. (VHDL에서 비트 값은 작은 따옴표로 표시하여 정수 값과 구별한다.)

디지털 설계에서는 한 그룹의 신호에 대하여 동일한 동작을 수행할 필요가 있다. 비트 신호의 1차원 어레이를 **비트 벡터**(bit-vector)라고 한다. *B*라는 4-비트 벡터의 인덱스 범위가 0~3이면, 비트 벡터의 네 개 요소는 *B*(0), *B*(1), *B*(2), *B*(3)로 나타낼 수 있다. 다음과 같은 처리문을 이용하여 비트 벡터를 선언할 수 있다.

```
B: in bit_vector(3 downto 0);
```

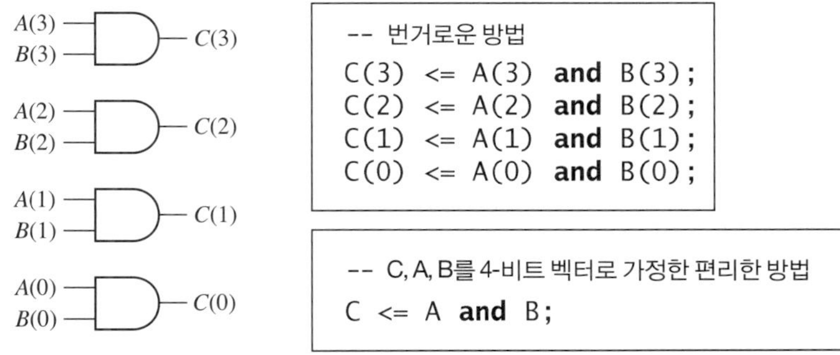

그림 2-6 AND 게이트의 어레이

처리문 B <= "1100"은 '1'을 $B(3)$에, '1'을 $B(2)$에, '0'을 $B(1)$에, 그리고 '0'을 $B(0)$에 할당한다.

그림 2-6은 네 개의 AND 게이트 어레이를 나타낸다. 입력은 비트 벡터 A, B로 나타내고, 출력은 비트 벡터 C로 나타낸다. 네 개의 게이트를 표현하기 위해 네 개의 VHDL 처리문을 작성하여 표현할 수 있지만, 비트 벡터 A와 B에 대하여 **and** 연산을 수행하는 한 개의 VHDL 처리문을 작성하는 것이 더 효율적이다. 비트 벡터를 연산에 적용시키면, **and** 연산은 비트 요소의 해당하는 쌍에 대하여 **and** 연산을 수행한다.

2.4 VHDL 모듈

일반적인 VHDL 모듈의 구성은 **엔티티**(entity) 기술과 **아키텍처**(architecture) 기술로 이루어진다. **엔티티** 기술에서는 입력과 출력 신호들을 선언하고, **아키텍처** 기술은 모듈의 내부 동작을 자세히 나타낸다. 예로서 그림 2-7을 고려해 보자. **엔티티** 선언(entity declaration)에서는 모듈에 two_gate라는 이름을 붙이고, **포트**(port) 선언에서는 모듈의 입력과 출력 포트를 명시한다. A, B, D는 비트 타입의 입력 신호이고, E는 비트 타입의 출력 신호이다. 아키텍처에는 게이트(gate)라는 이름을 붙이고, 신호 C는 내부 신호이므로, 아키텍처 내부에서 선언한다. 게이트를 표현하는 두 병행 처리문은 키워드 **begin**과 **end** 사이에 기술한다.

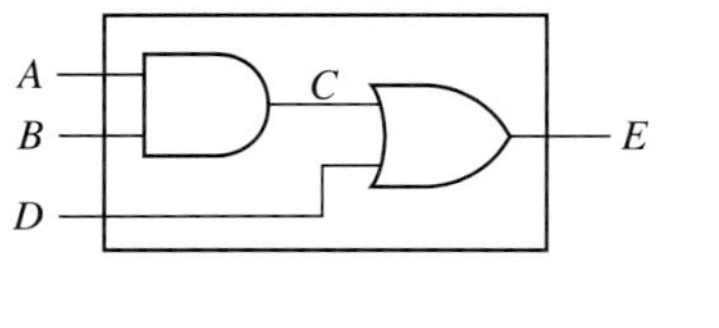


```
entity two_gates is
  port(A, B, D: in bit; E: out bit);
end two_gates;

architecture gates of two_gates is
signal C: bit;
begin
  C <= A and B;  -- 병행
  E <= C or D;   -- 처리문
end gates;
```

그림 2-7 두 게이트로 이루어진 VHDL 모듈

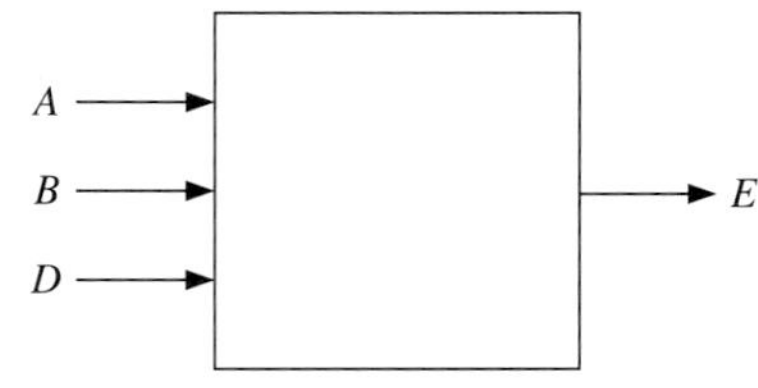

그림 2-8 블랙박스로 본 2-게이트 모듈

엔티티 서술은 설계할 모듈을 나타내는 블랙박스 그림과 그 외부 인터페이스(즉, 그림 2-8과 같이 이 모듈로 들어오거나 이 모듈에서 나가는 상호연결들)라고 생각할 수 있다.

앞의 간단한 예에서와 같이, VHDL에서 시스템을 표현할 때는 탑 레벨에서 엔티티와 아키텍처를 명시해야 하고, 시스템을 구성하는 각 컴포넌트 모듈에 대해서도 엔티티와 아키텍처를 명시해야 한다(그림 2-9 참조). 각 엔티티 선언에는 다른 모듈이나 외부와의 연결에 사용되는 인터페이스 신호의 리스트가 포함되어 있다. 엔티티 선언 형식은 다음과 같다.

```
entity entity-name is
  [port(interface-signal-declaration);]
end [entity] [entity-name];
```

대괄호 안의 항목은 옵션이다. 일반적으로, `interface-signal-declaration`은 다음과 같은 형식으로 사용된다.

```
list-of-interface-signals: mode type [:= initial-value]
{; list-of-interface-signals: mode type [:= initial-value]};
```

중괄호는 그 괄호 안의 항목들이 반복되지 않거나, 또는 한 번 이상 반복될 수 있음을 나타낸다. **모드**(mode)는 정보의 방향, 즉 정보가 포트로 들어가는지, 또는 포트에서 나가는지를 나타낸다. 입력 포트 신호는 **in** 모드, 출력 포트 신호는 **out** 모드, 양방향 신호는 **inout** 모드이다. **type**은 전달될 수 있는 정보의 종류나 데이터 타입을 지정한다. 지금까지는 데이터 타입으로 비트와 비트 벡터만을 사용했지만, 2.10절에서는 다른 데이터 타입이 소개될 것이다. 옵션인 `initial-value`는 관련된 리스트의 신호를 초기화시키기 위해 사용된다. 이 옵션을 사용하지 않으면 지정된 타입의 디폴트값으로 초기화된다. 다음은 포트 선언의 예이다.

```
port(A, B: in integer := 2; C, D: out bit);
```

여기서 *A*와 *B*는 데이터 타입이 정수이고, 2로 초기화되는 입력 신호이다. 그리고 *C*와 *D*는 데이

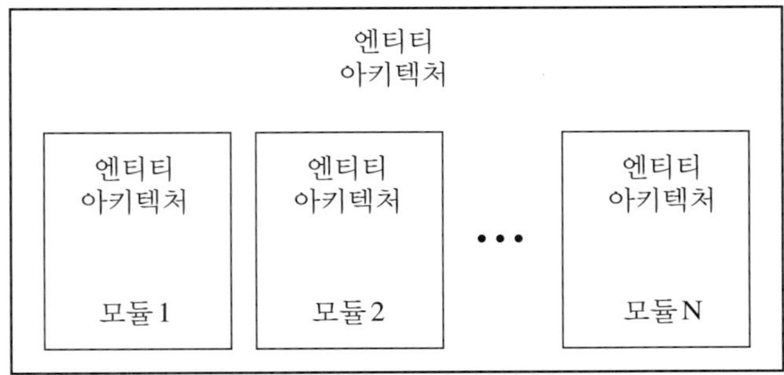

그림 2-9 VHDL 프로그램의 구조

터 타입이 비트이고, 디폴트값인 '0' 으로 초기화되는 출력 신호이다. 이 초기값은 시뮬레이션에서만 사용되고, 합성에서는 사용되지 않는다.

in, **out**, **inout** 모드뿐만 아니라 **buffer**와 **linkage**라는 두 가지 다른 모드가 있다. **buffer** 모드는 엔티티에서 읽기와 쓰기가 가능한 **inout** 모드와 비슷하다. 그러나 **buffer** 모드는 신호가 엄밀하게는 출력이지만 내부에서도 그 포트를 읽고 싶을 때 유용하게 사용될 수 있다. linkage 포트는 VHDL 엔티티를 VHDL이 아닌 엔티티에 연결할 때 유용하게 사용된다. 이 두 모드는 여러 가지 제약을 가지고 있으므로, 일반적으로 **in**, **out**, **inout** 모드로 제한하여 사용한다.

각 엔티티를 한 개 이상의 아키텍처 선언과 연관시킬 수 있으며, 그 형식은 다음과 같다.

```
architecture architecture-name of entity-name is
  [declarations]
begin
  architecture body
end [architecture] [architecture-name];
```

위의 형식에서, `declarations` 부분에는 아키텍처에서 사용되는 신호와 컴포넌트들이 선언된다. 그리고 아키텍처 몸체 부분에는 모듈의 동작을 기술하는 처리문이 포함된다.

다음은 전가산기(full adder) 모듈을 위한 엔티티와 아키텍처를 작성할 것이다. 전가산기는 두 비트의 입력과 캐리 입력을 더하여 합과 캐리를 출력한다. 그림 2-10에서 보여주는 바와 같이, 엔티티는 가산기 모듈의 입력과 출력을 일일이 열거하여야 한다. 그림의 포트 선언에서 X, Y, C_{in}은 비트 타입의 입력 신호이고, C_{out}과 Sum은 비트 타입의 출력 신호임을 명시하고 있다.

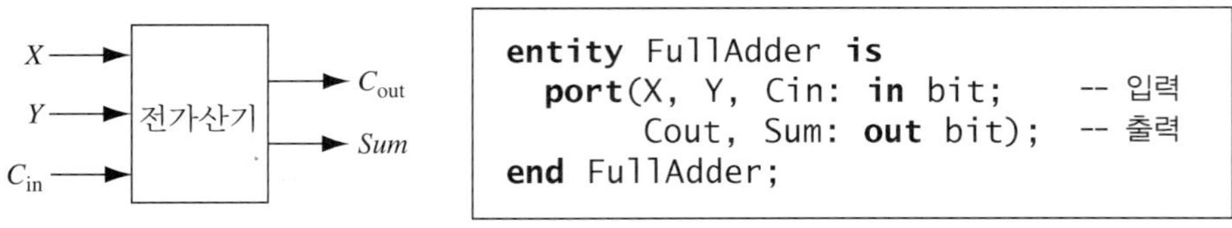

그림 2-10 전가산기 모듈에 대한 엔티티 선언

전가산기의 동작은 아키텍처에 서술한다.

```
architecture Equations of FullAdder is
begin          -- 병행 할당문
  Sum  <= X xor Y xor Cin after 10 ns;
  Cout <= (X and Y) or (X and Cin) or (Y and Cin) after 10 ns;
end Equations;
```

이 예에서 아키텍처 이름(`Equations`)은 임의로 정해도 되지만, 엔티티 이름(`FullAdder`)은 반드시 관련된 엔티티 선언에서 사용한 이름과 일치해야 한다. Sum과 C_{out}을 위한 VHDL 할당문은 전가산기의 논리식을 표현한 것이다. 진리표나 게이트들의 상호연결과 같이, 아키텍처를 여러 가지 다른 형태로 표현하여 대신 사용할 수도 있다. VHDL에서는 NOT 연산자를 제외하면 논리 연산자의 연산 순서가 정해져 있지 않기 때문에, 필요에 따라서는 C_{out} 식의 (X **and** Y)와 같이 괄호를 사용해서 표현해야 한다.

2.4.1 4-비트 전가산기

다음은 네 개의 전가산기를 연결하여 4-비트 이진 가산기를 만들 것이다. 여기서는 앞에서 정의한 `FullAdder` 모듈을 시스템의 **컴포넌트**(component)로 이용하는 방법을 설명한다(그림 2-11 참조). 먼저 4-비트 가산기를 엔티티로 선언한다(그림 2-12 참조). 두 입력과 합 출력은 모두 4 비트이기 때문에 비트 벡터로 선언하고, 그 범위는 3 **downto** 0로 한다(범위로 1 **to** 4를 대신 사용할 수도 있다).

다음으로, `adder4`의 아키텍처 내부에서 `FullAdder`를 컴포넌트로 선언한다(그림 2-12). **컴포넌트**를 선언하는 방법은 전가산기의 엔티티 선언과 매우 유사하며, 입출력 포트 신호는 전가산기에 대하여 선언된 것과 일치한다. 코드의 한 부분에서 생성된 모듈이 다른 부분에 사용될 때마다 컴포넌트 선언이 필요하다. 컴포넌트를 사용하는 파일에서 컴포넌트를 정의할 필요는 없다. 코드를 재사용하기 위해 컴포넌트 라이브러리를 만들고, 컴포넌트 엔티티와 아키텍처를 라이브러리 파일에 넣는 것이 일반적이다. 그러면 컴포넌트를 사용하는 아키텍처는 이 컴포넌트에 대하여 컴포넌트 선언을 해야 한다.

컴포넌트 선언 다음에는 3-비트 내부 캐리 신호 C를 선언한다. 아키텍처 몸체에서는 `FullAdder` 컴포넌트를 여러 개 복사하여 그 실체(instance)를 만든다. (CAD 용어로, `FullAdder` 네 개에 대한 "인스턴스 생성"이라고 한다.) `FullAdder`의 각 복사본은 이름(예를 들면 FA0)과 포트 맵을 가지고 있다. 포트 맵 다음에 오는 신호 이름들은 컴포넌트 포트에 있는 신호들과 일대일로 대응한다. 따라서 $A(0)$, $B(0)$, C_i는 입력 X, Y, C_{in}에 각각 대응한다. $C(1)$과 $S(0)$는 C_{out}과 Sum 출력에 대응한다. 포트 맵에서 신호의 순서는 컴포넌트 선언의 포트에 나열되어 있는 신호의 순서와 같아야 한다.

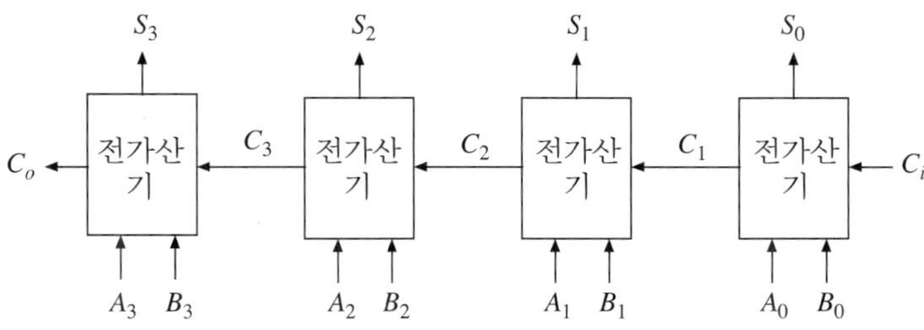

그림 2-11 4-비트 이진 가산기

```
entity Adder4 is
  port(A, B: in bit_vector(3 downto 0); Ci: in bit; -- 입력
       S: out bit_vector(3 downto 0); Co: out bit); -- 출력
end Adder4;
architecture Structure of Adder4 is
component FullAdder
  port (X, Y, Cin: in bit;        -- 입력
        Cout, Sum: out bit);      -- 출력
end component;
signal C: bit_vector(3 downto 1); -- C는 내부 신호이다.
begin      -- 전가산기 네 개에 대한 인스턴스 생성
  FA0: FullAdder port map (A(0), B(0), Ci, C(1), S(0));
  FA1: FullAdder port map (A(1), B(1), C(1), C(2), S(1));
  FA2: FullAdder port map (A(2), B(2), C(2), C(3), S(2));
  FA3: FullAdder port map (A(3), B(3), C(3), Co, S(3));
end Structure;
```

그림 2-12 4-비트 가산기의 구조적 표현

시뮬레이션을 위한 준비로, FullAdder와 Adder4의 엔티티와 아키텍처를 한 파일에서 작성하여 컴파일할 수 있다. 또 다른 방법으로, FullAdder를 별도로 컴파일하여 그 결과 코드를 라이브러리에 둔 다음, Adder4를 컴파일할 때 링크(link)시킬 수 있다.

이 책에서 소개하는 모든 시뮬레이션 예는 Mentor Graphics사의 **ModelSim VHDL 시뮬레이터**를 사용한다. 대부분의 다른 VHDL 시뮬레이터들도 비슷한 명령어 파일을 사용하여 비슷한 양식으로 출력할 수 있다. Adder4를 테스트하기 위해 다음의 시뮬레이터 명령어를 사용할 것이다.

```
add list A B Co C Ci S    -- 이 신호들을 출력 리스트에 포함시킨다.
force A 1111              -- A 입력을 1111로 설정한다.
force B 0001              -- B 입력을 0001로 설정한다.
force Ci 1                -- Ci를 1로 설정한다.
run 50 ns                 -- 50 ns 동안 시뮬레이션을 수행한다.
force Ci 0
force A 0101
force B 1110
run 50 ns
```

50 ns 동안 시뮬레이션을 수행하였다. 이 시간은 캐리가 모든 전가산기를 통하여 전파될 수 있는 충분한 시간이다. 앞의 명령어 리스트에 대한 시뮬레이션 결과는 다음과 같다.

ns	델타	a	b	co	c	ci	s
0	+0	0000	0000	0	000	0	0000
0	+1	1111	0001	0	000	1	0000
10	+0	1111	0001	0	001	1	1111
20	+0	1111	0001	0	011	1	1101
30	+0	1111	0001	0	111	1	1001
40	+0	1111	0001	1	111	1	0001
50	+0	0101	1110	1	111	0	0001
60	+0	0101	1110	1	110	0	0101
70	+0	0101	1110	1	100	0	0111
80	+0	0101	1110	1	100	0	0011

리스트는 매 10 ns마다 캐리가 어떻게 한 비트씩 전파되는지 보여준다. 전가산기의 입력은 시간 = Δ에서 바뀐다.

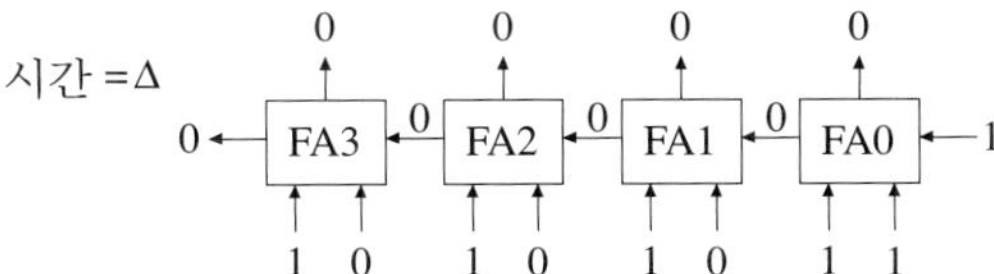

합과 캐리는 각 FA에서 계산된다. 그리고 10 ns 뒤에 각 FA의 출력에 나타난다.

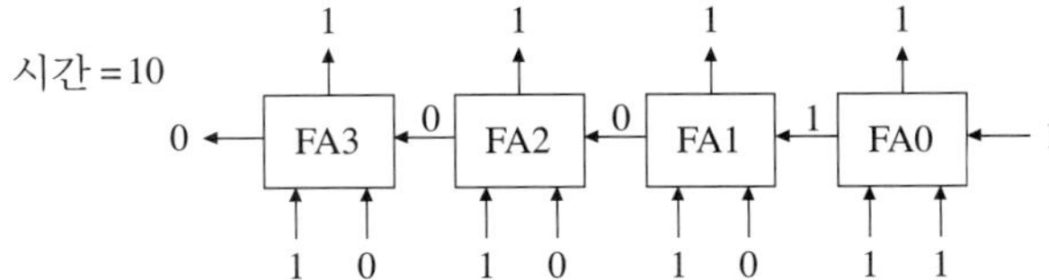

FA1의 입력이 바뀌었으므로, 출력은 10 ns 뒤에 변하게 된다.

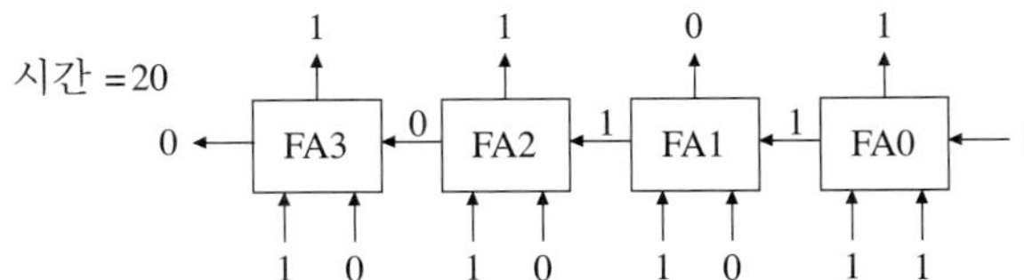

최종 시뮬레이션 결과는 다음과 같다.

시간 = 40 ns에서 1111 + 0001 + 1 = 0001, 캐리 = 1
시간 = 80 ns에서 0101 + 1110 + 0 = 0011, 캐리 = 1

80 ns 이후에는 더 이상 변하지 않기 때문에, 시뮬레이션은 여기서 멈추게 된다.

이 절에서는 엔티티와 아키텍처를 사용하여 어떻게 VHDL 모듈을 구성하는지 보여주었다. 4-비트 가산기 모듈을 통하여, VHDL 컴포넌트를 사용하여 구조적 VHDL 코드를 작성하는 방법을 설명하였다. 한 아키텍처에서 컴포넌트를 사용하기 위해서는 아키텍처 내의 처음 부분에 다음과 같은 형식으로 그 컴포넌트를 선언해주어야 한다.

```
component component-name
  port(list-of-interface-signals-and-their-types);
end component;
```

컴포넌트 선언에서 사용되는 포트 절은 엔티티 선언에서 사용되는 포트 절과 동일한 형식이다. 한 회로 내에서 사용되는 각 컴포넌트의 연결을 기술하기 위해, 다음과 같은 형식의 컴포넌트 인스턴스 생성문(component instantiation statement)을 사용한다.

```
label: component-name port map (list-of-actual-signals);
```

실제 신호들의 리스트는 컴포넌트 선언에서 나열된 인터페이스 신호들의 리스트와 일대일로 대응한다.

2.4.2 "버퍼(Buffer)" 모드의 사용

그림 2-13의 예를 자세히 살펴보자. 이 예에서 모든 변수는 0 ns에서 0이라 하고, *A*는 10 ns에서 1로 변한다고 가정한다.

그림 2-13의 코드는 실제로 대부분의 툴에서 컴파일, 시뮬레이션, 또는 합성이 되지 않는데, 그 이유는 *D*가 출력으로만 선언되어 있기 때문이다. *D*는 처리문 2의 우측에서 사용된다. 따라서 *D*는 그림 2-14에서와 같이 **inout**이나 **buffer** 모드이어야 한다. inout 모드를 사용하면, 합성 툴은 실제로 양방향 신호를 생성한다. 그러나 엄밀하게 *D*는 회로에 대하여 외부 입력이 아니므로 **buffer** 모드가 더 적절하다. **buffer** 모드는 신호가 외부로 나가는 출력임을 나타낸다. 그러나 그 값은 엔티티의 아키텍처 내에서 읽혀질 수 있다. 다음 코드는 신호 *D*에 대하여 out 모드 대신에 buffer 모드를 사용하고 있다.

모든 신호는 10 ns 시간이 될 때까지 '0'을 유지한다. 10 ns에 *A*가 변하면, 처리문 1을 다시 계산한다. 그 결과 *D*의 값은 15 ns 시간에 '1'로 바뀐다. 15 ns에 *D*가 변하면, 이번에는 처리문 2를 다시 계산한다. 그 결과 신호 *E*는 20 ns에 '1'로 바뀐다. 이 코드는 각각 5 ns의 지연을 갖는

```
entity gates is
  port(A, B, C: in bit; D, E: out bit);
end gates;

architecture example of gates is
begin
  D <= A or B after 5 ns;  -- 처리문1
  E <= C or D after 5 ns;  -- 처리문2
end example;
```

그림 2-13 컴파일이 되지 않는 VHDL 코드

```
entity gates is
  port(A, B, C: in bit; D: buffer bit; E: out bit);
end gates;

architecture example of gates is
begin
  D <= A or B after 5 ns;  -- 처리문1
  E <= C or D after 5 ns;  -- 처리문2
end example;
```

그림 2-14 buffer 모드를 사용하는 VHDL 코드

두 게이트를 표현한 것이다.

2.5 순차 처리문(Sequential Statement)과 VHDL Process

앞 절에서의 병행 처리문은 조합회로를 모델링하는 데 유용하다. 조합회로는 입력의 변화에 대하여 끊임없이 반응한다. 이에 반해 동기 순차회로는 클럭에 따라 입력의 변화에 응답한다. 클럭의 조건이 유효한 경우에만 출력이나 상태 변화가 일어나기 때문에 많은 입력 변화가 무시될 수 있다. 순차논리를 모델링하기 위해서는 클럭에 따른 선택적인 활동, 에지 트리거 디바이스, 순차적으로 일어나는 일련의 동작 등을 표현하기 위한 기본기능들이 요구된다. 이 절에서는 순차논리를 용이하게 모델링하게 하는 VHDL process에 대해 설명한다.

VHDL process의 기본형식은 다음과 같다.

```
process(sensitivity-list)
begin
  sequential-statements
end process;
```

process에서 **begin**과 **end** 사이의 처리문은 순차적으로 실행된다. **process** 단어 다음에 오는 괄호 안의 표현을 감지 신호 리스트(sensitivity list)라고 하며, 감지 신호 리스트 내의 한 신호만 변하여도 process는 실행된다. 예를 들어 process가 `process(A,B,C)`로 시작한다고 가정하면, *A*, *B*, *C* 중 어느 하나가 변할 때마다 처리문은 실행된다. 감지 신호 리스트 내의 신호 중 어느 하나라도 변하면, process 문 내부의 순차 처리문(sequential statement)은 순서대로 한 번 실행된다. process는 실행을 마치면 처음으로 돌아가서 감지 신호 리스트 내의 신호가 다시 바뀌기를 기다린다.

다음 병행 처리문이 process 내부에서 사용되면, process 안에서 나타나는 순서대로 실행되는 순차 처리문이 된다.

```
C <= A and B;   -- 병행처리문
E <= C or D;
```

위의 두 처리문은 process 밖에서 병행 처리문이 되며, 그 순서는 중요하지 않다는 것을 기억하기 바란다. 그러나 process 내에서는 그 차례가 실행 순서를 결정한다.

```
process(A, B, C, D)
begin
  C <= A and B;     -- 순차처리문
  E <= C or D;
end process;
```

A, *B*, *C*, *D* 중에서 어느 한 신호라도 변하면, process는 한 번 실행된다. 만약 process 실행 중에 *C*가 변하면, *C*는 감지 신호 리스트에 있는 신호이기 때문에 process는 한 번 더 실행될 것이다.

VHDL process는 조합논리나 순차논리를 모델링하기 위해 사용될 수 있다. process는 조합논리를 모델링하기 위해 반드시 필요한 것은 아니다. 그러나 순차논리를 모델링하기 위해서는 필요하다. 조합논리를 나타내기 위해 process를 사용할 때는 특히 주의해야 한다. process가 사용되는 그림 2-15의 코드를 살펴보자. 직렬로 연결된 두 게이트를 생각하며 이 코드를 작성할 수 있다. 그러나 실제로 이 코드는 그러한 회로를 나타내지 않는다.

process의 감지 신호 리스트는 회로에 대하여 외부 입력인 *A*, *B*, *C*만을 포함한다. 0 ns에서 모든 변수는 '0' 이라고 가정하자. 10 ns에서 *A*가 '1' 로 변하면, process는 실행된다. process 내의 두 처리문은 순서대로 한 번 수행되지만, *D*의 값은 실행 시 곧바로 변하지 않는다. 따라서 처리문 2는 process가 시작될 때 *D*가 가지고 있던 초기값을 사용하여 실행된다. *D*는 15 ns에서 '1' 이 되지만, *E*는 '0' 을 유지한다. *D*의 변화가 *E*까지 전파되지 않기 때문에, 이 VHDL 모델은 직렬로 연결된 두 게이트와 같지 않다. 만약 *D*를 process의 감지 신호 리스트에 포함시킨다면, process는 한 번 더 실행되고, 20 ns에서 *E*는 바뀔 것이다. 이 경우 시뮬레이션 출력은 직렬로 연결된 게이트로 구성된 회로의 출력과 일치하지만, 병행 처리문을 사용하여 게이트를 구현하는 것이 바람직하다.

순차 처리문과 process의 동작을 이해하기 위해서는 여러 가지 예가 더 필요하다. 다음 절에서는 process를 사용하여 간단한 플립플롭을 모델링하는 방법과 VHDL 시뮬레이션 과정의 원리를 설명한다. 그 다음에 process의 동작과 시뮬레이션 과정을 보여주는 더 많은 예를 소개한다.

```
entity nogates is
  port(A, B, C: in bit;
       D: buffer bit;
       E: out bit);
end nogates;

architecture behave of nogates is
begin
  process(A, B, C)
  begin
    D <= A or B after 5 ns;   -- 처리문1
    E <= C or D after 5 ns;   -- 처리문2
  end process;
end behave;
```

그림 2-15 process를 사용한 VHDL 코드

2.6 VHDL Process를 이용한 플립플롭 모델링

플립플롭은 클럭 입력의 상승에지나 하강에지에서 상태가 변할 수 있다. 이러한 종류의 동작은 VHDL에서 process로 모델링할 수 있다. 그림 2-16은 Q 출력이 CLK의 상승에지에서 변하는 간단한 D 플립플롭에 해당하는 process이다.

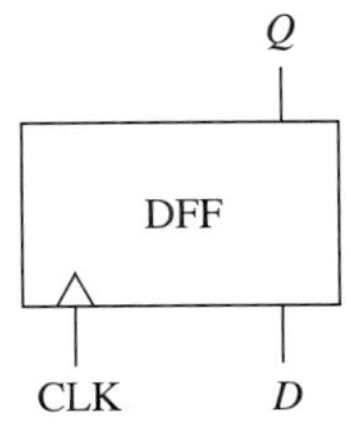


```
process(CLK)
begin
  if CLK'event and CLK = '1'   -- CLK의 상승에지
    then Q <= D;
  end if;
end process;
```

그림 2-16 간단한 D 플립플롭에 대한 VHDL 코드

그림 2-16에서 process는 *CLK*가 변할 때마다 한 번 실행된 후, *CLK*가 다시 변할 때까지 process의 시작부분에서 기다린다. **if** 문은 클럭의 상승에지를 테스트하고, 상승에지가 일어나는 경우 Q는 D로 셋된다. `CLK'event` 표현은 CLK의 에지에서 트리거되는 디바이스의 기능을 나타내기 위해 사용된다. `'event` 표현은 어떤 신호에도 사용될 수 있는 미리 정의된 속성이다. VHDL에서 신호의 속성에는 두 가지가 있는데, 하나는 값을 돌려주는 것이고, 다른 하나는 신호를 돌려주는 것이다. 그림에서 `'event` 속성은 값을 돌려준다. `CLK'event`("clock tick event"로 읽음) 표현은 *CLK* 신호가 변할 때마다 TRUE가 된다. 만약 `CLK = '1'` 역시 TRUE이면, CLK가 '0'에서 '1'로 바뀌는 것을 의미하므로 상승에지를 나타낸다.

만약 VHDL을 시뮬레이션 목적만으로 사용한다면, 다음과 같은 처리문을 사용하여 상승에지에 해당하는 동작을 표현할 수 있다.

```
if CLK = '1'
      ...
```

그러나 VHDL 코드가 하드웨어 합성을 위해 사용된다면, 이 처리문은 래치가 될 것이다. `CLK'event`는 에지에서 트리거되는 디바이스가 되는 것에 주의하기 바란다.

만약 플립플롭이 클럭의 상승에지에서 Q 출력이 변할 때까지 5 ns의 지연을 갖는다면, 위의 process에서 `Q <= D;` 처리문을 `Q <= D after 5 ns;` 처리문으로 바꾸면 된다.

process에서 **begin**과 **end** 사이의 처리문은 순차 처리문으로 실행된다. 위의 process에서 `Q <= D;`는 단지 *CLK*의 상승에지 이후에 유일하게 실행되는 순차 처리문이다. 반면에 `Q <= D;`

```
process(G, D)
begin
  if G = '1' then Q <= D; end if;
end process;
```

그림 2-17 투과형 래치에 대한 VHDL 코드

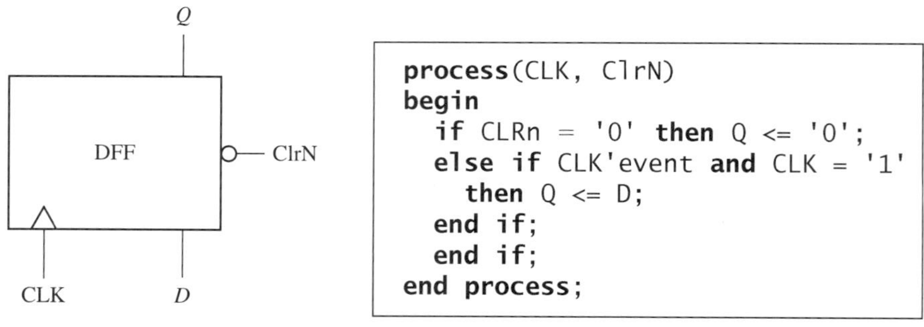


```
process(CLK, ClrN)
begin
  if CLRn = '0' then Q <= '0';
  else if CLK'event and CLK = '1'
    then Q <= D;
  end if;
  end if;
end process;
```

그림 2-18 비동기 클리어를 갖는 D 플립플롭에 대한 VHDL 코드

가 병행 처리문이면, *D* 값이 변할 때마다 실행된다. 만약 위의 process를 합성한다면, *Q*는 *CLK*의 상승에지에서만 변하기 때문에, 합성기(synthesizer)는 이를 플립플롭으로 추론한다. 만일 `Q<=D;`를 병행 처리문으로 합성하면, 합성기는 *D*를 *Q*에 단순히 배선이나 버퍼로 연결할 것이다.

그림 2-16에서 *D*의 변화는 플립플롭의 상태가 바뀌는 원인이 되지 않기 때문에, *D*는 감지 신호 리스트에 포함되지 않는다는 것에 주의하기 바란다. 그림 2-17은 투과형 래치(transparent latch)와 이 래치의 VHDL 표현을 보여준다. *G* = '1' 이면 *D*의 변화는 *Q*가 바뀌는 원인이 되므로, *G*와 *D*는 모두 감지 신호 리스트에 포함된다. *G*가 '0' 으로 바뀌면, process는 실행되지만 *Q* 값은 변하지 않는다.

만약 플립플롭이 클럭에 관계없이 자신을 리셋시키는 액티브 로우 비동기 클리어 입력(*ClrN*)을 갖는다면, *CLK* 또는 *ClrN*이 변할 때 실행되도록 그림 2-16의 process를 수정해야 한다. 이를 위해 감지 신호 리스트에 *ClrN*을 추가하면 된다. 그림 2-18은 비동기 클리어를 갖는 D 플립플롭에 대한 VHDL 코드를 보여준다. 비동기 *ClrN* 신호는 *CLK*보다 우선하기 때문에 먼저 테스트하고, *ClrN*이 '0' 이면 플립플롭은 클리어된다. 그렇지 않으면 *CLK*를 테스트하고, 만약 상승에지가 일어났으면 *Q*를 업데이트한다.

위의 예에서 두 가지 형태의 순차 처리문인 신호 할당문과 **if** 문을 사용하였다. 기본적인 **if** 문의 형식은 다음과 같다.

```
if condition then
  sequential statements1
else sequential statements2
end if;
```

여기서 조건(condition)은 TRUE 또는 FALSE를 평가하는 부울 식이다. 만약 TRUE라면, `sequential statements1`이 실행되고, 그렇지 않으면 `sequential statements2`가 실행된다.

VHDL에서 **if** 문은 process 내에서 사용될 수 있는 순차 처리문이다. 따라서 process 밖에서 병행 처리문으로 사용될 수는 없다.

가장 일반적인 **if** 문의 형식은 다음과 같다.

```
if condition then
  sequential statements
{elsif condition then
  sequential statements}
  -- 0 또는 그 이상의 elsif 절이 포함될 수 있다.
[else sequential statements]
end if;
```

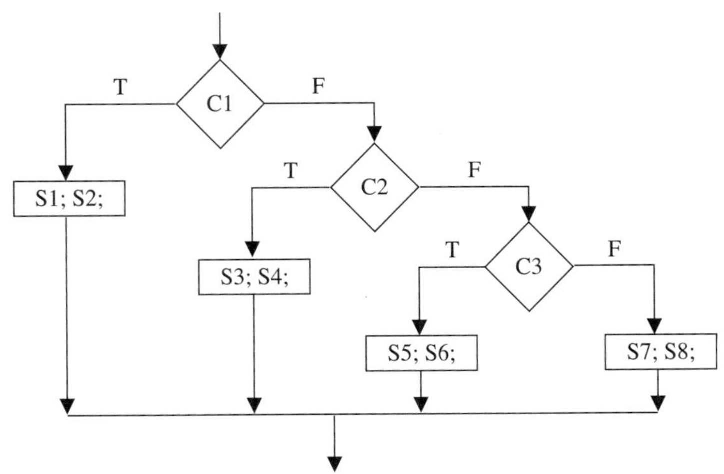


```
if (C1) then S1; S2;
    else if (C2) then S3; S4;
          else if (C3) then S5; S6;
                 else S7; S8;
                 end if;
          end if;
end if;
```

```
if (C1) then S1; S2;
   elsif (C2) then S3; S4;
   elsif (C3) then S5; S6;
   else S7; S8;
end if;
```

그림 2-19 중첩된 if와 elsif를 사용한 플로차트의 등가 표현

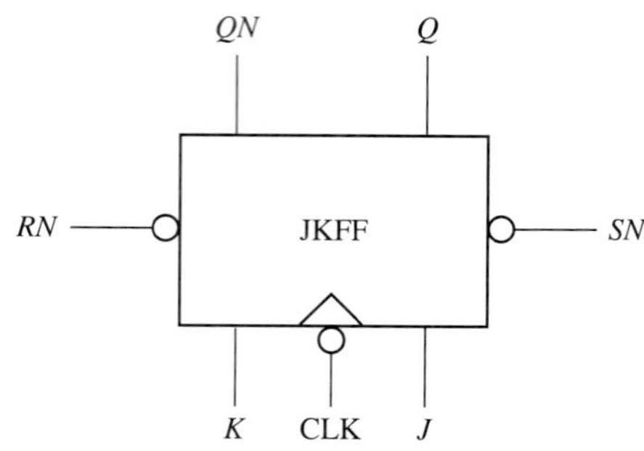

그림 2-20 J-K 플립플롭

중괄호는 여러 개의 **elsif** 절이 포함될 수 있음을 나타내며, 대괄호는 **else** 문이 옵션이라는 것을 나타낸다. 그림 2-19는 플로차트를 중첩된 **if** 또는 **elsif**를 이용하여 어떻게 표현할 수 있는지 보여준다. 이 예에서 C1, C2, C3는 참 또는 거짓이 되는 조건을 나타내며, S1, S2, . . . , S8은 순차 처리문을 나타낸다. 각각의 **if**는 대응되는 **end if**가 필요하지만, **elsif**는 대응되는 것이 필요 없다.

다음에는 J-K 플립플롭(그림 2-20)을 VHDL 모듈로 작성한다. 이 플립플롭은 액티브 로우의 비동기 프리셋(*SN*)과 리셋(*RN*) 입력을 갖는다. *J*와 *K*에 연관된 상태 변화는 클럭의 하강에지에서 일어난다. 이 장에서는 액티브 로우(active-low), 즉 음논리(negative-logic) 신호를 표시하기 위해 *N*을 첨자로 사용한다. 간단히 설명하기 위해, $SN = RN = 0$이 되는 상태는 발생하지 않는다고 가정한다.

그림 2-21은 J-K 플립플롭에 대한 VHDL 코드를 보여준다. 엔티티 내에 있는 포트 선언은 입력과 출력 신호를 정의한다. 아키텍처 내에는 모듈 내부의 플립플롭 상태를 나타내는 Q_{int} 신호를 정의한다. **begin** 다음의 두 병행 처리문은 이 내부 신호를 플립플롭의 출력 *Q*와 *QN*으로 전달한다. 아키텍처 내에서 포트의 출력 신호는 할당문의 오른편에 올 수 없으므로, 이와 같이 내부 신호 Q_{int}를 사용한다. 이것은 그림 2-13에서 설명했던 문제의 또 다른 해결 방법이다. 플립플롭은 *SN*, *RN*, *CLK*의 변화에 대한 응답으로 상태를 변화시킬 수 있으므로, 이 세 신호는 process의 감지 신호 리스트에 포함시킨다. *RN*, *SN*은 클럭에 관계없이 플립플롭을 셋, 리셋시키므로 먼저 테스트되어야 한다. *RN*과 *SN*이 모두 '1' 일 경우에만 클럭의 하강에지를 테스트한다. *CLK*가 '1' 에서 '0' 으로 지금 막 바뀐 경우에만 조건식 (CLK'event **and** CLK = '0')은 TRUE가 된다. 플립플롭의 다음 상태는 아래의 특성방정식에 의해 결정된다.

$$Q^+ = JQ' + K'Q$$

그림에서 8-ns 지연은 *SN* 또는 *RN*이 '0' 으로 바뀐 후 플립플롭의 출력이 셋 또는 클리어되는 데 필요한 시간이고, 10-ns 지연은 클럭의 하강에지 후에 *Q*가 바뀌는 데 걸리는 시간을 나타낸다.

```
entity JKFF is
  port(SN, RN, J, K, CLK: in bit; -- 입력
       Q, QN: out bit);
end JKFF;

architecture JKFF1 of JKFF is
signal Qint: bit;                      -- Qint는 입력 또는 출력으로 사용됨
begin
  Q <= Qint;                           -- Q와 QN을 포트로 출력시킴
  QN <= not Qint;                      -- 조합회로의 출력
                                       -- process 외부
  process(SN, RN, CLK)
  begin
    if RN = '0' then Qint <= '0' after 8 ns; -- RN = '0'은 플립플롭을 클리어함
    elsif SN = '0' then Qint <= '1' after 8 ns; -- SN = '0'은 플립플롭을 셋함
    elsif CLK'event and CLK = '0' then        -- CLK의 하강에지
      Qint <= (J and not Qint) or (not K and Qint) after 10 ns;
    end if;
  end process;
end JKFF1;
```

그림 2-21 J-K 플립플롭 모델

2.7 Wait 문을 이용한 Process

process의 또 다른 형식으로 감지 신호 리스트 대신에 wait 문을 사용하는 방법이 있다. 그러나 process에서 wait 문과 감지 신호 리스트를 함께 사용할 수는 없다. wait 문을 사용하는 process는 다음과 같은 형식을 갖는다.

```
process
begin
  sequential-statements
  wait-statement
  sequential-statements
  wait-statement
  . . .
end process;
```

이 process는 wait 문을 만날 때까지 `sequential-statements`를 실행한다. 그리고 기술된 wait 문의 조건이 만족될 때까지 기다린다. 이 조건이 만족되면, 또 다른 wait 문을 만날 때까지 두 번째 `sequential-statements`를 실행한다. process의 끝에 도달할 때까지 이러한 방법으로 계속 실행한다. 그리고 나서 process는 처음부터 다시 시작한다.

wait 문은 다음과 같이 세 가지 다른 형식을 가질 수 있다.

```
wait on sensitivity-list;
wait for time-expression;
wait until Boolean-expression;
```

첫 번째 형식은 감지 신호 리스트 내의 한 신호가 바뀔 때까지 기다리는 방식이다. 예를 들어 **wait on** A, B, C; 처리문은 *A*, *B*, *C* 중 하나가 변할 때까지 기다린 다음 진행한다. 두 번째 형식은 time-expression에 의해 지정된 시간이 경과할 때까지 기다렸다가 진행하는 방식이다. 만약 **wait for** 5 ns 처리문을 사용하면, process는 5 ns 동안 대기한 다음에 진행한다. **wait for** 0 ns 처리문을 사용하면, process는 델타 시간 동안 기다린다. **wait for** xxx ns 형태의 wait 문은 시뮬레이션을 위해 VHDL 코드를 작성할 때 유용하게 사용된다; 그러나 이러한 형식은 합성이 불가능하므로, 합성을 위해 VHDL 코드를 작성할 때는 사용하지 말아야 한다. wait 문의 세 번째 형태는 부울 식을 사용하는 방식으로, Boolean-expression에 포함된 신호 중 하나가 바뀔 때마다 Boolean-expression을 계산하여 참인 경우에만 process는 진행한다. 다음과 같은 예에서 process는 *A* 또는 *B*가 바뀔 때까지 기다린다.

```
wait until A = B;
```

만약 *A*나 *B*가 변하면, A = B를 계산하여 그 결과가 TRUE이면 process는 계속 진행한다. 그렇지 않으면, process는 *A*나 *B*가 다시 바뀌고 A = B가 TRUE가 될 때까지 기다린다.

위에서 process는 wait 문과 감지 신호 리스트를 함께 가질 수 없다고 했다. 즉, 일부 신호는 감지 신호 리스트에 포함시키고, 일부 다른 신호는 wait 문에 포함시키는 것이 불가능하다.

VHDL 시뮬레이터는 초기화된 후 감지 신호 리스트를 가지고 있는 모든 process를 일단 한 번 실행시킨다. 그러고 나서 process가 시작되는 곳에서 감지 신호 리스트에 있는 신호 중의 하나가 바뀌기를 기다린다. 만약 process가 wait 문을 가지고 있으면, 처음에 wait 문을 만날 때까지 process를 실행시킨다. 다음의 두 process는 동일하다.

```
process(A, B, C, D)
begin
  C <= A and B after 5 ns;
  E <= C or D after 5 ns;
end process;
```

```
process
begin
  C <= A and B after 5 ns;
  E <= C or D after 5 ns;
  wait on A, B, C, D;
end process;
```

두 번째 process의 끝부분에 있는 wait 문은 첫 번째 process의 시작부분에 있는 감지 신호 리스트를 대체할 수 있다. 두 process는 처음에 순차 처리문을 한 번 실행한 다음, *A*, *B*, *C*, *D* 중 하나가 바뀔 때까지 기다릴 것이다.

process에서 순차 처리문의 실행되는 순서는 신호가 업데이트되는 순서와 같을 필요는 없다. 다음 예를 살펴보자.

```
process
begin
  wait until clk'event and clk = '1';
  A <= E after 10 ns;          -- (1)
  B <= F after 5 ns;           -- (2)
  C <= G;                      -- (3)
  D <= H after 5 ns;           -- (4)
end process;
```

이 process는 클럭의 상승에지를 기다린다. 20 ns에서 클럭이 상승한다고 가정하자. 처리문 (1), (2), (3), (4)는 순서대로 즉시 실행된다. A는 시간 = 30 ns에서 E 값으로 바뀌도록 스케줄링 된다; B는 시간 = 25 ns에서 F 값으로 바뀌도록 스케줄링된다; C는 시간 = 20 + Δ에서 G 값으로 바뀌도록 스케줄링된다; D는 시간 = 25 ns에서 H 값으로 바뀌도록 스케줄링된다. 시뮬레이션 시간이 진행하면서, 먼저 G가 바뀌고, F와 D가 시간 = 25 ns에서 바뀌며, 마지막으로 30 ns에서 E가 바뀐다. *clk*가 '0' 으로 바뀌면, wait 문의 조건은 다시 계산되지만, process는 대기 상태에 있게 된다. 만약 *clk*가 '1' 로 변하면, 처리문은 다시 실행된다.

만약 한 process에서 여러 VHDL 처리문들이 동일한 신호를 동시에 변경시키면, 해당 신호는 마지막 값으로 업데이트된다. 다음 예에서, CLK가 '1' 에서 '0' 으로 변할 때마다 델타 시간 후에 Q는 C의 값으로 업데이트된다.

```
process(CLK)
begin
  if CLK'event and CLK = '0' then
    Q <= A; Q <= B; Q <= C;
  end if;
end process;
```

process는 감지 신호 리스트나 wait 문 중 하나를 가지고 있어야 한다. 그림 2-22의 VHDL 코드는 감지 신호 리스트나 wait 문이 없기 때문에 시뮬레이션을 수행할 수 없다.

이 절에서는 감지 신호 리스트와 wait 문을 갖는 process를 소개하였다. process 내의 처리문

```
entity gates is
  port(A, B, C: in bit; D, E: out bit);
end gates;

architecture exam of gates is
begin
  process
  begin
    D <= A or B after 2 ns;
    E <= not C and A;
  end process;
end exam;
```

그림 2-22 시뮬레이션을 수행할 수 없는 VHDL 코드의 예

은 순서대로 실행되기 때문에 순차 처리문이라 한다. 이에 반해 병행 처리문은 대입 기호의 우측에 있는 신호가 변할 때에만 실행된다. 신호 할당문은 병행 처리문이나 순차 처리문 어디에도 사용될 수 있다. 그러나 **if** 문은 항상 순차 처리문에서만 사용된다.

2.8 VHDL 지연의 두 가지 타입: 전달지연과 관성지연

이 장의 처음 부분에 있는 예 중의 하나에서, 5 ns의 전파지연을 갖는 AND 게이트를 모델링하기 위해 다음과 같은 처리문을 사용하였다.

```
C <= A and B after 5 ns;
```

위의 처리문은 AND 게이트의 지연 시간을 모델링하지만, 우리가 일반적으로 예상하지 못하는 복잡한 문제가 발생할 수 있다. 만약 게이트 지연 시간과 비교하여 매우 자주 변하는 입력(예를 들면 1 ns, 2 ns, 3 ns, 등등)으로 이 AND 게이트를 시뮬레이션한다면, 시뮬레이션 출력은 그러한 변화를 보여주지 못할 수도 있다. 이러한 결과는 바로 VHDL 지연이 동작하는 방법 때문이다.

VHDL은 **전달지연**(transport delay)과 **관성지연**(inertial delay)이라는 두 가지 타입의 지연을 제공한다. 디폴트 지연은 관성지연이다; 따라서 위의 처리문에서 after 절은 **관성지연**을 나타낸다. 관성지연은 우리가 보통 생각하는 단순한 지연과는 약간 다르다.

관성지연은 짧은 펄스의 입력을 출력으로 전파하지 못하는 게이트나 디바이스를 모델링하기 위해 고안된 것이다. 만약 게이트가 이상적인 관성지연 *T*를 가지고 있다면, *T*보다 폭이 좁은 펄스는 차단된다. 예를 들어, 만약 게이트가 5 ns의 관성지연을 가지고 있으면, 폭이 5 ns인 펄스는 통과할 수 있다. 그러나 폭이 4.999 ns인 펄스는 차단될 것이다. 실제 소자들은 이러한 방식으로

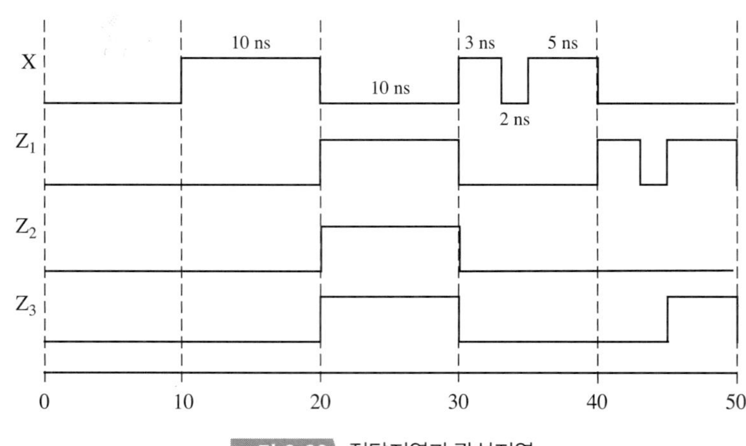

그림 2-23 전달지연과 관성지연

동작하지 않는다. 폭이 매우 좁은 비논리적인 펄스는 차단되지만, 지연 구간보다 폭이 좁은 모든 펄스가 차단된다고 가정하는 것은 불합리하다. VHDL에서는 매우 좁은 펄스만을 차단하는 디바이스를 모델링할 수 있다. 지정된 관성지연까지는 어떤 폭의 펄스이든 차단하는 디바이스는 할당문에 reject 절을 추가하여 모델링할 수 있다.

```
signal_name <= reject pulse-width after delay-time
```

위와 같은 형식의 처리문은, 일단 어떤 펄스이든 `pulse-width`보다 폭이 좁으면 차단하고, 그러고 나서 `delay-time`의 지연 후에 계산한 결과 값으로 신호를 셋시킨다. 이러한 형식의 처리문에서, 차단하고자 하는 펄스폭은 지연 시간보다 좁아야 한다.

두 번째 타입의 VHDL 지연은 **전달지연**으로, 단순히 지정된 지연 시간만큼 입력 신호를 지연시키는 배선을 모델링하기 위해 고안된 것이다. 이러한 전달지연을 모델링하기 위해서는 **transport** 키워드를 처리문에 명시해야 한다. 그림 2-23은 전달지연과 관성지연의 차이점을 보여준다. 아래의 VDHL 처리문을 살펴보자.

```
Z1 <= transport X after 10 ns;     -- 전달지연
Z2 <= X after 10 ns;               -- 관성지연
Z3 <= reject 4 ns X after 10 ns;  -- 차단 펄스폭이 명시된 지연
```

Z_1은 10 ns만큼 시간적으로 이동되는 것을 제외하면 X와 동일하다. Z_2는 X에서 10 ns보다 좁은 펄스는 걸러져서 나타나지 않는다는 것을 제외하면 Z_1과 유사하다. Z_3는 4 ns보다 좁은 폭의 펄스만을 차단하는 것을 제외하면 Z_2와 같다.

일반적으로, **reject**를 사용하는 것은 관성지연과 전달지연의 조합을 사용하는 것과 같다. Z_3에 대하여 주어진 처리문은 다음과 같은 두 병행 처리문으로 대체될 수 있다.

```
Zm <= X after 4 ns;              -- 관성지연은 폭이 좁은 펄스들을 차단함
Z3 <= transport Zm after 6 ns;  -- 전체 지연 시간은 10 ns임
```

이러한 지연들은 시뮬레이션에만 관련이 있다는 것에 주의하기 바란다. 관성지연이 어떻게 동작하는지를 이해하면 VHDL 시뮬레이션을 처음 수행할 때 일어나는 많은 어려움들을 해결할 수 있다. 관성지연에 의한 펄스 차단으로 많은 변화들이 출력에 나타나지 않을 수 있다. 기본적인 게이트들과 간단한 회로를 가지고 시뮬레이션을 수행할 때 적용하는 테스트 시퀀스는 모델링하는 디바이스의 관성지연보다 넓어야 한다.

2.9 VHDL 코드의 컴파일레이션, 시뮬레이션, 합성

VHDL로 디지털 시스템을 표현한 후, VHDL 코드를 시뮬레이션하는 것은 다음과 같은 두 가지 중요한 이유가 있기 때문이다. 첫째는 VHDL 코드가 의도한대로 설계를 정확히 구현하였는지 검증할 필요가 있고, 둘째는 설계가 명세를 만족하는지 확인할 필요가 있기 때문이다. 먼저 설계한 것을 시뮬레이션하고, FPGA 또는 주문형 ASIC과 같은 목표 기술로 합성한다. 이 절에서는 먼저 시뮬레이션 단계를 설명하고 나서 합성을 소개한다. 그림 2-24에서 설명한 바와 같이, VHDL 코드의 시뮬레이션은 **분석(컴파일레이션)**, **상세화**(elaboration), **시뮬레이션**이라는 세 단계로 이루어진다.

디지털 시스템의 VHDL 모델을 시뮬레이션하기 위해서는 먼저 VHDL 코드를 컴파일해야 한다. **분석기**(analyzer)라고도 하는 VHDL 컴파일러는 VHDL 소스 코드가 VHDL의 구문과 의미론적 규칙에 맞는지 확인한다. 만약 세미콜론을 빼먹는 것과 같은 구문 오류나 서로 호환되지 않는 타입의 두 신호를 더할 때 발생하는 의미론적 오류가 있을 때, 컴파일러는 오류 메시지를 출력한다. 컴파일러는 또한 라이브러리에 대한 참조가 올바르게 되었는지도 검사한다. 만약 VHDL 코드가 모든 규칙에 맞게 작성되었다면, 컴파일러는 시뮬레이터나 합성기에 의해 사용되는 임시 코드를 생성한다.

시뮬레이션에 대한 준비로, VHDL 임시 코드를 시뮬레이터가 사용할 수 있는 형태로 바꾸어야 하는데, 이 단계를 **상세화**라고 한다. 이 과정에서, 각 신호에 대한 **드라이버**가 생성된다. 각 드라이버는 신호의 현재 값과 다음 신호 값을 저장하기 위한 큐를 가지고 있다. 신호가 앞으로 변하게 될 예정이면, 스케줄링된 변경 시간과 함께 새로운 값이 큐에 저장된다. 또한 컴포넌트의 각 인스턴스에 대한 포트가 생성된다. 이때 필요한 신호를 위한 메모리 저장소가 할당되고, 포트 신호 간의 상호연결이 명시되고, VHDL 실행문이 올바른 순서로 실행되기 위한 메커니즘이 정해진다. 최종 데이터 구조는 시뮬레이션을 수행할 수 있는 디지털 시스템을 나타낸다.

시뮬레이션 과정은 **초기화 단계**와 실제 **시뮬레이션**으로 구성된다. 시뮬레이터는 디지털 시스

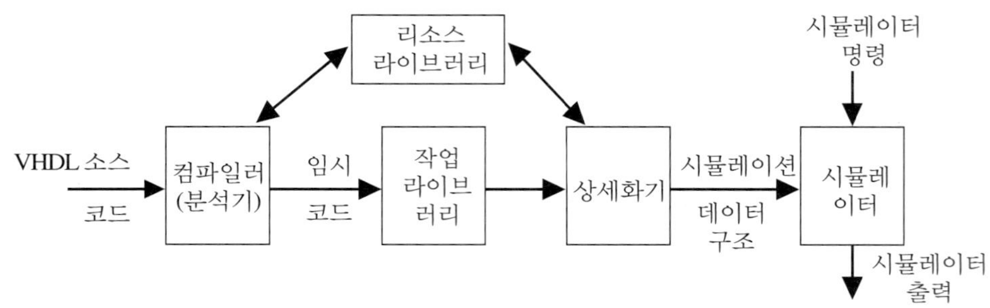

그림 2-24 VHDL 코드의 컴파일레이션, 상세화, 시뮬레이션

템의 시뮬레이션을 제어하고, 필요한 시뮬레이터 출력을 지시하는 시뮬레이션 명령어를 받아들인다. VHDL 시뮬레이션은 **이산 이벤트 시뮬레이션**(discrete event simulation)이라고 하는 방법을 사용한다. 이러한 방법은 불연속적으로 시간을 변화시키면서 시뮬레이션한다. 초기화 단계는 신호의 초기값을 정하기 위해 수행되며, 실제 시뮬레이션 중에 VHDL 문이 실행되고 그에 대응하는 동작이 스케줄링된다. 이 동작을 트랜잭션이라고 하며, 이러한 과정을 **트랜잭션 스케줄링**(transaction scheduling)이라고 한다. 스케줄링된 동작은 처리문이 실행될 때 일어나는 것이 아니라 스케줄링된 시간이 되면 일어나게 된다. 트랜잭션은 신호의 값이 바뀐다는 것을 의미하는 것이 아니다. 트랜잭션 후에 신호의 새로운 값은 이전의 값과 같을 수도 있다. 만약 값이 바뀌면 **이벤트**가 발생했다고 한다.

정확한 초기화를 쉽게 하기 위해서 VHDL 모델에 초기값을 명시할 수 있다. 초기값이 명시되어 있지 않으면, 어떤 시뮬레이터 패키지는 신호의 타입에 따라 초기값을 할당한다. 이러한 초기화는 단지 시뮬레이션을 위한 것이고 합성을 위한 것은 아니라는 것을 숙지하기 바란다. 초기화하는 동안, 시뮬레이션 시간은 0으로 셋되고, 각 process는 활성화된다. process를 "실행"하여 해당 트랜잭션을 스케줄링하지만, 스케줄링된 트랜잭션은 예정된 시간이 될 때까지 일어나지 않는다. process가 일단 한 번 실행되면, 그 process는 감지 신호 리스트의 한 신호가 변할 때까지 기다린다.

델타(Δ) 시간지연을 이해하면 VHDL 시뮬레이터의 출력을 쉽게 해석할 수 있다. 비록 델타 지연이 시뮬레이터의 파형 출력에는 보이지 않지만, 출력 리스트에서는 나타난다. 시뮬레이터는 신호를 정확한 순서로 처리하기 위해 델타지연을 사용한다. 기본적으로, 시뮬레이터는 다음과 같이 동작한다: 컴포넌트의 입력이 변할 때마다, 출력은 명시된 지연 시간 후에 변하도록 스케줄링되고, 명시된 지연 시간이 없으면 Δ 후에 변하도록 스케줄링된다. 모든 입력 변화가 처리되면, 시뮬레이션 시간은 출력 변화가 예정된 다음 시간으로 진행한다. 시뮬레이션이 유한 시간(예를 들면 1 ns) 진행되면, Δ 카운터는 리셋되고, 시뮬레이션은 다시 시작된다. 현재 시뮬레이션 시간과 관련된 모든 Δ 지연이 처리될 때까지 실제 시뮬레이션 시간은 진행하지 않는다.

다음 예는 시뮬레이터가 그림 2-25의 회로에 대하여 어떻게 동작하는지 설명한다. *A*가 시간 = 3 ns에 변한다고 가정하자. 그러면 처리문 1이 실행되고, *B*는 3 + Δ 시간에 그 값이 변한다.

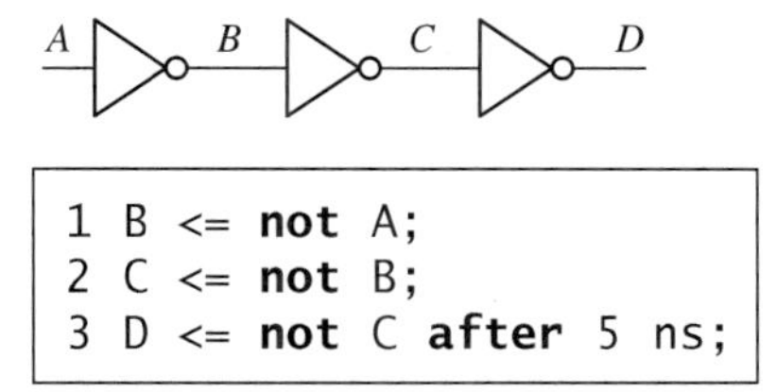

ns	델타(Δ)	*A*	*B*	*C*	*D*
0	+0	0	1	0	1
3	+0	1	1	0	1
3	+1	1	0	0	1
3	+2	1	0	1	1
8	+0	1	0	1	0

그림 2-25 병행 처리문 시뮬레이션에서의 델타지연 예시

그런 다음, 시뮬레이션 시간은 3 + Δ로 진행하고 처리문 2가 실행된다. *C*는 3 + 2Δ 시간에 변하도록 스케줄링된다. 다시 시뮬레이션 시간은 3 + 2Δ로 진행하고 처리문 3이 실행된다. *D*는 8 ns에서 그 값이 변하도록 스케줄링된다. 여기서 *D* 값은 (3 + 2Δ + 5) ns에서 변해야 한다고 생각할 수도 있다. 그러나 유한 시간(무한소의 Δ에 반하여)이 경과하면, Δ 카운터는 리셋된다. 이러한 이유로, 이벤트가 유한 시간 후에 일어나도록 스케줄링되면, Δ는 무시된다. 8 ns 이후에는 더 이상의 변화가 없기 때문에, 시뮬레이터는 휴면 모드(idle mode)가 되고, 또 다른 입력 변화를 기다린다. 오른쪽에 나타낸 표는 시뮬레이터 출력 리스트를 보여준다.

2.9.1 다중 Process의 시뮬레이션

만약 한 모델이 한 개 이상의 process를 가지고 있으면, 모든 process들은 다른 process들과 동시에 실행된다. 만약 process들의 외부에 병행 처리문이 있다면, 그것 또한 동시에 실행된다. 그러나 각 process 내의 처리문은 순차적으로 실행된다. process 내에 wait 문이 없으면, process는 실행되는 데 시간이 걸리지 않는다. (예: `wait for 10 ns`, `wait for 0 ns`, `wait on E`.) 지연 시간이 명시되어 있지 않으면, 신호는 업데이트되는 데 델타 시간이 걸린다.

다중 process의 시뮬레이션 예로서 그림 2-26에 나타낸 VHDL 코드의 실행 과정을 추적해 보자. 여기서 키워드 **transport**는 전달지연과 같은 형태의 지연을 나타낸다.

그림 2-27은 시뮬레이션 과정에서 신호 *A*와 *B*에 대한 드라이버가 어떻게 동작하는지 보여준다. 상세화가 끝난 다음, 각 드라이버는 비트의 디폴트 초기값인 '0'을 갖게 된다. 시뮬레이션이 시작되면 초기화가 이루어진다. 두 process는 동시에 한 번 전체적으로 실행되고, 감지 신호 리스트의 신호가 변할 때까지 기다린다. process P_1이 시간 0에서 실행되면, *A*의 값은 두 번 바뀌

```
entity simulation_example is
end simulation_example;

architecture test1 of simulation_example is
signal A,B: bit;
begin
  P1: process(B)
  begin
    A <= '1';
    A <= transport '0' after 5 ns;
  end process P1;

  P2: process(A)
  begin
    if A = '1' then B <= not B after 10 ns; end if;
  end process P2;
end test1;
```

그림 2-26 process 시뮬레이션을 보여주기 위한 VHDL 코드

도록 스케줄링된다(A는 시간 = Δ에서 '1'로 바뀌고, 시간 = 5 ns에서 '0'으로 바뀐다). 동시에 process P_2도 시간 0에서 실행되지만, 시간 0 ns에서 실행되는 동안에 A는 아직 '0'이므로 B는 변하지 않는다. 시뮬레이션 시간은 Δ로 진행하고, A는 '1'로 바뀐다. A의 변화는 process P_2를 실행시킨다. 이때 A = '1'이므로, B는 시간 10 ns에서 '1'로 바뀌도록 스케줄링된다. 다음에 예정된 변화는 시간 = 5 ns에 일어나며, 이때 A는 0으로 바뀐다. 이 변화는 P_2를 실행시키지만, if 문의 조건이 만족되지 않으므로 B를 변경시키는 처리문은 실행되지 않는다. B는 시간 = 10 ns에서 '1'로 바뀐다. B의 변화는 P_1을 실행시키고, A는 두 번 바뀌도록 스케줄링된다. A가 시간 = 10 + Δ에서 '1'로 변하면, process P_2가 실행되고 B는 시간 20 ns에서 바뀌도록 스케줄링된

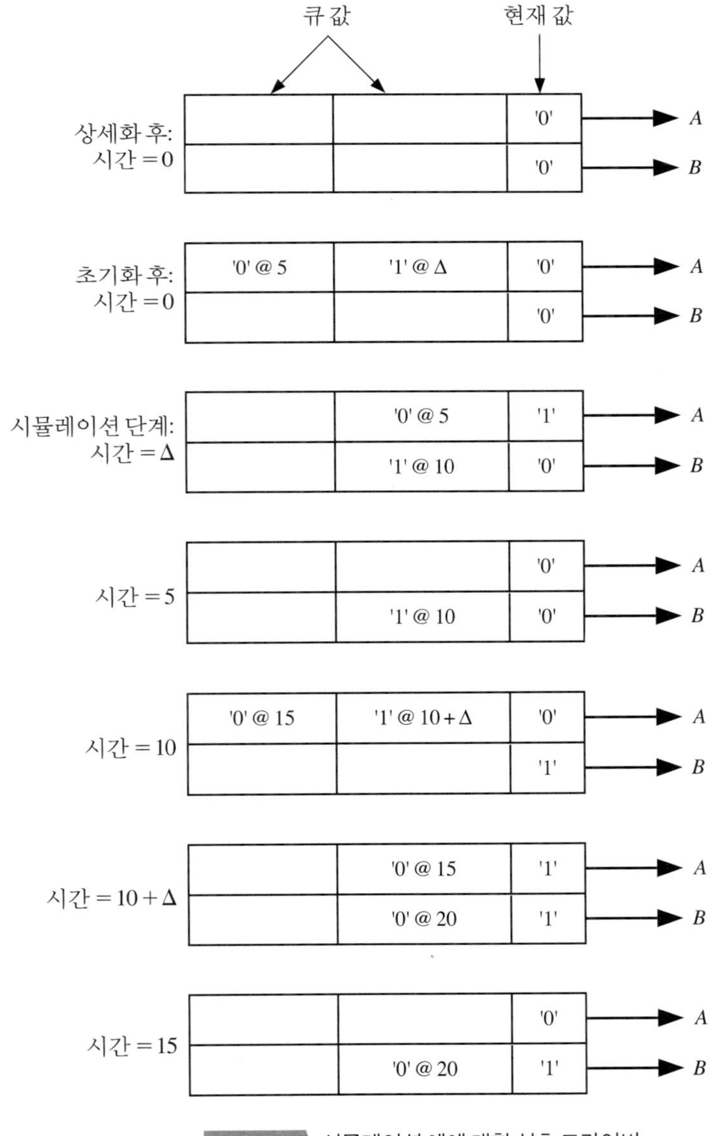

그림 2-27 시뮬레이션 예에 대한 신호 드라이버

다. 그러고 나서 A는 시간 15 ns에서 바뀌고, 실행 시간의 한계에 도달할 때까지 이런 방식으로 시뮬레이션은 계속된다. A는 $15+\Delta$가 아니라 15 ns에서 변한다는 것을 이해하여야 한다. Δ 지연은 지연 시간이 명시되지 않을 때에만 나타난다.

위의 예에서 설명한 바와 같이, VHDL 시뮬레이터는 이벤트 구동형 시뮬레이션(event-driven simulation)을 사용한다. 신호의 변화를 이벤트라고 한다. 이벤트가 발생할 때마다, 그 이벤트를 기다리고 있던 process는 0시간 내에 실행되고, 그 결과로 얻어지는 신호 값은 해당 신호가 바뀔 때까지 큐에 저장된다. 모든 액티브 process가 실행을 마치면, 시뮬레이션 시간은 다음 이벤트가 예정된 시간으로 진행하고, 시뮬레이터는 그 이벤트를 처리한다. 이러한 동작은 스케줄링된 이벤트가 더 이상 없거나, 시뮬레이션 시간의 한계에 도달할 때까지 계속된다.

VHDL이 처음 만들어졌을 때만해도 시뮬레이션이 주된 목적이었다; 그러나 오늘날 VHDL을 사용하는 가장 중요한 이유 중의 하나는 합성이나 VHDL 표현으로부터 하드웨어를 자동으로 생성하는 것이다. VHDL 합성 소프트웨어는 VHDL 코드를 필요한 컴포넌트와 컴포넌트 간의 연결을 명시하는 회로 표현으로 변환한다. 그림 2-24의 초기 단계들(분석과 상세화)은 VHDL이 시뮬레이션을 위해 사용되든지 합성을 위해 사용되든지 간에 모두 공통이다. 그림 2-28은 시뮬레이션과 합성 과정을 보여준다.

비록 합성을 시뮬레이션과 병행하여 수행할 수도 있지만, 설계자는 일반적으로 합성을 시도하기 전에 오류를 찾길 원하기 때문에, 시뮬레이션을 먼저 수행한 후에 합성을 한다. 디지털 시스템에 대한 VHDL 코드가 정확히 동작하는지 검증하기 위해 시뮬레이션을 수행한 다음, 필요한 컴포넌트의 리스트와 상호연결을 만들기 위해 VHDL 코드를 합성할 수 있다. 합성기 출력은 CPLD, FPGA, 또는 ASIC와 같은 특정한 하드웨어를 사용하여 디지털 시스템을 구현하기 위해 사용된다. 구현에 사용되는 CAD 소프트웨어는 CPLD나 FPGA 하드웨어를 프로그램하는 데 필요한 정보를 생성한다. ASIC의 경우에는 ASIC을 만들기 위해 필요한 마스크를 생성한다. VHDL 코드로부터 디지털 논리를 합성하고 구현하는 것은 뒤에서 더 자세히 다룰 것이다.

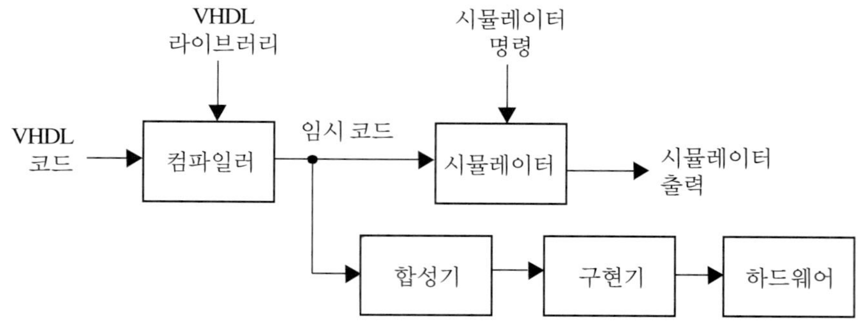

그림 2-28 VHDL 코드의 컴파일레이션, 시뮬레이션, 합성

2.10 VHDL 데이터 타입과 연산자

2.10.1 데이터 타입

VHDL에는 미리 정의된 여러 가지 데이터 타입이 있다. 신호들은 이러한 미리 정의된 데이터 타입이나 사용자가 정의한 데이터 타입을 가질 수 있다. 미리 정의된 데이터 타입의 몇 가지 예는 다음과 같다.

비트(bit)	'0' 또는 '1'
부울(boolean)	거짓(FALSE) 또는 참(TRUE)
정수(integer)	$-(2^{31}-1)$에서 $+(2^{31}-1)$ 범위의 정수(몇몇 실제 구현된 언어에서는 더 넓은 범위를 지원한다)
실수(real)	−1.0E38에서 +1.0E38 범위에서의 부동소수점 실수
문자(character)	대소문자, 숫자, 그리고 특수문자를 포함한 모든 올바른 VHDL 문자(인쇄 가능한 각각의 문자는 'd', '7', '+'와 같이 작은 따옴표를 사용해야 한다)
시간(time)	fs, ps, ns, us, ms, sec, min, hr을 단위로 하는 정수

32비트 2의 보수 정수는 그 범위가 -2^{31}에서 $+(2^{31}-1)$이지만, VHDL의 정수 범위는 대칭적이다.

사용자는 사용자 자신의 데이터 타입을 정의하고 만들 수 있다. 일반적인 사용자 정의형은 모든 값이 나열된 **열거**(enumeration)형이다. 예를 들어 다음의 선언은 S_0, S_1, S_2, S_3, S_4, S_5의 값 중 하나를 갖는 state라는 신호를 정의하고, S_1으로 초기화시킨다.

```
type state_type is (S0, S1, S2, S3, S4, S5);
signal state: state_type := S1;
```

이때 초기화가 명시되지 않으면, 디폴트 초기값은 열거된 리스트의 가장 좌측 요소이며, 위의 예에서는 S_0가 된다.

VHDL은 **강형 언어**(strongly typed language)로서, 서로 다른 타입의 신호와 변수들은 일반적으로 동일한 할당문에 같이 사용될 수 없고, 자동으로 형 변환이 이루어지지 않는다. 따라서 다음 명령문은 *A*, *B*, *C*가 모두 같은 타입이거나 밀접한 관계가 있는 타입일 때만 유효하다.

```
A <= B or C;
```

만약 타입이 일치하지 않으면, 명시적 형 변환을 수행하거나 "오버로드된 연산자"를 만들어야 한다. 연산자 오버로딩은 2.13절과 8.4절에서 설명한다. IEEE 패키지에서의 오버로드된 연산자는 2.13절에서 설명한다.

2.10.2 VHDL 연산자

미리 정의된 VHDL 연산자는 다음 7개의 클래스로 나뉠 수 있다.

1. 이진 논리 연산자: **and or nand nor xor xnor**
2. 관계 연산자: = /= < <= > >=
3. 시프트 연산자: **sll srl sla sra rol ror**
4. 덧셈 연산자: + − &(접합)
5. 단일 부호 연산자: + −
6. 곱셈 연산자: * / **mod rem**
7. 기타 연산자: **not abs** **

괄호가 사용되지 않으면, 클래스 7에 있는 연산자들이 가장 높은 우선순위를 갖고, 따라서 이 연산자들이 제일 먼저 적용된다. 그 다음으로 클래스 6, 클래스 5의 순서로 적용된다. 클래스 1의 연산자들은 가장 낮은 우선순위를 가지며, 맨 마지막에 적용된다. 같은 클래스의 연산자들은 동일한 우선순위를 갖고, 한 식에서는 좌측에서 우측의 순서로 적용된다. 괄호를 사용하면 우선순위를 바꿀 수 있다. 다음 식을 고려해 보자. 이 식에서 *A*, *B*, *C*, *D*는 bit_vector이다.

```
(A & not B or C ror 2 and D) = "110010"
```

위의 식은 할당문이 아니라 등가 테스트를 수행하는 관계식이다.
이 식을 계산할 때, 다음 순서로 연산자가 적용된다.

```
not, &, ror, or, and, =
```

만약 *A* = "110", *B* = "111", *C* = "011000", *D* = "111011"이면, 연산은 다음과 같이 진행된다.

```
not B = "000" (비트별 보수)
A & not B = "110000" (접합)
C ror 2 = "000110" (좌측으로 2비트 회전)
(A & not B) or (C ror 2) = "110110" (비트별 or)
(A & not B or C ror 2) and D = "110010" (비트별 and)
[(A & not B or C ror 2 and D) = "110010"] = TRUE (괄호로 인해 등가 테스트가
맨 마지막에 적용되고 그 결과는 TRUE이다.)
```

not뿐만 아니라 이진 논리 연산자(클래스 1)들은 bit, boolean, bit_vector, boolean_vector에 적용될 수 있다. 클래스 1의 연산자에서는 같은 타입의 피연산자 두 개를 필요로 하고, 결과도 같은 타입이다.

관계 연산자(클래스 2)의 적용 결과는 항상 부울(FALSE 또는 TRUE) 값을 갖는다. 여기서 =(equal) 연산자와 /=(not equal) 연산자는 거의 모든 타입에 적용될 수 있다. 다른 관계 연산자들은 일부 어레이형뿐만 아니라, 모든 숫자형이나 열거형에도 적용될 수 있다. 예를 들어, 만약

$A = 5, B = 4, C = 3$이면, 식 (A <= B) **and** (B <= C)는 FALSE로 계산된다.

시프트 연산자는 어떤 bit_vector나 boolean_vector에도 적용될 수 있다. 다음 예에서 A는 "10010101" 값을 갖고 있는 bit_vector이다.

```
A sll 2 is "01010100"    (논리적 좌측 시프트, '0'으로 채움)
A srl 3 is "00010010"    (논리적 우측 시프트, '0'으로 채움)
A sla 3 is "10101111"    (산술적 좌측 시프트, 맨 우측 비트로 채움)
A sra 2 is "11100101"    (산술적 우측 시프트, 맨 좌측 비트로 채움)
A rol 3 is "10101100"    (좌측 회전)
A ror 5 is "10101100"    (우측 회전)
```

+와 − 연산자는 정수나 실수 피연산자에 적용될 수 있으나, 비트와 비트 벡터에 대해서는 정의되지 않는다. 이것이 각 비트에 대하여 캐리와 합을 생성하는 전가산기를 만들어야만 하는 이유이다(그림 2-12). 그러나 여러 표준 라이브러리는 비트 벡터에 대하여 동작할 수 있는 +와 −를 위한 함수를 제공한다. 만약 그러한 라이브러리를 사용한다면, $C <= A + B$ 처리문을 사용하여 덧셈을 수행할 수 있다. 많이 사용되는 몇몇 라이브러리가 2.13절에서 설명된다.

접합 연산자 &는 두 벡터(또는 한 요소와 한 벡터, 또는 두 요소)를 연결하여 더 긴 벡터를 만들 때 사용된다. 예를 들어 "010" & '1' 은 "0101"이고, "ABC" & "DEF"는 "ABCEDF"이다.

곱셈 연산자 *와 /는 정수나 부동소수점 피연산자에 대하여 곱셈과 나눗셈을 수행한다. rem과 mod 연산자는 정수 피연산자에 대하여 나머지와 모듈러 계산을 수행한다. ** 연산자는 정수나 부동소수점 실수에 대하여 정수 거듭제곱을 계산하고, abs는 숫자로된 피연산자의 절대값을 계산한다.

2.11 간단한 합성(Synthesis) 예

합성 툴은 VHDL 코드를 자세히 "살펴보면서" 필요한 하드웨어 컴포넌트를 유추하려고 노력한다. 코드가 정확히 합성되기 위해서는 일정한 관례를 따라야 한다. VHDL 코드를 작성할 때는 단순히 컴퓨터 프로그램을 작성하는 것이 아니라 하드웨어를 설계하고 있다는 것을 명심하기 바란다. 각 VHDL 처리문은 어떤 하드웨어가 필요하다는 것을 의미한다. 따라서 VHDL 코드를 서툴게 작성하면 불완전하게 설계된 하드웨어가 만들어질 수 있다. 비록 VHDL 코드가 시뮬레이션에서는 정확한 결과를 주더라도 합성 시에는 정확하게 동작하는 하드웨어가 생성되지 않을 수도 있다. 비록 시뮬레이션 결과가 정확하더라도 타이밍 문제로 인하여 하드웨어가 올바르게 동작하지 않을 수도 있다.

그림 2-29에 나타낸 코드를 살펴보자. (B가 process의 감지 신호 리스트에서 빠진 것에 주목하기 바란다.) 이 코드를 시뮬레이션하면 다음과 같다: A가 변할 때마다, process가 한 번 실행되게 한

```
entity Q1 is
  port(A, B: in bit;
       C: out bit);
end Q1;

architecture circuit of Q1 is
begin
  process(A)
  begin
    C <= A or B after 5 ns;
  end process;
end circuit;
```

그림 2-29 시뮬레이션과 합성의 출력이 서로 다른 VHDL 코드의 예

다. process가 실행되면, *C*의 값은 *A*와 *B* 값을 반영할 것이다. 만약 *B*가 변하면, process는 실행되지 않는다.

만약 이 코드를 합성하면, 대부분의 합성기는 그림 2-30과 같은 OR 게이트를 출력할 것이다. 합성기는 *B*가 감지 신호 리스트에서 빠졌다고 경고할 것이다. 그러나 계속 진행하면 코드를 합성할 것이다. 또한 합성기는 위의 처리문에 사용된 5-ns 지연을 무시할 것이다. 만약 5-ns 지연을 정확히 모델링하고 싶으면 카운터를 사용해야 한다. process는 *B*가 변할 때 실행되지 않으므

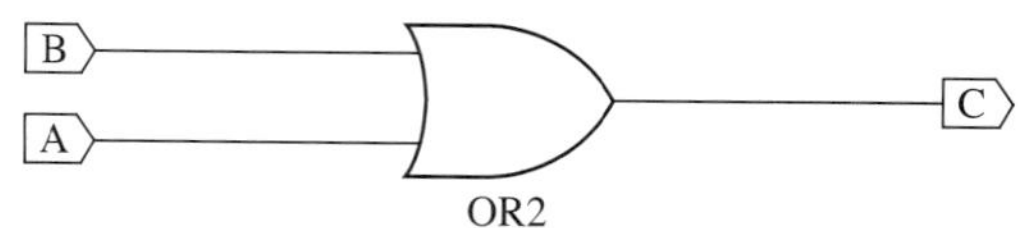

그림 2-30 그림 2-29의 코드에 대한 합성기의 출력

```
entity Q3 is
  port(A,B,F, CLK: in bit;
       G: out bit);
end Q3;

architecture circuit of Q3 is
signal C: bit;
begin
  process(Clk)
  begin
    if (Clk = '1' and Clk'event) then
      C <= A and B;  -- 처리문1
      G <= C or F;   -- 처리문2
    end if;
  end process;
end circuit;
```

그림 2-31 VHDL 코드 예

로, 시뮬레이터의 출력은 합성기의 출력과 일치하지 않을 것이다. 이것은 합성기가 작성된 것 이상으로 추정하게 되는 설계의 예이다; 합성기는 설계자가 아마도 OR 게이트를 의도했을 것이라고 가정하여 그러한 회로를 생성한다(경고와 함께). 그러나 이 회로는 합성 전에 시뮬레이션한 것과 다르게 동작한다. 감지 신호 리스트에서 빠진 신호에 대한 합성기의 경고를 항상 확인하는 것은 매우 중요하다. 합성기가 도움을 줄 수도 있지만 설계자가 의도하지 않은 하드웨어를 생성할 수도 있다.

지금부터는 그림 2-31의 VHDL 코드를 살펴보자. 이 코드를 합성하면 어떤 하드웨어를 얻을 수 있는가?

내부의 상세한 것에 대해서는 걱정하지 말고 이 코드가 나타내는 회로의 블록도에 관하여 생각해 보자. 블록도는 그림 2-32에서 보여주는 바와 같다. 만족스런 시스템을 설계하기 위해서는 자세한 부분을 감출 수 있는 능력과 추상화를 사용할 수 있는 능력이 중요하다.

*C*는 내부 신호이기 때문에 블록도에는 나타나지 않는다는 것을 주목하기 바란다.

다음으로, 이 블록 내부의 세부 회로를 살펴보자. 이 회로는 직렬로 연결된 두 게이트가 아니다; 신호 할당문이 process 내에 있다. 신호 할당문 바로 앞에 있는 클럭 문에서 `clk'event`를 사용하면, 이것은 에지에서 트리거되는 클럭을 의미한다. 클럭 에지 이후에 *C*와 *G* 값은 유지되어야 하므로, *C*와 *G* 각각에 대하여 플립플롭이 필요하다. 처리문 1에서 *C*의 값이 변하여도, 현재 진행 중인 process에서 처리문 2가 실행될 때는 반영되지 않는다. 이 *C* 값의 변화는 process가 그 다음에 실행될 때 고려되고, *C*를 위한 플립플롭도 하드웨어 내에서 이런 방식으로 동작한다. 따라서 이 코드는 그림 2-33에 나타낸 하드웨어를 의미한다.

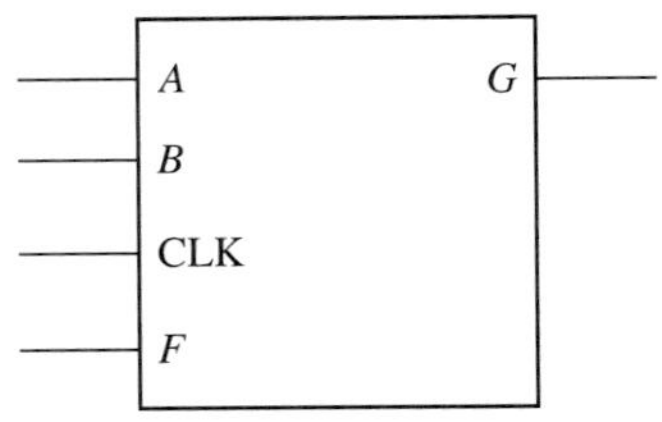

그림 2-32 그림 2-31의 VHDL 코드에 대한 블록도

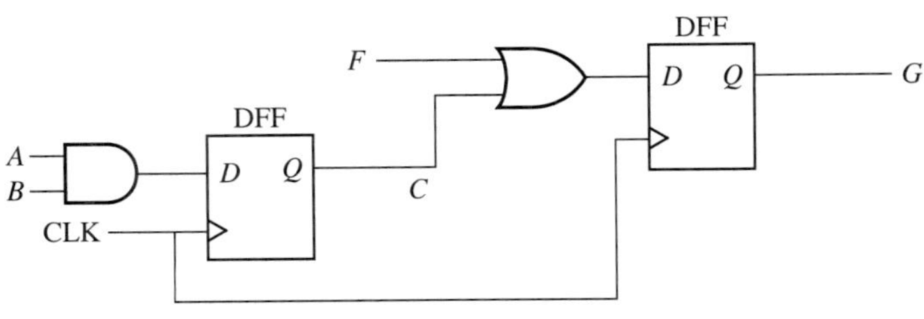

그림 2-33 그림 2-31의 VHDL 코드에 해당하는 하드웨어

다음 코드는 D 래치를 나타낸다고 앞에서 보았다.

```
process(G, D)
begin
  if G = '1' then Q <= D; end if;
end process;
```

이 코드가 *G*와 *D*를 입력으로 갖는 AND 게이트를 나타내지 않는 이유를 알아보자. 만약 *G* = '1' 이면, AND 게이트에서는 **if** 문과 일치하는 정확한 출력이 나온다. 그러나 현재 *Q* = '1' 이고 *G*는 '0' 으로 바뀐다면, 어떻게 되겠는가? *G*가 '0' 으로 바뀔 때, AND 게이트는 이것을 출력으로 전파할 것이다; 그러나 여기서 모델링한 디바이스는 그렇게 동작하지 말아야 한다. 만약 *G*가 '1' 이 아니면, 출력은 바뀌지 않는다고 생각한다. 따라서 AND 게이트가 아닌 D 래치가 되어야 하는 것이 분명하다.

클럭 신호의 상승에지에서 상태가 바뀌는 플립플롭이나 레지스터를 나타내기 위해서는 다음과 같은 형식의 **if** 절을 대부분의 합성기에서 사용하여야 한다.

```
if clock'event and clock = '1' then . . . end if;
```

위의 **then**과 **end if** 사이에 있는 각 할당문에 대하여 레지스터나 플립플롭이 할당문의 좌측에 있는 신호를 위해 생성된다. 이 설명으로부터 다음을 알 수 있다. 만약 불필요한 플립플롭을 만들고 싶지 않으면, 클럭이 있는 process 내에서는 신호 할당문을 사용하지 말아야 한다. 만약 clock'event를 생략하면, 합성기는 플립플롭 대신에 래치를 만들 것이다.

그렇다면 그림 2-34에 나타낸 VHDL 코드를 살펴보자. 만약 이 코드를 합성하면, 합성기는 비어 있는 블록도를 만들 것이다. 그 이유는 이 블록의 출력인 *D*에 어떠한 값도 할당되지 않기 때문이며, 합성기로부터는 다음과 같은 경고문이 나올 것이다.

```
Input <CLK> is never used.
Input <A> is never used.
Input <B> is never used.
Output <D> is never assigned.
```

```
entity no_syn is
  port(A,B, CLK: in bit;
       D: out bit);
end no_syn;

architecture no_synthesis of no_syn is
  signal C: bit;
begin
  process(Clk)
  begin
    if (Clk='1' and Clk'event) then
```

```
      C <= A and B;
    end if;
  end process;
end no_synthesis;
```

그림 2-34 합성되지 않는 VHDL 코드의 예

2.12 멀티플렉서(Multiplexer)의 VHDL 모델

멀티플렉서는 조합회로이며, 병행 처리문만을 사용하거나 또는 process를 사용하여 모델링할 수 있다. **when**과 같은 조건적 신호 할당문이나 **with select**를 사용하는 선택적 신호 할당문을 사용하면, process 없이 멀티플렉서를 모델링할 수 있다. process 내에서는 case 문을 사용하여 멀티플렉서를 모델링할 수 있다.

2.12.1 병행 처리문 사용

그림 2-35는 두 개의 데이터 입력과 한 개의 제어 입력을 갖는 2:1 멀티플렉서(MUX)를 보여준다. MUX 출력은 $F = A' \cdot I_0 + A \cdot I_1$이다. 이에 해당하는 VHDL 처리문은 다음과 같다.

```
F <= (not A and I0) or (A and I1);
```

여기서는 단일 병행 신호 할당문으로 MUX를 모델링할 수 있다. 또 다른 방법으로는 그림 2-35에 나타낸 바와 같이 조건적 신호 할당문으로 MUX를 표현할 수 있다. 이 처리문은 A, I_0, I_1이 변할 때마다 실행된다. MUX 출력은 A = '0' 일 때 I_0이고, 그렇지 않으면 I_1이다. 이 조건문에서, I_0, I_1, F는 비트 또는 비트 벡터일 수 있다.

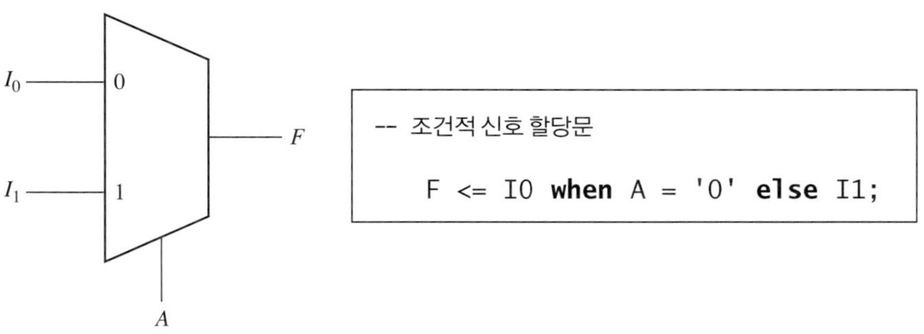

그림 2-35 2:1 멀티플렉서

조건적 신호 할당문의 일반적인 형태는 다음과 같다.

```
signal_name <= expression1 when condition1
         else expression2 when condition2
         [else expressionN];
```

이 병행 처리문은 표현(expression)이나 조건(condition)에서 사용된 신호들 중 어느 하나라도 변하면 실행된다. 만약 condition1이 참이면, signal_name은 expression1의 값과 같게 셋되고, 그렇지 않고 condition2가 참이면, signal_name은 expression2의 값과 같게 셋된다. 그리고 나머지 조건에 대해서도 같은 방식으로 처리된다. 대괄호 내의 표현은 옵션이다. 그림 2-36은 조건적 신호 할당문을 사용하여 직렬로 연결된 두 개의 MUX를 어떻게 나타내는지를 보여준다. *E* = '1' 이면 MUX의 출력으로 *A*가 선택되고, 그렇지 않으면 첫 번째 MUX의 출력이 선택된다. 다시 첫 번째 MUX에서는 *D* = '1' 이면 출력으로 *B*가 선택되고, 그렇지 않으면 *C*가 선택된다.

그림 2-37은 네 개의 데이터 입력과 두 개의 제어 입력 *A*, *B*를 갖는 4:1 MUX를 보여준다. 제어 입력은 데이터 입력 중 어떤 것이 출력으로 전달되는지 선택한다. 4:1 MUX에 대한 논리식은 다음과 같다.

$$F = A'B'I_0 + A'BI_1 + A\ B'I_2 + A\ B\ I_3$$

따라서 VHDL 처리문으로 MUX를 모델링하는 한 가지 방법은 다음과 같다.

```
F <= (not A and not B and I0) or (not A and B and I1) or
     (A and not B and I2) or (A and B and I3);
```

4:1 MUX를 모델링하는 또 다른 방법은 아래와 같이 조건적 할당문을 사용하는 것이다.

```
F <= I0 when A&B = "00"
else I1 when A&B = "01"
else I2 when A&B = "10"
else I3;
```

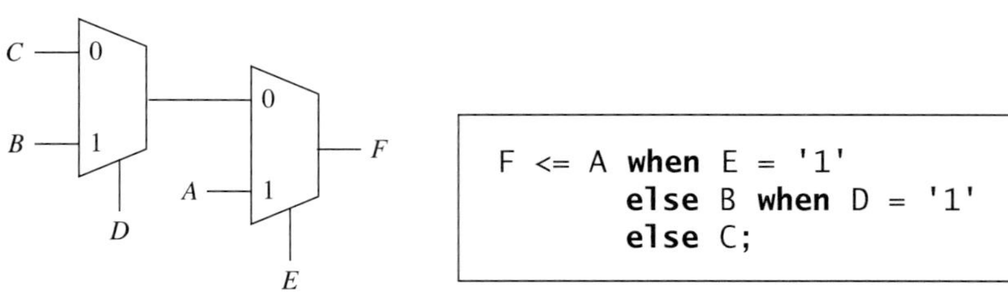

그림 2-36 직렬로 연결된 2:1 MUX

A&B 표현은 *A*와 *B*를 접합시키는 것을 의미한다. 즉, 각각 한 비트인 *A*와 *B*를 서로 합쳐 2-비트 벡터를 만드는 것을 의미한다. 이 비트 벡터를 테스트하여 적절한 MUX 입력을 선택한다. 예를 들어 *A* = '1' 이고 *B* = '0' 이면, A&B = "10"이 되고 I_2가 선택된다. *A*와 *B*를 접합시키는 대신 다음과 같이 좀 더 복잡한 조건을 사용할 수도 있다.

```
F <= I0 when A = '0' and B = '0'
else I1 when A = '0' and B = '1'
else I2 when A = '1' and B = '0'
else I3;
```

MUX를 모델링하는 세 번째 방법은 그림 2-37에 나타낸 바와 같이 선택적 신호 할당문(selective signal assignment statement)을 사용하는 것이다. 이러한 형태의 처리문에서는 A&B를 사용할 수 없기 때문에 먼저 *A*와 *B*를 접합시켜 sel을 만든다. 그러고 나서 sel 값을 이용하여 *F*에 할당할 MUX 입력을 선택한다.

선택적 신호 할당문의 일반적인 형태는 다음과 같다.

```
with expression_s select
  signal_s <= expression1 [after delay-time] when choice1,
              expression2 [after delay-time] when choice2,
              . . .
              [expression_n [after delay-time] when others];
```

이 병행 처리문은 어떤 표현(expression)에서든 그 내부의 한 신호가 변할 때마다 실행된다. 먼저 expression_s를 계산한다. 만약 이것이 choice1과 같다면, signal_s는 expression1과 같게 셋된다. 만약 choice2와 같다면, signal_s는 expression2와 같게 셋된다. 그리고 나머지 선택도 같은 방식으로 처리된다. expression_s의 모든 가능한 값이 사용되면, 마지막 줄은 생략되어야 한다. 그렇지 않다면, 마지막 줄은 생략될 수 없다. 마지막 줄이 있고 나열된 선택 중에서 expression_s와 같은 값을 갖는 것이 없으면, signal_s는 expression_n으로

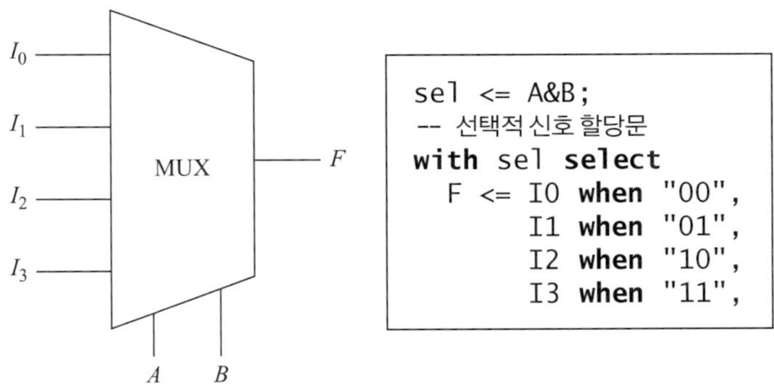

그림 2-37 4:1 멀티플렉서

셋된다. 그러고 나서 signal_s는 명시된 delay-time 후에, 만약 **after** delay-time이 없으면 Δ 후에, 그 값이 업데이트된다.

2.12.2 Process의 사용

process 내에서 MUX 모델을 사용하는 경우에 병행 처리문은 사용될 수 없다. 따라서 대안으로 **case** 문을 이용하여 다음과 같이 MUX를 모델링할 수 있다.

```
case Sel is
  when 0 => F <= I0;
  when 1 => F <= I1;
  when 2 => F <= I2;
  when 3 => F <= I3;
end case;
```

case 문의 일반적인 형식은 다음과 같다.

```
case expression is
  when choice1 => sequential statements1
  when choice2 => sequential statements2
  . . .
  [when others => sequential statements]
end case;
```

먼저 expression이 계산된다. 그 값이 choice1과 같으면 sequential statements1이 실행된다; choice2와 같으면 sequential statements2가 실행된다; 나머지 선택도 같은 방식으로 처리된다. 표현(expression)의 모든 가능한 값을 선택적으로 사용하여야 한다. 만약 모든 값을 명시적으로 나타내지 않을 때에는 **when others** 절을 **case** 문에 포함시켜야 한다.

여기서 조합회로가 병행 처리문이나 순차 처리문으로 표현될 수 있음을 알 수 있다. 순차회로는 일반적으로 **process** 문을 사용하여야 한다. 따라서 **process** 문은 순차회로나 조합회로를 만드는 데 모두 사용될 수 있다.

2.13 VHDL 라이브러리

VHDL의 라이브러리와 패키지를 사용하여 데이터 타입, function, 컴포넌트, 그리고 오버로드된 연산자를 정의함으로써 VHDL의 기능을 확대할 수 있다. 표준 VHDL에서 일부 연산은 정해진 데이터 타입에 대해서만 가능하다. 만약 이러한 연산이 다른 데이터 타입에 대해서도 필요하다면 "오버로드된" 연산자를 만들기 위한 function 오버로딩을 사용하여야 한다. "function 오버로딩"의 개념은 많은 범용 프로그래밍 언어에서 사용되고 있다. 이것은 파라미터 타입이 서로 달라 실제로 사용되는 함수를 구별할 수 있으면 둘 이상의 함수에 대하여 같은 이름을 사용할 수 있음을 의미한다. 서로 다른 데이터 타입에 대하여 연산을 수행하기 위해 오버로드된 함수를 만들 수도 있다.

CAD 초기에 모든 툴 벤더는 자신만의 라이브러리와 패키지를 만들어 사용하곤 하였다. 이러한 조건에서는 한 환경에서 설계한 것을 다른 환경으로 이식하는 것이 문제가 되었다. 따라서 IEEE는 설계의 이식을 쉽게 하기 위해 표준 라이브러리와 패키지를 개발하였다. 최초의 VHDL 표준은 이치 논리(비트와 비트 벡터)만을 정의하였다. 초기 확장 중의 하나에서 다치 논리를 IEEE 표준으로 정의하였다. IEEE.std_logic_1164 패키지는 '0', '1', 'X' (unknown), 'Z' (high impedance)를 포함하여 9가지 값을 갖는 std_logic 타입을 정의한다. 이 패키지는 또한 std_logic 타입의 벡터인 std_logic_vector도 정의한다. std_logic과 std_logic_vector에 대하여 동작하는 논리 연산과 그 밖의 함수들은 이 표준에서 정의되지만, 산술 연산은 정의되지 않는다. std_logic_1164 패키지와 이것을 사용한 시뮬레이션과 합성은 8장에서 좀 더 상세히 다룰 것이다.

VHDL이 합성을 위해 광범위하게 사용됨에 따라, IEEE는 합성 가능한 코드의 작성을 용이하게 하는 두 가지 패키지 IEEE.numeric_bit와 IEEE.numeric_std를 소개하였다. 전자는 부호 없는(unsigned) 이진수와 부호 있는(signed) 이진수를 나타내기 위해 bit_vector를 사용하고, 후자는 std_logic_vector를 사용한다. 두 패키지 모두 부호 없는 수와 부호 있는 수에 대하여 오버로드된 논리 연산자와 산술 연산자를 정의한다. 8장 이전에는 산술 연산을 위해 numeric_bit 패키지와 부호 없는 수를 사용할 것이다.

라이브러리의 함수와 컴포넌트를 액세스하기 위해서는 library 문과 use 문이 필요하다. 다음 처리문은 설계 내에서 IEEE 라이브러리의 모든 패키지를 액세스할 수 있도록 한다.

```
library IEEE;
```

다음 처리문은 설계 내에서 IEEE 라이브러리에 있는 모든 numeric_bit 패키지를 사용할 수 있게 한다.

```
use IEEE.numeric_bit.all;
```

패키지가 한 모듈 내에서 사용될 때마다 그 모듈의 엔티티보다 먼저 library 문과 use 문이 나와야 한다.

numeric_bit 패키지는 부호 없는 타입과 부호 있는 타입을 인덱스의 범위가 명시되지 않은 무제한 비트 어레이로 정의한다.

```
type unsigned is array (natural range <>) of bit;
type   signed is array (natural range <>) of bit;
```

부호 있는 타입의 수는 2의 보수 형태로 나타낸다. 패키지는 부호 없는 수와 부호 있는 수에 대한 산술, 관계, 논리, 시프트 연산을 위한 오버로드된 연산자를 포함한다.

부호 없는 타입과 부호 있는 타입은 근본적으로 비트 벡터이다. 그러나 오버로드된 연산자는 비트 벡터가 아닌 이러한 데이터 타입에 대하여 정의되어 있다. 따라서, 만약 *A*, *B*, *C*가 bit_vector 이면, 다음 처리문은 컴파일러 오류를 발생시킨다.

```
C <= A + B;
```

만약 이러한 신호가 부호 없는 타입이나 부호 있는 타입이라면, 컴파일러는 덧셈을 수행하기 위해 적절한 오버로드된 연산자를 호출하여 실행할 것이다.

numeric_bit 패키지는 다음과 같은 오버로드된 연산자를 정의한다.

산술: +, −, *, /, rem, mod
관계: =, /=, >, <, >=, <=
논리: not, and, or, nand, nor, xor, xnor
시프팅: shift_left, shift_right, rotate_left, rotate_right, sll, srl, rol, ror

산술, 관계, 그리고 논리 연산자는 각각 좌측 피연산자와 우측 피연산자를 필요로 한다. 산술과 관계 연산자에 대하여 다음과 같은 좌우 피연산자 조합을 사용할 수 있다: unsigned와 unsigned, unsigned와 natural, natural과 unsigned, signed와 signed, signed와 integer, integer와 signed. 논리 연산자의 좌우 피연산자는 모두 unsigned이거나 signed이어야 한다. +와 − 연산자가 길이가 서로 다른 unsigned 피연산자에 대하여 사용되면, 길이가 짧은 피연산자의 좌측이 0으로 채워져서 다른 피연산자와 길이가 같아진다. 연산 결과가 가장 긴 피연산자와 같은 비트 수를 갖도록 하기 위해 어떤 캐리이든 버려진다. 다음은 부호 없는 수에 대한 연산의 예이다.

"1011" + "110" = "1011" + "0110" = "0001", 여기서 캐리는 버려진다.

numeric_bit 패키지는 정수를 부호 없는 수에 더하기 위한 오버로드된 연산자는 제공하지만, 비트를 부호 없는 타입에 더하기 위한 연산자는 제공하지 않는다. 따라서 *A*와 *B*가 부호가 없다면 A+B+1은 가능하지만, 다음과 같은 처리문에서 캐리가 비트 타입일 때는 연산이 수행될 수 없다.

```
Sum <= A + B + carry;
```

캐리를 부호 없는 벡터 A+B에 더하기 전에 그 캐리를 부호 없는 타입으로 변환해야만 한다. **unsigned'(0 => carry)**는 이러한 변환을 수행한다.

그림 2-38은 캐리 입력을 갖는 4-비트 가산기를 표현하기 위해 numeric_bit 패키지의 오버로드된 연산자를 사용하는 동작적 VHDL 코드를 보여준다. 엔티티 선언에서 bit_vector 대신에

```
library IEEE;
use IEEE.numeric_bit.all;

entity Adder4 is
  port(A, B: in unsigned(3 downto 0); Ci: in bit;  -- 입력
       S: out unsigned(3 downto 0); Co: out bit);  -- 출력
end Adder4;

architecture overload of Adder4 is
signal Sum5: unsigned(4 downto 0);
begin
  Sum5 <= '0' & A + B + unsigned'(0=>Ci);  -- 가산기
  S <= Sum5(3 downto 0);
  Co <= Sum5(4);
end overload;
```

그림 2-38 부호 없는 벡터를 위한 4-비트 가산기의 VHDL 코드

unsigned를 사용한 것을 제외하면 그림 2-12와 같다. 두 개의 4-비트 수를 더하면 합은 5비트가 되기 때문에, 아키텍처 내에서 5-비트 신호(Sum5)를 선언한다. 만약 $A+B$를 그대로 계산하면, 결과는 4비트가 된다. 그러나 5비트의 결과를 원하기 때문에 '0' 과 A를 접합하여 A를 5비트로 확장해야 한다. (B는 비트 수를 맞추기 위해 자동적으로 확장될 것이다.) numeric_bit 패키지의 오버로드된 연산자를 사용하여 Sum5를 계산한 다음, 그 결과를 4비트의 합(S)과 1비트의 캐리(C_o)로 나눈다. 대부분 합성 툴은 그림 2-38의 코드를 캐리 입력과 캐리 출력을 갖는 가산기로 구현할 것이다. 그림 2-39는 Xilinx 합성기의 한 버전으로 만든 결과이다.

다음은 numeric_bit 패키지에 있는 유용한 변환함수이다.

TO_INTEGER(A) : 부호 없는 벡터 A를 정수로 변환한다.

TO_UNSIGNED(B, N) : 정수를 길이 N의 부호 없는 벡터로 변환한다.

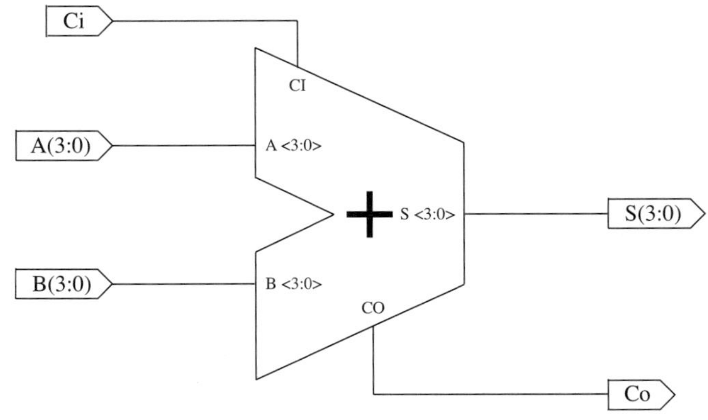

그림 2-39 그림 2-38의 VHDL 코드에 대한 합성기 출력

UNSIGNED(A) : 컴파일러가 bit_vector *A*를 부호 없는 벡터처럼 다루도록 한다.

BIT_VECTOR(B) : 컴파일러가 부호 없는 벡터 *B*를 bit_vector처럼 다루도록 한다.

만약 다치 논리가 필요하면 numeric_bit 패키지 대신에 IEEE 표준 numeric_std 패키지를 사용할 수 있다. numeric_std 패키지는 bit_vector 대신에 std_logic 벡터로서의 부호 없는 타입과 부호 있는 타입을 정의한다. 이 패키지를 사용하기 위해서는 다음과 같은 세 개의 처리문이 필요하다.

```
library IEEE;
use IEEE.std_logic_1164.all;
use IEEE.numeric_std.all;
```

numeric_bit 패키지와 마찬가지로, 이 패키지는 부호 없는 수와 부호 있는 수에 대한 오버로드된 연산자와 함수의 집합을 똑같이 정의한다.

다치 논리를 시뮬레이션하거나 합성하기 위해 많이 사용하는 또 다른 VHDL 패키지는 Synopsis사에서 개발한 std_logic_arith 패키지이다. 이 패키지는 IEEE numeric_std 패키지와 비슷하게 부호 없는 타입과 부호 있는 타입 그리고 오버로드된 연산자를 정의한다. 그러나 변환 함수의 이름이 다르고, 몇 가지 다른 차이점이 있다. std_logic_arith 패키지의 가장 큰 단점은 부호 없는 벡터나 부호 있는 벡터에 대한 논리 연산이 정의되어 있지 않다는 것이다. 이 패키지는 일반적으로 IEEE 라이브러리에 들어 있긴 하지만, IEEE 표준은 아니다.

또 다른 옵션으로 역시 Synopsis사에 의해 개발된 std_logic_unsigned 패키지를 사용하는 방법이 있다. 이 패키지는 부호 없는 타입을 정의하지 않는다. 그러나 대신에 std_logic_vector를 위해 몇 가지 오버로드된 산술 연산자를 정의한다. 이러한 연산자는 std_logic_vector를 마치 부호 없는 수처럼 다룬다. std_logic_1164 패키지와 함께 사용하면, 1164 패키지가 논리 연산자를

```
library IEEE;
use IEEE.std_logic_1164.all;
use IEEE.std_logic_unsigned.all;
entity Adder4 is
  port(A, B: in std_logic_vector(3 downto 0); Ci: in std_logic;  -- 입력
       S: out std_logic_vector(3 downto 0); Co: out std_logic);  -- 출력
end Adder4;

architecture overload of Adder4 is
signal Sum5: std_logic_vector(4 downto 0);
begin
  Sum5 <= '0' & A + B + Ci;  -- 가산기
  S <= Sum5(3 downto 0);
  Co <= Sum5(4);
end overload;
```

그림 2-40 std_logic_unsigned를 사용한 4-비트 가산기의 VHDL 코드

정의하기 때문에 std_logic_vector에 대하여 산술 연산과 논리 연산을 모두 수행할 수 있다. std_logic_unsigned 패키지 역시 일반적으로 IEEE 라이브러리에 들어 있지만, IEEE 표준은 아니다. 그림 2-40은 std_logic_unsigned 패키지를 사용하여 그림 2-38에 기술된 4-비트 가산기의 VHDL 코드를 다시 작성한 것이다. 패키지가 std_logic 비트를 std_logic_vector에 더하기 위한 오버로드된 연산자를 제공하기 때문에 형 변환은 필요하지 않다. 이 코드를 합성한 결과는 그림 2-38을 합성한 것과 같다.

이 절에서는 산술 연산과 관계 연산을 위한 오버로드된 연산자를 제공하는 네 가지 서로 다른 패키지에 대하여 알아보았다. numeric_bit 패키지는 가장 쓰기 쉽고, 또한 IEEE 표준이기 때문에 먼저 사용할 것이다. 8장부터는 IEEE 표준이면서 다치 신호를 제공하고, numeric_bit 패키지와 비슷한 기능을 갖는 IEEE numeric_std 패키지를 사용할 것이다. std_logic_arith와 std_logic_unsigned 패키지는 IEEE 표준이 아니고, IEEE numeric_std 패키지보다 기능이 떨어지기 때문에 사용하지 않는다.

2.14 VHDL Process를 사용한 레지스터와 카운터의 모델링

여러 플립플롭이 같은 클럭 에지에서 상태가 바뀌면, 이 플립플롭들을 나타내는 처리문들은 클럭이 있는 동일 process 내에 넣을 수 있다. 그림 2-41은 세 개의 플립플롭이 서로 연결된 순환 시프트 레지스터(cycle shift register)를 보여준다. 이 플립플롭들은 클럭의 상승에지 이후에 상태를 바꾼다. 클럭 에지에서 출력이 변할 때까지 5-ns 전파지연이 있다고 가정한다. 클럭 에지 직후에 process 내의 세 처리문은 어떤 지연도 없이 순차적으로 실행된다. 그리고 Q의 값은 5 ns 후에 새로운 값으로 바뀌도록 스케줄링된다. 만약 지연을 생략하고 다음과 같은 순차 처리문으로 대체하면, 그 동작은 기본적으로 같다.

```
Q1 <= Q3;    Q2 <= Q1;    Q3 <= Q2;
```

세 개의 처리문은 0시간 안에 순서대로 실행되고, Q의 값은 델타지연 후에 바뀐다. 두 경우 모두 Q_1, Q_2, Q_3의 이전 값이 새로운 값을 계산하는 데 사용된다. 처음에는 이상하게 보일 수 있으나, 이것이 하드웨어가 동작하는 방식이다. 클럭의 상승에지에서 모든 *D* 입력이 플립플롭에 로딩되지만, 전파지연이 지날 때까지는 상태 변화가 일어나지 않는다.

그림 2-42는 클럭의 상승에지에서 로딩되거나 클리어되는 간단한 레지스터를 보여준다. 만약 *CLR* = '1' 이면 레지스터는 클리어되고, *Ld* = '1' 이면 *D* 입력은 레지스터 내로 로딩된다. 이 레지스터는 완전히 동기화되어 있기 때문에, 출력 *Q*는 클럭 에지에만 반응하여 그 값을 바꾸고, *Ld* 또는 *CLR*의 변화에 대해서는 반응하지 않는다. 레지스터의 VHDL 코드에서, *Q*와 *D*는 3

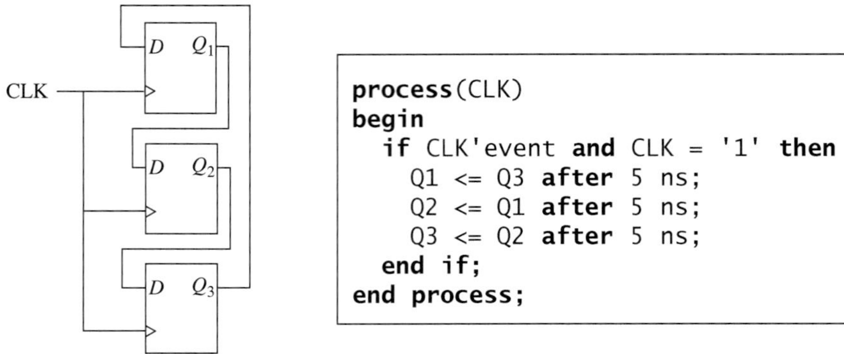

그림 2-41 순환 시프트 레지스터

downto 0의 범위를 갖는 비트 벡터이다. 레지스터 출력은 클럭의 상승에지에서만 변할 수 있기 때문에, *CLR*은 감지 신호 리스트에 들어 있지 않다. *CLR*은 클럭의 상승에지 이후에 테스트된다. 만약 *CLR* = *Ld* = '0' 이면, 출력 *Q*는 변하지 않는다. *CLR*은 *Ld*보다 먼저 테스트되기 때문에, 만약 *CLR* = '1' 이라면, **elsif**는 *Ld*가 테스트되는 것을 막고, *CLR*은 *Ld*를 무효화한다.

다음으로, VHDL process를 사용하여 좌측 시프트 레지스터를 모델링할 것이다. 그림 2-43의 레지스터는 좌측 시프트 제어 입력(*LS*)을 추가한 것을 제외하면 그림 2-42의 것과 유사하다. *LS*가 '1' 일 때, 레지스터의 내용은 좌측으로 시프트되고 맨 우측 비트는 R_{in}과 같게 셋된다. 시프트는 *Q*의 맨 우측 3비트인 Q(2 downto 0)를 취하여 R_{in}과 접합함으로써 수행된다. 예를 들어 *Q* = "1101"이고 R_{in} = "0"이면, Q(2 downto 0) & Rin = "1010"이고, 이 값은 *CLK*의 상승에지에서 *Q* 레지스터에 다시 로딩된다. 만약 *CLR* = *Ld* = *Ls* = '0' 이라면, *Q*는 변하지 않고 그대로 있게 된다.

그림 2-44는 간단한 동기 카운터를 보여준다. 클럭의 상승에지에서, *ClrN* = '0' 이면 카운터는 클리어되고, *ClrN* = *En* = '1' 일 때 증가한다. 이 예에서, 신호 *Q*는 카운터 내에 저장된 4-비트 값을 나타낸다. 비트 벡터에 대해서는 덧셈이 정의되어 있지 않으므로 *Q*를 부호 없는 타입으

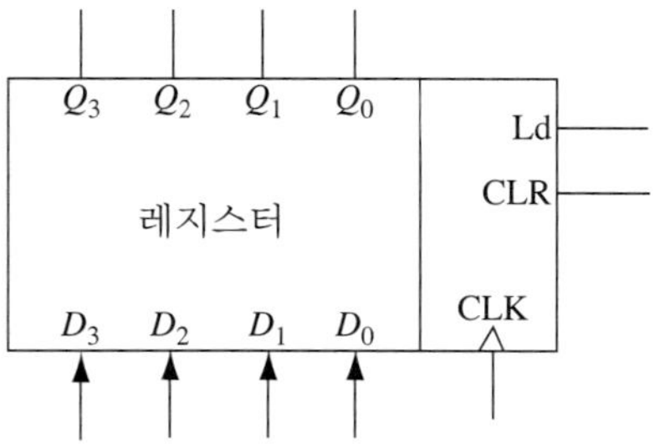

Q_3 Q_2 Q_1 Q_0 Ld   CLR   레지스터   CLK D_3 D_2 D_1 D_0

```
process(CLK)
begin
  if CLK'event and CLK = '1' then
    if CLR = '1' then Q <= "0000";
    elsif Ld = '1' then Q <= D;
    end if;
  end if;
end process;
```

그림 2-42 동기화된 클리어와 로드 신호가 있는 레지스터

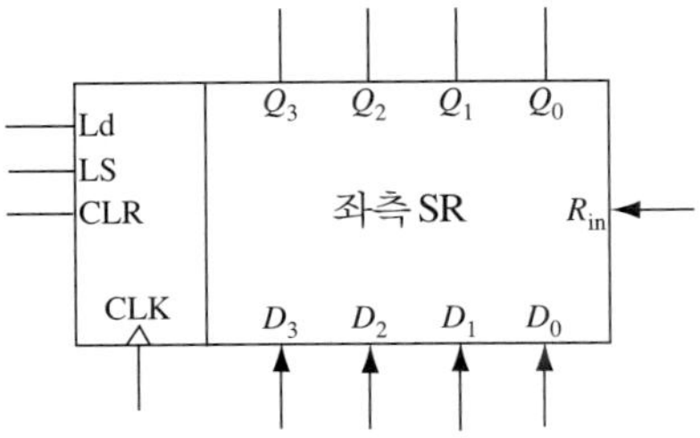

```
process(CLK)
begin
  if CLK'event and CLK = '1' then
    if CLR = '1' then Q <= "0000";
      elsif Ld = '1' then Q <= D;
      elsif LS = '1' then Q <= Q(2 downto 0) & Rin;
    end if;
  end if;
end process;
```

그림 2-43 동기화된 클리어와 로드 신호가 있는 좌측 시프트 레지스터

로 선언하였다. 그러면 ieee.numeric_bit 패키지에 정의되어 있는 오버로드된 "+" 연산자를 사용하여 카운터를 증가시킬 수 있다. 처리문 Q <= Q + 1은 카운터를 증가시킨다. 카운터가 "1111" 상태에 있을 때 증가시키면, 카운터의 상태는 다시 "0000"으로 돌아간다.

다음은 범용 카운터 74163에 대한 VHDL 모델을 만들어 보자. 이것은 TTL과 CMOS 논리 계열에서 모두 이용할 수 있는 완전히 동기화된 4-비트 이진 카운터이다. 비록 현재의 새로운 설계에서는 좀처럼 사용되지 않지만, 많은 CAD 설계 라이브러리에서 찾을 수 있는 카운터의 일반적인 타입을 나타낸다. 카운팅 기능을 수행하는 것 외에 클리어시키거나 병렬로 로딩할 수 있다. 모든 동작은 클럭에 의해 동기화되고, 모든 상태 변화는 클럭의 상승에지 이후에 일어난다. 카운터의 블록도는 그림 2-45에 나타내었다.

이 카운터는 네 개의 제어 입력을 가지고 있다 — *ClrN*, *LdN*, *P*, *T*. *P*와 *T*는 카운팅 기능을 작동시키기 위해 사용된다. 카운터는 다음과 같이 동작한다.

1. 만약 *ClrN* = '0' 이면, 모든 플립플롭은 클럭의 상승에지 후에 '0'으로 셋된다.
2. 만약 *ClrN* = '1' 이고 *LdN* = '0' 이면, *D* 입력은 클럭의 상승에지 후에 병렬로 로딩된다.
3. 만약 *ClrN* = *LdN* = '1' 이고 *P* = *T* = '1' 이면, 카운트는 작동하고 카운터 상태는 클럭의 상승에지 후에 1 증가할 것이다.

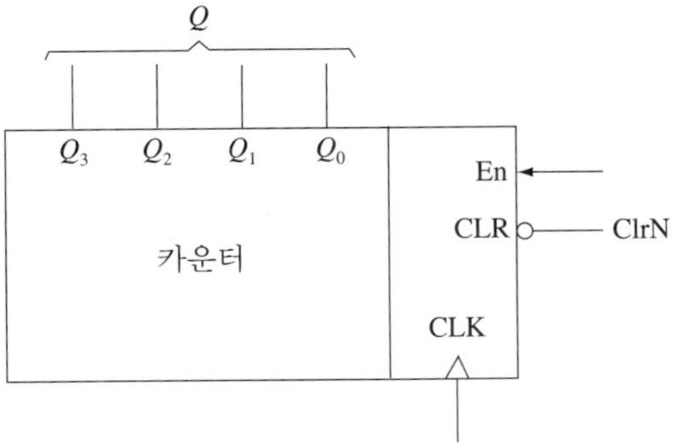

```
signal Q: unsigned (3 downto 0);
-----------
process (CLK)
begin
  if CLK'event and CLK = '1' then
    if ClrN = '0' then Q <= "0000";
    elsif En = '1' then Q <= Q + 1;
    end if;
  end if;
end process;
```

그림 2-44 간단한 동기 카운터의 VHDL 코드

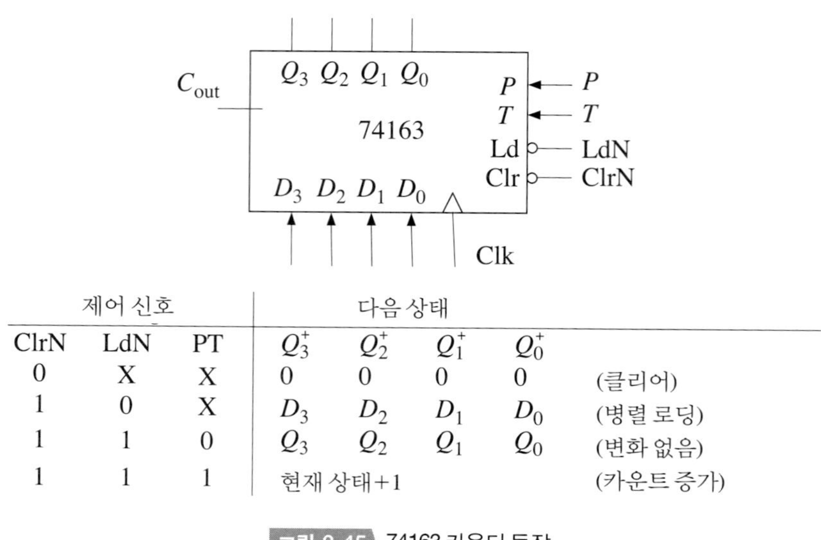

제어 신호			다음 상태				
ClrN	LdN	PT	Q_3^+	Q_2^+	Q_1^+	Q_0^+	
0	X	X	0	0	0	0	(클리어)
1	0	X	D_3	D_2	D_1	D_0	(병렬 로딩)
1	1	0	Q_3	Q_2	Q_1	Q_0	(변화 없음)
1	1	1	현재 상태+1				(카운트 증가)

그림 2-45 74163 카운터 동작

만약 T = '1' 이면, 카운터는 상태 15에서 캐리(C_{out})를 발생시킨다. 따라서 캐리는 다음과 같이 나타낼 수 있다.

$$C_{out} = Q_3\,Q_2\,Q_1\,Q_0\,T$$

그림 2-45의 진리표는 카운터의 동작을 요약한 것이다. *ClrN* 입력은 로딩이나 카운트 기능보다 우위에 있다. 따라서 *ClrN* = '0' 이면, *LdN*, *P*, *T*의 값에 관계없이 출력 *Q*는 클리어된다. 마찬가지로, *LdN*은 카운트 기능보다 우위에 있다. 74163의 *ClrN* 입력은 클럭과 동기가 되어 카운터를 클리어시키기 때문에 **동기화된** 클리어 입력이라고 한다. 따라서 클럭 펄스가 없으면, 카운터는 클리어되지 않는다.

카운터의 VHDL 표현은 그림 2-46에 나타낸 것과 같다. *Q*는 카운터를 구성하는 네 개의 플립플롭을 나타낸다. 카운터 출력 Q_{out}은 *Q*가 변할 때마다 바뀐다. 그리고 캐리 출력은 *Q* 또는 *T*가 변할 때마다 계산된다. process 내의 첫 번째 if 문은 클럭의 상승에지를 테스트한다. 클리어는 로딩이나 카운트보다 우위에 있으므로, 다음 **if** 문에서는 *ClrN*을 먼저 테스트한다. 로딩은 카운트보다 우위에 있으므로, 다음에는 *LdN*을 테스트한다. 마지막으로, *P*와 *T*가 모두 '1' 이면 카운터를 증가시킨다. *Q*는 부호 없는 타입이므로, 카운터를 1만큼 증가시키기 위해 ieee.numeric_bit 패키지의 오버로드된 "+" 연산자를 사용할 수 있다. 그러나 덧셈이 비트 벡터에 대해서는 정의되어 있지 않기 때문에, *Q*가 비트 벡터이면 Q + 1 식은 사용할 수 없다.

카운터를 테스트하기 위해 두 개의 74163을 연결하여 8-비트 카운터를 구성하였다(그림 2-47). 우측 카운터의 상태가 1111이고 T_1 = '1' 이면, *Carry1* = '1' 이다. 이때 좌측 카운터에서 *P* = 1이면 *PT* = '1' 이 된다. *PT* = '1' 이면, 다음 클럭에서 좌측 카운터는 증가하고, 동시에 우

```
-- 74163 완전 동기화된 카운터

library IEEE;
use IEEE.numeric_bit.all;

entity c74163 is
  port(LdN, ClrN, P, T, Clk: in bit;
       D: in unsigned(3 downto 0);
       Cout: out bit; Qout: out unsigned(3 downto 0));
end c74163;

architecture b74163 of c74163 is
signal Q: unsigned(3 downto 0);     -- Q는 카운터 레지스터
begin
  Qout <= Q;
  Cout <= Q(3) and Q(2) and Q(1) and Q(0) and T;
  process(Clk)
  begin
    if Clk'event and Clk = '1' then     -- 상승에지 상태가 될 때
      if ClrN = '0' then Q <= "0000";
      elsif LdN = '0' then Q <= D;
      elsif (P and T) = '1' then Q <= Q + 1;
      end if;
    end if;
  end process;
end b74163;
```

그림 2-46 74163 카운터 모델

측 카운터는 0000이 된다.

그림 2-48은 8-비트 카운터에 대한 VHDL 코드를 보여준다. 이 코드에서는 c74163 모델을 컴포넌트로 이용하고, 컴포넌트를 복사하여 두 개의 인스턴스를 만들었다. 출력을 읽기 쉽게 하기 위해 8-비트 카운터 값과 같은 정수 값을 갖는 *Count* 신호를 정의하였다. 함수 `to_integer`는 부호 없는 벡터를 정수로 변환한다.

다음으로 좌측 시프트 레지스터에 대한 VHDL 코드를 합성해 보자(그림 2-43). 합성을 시작

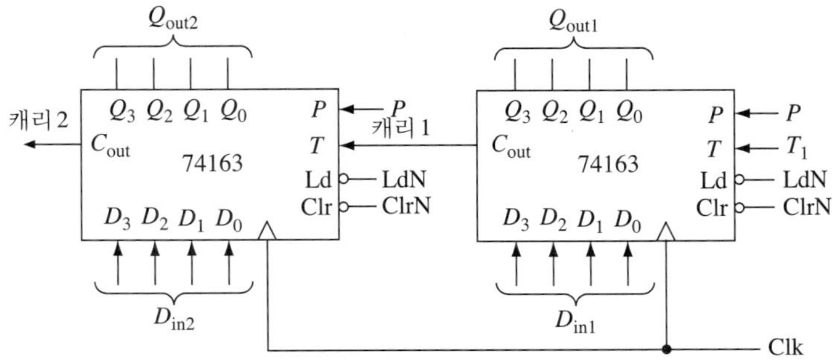

그림 2-47 두 개의 74163 카운터를 직렬로 연결한 8-비트 카운터 구성

```
-- 74163 카운터에 대한 테스트 모듈

library IEEE;
use IEEE.numeric_bit.ALL;

entity eight_bit_counter is
  port(ClrN, LdN, P, T1, Clk: in bit;
       Din1, Din2: in unsigned(3 downto 0);
       Count: out integer range 0 to 255;
       Carry2: out bit);
end eight_bit_counter;

architecture cascaded_counter of eight_bit_counter is
component c74163
  port(LdN, ClrN, P, T, Clk: in bit;
       D: in unsigned(3 downto 0);
       Cout: out bit; Qout: out unsigned(3 downto 0));
end component;

signal Carry1: bit;
signal Qout1, Qout2: unsigned(3 downto 0);
begin
  ct1: c74163 port map (LdN, ClrN, P, T1, Clk, Din1, Carry1, Qout1);
  ct2: c74163 port map (LdN, ClrN, P, Carry1, Clk, Din2, Carry2, Qout2);
  Count <= to_integer(Qout2 & Qout1);
end cascaded_counter;
```

그림 2-48 8-비트 카운터의 VHDL 코드

하기 전에 어떠한 컴포넌트들이 사용 가능한지 합성기가 알게 하기 위해 타깃 디바이스(예, 특정 FPGA 또는 CPLD)를 지정하여야 한다. 클럭 인에이블이 있는 D 플립플롭(D-CE 플립플롭)을 가지고 있는 CPLD 또는 FPGA를 타깃으로 가정하자. *Q*와 *D*는 4-비트 벡터이다. *Q*의 값은 "CLK'event and CLK = '1' then" 이후에 업데이트되므로, *Q*는 네 개의 플립플롭으로 구성된 레지스터가 되어야 함을 의미한다. 레지스터의 각 플립플롭은 Q_3, Q_2, Q_1, Q_0로 라벨을 붙인다. 플립플롭의 상태는 *Clr*, *Ld*, 또는 *Ls*가 '1' 일 때 바뀌므로, $Clr + Ld + Ls$ 연산을 하는 OR 게이트의 출력을 클럭 인에이블에 연결한다. 플립플롭에 로딩되는 데이터를 선택하기 위한 게이트를 *D* 입력에 연결한다. $Clr =$ '0' 이고 $Ld =$ '1' 이면, *D*는 클럭의 상승에지에서 레지스터에 로딩된다. $Clr = Ld =$ '0' 이고 $Ls =$ '1' 이면, Q_2는 Q_3로 로딩되고, Q_1은 Q_2로 로딩된다. 나머지 플립플롭들도 같은 방식으로 로딩된다. 그림 2-49는 처음 두 플립플롭에 대한 논리회로를 보여준다. 만약 $Clr =$ '1' 이면, D 플립플롭의 입력은 '0' 이 되고, 따라서 레지스터는 클리어된다.

VHDL 합성기는 지연을 합성할 수 없다. 대부분의 합성기는 "after time-experssion" 형태의 절을 무시한다. 그러나 몇몇 합성기에서는 **after** 절을 제거하여야 한다. 비록 신호의 초기값을 포트와 신호 선언에서 명시할 수 있지만, 합성기는 이러한 초기값들을 무시한다. 만약 하드웨어가 특정 초기상태로 되어야 한다면 리셋 신호를 제공하여야 한다. 그렇지 않으면 하드

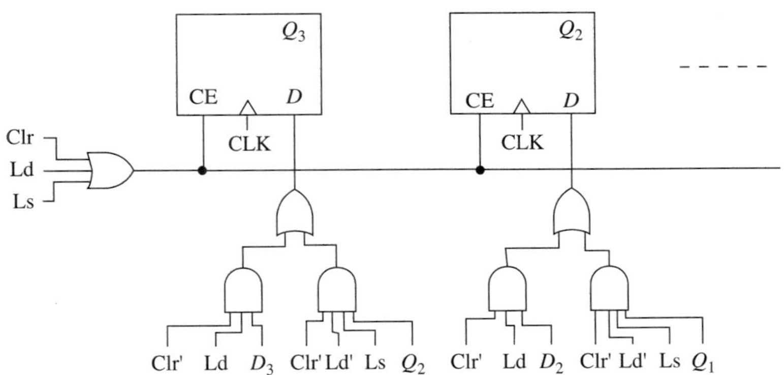

그림 2-49 그림 2-43의 좌측 시프트 레지스터에 대한 VHDL 코드의 합성

웨어의 초기상태는 알려지지 않게 되고, 하드웨어는 제대로 동작하지 않을 것이다. 정수 신호를 합성할 때는 같은 값을 갖는 이진수로 정수를 나타낸다. 만약 정수의 범위가 명시되어 있지 않으면, 합성기는 최대 개수의 비트, 일반적으로 32 비트를 가정할 것이다. 따라서 다음은 3-비트 카운터가 된다.

```
signal count: integer range 0 to 7;
```

그러나 다음은 32-비트 카운터가 될 수 있다.

```
signal count: integer;
```

VHDL의 신호는 값이 바뀔 때까지 현재의 값을 유지한다. 이것은 코드를 합성할 때 원하지 않는 래치를 만들 수 있다. 예를 들어 조합회로에서 다음 처리문은 *X*가 '0'으로 바뀔 때 *B*의 값을 유지하기 위한 래치를 생성할 수 있다.

```
if X = '1' then B <= 1; end if;
```

조합 process에서 원하지 않은 래치가 생성되는 것을 피하기 위해서는 각 **if** 문에 **else** 절을 항상 포함시켜야 한다. 예를 들어 다음 처리문은 *B* 값을 1에서 0으로 바꾸기 위해 MUX를 생성한다.

```
if X = '1' then B <= 1 else B <= 0; end if;
```

2.15 동작적 VHDL과 구조적 VHDL

모든 회로나 디바이스는 다양한 형태의 추상화로 나타낼 수 있다. 그림 2-50에 나타낸 바와 같이 서로 다른 형태로 표현된 NAND 게이트에 대해 생각해 보자. NAND라는 말을 들었을 때, 각 설계자는 설계 레벨의 범위에 따라 동일한 NAND 디바이스에 대하여 이처럼 서로 다르게 표현된 것을 생각한다. 어떤 사람들은 그림 2-50(a)에서 나타낸 것처럼 NAND 연산자의 동작을 나타내는 블록만을 생각할 것이다. 또 어떤 다른 사람들은 그림 2-50(b)처럼 CMOS 7400 칩 내의 네 게이트를 생각할지도 모른다. 로직 레벨에서 일하는 설계자는 그림 2-50(c)처럼 NAND 게이트의 논리 기호를 생각한다. 그리고 트랜지스터 레벨의 회로 설계자는 그림 2-50(d)처럼 NAND 기능을 수행하는 트랜지스터 레벨의 회로를 생각한다. 물리 레벨 설계자의 머리에 떠오르는 것은 그림 2-50(e)와 같이 NAND 게이트의 레이아웃이다. 이와 같이 모든 그림은 같은 디바이스를 나타내지만, 각 표현에서 나타내는 세부적인 내용은 서로 다르다.

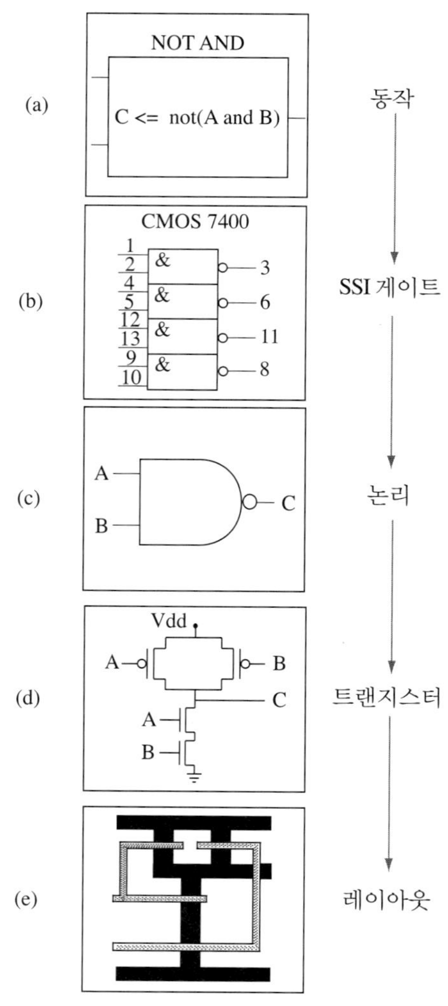

그림 2-50 NAND 디바이스에 대한 여러 레벨의 추상화

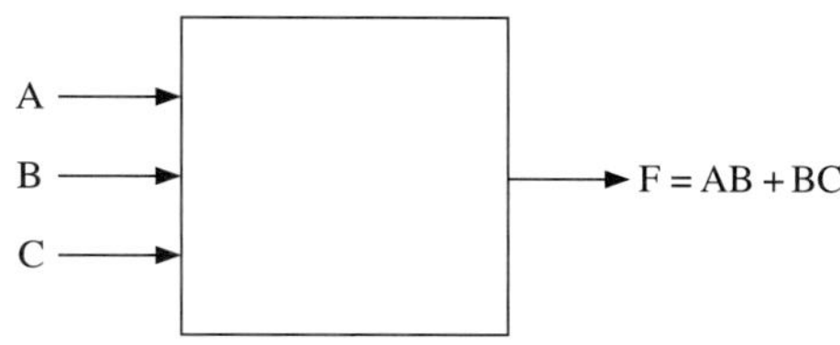

그림 2-51 입력 A, B, C와 출력 $F = AB + BC$를 갖는 블록도

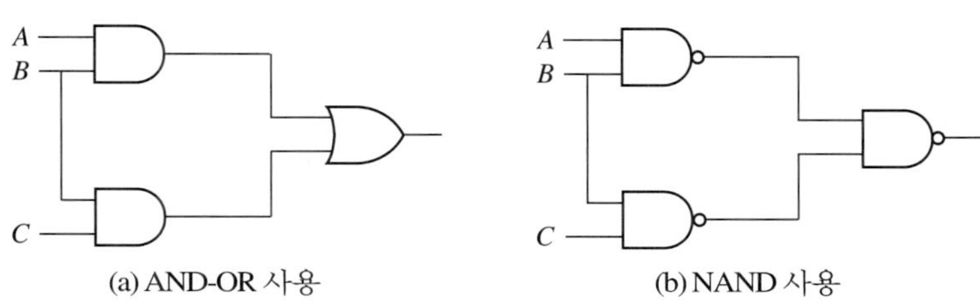

그림 2-52 $F = AB + BC$의 두 가지 구현

NAND 게이트를 여러 다른 방법으로 표현할 수 있듯이, 어떤 논리회로도 상세한 정도가 서로 다른 여러 레벨로 표현할 수 있다. 그림 2-51은 논리함수 $F = ab + bc$를 동작적 레벨에서 표현한 것인 데 반해, 그림 2-52는 이와 동일한 기능의 구조적 표현 두 가지를 나타낸다. 그림 2-51에서 추상적 표현으로 기술된 기능은 여러 가지 방법으로 구현될 수 있다. 한 가지 방법은 두 개의 AND 게이트와 한 개의 OR 게이트를 사용하는 것이고, 또 다른 방법은 세 개의 NAND 게이트를 사용하는 것이다. 그림 2-52(a)와 2-52(b)에 대한 구조적 표현은 서로 다르다. 따라서 동일한 동작적 표현이지만, 구조적 표현에서는 서로 다른 두 가지 표현 중의 하나가 된다. 동작적 표현은 추상적인 레벨에서 동작만을 기술하지만, 구조적 표현은 좀 더 상세히 기술한다.

이와 같이 동일한 회로를 서로 다른 방법으로 표현할 수 있음을 알았다. 마찬가지로, VHDL에서도 다양한 레벨의 추상화로 설계를 표현할 수 있다. 일반적으로, **동작적 모델**(behavioral model), **데이터 흐름**(dataflow or register transfer language[RTL]) **모델**, 그리고 **구조적 모델**(structural model)로 추상화 레벨을 분류한다. 동작적 VHDL 모델은 어떤 특정한 구조나 기술을 나타내지 않는 상위 추상화 레벨에서 회로나 시스템을 표현한다. 단지 전체적인 동작만을 기술한다. 이에 반해, 구조적 모델에서는 사용되는 컴포넌트와 컴포넌트 간의 상호연결 구조가 분명히 기술된다. 구조적 모델은 특정한 라이브러리/패키지의 개별 게이트나 플립플롭의 사용을 지정할 수 있을 정도로 자세하다. 구조적 VHDL 모델은 하위 추상화 레벨에서 표현된 것이다. VHDL 코드는 기본적인 동작적 레벨이나 구조적 레벨뿐만 아니라 중간의 추상화 레벨에서도 기술될 수 있는데, 이것을 데이터 흐름 레벨이나 RTL 레벨이라고 한다. 레지스터 전송 언어는 동기 시스템의 동작을 기술하기 위해 수십 년간 사용되어 왔다. 여기서 시스템은 레지스터와 그 레지스터에 데이터를 로딩하고 조작하기 위한 제어 논리로 구성된다고 볼 수 있다. 데이터 흐름 모델에서는 데이터 경로와 제어 신호를 명시하여야 한다. 시스템의 동작은 레지스터 간의 데이터 전송에 의해 기술된다.

만약 설계를 상위 추상화 레벨에서 기술한다면, 이를 구현하기 위해서는 하위 레벨로 변환해 주어야 한다. 설계 자동화 초기에는 이러한 변환을 하기 위한 자동화 소프트웨어 툴이 충분하지 않았다; 따라서 설계를 하위 추상화 레벨에서 기술할 필요가 있었다. 설계는 회로도 그리기를 이용하거나 다른 하위 추상화 레벨을 이용하여 입력시킬 수 있었다. 그러나 오늘날의 합성 툴은 매우 효율적으로 동작적 레벨 설계를 목표 기술로 변환한다.

동작적 설계와 구조적 설계 기술은 보통 함께 사용된다. 시스템의 여러 부분들은 보통 서로 다른 기술로 설계된다. 최신의 설계 자동화 툴은 논리와 산술 회로에 대하여 효율적인 하드웨어를 생성한다; 그러므로 이러한 부분의 설계는 대부분 동작적 레벨에서 수행된다. 그러나 메모리 구조는 보통 수동 최적화가 필요하며, 자동 합성이 아닌 주문형 설계로 만들어진다.

2.15.1 순차 머신의 모델링

이 절에서는 순차 머신을 VHDL로 표현하는 몇 가지 방법에 대하여 설명한다. 그림 2-53의 상태표가 나타내는 밀리 순차회로에 대하여 **동작적** 모델을 작성한다고 가정하자(이것은 1장에서 설계된 BCD를 3초과 코드로 바꾸는 변환기라는 것을 주목하기 바란다). 그림 2-53은 이 상태 머신의 블록도도 보여준다. 엔티티를 기술할 때는 회로를 이러한 방식으로 보아야 한다. 현재 상태와 다음 상태를 외부에서는 볼 수 없다는 것에 주의하기 바란다.

여러 가지 방법으로 이 순차 머신을 모델링할 수 있다. 첫 번째 접근 방법은 두 부분의 회로를 나타내기 위해서 두 개의 process를 사용하는 것이다. 한 process는 회로의 조합 부분을 모델링하고, 다음 상태의 정보와 출력을 발생시킨다. 또 다른 process는 상태 레지스터를 모델링하고,

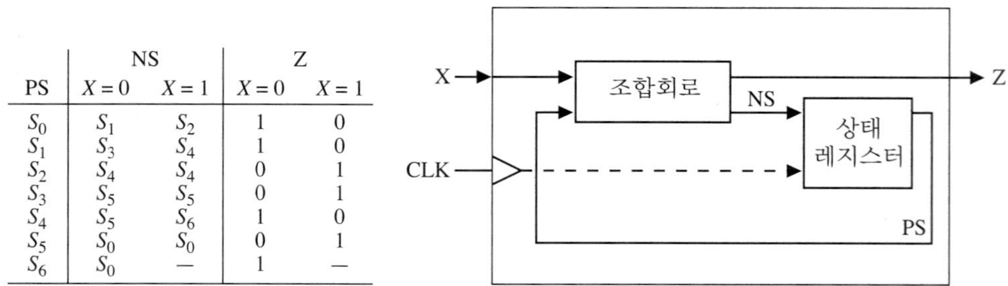

PS	NS $X=0$	NS $X=1$	Z $X=0$	Z $X=1$
S_0	S_1	S_2	1	0
S_1	S_3	S_4	1	0
S_2	S_4	S_4	0	1
S_3	S_5	S_5	0	1
S_4	S_5	S_6	1	0
S_5	S_0	S_0	0	1
S_6	S_0	—	1	—

그림 2-53 순차 머신의 상태표와 블록도

클럭의 적절한 에지에서 상태를 업데이트시킨다. 그림 2-54는 밀리 머신을 이러한 방식으로 모델링한 것을 보여준다. 첫 번째 process는 조합회로를 나타낸다. 동작적 레벨에서, 0으로 초기화되는 정수 신호를 사용하여 회로의 현재 상태와 다음 상태를 나타낸다. 이러한 초기화는 오직 시뮬레이션에서만 의미가 있음을 기억하기 바란다. *State*나 *X*가 변할 때, 회로의 출력인 *Z*와 *Nextstate*는 바뀔 수 있기 때문에 감지 신호 리스트에 *State*와 *X*를 모두 포함시킨다. case 문에서는 *State*의 값을 테스트한 다음, *X* 값에 따라 *Z*와 *Nextstate*에 새로운 값을 할당한다. 두 번째 process는 상태 레지스터를 나타낸다. 클럭의 상승에지가 일어날 때마다 *State*는 *Nextstate*의 값으로 업데이트되기 때문에, 감지 신호 리스트에 *CLK*를 포함시킨다. 두 번째 process를 다음과 같이 작성하면, 시뮬레이션은 정확히 동작한다.

```
process(CLK)                    -- 상태 레지스터
begin
  if CLK = '1' then             -- 클럭의 상승에지(시뮬레이션)
    State <= Nextstate;
  end if;
end process;
```

그러나 에지 트리거 플립플롭으로 합성하기 위해서는 다음과 같이 `clk'event` 속성을 사용하여야 한다.

```
process(CLK)                             -- 상태 레지스터
begin                                    -- (합성)
  if CLK'event and CLK = '1' then        -- 클럭의 상승에지
    State <= Nextstate;
  end if;
end process;
```

그림 2-54에서, *State*는 0에서 6까지의 범위를 갖는 정수이다. *State*의 모든 가능한 값에 대하여 출력과 다음 상태가 분명히 명시되어 있기 때문에 **`when others => null`** 문은 실제로 필요하지 않다; 그러나 어떤 **if** 문이든 그 **else** 절이 생략되거나 *State*의 모든 가능한 값에 대한 동작이 명시되지 않는 경우, 이 처리문은 포함되어야 한다. **null**은 어떠한 동작도 하지 않음을 나타내는데, 이는 *State*의 모든 가능한 값들이 이미 나왔기 때문이다. 만약 else 절이 생략되거나 또는 어떤 한 조건에 대해서도 동작이 명시되지 않으면, 합성했을 때 일반적으로 래치를 생성한다.

그림 2-54를 테스트하기 위해 사용될 수 있는 시뮬레이터 명령어 파일은 다음과 같다.

```
add wave CLK X State NextState Z
force CLK 0 0, 1 100 -repeat 200
force X 0 0, 1 350, 0 550, 1 750, 0 950, 1 1350
run 1600
```

첫 번째 명령은 파형 출력에 포함시킬 신호를 지정한다. 그 다음 명령은 200 ns의 주기를 갖는 클럭을 정의한다. *CLK*은 0 ns에서 '0', 100 ns에서 '1' 이고, 200 ns마다 이러한 동작을 반복

```
-- 다음은 상태표를 기반으로한 밀리 상태 머신(그림 2-53)의
-- 동작적 모델이다. 출력(Z)과 다음 상태는
-- 클럭의 상승에지 이전에 계산된다. 상태 변화는
-- 클럭의 상승에지에서 일어난다.

entity Code_Converter is
  port(X, CLK: in bit;
       Z: out bit);
end Code_Converter;

architecture Behavioral of Code_Converter is
signal State, Nextstate: integer range 0 to 6;
begin
  process(State, X)                   -- 조합회로
  begin
    case State is
      when 0 =>
        if X = '0' then Z <= '1'; Nextstate <= 1;
        else Z <= '0'; Nextstate <= 2; end if;
      when 1 =>
        if X = '0' then Z <= '1'; Nextstate <= 3;
        else Z <= '0'; Nextstate <= 4; end if;
      when 2 =>
        if X = '0' then Z <= '0'; Nextstate <= 4;
        else Z <= '1'; Nextstate <= 4; end if;
      when 3 =>
        if X = '0' then Z <= '0'; Nextstate <= 5;
        else Z <= '1'; Nextstate <= 5; end if;
      when 4 =>
        if X = '0' then Z <= '1'; Nextstate <= 5;
        else Z <= '0'; Nextstate <= 6; end if;
      when 5 =>
        if X = '0' then Z <= '0'; Nextstate <= 0;
        else Z <= '1'; Nextstate <= 0; end if;
      when 6 =>
        if X = '0' then Z <= '1'; Nextstate <= 0;
        else Z <= '0'; Nextstate <= 0; end if;
      when others => null;            -- 발생하지 않음
    end case;
  end process;

  process(CLK)                        -- 상태 레지스터
  begin
    if CLK'EVENT and CLK = '1' then -- 클럭의 상승에지
      State <= Nextstate;
    end if;
  end process;
end Behavioral;
```

그림 2-54 3초과 코드 변환기에 대한 동작적 모델

한다. 다음과 같은 형태의 명령에서,

```
force signal_name v1 t1, v2 t2, . . .
```

`signal_name`은 시간 `t1`에서 `v1` 값, 시간 `t2`에서 `v2` 값을 갖고, 나머지 시간에서도 같은 식으로 변한다. *X*는 시간 0 ns에서 '0', 시간 350 ns에서 '1'로 변하고, 550 ns에서는 '0'으로 변하며, 나머지 시간에 대해서도 같은 방식으로 변한다. *X* 입력은 시퀀스 0010 1001에 해당하고, *X*가 바뀌는 시간만 명시되어 있다. 위의 명령어 파일을 실행시키면, 그림 2-55에 나타낸 것과 같은 파형을 얻는다.

1장에서는 이 상태 머신을 수작업으로 설계하였다(그림 1-26). 이 회로는 세 개의 플립플롭, 네 개의 3-입력 NAND 게이트, 두 개의 3-입력 NAND 게이트, 그리고 한 개의 인버터로 구성되었다. 그림 2-54의 동작적 모델의 합성 결과는 이 회로와 정확히 같지 않을 수도 있다. 실제로 Xilinx ISE 툴을 사용하여 합성하면 7개의 D 플립플롭, 15개의 2-입력 AND 게이트, 세 개의 2-입력 OR 게이트, 그리고 한 개의 7-입력 OR 게이트로 구성된 회로를 얻는다. 분명히 Xilinx 합성 툴은 인코딩된 상태 할당 대신에 디폴트로 one-hot 상태 할당을 사용하고 있는 것 같다. one-hot 설계는 일반적으로 플립플롭이 많은 FPGA에서 사용되는 접근 방법이다.

그림 2-56은 코드 변환기에 대한 또 다른 동작적 모델을 보여준다. 여기서는 두 개의 process 대신 한 개의 process만을 사용한다. 다음 상태가 명시적으로 계산되는 대신에, 상태 레지스터는 클럭의 상승에지에서 적절한 다음 상태 값으로 곧바로 업데이트된다. *Z*는 *State*나 *X*가 변할 때마다 바뀔 수 있기 때문에 클럭이 있는 process에서 계산이 되면 안 된다. 따라서 그 대신에 *Z*를 계산하기 위해 조건적 할당문을 사용하였다. 만약 클럭이 있는 프로세서 내에서 *Z* 값이 업데이트된다면 *Z*를 저장하기 위한 플립플롭이 생성되고, 따라서 *Z* 값은 엉뚱한 시간에 업데이트될 것이다. 일반적으로, 상태 머신에 대한 2-process 모델이 1-process 모델보다 바람직한데, 그 이유는 전자가 조합회로와 상태 레지스터를 사용하는 하드웨어 구현에 좀 더 가깝기 때문이다.

밀리 머신을 모델링하는 다른 방법은 **데이터 흐름** 접근법(즉, 방정식 사용)을 사용하는 것이다. 그림 2-57의 데이터 흐름 VHDL 모델은 1장(그림 1-25)에서 유도한 다음 상태 식과 출력식을 기반으로한 것이다. process 내의 플립플롭은 감지 신호인 *CLK*의 상승에지에서 업데이트된다. 클럭에서 상승에지가 발생할 때, Q_1, Q_2, Q_3는 모두 새로운 값이 할당된다. 클럭의 상승에지에서 플립플롭의 출력이 변할 때까지의 전파지연을 나타내기 위해 10-ns 지연을 포함시킨다. 비록

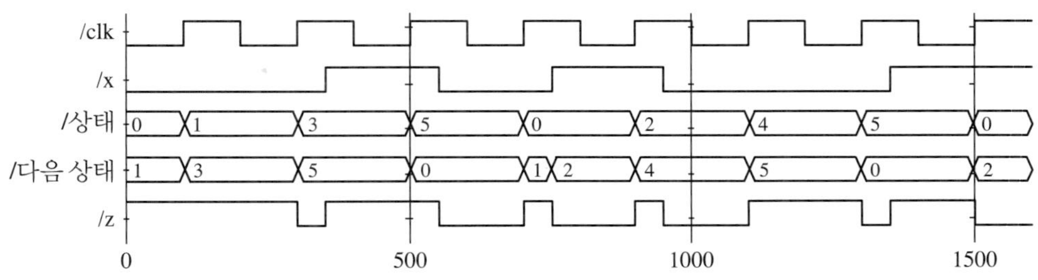

그림 2-55 3초과 코드 변환기에 대한 시뮬레이터 출력

```
-- 다음은 BCD를 3초과 코드로 바꾸는 변환기에 대한
-- 밀리 상태 머신의 동작적 모델을 상태표를 기반으로 작성한 것이다.
-- 상태 변화는 클럭의 상승에지에서 일어난다.
-- 출력은 상태나 Z가 변할 때마다 조건적 할당문에 의하여 계산된다.

entity Code_Converter is
  port(X, CLK: in bit;
       Z: out bit);
end Code_Converter;

architecture one_process of Code_Converter is
signal State: integer range 0 to 6 := 0;
begin
  process(CLK)
  begin
    if CLK'event and CLK = '1' then
      case State is
        when 0 =>
          if X = '0' then State <= 1; else State <= 2; end if;
        when 1 =>
          if X = '0' then State <= 3; else State <= 4; end if;
        when 2 =>
          State <= 4;
        when 3 =>
          State <= 5;
        when 4 =>
          if X = '0' then State <= 5; else State <= 6; end if;
        when 5 =>
          State <= 0;
        when 6 =>
          State <= 0;
      end case;
    end if;
  end process;
  Z <= '1' when (State = 0 and X = '0') or (State = 1 and X = '0')
             or (State = 2 and X = '1') or (State = 3 and X = '1')
             or (State = 4 and X = '0') or (State = 5 and X = '1')
             or State = 6
       else '0';
end one_process;
```

그림 2-56 단일 프로세서를 사용하는 코드 변환기에 대한 동작적 모델

process 내의 할당문은 순차적으로 실행되지만, Q_1, Q_2, Q_3는 동일한 시간 $T+\Delta$에 업데이트된다. 여기서 T는 클럭에서 상승에지가 발생하는 시간이다. 따라서 Q_1의 이전 값은 Q_2^+를 계산하는 데 사용되고, Q_1, Q_2, Q_3의 이전 값들은 Q_3^+를 계산하는 데 사용된다. Z에 대한 병행 할당문은 X나 Q_3가 변할 때마다 Z를 업데이트시킨다. 20 ns 지연은 두 개의 게이트 지연을 나타낸다. 이 레벨에서 VHDL 모델을 만들려면 상태 할당을 하고, 다음 상태 식을 유도하는 등의 일을 해야 한다. 반면에 동작적 레벨에서는 상태표만 있으면 VHDL 모델을 만들 수 있다.

앞서 말한 밀리 머신의 VHDL 모델을 기술하기 위한 또 다른 접근 방법은 회로 내의 게이트

```
-- 다음은 BCD를 3초과 코드로 바꾸는 변환기에 대한 순차 머신을 다음 상태 식을 이용하여 표현한 것이다.
-- 다음과 같은 상태 할당이 사용되었다:
-- S0-->0; S1-->4; S2-->5; S3-->7; S4-->6; S5-->3; S6-->2

entity Code_Converter is
  port(X, CLK: in bit;
       Z: out bit);
end Code_Converter;

architecture Equations of Code_Converter is
signal Q1, Q2, Q3: bit;
begin
  process(CLK)

  begin
    if CLK = '1' and CLK'event then      -- 클럭의 상승에지
      Q1 <= not Q2 after 10 ns;
      Q2 <= Q1 after 10 ns;
      Q3 <= (Q1 and Q2 and Q3) or (not X and Q1 and not Q3) or
            (X and not Q1 and not Q2) after 10 ns;
    end if;
  end process;
  Z <= (not X and not Q3) or (X and Q3) after 20 ns;
end Equations;
```

그림 2-57 방정식을 이용한 순차 머신 모델

와 플립플롭을 나타내는 **구조적** 모델을 만드는 것이다. 그림 2-58은 그림 1-26의 회로에 대한 구조적 VHDL 표현을 보여준다. 그림 2-58과 같이 모델을 만들기 위해, 설계자는 수작업으로 설계하여 게이트 레벨 회로를 얻어야 한다는 것을 주목하기 바란다. 1장에서 나타낸 설계에서는 7개의 NAND 게이트, 세 개의 D 플립플롭, 그리고 한 개의 인버터가 사용되었다. 게이트나 플립플롭과 같은 기본 컴포넌트들이 필요할 때, 각 컴포넌트는 개별 VHDL 모듈에서 정의될 수 있다. 사용되는 CAD 툴에 따라, 컴포넌트 모듈을 주된 VHDL 표현이 들어 있는 파일에 포함시킬 수도 있고, VHDL 프로젝트 내의 별도 파일들에 집어넣을 수도 있다. 그림 2-58의 코드는 컴포넌트 모듈로 DFF, Nand3, Nand2, 그리고 인버터를 필요로 한다. CAD 툴은 비슷한 컴포넌트들이 들어 있는 패키지를 포함할 수 있다. 만약 이러한 패키지가 사용된다면, 정확한 컴포넌트 이름과 패키지에 들어 있는 컴포넌트의 입출력 신호를 맞추는 포트 맵(port map) 문을 사용하여야 한다. DFF 모듈은 다음과 같다.

```
-- D 플립플롭
entity DFF is
  port(D, CLK: in bit;
       Q: out bit; QN: out bit := '1');
-- 비트 신호의 디폴트 초기값은 '0' 이기 때문에 QN을 '1' 로 초기화함
```

```
end DFF;
architecture SIMPLE of DFF is
begin
  process(CLK)                    -- process는 CLK가 변할 때 실행됨
  begin
    if CLK'event and CLK = '1' then      -- 클럭의 상승에지
      Q <= D after 10 ns;
      QN <= not D after 10 ns;
    end if;
  end process;
end SIMPLE;
```

```
-- 다음은 BCD를 3초과 코드로 바꾸는 변환기를 구현하기 위한
-- 회로의 구조적 VHDL 표현이다. 그림 1-26은 이 회로를 그린 것이다.
-- 컴포넌트로 NAND3, NAND2, INVERTER, 그리고 DFF를 사용한다.
-- 컴포넌트 모듈들은 동일 파일에 포함시킬 수도 있고,
-- 또는 별도 파일들에 포함시킬 수도 있다.

entity Code_Converter is
  port(X,CLK: in bit;
       Z: out bit);
end Code_Converter;

architecture Structure of Code_Converter is
component DFF
  port(D, CLK: in bit; Q: out bit; QN: out bit := '1');
end component;
component Nand2
  port(A1, A2: in bit; Z: out bit);
end component;
component Nand3
  port(A1, A2, A3: in bit; Z: out bit);
end component;
component Inverter
  port(A: in bit; Z: out bit);
end component;
signal A1, A2, A3, A5, A6, D3: bit;
signal Q1, Q2, Q3: bit;
signal Q1N, Q2N, Q3N, XN: bit;
begin
  I1:  Inverter port map (X, XN);
  G1:  Nand3 port map (Q1, Q2, Q3, A1);
  G2:  Nand3 port map (Q1, Q3N, XN, A2);
  G3:  Nand3 port map (X, Q1N, Q2N, A3);
  G4:  Nand3 port map (A1, A2, A3, D3);
  FF1: DFF port map (Q2N, CLK, Q1, Q1N);
  FF2: DFF port map (Q1, CLK, Q2, Q2N);
  FF3: DFF port map (D3, CLK, Q3, Q3N);
  G5:  Nand2 port map (X, Q3, A5);
  G6:  Nand2 port map (XN, Q3N, A6);
  G7:  Nand2 port map (A5, A6, Z);
end Structure;
```

그림 2-58 순차 머신의 구조적 모델

Nand3 모듈은 다음과 같다.

```
-- 3-입력 NAND 게이트
entity Nand3 is
  port(A1, A2, A3: in bit; Z: out bit);
end Nand3;
architecture concur of Nand3 is
begin
  Z <= not (A1 and A2 and A3) after 10 ns;
end concur;
```

Nand2와 인버터 모듈은 입력의 개수를 제외하고는 비슷하다. 여기서는 각 컴포넌트에서 10 ns 지연이 있다고 가정하였는데, 이는 사용되는 하드웨어의 실제 지연을 나타내기 위해 쉽게 바뀔 수 있다.

Q_1, Q_2, Q_3의 디폴트 초기값은 '0' 이기 때문에, 플립플롭의 보수 출력(Q_1N, Q_2N, Q_3N)은 '1'로 초기화된다. G_1은 입력 Q_1, Q_2, Q_3와 출력 A_1을 갖는 3-입력 NAND 게이트이다. FF_1은 D 플립플롭으로, 입력 D는 Q_2N과 연결된다. 다음과 같은 시뮬레이터 명령어 파일을 실행시키면, 그림 1-39와 매우 비슷한 그림 2-59의 파형이 출력된다.

```
add wave CLK X Q1 Q2 Q3 Z
force CLK 0 0, 1 100 -repeat 200
force X 0 0, 1 350, 0 550, 1 750, 0 950, 1 1350
run 1600
```

만약 이 구조적 표현을 합성하면, 마음속으로 생각했던 회로와 정확히 같은 것을 얻을 것이다. 이 회로는 세 개의 D 플립플롭, 세 개의 2-입력 NAND 게이트, 그리고 네 개의 3-입력 NAND 게이트만으로 구성된다. 이것과 그림 2-54를 합성했을 때 생성된 7개의 D 플립플롭, 15개의 2-입력 AND 게이트, 세 개의 2-입력 OR 게이트, 그리고 한 개의 7-입력 OR 게이트와 비교해보길 바란다. 설계자가 모든 컴포넌트들과 이들 상호간의 접속을 명시할 때, 합성기 툴은 추론하거나 "추측"할 필요가 없다.

어셈블리 인라이닝(assembly inlining)을 사용하여 C 코드를 작성해본 경험이 있는 사람은 여기서 발생한 현상과 비슷한 것을 느꼈을 것이다. 어셈블리 코드를 인라인으로 작성함으로써 실행시키고 싶은 마이크로프로세서의 명령어 시퀀스를 정확하게 기술할 수 있고, 컴파일러는

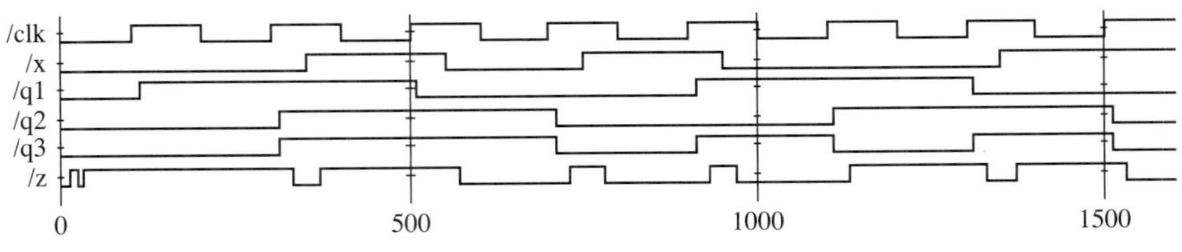

그림 2-59 코드 변환기에 대한 파형 출력

그와 같은 일을 가능하게 한다. 비슷한 방법으로, 합성기는 설계자가 작성한 어떤 구조적 표현도 실제로 변환할 필요가 없다; 설계자가 구조적으로 명시한 하드웨어를 있는 그대로 만든다. 몇몇 최적화 툴은 불완전하게 기술된 회로를 최적화할 수 있다. 일반적으로, 구조적으로 설계를 기술하면, 생성되는 회로를 쉽게 관리할 수 있다. 그러나 상태 할당을 하고, 다음 상태 식을 유도하는 등의 일을 해야 하므로, 구조적 모델을 만드는 일은 많은 노력을 필요로 한다. **시장적기출시**(time-to-market)는 IC 시장에서 성공하기 위한 중요한 평가 기준이다. 따라서 설계자는 개발 기간을 단축시키기 위해 흔히 동작적 설계를 사용한다. 뿐만 아니라 CAD 툴은 지난 10년간 상당히 발전하였고, 따라서 대부분의 합성 툴은 산술과 논리 회로에 대해 효율적인 하드웨어 만들 수 있다.

2.16 변수(Variable), 신호(Signal), 상수(Constant)

지금까지는 VHDL 코드에서 신호만 사용하였고, 변수는 사용하지 않았다. VHDL도 다른 범용 고급 언어와 마찬가지로 변수를 제공하며, 이 변수는 process 내에서 국한적으로 작용하는 기억장소로 사용될 수 있다. 변수는 procedure와 함수(아직 소개되지 않았음)의 국한적으로 작용하는 기억장소로도 사용될 수도 있다. 여기서 설명하는 대부분은 시뮬레이션에만 관련된다.

변수는 다음과 같은 형식으로 선언된다.

```
variable list_of_variable_names: type_name [ := initial_value];
```

변수는 반드시 사용되는 process 내에서 선언되어야 하며, 그 process 내에서만 국한적으로 사용된다(이 규칙의 예외는 공유 변수(shared variable)이며, 이 책에서는 설명하지 않는다). 이에 반해 신호는 반드시 process 외부에서 선언되어야 한다. 아키텍처의 시작부분에 선언되는 신호는 그 아키텍처 내의 어디에서나 사용될 수 있다. 신호는 다음과 같은 형식으로 선언된다.

```
signal list_of_signal_names: type_name [ := initial_value];
```

변수는 다음과 같은 변수 할당문에 의해 업데이트된다.

```
variable_name := expression;
```

이 처리문이 실행되면, 변수는 어떤 시간지연도 없이 즉시 업데이트된다. 즉, 델타 지연조차도 발생하지 않는다. 다음과 같은 신호 할당문을 고려해 보자.

```
signal_name <= expression [after delay];
```

이 처리문이 실행되면, expression 부분이 계산되고, 신호는 지연 시간 후에 바뀌도록 스케줄링된다. 만약 지연이 명시되지 않으면, 신호는 델타 지연 시간 후에 업데이트된다.

다음은 잘못된 처리문이다.

```
variable_name <= expression [after delay];
```

➔ 신호가 사용되는 경우와 변수가 사용되는 경우

어떤 것을 모델링하든 실제로 그것이 회로의 물리적인 신호에 해당하면 신호를 사용하여야 한다. 또한 어떤 것을 모델링하든 그것이 단순히 프로그래밍의 편의를 위해서 사용되는 임시 값이라면 변수로도 충분하다. 변수가 나타내는 값들은 의도한 회로의 어떤 물리적인 배선에도 나타나지 않는다. 만약 그 값들이 회로에 실제로 나타나기를 원한다면 신호를 사용하여야 한다.

그림 2-60과 2-61의 예는 process에서 변수를 사용하는 경우와 신호를 사용하는 경우가 어떻게 다른지 설명한다. 변수는 process 내에서 선언되고 초기화되어야 하는 반면, 신호는 process 외부에서 선언되고 초기화되어야 한다. 그림 2-60에서, 만약 *trigger*가 시간 = 10 ns에서 변한다면, Var1, Var2, Var3는 순차적으로 계산되고, 그 즉시 업데이트된다. 그리고 Sum은 새로운 변수 값을 사용하여 계산된다. 실행 순서는 Var1 = 2 + 3 = 5, Var2 = 5, Var3 = 5이다. 그 다음에 Sum = 5 + 5 + 5가 계산된다. Sum은 신호이기 때문에 Δ 시간 후에 업데이트된다. 따라서 시간 = 10 + Δ에 Sum = 15가 된다. 요약하면, 변수는 다른 언어에서 사용되는 변수와 똑같이 동작한

```
entity dummy is
end dummy;

architecture var of dummy is
signal trigger, sum: integer:=0;
begin
  process
  variable var1: integer:=1;
  variable var2: integer:=2;
  variable var3: integer:=3;
  begin
    wait on trigger;
    var1 := var2 + var3;
    var2 := var1;
    var3 := var2;
    sum <= var1 + var2 + var3;
  end process;
end var;
```

시뮬레이션 출력

ns	delta	trigger	Var1	Var2	Var3	Sum
0	+0	0	1	2	3	0
0	+1	0	1	2	3	0
10	+0	1	5	5	5	0
10	+1	1	5	5	5	15

그림 2-60 변수를 사용하는 process와 해당하는 시뮬레이션 출력

```
entity dummy is
end dummy;

architecture sig of dummy is
signal trigger, sum: integer:=0;
signal sig1: integer:=1;
signal sig2: integer:=2;
signal sig3: integer:=3;
begin
  process
  begin
    wait on trigger;
    sig1 <= sig2 + sig3;
    sig2 <= sig1;
    sig3 <= sig2;
    sum <= sig1 + sig2 + sig3;
  end process;
end sig;
```

시뮬레이션 출력

ns	delta	trigger	Sig1	Sig2	Sig3	Sum
0	+0	0	1	2	3	0
0	+1	0	1	2	3	0
10	+0	1	1	2	3	0
10	+1	1	5	1	2	6

그림 2-61 신호를 사용하는 process와 해당하는 시뮬레이션 출력

다. 반면에 신호는 지연 시간 후에 업데이트된다. 그림 2-61에서, 만약 *trigger*가 시간 = 10 ns에서 변하면, 신호 Sig1, Sig2, Sig3, 그리고 Sum은 모두 시간 = 10 ns에서 계산되지만, 신호는 10 + Δ 시간이 될 때까지 업데이트되지 않는다. Sig1과 Sig2의 이전 값이 Sig2와 Sig3를 계산하는 데 사용된다. 그러므로 시간 = 10 + Δ에서 Sig1 = 5, Sig2 = 1, Sig3 = 2, Sum = 6이 된다.

시뮬레이션을 시작하면, 초기화를 위해 process는 일단 한 번 실행되고, wait 문을 만나면 중단한다. 따라서 시뮬레이션 출력은 wait 문이 process의 처음에 있는지, 마지막에 있는지, 또는 감지 신호 리스트가 사용되는지에 따라 달라진다. 그림 2-62와 2-63은 다양한 경우를 보여주고

```
entity dummy is
end dummy;

architecture var of dummy is
signal trigger, sum: integer:=0;
begin
  process(trigger)
  variable var1: integer:=1;
  variable var2: integer:=2;
  variable var3: integer:=3;
  begin
    var1 := var2 + var3;
    var2 := var1;
    var3 := var2;
    sum <= var1 + var2 + var3;
  end process;
end var;
```

시뮬레이션 출력

ns	delta	trigger	Var1	Var2	Var3	Sum
0	+0	0	1	2	3	0
0	+1	0	5	5	5	15
10	+0	1	10	10	10	15
10	+1	1	10	10	10	30

그림 2-62 변수를 사용하는 process와 해당하는 시뮬레이션 출력

```
entity dummy is
end dummy;

architecture sig of dummy is
signal trigger, sum: integer:=0;
signal sig1: integer:=1;
signal sig2: integer:=2;
signal sig3: integer:=3;
begin
  process(trigger)
  begin
    sig1 <= sig2 + sig3;
    sig2 <= sig1;
    sig3 <= sig2;
    sum <= sig1 + sig2 + sig3;
  end process;
end sig;
```

시뮬레이션 출력

ns	delta	trigger	Sig1	Sig2	Sig3	Sum
0	+0	0	1	2	3	0
0	+1	0	5	1	2	6
10	+0	1	5	1	2	6
10	+1	1	3	5	1	8

그림 2-63 신호를 사용하는 process와 해당하는 시뮬레이션 출력

있다. VHDL이 하드웨어의 합성에 사용될 때에는 이러한 차이가 중요하지 않다는 것을 주의하기 바란다. 이러한 미묘한 차이는 동작적 VHDL의 시뮬레이션에만 영향을 미친다.

2.16.1 상수

상수 역시 변수처럼 프로그래밍의 편의를 위해 사용된다.

상수 선언의 일반적인 형태는 다음과 같다.

```
constant constant_name: type_name := constant_value;
```

5 ns의 값을 갖는 시간 타입의 상수 *delay1*은 다음과 같이 정의될 수 있다.

```
constant delay1: time := 5 ns;
```

아키텍처의 시작부분에 선언되는 상수는 그 아키텍처 내의 어디에서나 사용될 수 있지만, process 내에서 선언되는 상수는 그 process에서만 국한적으로 사용될 수 있다.

변수, 신호, 그리고 상수는 사전 정의된(predefined) VHDL 타입 중 어느 하나를 가질 수 있거나, 또는 사용자에 의해 정의된(user-defined) 타입을 가질 수 있다.

2.17 어레이(Array)

디지털 시스템은 흔히 메모리 어레이를 사용한다. VHDL 어레이는 이 메모리 어레이에 저장

되는 값을 명시하는 데 사용될 수 있다. VLSI 회로의 주요한 특징은 유사한 구조가 반복하여 사용된다는 것이다. VHDL의 어레이는 이렇게 반복되는 것을 모델링할 때 사용될 수 있다.

VHDL에서 어레이를 사용하기 위해서는, 먼저 어레이 타입을 반드시 선언해야 하며, 다음에 어레이 객체를 선언해야 한다. 예를 들어 다음 선언은 SHORT_WORD라는 이름의 1차원 어레이 타입을 정의한다.

```
type SHORT_WORD is array (15 downto 0) of bit;
```

이 타입의 어레이는 15 **downto** 0 범위의 정수 인덱스를 갖고, 어레이의 각 요소는 비트 타입이다. SHORT_WORD는 새롭게 만들어지는 데이터 타입의 이름이다. SHORT_WORD는 단지 크기가 16인 bit_vector에 지나지 않는다는 것을 알 수 있다.

이제 어레이 객체를 SHORT_WORD 타입으로 선언할 수 있다.

```
signal      DATA_WORD:    SHORT_WORD;
variable    ALT_WORD:     SHORT_WORD := "0101010101010101";
constant    ONE_WORD:     SHORT_WORD := (others => '1');
```

위의 처리문에 의해 세 개의 서로 다른 어레이가 정의된다. *DATA_WORD*는 16비트의 신호 어레이이고, 인덱스 범위는 15 **downto** 0이며, 모든 비트는 디폴트값인 '0' 으로 초기화된다. *ALT_WORD*는 16비트의 변수 어레이이고, 0과 1이 번갈아 나오는 패턴으로 초기화된다. *ONE_WORD*는 16비트의 상수 어레이이고, (**others** => '1')에 의해 모든 비트는 1로 초기화된다.

인덱스 값을 사용하여 정의된 어레이의 각 요소를 참조할 수 있다. 예를 들어 *ALT_WORD(0)*은 *ALT_WORD*의 맨 우측 비트를 액세스한다. 또한 인덱스 범위를 지정하여 어레이의 일부분을 참조할 수 있다: *ALT_WORD(5* **downto** *0)*는 "010101"을 초기값으로 갖는 *ALT_WORD*의 하위 6비트를 액세스한다.

위에서 설명한 어레이 타입과 어레이 객체 선언의 일반적인 형태는 다음과 같다.

```
type array_type_name is array index_range of element_type;
signal array_name: array_type_name [ := initial_values];
```

위의 선언에서, **signal**은 **variable** 또는 **constant**로 대체될 수 있다.

2.17.1 행렬(Matrix)

다차원 어레이 타입은 2차원 이상으로 정의될 수 있다. 다음 예는 2차원 어레이 변수로서 네 개의 행과 세 개의 열을 갖는 정수 행렬을 정의한다.

```
type matrix4x3 is array (1 to 4, 1 to 3) of integer;
variable matrixA: matrix4x3 := ((1, 2, 3), (4, 5, 6), (7, 8, 9),
      (10, 11, 12));
```

변수 *matrixA*는 다음과 같이 초기화될 것이다.

1	2	3
4	5	6
7	8	9
10	11	12

어레이 요소 *matrixA(3, 2)*는 8의 값을 갖는 세 번째 행과 두 번째 열의 요소를 참조한다.

어레이 타입을 선언할 때는 어레이의 인덱스 범위를 명시하지 않아도 되며, 이것을 **무제한(unconstrained) 어레이 타입**이라고 한다.

예를 들어 다음 처리문은 1차원 정수 어레이 타입으로 intvec를 선언한다. 이 어레이 타입은 자연수를 인덱스로 사용하고, 그 범위가 제한되어 있지 않다.

```
type intvec is array (natural range <>) of integer;
```

어레이 인덱스의 디폴트 타입은 정수이나 다른 타입도 지정할 수 있다. 무제한 어레이 타입에서는 인덱스의 범위가 지정되어 있지 않기 때문에, 어레이 객체를 선언할 때 인덱스의 범위를 명시해야만 한다. 예를 들어 다음 처리문은 *intvec5*라는 이름의 신호 어레이를 정의한다. 이 어레이는 1～5 범위의 인덱스를 갖고, 각 요소는 3, 2, 6, 8, 1로 초기화된다.

```
signal intvec5: intvec(1 to 5) := (3, 2, 6, 8, 1);
```

다음 선언은 2차원 어레이 타입으로 행렬(matrix)을 정의한다. 이 타입은 행과 열의 인덱스 범위가 제한되지 않은 무제한 어레이이다.

```
type matrix is array (natural range <>, natural range <>) of
      integer;
```

예제

패리티 비트는 오류 검출과 정정을 위해 디지털 통신에서 자주 사용된다. 그 중 가장 간단한 방법은 데이터에 한 개의 패리트 비트를 추가하여 전송하는 것이다. 4비트로 입력된 수에 홀수 패리티를 추가하여 5비트 데이터를 출력하는 패리티 생성기를 VHDL 어레이를 사용하는 룩업 테이블(look-up table, LUT) 방식으로 표현하라.

 해답

입력되는 단어는 4-비트 이진수이다. 홀수 패리티를 사용하는 5-비트 출력 단어는 1의 개수가 정확하게 홀수이다. 읽기 전용 메모리(ROM)를 16엔트리×5비트 크기의 룩업 테이블로 사용하여 패리티 생성기를 구현할 수 있다. 그림 2-64는 이 룩업 테이블을 보여준다.

입력(LUT 어드레스)				출력(LUT 데이터)				
A	B	C	D	P	Q	R	S	T
0	0	0	0	0	0	0	0	1
0	0	0	1	0	0	0	1	0
0	0	1	0	0	0	1	0	0
0	0	1	1	0	0	1	1	1
0	1	0	0	0	1	0	0	0
0	1	0	1	0	1	0	1	1
0	1	1	0	0	1	1	0	1
0	1	1	1	0	1	1	1	0
1	0	0	0	1	0	0	0	0
1	0	0	1	1	0	0	1	1
1	0	1	0	1	0	1	0	1
1	0	1	1	1	0	1	1	0
1	1	0	0	1	1	0	0	1
1	1	0	1	1	1	0	1	0
1	1	1	0	1	1	1	0	0
1	1	1	1	1	1	1	1	1

그림 2-64 패리티 코드 생성기를 위한 LUT 내용

그림 2-65는 패리티 생성기에 대한 VHDL 코드를 보여준다. 여기서는 IEEE.numeric_bit 패키지를 사용한다. *X*와 *Y*는 부호 없는 벡터로 정의된다. 출력의 처음 4비트는 입력과 동일하다. 따라서 출력의 5비트 모두를 저장하는 대신에 패리티 비트만을 저장하고, 출력은 입력 비트에 이 패리티 비트를 접합하면 된다. VHDL 코드에서(그림 2-65), 새로운 데이터 타입 `OutTable`은 16

```
library IEEE;
use IEEE.numeric_bit.all;

entity parity_gen is
  port(X: in unsigned(3 downto 0);
       Y: out unsigned(4 downto 0));
end parity_gen;

architecture Table of parity_gen is
type OutTable is array(0 to 15) of bit;
signal ParityBit: bit;
constant OT: OutTable := ('1','0','0','1','0','1','1','0',
                          '0','1','1','0','1','0','0','1');

begin
  ParityBit <= OT(to_integer(X));
  Y <= X & ParityBit;
end Table;
```

그림 2-65 LUT 방법을 이용한 패리티 코드 생성기

비트의 어레이로 정의된다. 다음 처리문은 OutTable 타입의 상수 표를 정의한다.

```
type OutTable is array(0 to 15) of bit;
```

이 어레이의 인덱스는 0 **to** 15 범위의 정수이다. 따라서 부호 없는 벡터 *X*는 우선 정수로 변환되어야 하고, 이 변환을 위해 라이브러리에서 정의된 to_integer 함수를 사용할 수 있다.

VHDL에서 사전 정의된 무제한 어레이 타입은 다음과 같이 정의된 bit_vector와 string을 포함한다.

```
type bit_vector is array (natural range <>) of bit;
type string is array (positive range <>) of character;
```

문자열 상수의 문자들은 반드시 이중 따옴표로 묶어야 한다. 예를 들어 "This is a string."은 문자열 상수이다. 다음 예는 문자열 타입의 상수 *string1*을 선언한다.

```
constant string1: string(1 to 29) :=
   "This string is 29 characters."
```

bit_vector 상수는 콤마로 분리된 비트들의 나열이나 문자열로 쓰여질 수 있다. 예를 들면 ('1', '0', '1', '1', '0')과 "10110"은 같은 형식이다. 다음은 0 **to** 5 범위의 인덱스를 갖는 bit_vector인 상수 *A*를 선언한다.

```
constant A: bit_vector(0 to 5) := "101011";
```

한 타입이 선언된 후에는 그 타입에 포함되는 값들의 부분집합을 나타내는 서브타입을 선언할 수 있다. 예를 들어 이 절의 앞부분에서 정의된 SHORT_WORD 타입은 bit_vector의 서브타입으로 정의될 수 있다.

```
subtype SHORT_WORD is bit_vector (15 downto 0);
```

정수 타입의 두 가지 사전 정의된 서브타입에는 모든 양의 정수를 포함하는 POSITIVE와 모든 양의 정수와 0을 포함하는 NATURAL이 있다.

2.18 VHDL의 루프(Loop)

우리는 어떤 동작이 반복적으로 일어나는 시스템을 자주 볼 수 있다. VHDL의 루프문은 이러한 동작을 표현하기 위해 사용될 수 있다. 루프문은 순차 처리문이다. VHDL은 **for** 루프와 **while** 루프를 포함한 몇 가지 종류의 루프문을 가지고 있다.

1. 무한 루프

무한 루프를 일반 컴퓨터 언어에서 사용하는 것은 바람직하지 않다. 그러나 디바이스가 연속적으로 동작하거나 전원이 끊어질 때까지 동작을 계속하는 하드웨어의 모델링에서는 유용하게 사용될 수 있다.

무한 루프의 일반적인 형식은 다음과 같다.

```
[loop-label:] loop
  sequential statements
end loop [loop-label];
```

exit 문의 일반적인 형식은 다음과 같다.

```
exit; or exit when condition;
```

exit 문은 무한 루프에 포함될 수 있다. exit 문이 실행될 때, 조건이 참이면 루프는 종료된다.

2. for 루프

기본 루프의 기능을 확장하는 한 가지 방법은 for 루프를 사용하는 것이다. for 루프에서는 루프를 호출하는 횟수를 명시할 수 있다.

for 루프의 일반적인 형식은 다음과 같다.

```
[loop-label:] for loop-index in range loop
  sequential statements
end loop [loop-label];
```

`loop-index`는 루프에 들어갈 때 자동으로 정의되므로, 따로 선언할 필요가 없다. `loop-index`는 `range`의 첫 번째 값으로 초기화된 후 `sequential statements`가 실행된다. 예를 들어 인덱스 범위는 `0 to n`처럼 지정된다. 여기서 n은 상수 또는 변수가 될 수 있다. `loop-index`는 루프 내의 `sequential statements`에서 사용될 수 있지만, 루프 내에서 바뀔 수는 없다. 루프의 마지막에 도달하면, `loop-index`는 `range`의 다음 값으로 셋되고, `sequential statements`는 다시 실행된다. 이러한 과정은 루프가 `range` 내의 모든 값에 대하여 실행될 때까지 계속된 후 종료된다. 루프가 종료된 후에는 `loop-index`를 더 이상 사용할 수 없다.

이러한 종류의 루프는 동작적 레벨에서 사용될 수 있다. 다음에 인용한 코드는 4-비트 가산기 모델이다. **for** 루프에 들어갈 때, 루프 인덱스 i는 0으로 초기화되고, 그러고 나서 순차 처리문이 실행될 것이다. $i = 1$, $i = 2$, $i = 3$에 대하여 반복 실행된 후, 루프는 종료할 것이다. 한 번 실행하면서 계산되는 캐리 출력(*cout*)은 그 루프가 끝나기 전에 캐리 입력(*cin*)으로 복사된다. 합과 캐리 비트에 대하여 변수가 사용되기 때문에, 캐리 출력은 그 즉시 업데이트된다. 이와 같은 코드는 8장에서 설명하는 VHDL 함수와 procedure에서 흔히 사용된다.

```
loop1: for i in 0 to 3 loop
  cout := (A(i) and B(i)) or (A(i) and cin) or (B(i) and cin);
  sum(i) := A(i) xor B(i) xor cin;
  cin := cout;
end loop loop1;
```

기본 셀의 여러 복사본을 생성하기 위해 루프문을 사용할 수도 있다. 위의 코드를 합성하면, 일반적으로 합성기는 리플 캐리로 연결된 네 개의 1-비트 가산기를 만들 것이다.

3. while 루프

for 루프 내에서는 프로그래머가 루프 인덱스를 바꿀 수 없었다. 그러나 **while** 루프 내에서는 프로그래머가 루프 인덱스를 수정할 수 있다. 따라서 **while** 루프에서는 루프 인덱스를 2씩 증가시키는 것도 가능하다. 대부분의 프로그래밍 언어처럼, 매 루프가 실행되기 전에 조건을 테스트한다. 만약 조건이 거짓이면, 루프는 종료된다. **while** 루프의 일반적인 형식은 다음과 같다.

```
[loop-label:] while condition loop
  sequential statements
end loop [loop-label];
```

이 처리문은 주로 시뮬레이션에서 사용된다.

그림 2-66은 **while** 루프를 사용하여 다운 카운터를 모델링하는 것을 보여준다. stop = 1 또는 count = 0이 될 때까지 카운트 값을 감소시키는 과정을 계속하기 위해 **while** 문을 사용한다. `count`가 0이거나 `stop`이 1이 될 때까지 `clk`의 상승에지마다 카운터를 감소시킨다.

```
while stop = '0' and count /= 0 loop
  wait until clk'event and clk = '1';
    count <= count - 1 ;
  wait for 0 ns;
end loop;
```

그림 2-66 while 루프의 사용

2.19 Assert와 Report 문

시스템에 대한 VHDL 모델이 만들어지면, 그 다음 단계는 VHDL 모델을 테스트하는 것이다. VHDL 모델이 성공적으로 사용되기 위해서는 동작을 테스트하고 검증하는 과정을 거쳐야 한다. VHDL에는 **assert**, **report**, **severity**와 같이 테스트와 검증 과정을 지원하기 위한 몇 가지 특별한 처리문이 있다.

assert 문은 어떤 조건이 참인지를 확인하기 위한 것이다. 만약 그 조건이 거짓이면, assert는 오류 메시지를 발생시킨다. assert 문의 형식은 다음과 같다.

```
assert boolean-expression
  report string-expression
  [severity severity-level;]
```

assert 문에는 만족시켜야 하는 조건을 나타내는 부울 식이 포함된다. 조건이 만족되지 않으면, 어서션 위반(assertion violation)이 발생한다. 시뮬레이션 중에 어서션 위반이 발생하면, 시뮬레이터는 **report** 문에 있는 `string-expression`을 출력한다. 만약 `boolean-expression`이 거짓이면 모니터 상에 `severity-level`과 함께 `string-expression`을 표시한다. 만약 `boolean-expression`이 참이면 아무런 메시지도 표시하지 않는다. `severity-levels`로는 다음 네 가지가 가능하다: 주의(note), 경고(warning), 오류(error), 실패(failure). 특정 어서션 위반이 모델의 동작에 영향을 주는 정도를 나타내기 위해 네 가지 레벨 중 하나를 사용할 수 있다. 예를 들어 심각한 위반은 failure로 나타낼 수 있고, 중요치 않은 위반은 note나 warning 정도로 나타낼 수 있다. 이러한 severity-level에 따라 수행하는 동작은 시뮬레이터마다 다르다. severity-level은 옵션이다.

만약 **assert** 절이 생략되면, report 문은 항상 수행된다. 다음 처리문은 실행될 때마다 "ALL IS WELL" 메시지를 화면에 나타낸다.

```
report "ALL IS WELL";
```

assert와 **report** 문은 **테스트벤치**(test bench)를 만들 때 매우 유용하다. 테스트벤치는 어떤 시

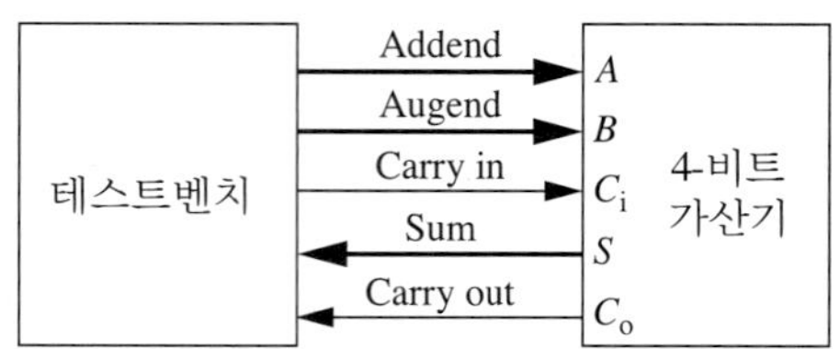

그림 2-67 테스트벤치와 4-비트 가산기 사이의 인터페이스 신호

스템에 대한 VHDL 모델을 테스트하기 위한 입력의 조합을 제공하는 VHDL 코드의 한 부분이다. 즉, 테스트벤치는 테스트되는 시스템이나 회로에 테스트용 입력 패턴(stimulus)을 제공한다. 시뮬레이션하는 동안 테스트되는 회로나 VHDL 모델에 일련의 입력을 제공하기 위해 테스트벤치를 자주 사용한다. 그림 2-67은 이 장의 앞부분에서 만든 4-비트 이진 가산기를 테스트하기 위한 테스트벤치를 보여준다. 테스트되고 있는 가산기는 한 개의 컴포넌트로 취급되어 테스트벤치 프로그램 안에 내장된다. 그림 2-67에 나타낸 것처럼, 테스트벤치의 신호는 가산기와 연결된다. 그림 2-68의 테스트벤치 코드는 가산기에 대한 테스트 입력과 예상되는 결과를 정의하기 위해 상수 어레이를 사용한다. 그리고 이 어레이로부터 입력을 선택하기 위해 **for** 루프를 사용

```
entity TestAdder is
end TestAdder;

architecture test1 of TestAdder is
component Adder4
  port(A, B: in bit_vector(3 downto 0); Ci: in bit;
       S: out bit_vector(3 downto 0); Co: out bit);
end component;
constant N: integer := 11;
type bv_arr is array(1 to N) of bit_vector(3 downto 0);
type bit_arr is array(1 to N) of bit;
constant addend_array: bv_arr := ("0111", "1101", "0101", "1101",
          "0111", "1000", "0111", "1000", "0000", "1111", "0000");
constant augend_array: bv_arr := ("0101", "0101", "1101", "1101",
          "0111", "0111", "1000", "1000", "1101", "1111", "0000");
constant cin_array: bit_arr := ('0', '0', '0', '0', '1', '0', '0',
          '0', '1', '1', '0');
constant sum_array: bv_arr := ("1100", "0010", "0010", "1010",
          "1111", "1111", "1111", "0000", "1110", "1111", "0000");
constant cout_array: bit_arr := ('0', '1', '1', '1', '0', '0', '0',
          '1', '0', '1', '0');
signal addend, augend, sum: bit_vector(3 downto 0);
signal cin, cout: bit;
begin
  process
  begin
    for i in 1 to N loop
      addend <= addend_array(i);
      augend <= augend_array(i);
      cin <= cin_array(i);
      wait for 40 ns;
      assert (sum = sum_array(i) and cout = cout_array(i))
        report "Wrong Answer"
        severity error;
    end loop;
    report "Test Finished";
  end process;
  add1: adder4 port map (addend, augend, cin, sum, cout);
end test1;
```

그림 2-68 4-비트 가산기를 위한 테스트벤치

한다. 특정한 입력 조합에 대한 예상 출력과 실제 출력이 일치하는지 테스트하고, 그 결과를 리포트하기 위해 **assert**와 **report**를 사용한다. **assert** 문은 시뮬레이션에서만 의미가 있다. 합성기는 단순히 합성 중에는 어서션 위반이 발생하지 않는다고 가정한다.

테스트벤치에서 파형 입력을 어떻게 발생시키는지를 보여주기 위한 또 다른 예를 다음에 설명할 것이다. 이 장 앞부분의 예에서는 VHDL 모델을 테스트하기 위해 시뮬레이터 명령어를 사용하였다. 그림 2-69는 시뮬레이터 명령어를 이용하여 그림 2-55에서 수행했던 테스트와 동일하게 일을 하는 VHDL 코드의 한 부분을 나타낸 것이다. 다음 처리문은 입력 *X*에 시간에 따라 변하는 신호를 발생시킨다.

```
X <= '0', '1' after 350 ns, '0' after 550ns, '1' after 750 ns, '0'
     after 950 ns, '1' after 1350 ns;
```

이 장에서는 VHDL의 기초를 설명하였다. 또한 조합회로와 순차회로를 모델링하기 위해 VHDL을 어떻게 사용하는지 설명하였다. VHDL은 하드웨어 기술 언어이기 때문에, 여러 가지 면에서 일반 프로그래밍 언어와는 다르다. VHDL은 모든 컴포넌트들이 동시에 동작하는 실제 하드웨어를 모델링하기 위해 사용되기 때문에, VHDL 처리문은 병렬로 실행된다는 것이 무엇보다도 중요하다. process 내의 처리문은 순차적으로 실행되지만, process 자체는 병렬로 동작한다. VHDL 신호는 하드웨어의 실제 신호를 모델링하기 위해 사용된다. 그러나 변수는 process, procedure, 그리고 function 내에서 국한적으로 작용하는 계산을 위해 사용된다. VHDL의 고급 기능들에 대해서는 8장에서 다룰 것이다.

```
entity test_code_conv is
end test_code_conv;

architecture tester of test_code_conv is
signal X, CLK, Z: bit;
component Code_Converter is
  port(X, CLK: in bit;
       Z: out bit);
end component;
begin
  clk <= not clk after 100 ns;
  X <= '0', '1' after 350 ns, '0' after 550 ns, '1' after
       750 ns, '0' after 950 ns, '1' after 1350 ns;
  CC: Code_Converter port map (X, clk, Z);
end tester;
```

그림 2-69 코드 변환기에 대한 VHDL 모델을 검증하기 위한 테스트 시퀀스의 발생

연습문제

2.1 (a) 두문자어(acronym) VHDL과 VHSIC는 각각 무엇을 나타내는 말인가?

(b) VHDL과 같은 하드웨어 기술 언어와 일반 프로그래밍 언어와의 차이점은 무엇인가?

(c) 설계 과정에서, 설계도 그리기와 비교하여 하드웨어 기술 언어를 사용하는 장점은 무엇인가?

2.2 (a) 다음 중 어떤 것이 올바른 VHDL 식별자인가? `123A`, `A_123`, `_A123`, `A123_`, `c1_c2`, `and`, `and1`

(b) 다음 식별자 중 어떤 것이 같은가? `aBC`, `ABC`, `Abc`, `abc`

2.3 다음과 같이 주어진 병행 VHDL 처리문에서:

```
B <= A and C after 3ns;
C <= not B after 2ns;
```

(a) 처리문이 나타내는 회로를 그려라.

(b) 초기에 $A = B =$ '0', $C =$ '1' 이고, 5 ns 후에 A가 '1' 로 바뀐다고 할 때, 각 신호의 타이밍도를 그려라.

2.4 다음 조합회로를 VHDL의 병행 처리문을 사용하여 표현하라. 인버터는 2 ns의 지연 시간을 갖고, 나머지 게이트는 5 ns의 지연 시간을 갖는다.

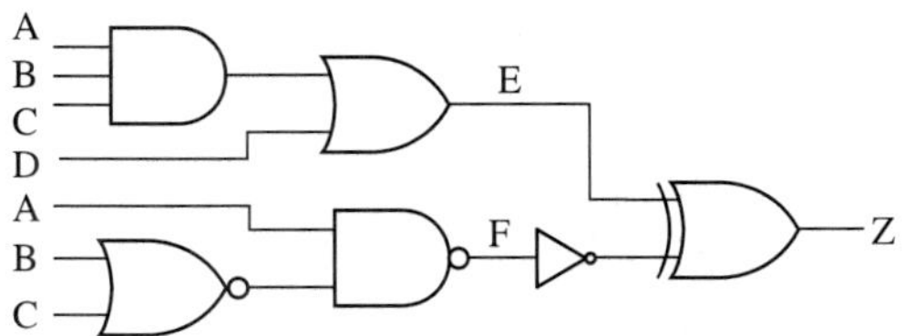

2.5 (a) 논리식을 사용하여 전감산기에 대한 VHDL 코드를 작성하라.

(b) (a)에 정의된 모듈을 컴포넌트로 사용하여 4-비트 감산기에 대한 VHDL 코드를 작성하라.

2.6 다음 회로에 대하여 VHDL 코드를 작성하라. 게이트 지연은 무시할 수 있다고 가정한다.

(a) 병행 처리문을 사용하라.

(b) 순차 처리문을 갖는 process를 사용하라.

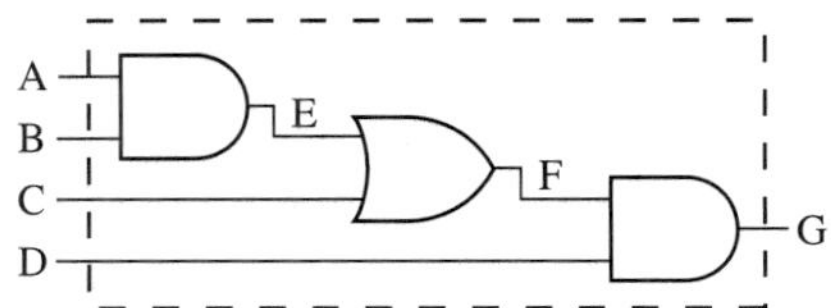

2.7 다음 VHDL 코드에서, A, B, C, D는 10 ns에서 0의 값을 갖는 정수이다. 만약 D가 20 ns에서 1로 바뀐다면, A, B, C가 변하는 시간과 그때 각각이 가지게 될 값에 대하여 답하라.

```
process(D)
begin
  A <= 1 after 5 ns;
  B <= A + 1;          -- A가 변하기 전에 실행
  C <= B after 10 ns;  -- B가 변하기 전에 실행
end process;
```

2.8 (a) 다음 VHDL 코드는 어떤 디바이스를 나타내는가?

```
process(CLK, Clr, Set)
begin
  if Clr = '1' then Q <= '0';
  elsif Set = '1' then Q <= '1';
  elsif CLK'event and CLK <= '0' then
    Q <= D;
  end if;
end process;
```

(b) 만약 (a)의 디바이스에서 $Clr = Set =$ '1' 이면 어떤 일이 일어나는가?

2.9 process를 사용하여 S-R 래치를 VHDL로 표현하라.

2.10 M-N 플립플롭은 클럭의 하강에지에서 다음과 같이 동작한다.

$M = N =$ '0' 이면, 플립플롭은 상태를 바꾼다.

$M =$ '0' 이고 $N =$ '1' 이면, 플립플롭의 출력은 '1' 로 셋된다.

$M =$ '1' 이고 $N =$ '0' 이면, 플립플롭의 출력은 '0' 으로 셋된다.

$M = N =$ '1' 이면, 플립플롭의 상태는 변하지 않는다.

$CLRn =$ '0' 이면, 플립플롭은 비동기적으로 클리어된다.

M-N 플립플롭을 구현하는 완전한 VHDL 모듈을 작성하라.

2.11 DD 플립플롭은 클럭 입력의 상승에지 및 하강에지에서 모두 상태($Q^+ = D$)를 변경할 수 있다는 것을 제외하면 D 플립플롭과 비슷하다. DD 플립플롭은 직접 리셋 입력 R을 가지고 있으며, $R =$ '0' 이면 클럭과 관계없이 플립플롭은 $Q =$ '0' 으로 리셋된다. 마찬가지로, 클럭과 관계없이 플립플롭을 '1' 로 셋시키는 직접 셋 입력 S를 가지고 있다. DD 플립플롭을 VHDL로 표현하라.

2.12 토글(toggle)이 제어되는 어떤 플립플롭이 입력으로 $I0$, $I1$, T, $Reset$을 가지고 있고, 출력으로 Q와 QN을 가지고 있다. 리셋은 액티브 하이이고, 다른 입력의 동작보다 우선순위가 높다. 플립플롭은 다음과 같이 동작한다. 만약 $I0 =$ '1' 이면, 플립플롭은 T의 상승에지에서 상태가 변한다; 만약 $I1 =$ '1' 이면, 플립플롭은 T의 하강에지에서 상태가 변한다. 만약 $I0 = I1 =$ '0' 이

면, 상태는 변하지 않는다(리셋일 경우는 제외). *T*에서 출력까지의 전파지연은 8 ns이고, 리셋에서 출력까지의 전파지연은 5 ns라고 가정한다.

(a) 위 플립플롭의 완전한 VHDL 모델을 작성하라.

(b) *I1* = '1' 로 한 다음, *T*를 두 번 토글시키고, 그리고 나서 *I1* = '0' , *I0* = '1' 로 한 다음, *T*를 다시 두 번 토글시키는 입력 시퀀스로 플립플롭을 테스트하는 시뮬레이터 명령어의 시퀀스를 작성하라.

2.13 다음 VHDL process에서, *A*, *B*, *C*, *D*는 시간 = 10 ns에서 모두 0의 값을 갖는 정수이다. 시간 = 20 ns에서 *E*가 '0' 에서 '1' 로 변한다면, 각각의 신호는 언제 바뀌고, 그리고 어떤 값으로 바뀌는지 자세히 시간 순으로 나열하라(20, 20 + Δ, 20 + 2Δ, 등등).

```
p1: process
begin
  wait on E;
  A <= 1 after 5 ns;
  B <= A + 1;
  C <= B after 10 ns;
  wait for 0 ns;
  D <= B after 3 ns;
  A <= A + 5 after 15 ns;
  B <= B + 7;
end process p1;
```

2.14 다음 VHDL process에서, *A*, *B*, *C*, *D*는 시간 = 10 ns에서 모두 0의 값을 갖는 정수이다. 시간 = 20 ns에서 *E*가 '0' 에서 '1' 로 변한다면, 각각의 신호는 언제 바뀌고, 그리고 어떤 값으로 바뀌는지 자세히 시간 순으로 나열하라(20, 20 + Δ, 20 + 2Δ, 등등).

```
p2: process(E)
begin
  A <= 1 after 5 ns;
  B <= A + 1;
  C <= B after 10 ns;

  D <= B after 3 ns;
  A <= A + 5 after 15 ns;
  B <= B + 7;
end process p2;
```

2.15 다음 VHDL 코드에서, *D*는 시간 = 5 ns에서 '1' 로 변한다고 가정한다. 어떤 변화가 일어날 때마다 *A*, *B*, *C*, *D*, *E*, *F*의 값을 말하라. 즉, 5 ns, 5 + Δ, 5 + 2Δ ··· 등에서 그 값을 말하라. 20단계가 될 때까지 계속하거나, 또는 이러한 변화가 더 이상 일어나지 않거나 반복적인 패턴이 나타날 때까지 수행하라.

```
entity prob is
  port(D: inout bit);
end prob;

architecture q1 of prob is
  signal A, B, C, E, F: bit;
begin
  C <= A;
  A <= (B and not E) or D;
  P1: process (A)
  begin
    B <= A;
  end process P1;
  P2: process
  begin
    wait until A = '1';
    wait for 0 ns;
    E <= B after 5 ns;
    D <= '0';
    F <= E;
  end process P2;
end architecture q1;
```

2.16 *B*는 다음과 같은 시뮬레이터 명령어에 의해 구동된다고 가정한다.

```
force B 0 0, 1 10, 0 15, 1 20, 0 30, 1 35
```

다음의 병행 처리문이 실행될 때, *A*, *B*, *C*가 어떻게 변하는지 타이밍도로 보여라.

```
A <= transport B after 5 ns;
C <= B after 8 ns;
```

2.17 *B*는 다음과 같은 시뮬레이터 명령어에 의해 구동된다고 가정한다.

```
force B 0 0, 1 4, 0 10, 1 15, 0 20, 1 30, 0 40
```

다음의 병행 처리문이 실행될 때, *A*, *B*, *C*가 어떻게 변하는지 타이밍도로 보여라.

```
A <= transport B after 5 ns;
C <= B after 5 ns;
```

2.18 다음 VHDL 코드에서, *A*, *B*, *C*, *D*는 시간 = 4 ns에서 '0'의 값을 갖는 비트 신호이다. *A*가 5 ns에서 1로 변하는 경우에 대하여, 18 ns까지 시간의 함수로 *A*, *B*, *C*, *D*의 값을 나타내는 표를 작성하라. 표에 델타 지연 시간을 포함시켜 작성하라. 그리고 각 process가 실행되는 시간을 나타내어라.

```
P1: process(A)
begin
  B <= A after 5 ns;
  C <= B after 2 ns;
end process;
```

```
P2: process
begin
  wait on B;
  A <= not B;
  D <= not A xor B;
end process;
```

2.19 A = "101", B = "011", C = "010"이면, 다음 처리문의 값은 얼마인가?

(a) `(A & B) or (B & C)`

(b) `A ror 2`

(c) `A sla 2`

(d) `A & not B = "111110"`

(e) `A or B and C`

2.20 다음 VHDL 코드를 고려해 보자.

```
entity Q3 is
  port(A, B, C, F, Clk: in bit;
       E: out bit);
end Q3;

architecture Qint of Q3 is
  signal D, G: bit;
begin
  process(Clk)
  begin
    if Clk'event and Clk = '1' then
      D <= A and B and C;
      G <= not A and not B;
      E <= D or G or F;
    end if;
  end process;
end Qint;
```

(a) 회로의 블록도를 그려라(게이트 레벨이 아닌 블록 레벨에서).

(b) 위의 코드에 의해 생성되는 회로를 그려라(게이트 레벨에서).

2.21 클럭 인에이블이 있는 D 플립플롭, 멀티플렉서, 가산기, 그리고 필요한 모든 게이트들을 사용하여 다음 VHDL 코드를 구현하라. *Ad*와 *Ora*는 결코 동시에 '1'이 될 수 없고, *Ad* 또는 *Ora*가 '1'인 경우에만 플립플롭이 인에이블된다고 가정한다.

```
library IEEE;
use IEEE.numeric_bit.all;

entity module1 is
port(A, B: in unsigned (2 downto 0);
     Ad, Ora, clk: in bit;
     C: out unsigned (2 downto 0));
end module1;
```

```
architecture RT of module1 is
begin
  process(clk)
  begin
    if clk = '1' and clk'event then
      if Ad = '1' then C <= A + B; end if;
      if Ora = '1' then C <= A or B; end if;
    end if;
  end process;
end RT;
```

2.22 다음 VHDL process가 나타내는 회로를 그려라. 단, 두 개의 게이트만 사용하라.

```
process(clk, clr)
begin
  if clr = '1' then Q <= '0';
  elsif clk'event and clk = '0' and CE = '1' then
    if C = '0' then Q <= A and B;
    else Q <= A or B; end if;
  end if;
end process;
```

감지 신호 리스트에 *C*는 없는데 *clr*은 포함된 이유가 무엇인가?

2.23 (a) 아래에 그린 4:1 MUX를 나타내기 위한 선택적 신호 할당문을 작성하라. 본래 MUX는 입력이 바뀐 후 출력이 변할 때까지 10 ns의 지연이 있다고 가정한다.

(b) 조건적 신호 할당문을 사용하여 (a)를 반복하라.

(c) process와 case 문을 사용하여 (a)를 반복하라.

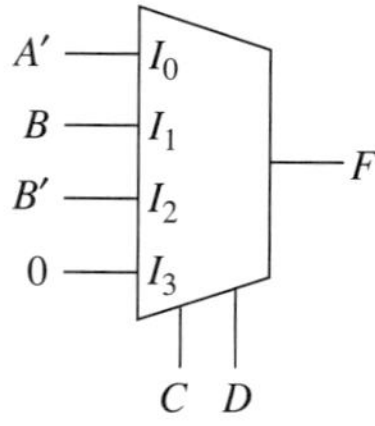

2.24 다음에 나오는 모든 신호는 비트 타입이다.

(a) 다음 병행 처리문과 동일한 VHDL process를 작성하라.

```
A <= B1 when C = 1 else B2 when C = 2 else B3 when C = 3 else 0;
```

(b) 다음 VHDL 처리문을 구현하기 위한 회로를 그려라.

```
A <= B1 when C1 = '1' else B2 when C2 = '1' else
     B3 when C3 = '1' else '0';
```

2.25 SR 래치를 VHDL로 표현하라.

(a) 조건적 할당문을 사용하라.

(b) 특성방정식을 사용하라.

(c) 논리 게이트를 사용하라.

2.26 그림 2-38의 VHDL 코드에서, A = "1101", B = "111", Ci = '1' 일 때 S와 Co의 값은 얼마인가?

2.27 양의 정수 $B(B < 16)$를 4-비트 비트 벡터 A에 더하여 5-비트 비트 벡터를 그 결과로 출력하기 위한 VHDL 코드를 작성하라. 덧셈을 수행하기 위해 IEEE.numeric_bit 패키지에 있는 오버로드된 연산자를 사용하라. 필요하면 변환함수를 호출하여 사용하라. 최종 결과는 부호 없는 벡터가 아닌 비트 벡터가 되어야 한다.

2.28 4-비트 크기비교기(magnitude comparator) 칩(예, 74LS85)은 두 개의 4-비트 수인 A와 B를 비교하여, $A < B$, $A = B$, 또는 $A > B$인지 나타내는 결과를 출력한다. 위의 조건을 각각 나타내기 위한 세 개의 출력 신호가 있다. 출력 라인 중 정확히 하나만 하이이고, 나머지 두 출력 라인은 로우가 된다는 것을 주의하기 바란다. 칩은 직렬로 연결할 수 있으며, 8비트 또는 그 이상의 크기비교기를 만들기 위한 세 개의 입력 $A > B.IN$, $A = B.IN$, $A < B.IN$을 가지고 있다.

(a) 4-비트 크기비교기의 블록도를 그려라.

(b) 4-비트 크기비교기를 이용하여 8-비트 크기비교기를 구성하는 방법을 블록도로 나타내어라.

(c) 동작적 레벨에서 4-비트 크기비교기를 VHDL로 표현하라.

(d) 두 개의 4-비트 크기비교기를 컴포넌트로 사용하여, 8-비트 비교기에 대한 VHDL 코드를 작성하라.

2.29 16비트의 직렬 입력, 직렬 출력 시프트 레지스터를 나타내는 VHDL 모듈을 작성하라. 이 시프트 레지스터는 입력으로 SI(직렬 입력), EN(인에이블), CK(클럭, 상승에지에서 시프트)을 가지며, 직렬 출력으로 SO를 갖는다.

2.30 다음은 4-비트 양방향 시프트 레지스터인 74194의 설명이다.

CLRb 입력은 비동기이고 액티브 로우이며, 다른 모든 제어 입력의 동작보다 우선순위가 높다. 그 외의 모든 상태 변화는 클럭의 상승에지 후에 일어난다. 만약 제어 입력이 $S_1 = S_0 = 1$이면, 레지스터는 병렬로 로딩된다. 만약 $S_1 = 1$이고 $S_0 = 0$이면, 레지스터는 우측으로 시프트되고, SDR(serial data right)은 Q_3로 시프트된다. 만약 $S_1 = 0$이고 $S_0 = 1$이면, 레지스터는 좌측으로 시프트되고, SDL은 Q_0로 시프트된다. 만약 $S_1 = S_0 = 0$이면, 어떠한 동작도 일어나지 않는다.

(a) 동작적 레벨에서 74194에 대한 VHDL 모델을 작성하라.

(b) 두 개의 74194를 컴포넌트로 사용하여, 8-비트 양방향 시프트 레지스터의 블록도를 그리고, VHDL을 사용하여 표현하라. 8-비트 레지스터의 병렬 입력과 출력은 *X*(7 **downto** 0)와 *Y*(7 **downto** 0)가 되어야 한다. 직렬 입력은 *RSD*와 *LSD*가 되어야 한다.

2.31 출력 *Q*를 갖는 동기(4-비트) 업/다운 십진 카운터는 다음과 같이 동작한다: 비동기 클리어(*CLR*) 신호를 제외하고, 모든 상태 변화는 클럭의 상승에지에서 일어난다. *CLR* = 0일 때, 카운터는 다른 입력 신호와 관계없이 리셋된다.

LOAD 입력이 0이면, 데이터 입력 *D*는 카운터에 로딩된다.
LOAD = *ENT* = *ENP* = *UP* = 1이면, 카운터는 증가한다.
LOAD = *ENT* = *ENP* = 1이고 *UP* = 0이면, 카운터는 감소한다.
ENP = *UP* = 1이면, 카운터의 상태가 9일 때 캐리 출력(*CO*) = 0이다.
ENT = 1이고 *UP* = 0이면, 카운터의 상태가 0일 때 캐리 출력(*CO*) = 1이다.

(a) 카운터를 VHDL로 표현하라.

(b) 위의 카운터 두 개를 사용하여 00에서 99까지 증가하거나, 또는 99에서 00까지 감소하는 십진 업/다운 카운터를 만들려고 한다. 이 십진 카운터의 블록도를 그리고, VHDL을 사용하여 표현하라.

(c) 다음 순서로 시뮬레이션을 수행하라: 카운터에 98을 로딩한 다음, 세 번 증가시킨다. 그리고 두 클럭에 대해서는 그대로 둔 후 네 번 감소시키고, 그러고 나서 클리어시킨다.

2.32 동기 4-비트 업/다운 카운터인 74HC192에 대하여 VHDL 모듈을 작성하라. 모든 타이밍 데이터는 무시하고, 코드는 `process(DOWN, UP, CLR, LOADB)` 형식의 처리문을 포함해야 한다.

2.33 병렬로 입력 데이터를 로딩할 수 있는 8-비트 양방향 동기 시프트 레지스터를 고려해 보자. 입출력 핀을 나타내기 위해 사용되는 기호의 설명은 다음과 같다.

CLR 비동기 클리어, 다른 모든 입력의 동작보다 우선순위가 높다.
Q(7:0) 8-비트 출력
D(7:0) 8-비트 입력
S0, *S1* 모드 제어 입력
LSI 좌측 시프트를 위한 직렬 입력
RSI 우측 시프트를 위한 직렬 입력

모드 제어 입력은 다음과 같이 동작한다.

S0	*S1*	동작
0	0	변화 없음
0	1	우측 시프트
1	0	좌측 시프트
1	1	데이터 병렬 로딩 (즉, $Q = D$)

(a) 위 시프트 레지스터에 대한 엔티티 표현을 작성하라.

(b) 위 시프트 레지스터의 아키텍처 표현을 작성하라.

(c) 신호 L과 R에 의해 제어되는 16-비트 순환 시프트 레지스터를 만들기 위해 위 시프트 레지스터 두 개를 어떻게 연결하는지 블록도를 그려서 설명하라. 만약 L = '1' 이고 R = '0' 이면, 16-비트 레지스터는 좌측으로 순환한다. 만약 L = '0' 이고 R = '1' 이면, 레지스터는 우측으로 순환한다. 만약 $L = R$ = '1' 이면, 16-비트 레지스터는 X(15:0)로부터 로딩된다. 만약 $L = R$ = '0' 이면, 레지스터는 변하지 않는다.

(d) (c)의 모듈에 대한 엔티티 표현을 작성하라.

(e) (a)와 (b)의 모듈을 사용하여 아키텍처 표현을 작성하라.

2.34 다음 순서로 카운트하는 카운터를 구현하기 위한 아래의 VHDL 코드를 완성하라: Q = 1000, 0111, 0110, 0101, 0100, 0011, 1000, 0111, 0110, 0101, 0100, 0011, . . . (반복됨). *Ld8* = '1' 일 때, 카운터는 클럭에 의해 동기화되어 1000으로 로딩된다. *Enable* = '1' 일 때, 카운터는 정해진 순서로 진행한다. 카운터는 0101 상태가 될 때마다 출력 *S5* = '1' 을 발생시킨다. 어떤 식으로든 엔티티는 바꾸지 마라. 작성한 코드는 합성할 수 있어야 한다.

```
library IEEE;
use IEEE.numeric_bit.all;

entity countQ1 is
  port(clk, Ld8, Enable: in bit; S5: out bit;
       Q: out unsigned(3 downto 0));
end countQ1;
```

2.35 동기 4-비트 UP/DOWN 이진 카운터는 동기 클리어 신호 *CLR*과 동기 로딩 신호 *LD*를 가지고 있다. *CLR*은 *LD*보다 우선순위가 높다. *CLR*과 *LD*는 모두 액티브 하이에서 동작한다. *D*는 카운터의 4-비트 입력이고, *Q*는 4-비트 출력이다. *UP*은 카운트 방향을 제어하는 신호이다. 만약 *CLR*와 *LD*가 활성화되지 않고 $UP = 1$이면, 카운터는 증가한다. 만약 *CLR*와 *LD*가 활성화되지 않고 $UP = 0$이면, 카운터는 감소한다. 모든 변화는 클럭의 하강에지에서 일어난다.

(a) 카운터의 동작적 VHDL 표현을 작성하라.

(b) 1~6까지 카운트하는 동기 모듈로-6 카운터를 구현하기 위해 위의 UP/DOWN 카운터를 사용하라. 이 모듈로-6 카운터는 카운트를 1로 만드는 외부 리셋을 가지고 있다. 카운트 인에이블 신호 *CNT*는 클럭 펄스가 들어올 때마다 카운트 값이 1씩 증가하여 시퀀스가 1, 2,

3, 4, 5, 6, 1, 2, . . . 이 되도록 한다. 모든 필요한 로직을 사용하여 카운트 값이 6이 된 다음에 1이 되도록 만들어라. 모듈로-6 카운터는 UP 시퀀스로만 동작한다. 이 카운터를 구현하기 위한 접근 방법을 그림과 함께 설명하라.

(c) (b)의 모듈로-6 카운터에 대한 동작적 VHDL 표현을 작성하라.

2.36 다음 VHDL 코드를 검토한 후, 아래 문제에 답하라.

```
entity Problem
  port(X, CLK: in bit;
       Z1, Z2: out bit);
end Problem;

architecture Table of Problem is
  signal State, Nextstate: integer range 0 to 3 := 0;
begin
  process(State, X)        -- 조합회로
  begin
    case State is
      when 0 =>
        if X = '0' then Z1 < = '1'; Z2 <= '0'; Nextstate < = 0;
        else Z1 < = '0'; Z2 < = '0'; Nextstate < = 1; end if;
      when 1 =>
        if X = '0' then Z1 < = '0'; Z2 <= '1'; Nextstate < = 1;
        else Z1 < = '0'; Z2 < = '1'; Nextstate < = 2; end if;
      when 2 =>
        if X = '0' then Z1 < = '0'; Z2 <= '1'; Nextstate < = 2;
        else Z1 < = '0'; Z2 < = '1'; Nextstate < = 3; end if;
      when 3 =>
        if X = '0' then Z1 < = '0'; Z2 <= '0'; Nextstate < = 0;
        else Z1 < = '1'; Z2 < = '0'; Nextstate < = 1; end if;
    end case;
  end process;
  process(CLK)             -- 상태 레지스터
  begin
    if CLK'event and CLK = '1' then      -- 클럭의 상승에지
      State <= Nextstate;
    end if;
  end process;
end Table;
```

(a) 이 코드에 의해 구현되는 회로의 블록도를 그려라.

(b) 이 코드에 의해 구현되는 상태표를 작성하라.

2.37 (a) 문제 1.13에서 설계한 상태 머신의 동작적 VHDL 표현을 작성하라. 상태 변화는 클럭의 하강에지에서 일어난다고 가정한다. if-then-else 문을 사용하는 대신에 어레이를 사용하여 상태표와 출력표로 나타내어라. 작성한 코드를 컴파일한 후 다음과 같은 테스트 시퀀스를 사용하여 시뮬레이션을 수행하라.

$$X = 1101\ 1110\ 1111$$

X는 클럭의 상승에지 후에 1/4 클럭 주기로 변해야 한다.

(b) 상태 머신을 표현하기 위한 다음 상태 식과 출력식을 사용하여 데이터 흐름 VHDL 표현을 작성하라. 시뮬레이션 출력에서 S와 V가 언제 읽혀지는지 나타내어라.

(c) 게이트와 D 플립플롭 간의 상호연결을 기술하는 상태 머신의 구조적 VHDL 모델을 작성하라.

2.38 (a) 문제 1.14에서 설계한 상태 머신의 동작적 VHDL 표현을 작성하라. 상태 변화는 클럭의 하강에지에서 일어난다고 가정한다. 상태표를 나타내기 위해 if-then-else 문과 case 문을 함께 사용하라. 작성한 코드를 컴파일한 후 다음과 같은 테스트 시퀀스를 사용하여 시뮬레이션을 수행하라.

$$X = 1011\ 0111\ 1000$$

X는 클럭의 상승에지 후에 1/4 클럭 주기로 변해야 한다.

(b) 상태 머신을 표현하기 위한 다음 상태 식과 출력식을 사용하여 데이터 흐름 VHDL 표현을 작성하라. 시뮬레이션 출력에서 D와 B가 언제 읽혀지는지 나타내어라.

(c) 게이트와 J-K 플립플롭 간의 상호연결을 기술하는 상태 머신의 구조적 VHDL 모델을 작성하라.

2.39 두 개의 입력(X_1과 X_2)과 하나의 출력(Z)을 갖는 어떤 한 무어 순차 머신이 다음과 같은 상태표를 갖는다.

현재 상태	다음 상태				출력
	X_1X_2 = 00	01	10	11	(Z)
1	1	2	2	1	0
2	2	1	2	1	1

동작적 레벨에서 이 머신을 표현하는 VHDL 코드를 작성하라. 상태 변화는 클럭의 하강에지 후 10 ns에서 발생하고, 출력 변화는 상태 변화 후 10 ns에서 발생한다.

2.40 다음 상태표를 구현하기 위한 VHDL 코드를 작성하라. 두 개의 process를 사용하라. 상태 변화는 클럭의 하강에지에서 일어난다. 병행 조건적 할당문을 사용하여 Z_1과 Z_2 출력을 구현하라. 순차회로의 조합 부분은 10 ns의 전파지연을 가지며, 상승에지에서 상태 레지스터 출력까지의 전파지연은 5 ns라고 가정한다.

현재 상태	다음 상태			출력
	X_1X_2 = 00	01	11	(Z_1Z_2)
1	3	2	1	00
2	2	1	3	10
3	1	2	3	01

2.41 다음 코드에서, *state*와 *nextstate*는 0~2의 범위를 갖는 정수이다.

```
process(state, X)
begin
  case state is
    when 0 => if X = '1' then nextstate <= 1;
    when 1 => if X = '0' then nextstate <= 2;

    when 2 => if X = '1' then nextstate <= 0;
  end case;
end process;
```

(a) 코드가 합성될 때 래치가 생성되는 이유를 설명하라.

(b) 래치 출력에는 어떤 신호가 나타나는가?

(c) 래치가 생성되지 않는 코드로 변경하라.

2.42 아래에 주어진 process에서, *A*, *B*, *C*, *D*는 모두 시간 = 10 ns에서 0의 값을 갖는 정수이다. 시간 = 20 ns에서 *E*가 '0'에서 '1'로 바뀔 때 발생하는 모든 변화를 열거하고, 각 변화가 발생하는 시간과 신호/변수 값을 나타내어라.

```
process
  variable F: integer: =1; variable A: integer: =0;
begin
  wait on E;
  A := 1;
  F := A + 5;
  B <= F + 1 after 5 ns;
  C <= B + 2 after 10 ns;
  D <= C + 5 after 15 ns;
  A := A + 5;
end process;
```

2.43 다음의 4:1 MUX 모델에서는 무엇이 잘못되었는가? (구문상의 오류는 아님)

```
architecture mux_behavioral of 4to1mux is
signal sel: integer range 0 to 3;
begin
  process(A, B, I0, I1, I2, I3)
  begin
    sel <= 0;
    if A = '1' then sel <= sel + 1; end if;
    if B = '1' then sel <= sel + 2; end if;
    case sel is
      when 0 => F <= I0;
      when 1 => F <= I1;
      when 2 => F <= I2;
      when 3 => F <= I3;
    end case;
  end process;
end mux_behavioral;
```

2.44 다음 VHDL 코드에 대하여 시뮬레이션을 수행할 때, *A*는 시간 = 5 ns에서 '1'로 바뀐다. 시간 = 40 ns까지 *A*, *B*, *D*에서 발생하는 모든 변화와 그 시간을 보여주는 표를 작성하라.

```
entity Q1F00 is
  port(A: inout bit);
end Q1F00;

architecture Q1F00 of Q1F00 is
  signal B, D: bit;
begin
  D <= A xor B after 10 ns;
  process(D)
    variable C: bit;
  begin
    C := not D;
    if C = '1' then
      A <= not A after 15 ns;
    end if;
    B <= D;
  end process;
end Q1F00;
```

2.45 다음 VHDL 코드가 나타내는 디바이스는 무엇인가?

```
process(CLK, RST)
  variable Qtmp: bit;
begin
  if RST '1' then Qtmp := '0';
  elsif CLK'event and CLK = '1' then
    if T = '1' then
      Qtmp := not Qtmp;
    end if;
  end if;
  Q <= Qtmp;
end process;
```

2.46 (a) 네 개의 입력과 세 개의 출력을 갖는 LUT에 대한 VHDL 모델을 작성하라. 3-비트 출력은 LUT 입력에 있는 1의 개수를 나타내는 이진수가 되어야 한다.

(b) 12-비트 수에 있는 1의 개수를 카운트하는 회로를 위한 VHDL 모델을 작성하라. (a)의 모듈 세 개와 오버로드된 덧셈 연산자를 사용하라.

(c) 코드를 시뮬레이션하고, 다음 데이터 입력에 대하여 테스트하라.

111111111111, 010110101101, 100001011100

2.47 LUT를 사용하여 3:8 디코더를 구현하라. LUT 진리표와 VHDL 코드를 작성하라. 입력은 A, B, C이고, 출력은 8-비트 부호 없는 벡터이다.

2.48 A(1 *to* 20)는 20개의 정수를 갖는 어레이이다. 어레이에서 가장 큰 정수를 찾는 VHDL 코드를 작성하라.

(a) **for** 루프를 사용

(b) **while** 루프를 사용

2.49 한 개의 입력(*X*)과 한 개의 출력(*Z*)을 갖는 밀리 순차회로를 테스트하기 위한 VHDL 코드를 작성하라. 테스트 코드는 밀리 회로를 컴포넌트로 사용하여야 한다. 밀리 회로는 *CLK*의 상승 에지에서 상태를 바꾼다고 가정한다. 테스트 코드는 100 ns 주기의 클럭을 발생시켜야 한다. 또한 이 코드는 다음의 테스트 시퀀스를 발생시켜야 한다.

$$X = 0, 1, 1, 0, 1, 1, 0, 1, 1, 1, 0, 0$$

*X*는 *CLK*의 상승에지에서 10 ns 지난 후에 변해야 한다. 테스트 코드는 적절한 시간에 *Z*를 읽어야 하고, 다음의 출력 신호가 발생되었는지 확인하여야 한다.

$$Z = 1, 0, 0, 1, 1, 0, 1, 1, 0, 1, 1, 0$$

만약 밀리 회로에서 나온 출력 시퀀스가 부정확하다면, 오류가 발생했다는 것을 리포트한다; 그렇지 않으면 "sequence correct"를 리포트한다. 테스터에 대한 다음 아키텍처를 완성하라.

```
architecture test1 of tester is
  component Mealy
    -- 테스트될 순차회로; 이 컴포넌트는 설계 시 사용될 수 있다고 가정
    -- 컴포넌트에 대한 코드는 작성하지 마라.
    port(X, CLK: in bit; Z: out bit);
  end component;
  signal XA: bit_vector(0 to 11) := "011011011100";
  signal ZA: bit_vector(0 to 11) := "100110110110";
```

2.50 그림 2-58의 순차회로에 대한 VHDL 코드를 테스트하는 VHDL 테스트벤치를 작성하라. 테스트벤치는 10개의 가능한 입력 시퀀스를 발생시켜야 하고(0000, 1000, 0100, 1100, ...), 출력 시퀀스가 정확한지 확인하여야 한다. 컴포넌트에는 10-ns 지연이 있다는 것을 기억하기 바란다. 입력은 클럭의 상승에지 후에 1/4 클럭 주기로 변해야 하고, 출력은 적절한 시간에 읽혀져야 한다. 모든 시퀀스가 정확하면 "Pass"를 리포트하고, 그렇지 않으면 "Fail"을 리포트한다. *X*는 클럭의 상승에지 후에 1/4 클럭 주기로 변해야 한다.

2.51 문제 2.34의 카운터를 테스트하기 위한 테스트벤치를 작성하라. 테스트벤치는 100-ns 주기의 클럭을 발생시켜야 한다. 카운터는 첫 번째 클럭에 로딩되어야 한다; 그런 다음 다섯 클럭 동안 카운트해야 한다; 그러고 나서 두 클럭 동안에는 아무런 동작도 하지 말아야 한다; 그 다음 열 클럭 동안 계속 카운트해야 한다. 테스트벤치의 포트는 *S5* = '1' 일 때 현재 시간을 출력해야 한다. 병행 처리문만을 사용하여 테스트벤치를 작성하라.

2.52 순차회로 SMQ1에 대한 테스트벤치를 구현하기 위한 다음의 VHDL 코드를 완성하라. SMQ1 순차회로 모듈에 대한 VHDL 코드는 이미 사용 가능하다고 가정한다. 반주기가 50 ns인 클럭을 사용한다. 테스트벤치는 입력 시퀀스 *X* = 1, 0, 0, 1, 1을 사용하여 회로를 테스트해야 한다. 이 입력 시퀀스에 대한 정확한 출력 시퀀스는 1, 1, 0, 1, 0이라고 가정한다. *X* 시퀀스를 발생시키기 위해 단일 병행 처리문을 사용하라. 테스트벤치는 적절한 시간에 출력 *Z*의 값을 읽어야

하고, 그 값을 Z의 정확한 값과 비교해야 한다. 정확한 값은 비트 벡터 상수로 저장된다.

$$answer(1\ to\ 5) = \text{“11010”};$$

만약 답이 맞으면, 포트 신호 *correct*는 TRUE로 셋되고, 그렇지 않으면 FALSE로 셋되어야 한다. 정확한 시간에 Z를 읽어야 한다. wait 문을 사용하여 테스트벤치 코드를 작성하라.

```
entity testSMQ1 is
  port(correct: out Boolean);
end testSMQ1;
architecture testSM of testSMQ1 is
  component SMQ1   -- 순차회로 모듈
    port(X, CLK: in bit; Z: out bit);
  end component;
  constant answer: bit_vector(1 to 5) := "11010";
begin
```

INTRODUCTION TO PROGRAMMABLE LOGIC DEVICES

03 프로그래머블 로직 디바이스의 소개

1 장에서는 동일한 디지털 회로를 다양한 표준 빌딩 블록을 이용하여 구현하는 방법에 대하여 설명하였다. 만일 집적회로(IC) 내에 이러한 여러 가지 빌딩 블록을 넣을 수 있고, 그 구성을 변경할 수 있는 메커니즘을 사용자에게 제공할 수 있다면, 한 칩 내에서 거의 모든 회로를 구현할 수 있다. 이것이 프로그래머블 로직 디바이스의 일반적인 원리이다.

이 장에서는 디지털 설계를 위한 프로그래머블 로직 디바이스의 사용에 대하여 소개한다. 읽기 전용 메모리(ROM), 프로그래머블 로직 어레이(PLA), 프로그래머블 어레이 로직(PAL) 디바이스들을 먼저 설명한다. 다음으로, 복잡한 프로그래머블 로직 디바이스(CPLD)와 필드 프로그래머블 게이트 어레이(FPGA)를 소개한다. 이러한 디바이스를 사용하면 많은 게이트와 플립플롭이 요구되는 복잡한 논리함수를 단일 IC에서 구현할 수 있다. 비록 FPGA에 대하여 소개는 하지만, 이 장에서는 개요만을 설명한다. FPGA에 관한 자세한 내용은 6장에서 다룰 것이다.

3.1 프로그래머블 로직 디바이스의 간단한 개요

설계자는 디지털 회로를 구현하기 위해 PAL, FPGA와 같은 프로그래머블 로직 디바이스를 항상 선호하여 왔다. 그 첫 번째 이유는 한 개의 물리적 칩 내에 다양한 기능을 구현할 수 있는 상당한 통합 능력이 가능하기 때문이다. 프로그래머블 로직 디바이스는 여러 규격화된 디바이스의 사용뿐만 아니라 외부 배선과 관련된 불편함과 신뢰성 문제를 없앨 수 있다. 두 번째 이유는 설계를 변경할 수 있는 기능이 있기 때문이다. 많은 프로그래머블 디바이스에서는 재프로그래밍을 쉽게 할 수 있다. 일반적으로, 오류가 있거나 설계 사양이 변경되는 경우, 설계 변경이 비교적 용이하다. 오늘날, 프로그래머블 로직은 크게 두 가지 형태로 나온다. 즉, 한 번만 프로그램할 수 있는 디바이스와 여러 번 재프로그램할 수 있는 디바이스로 구분된다.

그림 3-1은 많이 사용되는 프로그래머블 로직 디바이스를 분류한 것이다. 프로그래머블 로직은 크게 필드 프로그래머블 로직과 팩토리 프로그래머블 로직으로 분류할 수 있다. **필드**라는 용어는 디바이스가 반도체 제조공정에서 프로그램되는 것이 아니라, 사용자의 "사용 현장"에서 프로그램된다는 것을 나타낸다. 흔히 프로그래머블 로직이라고 하면 사용 현장에서 프로그램할 수 있는 디바이스를 의미한다. 그러나 팩토리 프로그래머블 디바이스도 있다. 이러한 디바이스는 소비자의 요구를 충족시키기 위해 제조공정에서 프로그램되는 디바이스를 포괄적으로 나타낸다. 이 프로그래밍 기술은 변경이 불가능한 공정을 사용한다. 따라서 프로그래밍은 오직 한 번만 할 수 있다. 팩토리 프로그래머블 로직의 예로서 마스크 프로그래머블 게이트 어레이(MPGA)와 읽기 전용 메모리(ROM)가 있다. 많은 프로그래머블 디바이스의 초기 세대는 오직 제조공정에서만 프로그램할 수 있는 디바이스였다.

읽기 전용 메모리는 프로그래머블 로직의 초기 형태라고 생각할 수 있다. ROM은 주로 메모리 소자로서 사용되지만, ROM을 이용하면 어떤 조합회로라도 구현할 수 있다. 이에 대해서는 나중에 3.2.1절에서 설명할 것이다. MPGA는 마스크를 설계해야 하는 전통적인 게이트 어레이이다. MPGA는 흔히 **게이트 어레이**(gate array)라고 간단히 부르며, 주문형 집적회로(ASIC)를

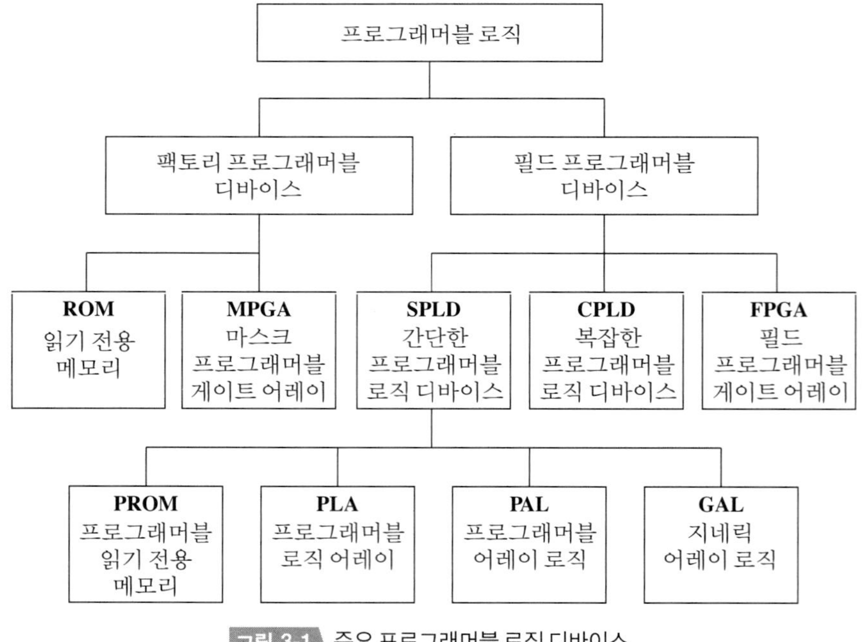

그림 3-1 주요 프로그래머블 로직 디바이스

만들기 위한 일반적인 기술이 되어 왔다.

AND-OR 회로의 형태를 갖는 사용자 프로그래머블 로직은 1970년대 초에 개발되었다. 1972 ~1973년경에는 필드에서 1회만 프로그램할 수 있는 로직 어레이를 사용할 수 있게 되어, 설계자가 즉시 맞춤형 설계를 할 수 있도록 하였다. 이러한 디바이스를 필드 프로그래머블 로직 어레이 또는 FPLA라고 한다. Monolithic Memories Inc.(MMI)사는 5~20개의 규격화된 칩들과 동일한 기능을 수행할 수 있는 프로그래머블 로직 어레이(PLA)라고 하는 20-핀과 24-핀 패키지의 집적회로를 만들었다. 이와 유사한 디바이스는 프로그래머블 어레이 로직 또는 PAL이다.

PAL과 PLA는 게이트의 어레이로 이루어진다. PLA에는 프로그래머블 AND 어레이와 프로그래머블 OR 어레이가 있어서, 사용자가 이 두 레벨의 게이트를 이용하여 조합함수를 구현할 수 있게 한다. PAL은 PLA의 특별한 경우로, OR 어레이는 고정되어 있고 AND 어레이에 대해서만 프로그램할 수 있다. 플립플롭을 포함하는 PAL도 많이 있다.

1970년대와 1980년대에는 PAL과 PLA가 많이 사용되었다. 이것들이 인기를 얻었던 이유 중 하나는 설계를 쉽게 할 수 있기 때문이었다. MMI사와 Advanced Micro Devices(AMD)사는 부울 식을 변환하여 PLA를 쉽게 설정할 수 있도록 PALASM이라는 간단한 프로그래밍 언어를 개발하였다. PALASM은 PAL과 PLA의 프로그래밍을 비교적 간단하게 만들었다.

초기 프로그래머블 디바이스에서는 오직 한 번만 프로그래밍이 가능하였다. 프로그래머블 로직에서의 그 다음 기술 혁신은 프로그래머블 디바이스의 데이터 삭제 기술의 발달이었다. 초기에는 자외선을 사용하여 프로그래머블 로직의 데이터를 삭제하였다. 디바이스의 설정을 지우기 위해서는 디바이스를 회로로부터 제거하여 자외선 환경에 일정 시간 이상 두어야 한다. 따라서 회로 내에서 삭제하는 것은 불가능하다. 자외선 삭제기는 속도가 느려서 보통 삭제하는 데 10 ~15분 정도 소요되었다. 그 다음에 전기적으로 지우는 기술이 개발되었다. 이 기술은 보드에서 칩을 제거하지 않고 쉽고 빠르게 지우고 프로그램할 수 있는 필드 프로그래머블 로직 어레이의 개발을 가능하게 하였다.

초기 PAL과 PLA 다음으로, 전기적으로 지울 수 있는 CMOS 프로그래머블 로직 디바이스(PLD)가 나왔다. **PLD**라는 용어는 어떤 프로그래머블 로직 디바이스에 대해서도 사용할 수 있지만, 많이 사용되는 PALCE22V10과 같이 PLD라고 부르는 디바이스의 집합이 따로 있다. PLD는 게이트의 어레이, 멀티플렉서, 플립플롭, 또는 다른 표준 빌딩 블록들을 가지고 있는 매크로 블록을 포함하고 있다. PLD에는 이러한 매크로 블록이 여러 개 있다. Lattice Semiconductor 사는 쉽게 재프로그램할 수 있는 기능을 갖춘 비슷한 종류의 디바이스를 개발하였으며, 이러한 디바이스 계열을 **GAL**(generic array logic)이라고 불렀다.

시장에 나와 있는 또 다른 타입의 제품인 복잡한 PLD(CPLD)와 구별하기 위해, 지금은 PLA, PAL, GAL, PLD, PROM을 뭉뚱그려 간단한 PLD(SPLD)라고 한다. 이름에서 암시하듯이, CPLD는 SPLD에 비해 집적 능력이 크다. 그 집적도는 500~16000 게이트의 범위를 갖는다.

CPLD는 본질적으로 여러 개의 PLD를 단일 칩에 넣은 것으로, 크로스바 스위치를 일반적으로 사용하는 일종의 상호연결 회로를 가지고 있다.

1980년대 말에 Xilinx사는 프로그래머블 디바이스에 대한 설정 정보를 저장하기 위해 정적 랜덤 액세스 메모리(RAM)를 사용하였고, 상당히 많은 양의 로직을 집적할 수 있는 FPGA라고 하는 디바이스를 만들었다. 그 이름이 의미하는 것과는 달리, 이 디바이스의 기본적인 빌딩 블록은 게이트의 어레이가 아닌 정적 RAM과 멀티플렉서를 포함하는 더 크고 복잡한 블록이다. 곧바로 여러 PLD 벤더와 게이트 어레이 회사들이 시장에 뛰어들어 다양한 FPGA 구조를 생산하기 시작하였다. 일부 구조들은 리프로그래머블(reprogrammable) 기술을 사용하였고, 다른 구조들은 프로그래머블 퓨즈 기술을 사용하였다. FPGA 기술은 지난 15년간 꾸준히 발달하여 왔으며, 오늘날에는 5백만 게이트 이상을 갖고 있는 FPGA도 있다.

근본적으로 프로그래머블 로직 디바이스는 사용자가 요구하는 어떤 기능이라도 구현하기 위해 사용될 수 있는 기본적인 빌딩 블록의 어레이로 이루어져 있다. 프로그래머블 디바이스들은 빌딩 블록의 종류나 프로그램할 수 있는 정도가 서로 다르다. 표 3-1은 여러 종류의 프로그래머블 로직 디바이스를 비교하여 설명한 것이다. FPGA는 CPLD보다 더 크고 복잡하다. FPGA의 배선 자원은 간단한 프로그래머블 디바이스보다 더 복잡하다. 다양한 우회 경로는 신호가 사용하는 경로를 예측할 수 없게 만든다. FPGA는 CPLD와 SPLD보다 가격이 비싸고, 프로그래밍에 대한 오버헤드가 크다. 이 장에서는 SPLD, CPLD, 그리고 FPGA를 포함하여 다양한 프로그

표 3-1 프로그래머블 디바이스의 비교

	SPLD	CPLD	FPGA
밀도	저밀도 몇백 게이트 이하	저밀도~중밀도 500~1,200 게이트	중밀도~고밀도 3,000~5,000,000 게이트
타이밍	예측 가능	예측 가능	예측 불가능
제조비용	저가	저가~중간 가격	중간 가격~고가
주요 벤더	Lattice Semiconductor Cypress AMD	Xilinx Altera	Xilinx Altera Lattice Semiconductor Actel
디바이스 계열의 예	**Lattice Semiconductor** GAL16LV8 GAL22V10 **Cypress** PALCE16V8 **AMD** 22V10	**Xilinx** CoolRunner XC9500 **Altera** MAX	**Xilinx** Virtex Spartan **Altera** Stratix **Lattice** Mach ECP **Actel** Accelerator

래머블 디바이스를 설명한다.

> 이 분야의 많은 용어와 약어는 역사적으로 프로그래머블 디바이스의 특정 타입을 나타내기 위해 사용되어 왔다; 그러나 특별한 의미는 없다는 것을 알 수 있을 것이다. PAL과 PLA를 고려해 보자. 두 종류 모두 로직의 어레이로 이루어져 있다. PLA는 프로그래머블 AND와 OR의 어레이를 가지고 있고, PAL은 단지 프로그래머블 AND 어레이만을 가지고 있다는 것은 역사적 이유로 그렇게 설명했을 뿐이다. PAL과 PLA에 반대로 그 이름을 붙일 수도 있다. 그러나 다른 설계자나 설계팀과의 의사소통을 원활하게 하기 위해, 이 용어들이 일반적으로 나타내는 것을 이해하는 것은 중요하다. 관례는 의사소통을 원활하게 하는 데 있어서 중요하다.

3.2 간단한 프로그래머블 로직 디바이스

CPLD와 FPGA가 등장하면서 ROM, PAL, PLA, PLD와 같은 초기 세대의 프로그래머블 로직 디바이스를 뭉뚱그려 간단한 프로그래머블 로직 디바이스(simple programmable logic device, SPLD)라고 한다. 이 절에서는 간단한 PLD를 사용하여 디지털 회로를 구현하는 방법에 대해 설명한다.

3.2.1 읽기 전용 메모리

읽기 전용 메모리(ROM)는 이진 데이터의 어레이를 저장하기 위한 반도체 디바이스의 어레이로 구성되어 있다. 일단 이진 데이터가 ROM에 저장되면 필요할 때 언제든지 읽을 수 있다. 그러나 저장된 데이터를 정상적인 동작 상태에서는 변경할 수 없다. 그림 3-2(a)는 세 개의 입력 라인과 네 개의 출력 라인을 가지고 있는 ROM을 보여준다. 그림 3-2(b)는 ROM의 입력과 출력을 관련시키는 전형적인 진리표를 보여준다. 세 입력 라인에 들어가는 각 입력 값의 조합에 대하

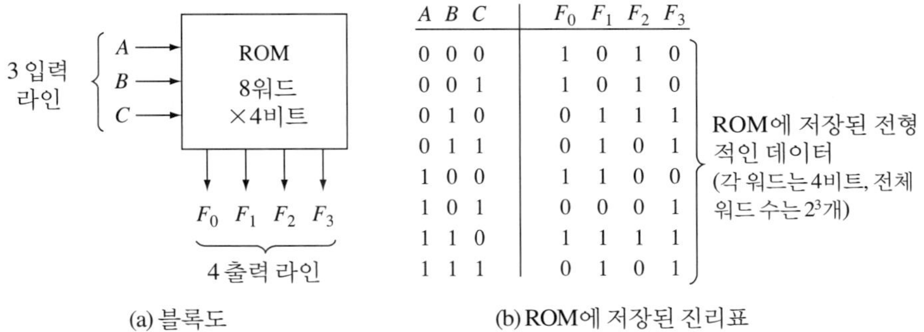

A	B	C	F_0	F_1	F_2	F_3
0	0	0	1	0	1	0
0	0	1	1	0	1	0
0	1	0	0	1	1	1
0	1	1	0	1	0	1
1	0	0	1	1	0	0
1	0	1	0	0	0	1
1	1	0	1	1	1	1
1	1	1	0	1	0	1

(a) 블록도　　(b) ROM에 저장된 진리표

그림 3-2 8-워드 ×4-비트 ROM

여 대응하는 0과 1의 패턴이 ROM 출력 라인에서 나타난다. 예를 들어, 만약 조합 $ABC = 010$이 입력 라인에 들어가면, 패턴 $F_0F_1F_2F_3 = 0111$이 출력 라인에 나타난다. ROM에 저장된 각 출력 패턴을 워드(word)라고 한다. ROM이 세 개의 입력 라인을 가지고 있으므로, 서로 다른 입력 값의 조합은 $2^3 = 8$개가 된다. 각 입력 조합은 메모리에 저장된 8개의 워드 중 하나를 선택할 수 있는 어드레스(address)로 동작한다. 네 개의 출력 라인이 있기 때문에, 각각의 워드는 4비트 길이이고, 이 ROM의 크기는 8워드 × 4비트이다.

n개의 입력 라인과 m개의 출력 라인을 가지고 있는 ROM(그림 3-3)은 각 워드의 길이가 m비트이고, 전체 워드 수가 2^n개인 어레이를 포함하고 있다. 입력 라인은 2^n개의 워드 중 하나를 선택하기 위한 어드레스로 동작한다. 입력 조합을 ROM에 적용하면 메모리 내의 해당되는 워드에 저장된 0과 1의 패턴이 출력 라인에 나타난다. 예를 들어 그림 3-3에서 00 . . . 11이 ROM의 입력(어드레스 라인)으로 들어가면, 워드 110 . . . 010이 선택되고, 그리고 출력 라인으로 전달될 것이다. $2^n \times m$ ROM은 2^n개의 행과 m개의 열을 갖는 진리표를 저장할 수 있으므로, n개의 변수를 갖는 m개의 함수를 구현할 수 있다. 보통 시중에서 구입할 수 있는 ROM의 일반적인 크기는 32워드 × 4비트에서 512K워드 × 8비트의 범위이거나, 또는 그 이상이다.

ROM은 기본적으로 디코더와 메모리 어레이로 구성된다. n개의 0과 1로 이루어진 패턴이 디코더 입력으로 들어가면 2^n개의 디코더 출력 중 정확히 하나만 1이 된다. 이 디코더 출력 라인은 메모리 어레이 내의 워드 중 하나를 선택하고, 이 워드에 저장된 비트 패턴은 메모리 출력 라인으로 전달된다.

ROM의 기본 타입으로는 마스크 프로그래머블 ROM, 사용자 프로그래머블 ROM(programmable ROM, PROM), 소거가능형 프로그래머블 ROM(erasable programmable ROM, EPROM), 전기적 소거가능형 프로그래머블 ROM(electrically erasable programmable ROM, EEPROM), 플래시 메모리가 있다. 마스크 프로그래머블 ROM에서, 데이터 어레이는 제조공정에서 영구적으로 저장된다. 메모리 어레이에서 행과 열이 교차하는 곳의 스위칭 소자를 선택적으로 포함시키거나 뺌으로써 데이터를 저장할 수 있다. 이를 위해 집적회로의 제조공정에서 사용되는 특별한 "마스크"

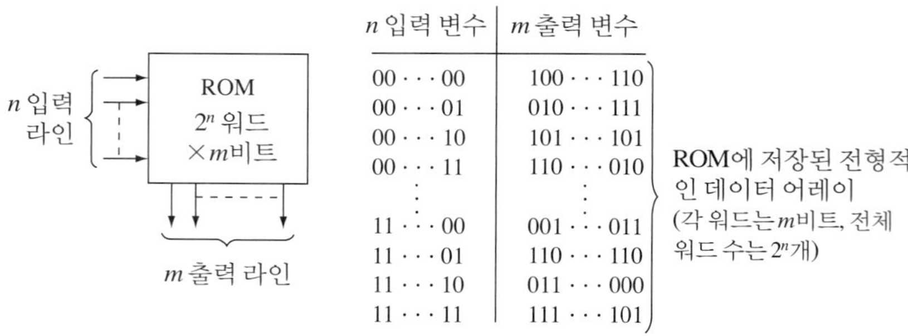

그림 3-3 n 입력과 m 출력을 갖는 읽기 전용 메모리

를 만들어야 한다. 이러한 마스크는 제작에 많은 비용이 들며, 따라서 마스크 프로그래머블 ROM은 동일한 데이터 어레이를 갖는 ROM이 많은 수량(일반적으로 수천 개 또는 그 이상) 필요한 경우에만 경제적으로 적합하다. 1회만 사용자가 프로그램할 수 있는 ROM 또는 PROM도 있다.

ROM에 저장된 데이터의 수정은 디지털 시스템의 개발 단계에서 흔히 필요하다. 이러한 이유로 EPROM이 마스크 프로그래머블 ROM 대신에 사용된다. EPROM은 메모리 어레이의 스위칭 소자를 인에이블 또는 디스에이블시키기 위해 특별한 전하충전(charge-storage) 메커니즘을 사용한다. 메모리 어레이의 기억장소에 전하를 충전시키기 위한 적절한 전압 펄스를 생성하기 위해 EPROM 프로그래머가 사용된다. 이러한 방법으로 저장된 데이터는 일반적으로 자외선을 사용하여 지워질 때까지 계속 유지된다. 삭제 후에는 새로운 데이터를 EPROM에 저장할 수 있다.

EEPROM은 자외선 대신 전기 펄스를 사용하여 삭제한다는 것을 제외하면 EPROM과 비슷하다. 전통적인 EEPROM은 제한된 횟수에 한하여, 일반적으로 100~1000회 정도 소거하거나 다시 프로그램할 수 있다. **플래시 메모리**(flash memory)는 다른 종류의 전하충전 메커니즘을 사용한다는 것을 제외하면 EEPROM과 비슷하다. 플래시 메모리는 내장된 프로그래밍 기능과 소거 기능을 가지고 있기 때문에, 별도의 프로그래머 없이 회로 내에서 플래시 메모리에 데이터를 쓸 수 있다.

ROM은 어떤 조합회로이든지 구현할 수 있다. 본질적으로 모든 입력 조합에 대한 출력이 ROM에 저장된다면, 출력은 ROM에 저장된 표를 "조회(look-up)"하면 된다. 이러한 이유로 ROM 방법을 **룩업 테이블**(look-up table, LUT) 방법이라고도 한다.

ROM을 사용하여 2-비트 가산기를 구현하는 방법을 생각해 보자. 이 가산기는 두 개의 2-비트 수를 더해야 한다. 2-비트 수의 최대값은 3이고 합은 최대 6이 되므로, 합에 대해서는 3비트가 필요하다. 이러한 가산기에 대한 진리표를 그림 3-4에 나타내었다. 두 개의 2-비트 수 외에 캐

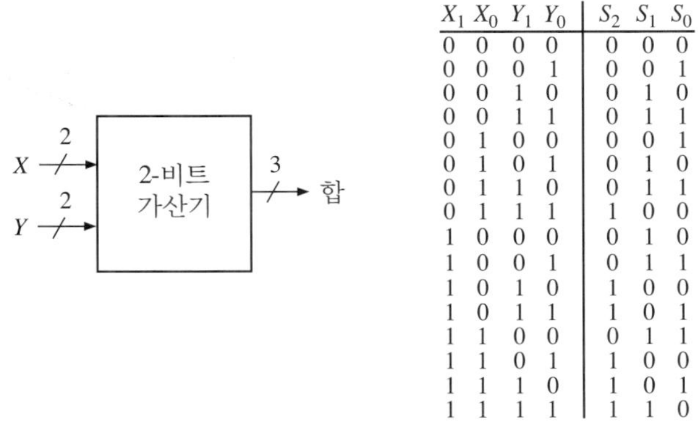

X_1	X_0	Y_1	Y_0	S_2	S_1	S_0
0	0	0	0	0	0	0
0	0	0	1	0	0	1
0	0	1	0	0	1	0
0	0	1	1	0	1	1
0	1	0	0	0	0	1
0	1	0	1	0	1	0
0	1	1	0	0	1	1
0	1	1	1	1	0	0
1	0	0	0	0	1	0
1	0	0	1	0	1	1
1	0	1	0	1	0	0
1	0	1	1	1	0	1
1	1	0	0	0	1	1
1	1	0	1	1	0	0
1	1	1	0	1	0	1
1	1	1	1	1	1	0

그림 3-4 2-비트 가산기의 블록도와 진리표

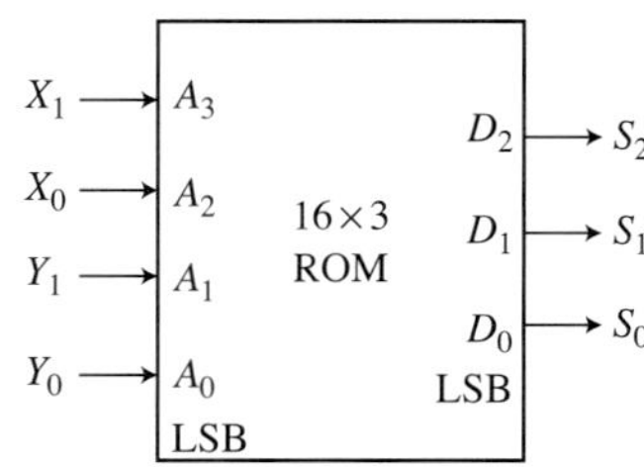

그림 3-5 ROM을 사용한 2-비트 전가산기의 구현

리 입력을 포함시키면 2-비트 전가산기도 설계할 수 있다.

이러한 2-비트 가산기는 16×3 ROM으로 구현될 수 있다. 두 입력 수(X와 Y)는 네 개의 어드레스 라인에 연결되어야 하고, 세 개의 데이터 라인은 합을 출력한다.

그림 3-5는 ROM을 사용하여 2-비트 전가산기를 구현한 것을 보여준다. 그림과 같이 연결하면, ROM 내의 16개 기억장소에는 각각 0, 1, 2, 3, 1, 2, 3, 4, 2, 3, 4, 5, 3, 4, 5, 6이 저장되어야 한다. 데이터 버스의 LSB는 합의 LSB가 될 것이다.

예제

8:3 우선순위 인코더(priority encoder)를 구현하는 데 필요한 ROM의 크기를 계산하라.

 **풀이**

인코더는 디코더의 역함수를 수행한다. 8:3 우선순위 인코더는 그림 3-6에 나타낸 것과 같다. 만약 입력 y_i만 1이고 다른 입력은 0이면, abc 출력은 i와 같은 값의 이진수를 나타낸다. 또 다른 출력 d는 출력이 유효하지 않다는 것을 나타내기 위해 사용된다. 비트 d의 값이 1이면, 출력 비트 a, b, c는 유효하다는 것을 나타낸다. 우선순위 인코더에서 한 개 이상의 입력이 1이면, 가장 높은 번호의 입력이 출력을 결정한다. 그림 3-6의 진리표는 각 입력 조합에 대한 출력 조합을 나타낸다. 진리표에서 X는 "돈케어(don't care)"를 나타낸다. 그림에서 나타낸 것처럼, 8:3 우선순위 인코더는 8개의 입력과 4개의 출력을 가지고 있다. 따라서 $2^8 \times 4$ 비트의 ROM이 필요하다.

 **해설**

이 ROM에는 256개의 엔트리가 있다. 그림 3-6의 진리표에서 모든 "don't care"를 확장하면 256개의 엔트리가 된다.

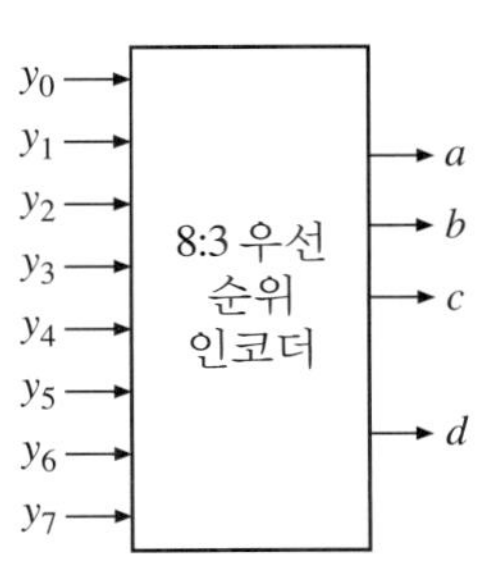

Y_0	Y_1	Y_2	Y_3	Y_4	Y_5	Y_6	Y_7	a	b	c	d
0	0	0	0	0	0	0	0	0	0	0	0
1	0	0	0	0	0	0	0	0	0	0	1
X	1	0	0	0	0	0	0	0	0	1	1
X	X	1	0	0	0	0	0	0	1	0	1
X	X	X	1	0	0	0	0	0	1	1	1
X	X	X	X	1	0	0	0	1	0	0	1
X	X	X	X	X	1	0	0	1	0	1	1
X	X	X	X	X	X	1	0	1	1	0	1
X	X	X	X	X	X	X	1	1	1	1	1

그림 3-6 8:3 우선순위 인코더

예제

그림 3-7에 주어진 상태표를 갖는 순차 머신을 ROM으로 구현하라. 이것은 1장에서 설계했던 BCD를 3초과 코드로 바꾸는 변환기임을 알 수 있다.

풀이

순차회로는 ROM과 플립플롭을 사용하여 쉽게 설계될 수 있다. 순차회로의 조합 부분은 ROM을 사용하여 구현될 수 있다. ROM은 출력함수와 다음 상태 함수를 구현하기 위해 사용될 수 있다. 회로의 상태는 D 플립플롭 레지스터에 저장될 수 있고, ROM의 입력으로 피드백된다. J-K 플립플롭보다 D 플립플롭을 사용하는 것이 더 바람직한데, 그 이유는 2-입력 플립플롭을 사용하면 플립플롭의 입력 수가 증가하기 때문이다(이 입력은 ROM의 출력이다). ROM의 크기는 입력과 출력 수에 의해서만 결정되고, 구현되는 논리식의 복잡도와는 무관하다. 따라서 D 플립플롭 입력식이 일반적으로 J-K의 입력식보다 더 많은 게이트를 요구한다는 사실은 중요하지 않다. 따라서 상태 할당을 하는 방법은 별로 중요하지 않다. 일반적으로, 단순히 이진 순서로 할당하는 것이 다른 어떤 방법 못지않게 우수하다.

위의 순차 머신을 구현하기 위해서는 ROM과 세 개의 D 플립플롭이 필요하다. ROM은 현재 상태와 입력 X로부터 다음 상태 식과 출력 Z를 발생시킬 것이다. 따라서 ROM은 네 개의 어드레스 라인이 필요하고(세 개는 플립플롭으로부터 오고, 한 개는 입력 X로부터 온다), 네 개의 출력을 발생시켜야 한다(세 개는 다음 상태 비트들이고, 한 개는 출력 Z이다). 그림 3-8은 이렇게 구현된 개

	NS		Z	
PS	$X=0$	$X=1$	$X=0$	$X=1$
S_0	S_1	S_2	1	0
S_1	S_3	S_4	1	0
S_2	S_4	S_4	0	1
S_3	S_5	S_5	0	1
S_4	S_5	S_6	1	0
S_5	S_0	S_0	0	1
S_6	S_0	—	1	—

그림 3-7 어떤 한 순차회로에 대한 상태표

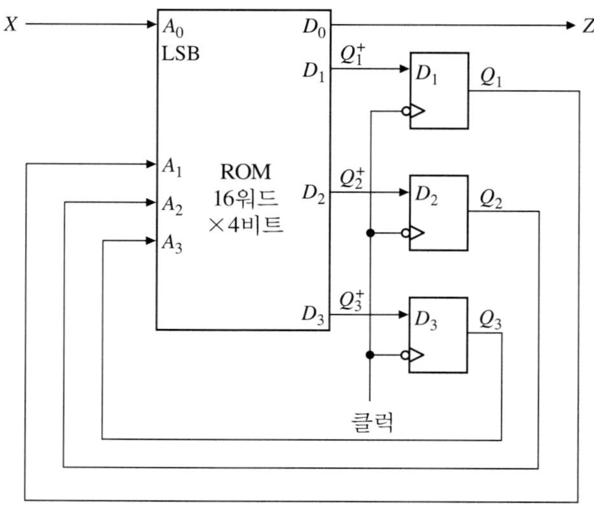

그림 3-8 ROM을 사용하여 구현한 밀리 순차회로

괄적인 구조를 보여준다. ROM은 네 개의 입력을 가지고 있으므로 $2^4 = 16$개의 워드를 포함하고 있다. 일반적으로, i개의 입력, j개의 출력, k개의 상태 변수를 갖는 밀리 순차회로는 k개의 D 플립플롭 그리고 $i + k$개의 입력(2^{i+k}개의 워드)과 $j + k$개의 출력을 갖는 ROM을 사용하여 구현될 수 있다.

이제 ROM의 내용을 구해보자. 그림 3-7의 상태표에서 "don't care"를 0으로 대체하고 단순한 이진 상태 할당을 사용하면, 순차회로를 구현할 수 있는 표 3-2의 진리표를 얻는다.

X가 LSB가 되도록 Q_3, Q_2, Q_1, X를 어드레스 라인에 순서대로 연결한다고 가정하면, 이 순차 머신을 구현하기 위한 ROM의 내용은 3, 4, 7, 8, 8, 9, A, B, B, C, 0, 1, 1, 0, 0, 0(16진수로 표현)

표 3-2 ROM의 진리표

Q_3	Q_2	Q_1	X	Q_3^+	Q_2^+	Q_1^+	Z
0	0	0	0	0	0	1	1
0	0	0	1	0	1	0	0
0	0	1	0	0	1	1	1
0	0	1	1	1	0	0	0
0	1	0	0	1	0	0	0
0	1	0	1	1	0	0	1
0	1	1	0	1	0	1	0
0	1	1	1	1	0	1	1
1	0	0	0	1	0	1	1
1	0	0	1	1	1	0	0
1	0	1	0	0	0	0	0
1	0	1	1	0	0	0	1
1	1	0	0	0	0	0	1
1	1	0	1	0	0	0	0
1	1	1	0	0	0	0	0
1	1	1	1	0	0	0	0

이다. 16진수(hex) 표현은 출력을 나타내기 위한 간단하고 편리한 방법이다. 출력 Z는 데이터 라인의 LSB로부터 나온다. 다음 상태 정보는 ROM 데이터 라인의 MSB 쪽 세 자리에 들어 있다.

3.2.2 프로그래머블 로직 어레이

프로그래머블 로직 어레이(programmable logic array, PLA)가 수행하는 기본적인 기능은 ROM과 동일하다. n개의 입력과 m개의 출력(그림 3-9)이 있는 PLA는 각각 n개의 변수를 갖는 m개의 함수를 구현할 수 있다. PLA의 내부 구조는 ROM의 구조와 다르다. ROM의 디코더가 PLA에서는 입력 변수의 선택된 곱의 항들을 구현하는 AND 어레이로 대체된다. OR 어레이는 출력함수를 구현하는 데 필요한 곱의 항들에 대하여 OR 연산을 수행한다.

그림 3-10은 다음 함수를 구현하는 PLA를 나타낸다.

$$\begin{aligned} F_0 &= \Sigma m(0, 1, 4, 6) = A'B' + AC' \\ F_1 &= \Sigma m(2, 3, 4, 6, 7) = B + AC' \\ F_2 &= \Sigma m(0, 1, 2, 6) = A'B' + BC' \\ F_3 &= \Sigma m(2, 3, 5, 6, 7) = AC + B \end{aligned} \tag{3-1}$$

위의 논리함수는 세 개의 변수를 포함하고 있다. PLA로 구현하기 위해서는, 먼저 논리식에 포함된 각 곱의 항을 만든 다음, 필요한 곱의 항들에 대해 OR 게이트를 이용하여 OR 연산을 수행한다. 따라서 PLA에서 논리식들은 곱의 항을 서로 공유할 수 있다. 따라서 각 식을 개별적으로 최소화하는 대신, 전체 곱의 항의 수를 최소화하는 것이 바람직하다. 위에 나타낸 네 개의 식에는 서로 다른 곱의 항이 5개 있다. 그림 3-10은 PLA를 사용하여 위의 네 식을 구현한 것으로, 3개의 입력, 5개의 곱의 항, 4개의 출력을 보여준다. 각 출력에서 요구하는 곱의 항을 모두 생성

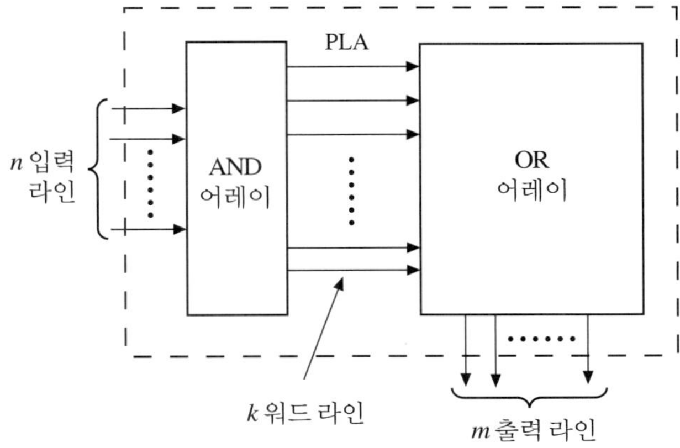

그림 3-9 프로그래머블 로직 어레이의 구조

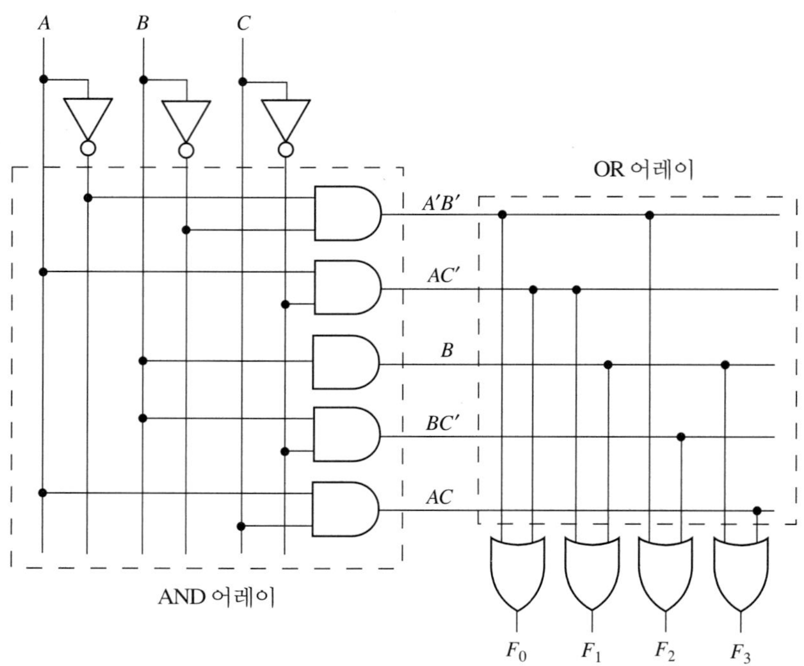

그림 3-10 3개의 입력, 5개의 곱의 항, 4개의 출력을 갖는 PLA (로직 레벨)

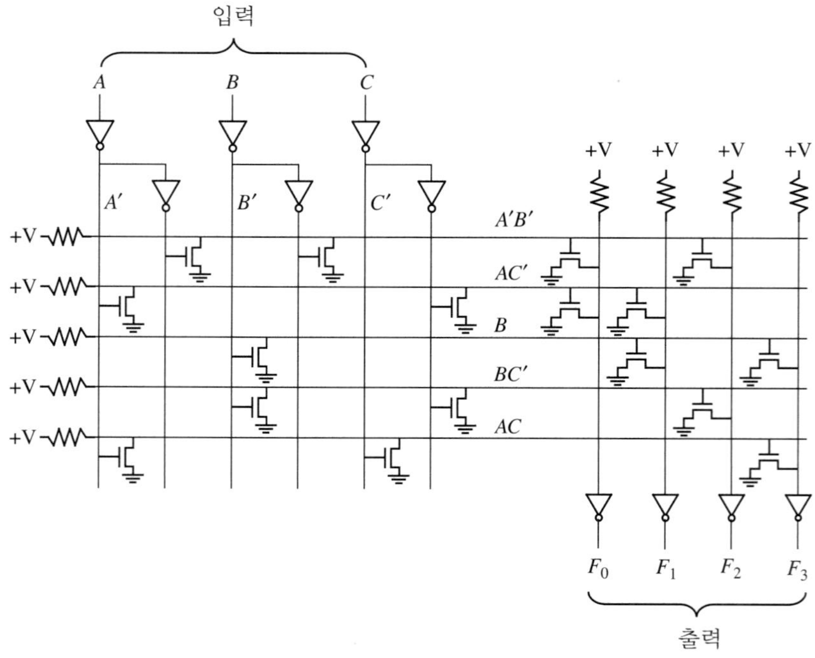

그림 3-11 3개의 입력, 5개의 곱의 항, 4개의 출력을 갖는 PLA (트랜지스터 레벨)

할 수 있는 AND 게이트만 있으며, 각 식에 들어 있는 항의 개수는 중요하지 않다는 것에 주의하기 바란다.

내부적으로 PLA는 AND-OR 논리 대신에 NOR-NOR 논리를 사용할 수도 있다. 따라서 그림 3-10에 나타낸 어레이는 그림 3-11의 nMOS PLA 구조와 동일하다. 행 라인과 열 라인 사이를 nMOS 스위칭 트랜지스터로 연결함으로써 어레이에서 논리 게이트를 만들 수 있다.

> 소스, 드레인, 게이트는 금속산화반도체(metal oxide semiconductor, MOS) 트랜지스터의 세 개 단자의 명칭이다. 게이트는 ON/OFF 동작을 제어하기 위해 사용된다. MOS 트랜지스터는 **n-채널 MOS**(nMOS)와 **p-채널 MOS**(pMOS)의 두 가지 타입이 있다. 이 절의 그림에서는 nMOS 트랜지스터를 사용한다. 1990년대 이후 인기를 얻고 있는 기술은 nMOS와 pMOS가 보수의 관계로 함께 사용되는 상보형 MOS(complementary MOS, CMOS)이다.

그림 3-12는 nMOS 트랜지스터를 사용하여 2-입력 NOR 게이트를 구현하는 방법을 보여준다. 트랜지스터는 스위치로 동작한다. 따라서 게이트 입력이 로직 0이면, 트랜지스터는 OFF가 된다. 게이트 입력이 로직 1이면, 트랜지스터는 접지(ground)로 전기가 흐르는 경로를 만든다. 만약 $X_1 = X_2 = 0$이면, 두 트랜지스터 모두 OFF이고, 풀업 저항(pull-up register)은 Z 출력을 로직 1 레벨(+V)로 만든다. 만약 X_1이나 X_2가 1이면, 해당되는 트랜지스터가 작동하고, $Z = 0$이 된다. 따라서 $Z = (X_1 + X_2)' = X_1'X_2'$이 되고, 이것은 NOR 게이트에 해당한다. PLA 어레이에서, F_0를 구현한 부분은 그림 3-13에 나타낸 NOR-NOR 게이트 구조와 같다. 추가로 삽입된 반전들을 삭제하면 AND-OR 구조로 간단히 된다.

PLA의 내용은 수정된 진리표로 나타낼 수 있다. 표 3-3은 그림 3-10의 PLA를 수정된 진리표

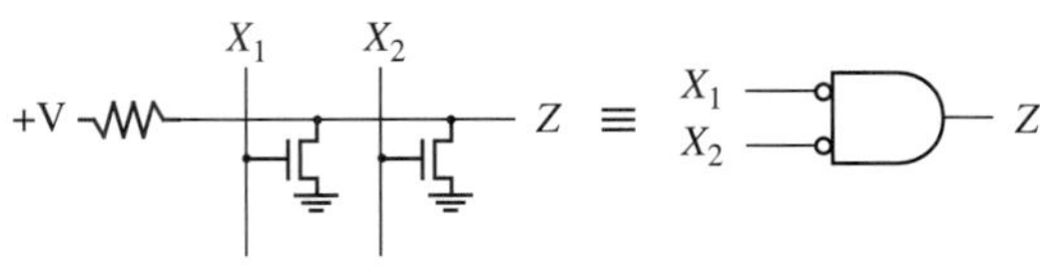

그림 3-12 nMOS NOR 게이트

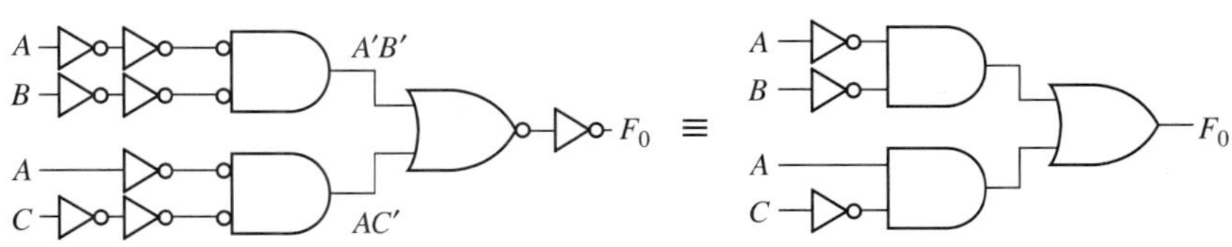

그림 3-13 NOR-NOR를 AND-OR로 변환

표 3-3 식 (3-1)에 대한 PLA 표

곱의 항	입력			출력			
	A	B	C	F_0	F_1	F_2	F_3
$A'B'$	0	0	−	1	0	1	0
AC'	1	−	0	1	1	0	0
B	−	1	−	0	1	0	1
BC'	−	1	0	0	0	1	0
AC	1	−	1	0	0	0	1

로 나타낸 것이다. 표의 좌측 부분은 곱의 항을 나타낸다. 입력 부분의 기호 0, 1, −는 해당되는 곱의 항에서 변수가 보수인지, 보수가 아닌지, 또는 존재하지 않는지를 나타낸다. 표의 출력 부분은 출력함수에 어떤 곱의 항이 나타나는지 보여준다. 1 또는 0은 주어진 곱의 항이 해당하는 출력함수에 있는지 또는 없는지를 나타낸다. 따라서 표 3-3의 첫 번째 행은 $A'B'$ 항이 출력함수 F_0와 F_2에 있다는 것을 나타내고, 두 번째 행은 AC' 항이 F_0와 F_1에 있다는 것을 나타낸다.

다음으로, PLA를 사용하여 다음 함수를 구현할 것이다.

$$\begin{aligned} F_1 &= \Sigma m(2, 3, 5, 7, 8, 9, 10, 11, 13, 15) \\ F_2 &= \Sigma m(2, 3, 5, 6, 7, 10, 11, 14, 15) \\ F_3 &= \Sigma m(6, 7, 8, 9, 13, 14, 15) \end{aligned} \tag{3-2}$$

만약 각각의 함수를 개별적으로 최소화하면, 그 결과는 다음과 같다.

$$\begin{aligned} F_1 &= bd + b'c + ab' \\ F_2 &= c + a'bd \\ F_3 &= bc + ab'c' + abd \end{aligned} \tag{3-3}$$

만약 이렇게 최소화된 식들을 PLA에서 구현한다면, 모두 8개의 서로 다른 곱의 항(c 포함)이 요구된다.

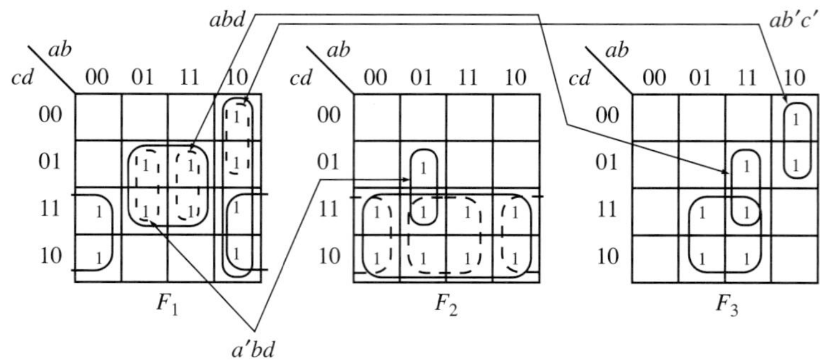

그림 3-14 다중출력 카노 맵

표 3-4 축소된 PLA 표

a	*b*	*c*	*d*	F_1	F_2	F_3
0	1	–	1	1	1	0
1	1	–	1	1	0	1
1	0	0	–	1	0	1
–	0	1	–	1	1	0
–	1	1	–	0	1	1

$$F_1 = a'bd + abd + ab'c' + b'c \quad (3\text{-}4)$$
$$F_2 = a'bd + b'c + bc$$
$$F_3 = abd + ab'c' + bc$$

각 함수를 개별적으로 최소화하는 대신에, PLA 표에서 전체 행의 개수를 최소화하는 것이 바람직하다. PLA의 크기는 논리식에 들어 있는 항의 개수와 무관하므로, 이 경우 각 식에 포함된 항의 개수는 중요하지 않다. 그림 3-14는 식 (3-3)을 카노 맵으로 나타낸 것이다. $ab'c'$ 항은 F_3를 위해 필요하므로, F_1에서는 ab' 대신에 $ab'c'$를 사용할 수 있다. 카노 맵에서 ab'에 해당하는 네 개의 1 중 $ab'c'$에 속하지 않는 두 개의 1은 $b'c$ 항에 의해 포함된다. 이렇게 하면, PLA 표에서 ab'에 해당하는 행을 사용하지 않아도 된다. $a'bd$ 항과 abd 항은 F_2와 F_3에서 각각 필요하므로, F_1의 bd는 $a'bd + abd$로 대체될 수 있다. 따라서 bd에 해당하는 행을 제거할 수 있다. $b'c$ 항과 bc 항은 F_1과 F_3에서 각각 사용되므로, F_2의 c는 $b'c + bc$로 대체될 수 있다. 따라서 bd에 해당하는 행을 제거할 수 있다. 이 결과로 얻은 식 (3-4)를 사용하면 PLA 표를 축소할 수 있다(표 3-4). PLA에서 행의 개수를 줄이기 위해 카노 맵을 사용하는 대신, 에스프레소(Espresso) 알고리즘을 사용할 수 있다. 이 알고리즘은 매우 복잡하며, 브레이톤(Brayton)의 『*Logic Minimization Algorithms for VLSI Synthesis*』에서 제안되었다[12].

식 (3-4)에는 5개의 서로 다른 곱의 항이 포함되어 있으므로, PLA 표는 5개의 행만 갖게 된다. 이것은 8개의 곱의 항을 요구하는 식 (3-3)에 비해 크게 향상된 결과이다. 그림 3-15는 이에 해당하는 PLA 구조를 나타낸 것으로, 4개의 입력, 5개의 곱의 항, 그리고 3개의 출력이 있다. 워드

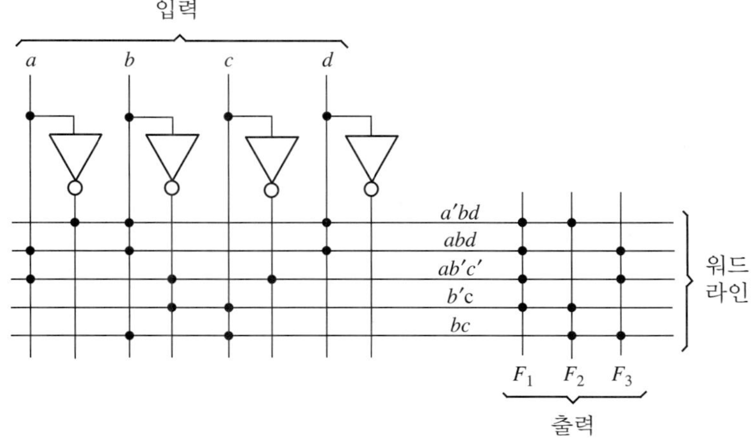

그림 3-15 식 (3-4)의 PLA 구현

표 3-5 PLA 표

곱의 항	Q_1	Q_2	Q_3	X	Q_1^+	Q_2^+	Q_3^+	Z
Q'_2	–	0	–	–	1	0	0	0
Q_1	1	–	–	–	0	1	0	0
$Q_1Q_2Q_3$	1	1	1	–	0	0	1	0
$Q_1Q'_3X'$	1	–	0	0	0	0	1	0
$Q'_1Q'_2X$	0	0	–	1	0	0	1	0
Q'_3X'	–	–	0	0	0	0	0	1
Q_3X	–	–	1	1	0	0	0	1

라인과 입력 라인, 워드 라인과 출력 라인이 교차하는 곳의 점은 스위칭 소자를 나타낸다.

PLA 표는 ROM을 위한 진리표와 전혀 다르다. ROM의 진리표에서, 각 행은 최소항을 나타낸다. 따라서 입력 값의 각 조합에 의해 정확히 한 행만 선택된다. 선택된 행의 출력 부분에 있는 0과 1은 해당하는 출력 값을 결정한다. 이에 반해, PLA 표의 각 행은 일반적인 곱의 항을 나타낸다. 따라서 입력 값의 각 조합은 한 개의 행도 선택하지 못할 수도 있고, 한 개 이상의 행을 선택할 수도 있다. 주어진 입력 조합에 대한 F의 값은 PLA 표에서 선택된 행들에 해당하는 F_i'값들의 OR 연산에 의해 결정된다. 표 3-4에 있는 PLA 표를 참조하여 다음의 예를 살펴보자. 만약 $abcd = 0001$이면, 어떤 행도 선택되지 않고, 따라서 모든 F_i는 0이다. 만약 $abcd = 1001$이면, 세 번째 행만 선택되고, 따라서 $F_1F_2F_3 = 101$이다. 만약 $abcd = 0111$이면, 첫 번째와 다섯 번째 행이 선택된다. 따라서 $F_1 = 1 + 0 = 1$, $F_2 = 1 + 1 = 1$, $F_3 = 0 + 1 = 1$이다.

다음으로 PLA와 세 개의 D 플립플롭을 사용하여 BCD를 3초과 코드로 바꾸는 그림 1-23의 변환기를 순차 머신으로 구현해 보자. 회로 구조는 ROM이 PLA로 대체되는 것을 제외하면 그림 3-8과 같다. 표 3-5는 그림 1-25에 주어진 식을 기반으로 하여 작성한 PLA 표를 보여준다.

3.2.3 프로그래머블 어레이 로직

PAL(programmable array logic)은 프로그래머블 로직 어레이의 특별한 경우로, AND 어레이는 프로그램할 수 있고 OR 어레이는 고정되어 있다. PAL의 기본구조는 그림 3-9에 나타낸 PLA와 같다. AND 어레이만 프로그램할 수 있기 때문에, PAL은 일반적인 PLA보다 제조비용이 비교적 저렴하고, 프로그램이 용이하다. 이러한 이유로, 논리 설계자는 여러 논리함수를 구현할 때 개별 논리 게이트를 대체하기 위해 흔히 PAL을 사용한다.

그림 3-16(a)는 프로그램되지 않은 PAL의 한 부분을 보여준다. 다음 기호는 입력 버퍼를 보여준다.

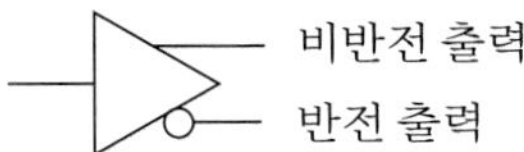

이 입력 버퍼는 논리적으로 다음 회로와 등가이다.

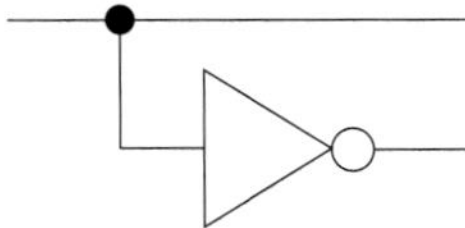

PAL의 각 입력은 다수의 AND 게이트 입력을 구동해야 하므로 버퍼가 사용된다. PAL이 프로그램될 때, AND 게이트 입력으로 필요한 연결을 만들기 위해 몇 개의 상호연결점이 프로그램된다. PAL에서 AND 게이트 입력으로의 연결은 아래 다이어그램에서 보여주는 것처럼 X로 표시된다.

예로서 함수 $I_1I_2'+I_1'I_2$를 구현하기 위해 그림 3-16(a)에 나타낸 PAL의 한 부분을 사용해 보자. 그림 3-16(b)의 X는 I_1과 I_2' 라인이 첫 번째 AND 게이트에 연결되고, I_1'과 I_2 라인은 두 번째 AND 게이트에 연결된다는 것을 나타낸다.

PAL을 이용하여 설계할 경우, 논리식을 단순화시켜 사용 가능한 PAL 중의 하나(또는 그 이상)에 집어넣을 수 있어야 한다. 좀더 일반적인 PLA와 달리, AND 항들은 두 개 이상의 OR 게이트들 간에 서로 공유될 수 없다. 따라서 구현될 각 함수는 공통항을 고려하지 않고 간소화될 수 있다. PAL의 타입에 따라, 각 출력 OR 게이트로 연결되는 AND 항의 개수는 제한되어 있으며 고정되어 있다. 만약 단순화시킨 함수에서 AND 항의 개수가 너무 많다면, 출력의 개수는 적지만 게이트의 입력은 더 많은 PAL을 선택해야만 하는 경우도 생긴다.

PAL을 프로그램하는 예로서, 전가산기를 구현해 보자. 전가산기를 위한 논리식은 다음과 같다.

$$Sum = X'Y'C_{in} + X'YC_{in}' + XY'C_{in}' + XYC_{in}$$
$$C_{out} = XC_{in} + YC_{in} + XY$$

그림 3-17은 각 OR 게이트가 네 개의 AND 게이트에 의해 구동되는 PAL의 한 부분을 보여준다. 다이어그램 상의 X는 전가산기 식을 구현하기 위해 PAL에서 프로그램되는 연결을 나타낸다. 예를 들어 X의 첫 번째 행은 곱의 항 $X'Y'C_{in}$을 구현한 것이다.

전형적인 조합 PAL은 10～20개의 입력과 2～10개의 출력을 가지고 있고, 각 OR 게이트를 구동하는 AND 게이트의 수는 2～8개 정도이다. 또한 프로그래머블 어레이 로직으로부터 구동되는 입력을 가지고 있는 D 플립플롭이 내장된 PAL도 있다. 이러한 PAL을 순차 PAL이라고

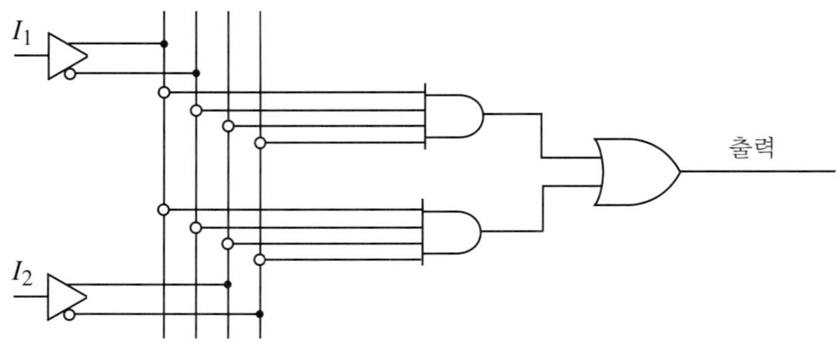

(a) 프로그램되지 않은 경우

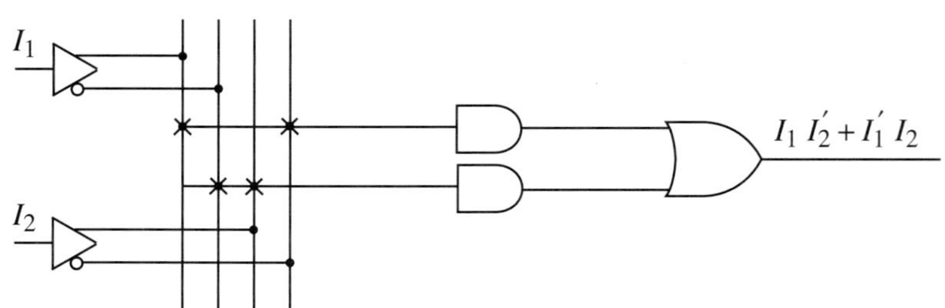

(b) 프로그램된 경우

그림 3-16 PAL 세그먼트

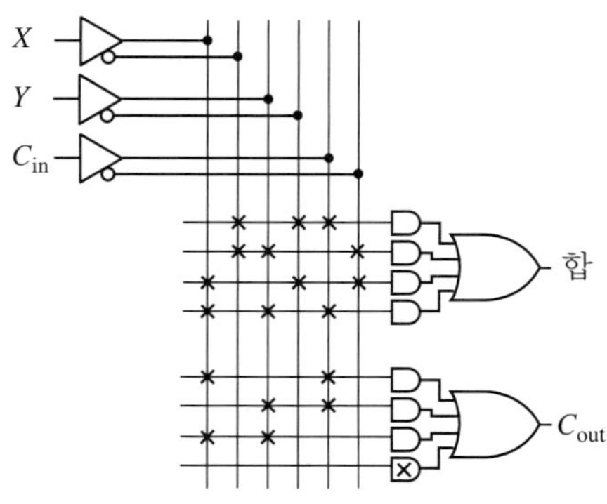

그림 3-17 PAL을 사용한 전가산기의 구현

한다. 이러한 PAL을 이용하면 순차회로를 편리하게 구현할 수 있다. 그림 3-18은 순차 PAL의 한 부분을 보여준다. D 플립플롭은 OR 게이트로부터 구동되고, OR 게이트는 다시 두 개의 AND 게이트로부터 입력이 들어온다. 플립플롭의 출력은 버퍼를 통하여 프로그램할 수 있는 AND 어레이로 피드백된다. 따라서 AND 게이트의 입력은 A, A', B, B', Q, Q'에 연결될 수 있

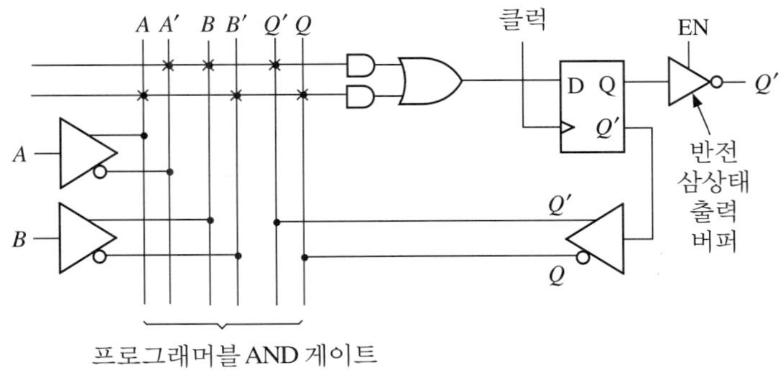

그림 3-18 순차 PAL의 한 부분

다. 그림 3-18의 다이어그램은 아래의 다음 상태 식을 구현한 것이다.

$$Q^+ = D = A'BQ' + AB'Q$$

플립플롭 출력은 EN = 1일 때 인에이블되는 반전 삼상태 버퍼로 연결된다.

수십년 전, PAL은 디지털 시스템 설계자들 사이에서 매우 인기가 있었다. 가장 인기 있는 PAL 중의 하나가 16R4이었다. 이 PAL은 16개의 입력 변수를 갖는 AND 게이트의 어레이와 네 개의 D 플립플롭을 가지고 있다. 오늘날에는 GAL(다음 절에서 설명), CPLD, FPGA와 같은 여러 가지 다른 프로그래머블 디바이스가 나오고 있고, PAL은 실질적으로 사용되지 않고 있다. 따라서 전통적인 PAL 디바이스에 대한 설명은 더 이상 하지 않을 것이다.

3.2.4 프로그래머블 로직 디바이스/지네릭 어레이 로직(Generic Array Logic)

PAL과 PLA는 흔히 설계자들이 요구하는 소규모의 회로와 인터페이스 논리를 구현하는 데에 매우 인기가 있었다. 집적회로 기술이 발달하면서 다양한 종류의 다른 프로그래머블 로직 디바이스들을 사용할 수 있게 되었다. 전통적인 PAL은 다시 프로그램될 수 없다. 그러나 현재 소거와 재프로그램할 수 있는 플래시 PAL이 있으며, 이것을 흔히 PLD라고 한다.

22CEV10(그림 3-19)은 조합회로뿐만 아니라 순차회로도 구현할 수 있는 전기적으로 소거가 가능한 PLD이다. PLD라는 약어는 모든 프로그래머블 로직 디바이스를 의미하는 포괄적인 표현으로 사용되어 왔지만, 22CEV10과 같은 특정 디바이스를 나타내기도 한다. 대부분의 PLD는 PAL이 가지고 있는 AND-OR 어레이를 포함하고 있을 뿐만 아니라, 부가적으로 프로그램할 수 있고 멀티플렉서가 내장된 일종의 매크로 블록을 가지고 있다. 이러한 PLD는 입출력 개수와 그 기능에 따라 이름을 붙인다. 예를 들면 22CEV10은 입력으로만 사용될 수 있는 12개의 핀과 입력이나 출력으로 프로그램될 수 있는 10개의 핀을 갖는다. 이 디바이스는 10개의 D 플립플롭과 10개의 OR 게이트도 가지고 있다. 각 OR 게이트의 입력을 구동하는 AND 게이트의 수는 8

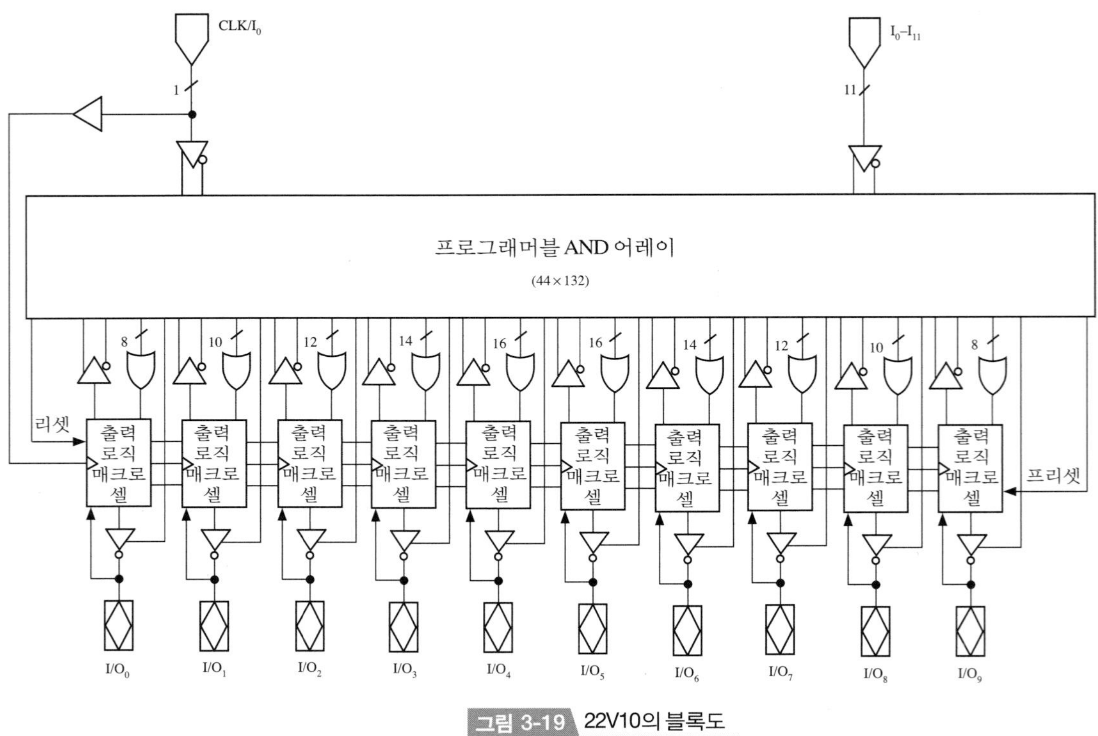

그림 3-19 22V10의 블록도

16개 정도이다. 각각의 OR 게이트는 **출력 로직 매크로 셀**(output logic macrocell)을 구동한다. 각 매크로 셀은 전체 10개의 D 플립플롭 중 한 개씩 가지고 있다. 플립플롭들은 공통 클럭, 비동기 리셋(AR) 입력, 공통 동기화 프리셋(SP) 입력을 가지고 있다. 22V10이라는 이름은 전체 입출력 핀이 22개이고, 그 중 10개는 양방향 입출력 핀인 다목적 PAL을 나타낸다.

그림 3-20은 22CEV10의 출력 매크로 셀을 자세히 보여준다. 이 매크로 셀을 프로그램함으로써 출력 핀의 연결을 제어할 수 있다. 출력 MUX의 제어 입력 S_1과 S_0는 데이터 입력 중 하나를 선택한다. 예를 들면 $S_1S_0 = 10$은 데이터 입력 2를 선택한다. 각 매크로 셀에는 프로그램하여 연결할 수 있는 비트가 두 개 있다. S_1이나 S_0는 각각에 해당하는 비트를 프로그램할 때 접지(로직 0)로 연결된다. 한 비트를 소거하면 해당 제어 라인(S_1 또는 S_0)은 접지로부터 끊어져서 부동 상태의 로직 1이 된다. $S_1 = 1$이면, OR 게이트의 연산 결과는 플립플롭을 우회하여 출력 핀으로 나온다. OR 게이트 출력은 멀티플렉서와 출력 버퍼를 통하여 입출력 핀으로 연결된다. 또한 OR 게이트의 출력은 피드백되어 AND 게이트 어레이의 입력으로 사용될 수 있다. 만약 $S_1 = 0$이면, 플립플롭의 출력은 출력 핀으로 연결되고, 또한 피드백되어 AND 게이트의 입력으로 사용될 수 있다. 만약 $S_0 = 1$이면, 출력은 반전되지 않으므로 액티브 하이가 된다. 만약 $S_0 = 0$이면, 출력은 반전되고 액티브 로우가 된다. 출력 핀은 삼상태 반전 버퍼(inverting buffer)에 의해 구동된다. 버퍼 출력이 하이 임피던스 상태인 경우, OR 게이트와 플립플롭은 출력 핀으로부터 끊어지고,

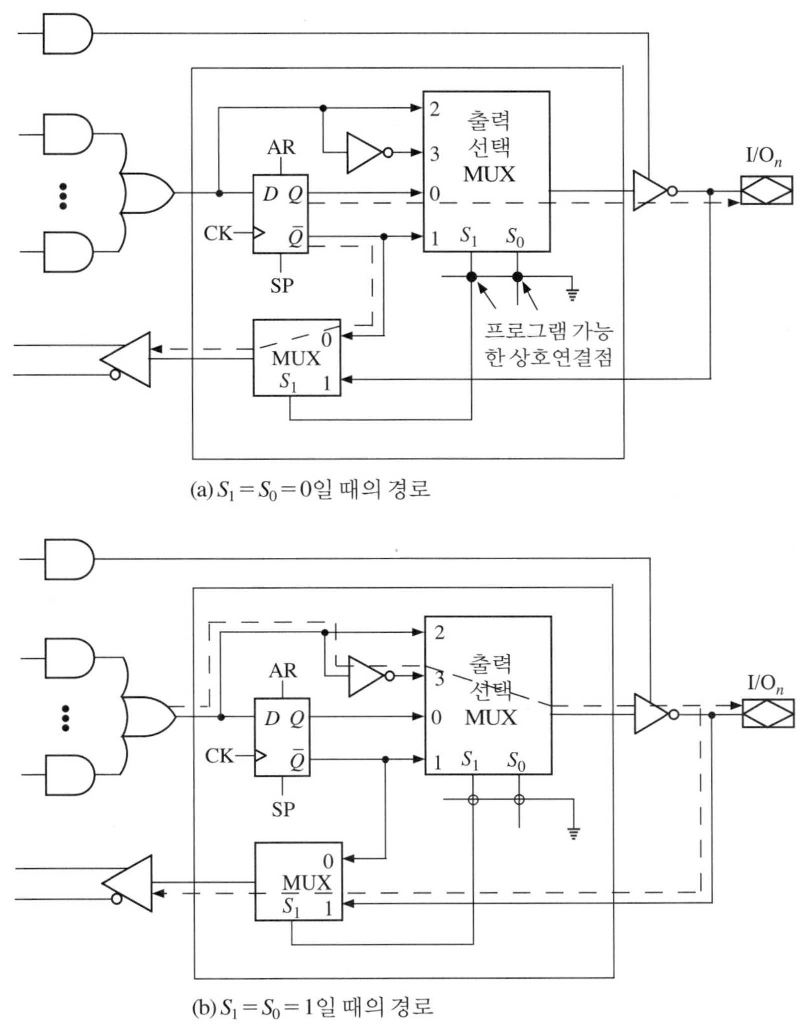

(a) $S_1 = S_0 = 0$일 때의 경로

(b) $S_1 = S_0 = 1$일 때의 경로

그림 3-20 PLD의 출력 매크로 셀

핀은 입력으로 사용될 수 있다. 그림 3-20(a)에서 점선은 S_1과 S_0가 모두 0일 때의 경로를 보여주고, 그림 3-20(b)에서 점선은 S_1과 S_0가 모두 1일 때의 경로를 보여준다. 첫 번째의 경우 플립플롭의 출력 Q는 출력 버퍼에 의해 반전되고, 두 번째의 경우 OR 게이트 출력은 두 번 반전되기 때문에 결과적으로 반전이 없다는 것에 유의하기 바란다.

22V10과 비슷한 여러 가지 PLD가 많이 사용되어 왔다. 전형적으로 이러한 PLD는 8～12개의 입출력 핀을 가지고 있다. 각 출력 핀은 출력 매크로 셀과 연결되고, 각 매크로 셀은 D 플립플롭을 가지고 있다. 입출력 핀은 프로그램에 의해 입력으로 동작하거나, 조합논리나 플립플롭의 출력으로 동작한다. 몇몇 PLD들은 전용 클럭 입력을 가지고 있고, 다른 PLD들은 클럭뿐만 아니라 입력으로도 사용될 수 있는 이중 목적의 핀을 가지고 있다. 모든 PLD는 일반적으로 출력

에 삼상태 버퍼를 가지고 있고, 그 중 어떤 것들은 출력 인에이블($\overline{OE}$)로 전용된 핀을 가지고 있다.

Lattice Semiconductor사는 회로 내에서 프로그램할 수 있는 이와 유사한 디바이스를 만들었는데, 이것을 지네릭 어레이 로직(GAL)이라고 한다. GAL은 소규모의 인터페이스 논리를 구현하기 위한 최적의 디바이스이고, 이것을 종종 "글루(glue)" 로직이라고 한다. PALCE22V10, PALCE20V8 등과 같이 많이 사용되는 대부분의 PLD에 대해서는 GAL22V10, GAL20V8 등과 같은 등가 GAL이 있다.

PLD를 위한 설계 흐름

PAL과 PLD를 위한 CAD 프로그램들이 많이 이용되고 있다. 이러한 프로그램들은 논리식, 진리표, 상태 그래프, 또는 상태표를 입력으로 받아서 요구되는 비트 패턴을 자동으로 생성한다. 생성된 패턴을 PLD 프로그래머로 다운로드하면, 이 프로그래머는 PAL 내에서 필요한 연결을 만들고 동작을 검증한다. 좀 더 새로운 타입의 PLD 대부분은 EPROM이나 EEPROM과 비슷한 방법으로 소거와 재프로그램을 할 수 있다. 따라서 이러한 새로운 디바이스에서 EEPROM 내용에 상응하는 비트 패턴은 소프트웨어에 의해 발생될 것이다.

PALASM과 **ABEL**은 PAL과 PLD를 사용하는 설계에서 많이 사용되었던 두 가지 언어의 예이다. PALASM은 MMI사와 AMD사에서 나온 PLD 설계 언어이다. ABEL은 DATA I/O사에서 나온 PLD 설계 언어이다. 인텔사도 PLD를 생산한 적이 있었고, PLDShell이라고 하는 PLD 언어를 가지고 있다. PALASM과 ABEL은 여전히 사용될 수 있지만, 요즘에는 GAL을 이용한 설계에 VHDL 또는 Verilog와 같은 하드웨어 기술 언어가 사용된다.

3.3 복잡한 프로그래머블 로직 디바이스

집적회로 기술의 성장은 같은 칩 안에 여러 개의 PLD를 포함하고 있는 것과 같은 프로그램 가능한 집적회로(IC)의 개발을 가능하게 하였다. 이러한 칩들을 복잡한 프로그래머블 로직 디바이스(complex programmable logic device, CPLD)라고 부른다. 플립플롭(FF) 같은 저장 요소를 같은 IC 위에 포함시킬 수 있다면, 소형 디지털 시스템을 하나의 CPLD를 가지고 구현할 수 있다.

CPLD는 PAL 개념의 확장이다. 일반적으로, CPLD는 프로그램 가능한 연결선 행렬 구조와 더불어 PAL과 같은 로직 블록(logic block)으로 구성된 IC이다. 보통, CPLD는 500～10,000개의 논리 게이트를 가지고 있다. 근본적으로 몇몇 PLD들은 크로스바(crossbar)와 같은 스위치를 사용하여 연결되고 같은 IC 안에서 제작되어 있다. $N \times M$ 크로스바 스위치는 각각 N개의 입력 라인이 동시에 M개의 어떤 출력 라인에도 연결될 수 있다. 이러한 스위치들을 만드는 데는 비용

표 3-6 주요 CPLD와 대략적 용량

벤더	CPLD 계열	게이트 수
Xilinx	CoolRunner-II CoolRunner XPLA3 XC9500XV XC9500 XC9500XL	750~12K 750~12K 800~6400 800~6400 800~6400
Atmel	CPLD ATF15 CPLD-2 22V10	750~3000 사용 가능한 게이트 500 사용 가능한 게이트
Cypress	Delta39K Flash370i Quantum38K Ultra37000 MAX340 high-density EPLDs	30K~200K 800~3200 30K~100K 960~7700 600~3750
Lattice	ispXPLD 5000MX ispMACH 4000B/C/V/Z	75K~300K 640~10,240
Semiconductor Altera	MAX II MAX3000 MAX7000	240~2210 논리 요소 600~10K 사용 가능한 게이트 600~10K 사용 가능한 게이트

이 많이 들지만 스위치를 사용함으로써 예측할 수 있는 타이밍(timing)을 얻을 수가 있다. 대다수의 CPLD들은 전기적으로 지울 수 있고, 재프로그램할 수 있어서 때때로 EPLD(erasble PLD)라고 하기도 한다.

일반적인 CPLD는 기능 블록(function block)들로 그룹화된 여러 개의 매크로 셀(macrocell)로 구성되어 있다. 기능 블록들과의 연결은 상호연결 어레이(interconnection array)에 의해 이루어진다. 각각의 매크로 셀은 플립플롭과 입력들이 AND 게이트 어레이와 연결되어 있는 OR 게이트를 포함하고 있다. 몇몇 CPLD들은 PAL 기반이며, 이 경우 각각의 OR 게이트들은 고정 AND 게이트 셀과 조합되어 있다. 그 외의 CPLD들은 PLA 기반이며, 기능 블록 안의 AND 게이트의 출력은 어느 것이든 그 블록 안의 OR 게이트 입력과 연결될 수 있다.

Xilinx사, Altera사, Lattice Semiconductor사, Cypress사, Atmel사 등은 오늘날 CPLD를 공급하는 주요 벤더들이다. 구입할 수 있는 주요 생산품들이 표 3-6에 나열되어 있다. 몇몇 벤더는 게이트 용량을 사용 가능한 게이트 수로 표시하기도 하고, 논리 요소(logic element)로 표시하기도 한다.

3.3.1 CPLD 예: Xilinx사의 CoolRunner

Xilinx사는 두 개의 주요한 CPLD, 즉 CoolRunner와 XC9500을 보유하고 있다. 그림 3-21은 CoolRunner 계열의 CPLD인 Xilinx XCR3064XL의 기본구조를 보여준다. 이 CPLD는 네 개의 기능 블록을 가지고 있으며, 각각의 기능 블록은 16개의 연관된 **매크로 셀**(MC1, MC2, , . . .)

을 포함한다. 각각의 기능 블록은 PLA처럼 구성되어 있는 프로그램 가능한 AND-OR 어레이이다. 각각의 매크로 셀은 플립플롭과 멀티플렉서를 가지고 있으며, 이러한 플립플롭과 멀티플렉서는 기능 블록에서 입출력(I/O) 블록 또는 **상호연결 어레이**(interconnect array(IA))들과의 신호 연결을 위해 사용된다. 상호연결 어레이는 마이크로 셀의 출력 또는 I/O 블록의 신호들을 선택하고 이들을 연결하여 기능 블록의 입력으로 보내준다. 따라서 한 개의 기능 블록 안에서 생성된 신호들은 다른 기능 블록의 입력으로 사용될 수 있다. I/O 블록은 CPLD 내부와 집적회로의 양방향성(bidirectional) I/O 핀들과의 인터페이스를 제공한다.

그림 3-22는 PLA에서 생성된 신호가 어떻게 매크로 셀을 통하여 I/O 핀들에 전해지는지를 보여준다. IA로부터 36개의 입력(또는 그들의 보수)은 48개의 AND 게이트 입력으로 연결된다. 각각의 OR 게이트는 AND 게이트 어레이로부터 48개까지의 곱의 항(product term)을 입력받는다. 이 그림의 매크로 셀은 실제 구조를 간략화하여 표현한 것이다. 첫 번째 멀티플렉서(1)는 OR 게이트의 출력 또는 그 보수를 선택하기 위해 프로그램될 수 있다. 매크로 셀의 출력단에 있

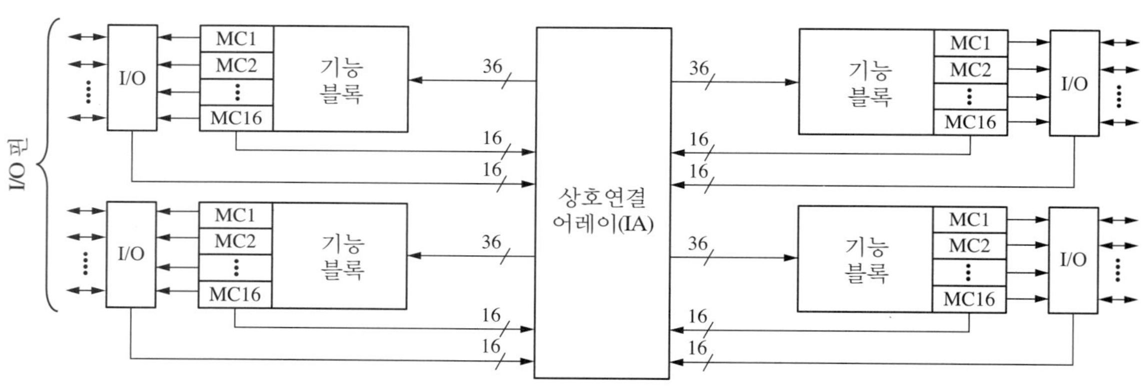

그림 3-21 Xilinx CoolRunner 계열 XCR3064XL CPLD의 구조

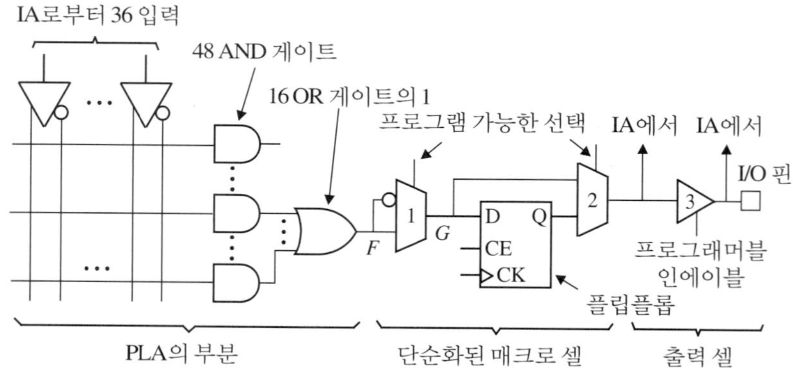

그림 3-22 CPLD 기능 블록과 매크로 셀(XCR3064XL의 개략도)

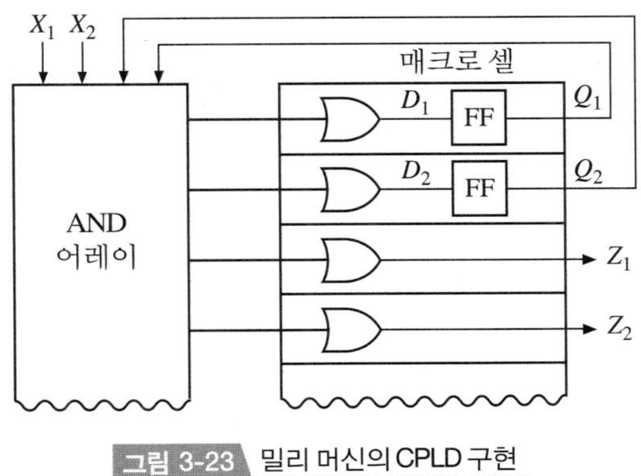

그림 3-23 밀리 머신의 CPLD 구현

는 두 번째 멀티플렉서(2)는 조합논리회로의 출력(G) 또는 플립플롭의 출력(Q)을 선택하기 위해 프로그램된다. 이 출력들이 상호연결 어레이(IA)와 출력 셀에 전해진다. 출력 셀은 I/O 핀과 연결되어 있는 삼상 버퍼(3)를 가지고 있고, 버퍼의 인에이블(enable) 입력 신호는 몇몇 소스들로부터 프로그램된다. I/O 핀이 입력으로 사용될 때, 버퍼는 반드시 디스에이블(disable)되어야 한다.

그림 3-23은 각각 두 개의 입력과 출력 그리고 두 개의 플립플롭을 가지고 있는 밀리 순차회로 머신(Mealy sequential machine)이 CPLD 상에서 어떻게 구현되는지 보여준다. 플립플롭의 D 입력을 생성하기 위한 두 개의 매크로 셀, Z 출력을 생성하기 위한 두 개의 매크로 셀, 즉 총 네 개의 매크로 셀이 필요하다. 플립플롭 출력들은 결선 행렬을 경유해서 AND 어레이 입력에 연결된다. 요구되는 곱의 항 수는 D와 Z에 대한 방정식의 복잡도에 의존한다.

누산기를 이용한 병렬 가산기의 CPLD 구현

그림 3-24에 나타낸 바와 같이 CPLD에 누산기를 갖는 가산기가 필요하다고 가정하자. 누산기 레지스터는 각각의 비트마다 한 개의 플립플롭이 필요하고, 각각의 비트들은 합(sum)과 캐리(carry) 비트를 생성한다.

그림 3-25는 누산기를 이용한 3-비트 병렬 가산기가 CPLD에서 어떻게 구현되는지를 보여준다. 가산기의 각 비트는 두 개의 매크로 셀이 필요하다. 그 중 하나의 매크로 셀은 합 연산과 누산기 플립플롭을 구현한다. 나머지 매크로 셀은 AND 어레이로 피드백되는 캐리를 구현한다. Ad 신호는 AND 게이트를 통하여 각 플립플롭의 인에이블 입력 신호(CE)에 연결된다. 가산기의 각 비트는 8개의 곱의 항(product term)이 필요하다(합(sum)을 위해서 네 개, 캐리(carry)를 위해서 세 개, CE 한 개). 각 누산기 플립플롭의 논리식은 다음과 같다.

$$D_i = X_i^+ = S_i = X_i \oplus Y_i \oplus C_i$$

만약 플립플롭들이 T 플립플롭처럼 프로그램된다면, 합을 위한 논리식은 간략화될 수 있다.

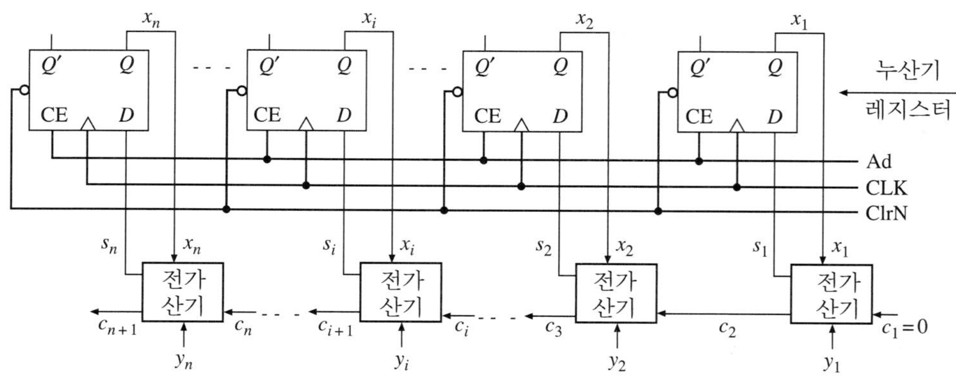

그림 3-24 누산기를 가진 N-비트 병렬 가산기

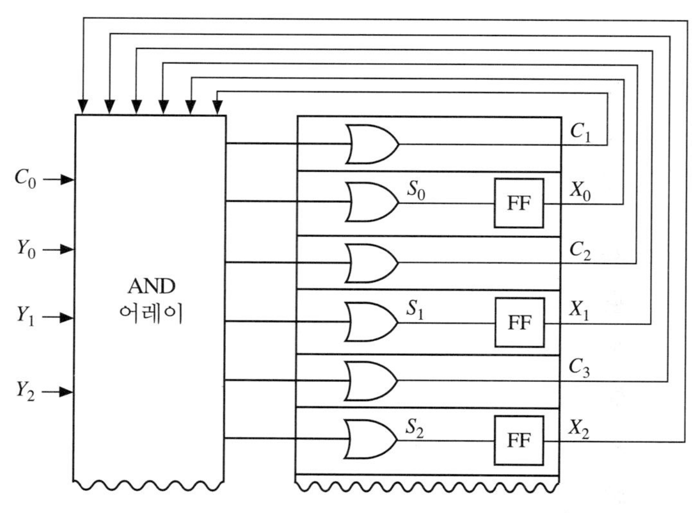

그림 3-25 누산기를 가진 병렬 가산기의 CPLD 구현

그러면 누산기 플립플롭의 논리식은 다음과 같다.

$$X_i^+ = X_i \oplus Y_i \oplus C_i$$

그러므로 입력 T는

$$T_i = X_i^+ \oplus X_i = Y_i \oplus C_i$$

가 된다.

덧셈 신호는 플립플롭의 상태가 단지 $Ad = 1$일 때 바뀔 수 있도록 T_i 입력 신호와 AND될 수 있다.

$$T_i = Ad(Y_i \oplus C_i) = Ad\, Y_i\, C_i' + Ad\, Y_i'\, C_i$$

그러면 캐리에 대한 논리식은 다음과 같다.

$$C_{i+1} = X_iY_i + X_iC_i + Y_iC_i$$

3.4 필드 프로그래머블 게이트 어레이

이 절에서는 필드 프로그래머블 게이트 어레이(field programmable gate array, FPGA)에 대해 소개한다. FPGA는 동일한 로직 블록의 어레이와 프로그램 가능한 연결선으로 이루어진 집적회로(IC)이다. 사용자는 각 로직 블록에 의해 함수들과 로직 블록 간의 연결선을 프로그램할 수 있다. FPGA는 시제품(prototyping) 및 하드웨어 설계 등에 있어서 일대의 변화를 가져왔다. FPGA의 재프로그램 기능을 활용한 설계 유연성을 통하여 설계 과정의 업무 향상을 이끌었다. 여러 가지 종류의 프로그램할 수 있는 장치들 중에 Xilinx사에서 SRAM 기반의 로직 블록을 갖는 XC2000 계열의 FPGA를 1985년에 소개함으로써 더욱 새롭고 강력한 기술로 받아들여졌다. 이에 따라 현재 다양한 종류의 FPGA가 시장에서 판매되고 있다. 현재 Xilinx, Altera, Lattice Semiconductor, Actel, Cypress, QuickLogic, Atmel 등의 회사들이 FPGA를 생산·판매하고 있다.

FPGA는 기존의 게이트 어레이 또는 마스크 프로그래머블 게이트 어레이(MPGA)에 비해 여러 가지 장점이 있다. 기존의 게이트 어레이는 어떤 회로든지 그 구현에 사용할 수 있었지만 공장에서만 프로그램이 가능하였다. 특정 회로와 매칭되는 마스크가 게이트 어레이를 만들기 위해서 제작된다. 따라서 게이트 어레이 기반 집적회로의 생산 시간은 수 개월이 소요되었다. 이와는 달리 FPGA들은 이미 제조되어 바로 사용할 수 있는(off-the-shelf) 제품이다. 사용자가 MPGA 대신에 FPGA를 사용함에 따라 공정 시간을 수 개월에서 수 시간으로 단축시켰다. 반복 설계의 과정이 FPGA를 사용함에 따라 훨씬 용이해졌고, 이를 통하여 제품의 개발에서부터 공급까지의 시간을 엄청나게 단축시킬 수 있었다. 또한 하드웨어 설계 시 발생되는 문제점들을 바로 수정할 수 있게 되었으며, 실수 또는 설계 사양(design specification)이 변경되더라도 적은 비용으로 설계 수정이 가능해졌다. 또한 시제품의 생산비용도 그만큼 감소하였다. 소량 생산의 경우 FPGA들은 MPGA보다도 훨씬 저렴하다.

FPGA도 또한 단점은 있다. FPGA는 기존의 MPGA들보다 집적도 효율이 떨어진다. FPGA는 많은 부분이 단지 프로그램을 하기 위해서 사용된다. 또한 MPGA가 FPGA보다 더 좋은 성능을 가지고 있다. FPGA에서는 프로그램되는 부분에 저항(resistance)과 커패시턴스(capacitance)가

표 3-7 상용 FPGA의 예

벤더	FPGA 종류	용량(Gates/LUTs)
Xilinx	Spartan-II	15K~200K
	Spartan-IIE	50K~600K
	Spartan-3	50K~5M
	Virtex-5	19,200~207,360 LUTs
	Virtex	57,906~1,124,022
	Virtex-E	71,693~4,074,387
	Virtex-II	40K~8M
Altera	ACEX 1K	56K~257K
	APEX II	1.9M~5.25M
	FLEX 10K	10K~50K
	Stratix/Stratix II	10,570~132,540 논리 요소
Lattice Semiconductor	LatticeECP2	6K~68K LUTs
	Lattice SC	15.2K~115.2K LUTs
	ispXPGA	139K~1.25M
	MachXO	256~2280 LUTs
	LatticeECP	6.1K~32.8K LUTs
Actel	Axcelerator	125K~2M
	eX	3K~12K
	ProASIC3	30K~3M
	MX	3K~54K
Quick Logic	Eclipse/EclipsePlus	248K~662K
	Quick RAM	45K~176K
	pASIC 3	5K~75K
Atmel	AT40K	5K~40K
	AT40KAL	5K~50K

있어서 신호의 전달이 느리다. 따라서 기존의 게이트 어레이 구조에 비해 처리속도가 느리다. 또한 하드웨어 설계 시 그 연결 배선에 의한 속도 저하를 예측하기 힘들다. PAL과 GAL 같은 PLD들은 단순한 구조이고 가격이 비싸지 않다. CPLD는 FPGA보다 빠르지만 가격이 저렴하다. 프로그램하기 위한 내부 자원의 사용은 PAL과 CPLD에서 낮은 편이다. FPGA와 비교하여 CPLD의 주된 장점은 저비용과 설계 시 타이밍을 예측할 수 있다는 것이다.

현재 판매되고 있는 여러 FPGA들이 표 3-7에 나열되어 있다. 몇몇 FPGA는 5백만 개 정도의 논리 게이트를 가지고 있다. 또한 몇몇 FPGA의 설계 용량은 LUT(look-up table)로 표시하기도 한다. 큰 용량을 제공함에 따라 한 개의 FPGA에 큰 시스템을 구현할 수 있다. 이 장에서는 FPGA의 기본구조에 대해 소개한다. FPGA를 이용한 설계 예제들은 6장에서 다룬다.

3.4.1 FPGA의 구조

그림 3-26은 전형적인 FPGA의 배치도(layout)를 보여준다. FPGA의 내부는 일반적으로 프로그램이 가능한 세 부분으로 구성되어 있다.

- 프로그래머블 로직 블록(programmable logic block)
- 프로그래머블 입력/출력 블록(programmable input/output block)
- 프로그래머블 배선 자원(programmable routing resource)

프로그래머블 로직 블록의 어레이들은 FPGA 내부에 배열되어 있다. 이러한 로직 블록들은 I/O 인터페이스 블록으로 둘러싸여 있다. 이러한 I/O 블록들은 FPGA의 외연에 배열되어 있으며 로직 신호들을 외부의 FPGA 핀들과 연결한다. 로직 블록 사이의 공간은 배선 연결을 위해 사용된다.

FPGA에서 재프로그램될 수 있는 것은 재구성 가능한 요소(reconfigurable element)에 의해 얻어지며, 이것은 사용자에 의해 프로그램되고 재구성된다. 위에서도 언급했듯이 FPGA는 로직 블록, 배선, I/O 블록의 세 가지 프로그램 가능한 요소들로 구성되어 있다. 프로그래머블 로직 블록은 멀티플렉서, 룩업 테이블, AND-OR 게이트 또는 NAND-NAND 어레이에 의해서 만

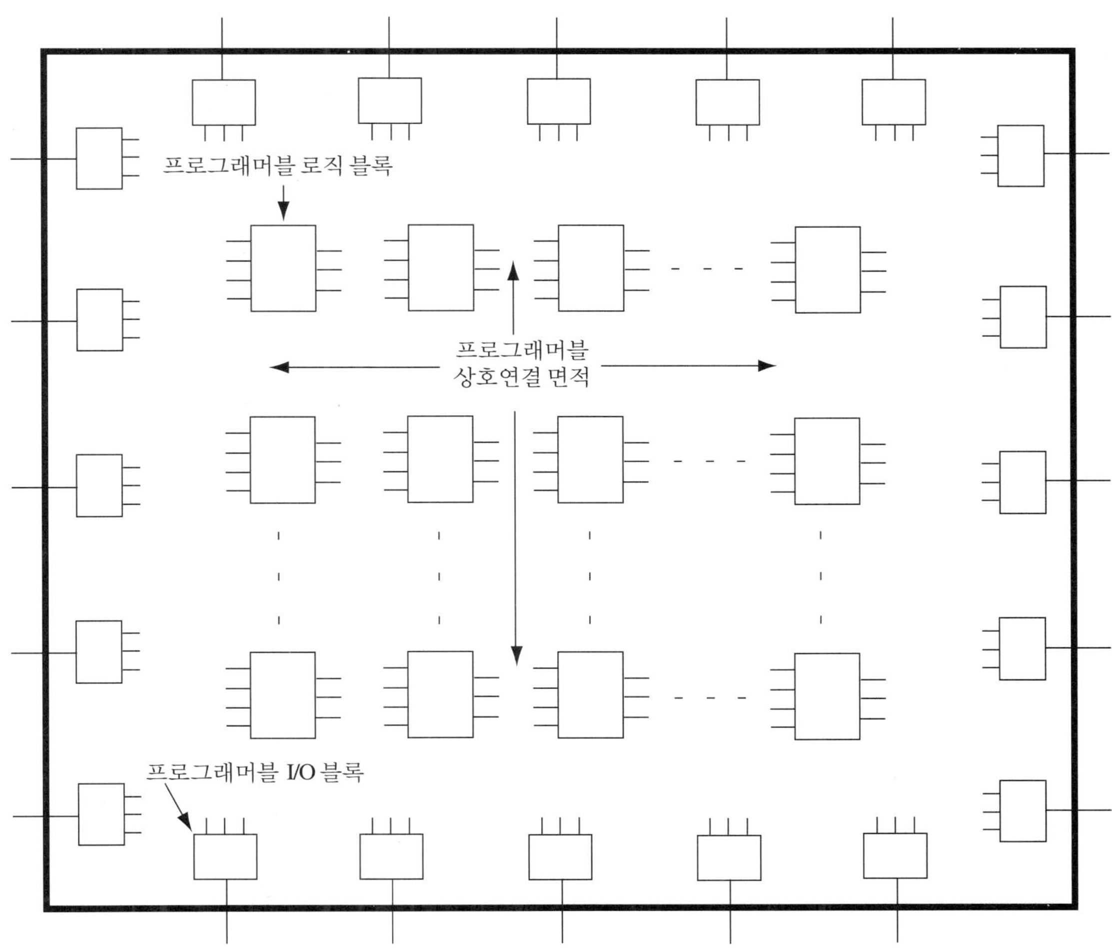

그림 3-26 전형적인 FPGA의 배치도

들어진다. 로직 블록들을 프로그램한다는 것은 멀티플렉서로 가는 입력 또는 제어 신호를 변경한다든지, 룩업 테이블의 값을 변경한다든지, 또는 AND-OR 게이트 블록들에서 특별한 게이트를 선택/비선택하는 것을 의미한다. 배선 연결에서 프로그램한다는 것은 특정 연결을 만든다든지 또는 끊어버리는 것을 의미한다. 이것은 칩 내부의 다양한 블록을 연결하고, 특정 I/O 핀들을 특정 로직 블록들과 연결하기 위해서 필요하다. 프로그래머블 I/O 블록들은 입력, 출력, 또는 양방향성(bidirectional)으로 동작하도록 프로그램이 가능한 블록들을 의미한다. 전형적으로 이러한 것들은 반전/비반전(inverting/noninverting), 삼상태(tristate), 수동 풀업(passive pull-up)과 같은 버퍼의 속성 또는 **슬루 레이트**(slew rate; 핀의 신호 변화 속도)를 조절하기 위한 프로그램을 할 수 있다.

FPGA가 CPLD와 분명하게 차이가 나는 것은 유연성 있는 일반적인 배선 구조(general purpose interconnect)를 갖는 점이다. CPLD는 보통 그 배선 구조가 제한적이다. FPGA의 일반적 배선 구조가 확실히 유연성을 제공하기는 하지만 속도가 느려진다는 단점 역시 가지고 있다. 칩의 특정 부분끼리의 연결을 위해서는 많은 프로그램 가능한 상호연결점(programmable interconnect point)을 거쳐야 하고, 이것은 예측하기 힘든 타이밍 상의 지연을 발생시킨다.

그림 3-26은 일반적인 FPGA의 구조를 보여주고 있지만 모든 FPGA가 이러한 구조로 되어 있는 것은 아니다. 상용 FPGA는 다양한 구조로 되어 있다. FPGA의 구조 또는 조직이라 함은 FPGA 내부에 있는 로직 블록과 내부 배선 자원이 배치되어 있는 방식을 말한다. 그림 3-26의 구조는 대칭적 어레이 구조로 자주 언급된다. 1980년대 말부터 등장하기 시작한 다양한 FPGA들을 분류한다면 아래 네 가지 구조로 구분될 수 있다.

- 행렬 기반 구조(Matrix-based architecture)
- 행 기반 구조(Row-based architecture)
- 계층적 PLD 구조(Hierarchical architecture)
- Sea-of-gate 구조

이러한 구조들은 그림 3-27에 잘 설명되어 있다.

행렬 기반(대칭적 어레이) 구조

행렬 기반 구조를 가지고 있는 FPGA에서 로직 블록들은 그림 3-27(a)에 나타낸 것처럼 행렬과 같은 구조로 되어 있다. 대부분의 Xilinx FPGA들이 이 구조에 속한다. 이러한 구조에서 로직 블록들은 일반적으로 큰 내부 블록(네 개 이상의 기능을 구현할 수 있는)을 가지고 있다. 이러한 구조는 일반적으로 작은 칩에서는 8×8 어레이, 큰 칩에서는 100×100 이상의 어레이를 포함하고 있다. 이러한 구조에서 배선은 일반적으로 수직 및 수평 방향으로 이용될 수 있기 때문에 2차원 채널 배선(two-dimensional channeled routing)이라 한다.

행 기반 구조

행 기반 구조는 전통적인 게이트 어레이 기반의 구조로부터 발전된 형태이다. 이 구조에서 로직 블록과 배선 자원들은 그림 3-27(b)에서처럼 행(가로방향)으로 나열되어 있다. 배선 자원들은 행들 사이에 퍼져 있어서 여러 로직 블록 간의 배선을 위해 사용된다. 전통적인 마스크 프로그래머블 게이트 어레이(MPGA) 장치들이 이와 유사한 구조로 되어 있다. 행 기반 구조에서 배선은 로직 자원의 행 사이에서 채널처럼 존재하기 때문에 1차원 채널 배선(one-dimensional channeled routing)이라 한다. Actel사의 몇몇 FPGA들이 이러한 구조로 되어 있다.

계층적 구조

몇몇 FPGA들은 로직 셀의 블록들이 지역 상호연결선(local interconnect)에 의해 그룹지어져 있고, 여러 그룹들이 상위 레벨의 상호연결선 구조에 의해 연결되어 있다. 예를 들면 Altera사의 APEX20과 APEX II FPGA들은 10개 정도의 논리 요소가 Altera사에서 로직 어레이 블록(logic array block, LAB)이라고 하는 형태로 연결되어 있고, 몇 개의 LAB들을 연결하여 MEGALAB을 구성한다. 따라서 이러한 FPGA 구조를 계층적 구조라고 한다. 이러한 FPGA들은 상호연결을 위한 지역 자원(localized resource)을 갖는 로직 블록의 클러스터(cluster)를 포함하고 있다. 전체 배선 네트워크는 FPGA 내 로직 블록의 클러스터 사이의 연결을 위해 사용된다.

Sea-of-Gate 구조

Sea-of-gate 구조는 FPGA를 구성하는 로직 블록과 상호연결선을 구성하기 위한 또 다른 방법이다. 일반적인 FPGA 구조는 많은 수의 게이트들로 구성되어 있고, 그림 3-27(d)에 나타낸 것처럼 sea-of-gate 위에 포개져 있는 상호연결선으로 구성되어 있다. 1990년대 중반 FPGA 개발자였던 플레세이(Plessay)가 이 구조를 고안하였다. Xilinx사에서 사용하던 큰 기본 셀과 대조적으로 이 구조에서 사용된 기본 셀은 NAND 게이트였다. sea-of gate라는 용어가 주로 사용됨에 따라, 많은 수의 작은 입자 형태의 로직 셀로 구성된 FPGA의 구조를 표현하기 위해 **sea of cell**과 **sea of tile**이라는 용어가 생겨났다. Actel사의 퓨전 FPGA들은 sea of tile 구조를 채택하고 있으며, 각각의 타일들은 세 개의 논리함수 또는 플립플롭/래치를 포함하고 있다.

3.4.2 FPGA 프로그래밍 기술

FPGA는 프로그램 가능한 상호연결선 구조로 연결되어 있는 많은 수의 로직 블록으로 구성되어 있다. 로직 블록은 같은 빌딩 블록들이 원하는 회로의 구현을 위해 "프로그램" 또는 "구성"될 수 있다는 관점에서 프로그램 가능하다. 또한 로직 블록 사이의 상호연결선에서도 프로그램

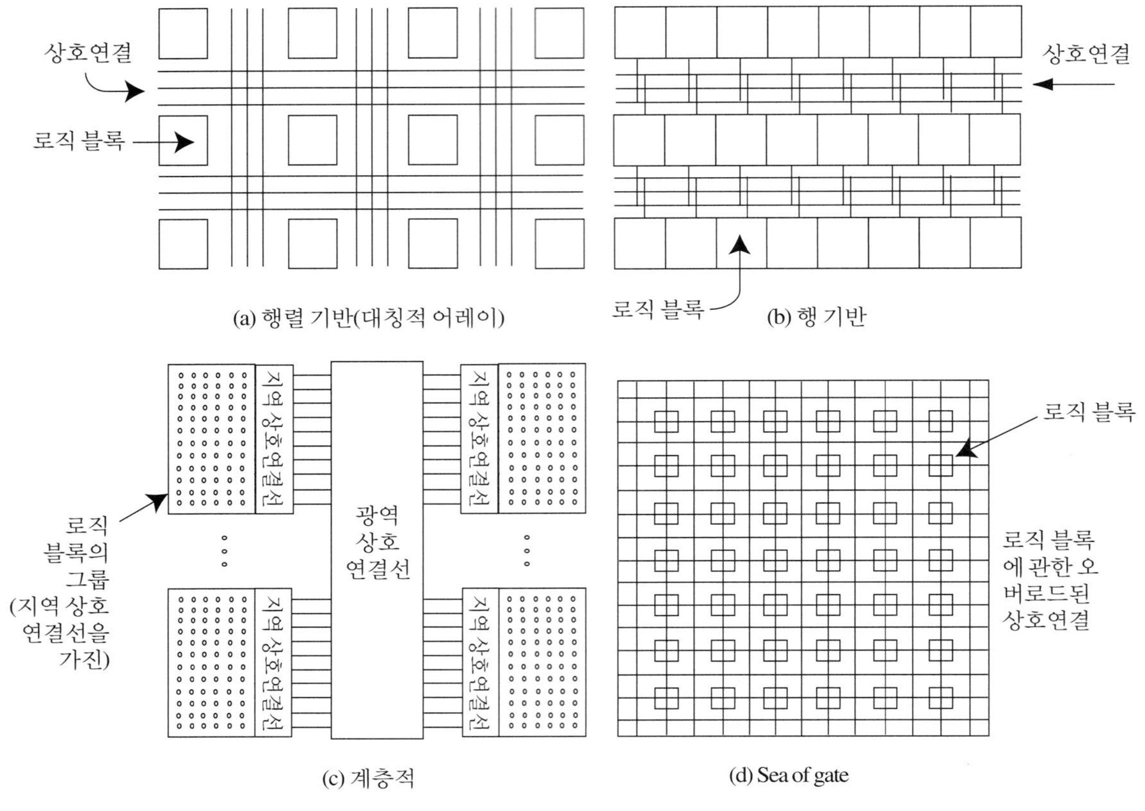

그림 3-27 FPGA의 전형적인 구조들

될 수 있다.

여러 가지 기법이 FPGA 사이에서 프로그램 가능한 상호연결선을 얻기 위해 사용된다. 따라서 이 책에서는 **프로그래밍 기술**(programming technology)이 FPGA에서 프로그램하는 기술을 의미한다. 몇몇 FPGA들은 SRAM 셀 안의 내용을 바꿈으로써 재구성 기능(reconfigurability)을 얻을 수 있다. 또 몇몇 FPGA들은 플래시 메모리(flash memory) 셀을 사용함으로써 재구성할 수 있다. 일반적으로, FPGA는 아래의 프로그래밍 방법 중 하나를 사용한다.

- SRAM 프로그램 기술
- EPROM/EEPROM/플래시 프로그램 기술
- 안티 퓨즈(antifuse) 프로그램 기술

SRAM 프로그램 기술

SRAM 기반의 프로그램 기법은 SRAM 셀에 저장된 비트에 의해 재구성을 수행한다. 로직 블록, I/O 블록, 그리고 상호연결선들은 SRAM에 저장되어 있는 구성 비트를 사용함으로써 프로그램할 수 있다. 재구성 로직 블록들은 3.2.1절에 언급되어 있는 ROM 기반 방법처럼 LUT를 이용하여 쉽게 구현된다. 16개의 SRAM 셀은 어떤 네 개의 변수를 가지고 있는 함수들을 구현할 수 있다. 프로그램 가능한 상호연결선 역시 SRAM을 이용하여 구현된다. 중요한 개념은 스위치를 만들기 위해 패스 트랜지스터(pass transistor)를 사용하고 SRAM 정보를 이용하여 그것들을 통제한다는 것이다. 그림 3-28(a)를 살펴보자. SRAM 셀이 패스 트랜지스터의 게이트에 연결되어 있다. SRAM 셀의 정보가 0을 가지고 있으면, 패스 트랜지스터는 OFF 상태가 되고 두 지점 *A*와 *B* 사이는 연결되지 않는다. SRAM 셀의 정보가 1이 되면, 패스 트랜지스터가 ON이 되고 *A*와 *B* 사이는 연결된다. SRAM의 비트들은 그림 3-28(b)에서처럼 멀티플렉서를 사용함으로써 배선 행렬을 구현하기 위해 사용된다. 3-28(b)에서는 SRAM의 내용을 바꿈으로써 설계자가 지점 *X*가 어디와 연결될지를 결정할 수 있다. SRAM에 저장되어 있는 비트를 **구성 비트**(configuration bit)라고 하며, 구성 비트를 통해서 LUT 함수 또는 배선 연결을 결정할 수 있다.

SRAM 셀은 그림 3-29에서 나타낸 것처럼 보통 6개의 트랜지스터로 구성되어 있다. 네 개의 교차 결합된 트랜지스터가 래치를 구성하는 데 필요하고, 두 개의 추가적인 트랜지스터가 래치에서 데이터 비트의 패싱을 위해서 필요하다. 워드 라인(word line)이 하이(1)로 되면, 비트 라인(bit line)의 값이 셀에 걸리게 된다. 이것이 쓰기 동작(write operation)이다. 읽기 동작(read operation)은 비트 라인과 $\overline{\text{비트 라인}}$에 로직 1이 가해지고 나서 워드 라인에 1을 가해줌으로써 이루어진다. 셀 안에 저장되어 있는 값은 비트 라인에 걸리게 된다. 어떤 SRAM 셀은 5개의 트랜지스터로만 구현되는 경우도 있다. SRAM을 사용했을 때 장점은 휘발성이기 때문에 사용자가 반복적으로 새로운 값을 쓸 수 있다는 점이다. 이러한 점이 개발 단계와 테스트를 할 때 유연성을 제공한다. 또 다른 장점은 SRAM 셀을 제작하는 공정이 다른 로직을 만드는 공정과 다르지 않다는 점이다. 그러나 가장 큰 단점은 5～6개 되는 트랜지스터가 모든 SRAM 셀에 사용된다는 것이다. 이는 칩 제작에 상당히 높은 비용이 수반된다는 것을 의미한다. 예를 들면, 만약 FPGA가 백만 개의 프로그램 가능한 지점을 가지고 있다면, 대략 5～6백만 개의 트랜지스터가 프로그램을 얻는 데 필요하다는 것을 의미한다.

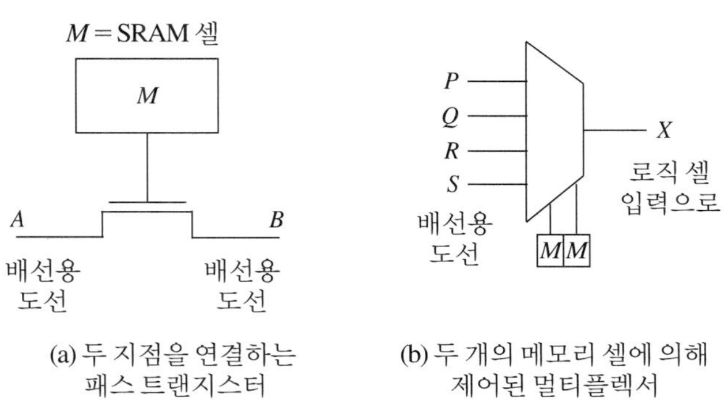

그림 3-28 SRAM 프로그래밍 기술을 가진 배선

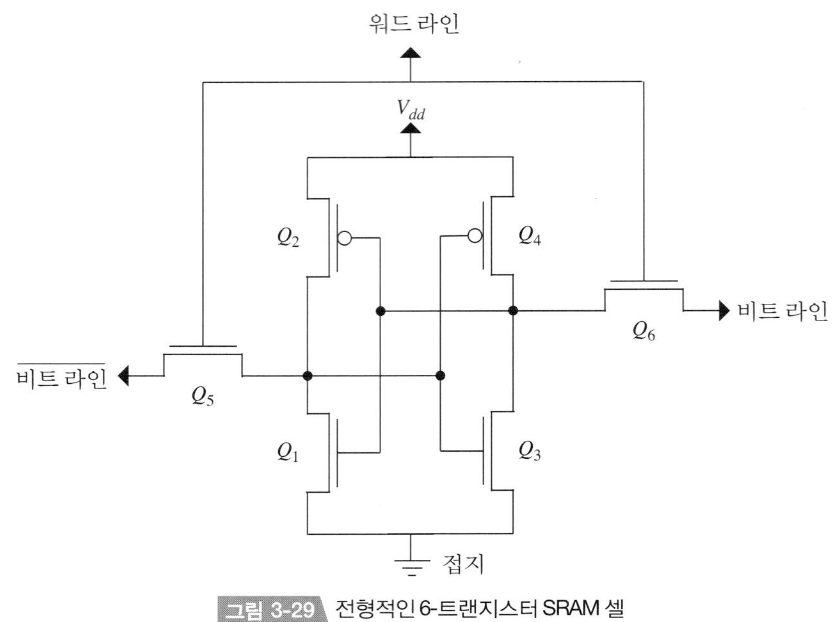

그림 3-29 전형적인 6-트랜지스터 SRAM 셀

휘발성이라는 특징이 FPGA를 이용하여 제작한 최종 생산품일 때는 또한 단점이 된다. 따라서 SRAM FPGA를 사용할 때에는 비휘발성 장치, 예를 들면 EEPROM 같은 것을 사용해서 구성 비트를 영구히 저장하기 위해 함께 사용하여야 한다. 일반적으로, EPROM은 "부팅동작용 ROM"으로 사용되고, 시스템의 전원이 켜지면 그때 EPROM의 데이터가 SRAM으로 전해진다.

Xilinx FPGA들이 SRAM을 이용하여 프로그램화한 최초의 FPGA들이다. 실제로 설계 유연성과 재프로그램 능력이 SRAM 기반의 FPGA가 널리 사용되게 된 이유이다. 최근에는 많은 FPGA 제조회사들이 SRAM 기반 프로그래밍 기술을 사용한다.

EPROM/EEPROM 프로그래밍 기술

EPROM/EEPROM의 프로그래밍 기술에서, EPROM 셀들은 프로그램하려는 연결선들을 제어하기 위해 사용한다. 그림 3-28에서 SRAM 셀 대신에 EPROM/EEPROM 셀이 사용된다고 가정해 보자. 플로팅 게이트(floating gate)와 제어 게이트(control gate)를 가지고 있는 트랜지스터가 EPROM 셀을 만드는 데 사용된다. 그림 3-30은 EPROM 셀의 모습이다. 풀업 저항(pull-up resistor)이 트랜지스터의 드레인(drain)을 전원(그림의 V_{dd})에 연결한다. 트랜지스터를 OFF 하기 위해, 전하는 제어 게이트와 트랜지스터 드레인 사이의 높은 전압을 사용하여 플로팅 게이트에 부가된다. 이 전하가 트랜지스터의 문턱전압(threshold voltage)을 상승시켜 OFF 상태로 만든다. 이 전하는 자외선을 사용한 빛을 플로팅 게이트에 가해줌으로써 사라진다. 이것은 트랜지스터의 문턱전압을 낮추고 적절히 그 기능을 수행하게 한다.

EEPROM은 SRAM보다는 느리다; 따라서 SRAM 기반의 FPGA는 EEPROM 기반의 FPGA

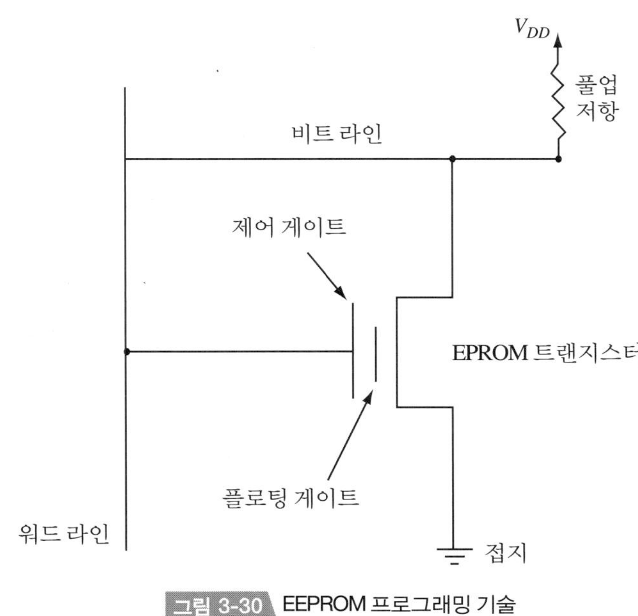

그림 3-30 EEPROM 프로그래밍 기술

보다 더 빨리 프로그램될 수 있다. 또한 EEPROM은 SRAM보다 더 많은 처리 과정이 필요하다. EPROM 기반의 스위치들이 높은 ON 저항과 높은 정적 소비전력을 가지고 있다. EEPROM은 EPROM과 유사하며, 단지 게이트 전하의 제거가 전기적으로 이루어진다.

플래시 메모리는 EEPROM의 형태이며, 한 번에 여러 부분을 지울 수 있다. 플래시 메모리는 전형적인 EPROM처럼 플로팅 게이트 트랜지스터들에 정보를 저장한다. 플로팅 게이트는 절연 산화층(insulating oxide layer)으로 격리되어 있어서 이 부분의 전자는 나가지 못한다. 셀은 제어 게이트에 특정 전압이 걸리게 되면 읽혀진다. 읽혀질 전압이 가해지면 전류가 셀의 문턱전압에 따라서 흐르거나 흐르지 않고, 이것은 플로팅 게이트 내의 전자 수에 의해 결정된다. 몇몇 장치에서 정보는 전류가 있거나 없거나를 통하여 저장된다. 좀 더 발전된 장치에서는 얼마의 전류가 흘렀는지를 감지하여 한 셀에 다수의 비트 정보를 저장한다. 지우기 위해서는 제어 게이트와 소스 사이의 전압 차이를 통하여 OFF시킨다. 플래시 메모리는 세그먼트/섹터 단위로 지워진다(동시에 블록 안에 있는 모든 셀을 지움).

안티 퓨즈 프로그래밍 기술

몇몇 FPGA에서, 서로 다른 지점 사이의 프로그램 가능한 연결은 "안티 퓨즈(antifuse)"라고 불리는 것에 의하여 이루어진다. 높은 전류가 두 지점을 통과함으로써 퓨즈 배선이 열리는 것과 대조적으로, 높은 전압이 걸릴 때 "안티 퓨즈" 프로그래밍 요소는 높은 저항(open)에서 낮은 저항(closed)으로 바뀐다. 안티 퓨즈는 N+ 확산 영역과 폴리실리콘(polysilicon) 사이의 유전체 층(dielectric layer) 또는 금속 층(metal layer) 사이의 비결정 실리콘(amorphous silicon)을 사

표 3-8 주요 FPGA 프로그래밍 기술들의 비교

프로그래밍 기법	휘발성	프로그램 능력	면적 사용량	저항	용량
SRAM	휘발성	In-circuit	큼	보통~높음	높음
EPROM	비휘발성	Out-circuit	작음	높음	높음
EEPROM	비휘발성	In-circuit	보통~큼	높음	높음
안티 퓨즈	비휘발성	불가	작음	작음	작음

용하여 만든다. 안티 퓨즈는 일반적으로 OFF 상태이다. 프로그램될 때 영구적으로 연결된 링크가 만들어진다. 공정 과정은 되돌릴 수 없기 때문에, 안티 퓨즈 FPGA는 단지 한 번만 프로그램이 가능하다. 안티 퓨즈를 프로그래밍하기 위해서는 일반 전류를 초과하는 고전압과 전류가 필요하다. 일반적인 트랜지스터보다 큰 특수한 프로그래밍 트랜지스터가 FPGA 장치에 주입되어 프로그래밍이 가능하게 한다. 여기에는 다양한 안티 퓨즈 방법들이 있지만, 그 중에서 가장 많이 사용되는 방법은 Via 안티 퓨즈 기법이다.

안티 퓨즈 기법은 프로그램 가능한 스위치가 작아서 면적 사용을 적게 하는 장점이 있다. 또 다른 장점은 SRAM, EPROM 기반의 스위치보다 빠르다는 것이다. 그러나 단점은 재프로그램이 불가능하다는 것이다. 한 번 이루어진 배선이 영구적이어서 오류가 있거나 새 디자인이 필요할 때는 새 장치가 필요하다.

프로그래밍 기법의 비교

표 3-8은 FPGA에 사용된 주요 프로그래밍 기법들의 특징을 비교한 것이다. SRAM과 EEPROM 프로그래밍 기법만이 In-circuit 프로그램 기능을 수행할 수 있다. In-circuit 프로그램 기능의 의미는 보드에서 FPGA를 제거하지 않으면서 재프로그램을 할 수 있다는 것이다. In-circuit 프로그램 기능은 전통적 EPROM 기반의 디바이스에서는 가능하지 않지만 EEPROM/플래시 기법들에서는 지원한다.

SRAM FPGA는 면적을 많이 차지하며, 타이밍 지연이 크고, 휘발성 등의 여러 가지 단점이 있다. 그러나 In-circuit 프로그램 기능과 빠른 프로그램 능력 때문에 널리 사용된다. SRAM FPGA들은 프로그램 지점마다 6개의 트랜지스터를 사용함에 따라 다른 종류의 FPGA보다 가격이 비싸다. 이러한 프로그램 지점에 있는 추가 하드웨어는 단지 재프로그램 기능에만 기여하며, FPGA에 의해 실현되는 회로들에는 기여하는 바가 없다. EEPROM/플래시 기반의 FPGA들은 SRAM 기반의 FPGA와 여러 가지 관점에서 비교될 수 있지만 SRAM FPGA만큼 빠르지 않다.

3.4.3 프로그래머블 로직 블록 구조

과거의 FPGA들은 기본 빌딩 블록으로 다양한 종류의 프로그래머블 로직 블록을 사용하였다. 이 장에서는 널리 사용되는 FPGA들의 일반적인 기본 빌딩 블록 구조에 대해서 소개한다.

로직 블록의 기본구조는 사용되는 기본 구성요소에 따라서 바뀐다. 예를 들면 어떤 FPGA는 LUT 기반으로 되어 있고, 또 어떤 것들은 멀티플렉서와 논리 게이트 기반으로 되어 있는 것도 있다. 또한 로직 블록이 트랜지스터 쌍(예, crosspoint FPGAs)으로 간단히 구성되어 있는 것도 있다. 초기 버전의 Altera FPGA에서 로직 빌딩 블록들은 PLD 블록으로 구성되어 있었다. 또한 NAND 게이트 기반의 FPGA도 있었다(예, Plessey).

또한 로직 블록은 구조나 크기에 따라서도 변화한다. 어떤 FPGA들은 큰 기능을 수행하기 위해 기본 로직 블록이 큰 경우(4~5개의 변수를 갖는 몇 개의 기능 블록이 합쳐진)도 있고, 각 로직 블록 안에 몇 개의 플립플롭을 가지고 있는 것도 있다. 반면에 세 개의 변수 기능과 하나의 플립플롭만을 갖는 구조의 FPGA도 있다. 몇몇 FPGA는 래치를 사용하거나 사용하지 않도록 선택을 할 수 있거나 두 가지 종류의 출력이 사용될 수 있도록 하는 기능이 있다. 몇몇 FPGA는 플립플롭이 구현되도록 제어할 수 있는 기능을 가진 것도 있다. 또 어떤 것들은 포지티브/네거티브 클럭을 지원하거나 플립플롭의 직접 셋/리셋을 지원하는 기능이 있다. FPGA 공급자마다 그들이 사용하는 로직 블록의 이름을 다르게 한다. 예를 들면 Xilinx사는 **Configurable Logic Block (CLB)**이라고 하며, Altera사 같은 경우 **Logic Element(LE)**, 그리고 8개 또는 10개 정도의 LE가 모여 있는 것은 **Logic Array Block(LAB)**이라고 한다. Actel 퓨전 FPGA의 기본 셀은 **VersaTiles**라고 한다.

룩업 테이블(LUT) 기반의 프로그래머블 로직 블록

많은 종류의 LUT 기반의 FPGA들은 네 개의 변수를 갖는 LUT과 플립플롭을 더하여 기본요소를 이루고, 이러한 기본요소를 조합하여 만든다. 그림 3-31의 구조를 살펴보자. 이 프로그래머블 로직 블록에는 네 개의 변수를 갖는 룩업 테이블(**LUT4**라고도 함)이 두 개가 있고 두 개의 플립플롭이 있다. LUT4는 네 개의 변수로 이루어진 어떤 로직도 구현할 수 있기 때문에 **4변수 함수 생성기**(function generator)라고도 한다. 두 개의 LUT4는 네 개의 변수를 갖는 두 개의 함수를 구현할 수 있다. X 함수 생성기의 입력은 X_1, X_2, X_3, X_4이고, Y 함수 생성기의 입력은 Y_1, Y_2, Y_3, Y_4이다. 블록의 출력(X와 Y)을 조합회로나 래치된 형태로 만들어낼 수 있다. 로직 블록 안에는 두 개의 D 플립플롭이 있다. D 플립플롭은 입력 신호들, 즉 클럭 인에이블, 셋, 리셋 신호를 가질 수 있는 다목적 기능이 있다. 멀티플렉서는 조합회로 또는 래치회로의 출력을 선택할 수 있다. "M"이라고 표기된 작은 네모칸(멀티플렉서 바로 밑)은 래치되거나 래치되지 않는 것을 적절히 선택하기 위해 적절한 신호를 제공하는 데 필요한 메모리 셀을 나타낸다. XC3000 같은 Xilinx사의 초기 버전 FPGA들이 이와 유사한 구조로 되어 있다.

그림 3-31에서처럼 프로그래머블 로직 블록을 가지고 있는 FPGA를 사용하여 함수 $F_1 = A'B'C + A'BC' + AB$를 구현한다고 가정해 보자. 왜냐하면 이 식은 세 개의 변수를 가지고 있어

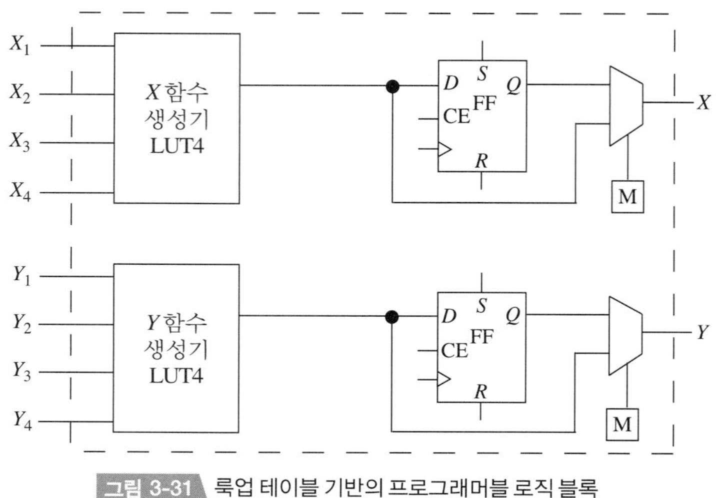

그림 3-31 룩업 테이블 기반의 프로그래머블 로직 블록

서 네 개의 입력을 갖는 LUT로 구현하기에 충분하다. 그림 3-32에서 하이라이트된 부분은 X 함수 생성기(맨 위쪽 LUT)가 사용된다고 가정해 보자. 또한 LUT에서 X_1은 LSB이고 X_4는 MSB라고 가정하자. 그러면 F_1이 세 개의 입력만을 사용하기 때문에 X_4 입력은 사용되지 않는다. 이 수식을 표현하기 위해서 진리표를 작성할 수 있으며, LUT의 값이 유도될 수 있다.

F_1 함수를 구현하기 위한 LUT의 값들은 순서대로 0, 1, 1, 0, 0, 0, 1, 1, 0, 1, 1, 0, 0, 0, 1, 1이 될 것이다. 함수가 진리표 형식으로 표현될 때, LUT에서 처음 8비트는 진리표의 출력을 반영한다. 왜냐하면 입력 X_4가 0으로 매핑되지 않으면, 처음 8비트는 X_4가 사용되지 않더라도 X_4 입력이 로직 1의 상태에 머물러 있도록 반복되어진다. 함수가 LUT 형태로 저장되어 있으므로, 함수에서의 항의 개수는 중요하지 않다. 항을 줄이려는 일반적인 최소화는 적절하지 않다. 중요한

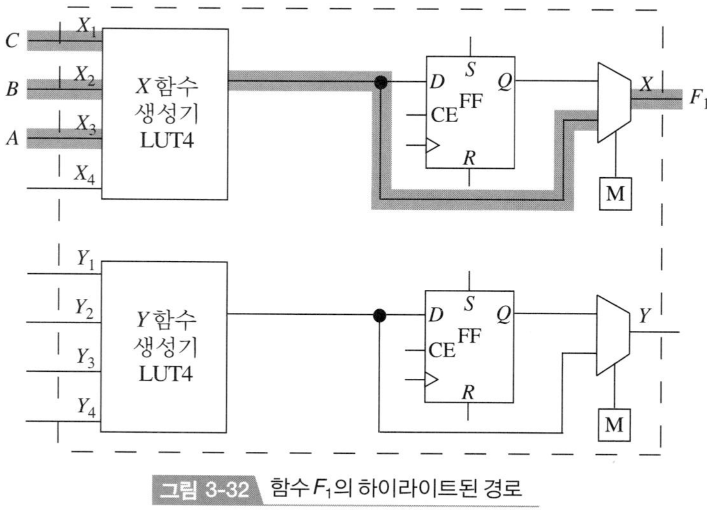

그림 3-32 함수 F_1의 하이라이트된 경로

것은 입력되는 변수의 개수이다.

많은 상용 FPGA들은 LUT를 사용한다. 예를 들면 Xilinx사의 Spartan/Virtex, Altera사의 Cyclone II/APEX II, QuickLogic사의 Eclipse/PolarPro, Lattice Semiconductor사의 ECP 등이 있다. 많은 FPGA들이 블록 안에 최소한 두 개, 많게는 네 개 이상의 입력을 갖는 LUT를 가지고 있고, 어떤 것들은 LUT와 더불어 멀티플렉서를 가지고 있다.

멀티플렉서와 게이트 기반의 로직 블록

어떤 FPGA들은 멀티플렉서를 기본 빌딩 블록으로 사용한다. 이미 알고 있는 바와 같이 어떤 조합회로이든지 멀티플렉서만 사용해도 구현할 수 있다. 일반적으로 4:1 멀티플렉서는 어떤 두 개의 입력을 가지고 있는 함수를 구현할 수 있다. 만약 반전된 입력 신호가 제공된다면, 4:1 멀티플렉서는 어떤 세 개의 입력을 가지고 있는 함수를 구현할 수 있다. 그림 3-33은 멀티플렉서 기반의 기본 블록을 보여준다. ACT I과 ACT II 같은 초기 Actel FPGA들은 이러한 로직 블록들과 유사하다.

4:1 프로그래머블 멀티플렉서 구조를 갖는 FPGA를 이용하여 함수 $F_1 = A'B'C + A'BC' + AB$를 구현한다고 가정해 보자. 세 개의 입력 중 두 개는 멀티플렉서의 선택 라인(select line)에 연결될 수 있다. 그리고 위의 함수를 구현하기 위해서는 멀티플렉서의 데이터 입력 라인에 적절한 신호를 제공해주어야 한다. 이 입력을 유도해 내기 위해 먼저 아래와 같은 진리표를 만든다.

A	B	C	F	$\{0, 1, C, C'\}$의 항에서 멀티플렉서 입력
0	0	0	0	}C
0	0	1	1	
0	1	0	1	}C′
0	1	1	0	
1	0	0	0	}0
1	0	1	0	
1	1	0	1	}1
1	1	1	1	

A와 B가 멀티플렉서의 선택 입력과 연결되었다고 가정하자. 다음은 함수의 세 번째 변수로서 멀티플렉서의 입력으로 사용될 입력 신호를 유추해 내야 한다. 세 번째 변수는 C이고, 네 개의 값 $\{C, C', 0, 1\}$ 중에 한 개를 제공함으로써 어떤 세 개의 변수를 표현할 수 있다. 진리표에서 처음 두 행을 살펴보자. $AB = 00$일 때 $F = C$이며, 이와 마찬가지로 세 번째와 네 번째 행을 살펴보면 $AB = 01$일 때 $F = C'$이다. $AB = 10$일 때 C의 값에 상관없이 $F = 0$이다. $AB = 11$일 때 위의 함수 값은 1이다. 진리표의 마지막 열은 필요한 멀티플렉서의 입력을 표시한다. 따라서 그림 3-34에서 보여주는 연결을 가지고 있는 4:1 멀티플렉서가 함수 F_1을 구현한다.

앞의 세 절에서는 FPGA에 대한 일반적인 구조와 로직 블록의 종류 및 프로그래밍 기술의 개

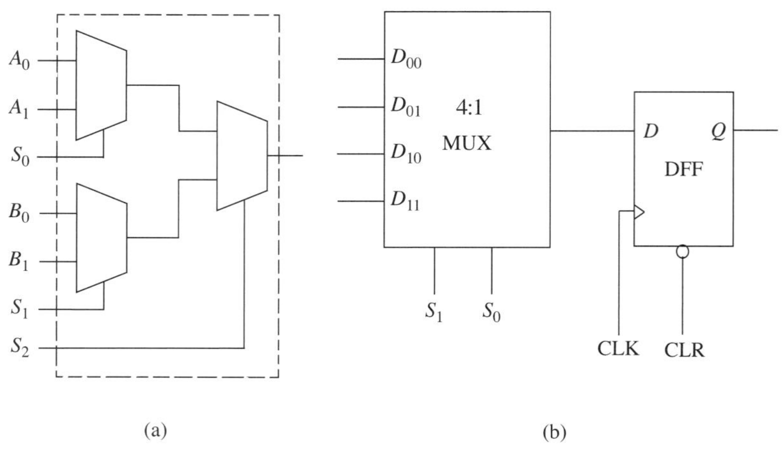

그림 3-33 멀티플렉서 기반의 로직 블록

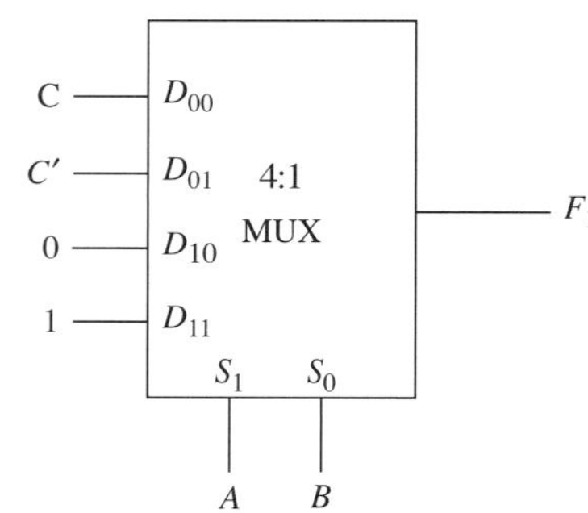

그림 3-34 함수 F_1을 구현한 멀티플렉서

표 3-9 상용 FPGA의 구조, 기술, 로직 블록의 타입

제조회사	FPGA 이름	일반적인 구조	로직블록 타입	프로그래밍 기법
Actel	ProASIC/ProAsic3 /ProASIC^{plus}	Sea of Tiles	멀티플렉서와 기본 게이트	SRAM
	SX/SXA/eX/MX	Sea of Modules	멀티플렉서와 기본 게이트	안티 퓨즈
	Accelerator	Sea of Modules	멀티플렉서와 기본 게이트	SRAM
	Fusion	Sea of Tiles	멀티플렉서와 기본 게이트	플래시, SRAM
Xilinx	Virtex	대칭적 어레이 기반	LUT	SRAM
	Spartan	대칭적 어레이 기반	LUT	SRAM
Atmel	At40KAL	셀 기반	멀티플렉서와 기본 게이트	SRAM
QuickLogic	Eclipse II	유연성 있는 클럭	LUT	SRAM
	PolarPro	셀 기반	LUT	SRAM
Altera	Cyclone II	2차원 행렬 기반	LUT	SRAM
	Stratix II	2차원 행렬 기반	LUT	SRAM
	Apex II	행렬 기반 (계층적 상호연결선)	LUT	SRAM

요에 대하여 살펴보았다. 상용 FPGA의 일반적인 구조, 프로그래밍 기법, 로직 블록의 종류에 대한 것이 표 3-9에 정리되어 있다. Xilinx사와 Altera사는 LUT 기반의 매우 일반적인 FPGA를 제공하며, Actel사는 멀티플렉서 기반의 FPGA를 생산한다. 비록 SRAM 프로그래밍 기술이 비용이 많이 들지만 일반적으로 많이 사용된다.

3.4.4 프로그래머블 배선

FPGA의 핵심 요소는 프로그램 로직 블록 사이에 산재해 있는 프로그램 가능한 배선이다. 상용 FPGA들마다 프로그램 가능한 배선 구조가 다르며, 벤더마다 FPGA의 프로그램 가능한 배선 구조를 달리 명칭하고 있다.

대칭적 어레이 구조를 가진 FPGA들의 배선 구조

이 절에서는 대칭적 어레이 구조를 가진 FPGA들의 내부 배선 구조를 위해 사용되는 기본구조에 대해 살펴볼 것이다.

범용 배선 구조 많은 FPGA들은 내부 배선용 도선들이 연결되어 있는 스위치 행렬 기반의 배선 구조를 사용한다. 스위치 행렬 기반의 배선 구조는 그림 3-35(a)에서 보여주는 바와 같고, 많은 FPGA들이 이와 같은 구조를 사용한다. 전통적 방법의 스위치 행렬 기반의 배선 구조는 그림 3-35(b)에 잘 표현되어 있으며, 전통적 방법에서는 각 교차점마다 스위치가 있다. 모든 선마다 연결이 가능하도록 만들어진 스위치 행렬은 가격이 매우 비싸다. 연결성 또한 종종 교차점의 일부분만으로 제한적이며, 게다가 동시에 이 연결선들이 연결되는 것도 아니다. 그림 3-35(b)의 스위치 행렬에서 스위치 옆의 각 선들은 스위치들의 조합을 통하여 다른 선들과 연결될 수 있다. 이러한 종류의 연결을 지원하기 위해서는 그림 3-35(c)에서처럼 스위치 행렬의 6개 각각의 교차점이 연결될 수 있도록 지원하여야 한다.

SRAM 셀, 플래시 메모리 셀, 안티 퓨즈 등 FPGA의 프로그래밍 기술에 따라서 스위치의 구성을 제어한다. FPGA 안의 로직 블록 사이에 산재되어 있는 스위치 행렬은 칩 안에 임의의 배선을 가능하도록 한다. 그러나 스위치 행렬이 차지하는 면적 및 시간지연이 크다. 만약 신호가 스위치 행렬 몇 개를 거쳐 지난다고 하면, 분명히 신호의 지연이 일어날 것이다. 게다가 이러한 신호의 지연은 몇 개의 스위치 행렬을 지나는가에 의존하기 때문에 변화할 수 있고 예측이 불가능하다. CPLD의 배선 자원은 보다 제한적인 반면, 배선이 되고나면 더 작고 예측할 수 있는 신호의 지연들을 초래할 것이다.

직접 연결 구조 많은 FPGA들은 인접 로직 블록 간에 특수한 연결 구조를 제공한다. 이러한 연결 구조는 배선 행렬(routing matrix)을 통과하지 않기 때문에 속도면에서 상당히 빠르다. 많은 FPGA들은 상, 하, 좌, 우 네 방향의 직접 연결 구조를 제공하는데, 그림 3-36에서 직접 연결 구

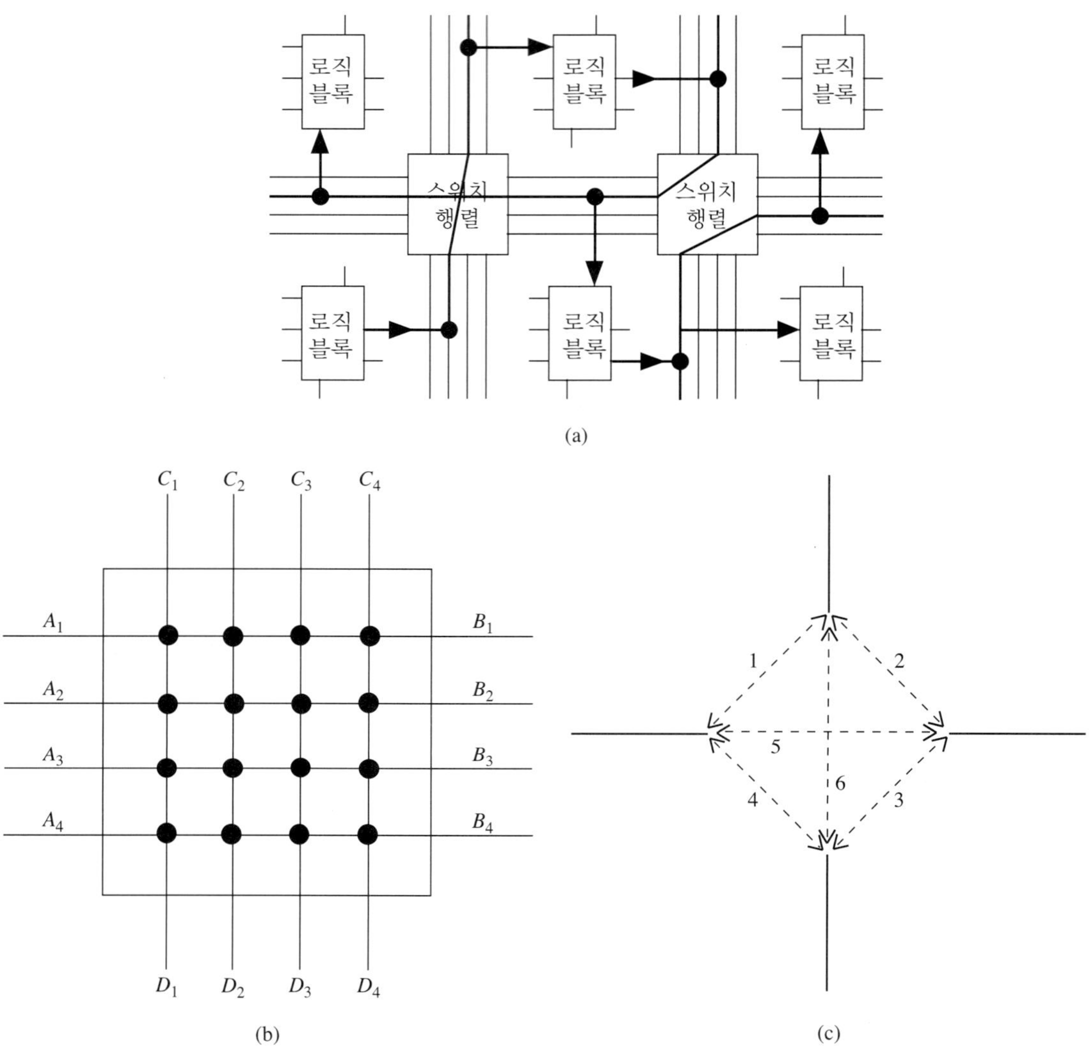

그림 3-35 배선 행렬을 위한 FPGA의 범용 목적 배선 구조

조의 예를 보여주고 있다. 어떤 경우에는 대각선 방향을 포함하여 총 8개의 인접 로직 블록과의 연결이 가능한 특수한 연결 구조를 가지고 있는 것도 있다(그림 3-36(b) 참조). 직접 연결 구조에서는 스위치 행렬을 통해 신호가 지나가지 않고 전용 스위치(dedicated switch)를 지나가게 되므로 시간지연이 작다. 이 직접 연결 방법이 몇몇 Xilinx FPGA에서 사용된다.

글로벌 연결선 높은 팬아웃(fan-out)과 낮은 스큐(low-skew) 클럭 분배(clock distribution) 같은 목적을 위해 대부분의 FPGA들은 디바이스 전체 전폭(entire width/height)을 연결하는 배선 구조를 가지고 있다. 두 개 또는 네 개의 전체 연결선들은 수직과 수평 방향으로 되어 있다. 그림 3-37은 FPGA 내부의 **수평 연결선** 구조를 보여주며, 로직 블록들은 전체 연결선과의 연결을 위

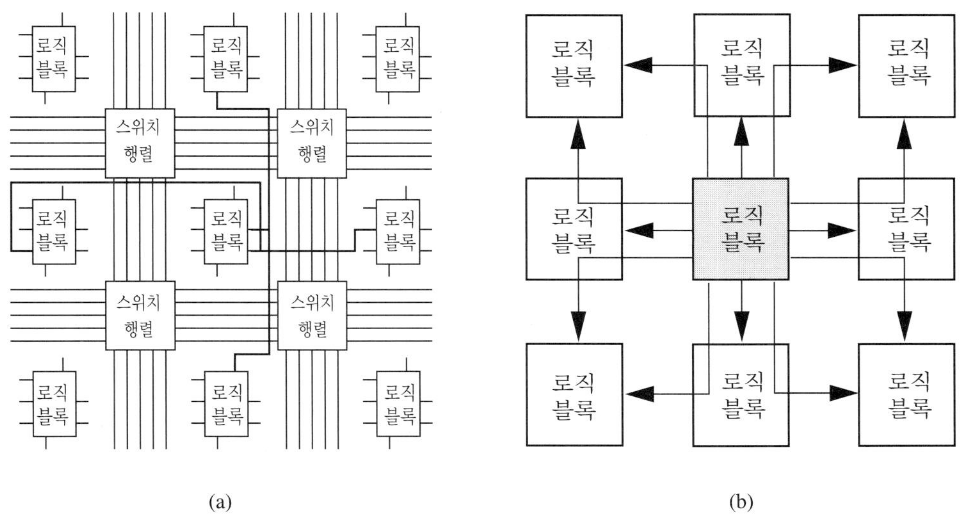

그림 3-36 인접 로직 블록 간 직접 배선 구조

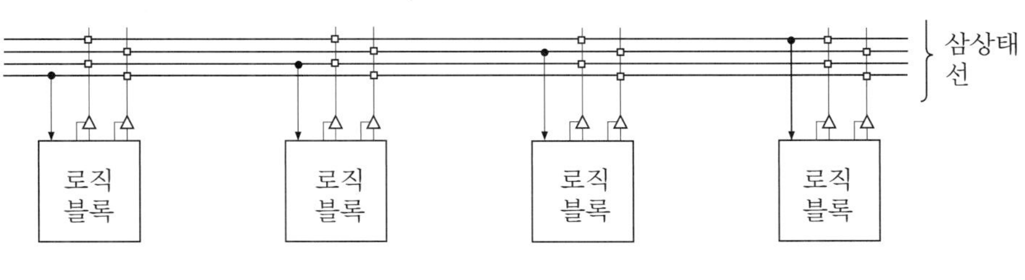

그림 3-37 전체 연결선

해서 삼상태 버퍼를 가지고 있다.

➜ 클럭 스큐

최근의 FPGA 칩들은 수백만 개의 게이트로 이루어져 있다. 클럭 신호가 이러한 큰 칩의 여러 부분에 걸쳐 분산되어 있을 때, 클럭을 전달하는 선들은 시간지연을 수반하게 되고 이에 따라 클럭의 에지가 도달하는 시간이 각 부분마다 다르게 된다. 플립플롭이나 다른 장치에 도달하는 실제 에지의 차이를 클럭 스큐(clock skew)라고 한다. 클럭 스큐는 마이크로프로세서를 포함한 큰 시스템들에서 문제를 발생시킨다. 신중하게 계획된 클럭 분배회로(clock distribution circuit)가 클럭 스큐의 영향을 최소화하기 위해서 모든 시스템에 적용되고 있다. 최근 FPGA들은 충분한 신호의 강도와 낮은 클럭 스큐를 위해 특별한 클럭 분배회로를 가지고 있다.

행 기반 FPGA의 배선 구조

앞에서 언급된 많은 배선 구조들은 2차원 어레이 구조의 로직 블록(예, Xilinx)을 갖는 대칭적 어레이 FPGA의 전용 구조이다. 행 기반의 FPGA들은 로직 블록이 행으로 되어 있으므로 로직 블록을 연결하기 위해 채널 기반의 스위치가 있다. 여러 스위치들은 한 행의 로직 블록에서 다른 행으로의 신호 전달을 위해 사용된다. 행들 사이에는 배선 채널 안에 스위치의 어레이(arrays of switch)가 있다. 이러한 FPGA들의 배선 자원들은 전통적 게이트 어레이 안의 배선과 매우 유사하다.

행 기반 채널 구조의 배선 방법은 **분할형 배선**(segmented routing)과 **비분할형 배선**(nonsegmented routing)의 두 가지로 분류할 수 있다. 여러 다양한 종류의 채널 배선을 이해하기 위해 그림 3-38(a)에서 연결선 x, y, z를 고려해 보자. 그림 3-38(b)는 비분할형 채널 배선의 구조에 대해 나타내고 있다. 아래 그림에서 세 개의 행 또는 트랙이 있고 교차점마다 몇 개의 수직선과 스위치가 있다. 비록 이러한 종류의 배선을 사용하는 FPGA들은 전형적으로 안티 퓨즈 FPGA이지만, 스위치들은 기술적으로 어떤 프로그래밍 기술(SRAM, EPROM, 안티 퓨즈)이든지 사용할 수 있다. 원하는 연결은 스위치들을 적절히 프로그래밍함으로써 얻을 수 있다. x로 표시된 사이의 연결은 첫 번째 행의 1번과 4번 스위치를 연결함으로써 이루어진다. 이것을 일반적으로 연결선 x(net x)

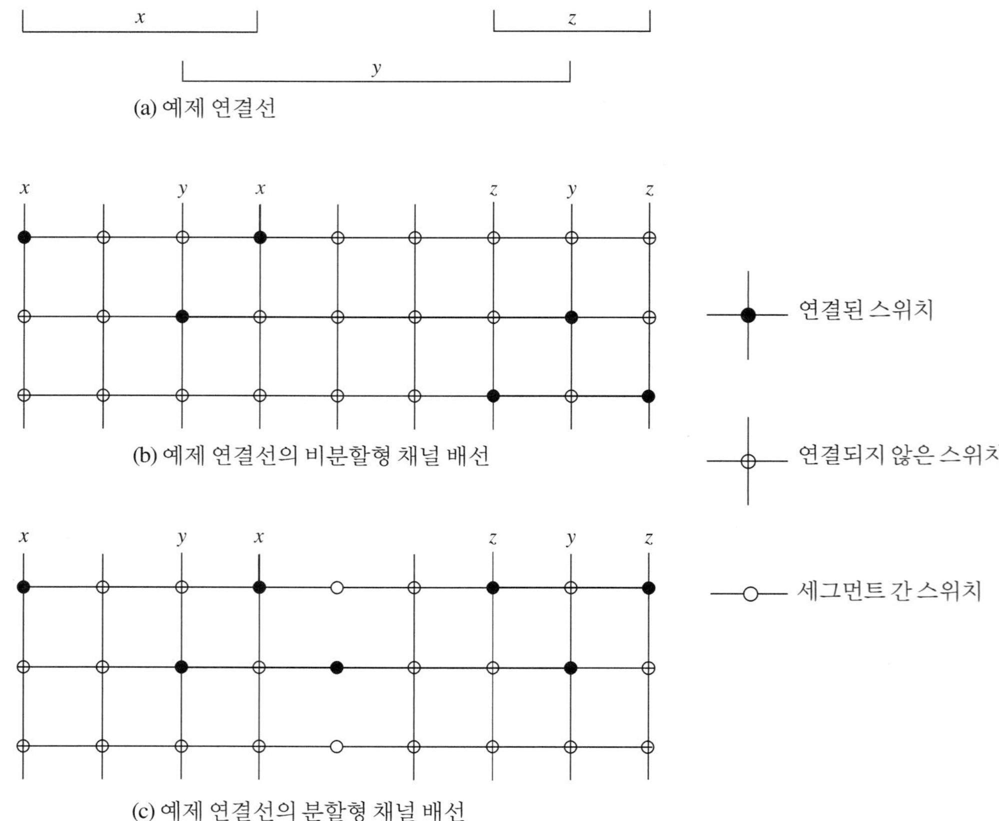

그림 3-38 행 기반 FPGA에서 전형적인 배선 자원들

라고 한다. 연결선 x는 간단히 x라고 이름지어진 선을 의미한다. 연결선 y의 연결은 두 번째 행의 세 번째와 여덟 번째 스위치를 연결함으로써 이루어진다. 이것은 첫 번째 행은 연결선 x를 위해서만 사용되고 그 이외의 연결을 위해서는 사용될 수 없음을 의미한다. 마찬가지로, 두 번째 행은 연결선 y를 위해서만 배타적으로 사용된다. 그래서 이러한 연결 자원의 문제점은 비록 짧은 구간의 연결일지라도 전체 행(entire row)을 꼭 사용해야 한다는 점이다(full-length 트랙). 그러므로 이러한 종류의 채널 배선 구조가 차지하는 면적이 매우 크다.

이러한 연결선 구조에서는 full-length 트랙을 사용함으로써 발생되는 면적의 오버헤드를 줄이기 위해 그림 3-38(c)에서처럼 **분할형 트랙**을 사용할 수 있다. full-length 트랙을 대신하기 위해 트랙이 세그먼트 단위로 분할되어 있다. 첫 번째 행에 있는 트랙이 두 개의 세그먼트로 나누어져 있으면 한 개의 추가적인 연결선을 위해서 같은 트랙을 사용할 수 있다. 예를 들면 그림 3-38(c)와 같이 연결선 x와 연결선 z가 첫 번째 행에 동시에 배선될 수 있다. 이것이 분할형 트랙 배선의 원리이다. 이 방법을 사용하면 더 많은 연결선들이 같은 수의 트랙을 사용해서 연결될 수 있다. 그러나 긴 연결선들끼리 연결되어야 한다면 세그먼트 간 스위치(intersegment switch)가 세그먼트들을 연결하는 데 사용되어야 한다. 이러한 스위치들은 좀 더 큰 저항과 커패시터들이 연결선에 걸리게 되지만 전체적으로 배선 구조를 위한 면적은 줄어들게 된다.

3.4.5 프로그래머블 I/O 블록

FPGA의 I/O 패드는 프로그래머블 I/O 블록과 연결되어 있는데, 이는 로직 블록과 외부와의 요구되는 형식으로 연결할 수 있도록 편리성을 제공한다. 최근 FPGA들의 I/O 블록은 입력 및 출력 핀, 조합 또는 래치 상태, 삼상태 또는 반전(inverted) 상태 등 다양한 입출력 상태에 따라서 이에 맞추어 사용할 수 있다.

그림 3-39는 입출력 블록의 예이다. 각각의 입출력 블록(I/OB)은 다수의 입출력 옵션을 가지고 있으며, 이것은 그림에서 M으로 표시되어 있는 박스인 구성 메모리(configuration memory)에 의해 선택된다. 입출력 패드는 입력 또는 출력으로 프로그램될 수 있다. 만약 셀이 출력으로 사용되려면 삼상태 버퍼가 반드시 인에이블되어야 하며, 입력으로 사용되려면 출력 쪽이 하이 임피던스(high-impedance) 상태가 되도록 삼상태 버퍼를 제어하여야 한다.

플립플롭은 입출력 블록의 값들을 저장하기 위해 사용되며, 직접 입력 또는 출력인 경우에는 통과하게 된다. 많은 FPGA 상에서의 입력 플립플롭은 에지 트리거된 D 플립플롭으로 프로그램된다. 만약 입출력 핀이 사용되지 않으면, 입출력 플립플롭은 데이터를 저장하는 데 사용될 수 있다.

구성 메모리 셀(M으로 표시된 부분)은 입출력 블록과 연관된 다양한 종류의 제어를 위해 사용된다. 출력 신호는 필요한 경우에 입출력 블록에서 반전될 수 있다. 반전은 XOR 게이트를 사용

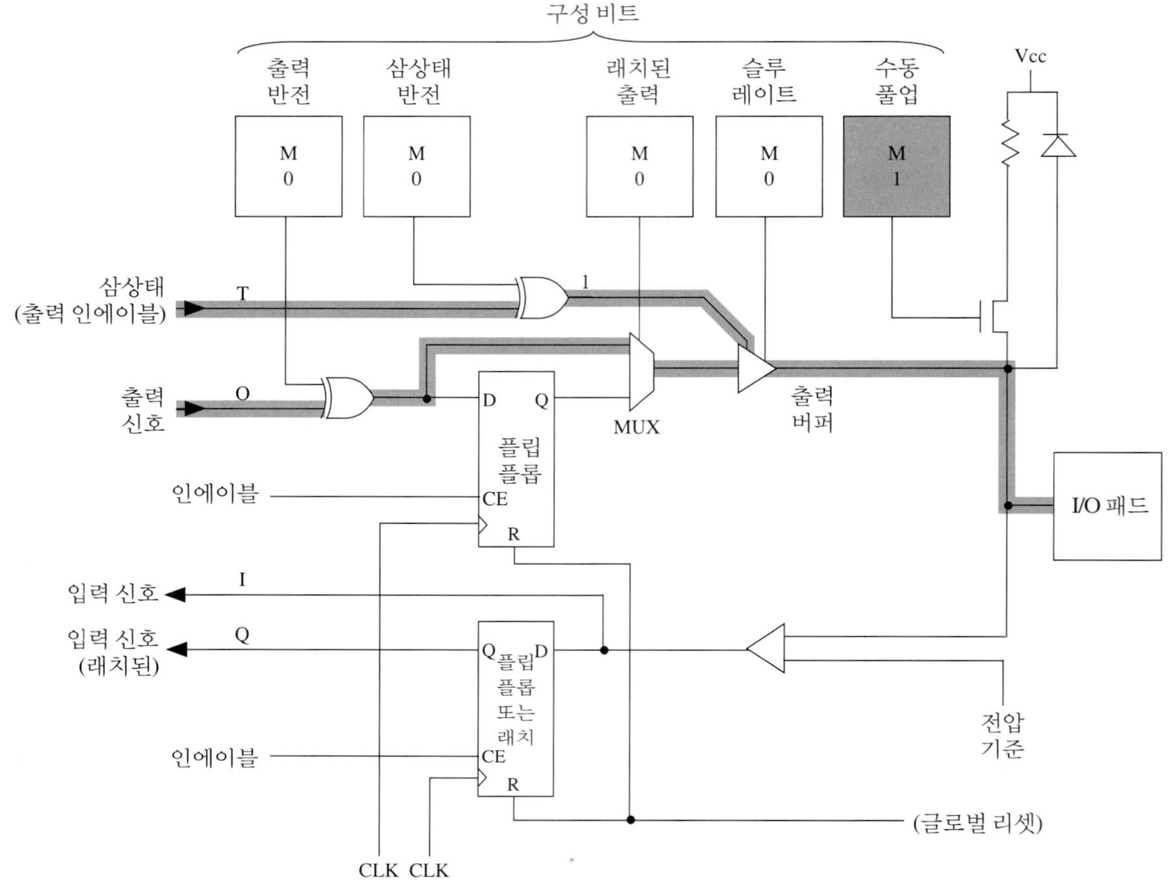

그림 3-39 FPGA를 위한 프로그래머블 I/O 블록

하여 할 수 있다. 출력 신호가 XOR 게이트를 통과할 때 OUT-INVERT 셀의 구성 비트의 값에 따라 반전되거나 또는 반전되지 않는다. 3-STATE INVERT의 구성 비트는 하이(high) 또는 로우(low)의 삼상태 버퍼를 제어하기 위한 신호 정보를 만드는 데 사용된다. 만약 *3-STATE* 신호가 1이면 *3-STATE INVERT*의 비트 값은 0이며(또는 *3-STATE* 신호가 0이면 *3-STATE INVERT*의 비트 값은 1), 출력 버퍼는 하이 임피던스 값을 갖게 된다. 그렇지 않으면 버퍼는 입출력 패드에 출력을 전달하게 된다. 입출력 패드가 입력으로 사용될 때, 출력 버퍼는 반드시 하이 임피던스 상태가 되어야 한다. 외부의 신호가 입출력 패드로 들어오며 이 신호는 D 플립플롭에 입력된다. 버퍼의 출력은 로직 어레이에 *DIRECT IN* 신호를 제공한다. 또 다른 경우로서 입력 신호는 D 플립플롭에 저장할 수 있고, 이는 *LATCHED IN* 신호를 로직 어레이로 전한다.

LATCHED OUTPUT 구성 비트는 출력이 래치 또는 조합 형태인지를 결정한다. 어떻게 *LATCHED OUTPUT* 비트가 프로그램되는지에 따라서 *OUT* 신호 또는 플립플롭의 출력 신호가 출력 버퍼로 전달된다. *SLEW RATE* 비트는 출력 신호가 변화할 수 있는 비율을 제어한다. 출

력 신호가 외부의 다른 장치로 전달될 때, 슬루 레이트의 감소는 출력 신호가 자주 바뀜에 따른 노이즈의 발생을 줄이기 위해 필요하다. *PASSIVE PULL-UP* 비트가 셋되면 풀업 저항이 입출력 패드에 연결된다. 이 내부의 풀업 저항은 부정확한 플로팅 입력이 사용되지 못하도록 하는 데 이용된다. 그림에서 하이라이트된 경로는 삼상태 버퍼 인에이블되고 풀업 저항을 사용하는 경우의 출력으로 구성된 I/O 블록을 나타낸다.

➔ 입출력 표준

초기의 FPGA들은 TTL 또는 CMOS 신호 두 가지를 지원하였지만, 최근에는 더 많은 입출력 신호를 위한 표준이 존재한다. 최근 FPGA에서의 입출력 블록은 입출력 신호를 여러 표준으로 변화가 가능하다. 몇 개의 입출력 표준을 살펴보면 다음과 같다.

LVTTL: low-voltage transistor-transistor-logic
PCI: peripheral component interconnect
LVCMOS: low-voltage complementary metal-oxide semiconductor
LVPECL: low-voltage positive emitter-coupled logic
SSTL: stub-series terminated lgoic
AGP: advanced graphics port
CTT: center tap terminated
GTL: gunning transceiver logic
HSTL: high-speed transceiver logic

몇몇 입출력 표준은 5V를 사용하며 3.3V를 사용하는 것도 있고 심지어 1.5V를 사용하는 것도 있다. LVTTL은 3.3~5 V까지의 입출력을 허용할 수 있는 표준의 예이다. LVCMOS2는 2.5~5 V까지의 신호를 허용할 수 있다. PCI 표준은 5V와 3.3V 두 종류의 버전이 있으며, 몇몇 표준은 입력전압에 대한 레퍼런스를 필요로 한다.

3.4.6 FPGA 내의 전용 구성요소들

초기의 FPGA들은 저복잡도의 로직 블록과 입출력 블록 및 배선 구조를 가지고 있는 간단한 구조였다. 최근에 FPGA 벤더들은 임베디드 프로세서, DSP(digital signal processing) 프로세서, 전용 메모리 및 전용 곱셈기, 아날로그-디지털 컨버터(A/D converter) 등의 요소들을 FPGA에 추가하였다. 이러한 전용 요소들은 특수 목적의 기능을 효율적으로 달성하기 위해 사용된다. 예를 들면 전용 곱셈기가 제공되지 않으면 일반 상용 곱셈기를 설계하여 로직 블록을 이용하여 구현하면 되지만, 이것은 비효율적인 방법이 될 수 있다.

전용 메모리

최근 FPGA의 주된 특징은 전용 메모리 블록(RAM)을 칩 안에 가지고 있다는 것이다. 내장된

표 3-10 비율에 따른 다양한 워드 길이의 RAM

워드	깊이	어드레스 버스	데이터 버스
1	32K	15비트	1비트
2	16K	14비트	2비트
4	8K	13비트	4비트
8	4K	12비트	8비트
16	2K	11비트	16비트

RAM은 회로를 구현할 때 필요한 메모리로 사용된다. 이러한 메모리는 데이터를 처리할 때 상수나 계수를 저장하는 데 사용되기도 하고, FPGA를 이용한 임베디드 프로세서의 설계 등에도 사용된다. 최근 FPGA들은 16K～10M 비트 정도의 메모리를 내장하고 있으며, 워드 길이(width)는 대부분 유연하게 조절할 수 있다. 32K SRAM의 블록 메모리가 제공된다고 가정하면, 이 블록 메모리는 32K×1, 16K×2, 8K×4, 4K×8 등의 메모리로 사용할 수 있다. 기본적으로 몇 가지 종류의 메모리가 있으며, 이들은 각각 다른 목적을 위해서 사용된다. 어드레스 라인과 데이터 라인은 사용할 메모리의 비율에 따라 표 3-10과 같이 조절할 수 있다.

전용 산술회로

많은 사용자들은 산술 연산장치의 구현을 위해 FPGA를 이용한다. 이러한 로직을 FPGA의 로직 블록을 이용하여 구현하면, 보통 일반적인 설계보다 차지하는 면적, 전력소비, 처리 속도 면에서 성능이 떨어진다. 따라서 가산기나 곱셈기 같은 유닛을 사용하려는 사용자는 칩 안에 내장되어 있는 전용 산술회로를 사용하는 것이 훨씬 효과적이다. 대부분의 FPGA들은 고속 가산기를 구현하기 위한 고속 캐리 로직을 제공한다. 또한 표 3-11과 같이 최근에는 전용 곱셈기를 포함하고 있다. 그러므로 로직 블록을 이용해서 곱셈기를 설계하여 사용하는 대신 FPGA 내부에 제공되는 전용 곱셈기를 사용할 수 있다. 이러한 전용 곱셈기가 프로그래머블 로직을 사용하여 구현한 곱셈기보다 성능면에서 훨씬 뛰어나다. 표 3-11에서 보여주는 바와 같이, 많은 종류의 Xilinx, Altera FPGA들이 18×18 곱셈기를 제공하고 있다.

표 3-11 전용 곱셈기를 포함하고 있는 FPGA의 예

FPGA	전용 곱셈기
Xilinx Virtex-4, Virtex-II Pro/X, Spartan-3E, Spartan 3/3L	18×18 곱셈기
Altera Stratix II Cyclone II	18×18 곱셈기

디지털 신호처리 블록

디지털 신호처리에 있어서 곱셈은 일반적인 연산이다. 그러므로 전용 곱셈기는 DSP 응용 시스템들을 구현하는 데 유용하게 사용할 수 있다. 곱셈기를 제공하는 것처럼, FPGA 벤더들은 FFT(fast Fourier transform), FIR(finite impulse response) 필터, IIR(infinite impulse response) 필터 등의 하드웨어로 구현된 블록들을 제공한다. 암호/복호, 압축/감압, 보안 알고리즘들도 역시 제공한다. 전용 컴포넌트들이 많이 제공되면, FPGA의 많은 부분들이 이러한 응용 분야가 아닌 곳에는 사용되지 않을 수 있다. 몇몇 FPGA들에서는 DSP 지원이 전용 곱셈기에 제한되어 있다.

임베디드 프로세서

최근 많은 FPGA들은 프로세서 코어를 포함하고 있다(표 3-12). 이것은 혼성(hybrid) 시스템, 즉 시스템의 일부는 프로그래머블 프로세서로 구성되어 있고, 일부는 하드웨어로 구현하는 시스템을 구현하는 데 아주 효과적이다. 매우 큰 유연성(flexibility)을 요구하는 회로는 마이크로프로세서를 이용하여 구현할 수 있지만, 프로그래머블 프로세서보다 더 나은 성능을 요구하는 회로 부분은 FPGA 로직 블록을 사용하여 구현될 수 있다. 몇몇 FPGA들은 MIPS R4000 같은 MIPS 프로세서, IBM PowerPC 같은 임베디드 프로세서 코어를 내장하고 있다. 또한 몇몇 FPGA 벤더들은 Xilinx사의 MicroBlaze 또는 Altera사의 Nios 프로세서 같은 일반적인 프로세서를 포함하는 것도 있다.

표 3-12 임베디드 마이크로프로세서를 포함하고 있는 FPGA들

FPGA	임베디드 프로세서
Xilinx Virtex-4 Virtex-II Pro	IBM 400 MHz PowerPC
Xilinx Spartan-3E Spartan 3/3I	MicroBlaze PicoBlaze
Altera Stratix II Cyclone II	Nios II
Altera APEX APEX II	ARM, MIPS, Nios
Altera Excalibur	ARM 9
Actel Fusion	ARM 7

컨텐츠 어드레스 메모리

몇몇 FPGA에서는 메모리 블록들이 **컨텐츠 어드레스 메모리**(CAM)로 사용되기도 한다. 일반적인 개념의 메모리는 사용자가 어드레스를 주면 어드레스에 있는 값을 돌려주는 것이다. 컨텐츠 어드레스 메모리는 특별한 종류의 메모리로서 어드레스가 아닌 컨텐츠를 사용하고 이를 통하여 메모리를 검색한다. 사용자가 데이터 요소(data element)를 주면 CAM은 데이터가 있는 곳의 어드레스를 돌려준다. CAM은 RAM보다 더 많은 로직을 필요로 한다. 왜냐하면 모든 메모리의 위치 값들을 특정한 값을 찾아내기 위해서 동시에 검색해야 하기 때문이다. 몇몇 FPGA들은 내장형 CAM(embedded CAM)을 지원하기도 한다(예: Altera APEX II).

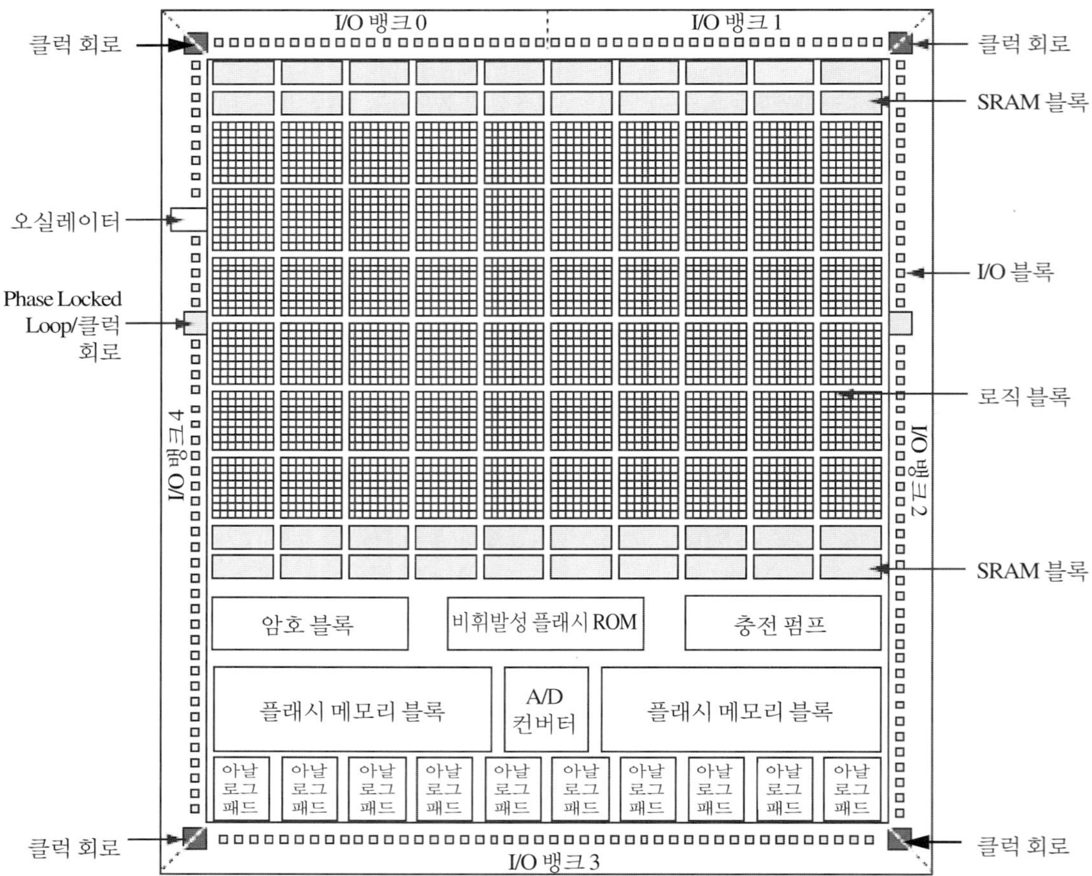

그림 3-40 Actel 퓨전 칩의 구조(2006년 Actel사)

➔ Actel FPGA의 퓨전 구조

FPGA는 그림 3-40과 같이 임베디드 메모리, 암호 알고리즘, A/D 컨버터 등 전용 요소들을 포함하고 있다. 칩의 핵심 부분은 로직 블록들이다(VersaTiles in Actel terminology). 임베디드 RAM은 로직 블록의 타일 위쪽 행으로 위치해 있다. 또 특수한 SRAM 블록이 로직 코어 타일 아래쪽에 위치해 있다. 전용 암호 유닛은 AES 암호 알고리즘(AES decryption algorithm)이 구현되어 있다. (AES는 Advanced Encryption Standard로서 2001년 미국 정부에 표준화되었다.) 아날로그 패드로부터의 입력을 위해서 아날로그-디지털 컨버터(ADC)가 있고, 이는 FPGA에 아날로그 신호를 전달할 수 있게 한다. 아날로그 패드는 신호의 상태(전압, 전류, 온도 등)를 관찰할 수 있는 회로를 포함하고 있다.

3.4.7 FPGA의 응용

FPGA는 다양한 응용 분야의 회로 구현에 널리 사용된다.

빠른 시제품화(Prototyping)

FPGA는 대형 시스템의 빠른 시제품 제작에 매우 유용하다. FPGA를 이용함에 따라 설계자는 시스템을 빠른 시간에 설계를 통하여 검증해 볼 수 있다. 왜냐하면 FPGA는 약 500만 개 이상의 게이트를 가지고 있어서 실제 시스템을 하나의 FPGA를 이용하여 충분히 검증해 볼 수 있다. 단일 FPGA만을 가지고 충분하지 않다면 여러 개의 FPGA를 연결하여 대형 시스템을 구현할 수도 있다. 대형 시스템의 빠른 시제품화를 위해 여러 개의 FPGA를 가지고 있는 보드와 이를 연결하는 마더보드를 사용하여 이루어진다.

중간 처리 속도의 최종 생산품

보통 150～200 MHz 정도의 클럭 속도를 갖는 시스템은 FPGA로 충분히 구현할 수 있다. 이 정도의 속도이면 충분한 응용 시스템들은 시제품화를 거치고 FPGA 그 자체로 최종 생산품으로 사용될 수 있다. FPGA가 최종 생산품으로 사용되면 하드웨어를 직접 바꾸는 것 대신에 소프트웨어적으로 업데이트할 수 있는 기능을 부여받는다. 최근 FPGA의 처리 속도는 많은 응용 분야에 적용하기에 충분히 빠르다.

재구성 가능한 회로 및 시스템

FPGA의 재프로그램 능력은 재구성 가능한 회로 및 시스템의 구현에 적용할 수 있다. SRAM 기반의 FPGA는 소프트웨어의 특성을 가지고 있는 하드웨어 설계를 가능하게 하였다. FPGA는 각각 다양한 때에 다기능을 지원해야 하는 회로 및 시스템에 사용된다.

예로서 해병대에서 재프로그램 가능한 토마호크 미사일을 FPGA를 이용하여 개발했다고 가정하자. [46] 전통적인 토마호크 미사일은 다양한 임무를 수행하기 위해 만든 장거리 순항 미사일이다. 해병대에서 두 가지 임무를 수행할 수 있는 재구성 가능한 토마호크 미사일을 설계하면 매 임무의 성격에 따라 적용할 수 있다. 설계자가 각각의 모드를 따로 분리하여 설계하는 것보다 FPGA를 이용하여 설계함으로써, 각각의 모드를 보드 상의 ROM에 저장하였다가 FPGA를 구성할 수 있다. 이러한 모드를 선택함에 따라 날아가는 도중에 FPGA를 재구성할 수 있다.

글루 로직

FPGA는 인터페이스 또는 모듈과 컴포넌트 사이의 글루 로직(glue logic)을 구현하기 위한 선택으로써 사용될 수 있다. 인터페이스 프로토콜 또는 그 형태가 조금이라도 바뀌면 일반적으로 새로운 인터페이스 로직을 필요로 한다. SRAM FPGA는 동일 FPGA 상에서 소프트웨어를 업데이트할 때처럼 새로운 인터페이스 로직을 구현할 수 있다.

하드웨어 가속기/코프로세서

만약 코프로세서(coprocessor)나 가속기가 하드웨어에 루틴/커널(routine/kernel)로 구현되어 있으면 일반적인 시스템에서 응용 소프트웨어를 실행할 때 이를 가속할 수 있다. FPGA를 핵심 커널의 설계에 사용할 수 있다. SRAM 기반의 재구성 가능한 FPGA는 이러한 응용 분야에 잘 맞는다. 왜냐하면 매 다른 커널에서의 응용 프로그램의 구동이 FPGA를 동적으로 프로그램됨으로써 수행할 수 있기 때문이다. 이러한 접근 방식은 패턴 매칭 같은 응용 분야에서 검증되었다. FPGA 기반의 하드웨어는 컴퓨터 구조 시뮬레이터 가속기, 에뮬레이션 보드(emulation board), 하드웨어 테스트/검증 보드 등에 응용할 수 있다.

3.4.8 FPGA 설계 흐름

정교한 CAD 프로그램이 프로그래머블 게이트 어레이(FPGA)를 잘 설계할 수 있도록 도움을 준다.

이전의 FPGA는 설계에 있어서 설계도(schematic) 또는 그보다 더 저수준 설계 프로그램을 이용하여 이루어졌다. 저수준(하위 레벨: low-level) 설계라 함은 추상적인 표현이 적게 사용되는 것을 말하며, 고수준(상위 레벨: high-level)은 더 높은 추상적 의미까지 포함하는 것이다(예: 동작적 VHDL/Verilog 표현). 초기의 FPGA 설계 프로그램은 저수준 형식, 즉 논리방정식, 카노 맵 등을 사용하였다. 설계도 입력 방식은 회로설계도를 만드는 것을 의미한다. 표준 하드웨어 구성요소를 사용하는 회로설계도(schematic diagram)를 만들고 이것을 CAD 소프트웨어에 입력하게 된다.

최근에 자동 합성기 도구는 VHDL로 설계된 시스템을 가지고 논리 게이트와 플립플롭들의 상호연결을 생성할 수 있다. VHDL로 표현된 동작적 모델은 효과적으로 하드웨어로 변환될 수 있다. 지난 십여 년간 합성 툴은 상당히 발전하였다.

FPGA를 이용한 디지털 시스템의 구현은 다음 과정을 거쳐 이루어진다.

1. 동작적, RTL(register-transfer level), 또는 구조적 모델을 하드웨어 설계 언어인 VHDL 또는 Verilog를 이용하여 작성한다.
2. 작성된 설계에 대한 시뮬레이션과 교정 과정을 거친다.
3. 원하는 FPGA로의 합성 과정을 거친다.
4. 매핑/분할 프로그램을 구동한다. 이 프로그램은 논리도(logic diagram)를 로직 블록에 맞게 바꾸어준다.
5. 자동 배치/배선 프로그램을 구동한다. 이 과정은 로직 블록들을 FPGA 내에 적절한 위치에 할당해주고 로직 블록 사이의 배선을 수행한다.
6. FPGA의 프로그램을 위한 비트 패턴을 생성한다.
7. 생성된 비트 패턴을 FPGA의 내부 구성 셀에 다운로드하고 FPGA의 동작을 검증한다.

3～5항까지의 과정은 최근 CAD 툴에서 모두 지원한다. 그러나 한 번에 이루어지기도 하고 몇 단계를 거쳐서 이루어지기도 한다. 위의 과정은 일반적인 컴파일러가 로직을 컴파일하고 조립하는 과정과 유사하다. 예전의 고급 언어에서 컴파일은 단지 기계어로 번역하는 것을 의미하였다. 어셈블리어에서 기계어로의 변환은 어셈블러의 몫이었다. 그러나 요즘은 대부분의 고급 언어에서 모두 지원하고 있다.

SRAM 기반의 FPGA에서 최종 단계가 완료되면 프로그래밍을 위한 비트 패턴이 생성되며, 비트 패턴은 EPROM에 저장되어 있다가 FPGA에 전원이 들어오면 자동적으로 FPGA를 구성하게 된다. 그림 3-41에서처럼 EPROM과 FPGA가 연결되어 있다. FPGA는 전원 공급이 중단되었다가 다시 공급되면 자동적으로 리셋된다. 그러고 나서 EPROM에 어드레스를 입력함으로써 저장되어 있는 EPROM의 데이터를 FPGA 내부의 구성 메모리 셀에 전해준다. 이는 플래시 메모리 기반의 FPGA에서는 비휘발성이므로 위의 과정이 필요 없다. 안티 퓨즈 FPGA는 구성 비트가 영구적으로 스위치들을 변경한다.

이 장에서는 몇 가지 종류의 프로그래머블 로직 디바이스와 하드웨어 설계를 위한 그 사용법에 대해서 살펴보았다. ROM, PAL, PLA 같은 초기의 프로그래머블 로직 디바이스를 기반으로 하여 살펴보았고 PLD와 GAL에 대해서도 살펴보았다. 이러한 로직 디바이스가 어떻게 구현되는지에 대해 간단한 예를 통해 알아보았다. FPGA에 대한 설명은 이러한 종류의 디바이스를 통

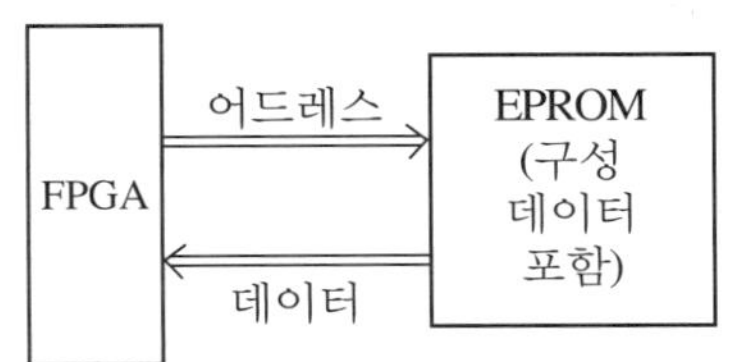

그림 3-41 EPROM 연결을 통한 SRAM 기반의 FPGA의 초기화

하여 전체를 살펴봄으로써 그 한계가 있었지만, FPGA의 일반적인 구조와 로직 블록의 구조 프로그래밍 기술 등에 대해 살펴보았다. FPGA에 대한 좀 더 자세한 설명은 6장에서 다루게 될 것이다.

연습문제

3.1 아래 문제에 제시된 회로를 구현하기 위해서 필요한 최소 ROM의 크기는 얼마인가?

(a) 8-비트 전가산기(캐리 입력과 캐리 출력 있음)

(b) BCD-to-이진 변환기(2 BCD 숫자)

(c) 4:1 멀티플렉서

(d) 32비트 가산기(두 개의 32-비트 수의 덧셈, 33-비트 합)

(e) 3:8 디코더

(f) 32비트 가산기(캐리 입력과 캐리 출력 없음)

(g) 16 × 16 곱셈기

(h) 16비트 전가산기(캐리 입력과 캐리 출력 있음)

(i) 8:3 우선순위 인코더

(j) 10:4 우선순위 인코더

(k) 8:1 멀티플렉서

3.2 $F = A'B' + BC'$이고, $G = AC + B'$인 두 식에 대해서 8워드 × 2비트인 ROM을 이용하여 완성된 VHDL 모듈을 작성하라. ROM을 표현하기 위해서 어레이 타입과 상수 타입을 선언하라.

3.3 아래 상태표를 ROM과 D 플립플롭을 이용하여 구현하라. 직접 이진 상태 할당문을 사용하라.

현재 상태	다음 상태		출력	
	$X=0$	$X=1$	$X=0$	$X=1$
S_0	S_0	S_1	0	1
S_1	S_2	S_3	1	0
S_2	S_1	S_3	1	0
S_3	S_3	S_2	0	1

(a) ROM의 진리표와 블록도를 그려라. 진리표의 열은 $Q_1\ Q_0\ X\ D_1\ D_0\ Z$의 순서로 작성하라.

(b) VHDL 코드를 작성하라. ROM 테이블을 위해서 어레이를 사용하고, 두 과정을 사용하라.

3.4 다음 상태표는 ROM과 D 플립플롭(클럭 하강에지 동작)을 이용하여 구현하였다.

Q_1Q_2	$Q_1^+ Q_2^+$		Z	
	$X=0$	$X=1$	$X=0$	$X=1$
00	01	10	0	1
01	10	00	1	1
10	00	01	1	0

(a) 블록도를 작성하라.

(b) VHDL 코드를 작성하라. ROM은 10 ns의 지연을 가지고 있고, 각각의 플립플롭은 15 ns의 전달지연이 있다고 가정한다.

3.5 아래 세 개의 함수를 구현하기 위해 사용되는 PLA의 최소 행의 수를 구하라.

$$f(A, B, C, D) = \Sigma m(3, 6, 7, 11, 15)$$
$$g(A, B, C, D) = \Sigma m(1, 3, 4, 7, 9, 13)$$
$$h(A, B, C, D) = \Sigma m(4, 6, 8, 10, 11, 12, 14, 15)$$

(a) 일반항(common term)을 구하기 위해서 카노 맵을 이용하라. 그림 3-15에서 밑줄친 부분과 같이 논리식을 구하고, PLA 테이블을 작성하고, 다이어그램을 작성하라.

(b) *LogicAid* 내의 Espresso 다중출력 단순화 과정을 사용하라. *LogicAid*의 결과와 (a)의 결과를 비교하라. 최소 행의 테이블을 찾는 데 있어서 *LogicAid* Espresso 방법과 같지 않을 것이다; 각각의 AND 항에서 변수를 줄이는 것이 꼭 필요하지는 않다. 주: 변수 이름 *A*, *B*, *C*, *D*, *F*, *G*, *H*를 *LogicAid*에 입력하라. X_1, X_2, X_3, X_4의 변수는 꼭 출력하고, 그 외의 것들은 하지 않아도 된다.

3.6 아래 함수들의 PLA의 최소 행을 구하라.

(a) $f_1(A, B, C, D) = \Sigma m(0, 2, 3, 6, 7, 8, 9, 11, 13)$,
$f_2(A, B, C, D) = \Sigma m(3, 7, 8, 9, 13)$,
$f_3(A, B, C, D) = \Sigma m(0, 2, 4, 6, 8, 12, 13)$

(b) $f_1(A, B, C, D) = cd + ad + a'bc'd'$
$f_2(A, B, C, D) = bc'd' + ac' + ad'$

3.7 (a) 다음 식의 최소의 PLA 테이블 행을 구하라.

$$x(A, B, C, D) = \Sigma m(0, 1, 4, 5, 6, 7, 8, 9, 11, 12, 14, 15)$$
$$y(A, B, C, D) = \Sigma m(0, 1, 4, 5, 8, 10, 11, 12, 14, 15)$$
$$z(A, B, C, D) = \Sigma m(0, 1, 3, 4, 5, 7, 9, 11, 15)$$

(b) 그림 3-15와 비슷하게 (a)에서 구한 답을 PLA 프로그램의 상호연결선을 표시하라.

3.8 22V10의 출력 매크로 셀을 위한 VHDL 코드를 작성하라(그림 3-20에 나타낸). 엔티티에는 S_1과 S_0를 포함하라. 플립플롭은 비동기 리셋(*AR*)과 동기 프리셋(*SP*)을 가지고 있다.

3.9 *N*-비트 양방향성 시프트 레지스터는 *N*개의 병렬 데이터 입력과 *N*개의 출력, 좌측 직렬 입력(*LSI*)과 우측 직렬 입력(*RSI*), 클럭 입력 및 다음의 제어 신호들을 가지고 있다.

Load: 병렬 데이터를 레지스터에 로드한다(로드는 시프트보다 우위에 있음).

Rsh: 레지스터를 우측으로 시프트한다(*LSI*는 좌측 끝으로 이동함).

Lsh: 레지스터를 좌측으로 시프트한다(*RSI*는 우측 끝으로 이동함).

(a) 만약 22V10을 이용하여 구현하였다면, *N*의 최대값은 무엇인가?

(b) 최우측 두 개의 셀에 대한 식을 구하라.

3.10 그림 2-43의 좌측 시프트 레지스터가 CPLD 상에서 어떻게 구현되는지 보여라. 그림 3-25와 같은 다이어그램을 작성하라. 플립플롭의 D 입력에 대한 식을 구하라.

3.11 네 개의 출력 신호를 갖는 밀리 순차회로를 22V10을 사용하여 구현하였다. 최대 입력 변수는 몇 개인가? 상태의 최대 수는 몇 개인가? 위의 문제에서 언급된 만큼의 입력 출력을 갖는 회로를 22V10에서 구현할 수 있는가? 설명하라.

3.12 (a) 전통적 게이트 어레이와 FPGA의 차이점은 무엇인가?

(b) FPGA의 종류별 구조의 차이점은 무엇인가?

(c) FPGA의 프로그래밍 기술은 어떤 것이 있는가?

(d) SRAM FPGA의 장점은 무엇인가?

(e) 안티 퓨즈 FPGA의 장점은 무엇인가?

(f) FPGA의 주된 프로그램 가능한 요소는 무엇인가?

(g) SRAM FPGA의 단점은 무엇인가?

(h) 안티 퓨즈 FPGA의 단점은 무엇인가?

(i) SRAM 셀을 만드는 데 있어서 보통 몇 개의 트랜지스터가 필요한가?

(j) MPGA는 무엇인가?

(k) CPLD와 FPGA의 차이점은 무엇인가?

(l) FPGA와 비교하여 CPLD의 장점은 무엇인가?

(m) CPLD와 비교하여 FPGA의 장점은 무엇인가?

(n) CPLD의 벤더를 세 군데 이상 나열하라.

(o) FPGA의 벤더를 세 군데 이상 나열하라.

3.13 (a) 어느 응용 분야에서 하드웨어 설계자가 FPGA보다 CPLD를 선호하는가?

(b) 어느 응용 분야에서 하드웨어 설계자가 FPGA보다 MPGA를 선호하는가?

(c) 어느 응용 분야에서 하드웨어 설계자가 MPGA보다 FPGA를 선호하는가?

(d) 한 회사가 초기 모델의 외주 상품을 제작하고 있다. 이 상품은 몇 단계의 교정 과정을 거칠 것으로 예상된다. 회사의 계획은 최종 모델을 위해서 FPGA를 선택하였다. 어떤 종류의

FPGA(SRAM 또는 안티 퓨즈)를 사용해야 하는가?

(e) 한 회사가 FPGA를 사용하여 제품을 개발 중이다. 최종 상품을 위해서 이 회사는 FPGA를 선택하였고, 몇 번의 교정 과정을 거쳐 최종 생산품은 매우 안정적일 것이다. 회사에서는 면적 사용의 최소화, 전력소비 및 개발 비용이 매우 중요한 사안이다. 이 회사는 어떤 종류의 FPGA(SRAM 또는 안티 퓨즈)를 사용해야 하는가?

(f) 한 회사가 제품을 개발 중이며 약 1000개의 제품이 팔릴 것으로 예상하고 있다. 이 제품을 위해서 회사는 MPGA와 FPGA 중 어느 것을 사용해야 하는가?

(g) 한 회사가 제품을 개발 중이며 약 10억 개의 제품이 팔릴 것으로 예상하고 있다. 이 제품을 위해서 회사는 MPGA와 FPGA 중 어느 것을 사용해야 하는가?

3.14 (a) $F_1 = A'BC + B'C + AB$인 함수를 4:1 멀티플렉서 기반의 FPGA를 이용하여 구현하라. 입력 값과 그 보수 값은 그림 3-34의 구조와 같다.

(b) $F_1 = A'B + AB' + AC' + A'C$의 함수를 멀티플렉서를 이용하여 구현하라. 얼마나 작은 멀티플렉서가 필요한가? 입력 값과 그 보수 값이 필요한 경우에는 어떠한가?

3.15 (a) 아래 그림과 같이 'w', 'x', 'y', 'z' 에 대한 비분할형 트랙의 배선을 작성하라.

(b) 아래 그림과 같이 'w', 'x', 'y', 'z' 에 대한 분할형 트랙의 배선을 작성하라. 가능한 작은 트랙의 수로 작성하라.

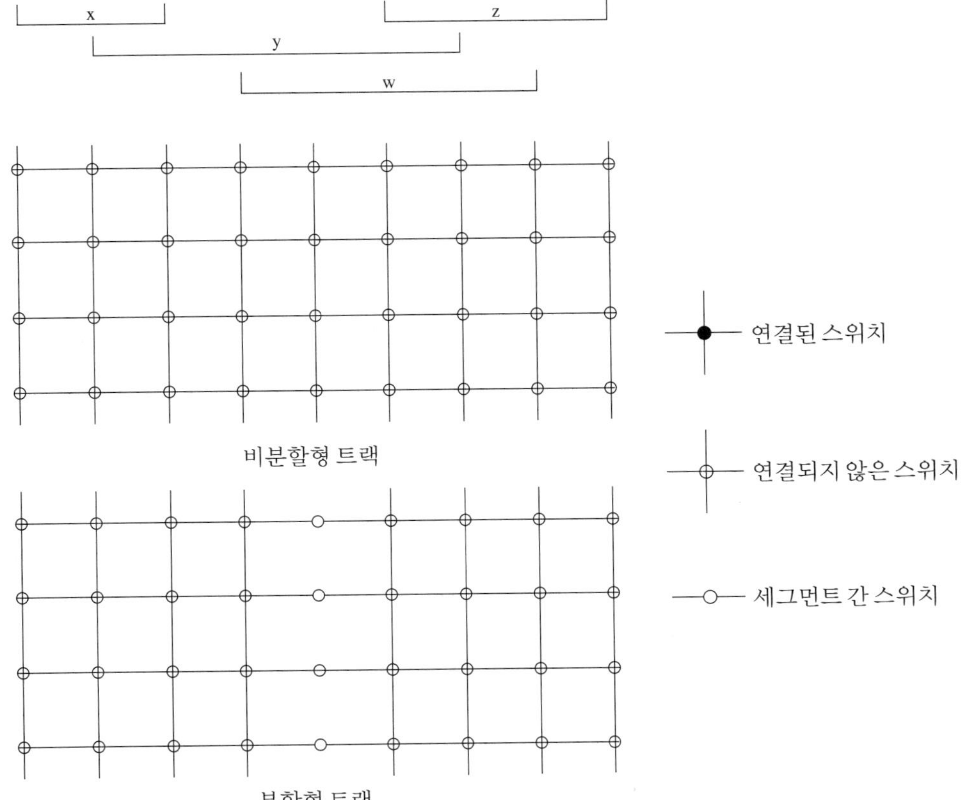

3.16 아래 그림과 같은 프로그래머블 I/O 블록에 대해 고려해 보자.

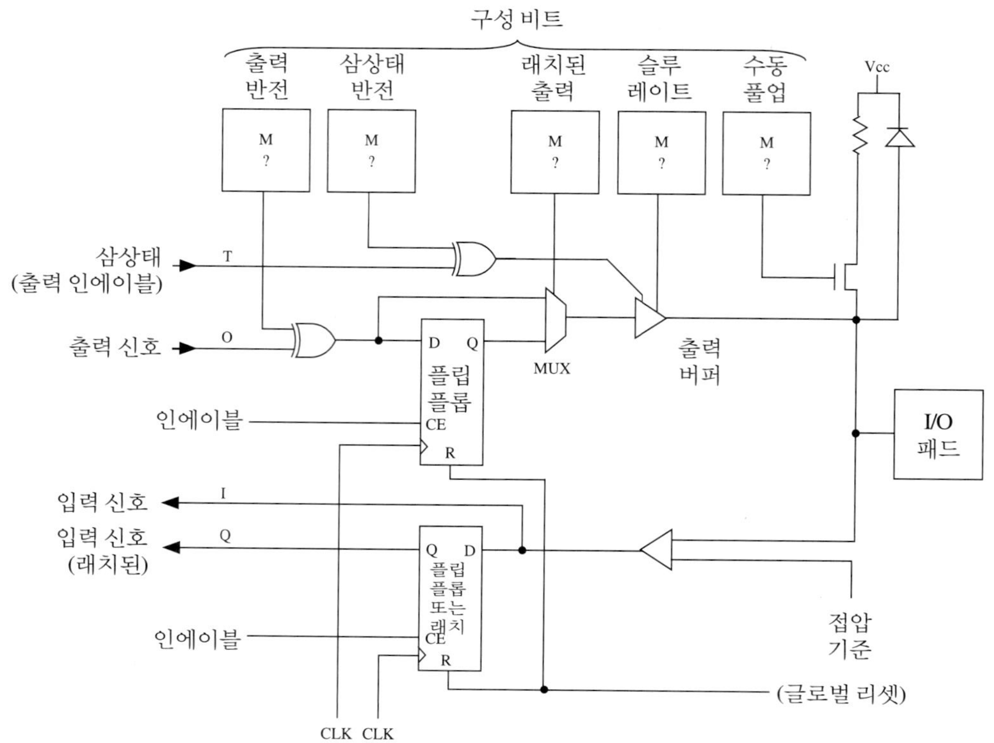

입력 핀으로서 이 I/O 블록을 구성하기 위한 연결 경로를 보여라. 5개의 구성 비트(M)와 T 값을 구하라.

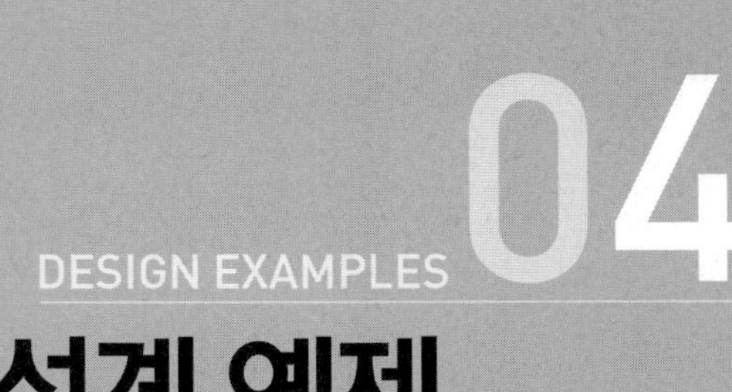

DESIGN EXAMPLES 04

설계 예제

이 장에서는 몇 가지 소규모 디지털 시스템의 설계 예를 살펴본다. 디지털 시스템에서 제어기(controller)와 데이터패스(data path)로 분리하는 개념과, 동작 순서를 제어하는 제어 회로를 설계하는 방법에 대해 살펴본다. 디지털 시스템을 동작적 레벨(behavioral level)로 VHDL을 작성하여, 설계한 회로의 알고리즘을 검증하기 위한 시뮬레이션을 수행해 볼 수 있다. 또한 특수한 하드웨어 구조가 주어졌을 때 구조적으로 어떻게 코드를 작성하는지에 대해서도 살펴볼 것이다.

어떠한 설계이든지 먼저 주어진 문제와 설계 명세(design specification)에 대해서 확실하게 이해하여야 한다. 만약 문제가 명확하게 주어지지 않았다면, 설계의 특징을 확실하게 이해하기 위해 노력하여야 한다. 실제로 하드웨어를 설계할 때에는 다른 설계팀 또는 수주업체에서 설계 명세서를 제공하는데, 이때 명세서를 정확하게 잘 받는다면 이후에 하드웨어를 설계하는 데 큰 어려움이 없을 것이다. 하드웨어를 잘 설계하는 것은 잘 작성된 명세서로부터 시작된다.

설계할 하드웨어에 대한 문제가 명확히 주어졌으면, 설계자는 주어진 명세를 완성하기 위해 기본이 되는 블록이 무엇인지에 대해 생각한다. 설계자들은 종종 일반적인 설계 블록들(가산기, 시프트 레지스터, 카운터 등)을 떠올릴 것이다. 전통적인 설계 방법론에서는 "데이터패스(data path)"와 "제어기(controller)"로 구분한다. 데이터패스는 실제 데이터 처리를 수행하는 하드웨어를 말한다. 제어기는 그림 4-1에서 보여주는 바와 같이 제어 신호 또는 명령어를 데이터패스에 전해준다. 제어기는 데이터패스로부터 상태 신호(status signal)를 피드백(feedback)으로 받을 수 있다.

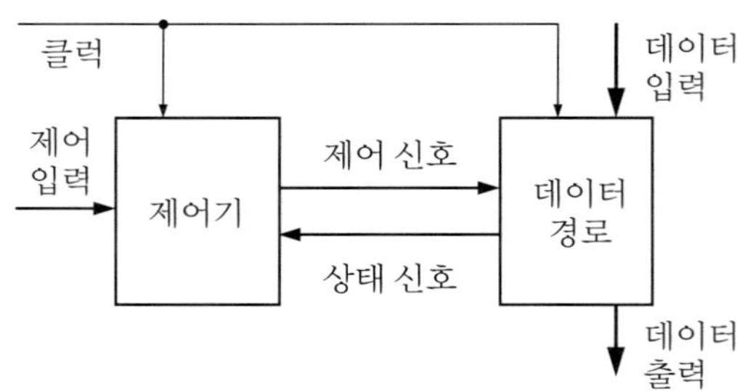

그림 4-1 데이터패스와 제어기의 분리

마이크로프로세서에 있어서 데이터패스는 적절한 핵심 부분인 **산술 논리장치**(arithmetic logic unit)이다. 제어기는 데이터패스에 적절한 제어 신호를 전해주는 제어회로이며, 덧셈, 곱셈, 시프트 연산 등 명령어라 불리는 연산들이 수행되도록 지시한다. 데이터패스와 데이터 버스(data bus)를 동일하게 생각하는 경향도 있지만, 데이터패스는 전통적 설계 방법에 있어서 실제 데이터를 처리하는 유닛(data processing unit)이다.

데이터패스와 제어기를 구별하여 설계하면 디버깅하는 과정(오류를 찾아내는 과정)이 수월하다. 설계를 수정하는 과정 또한 수월하다. 대부분의 수정 과정은 제어 경로(control path)를 수정함으로써 이루어진다. 왜냐하면 동일한 데이터패스가 새 요구조건을 지원하기 때문이다. 제어기는 수정된 설계의 기능성을 위해서 새로운 제어 신호를 생성한다. 설계는 종종 데이터패스와 제어기의 반복적인 설계를 통해 이루어진다.

이 장에서는 다양한 설계 예에 대하여 살펴본다. 몇몇 산술(arithmetic) 및 비산술(nonarithmetic) 회로의 예가 나와 있다. 비산술 회로의 예에서는 7-세그먼트 디코더, 신호등(traffic light) 제어기, 스코어보드(scoreboard), 키패드 스캐너(keypad scanner)를 포함하고 있으며, 산술 회로에서는 가산기, 곱셈기, 나눗셈기에 대해 살펴본다.

4.1 BCD−7-세그먼트 디코더

7-세그먼트 디스플레이는 디지털 카운터와 시계 등에서 숫자를 표시할 때 자주 사용된다. 디지털 시계는 7-세그먼트 디스플레이에 세그먼트들의 조합을 이용하여 시간을 표현한다. 예를 들면 아래와 같이 세그먼트들이 구분되어 있고, 숫자들은 그림 4-2의 형태로 표시한다.

이제 BCD−7-세그먼트 디코더를 설계해 보자. BCD는 이진화 십진수(binary-coded decimal)이다. 각각의 십진수가 4비트의 이진수로 인코딩되어 있다. 이 디코더는 완전한 조합회로(combinational circuit)이므로 상태 머신이 필요 없다. 한 개 BCD 숫자 디코더의 블록도가 그림 4-3에 잘 나타나 있다.

그림 4-4는 BCD-7-세그먼트 디코더의 동작적 VHDL 코드를 작성한 것이며, case 문을 이용한 하나의 process 문이 이 조합회로를 표현하기 위해 사용되었다. process 문의 감지 신호 리스트에는 4비트의 BCD 숫자가 사용되었다.

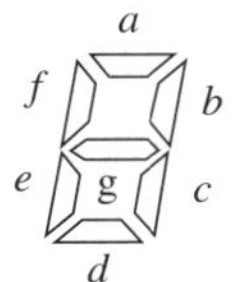

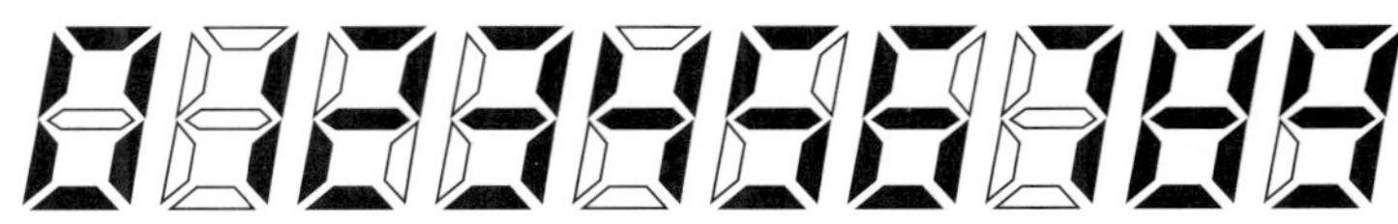

그림 4-2 7-세그먼트 표시

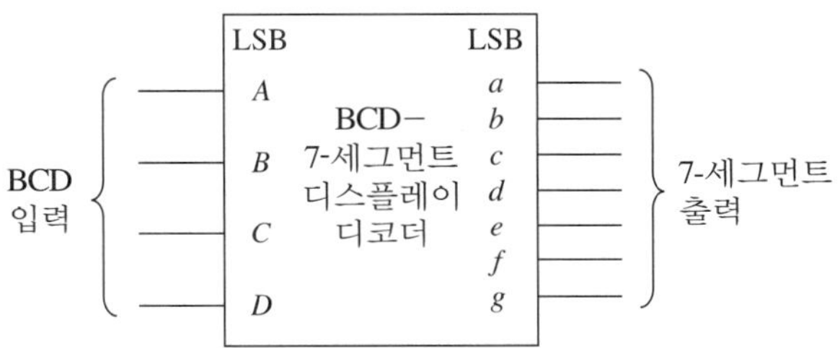

그림 4-3 BCD-7-세그먼트 표시 디코더

```
entity bcd_seven is
  port(bcd: in bit_vector(3 downto 0);
       seven: out bit_vector(7 downto 1));
                    -- 표시창에 a는 LSB이고, g는 MSB이다.
end bcd_seven;

architecture behavioral of bcd_seven is
begin
  process (bcd)
  begin
    case bcd is
      when "0000" => seven <= "0111111";
      when "0001" => seven <= "0000110";
      when "0010" => seven <= "1011011";
      when "0011" => seven <= "1001111";
      when "0100" => seven <= "1100110";
      when "0101" => seven <= "1101101";
      when "0110" => seven <= "1111101";
      when "0111" => seven <= "0000111";
      when "1000" => seven <= "1111111";
      when "1001" => seven <= "1101111";
      when others => null;
    end case;
  end process;
end behavioral;
```

그림 4-4 BCD-7-세그먼트 디코더의 동작적 VHDL 코드

4.2 BCD 가산기

이 절에서는 BCD 숫자 두 개를 더하여 BCD 형식으로 출력하는 가산기를 설계한다. BCD 표현에 있어서 각각의 십진수들은 이진수로 인코딩된다. 예를 들면 십진수 97은 앞 네자리는 9, 뒤 네자리는 7인 1001 0111의 BCD 형식으로 표현된다. BCD 표현에서는 단순히 1100001인 이진수로 표현되는 것이 아님에 주의하라. 십진수 97을 BCD 형태로 표현하기 위해서는 총 8비트가 필요하며, 이진수로 표현하기 위해서는 7비트가 필요하다. 4비트의 이진수 1010, 1011, 1100, 1101, 1110, 1111은 각각 16진수 *A*부터 *F*까지에 해당되며, BCD 표현 방법에서는 사용되지 않는다. 총 16개 중 6개의 표현이 네 개 이진 비트에서 제외되므로, BCD 표현에서는 대응되는 이진수 표현보다 더 많은 비트가 필요하다.

BCD 숫자를 더할 때 6개의 사용되지 않는 수들을 건너뛰도록 해야 한다. 예를 들어 십진수 연산에서 6과 8을 더할 때 합은 14이다. 이진 연산의 결과는 1110이 된다. 그러나 덧셈 결과에서 BCD 수의 마지막 숫자는 4가 되어야 한다. 정확한 BCD 수를 얻기 위해서는 숫자가 9보다 클 때 6을 합에 더해야 한다. 그림 4-5에 두 BCD 수를 더하는 BCD 가산기의 하드웨어 구조가 나와 있다. 이진 가산기가 하위 두 수를 더한다. 만약 덧셈 결과의 합이 9 이상이면, 가산기는 6을 더하여 정확한 합의 결과를 도출하고, 생성된 캐리의 값은 다음 자리의 수와 더한다. 높은 자릿수의 덧셈도 이와 유사한 방법으로 이루어진다.

BCD 가산기에 대한 VHDL 코드는 그림 4-6에서 보여준다. 입력 BCD 숫자는 각각 *X*, *Y*로 표현하였다. 각각의 두 자리 십진수가 BCD 수로 표현되어 더해지며, 그 결과가 두 자리를 초과하면 총 세 자리의 합이 생성되며, 코드에서는 합이 *Z*로 표시되어 있다. 부호 없는 타입(unsigned

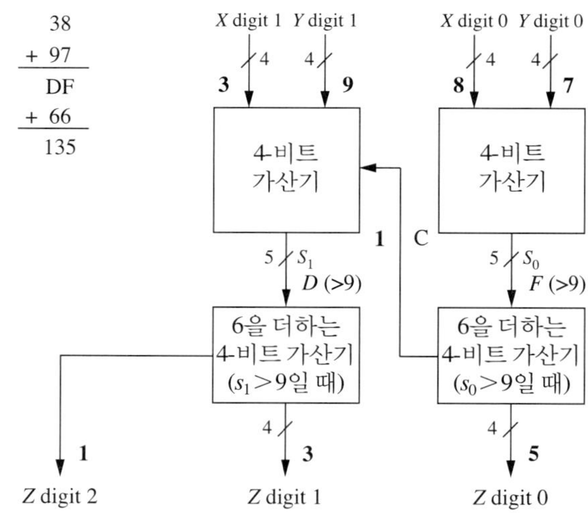

그림 4-5 두 BCD 수의 덧셈

```
library IEEE;
use IEEE.numeric_bit.all;

entity BCD_Adder is
  port(X, Y: in unsigned(7 downto 0);
       Z: out unsigned(11 downto 0));
end BCD_Adder;

architecture BCDadd of BCD_Adder is
alias Xdig1: unsigned(3 downto 0) is X(7 downto 4);
alias Xdig0: unsigned(3 downto 0) is X(3 downto 0);
alias Ydig1: unsigned(3 downto 0) is Y(7 downto 4);
alias Ydig0: unsigned(3 downto 0) is Y(3 downto 0);
alias Zdig2: unsigned(3 downto 0) is Z(11 downto 8);
alias Zdig1: unsigned(3 downto 0) is Z(7 downto 4);
alias Zdig0: unsigned(3 downto 0) is Z(3 downto 0);
signal S0, S1: unsigned(4 downto 0);
signal C: bit;
begin
  S0 <= '0' & Xdig0 + Ydig0; -- 오버로드된 + 연산
  Zdig0 <= S0(3 downto 0) + 6 when S0 > 9
      else S0(3 downto 0);   -- 필요하다면 6을 더함
  C <= '1' when S0 > 9 else '0';
  S1 <= '0' & Xdig1 + Ydig1 + unsigned'(0=>C);
                             -- 덧셈 전 타입 변환 완료
  Zdig1 <= S1(3 downto 0) + 6 when S1 > 9
      else S1(3 downto 0);
  Zdig2 <= "0001" when S1 > 9 else "0000";
end BCDadd;
```

그림 4-6 BCD 가산기에 대한 VHDL 코드

type) *X*, *Y*, *Z*를 표현하기 위해 IEEE의 라이브러리 numeric_bit를 사용하였다. alias는 각각의 BCD 수를 표시하기 위해 정의하였다. 예를 들면 VHDL 처리문에서 *X*의 상위 자릿수는 *Xdig1*로 표현되었다.

```
alias Xdig1: unsigned(3 downto 0) is X(7 downto 4);
```

이 처리문은 *X*의 상위 자릿수를 언급할 때 *Xdig1*을 사용하도록 한다. 만약 BCD 수 97과 38을 더한다면, 그 합은 135가 된다. 그러므로 *Zdig2*는 1, *Zdig1*은 3, *Zdig0*은 5가 된다.

IEEE numeric_bit 라이브러리의 오버로딩 연산자 '+'는 BCD 수를 더하는 데 사용하였다. 두 개의 4-비트 벡터를 더하면 5비트의 합이 생성된다. 이 생성되는 5-비트 합은 임시로 *S0*과 *S1*에 저장된다. 그러므로 5비트의 결과를 얻기 위해서 *Xdig0*은 상위 비트가 '0'인 *Xdig0*으로 확장하여야 한다. (*Ydig0*은 자동적으로 자릿수를 일치시키기 위해 확장된다.)

```
S0 <= '0' & Xdig0 + Ydig0;
```

따라서 최하위 유효숫자(least significant digit)의 덧셈 결과가 얻어진다. 두 번째 수를 더하는

중에 *Xdig0*과 *Ydig0*에 캐리가 더해진다. 캐리 비트인 *C*는 *Xdig1* + *Ydig1* 연산 이전에 부호 없는 타입으로 변환되어야 한다. Unsigned'(0=>C)로 언급된 부분이 이 과정을 수행한다. 두 번째 수의 덧셈은 다음의 처리문에 의해 수행된다.

```
S1 <= '0' & Xdig1 + Ydig1 + unsigned'(0=>C);
```

4.3 32-비트 가산기

32-비트 가산기를 설계한다고 가정해 보자. 간단한 방법은 그림 4-7에서처럼 **리플-캐리 가산기**(ripple-carry adder)를 설계하는 것이다. 이 가산기는 1-비트 전가산기(full adder) 32개를 연속으로 연결한 것이다. 캐리는 최하위 비트부터 최상위 비트까지 계속 연결되어 있다. 만약 게이트 지연(gate delay)이 t_g라 하면, 1-비트 가산기의 지연은 $2t_g$(합과 캐리를 위해서 곱의 합 표현을 사용하고 인버터의 지연은 무시한다)가 되며, 32-비트 리플-캐리 가산기는 대략 64 게이트 지연이 소요된다. 예를 들어 게이트 지연이 1 ns라 하면, 32-비트 리플-캐리 가산기의 최대 동작주파수는 16 MHz이다. 이는 너무 느리기 때문에 많은 응용 분야에 있어서 적합하지 않으므로 더 빠른 가산기를 설계하여야 한다.

4.3.1 캐리 룩어헤드 가산기

고속 덧셈에서 자주 사용되는 기법은 캐리 룩어헤드(carry look-ahead, CLA) 덧셈 방법이다. 캐리 룩어헤드 가산기는 입력 신호를 기반으로 좀 더 발전된 방법으로 캐리를 계산한다. i번째 비트 위치에 이에 대응하는 입력 비트(A_i, B_i)가 둘 다 '1' 또는 입력 비트가 둘 중 하나는 '1' 그리고 캐리 입력이 '1'이면, 다음 단에 전해질 캐리가 '1'이 된다는 것을 알 수 있다. 다시 말하면, i번째 비트는 A_i와 B_i가 '1'이면 캐리가 발생하고(입력되는 캐리가 '1'이 아니더라도), 또한 C_i가 '1'이고 A_i, B_i 둘 중 하나가 '1'일 경우에도 발생한다. 따라서 i번째 비트의 캐리 출력은 다음과 같다.

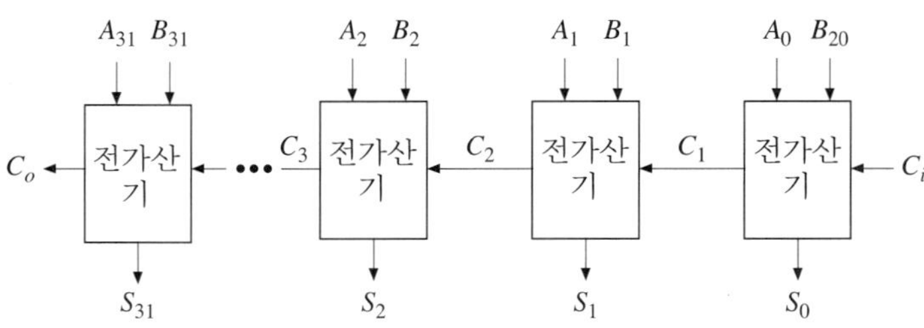

그림 4-7 32비트 리플-캐리 가산기

$$C_{i+1} = A_iB_i + (A_i \oplus B_i) \cdot C_i \tag{4-1}$$

'⊕' 연산자는 배타적 OR(exclusive OR) 연산을 의미한다. 식 (4-1)은 스스로 캐리를 **생성**(generated)하거나(A_iB_i = '1'), 캐리를 하위 비트로부터 **전달**(propagated)하는 과정($(A_i \oplus B_i) \cdot C_i$)을 표현하고 있다.

A_iB_i가 '1'이면 i번째에서 캐리가 생성된다는 것을 의미하므로, 캐리 **생성함수**(generate function) $\boldsymbol{G_i}$는 다음과 같이 정의할 수 있다.

$$G_i = A_iB_i \tag{4-2}$$

마찬가지로, $(A_i \oplus B_i)$는 캐리가 i번째 이전 단계로부터 캐리가 전달되는지 아닌지를 의미하므로, 일반적인 캐리 **전달함수**(propagate function) $\boldsymbol{P_i}$는 다음과 같이 정의한다.

$$P_i = A_i \oplus B_i \tag{4-3}$$

전달과 생성 함수는 입력 비트에 의해 결정되며 한 개 또는 두 개의 게이트 지연이 필요함을 알 수 있다. A_i, B_i 중 하나가 '1' 또는 둘 다 '1'이면 캐리가 발생하고, 따라서 전달식을 다음과 같이 XOR 연산을 OR 연산으로 교체하여 쓸 수 있다.

$$P_i = A_i + B_i \tag{4-4}$$

논리적으로 이 전달함수는 캐리 출력을 정확히 산출해 낸다; 그러나 전통적으로는 전달함수를 XOR로 표현하는 것이 일반적이다. 이것은 비트의 위치가 간단히 캐리의 발생을 예측하기 때문이다(캐리를 스스로 생성하지 않음으로써). 또한 일반적으로 합(sum) 신호는 다음과 같이 표현된다.

$$S_i = A_i \oplus B_i \oplus C_i = P_i \oplus C_i \tag{4-5}$$

$P_i \oplus C_i$는 P_i가 $A_i \oplus B_i$로 정의되어 있는 경우에만 사용된다.

캐리 출력식은 식 (4-2), (4-3)을 식 (4-1)에 대입함으로써 다음과 같이 다시 쓸 수 있다.

$$C_{i+1} = G_i + P_iC_i \tag{4-6}$$

4-비트 가산기에서 캐리들(C_i)은 식 (4-6)을 반복적으로 적용함으로써 생성될 수 있다.

$$C_1 = G_0 + P_0C_0 \tag{4-7}$$

$$C_2 = G_1 + P_1C_1 = G_1 + P_1G_0 + P_1P_0C_0 \tag{4-8}$$

$$C_3 = G_2 + P_2C_2 = G_2 + P_2G_1 + P_2P_1G_0 + P_2P_1P_0C_0 \tag{4-9}$$

$$C_4 = G_3 + P_3C_3 = G_3 + P_3G_2 + P_3P_2G_1 + P_3P_2P_1G_0 + P_3P_2P_1P_0C_0 \tag{4-10}$$

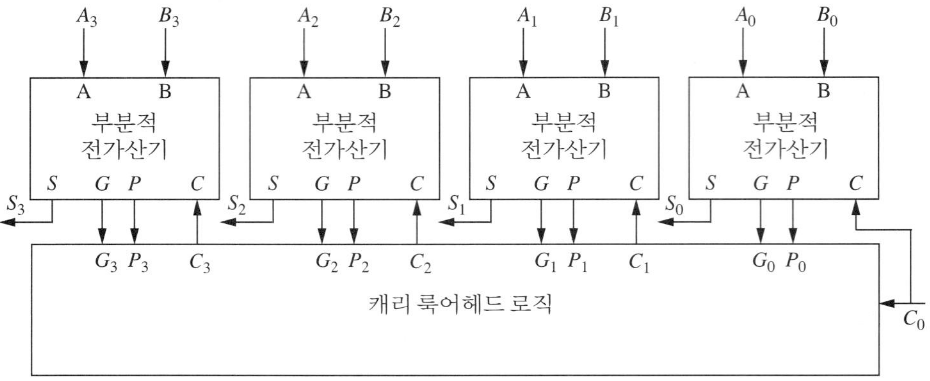

그림 4-8 4-비트 캐리 룩어헤드 가산기

이러한 캐리 비트들이 룩어헤드 캐리 비트이다. P_i, G_i, C_0의 조합으로 룩어헤드 캐리 비트들이 표현된다. 따라서 어떤 단계로부터든지 이전 단계의 캐리의 리플을 기다릴 필요 없이 생성할 수 있다. G_i와 P_i가 하나 또는 두 개의 게이트 지연이 걸리기 때문에, C_i는 약 3~4개의 게이트 지연을 필요로 한다. 이것의 장점은 우리가 더하려고 하는 수의 비트 수와 게이트 지연이 리플 캐리 방식과는 다르게 독립적이라는 것이다. 물론 이 방법은 룩어헤드 캐리를 생성하기 위해 더 많은 게이트 수를 필요로 한다. 4-비트 캐리 룩어헤드 가산기는 그림 4-8에서 나타낸 것처럼 구현할 수 있다.

캐리 룩어헤드 가산기의 단점은 식 (4-7)~(4-10)에서처럼 캐리 룩어헤드를 위한 회로가 간단하지 않다는 것이다. 이것은 4비트 이상의 가산기를 구현하는 데 매우 복잡해지는 단점이 있다. 이러한 이유로 캐리 룩어헤드 가산기는 일반적으로 4비트로 구현을 하여 이를 4-비트 단위

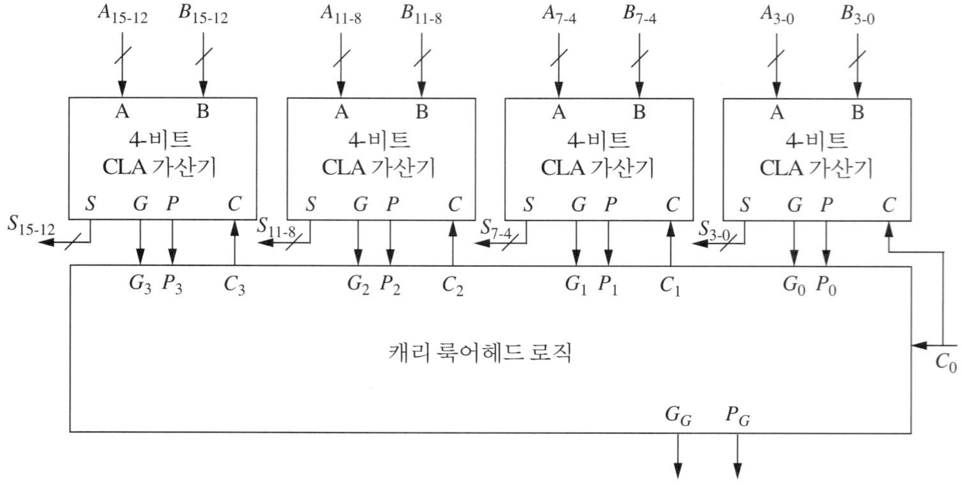

그림 4-9 16-비트 캐리 룩어헤드 가산기

```
entity CLA4 is
  port(A, B: in bit_vector(3 downto 0); Ci: in bit;          -- 입력
       S: out bit_vector(3 downto 0); Co, PG, GG: out bit);  -- 출력
end CLA4;

architecture Structure of CLA4 is
component GPFullAdder
  port(X, Y, Cin: in bit;    -- 입력
       G, P, Sum: out bit);  -- 출력
end component;
component CLALogic is
  port(G, P: in bit_vector(3 downto 0); Ci: in bit;          -- 입력
       C: out bit_vector(3 downto 1); Co, PG, GG: out bit);  -- 출력
end component;

signal G, P: bit_vector(3 downto 0); -- 캐리 내부 신호들
signal C: bit_vector(3 downto 1);
begin       -- GPFullAdder의 네 개 인스턴스 생성
  CarryLogic: CLALogic port map (G, P, Ci, C, Co, PG, GG);
  FA0: GPFullAdder port map (A(0), B(0), Ci, G(0), P(0), S(0));
  FA1: GPFullAdder port map (A(1), B(1), C(1), G(1), P(1), S(1));
  FA2: GPFullAdder port map (A(2), B(2), C(2), G(2), P(2), S(2));
  FA3: GPFullAdder port map (A(3), B(3), C(3), G(3), P(3), S(3));
end Structure;

entity CLALogic is
  port(G, P: in bit_vector(3 downto 0); Ci: in bit;          -- 입력
       C: out bit_vector(3 downto 1); Co, PG, GG: out bit);  -- 출력
end CLALogic;

architecture Equations of CLALogic is
signal GG_int, PG_int: bit;
begin       -- 병행 할당문
  C(1) <= G(0) or (P(0) and Ci);
  C(2) <= G(1) or (P(1) and G(0)) or (P(1) and P(0) and Ci);
  C(3) <= G(2) or (P(2) and G(1)) or (P(2) and P(1) and G(0)) or
          (P(2) and P(1) and P(0) and Ci);
  PG_int <= P(3) and P(2) and P(1) and P(0);
  GG_int <= G(3) or (P(3) and G(2)) or (P(3) and P(2) and G(1)) or
            (P(3) and P(2) and P(1) and G(0));
  Co <= GG_int or (PG_int and Ci);
  PG <= PG_int;
  GG <= GG_int;
end Equations;

entity GPFullAdder is
  port(X, Y, Cin: in bit;    -- 입력
       G, P, Sum: out bit);  -- 출력
end GPFullAdder;

architecture Equations of GPFullAdder is
signal P_int: bit;
begin                               -- 병행 할당문
  G <= X and Y;
  P <= P_int;
  P_int <= X xor Y;
  Sum <= P_int xor Cin;
end Equations;
```

그림 4-10 4-비트 룩어헤드 가산기의 VHDL 코드

로 계층적(hierarchical) 설계를 통하여 구현한다. 그림 4-9는 16-비트 캐리 룩어헤드 가산기의 구조를 보여준다. 그림 4-8의 룩어헤드 가산기 네 개가 사용된다. 각각의 4-비트 가산기가 캐리 출력을 다음의 4-비트 가산기로 전해주는 대신에 캐리 룩어헤드 로직이 캐리 입력 비트를 각각의 4-비트 가산기로 입력될 입력 캐리를 생성한다. 이는 4-비트 단위로 제공되는 전달 그룹(P_G)/생성 그룹(G_G) 신호의 계산을 통하여 수행된다. 다음 단계의 캐리 룩어헤드 회로는 이 전달 그룹과 생성 그룹을 이용하여 필요한 캐리를 생성한다. 만약 그룹에서 캐리의 전달(propagate)이 참이면 생성(generate) 또한 참이다. 만약 MSB가 캐리를 생성하거나, 또는 하위 비트가 캐리를 생성하고 그룹 내의 모든 상위 비트들이 캐리를 전달한다면, 그룹을 위한 생성은 참(True)이 된다. 따라서 다음 식과 같이 된다.

$$P_G = P_3P_2P_1P_0 \tag{4-11}$$

$$G_G = G_3 + P_3G_2 + P_3P_2G_1 + P_3P_2P_1G_0 \tag{4-12}$$

이 전달 그룹 P_G와 생성 그룹 G_G는 3～4개의 게이트 지연 후에 생성되며(P_i와 G_i 신호보다 각각 한 개 또는 두 개의 추가적인 지연), 그림 4-10은 4-비트 캐리 룩어헤드 가산기에 대한 VHDL 기술이다.

16-비트 캐리 룩어헤드 가산기의 VHDL 기술은 4-비트 캐리 룩어헤드 가산기를 네 번 복사하여 사용하고, 추가적으로 캐리 룩어헤드 로직 부분을 추가하여 구현할 수 있다. 64-비트 가산기 또한 한 단계 위의 캐리 룩어헤드 로직을 설계하여 구현할 수 있다. 16～64 비트로 확장될 때 전달 시간의 지연은 단지 두 개의 게이트만큼만 증가한다. 16-비트 캐리 룩어헤드 가산기의 코드 설계는 연습문제로 남겨 두었다.

IEEE numeric_bit 라이브러리의 오버로딩 '+' 연산을 이용한 32-비트 CLA가 그림 4-11에

```
library IEEE;
use IEEE.numeric_bit.all;

entity Adder32 is
  port(A, B: in unsigned(31 downto 0); Ci: in bit;   -- 입력
       S: out unsigned(31 downto 0); Co: out bit);   -- 출력
end Adder32;

architecture overload of Adder32 is
signal Sum33: unsigned(32 downto 0);
begin
  Sum33 <= '0' & A + B + unsigned'(0=>Ci);            -- 가산기
  S <= Sum33(31 downto 0);
  Co <= Sum33(32);
end overload;
```

그림 4-11 32-비트 가산기의 동작적 VHDL 코드

나와 있다. 이 코드를 합성 툴을 이용하여 목표 공정 기술(target technology)로 합성하면 리플-캐리 가산기와 고속 이단 가산기(fast two-level adder)로 합성될 것이다. 다양한 위상(topology)에 따라 면적, 전력소비, 지연 시간에 있어서 다른 특성을 갖게 된다.

예제

만약 게이트 지연이 t_g라면, 32-비트 고속 가산기의 지연은 얼마인가? 사용되는 하드웨어 자원은 한정되어 있지 않고 오직 속도만 중요하다고 가정한다.

해답

입력 비트들을 가지고 곱의 합(SOP) 형태로 32비트의 합 비트들을 표현할 수 있다. 캐리 출력을 위하여 한 개의 식을 포함한 33개의 식이 있을 것이다. 이 식은 매우 길며, 이들 중에는 60개 이상의 변수를 포함하는 곱(product)이 있는 것도 있을 것이다. 그럼에도 불구하고 입력의 개수가 몇 개이든지 상관이 없는 게이트를 사용할 수 있다면, 이론적으로는 이단 가산기(two-level adder)를 만들 수 있다. 비록 이것이 학습적, 이론적이지만, 가장 빠른 가산기의 지연은 t_g가 게이트 지연이라면 $2t_g$가 될 것이다.

예제

리플-캐리 가산기가 가장 작은 32-비트 가산기인가?

해답

32-비트 리플-캐리 가산기는 32개의 1-비트 가산기를 사용한다. 우리는 32-비트 직렬 가산기를

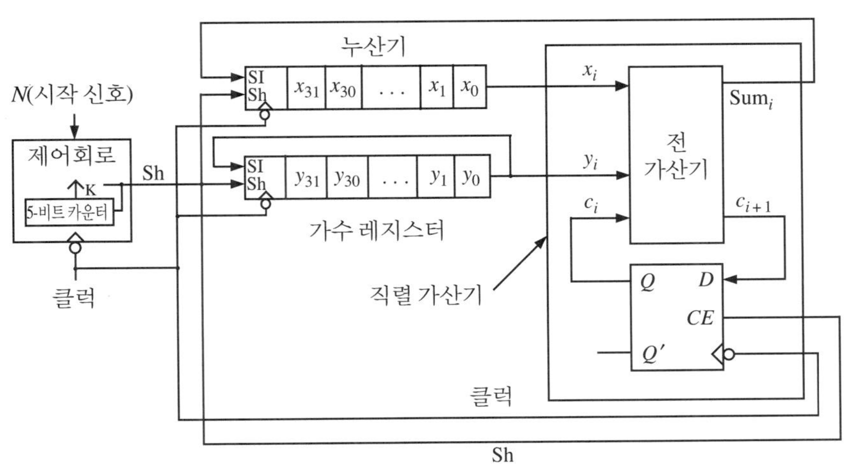

그림 4-12 1-비트 가산기를 이용하여 구현한 32-비트 직렬 가산기

표 4-1 가산기별(리플-캐리, 캐리 룩어헤드) 비교

가산기 크기	리플-캐리 가산기의 지연 시간	캐리 룩어헤드의 지연 시간	직렬 가산기의 지연 시간
4비트	$8t_g$	$5-6t_g$	$16t_g$
16비트	$32t_g$	$7-8t_g$	$64t_g$
32비트	$64t_g$	$9-10t_g$	$128t_g$
64비트	$128t_g$	$9-10t_g$	$256t_g$

1비트 가산기를 이용하여 설계할 수 있다. 입력 값은 가산기 안에서 한 번에 한 비트씩 이동되고, 각 비트 쌍의 덧셈 결과로부터 발생하는 캐리는 플립플롭에 저장되어 다음 번 덧셈 연산에 피드백된다. 이 가산기의 하드웨어 구조는 그림 4-12에 나타내었다. 가산기의 지연은 $32(2t_g + t_{ff})$가 되며, 여기서 $2t_g$는 1-비트 가산기의 지연, t_{ff}는 플립플롭의 지연(셋업 시간을 포함)이다. 만약 플립플롭의 지연이 적어도 두 개의 게이트 지연이라고 하면, 32-비트 직렬 가산기의 총 지연은 $128t_g$가 될 것이다. 가산기의 하드웨어 구조는 간단하다. 그러나 32-비트 시프트 신호를 생성하기 위한 제어회로가 필요하다. 또한 결과를 저장할 레지스터들 역시 시프트 연산이 가능하여야 한다.

그림 4-10과 같이 데이터 흐름 방정식 기반의 VHDL 코드를 작성했다고 하여도, 합성을 할 경우 우리가 지금껏 살펴본 만큼의 지연 시간 특성을 갖는 캐리 룩어헤드 가산기가 생성된다는 보장이 없다. 소프트웨어는 목표 공정 기술(target technology) 내에서 사용 가능한 특정 하드웨어 요소(specific hardware component)에 의존하여 최적화된 합성 출력을 생성할 것이다. 예를 들어 고속 가산기를 지원하는 FPGA를 사용한다면, 소프트웨어는 고속 가산기로 합성할 것이다. 사용되는 FPGA의 로직 블록의 개수와 배선 구조에 따라 지연 시간은 손으로 계산한 것과 달라질 것이다. 게이트 기반의 리플-캐리, 캐리 룩어헤드, 직렬 가산기의 지연 시간이 가산기의 크기에 따라 표 4-1에 정리되어 있다. 큰 크기의 가산기를 설계할 때는 캐리 룩어헤드 가산기가 매우 유리하다는 것을 확인할 수 있다.

4.4 신호등 제어기

도로 A와 B가 만나는 교차점의 순차 신호등 제어기를 설계해 보자. 각각의 도로는 교차점으로 차량이 다가오거나 서있는 것을 감지하는 교통 센서(traffic sensor)가 있다. Sa = '1' 은 도로 A로부터 차량이 다가오는 것을 나타내고, Sb = '1' 은 도로 B로부터 차량이 다가오는 것을 나타

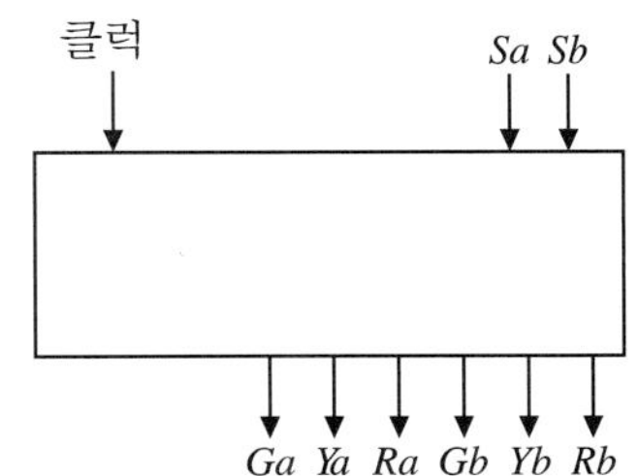

그림 4-13 신호등 제어기

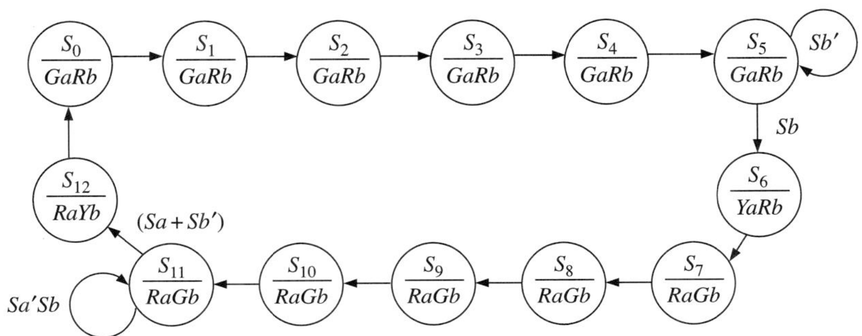

그림 4-14 신호등 제어기에 대한 상태 그래프

낸다. 도로 A가 주 도로(main street)이며 도로 B에 차가 다가오기 전까지 녹색등이 켜져 있다. 이후에 신호등이 바뀌게 되고 B에 녹색등이 켜진다. 그리고 50초 후에 신호가 바뀌게 되지만, 만약 도로 A에 차가 없고 도로 B에 차가 계속 있는 경우에는 10초의 추가 시간이 더 할당된다. 만약 도로 B에 차들이 계속 오고 도로 A에 차가 없다면, 도로 B에는 계속 녹색등이 켜져 있게 된다. 도로 A에 녹색등이 켜져 있는 경우에는 적어도 60초 이상 켜져 있고, 도로 B에 차량이 진입할 경우에만 신호등이 바뀐다. 그림 4-13은 신호등 제어기의 외부 배선도를 보여준다. 세 개의 출력 신호(*Ga*, *Ya*, *Ra*)는 도로 A의 녹색, 황색, 적색 등을 나타내며, 나머지 세 개의 출력 신호(*Gb*, *Yb*, *Rb*)는 도로 B의 신호등을 나타낸다.

그림 4-14는 신호등 제어기의 무어 상태 그래프(Moore state graph)이다. 시간 조절을 위해서 각각의 순차회로는 10초 단위로 되어 있다. 따라서 상태의 변화는 10초마다 바뀐다. 다음의 표시들이 사용된다: 상태 *GaRb*는 $Ga = Rb = 1$이고, 나머지 출력들은 0이다라는 것을 의미한다. $Sa'Sb$는 $Sa = 0$, $Sb = 1$을 의미하며, 상태들이 원 안에서 변화됨을 표현한다. 원 안에서 변화가 없는 상태들은 상태 변화가 클럭이 변할 때 발생하며, 입력 신호와는 독립적이다. 따라서 A의 녹색등은 6개의 클럭 사이클 동안(60초) 켜져 있고, B도로에 차가 기다리고 있으면 황색등으로 바뀌게 된다.

그림 4-15는 두 개의 process 문을 이용하여 상태도를 표현한 신호등 제어기의 VHDL 코드이

```
entity traffic_light is
  port(clk, Sa, Sb: in bit;
       Ra, Rb, Ga, Gb, Ya, Yb: inout bit);
end traffic_light;

architecture behave of traffic_light is
signal state, nextstate: integer range 0 to 12;
type light is (R, Y, G);
signal lightA, lightB: light; -- 파형 출력에 대한 신호를 정의함
begin
  process(state, Sa, Sb)
  begin
    Ra <= '0'; Rb <= '0'; Ga <= '0'; Gb <= '0'; Ya <= '0'; Yb <= '0';
    case state is
      when 0 to 4 => Ga => '1'; Rb => '1'; nextstate => state+1;
      when 5 => Ga <= '1'; Rb <= '1';
        if Sb = '1' then nextstate <= 6; end if;
      when 6 => Ya <= '1'; Rb <= '1'; nextstate <= 7;
      when 7 to 10 => Ra <= '1'; Gb <= '1'; nextstate <= state+1;
      when 11 => Ra <= '1'; Gb <= '1';
        if (Sa='1' or Sb='0') then nextstate <= 12; end if;
      when 12 => Ra <= '1'; Yb <= '1'; nextstate <= 0;
    end case;
  end process;
  process(clk)
  begin
    if clk'event and clk = '1' then
      state <= nextstate;
    end if;
  end process;
  lightA <= R when Ra='1' else Y when Ya='1' else G when Ga='1';
  lightB <= R when Rb='1' else Y when Yb='1' else G when Gb='1';
end behave;
```

그림 4-15 신호등 제어기의 VHDL 코드

다. 모든 상태에서, *Sa*, *Sb*가 변할 때마다 첫 번째 process 문은 출력과 *nextstate* 값을 업데이트한다. 클럭이 상승에지일 때 두 번째 process 문에서 상태 레지스터의 업데이트가 이루어진다. case 문은 범위를 갖는 **when** 구문을 사용하여 표현하였다. 상태 S_0부터 S_4까지 출력되는 값이 같기 때문에 다음 상태의 표현은 5개의 서로 다른 **when** 구문을 사용하지 않고, 숫자 시퀀스로 표현하였다.

```
when 0 to 4 => Ga <= '1'; Rb <= '1'; nextstate <= state + 1;
```

각각의 상태를 위해서 신호 값이 '1'인 것들만 case 문에 나열하였다. VHDL에서는 신호가 바뀌기 전까지 이전 신호를 유지하기 때문에 다음 상태에 이르렀을 때 신호들을 꺼야 한다. 여섯 번째 상태에서 *Ga*를 '0'으로, 일곱 번째 상태에서는 *Ya*를 '0'으로 만들어야 하는 것처럼 다른 경우에도 마찬가지이다. 이것은 적절히 **when** 구문을 사용함으로써 표현할 수 있다. 예를 들어

Ga <= '0' when 6=> 구문을 삽입할 수 있다. 출력을 끄기 위한 좀 더 쉬운 방법은 그림 4-15에서처럼 case 문 이전에 모두 '0'으로 할당하는 것이다. 얼핏 보기에는 출력 신호를 '1'로 남겨두는 것보다 '0'으로 할당할 때 글리치(glitch)가 발생할 것처럼 보이지만, 이것은 즉시 실행되는 순차회로에서는 문제가 되지 않는다. 예를 들어 시간이 20 ns일 때 상태의 변화가 S_2에서 S_3로 바뀌었다고 하자. process 문이 실행되자마자 *Ga*와 *Rb*가 '1'이지만, 코드의 첫 줄이 실행될 것이며, *Ga*와 *Rb*는 '0'으로 $20 + \Delta$ 시간에 바뀌게 될 것이다. case 문이 실행되고 나서 *Ga*와 *Rb*는 $20 + \Delta$ 이후에 '1'로 바뀌게 될 것이다. 이것은 동시에 일어나는 과정이기 때문에 새로운 값 '1'은 이전 값 '0' 보다 먼저 차지하게 된다. 따라서 신호는 0으로 절대 바뀌지 않는다.

신호등의 구현을 마치기 전에 설계도와 비교해 보기 위해 VHDL 코드를 테스트해보아야 한다. 최소한 테스트 시퀀스를 모든 상태가 한 번 이상 거쳐 가도록 수행해야 한다. 다양한 신호등의 상태에 따라서 시간의 변화를 확인하기 위한 추가적인 테스트 또한 수행해야 한다. (A와 B 도로가 둘 다 복잡한 경우, 두 도로가 모두 한산한 경우, A 또는 B 도로만 복잡한 경우, 녹색등일 때 차량이 미처 다 지나가지 못한 경우, 적색등일 때 차량이 신호등을 지나간 경우 등)

출력 신호를 쉽게 확인하기 위해 *lightA*, *lightB*의 출력을 *R*, *Y*, *G*로 표현하였다. 신호등을 적색등: *R*, 황색등: *Y*, 녹색등: *G*로 표현하였다. 다음의 시뮬레이터 명령어를 통해 수행하였으며, 먼저 상태 그래프에 따라 순차적으로 수행하고, 다음으로 순차적이지 않은 경우에 대해서 수행하였다.

```
add wave clk SA SB state lightA lightB
force clk 0 0, 1 5 sec -repeat 10 sec
force SA 1 0, 0 40, 1 170, 0 230, 1 250 sec
force SB 0 0, 1 70, 0 100, 1 120, 0 150, 1 210, 0 250, 1 270 sec
```

신호등의 변화를 알아보기 위한 테스트 결과는 그림 4-16에 나타내었다.

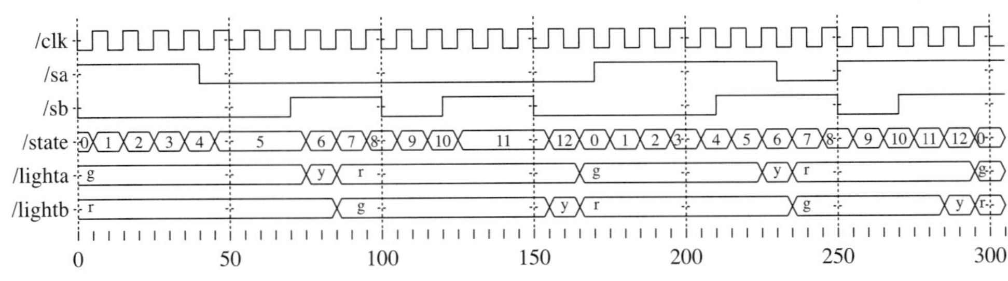

그림 4-16 신호등 제어기의 테스트 결과

4.5 제어회로를 위한 상태 그래프

다른 예들을 더 살펴보기 전에 제어 상태 그래프(control state graph)와 상태 그래프를 적절히 만족시키는 상태 조건들에 대해 알아볼 것이다. 일반적으로, 제어 상태 그래프에서는 '0' 과 '1' 대신 변수 이름을 사용한다. 이러한 방법은 그래프를 좀 더 알아보기 쉽게 한다. 특히 입력과 출력 신호들이 많은 경우에는 더욱 그러하다. 만약 밀리 상태 그래프(Mealy state graph)의 원 안에 X_iX_j/Z_pZ_q로 표시를 하였다면, 이 의미는 입력 X_iX_j가 1이라면(다른 입력들은 신경쓰지 않는다) 출력 Z_p, Z_q는 1(나머지 출력들은 0)임을 나타내고, 현재의 상태가 다음 상태로 천이함을 의미한다. 예를 들어 네 개의 입력(X_1, X_2, X_3, X_4)과 네 개의 출력(Z_1, Z_2, Z_3, Z_4)을 갖는 회로가 있다면, X_1X_4'/Z_2Z_3로 표현된 것은 1--0/0110과 같은 의미이다. 일반적으로 상태를 표시하는 원의 입력 표현을 I라고 하면, 이 상태에서 $I = 1$일 때 상태가 천이한다. 예를 들어 입력 라벨이 $AB + C'$라 하면, $AB + C' = 1$인 경우에 상태는 천이하게 된다.

모든 입력 조합에 대해 다음 상태가 유일하게 정의되는 상태 그래프를 완벽하게 표현하려면, 모든 상태 S_k에 대한 입력 라벨에 다음의 제약조건을 할당하여야 한다.

1. 만약 I_i와 I_j가 상태 S_k에 대해서 입력 라벨의 쌍이라면, $i \neq j$일 때 $I_iI_j = 0$이다.
2. n번째 원이 S_k 상태의 종료라면, n번째 상태 원은 각각 $I_1, I_2, \ldots, I_n$의 입력을 가지고 있으며 $I_1 + I_2 + \cdots + I_n = 1$이다.

조건 1은 어떤 주어진 시간에 한 개 이상의 입력 라벨이 1이 되어야 한다는 것을 확인하며, 조건 2는 주어진 시간에 적어도 한 개의 입력 라벨이 1이 되어야 함을 확인한다. 따라서 정확히 한 개의 입력 라벨이 1이 되므로 모든 입력 조합에 대해 유일하게 다음 상태가 정의될 수 있다. 예를 들어 그림 4-17의 부분 상태 그래프를 살펴보자. 여기서 $I_1 = X_1$, $I_2 = X_1'X_2'$, $I_3 = X_1'X_2$이다.

조건 1과 2가 S_k에 대해 만족된다.

완벽하지 않게 정의된 상태 그래프는 항상 조건 2를 만족해야 하며, 각각의 상태 S_k에서 발생할 수 있는 모든 변수에 대해서 모든 입력 신호의 조합이 조건 1을 만족해야 한다. 따라서 그림 4-18의 부분 상태 그래프에서, 상태 S_k일 때 입력 조합이 $X_1 = X_2 = 1$인 경우는 발생할 수 없음을 표현한다.

만약 세 개의 입력 변수(X_1, X_2, X_3)가 있다면, 앞의 부분 상태 그래프는 다음의 상태표(state table)와 같이 표현할 수 있다.

	000	001	010	011	100	101	110	111
S_k	S_k	S_k	S_q	S_q	S_p	S_p	—	—

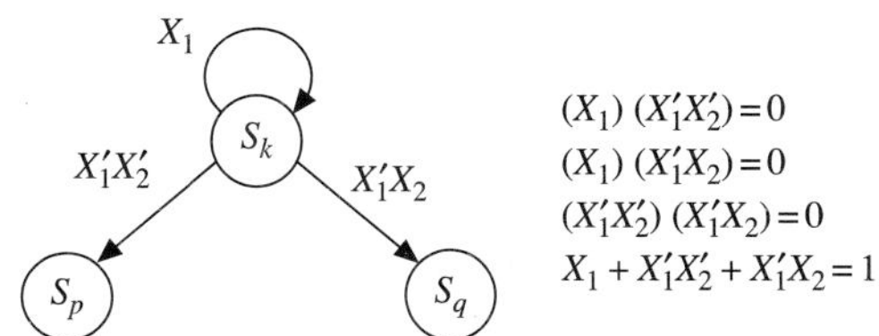

그림 4-17 부분 상태 그래프의 예

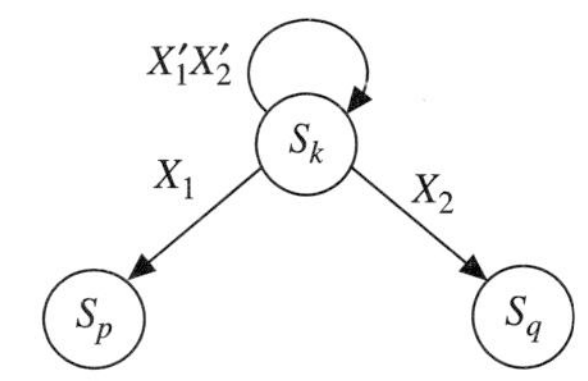

그림 4-18 부분 상태 그래프의 예

4.6 스코어보드와 제어기

이번 예에서는 십진수 0에서 99까지 표시할 수 있는 간단한 스코어보드를 설계해 보자. 시스템의 입력으로 점수를 올리고 내리는 제어신호와 리셋 신호가 필요하다. 증가 신호(increment signal)가 1(참)일 때 두 자리의 십진 카운터가 1씩 증가하고, 감소 신호(decrement signal)가 1일 때 1씩 감소하며, 동시에 둘 다 1일 경우에는 아무 변화도 일어나지 않는다.

현재 숫자는 7-세그먼트 표시창에 표시된다. 점수가 우연한 사고에 의해 지워지는 것을 예방하기 위해, 리셋 버튼은 연속하여 5개 사이클 이상 입력되어야 지워지도록 설계한다. 스코어보드는 실수로 잘못 입력된 경우를 위해 하향 카운트를 지원한다.

4.6.1 데이터패스

이번 설계에서 가장 중요한 부분은 점수를 세기 위한 BCD 카운터의 설계일 것이다. 두 자리의 7-세그먼트 표시창이 현재 점수를 나타내기 위해 필요하다. 또한 각각의 BCD 수를 표현하기 위해 BCD-7-세그먼트 디코더가 필요하다. 그림 4-19는 이 시스템의 블록도이다. 리셋 신호 '1' 을 5개 클럭 사이클 이상 누르고 있으면 점수가 초기화되며, 또한 3-비트 리셋 카운터 *rstcnt* 가 사용될 것이다.

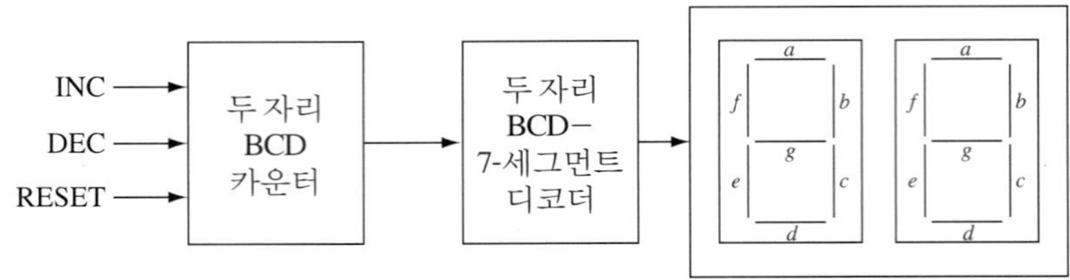

그림 4-19 간단한 스코어보드의 블록도

4.6.2 제어기

이 회로의 제어기는 다음과 같이 동작한다. 유한 상태 머신(finite state machine, FSM)에는 그림 4-20과 같이 두 개의 상태를 가지고 있다. 초기상태(S_0)에서 BCD 카운터가 초기화된다. 또한 리셋 카운터 역시 0으로 초기화된다. 근본적으로 S_0 상태는 모든 카운터가 초기화되어 있는 초기화 상태(initialization state)이다. 초기화 상태 이후 다음 상태인 S_1으로 바뀌며 카운터의 동작이 시작된다. 이 상태에서 매 클럭 사이클마다 입력 신호에 따라 점수의 증가 또는 감소가 이루어진다. 만약 리셋 신호 *rst*가 입력되면, *rstcnt*가 증가한다. 리셋 카운터가 4에 이르고 다섯 번째 클럭 사이클까지 입력이 계속 지속되면, S_0 상태로 상태 천이가 일어난다. 만약 *inc* 신호가 들어오고 *dec* 신호는 들어오지 않으면, BCD 카운터가 증가한다. S_1 상태의 원 우측 위에 있는 *add*1은 BCD 카운터가 증가하는 것을 알려주는 신호이다. 만약 *dec* 신호가 들어오고 *inc* 신호가 들어오지 않는다면, BCD 카운터는 감소된다. S_1 상태 우측 밑에 있는 *sub*1 신호는 BCD 카운터가 감소되는 것을 알려 준다. reset 신호가 들어오지 않는 동안에는 *rstcnt*가 초기화된다. 만약 *inc*와 *dec* 신호가 동시에 '1' 또는 '0'이 입력되면, 리셋 카운터(*rstcnt*)는 초기화되고 BCD 카운터는 변화되지 않는다.

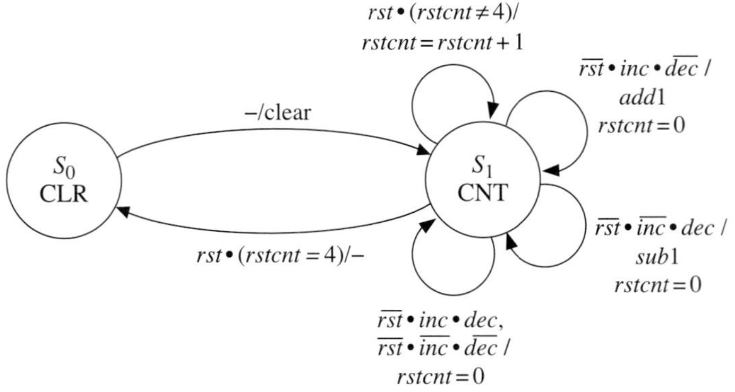

그림 4-20 스코어보드를 위한 상태 그래프

4.6.3 VHDL 모델

그림 4-21은 위에서 설계한 스코어보드의 VHDL 코드이다. 두 개의 7-세그먼트 표시기 *seg7disp*1, *seg7disp*2를 부호 없는(unsigned) 7-비트 벡터로 선언하였다. 7-세그먼트에서 각각의 세그먼트를 그림 4-19에서처럼 알파벳 *a*부터 *g*로 표시하였다. 부호 없는 타입을 사용하기 때문에 오버로드된 '+' 연산자를 카운터를 1씩 증가시키는 데 사용할 수 있다. 7-세그먼트를 위한 디코더는 어레이(array) 또는 룩업 테이블(look-up table)로 구현할 수 있다. 룩업 테이블은 10개의 7-비트 벡터로 이루어져 있다. 새로운 데이터 타입인 *sevsegarray*는 각각의 BCD 숫자에 해당하는 7-세그먼트의 어레이를 정의하기 위해 사용한다. 7-비트 벡터가 10개 있는 2차원 어레이이다. 룩업 테이블은 정수형으로 지정되어야 하므로 `to_integer` 변환 함수를 사용하였다. `to_integer(BCD0)` 표현은 *BCD*0을 정수형 데이터로 바꾸며, 처리문은 다음과 같다.

```
library IEEE;
use IEEE.numeric_bit.all; -- 오버로드된 '+' '-'를 가지고 있는 패키지

entity Scoreboard is
  port(clk, rst, inc, dec: in bit;
       seg7disp1, seg7disp0: out unsigned(6 downto 0));
end Scoreboard;

architecture Behavioral of Scoreboard is
signal State: integer range 0 to 1;
signal BCD1, BCD0: unsigned(3 downto 0) := "0000"; -- 부호 없는 비트 벡터
signal rstcnt: integer range 0 to 4 := 0;
type sevsegarray is array (0 to 9) of unsigned(6 downto 0);
constant seg7Rom: sevsegarray :=
   ("0111111", "0000110", "1011011", "1001111", "1100110", "1101101", "1111100",
    "0000111", "1111111", "1100111"); -- "gfedcba" 순서를 가진 액티브 하이
begin
  process(clk)
  begin
    if clk'event and clk = '1' then
      case State is
        when 0 => -- 초기상태
          BCD1 <= "0000"; BCD0 <= "0000"; -- 카운터 클리어
          rstcnt <= 0; -- RESETCOUNT를 리셋
          State <= 1;
        when 1 => -- 스코어보드가 inc와 dec 신호가 입력되기를 기다리는 상태
          if rst = '1' then
            if rstcnt = 4 then -- 리셋이 5번째 리셋 사이클인지를 체크
              State <= 0;
            else rstcnt <= rstcnt + 1;
            end if;
          elsif inc = '1' and dec = '0' then
            rstcnt <= 0;
            if BCD0 < "1001" then
              BCD0 <= BCD0 + 1; -- 오버로드된 '+'를 가지고 있는 라이브러리가 필요함
            elsif BCD1 < "1001" then
              BCD1 <= BCD1 + 1;
              BCD0 <= "0000";
            end if;
```

```
          elsif dec = '1' and inc = '0' then
            rstcnt <= 0;
            if BCD0 > "0000" then
              BCD0 <= BCD0 - 1; -- 오버로드된 '-'를 가지고 있는 라이브러리가 필요함
            elsif BCD1 > "0000" then
              BCD1 <= BCD1 - 1;
              BCD0 <= "1001";
            end if;
          elsif (inc = '1' and dec = '1') or (inc = '0' and dec = '0') then
            rstcnt <= 0;
          end if;
      end case;
    end if;
  end process;
  seg7disp0 <= seg7rom(to_integer(BCD0)); -- 타입 변환 함수를 위해
  seg7disp1 <= seg7rom(to_integer(BCD1)); -- IEEE numeric_bit 패키지가 사용됨
end Behavioral;
```

그림 4-21 스코어보드의 VHDL 코드

```
seg7disp0 <= seg7rom(to_integer(BCD0));
```

십진수를 7-세그먼트 형태의 수로 변환하기 위해 *seg7rom*의 적절한 부분을 호출한다. BCD 덧셈 연산은 오버로드된 '+' 연산자를 통하여 이루어진다. 만약 현재 카운터가 9 이하이면, 카운터는 증가할 것이고, 9이면 1을 더함으로써 결과가 0이 되지만 다음 자리의 수가 증가된다. 마찬가지로, 카운터의 감소도 첫 번째 자릿수가 0이라면 다음으로 높은 숫자에서 1을 빌려와서 수행된다.

4.7 동기화와 디바운싱

앞에서 살펴본 스코어보드 회로에서 *inc*, *dec*, *rst* 신호는 외부에서 입력되는 신호들이다. 외부로부터 입력되는 신호들을 사용하는 시스템의 문제점은 바로 동기화이다. 키패드와 입력 버튼으로부터의 출력 신호들은 시스템 클럭과 동기화된 신호들이 아니다. 그러나 이러한 신호들이 동기화된 순차회로(synchronous sequential circuit)의 입력으로 사용되므로 동기화해야 한다.

외부 입력 신호를 받아들이는 시스템의 또 다른 문제점은 스위치 바운스(switch bounce)이다. 기계적으로 스위치가 개폐될 때 스위치 접촉(switch contact)에 의해 바운스가 일어난다. 이는 그림 4-22(a)에서처럼 스위치의 출력에 잡음이 생기게 된다. 스위치가 접촉할 때는 본래의 자기 신호의 값을 얻기 전에 수 밀리초(millisecond) 동안 바운스한다. 스위치가 폐쇄되고 나서 값을 받아들이기 전에 그 값이 바운스되는 것을 기다려야 한다. 기계적인 스위치를 포함하고 있는 모든 회로들은 스위치를 디바운스되도록 해야 한다. 디바운스(debounce)의 의미는 스위치의 출력

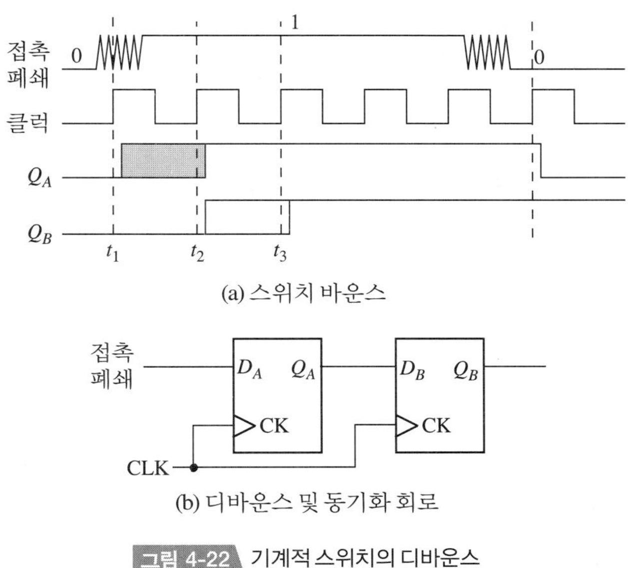

그림 4-22 기계적 스위치의 디바운스

을 일시적으로 제거함을 뜻한다.

플립플롭은 동기화와 디바운스할 필요가 있을 때 아주 유용하게 사용된다. 그림 4-22(b)에서 동기화와 디바운스 회로의 예를 보여주고 있다. 이 회로에서 클럭 주기는 바운스되는 시간보다 길다. 만약 클럭의 상승에지가 신호가 바운스되는 동안 발생하면, t_1 시점에는 0 또는 1이 감지될 것이다. 만약 0이 감지되었다면, 다음 상승에지 t_2에서는 1이 감지될 것이다. 따라서 Q_A는 K의 디바운스 및 동기화가 된다. 그러나 스위치의 변화가 클럭의 에지와 매우 가까운 시간(홀드 시간 또는 셋업 시간의 위반)에 일어난다면 실패할 가능성이 있다. 이러한 경우 플립플롭의 출력 Q_A가 진동하거나(oscillate), 제대로 된 신호가 출력되지(malfunction) 않는다. 비록 이러한 상황이 자주 발생되지는 않지만, 두 번째 플립플롭을 이어 붙임으로써 이 문제를 해결할 수 있다. 클럭 주기를 선택함으로써 첫 번째 플립플롭의 출력 Q_A의 진동이 다음 클럭의 상승에지에 없어지게 되고, 이것이 D_B의 입력으로 사용되어 언제나 안정된(stable) 값을 갖게 된다. 디바운스된 신호 Q_B는 비록 두 개 클럭 사이클만큼의 지연을 갖게 되지만, 대신에 클럭과 동기를 이루고 깨끗한 신호를 출력하게 된다.

4.7.1 단일 펄서

스코어보드 설계에 있어서 *inc*, *dec* 신호가 발생하는 각각의 시간이 단지 한 클럭 사이클 동안만 지속된다고 가정하였다. 일반적으로, 디지털 시스템은 인간보다 매우 고속으로 동작하며, 따라서 사람이 한 클럭 펄스 동안 신호를 유지시키면서 입력해준다는 것은 매우 어려운 일이다. 만약 버튼을 누름에 있어서 한 클럭 사이클 이상 누르게 되면, 앞에서 언급한 것처럼 카운터가 계속 동작하여 증가할 것이다. 이 문제의 해결책은 사람이 버튼을 누르거나 스위치 조작을 통해 이루어지는 단일 펄서 회로를 개발하는 것이다. 이러한 회로들은 사람들이 조작해야 하는 버튼과 스위치를 포함하는 응용환경에 매우 유용하게 사용된다.

그럼, 버튼이 눌러졌을 때 단일 클럭 사이클 길이만큼만 동기화 펄스를 만들어내는 단일 펄서 회로를 설계해 보자. 설계할 회로는 버튼을 누르는 것을 감지해야 하고, 한 클럭 안에 출력 신호를 할당해야 한다. 그리고 출력 신호는 버튼이 떼질 때까지 비활성(inactive) 상태를 유지하여야 한다.

단일 펄서를 위한 상태도를 작성해 보자. 단일 펄서 회로는 두 개의 상태가 있어야 한다. 즉, 입력을 감지할 부분과 입력이 끊어진 때를 감지하는 부분이다. 첫 번째 상태를 S_0라 하고, 두 번째 상태를 S_1이라 하자. SYNCPRESS 신호를 동기화된 신호 입력이라 정의하자. 시스템이 S_0 상태에 있고 버튼의 입력이 들어오면, 시스템은 단일 펄스를 만들고 S_1 상태로 이동한다. 단일 펄스 시스템은 상태가 S_0에서 S_1으로 바뀌는 밀리 출력(Mealy output)이다. 시스템이 S_1 상태에 있으면 버튼이 떼어지기를 기다린다. 버튼이 떼어짐과 동시에 상태가 S_0로 바뀌게 되고 다음 버튼 입력을 기다린다. 단일 펄스의 출력은 단지 상태가 S_0, S_1으로 바뀔 때 참이 된다. 단일 펄스의 상태도는 그림 4-23에 나타내었다.

이 회로에는 단지 두 개의 상태만이 있기 때문에 한 개의 플립플롭을 가지고 구현할 수 있다. 단일 펄서는 그림 4-24에서처럼 구현할 수 있다. 첫 번째 블록은 4-22(b)와 같이 구성되며 동기화된 버튼 입력 신호 SYNCPRESS를 생성한다. 플립플롭은 상태 머신의 두 상태를 구현하는 데 사용된다. 상태 S_0와 S_1을 각각 0과 1로 할당하면, 플립플롭으로부터의 출력 Q는 S_1과 같고, Q'는 S_0와 같다. 단일 펄서 SP의 부울 식은 다음과 같다.

$$\mathrm{SP} = \mathrm{S0} \cdot \mathrm{SYNCPRESS}$$

이것은 또한 $S_0 = S_1'$와도 같다. 동기화 블록 내 두 개의 플립플롭을 포함하여 총 세 개의 플립플롭이 디바운스, 동기화, 단일 펄서를 위해 사용된다. 만약 이러한 회로에서 버튼의 입력이 통과된다면 시스템 클럭에 디바운스 및 동기화를 시키는 단일 펄서를 구현할 수 있다. 이것은 외부 입력 버튼을 이용하여 제어와 예측 가능한 동작을 수행하기 위한 아주 좋은 예이다.

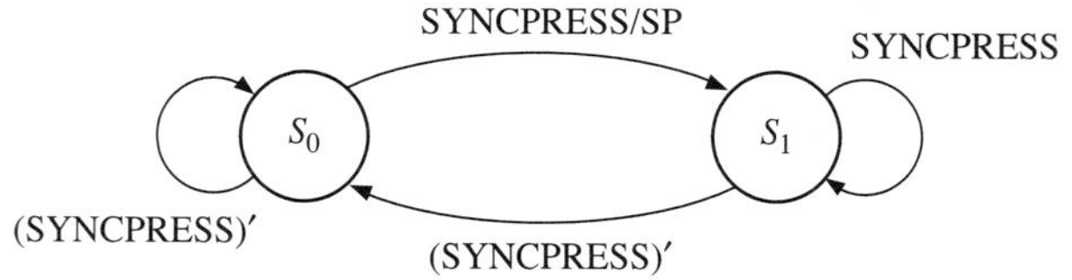

그림 4-23 단일 펄서의 상태도

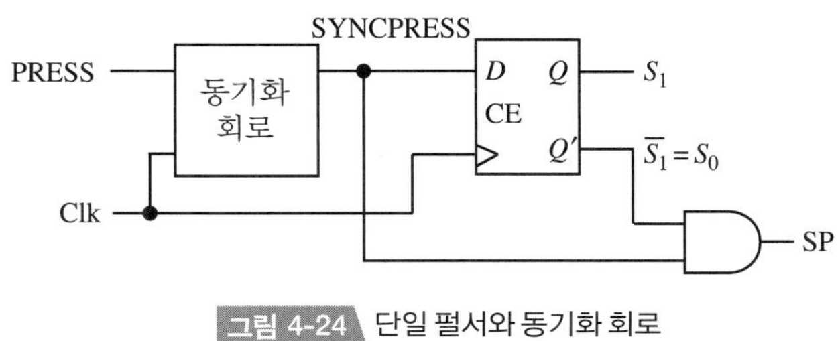

그림 4-24 단일 펄서와 동기화 회로

4.8 덧셈-시프트 곱셈기

이 절에서는 부호 없는 이진수 곱셈기를 설계해 본다. $A \times B$의 연산에서 첫 번째 수 A는 피승수(multiplicand), 두 번째 수 B는 승수(multiplier)라고 한다. 여기서 언급되는 바와 같이, 이진 곱셈 연산은 단지 시프트와 덧셈 연산만을 이용한다. 다음 예에서 십진수 13_{10}과 11_{10}을 이진수 연산을 통해 곱셈 연산을 수행해 본다.

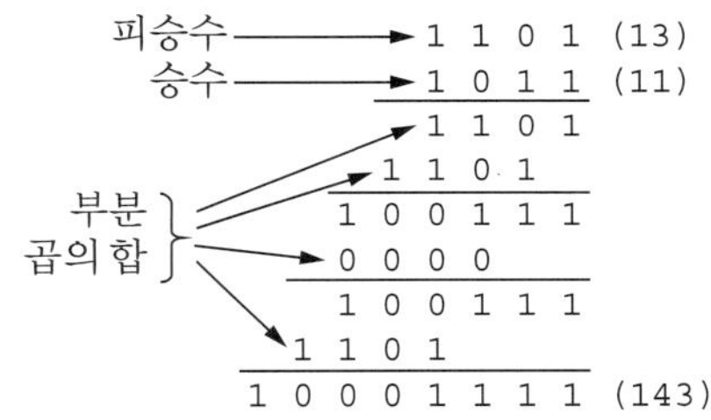

각각의 부분 곱(partial product)은 피승수(1101)을 적절한 숫자 위치만큼 이동한 것 또는 0임을 알 수 있다. 부분 곱을 먼저 구하고 나서 더하는 방법 대신에, 두 개 이상의 이진수를 더하는 연산을 하지 않기 위해서 각각의 부분 곱이 생성되자마자 바로 더하기 연산을 수행하는 방법을 적용한다.

두 개의 4-비트 수를 곱하는 데는 각각 4-비트 피승수, 승수 레지스터와 4-비트 전가산기(full-adder), 결과를 저장하기 위한 8-비트 레지스터가 필요하다. 결과를 저장하기 위한 레지스터는 부분 곱의 합을 누적 덧셈 연산하는 데 사용한다. 만약 피승수가 누산기에서 더해지기 전에 매번 좌측으로 시프트된다면, 8-비트 가산기가 필요하다. 그래서 그림 4-25의 블록도와 같이 결과 레지스터에서 매번 우측 시프트 연산을 하는 것이 더 좋은 방법이다. 이러한 타입의 곱셈기를 직렬-병렬 곱셈기(serial-parallel multiplier)라고 한다. 왜냐하면 승수의 비트들이 직렬로 처리되지만 그 덧셈 결과는 병렬로 처리되기 때문이다. 그림에서 화살표 방향이 나타내는 것처럼 누산기(ACC)의 4비트, 피승수 레지스터의 4비트가 가산기의 입력과 연결되어 있다; 가산기로부터 4비트의 합(sum)과 캐리(carry) 출력이 다시 누산기와 연결되어 있다. 덧셈 연산 신호(Ad)가 발

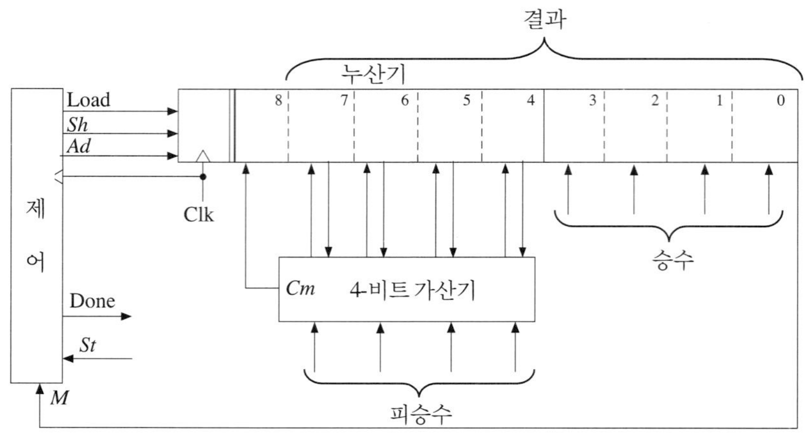

그림 4-25 이진 곱셈기의 블록도

생하면 다음 클럭 사이클에서 가산기의 출력은 누산기에 전해지고, 따라서 피승수가 누산기에서 더해진다. 결과를 저장하기 위한 레지스터에서 가장 좌측에 추가된 한 비트(extra bit)는 누산기 연산을 통해 캐리가 생기면 저장하기 위한 공간으로 사용된다. 시프트 신호(*Sh*)가 발생하면, ACC의 9비트는 다음 클럭 신호에 우측으로 시프트된다.

결과 레지스터의 하위 4비트는 최초에는 사용되지 않기 때문에, 승수를 다른 레지스터에 저장하지 않고 여기에 저장한다. 각각의 승수 비트들이 저장되면, 추가의 결과 비트의 공간을 마련하기 위해서 레지스터의 맨 우측 끝으로 시프트한다. 시프트 신호(*Sh*)는 결과 레지스터(승수도 포함되어 있는)가 다음 클럭 신호에서 우측으로 한 칸씩 시프트되도록 한다. 제어회로에서는 시작 신호($St = 1$)가 입력된 후 적절하게 덧셈 및 시프트 신호를 출력해 준다. 만약 현재 승수의 비트(M)가 1이면, 피승수는 우측 시프트 연산을 통해 누산기에서 더해진다; 만약 승수의 비트가 0이면, 덧셈 연산은 하지 않고 단지 우측으로 시프트가 이루어진다. (13×11)의 곱셈 연산을 다시 수행해 보면 매 클럭 시간마다 레지스터 안의 비트 위치가 바뀌는 것을 확인할 수 있다.

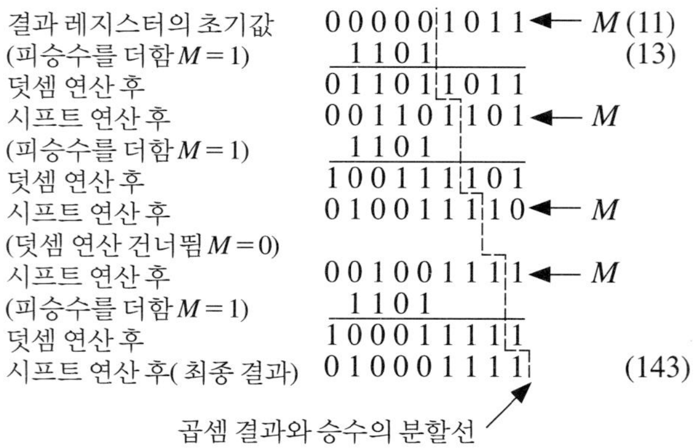

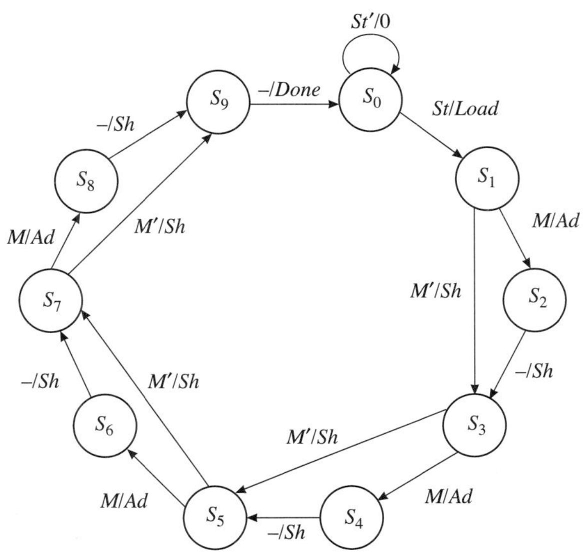

그림 4-26 이진 곱셈기 제어를 위한 상태 그래프

제어회로는 적절한 덧셈, 시프트 신호의 생성을 위해 설계하여야 한다. 그림 4-26은 제어회로를 위한 상태 그래프이다. 그림 4-26에서 S_0는 리셋 상태(reset state)이며, 회로는 시작 신호($St=1$)가 입력될 때까지 S_0 상태를 유지한다. S_0 상태에서는 누산기(ACC)의 하위 4비트에 승수를 저장, 상위 5비트를 0으로 초기화시키는 *Load* 신호를 생성한다. 상태 S_1에서는 승수의 하위 비트(M)부터 검사가 이루어진다. M이 1이면 덧셈 신호가 발생하고, M이 0이면 시프트 신호가 발생한다. 이와 마찬가지로, S_3, S_5, S_7 상태에서도 현재 승수의 비트(M)가 덧셈 또는 시프트 신호를 발생시키기 위한 검사가 이루어진다. 시프트 신호는 덧셈 연산 후 (상태 S_2, S_4, S_6, S_8) 다음 클럭 시간에서 항상 발생한다. 네 번의 시프트 신호가 발생하고 나서 제어회로는 S_9 상태가 되고 초기상태 S_0로 이동하기 전 *Done* 신호가 생성된다.

이 상태 그래프를 표현한 동작적 VHDL 모델은 그림 4-27에 나타내었다. 총 10개의 상태가 있기 때문에 상태 신호(state signal)를 위해서 0~9까지의 정수 범위를 선언하여야 한다. 신호 *ACC*는 9-비트 누산기의 출력을 표현한다. 처리문은 다음과 같다.

```
alias M: bit is ACC(0);
```

*M*을 *ACC(0)*의 신호를 사용할 수 있게 해준다. **when** `1|3|5|7 =>`는 상태가 1, 3, 5, 7일 때 해당하는 동작이 발생함을 의미한다. 모든 레지스터 연산과 상태 변화는 클럭의 상승에지에서 이루어진다. 예를 들면 상태 0에서 *St*가 '1'이면 승수가 누산기에 저장되며, 동시에 상태는 S_1으로 바뀐다. 처리문 `'0'&ACC(7 downto 4)+Mcand`은 두 개의 부호 없는 4-비트 벡터의 연산을 5-비트 결과로 만들기 위해 사용된다. 이는 *ACC*에 로드된 가산기의 출력과 동시에 상태 카운터

```
-- 이 코드는 부호 없는 이진수 곱셈기의 동작적 모델이다.
-- 4-비트 승수와 4-비트 피승수를 곱하여
-- 8-비트 결과를 생성한다.

-- 곱셈에 필요한 최대 클럭 사이클은 10이 필요하다.

library IEEE;
use IEEE.numeric_bit.all;

entity mult4X4 is
  port(Clk, St: in bit;
       Mplier, Mcand: in unsigned(3 downto 0);
       Done: out bit);
end mult4X4;

architecture behave1 of mult4X4 is
signal State: integer range 0 to 9;
signal ACC: unsigned(8 downto 0);  -- 누산기
alias M: bit is ACC(0);            -- M은 누산기의 비트 '0'
begin
  process(Clk)
  begin
    if Clk'event and Clk = '1' then   -- 클럭의 상승에지에서 실행됨
      case State is
        when 0 =>                   -- 초기상태
          if St = '1' then
            ACC(8 downto 4) <= "00000";  -- 사이클의 시작
            ACC(3 downto 0) <= Mplier;   -- 승수를 로드함
            State <= 1;
          end if;
        when 1 | 3 | 5 | 7 =>        -- "add/shift"상태
          if M = '1' then            -- 피승수를 더함
            ACC(8 downto 4) <= '0' & ACC(7 downto 4) + Mcand;
            State <= State + 1;
          else
            ACC <= '0' & ACC(8 downto 1);       -- 누산기를 우측으로 시프트함
            State <= State + 2;
          end if;
        when 2 | 4 | 6 | 8 =>                   -- "shift" 상태
          ACC <= '0' & ACC(8 downto 1);         -- 우측으로 시프트
          State <= State + 1;
        when 9 =>                               -- 사이클 종료
          State <= 0;
      end case;
    end if;
  end process;
  Done <= '1' when State = 9 else '0';
end behave1;
```

그림 4-27 4x4 이진 곱셈기의 동작적 VHDL 모델

(state counter)가 증가함을 의미한다. *ACC*에서 우측 시프트는 *ACC*의 상위 8비트가 *ACC*에 '0'이 로드될 때 이루어진다. `'0'&ACC(8 downto 1)` 표현은 `ACC srl 1`로 대체할 수 있다.

Done 신호는 상태 9에서 생성되어야 한다. 처리문 `When 9 => State <=0; Done <='1'` 에서 *Done* 신호가 1로 되고, *State*는 0으로 바뀌게 된다. *State* 9가 될 때 바로 *Done* 신호가 생성되기를 원하기 때문에 이는 매우 늦다. 따라서 독립된 병행 할당문(concurrent assignment)을 사용한다. *State*가 바뀔 때마다 *Done* 신호가 업데이트되도록 이 처리문은 process 문의 밖에 위치한다.

그림 4-26의 곱셈기 상태 그래프에서처럼, 제어는 두 개의 기능을 수행한다 — 필요한 경우 덧셈 또는 시프트 신호를 발생시키거나, 시프트가 수행된 횟수를 카운트한다. 만약 비트 수가 너무 크면 제어회로 안에서 덧셈, 시프트 신호의 발생과 카운터 부분을 그림 4-28(a)와 같이 분리하는 것이 편리하다. 먼저 *St*과 *M*을 검사한 후 덧셈과 시프트 신호를 출력하는 덧셈-시프트 제어회로를 위한 상태 그래프를 만든다(그림 4-28(b)). 그런 다음 카운터로부터 완료 신호(*K*)를 입력받는데, 이것은 적절한 횟수만큼의 시프트 연산 후 곱셈기의 동작을 멈추게 한다. 그림 4-28(b)에서 시작 상태 S_0에서 시작 신호 $St = 1$을 수신하게 되면 로드 신호가 생성되고, 회로는 S_1 상태로 이동한다. 그런 다음, $M = 1$이면 덧셈 신호가 생성되고, 상태는 S_2로 이동한다; 만약 $M = 0$이면 시프트 신호가 생성되며, 상태는 S_1에 그대로 있게 된다. 상태 S_2에서는 덧셈 신호 발생 이후 항상 뒤따라서 시프트 신호가 생성된다. 그림 4-28(b)의 그래프에서 적절한 덧셈, 시프트 신호가 생성되지만 곱셈 연산을 멈출 수 있게 제어하지는 못한다.

곱셈 연산의 완료 시점을 결정하기 위해, 카운터는 매 시프트 신호가 발생할 때마다 증가한다. 만약 승수가 *n*비트이면 *n*번의 시프트가 필요하다. 따라서 우리는 카운터를 설계하여 완료 신호(*K*)를 생성할 수 있도록 할 것이다. $K = 1$일 때, 회로는 필요하다면 덧셈 연산을 한 번 더 수행하

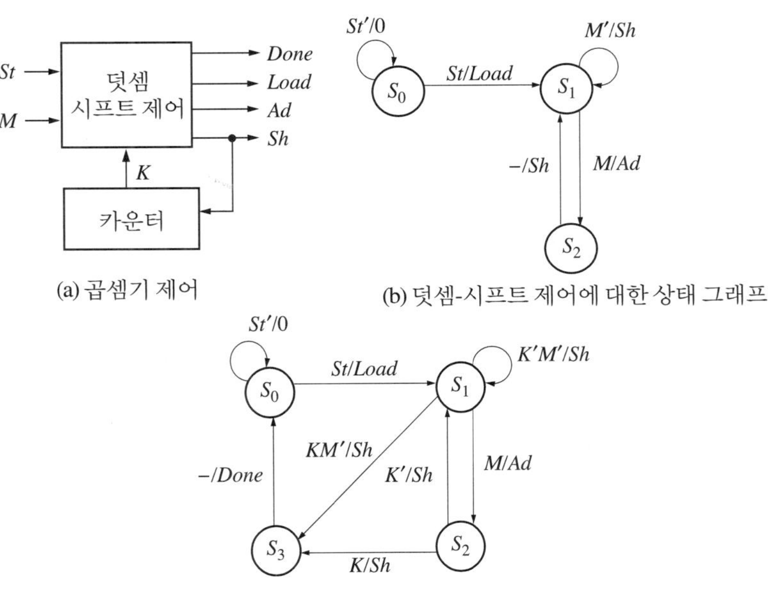

(a) 곱셈기 제어

(b) 덧셈-시프트 제어에 대한 상태 그래프

(c) 덧셈-시프트 제어에 대한 최종 상태 그래프

그림 4-28 카운터를 이용한 곱셈기 제어

표 4-2 카운터를 이용한 곱셈기의 연산 순서

시간	상태	카운터	결과 레지스터 값	St	M	K	Load	Ad	Sh	Done
t_0	S_0	00	000000000	0	0	0	0	0	0	0
t_1	S_0	00	000000000	1	0	0	1	0	0	0
t_2	S_1	00	000001011	0	1	0	0	1	0	0
t_3	S_2	00	011011011	0	1	0	0	0	1	0
t_4	S_1	01	001101101	0	1	0	0	1	0	0
t_5	S_2	01	100111101	0	1	0	0	0	1	0
t_6	S_1	10	010011110	0	0	0	0	0	1	0
t_7	S_1	11	001001111	0	1	1	0	1	0	0
t_8	S_2	11	100011111	0	1	1	0	0	1	0
t_9	S_3	00	010001111	0	1	0	0	0	0	1

며, 이후에 마지막 시프트 연산을 수행한다. 그림 4-28(c)의 제어 순서는 $K = 0$인 경우에는 4-28(b)와 같다. 상태 S_1에서, 만약 $K = 1$이면 평소대로 M을 검사한다. 만약 $M = 0$이면 최종 시프트 신호를 출력하고 done 상태인 S_3로 상태가 변한다; 그러나 만약 $M = 1$이면 시프트를 수행하기 전에 덧셈 연산을 하고 상태 S_2로 바뀐다. 상태 S_2에서, 만약 $K = 1$이면 한 번 더 시프트 신호를 생성하고 S_3로 상태가 이동한다. 마지막 시프트 신호는 카운터를 0으로 만들며, 동시에 덧셈-시프트 제어회로는 done 상태로 이동한다.

그림 4-25의 곱셈기를 예로 살펴봄에 있어서 제어회로는 그림 4-28(a)로 대체해 보자. $n = 4$이기 때문에 2-비트 카운터가 네 번의 시프트를 카운트하기 위해 필요하고, 카운터는 상태 $3(11_2)$이므로 $k = 1$이다. 표 4-2는 곱셈기가 1101×1011을 연산하는 과정을 보여준다. S_0, S_1, S_2, S_3 상태는 제어회로의 상태를 표현한다(그림 4-28(c)). 각 단계의 결과 레지스터 값은 230쪽에 주어진 것과 같다.

t_0에서 제어회로는 초기화되고 시작 신호를 기다린다. 시간 t_1일 때, 시작 신호 St는 1이 들어오고 $Load$ 신호가 생성된다. 시간 t_2에서는 $M = 1$이므로 Ad 신호가 발생한다. 다음 클럭 신호가 발생하면, 가산기의 출력은 누산기에 저장되고 제어회로는 S_2 상태로 이동한다. t_3에서, Sh 신호는 생성되고, 다음 클럭 신호에 시프트 연산이 발생하여 카운터가 증가한다. t_4에서는 $M = 1$이기 때문에 $Ad = 1$이 되고, 가산기의 출력은 다음 클럭에 누산기에 저장된다. t_5와 t_6의 시간에는 시프트와 카운트가 발생한다. t_7에서, 세 번의 시프트 연산이 발생하고, 카운터의 상태는 11이 되며, $K = 1$이 된다. $M = 1$이기 때문에 덧셈 연산이 수행되고, 제어회로의 상태는 S_2로 바뀐다. t_8에서, $Sh = K = 1$이므로 다음 클럭에 마지막 시프트가 일어나고, 카운터가 다시 00으로 된다. t_9일 때, $Done$ 신호는 생성된다.

이 절에서 설계한 곱셈기는 8, 16, 또는 그 이상의 비트로 레지스터 크기와 카운터의 비트 수를 증가시켜 쉽게 확장될 수 있다. 하지만 덧셈-시프트에 대한 제어는 변하지 않는다.

4.9 어레이형 곱셈기

어레이형 곱셈기는 부분 곱을 병렬 방법으로 생성하여 연산하는 병렬 곱셈기이다. 다양한 부분 곱들이 한번에 더해진다. 표 4-3에 제시된 곱셈 연산 과정을 살펴보도록 하자. 두 개의 4-비트 부호 없는 수 $X_3X_2X_1X_0$와 $Y_3Y_2Y_1Y_0$가 곱해져서 8비트를 만든다. 각각의 X_iY_j 값 비트들은 AND 게이트 연산을 통해 생성된다. 각각의 부분 곱과 이전의 부분 곱의 합은 가산기의 행(row of adder)을 이용하여 더한다. 첫 번째 두 개의 부분 곱을 더한 가산기의 첫 번째 행의 합 출력은 $S_{13}S_{12}S_{11}S_{10}$이며, 캐리 출력은 $C_{13}C_{12}C_{11}C_{10}$이다. 마찬가지로, 가산기의 두 번째 행에서도 출력이 생성된다. (i번째 가산기의 합은 S_{ij}, 캐리는 C_{ij}라고 표현한다.)

그림 4-29에서 곱셈 연산을 위한 AND 게이트와 가산기의 어레이를 보여준다. 가산기에 세 개의 입력이 주어지면 전가산기(FA)를 이용하고, 두 개가 주어지면 반가산기(HA)를 사용하면 된다. 반가산기는 한 개의 입력이 0인 전가산기와 동일하다. 이 곱셈기는 16개의 AND 게이트와 8개의 전가산기 그리고 4개의 반가산기가 필요하다. X와 Y가 입력된 후, 캐리는 셀들의 각각의 행을 통하여 전달되어야 하고, 합은 행에서 행으로 전달하여야 한다. 곱셈 연산을 완료하는데 소요되는 시간은 근본적으로 가산기의 지연 시간에 의존한다. 입력에서부터 출력까지 가장 긴 경로(longest path)는 8개의 가산기를 거치는 경로이다. 만약 t_{ad}가 가산기를 거쳐 시간이 가장 많이 소요되는(worst-case) 경로이고, t_g는 AND 게이트를 통과하는 가장 긴 경로라면, 곱셈 연산을 완료하는 데 걸리는 가장 긴 시간은 $8t_{ad} + t_g$가 된다.

일반적으로, $n \times n$ 비트의 어레이형 곱셈기는 n^2개의 AND 게이트, $n(n-2)$개의 전가산기, 그리고 n개의 반가산기가 필요하다. 따라서 곱셈기를 구성하는 요소들의 개수는 제곱 수로 증

표 4-3 부분 곱을 이용한 4-비트 곱셈기

				X_3	X_2	X_1	X_0	피승수
				Y_3	Y_2	Y_1	Y_0	승수
				X_3Y_0	X_2Y_0	X_1Y_0	X_0Y_0	부분 곱 0
			X_3Y_0	X_2Y_0	X_1Y_0	X_0Y_0		부분 곱 1
			C_{12}	C_{11}	C_{10}			첫 번째 행의 캐리
		C_{13}	S_{13}	S_{12}	S_{11}	S_{10}		첫 번째 행의 합
		X_3Y_2	X_2Y_2	X_1Y_2	X_0Y_2			부분 곱 2
		C_{22}	C_{21}	C_{20}				두 번째 행의 캐리
	C_{23}	S_{23}	S_{22}	S_{21}	S_{20}			두 번째 행의 합
	X_3Y_3	X_2Y_3	X_1Y_3	X_0Y_3				부분 곱 3
	C_{32}	C_{31}	C_{30}					세 번째 행의 캐리
C_{33}	S_{33}	S_{32}	S_{31}	S_{30}				세 번째 행의 합
p_7	p_6	p_5	p_4	p_3	p_2	p_1	p_0	최종 결과 값

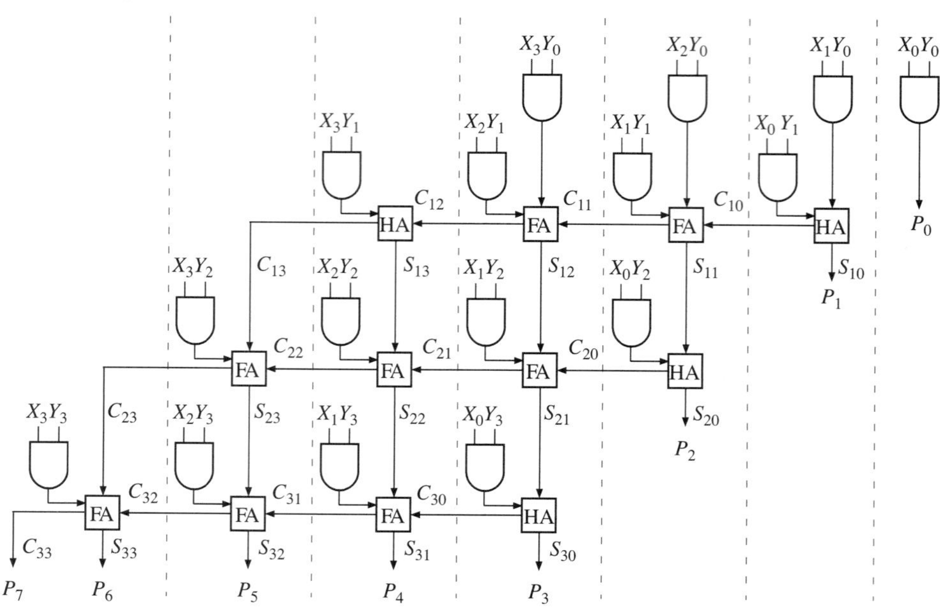

그림 4-29 4x4 어레이형 곱셈기 구조

가한다. 앞에서 설계한 직렬-병렬 곱셈기의 하드웨어 자원의 필요량은 n에 따라 선형적으로 증가한다.

$n \times n$ 어레이형 곱셈기의 입력에서부터 출력까지 가장 긴 경로는 최상위 행의 n개의 가산기, 최하위 행의 $n-1$개의 가산기, $n-3$개의 중간 행의 가산기를 통과하는 경로이다. 따라서 곱셈 연산을 위해 가장 많이 소요되는 시간은 $(3n-4)t_{ad}+t_g$이다. 회로에서 시간이 가장 많이 소요되는 경로를 임계 경로(critical path)라고 한다. 가장 긴 시간이 걸리는 경로를 각각의 가산기의 캐리 출력을 왼쪽으로 전달하지 않고 아래쪽 가산기로 대각선 방향으로 전달하여 $2nt_{ad}+t_g$로 향상시킬 수 있다. $n=4$인 경우 두 가지 방법 모두 동일하다; 하지만 n이 커지면 캐리를 대각선 방향으로 전달하는 것이 이득이다. 이 곱셈기에는 순차회로나 레지스터가 없다.

앞에서 살펴본 덧셈-시프트 곱셈기는 연산이 가장 오래 걸릴 경우 $2n$의 클럭이 필요하지만 n 클럭에 처리할 수도 있다. 이 기법은 대해서는 다음 절에서 살펴볼 것이다. 최소 클럭 주기는 n-비트 가산기의 지연 시간뿐만 아니라 누산기 플립플롭의 지연 시간과 셋업 시간에도 영향을 받는다.

4.9.1 VHDL 코딩

설계자가 구현하고자 하는 구조가 무엇인지 정확하게 알고 있다면, 그림 4-30과 같이 구조적 코딩(structural coding)을 작성하여야 한다. 만약 설계하려는 곱셈기를 형태 없이 동작적 모델

```
entity Array_Mult is
  port(X, Y: in bit_vector(3 downto 0);
       P: out bit_vector(7 downto 0));
end Array_Mult;

architecture Behavioral of Array_Mult is
signal C1, C2, C3: bit_vector(3 downto 0);
signal S1, S2, S3: bit_vector(3 downto 0);
signal XY0, XY1, XY2, XY3: bit_vector(3 downto 0);
component FullAdder
  port(X, Y, Cin: in bit;
       Cout, Sum: out bit);
end component;
component HalfAdder
  port(X, Y: in bit;
       Cout, Sum: out bit);
end component;
begin
  XY0(0) <= X(0) and Y(0); XY1(0) <= X(0) and Y(1);
  XY0(1) <= X(1) and Y(0); XY1(1) <= X(1) and Y(1);
  XY0(2) <= X(2) and Y(0); XY1(2) <= X(2) and Y(1);
  XY0(3) <= X(3) and Y(0); XY1(3) <= X(3) and Y(1);

  XY2(0) <= X(0) and Y(2); XY3(0) <= X(0) and Y(3);
  XY2(1) <= X(1) and Y(2); XY3(1) <= X(1) and Y(3);
  XY2(2) <= X(2) and Y(2); XY3(2) <= X(2) and Y(3);
  XY2(3) <= X(3) and Y(2); XY3(3) <= X(3) and Y(3);

  FA1: FullAdder port map (XY0(2), XY1(1), C1(0), C1(1), S1(1));
  FA2: FullAdder port map (XY0(3), XY1(2), C1(1), C1(2), S1(2));
  FA3: FullAdder port map (S1(2), XY2(1), C2(0), C2(1), S2(1));
  FA4: FullAdder port map (S1(3), XY2(2), C2(1), C2(2), S2(2));
  FA5: FullAdder port map (C1(3), XY2(3), C2(2), C2(3), S2(3));
  FA6: FullAdder port map (S2(2), XY3(1), C3(0), C3(1), S3(1));
  FA7: FullAdder port map (S2(3), XY3(2), C3(1), C3(2), S3(2));
  FA8: FullAdder port map (C2(3), XY3(3), C3(2), C3(3), S3(3));
  HA1: HalfAdder port map (XY0(1), XY1(0), C1(0), S1(0));
  HA2: HalfAdder port map (XY1(3), C1(2), C1(3), S1(3));
  HA3: HalfAdder port map (S1(1), XY2(0), C2(0), S2(0));
  HA4: HalfAdder port map (S2(1), XY3(0), C3(0), S3(0));

  P(0) <= XY0(0); P(1) <= S1(0); P(2) <= S2(0);
  P(3) <= S3(0); P(4) <= S3(1); P(5) <= S3(2);
  P(6) <= S3(3); P(7) <= C3(3);
end Behavioral;

-- 전가산기와 반가산기의 엔티티와 구조에 대한
-- 서술이 어레이형 곱셈기 설계 안에 있어야 한다.

entity FullAdder is
  port(X, Y, Cin: in bit;
       Cout, Sum: out bit);
end FullAdder;

architecture equations of FullAdder is
begin
  Sum <= X xor Y xor Cin;
  Cout <= (X and Y) or (X and Cin) or (Y and Cin);
end equations;
```

```
entity HalfAdder is
  port(X, Y: in bit;
       Cout, Sum: out bit);
end HalfAdder;

architecture equations of HalfAdder is
begin
  Sum <= X xor Y;
  Cout <= X and Y;
end equations;
```

그림 4-30 4x4 어레이형 곱셈기의 VHDL 코드

로 설계한다면 사용하는 합성기에 의존한 구조로 구현될 것이다. 여기에 어레이형 곱셈기의 구조적 모델 코드가 있다. 전가산기와 반가산기 모듈들을 곱셈기를 구현하기 위해 설계하였다. 전가산기와 반가산기는 그 구조에 맞게 연결되어 있다. 설계 목적에 맞도록 몇 개의 **port map** 문이 사용되었다.

4.10 부호 있는 정수/분수 곱셈기

부호 있는 이진수 곱셈 연산을 위해 몇 가지 알고리즘을 사용할 수 있다. 다음은 곱셈 연산을 위한 아주 직관적으로 기술된 절차이다.

1. 승수가 음수이면 보수를 취함
2. 피승수가 음수이면 보수를 취함
3. 두 양의 이진수를 곱함
4. 곱셈 결과를 음수가 되도록 보수를 취함

비록 이 방법이 개념적으로는 쉽지만 다른 방법들보다 연산 시간이나 하드웨어 자원을 더 필요로 한다.

다음에 살펴볼 방법은 피승수만을 보수로 취하여 연산하는 것이다. 승수와 곱셈 결과의 보수화는 필요하지 않다. 비록 이 방법은 정수와 분수 연산에 대해서 정확히 잘 동작하지만, 여기서는 분수를 위한 곱셈 방법에 대해서 살펴볼 것이다. 왜냐하면 후에 이 곱셈기를 부동소수점 연산을 위해 사용할 것이기 때문이다. 음수를 위해 2의 보수를 사용하여 다음의 수들을 부호 있는 이진 분수로 표현해 볼 것이다.

$$0.101 \qquad +5/8 \qquad 1.011 \qquad -5/8$$

이진수 자리에서 맨 좌측은 부호 비트이며, 0이면 양의 분수, 1이면 음의 분수임을 의미한다.

일반적으로, 2의 보수화된 이진수의 분수 F는 $F^* = 2 - F$이다. 따라서 $-5/8$은 $10.000 - 0.101 = 1.011$로 표현할 수 있다. (분수를 2의 보수로 바꾸는 이 방법은 정수에서의 방법과 동일하다($N^* = 2n - N$). 왜냐하면 이진수를 $n - 1$만큼 좌측으로 시프트하는 것은 2^{n-1}로 나누는 것과 같기 때문이다.) 분수의 2의 보수화는 우측 끝에서부터 시작하여 좌측의 첫 번째 1로부터 보수화를 취하여 얻을 수 있고, 이것은 정수를 변환하는 과정과 같다. 2의 보수화된 분수 1.000 ... 은 특별한 경우이다. 이것은 결국 어떤 수 -1을 표현한다. 왜냐하면 부호 비트가 음수이고, 1.000 ... 의 2의 보수는 $2 - 1 = 1$이기 때문이다. 우리는 2의 보수 분수에서 $+1$을 표현하지 못한다. 왜냐하면 0.111 ... 은 가장 큰 양의 분수이기 때문이다.

➔ 이진수 고정소수점 분수 표현

고정소수점 수는 십진수나 이진수에서 그 위치가 고정된 숫자 표현 형식이다. 우리는 4비트가 이진수 자리인 8-비트 고정소수점 형태를 표현할 수 있다(즉, 4비트는 분수 부분, 4비트는 정수 부분). 만약 이진수 자리가 오른쪽으로 두 자리 이상 더 차지한다고 하면 6비트가 정수 부분이 되고, 2비트가 분수 부분이 된다. 이진수 부분의 위치까지 차지하는가에 따라 표현하려는 수의 범위와 정확도가 다른 형식으로 표현된다. 예를 들어 4비트가 분수 부분이고 4비트가 정수 부분이라면, 표현할 수 있는 범위는 부호 없는 수 0.00부터 15.925이다. 만약 2비트가 분수 부분이고 6비트가 정수 부분이면, 표현할 수 있는 범위는 더 증가하지만 정확도는 감소한다. 여기서 표현할 수 있는 범위는 0.00부터 63.75까지 가능하지만, 분수 부분은 0.25 단위로만 표현될 수 있다.

−13.45를 2의 보수 고정소수점으로 표현할 때, 분수 부분이 4비트라고 하자. 십진 분수를 이진 분수로 바꾸는 한 가지 기법은 분수 부분을 반복해서 두 배로 곱하는 것이다(각각의 중간 과정에서 분수 부분만을). 그래서 0.45에서 시작한다고 가정하면, 그 결과는 다음과 같다.

0.90
1.80
1.60
1.20
0.40
0.80
1.60
1.20

이제 이진수 표현은 굵은 글씨로 쓴 부분에서 구할 수 있다. 이에 따른 적절한 표현 방법은 몇 비트의 수를 사용할 수 있는가에 따라 결정된다(4비트를 사용할 수 있으면 0111, 8비트를 사용할 수 있으면 01110011, 등등). 십진수 13.45를 4비트의 이진수 위치를 갖는 고정소수점 형식으로 표현하면 다음과 같다.

13.45 : 1101.0111

표현된 수는 실제 수의 근사치임을 잊지 말아야 한다. 변환된 수를 다시 십진수로 바꾸면 13.4375가 된다(원래의 수와 비교하여 조금 차이가 난다). 이와 같은 표현 방법은 이진수가 차지하는 자리가 많아지면 많아질수록 실제 수(actual number)에 접근한다.

음의 분수도 2의 보수 형태로 표현될 수 있다. −13.45를 2의 보수 형태로 취해보자. 정수 부분을 위해

4비트만을 이용한다면 표현할 수 없다. 부호를 나타내기 위해서는 적어도 5비트를 정수 부분을 위해 사용하여야 한다. 정수 부분을 5비트로 사용할 수 있다고 가정하면, 표현된 9비트는 다음과 같다.

13.45:	01101.0111
1의 보수	10010.1000
2의 보수	10010.1001

따라서 −13.45는 10010.1001로 표현할 수 있다.

부호 있는 이진수의 곱셈 연산 시 다음의 네 가지 경우를 고려하여야 한다.

피승수	승수
+	+
−	+
+	−
−	−

승수와 피승수가 둘 다 양수일 경우에는 정석의 이진 곱셈 연산을 사용한다. 예를 들면 다음과 같다.

0.1 1 1	(+7/8)	←	피승수
× 0.1 0 1	(+5/8)	←	승수
(0. 0 0)0 1 1 1	(+7/64)	←	주: 분수 곱셈에서의 부분 곱의 적절한 표현 방법은 괄호 안에서처럼 이진수 부분의 뒤에 부호 비트를 확장하는 것이다. (이러한 확장 방법은 하드웨어에서는 필요 없다.)
(0.)0 1 1 1	(+7/16)	←	
0. 1 0 0 0 1 1	(+35/64)		

피승수가 음수, 승수가 양수일 때 피승수의 부호를 확장하는 것을 제외하고 앞에서 살펴본 바와 같은 절차로 수행된다. 따라서 부분 곱과 최종 결과는 음수가 된다. 예를 들면 다음과 같다.

1.1 0 1	(−3/8)		
× 0.1 0 1	(+5/8)		
(1. 1 1)1 1 0 1	(−3/64)	←	주: 부호 비트의 확장은 곱셈 결과가 음수가 될 때 이에 적합하게 표현할 수 있도록 해준다.
(1.)1 1 0 1	(−3/16)	←	
1. 1 1 0 0 0 1	(−15/64)		

승수가 음수이고, 피승수가 양수일 때는 곱셈 연산 과정을 약간 수정하여야 한다. $1.g$로 표현되는 음의 분수는 대수적으로 $-1 + 0.g$이다; 예를 들면 $1.011 = -1 + 0.011 = -(1 - 0.011) = -0.101 = -5/8$이다. 따라서 $1.g$ 형태의 음의 분수를 곱할 때는 $(.g)$인 분수를 양수라 생각하고

연산하여야 한다. 하지만 부호 비트는 −1로 처리하여야 한다. 이후의 곱셈 연산은 부분 곱의 누적 합을 구하는 곱셈 방법과 동일하게 이루어진다. 그러나 음수 부호 비트에 이르러서는 피승수를 그냥 더하는 것 대신에 2의 보수를 취한 후 더해야 한다. 이에 대한 예는 다음과 같다.

```
       0.1 0 1        (+5/8)
     × 1.1 0 1        (−3/8)
  ---------------
  (0. 0 0)0 1 0 1     (+5/64)
  (0.)0 1 0 1         (+5/16)
  ---------------
  (0.)0 1 1 0 0 1
   1. 0 1 1           (−5/8)     ←   주: 피승수의 2의 보수는 여기서 더
  ---------------                       해진다.
   1. 1 1 0 0 0 1     (−15/64)
```

피승수, 승수 모두 음수일 때에는 위에서 살펴본 방법과 동일하다. 각각의 음수 부호 비트를 보호하기 위해서 각각의 단계에서 부분 곱의 부호 확장을 주의해서 해야 하고, 승수의 부호가 음수이기 때문에 마지막 단계에서는 피승수의 2의 보수를 취하여 더해주어야 한다. 예를 들면 다음과 같다.

```
       1.1 0 1        (−3/8)
     × 1.1 0 1        (−3/8)
  ---------------
  (1. 1 1)1 1 0 1     (−3/64)   ←   주: 부호 비트를 확장함
  (1.)1 1 0 1         (−3/16)
  ---------------
   1. 1 1 0 0 0 1
   0. 0 1 1           (+3/8)    ←   피승수를 2의 보수를 취하여 더함
  ---------------
   0. 0 0 1 0 0 1     (+9/64)
```

요약하면, 부호 있는 2의 보수화 이진 분수의 곱셈 절차는 양의 이진 분수를 곱하는 과정과 동일하다. 다만 각각의 부분 곱의 부호를 주의하여 유지시켜야 하며, 승수가 음수일 때는 마지막 과정에서 피승수의 보수를 취해 더해주는 것만 주의하면 된다. 하드웨어의 구조는 피승수를 위한 보수기(complementer)가 추가되는 것 외에는 양수를 곱셈하는 구조와 거의 동일하다.

그림 4-31은 두 개의 4-비트 분수(부호 비트 포함)를 곱하는 곱셈기의 하드웨어 구조를 보여주고 있다. 5-비트 가산기를 사용하여 캐리가 부호 비트로 들어감에 따라 합의 결과를 잃지 않도록 한다. 제어회로로 입력되는 M은 곱셈기에 입력되어 연산되는 현재 승수이다. 제어 신호 Sh는 부호 확장을 위해 누산기의 값을 우측으로 한 비트 시프트시킨다. Ad 신호는 ADDER 출력이 누산기의 좌측 5비트에 저장되도록 한다. 2의 보수 덧셈을 수행하기 때문에, 가산기의 마지막 비트 출력인 캐리는 버린다. Cm 신호는 피승수(Mcant)가 가산기에 입력되기 전 1의 보수를 취하도록 한다. Cm 신호는 가산기의 캐리 입력과도 연결되어 있어서, $Cm = 1$일 때 1의 보수를 취한 피승수에 1을 더하여 피승수가 2의 보수화가 되도록 한다. 그림 4-32는 제어회로를 위한 상

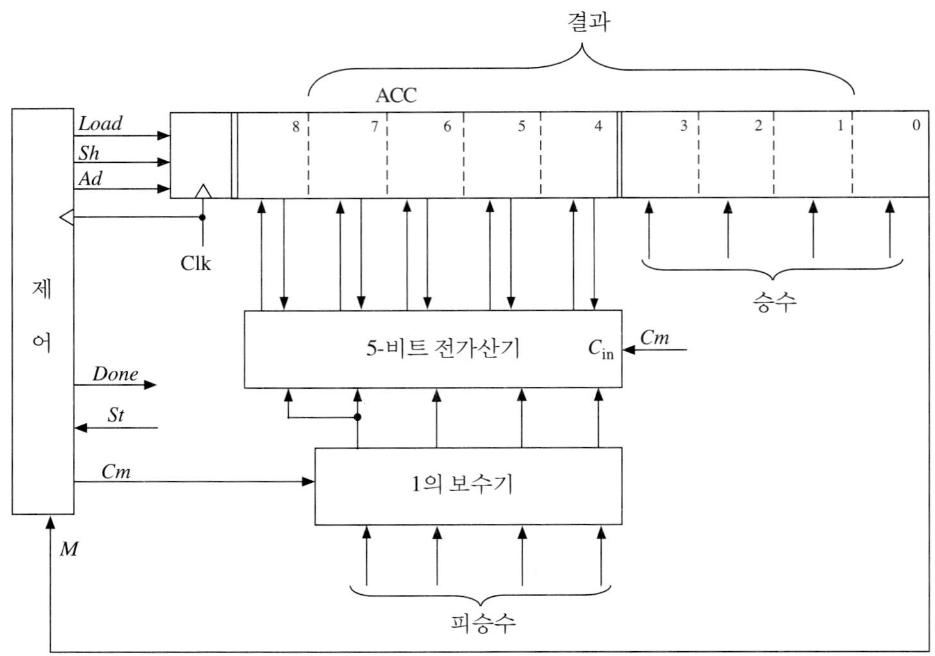

그림 4-31 2의 보수 곱셈기의 구조

태 그래프이다. 곱셈 연산에서 더하고 시프트할 것인지 단지 시프트 연산만을 수행할 것인지를 결정하기 위해 각각의 승수들의 비트(M)를 검사한다. 상태 S_7에서 M은 부호 비트이며, 만약 $M = 1$이면 피승수의 보수가 더해져서 누산기에 저장된다.

그림 4-31의 하드웨어 구조를 사용한다면 덧셈과 시프트 연산을 두 클럭 시간 동안에 실행하여야 한다. 그림 4-33에서처럼 가산기의 출력을 우측으로 한 자리 시프트시켜서 연결하여, 누산기에 값이 저장될 때 가산기의 출력을 한 자리 시프트시킴으로써 곱셈기의 실행 시간을 단축시킬 수 있다. 이 방법을 사용하면 그림 4-34의 상태 그래프에서처럼 덧셈과 시프트 연산을 동일한 클럭 시간에 수행할 수 있다. 곱셈 연산이 완료되면 결과(6비트의 값과 부호 비트)는 A의 하위 3비트와 B의 값이다. A의 중간부분이 이진수의 경계 부분이 된다. 만약 좌측으로 2비트만큼 이진수 부분을 시프트시키고 싶다면 A와 B를 좌측으로 한 자리씩 더 시프트시켜야 한다.

이 곱셈기의 동작적 VHDL 모델은 그림 4-35에서 보여준다. 다음의 순차 처리문을 통해 A와 B 레지스터의 값이 시프트된다.

```
A <= A(3) & A(3 downto 1);
B <= A(0) & B(3 downto 1);
```

비록 이 처리문은 순차적으로 실행되지만, A와 B는 둘 다 동일한 델타 시간에 업데이트되고 조절된다. 따라서 새로운 B 값(new value)이 연산될 때 $A(0)$의 이전 값(old value)이 사용된다.

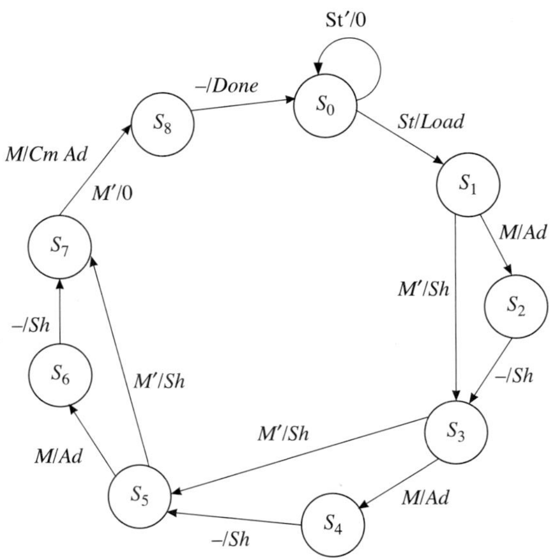

그림 4-32 2의 보수 곱셈기의 상태 그래프

변수 *addout*은 가산기의 출력 5비트를 표현하기 위해 선언하였다. 상태 1～4까지 현재 승수 비트 *M*이 '1' 이면, 피승수의 부호 비트는 3비트의 *addout* 신호가 *A*에 저장된다. 동시에 *addout*의 하위 비트는 *B*의 상위 3비트와 함께 *B*에 저장된다. 제어회로가 상태 5에 이르면 *Done* 신호

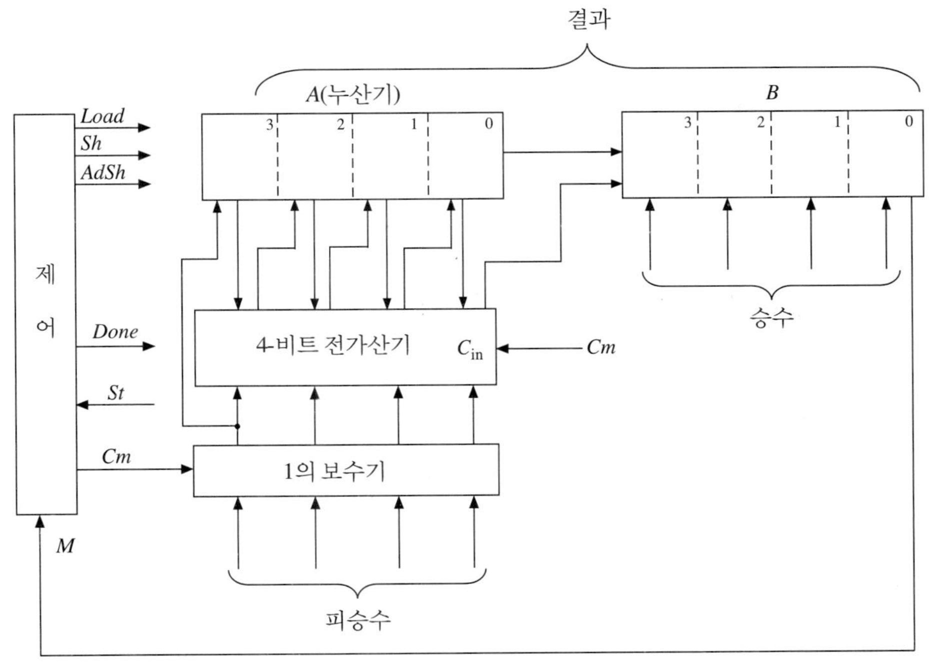

그림 4-33 고속 곱셈기의 구조

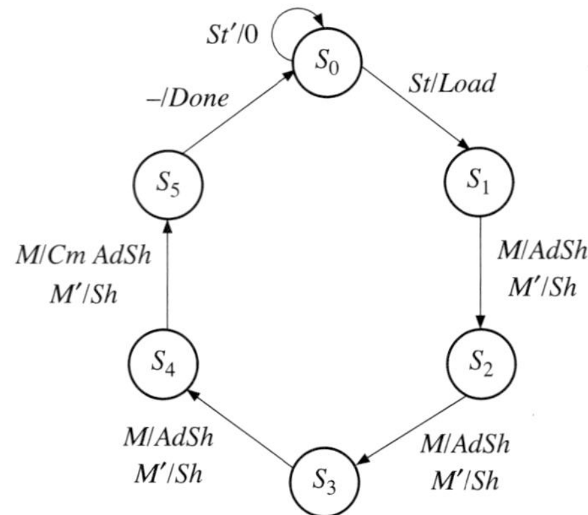

그림 4-34 고속 곱셈기의 상태 그래프

가 생성되고, 결과가 출력된다.

설계를 계속하기 전, 작성한 동작적 레벨 VHDL 코드가 앞에서 제시된 하드웨어 블록도와 일치하여 동작하는지 검증해 본다. 테스트를 시작하기 전에 단계별로 곱셈기의 내부 연산 순서를 검증해 보고 필요하다면 수정을 한다. 곱셈기가 적절히 잘 동작하는지 많은 수의 조합에 대해 출

```
library IEEE;
use IEEE.numeric_bit.all;

entity mult2C is
  port(CLK, St: in bit;
       Mplier, Mcand : in unsigned(3 downto 0);
       Product: out unsigned (6 downto 0);
       Done: out bit);
end mult2C;

architecture behave1 of mult2C is
signal State: integer range 0 to 5;
signal A, B: unsigned(3 downto 0);
alias M: bit is B(0);
begin
  process(CLK)
  variable addout: unsigned(3 downto 0);
  begin
    if CLK'event and CLK = '1' then
      case State is
        when 0 =>                      -- 초기상태
          if St = '1' then
            A <= "0000";               -- 사이클의 시작
            B <= Mplier;               -- 승수를 로드함
            State <= 1;
          end if;
        when 1 | 2 | 3 =>              -- "add/shift" 상태
          if M = '1' then
            addout := A + Mcand;       -- 피승수를 A에 더한 후 시프트
```

```
            A <= Mcand(3) & addout(3 downto 1);
            B <= addout(0) & B(3 downto 1);
          else
            A <= A(3) & A(3 downto 1);   -- 산술 우측 시프트
            B <= A(0) & B(3 downto 1);
          end if;
          State <= State + 1;
        when 4 =>
          if M = '1' then
            addout := A + not Mcand + 1;
              -- 승수의 부호 비트가 '1'이면 2의 보수를 취하여 더함.
            A <= not Mcand(3) & addout(3 downto 1);
            B <= addout(0) & B(3 downto 1);
          else
            A <= A(3) & A(3 downto 1);   -- 산술 우측 시프트
            B <= A(0) & B(3 downto 1);
          end if;
          State <= 5;
        when 5 =>
          State <= 0;
      end case;
    end if;
  end process;
  Done <= '1' when State = 5 else '0';
  Product <= A(2 downto 0) & B;          -- 결과 출력
end behave1;
```

그림 4-35 2의 보수 곱셈기의 동작적 모델의 코드

```
-- 부호 있는 곱셈기의 테스트를 위한 명령어 파일
add list CLK St State A B Done Product
force st 1 2, 0 22
force clk 1 0, 0 10 - repeat 20
-- (+5/8) × (−3/8)
force Mcand 0101
force Mplier 1101
run 120
```

ns	델타	CLK	St	상태	A	B	Done	결과 값
0	+1	1	0	0	0000	0000	0	0000000
2	+0	1	1	0	0000	0000	0	0000000
10	+0	0	1	0	0000	0000	0	0000000
20	+1	1	1	1	0000	1101	0	0000000
22	+0	1	0	1	0000	1101	0	0000000
30	+0	0	0	1	0000	1101	0	0000000
40	+1	1	0	2	0010	1110	0	0000000
50	+0	0	0	2	0010	1110	0	0000000
60	+1	1	0	3	0001	0111	0	0000000
70	+0	0	0	3	0001	0111	0	0000000
80	+1	1	0	4	0011	0011	0	0000000
90	+0	0	0	4	0011	0011	0	0000000
100	+2	1	0	5	1111	0001	1	1110001
110	+0	0	0	5	1111	0001	1	1110001
120	+1	1	0	0	1111	0001	0	1110001

그림 4-36 명령어 파일과 시뮬레이션 결과((+5/8) × (−3/8))

력을 확인할 것이다.

그림 4-36은 검증에 사용한 명령어 파일(command file)과 +5/8, −3/8의 곱셈 결과이다. 클럭 신호는 20-ns 주기로 설정하였다. 2 ns일 때 *St* 신호가 1로 되고 다음 클럭에 0으로 된다. 상태 그래프에 따라 곱셈 과정은 총 6 클럭 주기, 즉 120 ns의 시간이 연산에 필요하다.

곱셈기를 검증하는 과정에서, 네 가지 일반적인 경우(++, +−, −+, −−)뿐만 아니라 특수한 경우(special case)와 제한적인 경우(limited case)에 대해서도 수행하여야 한다. 승수와 피승수의 테스트 값이 0인 경우, 가장 큰 양의 분수, 가장 작은 음의 분수, 모두 1인 경우에 대해서 수행하여야 한다. 이 모든 값들을 테스트해 볼 수 있는 VHDL **테스트벤치**(test bench) 코드를 작성해 볼 것이다. 테스트벤치에서 승수와 피승수의 값을 위한 조합을 제공한다. 따라서 테스트벤치는 곱셈기에 테스트를 위한 값들을 전달한다. 테스트벤치는 또한 곱셈기의 출력이 맞는지도 검사를 한다. 우리가 지금 테스트하고 있는 곱셈기는 테스트벤치 프로그램 안에 내장된(embedded) 것으로 간주한다. 테스트벤치 안에서 신호들은 생성되며, 곱셈기와의 연결은 그림 4-37에서와 같다.

그림 4-38은 곱셈기의 테스트벤치 코드이다. 검증 순서는 11개 조합의 피승수와 승수로 조합되어 있고 *Mcandarr*과 *Mplierarr* 어레이에 저장되어 있다. 곱셈기의 예상 결과가 다른 어레이 *Productarr*에 그 결과가 정확한지 여부를 판단해 보기 위해 저장된다. 테스트 값과 그 결과는 VHDL 코드의 상수 어레이에 저장된다. 곱셈기를 불러오기 위해 컴포넌트 선언(component declaration)이 행해진다. **port map** 문은 곱셈기 인스턴스를 생성하기 위해 사용하였다. 테스트벤치에서 클럭과 시작 신호도 생성한다. for 루프는 *Mcandarr*, *Mplierarr* 어레이에서 값을 읽어오고 시작 신호를 '1' 로 만든다. 다음 클럭 주기에서 시작 신호를 0으로 만들고 나서 테스트벤치는 *Done* 신호를 기다린다. *Done* 신호가 감지되면 곱셈기의 출력을 *Productar* 어레이에 저장되어 있는 예상 출력과 비교한다. 결과가 서로 틀리면 오류가 출력된다. *Done* 신호가 동시에 0이 되었기 때문에, 곱셈기의 제어회로는 다시 S_0 상태로 돌아가고, *Mcand*와 *Mplier*의 새로운 값을 입력받기 위해 *Done* 신호의 하강에지(falling edge) 신호를 기다린다. 곱셈기 블록에 신호를 전달하기 위해 process 문 외부에 **port map** 문을 작성하였다. 곱셈기는 일정한 입력을 받고 이에 해당하는 적절한 출력을 생성한다.

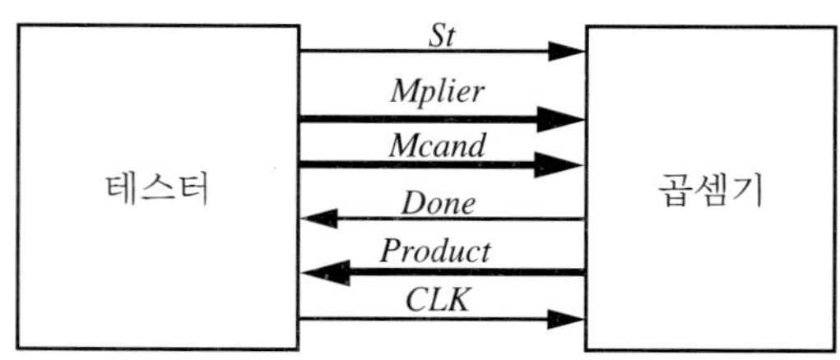

그림 4-37 곱셈기와 테스트벤치의 연결

```
library IEEE;
use IEEE.numeric_bit.all;

entity testmult is
end testmult;

architecture test1 of testmult is
component mult2C
  port(CLK, St: in bit;
       Mplier, Mcand: in unsigned(3 downto 0);
       Product: out unsigned(6 downto 0);
       Done: out bit);
end component;

constant N: integer := 11;
type arr is array(1 to N) of unsigned(3 downto 0);
type arr2 is array(1 to N) of unsigned(6 downto 0);
constant Mcandarr: arr := ("0111", "1101", "0101", "1101", "0111",
                     "1000", "0111", "1000", "0000", "1111", "1011");
constant Mplierarr: arr := ("0101", "0101", "1101", "1101", "0111",
                      "0111", "1000", "1000", "1101", "1111", "0000");
constant Productarr: arr2 := ("0100011", "1110001", "1110001",
                              "0001001", "0110001", "1001000",
                              "1001000", "1000000", "0000000",
                              "0000001", "0000000");
signal CLK, St, Done: bit;
signal Mplier, Mcand: unsigned(3 downto 0);
signal Product: unsigned(6 downto 0);
begin
  CLK <= not CLK after 10 ns;
  process
  begin
    for i in 1 to N loop
      Mcand <= Mcandarr(i);
      Mplier <= Mplierarr(i);
      St <= '1';
      wait until CLK = '1' and CLK'event;
      St <= '0';
      wait until Done = '0' and Done'event;
      assert Product = Productarr(i)      -- 예상되는 결과와 비교
        report "Incorrect Product"
        severity error;
    end loop;
    report "TEST COMPLETED";
  end process;
  mult1: mult2c port map(CLK, St, Mplier, Mcand, Product, Done);
end test1;
```

그림 4-38 부호 있는 곱셈기의 테스트벤치 코드

그림 4-39는 명령어 파일과 시뮬레이터의 출력을 보여준다. 우측에 시뮬레이터의 출력을 테스트해 본 실제 값의 주석을 달았다. list 문의 −NOtrigger와 −Triger done이 *Done* 신호가 바뀔 때의 결과를 표시해준다. −NOtrigger와 −Trigger를 사용하지 않으면, 어떤 신호이든지 매번

```
-- 부호 있는 곱셈기의 테스트 결과를 위한 명령어 파일
add list -NOtrigger Mplier Mcand product -Trigger done
run 1320

  ns      델타      승수     피승수      결과 값     done
   0       +1      0101      0111      0000000      0
  90       +2      0101      0111      0100011      1     5/8 * 7/8 = 35/64
 110       +2      0101      1101      0100011      0
 210       +2      0101      1101      1110001      1     5/8 * -3/8 = -15/64
 230       +2      1101      0101      1110001      0
 330       +2      1101      0101      1110001      1     -3/8 * 5/8 = -15/64
 350       +2      1101      1101      1110001      0
 450       +2      1101      1101      0001001      1     -3/8 * -3/8 = 9/64
 470       +2      0111      0111      0001001      0
 570       +2      0111      0111      0110001      1     7/8 * 7/8 = 49/64
 590       +2      0111      1000      0110001      0
 690       +2      0111      1000      1001000      1     7/8 * -1 = -7/8
 710       +2      1000      0111      1001000      0
 810       +2      1000      0111      1001000      1     -1 * 7/8 = -7/8
 830       +2      1000      1000      1001000      0
 930       +2      1000      1000      1000000      1     -1 * -1 = -1    (오류)
 950       +2      1101      0000      1000000      0
1050       +2      1101      0000      0000000      1     -3/8 * 0 = 0
1070       +2      1111      1111      0000000      0
1170       +2      1111      1111      0000001      1     -1/8 * -1/8 = 1/64
1190       +2      0000      1011      0000001      0
1290       +2      0000      1011      0000000      1     0 * -3/8 = 0
1310       +2      0101      0111      0000000      0
```

그림 4-39 부호 있는 곱셈기의 명령어 파일과 시뮬레이션

바뀔 때마다 출력을 표시해 준다. $-1 \times -1(1.000 \times 1.000(+1$ 대신 1.000000을 입력))인 경우를 제외하고는 모든 출력 결과가 정확하다. 이것은 비트를 추가하지 않고서는 +1을 표현할 방법이 없기 때문에 발생한다.

다음으로, 각각의 제어 신호가 할당되었을 때 발생한 제어 신호와 동작을 정의함으로써 부호 있는 곱셈기에 대한 VHDL 모델을 재정리할 것이다. 그림 4-40의 VHDL 코드가 그림 1-17의

```
-- 이 VHDL 코드는 제어 신호들을 명백히 정의한다.

library IEEE;
use IEEE.numeric_bit.all;

entity mult2C is
  port(CLK, St: in bit;
       Mplier, Mcand: in unsigned(3 downto 0);
       Product: out unsigned (6 downto 0);
       Done: out bit);
end mult2C;

-- 2의 보수를 위한 4-비트 곱셈기의 이 아키텍처는
-- 제어 신호를 사용한다.
```

```
architecture behave2 of mult2C is
signal State, Nextstate: integer range 0 to 5;
signal A, B, compout, addout: unsigned(3 downto 0);
signal AdSh, Sh, Load, Cm: bit;
alias M: bit is B(0);
begin
  process(State, St, M)
  begin
    Load <= '0'; AdSh <= '0'; Sh <= '0'; Cm <= '0'; Done <= '0';
    case State is
      when 0 =>              -- initial state
        if St = '1' then Load <= '1'; Nextstate <= 1; end if;
      when 1 | 2 | 3 = >    -- "add/shifh" 상태
        if M = '1' then AdSh < = '1';
        else Sh <= '1';
        end if;
          Nextstate <= State + 1;
        when 4 =>              -- 승수의 부호 비트가 '1'이면
          if M = '1' then      -- 보수를 더함
            Cm <= '1'; AdSh <= '1';
          else Sh <= '1';
          end if;
          Nextstate <= 5;
        when 5 =>              -- 결과 출력
          Done <= '1';
          Nextstate <= 0;
      end case;
    end process;

    compout <= not Mcand when Cm = '1' else Mcand;  -- 보수기
    addout <=  A + compout + unsigned'(0=>Cm);       -- 캐리 입력을 가진 4-비트 가산기

    process (CLK)
    begin
      if CLK'event and CLK = '1' then   -- 상승에지에서 실험
        if Load = '1' then              -- 승수를 로드함
          A <= "0000";
          B <= Mplier;
        end if;
        if AdSh = '1' then              -- 피승수를 A에 더한 후 시프트
          A <= compout(3) & addout(3 downto 1);
          B <= addout(0) & B(3 downto 1);
        end if;
        if Sh = '1' then
          A <= A(3) & A(3 downto 1);
          B <= A(0) & B(3 downto 1);
        end if;
        State <= Nextstate;
      end if;
    end process;
    Product <= A(2 downto 0) & B;
  end behave2;
```

그림 4-40 제어 신호를 가지고 있는 2의 보수 곱셈기에 대한 모델

밀리 머신(Mealy machine)의 구조와 유사하게 제시되어 있다. 첫 번째 단계에서 *Nextstate*와 제어 신호의 출력이 각각의 현재 *State*에 정의되어 있다. 두 번째 과정에서, 클럭의 상승에지를 기다리고 적절한 레지스터가 업데이트되며 *State*도 업데이트된다. 그림 4-40의 VHDL 코드를 동일한 테스트 파일을 사용하여 테스트할 수 있으며 동일한 출력을 얻을 수 있다.

4.11 키패드 스캐너

이번 예제는 그림 4-41에서처럼 3열 4행으로 되어 있는 키패드의 스캐너를 설계해 본다. 키패드는 각각의 행과 열의 교차점마다 스위치가 행렬 형태로 연결되어 있다. 키패드의 버튼을 누르면 행과 열의 연결이 이루어진다. 키패드 스캐너의 목적은 어느 버튼이 눌러졌는지 결정하는 것이고, 버튼 숫자에 해당하는 이진수 출력은 $N = N_3N_2N_1N_0$이다. 예를 들어 버튼 5를 누르면 출력은 0101, *을 누르면 출력은 1010이 되며, #을 누르면 출력은 1011이 된다. 유효한 버튼 입력이 들어올 때, 스캐너는 출력 신호 *V*를 한 클럭 시간에 내보낸다. 한 번에 단 하나의 버튼만이 눌러

1	2	3
4	5	6
7	8	9
*	0	#

그림 4-41 3열 4행으로 이루어진 키패드

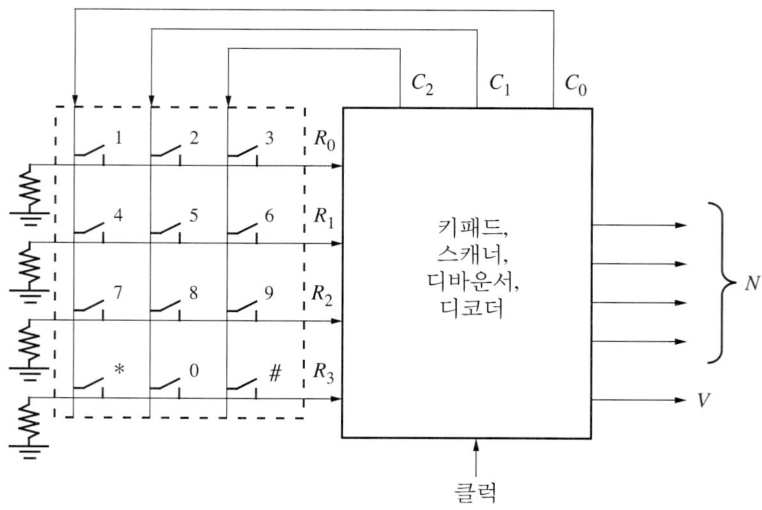

그림 4-42 키패드 스캐너의 블록도

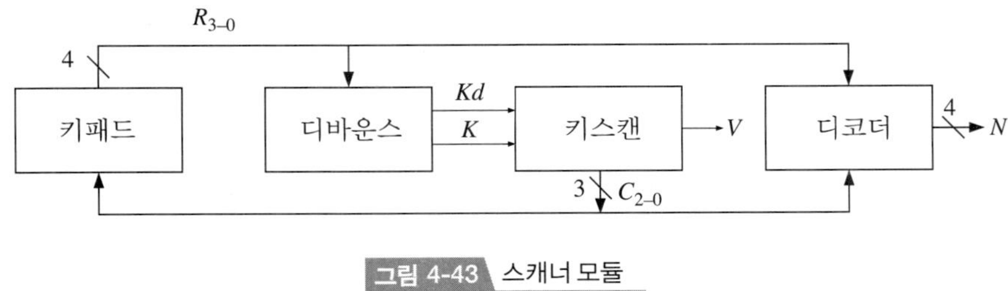

그림 4-43 스캐너 모듈

진다고 가정한다. 키패드 스캐너의 설계에서 키패드의 바운스(bounce)에 의한 오작동을 방지하는 회로를 하드웨어에 포함시켜야 한다.

그림 4-42에 키패드에 대한 회로가 나와 있다. 키패드는 접지(ground)와 연결되어 있는 레지스터를 가지고 있다. 스위치가 눌려졌을 때, 경로는 해당하는 열(column)의 라인에서 접지까지 연결이 이루어진다. 만약 전원이 C_0, C_1, C_2의 열에 공급되면 전원이 눌려진 해당하는 키에 인가된다. 그러면 R_0, R_1, R_2, R_3 중 하나가 활성 신호를 갖게 된다.

키패드를 그림 4-43과 같이 몇 개의 모듈로 나누어서 설계할 것이다. 첫 번째 부분은 키패드의 행과 열을 인지하는 부분이다. 키스캔(keyscan) 모듈은 키패드를 인지하기 위해서 열의 신호(column signal)를 생성한다. 디바운스 모듈(debounce module)은 키가 눌러지고 나서 신호 K를 그리고 신호 K가 디바운스된 후 신호 Kd를 생성한다. 유효한 키의 입력이 감지되면 디코더에서 행과 열로부터 키의 값을 결정한다.

4.11.1 스캐너

다음 절차에 따라서 키패드를 감지한다: C_0, C_1, C_2에 1을 할당하고 기다린다. 만약 어떤 키든 입력이 되면, R_0, R_1, R_2, R_3 중에서 1이 발생한다. 그러고 나서 C_0에만 1을 가한다. 만약 R_i 중에 1이 있으면, 유효한 키 입력이 감지된 것이다. 만약 R_0가 수신되었으면, 버튼 1이 눌러진 것임을 알 수 있다. 만약 R_1, R_2, 또는 R_3가 수신되었으면, 버튼 4, 7, 또는 *이 눌러진 것임을 알 수 있다. 만약 그렇다면, $V = 1$이고 이에 상응하는 출력은 N이다. 만약 어떠한 키도 첫 번째 열에서 발견되지 않으면 C_1에 1을 할당한다. 두 번째 열에서도 키의 입력이 감지되지 않으면 C_2에 1을 할당한다. 유효한 키가 입력되면 C_0, C_1, C_2에 1을 할당하고, 키의 입력이 없을 때까지 기다린다. 이 마지막 단계는 꼭 필요한 과정이다. 이는 매번 키의 입력을 위해 하나의 유효한 신호만을 생성하기 위함이다.

4.11.2 디바운서

스코어보드 예에서 살펴본 것처럼, 스위치 입력이 바운스되어 오동작하는 것을 피하기 위해

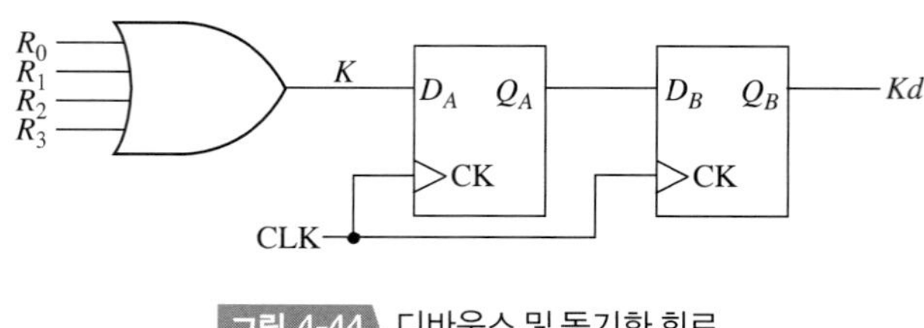

그림 4-44 디바운스 및 동기화 회로

서는 디바운스하는 것이 필요하다. 그림 4-44는 제안된 디바운스 및 동기화 회로를 보여준다. 네 개 행의 신호가 OR 게이트와 입력으로 연결되어 있고, 출력은 K이다. 키가 눌러지고 열의 신호가 인가될 때, K는 1이 된다. 디바운스된 신호 Kd는 순차회로에 입력된다.

4.11.3 디코더

디코더(decoder)는 입력된 키의 숫자를 표 4-4에서 주어진 것처럼 행과 열의 숫자를 이용하여 결정한다. 진리표는 12개 키마다 하나의 행을 가지고 있다. 남겨진 행은 한 번에 하나의 키만이 입력된다고 가정했기 때문에 don't care 출력을 가지고 있다. 디코더는 조합회로(combinational circuit)이기 때문에, 출력은 키패드의 입력이 감지되면 바로 출력을 생성한다. 유효한 키의 값이 감지될 때($K = 1$ 그리고 $V = 1$), 출력은 정확한 값을 갖고, 이 값은 동시에 레지스터에 저장되고, 상태는 S_5로 이동한다.

표 4-4 디코더의 진리표

R_3	R_2	R_1	R_0	C_0	C_1	C_2	N_3	N_2	N_1	N_0	
0	0	0	1	1	0	0	0	0	0	1	
0	0	0	1	0	1	0	0	0	1	0	
0	0	0	1	0	0	1	0	0	1	1	
0	0	1	0	1	0	0	0	1	0	0	
0	0	1	0	0	1	0	0	1	0	1	
0	0	1	0	0	0	1	0	1	1	0	
0	1	0	0	1	0	0	0	1	1	1	
0	1	0	0	0	1	0	1	0	0	0	
0	1	0	0	0	0	1	1	0	0	1	
1	0	0	0	1	0	0	1	0	1	0	(*)
1	0	0	0	0	1	0	0	0	0	0	
1	0	0	0	0	0	1	1	0	1	1	(#)

디코더 회로의 논리식

$N_3 = R_2C_0' + R_3C_1'$

$N_2 = R_1 + R_2C_0$

$N_1 = R_0C_0' + R_2'C_2 + R_1'R_0'C_0$

$N_0 = R_1C_1 + R_1'C_2 + R_3'R_1'C_1'$

4.11.4 제어기

그림 4-45는 키패드 스캐너의 제어기에 대한 상태도이다. S_1에서는 $C_0 = C_1 = C_2 = 1$인 상태에서 키의 입력이 들어올 때까지 대기한다. S_2 상태에서, $C_0 = 1$이면 0번째 열에서 키가 눌러진 것이며, 이것은 $K = 1$이 되어 회로의 출력이 유효한 신호를 갖게 되고 상태 S_5로 이동한다. 키 입력이 이미 디바운스되었으므로 신호 K가 Kd 대신에 사용된다. 만약 0번째 열에서 어떠한 키 입력도 감지되지 않았으면 상태 S_3에서 열 1을 검사하고, 또 필요한 경우 두 번째 열을 상태 S_4에서 검사한다. S_5에서 회로는 모든 키의 입력이 해제될 때까지 기다리며, Kd가 초기화되기 전에 0으로 된다.

그림 4-45의 상태도는 대부분의 경우에 대해서 동작한다; 그러나 약간의 타이밍 문제가 있으므로 다음의 상황에 대해 분석해 보도록 하자.

1. 버튼이 입력될 때는 K가 참(True)인가?
   아니다. 만약 행의 신호들인 R_1, R_2, R_3, R_4 중의 어떤 한 개가 참이라면 비록 K는 참이 되지만, 버튼이 눌러졌어도 열의 스캔 신호가 감지되지 않으면 $R_1 \sim R_4$는 참이 되지 않는다.
2. 버튼이 계속 눌러지고 있으면 Kd가 거짓(false)이 될 수 있는가?
   그렇다. 신호 Kd는 K 신호가 두 클럭 사이클만큼 지연된 것 외에는 아무것도 아니다. K는 버튼이 눌러지고 있어도 스캔 과정 중에 0으로 될 수 있다. 예를 들어 맨 우측 열의 키가 눌러지고 있다고 가정해 보자. 처음 두 개 열을 스캔하는 동안 K는 0이 될 수 있다. 만약 K가 언제든지 0이 된다면, Kd는 두 클럭 후에 0이 된다. 따라서 K와 Kd 둘 다 버튼을 누르는 것이 아니다.
3. 버튼이 계속 눌러지고 있으면 상태 S_5에서 S_1으로 이동할 수 있는가?
   그림 4-45의 상태도에서 S_4에서 S_5로의 이동은 Kd가 0일 때 일어난다. Kd는 C_0와 C_1이 스캔되는 동안 거짓이 된다. 그러므로 키가 계속 눌러지고 있을 때 S_1으로 돌아갈 수 있다. 예로서 C_2 열의 버튼이 입력되었다고 가정하자. 이것은 S_4에서 감지된다. 그러나 S_2와 S_3 스캔 과정 중에 K는 0이다; 그러므로 두 클럭 사이클 후에 버튼을 누른 상태에 있더라도 Kd는 0이 된다. S_4에서 스캔하는 동안 정확한 키 값이 검출된다; 그러나 시스템은 Kd가 계속 0일 때 또는 오

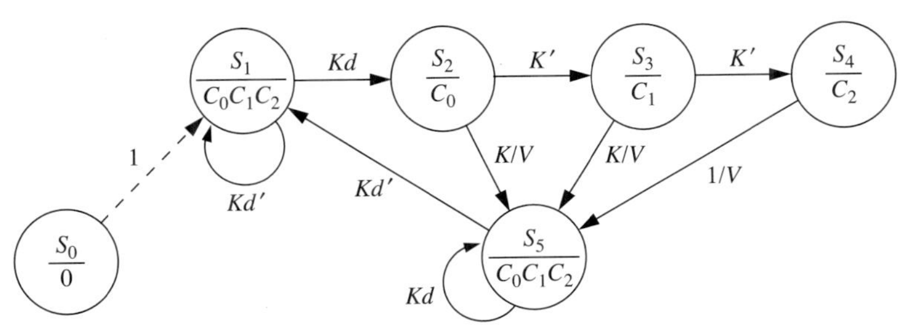

그림 4-45 키패드 스캐너의 상태 그래프

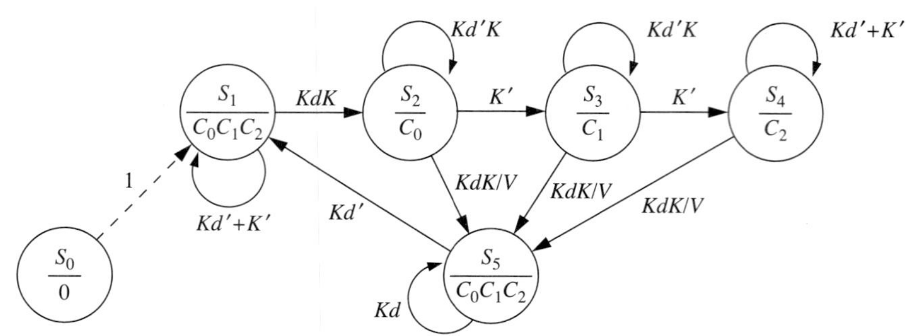

그림 4-46 키패드 스캐너의 수정된 상태 그래프

동작을 일으켰을 때 S_5에 이를 수 있다. 그러나 *Kd*는 버튼이 눌러짐과 동격이 아니므로, *Kd′*는 버튼이 업데이트된 것을 정확히 표현하지는 않는다. *kd′*는 버튼이 계속 눌러지고 있을 때 나타날 수 있으므로, 만약 이전 상태에서 스캔 동작에 의해 *Kd′*가 참일 때 S_5에 이르렀으면, 키를 계속 누르고 있는 상태에서도 시스템은 S_5에서 S_1으로 이동할 수 있다. 이러한 경우는 여러 시간대에 동일한 키가 입력될 때 일어날 수 있다.

4. 만약 키가 한 클럭 또는 두 클럭 사이클 동안 입력되면 어떠한가?

   만약 키가 눌러지고 아주 빠르게 업데이트된다면, 세 번째 열의 키들에서 특히 문제가 일어날 수 있다. 스캐너가 상태 S_4에 이를 때까지 키는 아마도 이미 업데이트되었을 것이다. 상태 그래프 S_0에서 S_5인 가장 긴 경로만큼 키가 충분히 오래 눌러지고 있어야 한다. 그러나 기계적인 스위치보다 디지털 시스템의 클럭이 훨씬 빠르기 때문에 심각한 문제는 아니다.

이러한 문제들은 *Kd*가 참인 경우에만 상태 S_5로 이동할 수 있게 함으로써 수정할 수 있다. 수정된 상태도가 그림 4-46에 표현되어 있다. S_5로 이동하기 전에 *Kd*가 1이 될 때까지 S_2, S_3, S_4 상태에서 기다린다.

4.11.5 VHDL 코드

그림 4-47은 설계를 구현하기 위해 사용된 VHDL 코드를 보여준다. 디코더의 식과 *K*와 *V*를 위한 식 모두 병행 처리문을 사용하여 기술하였다. 디바운스 플립플롭과 키스캔을 위한 다음 상태(next state) 식 표현은 process 문을 이용하여 기술하였다.

```
entity scanner is
  port(R0, R1, R2, R3, CLK: in bit;
       C0, C1, C2: inout bit;
       N0, N1, N2, N3, V: out bit);
end scanner;
```

```
architecture behavior of scanner is
signal QA, K,Kd: bit;
signal state, nextstate: integer range 0 to 5;
begin
  K <= R0 or R1 or R2 or R3;   -- 여기는 디코더 부분
  N3 <= (R2 and not C0) or (R3 and not C1);
  N2 <= R1 or (R2 and C0);
  N1 <= (R0 and not C0) or (not R2 and C2) or (not R1 and not R0 and C0);
  N0 <= (R1 and C1) or (not R1 and C2) or (not R3 and not R1 and not C1);

  process(state, R0, R1, R2, R3, C0, C1, C2, K, Kd, QA)
  begin
    C0 <= '0'; C1 <= '0'; C2 <= '0'; V <= '0';
    case state is
      when 0 => nextstate < = 1;
      when 1 => C0 <= '1'; C1 <= '1'; C2 <= '1';
        if (Kd and K) = '1' then nextstate <= 2;
        else nextstate <= 1;
        end if;
      when 2 => C0 <= '1';
        if (Kd and K) = '1' then V <= '1'; nextstate <= 5;
        elsif K = '0' then nextstate <= 3;
        else nextstate <= 2;
        end if;
      when 3 => C1 <= '1';
        if (Kd and K) = '1' then V <= '1'; nextstate <= 5;
        elsif K = '0' then nextstate <= 4;
        else nextstate <= 3;
        end if;
      when 4 => C2 <= '1';
        if (Kd and K) = '1' then V <= '1'; nextstate <= 5;
        else nextstate <= 4;
        end if;
      when 5 => C0 <= '1'; C1 <= '1'; C2 <= '1';
        if Kd = '0' then nextstate <= 1;
        else nextstate <= 5;
        end if;
    end case;
  end process;

  process(CLK)
  begin
    if CLK = '1' and CLK'EVENT then
      state <= nextstate;
      QA <= K;
      Kd <= QA;
    end if;
  end process;
end behavior;
```

그림 4-47 스캐너의 VHDL 코드

4.11.6 키패드 스캐너의 테스트벤치

이 VHDL 코드는 입력 R_0, R_1, R_2, R_3를 입력하여 테스트하기에 매우 어렵다. 이러한 입력들은 열의 출력(column output)(C_0, C_1, C_2)에 의존하기 때문이다. 스캐너를 테스트하기 위해

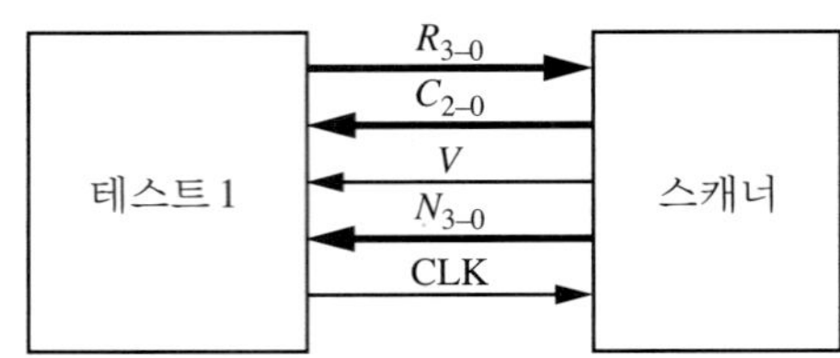

그림 4-48 테스트벤치의 연결

VHDL의 테스트벤치를 사용하는 것이 좀 더 좋은 방법이다. 우리가 테스트하려는 스캐너는 테스트벤치 프로그램 안에 내장된 컴포넌트(component)로 다루어질 것이다. 테스트벤치에서 생성된 신호들은 그림 4-48과 같이 연결되어 있다. 테스트벤치는 적절한 R 신호를 공급하는 키 입력을 통하여 C 신호의 입력을 스캐너로부터 응답받는다. 테스트벤치가 $V = 1$을 스캐너로부터 받으면 N 값이 눌러진 키의 값과 맞는지를 체크한다.

키패드의 테스트벤치 VHDL 코드는 그림 4-49에 나타내었다. 스캐너 모듈이 *test1* 아키텍처에 포함되어 있고, 스캐너 모듈과는 port map 문을 이용하여 연결하였다. 테스트를 위한 키들은 어레이 *KARRAY*에 저장되어 있다. 테스트벤치는 R_0, R_1, R_2, R_3를 위한 병행 처리문을 이용하여 시뮬레이션한다. C_0, C_1, C_2, 또는 키 숫자(KN)가 바뀔 때마다 R의 새로운 값이 계산된다. 예를 들면 $KN = 5$(키 5가 눌러졌을 때)이면, $R_0R_1R_2R_3 = 0100$의 값이 $C_0C_1C_2 = 010$일 때 스캐너에 전달된다. 테스트 과정은 다음과 같다.

1. 시뮬레이션하기 위해 입력되는 키의 값을 어레이로부터 읽어들인다.
2. $V = 1$과 클럭의 상승에지일 때까지 기다린다.

```
library IEEE;
use IEEE.numeric_bit.all;

entity scantest is
end scantest;

architecture test1 of scantest is
component scanner
  port(R0, R1, R2, R3, CLK: in bit;
       C0, C1, C2: inout bit;
       N0, N1, N2, N3, V: out bit);
end component;

type arr is array (0 to 23) of integer;                    -- 테스트를 위한 키의 어레이
constant KARRAY: arr := (2,5,8,0,3,6,9,11,1,4,7,10,1,2,3,4,5,6,7,8,9,10,11,0);
signal C0, C1, C2, V, CLK, R0, R1, R2, R3: bit;           -- 인터페이스 신호들
signal N: unsigned(3 downto 0);
signal KN: integer;                                         -- 테스트할 키 숫자
begin
  CLK <= not CLK after 20 ns;                               -- 클럭 신호 생성
```

```
  -- 이 부분은 키패드를 모방함
  R0 <= '1' when (C0='1' and KN=1) or (C1='1' and KN=2) or (C2='1' and KN=3)
       else '0';
  R1 <= '1' when (C0='1' and KN=4) or (C1='1' and KN=5) or (C2='1' and KN=6)
       else '0';
  R2 <= '1' when (C0='1' and KN=7) or (C1='1' and KN=8) or (C2='1' and KN=9)
       else '0';
  R3 <= '1' when (C0='1' and KN=10) or (C1='1' and KN=0) or (C2='1' and KN=11)
       else '0';

  process                                   -- 이 부분은 스캐너를 테스트함
  begin
    for i in 0 to 23 loop                   -- 키 어레이 안의 모든 수를 테스트
      KN <= KARRAY(i);                      -- 키 눌러짐 시뮬레이션
      wait until (V = '1' and rising_edge(CLK));
      assert (to_integer(N) = KN)           -- 출력과 맞는지 체크
        report "Numbers don't match"
        severity error;
      KN <= 15;                             -- 어떠한 키도 눌러지지 않음
      wait until rising_edge(CLK);  - 스캐너가 리셋되기를 기다림
      wait until rising_edge(CLK);
      wait until rising_edge(CLK);
    end loop;
    report "Test Complete.";
  end process;
  scanner1: scanner port map(R0,R1,R2,R3,CLK,C0,C1,C2,N(0),N(1),N(2),N(3),V);
                                            -- 스캐너와 test1을 연결함
end test1;
```

그림 4-49 스캐너 테스트벤치의 VHDL 코드

3. 스캐너로부터의 출력인 N이 입력된 키와 맞는지 검사한다.
4. 어떠한 키도 눌러지지 않은 상태를 시뮬레이션하기 위해 $KN = 15$로 설정한다. (왜냐하면 15는 유효한 값이 아니기 때문에 모든 R의 값은 0이 된다.)
5. 새로운 키 입력이 들어오기 전 $Kd = 0$일 때까지 기다린다.

행과 열의 순서대로 눌러진 키는 어레이 *KARRAY*에 저장된 다양한 키 숫자를 사용하여 테스트가 수행된다. 테스트벤치에서 보고된(reported) 숫자가 눌러진 키와 일치하는지를 알아보기 위해 **assert** 문을 사용한다. **report** 문은 스캐너가 잘못된 키 숫자를 생성했을 때와 모든 키 입력이 테스트되고 난 후 “Testing Complete.” 문장을 리포트하기 위해 사용된다.

4.12 이진 나눗셈기

4.12.1 부호 없는 나눗셈기

양의 이진수를 위한 병렬 나눗셈기의 설계에 대해 생각해 볼 것이다. 예에서처럼 8-비트 피제

수(dividend)를 4-비트 제수(divisor)로 나누어 4-비트 몫(quotient)을 얻는 회로를 설계해 볼 것이다. 다음 예에서는 나눗셈 과정을 보여준다.

```
                        1010         몫
피제수   1101 / 10000111         제수
                      1101
(135/13 = 10,          0111
나머지 5)              0000
                         1111
                         1101
                          0101
                          0000
                          0101        나머지
```

이진수 곱셈이 덧셈과 시프트 연산의 조합으로 수행되는 것처럼 나눗셈도 뺄셈과 시프트 연산의 조합으로 수행될 수 있다. 설계를 위해서 그림 4-50과 같이 9-비트 제수 레지스터와 4-비트 피제수 레지스터를 사용할 것이다. 나눗셈 과정 도중에 각각의 뺄셈 연산 전 피제수를 우측으로 시프트하지 않고 좌측으로 시프트시킬 것이다. 피제수의 레지스터 가장 좌측에 추가 1비트의 레지스터가 필요함을 주목하기 바란다. 이를 통해서 피제수가 좌측으로 시프트되더라도 그 값을 잃지 않도록 할 수 있다. 몫을 저장하기 위해 따로 레지스터를 사용하지 않고 피제수 레지스터에 우측 비트부터 저장하고 좌측으로 시프트시킬 것이다.

앞에서 해본 나눗셈 예(135/13)를 매 클럭 시간마다 레지스터 안의 비트 값을 살펴봄으로써 아래에서 다시 수행해 볼 것이다. 초기값으로 제수와 피제수는 다음과 같이 레지스터에 저장되어 있다.

0	1	0	0	0	0	1	1	1
		1	1	0	1			

음의 결과를 가지고 뺄셈 연산을 할 수 없으므로 뺄셈 연산 전 시프트를 먼저 할 것이다. 피제수를 우측으로 한 칸 시프트하는 대신에 제수를 좌측으로 한 칸 시프트한다.

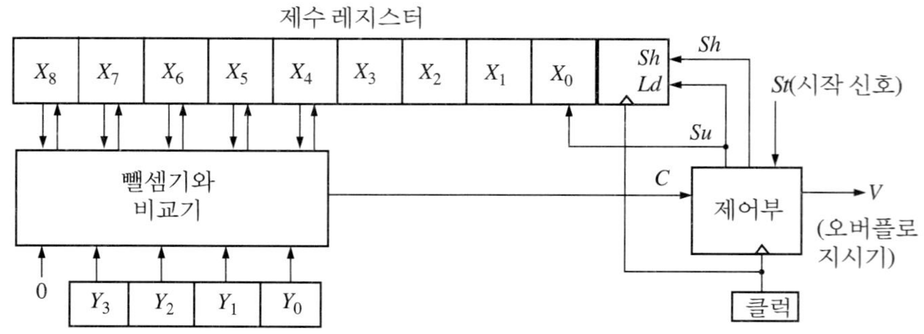

그림 4-50 병렬 이진 나눗셈기의 블록도

```
                   |  ←——  제수와 몫의 경계선
1 0 0 0 0 1 1 1 | 0
  1 1 0 1          |    ↖  시프트 후에 피제수의 가장 우측 레지스터
                             값은 '비어(empty)' 있다.
```

뺄셈 연산이 이제 수행되며, 첫 번째 자리 몫의 수 1이 피제수 레지스터의 사용하지 않는 곳에 저장된다.

```
0 0 0 1 1 1 1 1 | 1 ←———— 첫 번째 몫의 수
```

다음으로, 피제수를 좌측으로 한 비트 시프트한다.

```
0 0 1 1 1 1 1 | 1 0
  1 1 0 1       |
```

뺄셈 연산이 음의 결과이기 때문에, 피제수를 좌측으로 한 비트 다시 시프트시키고 두 번째 몫의 비트를 0으로 남긴다.

```
0 1 1 1 1 1 | 1 0 0
  1 1 0 1   |
```

뺄셈 연산이 수행되고, 세 번째 자리 몫의 수 1이 피제수 레지스터의 사용하지 않는 곳에 저장된다.

```
0 0 0 1 0 1 | 1 0 1 ←———— 세 번째 몫의 수
```

마지막 시프트 연산이 수행되고 네 번째 몫의 비트가 0으로 된다.

```
0 0 1 0 1 | 1 0 1 0
  나머지  |    몫
```

최종 결과는 첫 번째 예에서 얻어진 것과 일치한다.

만약 나눗셈 연산의 결과에서 몫을 위해 할당된 비트보다 더 큰 몫이 생성되면 **오버플로**(overflow)가 발생한 것이다. 그림 4-50의 나눗셈기에서 몫이 15보다 크다면, 제공된 몫의 레지스터가 4비트이기 때문에 오버플로가 발생한다. 오버플로가 발생하는 경우(condition)가 있는지를 검출하는 나눗셈기는 꼭 필요하지는 않다. 왜냐하면 제수와 피제수를 초기에 비교함으로써 몫이 큰 값인지 아닌지 알 수 있기 때문이다. 예를 들면 135/7을 연산하려고 한다면, 레지스터의 초기값은 다음과 같다.

$$\begin{array}{ccccccccc} 0 & 1 & 0 & 0 & 0 & 0 & 1 & 1 & 1 \\ & 0 & 1 & 1 & 1 & & & & \end{array}$$

뺄셈 연산의 결과가 음수가 아니므로 피제수로부터 제수를 빼고 몫의 비트 1을 피제수 레지스터의 맨 우측 비트에 입력한다. 그러나 맨 우측 비트가 피제수의 최하위 비트 값을 가지고 있을 때 이 연산을 수행하면, 피제수의 비트가 바뀌기 때문에 이렇게 연산할 수 없다. 따라서 몫의 비트가 매우 커서 우리가 할당하려는 4비트보다 크다면 오버플로가 발생한 상태를 검출할 수 있다. 일반적으로, 그림 4-50에서, 만약 $X_8X_7X_6X_5X_4 \geq Y_3Y_2Y_1Y_0$(예: 피제수의 왼쪽 5비트가 초과하거나 또는 제수와 같은 경우)라면 몫은 15보다 클 것이며 오버플로가 발생한다. 만약 $X_8X_7X_6X_5X_4 \geq Y_3Y_2Y_1Y_0$이면, 몫은 다음과 같다.

$$\frac{X_8X_7X_6X_5X_4X_3X_2X_1X_0}{Y_3Y_2Y_1Y_0} \geq \frac{X_8X_7X_6X_5X_40000}{Y_3Y_2Y_1Y_0} = \frac{X_8X_7X_6X_5X_4 \times 16}{Y_3Y_2Y_1Y_0} \geq 16$$

나눗셈기의 연산 과정은 그림 4-50에서처럼 설명할 수 있다. 시프트 신호(Sh)가 피제수를 좌측으로 한 칸 시프트시킨다. 뺄셈 신호(Su)가 피제수 레지스터의 왼쪽 5비트에서 제수를 빼고 몫의 비트(피제수 레지스터의 맨 우측 비트)를 1로 저장한다. 만약 제수가 피제수의 좌측 다섯 비트 값보다 크다면, 비교기(comparator)의 출력은 $C = 0$이 된다; 그렇지 않으면 $C = 1$이다. $C = 0$일 때마다 음(negative)의 결과 없이 뺄셈 연산은 발생하지 않으며, 따라서 시프트 신호가 생성된다. $C = 1$이면, 뺄셈 신호가 생성되고 몫의 비트는 1로 저장된다. 제어회로는 연산에 필요한 뺄셈, 시프트 신호를 생성한다.

그림 4-51은 제어회로의 상태 그래프이다. 시작 신호(St)가 발생하면 8-비트 피제수와 4-비트 제수가 각각의 레지스터에 저장된다. 만약 $C = 1$이면, 몫은 5비트 또는 그 이상이 필요할 것이다. 그러나 몫을 위해 할당된 비트는 단지 4비트이기 때문에, 이러한 경우에는 오버플로가 발생한다. 따라서 나눗셈기는 오버플로 신호인 V를 출력하며 동작을 멈춘다. 일반적으로, C의 초기

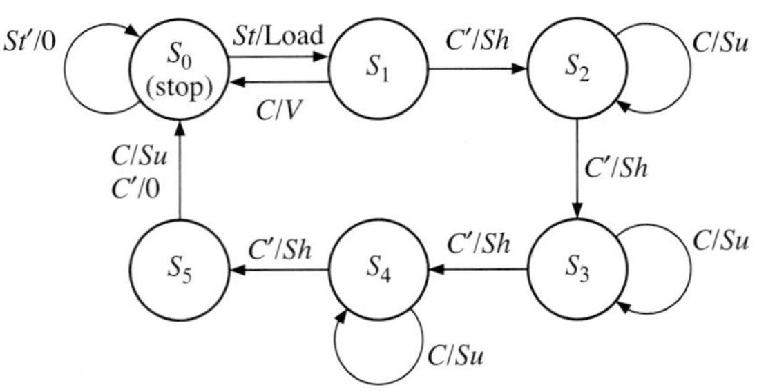

그림 4-51 나눗셈기 제어회로의 상태 그래프

표 4-5 나눗셈기 제어회로의 상태표

	StC				StC			
상태	00	01	11	10	00	01	11	10
S_0	S_0	S_0	S_1	S_1	0	0	로드	로드
S_1	S_2	S_0	–	–	Sh	V	–	–
S_2	S_3	S_2	–	–	Sh	Su	–	–
S_3	S_4	S_3	–	–	Sh	Su	–	–
S_4	S_5	S_4	–	–	Sh	Su	–	–
S_5	S_0	S_0	–	–	0	Su	–	–

값은 0이고, 따라서 시프트가 먼저 발생하고 제어회로는 상태 S_2로 이동하게 된다. 그러고 나서 $C = 1$이면 뺄셈 연산이 일어난다. 뺄셈 연산이 끝나면 C는 항상 0이 되고, 따라서 다음 클럭에 시프트 연산이 수행된다. 네 번의 시프트 연산과 상태 S_5에 이를 때까지 이 과정이 계속 반복된다. 이후에 만약 필요하다면 최종 뺄셈 연산이 수행되고, 제어회로는 S_0(Stop)로 이동한다. 이 예를 위해 우리는 시작 신호(St)가 발생하면, 첫 클럭에서 1이고 이후에 제어회로의 상태가 S_0로 돌아올 때까지는 0이 된다고 가정할 것이다. 따라서 St 신호는 항상 상태 S_1부터 S_5까지 0이 된다.

표 4-5는 제어회로의 상태표이다. 상태 S_1, S_2, S_3, S_4에서 $St = 0$이라고 가정했기 때문에, 이들 상태에서 $St = 1$이면 다음 상태와 출력은 “don’t care”이다. 표의 출력 부분에 기입된 것들은 출력이 1임을 의미한다. 예를 들면 Sh는 $Sh = 1$이고, 그 이외에는 0임을 표시한다.

이 예는 부호 없는 이진수에 대한 나눗셈기의 일반적인 설계 방법에 대해서 설명하였다. 그리고 설계는 16비트 나누기 8비트 또는 32비트 나누기 16비트 등 큰 크기의 숫자로 확장이 용이하다. 시프트 연산이 네 번 이상 필요하다면 카운터 부분을 분리하여 설계하는 것이 유리하다.

4.12.2 부호 있는 나눗셈기

이제 부호 있는 이진수(2의 보수) 32-비트 피제수, 16-비트 제수와 몫을 가지는 나눗셈기를 설계할 것이다. 부호 있는 수를 바로 나누는 알고리즘이 있으나 이는 설계하기 복잡하다. 따라서 만약 제수와 피제수가 음수라면 보수를 취하여 연산하는 쉬운 방법으로 설계할 것이다; 나눗셈 연산이 끝나고 몫이 음수라면 다시 보수를 취한다.

그림 4-52는 나눗셈기의 구조를 보여준다. 값들을 레지스터에 저장하기 위해 16-비트 버스를 사용한다. 왜냐하면 피제수가 32비트이기 때문에, 피제수 레지스터에 저장하기 위해 두 클럭이 필요하며 제수를 저장하기 위해 한 클럭이 필요하기 때문이다. 부호 비트를 위한 추가 플립플롭이 피제수의 부호를 저장하기 위해 사용된다. 또한 내장된 2의 보수기가 있는 피제수 레지스터를 사용할 것이다. 뺄셈기(subtracter)는 가산기와 보수기로 구성되어 있으므로, 뺄셈 연산은 제

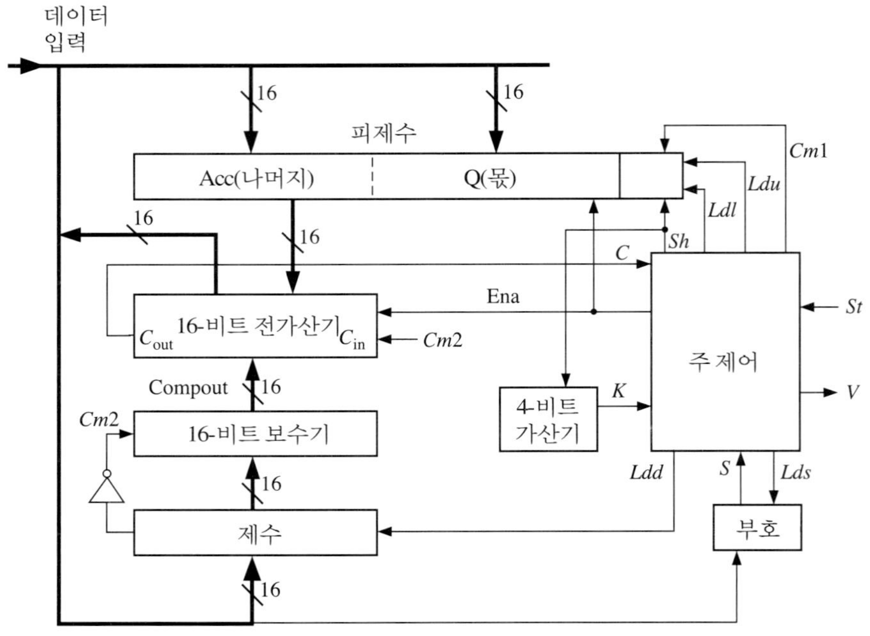

그림 4-52 부호 있는 나눗셈기의 블록도

수의 2의 보수가 피제수에 더해지는 과정을 통해 이루어진다. 만약 제수가 음수이면 보수화를 취하는 과정이 따로 필요 없다; 우리는 쉽게 보수기 기능을 억제할 수 있으며 제수의 보수를 빼는 과정 대신에 음의 제수를 더한다. 제어회로는 두 부분으로 나누어진다 — 시프트와 뺄셈 연산의 순서와 시프트 횟수를 관리하는 주 제어부와 시프트 횟수를 세기 위한 카운터 부분. 15번의 시프트가 완료되면, 카운터의 출력 신호 $K = 1$이 된다. 제어 신호들은 다음과 같이 정의된다.

LdU 버스로부터 피제수의 상위 16비트를 로드

LdL 버스로부터 피제수의 하위 16비트를 로드

Lds 부호 플립플롭(부호 플립플롭에 부호 비트를 로드)

S 피제수의 부호

Cm1 피제수 레지스터를 보수화 (2의 보수)

Ldd 버스로부터 제수를 로드

Su 버스에 가산기 출력을 내보내고(*Ena*), 피제수의 상위 16비트를 버스에 로드

Cm2 보수기를 활성화함. (*Cm2*는 제수 부호 비트의 보수와 같고, 따라서 양수인 제수는 보수화하고 음수인 제수는 하지 않는다.)

Sh 피제수 레지스터를 좌측으로 한 비트 시프트하고 카운터를 증가시킴.

C 가산기로부터의 캐리 출력 (만약 $C = 1$이면, 제수가 피제수 상위 비트로부터 빼짐)

St 시작 신호

V　　오버플로

$Qneg$　몫이 음수(피제수와 제수의 부호가 서로 다르면 $Qneg = 1$)

부호가 있는 나눗셈기의 수행 절차는 다음과 같다.

1. 피제수 상위 16비트를 버스로부터 로드한다. 그리고 피제수의 부호 비트를 부호 레지스터에 복사한다.
2. 버스로부터 피제수 하위 16비트를 로드한다.
3. 버스로부터 제수를 로드한다.
4. 피제수가 음수이면 보수를 취한다.
5. 만약 오버플로 상태가 발견되면 완료 상태로 이동한다.
6. 그렇지 않으면 시프트와 뺄셈 연산의 조합으로 나눗셈 연산을 수행한다.
7. 나눗셈 연산이 완료되면 필요하다면 몫을 보수화하고 완료 상태로 이동한다.

오버플로를 검사하는 것은 부호 없는 나눗셈기의 경우보다 훨씬 복잡하다. 먼저 모든 양수의 경우에 대해 고려하여야 한다. 제수와 몫이 부호 비트를 포함하여 각각 15비트이므로 최대값은 7FFFh이다. 나머지도 제수보다 작아야 하므로 그 최대값은 7FFEh이다. 따라서 오버플로가 없는 경우 최대 피제수의 값은 다음과 같다.

$$\text{제수} \times \text{몫} + \text{나머지} = \text{7FFFh} \times \text{7FFFh} + \text{7FFEh} = \text{3FFF7FFFh}$$

만약 피제수가 그 범위보다 1이 크고(3FFF8000h) 7FFFh(또는 이보다 작은 수)로 나눈다면, 오버플로가 발생한다. 피제수를 좌측으로 한 칸 시프트시키고 상위 16비트(divu)를 제수와 비교함으로써 오버플로의 상태를 검출할 수 있다. 만약 divu ≥ 제수이면, 몫이 그 최대값보다 더 클 것이고, 따라서 이것은 오버플로 상태이다. 위에서 보여준 예처럼, 3FFF8000h를 좌측으로 한 칸 시프트하면 7FFF0000h이다. 7FFFh가 제수와 같기 때문에 이는 오버플로이다. 반면에 3FFF7FFFh를 좌측으로 시프트하면 7FFEFFFEh이며 7FFEh < 7FFFh이므로, 7FFFh로 나눌 때는 오버플로가 발생하지 않는다.

다른 방법은 아래에서처럼 오버플로를 검사하기 전에 피제수를 좌측으로 먼저 시프트하여 오버플로를 검사하는 방법이 있다. 만약 피제수를 좌측으로 한 칸 시프트시키면 divu ≥ 제수이므로 뺄셈 연산을 하고 그 몫 1을 생성한다. 그러나 이 비트는 부호 비트가 되어야 한다. 이것은 몫을 음수가 되게 하며, 따라서 잘못된 것이다. 오버플로를 검사한 후 피제수를 좌측으로 한 칸 다시 시프트하여, 부호 비트 뒤에 첫 번째 몫의 비트를 저장할 위치를 할당할 수 있다. 우리는 보수화된 제수와 피제수의 경우에도 동작하기를 원하므로, 오버플로를 감지하는 이 방법은 피제수가 80000000h 같은(가장 큰 음의 수) 특수한 경우를 제외하고는 잘 동작한다. 이러한 경우의 오버플로를 검출하는 회로를 포함하는 수정은 예제로 남겨둔다.

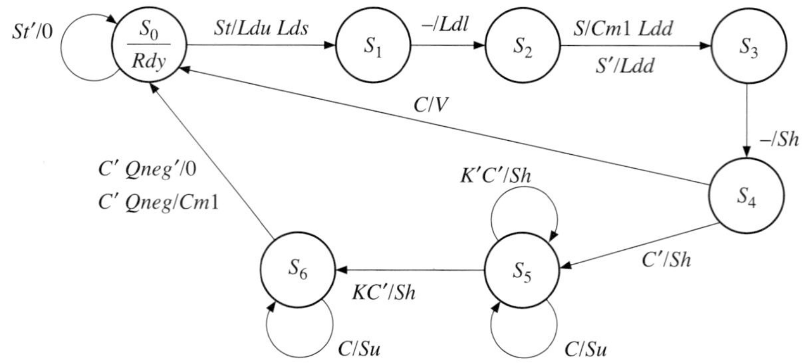

그림 4-53 부호 있는 나눗셈기 제어회로의 상태 그래프

그림 4-53은 제어회로를 위한 상태 그래프이다. $St=1$일 때 레지스터에 값이 로드된다. S_2에서는 피제수의 부호(S)가 1이면 피제수가 보수화된다. S_3에서는 피제수를 좌측으로 한 칸 시프트하고 S_4에서는 오버플로를 검사한다. 만약 $C=1$이면 오버플로일 가능성이 있지만 뺄셈 연산은 가능하며, 회로는 완료 상태로 이동한다. 반면에 그렇지 않으면 피제수를 좌측으로 시프트한다. S_5에서 C는 검사된다. 만약 $C=1$이면, $Su=1$이 되고 이를 통해 *Ldu*와 *Ena* 신호를 생성한다. 이에 따라 가산기의 출력이 버스에 활성화되어 피제수 레지스터 상위 부분에 로드되어 뺄셈 연산이 완료된다. 그렇지 않으면 $Sh=1$이 되고 피제수 레지스터의 값들은 시프트된다. 이 과정이 $K=1$일 때까지 반복되며, 각각의 과정 중에 $C=0$일 때 마지막 시프트 연산이 일어나면 S_6 상태로 이동한다. 피제수의 저장된 부호 비트와 제수의 부호가 다르면, 피제수 레지스터는 보수화되어 몫이 정확한 부호를 갖게 된다.

부호 있는 나눗셈기의 VHDL 코드를 그림 4-54에 나타내었다. 1의 보수기와 가산기는 조합회로이므로 병행 처리문을 사용하여 표현하였다. 레지스터의 출력으로 표현되는 모든 신호들은 클럭의 상승에지에서 업데이트되고, 따라서 이런 신호들은 process 문에서 *CLK*가 '1'로 바뀔 때를 기다렸다가 업데이트된다. 카운터는 신호 *count*를 통해 시뮬레이션할 수 있다. 시뮬레이터 출력 리스트를 쉽게 분석하기 위해, 나눗셈 과정이 완료 시점인 S_0인 상태에서 1이 되는 *Rdy* 신호를 추가하였다.

다음에는 VHDL 시뮬레이터를 이용해서 나눗셈기를 테스트해 볼 것이다. 나눗셈 과정 속에서 처리되는 모든 경우를 다 포함하는 일련의 예제가 필요하다. 먼저 서로 다른 신호의 제수, 피제수 조합(++, +−, −+, −−)을 이용한 나눗셈 기본 동작 과정을 테스트해야 한다. 또한 이 네 가지 경우에 대해서 오버플로의 검출도 테스트해야 한다. 더불어서 몫이 가장 큰 값을 가질 때, 몫이 0일 때 등 제한적인 경우에 대해서도 테스트해야 한다. 테스트 데이터가 특정 시간에 순서대로 입력되어야 하고, 테스트 데이터에 따라 나눗셈 과정이 완료되는 시간이 결정되기 때

```
library IEEE;
use IEEE.numeric_bit.all;

entity sdiv is
  port(CLK, St: in bit;
       Dbus: in unsigned(15 downto 0);
       Quotient: out unsigned(15 downto 0);
       V, Rdy: out bit);
end sdiv;

architecture Signdiv of Sdiv is
signal State: integer range 0 to 6;
signal Count: unsigned(3 downto 0);                 -- 정수 범위0~15
signal Sign, C, Cm2: bit;
signal Divisor, Sum, Compout: unsigned(15 downto 0);
signal Dividend: unsigned(31 downto 0);
alias Acc: unsigned(15 downto 0) is Dividend(31 downto 16);
begin                                               -- 병행 처리문
  Cm2 <= not divisor(15);
  compout <= divisor when Cm2 = '0'                 -- 1의 보수기
             else not divisor;
  Sum <= Acc + compout + unsigned'(0=>Cm2);         -- 가산기 출력
  C <= not Sum(15);
  Quotient <= Dividend(15 downto 0);
  Rdy <= '1' when State = 0 else '0';
  process(CLK)
  begin
    if CLK'event and CLK = '1' then                 -- 클럭의 상승에지를 기다림
      case State is
        when 0 =>
          if St = '1' then
            Acc <= Dbus;                            -- 상위 피제수를 로드
            Sign <= Dbus(15);
            State <= 1;
            V <= '0';                               -- 오버플로 초기화
            Count <= "0000";                        -- 카운터 초기화
          end if;
        when 1 =>
          Dividend (15 downto 0) <= Dbus;           -- 하위 피제수 로드
          State <= 2;
        when 2 =>
          Divisor <= Dbus;
          if Sign = '1' then          -- 필요하면 피제수를 2의 보수 취함
            dividend <= not dividend + 1;
          end if;
          State <= 3;
        when 3 =>
          Dividend <= Dividend(30 downto 0) & '0';  -- 좌측 시프트
          Count <= Count+1; State <= 4;
        when 4 =>
          if C = '1' then                           -- C
            v <= '1'; State <= 0;
          else                                      -- C'
            Dividend <= Dividend(30 downto 0) & '0'; -- 좌측 시프트
            Count <= Count+1; State <= 5;
          end if;
        when 5 =>
          if C = '1' then                           -- C
            ACC <= Sum;                             -- 빼기
```

```
            dividend(0) <= '1';
          else
            Dividend <= Dividend(30 downto 0) & '0';    -- 좌측 시프트
            if Count = 15 then State <= 6; end if;      -- KC'
            Count <= Count+1;
          end if;
        when 6 =>
          state <= 0;
          if C = '1' then                               -- C
            Acc <= Sum;                                 -- 빼기
            dividend(0) <= '1'; State <= 6;
          elsif (Sign xor Divisor(15)) = '1' then       -- C'Q의 음수
            Dividend <= not Dividend + 1;
          end if;                                       -- 피제수의 2의 보수
      end case;
    end if;
  end process;
end signdiv;
```

그림 4-54 32-비트 부호 있는 나눗셈기의 VHDL 코드

문에 VHDL 테스트벤치를 사용하면 편리하다. 그림 4-55에 나눗셈을 위한 테스트벤치가 나와 있다. 이 테스트벤치에는 테스트할 데이터의 피제수, 제수 어레이가 있다. X"07FF00BB"는 이진수 값에 대해서 16진수로 표기한 것이다. testsdiv 과정에서, 먼저 상위 피제수를 *Dbus*로 보내고 시작 신호를 공급한다. 클럭을 기다린 후 하위 피제수를 *Dbus*로 내보낸다. 그 후 다음 클럭에 제수를 *Dbus*로 보낸다. 다음 과정으로 진행되기 전, 나눗셈 과정이 끝났음을 알리는 *Rdy* 신호가 감지될 때까지 기다린다. *Count* 신호는 loop 문의 인덱스와 동일하게 맞추어져 *Count*의 변화를 통해 출력 신호의 리스트를 감지할 수 있다.

```
library IEEE;
use IEEE.numeric_bit.all;

entity testsdiv is
end testsdiv;

architecture test1 of testsdiv is
component sdiv
  port(CLK, St: in bit;
       Dbus: in unsigned(15 downto 0);
       Quotient: out unsigned(15 downto 0);
       V, Rdy: out bit);
end component;

constant N: integer : = 12;                              -- sdiv1을 N번 테스트함
type arr1 is array(1 to N) of unsigned(31 downto 0);
type arr2 is array(1 to N) of unsigned(15 downto 0);
constant dividendarr: arr1 := (X"0000006F", X"07FF00BB", X"FFFFFE08",
     X"FF80030A", X"3FFF8000", X"3FFF7FFF", X"C0008000", X"C0008000",
     X"C0008001", X"00000000", X"FFFFFFFF", X"FFFFFFFF");
constant divisorarr: arr2 := (X"0007", X"E005", X"001E", X"EFFA", X"7FFF",
```

```
   X"7FFF", X"7FFF", X"8000", X"7FFF", X"0001", X"7FFF", X"0000");
signal CLK, St, V, Rdy: bit;
signal Dbus, Quotient, divisor: unsigned(15 downto 0);
signal Dividend: unsigned(31 downto 0);
signal Count: integer range 0 to N;

begin
  CLK <= not CLK after 10 ns;
  process
  begin
    for i in 1 to N loop
      St <= '1';
      Dbus <= dividendarr(i) (31 downto 16);
      wait until (CLK'event and CLK = '1');
      Dbus <= dividendarr(i) (15 downto 0);
      wait until (CLK'event and CLK = '1');
      Dbus <= divisorarr(i);
      St <= '0';
      dividend <= dividendarr(i) (31 downto 0);    -- 피제수를 리스트하기 위해 저장
      divisor <= divisorarr(i);                    -- 제수를 리스트하기 위해 저장
      wait until (Rdy = '1');
      count <= i;                                  -- 인덱스를 저장
    end loop;
  end process;
  sdiv1: sdiv port map(CLK, St, Dbus, Quotient, V, Rdy);
end test1;
```

그림 4-55 부호 있는 나눗셈기의 테스트벤치

그림 4-56은 시뮬레이터의 명령어 파일(command file)과 출력이다. list 문의 `-NOtrigger`와 `-Trigger count` 사이의 출력 신호들은 *count* 신호가 바뀔 때만 출력된다. 시뮬레이터의 출력 결과는 모든 나눗셈 연산이 아래의 경우를 제외하고는 정확하다는 것을 말해준다.

$$C0008000h \div 7FFFh = -3FFF8000 \div 7FFFh = -8000h = 8000h$$

이 경우에는 오버플로가 발생하므로 나눗셈 연산이 일어나지 않는다. 일반적으로, 나눗셈기는 몫이 8000h(음수의 최대값)가 될 때마다 오버플로라는 것을 알려준다. 이러한 현상은 나눗셈기가 기본적으로 양수를 나눗셈 연산하고, 또한 가장 큰 양의 몫이 7FFFh이기 때문에 발생한다. 만약 8000h로 몫을 생성하는 것이 중요하다면, 오버플로 검출회로를 수정하여 이와 같은 특수한 경우에 오버플로가 생성되지 않도록 해야 한다.

이 장에서는 몇 가지 설계 예를 살펴보았다. 예에서는 몇 가지 산술(arithmetic) 또는 비산술(nonarithmetic) 회로들을 포함하였다. 7-세그먼트 디스플레이와 BCD 가산기, 신호등 제어기, 스코어보드, 키패드 스캐너들은 비산술 회로의 예로서 이 장에서 다루고 있다. 또한 덧셈, 곱셈, 부호 없는 이진수 나눗셈, 부호 있는 이진수 나눗셈에 대한 알고리즘에 대해서도 살펴보았다. 캐리 룩어헤드 가산기와 병렬 곱셈기 같은 특수한 설계들도 제시되었다. 이러한 알고리즘을 구

```
-- 부호 있는 나눗셈기의 테스트 결과의 명령어 파일
add list -hex -NOtrigger dividend divisor Quotient V -Trigger count
run 5300

  ns   delta   dividend   divisor   quotient   v   count
   0      +0   00000000      0000       0000   0       0
 470      +3   0000006F      0007       000F   0       1
 910      +3   07FF00BB      E005       BFFE   0       2
1330      +3   FFFFFE08      001E       FFF0   0       3
1910      +3   FF80030A      EFFA       07FC   0       4
2010      +3   3FFF8000      7FFF       0000   1       5
2710      +3   3FFF7FFF      7FFF       7FFF   0       6
2810      +3   C0008000      7FFF       0000   1       7
3510      +3   C0008000      8000       7FFF   0       8
4210      +3   C0008001      7FFF       8001   0       9
4610      +3   00000000      0001       0000   0       A
5010      +3   FFFFFFFF      7FFF       0000   0       B
5110      +3   FFFFFFFF      0000       0002   1       C
```

그림 4-56 부호 있는 나눗셈기의 시뮬레이션 결과

현하기 위한 디지털 시스템을 설계해 보았다. 그러한 시스템에 대한 블록도(block diagram)를 개발하여 필요한 제어 신호들을 정의한 다음, 순서에 따라 적절한 제어 신호를 생성할 수 있는 조합회로를 정의하기 위해 상태 그래프를 이용하였다. 시스템을 구현하기 위해 몇 가지 다른 레벨로 VHDL 코드를 작성하였고, 설계한 시스템의 코드가 정확히 동작하는지 시뮬레이션과 테스트를 수행하였다.

연습문제

4.1 상태 S_0에서 Z digit 0와 C를 계산하는 BCD 가산기에 대한 수정된 회로를 설계하라(그림 4-5, 4-6 참조). 이 수정된 회로는 $S_0>9$이면 S_0 상태에서 "0110"을 더한다. 이는 S_0에서 $S_0>9$이고 A = '1'일 때 "0AA0"을 더하는 것과 같다. 수정된 회로의 블록도를 한 개의 전가산기(full-adder), 세 개의 반가산기(half-adder)와 A를 계산하는 회로를 사용하여 그려라. 최소 게이트 수를 사용하여 A에 대한 회로를 설계하라. S_0의 최대 가능한 값은 10010이다.

4.2 (a) 만약 게이트 지연이 5 ns이면, 가장 빠른 4-비트 리플-캐리 가산기의 지연은 얼마인가? 그리고 계산 과정을 설명하라.

(b) 만약 게이트 지연이 5 ns이면, 가장 빠른 4-비트 가산기의 지연은 얼마인가? 어떤 종류의 가산기인가? 그리고 계산 과정을 설명하라.

4.3 그림 4-10의 4-비트 가산기를 컴포넌트로 사용하여 16-비트 캐리 룩어헤드 가산기의 VHDL

코드를 작성하라.

4.4 그림 4-9의 16-비트 캐리 룩어헤드 가산기에서 0101 1010 1111 1000과 0011 1100 1100 0011을 더하는 과정에서의 캐리 생성(generate), 캐리 전달(propagates) 그룹 생성(group generate), 그룹 전달(group propagete) 및 최종 합(sum)과 캐리(carry)를 유도하라.

4.5 (a) 누산기(accmulator)를 포함하는 1-비트 전가산기의 VHDL 모듈을 작성하라. 이 모듈은 *Ad*, *L*의 두 개의 제어 신호를 가지고 있다. 만약 $Ad = 1$이면, 입력 *Y*와 캐리 입력이 누산기에 더해져서 저장된다. 만약 $L = 1$이면, 입력 *Y*는 누산기에 로드된다.

(b) (a)에서 정의된 모듈을 사용하여 누산기를 포함하는 4-비트 뺄셈기를 작성하라. 음수는 1의 보수로 표현하는 것으로 가정한다. 뺄셈기는 *Su*(뺄셈), *Ld*(로드)의 두 개의 제어 신호를 포함하여야 한다.

4.6 (a) 덧셈 로직이 포함된 모듈로 13 카운터를 사용하여 그림 4-14의 신호등 제어기를 구현하라. 카운터는 두 가지 예외상황을 제외하고 매 클럭마다 증가한다. 출력을 생성하기 위해 ROM을 사용하라.

(b) (a)의 회로를 VHDL 코드로 작성하라.

(c) (b)를 위한 테스트벤치를 작성하여 설계한 제어기가 잘 동작하는지 검사하라. 단, *Sa*와 *Sb*의 테스트 입력을 생성하기 위해 병행 처리문을 사용하라.

4.7 아래에서 필요한 요소들을 완벽하게 상태 그래프가 명세화되도록 추가하라. 추가한 것이 맞는지 설명하라. 입력과 출력을 0과 1을 사용하여 상태표를 그려라.

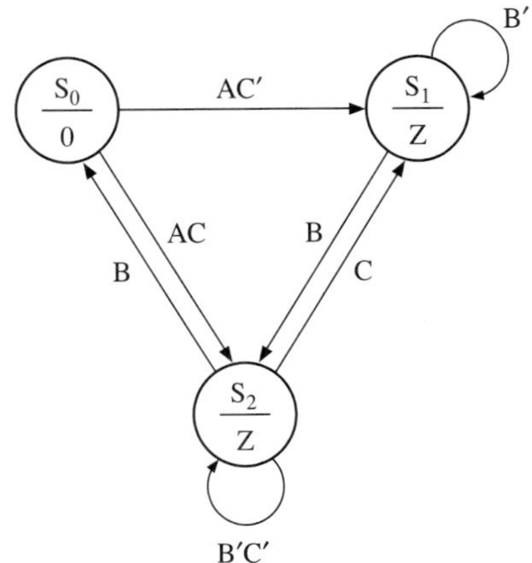

4.8 아래의 파형 *W*를 생성하는 합성 가능한 VHDL 코드를 작성하라. 한 개의 process 문을 사용하라. 클럭 주기는 1μs로 입력된다고 가정한다.

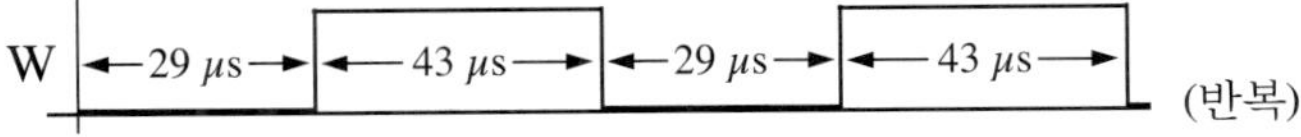

4.9 BCD 가산기는 두 개의 BCD 숫자(0~9까지)를 더하고 BCD 형태의 합을 생성한다. 예를 들어 만약 9(1001)과 8(1000)을 더하면, 결과는 17(1 0111)이다. 적절한 제어회로와 4-비트 가산기를 사용하여 이 BCD 가산기를 구현하라. 두 BCD 숫자는 이미 4-비트 레지스터(A와 B)에 저장되어 있고, 합의 레지스터(S)는 5비트라고 가정한다. BCD 형태로 합을 얻기 위해서는 적절한 수정이 필요하다. 왜냐하면 이진 가산기는 0000부터 1111까지만 표현할 수 있기 때문이다(어떤 경우에는 캐리를 더함). 만약 수정을 위해서 덧셈 연산이 필요하다면 동일한 가산기를 사용하라(한 종류의 가산기만 사용할 수 있다). 각 사이클에서 가산기에 적절한 입력을 주기 위해 멀티플렉서를 사용하라. 덧셈 연산을 시작과 종료를 알리는 시작 신호(start signal)와 완료 신호(done signal)가 있다고 가정한다.

(a) 시스템의 블록도를 작성하라. 각각의 구성요소에 적절한 기능과 크기를 명세화하라.

(b) 덧셈 연산을 수행하기 위해서 사용하는 알고리즘을 단계별로 설명하라. 수정된 과정을 설명하고 나타내어라.

(c) 제어기의 상태 그래프를 작성하라.

4.10 16-비트 시프트 레지스터, 제어기, 4-비트 감소 카운터(down counter)를 포함하는 시프트 레지스터 모듈의 VHDL 코드를 작성하라. 시프터는 모듈에 입력되는 카운트 신호에 따라 여러 비트를 이동시킬 수 있다. 모듈로 입력되는 신호는 1~15까지의 숫자 N(시프트 카운트)과 16-비트 벡터 *par_in*, 그리고 클럭(clock)과 시작 신호(St)이다. St = '1' 일 때 N은 감소 카운터에 로드되고, *par_in*이 시프트 레지스터에 로드된다. 그러고 나서 시프트 레지스터는 좌측으로 N번 시프트 연산을 수행하고, 제어기는 시작 상태(start state)가 된다. St 신호는 한 클럭 시간 동안만 '1'이 된다고 가정하라. 모든 연산은 클럭의 하강에지(falling edge)에 동기화된다.

(a) 시스템의 블록도를 그려라. 필요한 제어 신호들은 모두 정의하라.

(b) 제어기의 상태 그래프를 작성하라(두 개 상태)

(c) 시프트 레지스터 모듈의 VHDL 코드를 작성하라. 두 개의 process 문을 사용하라(조합회로를 위해 하나, 레지스터를 업데이트하기 위해 하나).

4.11 (a)그림 4-12는 32-비트 누산기를 가지고 있는 직렬 가산기의 블록도이다. 제어회로는 상태가 11111일 때 K의 출력이 1이 되는 5-비트 카운터를 사용하라. 시작 신호(St)가 입력되면 레지스터가 로드되어야 한다. St는 덧셈 과정이 완료될 때까지 1이 유지된다고 가정한다. 덧셈 과정이 완료되면, 제어회로는 정지 상태(stop state)가 되고 St가 0이 될 때까지 그 상태를 유지한다. 제어회로를 위한 상태 그래프를 작성하라(카운터는 제외).

(b) 전체 시스템의 VHDL 코드를 작성하고 정확히 동작하는지 검증하라.

4.12 2의 보수 16-비트 직렬 뺄셈기의 블록도가 아래에 주어져 있다. $St = 1$일 때, 레지스터 값들은 로드되고 뺄셈 연산이 수행된다. 시프트 카운터 C는 15번 시프트된 후에 $C15 = 1$을 생성한다. V는 오버플로가 발생하면 1이 된다. 로드 과정 중 캐리 플립플롭은 2의 보수화를 위해 1이 된

다. *St*는 한 클럭 시간 동안만 1이 유지된다고 가정한다.

(a) 제어회로의 상태 그래프를 작성하라(두 개 상태).

(b) 시스템의 VHDL 코드를 작성하라. 두 개의 process 문을 사용하라. 첫 번째 process 문은 다음 상태와 제어 신호들을 결정한다. 두 번째 process 문은 클럭의 상승에지(rising edge)에서 레지스터 값을 업데이트한다.

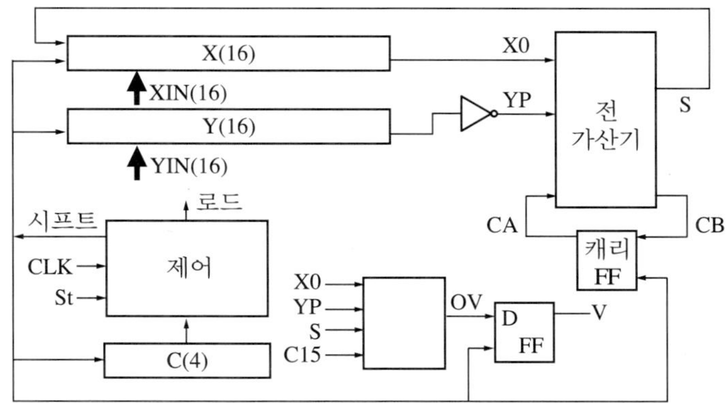

4.13 이 문제는 BCD-to-이진 변환기(converter)의 설계이다. 초기값으로 3-비트 BCD 숫자가 레지스터 *A*에 저장되어 있다. *St* 신호가 발생하면 이진수로 변환이 수행되고, 변환된 이진수는 레지스터 *B*에 저장된다. 변환하는 과정을 살펴보면 먼저 전체 BCD 숫자(이진수로 표현되어 있는)를 우측으로 한 칸씩 시프트한다. 만약 결과가 1000보다 같거나 크면, 수정된 회로는 0011만큼을 뺀다. (만약 결과가 1000보다 작으면 바꾸지 않고 그대로 유지한다.) 시프트 카운터는 시프트의 횟수를 세기 위해 사용된다. 변환이 완료되면, *B*의 최대값은 999(이진수)가 된다. 주: *B*는 10비트이다.

(a) BCD 숫자 857을 변환하는 과정을 보여라. *A*와 *B*의 값들을 각 단계별로 보여라.

(b) BCD-to-이진 변환기의 블록도를 그려라.

(c) 제어회로의 상태 그래프(세 개 상태)를 작성하라. 다음 신호를 포함하여야 한다: *St*: 변환기의 시작, *Sh*: 우측으로 시프트, *Co*: 필요한 경우 뺄셈 연산(subtract correction if necessary), *C*9: 카운터가 상태 9에 있음, *C*10: 카운터가 상태 10에 있음(*C*9 또는 *C*10 둘 중 하나만 있으면 됨, 둘 다 있을 필요 없음).

(d) 시스템의 VHDL 코드를 작성하라.

4.14 이 문제는 8-비트 부호 없는 수 *N*(홀수는 제외)의 제곱근을 구하는 문제이다. *N*의 제곱근을 구하기 위해 *N*으로부터 1, 3, 5, 등등의 뺄셈 연산을 결과가 음수가 되지 않을 때까지 계속 실행해 나갈 것이다. 우리가 수행하려는 뺄셈 연산의 횟수는 제곱근 *N*의 값과 같다. 예를 들면 $\sqrt{27}$은 $27 - 1 = 26$; $26 - 3 = 23$; $23 - 5 = 18$; $18 - 7 = 11$; $11 - 9 = 2$; $2 - 11$(더 이상 뺄 수 없음(음수가 됨))이 된다. 따라서 $\sqrt{27}$은 다섯 번 뺄셈 연산을 했으므로 $\sqrt{27} = 5$가 된다. 최종적으로

홀수 정수 $111_0 = 1011_2$가 됨에 유의하고, 이는 제곱근($101_2 = 5_{10}$)을 구성한다.

(a) 제곱근을 구하는 회로의 블록도를 그려라. N의 값을 저장할 레지스터, 뺄셈기, 홀수를 저장할 레지스터, 제어회로를 포함하여야 한다. 최종 제곱근의 값이 생성되는지 표시하라. 블록도에서 사용되는 제어회로들을 정의하라.

(b) 최소 개수의 상태를 갖는 제어회로의 상태 그래프를 작성하라. 레지스터 N은 $St = 1$일 때 로드된다. 제곱근을 구하는 과정이 완료되면, 제어회로는 완료 신호(done signal)를 생성하고 $St = 0$이 될 때까지(리셋) 대기한다.

4.15 이 문제는 4비트와 16비트를 곱하여 20-비트 결과를 생성하는 부호 없는 이진 곱셈기의 설계이다. 곱셈기의 속도를 향상시키기 위해 한 클럭 시간에 한 비트씩 연산하지 않고, 4 × 4 곱셈기를 이용해서 4비트를 한 클럭 시간에 곱할 수 있도록 설계할 것이다. 설계할 하드웨어는 24-비트 누산기 레지스터(accumulator register)를 가지고 있고, 이는 제어 신호 *Sh*4에 의해 한 번에 4비트씩 우측으로 시프트할 수 있다. 어레이형 곱셈기는 4 × 4 비트 연산을 하여 8-비트 결과를 출력한다. 이 곱셈 결과가 *Ad* 제어 신호에 의해 누산기에 저장된다. *St* 신호가 발생할 때, 16비트의 승수가 레지스터 *A*의 하위 부분에 저장된다. 완료 신호(done signal)는 곱셈 연산이 완료되면 생성된다. 어레이형 곱셈기와 가산기가 모두 조합회로이므로 4비트 곱셈 연산과 8-비트 덧셈 연산은 같은 클럭 사이클에 계산할 수 있다. 어레이형 곱셈기 회로를 VHDL 코드에 사용하지 말고 오버로드된(overloaded) "*" 연산자를 사용하라. 만약 *D*와 *E*가 4비트의 부호 없는 수이면, $D * E$는 8비트의 결과를 생성할 것이다.

(a) 제어기의 상태 그래프를 작성하라 (10개 상태)

(b) 곱셈기의 VHDL코드를 작성하라. 두 개의 process 문을 사용하라(조합회로의 process 문과 클럭 기반의 process 문) 모든 신호들은 부호 없는 타입 또는 비트 타입으로 선언하라.

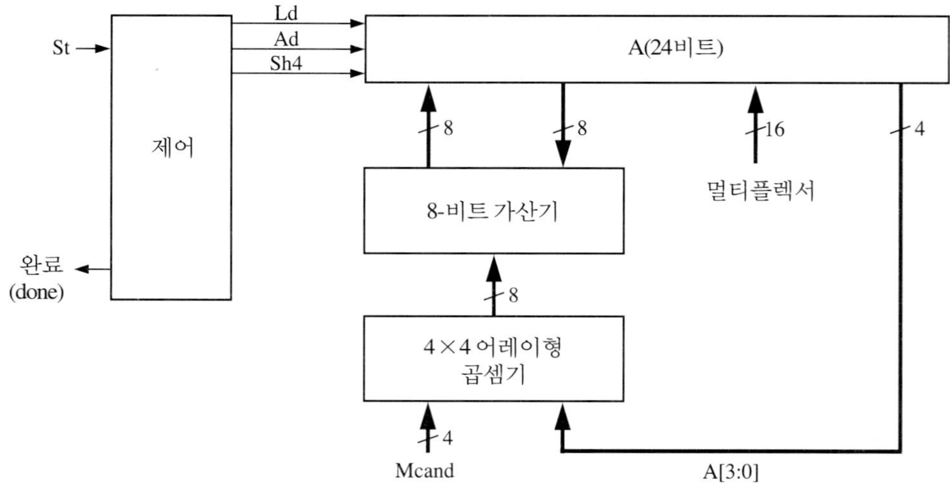

4.16 (a) 16 × 16 어레이형 곱셈기에서 AND 게이트와 가산기가 얼마나 필요한지 예측하라.

(b) 16 × 16 어레이형 곱셈기에서 가장 긴 지연(longest delay)은 어디인가? AND 게이트의 지연은 t_g, 가산기의 지연(전가산기 반가산기 모두)은 t_{ad}라 가정한다.

4.17 (a) 8 × 8 어레이형 곱셈기의 구조를 그리고, 사용되는 전가산기(full adder), 반가산기(half adder), AND 게이트의 수를 계산하라.

(b) (a)에서 임계 경로(critical path)는 어디인지 표시하라. (경로가 여러 개 있다면 그 중에서 한 가지만 표시하라.)

(c) 8 × 8 어레이형 곱셈기에서 가장 긴 지연은 어디인가? AND 게이트의 지연은 $t_g = 1$ ns, 가산기의 지연(전가산기, 반가산기 모두)은 $t_{ad} = 2$ ns라 가정한다.

(d) 그림 4-25의 구조와 유사한 8 × 8 덧셈-시프트 곱셈기(add-shift multiplier)에서 (c)에서처럼 같은 시간에 곱셈 연산을 완료하기 위해 클럭은 얼마나 빨라야 하는가?

4.18 그림 4-29에서처럼 $n \times n$ 어레이형 곱셈기는 곱셈 결과를 생성하기 위해 $3n - 4$의 가산기 지연 + 1 게이트 지연이 소요된다. $n > 4$ 이상인 경우에 대해 이보다 더 빠른 어레이형 곱셈기를 설계하라. (힌트: 왼쪽에 위치한 가산기에 캐리를 전달하는 방법 대신 아래쪽으로 전달하여 임계 경로를 단축시킨다. 이러한 구조를 "캐리 저장 가산기(carry-save adder)를 이용한 곱셈기"라 한다.)

4.19 부호 있는(2의 보수) 이진수 곱셈기의 블록도가 그림 4-33과 같다. 피승수가 −1/8, 승수가 −3/8일 때 매 클럭 펄스마다 변하는 레지스터 A와 B의 값을 보여라.

4.20 4.10절에서 부호 있는 이진 분수의 곱셈기의 구조에 대해 알아보았다. 음의 분수는 2의 보수화하여 표현하였다.

(a) 1.0111과 1.101을 곱하는 과정을 통하여 연산 과정을 보여라.

(b) 부호 비트를 포함한 승수가 4비트이고 부호를 포함하여 피승수가 5비트인 곱셈기의 경우, 알고리즘을 구현하기 위해서 필요한 하드웨어의 블록도를 작성하라.

4.21 이 문제는 부호 있는 이진수의 곱셈 과정(부스(Booth) 알고리즘)의 VHDL 코드와 시뮬레이션 VHDL 코드를 작성하는 것이다. 음수는 2의 보수로 표현된다. 부스 알고리즘은 아래와 같이 동작한다. 각각의 수는 부호를 포함하여 n비트라 가정한다: 누산기를 위해 $(n + 1)$-비트 레지스터(A)를 사용하여 오버플로가 발생해도 부호 비트를 잃지 않도록 한다. 또한 $(n + 1)$-비트 레지스터 (B)와 (C)를 이용해서 승수와 피승수를 저장하는 데 사용한다.

1. A(누산기)를 초기화하고, B의 상위 비트에 승수를 로드하고 B_0을 초기화하라. 그리고 C에 피승수를 로드하라.

2. B의 하위 두 비트(B_1B_0)를 검사하라.

- 만약 $B_1B_0 = 01$이면 A에 C를 더한다. (C는 $(n + 1)$비트로 부호 비트를 확장해야 하고 A를 $(n + 1)$-비트 가산기를 이용해서 더한다.)
- 만약 $B_1B_0 = 10$이면 C를 2의 보수 취해서 A에 더한다.

- 만약 $B_1B_0 = 00$ 또는 11이면 단계를 건너뛴다.

3. A와 B 둘 다 부호 확장과 함께 우측으로 한 비트 시프트하라.
4. 단계 2와 3을 $(n-1)$번 반복하라.
5. 연산 결과가 A와 B에 저장된다. (B_0는 무시한다.)

$n = 5$일 때의 예제: $(-9) \times (-13)$

	A	B	B_1B_0	
1. 레지스터들을 로드함	000000	100110	10	$C = 10111$
2. C의 2의 보수를 A에 더함	001001			
	001001	100110		
3. A와 B를 시프트	000100	110011	11	
3. A와 B를 시프트	000010	011001	01	
2. A에 C를 더함	110111			
	111001	011001		
3. A와 B를 시프트	111100	101100	00	
3. A와 B를 시프트	111110	010110	10	
2. C의 2의 보수를 A에 더함	001001			
	000111	010110		
3. A와 B를 시프트	000011	101011		

최종 결과: 0001110101 = +117

(a) $n = 8$인 경우에 대하여 블록도를 작성하라. A와 B를 위해 9-비트 레지스터, 9-비트 전가산기, 8-비트 보수기, 3-비트 카운터와 제어회로를 사용하라. 카운터는 시프트의 횟수를 세기 위해 사용하라.

(b) 제어회로의 상태 그래프를 작성하라. 카운터가 상태 111일 때, 마지막 시프트 연산이 끝나고 나서 동시에 시작 상태로 돌아간다(3 상태이면 충분하다).

(c) 동작적 모델의 VHDL 코드를 작성하라.

(d) 다음의 테스트 경우에 대해서 시뮬레이션을 수행하라.

$$01100110 \times 00110011$$
$$10100110 \times 01100110$$
$$01101011 \times 10001110$$
$$11001100 \times 10011001$$

결과가 정확한지 검증하라.

4.22 두 개의 16-비트 부호 있는 정수를 곱하여 32-비트 결과를 생성하는 곱셈기를 설계하라. 음수는 2의 보수로 표현한다. 설계 시 다음의 방법을 사용하라: 먼저 승수와 피승수가 음수라면 보

수를 취하고, 양수인 상태에서 곱한 다음 그 결과를 다시 보수를 취한다. 곱셈 결과가 16 클럭 안에 완료되어 결과가 레지스터에 저장되도록 설계하라.

(a) 곱셈기의 블록도를 작성하라. 시프트 횟수를 카운트하기 위해 4-비트 카운터를 사용하라. (카운터 값이 15일 때 출력 신호 $K = 1$을 내보낸다.)

(b) 최소 상태를 갖는(5 상태) 곱셈기의 제어회로의 상태도를 작성하라. 곱셈 연산이 종료되면, 제어회로는 완료 신호(done signal)를 출력하고 상태 S_0로 돌아가기 전 $ST = 0$이 입력되기를 기다린다.

(c) 제어회로를 사용하지 않고 곱셈기의 VHDL 코드를 동작적 기술을 작성하라(예: 그림 4-35). 그리고 테스트하라.

(d) 제어회로를 포함한 VHDL 코드를 동작적 기술을 작성하고(예: 그림 4-40) 테스트하라.

4.23 이 문제는 부호와 크기 표시(sign and magnitude notation)를 이용한 8-비트 병렬 가산기-뺄셈기(parallel adder-subtractor)의 설계이다. 입력 X와 Y, 출력 Z도 부호 크기 방법으로 표현해야 한다. 내부 연산은 2의 보수 또는 1의 보수를 통해서 한다(설계자가 결정). 그러나 1의 보수 또는 2의 보수를 사용한다고 가정했을 때 어떠한 정보도 주어지지 않는다. 만약 입력 신호 $Sub = 1$이면 $Z = X - Y$, 그렇지 않으면 $Z = X + Y$이다. 설계자의 회로는 모든 양수와 음수의 조합에 대해 덧셈과 뺄셈 연산이 이루어져야 한다. 다음의 구성요소들만 사용할 수 있다: 8-비트 가산기, 1의 보수기(입력 Y를 위한), 2의 보수기(1의 보수 또는 2의 보수를 사용—설계자가 결정), 제어회로를 위한 조합회로. (힌트: $-X + Y = -(X - Y)$. 또한 연산 결과가 8-비트 부호 크기 표현으로 나타낼 수 없을 경우 오버플로 신호 1을 생성한다.)

(a) 블록도를 작성하라. 레지스터, 멀티플렉서, 삼상태 버스(tristate bus)는 허용되지 않는다.

(b) 필요한 제어 신호를 생성하기 위한 회로의 진리표를 작성하라. 입력 신호는 Sub, Xs, Ys의 순서로 작성하라(Xs는 X의 부호, Ys는 Y의 부호이다).

(c) 어떻게 오버플로를 검출할 것인지 설명하고, 이를 위한 적절한 식을 구하라.

4.24 네 개의 버튼(B_0, B_1, B_2, B_3)이 회로의 입력으로 사용된다고 하자. 버튼이 눌러질 때마다 디바운스되고, 회로는 이진수를 2-비트 레지스터(N)에 로드한다. 예를 들어 B_2가 눌러지면, 레지스터의 출력은 $N = 10_2$이다. 레지스터는 이 값을 다른 버튼이 입력될 때까지 유지한다. 디바운스를 위해서는 두 개의 플립플롭을 사용한다. 디바운스를 위해 느린 클럭을 생성하는 클럭 분배기(clock divider)처럼 10-비트 카운터를 사용하라. 버튼이 눌러지고 디바운스될 때 Kd 신호는 1이 된다.

(a) $Kd = 1$일 때 레지스터에 값을 로드하는 신호를 생성하기 위한 상태 그래프(2 상태)를 작성하라.

(b) 10-비트 카운터, 2-비트 레지스터(N), 그리고 모든 필요한 게이트와 플립플롭을 포함하는 회로도를 작성하라.

4.25 아래 그림과 같은 4×4 키패드 스캐너를 설계하라.

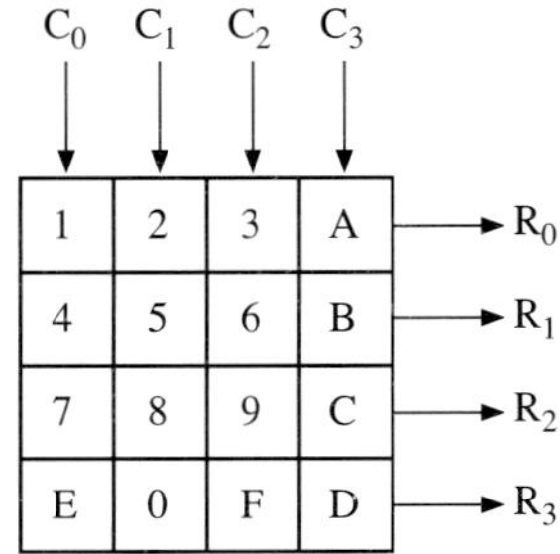

(a) 한 번에 하나의 키만 눌려질 수 있다고 가정하며, 주어진 R_{3-0} C_{3-0}의 숫자 디코더의 식을 구하라. 키의 출력은 이진수이다. 예를 들어 F키가 눌려지면 N_{3-0}은 이진수로 1111 또는 15이다.

(b) 키가 눌려졌다가 떼어질 때를 감지하는 디바운스 회로를 설계하라. 스위치의 바운스는 한 클럭 또는 두 클럭 사이클에 사라진다고 가정한다. 키가 눌려졌을 때, $K = 1$이 되고 Kd는 디바운스된 신호이다.

(c) (b)의 입력을 이용하여 유효한 값이 눌려졌을 때, 키스캔을 수행하고 값을 출력하는 상태 그래프를 설계하고 작성하라.

(d) 디코더와 디바운스 회로와 스캐너를 포함하는 키패드 스캐너 동작의 VHDL 코드를 작성하라.

4.26 이 문제는 16-비트 피제수를 8-비트 제수로 나누어 8-비트 몫을 구하는 부호 없는 이진 나눗셈기의 설계이다. 시작 신호($ST = 1$)가 정확히 한 클럭 시간 동안 1이라고 가정한다. 만약 몫이 8비트 이상이 필요하면, 나눗셈기는 즉시 동작을 멈추고 $V = 1$ 신호를 내보내어 오버플로가 발생한 것을 알린다. 17-비트 피제수 레지스터를 사용하고 몫을 하위 8비트에 저장하라. 뺄셈 시프트(substract-shift) 제어기와 시프트 횟수를 카운트하기 위한 4-비트 카운터를 사용하라.

(a) 나눗셈기의 블록도를 작성하라.

(b) 뺄셈 시프트 제어기(세 개 상태)의 상태 그래프를 작성하라.

(c) 그림 4-40과 유사하게 두 개의 process 문을 사용하여 VHDL 코드를 작성하라.

4.27 부호 없는 이진수 나눗셈기의 블록도와 상태 그래프가 아래에 주어져 있다. 이 나눗셈기는 16-비트 피제수를 16-비트 제수로 나누어 16-비트 몫을 생성한다. 제수는 1에서부터 $2^{16} - 1$까지 어느 수이든지 될 수 있고 제수가 0일 때만 오버플로가 발생한다. 제어 신호들은 아래와 같이 정의된다: $Ld1$: 입력 버스로부터 제수를 로드함; $Ld2$: 입력 버스로부터 피제수를 로드하고 ACC를 초기화함(clear); Sh: ACC와 피제수를 좌측으로 시프트; Su: 뺄셈기의 출력을 ACC에 로드하고 몫의 하위 비트를 1로 만듦; 15번의 시프트 연산이 완료되면 $K = 1$이 됨. 나눗셈기의 VHDL 코드를 완성하라. 모든 신호들은 부호 없는 타입 또는 비트 타입을 사용한다. 두 개의 process 문을 사용하라.

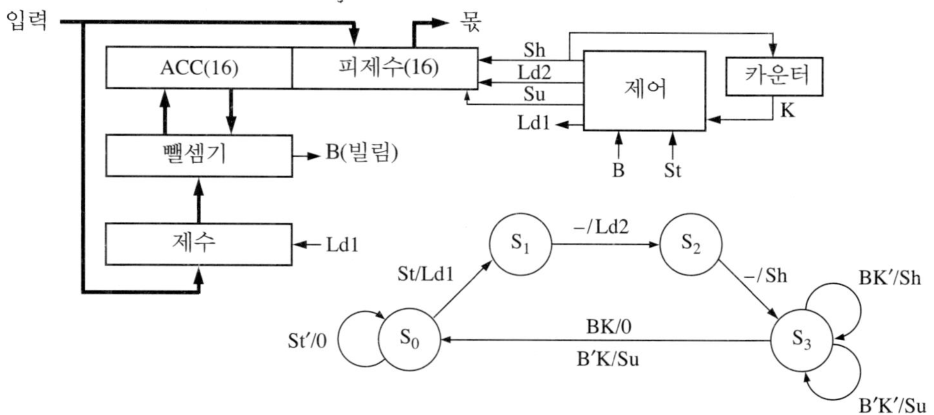

4.28 부호 없는 8-비트 피제수를 4-비트 제수로 나누어 4-비트 몫을 생성하는 나눗셈기가 아래와 같이 주어져 있다. 뺄셈기의 입력인 X_i는 한 비트 이상 좌측으로 시프트된다. 이는 시프트 뺄셈 연산이 두 클럭에 걸리지 않고 한 클럭에 완료됨을 의미한다. 뺄셈기에서 빌림(연산에 있어서)을 통해서 시프트 또는 시프트 뺄셈 연산이 각 클럭마다 실행된다. 나눗셈 연산은 레지스터에 값이 로드된 후 네 클럭 안에 항상 완료가 된다. 오버플로는 무시한다. 시작 신호(*St*)가 1일 때 *X*와 *Y*의 레지스터 값이 로드된다. *St* 신호는 한 클럭 시간 동안만 1로 유지된다고 가정한다. *Sh* 신호에 따라 *X*를 좌측으로 시프트시키고 0을 채운다. *SubSh* 신호는 *X*의 좌측 부분에 뺄셈기의 출력을 로드하고, 동시에 *X*의 나머지 부분은 좌측으로 시프트된다.

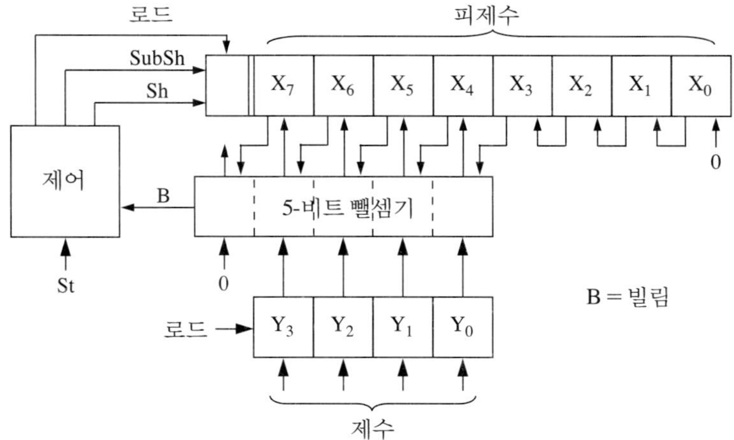

(a) 제어기의 상태 그래프를 작성하라(5개 상태)

(b) 아래에 주어진 VHDL 코드를 완성하라. 레지스터와 신호들은 부호 없는 타입으로 선언하여 오버로드된 연산자가 사용될 수 있도록 한다. 한 개의 process 문을 사용하는 동작적 코드를 작성하라.

```
library IEEE;
use IEEE.numeric_bit.all;
```

```
entity divu is
  port(dividend: in unsigned(7 downto 0);
       divisor: in unsigned(3 downto 0);
       St, clk: in bit;
       quotient: out unsigned(3 downto 0));
end entity divu;

architecture div of divu is
```

4.29 썬더버드 자동차의 오래 전 모델은 좌측(LA, LB, LC)과 우측(RA, RB, RC)에 각각 세 개씩 후미등이 있었고, 이것은 좌측, 우측 회전일 경우에 켜졌다.

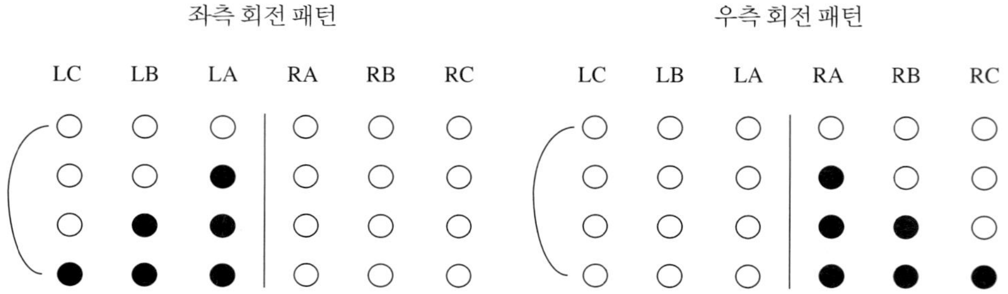

좌측 회전 패턴

LC	LB	LA	RA	RB	RC
○	○	○	○	○	○
○	○	●	○	○	○
○	●	●	○	○	○
●	●	●	○	○	○

우측 회전 패턴

LC	LB	LA	RA	RB	RC
○	○	○	○	○	○
○	○	○	●	○	○
○	○	○	●	●	○
○	○	○	●	●	●

이 후미등을 제어할 무어 순차회로를 설계하라. 이 회로는 세 개의 입력 *LEFT*, *RIGHT*, *HAZ*을 가지고 있다. *LEFT*와 *RIGHT*는 운전자의 회전 신호 스위치에 의해 입력되고, 동시에 둘 다 1이 되는 경우는 없다. 위에서 나타낸 것과 같이, *LEFT* = 1일 때 후미등은 *LA*, *LA-LB*, *LA-LB-LC*의 패턴으로 켜지고, 동시에 꺼지며 위의 순서를 반복한다. *RIGHT*가 1일 때도 좌측 등이 켜지는 것과 같이 동일한 방법으로 동작한다(그림의 우측 부분처럼). 만약 스위치가 *LEFT*에서 *RIGHT*로(또는 반대로) 후미등이 켜지는 도중에 발생하면, 회로는 즉시 IDLE 상태로(모두 끔) 이동하고 새로운 과정을 시작한다. *HAZ*는 해저드 스위치(hazard switch)로부터 입력되며, *HAZ* = 1이면 모든 6개의 후미등이 켜졌다가 동시에 꺼진다. *HAZ*는 *LEFT*와 *RIGHT*가 먼저 실행되고 있어도 우선권을 갖는다.

클럭 신호는 불빛이 원하는 정도로 켜질 수 있도록 충분히 지원할 수 있다고 가정한다.

(a) 상태 그래프를 작성하라(8개 상태)

(b) 6개의 D 플립플롭을 사용하여 회로를 실현하라. 그리고 각 플립플롭의 출력이 6개의 후미등 중 하나에 직접 연결되도록 one-hot 상태 할당문을 만들어라. (*LogicAid*를 사용해도 된다.)

(c) 적절한 인코딩 상태 할당문을 결정하기 위해 세 개의 D 플립플롭을 사용하고, 1.7절의 가이드라인을 사용한 회로를 실현하라. (b)와 (c)에서 플립플롭을 더 사용할 것인지 게이트를 더 사용할 것인지를 절충해야 함에 주의하라.

4.30 카세트 테이프 재생기(tape-player)의 모터를 제어할 순차회로를 설계하라. 회로는 5개의 입력과 세 개의 출력이 있다. 입력 중 네 개는 테이프 재생기의 제어 버튼이다. *PL*이 1이면 play 버튼이 눌러졌음을 의미한다. *RE*가 1이면 되감기(rewind), *FF*가 1이면 빨리감기(fast forward)

버튼이 눌러졌음을 의미한다. 마지막으로, *ST*가 1이면 정지(stop) 버튼이 눌려졌음을 의미한다. 제어회로의 마지막 다섯 번째 입력은 *M*이고, $M = 1$이면 현재 테이프 재생 위치에서 "music sensor"가 감지되었음을 의미한다. 세 개의 출력 신호는 *P*, *R*, *F*이며, 신호들이 1일 때 각각 테이프 재생, 되감기, 빨리감기를 의미한다. 동시에 한 개 이상의 출력이 생성되는 경우는 없다; 모든 출력이 '0' 이면 모터가 멈추는 것을 의미한다. 테이프 재생기 버튼의 제어는 다음과 같다: 만약 재생 버튼이 눌러지면, 재생기는 테이프를 재생한다(출력 $P = 1$). 만약 재생 버튼이 꺼지고 되감기 버튼이 눌러지면, 현재 재생하고 있는 곡의 맨 처음까지 되감기를 수행하고 (출력 $R = 1, M = 0$) 다시 재생을 시작한다. 만약 재생 버튼이 꺼지고 빨리감기 버튼이 눌러지면, 현재 재생하고 있는 곡의 끝까지 빨리감기가 이루어지고(출력 $F = 1, M = 0$) 다시 재생을 시작한다. 만약 재생 버튼이 해제되어 있는 동안 되감기 또는 빨리 감기 버튼이 눌려지면 빨리 감기와 되감기가 수행된다. 정지 버튼은 언제든지 입력될 수 있으며 테이프 재생기의 모터를 멈추게 한다.

(a) 테이프 재생기 제어기의 상태 그래프를 작성하라. 네 개의 버튼 중 하나만 눌러진다고 가정해도 된다.

(b) 제어기를 위한 VHDL 코드를 작성하라.

SM CHARTS AND MICROPROGRAMMING 05

SM 차트와 마이크로프로그래밍

상태 머신은 단계적 과정 또는 그 알고리즘을 수행하는 디지털 시스템의 제어에 많이 사용한다. 원 안에 상태를 표현하여 작성하는 상태도 또는 상태 변화에 대한 기술을 해 놓은 상태 그래프(state graph)는 제어기의 상태에 따른 동작을 기술하기 위해 널리 사용되어 왔다. 상태 그래프를 이용하여 특수한 플로차트를 표현하기 위한 방법을 **상태 머신 차트**(state machine chart) 또는 **SM 차트**라고 한다. 이러한 차트들을 또한 **알고리즘 상태 머신 차트**(algorithmic state machine chart) 또는 **ASM 차트**라고도 한다. SM 차트는 디지털 시스템의 제어부를 설계하는 데 자주 사용된다.

이 장에서는 SM 차트의 특성과 이것들이 상태 머신을 설계하는 데 어떻게 사용되는지 먼저 알아보고, 곱셈기와 주사위 게임 제어기의 SM 차트에 대한 예를 살펴본다. SM 차트로부터 이 시스템들의 VHDL 코드를 작성하고, 정확히 동작하는지 시뮬레이션을 수행해본다. 그런 다음 SM 차트가 어떻게 하드웨어로 구현되는지에 대해 살펴본다. 마지막으로 SM 차트를 구현하는 방법으로써 **마이크로프로그래밍**에 대해 소개한다.

5.1 상태 머신 차트

SM 차트는 소프트웨어의 플로차트와 유사하다. 플로차트는 소프트웨어를 설계함에 있어서 오랜 기간 아주 유용한 방법이었고, 마찬가지로 하드웨어 설계에 있어서 유용한 방법이었다. 이는 실제로 동작적 레벨 설계에 있어서 그러하다.

SM 차트는 상태 그래프와 비교하여 몇 가지 장점을 가지고 있다. 동일한 상태 그래프 대신에 SM 차트를 보여줌으로써 디지털 시스템의 동작을 쉽게 이해시킬 수 있다. 적절한 상태 그래프는 몇 가지 조건을 만족하여야 한다: (1) 언제나 한 개의 상태로부터 하나의 이동은 항상 참(true)이어야 한다. (2) 다음 상태는 모든 입력 조합에 대해 독특하게 정의되어야 한다. 이 조건은 당연히 SM 차트에서도 만족한다. 또한 SM 차트는 직접적으로 하드웨어의 실제 구조를 보여준다. 주어진 SM 차트는 몇 가지 동일한 형태로 전환될 수 있으며, 각각 다른 형태로 표현함에 따라 구조적으로 다르게 구현할 수 있다. 따라서 설계자는 SM 차트를 구현하려는 형태/기술에 따라 최적화시키고 재구성해야 한다.

SM 차트는 설계하는 데 특별한 규칙을 따라야 한다는 점이 일반적인 플로차트와 구별된다. 이러한 규칙을 만족하면, SM 차트는 상태 그래프와 동등하게 되고 직접 하드웨어를 구현할 수 있다.

그림 5-1은 SM 차트를 구성하는 세 가지 중요한 요소이다. 시스템의 상태는 **상태 박스**(state box)로 표현한다. 상태 박스는 **상태 이름**과 '/' 다음에 추가적으로 **출력 리스트**를 기재한다. 상태 할당이 이루어지고 나면 **상태 코드**가 박스의 바깥 윗부분에 위치한다. **결정 박스**(decision box)는 다이아몬드 모양을 하고 있으며 참과 거짓의 가지들로 나누어진다. 박스 안에 있는 **조건**은 어느 가지로 이동할 것인지를 구하기 위한 부울 표현식이다. 타원 모양으로 표현된 **조건부 출력 박스**는 **조건부 출력 리스트**를 포함하고 있다. 조건부 출력은 시스템의 상태와 입력에 따라 결정된다.

SM 차트는 SM **블록**으로부터 설계된다. 각 SM 블록(그림 5-2)은 한 개의 상태 박스를 포함하고 있으며, 그와 더불어 이 상태에 맞는 결정 박스와 출력 박스들을 포함하고 있다. SM 블록은 한 개의 **입구 경로**(entrance path)와 한 개 이상의 **출구 경로**(exit path)를 가지고 있다. 각각의 SM 블록은 상태 머신이 그 상태에 있을 때 머신의 동작을 묘사한다. 디지털 시스템이 주어진 SM 블록의 상태로 들어갈 때 상태 박스의 출력 리스트에 있는 출력들이 참이 된다. 결정 박스에 있는 조건들은 SM 블록이 어느 경로를 따라갈 것인지를 결정한다. 조건부 출력 박스가 어느 특정한 경로와 마주치면 해당되는 조건부 출력이 참이 된다. 만약 출력이 경로와 마주치지 않으면, 기본적으로 출력은 거짓이 된다. SM 블록에서 입구에서 출구까지의 경로를 **링크 경로**(link path)라고 한다.

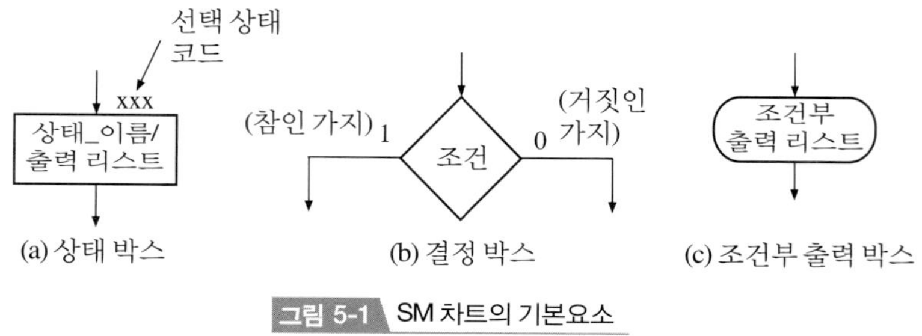

그림 5-1 SM 차트의 기본요소

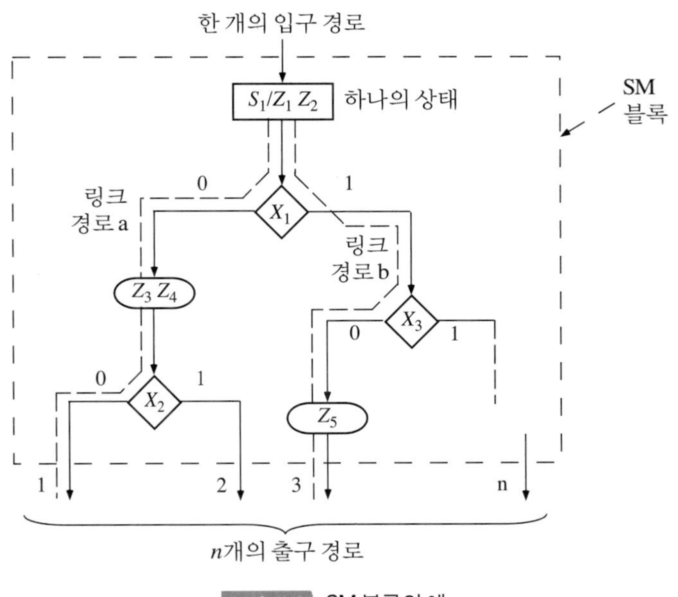

그림 5-2 SM 블록의 예

그림 5-2의 예에서 상태 S_1으로 들어오면, 출력 Z_1, Z_2는 1이 된다. 만약 입력 $X_1 = 0$이면, Z_3, Z_4 또한 1이 된다. 만약 $X_1 = X_2 = 0$이면, 상태 시간의 마지막에서 상태 머신은 출구 경로 1을 통하여 다음 상태로 이동한다. 반면에 $X_1 = 1$이고 $X_3 = 0$이면, 출력 Z_5가 1이 되고 출구 경로 3을 통하여 다음 상태로 이동한다. Z_3와 Z_4가 이 링크 경로를 통하여 만나지 않기 때문에 디폴트값으로 $Z_3 = Z_4 = 0$이 된다.

주어진 SM 블록은 일반적으로 몇 가지 다른 형태로 그릴 수 있다. 그림 5-3은 두 개의 동일한 SM 블록을 보여준다. (a)와 (b) 둘 다 출력 $X_1 = 0$일 때 $Z_2 = 1$이다; $X_2 = 0$일 때 다음 상태는 S_2

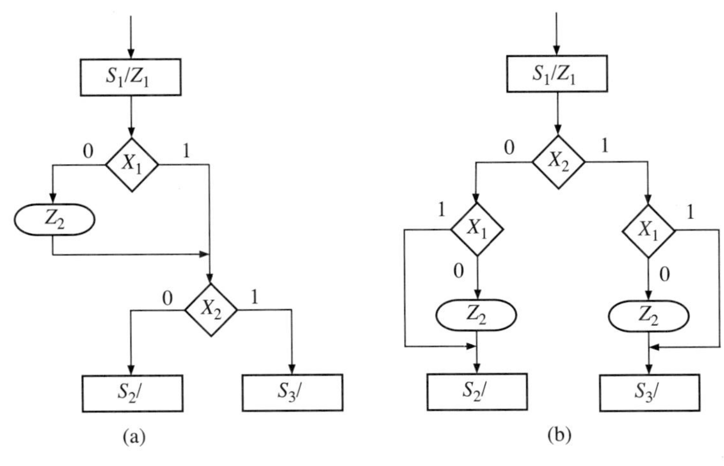

그림 5-3 동일한 SM 블록

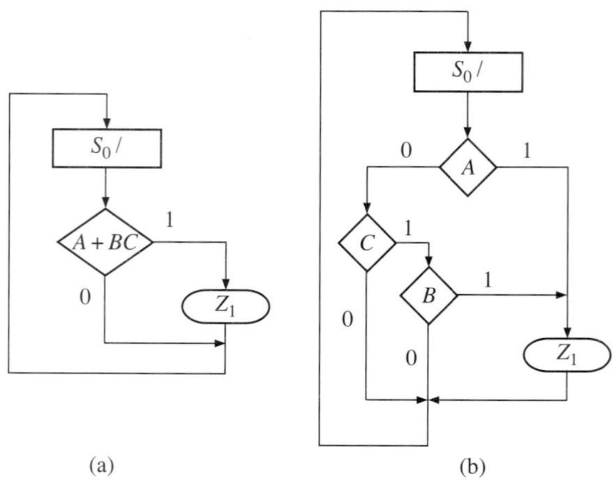

그림 5-4 조합회로에 대한 동일한 SM 차트

이고, $X_2 = 1$일 때 다음 상태는 S_3가 된다. 예에서 보여주는 바와 같이, 입력이 테스트되는 순서는 SM 차트의 복잡도(complexity)에 영향을 줄 수도 있다.

그림 5-4(a)와 (b)의 SM 차트는 각각 조합회로를 표현한다. 왜냐하면 단지 한 개의 상태만 있고 상태 변화가 없기 때문이다. $A+BC=1$이면 출력 $Z_1=1$이고, 그렇지 않으면 $Z_1=0$이다. 그림 5-4(b)는 모든 입력 변수가 각각 테스트되는 구조로서 (a)와 동일한 SM 차트이다. 만약 $A=1$이거나 또는 $A=0$, $B=1$, $C=1$일 때, 출력은 $Z_1=1$이다.

$$Z_1 = A + A'BC = A + BC$$

위의 부울 식은 그림 5-4(a)의 SM 차트와 동일한 출력을 생성하는 함수이다.

SM 블록을 설계할 때는 특정한 규칙을 따라야 한다. 첫째, 모든 유효한 입력의 조합에 대해 정확히 하나의 출구 경로가 정의되어야 한다. 이 조건은 각각의 허용되는 입력의 조합이 하나의 다음 상태를 유도해야 하기 때문에 꼭 필요하다. 둘째, SM 블록 안에서 피드백은 허용되지 않는다. 그림 5-5는 피드백이 있는 SM 블록을 작성할 때 옳은 방법과 옳지 않은 방법을 보여준다.

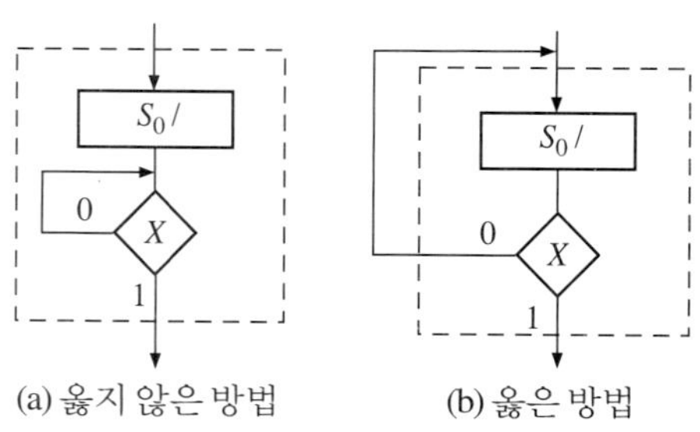

그림 5-5 피드백이 있는 SM 블록

그림 5-6(a)에서 보여주는 바와 같이, SM 블록은 동일한 출구 경로를 갖는 몇 개의 병렬 경로(parallel path)를 가질 수 있고, 이들 경로 중 하나 이상이 동시에 활성화될 수 있다. 예를 들면, 만약 $X_1 = X_2 = 1$이고 $X_3 = 0$이면, 링크 경로는 점선으로 표시된 경로가 활성화되고 출력 Z_1, Z_2, Z_3는 1이 된다. 비록 그림 5-6(a)가 직렬 컴퓨터(serial computer)의 프로그램을 위한 유효한 플로차트가 아니지만 상태 머신의 구현에는 아무런 문제가 없다. 상태 머신은 Z_1, Z_2, Z_3를 동시에 생성하는 여러 개의 출력회로를 가질 수 있다. 그림 5-6(b)는 직렬 SM 블록 구조로서 그림 5-6(a)와 동일한 SM 블록이다. 직렬 블록에서는 입구에서 출구까지 단지 하나의 링크 경로가 활성화되어야 한다. 입력 값의 조합이 어떤 것이 들어오든지 출력은 병렬형(parallel form)과 동일할 것이다. 그림에서 점선 부분은 $X_1 = X_2 = 1$, $X_3 = 0$일 때 링크 경로를 나타내며, 출력은 Z_1, Z_2, Z_3에서 만난다. SM 블록을 직렬 또는 병렬 구조로 그리는 것과 상관없이 모든 테스트는 한 클럭 시간에 이루어져야 한다. 이후로는 직렬 구조의 SM 차트만을 사용할 것이다.

순차 머신의 상태 그래프를 동일한 SM 차트로 변환하는 것은 아주 쉽다. 그림 5-7(a)의 상태 그래프는 무어(Moore)와 밀리(Mealy) 출력을 동시에 다 가지고 있다. 동일한 SM 차트는 세 개의 블록을 가지고 있다—각각의 상태마다 하나씩. 무어 출력(Z_a, Z_b, Z_c)은 입력에 의존하지 않으므로 상태 박스에 위치한다. 밀리 출력(Z_1, Z_2)은 입력과 상태에 따라 결정되므로 조건부 출력 박스에 위치한다. 이 예에서 각각의 SM 블록은 단지 한 개의 입력 값이 테스트되므로 한 개의 결정 박스만을 가지고 있다. 상태 그래프와 SM 차트에서 Z_c는 항상 상태 S_2에서 1이다. 만약 상태 S_2에서 $X = 0$, $Z_1 = 1$이면, 다음 상태는 S_0가 된다. 만약 $X = 1$이고 $Z_2 = 1$이면, 다음 상태는 S_2

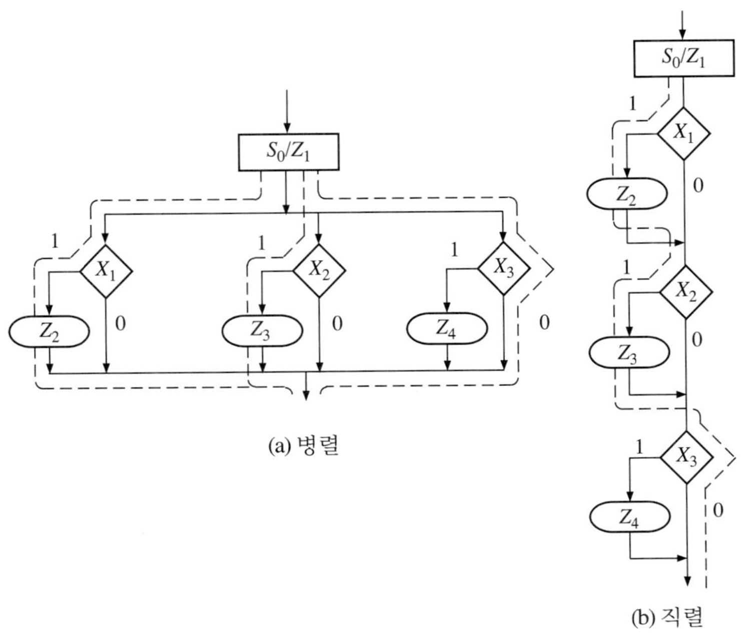

그림 5-6 동일한 SM 블록

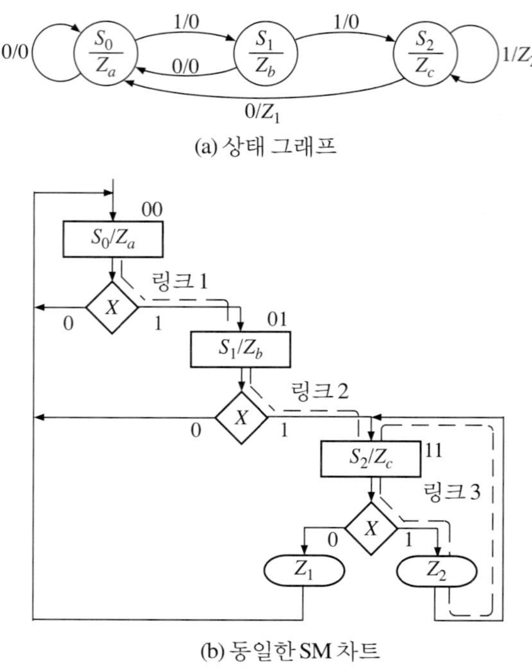

그림 5-7 상태 그래프에서 SM 차트로 변환

가 된다. 상태 박스 옆에 추가적으로 상태 할당을 하였다($S_0 = 00$, $S_1 = 01$, $S_2 = 11$).

그림 5-8은 그림 5-7의 SM 차트를 위한 타이밍 차트이고, 입력 시퀀스는 $X = 1, 1, 1, 0, 0, 0$이다. 이 예에서 모든 상태는 클럭의 상승에지 이후에 바로 변한다. 무어 출력(Z_a, Z_b, Z_c)이 상태에 의존하므로 이들은 상태가 변할 때만 바뀔 수 있다. 밀리 출력(Z_1, Z_2)은 입력이나 상태가 변할 때 바뀔 수 있다. 어떤 경우이든 모든 출력은 활성 클럭 에지에서 정확한 값을 갖게 될 것이다.

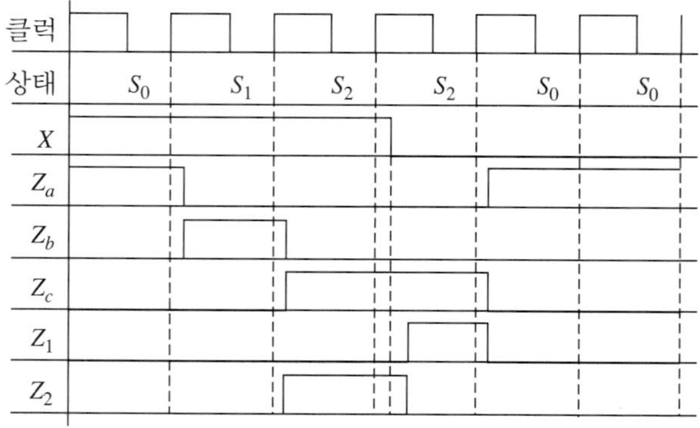

그림 5-8 그림 5-7의 타이밍 차트

5.2 SM 차트의 유도

순차 제어회로의 SM 차트를 유도하는 방법은 상태 그래프를 유도하는 방법과 유사하다. 먼저 제어하려는 시스템의 블록도를 작성한다. 다음으로 제어회로에 필요한 입력과 출력 신호를 결정한다. 그러면 입력 신호에 따라 적절한 출력 신호들을 생성해내는 SM 차트를 설계할 수 있다. 이 절에서는 두 개의 SM 차트 유도 예제를 살펴보도록 한다.

5.2.1 이진 곱셈기

첫 번째 예는 그림 4-25와 4-28(a)에 나타낸 이진 곱셈기의 제어를 위한 SM 차트이다. 덧셈 시프트(add-shift) 제어는 제어에 필요한 덧셈 시프트 신호의 조합을 생성해낸다. 카운터는 시프트의 횟수를 카운트하며, 마지막 시프트가 발생하기 전 출력 $K = 1$을 생성한다. 곱셈기 제어(그림 5-9)를 위한 SM 차트는 그림 4-28(c)의 상태 그래프와 일치한다. 상태 S_0에서 시작 신호 $St = 1$이면, 레지스터에 값들이 로드된다. 상태 S_1에서 승수 비트 M을 검사한다. 만약 $M = 1$이면, 덧셈 신호(add signal)가 생성되고 다음 상태는 S_2가 된다. 만약 $M = 0$이면, 시프트 신호(shift signal)가 생성되고 K를 검사한다. 만약 $K = 1$이면, 이는 마지막 시프트 연산이고 다음 상태는 S_3가 된다. 덧셈 연산 이후에는 항상 시프트 연산이 뒤따라 발생하므로 상태 S_2에서 시프트 신호가 생성된다. 만약 $K = 1$이면, 회로는 마지막 시프트 연산이 일어날 때 S_3로 이동한다. 그렇지 않으면 다음 상태는 S_1이 된다. 상태 S_3에서 완료 신호(done signal)가 1이 된다.

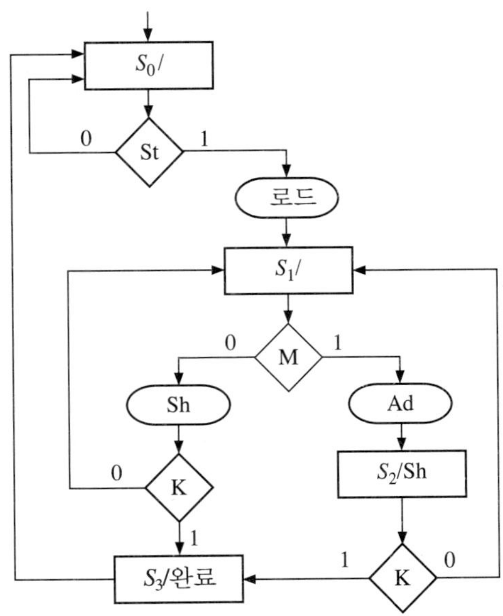

그림 5-9 이진 곱셈기의 SM 차트

```
entity Mult is
  port(CLK, St, K, M: in bit;
      Load, Sh, Ad, Done: out bit);
end Mult;

architecture SMbehave of Mult is
signal State, Nextstate: integer range 0 to 3;
begin
  process(St, K, M, State)                  -- 상태 또는 입력 값들이 변하면 시작됨
  begin
    Load <= '0'; Sh <= '0'; Ad <= '0'; Done <= '0';
    case State is
      when 0 =>
        if St = '1' then                   -- St  (상태 0)
          Load <= '1';
          Nextstate <= 1;
        else Nextstate <= 0;               -- St'
        end if;
      when 1 =>
        if M = '1' then                    -- M  (상태 1)
          Ad <= '1';
          Nextstate <= 2;
        else                               -- M'
          Sh <= '1';
          if K = '1' then Nextstate <= 3;  -- K
          else Nextstate <= 1;             -- K'
          end if;
        end if;
      when 2 =>
        Sh <= '1';                         --  (상태 2)
        if K = '1' then Nextstate <= 3;    -- K
        else Nextstate <= 1;               -- K'
        end if;
      when 3 =>
        Done <= '1';                       -- (상태 3)
        Nextstate <= 0;
    end case;
  end process;
  process(CLK)
  begin
    if CLK = '1' and CLK'event then
      State <= Nextstate;                  -- 클럭의 상승에지에서 상태가 업데이트됨
    end if;
  end process;
end SMbehave;
```

그림 5-10 곱셈기 제어기의 동작적 VHDL 코드(그림 5-9의 SM 차트)

SM 차트를 VHDL 코드로 변환하는 것은 바로 할 수 있다. **case** 문은 각각의 상태에서 어떤 동작이 일어나는지를 표현하기 위해 사용될 수 있다. 각각의 상태 박스는 **if** 문(또는 **elsif**)으로 정확히 대응한다. 그림 5-10은 그림 5-9의 SM 차트에 대한 VHDL 코드를 보여준다. 여기에는 두 개의 process 문이 사용되었다. 첫 번째 process 문은 조합회로 부분을 표현하며, 두 번째 process 문은 상태 레지스터를 클럭의 상승에지에서 업데이트한다. *Load*, *Sh*, *Ad* 신호들은 적절

한 상태에서 켜지며(turn on = '1'), 상태가 바뀔 때 꺼진다('0'). 이것을 실행하기 위한 쉬운 방법은 process 문이 시작될 때 모두 0으로 설정하는 것이다. 이 VHDL 코드는 단지 제어회로를 위한 것이다. 가산기와 시프터(시프트 레지스터)가 곱셈기에서 존재하고, 레지스터를 로드하고, 더하고, 시프트하는 적절한 신호를 생성한다고 가정하였다.

5.2.2 주사위 게임

SM 차트 설계의 두 번째 예로 전자 주사위 게임(dice game)을 설계해 볼 것이다. 주사위 게임은 미국에서 대중적으로 즐기는 게임으로, 1～6까지의 숫자가 적혀진 주사위 두 개를 가지고 하는 게임이다. 두 개의 카운터를 주사위 굴리기의 시뮬레이션에 사용한다. 각각의 카운터는 1, 2, 3, 4, 5, 6, 1, 2, . . . 의 순서로 카운트한다. 따라서 주사위를 굴리고 난 후에는 카운터 두 개의 합은 2부터 12가 된다. 게임의 규칙은 다음과 같다.

1. 주사위를 처음 굴리고 난 후, 합이 7 또는 11이면 게임자가 게임에서 이긴다. 만약 합이 2, 3, 12이면 게임에서 진다. 그렇지 않으면 게임자의 주사위 합이 점수가 되며 다시 주사위를 던진다.
2. 두 번째 또는 이후에 주사위를 던질 때, 그 점수와 같으면 게임에서 이기고, 합이 7이면 게임에서 진다. 그렇지 않으면 게임자는 승패가 결정될 때까지 주사위를 계속 던진다.

그림 5-11은 주사위 게임의 블록도이다. 주사위 게임의 입력은 푸시 버튼(push button) 두 개, *Rb*(던짐 버튼), *Reset*이다. *Reset* 버튼은 게임을 초기화 할 때 사용한다. 던짐 버튼을 누르면 주사위 카운터가 고속으로 카운트를 하여 그 값을 화면 상에서 읽지 못하도록 한다. 던짐 버튼을 떼면 두 개 카운터의 값이 표시된다.

그림 5-12는 주사위 게임의 플로차트이다. 주사위를 굴리고 난 후 그 합을 검사한다. 만약 7 또는 11이면 게임자가 승리하고, 만약 2, 3, 12이면 게임자는 패한다. 그렇지 않으면 합의 값이

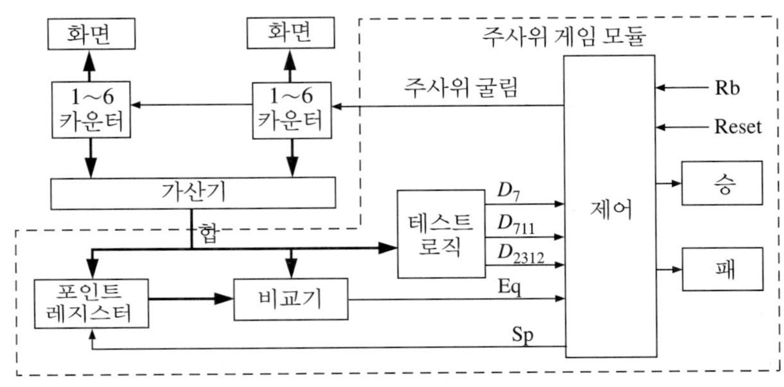

그림 5-11 주사위 게임의 블록도

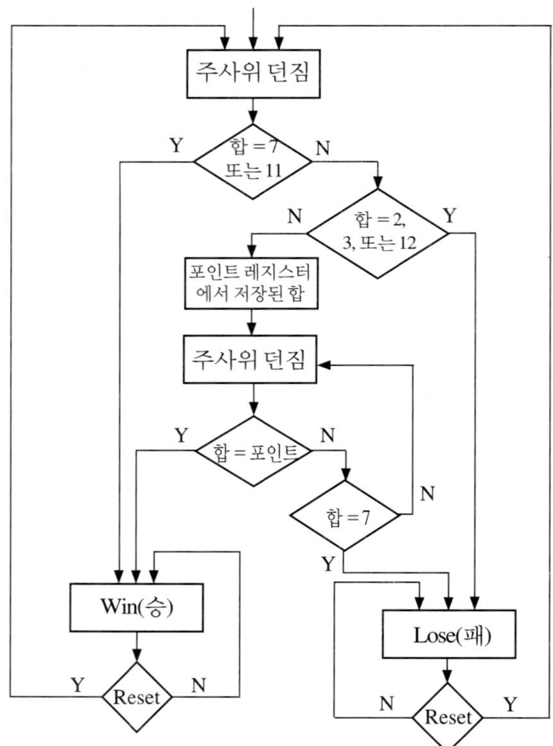

그림 5-12 주사위 게임의 플로차트

레지스터에 저장되고 게임자는 주사위를 다시 던진다. 만약 새 합(new sum)의 값이 레지스터에 저장된 값과 같으면 게임자가 승리한다. 만약 7이면 게임에서 진다. 그렇지 않으면 게임자는 주사위를 다시 던진다. 승(Win) 또는 패(Lose)를 알리는 LED가 켜지지 않으면, 게임자는 입력 버튼을 계속 반복해서 승패가 결정될 때까지 누른다. 승패가 결정된 후에 게임자는 새 게임을 하기 위해서 *Reset* 버튼을 누른다. 이 시점에서 입력 버튼은 적절히 디바운스되며, *Rb*는 클럭과 동기라고 가정한다. 디바운스와 동기화에 대한 방법은 4장에서 이미 다루었다.

주사위 게임의 구성요소는 그림 5-11에 나타내었다. 두 개의 카운터 숫자를 더하기 위한 가산기, 합을 저장할 레지스터, 승패 조건을 결정할 테스트 로직, 제어회로가 주사위 게임을 구성한다. 제어회로의 입력 신호는 다음과 같이 정의된다.

$D_7 = 1$ 주사위의 합이 7일 경우

$D_{711} = 1$ 주사위의 합이 7 또는 11일 경우

$D_{2312} = 1$ 주사위의 합이 2, 3, 12일 경우

$Eq = 1$ 포인터 레지스터에 저장된 값과 합의 값이 같을 경우

$Rb = 1$ 던짐 버튼이 눌러졌을 때

$Reset = 1$ 리셋 버튼이 눌러졌을 때

제어회로의 출력 신호는 다음과 같다.

$Roll = 1$ 주사위 카운터를 활성화한다.
$Sp = 1$ 포인트 레지스터에 합의 값을 저장할 때
$Win = 1$ 승(win)을 알리는 LED가 켜졌을 때
$Lose = 1$ 패(lose)를 알리는 LED가 켜졌을 때

*Rb*와 *Roll* 신호는 동일한 신호인 것처럼 보이나 서로 다르다. 전기회로의 주사위 카운터를 사용할 때, *Roll*은 카운터가 계속 카운트하도록 한다. *Rb*는 주사위를 던지게 요청하는 입력 버튼 신호이다. 따라서 *Rb*는 제어회로의 입력이고, 반면에 *Roll*은 제어회로의 출력이다. 제어회로가 새로 주사위 던짐을 기다리고 있을 때, 입력 버튼이 눌러질 때마다(예: *Rb*가 활성화됨) 제어회로는 *Roll* 신호를 생성한다.

이제 주사위 게임의 플로차트를 위에서 정의한 제어 신호들을 사용하여 SM 차트로 변환하도록 한다. 그림 5-13이 완성된 SM 차트이다.

제어회로는 상태 S_0에서 던짐 버튼(roll button)의 입력이 들어오기 전까지($Rb = 1$) 대기 상태를 유지한다. 이후에 카운터가 $Rb = 1$인 동안에 카운터는 계속 활성화되고 상태 S_1으로 이동한다. 던짐 버튼이 떼어짐과 동시에($Rb = 0$) D_{711}을 검사한다. 만약 합이 7 또는 11이면, 회로는 상태 S_2로 이동하고 *Win* LED를 켠다; 그렇지 않으면 D_{2312}를 검사한다. 만약 합이 2, 3, 12이면, 회로는 S_3 상태로 이동하며 *Lose* LED를 켠다; 그렇지 않으면 신호 *Sp*가 1이 되고 합을 포인트 레지스터에 저장한다. 이후 상태 S_4로 이동한 후 다시 "주사위를 던지는" 과정으로 되어 입력을 기다린다. 상태 S_5에서 던짐 버튼이 떼어지고, 만약 $Eq = 1$이면 합의 값이 포인트 레지스터의 값과 같아지며, 상태 S_2로 이동하고 게임에서 이긴다. 만약 $D_7 = 1$이면, 합이 7이고 상태 S_3로 이동하며 게임에서 지게 된다. 그렇지 않으면 제어회로는 상태 S_4로 다시 이동하며 게임자가 주사위를 다시 굴리도록 한다. S_2, S_3의 상태에 있을 때 *Reset*이 입력되면 게임이 초기화되어 S_0 상태로 이동한다.

SM 차트를 사용하는 대신에 플로차트로부터 동일한 기능을 표현하는 상태 그래프를 사용하여 구현할 수 있다. 그림 5-14는 주사위 게임 제어기의 상태 그래프이다. 상태 그래프는 SM 차트와 마찬가지로 동일한 상태, 입력, 출력 신호를 가지고 있다. 상태 그래프의 원(arc)들은 4.5절에서 주어진 상태 그래프의 작성 방법과 일치하게 표기되어 있다. 따라서 S_1 상태에서 출발하는 원들은 Rb, $Rb'D_{711}$, $Rb'D'_{711}D_{2312}$, $Rb'D'_{711}D'_{2312}$이다.

설계를 마치기 전에 SM 차트(또는 상태도)가 맞는지 검증하는 것이 중요하다. SM 차트를 기반으로 동작적 VHDL 코드를 작성하고 테스트벤치를 작성하여 시뮬레이션을 수행할 것이다. 먼저 제어회로, 포인트 레지스터, 비교기(그림 5-11)를 포함하는 주사위 게임 모듈을 작성한다.

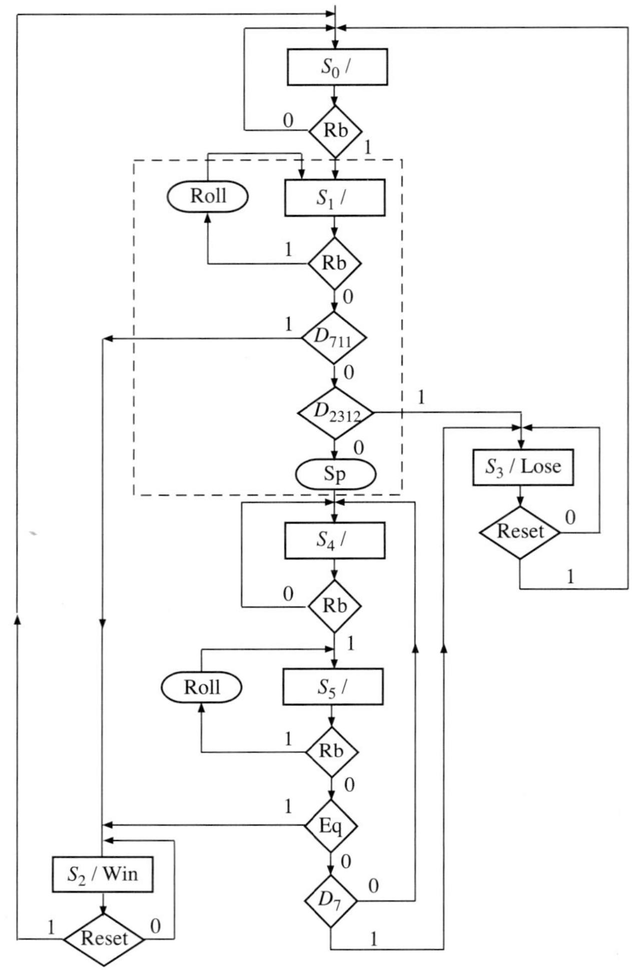

그림 5-13 주사위 게임의 SM 차트

이후 카운터와 가산기를 추가하여 주사위 게임의 시뮬레이션을 수행할 수 있도록 한다.

그림 5-13의 SM 차트에 해당하는 주사위 게임의 VHDL 코드는 그림 5-15에 나타내었다. 상태를 테스트하는 첫 번째 **process** 문 안에 있는 **case** 문과 중첩된 **if-then-else**(또는 **elsif**) 문을 조건을 검사하기 위해 사용하였다. 상태 1에서 *Roll* 신호가 $Rb = 1$일 때 켜진다. 만약 모든 조건이 거짓으로 검사되면, *Sp*가 1이 되고 다음 상태는 4가 된다. 두 번째 **process** 문에서 상태는 매 클럭의 상승에지에서 업데이트되고, 만약 $Sp = 1$이면 주사위의 합을 점수 레지스터에 저장한다.

이제 주사위 게임의 동작적 모델의 코드를 테스트할 준비가 되었다. 테스트를 수행함에 있어서, 우리는 모든 주사위를 던진 결과 값에 대해 SM 차트의 모든 경로에서 테스트해 보기를 원하므로 초기 테스트에서 임의 숫자(random number)를 생성하는 카운터를 사용하는 것은 불편하다. 그래서 *Rb*, *Sum*, *Reset*의 신호 열들을 생성하는 시뮬레이터 명령어 파일(simulator

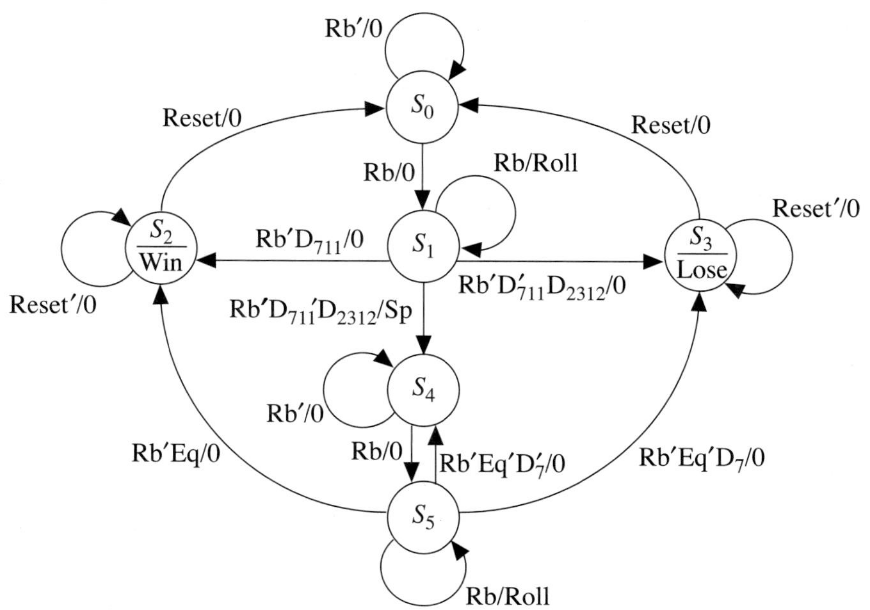

그림 5-14 주사위 게임 제어기를 위한 상태 그래프

```
entity DiceGame is
  port(Rb, Reset, CLK: in bit;
       Sum: in integer range 2 to 12;
       Roll, Win, Lose: out bit);
end DiceGame;

architecture DiceBehave of DiceGame is
signal State, Nextstate: integer range 0 to 5;
signal Point: integer range 2 to 12;
signal Sp: bit;
begin
  process(Rb, Reset, Sum, State)
  begin
    Sp <= '0'; Roll <= '0'; Win <= '0'; Lose <= '0';
    case State is
      when 0 => if Rb = '1' then Nextstate <= 1; end if;
      when 1 =>
        if Rb = '1' then Roll <= '1';
        elsif Sum = 7 or Sum = 11 then Nextstate <= 2;
        elsif Sum = 2 or Sum = 3 or Sum = 12 then Nextstate <= 3;
        else Sp <= '1'; Nextstate <= 4;
        end if;
      when 2 => Win <= '1';
        if Reset = '1' then Nextstate <= 0; end if;
      when 3 => Lose <= ‘1';
        if Reset = '1' then Nextstate <= 0; end if;
```

```
      when 4 => if Rb = '1' then Nextstate <= 5; end if;
      when 5 =>
        if Rb = '1' then Roll <= '1';
        elsif Sum = Point then Nextstate <= 2;
        elsif Sum = 7 then Nextstate <= 3;
        else Nextstate <= 4;
        end if;
    end case;
  end process;

  process(CLK)
  begin
    if CLK'event and CLK = '1' then
      State <= Nextstate;
      if Sp = '1' then Point <= Sum; end if;
    end if;
  end process;
end DiceBehave;
```

그림 5-15 주사위 게임 제어기의 동작적 VHDL 모델

command file)을 준비한다. 이는 아주 주의 깊게 적절한 시간에 입력 신호의 변화를 주기 위한 타이밍 분석이 요구된다. 동작을 검증하기 위한 좀 더 나은 테스트 방법은 주사위 게임에 입력된 신호들에 대한 출력 신호를 살펴볼 수 있는 테스트벤치 VHDL 코드를 작성하는 것이다.

그림 5-16은 `DiceGame`이 `GameTest`와 연결된 구조를 보여준다. `GameTest`는 다음의 기능을 수행한다.

1. 초기에 *Rb*의 값을 공급한다.
2. `DiceGame`이 *Roll* 신호로 응답하면 두 주사위의 합인 *Sum* 신호를 공급한다.
3. `DiceGame`으로부터 *Win* 또는 *Lose* 신호가 생성되지 않으면 주사위를 다시 던지기 위해 단계 1과 2를 반복한다.
4. *Win* 또는 *Lose* 신호가 감지되면 *Reset* 신호를 생성하고 처음으로 돌아간다.

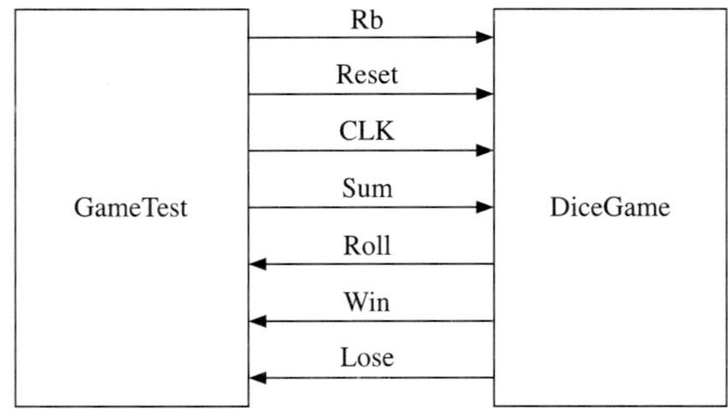

그림 5-16 주사위 게임과 테스트벤치 모듈

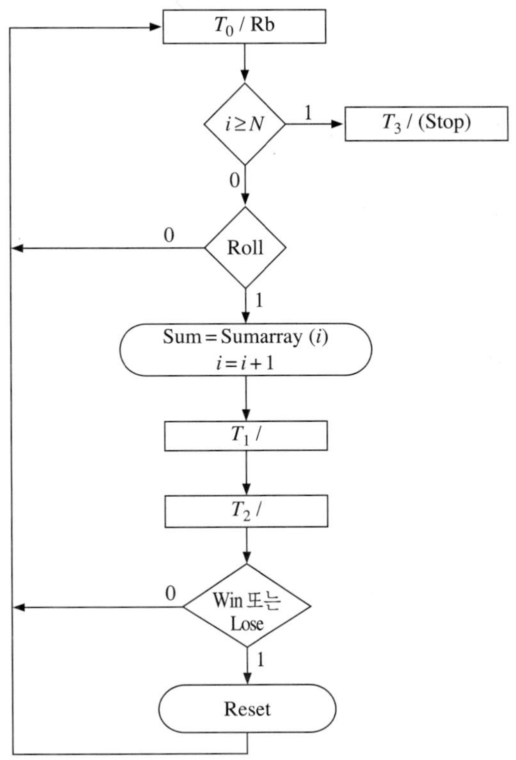

그림 5-17 주사위 게임의 테스트를 위한 SM 차트

그림 5-17은 GameTest 모듈의 SM 차트이다. 신호 *Rb*는 상태 T_0에서 생성된다. DiceGame이 *Rb* 신호를 감지하면, 상태 S_1으로 이동하며 *Roll* 신호를 생성한다. GameTest 모듈이 *Roll* 신호를 감지하면, 다음 번 굴렸던 주사위의 신호 *Sum*이 *summary*(*i*)로부터 읽혀지고 *i*는 증가한다. 상태가 T_1으로 이동하면 *Rb*는 0이 된다. DiceGame은 S_2, S_3, S_4로 이동하고 GameTest는 T_2로 이동한다. 출력 *Win* 또는 *Lose*를 상태 T_2에서 검사한다. 만약 *Win* 또는 *Lose* 신호가 검출되면, *Reset* 신호가 다음 주사위를 던지기 전에 생성된다. *N*번째 주사위를 던지고 난 후, GameTest는 상태 T_3로 이동하고 더 이상 동작이 일어나지 않는다.

GameTest(그림 5-18)의 VHDL 코드는 GameTest 모듈의 SM 차트를 구현해 놓은 것이다. 이는 테스트 데이터의 어레이와 클럭을 생성할 병행 처리문 및 두 개의 process 문을 포함하고 있다. 첫 번째 **process** 문은 *Roll*, *Win*, *Lose*, *Tstate*의 값이 변할 때마다 *Rb*, *Reset*과 *Tnext*(다음 상태) 신호들을 생성한다. 두 번째 **process** 문은 *Tstate*(GameTest의 상태)를 업데이트한다. 시뮬레이터를 실행할 때 주사위를 던진 결과를 단지 한 줄에 걸쳐서만 출력하기를 원하므로, 이를 위해서 T_2 상태로 들어갈 때마다 변하는 신호 *Trig1*을 추가하였다.

테스터(그림 5-19)는 DiceGame과 GameTest 모듈을 연결한다. 이를 통해 설계한 게임을 테스트해 볼 수 있다. 그림 5-20은 시뮬레이터 명령어 파일과 그 출력이다. 주사위가 던져질 때마

```
entity GameTest is
  port(Rb, Reset: out bit;
       Sum: out integer range 2 to 12;
       CLK: inout bit;
       Roll, Win, Lose: in bit);
end GameTest;
architecture dicetest of GameTest is
signal Tstate, Tnext: integer range 0 to 3;
signal Trig1: bit;
type arr is array(0 to 11) of integer;
constant Sumarray:arr := (7, 11, 2, 4, 7, 5, 6, 7, 6, 8, 9, 6);
begin
  CLK <= not CLK after 20 ns;
  process(Roll, Win, Lose, Tstate)
  variable i: natural;                          -- i가 0으로 초기화됨
  begin
    case Tstate is
      when 0 => Rb <= '1';                      -- 던지기 위해 기다림
        Reset <= '0';
        if i >= 12 then Tnext <= 3;
        elsif Roll = '1' then
          Sum <= Sumarray(i);
          i := i + 1;
          Tnext <= 1;
        end if;
      when 1 => Rb <= '0'; Tnext <= 2;
      when 2 => Tnext <= 0;
        Trig1 <= not Trig1;                     -- Trig1 신호의 토글링
        if (Win or Lose) = '1' then
          Reset <= '1';
        end if;
      when 3 => null;                           -- 정지 상태
    end case;
  end process;

  process(CLK)
  begin
    if CLK = '1' and CLK'event then
      Tstate <= Tnext;
    end if;
  end process;
end dicetest;
```

그림 5-18 주사위 게임의 테스트 모듈

```
entity tester is
end tester;

architecture test of tester is
component GameTest
  port(Rb, Reset: out bit;
       Sum: out integer range 2 to 12;
       CLK: inout bit;
       Roll, Win, Lose: in bit);
end component;
```

```
component DiceGame
  port(Rb, Reset, CLK: in bit;
       Sum: in integer range 2 to 12;
       Roll, Win, Lose: out bit);
end component;

signal rb1, reset1, clk1, roll1, win1, lose1: bit;
signal sum1: integer range 2 to 12;
begin
  Dice: Dicegame port map (rb1, reset1, clk1, sum1, roll1, win1, lose1);
  Dicetest: GameTest port map (rb1, reset1, sum1, clk1, roll1, win1, lose1);
end test;
```

그림 5-19 주사위 게임의 테스터

```
add list /dicetest/trig1 -NOTrigger sum1 win1 lose1 /dice/point
run 2000
```

ns	delta	trig1	sum1	win1	lose1	point
0	+0	0	2	0	0	2
100	+3	0	7	1	0	2
260	+3	0	11	1	0	2
420	+3	0	2	0	1	2
580	+2	1	4	0	0	4
740	+3	1	7	0	1	4
900	+2	0	5	0	0	5
1060	+2	1	6	0	0	5
1220	+3	1	7	0	1	5
1380	+2	0	6	0	0	6
1540	+2	1	8	0	0	6
1700	+2	0	9	0	0	6
1860	+3	0	6	1	0	6

그림 5-20 주사위 게임 테스터의 시뮬레이션과 명령어 파일

다 *Trig1* 신호에 따라 입력 신호의 리스트가 바뀐다. run 2000 명령어는 모든 테스트 데이터를 수행해 볼 수 있는 충분한 시간을 보장한다.

5.3 SM 차트의 구현

SM 차트를 구현하는 방법은 상태 그래프를 구현하는 방법과 유사하다. 어떤 순차회로이든지 그 구현은 조합회로와 회로의 상태를 저장할 플립플롭으로 구성된다. 몇몇 경우에서, 동일한 상태를 확인하고 상태표를 작성할 때와 같은 방법으로 SM 차트에서 중복된 상태를 제거할 수 있을 것이다. 그러나 SM 차트는 일반적으로 모든 상태에서 모든 입력에 대한 검증이 이루어지지

않아서 불완전하게 명세되어 있기 때문에 절차를 줄이는 것을 좀 더 어렵게 만든다. 비록 SM 차트의 상태 수를 줄일 수 있다고 해도 SM 차트의 분석을 어렵게 만들 수 있으므로 이러한 과정이 항상 요구되는 것은 아니다.

SM 차트로부터 다음 상태와 출력 식을 유도하기 전에 상태 할당이 먼저 이루어져야 한다. 상태 할당을 위한 최상의 방법은 어떻게 SM 차트를 구현할 것인가에 달려 있다. 만약 게이트와 플립플롭(동등 PLD 구현)이 사용된다면 1.7절에서 주어진 상태 할당 지침이 유용할 것이다. 만약 프로그래머블 게이트 어레이(programmable gate array)가 사용된다면, 6.9절에서 설명된 one-hot 할당 방법이 최상일 것이다.

SM 차트의 구현에 대한 예로서 그림 5-21의 SM 차트를 살펴보자. S_0는 $AB = 00$, S_1은 $AB = 01$, S_2는 $AB = 11$로 상태 할당을 하였다. 상태 할당이 이루어지고 난 후에는 출력과 다음 상태 식은 SM 차트로부터 바로 읽을 수 있다. 상태 00에서만 무어(Moore) 출력 Z_a가 1이므로 $Z_a = A'B'$이다. 이와 마찬가지로, $Z_b = A'B$이고 $Z_c = AB$이다. Z_1을 통과하는 유일한 연결 경로는 $AB = 11$에서 출발하여 $X = 0$일 때로 분기하기 때문에 조건부 출력 $Z_1 = ABX'$이다. 마찬가지로, Z_2는 ABX가 된다. 이 SM 차트에는 세 개의 연결 경로가 있고(그림 5-21에 연결 경로 1, 연결 경로 2, 연결 경로 3으로 표시), $B = 1$일 때 상태를 종료한다. 연결 경로 1은 현재 상태 $AB = 00$에서 시작하여 $X = 1$로 분기하고 $B = 1$인 값을 갖는 상태에서 종료된다. 그러므로 $B(B^+)$의 다음 상태는 $A'B'X = 1$일 때 1이 된다. 연결 경로 2는 상태 01에서 시작하여 $X = 1$로 분기하고 상태 11에서 종료된다. 따라서 B^+는 $A'BX$를 가진다. 비슷한 방법으로, B^+는 연결 경로 3에서 ABX를 갖는다. 따라서 B의 다음 상태 식은 세 개의 연결 경로의 항을 갖게 된다.

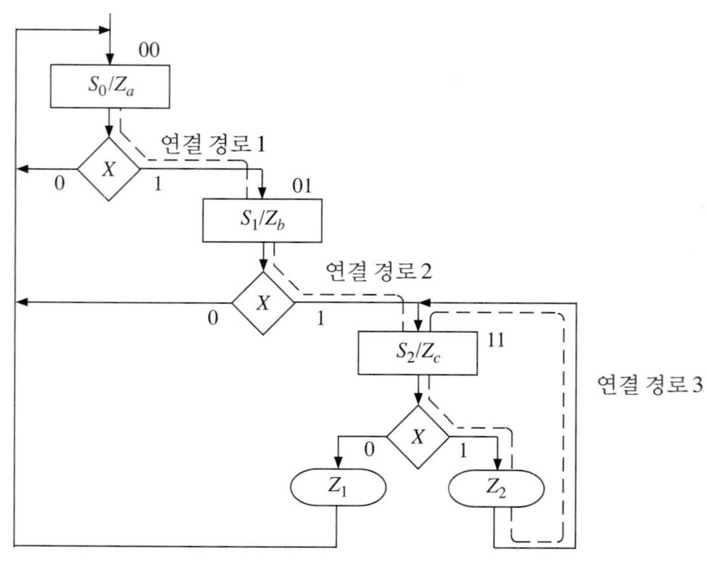

그림 5-21 SM 차트 구현을 위한 예

$$B^+ = A'B'X + A'BX + ABX$$
연결 경로 1 연결 경로 2 연결 경로 3

마찬가지로, 두 연결 경로는 $A = 1$을 갖는 상태에서 종료되므로

$$A^+ = A'BX + ABX$$

가 된다. 이러한 출력과 다음 상태 식들은 카노 맵(Karnaugh map)을 사용하여 할당되지 않은 상태($AB = 10$)를 "don' t care" 조건으로 처리함으로써 줄일 수 있다.

플립플롭 A와 B를 위해, 위에서 열거한 방법에서처럼 SM 차트로부터 플립플롭 Q에 대한 다음 상태 식을 유도하는 방법은 다음과 같이 이루어진다.

1. $Q = 1$인 모든 상태를 찾아낸다.
2. 이러한 모든 상태들에서 상태 안에서 유도할 수 있는 모든 연결 경로를 찾는다.
3. 이러한 모든 연결 경로를 위해 연결 경로가 수반될 때 1이 되는 곳을 찾는다. 이것은 만약 머신이 상태 S_i에 있고 S_j가 존재할 수 있는 조건이 만족된다면, S_i부터 S_j까지의 연결 경로를 위해 그 값이 1이 된다.
4. Q^+의 표현을 위해서(Q의 다음 상태) 단계 3에서 찾은 값들을 OR를 통하여(OR' ing) 찾는다.

5.3.1 이진 곱셈 제어기의 구현

다음 그림 5-22에서 곱셈기 제어를 다시 한 번 설계해봄으로써 SM 차트에 대해 알아본다.

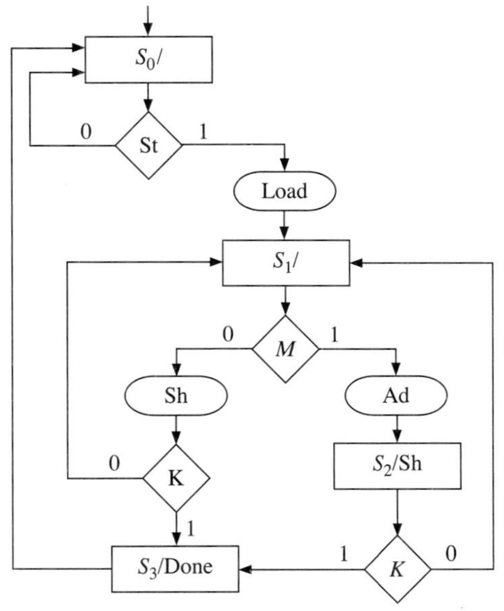

그림 5-22 곱셈기 제어기의 SM 차트

이것을 두 개의 플립플롭과 조합회로를 갖는 SM 차트로 구현할 수 있다. 상태 할당을 S_0는 $AB = 00$, S_1은 $AB = 01$, S_2는 $AB = 10$, S_3는 $AB = 11$이라고 가정한다.

곱셈기 제어와 다음 상태 식에 대한 논리식은 SM 차트에서 연결 경로를 탐색해봄으로써 유도할 수 있고 결과식을 간단히 할 수 있다. 먼저 제어 신호들에 대해 생각해 보자. *Load*가 S_0일 때, *St*가 참(1)일 때만 참(1)이 된다. 따라서 $Load = S_0St = A'B'St$이다. 마찬가지로, *Ad*는 S_1에서 *M*이 1일 때만 참이 된다. 따라서 $Ad = A'BM$이다. *Done* 신호는 S_3에서 무어 출력이고, 따라서 $Done = S_3 = AB$이다. 정리하면 곱셈기 제어의 논리식은

$$
\begin{aligned}
Load &= A'B'St \\
Sh &= A'BM'(K' + K) + AB'(K' + K) = A'BM' + AB' \\
Ad &= A'BM \\
Done &= AB
\end{aligned}
$$

다음 상태 식은 SM 차트를 살펴보고 상태 할당에 대해 생각해봄으로써 유도할 수 있다. *A*는 상태 S_2와 S_3에 있을 때 참이다. 상태 S_2는 현재 상태가 S_1이고 *M*이 참($A'BM$)일 때 다음 상태가 된다. 상태 S_3는 현재 상태가 S_1이고 *M*이 거짓일 때 그리고 *K*가 참($A'BM'K$)일 때 다음 상태가 되고, 현재 상태가 S_2일 때는 *K*가 참($AB'K$)일 때 다음 상태가 된다. 따라서 정리하면 다음과 같이 쓸 수 있다.

$$A^+ = A'BM'K + A'BM + AB'K = A'B(M + K) + AB'K$$

유사한 방법으로, *B*를 위한 다음 상태 식을 ASM도(ASM diagram)를 살펴봄으로써 유도할 수 있다.

$$B^+ = A'B'St + A'BM'(K' + K) + AB'(K' + K) = A'B'St + A'BM' + AB'$$

곱셈기 제어기는 두 플립플롭과 약간의 논리 게이트를 연결하여 구현할 수 있다. 논리 게이트는 다음 상태 식과 제어 신호 식을 구현한다. 곱셈기 회로는 이산 게이트(discrete gate) 또는 PLA, CPLD 또는 FPGA를 이용하여 구현할 수 있다.

표 5-1은 곱셈기 제어의 상태 천이표이다. 각각의 행은 SM 차트의 연결 경로에 해당한다. S_0가 두 개의 출구 경로가 있기 때문에 표에서 상태 S_0를 표현하기 위해 두 개의 행이 있다. 첫 번째 행은 $St = 0$인 출구 경로에 해당하고, 따라서 다음 상태와 출력은 0이다. 두 번째 행에서 $St = 1$이므로, 다음 상태는 01이 되고 다른 출력들은 1000이다. *St*가 상태 S_1, S_2, S_3에서 테스트되지 않기 때문에 *St*는 해당 행에서 "don' t care"이다. 각 행의 출력은 SM 차트에서 각각에 해당하는 연결 경로를 탐색하여 채워진다. 예를 들면 S_1에서 S_2까지의 연결 경로는 조건부 출력 *Ad*를 거쳐 간다. 따라서 이 행에서 $Ad = 1$이 된다. S_2가 무어 출력 *Sh*를 가지고 있으므로 $AB = 10$에 대해 두 행 모두 $Sh = 1$이 된다.

표 5-1 곱셈기 제어를 위한 상태 천이표

	A	B	St	M	K	A^+	B^+	Load	Sh	Ad	Done
S_0	0	0	0	–	–	0	0	0	0	0	0
	0	0	1	–	–	0	1	1	0	0	0
S_1	0	1	–	0	0	0	1	0	1	0	0
	0	1	–	1	1	1	1	0	1	0	0
	0	1	–	1	–	1	0	0	0	1	0
S_2	1	0	–	–	0	0	1	0	1	0	0
	1	0	–	–	1	1	1	0	1	0	0
S_3	1	1	–	–	–	0	0	0	0	0	1

곱셈기의 설계는 또한 ROM을 이용하여 구현될 수 있다. 만약 ROM을 사용하여 구현한다면 ROM의 크기를 다음의 방법을 통하여 계산하여야 한다. 5개의 다른 입력이 조합회로에 있다(*A*, *B*, *St*, *M*, *K*). 따라서 ROM은 32가지의 조합이 있어야 한다. 조합회로는 6개의 신호(네 개의 제어 신호와 두 개의 다음 상태)를 생성하여야 한다. 그래서 각각의 조합은 6비트 크기이어야 한다. 따라서 이 곱셈기 설계는 32 × 6 ROM과 두 개의 D 플립플롭을 이용하여 구현할 수 있다. 만약 조합회로가 ROM 대신에 PLA를 이용하여 구현된다면, PLA 표는 상태 천이표처럼 구현할 수 있다. PLA는 5개의 입력, 6개의 출력, 8개의 결과(product)를 갖는다.

만약 ROM을 사용하면 입력이 5개이므로, 표는 $2^5 = 32$ 행으로 확장되어야 한다. 표를 확장하는 것은 각 행에서 선이 그어진 부분(−)은 모든 가능한 0과 1의 조합으로 교체되어야 한다. 만약 행에 선이 그어진 부분이 *n*개 있다면 2^n개의 행으로 교체되어야 한다. 예를 들어 표 5-1에서 다섯 번째 행은 다음의 네 개의 행으로 교체되어야 한다.

0	1	**0**	1	**0**	1	0	0	0	1	0
0	1	**0**	1	**1**	1	0	0	0	1	0
0	1	**1**	1	**0**	1	0	0	0	1	0
0	1	**1**	1	**1**	1	0	0	0	1	0

추가된 조합들은 굵은 글씨로 표현하였다.

5.4 주사위 게임의 구현

그림 5-23에서처럼 조합회로와 *D* 플립플롭 세 개를 이용하여 주사위 게임(그림 5-13)의 SM 차트를 구현할 수 있다. 우리는 이진 상태 할당을 사용한다. 조합회로는 9개의 입력과 7개의 출력을 가지고 있다. 세 개의 입력은 현재 상태와 대응하고, 세 개의 출력은 다음 상태 정보를 출력한다. 모든 입력과 출력은 표 5-2의 맨 위에 나열하였다. 상태 천이표는 SM 차트에 대한 각각의 연결 경로를 위한 하나의 행을 가지고 있다. 상태 *ABC* = 000일 때 다음 상태는 *Rb*의 값에 따라

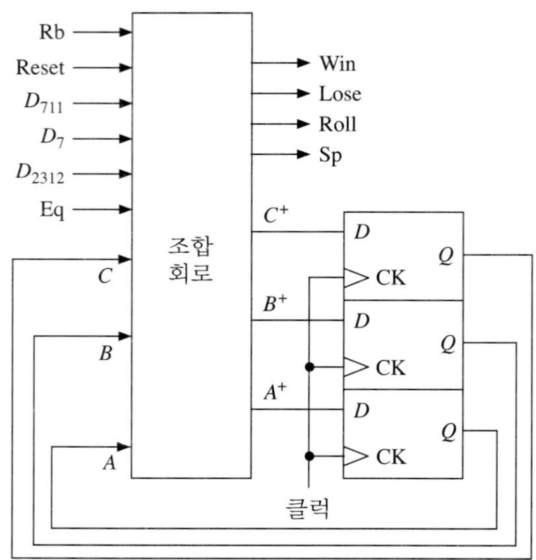

그림 5-23 주사위 게임 제어기의 구현

$A^+B^+C^+ = 000$ 또는 001이 된다. 상태 001에서는 네 개의 출구 경로가 있으므로, 표에는 이에 대응하는 네 개의 행이 있다. *Rb*가 1일 때, *Roll*은 1이고 상태 변화는 일어나지 않는다. *Rb*가 0이고 D_{711}이 1일 때, 다음 상태는 010이 된다. $Rb = 0$, $D_{2312} = 1$일 때, 다음 상태는 011이 된다. 상태 001에서 100까지의 연결 경로에 대해 *Rb*, D_{711}, D_{2312}는 모두 0이며 *Sp*는 조건적 출력이다. 이 경로는 $Sp = 1$, $A^+B^+C^+ = 100$인 상태 천이표의 네 번째 행과 일치한다. 상태 010에서 *Win* 신호가 항상 켜지며, *Reset* 신호에 따라 다음 상태는 010이나 000이 된다. 마찬가지로, *Lose* 신호는 상태 011에서 항상 켜진다. 상태 101에서, $Eq = 1$이면 $A^+B^+C^+ = 010$이고, 그렇지 않으면 D_7의 값에 따라 $A^+B^+C^+ = 011$ 또는 100이 된다. 상태 110과 111은 사용되지 않기 때문에, $ABC = 110$ 또는 111일 때 다음 상태와 출력은 "don't care"가 된다.

표 5-2를 제어 신호와 다음 상태 식을 유도하는 데 사용할 수 있다. 필요한 식들은 맵 입력 변수(map-entered variable) 방법(1장 참조) 또는 *LogicAid* 같은 CAD 툴을 사용한 표 5-2로부터 유도될 수 있다. 또한 이러한 식들은 SM 차트의 연결 경로의 분석을 통해 유도할 수 있으며, 이후에 사용하지 않는 "don't care" 부분을 제거하여 간략화시킬 수 있다.

그림 5-24는 A^+, B^+, *Win*에 대한 카노 맵(K-map)이며 상태 천이표로부터 바로 작성하였다. *A*, *B*, *C*, *Rb*가 표의 행에서 맨 앞쪽에 할당되어 있으므로 이 네 개의 변수가 카노 맵을 작성하는 기준이 되었으며, 남아 있는 변수들은 맵 안에 표시하였다. (1장에서 카노 맵 안에 변수를 기입하는 방법에 대해 잘 설명해 놓았다.) 맵에서 E_1, E_2, E_3, E_4 맵의 수식을 표현한다. 표의 A^+열에서 네 번째 행의 값이 1이므로 맵 안의 *ABCRb*의 $D'_{711}D'_{2312}$의 칸에 1을 표시하여야 한다. 공간을 절약하기 위해 $E_1 = D'_{711}D'_{2312}$라 정의하고, 맵 안에는 E_1이라 표시하였다. A^+는 11, 12, 16번째 행

표 5-2 주사위 게임의 상태 천이표(PLA 표)

	ABC	Rb	Reset	D_7	D_{711}	D_{2312}	Eq	A^+	B^+	C^+	Win	Lose	Roll	Sp
1	000	0	–	–	–	–	–	0	0	0	0	0	0	0
2	000	1	–	–	–	–	–	0	0	1	0	0	0	0
3	001	1	–	–	–	–	–	0	0	1	0	0	1	0
4	001	0	–	–	0	0	–	1	0	0	0	0	0	1
5	001	0	–	–	0	1	–	0	1	1	0	0	0	0
6	001	0	–	–	1	–	–	0	1	0	0	0	0	0
7	010	–	0	–	–	–	–	0	1	0	1	0	0	0
8	010	–	1	–	–	–	–	0	0	0	1	0	0	0
9	011	–	1	–	–	–	–	0	0	0	0	1	0	0
10	011	–	0	–	–	–	–	0	1	1	0	1	0	0
11	100	0	–	–	–	–	–	1	0	0	0	0	0	0
12	100	1	–	–	–	–	–	1	0	1	0	0	0	0
13	101	0	–	0	–	–	0	1	0	0	0	0	0	0
14	101	0	–	1	–	–	0	0	1	1	0	0	0	0
15	101	0	–	–	–	–	1	0	1	0	0	0	0	0
16	101	1	–	–	–	–	–	1	0	1	0	0	1	0
17	110	–	–	–	–	–	–	–	–	–	–	–	–	–
18	111	–	–	–	–	–	–	–	–	–	–	–	–	–

에서 1이므로 $ABCRb = 1000, 1001, 1011$의 위치에 1로 표기하였다. 13행을 위해 1010 위치에 $E_2 = D'_7Eq'$을 표시하였다. 7, 8행에서 Win은 $ABC = 010$일 때 항상 1이므로, Win 맵의 해당되는 칸에 1을 표시하였다.

따라서 결과식은 다음과 같다.

$$
\begin{aligned}
A^+ &= A'B'C\,Rb'D'_{711}D'_{2312} + AC' + ARb + AD'_7Eq' \qquad (5\text{-}1)\\
B^+ &= A'B'C\,Rb'(D_{711} + D_{2312}) + BReset' + AC\,Rb'(Eq + D_7)\\
C^+ &= B'Rb + A'B'C\,D'_{711}D_{2312} + BC\,Reset' + AC\,D_7Eq'\\
Win &= BC'\\
Lose &= BC\\
Roll &= B'CRb\\
Sp &= A'B'C\,Rb'D'_{711}D'_{2312}
\end{aligned}
$$

이 식들은 어떤 것들을 이용해서든지 구현될 수 있다(이산 게이트, PAL, GAL, CPLD, FPGA 등).

주사위 게임 제어기는 또한 ROM을 사용하여 구현될 수 있다. ROM(LUT)은 512개의 조합(9개의 입력이 있으므로)이 필요하다. 각각의 조합은 7비트 크기(다음 상태 3비트, 출력 4비트)이어야 한다. 많은 수의 입력이 있기 때문에 ROM으로 사용하여 구현할 때는 로직이 매우 커진다. ROM 구현 방법은 입력이 많은 경우에는 적용하기 좋지 않은 설계 방법이다.

이제 그림 5-11의 블록도와 식 (5-1)을 기반으로 데이터 흐름(dataflow) VHDL 코드를 작성할 수 있다. 대응하는 VHDL 코드는 그림 5-25에 나타내었다. process 문에서 클럭의 상승에지에서 플립플롭의 상태와 점수 레지스터가 업데이트된다. 제어 신호와 D 플립플롭의 입력식을

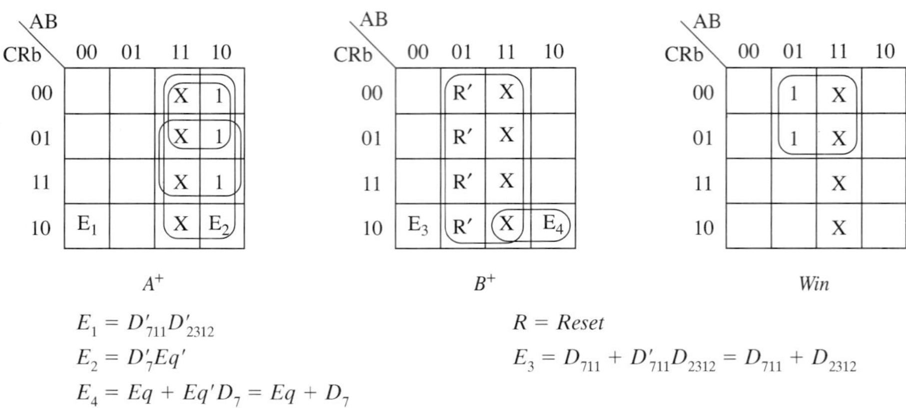

그림 5-24 표 5-2로부터 유도된 K 맵

생성하는 것은 병행 처리문을 사용하여 처리하였다. 특히 D_7, D_{711}, D_{2312}, Eq 신호는 조건적 신호 할당을 이용해서 구현하였다. 또 다른 방법으로서, 모든 신호와 D 입력식은 감지 신호 리스트(sensitivity list)에 A, B, C, Sum, $Point$, Rb, D_7, D_{711}, D_{2312}, Eq, $Reset$을 포함하는 process 문을 사용해서 구현할 수 있다. 만약 그림 5-25의 VHDL 코드를 그림 5-19의 테스트벤치 코드를

```
architecture Dice_Eq of DiceGame is
signal Sp,Eq,D7,D711,D2312: bit:= '0';
signal DA,DB,DC,A,B,C: bit:='0';
signal Point: integer range 2 to 12;
begin
  process(CLK)
  begin
    if CLK = '1' and CLK'event then
      A <= DA; B <= DB; C <= DC;
      if Sp = '1' then Point <= Sum; end if;
    end if;
  end process;
  Win <= B and not C;
  Lose <= B and C;
  Roll <= not B and C and Rb;
  Sp <= not A and not B and C and not Rb and not D711 and not D2312;
  D7 <= '1' when Sum = 7 else '0';
  D711 <= '1' when (Sum = 11) or (Sum = 7) else '0';
  D2312 <= '1' when (Sum = 2) or (Sum = 3) or (Sum = 12) else '0';
  Eq <= '1' when Point = Sum else '0';
  DA <= (not A and not B and C and not Rb and not D711 and not D2312) or
        (A and not C) or (A and Rb) or (A and not D7 and not Eq);
  DB <= ((not A and not B and C and not Rb) and (D711 or D2312)) or
        (B and not Reset) or ((A and C and not Rb) and (Eq or D7));
  DC <= (not B and Rb) or (not A and not B and C and not D711 and D2312) or
        (B and C and not Reset) or (A and C and D7 and not Eq);
end Dice_Eq;
```

그림 5-25 주사위 게임의 데이터 흐름 모델 (식 (5-1)을 기반으로 함)

```
entity Counter is
  port(Clk, Roll: in bit;
       Sum: out integer range 2 to 12);
end Counter;

architecture Count of Counter is
signal Cnt1, Cnt2: integer range 1 to 6:= 1;
begin
  process(Clk)
  begin
    if Clk = '1' then
      if Roll = '1' then
        if Cnt1 = 6 then Cnt1 <= 1; else Cnt1 <= Cnt1 + 1; end if;
        if Cnt1 = 6 then
          if Cnt2 = 6 then Cnt2 <= 1; else Cnt2 <= Cnt2 + 1; end if;
        end if;
      end if;
    end if;
  end process;
  Sum <= Cnt1 + Cnt2;
end Count;
```

그림 5-26 주사위 게임을 위한 카운터

```
entity Game is
  port(Rb, Reset, Clk: in bit;
       Win, Lose: out bit);
end Game;

architecture Play1 of Game is
component Counter
  port(Clk, Roll: in bit;
       Sum: out integer range 2 to 12);
end component;

component DiceGame
  port(Rb, Reset, CLK: in bit;
       Sum: in integer range 2 to 12;
       Roll, Win, Lose: out bit);
end component;

signal roll1: bit;
signal sum1: integer range 2 to 12;
begin
  Dice: Dicegame port map (Rb, Reset, Clk, sum1, roll1, Win, Lose);
  Count: Counter port map (Clk, roll1, sum1);
end Play1;
```

그림 5-27 주사위 게임의 완성된 VHDL 코드

사용하여 테스트하면 그 결과는 동작적 구조인 그림 5-15의 코드와 동일하게 나온다.

주사위 게임의 VHDL 코드 구현을 완성하기 위해 그림 5-26, 5-27과 같이 두 개의 모듈로-6

카운터를 추가한다. 카운터를 1로 초기화하여 두 개의 주사위 합이 항상 2에서 12까지 나올 수 있도록 한다. *Cnt1*이 상태 6에 있을 때 다음 클럭에서 1이 되며, *Cnt2*가 증가된다(또는 *Cnt2*가 상태 6에 있을 때 1이 된다).

이 절에서는 SM 차트를 사용하여 설계하는 방법에 대해 다루었다. 구현은 이산 게이트, PLA, ROM, 또는 PAL을 이용하여 구현할 수 있다. 약간의 회로를 추가하여 ROM 또는 PLA의 크기를 줄이는 다른 방법도 가능하다. 이러한 방법들은 SM 차트를 다른 형태와 기술을 사용하여 변형함을 기반으로 한다. 마이크로프로그래밍 같은 방법이 대표적인 예이다.

5.5 마이크로프로그래밍

마이크로프로그래밍(microprogramming)은 디지털 시스템의 제어회로를 구현하는 한 방법이다. 제어부를 설계하기 위해서는 SM 차트 또는 상태도를 관찰해야 하고, 제어회로의 출력과 다음 상태 식을 작성해야 하며, 게이트들과 플립플롭을 사용해서 상태 머신을 구현하여야 한다. 5.3절과 5.4절에서 주사위 게임과 이진 곱셈기의 예를 통하여 위의 방법들에 대해 살펴보았다. 이러한 구현 방법들을 **직접배선**(hardwiring) 방법이라 하며, 이는 고정된 논리회로를 사용하여 제어 신호를 생성한다.

반면에 다른 방법으로서 복잡한 디지털 시스템의 제어회로 설계를 위해 **마이크로프로그래밍** 기법이 개발되었다. 1951년 모리스 윌커스(Maurice Wilkes)에 의해 제안된 이 방법은 특수 컴퓨터의 설계를 위해서 알고리즘적인 플로차트를 실행하고 시스템의 제어부를 표현한다. 이 방법의 개발이 우리가 4장 앞부분에서 다루었던 아키텍처(architecture)와 제어기(controller) 분리의 모태가 되었다. 아키텍처와 제어기를 명확하게 묘사해 놓기만 하면, 제어기 플로차트는 처음의 리셋 상태(reset state)로부터 파생되는 다른 모든 상태에 대한 제어 신호들을 생성하는 모든 제어회로 신호들을 규칙적으로 생성할 수 있다. 그림 5-28(a)의 덧셈-시프트 곱셈기의 SM 차트를 살펴봄으로써 그림 5-28(b)에서 나타낸 곱셈기 제어기 동작에 대한 유사 코드(psedocode)를 작성할 수 있다. 이 곱셈기는 4장에서 이미 자세히 다루었다.

이러한 제어회로의 서술 방법은 일반 컴퓨터 프로그램의 제어기의 동작에서 쉽게 찾아 볼 수 있다. 마이크로프로그래밍은 정확히 이와 같은 구현 방법으로부터 개발되었다.

만약 각각의 상태에 대한 모든 입력 조합의 경우에 대해 모든 제어 신호와 다음 상태의 정보를 메모리에 저장할 수 있다면, 메모리를 이용한 "**시퀀싱**(sequencing)"을 통하여 쉽게 구현할 수 있다. 이러한 이유 때문에 마이크로프로그램된 제어기를 시퀀서(sequencer)라고 하기도 한다. 제어 신호의 워드를 저장하는 메모리를 **제어 저장기**(control store) 또는 **마이크로프로그램 메모리**(microprogram memory)라고 한다.

마이크로프로그래밍은 복잡한 디지털 시스템을 구현할 수 있을 것이라고 상상도 못하던 때부터 발전해왔기 때문에 그 기원에 있어서 매우 흥미롭다. 이러한 시절에 디버깅(debugging)은 일일이 수작업으로 이루어졌으며, 오류를 발견하고 수정하는 것이 매우 어려웠다. 마이크로프로그램의 이러한 규칙적인 특징이 시스템의 디버깅 작업을 좀 더 쉽게 할 수 있었다. 시스템을 바꾸는 것을 상대적으로 쉽게 구현할 수 있게 되었고, 이에 따라 오류를 쉽게 발견하고 수정할 수가 있다. 이는 마이크로프로그래밍이 대중화된 이유이기도 하다.

마이크로프로그래밍의 단점은 매우 느리다는 것이다. 메모리에 접근하기 위해서는 제어 저장기로부터 제어 워드를 접근하는 것이 필요하다. 직접배선된 제어 신호들은 논리 게이트로부터 생성되고, 이는 보통 메모리보다 훨씬 빠르다.

인텔 8086, 모토롤라 68000 같은 초창기의 마이크로프로세서들은 마이크로프로그램된 방식이었다. 이러한 마이크로프로세서는 기본 레지스터와 인덱스 레지스터에 기반한 다양한 메모리 어드레싱 방법을 지원하였다. 피연산자(operand)가 직접 메모리를 접근하는 것을 지원하여 메

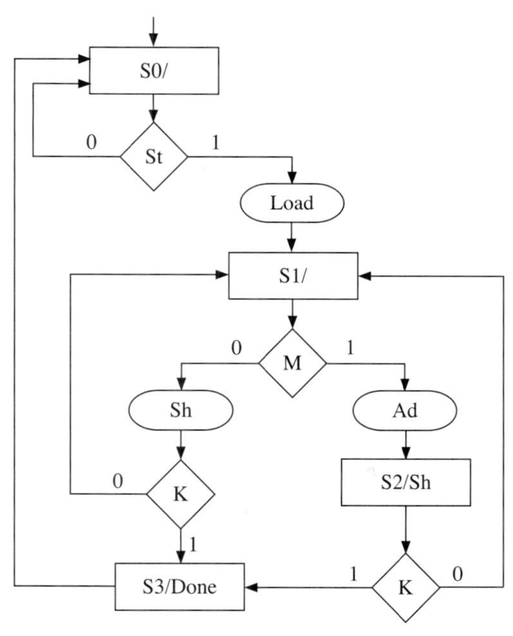


```
S0:  if St is true, produce Load Signal and go to S1,
           else return to S0
S1:  if M is true, produce Ad and go to S2,
           else produce Sh, check whether K is 1;
           if K is 1 go to S3;
           if K is 0, go to S1;
S2:  produce Sh;
           if K = 0, go to S1;
           else go to S3;
S3:  produce Done and go to S0
```

그림 5-28 곱셈기의 SM 차트와 동작 흐름

모리에 직접 쓸 수 있도록 지원하였다. 기본 연산의 조합을 통해 복잡한 연산을 수행하기 위한 명령어들이 이러한 프로세서에서 가능하였다. 마이크로프로그래밍은 복잡한 명령어를 수행하는 연산자를 위한 제어 신호가 마이크로프로그램 워드 안에 규칙적으로 명세화되어 사용하기에 편리하다. 이러한 마이크로프로세서를 직접배선으로 구현하는 것은 현재까지도 매우 어려운 일이다.

그때 이후로 많은 것이 변하였다. 1970년대 후반에 많은 마이크로프로세서에서 칩 크기의 절반 이상을 제어부가 차지하기 시작했다(프로세서의 데이터 경로(data path)가 칩 면적의 절반 이하를 차지함). 마이크로프로세서의 복잡도는 연구자와 개발자를 RISC 프로세서의 개발로 이끌었다. RISC 마이크로프로세서는 작은 크기의 메모리와 어드레싱 모드와 간단한 제어회로만을 필요로 하므로 그 구조가 간단하다. CAD 툴이 발전하고 설계자의 디버깅 능력이 향상되었다. 오늘날 마이크로프로그래밍은 단지 복잡한 명령어 구조(ISA)의 마이크로프로세서에 사용될지도 모른다. 그러나 이는 매우 막강하고 명쾌한 개념을 가지고 있다.

마이크로프로그래밍은 다양한 방법을 사용해서 구현할 수 있다. 일반적인 방법은 각각의 상태에 부합하는 제어 워드(control word)를 저장하는 것이다. 제어 워드는 또한 **마이크로명령어**(microinstruction)라고도 한다. 마이크로명령어는 생성할 출력 신호들을 정의한다. 또한 어디서 다음 마이크로명령어를 검색해야 하는지 정의한다. 이것은 SM 차트 또는 상태도에서 상태가 변화하는 것과 부합한다.

5.5.1 이중 어드레스 마이크로코드

그림 5-29는 전형적인 마이크로프로그램 구현을 위한 하드웨어의 적절한 배치도이다. 각각의 ROM의 위치에는 제어 워드 또는 마이크로명령어를 저장한다. ROM으로의 유일한 입력은 상태 레지스터로부터 입력된다. 각각의 상태에서 적어도 하나의 변수를 선택적으로 테스트하기 위해 사용될 수 있는 각각의 입력의 멀티플렉서가 사용된다. 이 멀티플렉서는 선택된 제어 신호(TEST에 의해 지시된 것처럼)가 참인지 거짓인지를 나타낸다. 다른 멀티플렉서들은 어느 분기가

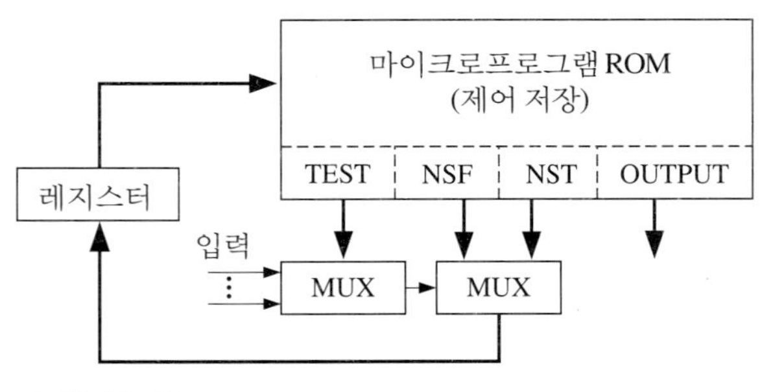

그림 5-29 마이크로프로그래밍의 전형적인 하드웨어 배치

다음 상태에서 제어될 것인지를 선택하는 데 사용한다. 이러한 기술을 이중 어드레스 마이크로코드라 한다. 왜냐하면 다음 상태에 부합하는 테스트된 신호의 참과 거짓의 상태가 마이크로명령어에서 뚜렷하게 명세되어 있기 때문이다.

ROM의 출력은 네 개의 필드를 가지고 있다: TEST, NSF, NST, OUTPUT. TEST는 각 상태에서 테스트되기 위한 한 개의 입력을 선택하는 데 사용되는 입력 MUX를 제어한다. 만약 이 입력이 0(거짓)이면, 두 번째 MUX가 다음 상태로서 NSF 필드를 선택한다. 만약 입력이 1(참)이면, 그것은 다음 상태로서 NST 필드를 선택한다. OUTPUT 비트들은 제어 신호들과 대응한다. 이러한 하드웨어 배치를 사용하기 위해 출력은 상태에 대해서만 관련이 있으므로, SM 차트는 무어 출력만을 가지고 있어야 한다는 것에 주의하기 바란다.

마이크로프로그래밍을 위한 SM 차트의 변환

이 과정은 쉽고 효율적인 방법으로 SM 차트를 마이크로프로그래밍으로 변환시키는 것을 수월하게 한다. 모든 입력 조합과 현재 상태가 직접 표현된 단순한 룩업 테이블 방법을 원하지는 않는다. 상태마다 필요한 단지 한 개의 조합을 갖는 방법으로 SM 차트를 변환시킬 것이다. 이러한 변환 과정 도중에 일부는 그 상태의 수가 증가하는 경우도 있다; 그러나 그 결과 얻어지는 마이크로프로그램의 크기는 분명히 LUT 기반의 ROM 크기보다는 작다.

조건적 출력의 제거

조건적 제어 신호가 없어지도록 무어 머신으로 제어기를 설계하는 것이 바람직하다. 만약 제어 신호가 어떤 입력에 대해 조건부라면, 이 입력에 대한 각기 다른 제어 신호의 조합을 저장하여야 한다. 따라서 SM 차트를 쉽게 마이크로프로그래밍하기 위해서 이를 무어 상태 머신으로 변환시키는 것이다. 어떤 밀리 머신이든지 적절한 수의 상태를 추가함으로써 무어 머신으로 바꿀 수 있다.

상태마다 단일 자격자만을 허용

상태 머신의 각 상태에서 테스트되는 입력들을 마이크로프로그래밍에서는 **자격자**(qualifier)라고 한다. 예를 들면 그림 5-28에서 St, M, K는 자격자이다. 상태 S_0와 S_2는 단지 하나의 자격자만 있지만 상태 S_1은 자격자 M과 K를 테스트한다. S_1에서의 다중 자격자(multiple qualifier)는 그림 5-28의 유사 코드(pseduocode)에서 중첩된 **if** 문을 사용하게 한다. 마이크로프로그래밍은 매 상태마다 다중 자격자를 사용해서 만들 수 있다; 그러나 상태마다 하나의 변수만을 테스트하는 경우에는 마이크로프로그래밍을 설계하는 것이 더 간단하다.

따라서 마이크로프로그래밍은 SM 차트를 아래 두 변환 과정을 통해서 쉽게 이루어진다.

1. 무어 머신으로 변환함으로써 모든 조건적 출력을 제거한다.

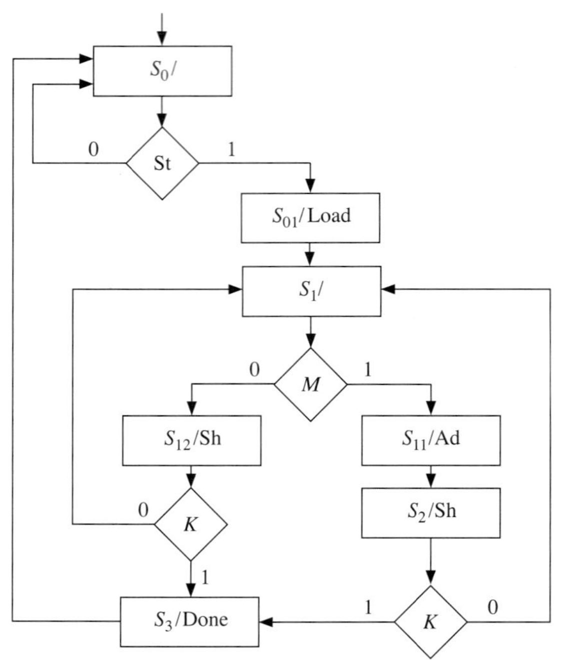

그림 5-30 조건부 출력이 없는 곱셈기의 SM 차트(그림 5-28로부터 유도)

2. 각 상태마다 하나의 입력(자격자)만을 테스트한다.

곱셈기의 SM 차트를 마이크로프로그래밍으로 변환시켜 보자. 먼저 조건부 출력에 대해 상태를 추가시킴으로써 무어 머신으로 변환시킨다(예: SM 차트에서 타원 모양). 이는 상태 S_0에서 조건부 출력 *Load*를 위해 S_{01}, S_1 상태에서 조건부 출력 *Ad*에 대해 S_{11}, S_1 상태의 조건부 출력 *Sh*를 위해 S_{12}의 상태가 추가된다. 수정된 SM 차트는 그림 5-30에 나타내었다.

이에 대응하는 동작은 아래 유사 코드처럼 표현될 수 있다.

```
S0:  if St is true, go to S01,
            else go to S0;
S01: produce Load; Go to S1;
S1:  if M is true, go to S11, else go to S12;
S11: produce Ad; go to S2;
S12: produce Sh; if K = 0, go to S1; else go to S3;
S2:  produce Sh;
            if K=0, go to S1;
            else go to S3;
S3:  produce Done; go to S0;
```

이 과정에서, 변환된 SM 차트는 중복된 상태의 제거를 위해서 살펴볼 수 있다. S_{11}과 S_2 상태가 합쳐질 수 있는가? 덧셈 연산이 시프트 연산 전에 이루어지기 때문에 *Ad* 제어 신호가 *Sh* 제어 신호 앞에 나와야 한다. 따라서 상태 S_{11}과 S_2는 합쳐질 수 없다.

그러면 상태 S_{12}와 S_2를 보자. 상태 S_{12}와 S_2는 완전히 동일한 임무를 수행하며 같은 다음 상태를 가지고 있다. 따라서 이들은 합칠 수 있다. 이 예는 변환 과정 이후에 잠재적 상태 축약에 대한 예이다. 새로 합쳐진 상태를 S_2라고 재정의하자. 상태가 축약되어 향상된 SM 차트는 그림 5-31에 나타내었다.

S_0, S_{01}, S_1, S_{11}, S_2, S_3에 대해 직접 이진 상태 할당을 한다고 가정하면, 마이크로프로그램은 표 5-3처럼 보일 것이다. 세 개의 입력 *St*, *M*, *K*가 있기 때문에 4:1 MUX를 이용하여 자격자들을 선택한다. 멀티플렉서의 연결은 그림 5-32와 같다고 가정한다.

표 5-3의 첫 행을 살펴보자. 이것은 상태 000으로 인코딩된 S_0와 대응한다. 테스트된 입력은 *St*이다. *St*는 멀티플렉서의 입력 0과 연결되어 있기 때문에, 이 행의 TEST 필드는 00이 된다. 만

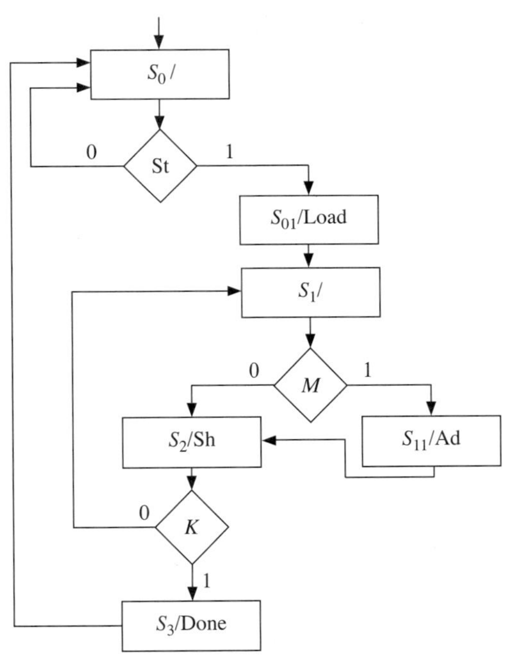

그림 5-31 그림 5-30을 상태 축약을 적용하여 수정한 곱셈기의 SM 차트

표 5-3 곱셈기의 이중 어드레스 마이크로프로그래밍. NST와 NSF 명세화(그림 5-29와 대응)

상태	ABC	TEST	NSF	NST	Load	Ad	Sh	Done
S_0	000	00	000	001	0	0	0	0
S_{01}	001	11	010	010	1	0	0	0
S_1	010	01	100	011	0	0	0	0
S_{11}	011	11	100	100	0	1	0	0
S_2	100	10	010	101	0	0	1	0
S_3	101	11	000	000	0	0	0	1

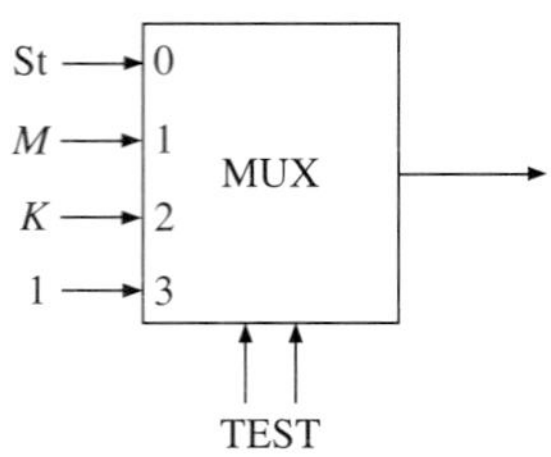

그림 5-32 곱셈기의 마이크로프로그래밍의 4:1 MUX(이중 어드레스 마이크로코드)

약 *St*가 거짓(false)이면, 다음 상태는 S_0가 되고 NSF 필드는 000이 된다. 만약 *St*가 참(true)이면, 다음 상태는 S_{01}이 되고 NST 필드를 001로 만든다. 제어 신호 *Load*, *Ad*, *Sh*, *Done*은 상태 S_0에서 모두 0이다.

상태 S_{01}의 마이크로코드는 두 번째 행에서 보여준다. S_{01}은 *Load* 신호를 생성하고 제어기의 상태를 S_1으로 바꾼다. 입력 신호는 검사되지 않는다. 그림 5-32의 멀티플렉서에서 마지막 사용되지 않는 입력에는 '1'을 할당한다. 따라서 TEST 필드는 11로서 멀티플렉서의 마지막 입력과 부합한다. 상태 S_1에서 입력 신호 *M*이 테스트된다. *M*이 멀티플렉서의 입력 포트 1과 연결되어 있으므로 세 번째 행의 TEST 필드는 01이 된다. 이와 비슷한 방법으로 표 5-3의 행들의 값을 채운다.

6개의 상태가 존재하므로 이를 저장하기 위해서는 세 개의 플립플롭이 필요하다. 마이크로프로그램을 저장할 ROM은 각각의 상태마다 하나씩 6개의 엔트리가 필요할 것이다. 각각의 엔트리(entry)는 TEST 2비트, NSF 3비트, NST 3비트, 제어 신호(*Load*, *Ad*, *Sh*, *Done*) 4비트의 총 12비트가 필요하다. *ABC*는 어느 어드레스에 마이크로명령어가 저장되어 있는지를 나타낸다.

그림 5-29의 하드웨어 배열 구조는 이중 다음 상태 어드레스와 상태마다 단일 자격자를 갖는 마이크로프로그래밍이다. 단일 자격자 마이크로프로그래밍의 의미는 상태마다 단지 하나의 입력만이 테스트됨을 의미한다. 이중 어드레스 마이크로코드의 의미는 두 개의 가능한 입력 값의 다음 상태(예: 입력이 참일 때 다음 상태(NST), 입력이 거짓일 때 다음 상태(NSF))가 제어 워드에 정확히 명세화되어 있음을 의미한다. (OUTPUT 필드를 OUTPUTF와 OUTPUTT로 바꾸고 두 개의 출력 필드를 선택할 수 있도록 하는 MUX를 추가하여 밀리 출력이 가능하도록 그림 5-29를 수정할 수 있다.)

5.5.2 단일 자격자(Qualifier), 단일 어드레스 마이크로코드

표 5-3의 마이크로프로그램에서 각각의 마이크로명령어는 두 개의 잠재적 다음 상태(입력이 참인 경우와 거짓인 경우의 다음 상태)로 명세화할 수 있다. 각각 다른 상태들에 대한 마이크로코드는 어느 조합 열 어디에서든지 위치할 수 있다. 왜냐하면 각각의 상태에 대한 다음의 마이크로명령어는 디폴트 제어 순서에 대해 어떠한 것도 가정하지 않았기 때문이다.

앞서 언급한 마이크로프로그램은 소프트웨어와 유사하지만 전통적 프로그램에서 제어 흐름은 분기와 점프(branch and jump) 명령어를 제외하고는 순차적으로 이루어진다. 만약 분기가 일어나지 않으면, 제어 흐름은 간단하게 다음 명령어를 따라 실행하면 된다. 만약 이와 유사한 구조로 사용하려면, 마이크로프로그램에서 각각의 엔트리들은 단 하나의 다음 상태 어드레스로만 명세하는 것이 필요하다.

이제 다음 행에 디폴트 다음 상태(default next state)를 만들기 위해 무엇을 해야 하는지에 대해 생각해 보자. 이 경우에 상태 할당은 다음과 같이 되어야 한다. 만약 자격자(입력)가 거짓이면, 다음 상태는 현재 상태를 1만큼 증가시킨다. 자격자가 참일 때 다음 상태는 마이크로코드에 정확하게 명세화할 수 있다. 만약 자격자가 거짓이면, 제어는 다음 마이크로명령어를 갖기 위해 다음의 행으로 이동한다.

이러한 종류의 마이크로프로그램은 그림 5-33과 같은 하드웨어 배치도로 구현될 수 있다. 제어가 일반적으로 다음 위치로 전진하기 때문에 카운터가 유용하게 사용될 수 있다. 이 카운터는 마이크로프로세서의 프로그램 카운터(PC)와 유사하다. 카운터는 제어기의 현재 상태를 가리키므로 다음 명령어를 인출하기 위한 PC와 유사하다. 각각의 ROM에는 제어 워드 또는 마이크로코드를 저장한다. OUTPUT 비트들은 제어 신호와 대응한다. TEST 비트들은 테스트할 자격자들을 명세화하고, NST는 자격자가 참이면 목표 마이크로명령어를 지시한다. 멀티플렉서는 선택된 제어 신호(TEST에 의해 지시된)가 참인지 거짓인지를 나타내기 위해 사용된다. 만약 자격자가 거짓이면, 카운터는 다음 마이크로명령어를 가리키기 위해 증가한다. 이는 디폴트 설정된 다음 상태에 부합한다. 만약 자격자가 참이면, 제어기는 다음 마이크로명령어의 위치로서 NST 비트를 로드한다. 이는 정확하게 다음 상태를 명세할 수 있다. 병렬 로드를 할 수 있는 카운터는 이 모듈을 위한 가장 이상적인 빌딩 블록(building block)이다. 멀티플렉서는 적절한 자격자를 선택하고, 카운터를 순차적으로 카운트할지 또는 NST에 의해 지시된 다음 상태를 선택할지를 결정하기 위해 그 출력을 사용한다.

단일 어드레스 마이크로코드의 상태 할당은 주의해서 해야 한다. (반면에 앞서 살펴본 이중 어드레스 마이크로프로그램은 어떤 상태 할당도 가능하다.) 현재의 기법에서는 모든 상태에 대해 만족해야 하고, 다음 상태 중 하나는 현재 상태 할당에서 1만큼 증가된 것이어야 한다(디폴트 다음 상

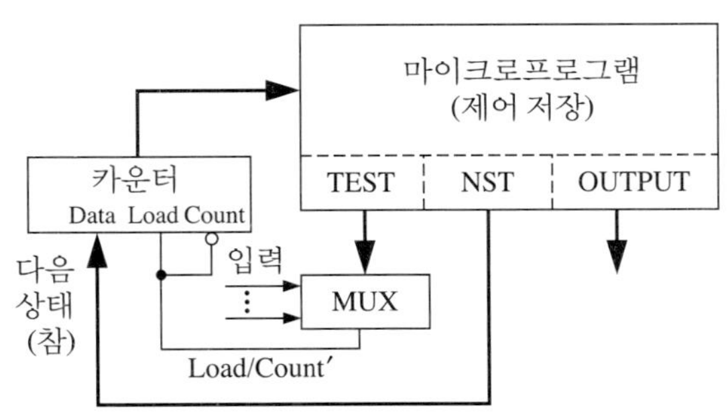

그림 5-33 단일 어드레스 마이크로코드의 마이크로프로그램 시스템

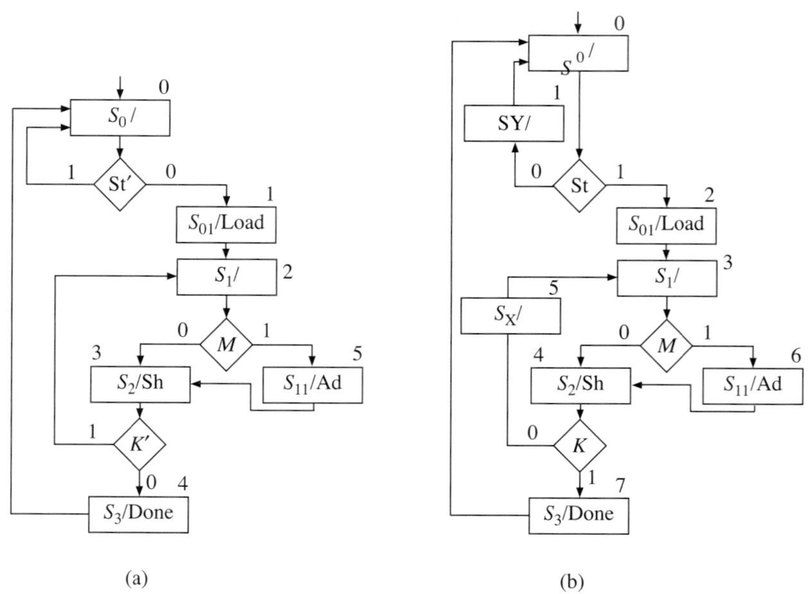

그림 5-34 단일 어드레스 마이크로코드를 위해 직렬 상태 할당을 이용한 이진 곱셈기의 수정된 SM 차트

태). 각각의 조건 박스, 모든 거짓 분기(false branch)에 대해 다음 상태는 가능하다면 반드시 순차적으로 할당되어야 한다. 만약 이것이 불가능하다면 별도의 상태(*X*-상태)를 추가하여야 한다. 필요한 *X*-상태의 수는 시퀀스에서 상태의 문자열을 할당함으로써 줄일 수 있다. 좀 더 편리한 방법으로는 테스트할 몇 개의 변수를 보수화하는 것이 필요하다.

그림 5-34는 단일 어드레스 마이크로코드를 위해 직렬 상태 할당을 사용한 이진 곱셈기의 수정된 SM 차트이다. 상태 S_0를 위해 St를 보수화했다. 따라서 S_{01}은 그림 5-34(a)에서처럼 디폴트 다음 상태가 된다. 만약 입력 St가 보수화되지 않으면 그림 5-34(b)에서처럼 별도의 상태가 필요하다. 상태 S_2는 상태 S_1의 디폴트로 정해진 다음 상태이다. 상태 S_2에서 K'를 사용하여 S_3가 S_2의 디폴트로 정해진 다음 상태가 되도록 한다. 따라서 그림 5-34(a)의 상태 S_0, S_{01}, S_1, S_2, S_3는 0부터 4까지의 순차적인 값으로 할당될 수 있다. 자격자가 참인 경우에 대응하는 명백한 다음 상태는 어떤 할당이든지 가능하다. 상태 S_{11}을 5로 할당한다. K가 0일 때, 만약 변수 K가 K'를 대

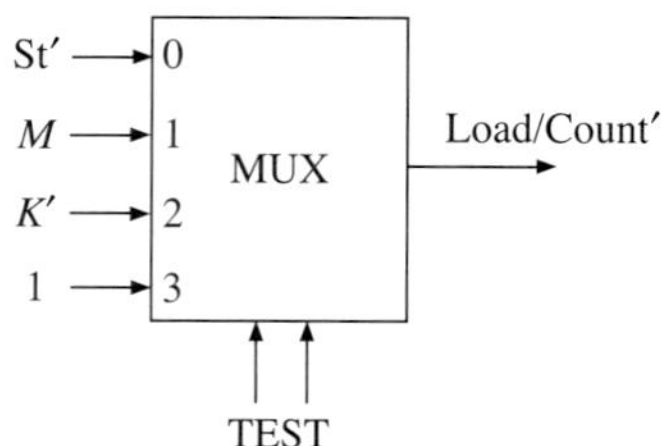

그림 5-35 곱셈기의 마이크로프로그래밍을 위한 멀티플렉서(단일 어드레스 마이크로코드)

표 5-4 곱셈기의 단일 어드레스 마이크로프로그램(NST만 명세)

상태	ABC	TEST	NST	Load	Ad	Sh	Done
S_0	000	00	000	0	0	0	0
S_{01}	001	11	010	1	0	0	0
S_1	010	01	101	0	0	0	0
S_2	011	10	010	0	0	1	0
S_3	100	11	000	0	0	0	1
S_{11}	101	11	011	0	1	0	0

표 5-5 곱셈기 제어를 위한 구현 방법의 비교

방법	ROM의 크기	
	#조합 × 비트	총 비트
원본 SM 차트의 ROM 방법	32 × 6	192비트
이중 어드레스 마이크로코드	6 × 12	72비트
단일 어드레스 마이크로코드	6 × 9	54비트

신하여 사용된다면 별도의 상태가 S_2와 S_1의 경로 사이에 필요하다. 그림 5-34(b)에서처럼 입력 변수를 보수로 취할 수 없을 때는 두 개의 별도 상태가 필요하다.

표 5-4는 곱셈기의 단일 어드레스 마이크로프로그램이다. 최소 상태의 수(그림 5-34(a))를 가지고 있는 수정된 SM 차트를 사용하였다. 세 개의 입력 St', M, K'가 있으므로 4:1 MUX가 자격자들을 선택하기에 충분하다. 멀티플렉서의 배선은 그림 5-35와 같다고 가정한다.

표 5-4에서 단일 어드레스 마이크로프로그램은 9비트 6개의 엔트리로 구성되어 있다. 반면에 표 5-3의 이중 어드레스 마이크로프로그램은 12비트 6개 엔트리로 되어 있다.

만약 곱셈기의 제어회로를 ROM(LUT) 방법으로 구현한다면, ROM의 크기는 32 × 6이 되어야 한다. 네 개의 상태와 두 개의 플립플롭이 필요하며 두 개의 다음 상태 식이 필요하다. 또한 입력은 St, M, K의 총 세 개가 있다. 따라서 이 상태 머신을 위한 상태표는 32개의 행을 갖는다. 두 개의 다음 상태 식과 네 개의 출력이 있으므로 각 엔트리마다 6비트가 필요하다. ROM(LUT) 방법과 마이크로코드 구현 방법을 비교한 것이 표 5-5에 나와 있다. 만약 상태 머신이 다수의 입력을 가지고 있다면, 단순히 LUT를 사용하는 ROM 방식이 엄청나게 클 것이다.

5.5.3 주사위 게임 제어기의 마이크로프로그래밍

앞서 다루었던 주사위 게임의 제어를 마이크로프로그래밍으로 다시 설계해 보자. 설계할 때 이중 어드레스와 단일 어드레스의 두 가지 방법을 모두 사용하여 마이크로프로그래밍을 할 수 있다.

주사위 게임 제어기의 이중 어드레스 마이크로프로그래밍

먼저 그림 5-29에서 하드웨어 배치를 이용한 주사위 게임 제어기의 이중 어드레스 마이크로코드에 대해 논의한다. 마이크로코드를 수행하기 위해서는 SM 차트를 수정할 필요가 있다. 첫째, 모든 출력을 무어 출력으로 바꾸어야 한다. 둘째, 각 상태마다 단 하나의 입력만을 테스트하여야 한다. 이것은 그림 5-29의 블록도와 정확히 부합한다. 왜냐하면 TEST 필드가 각각의 상태에서 단지 하나의 입력만을 테스트하고, 출력은 상태에 따라 결정되기 때문이다. 그림 5-36은

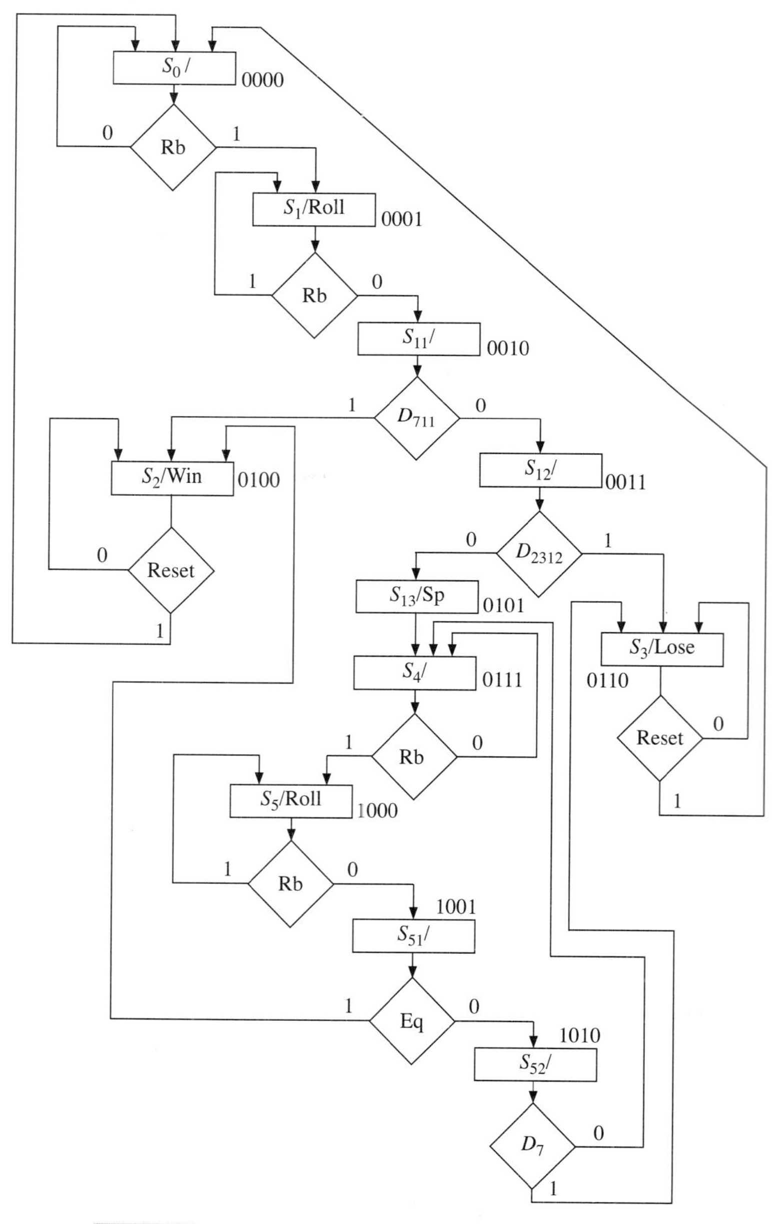

그림 5-36 상태마다 단일 자격자와 무어 출력을 가지고 있는 SM 차트

표 5-6 주사위 게임의 이중 어드레스 마이크로프로그램

상태	ABCD	TESE	NSF	NST	Roll	Sp	Win	Lose
S_0	0000	001	0000	0001	0	0	0	0
S_1	0001	001	0010	0001	1	0	0	0
S_{11}	0010	010	0011	0100	0	0	0	0
S_{12}	0011	011	0101	0110	0	0	0	0
S_2	0100	110	0100	0000	0	0	1	0
S_{13}	0101	xxx	0111	0111	0	1	0	0
S_3	0110	110	0110	0000	0	0	0	1
S_4	0111	001	0111	1000	0	0	0	0
S_5	1000	001	1001	1000	1	0	0	0
S_{51}	1001	100	1010	0100	0	0	0	0
S_{52}	1010	101	0111	0110	0	0	0	0

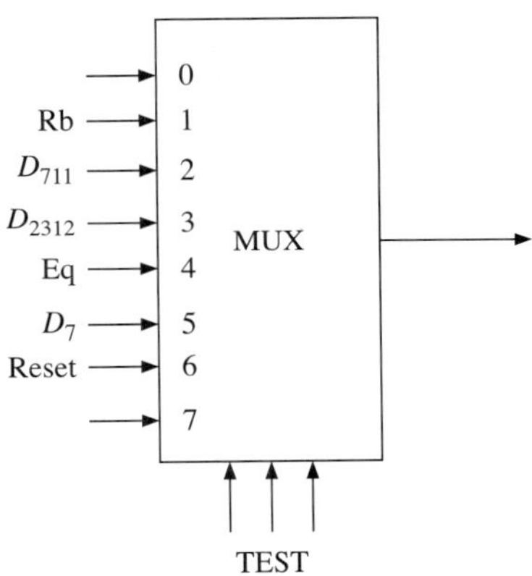

그림 5-37 주사위 게임의 이중 어드레스 마이크로코드에서의 MUX

주사위 게임의 수정된 SM 차트이다.

다음으로, 표 5-6에서 보여주는 바와 같이 직접 이진 상태 할당을 이용하여 마이크로프로그램을 유도하여야 한다. 변수 Rb, D_{711}, D_{2312}, Eq, D_7, $Reset$을 테스트해야 하므로 8:1 MUX(그림 5-37 참조)를 사용하여야 한다. $TEST = 001$일 때 Rb가 선택되며, 이후 설명은 앞 장을 참고하기 바란다. 상태 S_{13}에서 다음 상태는 항상 0111이므로 $NSF = NST = 011$이고, TEST 필드가 "don' t care"가 된다. SM 차트의 연결 경로는 ROM 표의 각각의 행과 대응한다. 예를 들면 S_2에서 테스트 필드가 110이면 $Reset$을 선택한다. 만약 $NSF = 0100$이 선택되면 $Reset = 0$이다. $NST = 0000$이 선택되면 $Reset = 1$이다. 상태 S_2에서 출력 $Win = 1$이고, 나머지 출력들은 모두 0이다.

주사위 게임의 단일 어드레스 마이크로코드

단일 어드레스 마이크로코드는 그림 5-33의 블록도와 같은 하드웨어를 사용한다. 이 회로는

상태 레지스터 대신에 카운터를 사용한다. 설계에서 유일한 목표는 NST 필드의 값을 결정하는 것이다. TEST 필드는 각 상태마다 테스트할 하나의 입력을 선택하는 것이다. 만약 선택된 입력이 1(참)이면, NST 필드가 카운터에 로드된다. 만약 선택된 입력이 0이면 카운터를 증가시킨다.

이 방법은 그림 5-38에서처럼 SM 차트의 수정이 필요하며, 상태 할당은 직렬 방식(serial fashion)으로 이루어진다. 만약 직렬 상태 할당 방법이 불가능하면 별도의 상태를 추가하여야

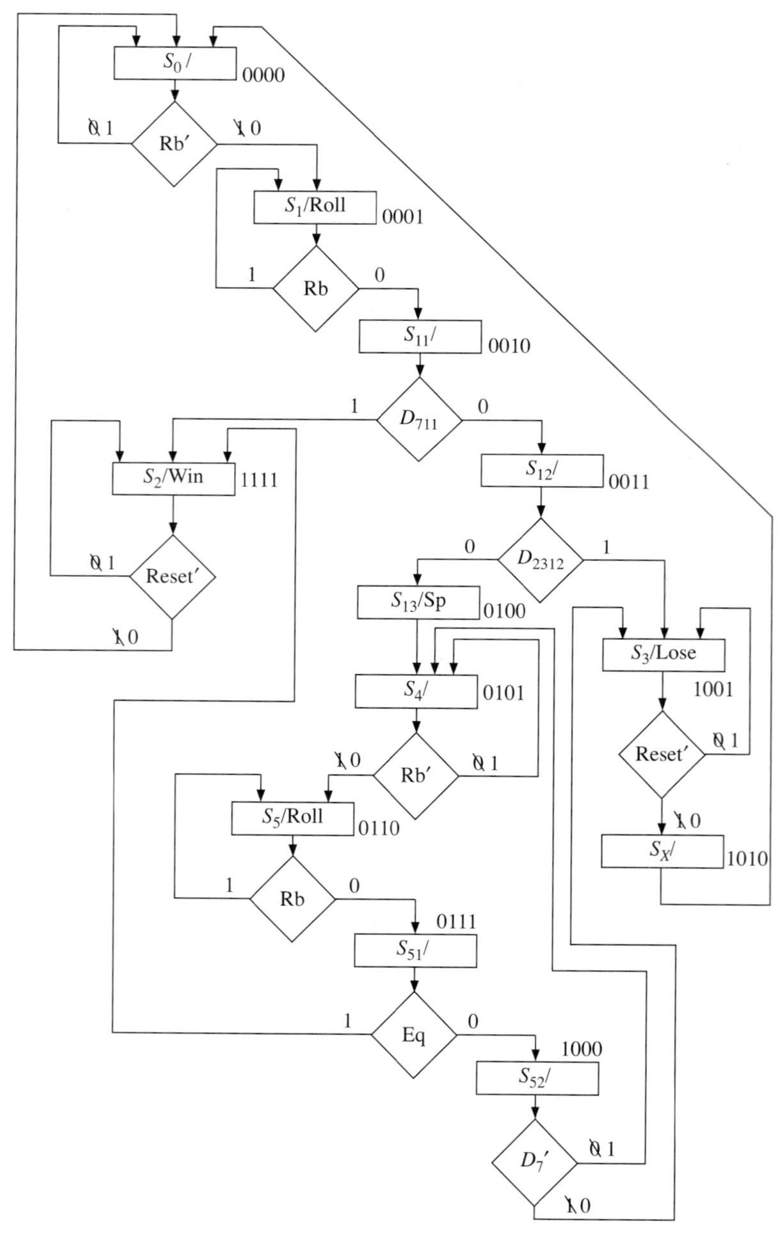

그림 5-38 직렬 상태 할당과 덧셈된 X-상태를 가진 SM 차트

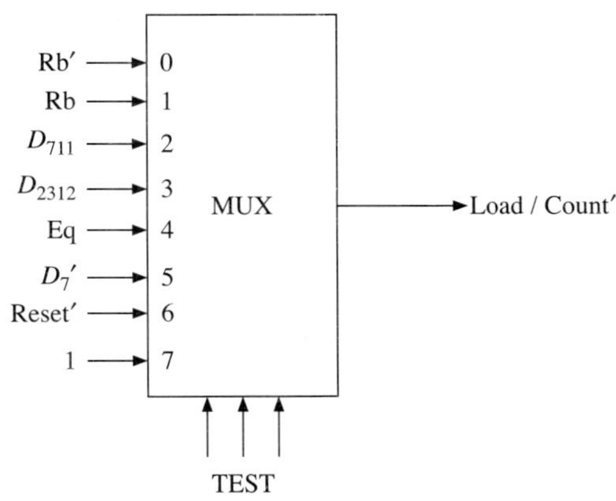

그림 5-39 주사위 게임을 위한 단일 어드레스 마이크로코드의 MUX

한다. 필요한 X-상태의 수는 상태의 긴 문자열(string)들을 할당함으로써 줄일 수 있다. 좀 더 편리한 방법으로는 테스트할 몇 개의 변수에 대한 보수를 취하는 것이 필요하다. 그림 5-38에서 *Rb*와 *Reset*은 각각 두 곳에서 보수화되어 위치하며, 0과 1의 분기들을 매번 바꾸어 일어나게 한다. 이러한 변화에 맞추어 0000, 0001, . . . , 1000이 상태의 순차적인 열을 이룬다. X-상태가 추가되기 전에 S_3는 1001로 할당되고, $NSF = 0000$, $NST = 1001$이었으므로, 다음 상태는 두 경우 다 없다. 따라서 X-상태 S_X는 순차적 할당으로 1010이 된다; S_X의 다음 상태는 항상 0000이다. 만약 1011을 S_2로 할당하면, 다음 상태는 1011과 0000이 되고, 또한 상태의 열에 존재한다. 이는 X-상태를 추가함으로써 문제를 해결하였다. 좀 더 좋은 접근 방법은 S_2를 그림에서처럼 1111로 할당하는 것이다. 왜냐하면 1111에서 증가되면 0000이 되고, 다음 상태 중 하나는 조합(sequence) 열에 있게 되고 X-상태가 필요 없다.

그림 5-39에서 MUX에 의해 테스트된 입력은 그림 5-37에서와 비슷하다. 다만 D_7과 *Reset*이 보수화하는 것은 제외되어야 하며 *Rb*와 *Rb′*가 둘 다 필요하다. 상태 S_X에서 NST가 항상 0000이므로, 입력 1이 멀티플렉서에 필요하다. 이에 부합하는 마이크로프로그램 ROM 표(ROM table)가 표 5-7이다.

단순 LUT(ROM)을 사용한 구현 방법과 마이크로프로그램 구현 방법의 비교는 표 5-8에 주어져 있다. 원본 SM 차트(그림 5-13)를 이용한 ROM 구현 방법은 세 개의 상태 변수와 6개의 입력이 있으므로 2^9개의 엔트리가 필요하다. 세 개의 다음 상태 변수와 네 개의 출력이 있으므로 7비트가 각 엔트리마다 필요하다. 이중 어드레스 마이크로코드의 엔트리는 표 5-7을 기반으로 하며, 단일 어드레스 마이크로코드의 엔트리는 표 5-6을 기반으로 한다.

SM 차트의 구현을 위해 지금껏 공부해온 방법이 마이크로프로그래밍이다. 그림 5-33의 카운터는 실행될 다음 명령어가 있는 곳의 어드레스를 제공하는 컴퓨터의 프로그램 카운터(PC)와 유사하다. ROM의 출력은 **마이크로명령어**이고 이는 나머지 하드웨어에 의해 실행된다. 각각의

표 5-7 주사위 게임을 위한 단일 어드레스 마이크로코드의 마이크로프로그램

상태	ABCD	TEST	NST	Roll	Sp	Win	Lose
S_0	0000	000	0000	0	0	0	0
S_1	0001	001	0001	1	0	0	0
S_{11}	0010	010	1111	0	0	0	0
S_{12}	0011	011	1001	0	0	0	0
S_{13}	0100	111	0101	0	1	0	0
S_4	0101	000	0101	0	0	0	0
S_5	0110	001	0110	1	0	0	0
S_{51}	0111	100	1111	0	0	0	0
S_{52}	1000	101	0101	0	0	0	0
S_3	1001	110	1001	0	0	0	1
S_x	1010	111	0000	0	0	0	0
S_2	1111	110	1111	0	0	1	0

표 5-8 주사위 게임 제어를 위한 구현 방법의 비교

방법	ROM의 크기	
	#조합 × 비트	총 비트
원본 SM 차트의 ROM 방법	512 × 7	3584비트
이중 어드레스 마이크로코드	11 × 15	165비트
단일 어드레스 마이크로코드	12 × 11	132비트

마이크로명령어는 입력에 따라 다른 어드레스로 분기(참이면 분기, 그렇지 않으면 순차 실행)하는 조건부 분기 명령어와 유사하다. 마이크로명령어의 출력 필드는 하드웨어의 동작을 제어할 비트를 가지고 있다.

5.6 연결된 상태 머신

순차 머신이 매우 크고 복잡한 경우에는 서로 연결되어 있는 작은 몇 개의 머신으로 만드는 것이 필요하다. 작게 분할된 각각의 머신들이 구현하기에 훨씬 용이하다. 또한 이러한 하위 머신들은 주 머신(main machine)에 의해 호출된다. 이것은 아주 큰 소프트웨어를 절차별로 분할하고 주 프로그램에서 호출하는 형식과 유사하다.

그림 5-40은 직렬로 연결된 두 개의 SM 차트이다. 주 머신(machine A)은 하위 머신(machine B)을 호출하기 전까지 "SOME STATES"를 수행한다. 상태 SA에 이르면 출력 신호 *ZA*가 머신 B를 활성화한다. 머신 B는 IDLE 상태에 대기하다가 "OTHER STATES"를 수행한다. 그리고 작업이 끝나면 IDLE 상태로 돌아가기 전 신호 *ZB*를 출력한다. 머신 A가 *ZB*를 받으면 이어서 "OTHER STATES"를 수행한다. 그림 5-40에서 두 머신은 동일한 클럭을 사용한다고 가정하였다.

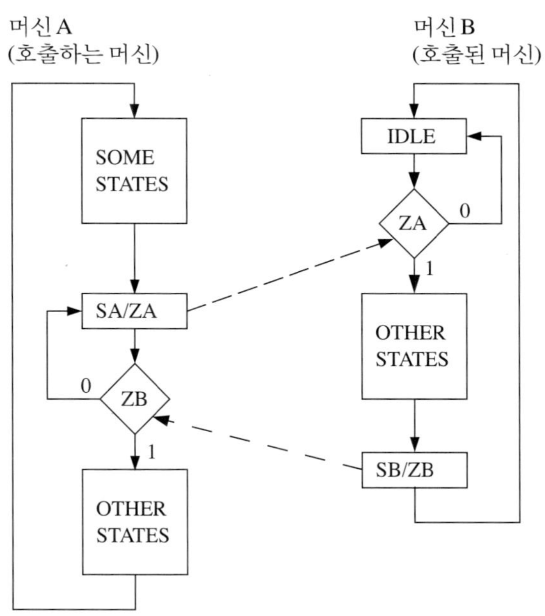

그림 5-40 직렬로 연결된 상태 머신의 SM 차트

연결된 상태 머신의 예로서 그림 5-13의 SM 차트를 두 개의 연결된 SM 차트로 만들어 보았다. 그림 5-13에서, *Rb*는 상태 S_0와 S_1에서 주사위의 굴림을 제어하는 데 사용되며 S_4와 S_5에서도 동일하다. 이러한 기능이 두 곳에서 반복되므로 그림 5-41(b)에서처럼 주사위 굴림을 제어하는 부분(roll control machine)을 조직적으로 분리할 수 있다. 이렇게 제어 부분을 분리하여 설계함으로써 주 주사위 제어부(main dice control)가 6개 상태에서 4개 상태를 갖도록 줄일 수 있다. 주 제어부는 *En_roll*(*roll*을 활성) 신호를 T_0에 생성하고 계속 진행하기 전에 *Dn_roll*(주사위 던져짐) 신호를 기다린다. 유사한 동작이 T_1에서도 일어난다. 주사위 굴림 제어 머신은 상태 S_0에서 *En_roll* 신호가 주 제어부로 입력될 때까지 기다린다. 그러고 나서 굴림 버튼이 눌러지면($Rb = 1$), 머신은 S_1 상태로 이동하며 *Roll* 신호를 생성한다. $Rb = 0$이 될 때까지 S_1 상태로 기다리며, 이 경우에 *Dn_roll* 신호가 생성되며 머신은 S_0 상태로 돌아간다.

이 장에서는 SM 차트를 기반으로 디지털 시스템을 설계하는 절차에 대하여 알아보았다. SM 차트는 상태 그래프와 동일하지만, 일반적으로 SM 차트를 관찰함으로써 시스템의 동작을 좀 더 쉽게 이해할 수 있다. 시스템의 블록도를 작성한 후 제어부를 SM 차트로 그려보고, 이후 동작적 VHDL 기술을 작성해 보았다. VHDL로 작성된 테스트벤치를 이용하여 명세된 시스템의 기능이 잘 동작하는지 검증하였다. 또한 SM 차트와 VHDL 코드에 수정할 부분을 만들어서 고쳐봄으로써 시스템을 좀 더 자세하게 설계해 보고 분석해 보았다. 제어 신호와 논리식을 통해 시스템의 동작을 기술하기 위해 재작성된 VHDL 코드는 우리가 설계한 것이 맞는지 검증해 볼 수 있도록 하였다.

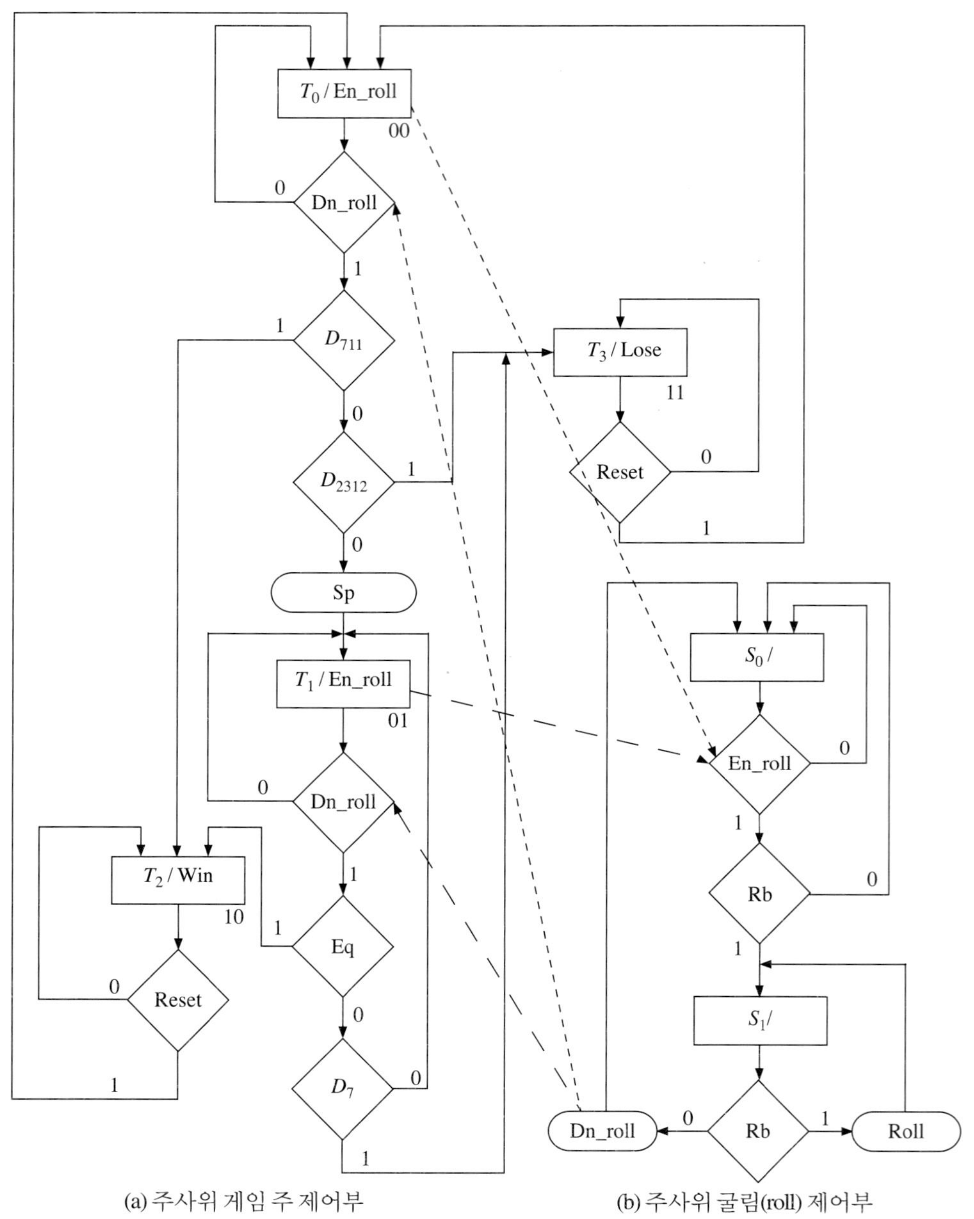

그림 5-41 주사위 게임의 연결된 SM 차트

또한 이 장에서는 직접배선(hardwiring)과 마이크로프로그래밍을 통한 제어부(control unit)의 구현 방법에 대해서도 알아보았다. SM 차트에서 연결 경로를 추적해봄으로써 어떻게 쉽게 논리식이 유도되는지에 대해서 알아보았다. 직접배선된 제어부는 이러한 식을 이용하여 쉽게 구현할 수 있었다. 또한 마이크로프로그래밍에 대해서도 알아보았으며, 이러한 기술은 제어 워드를 마이크로프로그램 메모리에 저장함으로써 구현하였다. SM 차트를 상태마다 단지 하나의 입력만을 테스트하는 형태로 변환함으로써 마이크로프로그램의 크기를 줄일 수 있었다. 복잡한 시스템을 위해 제어부를 몇 개의 부분으로 나누어진 연결된 상태 머신으로 나누어서 설계할 수 있다.

연습문제

5.1 (a) 다음의 상태표에 해당하는 SM 차트를 작성하라. 각각의 결정 박스에는 단 한 개의 변수에 대해서 테스트하라. 결정박스를 최소화하도록 하라.

(b) SM 차트를 기반으로 상태 머신의 VHDL 코드를 작성하라.

현재 상태	다음 상태					출력(Z_1Z_2)				
	$X_1X_2=$	00	01	10	11	$X_1X_2=$	00	01	10	11
S_0		S_3	S_2	S_1	S_0		00	10	11	01
S_1		S_0	S_1	S_2	S_3		10	10	11	11
S_2		S_3	S_0	S_1	S_1		00	10	11	01
S_3		S_2	S_2	S_1	S_0		00	00	01	01

5.2 다음의 상태표에 해당하는 SM 차트를 작성하라. 각각의 결정 박스에는 단 한 개의 변수에 대해서 테스트하라. 밀리와 무어 출력을 SM 차트에서 보여라.

현재 상태	다음 상태					출력($Z_1Z_2Z_3$)				
	$X_1X_2=$	00	01	10	11	$X_1X_2=$	00	01	10	11
S_0		S_1	S_1	S_1	S_1		000	100	110	010
S_1		S_1	S_1	S_0	S_0		001	001	001	001

5.3 어떤 단체에 15명의 투표인단이 있다. 최소한 과반수(8명 이상)가 참석하여야 유효한 회의를 개최할 수 있다(8명이 회의를 열 수 있는 최소 정족수임). 기밀한 안건은 2/3 이상의 인원이 참여해야만 회의를 하고 투표를 할 수 있다. 의장은 회의가 개최되는 조건을 만족하면 두 표를 행사할 수 있고 의장을 포함하여 참가한 멤버가 짝수이어야 한다. 회의실 문 위에는 세 개의 등(GREEN, BLUE, RED)이 있고 이는 회의장의 상태를 나타낸다. 최소 정족수가 만족되었음을 나타내는 경우(GREEN), 기밀 안건을 처리하는 회의가 열리는 경우(BLUE), 회의 참여 인원이 짝수인 경우(RED)를 표현하는 시스템에 대한 SM 차트를 유도하라. GREEN과 RED 등 또는 GREEN, BLUE, RED 등은 동시에 켜질 수 있다.

회의실에는 단 하나의 문만 있다고 가정하고 문 안쪽(PHOTO1)과 바깥쪽(PHOTO2)에 각각 광센서가 설치되어 있다고 하자. 광센서의 빔(beam)은 거짓(false) 신호를 출력하고 있으며, 이것은 빔이 교란받았을 때만 참(true)이 된다고 하자. 한 사람이 문을 완전히 통과하여야 다음 사람이 들어오거나 나갈 수 있다(한 번에 한 사람씩만 나가거나 들어올 수 있음). 만약 PHOTO1 신호가 PHOHO2에 뒤따라 들어오면 센서는 *LEAVE* 신호를 생성하고, PHOTO2 신호가 PHOTO1 신호 뒤에 따라오면 센서는 *ENTER* 신호를 생성한다. 적어도 하나의 *ENTER* 또는 *LEAVE* 신호가 매번 참(true)이 될 것이다. 이러한 신호들이 당신이 읽기 전까지 참이 된다고 가정한다. 기본적으로 당신이 신호를 읽고 문의 제어기에 사람이 들어오거나 나갈 수 있도록 문이 *READY* 되었다는 것을 다음 사람에게 알리는 신호를 제공한다고 가정한다.

(a) 이 회로의 데이터 부분(data section)에 대한 블록도를 작성하라. *ENTER*와 *LEAVE* 신호는 설계자가 사용할 수 있다고 가정한다(예: 이 문제에서 이 신호들을 생성할 필요는 없다).

(b) 제어기의 SM 차트를 작성하라. 설계를 하기 위한 필요한 과정을 작성하라. 사용되는 모든 신호를 정의하라.

(c) *ENTER*와 *LEAVE* 신호를 생성하는 회로의 SM 차트를 작성하라.

5.4 (a) 8-비트 피제수, 5-비트 제수, 3-비트 몫을 갖는 나눗셈기의 블록도를 작성하라. 피제수 레지스터는 $St = 1$일 때 로드된다.

(b) 제어회로의 SM 차트를 작성하라.

(c) SM 차트를 기반으로한 VHDL 코드를 작성하라. 작성한 VHDL 코드를 정확히 제어 신호들을 생성하여야 한다.

(d) 93/17 경우에 대한 나눗셈기를 테스트할 시뮬레이터 명령어의 조합을 보여라.

5.5 문제 4.13의 BCD-to-이진 변환기의 SM 차트를 작성하라.

5.6 문제 4.14의 제곱근 회로의 SM 차트를 작성하라.

5.7 문제 4.22의 이진 곱셈기의 SM 차트를 작성하라.

5.8 10-비트 이진수를 3-비트 BCD로의 이진-to-BCD(이진-BCD) 변환기를 설계하라. 이진수는 ≤ 999라고 가정한다. 초기값으로 이진수는 레지스터 B에 저장되어 있다. *St* 신호가 수신되면 BCD로 변환이 일어나고, 결과로 BCD 수가 레지스터 A(12비트)에 저장된다. 레지스터 A의 초기값은 0000 0000 0000이다. 변환 과정은 다음과 같다: 만약 A(12비트)에서 숫자가 ≥ 0101이면, 그 12비트에 0011을 더한다. 이후에 A와 B 레지스터를 좌측으로 한 비트 시프트한다. 시프트가 10번 이루어질 동안 반복한다. 각각의 단계에서 좌측 시프트가 발생하면 이는 효과적으로 BCD 수를 두 배를 취할 수 있고 이진수의 다음 비트를 더한다.

(a) 이진수 100011101을 BCD 숫자로 변환하는 과정을 보여라.

(b) 이진-to-BCD 변환기의 블록도를 작성하라. 시프트 횟수를 카운트할 카운터를 사용하라. 카운터는 10번의 시프트 연산이 발생하면 신호 C_{10}을 출력하여야 한다.

(c) 변환기의 SM 차트를 작성하라(세 개 상태).

(d) 변환기의 VHDL 코드를 작성하라.

5.9 16-비트 이진 정수의 곱셈기를 설계하라. 그림 4-33과 4-34의 구조를 참고하라.

(a) 블록도를 작성하라. 시프트 연산 횟수를 카운트할 카운터를 제어회로에 추가하라.

(b) 제어기의 SM 차트를 작성하라(세 개 상태). 15번의 시프트 연산 후에 카운터의 출력 $K = 1$ 이라 가정한다.

(c) 설계한 곱셈기의 VHDL 코드를 작성하라.

5.10 2층짜리 건물의 승강기 제어기에 대한 블록도가 아래에 주어져 있다. 입력 FB_1과 FB_2는 승강기 안의 층 버튼이다. $CALL_1$, $CALL_2$는 건물의 승강기 호출 입력이다. 입력 FS_1, FS_2는 승강기가 1층, 2층에 멈추었을 때 1을 출력하는 스위치이다. 출력 UP, $DOWN$은 모터를 제어하고 $UP = DOWN = 0$일 때 승강기는 멈춘다. N_1, N_2는 승강기가 1층 또는 2층에서 필요할 때를 나타내기 위한 플립플롭이다. R_1, R_2는 플립플롭을 리셋하는 신호이다. 승강기 문이 열리면 $DO = 1$, 문이 닫힐 때 $DC = 1$이다. 승강기 제어를 위한 SM 차트를 작성하라(네 개 상태).

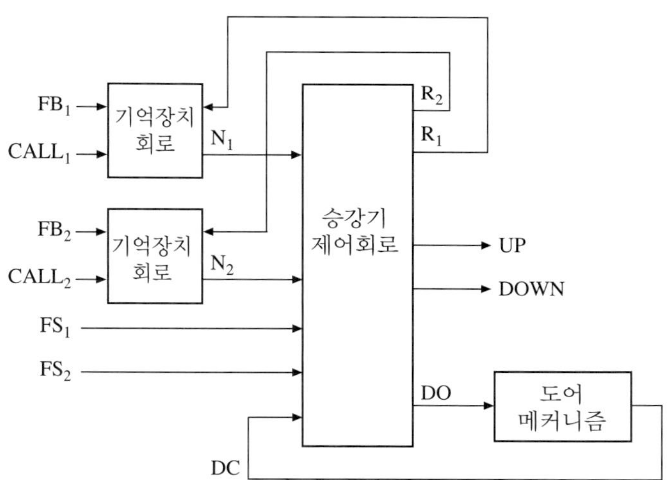

5.11 문제 5-10의 승강기 제어기에 대한 테스트벤치를 작성하라. 테스트벤치는 두 가지 기능을 가지고 있다: 승강기의 동작을 시뮬레이션(문의 동작까지 포함)하고, 제어기의 동작을 검증하기 위한 버튼 입력의 조합을 제공하여야 한다.

승강기를 시뮬레이션하기 위해서: 만약 승강기가 1층에 위치하고($FS_1 = 1$) UP 신호를 받으면, 1초를 기다린 후 FS_1 신호가 꺼진다; 그러고 나서 10초를 기다린 후 FS_2 신호를 켠다; 이는 1층에서 2층으로 승강기가 이동하는 것을 시뮬레이션한다. 승강기가 2층에 있고($FS_2 = 1$) $DOWN$ 신호를 받았을 때도 유사한 동작이 이루어진다. 문 열림 신호를 받으면($DO = 1$) $DC = 0$이 되고, 이후에 5초를 기다린 후 $DC = 1$이 된다.

테스트 순서: CALL1, 2, FB2, 4, FB1, 1, CALL2, 10, FB2

각각의 버튼은 1초 동안만 눌러진다고 가정한다. 버튼 사이의 수는 버튼이 눌러질 사이의 초

단위 지연이다. 이 지연은 버튼이 눌러질 1초가 추가된다.

다음 테스트벤치를 완성하라.

```
entity test_el is
end test_el;

architecture eltest of test_el is
  component elev_control
    port(CALL1, CALL2, FB1, FB2, FS1, FS2, DC, CLK: in bit;
         UP, DOWN, DO: out bit);
  end component;
```

5.12 주어진 SM 차트에 대해서 아래 문제를 해결하라.

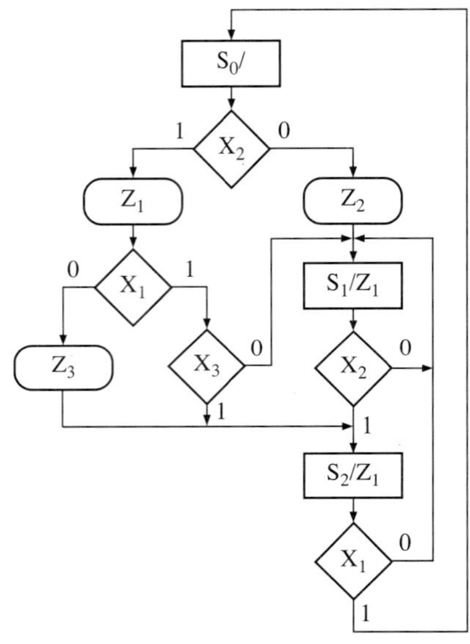

(a) 클럭을 포함하는 타이밍도를 작성하라. 상태(S_0, S_1, S_2), 입력(X_1, X_2, X_3) 출력을 포함한다. 입력의 순서는 $X_1\ X_2\ X_3 = 011$ 101, 111, 010, 110, 101, 001이다. 모든 상태의 변화는 클럭의 상승에지에서 발생하고 입력은 클럭의 펄스에서 바뀐다.

(b) 상태 할당 S_0: $AB = 00$; S_1: $AB = 01$; S_2: $AB = 10$을 사용하라. 링크 경로를 분석하여 다음 상태와 출력 식을 유도하라. 이 식들을 "don't care" 상태($AB = 11$)를 사용하여 간단히 하라.

(c) PLA와 D 플립플롭을 사용하여 위의 차트를 구현하라. PLA 표를 작성하라(상태 천이표).

(d) 만약 PLA 대신에 ROM을 사용한다면, ROM의 크기는 얼마가 되어야 하는가? 최초 상위 5행의 ROM 표를 작성하라. 단순 ROM 방법(naive ROM method)을 사용한다고 가정한다(예: 전체 룩업 테이블).

5.13 주어진 SM 차트에 대해서 다음 문제를 해결하라.

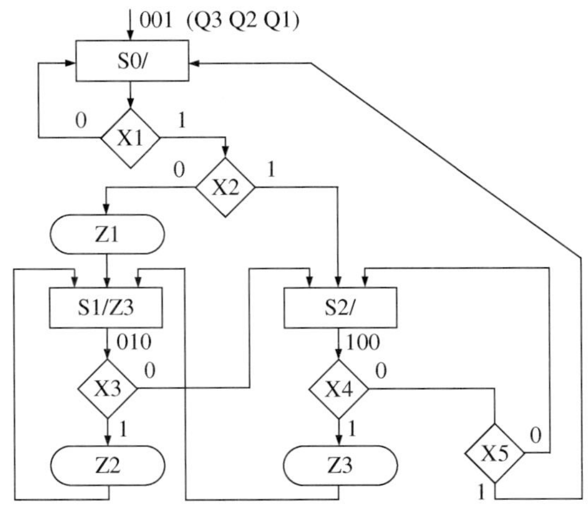

(a) 아래의 타이밍도를 완성하라($X_1 = 1, X_2 = 0, X_3 = 0, X_5 = 1, X_4$는 아래 그림과 같다고 가정한다). 플립플롭들은 클럭의 하강에지에서 변한다.

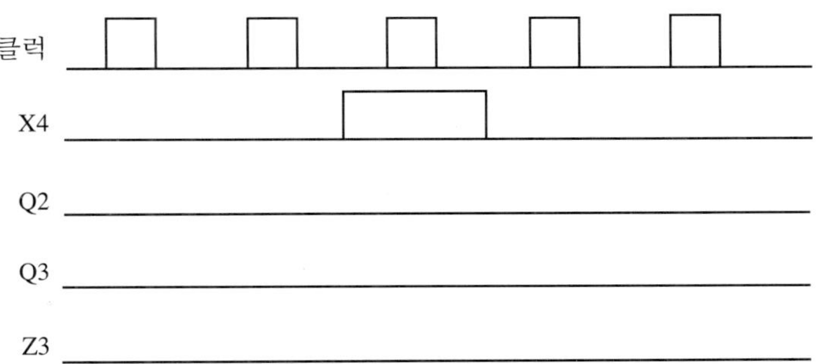

(b) 주어진 one-hot 상태 할당을 사용하고, SM 차트를 분석하여 최소 다음 상태와 출력 식을 유도하라.

(c) 이 디지털 시스템의 VHDL 코드를 작성하라.

5.14 (a) 그림 4-46의 상태 그래프에 부합하는 SM 차트를 작성하라.

(b) 만약 SM 차트가 PLA와 세 개의 플립플롭(A, B, C)을 사용하여 구현된다면, PLA 표(상태 천이표)를 작성하라. 직접 이진 상태 할당을 사용하라.

(c) PLA 표를 분석하여 A^+를 위한 식을 작성하라.

(d) one-hot 상태 할당을 사용할 경우 다음 상태와 출력 식을 작성하라.

5.15 (a) 다음 SM 차트에 대한 VHDL 코드를 작성하라. 상태 변화는 클럭의 하강에지에서 이루어진다고 가정하고, 두 개의 process 문을 사용하라.

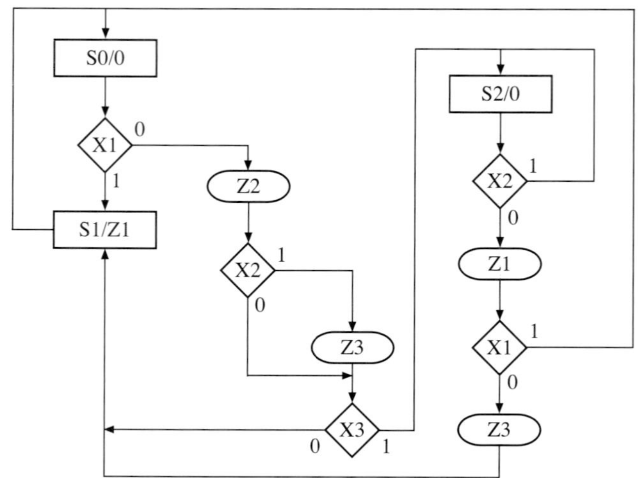

(b) 주어진 SM 차트가 PLA와 두 개의 플립플롭(A와 B)을 사용하여 구현될 것이다. 아래의 상태 천이표(PLA 표)를 링크 경로를 분석하여 완성하라. PLA 표를 분석하여 A^+의 식을 찾아라.

A	B	X_1	X_2	X_3	A^+	B^+	Z_1	Z_2	Z_3

(c) 아래 타이밍도를 완성하라.

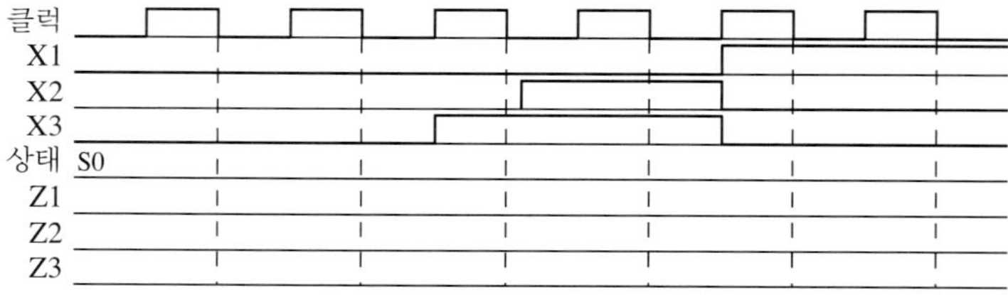

5.16 아래 SM 차트를 최소 입력 개수, 멀티플렉서, 로드 가능한 카운터(74613 같은)를 갖는 ROM으로 구현하라. ROM은 NST 신호를 생성하여야 한다. 멀티플렉서의 입력은 SM 차트 옆의 표에서처럼 선택된다.

(a) 블록도를 작성하라.

(b) SM 차트를 적절한 형태로 변환하라. 최소 개수의 추가적인 상태(extra state)를 사용하라.

(c) 적절한 상태 할당을 하고 ROM 표의 상위 5개 행을 작성하라.

(d) ROM을 사용하여 구현한 시스템의 VHDL 코드를 작성하라.

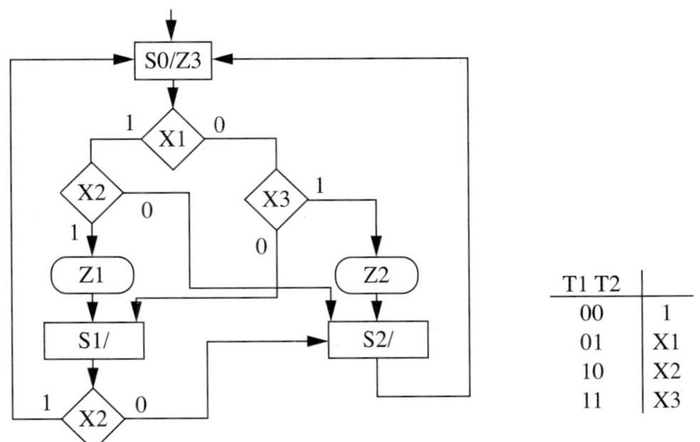

T1 T2	
00	1
01	X1
10	X2
11	X3

5.17 그림 5-29의 이중 어드레스 마이크로프로그래밍 구조를 사용하여 문제 5.16의 SM 차트를 구현하라.

(a) SM 차트를 최소 개수의 상태를 추가하여 적절히 변환하라.

(b) 회로를 구현하는 데 필요한 마이크로프로그램을 작성하라.

(c) 마이크로프로그래밍을 하기 위해 ROM의 크기는 얼마가 필요한가?

(d) 만약 마이크로프로그램이 사용되지 않는다면, ROM의 크기는 얼마가 필요한가? 전형적인 ROM 방법이 SM 차트의 구현에 적용된다면, ROM의 크기는 얼마가 필요한가?

5.18 아래의 SM 차트는 그림 5-29에서처럼 이중 어드레스 마이크로프로그래밍을 사용하여 구현된다.

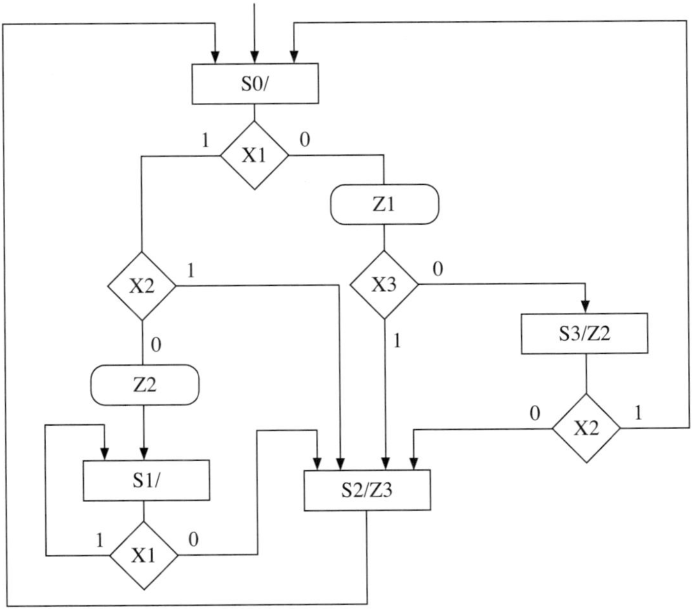

(a) 주어진 그림에서 최소 개수의 상태만을 추가하여 SM 차트를 적절히 변환하라. 적당히 상태 할당을 하라.

(b) SM 차트의 구현에 필요한 마이크로프로그램을 작성하라.

(c) ROM과 멀티플렉서, 플립플롭을 이용하여 SM 차트가 어떻게 구현되는지에 대한 블록도를 작성하라.

Q_c	Q_b	Q_a	$T1$	$T0$	CF	BF	AF	CT	BT	AT	$Z1$	$Z2$	$Z3$
0	0	0											

5.19 (a) 그림 5-33과 같이 카운터, ROM, 멀티플렉서를 갖는 단일 어드레스 마이크로프로그램으로 설계하려면 SM 차트가 어떠한 조건들을 만족해야 하는가?

(b) 문제 5.16의 SM 차트를 이러한 종류의 마이크로프로그래밍(단일 어드레스)으로 구현하기 위한 필요한 상태 할당을 보이고, 수정된 SM 차트를 작성하라.

5.20 (a) 그림 5-33과 같이 카운터, ROM, 멀티플렉서를 갖는 단일 어드레스 마이크로프로그램으로 설계하려면 SM 차트가 어떠한 조건들을 만족해야 하는가?

(b) 문제 5.18의 SM 차트를 이러한 종류의 마이크로프로그래밍(단일 어드레스)으로 구현하기 위한 필요한 상태 할당을 보이고, 수정된 SM 차트를 작성하라.

5.21 아래 주어진 SM 차트를 ROM, 카운터, 4:1 멀티플렉서를 이용하여 구현하라.

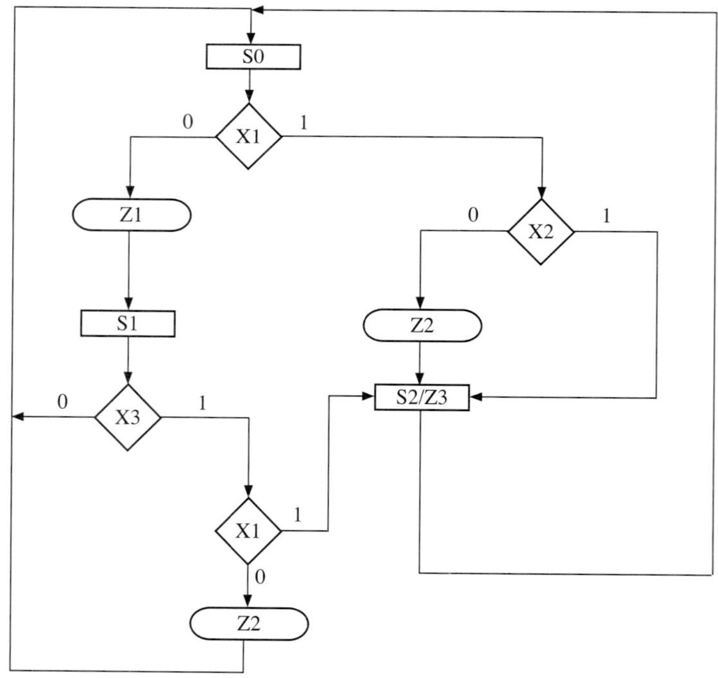

(a) 블록도를 작성하고 MUX의 입력이 무엇인지 보여라.

(b) SM 차트를 적절한 형태로 변환하라. 수정이 필요한 부분을 위의 차트에 표시하라.

(c) 적절한 상태 할당을 하고 상위 6개 행의 ROM 표를 작성하라.

5.22 문제 5.21의 SM 차트를 그림 5-29에서처럼 이중 어드레스 마이크로프로그래밍 하드웨어 구조를 사용하여 구현하라.

(a) 주어진 그림에서 최소 개수의 상태를 추가하여 SM 차트를 적절히 변환하라. 어떤 변환이 필요한가?

(b) 이 하드웨어의 상태 머신을 구현하기 위한 마이크로코드를 작성하라. 상태 이름을 비트로 할당하는 대신에 S_0, S_1의 상태 이름을 사용하여 마이크로코드에 상태를 표시하라. 작성한 마이크로코드를 설명하기 위한 MUX의 배선 구조(입력)를 작성하라.

(c) 마이크로코드의 ROM 크기는 얼마인가? 당신의 계산 결과에 대해 설명하라.

(d) 만약 주어진(원본) SM 차트를 전형적인 ROM 방법을 사용하여 구현한다면, 얼마나 큰 크기의 ROM이 필요한가? 당신의 계산 결과에 대해 설명하라.

5.23 아래의 SM 차트를 단일 어드레스 마이크로프로그래밍으로 구현할 것이다.

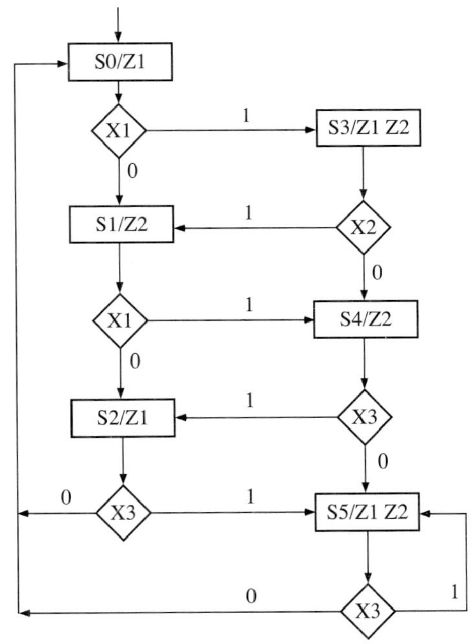

(a) 상태 할당과 SM 차트를 새로 다시 작성하라. MUX의 입력은 1, $X1$, $X2$, $X3$이다. 입력의 순서를 바꾸지는 말고, 필요하다면 추가적인 상태를 추가하라.

(b) 단일 어드레스 마이크로프로그래밍을 이용한 이 상태 머신의 구현을 위한 마이크로코드를 작성하라.

(c) 만약 주어진(원본) SM 차트를 전형적인 ROM 방법을 사용하여 구현한다면, 얼마나 큰 크기의 ROM이 필요한가? 계산 결과에 대해 설명하라.

5.24 다음 SM 차트가 주어져 있다.

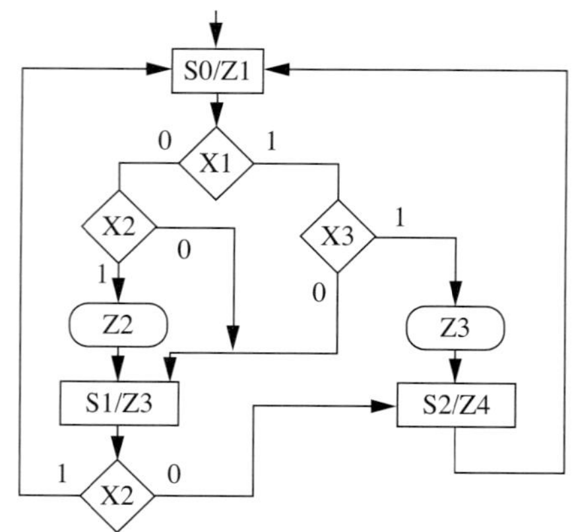

(a) 다음 상태와 출력 식을 유도하라. 상태의 할당은 $S_0 = 00$, $S_1 = 01$, $S_2 = 10$이라고 가정한다.

(b) 마이크로프로그램에서 단지 다음 상태만이 참(NST)으로 명세된 단일 어드레스 마이크로프로그래밍을 구현하기 위해서 SM 차트의 어느 부분을 수정하여야 하는가? 상태 할당을 새로 하고 SM 차트를 새로 작성하라.

(c) 이 회로를 구현하기 위한 단일 어드레스 마이크로프로그램을 작성하라.

(d) 수정된 SM 차트의 단일 어드레스 마이크로프로그래밍을 위한 마이크로프로그램 ROM 크기는 얼마인가?

5.25 세 개의 연결된 머신의 SM 차트가 아래에 주어져 있다. 모든 상태는 동일 클럭을 사용하고 하강에지에서 동작한다. *St, Wa, A, B, C, D*를 포함하는 타이밍도를 작성하라. 모든 상태 머신은 별표(*) 부분에서 시작한다.

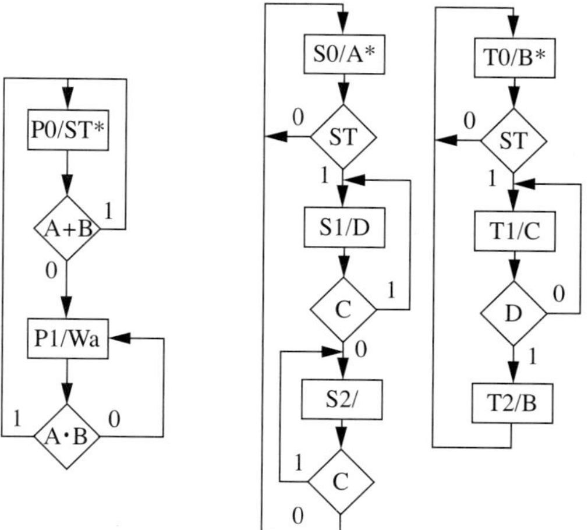

5.26 두 개의 연결된 상태 머신의 SM 차트가 주어져 있다. 머신 T는 상태 T_0에서 시작하고, 머신 S는 S_0에서 시작한다. CLK를 작성하고 상태 T와 S, 신호 P, R, D를 10 클럭 동안의 타이밍도를 작성하라. 모든 상태는 클럭의 상승에지에서 변한다.

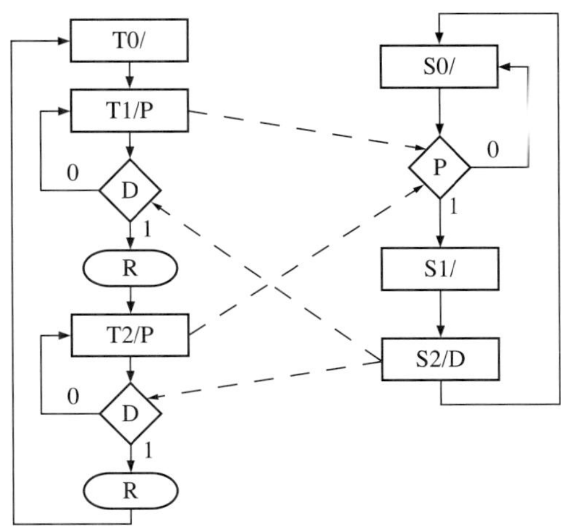

5.27 두 개의 연결된 상태 머신의 SM 차트가 주어져 있다.

(a) 아래에 주어진 타이밍도를 완성하라.

(b) 왼쪽의 SM 차트를 위해 one-hot 상태 할당을 하고, SM 차트를 분석하여 D플립플롭의 입력과 출력 식을 유도하라.

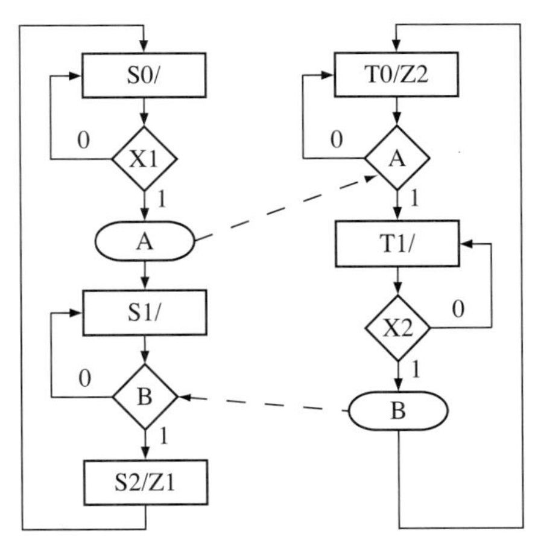

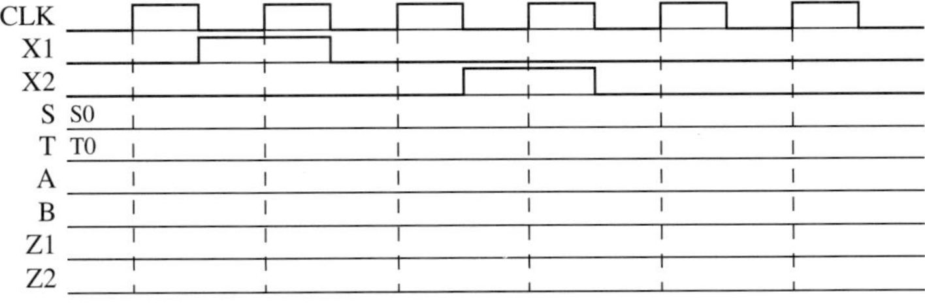

DESIGNING WITH FIELD PROGRAMMABLE GATE ARRAYS 06

FPGA를 이용한 설계

이 장은 FPGA를 사용하여 설계를 구현하는 것과 관련된 여러 가지 이슈들을 다룬다. 기본적인 FPGA 빌딩 블록 구조 때문에 설계 구조상 유연성을 발휘해야 하는 이유를 설명하기 위해 몇 개의 단순한 설계를 FPGA에 직접 매핑하는 것을 보였다. 대형 구조를 섀넌 확장 이론(Shannon's expansion theory)을 이용하여 소형 구조로 분할하는 방법을 보였다. 상태 할당에서 one-hot 방법은 FPGA를 이용한 설계 방법에서 유용한데, 이 장에서 이에 대해 서술되어 있다. 설계 흐름, 합성, 매핑, 배치 등에 대해 간단히 서술하였다. 몇 가지 상용 FPGA의 특징을 예를 통해 소개한다. 그러나 상용 FPGA들의 전체 구조에 대한 설명은 피했다. 그 대신 전반적인 원리에 대해서 다루고 있다. 기초에 대한 이해가 되면, FPGA 제조업체의 데이터북이나 웹페이지를 참조하여 알고 싶은 또는 사용하고자 하는 특정 디바이스에 대한 상세한 설명을 찾을 수 있다.

6.1 FPGA에 논리함수 구현

일반적으로 자동 CAD나 VHDL, verilog 등으로 만들어진 동작적, RTL, 또는 구조적 모델은 FPGA에 합성되고 매핑, 분할, 배치 및 배선 과정을 거친다. FPGA에 설계를 분할하는 것과 관련된 이슈들을 이해하기 위해 FPGA를 이용하여 작은 컴포넌트 설계를 해보자.

그림 6-1(a)에 나타낸 로직 블록을 가진 FPGA를 사용하여 4:1 MUX 설계를 한다고 가정하자. 이것은 두 개의 (X, Y) 4변수 함수 생성기와 두 개의 플립플롭이 사용된다. X 함수 생성기는

X_1, X_2, X_3, X_4의 모든 함수를, Y 함수 생성기는 Y_1, Y_2, Y_3, Y_4의 모든 함수를 만들 수 있다. 래치된 형태이든 래치되지 않은 형태이든 로직 블록의 출력단으로 나올 수 있다. 래치된 형태의 출력은 QX, QY이고 래치되지 않은 출력은 X, Y로 나타내었다. MUX의 입력이 I_0, I_1, I_2, I_3이고 MUX 선택 신호 S_1, S_0가 사용되면, MUX의 출력식은 다음과 같이 쓸 수 있다.

$$M = S_1'S_0'I_0 + S_1'S_0I_1 + S_1S_0'I_2 + S_1S_0I_3 \tag{6-1}$$

4:1 MUX는 세 개의 2:1 MUX로 나타낼 수 있다(그림 6-1(b)).

$$M_1 = S_0'I_0 + S_0I_1$$
$$M_2 = S_0'I_2 + S_0I_3$$

세 번째 2:1 MUX는 4:1 MUX 출력과 동일한 결과를 만들어내야 한다.

$$M = S_1'M_1 + S_1M_2$$

출력은 4:1 MUX 출력(M)과 동일하다. 처음 두 개 2:1 MUX 출력인 (M_1, M_2)는 하나의 로직 블록에 구현되고, 두 번째 로직 블록은 세 번째 MUX를 구현하는 데 사용된다. 따라서 4:1 MUX를 구현하기 위해서는 두 개의 로직 블록이 필요하다. 처음 로직 블록에 의해 생성된 함수는

$$X = M_1 = S_0'I_0 + S_0I_1$$
$$Y = M_2 = S_0'I_2 + S_0I_3$$

이며, 두 번째 로직 블록의 반만 사용되었다. X 함수 생성기는 다음 함수를 만들어낸다.

$$M = S_1'M_1 + S_1M_2$$

그림 6-2에 표시된 것은 M_1, M_2의 경로이다. 플립플롭은 이 설계에서 사용되지 않았다.

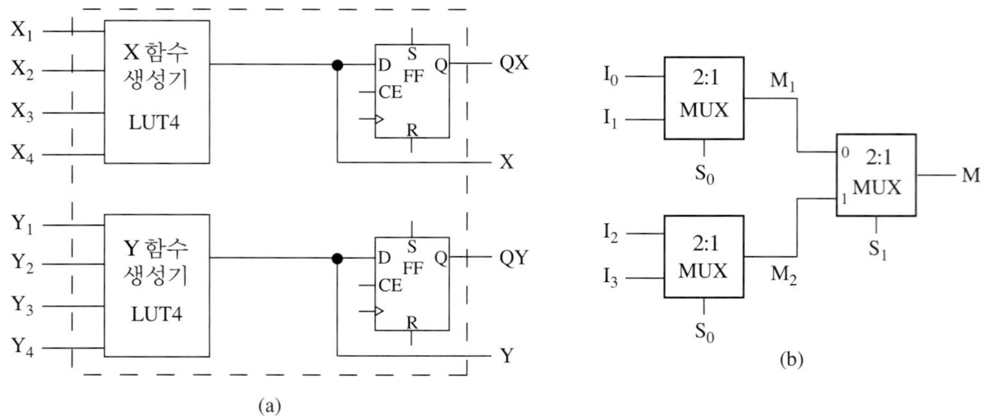

그림 6-1 (a) FPGA에 대한 빌딩 블록 예, (b) 2:1 MUX를 사용하여 구현한 4:1 MUX

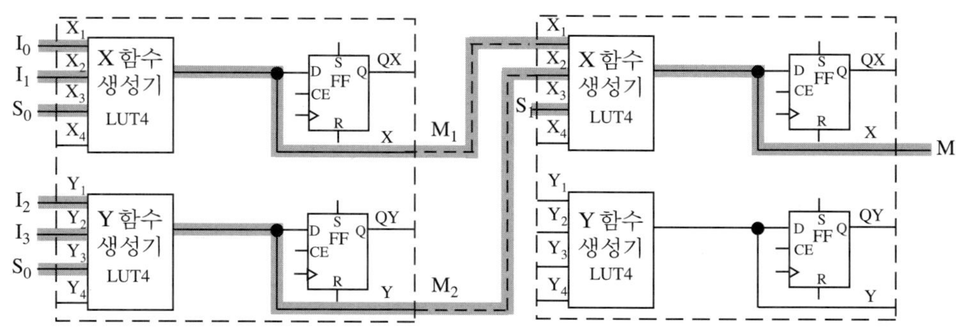

그림 6-2 4:1 MUX에 대한 하이라이트된 경로

최신 FPGA는 4-입력 룩업 테이블(**LUT**)을 기본 빌딩 블록으로 사용한다. 이것을 **LUT4**라 한다. 이것을 사용하면 어떤 4-입력 변수의 함수를 구현할 수 있다. SRAM 기술을 사용한 4-입력 LUT를 구현하기 위해 16-비트 SRAM이 사용된다.

예제

그림 6-2에서 MUX를 구현하는 LUT의 내용은 무엇인가?

해답

그림에 도시된 바와 같이 M_1, M_2, M 함수를 구현하기 위해 세 개의 LUT가 사용된다. 모두 기본적으로 2:1 MUX이다. X_1과 Y_1이 LSB 위치로 하고 X_4와 Y_4가 MSB 위치라면 각 LUT의 진리표를 아래와 같이 만들 수 있다. S_0가 0이면 출력(X)은 I_0와 같고, S_0가 1이면 출력은 I_1과 같다. 세 개의 LUT에 번호를 붙여 LUT-M1, LUT-M2, LUT-M으로 명명하자.

입력				출력
X_4	$X_3(S_0)$	$X_2(I_1)$	$X_1(I_0)$	X
x	0	0	0	0
x	0	0	1	1
x	0	1	0	0
x	0	1	1	1
x	1	0	0	0
x	1	0	1	0
x	1	1	0	1
x	1	1	1	1

각 LUT의 MSB는 사용되지 않는다. LUT의 처음 8개 지점의 내용은 다음 8개 지점과 같다. 왜냐하면 X_4의 값과 상관없이 2:1 MUX로 동작하기 때문이다. 따라서 LUT-M1의 내용은 다음과 같다.

LUT-M1 – 0, 1, 0, 1, 0, 0, 1, 1, 0, 1, 0, 1, 0, 0, 1, 1

그림 6-2에서 세 개의 LUT는 2:1 MUX를 구현하기 때문에 입력 연결 내용이 같다. 즉, 두 번째와 세 번째 LUT의 내용은 다음과 같다.

LUT-M2 – 0, 1, 0, 1, 0, 0, 1, 1, 0, 1, 0, 1, 0, 0, 1, 1
LUT-M – 0, 1, 0, 1, 0, 0, 1, 1, 0, 1, 0, 1, 0, 0, 1, 1

몇몇 FPGA는 두 개의 4변수 함수 생성기와 두 개의 함수 생성기 출력을 결합하는 방법을 제공한다. 그림 6-3의 로직 블록을 살펴보자. 이러한 프로그래머블 로직 블록은 9개의 입력(X_1, X_2, X_3, X_4, Y_1, Y_2, Y_3, Y_4, C)을 가진다. 네 개의 입력 변수를 가진 두 개의 독립적인 함수

$$f_1(X_1, X_2, X_3, X_4) \text{ 및 } f_2(Y_1, Y_2, Y_3, Y_4)$$

를 만들어낸다.

로직 블록은 f_1, f_2, C에 관련된 함수 Z도 만들어낼 수 있다. 몇 개의 프로그래머블 MUX는 조합논리 출력(X_{OUT}, Y_{OUT})과 순차논리 출력(QX, QY)을 선택하기 위해 사용된다. 이러한 블록은 $Z = f_1(F_1, F_2, F_3, F_4) \cdot C' + f_2(F_1, F_2, F_3, F_4) \cdot C$ 형태의 5변수 함수를 만들어낼 수 있다. 또한 6~9개의 변수를 갖는 논리함수를 만들어낸다. Xilinx사의 FPGA XC4000는 이것과 유사한 구조를 가진다.

이제 FPGA를 이용하여 4:1 MUX의 구현을 생각해 보자. 이러한 형태의 FPGA로는 그림 6-4에서 하이라이트된 것처럼 하나의 로직 블록으로 구현될 수 있다. X 함수 생성기(LUT4)는

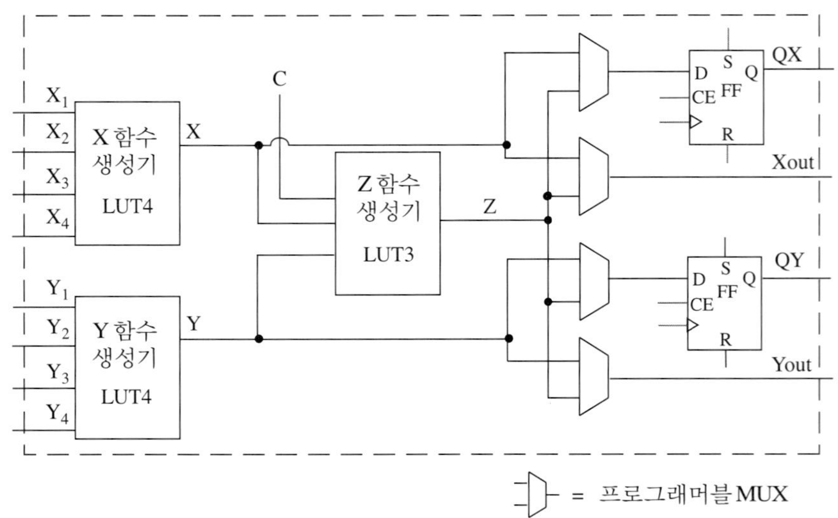

그림 6-3 세 개의 룩업 테이블을 이용한 프로그래머블 로직 블록의 예

$M_1 = S_0'I_0 + S_0I_1$ 함수를 구현하고, Y 함수 생성기(LUT4)는 $M_2 = S_0'I_2 + S_0I_3$ 함수를 구현하며, Z 함수 생성기는 $M = S_1'M_1 + S_1M_2$ 함수를 구현한다. 입력 C는 Z 함수 생성용 선택 신호 S_1을 만들어내는 데 사용된다. 이러한 식의 설계는 플립플롭이나 래치가 필요 없다.

종종 같은 설계를 매핑하는 데 있어서 여러 가지 방법이 있을 수 있다. 4:1 MUX(그림 6-4에 나타냄)는 블록의 C 입력을 사용하여 만들어진다. MUX는 C 입력을 사용하지 않더라도 생성할 수 있다. MUX 식(식 (6-1))의 처음 두 항은 네 개의 변수(S_0, S_1, I_0, I_1)를 가진다. 세 번째 항과 네 번째 항도 네 개의 변수를 가진다(S_0, S_1, I_2, I_3). 따라서 4변수 함수 생성기는 처음 두 개의 항을 생성하고, 다른 4변수 함수 생성기는 세 번째와 네 번째 항을 구현할 수 있다. Z 함수 생성기는 두 개의 4변수 함수 생성기의 출력을 결합하는 데 사용된다. 이 경우 X 함수 생성기(LUT4)는 다음의 함수를 만들어낸다.

$$F_1 = S_1'S_0'I_0 + S_1'S_0I_1 \tag{6-1a}$$

이 식은 식 (6-1)의 절반에 해당되는 식이다. Y 함수 생성기(LUT4)는

$$F_2 = S_1S_0'I_2 + S_1S_0I_3 \tag{6-1b}$$

를 만들어내는데, 이것은 식 (6-1)의 두 번째 절반에 해당된다. Z 함수 생성기(LUT3)는 OR function을 수행하여

$$Z = F_1 + F_2 \tag{6-2}$$

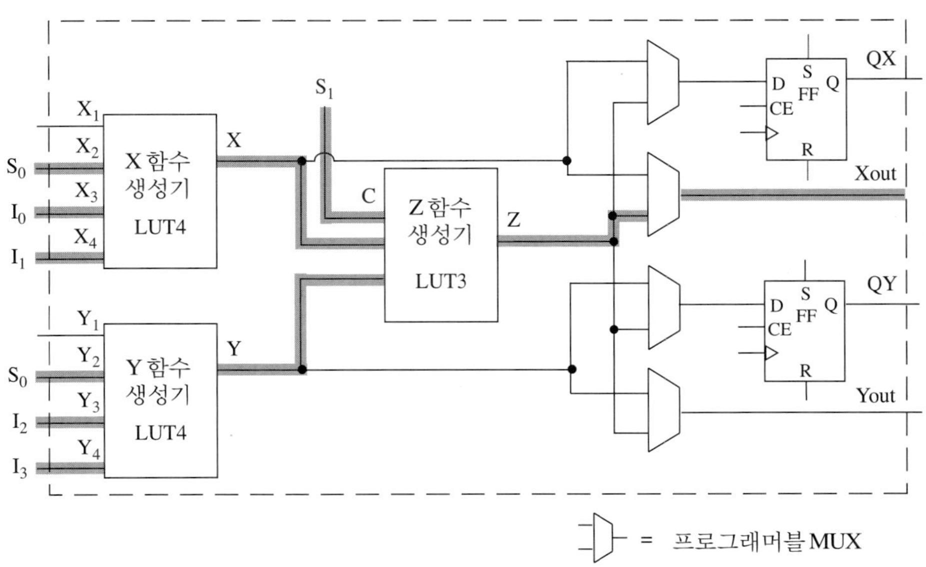

그림 6-4 세 개의 함수 생성기를 이용한 프로그래머블 로직 블록에서 4:1 MUX

를 만든다. 이 경우 C 입력은 필요가 없다. 이것은 타깃 기술에 맞도록 회로를 매핑할 때 매핑하는 소프트웨어의 선택에 따라 구현이 달라짐을 보여주는 예이다.

앞의 예는 LUT를 사용하여 MUX를 생성하는 데 비용이 많이 든다는 것을 알 수 있다. 4:1 MUX를 만들어내는 데 4-입력 함수 생성기(LUT4)는 세 개가 필요하다. LUT4를 구현하는 데 16 SRAM 셀이 필요하므로 그림 6-2의 FPGA 빌딩 블록을 사용하여 4:1 MUX를 구현하는 데는 48개의 메모리 셀이 필요하다.

3변수 함수 생성기(LUT3)를 만드는 데는 8개의 메모리 셀이 필요하다. 따라서 그림 6-3의 MUX는 40개의 메모리 셀(16셀: X, 16셀: Y, 8셀: Z)이 필요하다. 메모리 셀들의 값은 프로그래밍하기 위해 FPGA에 다운로드되어야 할 값이다.

프로그래머블 로직 블록이 꽤 복잡한 여러 개의 변수 함수를 구현할 수 있는 큰 유닛이라면 각 로직 블록의 대부분은 사용되지 않을 수도 있다. 예를 들어 살펴보자. 그림 6-1(a)와 유사한 4비트 순환형 시프트 레지스터를 구현한다고 가정하자. 순환형 시프트 레지스터는 우측 끝 플립플롭의 출력이 좌측 처음의 플립플롭으로 피드백된다. 이러한 형태를 **링 카운터**(ring counter)라고도 한다. 4비트 시프트 레지스터는 네 개의 플립플롭이 필요하므로, 두 개의 기본 빌딩 블록이 요구된다. 네 개의 다음 상태 식은 $D_1 = Q_4$, $D_2 = Q_1$, $D_3 = Q_2$, $D_4 = Q_3$이다. 두 개의 다음 상태 식은 하나의 로직 블록 내의 조합논리함수 생성기를 사용하여 구현할 수 있다. 그림 6-5(b)는 시프트 레지스터의 활성화된 경로를 보여준다. X 함수 생성기는 $D_1 = Q_4$, Y 함수 생성기는

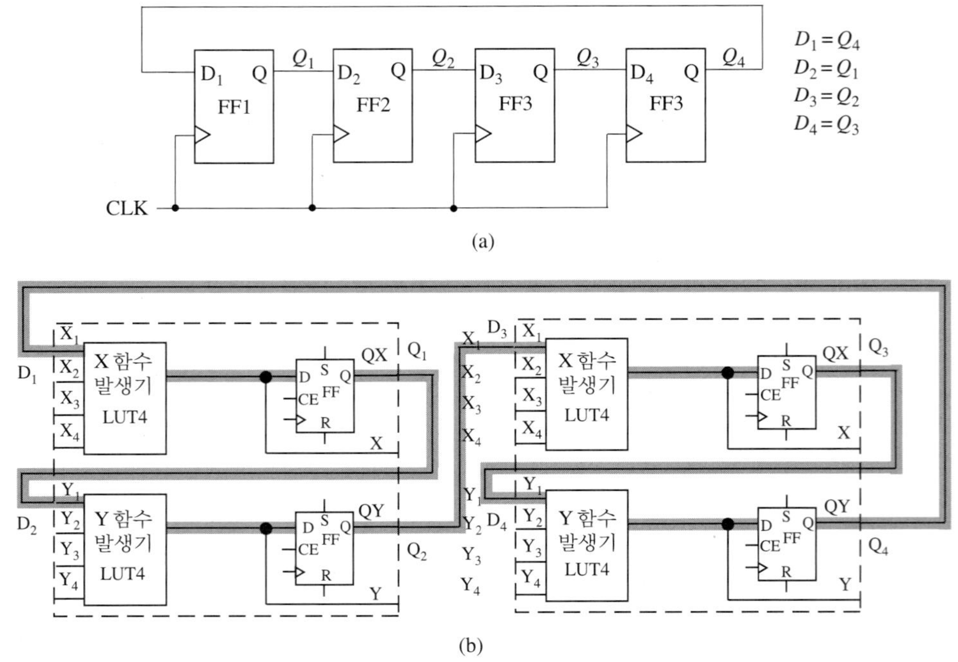

그림 6-5 (a) 순환형 시프트 레지스터, (b) 간단한 FPGA 빌딩 블록을 이용한 구현

$D_2 = Q_1$을 생성하는 데 사용된다.

이 예에서 4변수 함수 생성기는 대부분 사용되지 않는다. 왜냐하면 플립플롭은 다음 상태 식이 다소 간단하다; 앞의 플립플롭의 현재 상태에 따른다(즉, 단일 변수 함수). 그렇지만 함수 생성기가 단일 변수 함수용으로 사용되더라도 남아 있는 나머지 부분은 사용될 수 없다.

예제

3:8 디코더를 설계하는 데는 그림 6-1(a)와 같은 프로그래머블 로직 블록이 몇 개나 필요한가?

 **해답**

네 개. 3:8 디코더는 세 개의 입력과 8개의 출력을 가진다. 각 출력은 3변수 함수 생성기가 필요하다. 그림 6-1(a)의 로직 블록은 4변수 함수 생성기가 들어 있으므로 한 개의 출력을 만들기 위해 하나의 함수 생성기를 사용하여야 한다. 따라서 8개의 함수 생성기(8개의 4-입력 LUT)가 필요하다. 그림 6-1(a)의 하나의 로직 블록은 두 개의 출력을 만들 수 있다. 따라서 네 개의 프로그래머블 로직 블록은 3:8 디코더를 구현할 수 있다.

만약 LUT가 SRAM 기반이라면 128개의 SRAM 셀이 요구된다. 이러한 디코더는 논리 게이트로만 구현하면 8개의 3-입력 AND 게이트와 세 개의 인버터가 필요하다. 따라서 LUT로 구현하는 것이 오히려 상당히 비싼 대가를 치른다.

몇몇 FPGA는 MUX와 게이트로 빌딩 블록을 구성한다. 또 다른 FPGA(예: Xilinx Sparatan)는 LUT와 MUX를 제공한다. 매핑 소프트웨어는 FPGA에 따라 타깃 기술(즉, 사용되는 특정한 FPGA)에 사용할 수 있는 부분을 체크하여 설계를 구현할 수 있는 빌딩 블록에 옮긴다.

6.2 섀넌 분해를 사용한 함수 구현

섀넌 확장 이론은 여러 개의 변수 함수를 작은 변수로 분해하는 데 사용할 수 있다. 앞 절에서 4:1 MUX를 2:1 MUX로 분할하여 4변수 함수 생성기를 사용하여 로직 블록에 구현하였다. 섀넌 확장 이론은 어떤 함수에도 적용할 수 있는 일반적인 분해 기법을 제공한다.

6개 변수 함수 $Z(a, b, c, d, e, f)$를 구현하는 데 섀넌 분해(Shannon decomposition) 기법을 적용하는 방법을 살펴보자. 먼저 함수를 다음과 같이 확장한다.

$$Z(a, b, c, d, e, f) = a' \cdot Z(0, b, c, d, e, f) + a \cdot Z(1, b, c, d, e, f) = a'Z_0 + aZ_1 \qquad (6\text{-}3)$$

식 (6-3)이 올바르다는 것은 a에 '0'과 '1'을 대입함으로써 확인할 수 있다. $a=0$과 $a=1$일 때 식이 항상 '참'이므로 식 (6-3)은 항상 성립한다. 식 (6-3)은 그림 6-6(a)의 회로로 구현된다. 이것은 Z_0와 Z_1을 구현하는 데 두 개의 셀을 사용하였다. 3변수 함수 $Z=a'Z_0+aZ_1$은 세 번째 셀의 절반이 사용된다.

예를 들어 다음 함수를 고려해 보자.

$$Z = abcd'ef' + a'b'c'def' + b'cde'f$$

$a=0$으로 놓으면

$$Z_0 = 0 \cdot bcd'ef' + 1 \cdot b'c'def' + b'cde'f = b'c'def' + b'cde'f$$

로 주어지고, $a=1$로 놓으면

$$Z_1 = 1 \cdot bcd'ef' + 0 \cdot b'c'def' + b'cde'f = bcd'ef' + b'cde'f.$$

로 주어진다. Z_0와 Z_1이 5변수 함수이므로 각각 5-입력 LUT가 필요하다. 함수의 항의 개수와 상관없이 5개의 변수가 필요한 이상, 하나의 5-입력 LUT만 있으면 된다. 그런 다음 Z_0와 Z_1에서 Z를 만들어내기 위해서는 2:1 MUX나 다른 LUT5가 필요하다.

만약 4-입력 LUT만 사용할 수 있다면, 5변수 함수는 분해하여 4변수 함수로 만들어야 한다. 이것은 섀넌 확장 이론을 두 번 적용하여 할 수 있다. 처음은 a에 관해 다음은 b에 관해 확장하면 된다. 또는 한 번의 단계로 네 개의 컴포넌트 함수로 다음과 같이 분해할 수도 있다.

$$\begin{aligned} Z(a,b,c,d,e,f) &= a'b' \cdot Z(0,0,c,d,e,f) + a'b \cdot Z(0,1,c,d,e,f) \\ &\quad + ab' \cdot Z(1,0,c,d,e,f) + ab \cdot Z(1,1,c,d,e,f) \\ &= a'b' \cdot Y_0 + a'b \cdot Y_1 + ab' \cdot Y_2 + ab \cdot Y_3 \end{aligned} \tag{6-4}$$

그림 6.6(b)는 4변수 함수를 사용하여 일반적인 6변수 함수를 구현하는 모양을 도시하였다.

이제 다음 함수를 이용하여 4변수 함수로의 분해에 대해 알아보자.

$$Z = abcd'ef' + a'b'c'def' + b'cde'f$$

섀넌 확장 이론을 a와 b에 대해 적용하자.

- $a=b=0$일 때 $Y_0 = c'def' + cde'f$
- $a=0, b=1$일 때 $Y_1 = 0$
- $a=1, b=0$일 때 $Y_2 = cde'f$
- $a=b=1$일 때 $Y_3 = cd'ef'$

일반적인 구현에서는 그림 6-6(b)의 6변수 함수를 구현하는 데 7개의 4변수 함수 생성기가 필요

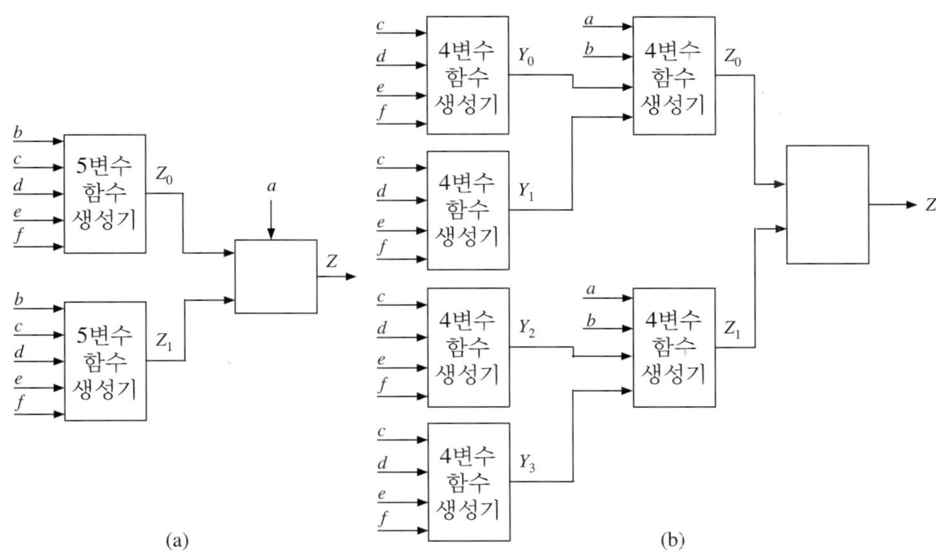

그림 6-6 (a) 5변수 함수 생성기와 (b) 4변수 함수 생성기를 사용하여 6변수 함수의 구현

하다. 그러나 위의 예에서 분해를 통해 구해진 4변수 함수 중 하나는 널 함수(null function)이고, 따라서 간단한 함수로 주어진다.

$$Z = a'b' \cdot Y_0 + ab' \cdot Y_2 + ab \cdot Y_3$$

5개의 4변수 함수 생성기는 위의 식을 구현하는 데 충분하다(Y_0, Y_2, Y_3에 각 한 개, $z_1 = ab' \cdot Y_2 + ab \cdot Y_3$를 생성하는 데 한 개, $a'b' \cdot Y_0 + Z_1$을 구현하는 데 한 개의 총 5개). 그림 6-7은 $Z = abcd'ef' + a'b'c'def' + b'cde'f$ 함수를 4변수 함수 생성기만 사용하여 구현한 그림을 보여준다.

7변수 함수는 6개 이하의 LUT5를 이용하여 구현할 수 있다. 일반적인 7변수 함수에 대한 확장은 아래 식과 같다.

$$\begin{aligned} Z(a, b, c, d, e, f, g) &= a'b' \cdot Z(0, 0, c, d, e, f, g) + a'b \cdot Z(0, 1, c, d, e, f, g) \\ &\quad + ab' \cdot Z(1, 0, c, d, e, f, g) + ab \cdot Z(1, 1, c, d, e, f, g) \\ &= a'b' \cdot Y_0 + a'b \cdot Y_1 + ab' \cdot Y_2 + ab \cdot Y_3 \end{aligned} \tag{6-5}$$

Y_0, Y_1, Y_2, Y_3는 c, d, e, f, g의 5변수 함수이다. 식 (6-5)는 섀넌 확장 이론을 두 번 적용하여 얻어진다. 처음은 a에 관해 다음은 b에 관해 확장하면 된다. 예를 들어 7변수 함수를 고려해 보자.

$$Z = c'de'fg + bcd'e'fg' + a'c'def'g + a'b'd'ef'g' + ab'defg'$$

- $a = b = 0$일 때 $Y_0 = c'de'fg + c'def'g + d'ef'g'$
- $a = 0, b = 1$일 때 $Y_1 = c'de'fg + cd'e'fg' + c'def'g$
- $a = 1, b = 0$일 때 $Y_2 = c'de'fg + defg'$

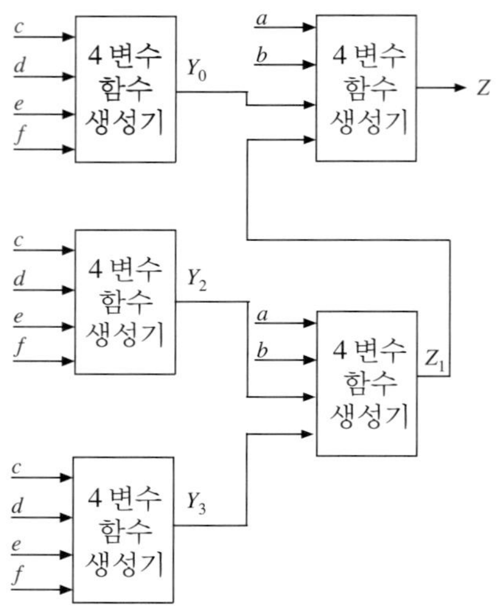

그림 6-7 4 변수 함수 생성기를 이용한 함수 구현의 예

- $a = b = 1$일 때 $Y_3 = c'de'fg + cd'e'fg'$

이 함수는 6개의 5변수 함수 생성기로 구현할 수 있다. 함수 생성기 중 네 개는 Y_0, Y_1, Y_2, Y_3를 구현한다. 다섯 번째 함수 생성기는 4변수 함수 $Z_0 = a'b'Y_0 + a'b \cdot Y_1$을 구현하고, 나머지 하나의 함수 생성기는 $Z = Z_0 + ab' \cdot Y_2 + ab \cdot Y_3$를 구현한다.

섀넌 분해 기법은 n변수 함수를 두 개의 $(n-1)$변수 함수와 MUX로 바꾼다. 이 장의 앞부분에서 보는 바와 같이 MUX와 LUT로 구현하는 것은 매우 비효율적이다. 변수의 숫자(n)가 증가할수록 n변수 함수를 구현하기 위한 룩업 테이블의 수가 급격히 증가한다. MUX의 사용 또한 LUT의 사용 개수를 줄인다. 이러한 이유로 몇몇 FPGA는 LUT4와 MUX를 동시에 제공한다.

예제

4-입력 LUT와 2:1 MUX를 사용하여 7변수 함수를 구현하라.

해답

섀넌 확장으로 다음의 분해식을 얻을 수 있다.

7변수 함수 생성기 = 두 개의 6변수 함수 생성기 + 2:1 MUX (i)

6변수 함수 생성기 = 두 개의 5변수 함수 생성기 + 2:1 MUX (ii)

5변수 함수 생성기 = 두 개의 4변수 함수 생성기 + 2:1 MUX (iii)

(iii)을 (ii)에 대입하면

6변수 함수 생성기 = 네 개의 4변수 함수 생성기 + 세 개의 2:1 MUX (iv)

가 되고, (iv)를 (i)에 대입하면

7변수 함수 생성기 = 8개의 4변수 함수 생성기 + 7개의 2:1 MUX

를 얻게 된다. 따라서 7변수 함수는 그림 6-8에서처럼 구현될 수 있다.

만약 4변수 LUT만 존재한다면, 7변수 함수는 15개의 4변수 LUT가 필요하다. 2:1 MUX는 4-입력 LUT보다 값이 싸다. 따라서 그림 6-8과 같이 8개의 4-입력 LUT나 7개의 2:1 MUX로 구현될 수 있다.

Xilinx Spartan FPGA는 4변수 LUT와 MUX를 제공하는 하나의 제품이다. 이러한 FPGA에서 논리부는 **slice**라고 하고, 하나의 슬라이스는 그림 6-9에서처럼 블록이 구성된다. 두 개의 4-입력 LUT와 두 개의 2:1 MUX를 포함하고 있다(그 외 추가 로직이 있으나 그림에 보이지 않았다). 7변수 함수는 그림 6-10에서처럼 네 개의 슬라이스로 구현할 수 있다. 점선으로 그려진 선은 각

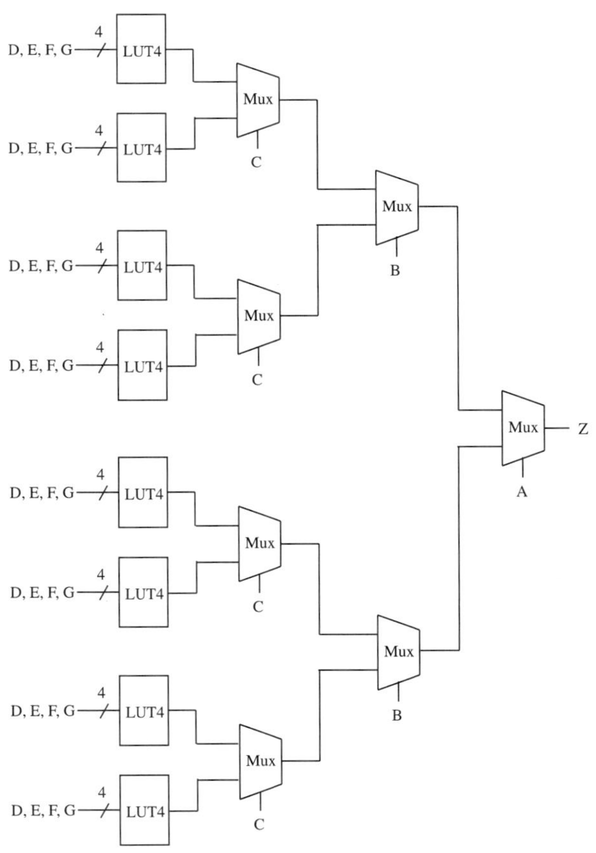

그림 6-8 4-입력 LUT와 2:1 MUX를 사용한 7변수 함수

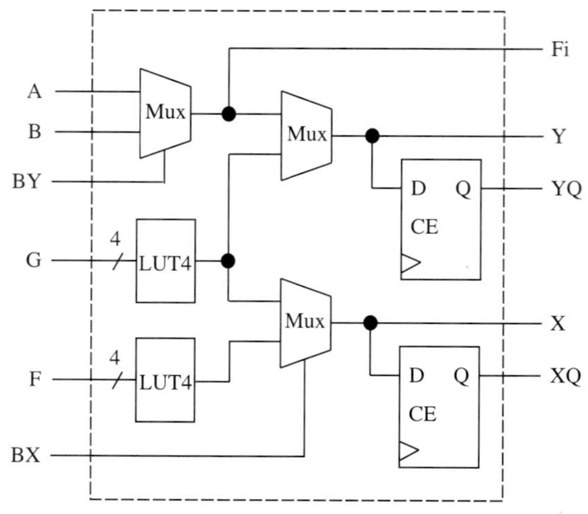

그림 6-9 Xilinx Spartan Slice의 단순화된 도식

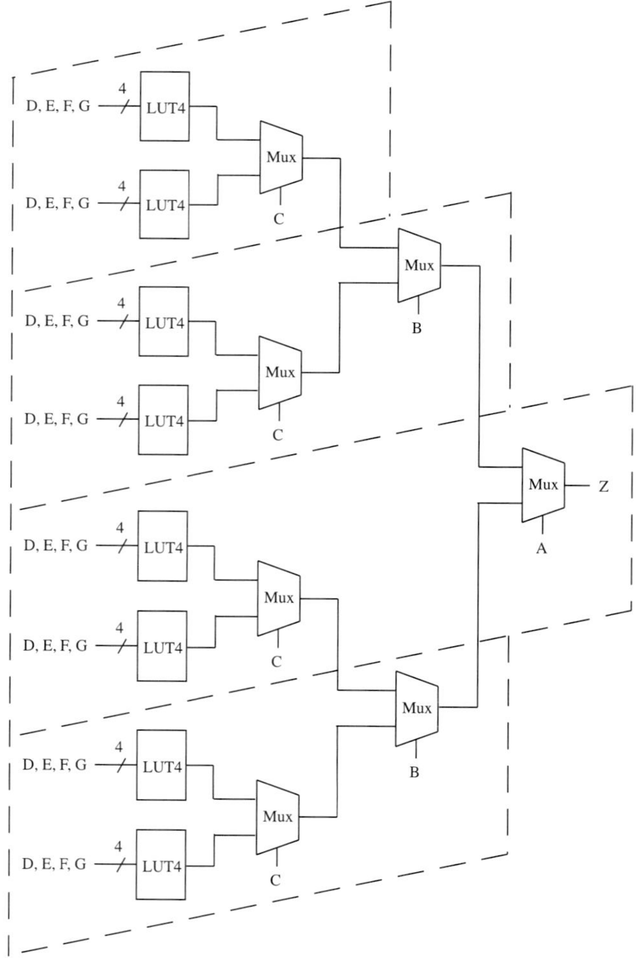

그림 6-10 네 개의 Xilinx Spartan Slice를 이용한 7변수 함수 구현

슬라이스를 나타낸다.

또 다른 예로서 4변수 함수 생성기로 패리티 함수를 만들어 보자. 패리티 함수는 다음과 같이 정의된다.

$$F = A \oplus B \oplus C \oplus D \oplus E$$

이 패리티 함수는 곱의 합의 항으로 정리하면 16개의 항을 가지며 5변수 함수이다. 어떤 종류의 5변수 함수라도 섀넌 확장 이론을 이용하여 두 개의 4변수 함수로 분해되며, 두 개의 4-입력

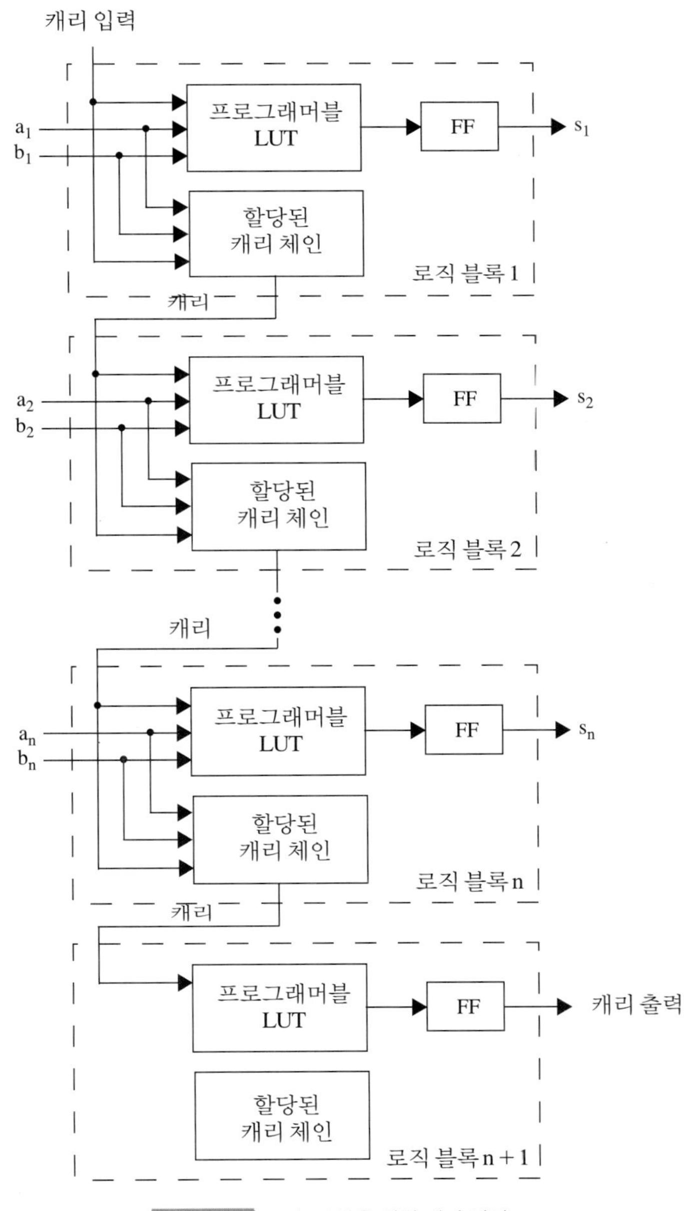

그림 6-11 고속 가산을 위한 캐리 체인

LUT와 2:1 MUX로 구현할 수 있다. 두 개의 4변수 함수 생성기는 패리티 함수 구현에는 충분한데, 그 이유는 4변수 패리티 함수로 분해한 다음 다섯 번째 변수와 XOR하면 되기 때문이다.

6.3 FPGA에서의 캐리 체인

FPGA를 이용하여 가산기를 구현하는 가장 순진한 방법은 합과 캐리를 만드는 로직 블록을 사용하는 것이다. 하나의 4변수 LUT는 합을 생성시키고, 다른 하나의 LUT4는 캐리를 구현하는 데 필요하다. 각 비트의 캐리 출력은 상호연결(interconnect)선을 이용하여 다음 비트로 전달되어야 한다. 덧셈 동작은 기본적이고 광범위하게 사용되는 동작이므로 많은 FPGA 소자가 캐리를 생성하고 전달하는 전용 회로를 제공한다. 일반적으로 전용 캐리 체인(carry chain) 회로가 구현되어 있다. 예를 들어 그림 6-11의 캐리 체인을 고려해 보자. 각 LUT는 해당하는 입력 비트(*a*, *b*, *Carry-in*)에 대한 합 비트를 만들어낸다. 캐리 체인은 캐리를 생성해내고 다음 자릿수의 합을 계산하기 위해 연결선을 이용하여 전달된다.

이러한 캐리 체인이 없으면 *n*-비트 가산기는 2*n*개의 로직 블록(로직 블록이 LUT4라면)이 필요하다. 반면에 캐리 체인을 사용하면 *n*개의 로직 블록(비록 추가적인 회로가 필요하지만)이면 충분하다. 전용 캐리 체인 회로는 캐리를 생성한 다음 LUT4에 직접 배선(routing)한다. 캐리 생성을 위한 하드웨어는 많은 회로에서 자주 사용되지는 않지만, 덧셈 동작이 기본적인 연산 동작이므

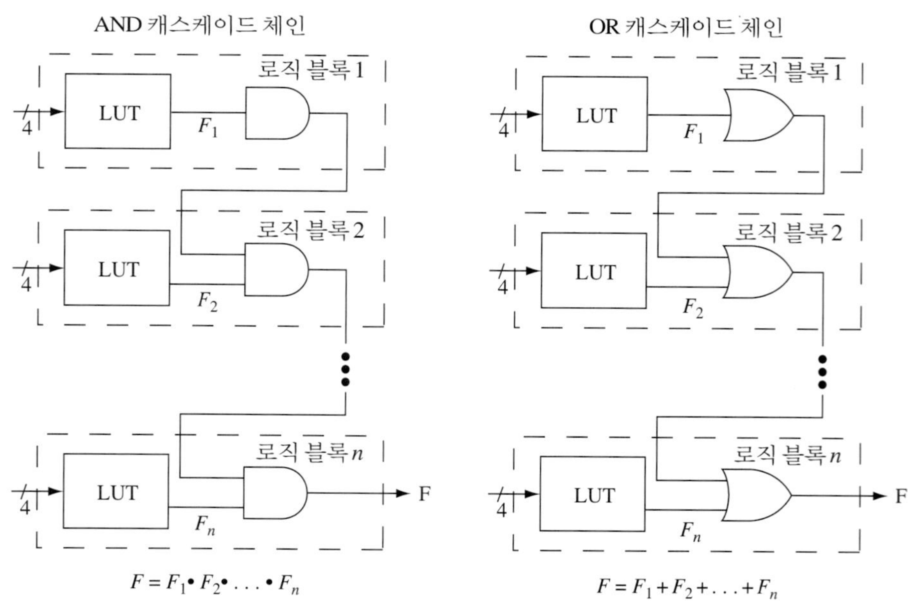

그림 6-12 캐스케이드 체인 동작

로 FPGA 로직 블록에 포함시키는 것은 필요하다.

6.4 FPGA에서의 캐스케이드 체인

몇몇 FPGA는 FPGA 블록들의 출력을 직렬로 연결하는 캐스케이드 기능을 포함하고 있다. 일반적인 캐스케이딩 형태는 AND형과 OR형이 있다. 로직 블록 출력에 AND 또는 OR 동작을 수행하기 위해 따로 블록을 사용하기보다는 하나의 로직 블록 출력이 캐스케이드 회로에 직접 연결되어 AND 또는 OR 동작이 되도록 한다. 그림 6-12는 LUT4를 함수 생성기로 사용하는 FPGA의 캐스케이드 체인을 보여준다. 따라서 32변수의 OR 동작이 필요하면 8개의 로직 블록을 사용하여 만들 수 있다. 각 로직 블록은 4변수 OR를 만들어내고, 캐스케이드된 OR 게이트를 사용하여 앞의 로직 블록의 로직들을 OR시킨다. 몇몇 FPGA는 AND와 XOR 게이트의 캐스케이딩도 할 수 있다. 룩업 테이블 기반의 FPGA에서 이러한 형태의 캐스케이드 체인은 LUT 체인이라고도 한다.

6.5 상용 FPGA에서의 로직 블록 예

상용 FPGA 로직 블록 중 Xilinx, Altera, Actel사의 세 가지 예를 살펴보자. Xilinx와 Altera사의 로직 블록 구조는 기본 빌딩 블록으로 4변수 룩업 테이블을 사용한다. Actel사의 경우는 MUX와 논리 게이트를 사용한다.

6.5.1 Xilinx사의 구성 가능한 로직 블록(CLB)

Xilinx Spartan과 Virtex 계열 FPGA는 그림 6-13에서 보여주는 바와 같이 **슬라이스**라는 기본 블록을 두 개 또는 네 개를 사용하여 구성 가능한 로직 블록(configurable logic block, CLB)을 만든다. CLB는 Xilinx 계열 FPGA에서 프로그래머블 로직 블록에 사용되는 용어이다. 각 슬라이스는 두 개의 함수 생성기를 가진다. 즉, F, G 함수 생성기이다. 거기에다 두 개의 MUX, 즉 F5와 FX를 갖는다. 4변수의 LUT를 구현하기 위해서는 16개의 SRAM 비트가 필요하다. 따라서 하나의 슬라이스는 32비트의 SRAM이 포함된 조합논리를 만드는 데 사용된다. F5 MUX는 두 개의 4변수 함수 생성기를 결합하여 5변수 함수 생성기를 만드는 데 사용된다. MUX의 선택 입력 신호는 다섯 번째의 입력 변수로 공급된다. FX MUX의 모든 입력은 외부에서 제어할 수 있고 여러 개의 2변수 함수를 생성할 수 있다. 이 MUX는 두 개 슬라이스의 F5 출력을 결합하여 6-입력 함수를 만들 수 있다. 각 슬라이스는 그 외 두 개의 플립플롭이 포함되어 있고 에지 반응의

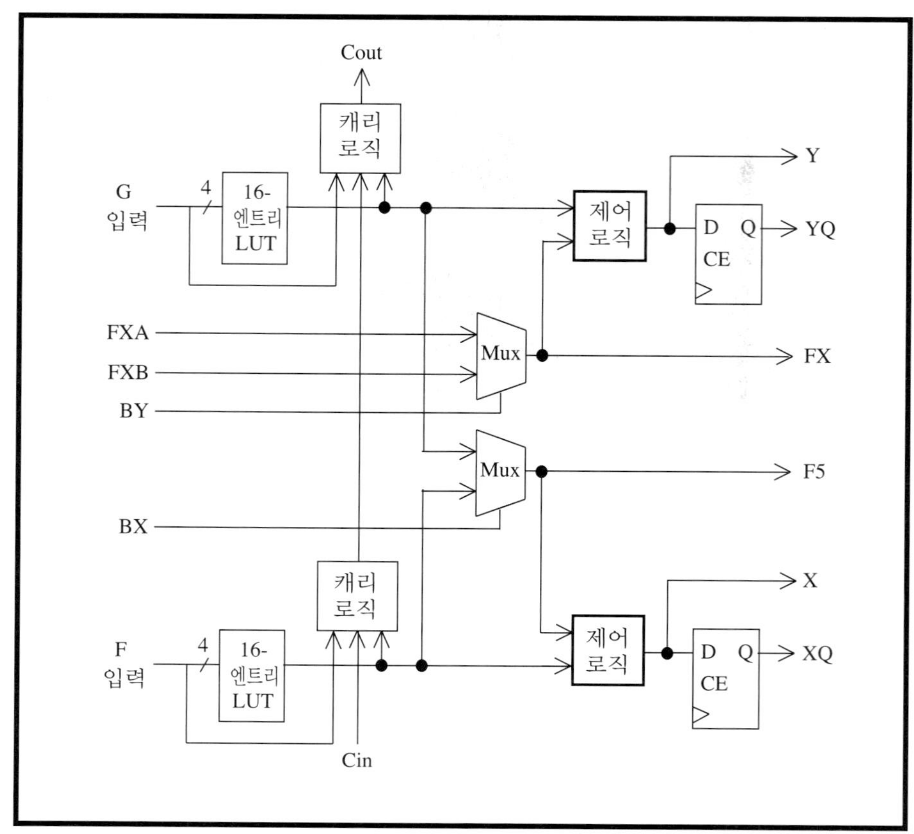

그림 6-13 Xilinx Spartan Virtex Slice의 단순화된 도식

D 플립플롭 또는 레벨 반응의 래치회로로 재구성될 수 있다. 덧셈 동작을 위한 고속 캐리 생성 function도 포함되어 있다. 범용 4변수 LUT와 몇몇 특정 논리함수들을 만들어내는 로직이 추가로 들어 있다.

6.5.2 Altera사의 논리 요소(LE)

Altera사의 기본 블록 이름은 LE(logic element)라고 한다. 그림 6-14는 Altera Stratix FPGA의 LE에 대한 단순화된 도식을 보여준다. 각 LE는 4변수 LUT와 플립플롭을 가지고 있다. 그것은 어떤 종류의 4변수 함수를 구현할 수 있다. 출력은 조합논리 또는 플립플롭에서 뽑아 쓸 수 있다. 캐스케이드 체인은 인접한 LE들 간에 연결을 통해 4변수 이상의 함수를 구현할 수 있도록 한다. 빠른 덧셈을 위한 고속 캐리 체인 블록도 가지고 있다. 플립플롭은 비동기적으로 '1' 또는 '0' 으로 세팅할 수 있다. 그림은 상당히 단순화된 형태이므로 상세한 부분은 표시되어 있지 않다. 플립플롭 출력은 피드백되어 LUT의 입력으로 돌아갈 수 있다. 그리고 LUT 입력을 조작하는 추가적인 논리 게이트가 있다.

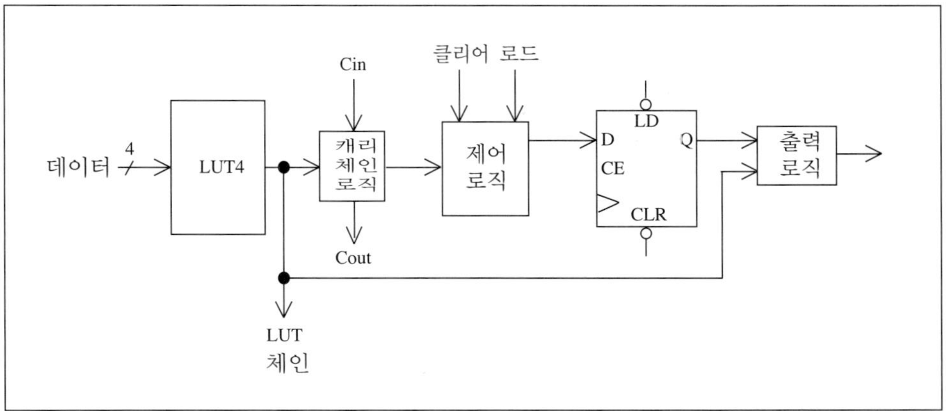

그림 6-14 Altera Stratix 논리 요소의 단순화된 도식

6.5.3 Actel Fusion VersaTile

Actel Fusion 칩 구조의 MUX와 게이트로 구성된 빌딩 블록은 그림 6-15에 나타내었다. Actel사의 기본 로직 블록을 **VersaTile**이라 한다. VersaTile 블록은 네 개의 입력 X_1, X_2 X_3, X_c를 가진다. 각 VersaTile은 다음 중 어느 형태로도 재구성될 수 있다.

- 3-입력 논리함수

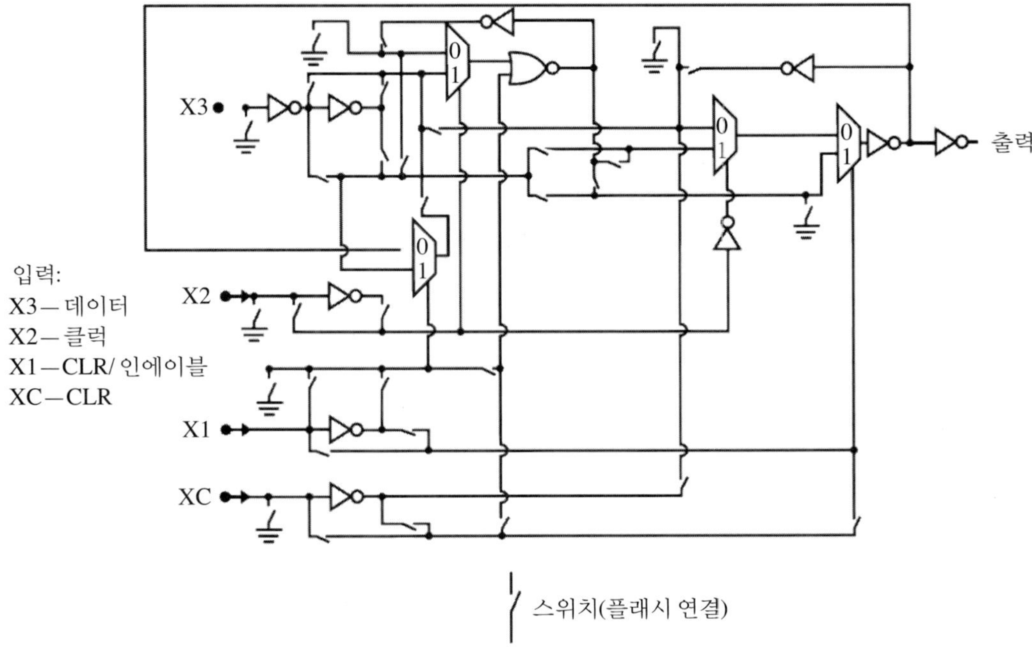

그림 6-15 Actel Fusion과 ProAS1C 로직 블록의 단순화된 도식(2006년 Actel사)

- 클리어/셋 기능이 있는 래치
- 클리어/셋 기능이 있는 D 플립플롭
- 인에이블/클리어/셋 기능이 있는 D 플립플롭

3-입력 논리함수로 사용될 때, 입력은 X_1, X_2, X_3이다. 래치, 플립플롭으로 사용될 때는 X_2가 클럭 신호에 사용된다. 입력 X_1, X_c는 플립플롭의 인에이블과 클리어 신호에 사용된다. 로직 블록은 고속 국부연결용으로 맞추어진 출력 또는 효율적인 장거리 연결을 제공하나 그림 6-15에는 하나의 출력만 나타내었다. VersaTile은 다른 FPGA의 4-입력 LUT보다 훨씬 미세한 논리구조를 가진다. 빌딩 블록은 표준 게이트 어레이(마스크 프로그래머블 게이트 어레이) 구조만큼 미세하게 재구성할 수 있다.

6.6 FPGA에서의 전용 메모리

많은 응용에 메모리가 필요하다. 메모리는 신호 처리에 필요한 상수들을 보관하고 표를 저장하거나 임베디드 프로세서에서 명령어나 데이터를 저장하기 위해 사용될 수 있다. 초기의 FPGA는 따로 메모리가 들어 있지 않았다. 설계자들은 메모리가 필요할 때 FPGA를 외부 메모리와 접속하여 사용하였다. 칩의 집적도가 높아지면서 전용 메모리 블록을 FPGA 안에 넣을 수 있게 되었다.

최신형 FPGA는 16K~10M 비트의 전용 메모리를 포함하고 있다. 표 6-1은 전용 RAM의 크기를 보여준다. 예를 들어 Xilinx Virtex-5는 1~10M 비트의 전용 메모리를 가진다. Altera Stratix II는 409k~9M 비트의 메모리를 가진다. Actel Fusion은 27~270K 비트의 메모리를 가진다. 전용 메모리는 SRAM을 이용하여 구현된다. 많은 FPGA에서 그림 6-16에 나타낸 것처럼 로직 블록 어레이의 바깥쪽에 배치된다(예: Xilinx Virtex/Spartan, Actel Fusion). 다른 FPGA(예: Altera stratix)의 경우 FPGA 내에 분산되어 위치한다. FPGA 종류에 따라 SRAM 블록이 하나의 사이즈(예: 18Kb Xilinx Virtex)로 구성되기도 하고 다른 여러 메모리 사이즈를 갖기도 한다(예: Altera Stratix는 512b, 4Kb, 512Kb 블록을 가짐). Xilinx FPGA의 전용 메모리는 **block RAM**이라 하며, Altera FPGA의 전용 메모리는 **TriMatrix**라고 한다. 몇몇 FPGA는 SRAM에 패리티 비트도 제공한다. 패리티 비트는 메모리 사이즈 계산에 포함되기도 하고 포함시키지 않는 회사제품도 있다.

최신형 FPGA에서의 전용 RAM의 핵심 기능은 RAM의 데이터 출력 비트 수를 조절할 수 있다는 것이다. 표 6-1에 나타낸 것처럼 메모리의 블록이 다양하게 구성된다. 적절한 데이터 출력 비트 수에 따라 조정할 수 있다. 예를 들어 32K 비트 SRAM이 있다고 가정할 때 32K×1, 16K×2, 8K×4, 4K×8 등으로 사용될 수 있다. 따라서 RAM의 출력 데이터 폭은 응용에 따라

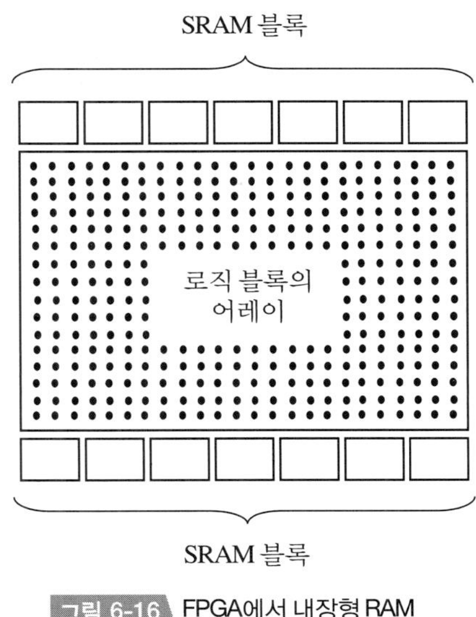

그림 6-16 FPGA에서 내장형 RAM

표 6-1 FPGA 예에서 전용 RAM의 크기

FPGA 계열	전용 RAM 크기(Kb)	구성
Xilinx Virtex 5	1152～10368	64～576 18Kb 블록
Xilinx Virtex 4	864～9936	48～552 18Kb 블록
Xilinx Virtex-II	72～3024	4～168 18Kb 블록
Xilinx Spartan 3E	72～648	4～36 18Kb 블록
Altera Stratix II	409～9163	104～930 512b 블록 78～768 4Kb 블록 0～9 512Kb 블록
Altera Cyclone II	117～1125	26～250 4Kb 블록
Lattice SC	1054～7987	56～424 18Kb 블록
Actel Fusion	27～270	6～60 4Kb 블록

조정된다. 어떤 때는 8-비트 출력이 필요하고 어떤 응용에는 64-비트 출력이 사용되기 때문이다.

LUT 기반의 FPGA는 메모리 사용에 다른 사용 방법을 제공한다. 작은 메모리량이 요구되면 LUT를 변형하여 메모리로 쓸 수 있다(즉, 전용 메모리를 사용함이 없이). 4변수 LUT의 경우 16-비트 기억장소를 가지는데 두 개의 4-입력 LUT(그림 6-17)를 사용하면 32×1 또는 16×2의 메모리로 쓸 수 있다. 32×1 메모리로 사용될 경우 5개의 어드레스 라인과 하나의 데이터 라인(D_1, D_2가 이때 연결되어야 한다)이 필요하다. 위쪽의 LUT는 어드레스의 MSB가 0일 때 인에이블되고, 아래쪽의 LUT는 어드레스의 MSB가 1일 때 인에이블된다. 이러한 기능은 어드레스의 최상위 비트와 인버터를 사용하여 할 수 있다. 16×2 메모리로 사용될 때, 두 개의 LUT가 모두 인에이블되어야 하고 데이터 라인 D_1, D_2가 모두 사용된다. LUT 셀로부터 만들어지는 메모리를

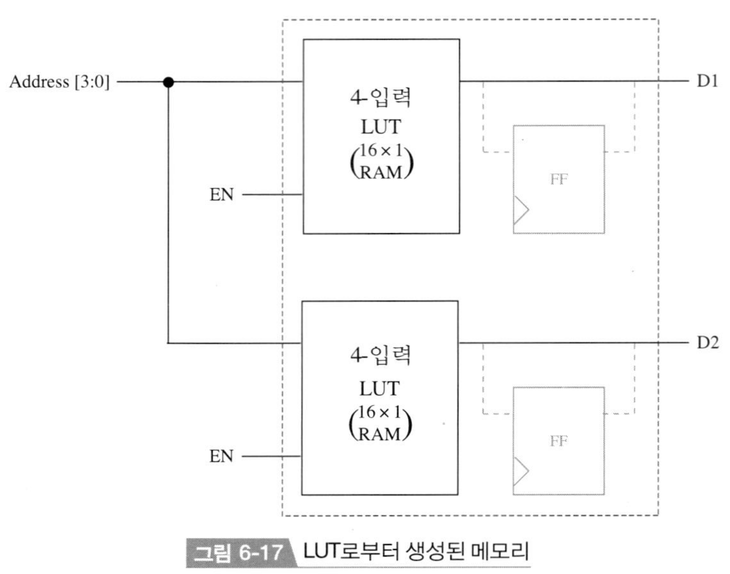

그림 6-17 LUT로부터 생성된 메모리

표 6-2 몇몇 FPGA에서 LUT 기반 RAM

FPGA 계열	LUT 기반 RAM(Kb)	LUT 변조
Xilinx Virtex 5	320～3420	19200～207,360
Xilinx Virtex 4	96～987	12288～126,336
Xilinx Virtex-II	8～1456	512～93,184
Xilinx Spartan 3E	15～231*	1920～29,504
Altera Stratix II	195～2242**	12480～143,520
Altera Cyclone II	72～1069**	4608～68,416
Lattice SC	245～1884	15200～115,200
Lattice ECP2	12～136	6000～68,000

* 분산형 RAM으로 모든 LUT를 사용하지 않는다.
* LUT 개수로부터 계산되었다.

Xilinx사에서는 **분산 메모리**(distributed memory)라고 한다. 용어에서 암시하듯이 이러한 메모리는 로직 안에서 칩 전체에 분산되어 분포한다. 분산 메모리의 단점은 LUT 메모리가 이렇게 사용되면 해당 로직 블록을 사용할 수 없다는 것이다. LUT 메모리는 비동기 메모리로 사용되며, 동기 메모리로 만들기 위해서는 로직 블록 플립플롭과 같이 사용되어야 한다. 표 6-2는 FPGA에 따라 사용 가능한 LUT 기반 메모리 사이즈를 보여준다.

6.6.1 FPGA에서 내장형 메모리용 VHDL 모델

FPGA에서 내장형 메모리는 동작적 VHDL 모델을 이용하여 모델링할 수 있다. 메모리들은 동기 또는 비동기 동작을 할 수 있다. 비동기 읽기 동작은 지정한 어드레스의 데이터가 클럭에 관계없이 출력 버스에 올려지는 것을 의미한다. 반면에 동기 메모리에서는 읽기와 쓰기 제어 라인이 클럭이 활성일 때만 동작한다. 어떤 메모리의 경우 쓰기는 동기 동작, 읽기는 비동기 동작을 할 수 있다.

최신의 논리 합성 툴들은 내장형 메모리를 모델링할 수 있다. 그림 6-18은 동기 쓰기, 비동기 읽기 동작 메모리를 만드는 VHDL 코드를 보여준다. 메모리 어레이는 부호 없는 벡터의 어레이로 나타내었다. 어드레스가 부호 없는 벡터 타입이므로 메모리 어레이를 인덱스하기 위해 정수형으로 변환되어야 한다. 따라서 IEEE.numeic-bit 라이브러리와 정수 변환 함수가 사용된다. *RAM*이라 불리는 데이터 타입은 128 메모리 요소 어레이로 정의되었고, 각 요소마다 32비트를 가지고 있다. *DATAMEM* 신호는 *RAM* 타입으로 정의되었다. 메모리 어레이는 초기화되지 않았으나 어떤 값으로든 초기화 할 수 있다. 쓰기 동작은 process 문 안에서 상승에지 클럭에서 이루어진다. 읽기 동작은 process 문 바깥에서 이루어지고 클럭과는 상관없이 동작한다. Xilinx 툴을 사용한 합성 결과는 분산형 메모리를 만든다. 분산형 메모리는 비동기 메모리에서 이상적으로 동작하는데, 그 이유는 LUT가 비동기식으로 출력을 만들기 때문이다. 반면에 그림 6-19의 코드에서는 블록 RAM을 만든다. 이 경우 읽기 동작은 process 문 안에서 동작하고 클럭 에지에서 이루어진다.

```
library IEEE;
use IEEE.numeric_bit.all;

entity Memory is
  port(Address: in unsigned(6 downto 0);
       CLK, MemWrite: in bit;
       Data_In: in unsigned(31 downto 0);
       Data_Out: out unsigned(31 downto 0));
end Memory;

architecture Behavioral of Memory is
type RAM is array (0 to 127) of unsigned(31 downto 0);
signal DataMEM: RAM;   -- 초기값 없음
begin
  process(CLK)
  begin
    if CLK'event and CLK = '1' then
      if MemWrite = '1' then
        DataMEM(to_integer(Address)) <= Data_In;   -- 동기 쓰기
      end if;
    end if;
  end process;

  Data_Out <= DataMEM(to_integer(Address));        -- 비동기 읽기
end Behavioral;
```

그림 6-18 전형적으로 LUT 기반 메모리를 불러 사용하는 동작적 VHDL 코드

```
library IEEE;
use IEEE.numeric_bit.all;

entity Memory is
  port(Address: in unsigned(6 downto 0);
       CLK, MemWrite: in bit;
       Data_In: in unsigned(31 downto 0);
       Data_Out: out unsigned(31 downto 0));
end Memory;

architecture Behavioral of Memory is
type RAM is array (0 to 127) of unsigned(31 downto 0);
signal DataMEM: RAM;   -- 초기값 없음
begin
  process(CLK)
  begin
    if CLK'event and CLK = '1' then
      if MemWrite = '1' then
        DataMEM(to_integer(Address)) <= Data_In;   -- 동기쓰기
      end if;
      Data_Out <= DataMEM(to_integer(Address));    -- 동기 읽기
    end if;
  end process;
end Behavioral;
```

그림 6-19 전형적으로 전용 메모리를 불러 사용하는 동작적 VHDL 코드

만약 ROM 방식이 메모리를 구현하는 데 사용된다면, 합성 툴은 룩업 테이블을 구현하기 위해 RAM을 합성해낸다. 예를 들어 룩업 테이블을 사용하여 그림 6-20의 VHDL 코드에서 보여주는 바와 같이 4×4 곱셈기를 만드는 것을 고려해 보자. 룩업 테이블 방법을 사용하므로 각 입력 조합의 곱셈 값은 룩업 테이블에 저장된다. 피승수와 승수가 각각 4비트이므로 256가지의 곱셈 조합을 할 수 있다. 곱셈 결과 값들이 상수 어레이에 저장된다. 피승수는 처음 16개의 입력 값으로 0000을 쓴다. 따라서 처음 16개 입력 값의 곱셈 결과는 0이다. 그 다음 16개의 피승수는 0001이며 곱셈 결과는 승수가 0∼15(십진수)로 변하면 0∼15로 된다. 이 곱셈기에 대한 VHDL 코드가 그림 6-20에 주어져 있다. 만약 이 코드가 합성되면, 현재의 Xilinx 툴은 곱셈 결과 값을 저장하기 위해 분산형 메모리가 비동기 읽기 동작을 구현하는데, 이는 입력이 변화될 때 출력을 계속 업데이트해야 하기 때문이다. 이 경우에는 클럭이 사용되지 않는다. 그러나 메모리 구현에 LUT를 낭비하지 않으려면 전용 블록 RAM을 사용하는 것이 바람직하다. 만약 읽기 동작이 동기적으로 아래와 같이 동작하면

```
process(CLK)
begin
       if CLK'event and CLK = '1' then
       Product <= PROD_ROM(to_integer(Mplier & Mcand));
                 -- read Product LUT (Synchronously)
       end if;
end process;
```

```
library IEEE;
use IEEE.numeric_bit.all;

entity LUTmult is
  port(Mplier, Mcand: in unsigned(3 downto 0);
       Product: out unsigned(7 downto 0));
end LUTmult;

architecture ROM1 of LUTmult is
type ROM is array (0 to 255) of unsigned(7 downto 0);
constant PROD_ROM: ROM: =
      (x"00", x"00", x"00", x"00", x"00", x"00", x"00", x"00", x"00", x"00", x"00", x"00", x"00", x"00", x"00", x"00",
      x"00", x"01", x"02", x"03", x"04", x"05", x"06", x"07", x"08", x"09", x"0A", x"0B", x"0C", x"0D", x"0E", x"0F",
      x"00", x"02", x"04", x"06", x"08", x"0A", x"0C", x"0E", x"10", x"12", x"14", x"16", x"18", x"1A", x"1C", x"1E",
      x"00", x"03", x"06", x"09", x"0C", x"0F", x"12", x"15", x"18", x"1B", x"1E", x"21", x"24", x"27", x"2A", x"2D",
      x"00", x"04", x"08", x"0C", x"10", x"14", x"18", x"1C", x"20", x"24", x"28", x"2C", x"30", x"34", x"38", x"3C",
      x"00", x"05", x"0A", x"0F", x"14", x"19", x"1E", x"23", x"28", x"2D", x"32", x"37", x"3C", x"41", x"46", x"4B",
      x"00", x"06", x"0C", x"12", x"18", x"1E", x"24", x"2A", x"30", x"36", x"3C", x"42", x"48", x"4E", x"54", x"5A",
      x"00", x"07", x"0E", x"15", x"1C", x"23", x"2A", x"31", x"38", x"3F", x"46", x"4D", x"54", x"5B", x"62", x"69",
      x"00", x"08", x"10", x"18", x"20", x"28", x"30", x"38", x"40", x"48", x"50", x"58", x"60", x"68", x"70", x"78",
      x"00", x"09", x"12", x"1B", x"24", x"2D", x"36", x"3F", x"48", x"51", x"5A", x"63", x"6C", x"75", x"7E", x"87",
      x"00", x"0A", x"14", x"1E", x"28", x"32", x"3C", x"46", x"50", x"5A", x"64", x"6E", x"78", x"82", x"8C", x"96",
      x"00", x"0B", x"16", x"21", x"2C", x"37", x"42", x"4D", x"58", x"63", x"6E", x"79", x"84", x"8F", x"9A", x"A5",
      x"00", x"0C", x"18", x"24", x"30", x"3C", x"48", x"54", x"60", x"6C", x"78", x"84", x"90", x"9C", x"A8", x"B4",
      x"00", x"0D", x"1A", x"27", x"34", x"41", x"4E", x"5B", x"68", x"75", x"82", x"8F", x"9C", x"A9", x"B6", x"C3",
      x"00", x"0E", x"1C", x"2A", x"38", x"46", x"54", x"62", x"70", x"7E", x"8C", x"9A", x"A8", x"B6", x"C4", x"D2",
      x"00", x"0F", x"1E", x"2D", x"3C", x"4B", x"5A", x"69", x"78", x"87", x"96", x"A5", x"B4", x"C3", x"D2", x"E1");

begin
Product <= PROD_ROM(to_integer(Mplier&Mcand));  -- 곱셈LUT 읽기
end ROM1;
```

그림 6-20 룩업 테이블 기반의 4×4 곱셈기

합성 툴은 256개의 곱셈 결과 값을 저장하기 위해 전용 블록 RAM을 만든다.

6.7 FPGA에서의 전용 곱셈기

최신형 FPGA는 전용 곱셈기도 내부에 제공한다. 만약 설계자가 16×16 곱셈기를 설계 시스템에 넣고 싶을 때 전용 곱셈기가 없다면 여러 개의 로직 블록을 사용하여야 한다. 그렇게 구성된 곱셈기는 여러 개의 블록 및 연결선이 소비되고, 여러 연결선을 거치므로 동작 속도도 느리다. 따라서 전용 곱셈기는 로직 블록을 사용하여 구현한 것보다 면적도 적고, 동작 속도도 빠르다. 곱셈 동작은 여러 응용에 있어서 매우 중요하기 때문에 현재 많은 상용 FPGA에서 전용 곱셈기를 제공한다. 예를 들어 Xilinx Virtex-4/Spartan-3, Altera Stratix/Cyclone FPGA는 18×18 곱셈기를 포함하고 있다. 이러한 곱셈기는 두 개의 18-비트 수를 받아서 그림 6-21에서

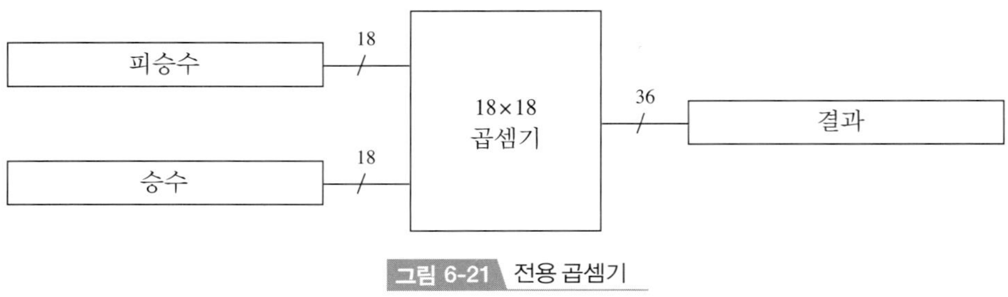

그림 6-21 전용 곱셈기

```
library IEEE;
use IEEE.numeric_bit.all;

entity multiplier is
  port(A, B: in unsigned (31 downto 0);
       C: out unsigned (63 downto 0));
end multiplier;

architecture mult of multiplier is
begin
  C <= A * B;
end mult;
```

그림 6-22 전용 곱셈기를 불러 사용하는 VHDL 코드

보여주는 것처럼 36-비트 곱셈을 만들어낸다. 각각 다른 레지스터에 피승수와 승수를 저장하고 별도의 곱셈 레지스터에 곱셈 결과를 올릴 수 있다. 곱셈기의 입력은 외부 핀을 통하거나 FPGA의 다른 로직에서 제공된다.

곱셈하는 수가 18비트 이상일 때는 여러 개의 전용 곱셈기가 함께 사용된다. 만약 A와 B가 32비트이고, C, D, E, F가 A, B의 16-비트 구성요소라면

$$A = C \times 2^{16} + D$$
$$B = E \times 2^{16} + F$$

이다. 그러므로 $AB = CE \times 2^{32} + (DE + CF) \times 2^{16} + DF$가 된다. 이것은 CE, DE, CF, DF 부분적(partial product)을 계산하기 위한 네 개의 곱셈기와 여러 개의 가산기가 필요하다.

합성 툴은 FPGA 내에 전용 곱셈기를 생성할 수 있다. 예를 들어 그림 6-22의 VHDL 코드를 Xilinx ISE 툴을 사용하면 4개의 전용 18 × 18 곱셈기를 사용한다. 그림 6-22의 코드가 합성되면 4개의 곱셈기뿐만 아니라 그 외에 추가적인 로직 블록이 사용된다. 이들은 부분적들을 더하기 위한 가산기를 구현하기 위해 사용한다. 64개의 I/O 핀이 피승수와 승수, 출력 신호를 위해 사용된다. 외부 핀이 곱셈기의 입력을 위해 사용되나 내장형 메모리나 기타 레지스터에서도 곱셈기 입력이 제공되기도 한다.

6.8 프로그래밍 비용

FPGA에서 프로그램을 통한 제어는 꽤 많은 하드웨어 비용이 수반된다. SRAM 기반의 FPGA(예를 들어 Xilinx XC4000, Virtex, Spartan 계열)에서 SRAM은 로직 블록, 프로그램 가능한 연결, 프로그래머블 I/O 블록을 생성하는 데 사용된다. 최근 많은 FPGA에서의 로직 블록들은 4변수 함수 생성기를 포함하고 있다. 4변수 함수 생성기는 16-비트 SRAM이 들어간다. 논리함수는 LUT에 적절한 값을 로딩함으로써 구현된다. 부가적으로 여러 개의 MUX가 사용되어 여러 생성된 함수로부터 선택하거나, 래치 또는 래치되지 않은 출력들을 선택하거나, 더 많은 변수함수를 생성하는 데 사용된다. 하나의 SRAM 비트가 2:1 MUX의 선택 신호를 만들어내는 데 필요하고, 두 개의 SRAM 비트는 4:1 MUX의 선택 신호를 만들어내는 데 필요하다. 그림 6-23의 로직 블록을 고려해 보자. 네모칸 속의 M자는 MUX를 프로그램하기 위한 메모리 셀을 표시한다. 메모리 셀은 외부의 클럭 인에이블 신호를 선택하는 데 사용된다. 다른 메모리 셀은 클럭을 반전시키기 위해 사용된다. 로직 블록을 구성하기 위해서는 총 46개의 메모리 셀이 필요하다. 세 개의 함수 생성기(LUT) 안의 40개의 메모리 셀은 단순한 변수 하나짜리 함수나 복잡한 5변수 함수를 구현할 수 있다.

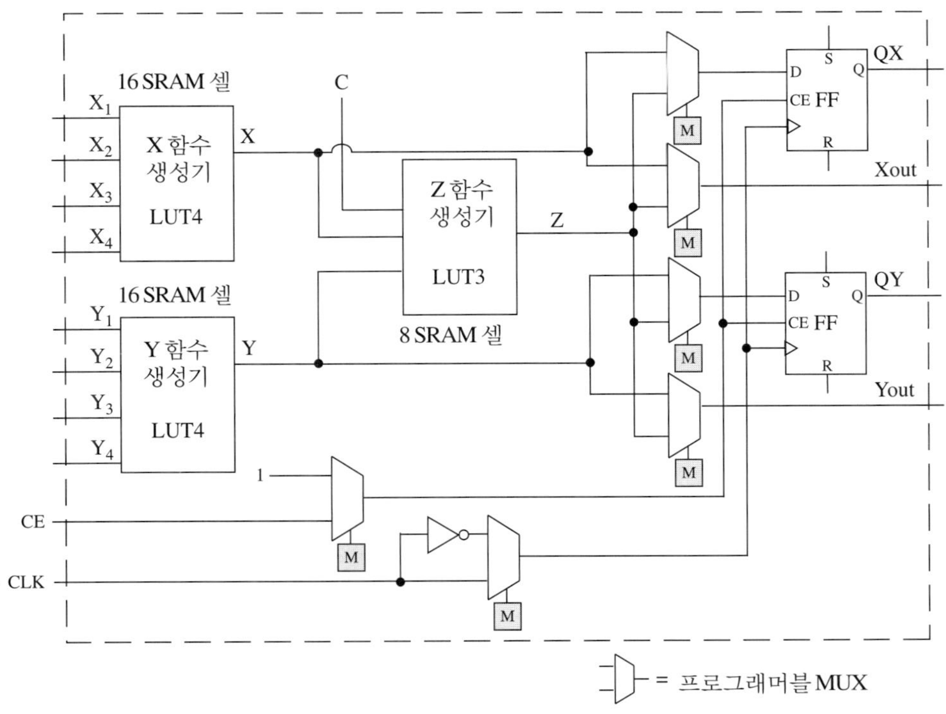

그림 6-23 여러 가지 프로그래머블 SRAM 셀의 로직 블록

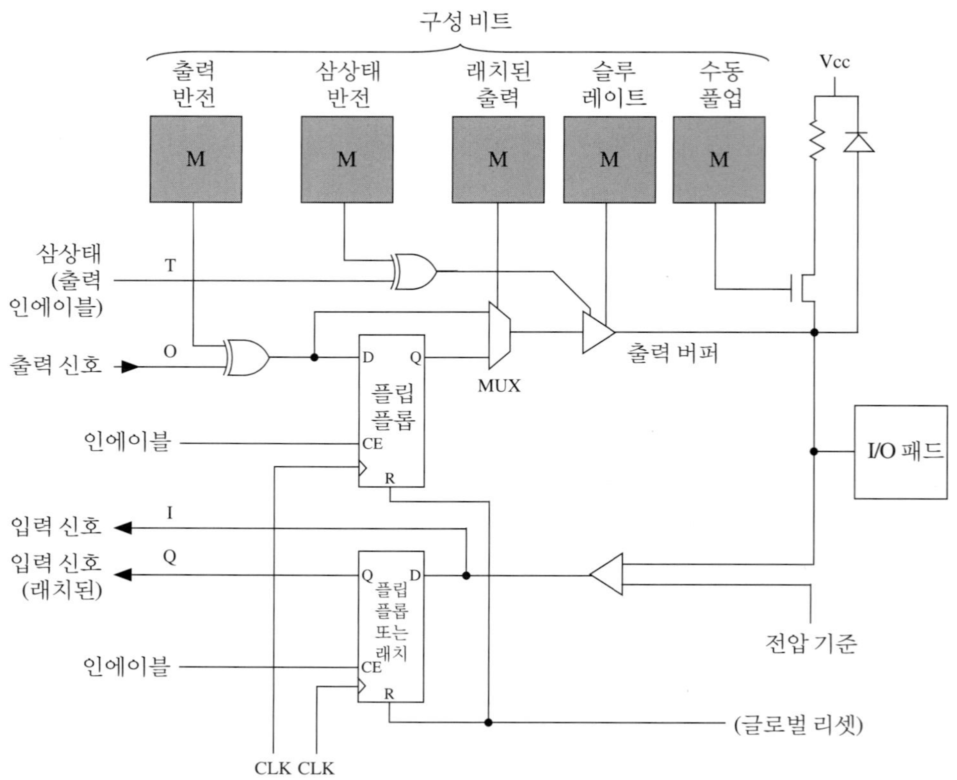

그림 6-24 FPGA I/O 블록에서 프로그램 가능한 지점('M'이라고 쓰여진 네모칸에 표시됨)

표 6-3 FPGA에서 구성 비트의 수

벤더	디바이스 계열	디바이스	구성 비트의 수	로직 블록의 수	LUT의 수	사용 가능한 I/O 핀의 수
Xilinx	Virtex-5	XC5VLX30	8.4M	4,800	19,200	400
		XC5VLX330	79.7M	51,840	207,360	1200
Xilinx	Virtex-II	XC2V40	0.3M	256	512	88
		XC2V8000	26.2M	46,592	93,184	1108
Xilinx	Spartan 3E	XC3S100E	0.6M	960	1,920	108
		XC3S1600E	6.0M	14,752	29,504	376
Altera	Stratix II	EP2S15	4.7M	6,240	12,480	366
		EP2S180	49.8M	71,760	143,520	1170
Altera	Stratix	EP1S10	3.5M	10,570	10,570	426
		EP2S80	23.8M	79,040	79,040	1238
Altera	Cyclone II	EP2C5	1.3M	4,608	4,608	158
		EP2C70	14.3M	68,416	68,416	622

프로그래밍의 오버헤드(비용)를 보여주는 또 다른 예를 살펴보자. 그림 6-15는 Actel Fusion FPGA의 로직 블록을 보여주고 있다. 그림 속의 각 스위치는 플래시 메모리 셀이 필요하다. 여러 종류의 플래시 메모리 셀은 로직 블록에 있는 프로그램을 위한 추가비용이 된다.

I/O 블록들도 여러 곳의 프로그래밍 지점이 있다. 그림 6-24의 I/O 블록을 살펴보자. 구성을 위한 메모리 비트들은 M이 포함된 네모칸에 있다. 그들은 삼상태 출력을 인에이블하고, 출력을 반전시키고, 출력을 래치시키고, 출력 신호의 슬루 레이트를 제어하고, 풀업 저항을 구동시키는 등의 일을 한다.

각 SRAM 셀은 6개의 트랜지스터로 구성된다. 플래시 메모리 셀은 SRAM 셀에 비해 약 25%의 면적을 차지한다. 여러 개의 프로그램 가능한 지점들은 FPGA의 유연성을 증대시키지만 이러한 유연성에 SRAM 또는 플래시 메모리 셀이 사용됨에 따라 비용이 수반된다. 표 6-3은 Xilinx Spartan과 Virtex FPGA의 구성에 필요한 비트 수를 나타내었다. Virtex-II FPGA와 XC2V40은 512개의 4변수 LUT를 가지고 있는데 총 338,976개의 구성에 필요한 비트를 가진다. 또 다른 Virtex-II FPGA인 XC2V8000은 93,184개의 4변수 LUT를 가지는데 2천6백만 개의 구성에 필요한 비트를 가진다. 따라서 FPGA의 유연성과 프로그램을 위해 고비용이 따른다는 것을 알 수 있다.

6.9 FPGA와 One-Hot 상태 할당

FPGA 설계 시 사용되는 플립플롭의 수를 최소화하는 것이 중요하지 않을 수 있다. 대신에 사용된 논리 셀들의 전체 수를 줄이는 것을 시도하여야 하고 셀들 사이의 상호연결선 개수를 줄이도록 시도하여야 한다. 좀 더 빠른 논리를 설계하기 위해, 각 논리식을 구현하는 데 필요한 셀들의 수를 줄이도록 해야 한다. 이것은 one-hot 상태 할당을 사용함으로써 가능하다. one-hot 상태 할당은 인코딩된 상태 할당보다 많은 플립플롭이 필요하지만 다음 상태 논리식은 간단하다.

one-hot 할당은 각 상태에 한 개의 플립플롭을 사용한다. 그래서 N 상태를 가지는 상태 머신은 N개의 플립플롭이 필요하다. 정확하게 한 개의 플립플롭만 각 상태에서 1로 설정한다. 예를 들면 4 상태(T_0, T_1, T_2, T_3)를 가지는 시스템은 아래와 같은 상태 할당을 가지는 네 개의 플립플롭(Q_0, Q_1, Q_2, Q_3)을 사용한다.

$$T_0\text{: } Q_0Q_1Q_2Q_3 = 1000, \quad T_1\text{: } 0100, \quad T_2\text{: } 0010, \quad T_3\text{: } 0001 \tag{6-6}$$

4비트로 표현할 수 있는 나머지 12가지 조합은 사용되지 않는다.

SM 차트의 연결 경로를 추적하거나 상태 그래프를 검사함으로써 다음 상태와 출력 식을 유도할 수 있다. 그림 6-25에서 주어진 상태 그래프의 일부분을 생각해 보자. 플립플롭 Q_3에 대한 다음 상태 식은 다음과 같이 쓸 수 있다.

$$Q_3^+ = X_1Q_0Q_1'Q_2'Q_3' + X_2Q_0'Q_1Q_2'Q_3' + X_3Q_0'Q_1'Q_2Q_3' + X_4Q_0'Q_1'Q_2'Q_3$$

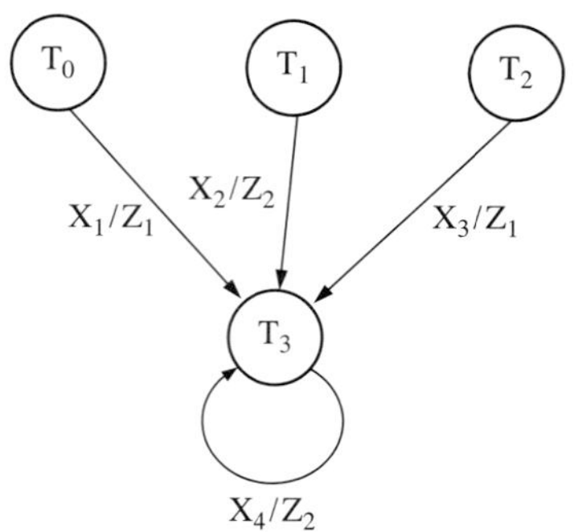

그림 6-25 상태 그래프의 일부분

그러나 $Q_0 = 11$은 $Q_1 = Q_2 = Q_3 = 0$을 의미하기 때문에, $Q_1'Q_2'Q_3'$ 항은 중복 표현(redundant)이므로 제거될 수 있다. 따라서 다음 상태 식은 아래와 같이 줄어든다. 각 항에 정확히 한 개의 상태 변수가 있음에 유의하여야 한다.

$$Q_3^+ = X_1Q_0 + X_2Q_1 + X_3Q_2 + X_4Q_3$$

마찬가지로, 각 출력식의 각 항도 정확하게 하나의 상태 변수만 담고 있다.

$$Z_1 = X_1Q_0 + X_3Q_2, \qquad Z_2 = X_2Q_1 + X_4Q_3$$

one-hot 할당이 사용될 때, 각 플립플롭에 대한 다음 상태 식은 대응되는 상태로 이끄는 각 호(arc)에 대해(또는 그 상태로 이끄는 각 연결 경로에 대해) 하나의 항을 포함할 것이다. 일반적으로, 모든 다음 상태와 출력 식에서의 각 항은 정확히 하나의 상태 변수를 포함할 것이다.

one-hot 할당이 사용될 때, 시스템을 리셋하는 데 모든 플립플롭을 0으로 리셋하는 대신에 하나의 플립플롭만 1로 설정하면 된다. 만약 사용된 플립플롭들이 프리셋(preset) 입력을 갖지 않는다면(Xilinx 3000 시리즈의 경우), Q_0를 Q_0'로 대체함으로써 one-hot 할당을 수정할 수 있다. 수정된 할당은 다음과 같다.

$$T_0\text{: } Q_0Q_1Q_2Q_3 = 0000, \qquad T_1\text{: } 1100, \qquad T_2\text{: } 1010, \qquad T_3\text{: } 1001 \qquad (6\text{-}7)$$

그리고 수정된 논리식들은 다음과 같다.

$$Q_3^+ = X_1Q_0' + X_2Q_1 + X_3Q_2 + X_4Q_3$$
$$Z_1 = X_1Q_0' + X_3Q_2, \qquad Z_2 = X_2Q_1 + X_4Q_3$$

one-hot 할당 방식을 수정하지 않고 리셋 문제를 해결하는 다른 방법은 플립플롭의 식에 시작 상태에서 1로 만들어진 또 하나의 항을 추가하는 것이다. 전원이 켜진 다음 시스템이 상태 0000에 리셋되면 Q_0^+ 식을 유도하기 위해 또 다른 항 $Q_0'Q_1'Q_2'Q_3'$를 추가할 수 있다. 그러면 첫 번째 클럭 후 상태는 0000에서 1000(T_0)로 변하게 되는데, 이것은 올바른 출발 상태이다. 일반적으로, 최소 상태 변수 할당과 one-hot 할당 중 어떤 것이 최소의 논리 셀들로 구성되는 설계를 이끌어내는지 체크하여야 한다. 그러나 만약 동작 속도가 중요하다면, 가장 빠른 논리를 유도하는 설계가 선택되어야 한다. one-hot 할당이 사용되었을 때 더 많은 다음 상태 식이 필요하지만, 일반적으로 다음 상태와 출력 식들이 보다 적은 수의 변수를 포함할 것이다. 보다 적은 변수를 가지는 식은 일반적으로 구현하는 데 보다 적은 수의 논리 셀이 필요하다. 좀더 많은 셀이 직렬로 연결되면 될수록 전파지연은 더 길어지고 동작이 느려진다.

6.10 FPGA 용량: 최대 게이트 수와 사용 가능한 게이트 수

FPGA의 게이트 수가 중요함은 알 것이다. 알다시피 많은 PFGA는 게이트 어레이 구조로 만들어지지 않았다. 몇몇은 룩업 테이블의 단순 어레이 구조이다. 그러면 FPGA의 게이트 수는 무엇인가?

FPGA 사용자에게 그냥 단순히 FPGA를 구성하는 데 들어간 게이트 수는 중요하지 않다. 사용자에게 유용한 것은 특정 FPGA에 맞추어 들어갈 수 있는 회로 수이다. 이것은 **등가 게이트 수**라고 한다. 그러나 이러한 형태의 사용 가능한 게이트 수는 회로의 형태, 회로들 간의 연결 형태에 따라 달라진다.

게이트 수는 여러 가지 다른 방법으로 추정할 수 있다. 하나의 로직 블록의 대략적인 등가 게이트 수는 하나의 로직 블록에서 구현된 회로들을 보면 추정할 수 있다. 총 게이트 수는 등가 게이트 수에 사용되는 로직 블록 수를 곱함으로써 계산된다. 이 게이트 수는 실제 FPGA에 사용되는 게이트 수보다는 많다. 게이트 수를 추정하는 보다 나은 방법은 벤치마크회로를 사용하는 것이다. PREP는 ASIC이나 FPGA의 벤치마킹을 위해 사용되는 표준 벤치마킹회로의 구성체이다. 어떤 회로가 ASIC에서 2000게이트가 필요하다고 가정하자. 어떤 FPGA가 이 회로를 20개 정도 넣을 수 있다면, FPGA 벤더는 최대 게이트 수를 40K로 추정할 수 있다. 그런데 이 추정 값은 단순히 계산되었고 회로들 간의 실제 연결회로를 고려하지 않았으므로 이 숫자는 FPGA에 구성될 실제 회로의 게이트 수보다 높을 것이다. 몇몇 FPGA 벤더들은 최대 게이트 수에 가중치를 두어 일반적인 게이트 수를 제공한다. PREP에 의해 수집되고 분산된 벤치마킹회로들은 FPGA를 벤치마킹하는 데 유용하다.

로직이 LUT로 구현된 FPGA의 게이트 수를 추정하는 것은 매우 어렵다. 4-입력 LUT는 4변수 논리함수를 구현하거나 16-비트 정보를 저장하는 데 사용될 수 있다. LUT들이 RAM으로 사용될 때 많은 게이트가 사용될 것이다. 따라서 RAM으로 사용되는 LUT 개수에 따라, 같은 FPGA라도 다른 게이트 수가 사용될 수 있다. 벤더들은 RAM을 CLB의 20～30% 정도로 가정하여

"시스템 게이트 수"를 계산한다.

Altera사는 APEX 계열 제품에 대해 두 종류의 게이트 수에 대한 정보를 제공해준다. 즉, 최대 게이트 수와 사용 가능한 게이트 수이다. APEXII는 최대 게이트 수가 190,000～5,250,000개에 이른다. 그러나 공개적으로는 60만～300만 개로 발표되었다. 몇몇 FPGA 벤더는 칩 용량을 게이트 수보다 로직 블록 수(논리 요소)로 제공한다.

PREP 벤치마크

Programmable Electronics Performance Company(PREP)는 프로그래밍 가능한 ASIC용 계열의 벤치마크를 모으고 제공하는 비영리단체이다. PREP 1.3에 들어 있는 9개의 PREP 벤치마크회로는 다음과 같다.

1. 4:1 MUX와 레지스터, 시프트 레지스터로 구성된 8-비트 데이터패스
2. 두 개의 레지스터, 4:1 MUX, 카운터, 비동기로 구성된 8-비트 타이머 카운터
3. 소형 상태 머신(8개 상태, 8개 입력, 8개 출력)
4. 대형 상태 머신(16개 상태, 8개 입력, 8개 출력)
5. 4×4 곱셈기, 8-비트 가산기, 8-비트 레지스터로 구성된 ALU
6. 16-비트 누산기
7. 동기형 로드와 인에이블 기능을 가진 16-비트 카운터
8. 로드와 인에이블 기능을 가진 16-비트 프리스케일 카운터
9. 16-비트 어드레스 디코더

PREP 온라인 정보는 Verilog와 VHDL의 소스코드와 테스트벤치(Synplicity사 제공)가 포함된다. PREP 비트 슬라이스 프로세서, 곱셈기, R4000 MIPS RISC 마이크로프로세서 등이 포함된 합성 벤치마크도 제공한다.

6.11 설계 변환(합성: Synthesis)

이 장의 앞부분에서 설계된 것을 FPGA의 로직 블록에 손으로 직접 매핑하였다. 이러한 과정은 마이크로프로세서에 어셈블리어를 쓰는 것과 비슷하다. 즉, 과정이 지루하다. 이러한 설계 과정으로 시스템을 구현한다면 설계자의 생산성이 매우 낮을 것이다. 현재 대부분의 프로그램이 고수준(상위 레벨: high level) 언어인 C로 쓴 컴파일러로 변화되듯이, 현재 대부분의 디지털 설계는 동작적 또는 RTL 레벨에서 쓰여진 다음 타깃 제품에 변환시켜 구현된다. 이것은 FPGA와 ASIC 설계 모두에 해당된다.

현재 많은 CAD 툴들이 VHDL 코드로부터 자동으로 회로 구현으로 바꿔준다. 이 과정을 **합성**(synthesis)이라고 한다. 즉, 고수준의 설계 서술을 회로, 특히 논리 설계도로 바꿔주는 것을 합성이라 한다. CAD 툴들의 입력은 동작적 또는 구조적 VHDL/Verilog 모델이다. 합성 후 출

력은 연결선이 포함된 논리 설계 도면이다. 이 설계 도면은 게이트, 플립플롭, 레지스터, 카운터, MUX, 가산기 외에도 기타 기본 로직 블록들 간의 연결된 형태로 보여준다. 이러한 것을 **넷리스트**(netlist)라 한다. 이 넷리스트를 이용하여 FPGA, CPLD, 또는 ASIC에 구현할 수 있게 된다.

전형적인 CAD 흐름은 다음 단계로 진행된다.

- 설계 합성 및 최적화
- 매핑
- 배치
- 배선

이 과정은 그림 6-26에 나타내었다. 이 절에서는 설계 합성과 최적화 과정을 보일 것이다. 설계의 매핑, 배치, 배선은 다음 절에서 서술된다.

VHDL 코드가 컴파일되고 시뮬레이션이 제대로 진행되더라도 합성이 제대로 된다는 보장은 없다. 합성이 되더라도 결과가 썩 효율적이지 않을 수도 있다. 일반적으로, 합성 툴은 VHDL의 일부분만 입력으로 받아들인다. 따라서 적절히 VHDL 기술에서 변화를 주어야 합성 툴이 코드를

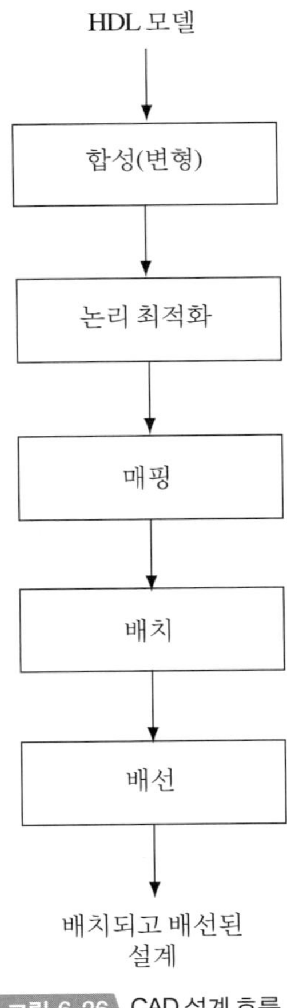

그림 6-26 CAD 설계 흐름

이해하게 된다. 그리고 효율적인 회로 구현을 위해 VHDL 코드를 많이 수정해야 할 때도 있다.

VHDL에서 신호는 플립플롭이나 레지스터의 출력을 나타내거나 조합논리의 출력을 표현한다. 합성 툴은 코드로부터 의도된 논리가 무엇인지를 결정하게 된다. 예를 들어 병행 처리문

```
A <= B and C;
```

에서 A는 조합논리를 사용하여 구현해야 함을 의미한다. 반면에 순차 회로문의 경우 process 문 내부에 나타낸다.

```
wait until clock'event and clock = '1';
A <= B and C;
```

여기서 A는 클럭의 상승에지에 상태가 바뀌는 레지스터(또는 플립플롭)로 서술된다.

정수형 신호가 사용될 때 정수의 범위를 정해주는 것이 중요하다. 만약 범위가 정해지지 않으면, VHDL 합성기는 정수형 신호를 32-비트 레지스터로 나타낸다. 그 이유는 VHDL 최대 정수 크기가 32비트이기 때문이다. 정수 범위가 구체적으로 명시되어 있으면, 대부분 합성기는 적절한 비트 수를 할당하고 덧셈과 뺄셈을 수행하는 이진 가산기를 구현한다.

대부분의 VHDL 합성기는 VHDL의 각 라인들을 별다른 최적화 과정을 거치지 않고 게이트, 레지스터, MUX 및 기타 논리 요소로 변환한다. 다음 단계로 최적화 과정을 진행한다. 합성기는 VHDL 구문을 특정 하드웨어로 변환한다. 예를 들어 **case** 문은 MUX로 변환한다. '+', '−', 비교문 등은 가산기를 구현하게 되고 시프트 동작은 시프트 레지스터로 구현한다.

VHDL 코드의 최초 변환 과정과 최적화 과정에서 합성기는 라이브러리 내에 사용 가능한 컴포넌트를 선택한다. 여러 개의 다른 컴포넌트 라이브러리는 다른 기술을 사용할 때 적용될 수 있다.

6.11.1 Case 문의 합성

그림 6-27의 예에서는 **case** 문을 MUX와 그 외 게이트로 합성되는 것을 보여준다. 이때 Synopsys Design Compiler라는 합성 툴을 사용했다. 그림 6-27(a)는 코드를 보여주고 있다. 정수 a와 b는 2-비트 이진수로 구현되며 두 개의 4:1 MUX가 필요하다. a의 2비트는 MUX의 제어 신호로 사용된다. MUX 입력은 1 또는 0을 직접 입력한다. 그림 6-27(b)는 합성기로 만들어진 하드웨어를 보여준다.

최신 합성기는 생성되는 회로를 최소화하기 위해 최적화 과정을 거친다. MUX 입력은 정해진 값이므로 그림 6-27(c)의 진리표를 이용하여 MUX나 논리 게이트를 줄일 수 있다. 최적화된 출력식은 $b_1 = a_1'a_0 = (a_1 + a_0')'$, $b_0 = (a_1a_0')'$이다. 최적화된 회로는 NOR, NAND, NOT 게이트만으로 구성할 수 있다. 그림 6-27(d)는 최적화 후 최종 회로를 보여준다.

```
entity case_example is
  port(a: in integer range 0 to 3;
       b: out integer range 0 to 3);
end case_example;

architecture test1 of case_example is
begin
  process(a)
  begin
    case a is
      when 0 => b <= 1;
      when 1 => b <= 3;
      when 2 => b <= 0;
      when 3 => b <= 1;
    end case;
  end process;
end test1;
```

(a) case 문에 대한 VHDL 코드

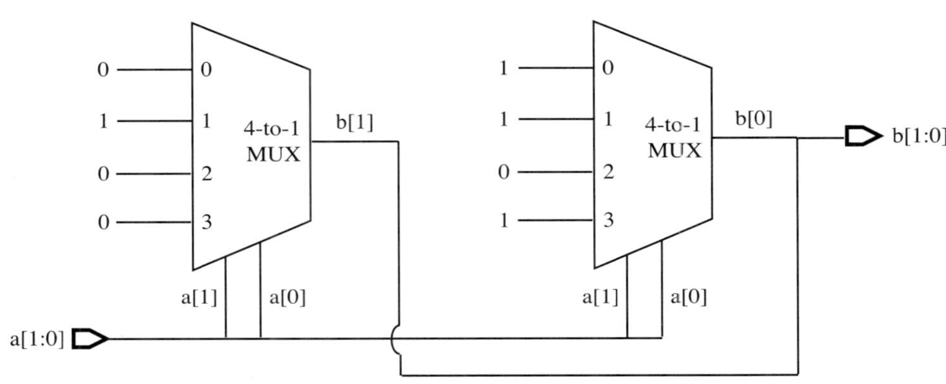

(b) 최적화 전에 합성된 회로

a_1	a_0	b_1	b_0
0	0	0	1
0	1	1	1
1	0	0	0
1	1	0	1

$$b_1 = a_1' \cdot a_0$$
$$= (a_1 + a_0')'$$
$$b_0 = (a_1 \cdot a_0')'$$

(c) 논리 최적화

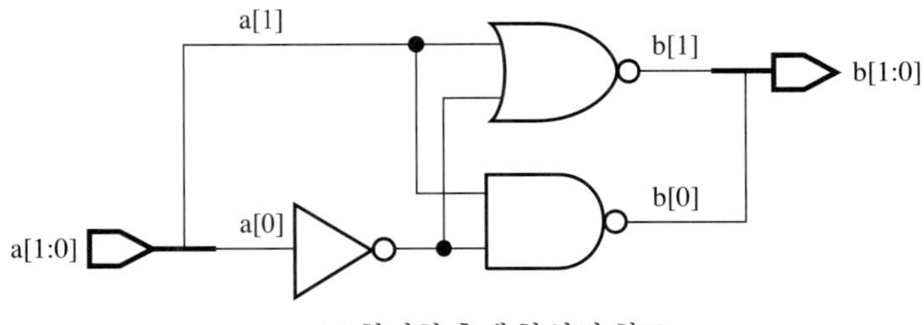

(d) 최적화 후에 합성된 회로

그림 6-27 case 문의 합성

```
entity latch_example is
  port(a: in integer range 0 to 3;
       b: out bit);
end latch_example;

architecture test1 of latch_example is
begin
  process(a)
  begin
    case a is
      when 0 => b <= '1';
      when 1 => b <= '0';
      when 2 => b <= '1';
      when others => null;
    end case;
  end process;
end test1;
```

(a) 래치 회로로 합성되는 VHDL 코드

```
entity latch_example is
  port(a: in integer range 0 to 3;
       b: out bit);
end latch_example;

architecture test1 of latch_example is
begin
  process(a)
  begin
    case a is
      when 0 => b <= '1';
      when 1 => b <= '0';
      when 2 => b <= '1';
      when 3 => b <= '0';
    end case;
  end process;
end test1;
```

(b) 래치를 만들지 않도록 수정된 코드

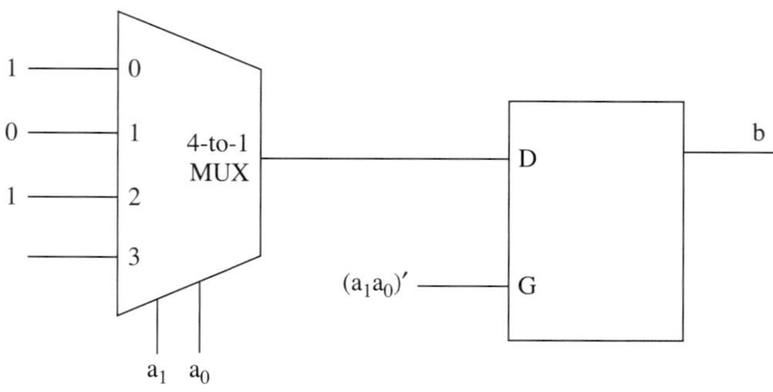

(c) (a)에 나타낸 코드에 대해 합성된 회로

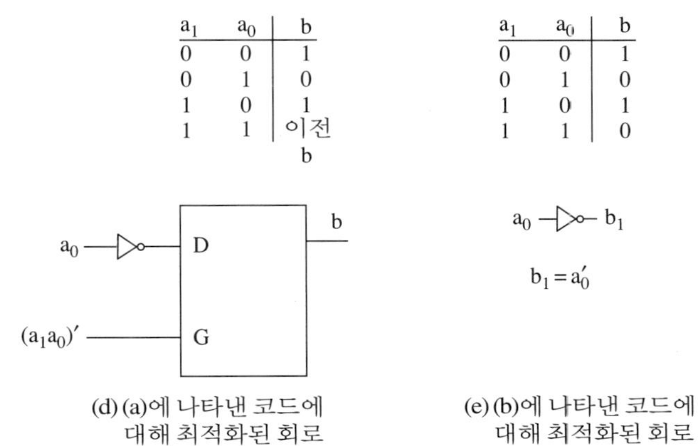

그림 6-28 의도하지 않은 래치 생성의 예

의도하지 않은 래치의 생성

일반적으로, VHDL 신호가 값을 할당할 때 새로운 값이 할당되기 전까지는 그 값을 유지한다. 이러한 성질 때문에 몇몇 합성기는 설계자가 의도하지 않은 래치를 만들어낸다. 그림 6-28(a)는 의도하지 않은 래치를 만들어내는 **case** 문을 사용한 예를 보여준다. **case** 문은 4:1 MUX를 만들어내는 데 각 입력이 케이스별로 지정된다. 선택 신호는 a 값에 의해 결정된다. a가 0, 1, 2가 아니면 b 값이 정의되지 않으므로, $a = 3$일 때 합성기는 b 값이 래치로 유지되는 것으로 생각한다.

$a = 3$일 때 앞에서 정해진 b 값이 출력으로 사용된다. 따라서 D 입력이 a_0인 래치가 필요하게 된다. 래치의 값을 유지하기 위해, $a = 3$일 때 래치 게이트 제어 신호 G는 0으로 되어야 한다. 따라서 $G = (a_1a_0)'$이다. 합성기는 그림 6-28(c)와 같이 4:1 MUX와 래치를 만들어낸다. 그림 6-28(b)와 같이 **null**을 `b <= '0'`으로 바꿈으로써 래치 생성을 방지할 수 있다. 코드를 수정할 경우 대부분의 합성기는 MUX만 만들어낸다.

최신 합성기들은 또한 최적화 과정을 통해 로직을 줄인다. 위의 예에서처럼 4:1 MUX를 만들지 않고 보다 단순화된 회로를 만든다. 그림 6-28(d)의 진리표를 활용하여 최적화된 로직을 만든다. a가 0, 1, 2일 때 $b = a_0'$임을 쉽게 알 수 있다. 최적화된 합성기는 그림 6-28(e)와 같이 하나의 NOT 게이트를 만들어낸다. 만약 **null** 문이 제거되지 않으면, 이 최적화된 합성기는 그림 6-28(d)에서처럼 래치(즉, 의도되지 않은)를 만들어낸다.

6.11.2 If 문의 합성

if 문이 사용되면 조건에 따라 규정되는 값이 달라지므로 주의하여야 한다. 예를 들어 설계자가

```
if A = '1' then Nextstate <= 3; Z<= 1;
end if;
```

라고 코딩하면, $A \neq$ '1' 일 경우 *Nextstate*는 그 이전 값을 유지하리라 가정하고 실제 시뮬레이션도 올바르게 나온다. 그러나 합성기는 이 코드를 $A \neq$ '1' 일 경우 *Nextstate*가 미지수('X')로 해석하고 합성 결과가 틀릴 수도 있다. 또한 Z에 대하여 래치를 만든다. 이러한 이유 때문에 모든 **if** 문에 **else** 구문을 포함시켜야 한다. 예를 들어

```
if A = '1' then Nextstate <= 3; Z<=1;
  else Nextstate <= 2; Z<= 0;
end if;
```

로 코딩하면 명확해진다.

그림 6-29의 예는 전형적인 합성기가 MUX와 게이트를 사용하여 **if-then-elsif-else** 문을 어떻게 구현하는지 보여주고 있다. 그림 6-29(b)는 여러 입력 조합에 대응하는 진리표를 나타내었다. $A = 1$일 때 C가 선택되고, $A = 0$, $B = 0$일 때 D가 선택된다. 그리고 $A = 0$, $B = 1$일 때 E가 선택된다. 그림 6-29(c)는 합성된 하드웨어를 보여준다. A와 B는 MUX의 선택 신호로 사용된다.

```
entity if_example is
  port(A, B: in bit;
       C, D, E: in bit_vector(2 downto 0);
       Z: out bit_vector(2 downto 0));
end if_example;

architecture test1 of if_example is
begin
  process(A, B)
  begin
    if A = '1' then Z <= C;
    elsif B = '0' then Z <= D;
    else Z <= E;
    end if;
  end process;
end test1;
```

(a) **if** 문의 예에 대한 VHDL 코드

A	B	Z
0	0	D
0	1	E
1	0	C
1	1	C

(b) 등가 진리표

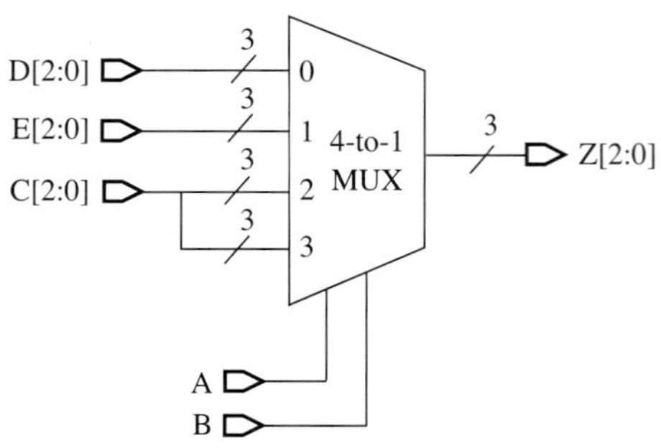

(c) (a)에서 나타낸 코드에 대해 합성된 하드웨어

그림 6-29 **if** 문의 합성

예제

다음 처리문

```
LE <= (A <= B);
```

가 만들어내는 하드웨어 구성은 어떻게 되는가? *A*와 *B*는 4-비트 벡터라고 가정한다.

해답

답은 4-비트 비교기이다. <= 표시는 할당문을 나타낸다. *A*와 *B* 사이의 <=는 관계연산자이다. 할당문 우측 항은 *A*가 *B*보다 작거나 같으면 TRUE 또는 '1'을 되돌려준다. 따라서 *A*가 *B*보다 작거나 같으면 *LE*는 '1'로 셋된다. 그렇지 않으면 *LE*는 '0'이 될 것이다.

대부분 표준 비교기는 EQUAL_TO(EQ), GREATER_THAN(GT), LESS_THAN(LT) 출력을 낸다. 이 경우 *LE*는 EQUAL_TO와 LESS_THAN이 참이면 '1'이 된다. 그림 6-30은 하드웨어를 나타내었다.

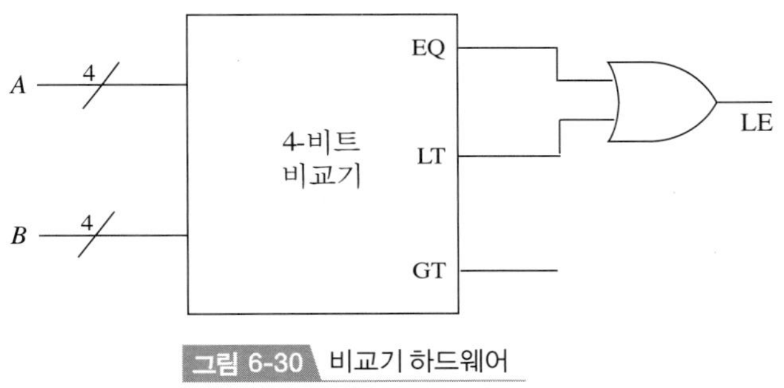

그림 6-30 비교기 하드웨어

6.11.3 산술 컴포넌트들의 합성

합성용 CAD 툴은 numeric 패키지에 정의된 동작을 구현하는 컴포넌트들을 포함한 설계 라이브러리를 가지고 있다. 그림 6-31의 예는 IEEE numeric_std 라이브러리를 사용한다. 이 코드가 합성되었을 때, 결과는 4-비트 비교기, 누산기를 가진 4-비트 이진 가산기, 4-비트 카운터 등을 구현하는 라이브러리 컴포넌트를 가지게 된다. 어떤 합성 툴은 "0001" 입력을 가진 4-비트 가산기와 카운터를 구현한 다음 불필요한 게이트를 제거하는 방법으로 최적화 할 것이다. 그림 6-31(b)에 합성된 하드웨어를 나타내었다.

```
library IEEE;
use IEEE.numeric_bit.all;

entity examples is
  port(signal clock: in bit;
       signal A, B: in signed(3 downto 0);
       signal ge: out boolean;
       signal acc: inout signed(3 downto 0) := "0000";
       signal count: inout unsigned(3 downto 0) := "0000");
end examples;

architecture x1 of examples is
begin
  ge <= (A >= B);          -- 4-비트 비교기
  process
  begin
    wait until clock'event and clock = '1';
    acc <= acc + B;   -- 4-bit register and 4-bit adder
    count <= count + 1;   -- 4-비트 카운터
  end process;
end x1;
```

(a) VHDL 코드

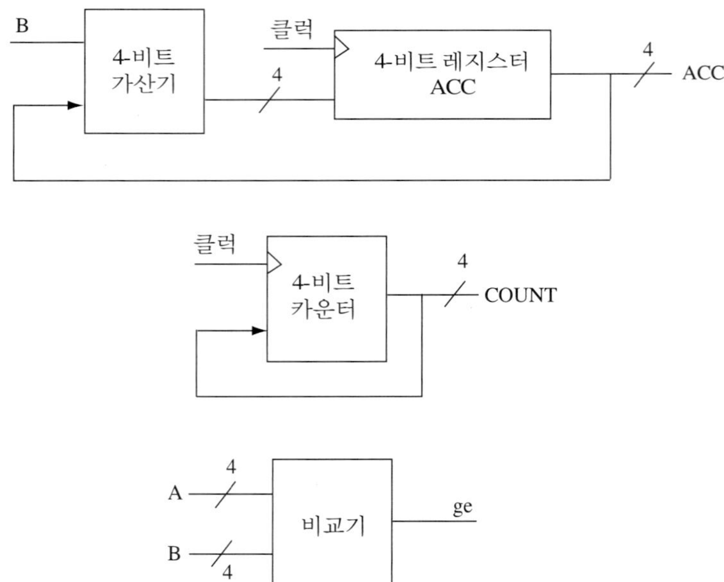

(b) (a)에서 나타낸 코드에 대한 합성된 하드웨어

그림 6-31 합성에 사용된 VHDL 코드 및 해당되는 하드웨어

예제

A가 4-비트 벡터임을 가정하고, 다음 처리문의 최적화된 하드웨어를 생성하라.

```
EQ3 <= (A = 3);
```

해답

4-비트 비교기가 사용된다. 비교기에서 하나의 입력은 A이고 다른 입력은 3(즉, 0011)이다.

하나의 입력이 상수인 3임을 알고 있으므로 그림 6-32에서처럼 AND 게이트와 두 개의 인버터를 만들어내어 최적화된다.

어떤 합성기는 이러한 최적화된 하드웨어를 만들지 못할 수도 있다. 이 경우 VHDL 코드를 바꿔 쓰면 그림 6-32와 같은 하드웨어를 만들어낼 수 있다.

```
EQ3 <= not A(3) and not A(2) and A(1) and A(0);
```

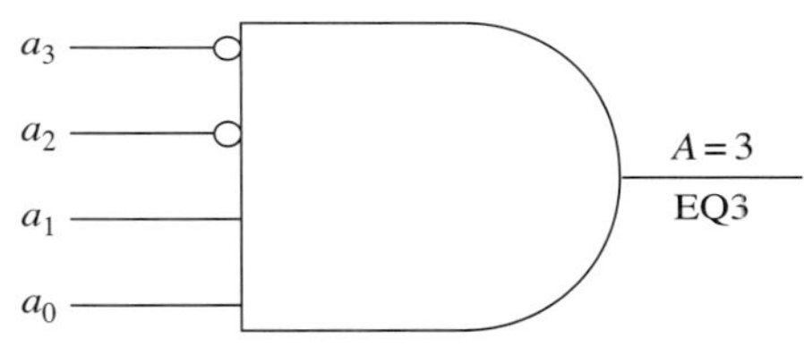

그림 6-32 최적화된 등가성 비교기 하드웨어

다른 타깃 기술에 대해서는 다른 방법의 최적화가 필요하다. 예를 들어 절대 게이트 수를 줄이는 것은 게이트 기반 타깃 기술에 대해서 중요하다. 그러나 LUT를 사용하는 FPGA를 타깃으로 하면, 최적화는 게이트 수를 줄이는 것이 고려되지 않는다. 이 경우 최적화된 LUT의 개수를 줄이는 것이 필요하다.

6.11.4 면적, 전력소비, 지연 시간 최적화

대부분의 VHDL 합성기는 최대 동작 속도 또는 최소 칩 면적으로 최적화될 수 있다. 전력소비 또한 면적과 지연 시간과 더불어 중요한 설계 사양이 되었다. 일반적으로 하나의 설계 사양을 최적화하면 다른 조건들을 나쁘게 한다. 즉, 동작 속도를 좋게 하면 면적이 커지게 된다. 동작 속도를 향상시킨다는 것은 직렬로 동작하던 것을 병렬로 처리하게 된다. 따라서 동작 속도를 향상시킨다는 것은 많은 수의 로직 컴포넌트가 사용된다는 것을 의미한다. 4-비트 덧셈을 수행하는 직렬 가산기와 빠른 동작 속도로 많은 하드웨어가 소비되는 완전 병렬 4-비트 가산기를 비교하면 알 수 있다. 면적을 최적화 할 때 컴포넌트 수를 줄여야 하는데, 이것은 임계 경로(critical path)를 증가시킨다. **임계 경로**는 회로에서 최대 지연 시간을 의미한다.

CAD 툴은 게이트 라이브러리를 통합한다. 라이브러리들은 면적, 속도, 전력소비 등의 조건들에 대한 여러 가지 옵션을 제공한다. 게이트들과 빌딩 블록들이 면적, 속도, 전력소비 등의 개별 조건에 최적화되어 생성되고, 두 개 또는 그 이상의 최적화 조건에 따라 생성되기도 한다. 설계자의 사양에 따라 라이브러리 내의 적절한 설계 요소들이 사용된다.

면적과 지연 시간은 최적화 시 서로 상반된 조건이 된다. 에너지와 지연 시간은 서로 역비례한다. **면적-시간**(area-time, AT) 곱과 **에너지-지연**(energy-delay, ED) 곱은 회로에 대한 중요한 척도이다. $\mathbf{AT^2}$와 $\mathbf{ED^2}$ 또한 회로와 시스템의 중요한 척도가 된다.

면적과 지연 시간 또는 에너지와 지연 시간이 서로 반비례 관계에 있으나 면적, 지연 시간, 전력소비를 동시에 개선하는 최적화 방법이 존재한다. 예를 들어 그림 6-27(b)에서 (d)까지 나타낸 최적화와 그림 6-28(c)에서 (e)까지의 최적화를 살펴보자. 이러한 로직 레벨에서의 최적화는 보다 적은 하드웨어, 보다 적은 면적, 보다 적은 전력소비, 최소화된 임계 경로 등을 달성하는 데 사용된다.

FPGA를 이용하여 설계할 때는 개별 게이트를 최적화하는 것이 가장 좋은 방법은 아니다. 예를 들어 함수 최소화를 생각해 보자. SRAM형 FPGA에서는 표현식에서 변수를 줄이는 것이 중요하다. 논리식에서 항의 수를 줄이는 것은 필요하지 않다. 왜냐하면 전체 진리표가 LUT 형식으로 저장되기 때문이다.

CAD 툴의 주요 벤더

Cadence社
Sysnopsys社
Mentor Graphics社

FPGA CAD 툴의 주요 벤더

Xilinx社
Altera社
Actel社

6.12 매핑(Mapping), 배치(Placement), 배선(Routing)

설계가 합성되고 넷리스트가 생성되면 특정 구현 기술에 매핑되어야 한다. 구현 기술은 게이

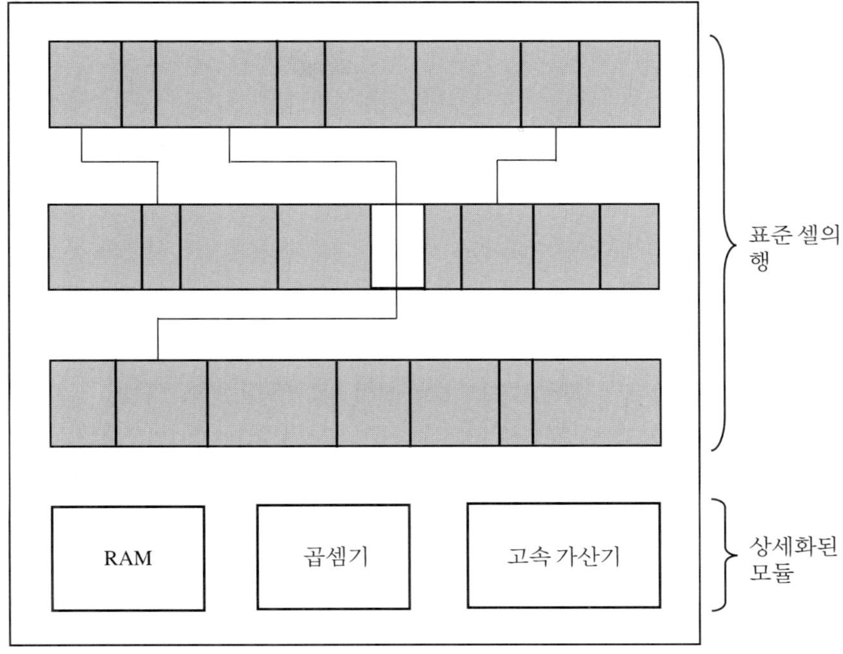

그림 6-33 표준 셀 설계의 개요도

트 어레이, FPGA, CPLD, ASIC 등이 있다. 매핑, 배치, 배선은 이러한 적절한 구현 기술로 변환하기 위한 중요한 세 가지 단계이다.

6.12.1 매핑

매핑(mapping)은 설계를 타깃 기술 관련 회로로부터 타깃 기술과는 무관한 회로로 구현하는 것이다. 알다시피 설계는 다양한 방법으로 구현될 수 있다(MUX, ROM, LUT, NAND 게이트, NOR 게이트, AND-OR 게이트 등을 사용하여). 또한 이러한 여러 방법을 조합하여 구현될 수 있다.

만약 표준 셀 기반의 게이트 어레이를 사용하면, 넷리스트는 표준 셀에 매핑된다. LUT 기반의 FPGA를 사용하면 설계는 LUT에 매핑된다. 만약 4:1 MUX의 FPGA를 사용하면, 설계는 MUX 구조로 매핑된다. 타깃 기술이 그 입력 NAND 게이트만 있으면, 설계는 2-입력 NAND 게이트 회로로 매핑된다. 이 장의 초반부에 시프트 레지스터와 MUX를 어떻게 매핑하는지 보여주었다. CAD 툴은 매핑 소프트웨어를 사용하여 매핑 작업을 수행한다.

➔ 표준 셀(Standard Cell) 방식

표준 셀 설계는 집적회로 설계에서 잘 사용되는 방식이다. 설계는 표준 논리 게이트의 라이브러리에 매핑된다. 일반적으로 NOT, AND, NAND, OR, NOR, XOR, XNOR 등이 들어 있다. 또한 MUX, 디코더,

인코더, 비교기, 카운터 등 주요 표준 빌딩 블록들과 복잡한 함수들의 라이브러리가 포함되어 있다. 설계는 라이브러리에 있는 셀들로만 매핑할 수 있다. 그림 6-33과 같이 배선 채널 간격을 두고 일렬로 배치된다. 셀들 간의 연결만을 위한 셀들도 있다. 그러한 셀은 feedthrough 셀이라고 한다. 보다 효과적인 표준 셀 방식을 위해서는 셀의 높이가 같아야 한다. 메모리 모듈이나 산술 모듈 등이 포함되기도 한다.

6.12.2 배치와 배선

배치(placement)는 매핑되어 정해진 조직과 I/O들을 타깃 기술로 구현하는 과정에서 물리적 위치를 정하는 과정을 말한다. 설계에서 서브블록들의 위치를 결정하는 것이다. 배치 선택은 매우 중요한 것이다. 왜냐하면 로직 위치에 따라 배선이 달라지기 때문이다. 좋은 배치 알고리즘은 면적과 지연 시간을 줄여준다. 면적과 지연 시간은 배선에 의해 결정된다. 배치 알고리즘은 배선 길이를 추정하고 적절한 배치를 결정한다. 복잡한 배치 알고리즘은 실행 시간이 너무 오래 걸리기 때문에 적절하지 않다.

배선(routing)은 설계에서 서브블록 간의 상호연결 과정을 말한다. 배선 알고리즘은 배치에 따라 크게 좌우되고, 따라서 배치와 배선은 같이 진행된다. 배선은 다단계로 진행된다. 글로벌 배선 결정은 최소 배선 길이 알고리즘이 적용되고 세부 부분별 배선이 이루어진다. 최초의 일부분이 바뀌면 그에 따른 점차적인 배선 방법이 유용하다.

일반적으로 배치를 수행하는 데 휴리스틱스(heuristics)가 사용된다. 대부분의 배치 방법은 초기 해에 따라 시작하고 다른 배치에 따른 개선을 시도한다. 예를 들어 두 개의 블록 배치를 바

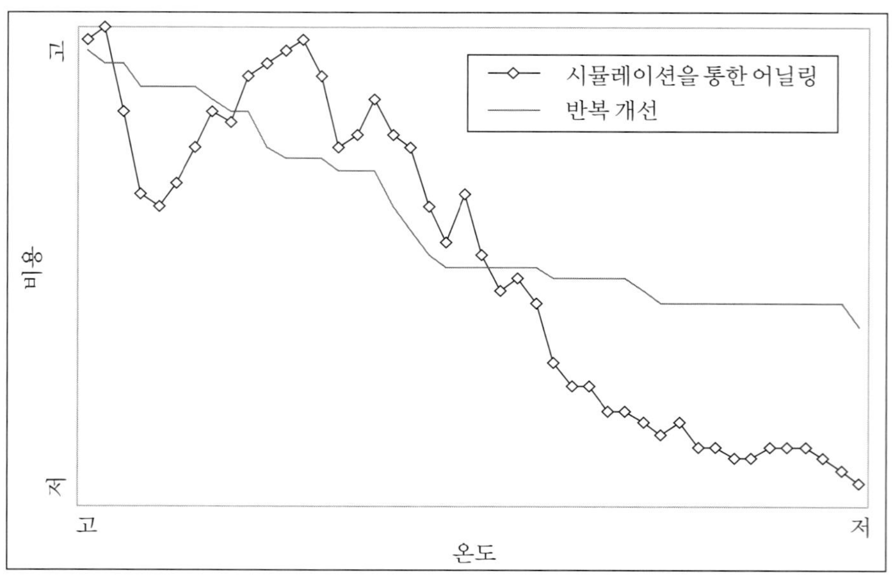

그림 6-34 시뮬레이션을 통한 어닐링과 반복 개선 알고리즘

꾸어 도선 길이를 추정하고 개선되는지 체크한다. 더 이상 개선되지 않을 때까지 이러한 과정이 계속 반복된다.

배치와 배선 과정에서 시뮬레이션을 통한 어닐링 기법이 사용된다. 원래 어닐링(annealing)은 금속학에서 사용되는 용어이다. 시뮬레이션을 통한 어닐링 알고리즘은 큰 상태 공간에서 빠르

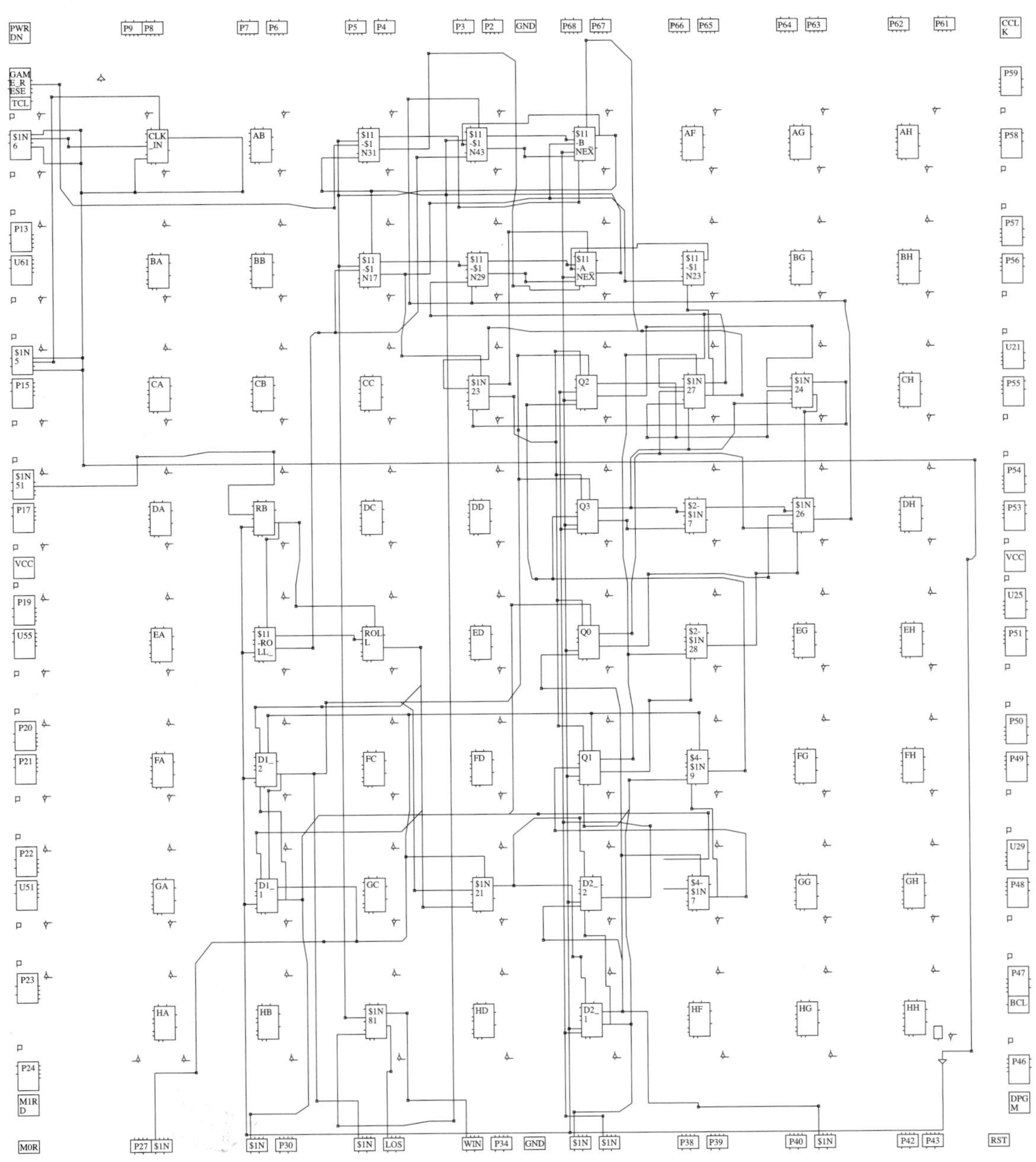

그림 6-35 배선이 완료된 FPGA

고 효과적으로 최적화된 해법을 찾는다. 이것은 최적화된 해법 보장은 못하지만 모든 방법을 다 시도해 보는 것보다 훨씬 짧은 시간에 글로벌(global) 최소값에 가까운 해법을 제공한다. 시뮬레이션을 통한 어닐링 방법은 해결 가능한 해법(반드시 최적은 아니지만)으로부터 출발한다. 그런 다음 무작위 변화(permutation)를 통해 보다 나은 해법을 찾는다. **반복 개선**(iterative improvement) 알고리즘은 각 단계에서 보다 나은 해법만을 받아들인다. 이렇게 보다 좋은 방법들만 받아들이는 알고리즘을 **그리디**(greedy) **알고리즘**이라 한다. 만약 보다 나은 배치만 진행하면 국부(local) 최소값에 갇히게 된다. 따라서 때로는 '나쁜 방법'도 받아들여 전역 최소값에 도달되도록 한다.

나쁜 방법을 알고리즘에 채택하는 것은 바람직스럽지 못하다. 이러한 위험성을 시뮬레이션을 통한 어닐링 과정 초기에 적용할 수 있지만, 단계가 진행될수록 좋은 방법을 택하여야 한다. 왜냐하면 단계가 올라갈수록 알고리즘에서 점차 시간이 더 걸리기 때문이다. 시뮬레이션을 통한 어닐링 알고리즘에서 금속학에서처럼 온도 개념이 포함된다. 초기에는 온도가 높아지다가 점차 감소한다. 시뮬레이션을 통한 알고리즘은 온도에 따라 위험성 있는 알고리즘이다. 온도가 줄어들면 나쁜 방법을 채택하는 확률이 줄어든다. 나중에 알고리즘은 좋은 방법만 받아들이는 그리디 알고리즘으로 된다. 그림 6-34는 시뮬레이션을 통한 어닐링과 반복 개선 방법 알고리즘의 차이를 나타내었다. y축은 비용(성능지수)을 나타내고, x축은 과정의 단계 수를 표시한다.

시뮬레이션을 통한 어닐링 배치/배선 알고리즘에서 초기 배치가 가정되고 다른 배치를 쓸 경우 비용이 추정된다. 일반적으로, 배치의 비용은 배선의 양을 나타낸다. 단계별 좋은 해법은 보다 나은 비용을 발생시키는 것이다(예를 들어 도선 길이).

설계의 매핑과 배선은 툴의 알고리즘과 사용자 측의 로직 세밀도에 달려 있다. 그림 6-35는 배선이 완료된 FPGA를 보여준다. (5장의 주사위 게임을 Xilinx FPGA, XC3000으로 구현한 것이다.) 주변부의 네모칸들은 I/O 블록을 나타낸다. 그림에서 확실히 알 수 있듯이 좌측 상단 구석 쪽의 I/O와 아래쪽 I/O들이 사용되었다. 로직 블록은 중앙 부분의 것이 주로 사용되었다. 합성 툴은 사용한 로직 블록 수와 사용률, 플립플롭 수와 사용률 등을 제공한다.

FPGA의 사용 효율성은 로직 블록의 특성 매칭 툴의 효용성, 배선 자원, 배선 툴의 효율성 등에 좌우된다. 로직 블록의 로직 세밀도가 낮으면 로직 블록 부분들이 사용되지 않을 확률이 높다. 예를 들어 그림 6-5에서 시프트 레지스터는 함수 생성기의 많은 부분을 활용하지 않았다. 마찬가지로, 그림 6-2, 6-4의 MUX 설계에서는 로직 블록에 대한 플립플롭을 사용하지 않았다.

이 장에서는 여러 종류의 FPGA와 설계 과정을 설명하였다. 최근에는 고성능의 CAD 툴들이 존재하지만 먼저 CAD 툴의 기본원리를 알 수 있도록 손으로 하는 설계 과정을 보여주었다. 여러 개의 변수를 가진 함수를 적은 변수를 가진 함수 여러 개로 분해하여 설계하는 방법을 보여주었다. 내장형 메모리, 내장형 곱셈기, 캐리와 캐스케이드 체인이 장착된 최신 FPGA도 설명하였다. 또한 합성, 매칭, 배치, 배선 과정에 대한 전반적인 내용을 설명하였다.

연습문제

6.1 그림 6-1(a)의 로직 블록을 가진 FPGA를 이용하여 병렬 로드 기능을 가진 8-비트 우측 시프트 레지스터를 구현하고자 한다. 플립플롭들은 $X_7X_6X_5X_4X_3X_2X_1X_0$로 표시되었다. 제어 신호는 N과 S인데 다음과 같이 동작한다: $N = 0$일 때 아무런 동작이 없다; $NS = 11$일 때 우측 시프트; $NS = 10$일 때 로드 동작을 한다. 우측 시프트를 위한 입력은 SI이다.

(a) 몇 개의 로직 블록이 필요한가?

(b) 그림 6-1(a)를 이용하여 회로 연결도를 보여라. N부터 CE까지 연결하라.

(c) 이 블록의 함수 생성기의 출력을 보여라.

6.2 그림 6-1(a)의 한 개의 로직 블록을 사용하여 2-비트 이진 카운터를 구현하라. $A0$는 LSB이고 $A1$은 MSB이다. 카운터는 동기식 로드(Ld) 신호를 가진다. 카운터 동작은 다음과 같다.

$En = 0$	변화 없다.
$En = 1, Ld = 1$	$A0$와 $A1$을 외부 입력 U와 V를 통해 클럭 상승에지에 로딩한다.
$En = 1, Ld = 0$	클럭 상승에지에서 카운터 값이 증가한다.

(a) $A0$와 $A1$에 대한 다음 상태 논리식을 써라.

(b) 그림 6-1(a) 회로에 필요한 입력과 연결을 보여라. 연결선은 두껍게 표시하라. CE 입력을 사용하라. 각각의 4-입력 LUT에 의해 구현된 함수를 보여라.

6.3 그림 6-1(a)의 로직 블록을 사용하여 4-비트 좌측 시프트 레지스터를 구현하라. 레지스터가 클럭킹할 때 $Ld = 1$, $En = 1$이면 레지스터 값이 로딩된다. $Ld = 0$, $En = 1$이면 우측으로 시프트 한다. $En = 0$일 때 변화가 없다. Si와 So는 레지스터의 시프트 입력과 출력이고, D_{3-0}와 Q_{3-0}는 병렬 입력과 출력이다. 가장 좌측 플립플롭에 대한 다음 상태 식은 $Q_3^+ = En'Q_3 + En(Ld\ D_3 + Ld'\ Si)$이다.

(a) 다른 세 개의 플립플롭에 대한 다음 상태 식을 써라.

(b) 시프트 레지스터를 구현하는 데 필요한 최소 로직 블록 수(그림 6-1(a))를 결정하라.

(c) 그림 6-1(a) 회로에 입력 연결과 내부 경로를 표시하라. 그리고 X, Y 함수를 써라.

6.4 두 개의 플립플롭(Q_1, Q_2), 입력 신호 R, S, T, 출력 P를 가진 순차회로의 다음 상태 식은 아래와 같다.

$$D_1 = Q_1^+ = Q_2R + Q_1S$$
$$D_2 = Q_2^+ = Q_1 + Q_2'T$$

출력식 $P = Q_2RT + Q_1ST$이다.

(a) 이 순차회로는 그림 6-3의 로직 블록 하나로 구현될 수 있음을 설명하라. 함수 생성기에서 구현할 논리식을 써라.

(b) 그림 6-3을 이용하여 입력 신호, 상태, 출력 변수, 그리고 활성화되는 경로를 표시하라.

6.5 (a) 그림 6-1(a)에서 보여주는 로직 블록의 최소 개수를 이용하여 8:1 MUX를 구현하라. 각 블록의 X, Y 함수를 보이고 블록 간의 연결을 보여라.

(b) 그림 6-3의 로직 블록을 이용하여 (a) 문제를 풀어라. 각 블록의 X, Y, Z 함수를 보여라.

(c) (a)의 설계에서 LUT 내용은 무엇인가?

(d) (b)의 설계에서 LUT 내용은 무엇인가?

6.6 (a) 그림 6-1(a)에 서술된 로직 블록의 VHDL 코드를 작성하라. 다음의 엔티티를 사용하라.

```
entity Figure6_1a is
  port(X_in, Y_in: in unsigned(1 to 4);
       clk, CE: in bit;
       Qx, Qy: out bit;
       X, Y: inout bit;
       XLUT, YLUT: in unsigned(0 to 15));
end Figure6_1a;
```

(b) 그림 6-2의 4:1 MUX를 구현하기 위해 두 개의 `Figure6_ 1a` 블록 컴포넌트를 불러와 사용하는 구조적 VHDL 코드를 작성하라. 블록 컴포넌트를 불러올 때 각 LUT에서 생성된 함수를 규정하기 위해 *XLUT*, *YLUT*에 저장된 실제 비트 패턴을 사용하라.

6.7 (a) 그림 6-3의 로직 블록에 서술된 VHDL 코드를 써라. 문제 6.6(a)와 비슷한 엔티티를 사용하라. *ZLUT*, *SA*, *SB*, *SC*, *SD*를 추가하라. *SA*, *SB*, *SC*, *SD*는 네 개의 MUX를 제어하기 위한 프로그래머블 선택 비트를 나타낸다. 이 비트들은 블록 컴포넌트가 불려질 때 '0' 또는 '1'로 할당된다.

(b) 그림 1-26의 코드 변환기를 구현하기 위해 두 개의 그림 6-3 블록 컴포넌트를 불러와 사용하는 구조적 VHDL 코드를 작성하라. 블록 컴포넌트를 불러올 때 각 LUT에서 생성된 함수를 규정하기 위해 *XLUT*, *YLUT*, *ZLUT*에 저장된 실제 비트 패턴을 사용하라.

6.8 (a) 4:16 디코더를 만들기 위해서는 그림 6-1(a)의 로직 블록이 몇 개가 필요한가?

(b) 처음 로직 블록의 LUT의 내용을 보여라.

6.9 (a) 8:3 우선순위 인코더를 만들기 위해서는 그림 6-3과 같은 로직 블록이 몇 개가 필요한가?

(b) 처음 로직 블록의 LUT의 내용을 보여라.

6.10 그림 6-1(a)의 두 개의 로직 블록을 사용하여 다음의 조합논리회로를 어떻게 구현할 지 보여라. 그림 6-1(a)의 연결선을 보이고 각 블록에서 X, Y 함수를 보여라.

$$F = X_1'X_2X_3'X_6 + X_2'X_3'X_4X_6' + X_2X_3'X_4' + X_2X_3X_4'X_6 + X_3'X_4X_5X_6' + X_7$$

6.11 그림 6-1(a)의 로직 블록의 최소 개수를 사용하여 다음 상태 식을 구현하려고 한다. 로직 블록

의 연결선을 보이고 각 셀의 X, Y 함수를 보여라. (논리식은 이미 최소화되어 있다.)

$$Q^+ = UQV'W + U'Q'VX'Y' + UQX'Y + U'Q'V'Y + U'Q'XY + UQVW' + U'Q'V'X$$

6.12 다음 함수를 구현하는 데 요구되는 그림 6-3 로직 블록의 최소 개수는 얼마인가?

$$X = X_1'X_2'X_3'X_4'X_5 + X_1X_2X_3X_4X_5 + X_5'X_6X_7'X_8'X_9 + X_5'X_6'X_7X_8X_9'$$

만약 답이 1이면 그림 6-3을 이용하여 필요한 입력 연결선을 보이고 굵은 선으로 내부 연결 경로를 표시하라. 답이 1보다 크면 셀 간의 입력과 연결선을 보이는 블록도를 그려라. 어떤 경우이든 X, Y, Z 함수 생성기에 의해 구현된 함수식을 써라.

6.13 $Z(T, U, V, W, X, Y) = VW'X + U'V'WY + TV'WY'$ 식에 대해 답하라.

(a) 한 개의 그림 6-3 로직 블록을 사용하여 Z를 어떻게 구현할지 보여라. 그림 6-3을 이용하여 셀 입력을 보여라. 내부 입력 연결과 X, Y, Z 함수를 규정하라.

(b) 두 개의 그림 6-1(a) 로직 블록을 사용하여 Z를 어떻게 구현할지 보여라. 각 셀의 입력과 셀들 간 연결선 그리고 각 셀의 X, Y 함수를 보이는 다이어그램을 그려라.

6.14 a와 b에 대한 섀넌 확장 이론을 사용하라.

$$Y = abcde + cde'f + a'b'c'def + bcdef' + ab'cd'ef' + a'bc'de'f + abcd'e'f$$

그리하여 4변수 함수 생성기만을 사용하여 구현하려고 한다. 4변수 함수 생성기만을 사용하여 Y를 어떻게 구현하는지 블록도를 그려라. 각 4변수 함수 생성기에 의해 구현된 함수를 표시하라.

6.15 e와 f에 대한 섀넌 확장 이론을 사용하라.

$$Y = ab'cdef + a'bc'd'e + b'c'ef' + abcde'f$$

4변수 함수 생성기만을 사용하여 Y를 어떻게 구현하는지 블록도를 그려라. 각 4변수 함수 생성기에 의해 구현된 함수를 표시하라.

6.16 (a) a에 대한 섀넌 확장 이론을 사용하여 4변수 함수로 구현될 수 있도록 하라.

$$Y = ab'cd'e + a'bc'd'e + b'c'e + abcde$$

(b) 확장된 함수를 사용하여 한 개의 그림 6-3 로직 블록을 사용하여 어떻게 Y가 구현되는지 보여라.

(c) 세 개의 LUT의 내용을 보여라.

6.17 (a) 그림 6-1(a)의 로직 블록이 사용되면 누산기가 있는 4-비트 가산기를 구현하는 데 몇 개의

LUT가 필요한가?

(b) 만약 그림 6-11에서처럼 캐리 체인 로직이 내부에 내장되어 있으면, 몇 개의 4-입력 LUT가 요구되는가?

(c) 캐리 체인 로직과 4-입력 LUT를 가진 FPGA를 사용하여 누산기가 있는 4-비트 가산기-뺄셈기를 설계한다. *Su* 제어 신호가 0일 때 덧셈, 1일 때 뺄셈을 한다. 그림 6-11과 같은 연결선을 회로도에 보여라. 그리고 각 LUT에 구현된 함수를 써라.

6.18 4×4 곱셈기(그림 4-29)를 FPGA에 구현하려고 한다.

(a) 그림 6-1(a)의 최소 개수의 로직 블록이 되도록 곱셈기 로직을 나누어라. 하나의 로직 블록에 맞도록 각 컴포넌트 셋 간의 연결을 그려라. 필요한 4-입력 LUT 수를 계산하라.

(b) 캐리 체인 로직이 있다고 가정하고 (a)를 반복하라.

6.19 (a) 다음 식을 변수 A에 대해 섀넌 확장 이론을 적용하고 D에 대해 각 서브함수에 대해 확장하라.

$$Z = AB'CD'E'F + A'BC'D'EF' + B'C'E'F + A'BC'E'F' + ABCDE$$

(b) 확장된 함수가 두 개의 Xilinx Virtex FPGA 슬라이스(그림 6-13)로 구현 가능함을 설명하라. 슬라이스 회로도에 LUT의 입력을 표시하고 슬라이스 내부에 연결선을 그려라. 각 LUT에 의해 구현된 함수 생성기를 보여라.

6.20 (a) 다음 함수를 구현하기 위해 그림 6-15의 스위치 연결을 표시하라.

$$Z = AB'C + A'BC' + BC$$

(b) 다음 함수를 구현하기 위해 그림 6-15의 스위치 연결을 표시하라.

$$F = AB + A'C$$

(c) 그림 2-17의 래치를 구현하기 위해 그림 6-15의 스위치 연결을 표시하라.

(d) D 플립플롭을 구현하기 위해 그림 6-15의 스위치 연결을 표시하라.

6.21 5개의 입력과 두 개의 플립플롭, 두 개의 출력을 가진 순차회로의 논리식은 다음과 같다.

$$Q_1^+ = Q_1(Q_2ABC) + Q_1'(Q_2'CDE)$$
$$Q_2^+ = Q_1'$$
$$Z_1 = Q_1'Q_2'AB + Q_1'Q_2'A'B' + Q_1Q_2'AB' + Q_1Q_2(A' + B + C)$$
$$Z_2 = Q_1A' + Q_1B + Q_2'$$

플립플롭을 포함하여 위의 논리식들을 구현하는 데 몇 개의 Virtex 슬라이스(그림 6-13)가 필요한가? 각 슬라이스의 입력과 각 LUT에 의해 구현되는 함수에 대해 구체적으로 설명하라.

6.22 현재 시장에서 구할 수 있는 FPGA를 조사하라.

(a) 현재 FPGA들에 대해 표 6-1과 같이 만들어라.

(b) 현재 FPGA들에 대해 표 6-2와 같이 만들어라.

6.23 32×32-비트 부호가 없는 곱셈을 네 개의 16×16 곱셈기와 몇 개의 가산기를 사용하여 어떻게 구현하는지 보여라. 필요한 연결선을 보이는 블록도를 그려라.

6.24 빠른 시프팅 동작은 전용 곱셈기를 통해 구현할 수 있다. 좌측으로 N-비트 시프트하는 것은 2^N을 곱하는 것과 동일하다.

(a) A가 16-비트 부호 없는 수이고 $0 \le N \le 15$일 때 곱셈기와 디코더를 사용하여 좌측 시프터를 어떻게 구현하는지 보여라.

(b) 이러한 시프터를 서술하는 VHDL 코드를 작성하라.

(c) 우측 시프터에 대해 (a), (b)를 반복하라. **힌트**: 2^{15-N}을 곱하고 32-비트 곱의 결과 중에 적절한 16비트를 선택하라.

6.25 그림 4-28(c)의 one-hot 상태 할당을 하라. 다음 상태와 출력 식을 유도하라.

6.26 그림 4-53의 one-hot 상태 할당을 하라. 다음 상태와 출력 식을 유도하라. 그런 다음 S_0에 0000000, S_1에 1100000, S_2에 1010000 등의 방식으로 상태 할당을 한 다음 식을 다시 작성하라.

6.27 one-hot 상태 할당을 사용하여 네 개의 상태를 갖는 순차회로를 가정하자. 플립플롭은 프리셋 입력을 갖지 않는다. 플립플롭은 리셋 입력은 있다. 따라서 시작 상태를 0000으로 하는 것이 좋다. one-hot 상태 할당 방식을 사용하여 다른 상태들은 어떻게 할당하는 것이 좋은지 설명하라.

6.28 아래의 상태 그래프를 보고 답하라.

(a) 다음 상태와 출력 식을 유도하라. 플립플롭 $Q_0Q_1Q_2Q_3$에 대해 one-hot 상태 할당을 사용하라: $S_0 = 1000$, $S_1 = 0100$, $S_2 = 0010$, $S_3 = 0001$.

(b) 위의 식을 구현하는 데 몇 개의 Virtex 슬라이스(그림 6-13)가 사용되어야 하는가?

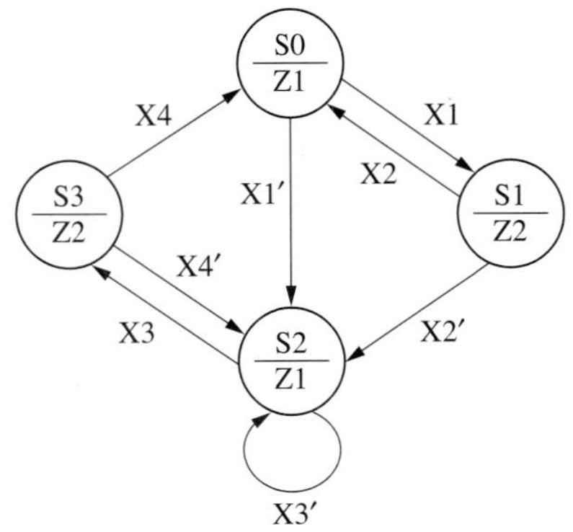

6.29 그림 4-15의 신호등 제어기를 래치 없이 합성되도록 VHDL 문을 수정하라. 적절한 FPGA나

CPLD를 타깃으로 정한 다음 합성하라.

6.30 그림 4-35의 2의 보수 곱셈기의 VHDL 모델을 합성하라. 제어 신호(그림 4-40)도 합성하고 결과를 비교하라(플립플롭 수, LUT 수, slice 수, 등등). 다른 합성 선택사양(면적이나 동작 속도, one-hot, 축약 등 다른 상태 머신 알고리즘 사용)을 사용하여 다시 합성하여 결과를 비교하라. 어떤 선택사양들을 선택하는 것이 최소 하드웨어가 요구되는가?

6.31 다음의 VHDL 코드를 살펴보자.

```
entity example is
  port(a: in integer range 0 to 3;
       b: out integer range 0 to 3);
end example;
architecture test2 of example is
begin
  process(a)
  begin
    case a is
      when 0 => b <= 3;
      when 1 => b <= 2;
      when 2 => b <= 1;
      when 3 => b <= 1;
    end case;
  end process;
end test2;
```

(a) 최적화하지 않고 코드를 합성했을 때 얻어지는 하드웨어를 보여라. 결과에 대해 설명하라.

(b) 최소 면적을 중요시하는 최적화를 행한 다음 얻어지는 하드웨어를 보여라. 결과에 대해 단계별로 설명하라.

6.32 다음의 코드가 합성해서 만들어내는 하드웨어 구조를 그려라. *A*, *B*, *E*는 4-비트 벡터, *C*, *D*는 2-비트 수, 클럭은 1-비트 신호이다. 구조를 그리고, 입력과 출력을 표시하라.

(a)
```
process(clock)
begin
  A <= A(3) & A(3 downto 1);
  B <= A(0) & B(3 downto 1);
end process;
```

(b)
```
architecture test2 of example is
begin
  process(C)
  begin
    case C is
      when 0 => D <= 3;
      when 1 => D <= 2;
      when 2 => D <= 0;
      when others => null;   -- 미리 지정된 값
    end case;
  end process;
end test2;
```

(c)
```
architecture test2 of example is
begin
  process(C)
```

```
    begin
      case C is
        when 0 => E <= A + B;
        when 1 => E <= A sra 2;
        when 2 => E <= A - B;
        when 3 => E <= A;
      end case;
    end process;
  end test2;
```

6.33 (a) 다음 VHDL 코드를 합성했을 때 만들어지는 논리도(게이트, 가산기, MUX, D 플립플롭)를 그려라. *A*, *B*, *C*는 부호 없는 3-비트 벡터이다(2 downto 0).

```
process(CLK)
if CLK'event and CLK = 0 then
  if C0 = '1' then C <= not A; end if;
  if Ad = '1' then C <= A + B; end if;
  if Sh = '1' then C <= C sra 1; end if;
end if;
```

(b) 이 회로가 무슨 동작을 하는지 서술하라.

6.34 다음 코드가 합성되었을 때 만들어내는 하드웨어 구조를 그려라. 코드 상에서 불확실한 것이 있으면 어떻게 해석했는지 설명하라. 최적화된 하드웨어와 최적화되지 않은 하드웨어를 보여라.

(a)
```
architecture test2 of example is
begin
  process(a)
  begin
    case a is
      when 0 => b <= 2;
      when 1 => b <= 0;
      when 2 => b <= 3;
      when 3 => b <= 1;
    end case;
  end process;
end test2;
```

(b)
```
if arg1 > arg2 and arg1 > arg3 then
  result <= arg1;
else
  result <= '0';
end if;
```

6.35 다음 문장이 만드는 하드웨어가 어떤 것인가?

```
F <= (A >= B);
```

A, *B*는 8-비트 벡터임을 가정한다.

6.36 *A*와 *B*가 4-비트 벡터임을 가정하고 최적화된 하드웨어를 만들어라.

```
F <= (A = 9);
```

FLOATING-POINT ARITHMETIC

07 부동소수점 연산

부동소수점(floating-point)은 컴퓨팅 시스템에서 수치 계산을 위해 빈번히 사용된다. 부동소수점에 대한 산술 연산장치는 고정소수점(fixed-point)일 때보다 훨씬 복잡하다. 부동소수점 수는 매우 크거나 작은 수에 표현될 수 있다. 이 장에서는 먼저 부동소수점 표기법을 간단히 설명한다. 그 다음 IEEE 부동소수점 표준에 대해 다룬다. 다음으로, VHDL을 사용한 부동소수점 곱셈을 위한 알고리즘을 만들고 테스트하였다. 그 다음에 FPGA를 사용하여 부동소수점 곱셈기를 구현한다. 부동소수점 덧셈, 뺄셈, 그리고 나눗셈도 간단히 기술된다.

7.1 부동소수점 수의 표현

부동소수점(또는 실수) N의 간단한 표현은 이진 가수(F-Fraction 또는 Mantissa), 베이스(B), 그리고 지수(E-Exponent)를 사용한다. 따라서 $N = F \times B^E$로 표현된다. 베이스는 2, 10, 16 등 어떤 수도 될 수 있다. 가수와 지수는 여러 형태로 표현될 수 있다. 예를 들어 2의 보수 형태, 부호 크기 형식, 다른 수 표현 방식 등이다. F나 E를 표현하는 데 몇 비트를 사용할 수 있는지, 베이스가 무엇인지, F나 E에 대해 음수를 어떻게 표현할 것인지에 따라 여러 가지 방식으로 부동소수점을 표현할 수 있다. 베이스는 확실히 표현하든지 아니면 의미만 주든지 할 수 있다. 이러한 모든 선택에 따라 다양한 종류의 부동소수점 표현이 존재하였다.

7.1.1 2의 보수 형식을 이용한 단순한 부동소수점 표현 방식

이 절에서는 2의 보수 형식으로 음의 가수와 지수를 사용한 부동소수점 형식을 설명한다. 베이스는 2이다. 즉, $N = F \times 2^E$로 나타낸다. 전형적인 부동소수점 수 시스템에서 F는 16～64 비트 길이를 갖고 E는 8～15 비트이다. 이 절에서는 예들을 단순하고 간단한 상태로 유지하기 위해 4-비트 가수와 4-비트 지수를 사용할 것이다. 그러나 표현된 개념들은 더 많은 비트로 쉽게 확장될 수 있다.

2의 보수 형식으로 음의 가수와 지수를 사용할 것이다. (2의 보수 체계는 4.10절을 참조하라.) 우리는 4-비트 가수와 4-비트 지수를 사용할 것이다. 가수 부분은 맨 앞의 부호 비트와 나머지 3비트의 실제 가수 부분으로 구성된다. 첫째 비트 이후가 소수점 포인트이다. 부호 비트는 0일 때 양수, 1일 때 음수를 나타낸다.

예를 들어 십진수 2.5를 8-비트 2의 보수 부동소수점 형식으로 표현해 보자.

$$\begin{aligned} 2.5 &= 0010.1000 \\ &= 1.010 \times 2^1 \quad \text{(표준화된 표현 형식)} \\ &= 0.101 \times 2^2 \quad \text{(4-비트 2의 보수 형식)} \end{aligned}$$

따라서

$$F = 0.101 \qquad E = 0010 \qquad N = 5/8 \times 2^2$$

이다. 만약 -2.5라면 같은 지수가 사용되나 가수는 음수로 바뀐다. 가수의 2의 보수 형태는 1.011이다. 따라서

$$F = 1.011 \qquad E = 0010 \qquad N = -5/8 \times 2^2$$

이 된다. 그 외 4-비트 가수와 4비트 지수를 사용한 부동소수점 수들의 예는 아래와 같다.

$$\begin{aligned} F &= 0.101 \qquad E = 0101 \qquad N = 5/8 \times 2^5 \\ F &= 1.011 \qquad E = 1011 \qquad N = -5/8 \times 2^{-5} \\ F &= 1.000 \qquad E = 1000 \qquad N = -1 \times 2^{-8} \end{aligned}$$

F에서의 모든 비트를 활용하고 최대한의 유효숫자를 가지고 있기 위해 F의 절대값이 가능한 한 크도록 정규화(normalization)되어야 한다. 만약 F가 정규화되어 있지 않으면, 부호 비트와 그 다음 비트가 다를 때까지 좌측으로 시프트시켜 F를 정규화할 수 있다. F를 좌측으로 시프트하는 것은 2를 곱하는 것과 동일하다. 따라서 매번 시프트시킬 때마다 N이 동일한 값을 유지하기 위해 E를 1만큼 감소시켜야 한다. 정규화된 상태에서는 그 이상의 시프트가 부호 비트를 바꾸기 때문에, F의 절대값은 가장 큰 값을 가진다. 다음 예에서, F는 초기상태에서 비정규화되었

다. 그러나 좌측 방향 시프트에 의해 정규화되는 과정을 보여주고 있다.

비정규화된 상태: $F = 0.0101$ $E = 0011$ $N = 5/16 \times 2^3 = 5/2$
(더이상 시프트하면 부호가 바뀌어 음수가 된다.)

정규화된 상태: $F = 0.101$ $E = 0010$ $N = 5/8 \times 2^2 = 5/2$

비정규화된 상태: $F = 1.11011$ $E = 1100$ $N = -5/32 \times 2^{-4} = -5 \times 2^{-9}$

(*F*를 좌측으로 시프트) $F = 1.1011$ $E = 1011$ $N = -5/16 \times 2^{-5} = -5 \times 2^{-9}$
(더이상 시프트하면 부호가 바뀌어 양수가 된다.)

정규화된 상태: $F = 1.011$ $E = 1010$ $N = -5/8 \times 2^{-6} = -5 \times 2^{-9}$

지수는 -8에서 $+7$ 사이의 어떤 수도 가능하며, 가수는 -1에서 $+0.875$ 사이의 어떤 수도 가능하다.

0(zero)은 정규화될 수 없다. 그래서 $F = 0.000$일 때 $N = 0$이다. 이때 지수는 어떤 값도 사용될 수 있다. 그러나 표준화된 0의 표현을 가지는 것이 좋다. 최대 음의 지수 값을 가수 0의 표현에 이용한다. 4-비트 2의 보수 정수 시스템에서, 최대 음수는 1000이고, 이것은 -8을 나타낸다. 그래서 F와 E가 4비트일 때, 0은 아래와 같이 표현된다.

$$F = 0.000 \qquad E = 1000 \qquad N = 0.000 \times 2^{-8}$$

이렇게 되면 가장 작은 값의 양수는 0.001×2^{-8}으로 나타낼 수 있다. 몇몇 부동소수점 시스템들은 바이어스된 지수(biased exponent)를 사용한다. 이 경우 $E = 0$인 것은 $F = 0$과 연관이 된다.

7.1.2 IEEE 754 부동소수점 형식

IEEE 754는 1985년 IEEE에 의해 구축된 부동소수점 표준이다. 두 가지 표현 방식이 있다. 즉, 하나는 IEEE 단일 정밀도(single precision) 형식이고, 다른 하나는 IEEE 이중 정밀도(double precision) 형식이다. IEEE 754 단일 정밀도 형식은 32비트를 사용하고, 이중 정밀도 시스템은 64비트를 사용한다.

2의 보수를 음수 표현에 적용하는 것이 통용되어 있지만, IEEE의 부동소수점 표현은 가수부나 지수부에 2의 보수를 사용하지 않는다. IEEE 754의 설계자들은 분류하기 쉬운 형식을 원하여 **가수부**에는 **부호 크기**(sign-magnitude) **방식**, **지수부**에는 **바이어스 표기 방식**을 채택하였다.

IEEE 754 부동소수점 형식은 세 개의 서브필드가 있다: 부호, 가수, 지수. 가수부는 부호 크기 형식으로 나타낸다(가수부에는 부호 비트(S)가 있다). 양수일 때 부호는 0이고 음수일 때 1이다. 정규화된 이진 과학표기법(scientific notation)에서 이진소수점 맨 앞자리는 항상 1이다. 따라서 IEEE 형식 설계자들은 이진 소수점 이하의 값들로 소수를 표현한다. 일반적으로,

$$N = (-1)^S \times (1 + F) \times 2^E$$

로 표현된다. 여기서 S는 부호 비트, F는 가수 부분, E는 지수 부분을 나타낸다. 지수의 베이스는 2이고, 이것은 암묵적으로 진행된다. 가수 맨 앞의 수는 1이므로 나타내는 수의 크기는 $1 + F$이다. 가수의 또 다른 이름은 significand이며 크기는 $(1 + F)$이다. 이 책에서 *significand*와 *fraction*은 모두 가수를 나타내는 말이다.

IEEE 부동소수점 형식에서 지수부는 바이어스 표기 방식을 사용하여 표현된다. 바이어스 표기 방식은 숫자 플러스 어떤 바이어스로 표현된다. IEEE 단일 정밀도 표현 방식에서, 바이어스는 127이다. 따라서 지수가 +1이면 지수 표현은 $1 + 127 = 128$이고, 지수가 -2이면 지수 표현은 $-2 + 127 = 125$이다. 따라서 127보다 작은 지수 표현은 실제 음의 지수 값을 나타내고 127보다 큰 지수 표현은 실제 양의 지수 값을 나타낸다. 이중 정밀도에서는 바이어스가 1023이다.

만약 양의 지수 값이 너무 커서 지수 필드에 맞지 않으면 **오버플로**(overflow)가 발생하고, 음의 지수가 너무 커서 지수 필드에 맞지 않으면 **언더플로**(underflow)가 발생한다.

IEEE 단일 정밀도 형식

IEEE 단일 정밀도 형식은 부동소수점을 나타내는 데 32비트를 사용하는데, 그림 7-1에서 보여주는 것처럼 세 개의 서브필드가 있다. 처음 필드는 가수의 부호 비트이다. 두 번째 필드는 지수를 표현하는 데 8비트를 사용하고, 나머지 23비트는 가수부를 표현한다.

부호 비트는 가수의 부호를 나타내는데, 양수는 0, 음수는 1을 나타낸다. IEEE 단일 정밀도의 수를 표현하기 위해 먼저 이진 소수점 앞에 하나의 비트를 표시하는 정규화된 과학표기법으로 바꾼 다음 지수 값을 조정한다.

지수 표현은 실제 지수에 127을 더하여 표현한다. 지수는 1에서 254까지 표현되며, 0과 255는 특수한 용도로 할당해 놓았다.

23-비트 가수 표현은 맨 처음 1을 뺀 정규화된 과학표기법이다. Zero는 사용될 수 없고 특수한 케이스에 해당한다. 모든 과학표기법의 숫자는 맨 앞에 1이 오므로, 이 1은 빼고 가수부에 다른 하나의 비트를 포함시킬 수 있다. 따라서 24-비트 가수는 23비트로 표현될 수 있다. IEEE 형식의 설계자들은 지수와 가수부 표현에 모든 비트를 활용하고자 하였다. IEEE 형식을 이해하기 위해 13.45를 IEEE 부동소수점 형식으로 나타내보자. 0.45는 이진 소수이며, 따라서

부호	지수	가수
1 비트	8 비트	23 비트

그림 7-1 IEEE 단일 정밀도 부동소수점 형식

부호	지수	가수
0	10000010	10101110011001100110011

그림 7-2 13.45에 대한 IEEE 단일 정밀도 부동소수점 표현

13.45 = 1101.01 1100 1100 1100 . . . . (1100 반복)

이다. 정규화된 과학표기법은 다음과 같다.

$$13.45 = 1.10101\ 1100\ 1100 \ldots \times 2^3$$

양수이므로 부호 비트는 0이다.

지수는 127 + 3 = 130이고 이진 표현은 10000010이다.

가수는 1.10101 1100 1100 . . . . 이다. 맨 앞의 1을 생략하면, 가수부의 23비트는

10101 1100 1100 1100 1100 11

이다. 따라서 32비트의 부동소수점 표현은 아래와 같다.

0 10000010 10101 1100 1100 1100 1100 11

32비트는 16진수로 표현하면 편리하다.

4157 3333

−13.45는 부호 비트만 바꾸면 된다. 따라서 C157 3333은 −13.45의 IEEE 단일 정밀도 표현이다.

IEEE 이중 정밀도 형식

IEEE 이중 정밀도 형식은 그림 7-3과 같이 64비트를 사용한다. 처음 비트는 부호, 다음 11비트는 지수, 나머지 52비트는 가수 부분을 나타낸다.

단일 정밀도 형식과 같이 부호 비트 0은 양수, 1은 음수를 나타낸다.

지수 표현은 정규화 후 실제 지수 값에 바이어스 값 1023을 더해서 표현된다. 지수 범위는 1

부호	지수	가수
1 비트	11 비트	52 비트

그림 7-3 IEEE 이중 정밀도 부동소수점 형식

부호	지수	가수
0	10000000010	10101110011001100110

가수(계속)
01100110011001100110011001100110

그림 7-4 13.45에 대한 IEEE 이중 정밀도 부동소수점 표현

~2046이며 0과 2047은 특수한 경우에 사용된다.

52-비트 가수 표현은 정규화된 가수 표현에 맨 앞의 1을 빼고 표현한다.

예를 들어 13.45를 IEEE 이중 정밀도 부동소수점 형식으로 나타내보자.

13.45 = 1101.01 1100 1100 1100 . . . . (1100 반복)

따라서 정규화된 과학적 표현은 다음과 같다.

$$13.45 = 1.10101\ 1100\ 1100 \ldots \times 2^3$$

지수는 1023 + 3 = 1026이고 이진 표현은 10000000010이다.

가수는 1.10101 1100 1100 . . . . . . 이고, 맨 앞의 1을 뺀 52-비트 표현은

10101 1100 1100 1100 1100 1100 1100 1100 1100 1100 1100 1100 110

이다. 따라서 64-비트 표현은 그림 7-4에서 보여주는 바와 같이

0 10000000010 10101 1100 1100 1100 1100 1100 1100 1100 1100 1100 1100 110

이다. 64비트의 16진수 형식은 다음과 같이 된다.

402A E666 6666 6666

−13.45는 부호 비트만 바꾸면 되고, IEEE 754의 이중 정밀도의 16진수 표현은 C02A E666 6666 6666이다.

IEEE 754 표준의 특수한 경우들

IEEE 754 표준은 그림 7-5에 나타낸 것처럼 여러 개의 특수한 경우들이 있다. 이들은 Zero(0), 무한대, 비정규화된 수, NaN(Not a Number) 등이다. 최소 또는 최대 지수 표현들이 특수한 경우들을 나타내는 데 사용된다.

Zero(0) IEEE 형식에서 0은 모든 비트가 0일 때를 규정한다. 실제 수 0을 나타내기 위해 zero는

단일 정밀도		이중 정밀도		객체 표현
지수	가수	지수	가수	
0	0	0	0	0
0	0이 아님	0	0이 아님	±비정규화된 수
255	0	2047	0	±무한대
255	0이 아님	2047	0이 아님	NaN(not a number)

그림 7-5 IEEE 754 부동소수점 형식에서 특수한 경우들

특수한 경우들로 규정되어 있다. 보통 수는 가수부에 1이 나타나지만 실제 0에서는 나타나지 않는다.

비정규화된 수 단일 정밀도에서 최소 정규화된 수는

$$1.0 \times 2^{-126}$$

로 표현될 수 있다. 이 수와 0 사이에는 정규화된 형태로 수를 표현할 수 없다. 정규화가 필요조건이 아니면 1.0×2^{-126}보다 더 작은 수도 표현할 수 있다. 따라서 IEEE 부동소수점 형식은 비정규화된 수를 특수한 경우들로 취급한다. 지수가 0이고 가수부가 존재하면(0이 아니면) 비정규화된 것으로 취급한다. 최소 수는 다음과 같이 나타내어진다.

$$0.00000000000000000000001 \times 2^{-126}, \text{ 즉 } 1.0 \times 2^{-149}$$

따라서 비정규화는 1.0×2^{-126}과 1.0×10^{-149} 사이의 수를 나타내는 데 허용된다.

이중 정밀도에서는 비정규화 범위가 1.0×2^{-1022}에서 1.0×2^{-1074}이다.

무한대 무한대는 가수부 0과 함께 최대 지수로 표현된다. 단일 정밀도에서는 지수가 255, 이중 정밀도에서는 2047이다.

Not a Number(NaN) IEEE 754 표준은 0/0과 같은 유효하지 않은 동작을 나타내는 특수 표현을 가지고 있다. 이러한 특수 표현은 NaN 또는 Not a Number로 불린다. 만약 지수가 255이고 가수는 어떤 0이 아닌 수이면, 그 수는 NaN 또는 Not a Number라고 한다.

반올림 어떤 수를 나타내는 데 필요한 비트 수가 모자라면 반올림(rounding) 동작이 일어난다. 가장 가까운 값으로 반올림하는 것이 필요하다. 숫자가 절반보다 크면 라운드 업하고, 절반보다 작으면 라운드 다운한다. 다른 옵션은 아예 어느 이상 비트 값을 잘라버리는 것(절삭: truncate)도 있다. 보다 정확한 표현을 위해서는 중간 단계 표현에서 더 많은 비트 수를 가지고 가야 한다. IEEE 표준은 보다 나은 반올림을 위해 중간 단계 표현에서 두 개의 여분의 비트가 필요하다. 이러한 두 개의 비트를 **가드와 라운드**(guard and round)라고 한다. 때로는 가드와 라운드 비트 외에 세 번째 중간 단계 비트가 사용된다. 이것은 **스티키 비트**(sticky bit)라고 한다. 스티키 비트는

라운드 비트의 우측으로 제로가 아닌 비트가 있을 때 1로 셋된다.

가장 어려운 것은 숫자가 중간에 있을 때이다. IEEE 표준은 네 가지 다른 방법에 의한 반올림 모드를 가지고 있다.

- **라운드 업:** 양의 무한대로 반올림. 다음 높은 수로 라운드 업
- **라운드 다운:** 음의 무한대로 반올림. 다음 낮은 수로 라운드 다운
- **절삭:** 0으로 반올림. 허용된 비트 이상의 것은 버린다. 부호 크기 표현 방식에서도 같다.
- **바이어스되지 않음:** 만약 수가 한가운데 걸쳐 있다면, 한 번은 라운드 업하고 한 번은 라운드 다운한다. 이러한 방식의 라운드 업이란 최하위 비트가 1이면 1을 더하고 0이면 잘라낸다. 이것은 최하위 비트의 0과 1은 같은 확률로 나타난다는 가정에서 비롯된다. 이러한 반올림 기법 적용 결과 나타날 수 있는 것은 라운드된 수의 최하위 자리에는 항상 0을 가진다는 것이다.

7.2 부동소수점 곱셈

이 장에서는 부동소수점에 대한 곱셈기를 설계하고자 한다. 주어진 부동소수점 수에 대해서, 그 곱은 다음과 같다.

$$(F_1 \times 2^{E_1}) \times (F_2 \times 2^{E_2}) = (F_1 \times F_2) \times 2^{(E_1+E_2)} = F \times 2^E$$

곱의 결과 가수부는 각 가수들의 곱이다. 그리고 곱의 지수부는 각 지수들의 합이다. 따라서 부동소수점 곱셈기는 가수부 곱셈기와 지수부 가산기로 구성된다. 부동소수점 곱셈은 가수 곱셈과 지수 덧셈이 이루어지는 방식에 따라 달라진다.

가수 곱셈은 여러 가지 방식이 있다. IEEE 형식이 사용되면 크기의 곱이 수행되고 부호는 조정된다. 만약 2의 보수로 가수가 표현되면 부호 있는 2의 보수를 다루는 가수부 곱셈기를 사용하면 된다. 그러한 가수부 곱셈기는 4장에서 다루고 있다.

지수 덧셈은 이진 가산기로 구현할 수 있다. 만약 IEEE 형식이 사용되면, 지수 결과 값은 형식에 맞게 재조정되어야 한다. 예를 들어 바이어스 형식의 두 부동소수점 수의 지수가 더해지면, 결과 값은 두 배의 바이어스 값을 갖게 된다. 올바른 값이 되기 위해 바이어스 값을 빼주어야 한다.

2의 보수 체계는 산술 연산에서 주의하여야 한다. IEEE 표준 형식에서 2의 보수 표현식을 따로 계산하여 결과를 다시 IEEE 표준 형식으로 변환해주어야 한다.

일반적인 부동소수점 곱셈 연산 과정은 다음과 같다.

1. 두 개의 지수를 더한다.
2. 두 개의 가수를 곱한다.

3. 곱셈 결과 0이면 0을 나타내는 적절한 표현으로 바꾼다.
4. a. 곱셈 결과가 너무 크면 우측으로 시프트하여 정규화하고 지수를 증가시킨다.
   b. 곱셈 결과가 너무 작으면 좌측으로 시프트하여 정규화하고 지수를 감소시킨다.
5. 지수의 오버플로나 언더플로가 발생하면 예외나 오류 메시지를 보낸다.
6. 적절한 비트 수로 반올림한다. 반올림 결과 정규화 과정이 없어지면 단계 4로 돌아간다.

지수의 덧셈과 가수의 곱셈 동작 이외에 곱의 값의 정규화, 오버플로, 언더플로, 적절한 비트 수로 반올림 등의 추가 과정이 필요하다. 곱셈 전에 두 수는 정규화된 수이고 최종 결과 또한 정규화되어야 한다.

이제 부동소수점 곱셈기 설계를 살펴보자. 4-비트 가수와 4-비트 지수를 가지고 있고 음수는 2의 보수 형식으로 표현된다.

기본적으로 해야 할 사항은 지수들을 더하고(단계 1) 가수들을 곱하는(단계 2) 것이다. 그러나

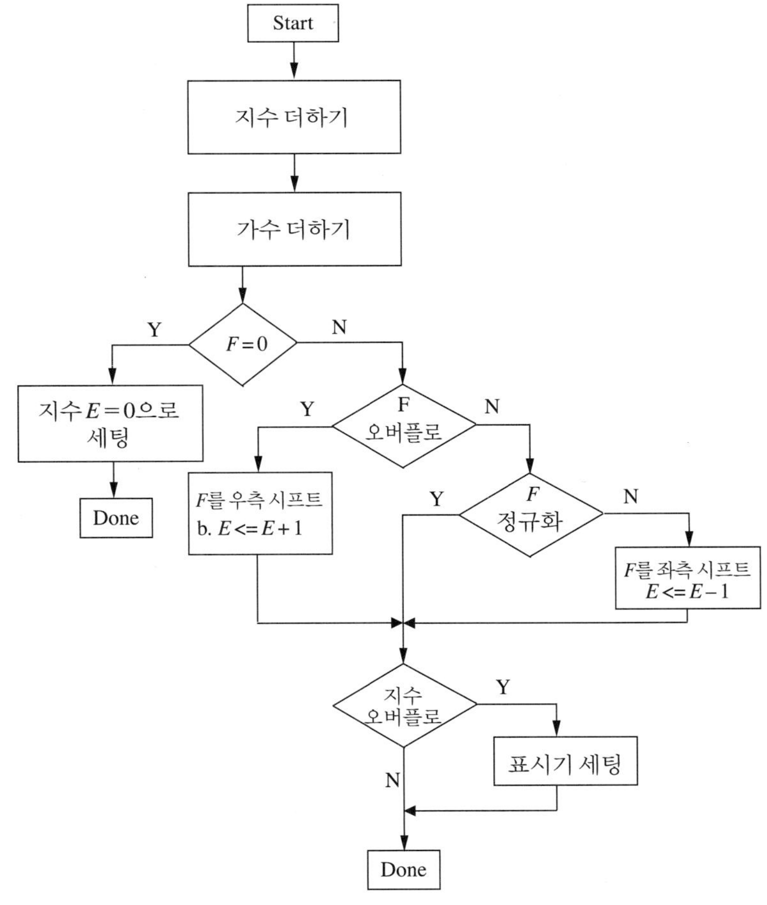

그림 7-6 2의 보수 표현의 가수/지수를 이용한 부동소수점 곱셈에 대한 플로차트

몇몇의 특수한 경우들을 고려하여야 한다. 만약 F가 0이면, 가장 큰 음수 값(1000)으로 지수 E를 설정하여야 한다(단계 3). 만약 -1로 -1을 곱하면(1.000×1.000), 그 결과는 $+1$이 된다. 2의 보수 표현 방식으로 가수 $+1$을 표현할 수 없기 때문에, 이 특수한 경우에는 단계 4에서처럼 우측으로 시프팅이 필요하다. 이 상황을 정정하기 위해 가수부를 우측으로 시프트하고 지수를 증가시킨다. 즉, $F = 1/2(0.100)$로 설정하고 그리고 E에 1을 더해야 한다. 이것은 $1 \times 2^E = 1/2 \times 2^{E+1}$이기 때문에 올바른 결과이다.

가수들을 곱할 때, 그 결과는 비정규화될 수도 있다. 예를 들면 다음과 같다.

$$(0.1 \times 2^{E_1}) \times (0.1 \times 2^{E_2}) = 0.01 \times 2^{E_1 + E_2} = 0.1 \times 2^{E_1 + E_2 - 1}$$

이것은 앞의 단계 4.b에서 발생한다. 이 경우 가수부를 왼쪽으로 1자릿수만큼 시프트시켜 정규화하고, 지수를 보상하기 위해 1을 뺄셈하여 그 결과를 정규화한다. 최종적으로, 만약 그 결과로서 생긴 지수가 우리가 사용하는 수 체계에서 절대값이 너무 커서 표현될 수 없다면, 지수 오버플로가 발생한 것이다. (때때로 음의 방향으로의 오버플로는 **언더플로**라고 한다.) 4-비트 지수를 사용하고 있기 때문에, 만약 그 지수가 1000에서 0111(-8에서 $+7$)의 범위에 있지 않으면 오버플로가 일어난 것이다. 지수 오버플로가 정정될 수 없기 때문에 오버플로 표시기(indicator)가 켜져야 한다(단계 5).

부동소수점 곱셈기를 플로차트로 표현한 것은 그림 7-6과 같다. 가수부 곱셈이 완료된 후에 모든 특수한 경우들이 검사된다. F_1과 F_2가 정규화된 표현이므로, 곱에 대한 가장 작은 절대값은 앞의 예에서 보여주는 것처럼 0.01이 된다. 그러므로 단지 F를 정규화하기 위해 한 자리만 좌측으로 시프트하면 된다.

곱셈기(그림 7-7)를 구현하기 위해 요구되는 하드웨어는 지수 가산기, 가수 곱셈기, 그리고 우측 시프팅, 좌측 시프팅, 지수 증가/감소를 위한 신호를 제공하는 제어부로 구성된다.

지수 가산기 2의 보수 덧셈 과정이 진행되므로 지수 가산기 설계는 단순하다. 그림 7-7에서 보여주는 것처럼 지수 덧셈을 위해 5-비트 가산기가 사용된다. 가수가 정규화되면 지수는 그에 따라 증가되거나 감소된다. 또한 곱이 0일 경우 특수한 경우에 해당되어 레지스터는 1000으로 셋된다. 레지스터는 증가, 감소, 최대 음수(*SM8*)로 세팅되는 제어 신호를 가진다.

합의 값을 가지고 있는 레지스터는 특수한 상황을 다루기 위해 5-비트 레지스터로 만들어졌다. 지수들이 더해질 때 오버플로가 일어날 수 있다. 만약 E_1과 E_2가 양수일 때 그 합이 음수(E)로 나타나고, 만약 E_1과 E_2가 음수일 때 그 합이 양수가 되면, 그 결과는 2의 보수 오버플로이다. 그러나 이 오버플로는 정규화 과정이나 가수 오버플로 정정 과정에서 E에 1을 더하거나 뺌으로써 해결할 수 있다. 이러한 동작이 가능하게끔 5-비트 길이의 X레지스터를 만들었다. E_1이 X로 로딩될 때 올바른 2의 보수 표현을 유지하도록 부호 비트가 확장되어야 한다. 두 개의 부호 비트가 있기 때문에, 만약 E_1과 E_2의 덧셈 결과 오버플로가 발생하면, 하위 부호 비트가 변하게 되나

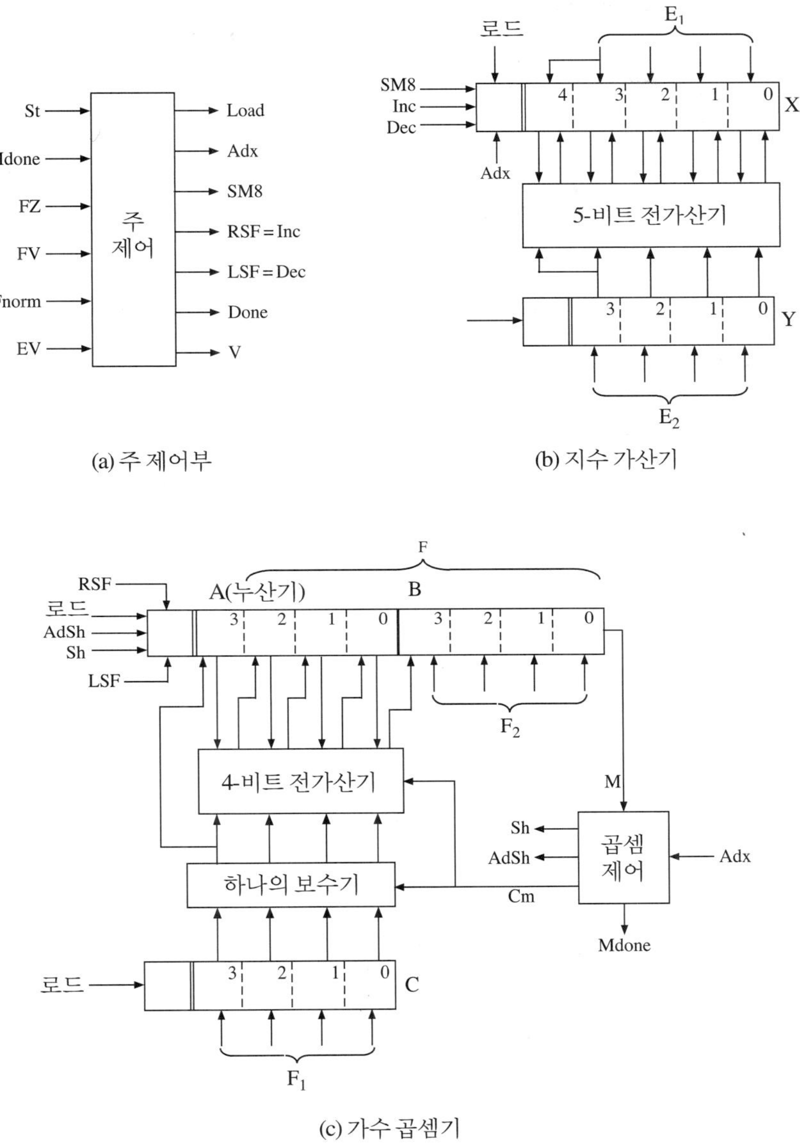

(a) 주 제어부

(b) 지수 가산기

(c) 가수 곱셈기

그림 7-7 부동소수점 곱셈기의 주요 구성요소

상위 부호 비트는 변하지 않는다. 다음 예들은 하위 부호 비트가 잘못된 값을 가지고 있기 때문에 오버플로를 갖게 된다.

$$7 + 6 = 00111 + 00110 = 01101 = 13 \quad \text{(최대 허용 값은 7이다.)}$$

$$-7 + (-6) = 11001 + 11010 = 10011 = -13 \quad \text{(최대 허용 음의 값은 8이다.)}$$

다음 예는 가수 오버플로와 지수 오버플로가 동시에 일어난 특별한 경우를 설명하고 있다. 그러나 지수 오버플로는 가수 오버플로가 정정될 때 같이 정정된다.

$$(1.000 \times 2^{-3}) \times (1.000 \times 2^{-6}) = 01.000000 \times 2^{-9} = 00.100000 \times 2^{-8}$$

가수 곱셈기 가수 곱셈기는 4.10절의 2의 보수 곱셈기와 유사하다. 따라서 그것을 사용하여 부동소수점 곱셈기를 설계한다. 시프트와 가산기 알고리즘을 사용하여 구현한다. 양의 3비트와 양의 3비트 곱셈이므로, 그 결과는 6비트 양의 부호일 것이다. 가수 곱셈 후, 그 7비트의 결과(F)는 A의 하위 3비트와 B 레지스터 값이 통합되어 나타난다. 곱셈기는 제어부를 가지며 승수 비트에 따라 시프트와 덧셈 동작을 적절히 수행한다.

주 제어부 부동소수점 곱셈기의 주요 제어기(그림 7-8)에 대한 SM 차트는 플로차트(순서도라고도 한다)에 바탕을 두고 있다. 주 제어기와 연결된 곱셈기에 대한 제어기와 구별하기 위해 주 제

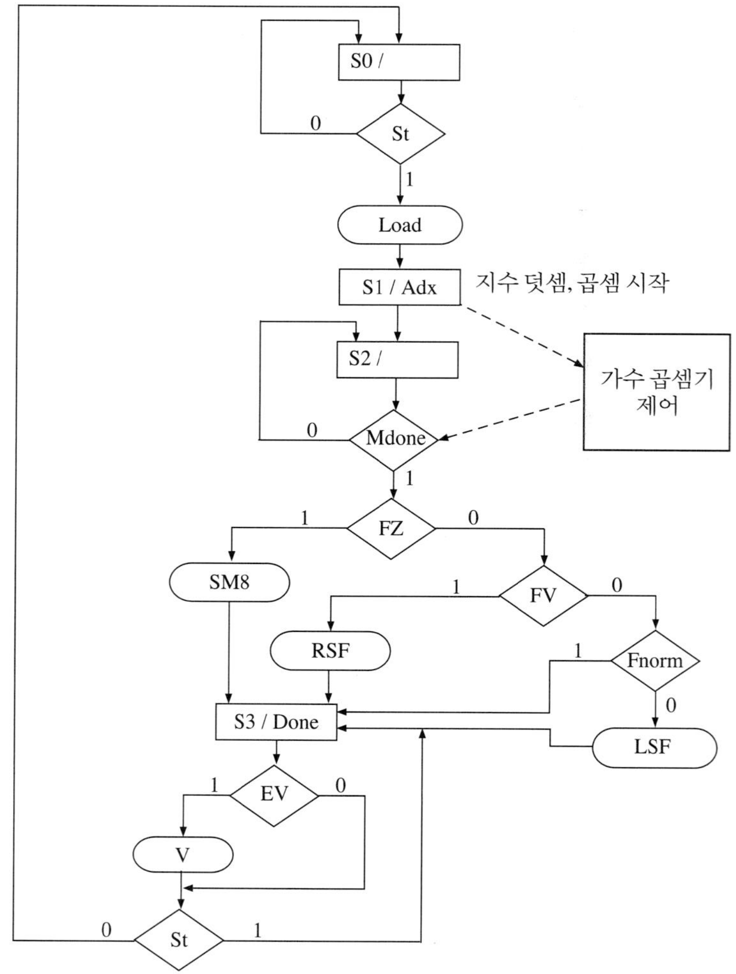

그림 7-8 부동소수점 곱셈에 대한 SM 차트

어기(main controller)라 한다.

SM 차트는 다음 입력들과 제어 신호를 사용한다.

St 부동소수점 곱셈을 시작한다.
Mdone 가수 곱셈이 완료된다.
FZ 가수는 0이다.
FV 가수 오버플로
Fnorm F는 정규화된다.
EV 지수 오버플로
Load F_1, E_1, F_2, E_2 값을 적절한 레지스터들에 로드하라.
Adx 지수들을 더한다. 이 신호는 또한 가수 곱셈기를 시작하게 된다.
SM8 지수를 마이너스 8에 설정한다.
RSF 가수부를 우측으로 시프트한다. 또한 E를 증가시킨다.
LSF 가수부를 좌측으로 시프트한다. 또한 E를 감소시킨다.
V 오버플로 표시기
Done 수행된 부동소수점으로 곱셈이 완료된다.

주 제어기를 위한 SM 차트에는 4개의 상태가 있다. S_0에서, 레지스터들은 시작 신호가 1일 때 로딩된다. S_1 상태에서 지수들이 더해지고 가수부 곱셈이 시작된다. S_2 상태에서는 가수 곱셈이 완료될 때까지 기다렸다가 특수한 경우를 테스트하고 그에 따른 적절한 동작을 수행한다. 플로 차트에서는 순차적으로 수행된다. *FZ*, *FV*, *Fnorm*에 대한 테스트가 모두 같은 상태에서 수행될 수 있다는 것은 놀랍게 여겨질 수 있다. 그러나 *FZ*, *FV*, *Fnorm*은 조합회로의 출력으로 병렬로 동작하므로 같은 상태에서 테스트될 수 있다. 그러나 지수가 S_3 상태에서 오버플로가 되었는지를 확인하기 전에 다음 클럭에서 지수가 증가 혹은 감소되는지 기다려야 한다. S_3에서 *Done* 신호는 켜지고, 제어기는 S_0에 돌아가기 전에 $St = 0$이 되기를 기다린다.

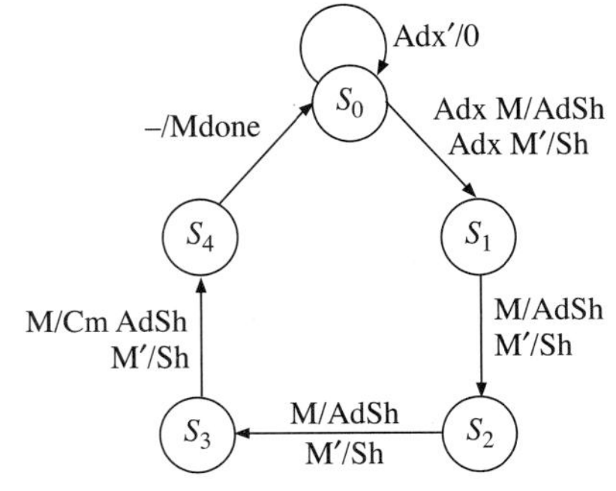

그림 7-9 곱셈기 제어에 대한 상태 그래프

곱셈기 제어를 위한 상태 그래프(그림 7-9)는 그림 4-34와 비교하여 로드(load) 상태가 필요 없다는 것을 제외하곤 유사하다. 이것은 레지스터가 주 제어기에 의해 로딩되기 때문이다. 그림 7-7(c)에서 보여주는 것처럼 덧셈 시프트 동작이 하나의 상태에서 이루어진다. 합의 결과는 1비트 시프트되어 누산기에 로딩된다. *Adx* = 1일 때 곱셈기는 시작된다. 그리고 *Mdone*은 곱셈이 완료될 때 켜진다.

VHDL 동작적 서술(그림 7-10)은 세 개의 process를 사용한다. 주 process는 SM 차트를 근거

```
library IEEE;
use IEEE.numeric_bit.all;

entity FMUL is
  port(CLK, St: in bit;
       F1, E1, F2, E2: in unsigned(3 downto 0);
       F: out unsigned(6 downto 0);
       V, done: out bit);
end FMUL;
architecture FMULB of FMUL is
signal A, B, C: unsigned(3 downto 0);            -- 가수 레지스터
signal X, Y: unsigned(4 downto 0);               -- 지수 레지스터
signal Load, Adx, SM8, RSF, LSF: bit;
signal AdSh, Sh, Cm, Mdone: bit;
signal PS1, NS1: integer range 0 to 3;           -- 현재와 다음 상태
signal State, Nextstate: integer range 0 to 4;  -- 곱셈기 제어 상태
begin
  main_control: process(PS1, St, Mdone, X, A, B)
  begin
    Load <= '0'; Adx <= '0'; NS1 <= 0;           -- 제어 신호 클리어
    SM8 <= '0'; RSF <= '0'; LSF <= '0'; V <= '0'; F <= "0000000";
    done <= '0';
    case PS1 is
      when 0 => F <= "0000000";                   -- 출력 클리어
        done <= '0'; V <= '0';
        if St = '1' then Load <= '1'; NS1 <= 1; end if;
      when 1 => Adx <= '1'; NS1 <= 2;
      when 2 =>
        if Mdone = '1' then                        -- 곱셈 시작
          if A = 0 then                            -- 가수 제로
            SM8 <= '1';
          elsif A = 4 and B = 0 then
            RSF <= '1';                            -- AB 우측 시프트
          elsif A(2) = A(1) then                   -- 정규화 체크
            LSF <= '1';                            -- AB 좌측 시프트
          end if;
          NS1 <= 3;
        else
          NS1 <= 2;
        end if;
      when 3 =>                                    -- 지수 오버플로 체크
        if X(4) /= X(3) then V <= '1'; else V <= '0'; end if;
        done <= '1';
        F <= A(2 downto 0) & B;                    -- 가수 출력
        if ST = '0' then NS1 <= 0; end if;
    end case;
```

```
  end process main_control;

  mul2c: process(State, Adx, B)                -- 2의 보수 곱셈
  begin
    AdSh <= '0'; Sh <= '0'; Cm <= '0'; Mdone <= '0';   -- 제어 신호 클리어
    Nextstate <= 0;
    case State is
      when 0 =>                                  -- 곱셈 시작
        if Adx = '1' then
          if B(0) = '1' then AdSh <= '1'; else Sh <= '1'; end if;
          Nextstate <= 1;
        end if;
      when 1 | 2 =>                              -- 덧셈/시프트 상태
        if B(0) = '1' then AdSh <= '1'; else Sh <= '1'; end if;
        Nextstate <= State + 1;
      when 3 =>
        if B(0) = '1' then Cm <= '1'; AdSh <= '1'; else Sh <= '1'; end if;
        Nextstate <= 4;
      when 4 =>
        Mdone <= '1'; Nextstate <= 0;
    end case;
  end process mul2c;

  update: process                                -- 레지스터 업데이트
  variable addout: unsigned(3 downto 0);
  begin
    wait until CLK = '1' and CLK'event;
    PS1 <= NS1;
    State <= Nextstate;
    if Cm = '0' then addout := A + C;
    else addout := A - C;
    end if;                                      -- C의 2의 보수 덧셈
    if Load = '1' then
      X <= E1(3) & E1; Y <= E2(3) & E2;
      A <= "0000"; B <= F1; C <= F2;
    end if;
    if ADX = '1' then X <= X + Y; end if;
    if SM8 = '1' then X <= "11000"; end if;
    if RSF = '1' then A <= '0' & A(3 downto 1);
      B <= A(0) & B(3 downto 1);
      X <= X + 1;
    end if;                                      -- X 증가
    if LSF = '1' then
      A <= A(2 downto 0) & B(3); B <= B(2 downto 0) & '0';
      X <= X + 31;
    end if;                                      -- X 감소
    if AdSh = '1' then
      A <= (C(3) xor Cm) & addout(3 downto 1);   -- 시프트된 가산기 값 로딩
      B <= addout(0) & B(3 downto 1);            -- A & B에 출력
    end if;
    if Sh = '1' then
      A <= A(3) & A(3 downto 1);                 -- 부호 확장 후
      B <= A(0) & B(3 downto 1);                 -- A & B의 우측 시프트
    end if;
  end process update;
end FMULB;
```

그림 7-10 부동소수점 곱셈기에 대한 VHDL 코드

로 하여 제어 신호들을 만든다. 두 번째 process는 가수 곱셈기를 위한 제어 신호들을 만든다. 세 번째 process는 제어 신호들을 테스트하고 클럭의 상승에지에서 적절한 레지스터의 내용을 업데이트한다. 주 제어 process의 상태 S_2에서 $F=0$(SM 차트에서 $FZ=1$)은 $A=$ "0000" 임을 의미한다. 만약 1.000과 1.000을 곱하면 그 결과 A & $B=$ "01000000" 이 되고, 가수 오버플로가 일어난다($FV=1$). 만약 $A(2)=A(1)$이면, F의 부호 비트와 그 다음 비트가 같고 F는 비정규화되었다($Fnorm=0$이다). 상태 S_3에서, 만약 X의 두 개의 가장 높은 자리 비트가 서로 다르면 지수 오버플로($EV=1$)가 일어난 것이다.

레지스터들은 세 번째 process에서 업데이트된다. 변수 *addout*은 가수 곱셈기의 일부인 4-비트 전가산기의 출력을 표현하고 있다. 이 가산기는 $Cm=1$일 때, C의 2의 보수를 A에 더하게 된다. $Load=1$일 때, 부호 확장된 지수들이 X와 Y로 로딩된다. $Adx=1$일 때 X와 Y를 더한다.

```
add list f x f1 e1 f2 e2 v done
force f1 0111 0, 1001 200, 1000 400, 0000 600, 0111 800
force e1 0001 0, 1001 200, 0111 400, 1000 600, 0111 800
force f2 0111 0, 1001 200, 1000 400, 0000 600, 1001 800
force e2 1000 0, 0001 200, 1001 400, 1000 600, 0001 800
force st 1 0, 0 20, 1 200, 0 220, 1 400, 0 420, 1 600, 0 620, 1 800, 0 820
force clk 0 0, 1 10 -repeat 20
run 1000

ns   delta    f        x     f1   e1   f2   e2   v done
  0    +0  0000000  00000  0000 0000 0000 0000 0 0
  0    +1  0000000  00000  0111 0001 0111 1000 0 0    (0.111 × 2¹) × (0.111 × 2⁻⁸)
 10    +1  0000000  00001  0111 0001 0111 1000 0 0
 30    +1  0000000  11001  0111 0001 0111 1000 0 0
150    +2  0110001  11001  0111 0001 0111 1000 0 1    = 0.110001 × 2⁻⁷
170    +2  0000000  11001  0111 0001 0111 1000 0 0
200    +0  0000000  11001  1001 1001 1001 0001 0 0    (1.001 × 2⁻⁷) × (1.001 × 2¹)
250    +1  0000000  11010  1001 1001 1001 0001 0 0
370    +2  0110001  11010  1001 1001 1001 0001 0 1    = 0.110001 × 2⁻⁶
390    +2  0000000  11010  1001 1001 1001 0001 0 0
400    +0  0000000  11010  1000 0111 1000 1001 0 0    (1.000 × 2⁷) × (1.000 × 2⁻⁷)
430    +1  0000000  00111  1000 0111 1000 1001 0 0
450    +1  0000000  00000  1000 0111 1000 1001 0 0
570    +1  0000000  00001  1000 0111 1000 1001 0 0
570    +2  0100000  00001  1000 0111 1000 1001 0 1    = 0.100000 × 2¹
590    +2  0000000  00001  1000 0111 1000 1001 0 0
600    +0  0000000  00001  0000 1000 0000 1000 0 0    (0.000 × 2⁻⁸) × (0.000 × 2⁻⁸)
630    +1  0000000  11000  0000 1000 0000 1000 0 0
650    +1  0000000  10000  0000 1000 0000 1000 0 0
770    +1  0000000  11000  0000 1000 0000 1000 0 0
770    +2  0000000  11000  0000 1000 0000 1000 0 1    = 0.0000000 × 2⁻⁸
790    +2  0000000  11000  0000 1000 0000 1000 0 0
800    +0  0000000  11000  0111 0111 1001 0001 0 0    (0.111 × 2⁷) × (1.001 × 2¹)
830    +1  0000000  00111  0111 0111 1001 0001 0 0
850    +1  0000000  01000  0111 0111 1001 0001 0 0
970    +2  1001111  01000  0111 0111 1001 0001 1 1    = 1.001111 × 2⁸ (오버플로)
990    +2  0000000  01000  0111 0111 1001 0001 0 0
```

그림 7-11 부동소수점 곱셈기에 대한 테스트 데이터와 시뮬레이션 결과

$SM8 = 1$일 때, -8이 X에 로드된다. $AdSh = 1$일 때, A는 가산기 출력의 셋째 자리에서 첫째 자리까지의 비트들과 C의 비트(또는 만약 $Cm = 1$이면, 부호 비트의 보수)를 통합하여 로딩되고 *Addout*의 나머지 비트들은 B 레지스터로 시프트된다.

부동소수점 곱셈기에 대한 VHDL 코드는 양과 음의 지수들뿐만 아니라 양과 음의 가수들의 연산에서 발생할 수 있는 모든 특수한 경우들을 고려하여 주의 깊게 테스트하여야 한다. 그림 7-11은 명령어 파일과 몇몇 테스트 결과를 보여주고 있다. 그러나 모든 경우를 고려한 완벽한 테스트는 아니다.

VHDL 코드가 완전히 검증된 후에 Xilinx Spartan-3/Virtex-4 구조에 Xilinx ISE 툴을 사용하여 합성 결과 38개의 슬라이스와 29개의 플립플롭, 72개의 4-입력 LUT, 27개의 I/O 블록, 그리고 하나의 글로벌 클럭회로가 사용되었다. 출력 신호 *V*, *Done*, *F*는 원치 않는 래치 발생을 방지하게 위해 0으로 셋되었다. RTL 레벨 설계로 시도할 수도 있으나 RTL 설계는 합성된 동작형 설계보다 좋지 않은 결과를 나타내었다.

이제 기본적인 설계가 완성되었으므로, 부동소수점 곱셈기가 얼마나 빨리 동작하는지와 최대 클럭주파수를 결정지어야 한다. 대부분의 CAD 툴들은 로직 블록들 내의 지연과 연결선 지연 모두를 고려한 최종 회로를 시뮬레이션하는 방법을 제공한다. 만약 이 타이밍 분석에서 설계 사양들을 충족하기에 충분히 빨리 동작하지 않으면, 몇몇 다른 선택을 할 수가 있다. 대부분의 FPGA들은 몇 개의 다른 속도 등급을 갖는다. 그래서 한 가지 옵션은 좀 더 빠른 디바이스를 선택하는 것이다. 또 다른 접근은 회로에서 최장 지연 경로를 찾아내어 그 연결들을 재배선하거나 혹은 지연을 줄이기 위해 회로의 일부를 재설계하는 방법이다.

7.3 부동소수점 덧셈

다음에 부동소수점 수들에 대한 가산기의 설계를 살펴보자. 두 개의 부동소수점 수는 부동소수점 합을 형성하도록 더해질 것이다.

$$(F_1 \times 2^{E_1}) + (F_2 \times 2^{E_2}) = F \times 2^E$$

더해질 수들이 알맞게 정규화되고, 그 결과가 정규화된 형식으로 표현되어야 한다고 가정한다. 두 가수를 더하기 위해 두 수의 지수는 같은 값을 가져야 한다. 따라서 만약 지수 E_1과 E_2가 다르면 가수 하나를 정규화된 형식을 해체하여 지수를 조정하여야 한다. 처리 과정을 설명하기 위해 다음과 같은 두 개의 수를 더해보자.

$$F_1 \times 2^{E_1} = 0.111 \times 2^5, \quad F_2 \times 2^{E_2} = 0.101 \times 2^3$$

$E_2 \neq E_1$이므로 우측으로 두 번 시프트시키고, 지수에 2를 더하는 것으로 보다 더 작은 수 F_2를 비정규화한다(정규화 해체).

$$0.101 \times 2^3 = 0.0101 \times 2^4 = 0.00101 \times 2^5$$

한 자리 우측으로의 시프트는 2로 나누어지는 것에 동등하다는 것에 주의하여야 한다. 그래서 시프트할 때마다 보상하기 위해 지수에 1을 더하여야 한다. 지수들이 같아졌을 때 가수들을 더한다.

$$(0.111 \times 2^5) + (0.00101 \times 2^5) = 01.00001 \times 2^5$$

이 덧셈 결과는 부호 비트 위치에 오버플로가 발생하였다. 그래서 가수 오버플로를 정정하기 위해 기수를 우측으로 시프트하고 지수에 더하기 1을 수행한다. 그 최종 결과는 다음과 같다.

$$F \times 2^E = 0.100001 \times 2^6$$

가수들 중의 하나가 음수일 때, 가수들을 더한 결과는 다음 예에서 설명된 바와 같이 비정규화될 것이다.

$(1.100 \times 2^{-2}) + (0.100 \times 2^{-1})$
$= (1.110 \times 2^{-1}) + (0.100 \times 2^{-1})$ (F_1을 시프트한 후)
$= 0.010 \times 2^{-1}$ (더한 가수들의 결과가 비정규화된다.)
$= 0.100 \times 2^{-2}$ (좌측으로 시프트하고 지수에서 1을 빼줌으로써 정규화된다.)

요약하면, 부동소수점 덧셈을 실행하기 위해 요구되는 단계들은 다음과 같다.

1. 지수들을 비교한다. 만약 지수들이 같지 않으면 가장 작은 지수를 갖는 가수를 우측으로 시프트시킨다. 그리고 지수에 1을 더한다. 그 지수들이 같을 때까지 되풀이한다.
2. 가수들을 더한다.
3. 만약 그 가수가 0이면 적절한 값으로 지수를 설정하여야 한다. 그리고 exit한다.
4. 만약 가수 오버플로가 일어나면, 오버플로를 정정하기 위해 우측으로 시프트 지수에 1을 더한다.
5. 만약 가수가 비정규화되면, 가수가 정규화될 때까지 좌측으로 시프트하고 지수로부터 1을 뺀다.
6. 지수 오버플로를 확인한다. 오버플로 표시기를 작동시킨다.
7. 적절한 비트 수로 반올림한다. 정규화되었는지 체크하여 아니면 단계 4로 돌아가라.

그림 7-12는 이러한 과정을 그림으로 나타내었다. 최적화 과정은 단계 1에서 추가될 수 있다. 두 개의 수가 크게 다른 경우를 따로 처리할 수 있다. 만약 $E_1 >> E_2$이고 F_2가 양이면, 지수들을 동일하게 하기 위해 F_2를 우측으로 시프트시킴에 따라 F_2는 모두 0이 될 것이다. 이 경우 결과는

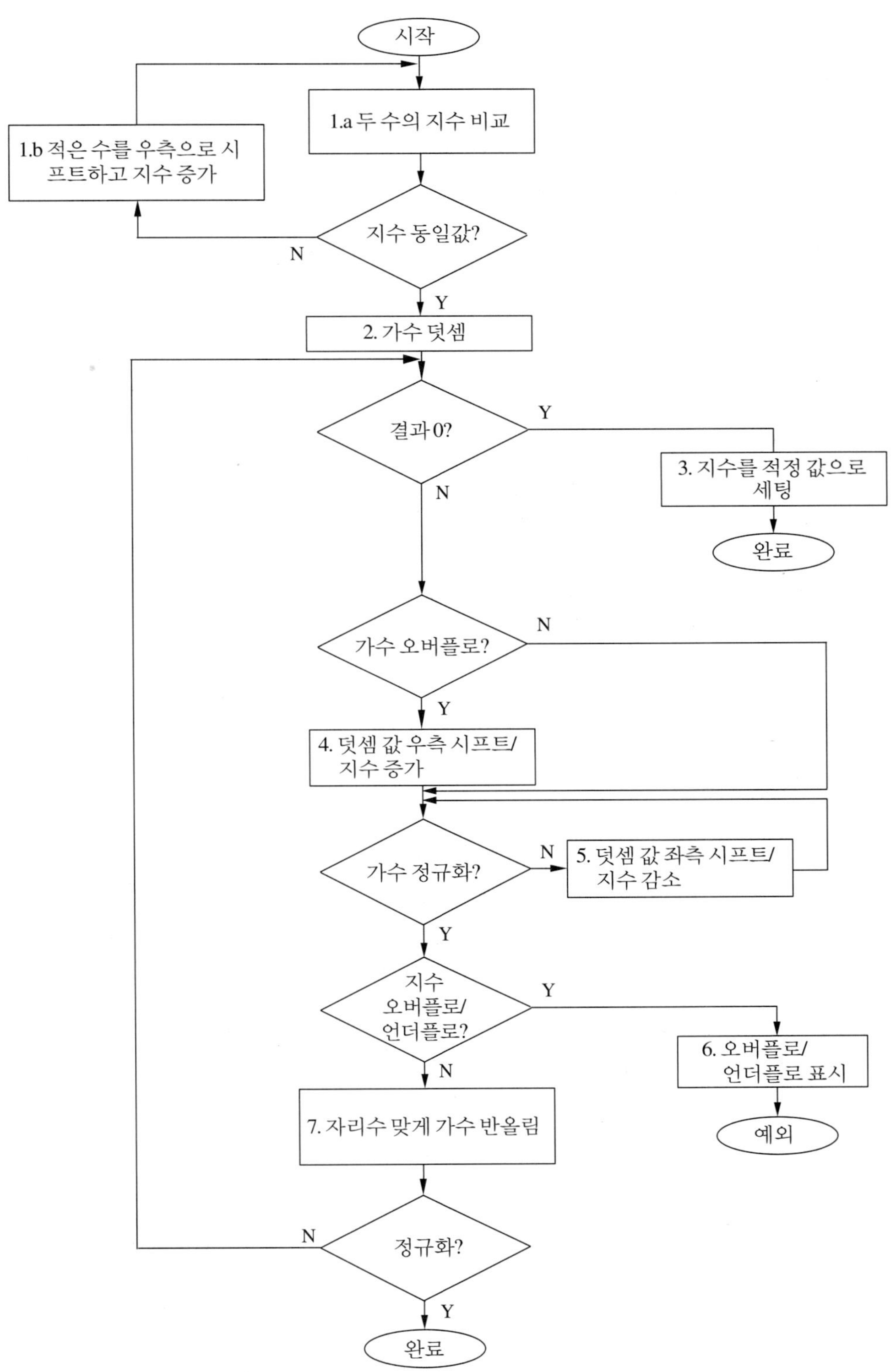

그림 7-12 부동소수점 덧셈에 대한 플로차트

$F = F_1$과 $E = E_1$이다. 그러므로 시프팅을 하는 것은 시간 낭비이다. 만약 $E_1 >> E_2$이고 F_2가 음이면, 지수들을 균일하게 하기 위해 F_2를 우측으로 시프트함에 따라 F_2는 모두 1(모든 0 대신에)이 될 것이다. 따라서 가수들을 더할 때, 잘못된 답을 얻을 것이다. 이 문제를 피하기 위해 $E_1 >> E_2$일 때 시프팅을 하지 않고 $F = F_1$과 $E = E_1$으로 설정한다. 마찬가지로, 만약 $E_2 >> E_1$일 때 시프팅을 하지 않고 $F = F_2$와 $E = E_2$로 설정한다.

예에서 4-비트 가수에서, 만약 $|E_1 - E_2| > 3$이면 시프팅을 생략할 수 있다. IEEE 단일 정밀도 수에서 소수점 자리 이후 23비트가 있다. 따라서 지수의 차이가 23 이상이면 작은 수는 지수가 같아지기 전에 0이 된다. 일반적으로, 지수 차이가 나타낼 수 있는 가수 비트보다 클 경우 그 합은 큰 수보다는 커야 한다. 만약 $E_1 >> E_2$이면, 결과는 $F = F_1$과 $E = E_1$이다. 만약 $E_2 >> E_1$이면, 결과는 $F = F_2$와 $E = E_2$이다.

앞의 과정을 정리하면, 부동소수점 곱셈기를 구현하는 데는 다음의 하드웨어가 필요함을 알 수 있다.

- 지수 비교를 위한 가산기(뺄셈기)(단계 1a)
- 보다 작은 수를 우측으로 시프트하기 위한 시프트 레지스터(단계 2)
- 가수의 덧셈을 위한 ALU(가산기)(단계 3)
- 양방향 시프터, 상향기/하향기(단계 4, 5)
- 오버플로 검출기(단계 6)
- 반올림 하드웨어(단계 7)

이러한 컴포넌트들은 중복해서 사용할 수 있다. 예를 들어 가수를 저장하는 레지스터는 시프트 동작과 함께 사용하는 시프트 레지스터로 사용한다. 지수를 저장하는 레지스터는 상향/하향 기능의 카운터로 사용할 수 있다. 그림 7-13은 부동소수점 가산기의 하드웨어 구조이다. 주요

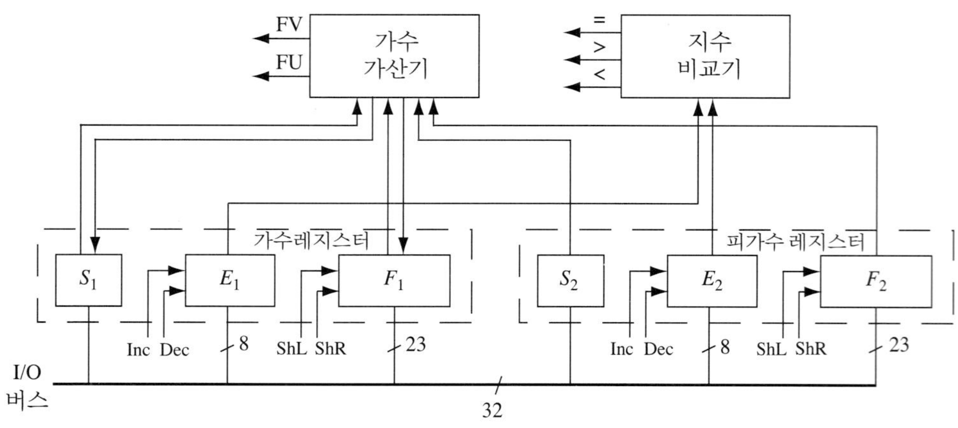

그림 7-13 부동소수점 가산기의 구조

```
library IEEE;
use IEEE.numeric_bit.all;

entity FPADD is
  port(CLK, St: in bit; done, ovf, unf: out bit;
       FPinput: in unsigned(31 downto 0);  -- IEEE 단일 정밀도 부동소수점 표현 양식
       FPsum: out unsigned(31 downto 0)); -- IEEE 단일 정밀도 부동소수점 표현 양식
end FPADD;

architecture FPADDER of FPADD is
 -- F1, F2 가수 저장(처음 1 나머지 0으로)
signal F1, F2: unsigned(25 downto 0);
signal E1, E2: unsigned(7 downto 0);  -- 지수들
signal S1, S2, FV, FU: bit;
 -- 2의 보수 합을 중간 저장
signal F1comp, F2comp, Addout, Fsum: unsigned(27 downto 0);
signal State: integer range 0 to 6;
begin  -- convert fractions to 2's comp and add
  F1comp <= not ("00" & F1) + 1 when S1 = '1' else "00" & F1;
  F2comp <= not ("00" & F2) + 1 when S2 = '1' else "00" & F2;
  Addout <= F1comp + F2comp;
 -- 합의 크기 계산
  Fsum <= Addout when Addout(27) = '0' else not Addout + 1;
  FV <= Fsum(27) xor Fsum(26);          -- 가수 오버플로
  FU <= not F1(25);                     -- 가수 언더플로
  FPsum <= S1 & E1 & F1(24 downto 2); -- 출력 접합
  process(CLK)
  begin
    if CLK'event and CLK = '1' then
      case State is
        when 0 =>
          if St = '1' then -- E1, F1 로딩
            E1 <= FPinput(30 downto 23); S1 <= FPinput(31);
            F1(24 downto 0) <= FPinput(22 downto 0) & "00";
            -- 가수에 '1'을 삽입(입력 수가 '0'이면 '0' 삽입)
            if FPinput = 0 then F1(25) <= '0'; else F1(25) <= '1'; end if;
            done <= '0'; ovf <= '0'; unf <= '0'; State <= 1;
          end if;
        when 1 =>  -- E2, F2 로딩
          E2 <= FPinput(30 downto 23); S2 <= FPinput(31);
          F2(24 downto 0) <= FPinput(22 downto 0) & "00";
          if FPinput = 0 then F2(25) <= '0'; else F2(25) <= '1'; end if;
          State <= 2;
        when 2 =>  -- 가장 작은 지수로 가수 비정규화
         if F1 = 0 or F2 = 0 then State <= 3;
         else
           if E1 = E2 then State <= 3;
           elsif E1 < E2 then
             F1 <= '0' & F1(25 downto 1); E1 <= E1 + 1;
           else
             F2 <= '0' & F2(25 downto 1); E2 <= E2 + 1;
           end if;
         end if;
        when 3 => -- 가수 덧셈 후 가수 오버플로 체크
          S1 <= Addout(27);
          if FV = '0' then F1 <= Fsum(25 downto 0);
          else F1 <= Fsum(26 downto 1); E1 <= E1 + 1; end if;
          State <= 4;
```

```
        when 4 => -- 가수 합 = 0 체크
          if F1 = 0 then E1 <= "00000000"; State <= 6;
          else State <= 5; end if;
        when 5 => -- 정규화
          if E1 = 0 then unf <= '1'; State <= 6;
          elsif FU = '0' then State <= 6;
          else F1 <= F1(24 downto 0) & '0'; E1 <= E1 - 1;
          end if;
        when 6 => -- 지수 오버플로 체크
          if E1 = 255 then ovf <= '1'; end if;
          done <= '1'; State <= 0;
      end case;
    end if;
  end process;
end FPADDER;
```

그림 7-14 부동소수점 가산기에 대한 VHDL 코드

컴포넌트는 지수 비교기와 가수 가산기이다. 가수 덧셈은 2의 보수 덧셈 알고리즘을 적용한다. 연산 값은 I/O 버스를 통해 전달된다고 가정한다. 숫자들은 IEEE 형식에서 부호 크기 형태를 취하면 2의 보수 형식으로 바뀐 다음 더해진다. 표현 형식에 따라 특수한 경우에 대해 다룰 수 있어야 한다. 합의 결과는 그림 7-13에 나타낸 가수 레지스터로 쓰여진다.

그림 7-14는 IEEE 단일 정밀도 부동소수점 형식에 기반을 둔 부동소수점 가산기에 대한 VHDL 코드이다. 이 코드는 IEEE 표준의 완전한 서술은 아니다. 결과 값이 특수한 경우인 0일 때에 대하여 다룰 수 있으나 무한대, 비정규화되었을 때, NaN일 때는 다루지 않는다. 최종 결과는 반올림되지 않고 잘려진다. 부호 크기 형태와 바이어스 지수 표현 형식은 2의 보수를 제외하고 전체 과정에 적용된다.

FPinput은 입력 버스이고 입력 수는 IEEE 표준 형식에서 정규화된 부동소수점 수를 나타낸다. 상태 0에서 첫 번째 숫자를 쪼개어서 S_1, F_1, E_1으로 로드된다. 각각 가수의 부호, 가수의 크기, 바이어스된 지수를 나타낸다. F_1이 로드되면 23비트의 가수는 특수한 경우인 0을 제외하고 (첫째 비트가 0) 맨 앞에 1이 쓰여진다. IEEE 표준(가드 및 라운드 비트)에 맞추기 위해 가수의 끝부분에 두 개의 0이 붙게 된다. 상태 1에서는 더해질 두 번째 수가 S_2, F_2, E_2에 로드된다. 상태 2에서는 작은 쪽 지수 쪽의 가수부가 우측 시프트를 통해 비정규화되고 지수 값을 증가시킨다. 이 동작이 완성되면 지수는 같아진다(F_1, $F_2 = 0$일 경우 제외).

가수부는 2의 보수 연산 방식에 의해 더해진다. 입력된 가수들은 2의 보수 형식으로 바뀐다. 두 개의 부호 비트는 F_1의 맨 앞에 오고 S_1이 1이 되면서 2의 보수가 만들어진다. 두 개의 부호 비트(00)가 사용되는 이유는 가수부 덧셈 후 오버플로에 의해 처음 부호 비트에 영향을 미쳐도 원래 부호 비트를 유지하기 위해서이다. F_2는 비슷한 방식으로 처리된다. 결과적으로, *F1comp*와 *F2comp*가 더해지고 합의 결과가 *Addout*에 할당된다. 가산기 출력은 상태 3에 읽혀진다. *Fsum*은 가수의 크기를 나타내는데, *Addout*은 값이 음수이면 반전되어야 한다. 정상 동작의 경우 Fsum의 두 개의 부호 비트는 00인데 버려진 다음 부동소수점 누산기인 F_1에 다시 저장된다. 부호 비트는 *Addout*의 MSB에 있다. 가수 오버플로와 언더플로는 *FV*나 *FU*에 의해 표시된다. 가수 오버플로는 *Addout*의 최상위 2비트를 XOR하여 계산된다. 가수 오버플로의 경우 *Fsum*의 부호 비트는 "01"이고, 따라서 *FV* = '1'이 된다. *Fsum*은 F_1에 저장되기 전에 우측으로 시프트되고 E_1은 증가된다. F1의 덧셈 결과 0이면 상태 4에서 E1 = 0이 되고 부동소수점 연산이 종료된다. 만약 결과 값 F_1이 정규화되지 않았다면 상태 5에서 F_1을 좌측으로 시프팅시키고 E_1을 감소하여 정규화한다. 지수 오버플로나 언더플로는 ovf, unf로 표시된다. 바이어스된 지수의 범위는 1∼254이므로 E_1이 0에 도달하면 언더플로이고 상태 5에서 unf = '1'이 된다. 상태 6에서, E_1 = 255이면 지수 오버플로이므로 ovf = '1'이 된다. done 신호는 상태 6에서 발생한다. S_1, E_1, F_1은 최종 합 *FPsum*으로 합쳐져서 표시된다.

부동소수점의 가산기 코드 동작은 아래 경우 값들을 이용하여 테스트한다.

가수		피가수		기대되는 결과 값	
수(이진)	IEEE 단일 정밀도	수(이진)	IEEE 단일 정밀도	수(이진)	IEEE 단일 정밀도
0	×00000000	0	×00000000	0	×00000000
1×2^0	×3F800000	1×2^0	×3F800000	1×2^1	×40000000
-1×2^0	×BF800000	-1×2^0	×BF800000	-1×2^1	×C0000000
1×2^0	×3F800000	-1×2^0	×BF800000	0	×00000000
$1.111\ldots\times2^{127}$	×7F7FFFFF	1×2^0	×3F800000	$1.111\ldots\times2^{127}$	×7F7FFFFF
$-1.111\ldots\times2^{127}$	×FF7FFFFF	-1×2^0	×BF800000	$-1.111\ldots\times2^{127}$	×FF7FFFFF
$1.111\ldots\times2^{127}$	×7F7FFFFF	$1.111\ldots\times2^{127}$	×7F7FFFFF	오버플로	
$-1.111\ldots\times2^{127}$	×FF7FFFFF	$-1.111\ldots\times2^{127}$	×FF7FFFFF	오버플로	
1.11×2^8	×43E00000	-1.11×2^6	×C2E00000	1.0101×2^8	×43A80000
-1.11×2^8	×C3E00000	1.11×2^6	×42E00000	-1.0101×2^8	×C3A80000
$1.111\ldots\times2^{127}$	×7F7FFFFF	$0.0\ldots01\times2^{127}$	×73800000	오버플로	
$-1.111\ldots\times2^{127}$	×FF7FFFFF	$-0.0\ldots01\times2^{127}$	×F3800000	오버플로	
$1.1\ldots10\times2^{127}$	×7F7FFFFE	$0.0\ldots01\times2^{127}$	×73800000	$1.111\ldots\times2^{127}$	×7F7FFFFE
$-1.1\ldots10\times2^{127}$	×FF7FFFFE	$-0.0\ldots01\times2^{127}$	×F3800000	$-1.111\ldots\times2^{127}$	×FF7FFFFE
1.1×2^{-126}	×00C00000	-1.0×2^{-126}	×80800000	언더플로	

7.4 다른 부동소수점 연산

7.4.1 뺄셈

부동소수점 뺄셈은 부동소수점 덧셈과 동일하다. 단계 2를 제외하고 가수를 더하는 대신 뺄셈하여야만 한다.

7.4.2 나눗셈

두 부동소수점 수의 나눗셈은 아래와 같이 표현된다.

$$(F_1 \times 2^{E_1}) \div (F_2 \times 2^{E_2}) = (F_1/F_2) \times 2^{(E_1-E_2)} = F \times 2^E$$

그러므로 부동소수점 나눗셈을 위한 기본적인 규칙은 가수들을 나누고 지수들을 뺄셈하는 것이다. 곱셈 수행 시 고려하는 특수한 경우들 외에 나눗셈의 경우 나눗셈을 하기 전 0으로 나누는 경우를 테스트해야만 한다. 만약 F_1과 F_2가 정규화되면, 가장 큰 양의 몫(positive quotient)(F)은

$$0.1111\ldots/0.1000\ldots = 01.111\ldots$$

일 것이다. 이것은 10_2보다 작으므로 가수 오버플로는 쉽게 정정된다. 예를 들면

$$(0.110101 \times 2^2) \div (0.101 \times 2^{-3}) = 01.010 \times 2^5 = 0.101 \times 2^6$$

이다. 다른 방법으로 $F_1 \geq F_2$이면, 나누기 전에 F_1을 우측으로 시프트시킴으로써 무엇보다도 먼저 가수 오버플로를 피할 수 있다. IEEE 형식에서, 나누기 0이 수행되면 결과는 NaN(Not a Number)로 된다.

이 장에서는 부동소수점 표현 방식, IEEE 단일 정밀도와 이중 정밀도 형식에 대해 서술하였다. 2의 보수를 사용한 부동소수점 표현 방식도 다루었다. 다음으로 부동소수점 곱셈기의 설계에 대해 설명하였다. 부동소수점끼리의 덧셈에 대해서도 논의하였다. 곱셈기 설계는 다음과 같은 단계를 밟아 설계하였다.

1. 모든 특수한 경우들을 고려한 부동소수점 곱셈을 위한 알고리즘을 개발한다.
2. 시스템의 블록도를 그린다. 그리고 필요한 제어 신호들을 정의한다.
3. 가수 곱셈 제어를 위해 다른 하나의 연결된 상태 머신을 이용하는 제어 상태 머신용 SM 차트(또는 상태 그래프)를 구성한다.
4. VHDL 코드를 작성한다.
5. 곱셈기의 상위 레벨 설계가 정확한지를 검증하기 위해 VHDL 코드를 테스트한다.
6. CAD 소프트웨어를 사용하여 곱셈기를 합성한다. 원하는 타깃 기술(ASIC, FPGA, 등등)로 구현한다.

연습문제

7.1 (a) 4-비트 가수, 4-비트 지수로 8비트 2의 보수 부동소수점 형식으로 표시할 수 있는 최대 개수는 얼마인가?

(b) 4-비트 가수, 4-비트 지수로 8비트 2의 보수 부동소수점 형식으로 표시할 수 있는 최소 개수는 얼마인가?

(c) IEEE 단일 정밀도 부동소수점 형식으로 나타낼 수 있는 최대 정규화 수는 얼마인가?

(d) IEEE 단일 정밀도 부동소수점 형식으로 나타낼 수 있는 최소 정규화 수는 얼마인가?

(e) IEEE 이중 정밀도 부동소수점 형식으로 나타낼 수 있는 최대 정규화 수는 얼마인가?

(f) IEEE 이중 정밀도 부동소수점 형식으로 나타낼 수 있는 최소 정규화 수는 얼마인가?

7.2 다음 십진수를 IEEE 단일 정밀도 형식으로 표현하라.

(i) 25.25 (ii) 2000.25 (iii) 1 (iv) 0 (v) 1000

(vi) 8000 (vii) 10^6 (viii) -5.4 (ix) 1.0×2^{-140} (x) 1.5×10^9

7.3 다음 십진수를 IEEE 이중 정밀도 형식으로 표현하라.

(i) 25.25 (ii) 2000.25 (iii) 1 (iv) 0 (v) 1000

(vi) 8000 (vii) 10^6 (viii) -5.4 (ix) 1.0×2^{-140} (x) 1.5×10^9

7.4 다음의 16진수 표현 수가 IEEE 단일 정밀도 형식으로 표현되었다면, 각각의 실제 수는 얼마인가?

(i) ABABABAB (ii) 45454545 (iii) FFFFFFFF (iv) 00000000 (v) 11111111 (vi) 01010101

7.5 다음의 16진수 표현 수가 IEEE 이중 정밀도 형식으로 표현되었다면, 각각의 실제 수는 얼마인가?

(i) ABABABAB 00000000 (ii) 45454545 00000001 (iii) FFFFFFFF 10001000

(iv) 00000000 00000000 (v) 11111111 10001000 (vi) 01010101 01010101

7.6 (a) -35.25를 IEEE 단일 정밀도 형식으로 표현하라.

(b) 16진수 ABCD0000가 IEEE 단일 정밀도 형식으로 표현되었다면, 각각의 실제 수는 얼마인가?

7.7 (a) 25.625를 IEEE 단일 정밀도 형식으로 표현하라.

(b) -15.6을 IEEE 단일 정밀도 형식으로 표현하라.

7.8 이 문제는 8-비트 부호화된 정수(음수들이 2의 보수로 표현된다)를 부동소수점 수로 바꾸는 디지털 시스템의 설계에 관한 것이다. 가수가 8비트이고 지수가 4비트인 것만 제외하면 7.1.1절에서 사용된 부동소수점 형식과 유사한 구조를 가지고 있다. 가수는 정규화되어야 한다.

(a) 시스템의 블록도를 그리고, 변환을 하는 것에 대하여 알고리즘을 개발하라. 8-비트 레지스터에 이미 정수가 로드되었고, 변환이 완료되었을 때 가수 값은 같은 레지스터에 저장된다.

−27을 부동소수점으로 바꾸는 것을 예로 알고리즘을 설명하라.

(b) 제어기에 대한 상태도를 그려라. 시작 신호는 단지 1 클럭 시간 동안만 존재한다고 가정하라. (두 개의 상태이면 충분하다.)

(c) 시스템을 서술하는 VHDL 코드를 작성하라.

7.9 (a) 다음 부동소수점 수들을 곱하라. 정규화된 형태로 결과를 보여라. 각 가수, 지수는 2의 보수 표현을 사용한 4비트이다.

$$F_1 = 1.011, E_1 = 0101, F_2 = 1.001, E_2 = 0011$$

(b) 다음 수들에 대해 (a)를 반복하라.

$$F_1 = 1.011, E_1 = 1011, F_2 = 0.110, E_2 = 1101$$

7.10 부동소수점 수 시스템은 음수의 경우 2의 보수로 표현하는 방식으로 4-비트 가수와 4-비트 지수를 사용한다. 어떤 수에 −4를 곱하는 효율적인 시스템을 설계하라. 계산에서 모든 특수한 경우를 고려하고, 정규화된 결과를 보여라. 처음에 가수는 올바르게 정규화되었거나 0으로 가정한다. 주: 이 시스템은 오직 −4만을 곱한다.

(a) (곱하기(−4)의 과정에서) 일어날 수 있는 정상적인 경우와 특수한 경우들의 예를 나타내어라.

(b) 시스템의 블록도를 그려라.

(c) 제어장치를 SM 차트로 그려라. 모든 사용된 신호들을 정의하라.

7.11 그림 7-7에서 나타낸 부동소수점 곱셈기를 지수와 가수 계산을 위한 두 개의 가산기를 사용하는 대신 버스에 연결된 공통 5-비트 전가산기를 사용하여 재설계하라.

(a) 블록도를 다시 그리고, 버스에 연결들을 반드시 포함시키고 모든 제어 신호들을 포함하라.

(b) 새로운 제어를 위해 SM 차트를 다시 그려라.

(c) 곱셈기에 대한 VHDL 코드를 작성하라. 또는 기존의 VHDL 코드에서 바꾸어야 할 곳을 명시하라.

7.12 이 문제는 부동소수점 수 $F \times 2^E$의 제곱을 계산하는 회로 설계이다. F는 정규화된 5-비트 가수이며, E는 5-비트 정수이다. 음수들은 2의 보수로 표현된다. 그 결과는 정규화되어야 한다. $(-F)^2 = F^2$라는 사실을 이용하라.

(a) 회로의 블록도를 그려라. (한 개의 가산기와 한 개의 보수기를 사용하라.)

(b) 모든 특수한 경우를 고려하여 계산 절차를 서술하라. 다음의 실제 예들에 대해 계산 절차를 보여라.

$$F = 1.0110 \qquad E = 00100$$

(c) 주요 제어기를 위한 SM 차트로 그려라. 곱셈은 또 다른 제어회로를 사용해서 수행된다고

가정한다. 곱셈이 완료되면 $Mdone = 1$ 신호를 출력하여야 한다.

(d) 시스템의 VHDL 코드를 작성하라.

7.13 IEEE 단일 정밀도 형식을 사용하여 부동소수점 곱셈기에 대한 동작적 VHDL 코드를 작성하라. 덧셈 시프트 곱셈기 대신에 오버로딩 곱셈 연산자를 사용하라. 무한대, 정규화되지 않은 결과, NaN 등의 특수한 경우는 무시하라. 반올림 대신에 절삭하라.

7.14 그림 7-14의 부동소수점 가산기에 대한 테스트벤치를 작성하라.

7.15 다음 부동소수점 수들을 더하라(각 단계를 나타낼 것). 각 가수는 5비트(부호 포함)라고 가정한다. 그리고 각각의 지수는 음수의 경우 2의 보수 표현을 사용한 5비트이다(부호 포함).

$$F_1 = 0.1011 \qquad E_1 = 11111$$
$$F_2 = 1.0100 \qquad E_2 = 11101$$

7.16 두 개의 부동소수점 수는 부동소수점 합을 만들기 위해 더해진다.

$$(F_1 \times 2^{E_1}) + (F_2 \times 2^{E_2}) = F \times 2^E$$

F_1과 F_2는 정규화되었다고 가정하고 결과도 역시 정규되어야 한다.

(a) 모든 특수한 경우들을 포함하여 부동소수점 덧셈을 실행하는 데 필요한 단계들을 써라.

(b) $F_1 = 1.0101$, $E_1 = 1001$, $F_2 = 0.1001$, $E_2 = 1000$일 때 위의 단계들을 통하여 계산 과정을 설명하라. 부호를 포함하여 그 가수들이 5비트인 것에 주의하고 그 지수들은 기호를 포함하여 4비트이다.

(c) 시스템의 VHDL 코드를 작성하라.

7.17 그림 7-14의 부동소수점 가산기에 대해 VHDL 코드를 다음 조건이 만족되도록 수정하라.

(a) IEEE 표준 단일 정밀도의 정규화되지 않은 수를 입력과 출력으로 사용되도록

(b) 상태 2에서 지수 차이가 23 이상일 때 프로세싱이 빨라지도록

(c) 결과 가수 값을 반올림하지 않고 절삭한다.

7.18 (a) $0.111 \times 2^5 + 0.101 \times 2^3$을 수행하고 결과를 정규화하라.

(b) $(F_1 \times 2^{E_1}) + (F_2 \times 2^{E_2}) = F \times 2^E$를 수행하는 부동소수점 가산기의 SM 차트를 그려라. 가수는 초기에 정규화(또는 0)되었다고 가정하고 최종 결과 또한 정규화(또는 0)된다. 0의 가수는 지수 값 -8을 갖는다. 가수 오버플로 플래그(EV)는 최종 결과에서 지수 오버플로가 발생하면 셋된다. 부동소수점 수는 음수의 경우 2의 보수로 표현하는 방식으로 4-비트 가수와 4-비트 지수를 사용한다. 모든 레지스터(F_1, E_1, F_2, E_2)는 St 신호를 받으면 한 클럭 시간에 모두 로드된다. 만약 $E_1 > E_2$이면 제어 신호 $GT = 1$이 되고, $E_1 < E_2$이면 제어 신호 $LT = 1$이 된다. 그 외의 모든 사용된 제어 신호를 정의하라. $|E_1 - E_2| > 3$의 특수한 경우를

포함하라.

7.19 (a) 부동소수점 뺄셈기를 위해 블록도를 그려라. 뺄셈기에 그 입력들이 알맞게 정규화되었다고 가정하고 계산 결과도 알맞게 정규화되어야 한다. 가수들은 부호를 포함하여 5비트이다. 음수들은 2의 보수로 표현된다.

(b) 부동소수점 뺄셈기에 사용되는 제어회로를 위한 SM 차트를 그려라. 사용된 제어 신호들을 정의하고 제어회로에 입력으로 사용된 각 제어 신호에 대하여 논리식을 세워라.

(c) 부동소수점 뺄셈기의 VHDL 코드를 작성하라.

7.20 (a) 특수한 경우를 포함한 부동소수점 뺄셈을 실행하는 데 필요한 계산 과정을 단계별로 서술하라. 처음에 수들이 정규화된 형식으로 되어 있다고 가정하고 그 최종 결과도 정규화된 형식이어야만 한다.

(b) 다음의 수를 뺄셈하라(가수들은 2의 보수이다).

$$(1.0111 \times 2^{-3}) - (1.0101 \times 2^{-5})$$

(c) 시스템의 VHDL 코드를 작성하라. 가수는 부호 포함 5비트, 지수는 부호 포함 4비트로 표현한다.

7.21 이 문제는 부동소수점 수의 나눗셈기 설계에 관한 것이다.

$$(F_1 \times 2^{E_1}) / (F_2 \times 2^{E_2}) = F \times 2^E$$

F_1과 F_2는 알맞게 정규화된 가수(또는 0)라고 가정한다(음의 가수의 경우 2의 보수로 나타낸다). 그 지수들도 음수의 경우는 2의 보수로 표현된 정수들이다. 만약 0이 아니라면, 결과는 알맞게 정규화되어야 한다. 가수는 부호 포함 8비트, 지수는 부호 포함 5비트로 표현한다.

(a) 부동소수점 나눗셈기를 위해 플로차트를 그려라. 두 개의 이진 가수를 나누어 가수를 결과로 내는 나눗셈기가 사용 가능하다고 가정한다. 플로차트에 가수들의 나누기 과정의 개별적 단계들을 나타내지 말고 "나누기 과정"임을 표시하라. 나눗셈이 실행되기 전에 $|F_2| > |F_1|$을 확인하여야 한다.

(b) 다음의 계산 절차를 설명하라.

$$0.111 \times 2^3 / 1.011 \times 2^{-2}$$

F_2로 F_1을 나눌 때 개별 단계들을 나타내는 것은 필요하지 않고 나누기 결과만 보여라.

(c) 시스템에 대한 VHDL 코드를 작성하라.

7.22 A, B, C는 IEEE 단일 정밀도 형식으로 표현된 부동소수점 수이고 덧셈을 수행한다.

$$\text{만약 } A = 2^{40}, B = -2^{40}, C = 1 \text{ 이면}$$

$A + (B + C)$는 얼마인가? (즉, $B + C$를 먼저 수행하고 A를 더하라.)

$(A + B) + C$는 얼마인가? (즉, $A + B$를 먼저 수행하고 C를 더하라.)

7.23 A, B, C는 IEEE 이중 정밀도 형식으로 표현된 부동소수점 수이고 덧셈을 수행한다.

$$\text{만약 } A = 2^{40}, B = -2^{40}, C = 1 \text{ 이면}$$

$A + (B + C)$는 얼마인가? (즉, $B + C$를 먼저 수행하고 A를 더하라.)

$(A + B) + C$는 얼마인가? (즉, $A + B$를 먼저 수행하고 C를 더하라.)

7.24 A, B, C는 IEEE 단일 정밀도 형식으로 표현된 부동소수점 수이고 덧셈을 수행한다.

$$\text{만약 } A = 2^{65}, B = -2^{65}, C = 1 \text{ 이면}$$

$A + (B + C)$는 얼마인가? (즉, $B + C$를 먼저 수행하고 A를 더하라.)

$(A + B) + C$는 얼마인가? (즉, $A + B$를 먼저 수행하고 C를 더하라.)

7.25 A, B, C는 IEEE 이중 정밀도 형식으로 표현된 부동소수점 수이고 덧셈을 수행한다.

$$\text{만약 } A = 2^{65}, B = -2^{65}, C = 1 \text{ 이면}$$

$A + (B + C)$는 얼마인가? (즉, $B + C$를 먼저 수행하고 A를 더하라.)

$(A + B) + C$는 얼마인가? (즉, $A + B$를 먼저 수행하고 C를 더하라.)

ADDITIONAL TOPICS IN VHDL 08

VHDL에서의 추가적인 주제들

이제까지 VHDL의 기본적인 특징과 디지털 시스템 설계 과정에서 어떻게 사용될 수 있는지를 기술하였다. 이 장에서는 VHDL의 추가적인 특징(강력함과 유연성을 보여주는)을 기술한다. 여러 추가적인 특성들, 즉 속성, function 오버로딩, generic과 generate 문 등을 설명한다. IEEE 다중 논리 시스템 및 신호 값 결정 원리에 대해서 서술되었다. 삼상태 신호의 사용법을 보여주기 위해 간단한 메모리 모델도 보여준다.

8.1 VHDL Function 문

VLSI 회로의 특징은 비슷한 구조가 반복적으로 사용되는 것이다. VHDL은 function과 procedure 문을 사용하여 반복적으로 사용되는 구조나 같은 기능 블록을 쉽게 불러와 사용할 수 있다. 이 절에서는 먼저 function에 대하여 설명한다. function은 return 문을 이용하여 하나의 값을 돌려준다. procedure는 function에 비해 보다 광범위하게 적용되며 복잡하다. procedure 문에 대해서는 다음 절에서 서술하였다.

function은 순차적인 알고리즘을 수행하고 호출하는 프로그램으로 하나의 값을 보낸다. 아래의 function 문이 호출되었을 때 입력 bit_vector(*reg*)를 우측으로 한 자리 순환시킨 값을 보내준다.

```
function rotate_right (reg: bit_vector)
  return bit_vector is
```

```
begin
  return reg ror 1;
end rotate_right;
```

어느곳에서든지 function 호출이 가능하다. 예를 들어 *A* = "10010101"이면 다음 처리문에서

```
B <= rotate_right(A);
```

는 *B*를 "11001010"이 되도록 한다. 그리고 *A*는 변하지 않는다.

function 선언의 일반적인 형식은 다음과 같다.

```
function function-name (formal-parameter-list)
  return return-type is
[declarations]
begin
  sequential statements    -- return return-value;를 포함시켜야 함
end function-name;
```

일반적인 function 호출 형식은 다음과 같다.

```
function_name(actual-parameter-list)
```

`actual-parameter-list`에 있는 수와 데이터 형식이 `formal-parameter-list`에 있는 것과 일치하여야 한다. 파라미터 값들은 입력 값으로 처리되고 function의 실행 동안 변하지 않는다.

예제

4-비트 수에 대해 짝수 패리티를 생성하는 VHDL 문을 작성하라. 입력은 4-비트 수이고 출력은 데이터, 패리티 비트를 포함하는 코드 워드이다. 그림 8-1에 답을 나타내었다.

```
-- 루프 없는 코드 예제
-- 4-비트 벡터 사용
-- 짝수 패리티를 포함한 5-비트 값을 되돌려줌

function parity (A: bit_vector(3 downto 0))
  return bit_vector is

variable parity: bit;
variable B: bit_vector(4 downto 0);
begin
  parity := a(0) xor a(1) xor a(2) xor a(3);
  B := A & parity;
  return B;
end parity;
```

그림 8-1 function을 이용한 패리티 생성

```
-- 두 개의 4-비트 벡터와 캐리를 덧셈하는 function
-- 루프 사용하여 function에 기능 만듦
-- 5-비트 합을 돌려줌

function add4 (A, B: bit_vector(3 downto 0); carry: bit)
  return bit_vector is

variable cout: bit;
variable cin: bit := carry;
variable sum: bit_vector(4 downto 0) := "00000";
begin
loop1: for i in 0 to 3 loop
  cout := (A(i) and B(i)) or (A(i) and cin) or (B(i) and cin);
  sum(i) := A(i) xor B(i) xor cin;
  cin := cout;
end loop loop1;
sum(4) := cout;
return sum;
end add4;
```

그림 8-2 덧셈 함수

패리티 회로가 시스템의 여러 곳에서 사용된다면 필요할 때마다 function을 호출할 수 있다.

그림 8-2는 **for** 루프문을 사용한 function을 보여준다. 루프 인덱스(i)는 **for** 루프에 들어가면 0으로 초기화되고 순차회로가 실행된다. 실행은 $i = 1, 2, 3$일 때 수행하고 끝난다.

만약 A, B, C가 정수라면, 명령문 C <= A + B는 $A + B$ 값을 C가 가지게 된다. 그러나 A, B, C가 비트 벡터 타입이라면, 이 처리문은 수행되지 않는다. 그 대신 비트 벡터들 간의 덧셈 동작을 하는 function을 사용하면 된다. 그림 8-2에 주어진 처리문은 두 개의 4-비트 벡터와 캐리를 합한 다음 합의 값으로 5-비트 벡터를 보낸다. function 이름은 *add4*이고, 형식 파라미터(formal parameter)는 *A*, *B*, *carry*이며, 리턴 타입은 비트 벡터이다. *cout*, *cin* 변수들은 중간 계산 값을 보존하기 위해 정의되었다. 변수 *sum*은 function 호출에서 돌려줄 값을 저장한다. function이 호출되었을 때 *cin*은 캐리 값으로 초기화된다. **for** 루프는 직렬 가산기와 같은 방식으로 직렬로 덧셈을 수행한다. 첫 번째 루프에서 *A*(0), *B*(0), *cin*을 사용하여 *cout*, *sum*(0)가 계산된다. 그래서 *cin* 값은 새로운 *cout* 값으로 업데이트되고 루프 수행이 반복된다. 두 번째 루프에서 *A*(1), *B*(1), 새로운 *cin*을 사용하여 *cout*, *sum*(1)이 계산된다. 네 번의 루프 수행 후 *sum*(*i*)의 모든 값은 계산되고 *sum* 값은 돌려진다. *add4* function을 실행하기 위해 요구되는 총 시뮬레이션 시간은 0이다. 모든 계산이 변수를 사용하여 이루어지며, 변수들은 즉각적으로 업데이트되기 때문에 델타 시간도 필요하지 않다.

function 호출은 다음과 같이 이루어진다.

```
add4(A, B, carry)
```

```
library IEEE;
use IEEE.numeric_bit.all;

entity test_squares is
  port(CLK: in bit);
end test_squares;

architecture test of test_squares is
type FourBitNumbers is array (0 to 4) of unsigned (3 downto 0);
type squareNumbers is array (0 to 4) of unsigned (7 downto 0);
constant FN: FourBitNumbers := ("0001", "1000", "0011", "0010", "0101");
signal answer: squareNumbers;
signal length: integer := 4;

function squares (Number_arr: FourBitNumbers; length: positive)
  return squareNumbers is

variable SN: squareNumbers;
begin
  loop1: for i in 0 to length loop
         SN(i) := Number_arr(i) * Number_arr(i);
  end loop loop1;
return SN;
end squares;

begin
  process(CLK)
  begin
    if CLK = '1' and CLK'EVENT then
     answer <= squares(FN, length);
    end if;
  end process;
end test;
```

그림 8-3 부호 없는 수들 어레이의 제곱 값을 계산하는 function과 function 호출

*A*와 *B*는 3 **downto** 0 범위를 갖는 비트 벡터를 계산하는 어떤 표현으로 대체할 수 있다. *carry*는 하나의 비트를 계산하는 어떤 표현으로 대체할 수 있다. 예를 들면 다음 처리문은 function *add4*를 호출한다.

```
Z <= add4(X, not Y, '1');
```

파라미터 *A*, *B*, *carry*는 각 *X*, **not** *Y*, '1'과 같다. *X*, *Y*는 3 **downto** 0 범위를 갖는 비트 벡터이어야 한다. function은

$$Sum = A + B + carry = X + \textbf{not}\ Y + '1'$$

을 계산하고 결과 값을 돌려준다. *Sum*이 변수이므로 *Sum* 계산 시간이 요구되지 않는다. 델타 시간 후 *Z*는 돌려진 *sum* 값과 같다. **not** *Y* + '1' 은 *Y*의 2의 보수와 같으므로 뺄셈과 같은 동작이다. 만약 Z(4)에 저장된 캐리를 무시한다면, 결과는 Z(3 **downto** 0) = *X* − *Y*이다.

function은 어레이 값으로도 돌려줄 수 있다. 예를 들어 입력으로 숫자 어레이를 보내 그것들의 제곱 값을 어레이 타입대로 돌려준다. 그림 8-3은 function과 function 호출 동작을 보여주는 코드를 나타내었다. 입력 숫자는 function의 파라미터로 제공된다. 예시된 function 호출의 숫자들은 4비트 크기이다.

function은 종종 데이터 타입을 변환하는 데도 사용된다, 이미 IEEE numeric_bit 라이브러리에서 `to_integer(A)`나 `to_unsigned(B,N)` 같은 function을 접하였다. 첫 번째 것은 부호 없는 벡터를 정수 타입으로 변환하고, 두 번째 것은 정수 타입을 정해진 비트 수의 부호 없는 벡터로 변환한다.

8.2 VHDL Procedure 문

procedure는 VHDL 코드를 모듈로 나누는 것을 가능하게 한다. return 문을 이용하여 하나의 값만 돌려주는 function과는 달리 procedure는 출력 파라미터를 이용하여 여러 개의 값을 돌려줄 수 있다. procedure 선언 형식은 다음과 같다.

```
procedure procedure_name (formal-parameter-list) is
[declarations]
begin
  sequential statements
end procedure_name;
```

`formal-parameter-list`는 procedure에 입력, 출력 및 그들의 데이터 타입에 대해 규정한다. procedure 호출은 순차문 또는 병행 처리문(concurrent statement)으로 사용될 수 있고 다음과 같이 쓰인다.

```
procedure_name(actual-parameter-list);
```

예로서 두 개의 *N*-비트 벡터와 캐리를 더해서, *N*비트의 합과 캐리를 변환하는 procedure *Addvec*를 만들어 보자. procedure 호출은 다음과 같다.

```
Addvec(A, B, Cin, Sum, Cout, N);
```

여기서 *A*, *B*, *Sum*은 *N*-비트 벡터, *Cin*과 *Cout*은 비트, *N*은 정수이다.

그림 8-4는 procedure 사용 예를 보여준다. *Add1*, *Add2*, *Cin*은 입력 파라미터이고 *Sum*, *Cout*은 출력 파라미터이다. *N*은 비트 벡터에서 비트 수를 정의하는 양의 정수 값이다. 덧셈 알고리즘은 *add4* function에서 사용된 방법과 동일하다. *C*의 새로운 값은 루프를 진행할 때마다 필요하므로 변수로 지정되어야 한다. 하지만 *Sum*은 루프 내에 사용되지 않기 때문에 signal로 정의해도 된다. 루프를 *N*번 진행 후 signal *Sum*은 계산된다. 하지만 *Sum*은 루프를 빠져나온 후 델타 시

간만큼 지나서야 업데이트된다.

procedure 선언문 내 각 파라미터의 클래스, 모드, 타입 등은 `formal-parameter-list`에서 정의되어야 한다. 각 파라미터의 클래스는 **signal**, **variable**, **constant**이다. 클래스가 생략되어 있으면 **constant**가 디폴트로 사용된다. 만약 클래스가 **signal**이면, 이때 procedure 호출에서 사용되는 실제 파라미터도 같은 타입의 **signal**이 되어야 한다. 마찬가지로, 클래스 **variable**의 형식 파라미터에 대해서 실제 파라미터 같은 타입의 **variable**이 되어야 한다. 하지만 **constant**의 형식 파라미터에 대하여 실제 파라미터는 적당한 상수를 계산해내는 어떤 표현도 할 수 있다. 이러한 상수 값은 procedure 내부에 사용되고 변할 수 없다. 따라서 **constant** 형식 파라미터는 항상 모드 **in**이다. 신호 및 변수는 모드 **in**, **out**, **inout**일 수 있다. 모드 **out**과 **inout**은 procedure 안에서 바뀔 수 있다. 그래서 호출하는 곳으로 값들을 돌려줄 수 있다.

Addvec procedure에서 파라미터 *Add1*, *Add2*, *Cin*은 디폴트로 클래스 상수이다. 그러므로 procedure 호출에서 *Add1*, *Add2*, *Cin*은 적당한 타입의 상수와 차원을 계산하는 어떤 표현식으로도 대체될 수 있다. *Sum*과 *Cout*은 procedure 안에서 변하며 값을 돌려주는 데 사용하므로 클래스 **signal**로 정의되었다. 따라서 procedure 호출에서 *Sum*과 *Cout*은 적절한 타입과 차원을 가진 신호들로만 대체할 수 있다.

function에서 `formal-parameter-list`는 클래스 **variable**이 허용되지 않는다는 점을 제외하고 procedure와 유사하다. 그리고 모든 파라미터는 디폴트 모드인 모드 **in**이어야 한다. function은 하나의 값만 돌려주므로 모드 **out** 또는 **inout**의 파라미터는 허용되지 않으며 파라미터를 통해 되돌려질 수 없다. 표 8-1은 procedure와 function의 파라미터로 사용할 수 있는 모드와 클래스를 요약한 것이다. procedure는 모드 **out**과 **inout**의 출력 파라미터를 가진다. 그것들은 signal과 variable이다. constant는 수정될 수 없기 때문에 **out/inout** 모드에서 명확히 constant는 파라미터가 될 수가 없다.

```
-- 두 개의 n-비트 벡터와 캐리를 합하는 procedure이고 n-비트 합과 캐리를 돌려준다.
-- Add1과 Add2는 같은 길이의 벡터이고 n-1 downto 0으로 정의했다.

procedure Addvec (Add1, Add2: in bit_vector; Cin: in bit;
                  signal Sum: out bit_vector; signal Cout: out bit;
                  n: in positive) is

variable C: bit;
begin
  C := Cin;
  for i in 0 to n-1 loop
    Sum(i) <= Add1(i) xor Add2(i) xor C;
    C := (Add1(i) and Add2(i)) or (Add1(i) and C) or (Add2(i) and C);
  end loop;
  Cout <= C;
end Addvec;
```

그림 8-4 비트 벡터 덧셈에 대한 procedure

표 8-1 서브프로그램 호출을 위한 파라미터

모드	클래스	실제 파라미터 Procedure 호출	실제 파라미터 Function 호출
In[1]	Constant[2]	Expression	Expression
	Signal	Signal	Signal
	Variable	Variable	n/a
Out/inout	Signal	Signal	n/a
	Variable[3]	Variable	n/a

[1] function에 대한 디폴트 모드
[2] in 모드에 대한 디폴트
[3] out/inout 모드에 대한 디폴트
주: n/a = "not applicable"

8.3 속성

VHDL 언어의 중요한 특징은 속성(attribute)이다. 속성은 신호나 어레이와 연관성을 가지고 있다.

8.3.1 신호 속성

신호 속성 사용에 대하여 클럭 에지를 만드는 데 있어서 이미 'EVENT 문을 사용하여 속성 사용을 알아보았다. 알다시피 CLOCK'EVENT("CLOCK tick EVENT"라고 읽는다)는 *CLOCK* 신호에 변화가 있으면 즉각 TRUE 값을 돌려준다. VHDL에서 속성은 두 가지 성질을 갖는데, 즉 (1) 값을 돌려주는 속성, (2) 신호를 돌려주는 속성이다.

표 8-2에서는 신호와 관련된 속성들의 몇몇 예를 나타내었다. 이 표에서 *S*는 신호 이름을 표현한다. 그리고 *S*는 따옴표에 의해 속성 이름으로부터 분리된다. VHDL에서 신호에 이벤트가 일어났다는 것은 신호의 변화를 의미한다. 이처럼 만약 *S*에 이제 방금 변화가 일어났으면, S'ACTIVE("S tick ACTIVE라고 읽는다")는 TRUE의 값을 되돌려준다. 신호의 변화에 관계없이 트랜잭션(동작 전달: transaction)은 어떤 신호가 값을 결정할 때 일어난다. 병행 처리문 A <= B

표 8-2 어떤 값을 되돌려주는 신호의 속성

속성	동작 결과
S'EVENT	현재 시점에서 이벤트가 발생하면 True, 그렇지 않으면 False
S'ACTIVE	현재 시점에서 트랜잭션이 발생하면 True, 그렇지 않으면 False
S'LAST_EVENT	선행 이벤트가 *S*에 발생한 후 경과 시간
S'LAST_VALUE	선행 이벤트가 *S*에 발생하기 전 *S*의 값
S'LAST_ACTIVE	선행 트랜잭션이 *S*에 발생한 후 경과 시간

표 8-3 어떤 신호를 만들어내는 신호의 속성들

속성	신호 발생 타입
S'DELAYED [(time)]*	정해진 시간 값만큼 지연 후 *S*와 같은 신호를 갖는다.
S'STABLE [(time)]*	정해진 시간 동안 *S*에 이벤트가 없으면 *True* 신호를 가진다.
S'QUIET [(time)]*	정해진 시간 동안 *S*에 트랜잭션이 없으면 *True* 신호를 가진다.
S'TRANSACTION	*S*에 트랜잭션이 있을 때마다 변화되는 비트 타입 신호

```
entity attr_ex is
  port(B, C: in bit);
end attr_ex;

architecture test of attr_ex is
signal A, C_delayed5, A_trans: bit;
signal A_stable5, A_quiet5: boolean;
begin
  A <= B and C;
  C_delayed5 <= C'delayed(5 ns);
  A_trans <= A'transaction;
  A_stable5 <= A'stable(5 ns);
  A_quiet5 <= A'quiet(5 ns);
end test;
```

(a) 속성 테스트를 위한 VHDL 코드

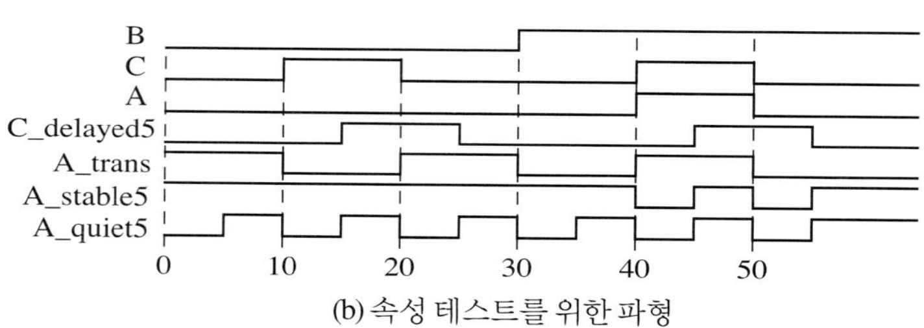

(b) 속성 테스트를 위한 파형

그림 8-5 신호 속성의 예

and C를 생각해 보자. 만약 $B = 0$이면, *C*가 변할 때마다 *A*에 트랜잭션이 발생한다. 이것은 *A*는 *C*가 변할 때마다 다시 계산되기 때문이다. 만약 $B = 1$이면, *C*가 변할 때마다 *A*에 이벤트 및 트랜잭션이 발생한다. 만약 *S* 자체는 비록 변하지 않을지라도 *S*가 방금 새로운 값으로 바뀌면, S'ACTIVE는 'True' 값을 되돌려준다. 만약 시간 *T*에서 *S*가 변하면, 시간 *T*에서 S'EVENT는 'True' 이고 $T + \Delta$에서는 'False' 이다. 표 8-3은 어떤 신호를 만들어내는 신호의 속성을 나열하였다. (time)에서 괄호는 (time)이 선택사항이라는 것을 나타낸다. 만약 (time)이 생략되면 하나의 델타(Δ)가 사용된다. S'DELAYED(time) 속성은 정해진 시간이 지난 다음에 *S*와 똑같은 신호를 만든다. 그림 8-5는 표 8-3의 리스트에 나열된 속성들을 사용한 예를 설명한다. 신호 *C_delayed5*는 5 ns만큼 뒤에 *C*와 같은 값을 가진다. *B* 또는 *C*가 변할 때마다 *A*에 트랜잭션되기 때문에, 신호 *A_trans*는 *B* 또는 *C*가 변할 때마다 토글(값을 계속 바꾸는 것)한다. A <= B **and** C의 초기 계산은 시간 Δ에서 *A*에 트랜잭션이 발생하여 *A_trans*는 그때 '1'로 변한다. 만약 선행하는 간격의 구간(time) 동안 *A*가 변하지 않으면, 신호 A'SYABLE(time)은 참이다. 따라서 *A_stable5*는 *A*가 변한 후(그림 (b)의 40∼45 ns) 5 ns 동안 False이다. 그 이외에는 True이다. 만약 *A*가 선행하는 간격의 구간(time) 동안 트랜잭션이 없었다고 가정하면, 신호 A'quiet(time)는 참이다. 따라서 *A_quiet5*는 *A*가 트랜잭션이 생긴 후 5 ns 동안 False이다. S'EVENT와 **not** S'STABLE 모두 만약 어떤 이벤트가 현재 델타 시간 동안에 일어났으면 True를 되돌려준다. 그러나 전자는 값(value)을 돌려주고 후자는 신호(signal)를 돌려주기 때문에 그것들은 서로 교환될 수 없다.

8.3.2 어레이 속성

표 8-4는 어레이 속성(array attribute)을 나타내었다. 이 표에서 *A*는 어레이 이름 또는 어레이 타입이 될 수 있다. 표 8-4의 예에서, *ROM1*은 그 첫 번째 인덱스 범위가 0 **to** 15, 두 번째 인덱스 범위는 7 **downto** 0를 갖는 2차원 어레이이다. 두 번째 인덱스 범위의 좌측 끝은 7이기 때문에 ROM'LEFT(2)는 7이다. 비록 *ROM1*이 신호로서 선언될지라도 어레이 속성은 어레이 상수, 어레이 변수와 같이 사용할 수 있다. 표 8-3의 예에서 만약 *ROM1*이 타입을 ROM으로 바꾸면 결과들은 동일한 것이다. 벡터(1차원 어레이)에 대해, *N*은 1이고 생략될 수 있다. 만약 *A*가 2 **to** 9 범위를 갖는 비트 벡터라면, A'LEFT는 2이고 A'LENGTH는 8이다.

표 8-4 어레이 속성들

```
type ROM is array (0 to 15, 7 downto 0) of bit;
signal ROM1 : ROM;
```

속성	동작 결과	예
A'LEFT(N)	left bound of Nth index range	ROM1'LEFT(1) = 0 ROM1'LEFT(2) = 7
A'RIGHT(N)	right bound of Nth index range	ROM1'RIGHT(1) = 15 ROM1'RIGHT(2) = 0
A'HIGH(N)	largest bound of Nth index range	ROM1'HIGH(1) = 15 ROM1'HIGH(2) = 7
A'LOW(N)	smallest bound of Nth index range	ROM1'LOW(1) = 0 ROM1'LOW(2) = 0
A'RANGE(N)	Nth index range	ROM1'RANGE(1) = 0 **to** 15 ROM1'RANGE(2) = 7 **downto** 0
A'REVERSE_RANGE(N)	Nth index range reversed	ROM1'REVERSE_RANGE(1) = 15 **downto** 0 ROM1'REVERSE_RANGE(2) = 0 **to** 7
A'LENGTH(N)	size of Nth index range	ROM1'LENGTH(1) = 16 ROM1'LENGTH(2) = 8

```
check: process
begin
  wait until (Clk'event and CLK = '1');
  assert (D'stable(setup_time))
    report ("Setup time violation")
    severity error;
  wait for hold_time;
  assert (D'stable(hold_time))
    report ("Hold time violation")
    severity error;
end process check;
```

그림 8-6 셋업과 홀드 시간을 체크하기 위한 process

8.3.3 속성 사용법

속성은 오류 검사를 위한 assert 문(2.19절 참조)과 함께 종종 사용된다. assert 문은 어떤 특정한 조건이 사실인지를 확인하고, 만약 거짓이면 오류 메시지를 보여주게 된다. 두 가지 예를 살펴보자. 즉, 하나는 신호 속성의 사용 예이고, 다른 하나는 어레이 속성 사용 예이다.

신호 속성 사용법

예로서 아래와 같이 그림 8-6의 D 플립플롭의 셋업과 홀드 시간을 체크하는 process를 고려해 보자. 먼저 'EVENT와 'STABLE 사용에 대해 알아본다. 'STABLE은 정해진 시간 동안 *S*에 이벤트가 없으면 True 신호를 가진다(즉, 이것에 의해 보내진 TRUE 신호는 정해진 시간 동안 신호가 안정하다는 것을 나타낸다). 예를 들어 선행하는 간격의 구간 동안 *A*가 변하지 않으면, 신호 A'STABLE(time)은 True이다. 따라서 A'STABLE(5)는 *A*가 변한 후 5 ns 동안 False이고, 그 이외의 시간은 True이다.

check process에서, 클럭 발생의 활성에지 후 *D* 입력은 규정된 *setup_time* 동안 안정되는지 체크한다. 만약 그렇지 않으면 셋업 시간 위반으로 나타나게 된다. 그 다음, *hold_time*을 기다린 후에 *D*가 홀드 시간 동안 안정한지 체크한다. 만약 그렇지 않으면 홀드 시간 위반을 알린다.

벡터 덧셈에 어레이 속성 사용

어레이 속성과 함께 assert 문이 사용된 예로서 그림 8-7의 비트 벡터들의 덧셈 procedure를 살펴보자. 이 procedure는 임의 크기의 두 개의 벡터를 더하는 것이다. 그러나 두 개의 벡터는 같은 크기를 가져야 한다. procedure 호출에서 어레이의 길이를 보낼 필요는 없다. 벡터 길이가 procedure의 파라미터로 전달되지 않으므로, procedure는 어레이 속성을 사용하고 벡터 길이가 같은지 체크한다. 그림 8-7은 *Addvec2*의 procedure를 보여주는 코드이다. 입력으로 두 개의 벡터와 캐리 인이 사용된다. procedure *Addvec*2(그림 8-7)가 수행될 때 내부 캐리로 임시 변수 *C*를

```
-- 두 개의 n-비트 비트 벡터와 캐리를 합하는 procedure이고 n-비트 합과 캐리를 되돌려준다.
-- 두 개의 비트 벡터는 같은 크기이다.

procedure Addvec2 (Add1, Add2: in bit_vector; Cin: in bit;
                   signal Sum: out bit_vector;
                   signal Cout: out bit) is

variable C: bit := Cin;
alias n1: bit_vector(Add1'length-1 downto 0) is Add1;
alias n2: bit_vector(Add2'length-1 downto 0) is Add2;
alias S: bit_vector(Sum'length-1 downto 0) is Sum;
begin
  assert ((n1'length = n2'length) and (n1'length = S'length))
    report "Vector lengths must be equal!"
    severity error;
  for i in s'reverse_range loop    -- reverse range는 LSB부터 시작하게 한다.
    S(i) <= n1(i) xor n2(i) xor C;
    C := (n1(i) and n2(i)) or (n1(i) and C) or (n2(i) and C);
  end loop;
  Cout <= C;
end Addvec2;
```

그림 8-7 비트 벡터를 덧셈하기 위한 procedure

생성하고 캐리 입력(*Cin*)을 그것으로 초기화한다. 그런 다음 *Add1*, *Add2*, *Sum*과 같은 크기를 가지고 있는 alias *n1*, *n2*, *S*를 생성한다. 이 alias들은 (변수 크기 − 1) **downto** 0의 범위를 가진다. 비록 *Add1*, *Add2*, *Sum*의 범위들이 **downto** 또는 **to**로 정의되고 0을 포함하지 않더라도 alias들의 범위는 앞으로의 계산을 쉽게 하기 위해 동일한 방식으로 정의된다. 만약 입력 벡터들과 *Sum*이 같은 크기가 아니면 오류 메시지가 나타난다. 합(sum)과 캐리(carry)는 그림 2-23에서처럼 루프에서 비트별로 계산된다. 이 루프가 $i = 0$에서 시작해야 하므로 i의 범위는 S 범위의 역순이다. 캐리 출력(*Cout*)은 대응하는 임시 변수(*C*)와 같게 설정한다.

8.4 오버로드된 연산자(Overloaded Operator) 생성

오버로드된 연산자를 어떻게 만드는지 알아보자. 연산자 오버로딩은 이미 정의된 디폴트 데이터 타입뿐만 아니라 다른 타입의 데이터에도 연산이 확장되는 것을 의미한다. 오버로딩 연산자는 function이나 procedure 호출을 겉으로 표현할 필요 없이 적절한 function을 호출하게 된다. 컴파일러가 function 이름이 이중 따옴표에 둘러싸여진 연산자의 function 선언을 만나면, 컴파일러는 이 function을 연산자 오버로딩 function으로 간주한다.

VHDL의 산술 연산자 +와 −는 정수들을 연산하기 위해 정의되나, 비트 벡터 연산에는 정의되지 않는다. 부호 없는 데이터 타입을 사용하는 비트 벡터를 위한 오버로딩된 산술 연산자를 사

```
-- 이 패키지는 '+' 연산자에 대해 오버로딩 function을 제공한다.

package bit_overload is
  function "+" (Add1, Add2: bit_vector)
    return bit_vector;
end bit_overload;

package body bit_overload is
-- function은 두 개의 비트 백터 연산 합을 비트 벡터 형태로 돌려줌
-- 덧셈은 내부 캐리 포함한 비트들끼리 이루어짐
  function "+" (Add1, Add2: bit_vector)
    return bit_vector is

  variable sum: bit_vector(Add1'length-1 downto 0);
  variable c: bit := '0';                    -- 캐리 없음
  alias n1: bit_vector(Add1'length-1 downto 0) is Add1;
  alias n2: bit_vector(Add2'length-1 downto 0) is Add2;
  begin
    for i in sum'reverse_range loop
      sum(i) := n1(i) xor n2(i) xor c;
      c := (n1(i) and n2(i)) or (n1(i) and c) or (n2(i) and c);
    end loop;
    return (sum);
  end "+";
end bit_overload;
```

그림 8-8 비트 벡터를 위한 오버로드된 연산자를 가진 VHDL 패키지

용하기 위해 IEEE numeric_bit 라이브러리를 사용해왔다. 비트 벡터를 위한 "+" function을 만들어 보자.

그림 8-8에 나타낸 패키지는 비트 벡터를 위한 "+" function을 생성한다. 두 개의 비트 벡터를 더하여 비트 벡터 값을 되돌려준다. 이 function은 alias를 사용하여 비트 벡터들의 범위를 마음대로 정할 수 있게 하였다. 단, 더하는 두 개의 벡터들 크기는 같아야 한다. 비트별 덧셈을 하기 위해 **for** 루프를 사용한다. 이러한 오버로드된 function이 없으면 "+" function은 비트 벡터에 사용할 수가 없다. IEEE numeric_bit는 부호 없는 데이터 타입에만 제공된다.

오버로딩은 또한 procedure와 function에도 적용될 수 있다. 몇몇 procedure들은 같은 이름을 가질 수 있고, 호출하는 procedure의 실제 파라미터들의 타입에 따라 어떤 procedure가 호출될지 결정한다. IEEE numeric_bit 라이브러리를 살펴보면 여러 개의 오버로드된 연산자와 function들이 정의되어 있다.

8.5 다치 논리와 신호 결정

앞 장에서는 VHDL 코드에서 2-논리 값을 사용하였다. 삼상태 버퍼들과 버스를 표현하기 위

해 고임피던스 상태를 표현한 세 번째 값, 즉 'Z'를 도입하는 것이 필요하다. 여기서 알 수 없는 상태를 표현한 네 번째 값 'X'를 도입한다. 만약 신호의 초기값을 알 수 없거나 또는 신호가 동시에 '0'과 '1' 같은 두 개의 모순된 값을 가지면 미지 상태(unknown state)가 생길지도 모른다. 만약 게이트에 'Z'가 입력되면, 그 게이트 출력은 알 수 없는 값 'X'가 된다고 생각할 수 있다.

이러한 이유로 다치 논리(multi-value logic)가 필요하다. IEEE numeric_std와 IEEE 표준 로직은 9-논리 값을 사용한다. 다른 개발자들은 CAD 툴에 따라 7-, 9-, 11-논리 값을 정의한다.

이 장에서는 (1) 4-논리 값 시스템과 (2) **IEEE-1164 표준**의 9-논리 값 시스템을 설명한다. 4-논리 값 시스템은 8.5.1절에서, IEEE-1164 표준의 9-논리 값 시스템은 8.6절에서 설명한다.

8.5.1 4-논리 값의 논리 시스템

4-논리 값 시스템의 네 가지 값, 즉 'X', '0', '1', 'Z'를 아래와 같이 규정한다.

'X' 미지 값
'0' 0
'1' 1
'Z' 고임피던스

고임피던스 상태는 삼상태 버퍼나 삼상태 버스를 모델링하는 데 사용된다. 미지 상태는 초기값이 알려지지 않거나 두 개의 값(즉, '0'과 '1')에 의해 동시에 구동될 때 발생한다. 4-논리 값을 사용하여 삼상태 버퍼를 모델링하여 보자.

그림 8-9에서 보는 바와 같이 출력이 하나로 묶인 두 개의 삼상태 버퍼 회로이다. 그림 8-6에서 VHDL로 표현된 것을 볼 수 있다. 이 예에서 모든 신호들은 X01Z 타입이고 네 개의 값, 즉 'X', '0', '1', 'Z'를 가질 수 있다. 삼상태 버퍼들은 액티브 하이 출력 인에이블을 가지는데, $b=$ '1', $d=$ '0' 일 때 $f=a$, $b=$ '0', $d=$ '1' 일 때 $f=c$, 그리고 $b=d=$ '0' 일 때 f 출력은 고임피

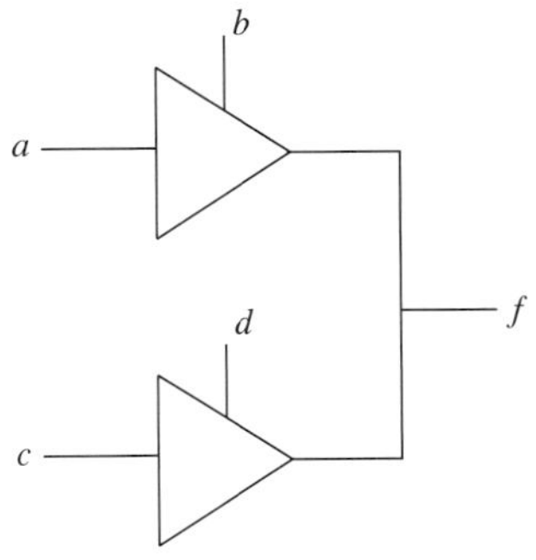

그림 8-9 액티브 하이 출력 인에이블을 가진 삼상태 버퍼

던스(high-Z) 상태를 나타낸다. 만약 $b = d =$ '1' 이면 출력에서 충돌이 일어날 수 있다. 두 가지의 VHDL 아키텍처를 사용하였다. 그 첫 번째 것은 두 개의 병행 처리문을 사용한다. 그리고 두 번째 것은 두 개의 process를 사용한다. 각 process에서 f는 두 개의 서로 다른 소스로부터 작동된다. 그리고 VHDL은 실제 출력 값을 결정짓기 위해 **신호 결정** function(signal resolution function)을 사용한다. 예를 들면, 만약 $a = c = d =$ '1' 그리고 $b =$ '0' 이면, f는 하나의 병행 처리문 또는 process에 의해 'Z' 로 구동된다. 그리고 f는 다른 처리문 또는 process에 의해 '1' 로 구동된다. 이때 결정 function은 f의 값을 '1' 로 결정하기 위해 자동적으로 호출된다. 만약 '0' 과 '1' 로 동시에 구동되면, 결정 function은 $f =$ 'X' (미지 값)로 만든다.

그림 8-10의 코드는 4-논리 값 패키지와 이에 해당되는 신호 결정 function을 사용하였다. 신호 결정 function을 어떻게 만드는지 알아보자. 그림 8-10의 코드를 만들기 위해서는 다음 절에서 서술된 것처럼 패키지가 필요하다.

```
use WORK.fourpack.all; -- fourpack은 4변수 로직을 위한 신호 결정 패키지임
                       -- 신호 결정에 대해 다음 절에 상세히 서술

entity t_buff_exmpl is
  port(a, b, c, d: in X01Z;   -- 4-논리 값 신호들
       f: out X01Z);
end t_buff_exmpl;

architecture t_buff_conc of t_buff_exmpl is
begin
  f <= a when b = '1' else 'Z';
  f <= c when d = '1' else 'Z';
end t_buff_conc;
architecture t_buff_bhv of t_buff_exmpl is
begin
  buff1: process(a, b)
  begin
    if (b = '1') then
      f <= a;
    else
      f <= 'Z';   -- 인에이블되지 않으면 출력을 'high Z'로 구동(고임피던스)
    end if;
  end process buff1;

  buff2: process(c, d)
  begin
    if (d = '1') then
      f <= c;
    else
      f <= 'Z';   -- 인에이블되지 않으면 출력을 'high Z'로 구동(고임피던스)
    end if;
  end process buff2;
end t_buff_bhv;
```

그림 8-10 삼상태 버퍼에 대한 VHDL 코드

8.5.2 신호 결정 Function

VHDL 신호들은 결정 값을 가질 수도 있고 갖지 않을 수도 있다. 두 개의 서로 다른 값으로 어떤 도선(wire)이 구동되면 신호 결정이 필요하다. 신호 결정이란 두 개 또는 그 이상의 신호가 한 점에 연결될 때 최종 결정되는 값을 의미한다. 다치 논리를 가진 VHDL은 신호들이 연결될 때 최종 값을 결정한다.

논리 값이 결정된 신호는 연관된 신호 결정 function을 가지며, 논리 값이 결정되지 않은 신호는 연관된 신호 결정 function이 없다. 결정되지 않은 비트 타입 신호들을 이전에 사용하였다. 신호 결정 function이 없는 신호 시스템에서, 두 개의 서로 다른 값으로 비트 신호 *B*가 구동되면 컴파일러는 적당한 *B*의 값을 결정할 길이 없기 때문에 오류를 표시할 것이다.

다음 세 개의 병행 처리문을 살펴보면, *R*은 X01Z 타입으로 결정 값을 가지는 신호이다.

```
R <= transport '0' after 2 ns, 'Z' after 6 ns;
R <= transport '1' after 4 ns;
R <= transport '1' after 8 ns, '0' after 10 ns;
```

그림 8-11에서 보여주는 바와 같이, *R*은 'Z' 로 초기화되면 세 개의 드라이버가 *R*을 위해 만들어진다. 결정 값이 아닌 신호들 *s*(0), *s*(1) 또는 *s*(2) 중의 하나가 변하면, 결정 function은 신호 *R* 값을 결정하기 위해 자동적으로 호출된다.

그림 8-12는 *fourpack*이라 불리는 패키지 안에서 어떻게 X01Z 논리 값의 결정 function이 정의되는지 보여준다. 첫 번째로, u_X01Z는 결정되지 않는 로직 타입으로 정의되어 있고, 대응하는 범위가 제한되지 않은 어레이 타입인 u_X01Z_vector가 정의되어 있다. 그 다음에 *resolve4*라는 이름의 결정 function이 선언되어 있다. 결정된 X01Z 로직은 u_X01Z의 서브타입으로 정의된다. 그 서브타입 선언은 *resolve4*란 function 이름을 가지고 있다. 이것은 X01Z 타입의 신호가 계산될 때마다 *resolve4* function은 정확한 값을 계산하기 위해 호출된다는 것을 의미한다.

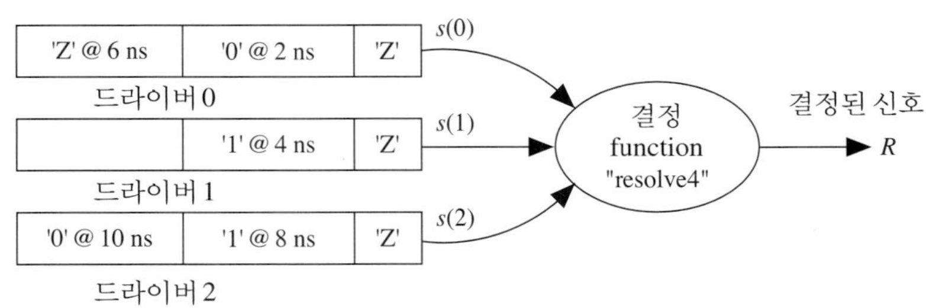

그림 8-11 신호 드라이버의 결정(resolution)

```
package fourpack is
  type u_x01z is ('X', '0', '1', 'Z');            -- u_x01z 결정되지 않음
  type u_x01z_vector is array (natural range <>) of u_x01z;
  function resolve4 (s: u_x01z_vector) return u_x01z;
  subtype x01z is resolve4 u_x01z;
  -- x01z 는 'resolve 4' 결정 function을 사용하는 resoolved 서브타입이다.
  type x01z_vector is array (natural range <>) of x01z;
end fourpack;

package body fourpack is
  type x01z_table is array (u_x01z, u_x01z) of u_x01z;
  constant resolution_table: x01z_table := (
    ('X','X','X','X'),
    ('X','0','X','0'),
    ('X','X','1','1'),
    ('X','0','1','Z'));

  function resolve4 (s:u_x01z_vector)
    return u_x01z is

  variable result: u_x01z := 'Z';
  begin
    if (s'length = 1) then
      return s(s'low);
    else
      for i in s'range loop
        result := resolution_table(result, s(i));
      end loop;
    end if;
    return result;
  end resolve4;
end fourpack;
```

그림 8-12 X01Z 논리 값에 대한 신호 결정 function

삼상태 버스의 동작을 기초로 한 결정 function은 다음에 나타낸 표에 의해서 지정된다.

	'X'	'0'	'1'	'Z'
'X'	'X'	'X'	'X'	'X'
'0'	'X'	'0'	'X'	'0'
'1'	'X'	'X'	'1'	'1'
'Z'	'X'	'0'	'1'	'Z'

이 표는 입력 값들의 각 쌍에 대하여 결정된 값을 준다. 신호 값 X01Z가 'Z' 와 충돌할 경우 결정 값은 X01Z 값이 되고, 'X' 와 충돌할 경우 모두 'X' 값을 돌려주고, '0' 과 '1' 이 충돌할 경우 'X' 값을 돌려준다. resolve4 function은 결정되어야 할 값이 한 개 이상의 어떤 어레이를 나타내며 *s*라는 인수(argument)를 가진다. 벡터의 길이가 1이라면 벡터의 첫째(그리고 유일한) 요소의 값을 되돌려 준다. 만약 그렇지 않으면, 되돌려진 값(결정된 신호)은 *result* = 'Z' 에서 시작되고, 차례대로 *s* 벡터의 각 요소를 사용한 룩업 테이블에 의해 *result*를 재계산하는 과정이 반복된다. 그림 8-11의 예에서 *s* 벡터는 세 개의 구성요소를 가지고 있다. 그리고 *resolve4*는 *R*을 계산

하기 위해 0, 2, 4, 6, 8, 10 ns에 호출될 것이다. 다음에 나타낸 표는 그 결과를 나타낸다.

시간	s(0)	s(1)	s(2)	R
0	'Z'	'Z'	'Z'	'Z'
2	'0'	'Z'	'Z'	'0'
4	'0'	'1'	'Z'	'X'
6	'Z'	'1'	'Z'	'1'
8	'Z'	'1'	'1'	'1'
10	'Z'	'1'	'0'	'X'

X01Z 논리 값을 채용한 VHDL 코드를 작성하기 위해 이러한 종류의 논리에 요구되는 동작을 정의하는 것이 필요하다. 예를 들면 AND 그리고 OR는 다음에 나타낸 표를 사용하여 정의된다.

AND	'X'	'0'	'1'	'Z'
'X'	'X'	'0'	'X'	'X'
'0'	'0'	'0'	'0'	'0'
'1'	'X'	'0'	'1'	'X'
'Z'	'X'	'0'	'X'	'X'

OR	'X'	'0'	'1'	'Z'
'X'	'X'	'X'	'1'	'X'
'0'	'X'	'0'	'1'	'X'
'1'	'1'	'1'	'1'	'1'
'Z'	'X'	'X'	'1'	'X'

좌측에 있는 표는 4-입력 AND 게이트의 동작과 같다. 만약 AND 게이트 회로 입력들 중의 하나가 '0'이면, 그 출력은 항상 '0'이 된다. 만약 양쪽 입력이 모두 '1'이면, 그 출력은 '1'이 된다. 그 이외의 모든 경우에 high-Z 게이트 입력이 '0' 또는 '1'로 작용할지 모르기 때문에 그 출력은 알 수 없다('X'). OR 게이트의 경우, 만약 입력 중의 하나가 '1'이 있으면, 출력은 항상 '1'이 된다. 만약 양쪽 입력이 '0'이면, 그 출력은 '0'이다. 그 이외의 모든 경우에 출력은 'X'이다. 위에 나타낸 표의 동작을 기초로 한 AND, OR function들은 AND, OR 연산자들을 오버로드하는 *fourpack* 패키지에 포함될 수 있다.

이 절에서는 결정 신호가 어떻게 생성되는지 알아 보았지만 우리가 직접 만들 필요는 없다. 표준 라이브러리가 이러한 신호 논리 값을 결정하는 function을 포함하고 있기 때문이다. IEEE 1164 표준과 IEEE_numeric_std는 다치 논리 결정 function을 포함하는 라이브러리의 예들이다.

8.6 IEEE 1164 표준의 9-논리 값 시스템

IEEE 1164 표준은 VHDL에 사용하기 위해 9-논리 값 시스템을 규정한다. 표준에 규정된 9개의 논리 값은

'U' Uninitialized(초기화되지 않음)

'X' Forcing unknown(강제 미지 값(X))

'0' Forcing 0(강제 0)

'1' Forcing 1(강제 1)

'Z' high impedance(고임피던스)

'W' Weak unknown(약한 미지 값)

'L' Weak 0(약한 0)

'H' Weak 1(약한 1)

'–' Don' t care

를 나타낸다. 미지수, '0', 그리고 '1'의 값은 두 가지 신호 세기를 가진다. 즉, 강제(forcing)와 약한(weak)의 두 가지이다. 강제 '1' 값은 신호가 공급전압과 같은 완전한 레벨을 의미한다. 약한 '1' 값은 'H'로 표시되는데, 논리적으로 High이나 실제 신호는 약간의 전압강하(예: 풀업 저항의 출력)가 존재한다. 신호가 공급전압과 같은 완전한 레벨을 의미한다. 강제 '0' 값은 신호가 접지전압과 같은 완전한 레벨을 의미한다. 약한 '0' 값은 논리적으로 Low이나 실제 신호는 접지와 약간의 차이가 있다(예: 풀다운 저항의 출력). 신호가 공급전압과 같은 완전한 레벨을 의미한다. 9-논리 값 시스템은 초기화되지 않은 신호를 'U'로 표시한다. 돈케어(don' t care) 상태는 '–'로 나타낸다.

강제 신호가 약한 신호와 같이 묶이면 강제 신호가 우선한다. 예를 들어, 만약 '0'과 'H'가 함께 묶여 있으면, 그 결과는 '0'이다. 풀업 저항의 출력은 'H' 값에 의해 나타낸다. 9-논리 값은 특정 집적회로들의 내부 작동을 모델링하는 데 효과적이다. 이 책에서는 IEEE 값의 부분집합—'X', '0', '1', 'Z'—을 일반적으로 사용할 것이다.

IEEE-1164 표준은 AND, OR, NOT, XOR, 그리고 다른 9-논리 값의 다른 기능들을 규정한다. IEEE_std_logic 패키지는 9-논리 값을 사용하는 **std_logic 타입**을 정의한다. 또한 이미 사용했던 X01Z와 같은 9-논리 값의 부분집합도 규정한다. std_logic 타입에서 만들어지는 비트 벡터와 같이 **std_logic vector**라고 한다. 비트 벡터가 사용되면 일반적으로 '0'에 초기화되나, std_logic 타입이 사용되면 디폴트값으로 'U' 값이 지정된다.

표 8-5 IEEE 9-논리 값에 대한 결정 function 표

```
CONSTANT resolution_table : stdlogic_table := (
--  ---------------------------------------------------------------------
--  |  U    X    0    1    Z    W    L    H    -            |   |
--  ---------------------------------------------------------------------
    ( 'U', 'U', 'U', 'U', 'U', 'U', 'U', 'U', 'U' ),  --  | U |
    ( 'U', 'X', 'X', 'X', 'X', 'X', 'X', 'X', 'X' ),  --  | X |
    ( 'U', 'X', '0', 'X', '0', '0', '0', '0', 'X' ),  --  | 0 |
    ( 'U', 'X', 'X', '1', '1', '1', '1', '1', 'X' ),  --  | 1 |
    ( 'U', 'X', '0', '1', 'Z', 'W', 'L', 'H', 'X' ),  --  | Z |
    ( 'U', 'X', '0', '1', 'W', 'W', 'W', 'W', 'X' ),  --  | W |
    ( 'U', 'X', '0', '1', 'L', 'W', 'L', 'W', 'X' ),  --  | L |
    ( 'U', 'X', '0', '1', 'H', 'W', 'W', 'H', 'X' ),  --  | H |
    ( 'U', 'X', 'X', 'X', 'X', 'X', 'X', 'X', 'X' )   --  | - |
   );
```

표 8-5는 IEEE 9-논리 값의 결정 function 표를 나타낸다. 해당 행의 인덱스 값들은 오른쪽에 설명과 함께 리스트에 나열되고 있다. X01Z 논리의 결정 function 표는 직사각형에 표시되었듯이 이 표의 부분집합이다.

IEEE 9-논리 값의 AND 동작의 표는 아래 표 8-6에서 나타내었다. 해당 행의 인덱스 값들은 오른쪽에 설명과 함께 리스트에 나열되고 있다. X01Z 논리의 결정 function 표는 직사각형에 표시되었듯이 이 표의 부분집합이다. IEE-1164 표준은 **std_ulogic**(결정되지 않은 표준 논리)을 정의한다. 그 다음, 관련 결정 function과 함께 std_ulogic의 서브타입으로 std_logic을 규정한다.

and function은 표 8-6을 사용하여 그림 8-13에 서술되었다. 이러한 function은 연산자 오버로딩 function을 제공한다. 이것은 만약 **and** 연산자를 사용한 구문을 썼을 때 컴파일러는 자동적으로 피연산자의 타입에 따라 **and** 동작을 평가하는 **and** function을 호출한다는 뜻이다. 만약 **and**가 비트 변수들과 사용되면 보통의 **and** function이 사용되나, 만약 std-logic 변수들과 사용되면 std-logic **and** function이 호출된다. 연산자 오버로딩은 벡터들에 적절한 **and** function을 자동적으로 적용한다. **and**가 비트 벡터들과 같이 쓰였을 때 각 비트별로 **and**가 수행된다. 그러나 **and**가 std_logic 벡터로 적용되면 std_logic **and**가 각 비트당 **and** 연산에 적용된다. 그림 8-13에서 처음의 **and** function은 룩업 테이블에 의해 좌측(l)과 우측(r) 피연산자에 **and**시켜 계산된다. **and** function은 **std_ulogic**으로 처음에 정의되었으나 std_logic으로 동작한다. 왜냐하면 std_logic은 std_ulogic의 서브타입이기 때문이다. 두 번째 **and** function은 std_logic 벡터에서 동작한다. 두 연산자가 같은 방향의 인덱스 범위를 가지는 것을 확인하기 위해 alias를 사용한다. 만약 그 벡터들이 같은 길이가 아니면, **assert** false 문은 항상 report 문장의 메시지가 나타나게 한다. 그렇지 않으면 결과 벡터의 각 비트는 룩업 테이블에 의해 계산된다.

다치 논리가 필요하면 IEEE 표준에서 numeric_bit 패키지 대신 numeric_std 패키지를 사용한다. IEEE.numeric_std 패키지는 IEEE.numeric_bit 패키지와 유사하나 비트 벡터 대신에 std_logic 타입으로 부호가 없거나 또는 부호가 있는 벡터를 정의한다. 부호가 없거나 또는 부호가 있는 수를 numeric_bit 패키지와 같이 오버로딩 연산자와 function을 정의한다.

표 8-6 IEEE 9-논리 값에 대한 AND 동작의 표

```
CONSTANT and_table : stdlogic_table := (
--  ---------------------------------------------------------
--  |  U    X    0    1    Z    W    L    H    -          |   |
--  ---------------------------------------------------------
    ( 'U', 'U', '0', 'U', 'U', 'U', '0', 'U', 'U' ),  --  | U |
    ( 'U', 'X', '0', 'X', 'X', 'X', '0', 'X', 'X' ),  --  | X |
    ( '0', '0', '0', '0', '0', '0', '0', '0', '0' ),  --  | 0 |
    ( 'U', 'X', '0', '1', 'X', 'X', '0', '1', 'X' ),  --  | 1 |
    ( 'U', 'X', '0', 'X', 'X', 'X', '0', 'X', 'X' ),  --  | Z |
    ( 'U', 'X', '0', 'X', 'X', 'X', '0', 'X', 'X' ),  --  | W |
    ( '0', '0', '0', '0', '0', '0', '0', '0', '0' ),  --  | L |
    ( 'U', 'X', '0', '1', 'X', 'X', '0', '1', 'X' ),  --  | H |
    ( 'U', 'X', '0', 'X', 'X', 'X', '0', 'X', 'X' )   --  | - |
   );
```

```
function "and" (l: std_ulogic; r: std_ulogic) return UX01 is
begin
  return (and_table(l, r));
end "and"; -- 결정되지 않은 표준 논리 function

function "and" (l, r: std_logic_vector) return std_logic_vector is
  alias lv: std_logic_vector (1 to l'LENGTH) is l; -- alias는 동일한 방향에서
  alias rv: std_logic_vector (1 to r'LENGTH) is r; -- 인덱스 범위를 가짐
  variable result: std_logic_vector ( 1 to l'LENGTH );
begin
  if (l'LENGTH /= r'LENGTH) then
    assert FALSE
      report "arguments of overloaded 'and' operator are not of the same length"
      severity FAILURE;
  else
    for i in result'RANGE loop
      result(i) := and_table(lv(i), rv(i));
    end loop;
  end if;
  return result;
end "and";
```

그림 8-13 std_logic_vector에 대한 AND 함수

부호 없는 벡터를 사용한 VHDL 프로그램을 다음의 처리문

```
use IEEE.numeric_bit.all;
```

을 다음 두 개의 처리문으로 교체하여 9-논리 값의 벡터로 사용할 수 있다.

```
use IEEE.std_logic_1164.all;   -- IEEE.numeric_std 패키지는 1164
                               -- 표준을 사용함
use IEEE.numeric_std.all;
```

IEEE.numeric_std 패키지는 1164 표준의 std_logic 타입을 사용한다. 따라서 위의 교체된 두 개의 처리문이 필요하다. 이러한 처리문을 가지고 부호 없는 데이터 타입은 9-논리 값으로 사용할 수 있다. 그 외에 프로그램을 변경할 필요는 없다. 만약 원래 프로그램이 비트 타입을 사용했다면 std_logic 타입으로 바뀌어야 한다.

다치 논리를 사용한 시뮬레이션과 합성을 위해 자주 쓰이는 VHDL 패키지는 Synopsis사에 의해 개발된 std_logic_arith 패키지나 std_logic_unsigned 패키지이다. 이러한 패키지들은 아래 처리문에 의해 불리어져 사용된다.

```
use IEEE.std_logic_unsigned.all;
use IEEE.std_logic_arith.all;
```

다음에 나오는 예들은 IEEE numeric_std 패키지를 사용한다. 왜냐하면 IEEE 표준이고 지금까지 사용한 numeric_bit 패키지의 기능성과 유사하기 때문이다. 이 책에서는 std_logic_arith와

std_logic_unsigned 패키지는 사용하지 않기로 했는데, 이는 IEEE 표준이 아니고 IEEE numeric_std 패키지보다 기능이 떨어지기 때문이다.

8.7 IEEE 1164를 사용한 SRAM 모델

이 절에서는 SRAM(static random access memory)의 동작을 나타내는 VHDL 모델을 서술하였다. RAM은 랜덤 액세스 메모리(random access memory)를 나타내는데, 메모리 내의 하나의 워드를 접근하는 시간은 다른 기억 장소의 워드를 접근하는 시간과 동일하다는 뜻이다. 엄격하게 말하면 ROM(read only memory)도 랜덤 액세스 메모리이지만 *RAM*은 통상적으로 읽기-쓰기 메모리에만 적용된다. 이 모델은 다치 논리 시스템의 유용성을 보여준다. 다치 논리는 메모리 데이터 라인의 삼상태 동작을 모델링하기 위해 사용된다.

그림 8-14는 n개의 어드레스 라인, m개의 데이터 라인, 세 개의 제어 라인을 갖는 SRAM의 블록도를 표시하였다. 이 메모리는 m 비트 크기의 2^n개의 워드를 저장할 수 있다. 데이터 라인은 메모리 칩의 패키지 사이즈와 핀 수를 줄이기 위해 양방향(bidirectional)으로 구성된다. RAM으로부터 데이터를 읽을(Read) 경우 데이터 라인은 출력(output)이 되고, RAM으로 데이터를 쓸(Write) 경우 데이터 라인은 입력(input)으로 바뀐다. 세 개의 제어 라인 기능은 다음과 같다.

- $\overline{\text{CS}}$ 로우(low) 값이 인가되면, *CS*는 메모리의 읽고 쓰는 동작이 가능하도록 메모리 칩을 선택한다.
- $\overline{\text{OE}}$ 로우(low) 값이 인가되면, *OE*는 메모리 출력을 외부 버스에 실어주게 된다.
- $\overline{\text{WE}}$ 로우(low) 값이 인가되면, *WE*는 데이터를 RAM에 쓰도록 제어한다.

인가된다(asserted)는 의미는 어떤 신호가 '활성 상태'가 될 때를 의미한다. 액티브 로우 신호는 로우 상태에서 인가되고, 액티브 하이 신호는 하이 상태에서 인가됨을 의미한다.

RAM의 동작 진리표(표 8-7)는 기본동작에 대해 정리하였다. I/O 열의 고임피던스(high-Z) 상태라는 것은 출력 버퍼가 고임피던스 출력을 가진다는 것이고, 데이터 입력은 사용되지 않는

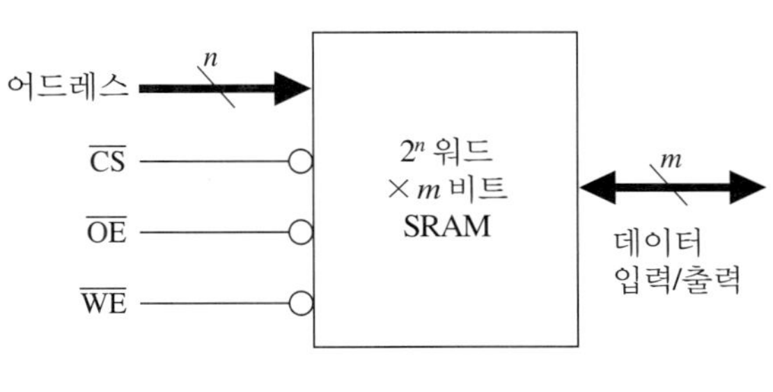

그림 8-14 SRAM의 블록도

표 8-7 SRAM의 진리표

$\overline{CS}$	$\overline{OE}$	$\overline{WE}$	모드	I/O 핀
H	X	X	선택되지 않음	고임피던스
L	H	H	출력 디스에이블	고임피던스
L	L	H	읽기	데이터 출력
L	X	L	쓰기	데이터 입력

다. 읽기 동작에서, 어드레스 라인들은 8개의 메모리 셀을 선택하도록 디코딩되고, 데이터는 I/O 선에 메모리 액세스 시간이 지난 다음 나타나게 된다. 쓰기 모드에서, $\overline{WE}$가 low일 때 입력 데이터는 선택된 메모리 셀 안에 래치되도록 연결되는데, 메모리 셀 안의 래치에 쓰여지는 것은 $\overline{WE}$가 high로 되거나 $\overline{CS}$가 high로 되어야 완료된다. 진리표에서 타이밍은 고려되지 않았다.

이제 타이밍을 고려하지 않은 메모리 동작의 간단한 VHDL 모델을 작성해 보자. 그림 8-15에서, RAM의 메모리 어레이는 표준 논리 벡터(*RAM1*)로 표현하였다. *Address*는 부호 없는 비트 벡터 타입으로 정의되었으므로 메모리 어레이를 인덱싱하기 위해서는 정수 타입으로 바뀌어야 한다. RAM 프로세서는 칩이 선택되지 않으면 I/O 선이 고임피던스 상태로 된다. 만일 *We_b* = '1' 이면, 'RAM은 읽기 모드에 있고 I/O는 메모리 어레이로부터 읽혀진 데이터이다. 만일

```
-- 간단한 메모리 모델
library IEEE;
use IEEE.std_logic_1164.all;
use IEEE.numeric_std.all;

entity RAM6116 is
  port(Cs_b, We_b, Oe_b: in std_logic;
       Address: in unsigned(7 downto 0);
       IO: inout unsigned(7 downto 0));
end RAM6116;

architecture simple_ram of RAM6116 is
type RAMtype is array(0 to 255) of unsigned(7 downto 0);
signal RAM1: RAMtype := (others => (others =>'0'));
                        -- 초기 모든 비트를 '0'로 만듦
begin
  IO <= "ZZZZZZZZ" when Cs_b = '1' or We_b = '0' or Oe_b = '1'
    else RAM1(to_integer(Address));              -- RAM으로부터 읽기 동작
  process(We_b, Cs_b)
  begin
    if Cs_b = '0' and rising_edge(We_b) then   -- We_b의 상승에지
      RAM1(to_integer(Address'delayed)) <= IO; -- 쓰기 동작
    end if;
  end process;
end simple_ram;
```

그림 8-15 간단한 메모리 모델

We_b = '0'이면, RAM은 쓰기 모드에 있고 I/O 선의 데이터는 *We_b*의 상승에지에서 *RAM1*으로 공급된다. 만일 *Address*와 *We_b*가 동시에 변하면, 그 전의 *address* 값이 사용된다. *Address'delayed*는 어레이 인덱스로 사용하는데, 이는 *Address*를 한 개의 델타만큼 지연시켜 그 전의 *address*가 사용되는 것을 확실히 해준다. *Address'delayed*는 8장 앞부분에서 서술된(표 8-3) 신호 속성 중 하나를 사용한다. 이것은 비동기 읽기 동작과 동기 쓰기 동작을 하는 RAM을 나타낸다.

8.8 SRAM 읽기/쓰기 시스템 모델

다치 논리 시스템 사용을 보여주기 위해 **양방향 삼상태 버스**(bidirectional tristate bus)를 적용한 예를 보여준다. RAM 모델을 테스트하기 위해 그림 8-16의 시스템을 만들었다. 시스템은 먼저 32개의 기억 장소를 가진 RAM으로부터 워드를 읽어 데이터 레지스터에 저장하고, 데이터 레지스터 값을 하나 증가시켜 결과를 다시 RAM에 저장하고, 메모리 어드레스를 하나 증가시킨다. 이 시스템은 메모리 어드레스를 저장하는 **메모리 어드레스 레지스터**(MAR)와 메모리로부터 읽은 데이터를 저장하는 **데이터 레지스터**(data register)를 가지고 있다. 시스템은 RAM으로부터 워드를 읽어 데이터 레지스터에 저장하고, 데이터 레지스터 값을 하나 증가시켜 결과를 다시 RAM에 저장하고, 메모리 어드레스를 하나 증가시킨다. 이 프로세서는 메모리 어드레스가 32가 될 때까지 계속된다.

데이터 버스는 **양방향 버스**로 사용된다. 읽기 동작 동안 메모리 출력은 버스에 나타나고, 데이터 버스에서 데이터 레지스터 출력은 삼상태 조건일 것이다. 쓰기 동작 동안 데이터 레지스터 출력은 버스에 나타난다. RAM으로 데이터 레지스터 출력이 데이터 버스에 실리고, 메모리는 그것을 입력 데이터로 사용한다.

시스템을 동작시키는 데 요구되는 제어 신호는 아래와 같다.

ld_data 데이터 버스로부터 데이터 레지스터 로드

en_data 데이터 버스에서 데이터 레지스터 출력 인에이블

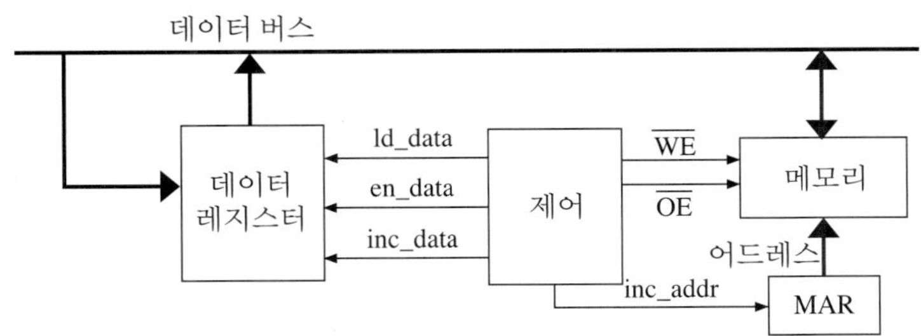

그림 8-16 RAM 읽기/쓰기 시스템의 블록도

inc_data	데이터 레지스터 증가
inc_addr	MAR 증가
$\overline{\text{WE}}$	SRAM에 대한 쓰기 인에이블
$\overline{\text{OE}}$	SRAM에 대한 출력 인에이블

그림 8-17은 시스템의 SM 차트를 나타내었다. 네 개의 상태를 사용한다. 메모리 데이터는 S1 상태로 이동하면서 데이터 레지스터에 로드된다. 제어 신호 $\overline{\text{OE}}$와 *ld_data*가 이 상태에서 참(true)이다. 데이터 레지스터는 S_1에서 하나씩 증가한다. *en_data*는 S_2 상태에서 작동하고, 따라서 데이터 레지스터가 버스를 구동한다. $\overline{\text{WE}}$ 신호는 액티브 로우이고 S_2 상태에서만 Low로 인가된다. 따라서 $\overline{\text{WE}}$는 다른 상태에서는 High가 된다. RAM에 데이터 레지스터 내용을 쓰는 것은 상태 S_2에서 S_3로 이동할 때 발생한다. 그리고 메모리 어드레스 값이 하나 증가한다. 이 과정은 어드레스 값이 32일 때까지 계속된다. 상태 S_3에서 어드레스 값이 32에 도달했는지 체크하여 도달하면 done 신호를 내보낸다.

그림 8-18은 RAM 시스템의 VHDL 코드를 보여주고 있다. 첫 번째 프로세서는 SM 차트를 나타내었고, 두 번째 프로세서는 클럭의 상승에지에서 레지스터 내용을 업데이트하기 위해 사용되었다. 어드레스 변화 전에 쓰기가 완료됨을 확인하기 위해 어드레스가 증가될 때 짧은 지연이 첨가되었다. 삼상태 버퍼를 시뮬레이션하기 위해 병행 처리문이 사용되어 데이터 레지스터의 출력을 I/O 선에 올릴 수 있도록 하였다.

이 시스템은 전체 SRAM의 정확한 테스팅을 위한 모든 기억 장소를 포함시키기 위해 수정될 것이다. 메모리 시스템 테스트는 모든 기억 장소에 체커보드 패턴('0'과 '1'의 반복 패턴)을 써서

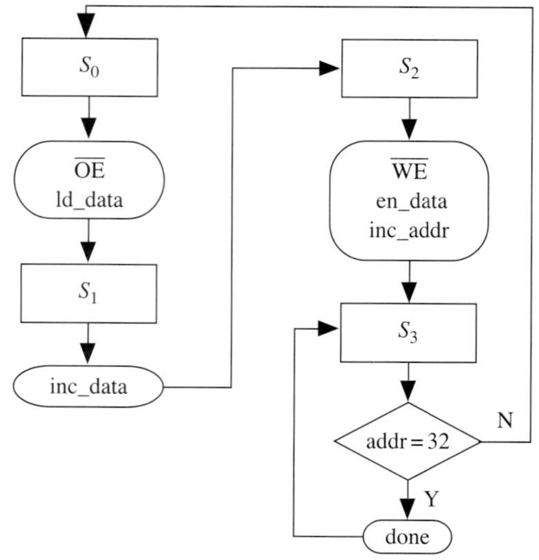

그림 8-17 RAM 시스템의 SM 차트

```
-- SRAM 읽기-쓰기 시스템 모델
library IEEE;
use IEEE.std_logic_1164.all;
use IEEE.numeric_std.all;

entity RAM6116_system is
end RAM6116_system;

architecture RAMtest of RAM6116_system is
component RAM6116 is
  port(Cs_b, We_b, Oe_b: in std_logic;
       Address: in unsigned(7 downto 0);
       IO: inout unsigned(7 downto 0));
end component RAM6116;

signal state, next_state: integer range 0 to 3;
signal inc_addr, inc_data, ld_data, en_data, Cs_b, clk, Oe_b, done:
       std_logic := '0';
signal We_b: std_logic := '1';                    -- 읽기 모드에서 초기화
signal Data: unsigned(7 downto 0);                -- 데이터 레지스터
signal Address: unsigned(7 downto 0) := "00000000";  -- 어드레스 레지스터
signal IO: unsigned(7 downto 0);                  -- I/O 버스
begin
  RAM1: RAM6116 port map (Cs_b, We_b, Oe_b, Address, IO);
  control: process(state, Address)
  begin
    -- 모든 제어 신호 초기화(SRAM는 항상 선택됨)
    ld_data <= '0'; inc_data <= '0'; inc_addr <= '0'; en_data <= '0';
    done <= '0'; We_b <= '1'; Cs_b <= '0'; Oe_b <= '1';

    -- SM 차트 구현
    case state is
      when 0 => Oe_b <= '0'; ld_data <= '1'; next_state <= 1;
      when 1 => inc_data <= '1'; next_state <= 2;
      when 2 => We_b <= '0'; en_data <= '1'; inc_addr <= '1'; next_state <= 3;
      when 3 =>
        if (Address = "00100000") then done <= '1'; next_state <= 3;
        else next_state <= 0;
        end if;
    end case;
  end process control;

  -- 클릭 상승에지에서 수행
  register_update: process(clk)   -- 데이터 레지스터 업데이트 process
  begin
    if rising_edge(clk) then
      state <= next_state;
      if (inc_data = '1') then data <= data + 1; end if;
                                  -- 데이터 레지스터 값 증가
      if (ld_data = '1') then data <= IO; end if;
                                  -- 버스로부터 데이터 레지스터에 저장
      if (inc_addr = '1') then Address <= Address + 1 after 1 ns; end if;
                                  -- 메모리 쓰기 동작 완료를 위해 지연 시간 추가
    end if;
  end process register_update;

  -- 병행 처리문
  clk <= not clk after 100 ns;
  IO <= data when en_data = '1'
```

```
    else "ZZZZZZZZ";
end RAMtest;
```

그림 8-18 RAM 시스템의 VHDL 코드

체크할 수 있다. 예를 들어 01010101(16진수 55)을 모든 홀수 메모리 번지에 저장하고 10101010(16진수 AA)을 모든 짝수 메모리 번지에 저장한다. 그런 다음 홀수와 짝수 번지를 바꾼다. 이러한 테스트 시스템용 VHDL 코드는 연습문제로 남겨둔다.

8.9 지네릭

지네릭(generic)은 어떤 컴포넌트가 불리어져 사용될 때(instantiated) 파라미터 값들이 정의되어야 하듯이, 어떤 컴포넌트의 파라미터 값들을 정의하는 데 사용된다. 예를 들어 어떤 게이트의 상승이나 하강 시간을 지네릭으로 규정할 수 있고, 각각의 불리어져 사용되는 게이트의 지네릭에 다른 값을 할당할 수 있다. 그림 8-19의 예에서는 2-입력 AND 게이트의 부하 수에 따라 상승 또는 하강 시간이 다르게 나타나는 것을 보여준다. 엔티티 선언에서, *Trise*, *Tfall*, *load*는 무부하에서의 상승이나 하강 시간 그리고 부하 수를 규정하는 지네릭이다. architecture 문에서 내부 노드 *nand-value*는 입력 *a*, *b*가 변할 때마다 계산된다. 만약 *nand-value*가 '1'로 변화했다면, 상승하는 출력이 만들어지고 게이트 지연 시간은

$$Trise + 3\text{ ns} * load$$

로 계산된다. 이때 3 ns는 각 부하에서 더해지는 지연을 말한다. 반대로 하강하는 출력이 만들어진다면, 게이트 지연 시간은

$$Tfall + 2\text{ ns} * load$$

로 계산된다. 여기서 2 ns는 각 부하에서 더해지는 지연을 말한다.

NAND2_test 엔티티는 NAND2 컴포넌트를 테스트하기 위한 것이다. 아키텍처 내의 컴포넌트 선언은 *Trise*, *Tfall*, *load*가 디폴트값을 규정한다. *U1*이 사용되면, 지네릭 맵이 *Trise*, *Tfall*, *load*에 다른 값을 규정한다. *U2*가 사용되면, 지네릭 맵이 포함되지 않았기 때문에 디폴트값이 사용된다.

```
entity NAND2 is
  generic(Trise, Tfall: time; load: natural);
  port(a, b: in bit;
       c: out bit);
end NAND2;

architecture behavior of NAND2 is
signal nand_value: bit;
begin
  nand_value <= a nand b;
  c <= nand_value after (Trise + 3 ns * load) when nand_value = '1'
    else nand_value after (Tfall + 2 ns * load);
end behavior;

entity NAND2_test is
  port(in1, in2, in3, in4: in bit;
       out1, out2: out bit);
end NAND2_test;

architecture behavior of NAND2_test is
component NAND2 is
  generic(Trise: time := 3 ns; Tfall: time := 2 ns; load: natural := 1);
  port(a, b: in bit; c: out bit);
end component;
begin
  U1: NAND2 generic map (2 ns, 1 ns, 2) port map (in1, in2, out1);
  U2: NAND2 port map (in3, in4, out2);
end behavior;
```

그림 8-19 generic 문을 사용한 상승/하강 시간 모델링

8.10 신호 이름 연결(Association)

지금까지 개체 불러오기의 일환으로 포트 맵이나 지네릭 맵에 있어서 위치 연결(positional association)을 사용하였다. 예를 들어 전가산기의 엔티티 선언을 다음과 같이 했다면,

```
entity FullAdder is
  port(X, Y, Cin: in bit; Cout, Sum: out bit);
end FullAdder;
```

처리문은

```
FA0: FullAdder port map (A(0), B(0), '0', open, S(0));
```

이다. 전가산기를 불러오면서 *A*(0)를 *X* 입력에, *B*(0)를 *Y* 입력에, '0'을 *Cin* 입력에, *Cout*은 연결되지 않고, *S*(0)를 *Sum*에 연결시킨다. 포트 맵의 첫 번째 신호는 엔티티 선언의 첫 번째 신호와 연결되고, 두 번째 신호는 엔티티 선언의 두 번째 신호와 연결되고, 등등이다. 연결선을 만들고 싶지 않으면 키워드 **open**이 사용된다.

다른 방법으로는 이름 연결(named association)이 있는데 포트 맵의 각 신호 이름을 엔티티의 신호 이름과 직접 연결시켜주는 방법이다. 예를 들어 아래 명령문은

```
FA0: FullAdder port map (Sum=>S(0), X=>A(0), Y=>B(0), Cin=>'0');
```

이며, 앞에 예시한 처리문에서의 신호 연결과 동일한 기능을 가진다. 신호 이름 연결을 사용할 때 포트 맵 신호 이름 순서는 중요하지 않다. 리스트되지 않은 신호 이름은 연결되지 않은 신호를 나타낸다. 신호 이름 연결의 사용은 코드의 이해가 쉽고 신호의 순서에 대해 구애받지 않을 수 있다.

신호 이름 연결이 지네릭 맵과 사용되면 연결되지 않은 지네릭 파라미터들은 디폴트값을 가진다. 예를 들어 그림 8-19에서 U1으로 이름 붙은 generic 문을 아래와 같이 바꾸면

```
U1:NAND2 generic map (load => 3,Trise => 4ns) port map
(in1,in2,out1);
```

*Tfall*은 디폴트값인 2 ns를 가진다.

8.11 Generate 문

2장에서 네 개의 전가산기를 불러와 사용하고 그것들을 연결하여 4-비트 가산기를 만들었다. 만약 가산기가 8비트 또는 그 이상을 다룰 때 불러오는 전가산기의 각 인스턴스로부터 포트 맵을 규정하는 데 상당히 지루한 일이 된다.

같은 종류의 컴포넌트가 반복적인 어레이로 구성될 때, **generate** 문이 효과적으로 사용될 수 있다. 그림 8-20의 예는 4-비트 가산기를 생성하는 데 generate 문이 어떻게 사용되는지 보여준다. 표현 방법은 5-비트 벡터가 캐리를 나타내고, *Cin*은 *C*(0), *Cout*은 *C*(4)를 나타낸다. **for** 루프는 네 개의 전가산기를 만들어내고, 가산기들 간의 상호연결을 규정하기 위해 적절한 **port map**을 사용하였다.

generate 문을 유용하게 사용할 수 있는 또 다른 예는 어레이형 곱셈기이다. 4장의 어레이형 곱셈기의 VHDL 코드에서는 각 컴포넌트를 불러오기 위해 **port map** 문을 반복적으로 사용하였다. 이들은 generate 문으로 대체할 수 있다.

앞의 예에서, generate 문을 다음과 같은 형식으로 사용하였다.

```
generate_label: for identifier in range generate
[begin]
  concurrent statement(s)
end generate [generate_label];
```

```
entity Adder4 is
port(A, B: in bit_vector(3 downto 0); Ci: in bit; -- 입력
     S: out bit_vector(3 downto 0); Co: out bit); -- 출력
end Adder4;

architecture Structure of Adder4 is
component FullAdder
  port(X, Y, Cin: in bit;      -- 입력
       Cout, Sum: out bit);    -- 출력
end component;

signal C: bit_vector(4 downto 0);
begin
  C(0) <= Ci;
  -- FullAdder 네 개 생성
  FullAdd4: for i in 0 to 3 generate
  begin
    FAx: FullAdder port map (A(i), B(i), C(i), C(i+1), S(i));
  end generate FullAdd4;
  Co <= C(4);
end Structure;
```

그림 8-20 Generate 문을 사용한 Adder4

컴파일 시 주어진 범위 안에서 식별자(identifier)의 값들에 대해 그림 8-13에서 하나의 병행 처리문—컴포넌트 사용문—이 사용되었다. 하나의 generate 문 자체는 하나의 병행 처리문을 정의하게 된다. 따라서 내포된 generate 문이 허용된다.

8.11.1 조건 Generate 문

if 구문과 같이 사용된 하나의 generate 문은 조건부의 병행 처리문을 생성시키는 데 사용될 수 있다. 이러한 종류의 generate 문은 아래와 같은 형식을 가진다.

```
generate_label: if condition generate
[begin]
  concurrent statement(s)
end generate [generate_label];
```

이 경우 병행 처리문은 if 조건이 만족될 경우에서만 컴파일할 때 만들어진다.

그림 8-21은 if 구문과 함께 사용된 generate 문을 적용한 컴파일의 사용 예를 보여준다. 아래 처리문에서 만약 *Lshift*가 true이면 *N*-비트 좌측 시프트 레지스터가 만들어진다.

```
genLS: if Lshift generate
  shifter <= Q(N-1 downto 1) & Shiftin;
end generate;
```

*Lshiht*가 false이면 다른 조건 generate 문에 의해 우측 시프트 레지스터가 만들어진다. 예에서

```
entity shift_reg is
  generic(N: positive := 4; Lshift: Boolean := true); -- 지네릭 파라미터 사용
  port(D: in bit_vector(N downto 1);
       Qout: out bit_vector(N downto 1);
       CLK, Ld, Sh, Shiftin: in bit);
end shift_reg;

architecture SRN of shift_reg is
signal Q, shifter: bit_vector(N downto 1);
begin
  Qout <= Q;
  genLS: if Lshift generate      -- 좌측 시프트 레지스터의 조건 generate 문
    shifter <= Q(N-1 downto 1) & Shiftin;
  end generate;
  genRS: if not Lshift generate -- 우측 시프트 레지스터의 조건 generate 문
    shifter <= Shiftin & Q(N downto 2);
  end generate;
  process(CLK)
  begin
    if CLK'event and CLK = '1' then
      if LD = '1' then Q <= D;
      elsif Sh = '1' then Q <= shifter;
      end if;
    end if;
  end process;
end SRN;
```

그림 8-21 조건 컴파일을 사용한 시프트 레지스터

는 generics 문과 generate 문이 같이 사용되는지를 보여준다. 지네릭 파라미터들을 사용하여 그들의 크기나 기능이 어떻게 바뀌는지 보여주고 있다.

8.12 파일과 TEXTIO

큰 VHDL 설계를 테스트할 때 파일과 텍스트를 입력할 수 있다는 것은 매우 중요하다. 이 절에서는 VHDL에서 파일의 입력과 출력을 소개한다. 파일은 테스트벤치와 같이 사용되어 테스트 데이터를 제공하고 테스트 결과를 저장하는 데 사용된다. VHDL은 파일의 텍스트 라인을 읽고 쓸 수 있는 표준 *TEXTIO* 패키지가 제공된다.

어떤 파일이 사용되기 전에 다음과 같이 선언되어야 한다.

```
file file-name: file-type [open mode] is "file-pathname";
```

예를 들어 다음과 같은 선언문은

```
file test_data: text open read_mode is "c:\test1\test.dat"
```

*test_data*라는 파일이 읽기 모드로 열린다. 파일의 위치는 c: 드라이버의 test1 디렉토리에 있음을 나타낸다.

파일은 *read_mode*, *write_mode*, *append_mode*로 열 수가 있다. read_mode에서, 파일 속의 연속적인 요소들은 읽기 procedure를 통하여 읽을 수 있다. 어떤 파일을 write_mode에서 열면 호스트 컴퓨터의 파일 시스템에 의해 새로운 파일이 만들어지고, 연속적인 데이터는 쓰기 procedure에 의해 새로운 파일에 쓰여진다. 이것을 현재 있는 파일에 쓰기 위해서는 파일이 append_mode에서 열려야 한다.

파일은 단 하나의 타입만을 포함할 수 있다. 즉, 파일 타입에 규정된 정수 타입, 비트 벡터 타입, 텍스트 문자열 타입 중 하나만을 선택할 수 있다. 예를 들어 아래의 선언문은

```
type bv_file is file of bit_vector;
```

*bv_file*의 파일 타입은 비트 벡터 타입만 포함할 수 있다는 것을 나타낸다. 각 파일은 관련된 내재적인(implicit) endfile 함수를 가지고 있다. 다음과 같은

```
endfile(file_name)
```

표현은 파일 포인터가 파일의 끝이면 'TRUE' 를 돌려보낸다.

VHDL과 같이 따라오는 표준 *TEXTIO* 패키지는 텍스트 라인으로 형성된 파일들과 동작하기 위해 선언문들과 procedure를 포함하고 있다. *TEXTIO*(부록 C)를 위한 패키지 규정은 텍스트 타입의 파일 타입을 정의한다.

```
type text is file of string;
```

TEXTIO 패키지는 파일의 텍스트 라인을 읽고 쓰는 procedure가 포함되어 있다.

`readline` procedure는 텍스트 라인을 읽고 연관 포인터와 함께 버퍼에 저장된다. 버퍼의 포인터는 라인 타입으로 TEXTIO 패키지에서 아래와 같이 선언되어야 한다.

```
type line is access string;
```

라인 타입의 변수가 선언되면 문자열에 포인터가 만들어진다. 아래와 같은 코드는 *test_data*로부터 텍스트 라인을 읽어 *buff*가 가리키는 버퍼에 담아둔다.

```
variable buff: line;
. . .
readline(test_data, buff);
```

버퍼에 라인을 담고 나면 라인 버퍼로부터 데이터를 추출하기 위해 읽기 procedure를 한 번 이상 호출하여야 한다. TEXTIO 패키지는 여러 가지 데이터 타입, 즉 비트 타입, 비트 벡터 타입,

부울 타입, 문자 타입, 정수 타입, 실수 타입, 문자열 타입, 시간 등을 버퍼로부터 읽기 위해 과부하된 읽기 procedure가 제공된다. 예를 들어 *bv4*가 4비트의 bit_vector라면, 아래의 호출은

```
read(buff, bv4);
```

버퍼로부터 4-비트 벡터를 추출하고 *bv4*를 그 벡터와 같이 놓고 *buff* 포인터를 버퍼 안의 다음 문자를 가리키게 한다. 그런 다음, 읽기 호출은 라인 버퍼로부터 다음 데이터를 읽어낸다.

읽기의 호출은 아래 두 가지 형태 중 하나이다.

```
read(pointer, value);
read(pointer, value, good);
```

여기서 *pointer*는 라인 타입이고, *value* 변수는 데이터를 읽어 저장하는 변수이다. 두 번째 형태에서, good은 읽기가 성공하면 TRUE를 보내고 실패하면 FALSE를 보내는 부울 타입이다. *value*의 크기와 타입은 *TEXTIO* 패키지 중에서 어떤 읽기 procedure를 채택할 것인지를 결정한다. 예를 들어 *value*가 5개의 문자열이면 라인 버퍼로부터 다음 5개의 문자를 읽는 호출이 사용된다. 또 만일 *value*가 정수 타입이면, 읽기 호출은 모든 띄어쓰기는 무시하고 띄어쓰기나 다른 숫자가 아닌 문자를 만날 때까지 십진 숫자를 읽는다. 결과적으로, 문자열은 정수로 바뀐다. 텍스트 타입의 파일 내의 문자, 문자열, 비트 벡터는 인용부호에 의해 범위를 제한받지 않는다.

파일에 텍스트 라인을 써 넣을 때, 데이터를 라인 버퍼에 쓰기 위해서는 쓰기 procedure를 한 번 이상 호출하여야 하고, 데이터 라인을 파일에 쓰기 위해 writeline을 호출하여야 한다. *TEXTIO* 패키지는 여러 가지 데이터 타입, 즉 비트 타입, 비트 벡터 타입, 부울 타입, 문자 타입, 정수 타입, 실수 타입, 문자열 타입, 시간 등을 버퍼로 쓰기 위해 과부하된 쓰기 procedure가 제공된다. 예를 들어 아래의 코드는

```
variable buffw: line;
variable int1: integer;
variable bv8: bit_vector(7 downto 0);
. . .
write(buffw, int1, right, 6);
write(buffw, bv8, right, 10);
writeline(buffw, output_file);
```

*int1*을 텍스트 문자열로 바꾸고, 이 문자열을 *buffw*가 가리키는 라인 버퍼에 쓴 다음 포인터를 조정한다. 텍스트는 6개 문자폭의 필드 안에서 우측으로 정렬된다. 두 번째 호출은 비트 벡터 *bv8*을 라인 버퍼에 넣고 포인터를 조정한다. 8비트 벡터는 10개 문자폭의 필드 안에서 우측으로 정렬된다. 그런 다음, writeline 호출은 버퍼의 내용을 *output_file*에 써넣는다. 쓰기 동작의 각 호출은 네 개의 파라미터를 갖는다: (1) 라인 타입의 버퍼 포인터, (2) 허용된 타입의 값, (3) 출력 필드 안에서 텍스트의 정렬 위치(좌측 또는 우측), (4) 필드 안에서 문자 수를 나타내는 정수 값, 즉 필드폭.

한 예로서 파일로부터 데이터를 읽고 메모리 어레이에 저장하는 procedure를 썼다. 이 procedure는 컴퓨터 시스템에서 명령 코드를 메모리 모듈에 올릴 때 사용될 것이다. 그런 다음 메모리에 있는 명령을 수행하게 함으로써 컴퓨터 시스템을 테스트하게 된다. 파일이 있는 데이터는 다음과 같은 형식을 갖는다.

```
address N comments
byte1 byte2 byte3 . . . byteN comments
```

어드레스는 네 개의 16진수로 구성되고, *N*은 다음 줄에 나타날 명령 코드의 바이트 수를 나타낸다. 명령 코드의 각 바이트는 두 개의 16진수 수로 구성된다. 각 바이트는 한 칸 공백(space)으로 구분하고 최종 바이트 다음에도 한 칸 공백이 온다. 처음 바이트를 주어진 어드레스에서 메모리 열에 저장하고, 그 다음 바이트들은 그 다음 어드레스의 차례대로 저장한다. 예를 들어 다음 파일을 살펴보자.

```
12AC 7 (7 hex bytes follow)
AE 03 B6 91 C7 00 0C
005B 2 (2 hex bytes follow)
01 FC<space>
```

fill_memory procedure가 위의 파일을 입력으로 사용되면서 호출되면, AE는 12AC, 03은 12AD, B6는 12AE, 91은 12AF 등에 저장된다.

그림 8-22는 어떤 파일로부터 데이터를 읽고 어레이 이름 *mem*에 저장하는 *fill_memory* procedure를 호출하는 VHDL 코드를 보여준다. 16진수를 위한 읽기 procedure가 *TEXTIO*에 포함되어 있지 않아서 *fill_memory* procedure는 각각의 16진수를 문자열로 읽어들여 문자열을 정수로 변환한다. 하나의 16진수를 정수 값으로의 변환은 룩업 테이블 방식에 의해 수행된다. *lookup*이란 이름의 상수는 '0' 에서 'F' 까지 문자에 의해 인덱스된 정수의 어레이이다. 이 문자 범위는 23 ASCII 문자를 포함한다. 즉, '0', '1', '2', ..., '9', ':', ';', '<', '=', '>', '?', '@', 'A', 'B', 'C', 'D', 'E', 'F' 등이다. 대응되는 어레이 값은 0, 1, 2, 3, ..., 9, −1, −1, −1, −1, −1, −1, −1, 10, 11, 12, 13, 14, 15이다. 인덱스 범위 안의 7개의 특수문자는 실제에서 발생되지 않기 때문에 '−1' 값은 다른 어떤 정수 값으로 교체될 수 있다. 따라서 *lookup*('2')는 정수 2이고 *lookup*('C')는 정수 12를 나타낸다.

full_memory procedure는 16진수 어드레스와 정수를 담은 텍스트 라인을 읽기 위해 *readline*을 호출한다. 처음 호출은 라인 버퍼로부터 어드레스(address) 문자열을 읽고, 다음 호출은 다음 라인의 바이트 수를 나타내는 정수를 읽기 위해서이다. 정수 *addr1*은 어드레스 문자열 안의 각 문자를 룩업 테이블을 이용하여 계산된다. 텍스트의 다음 라인은 버퍼로 읽혀 루프 동작을 이용하여 각 바이트를 읽게 된다. *data_s*는 세 개의 문자폭이므로 두 개의 16진수와 한 칸 공백을 읽기 위한 호출이 필요하다. 16진수 문자들은 정수로 변환되고, 메모리 어레이에 저장될 때는 부

```
library IEEE;
use IEEE.numeric_bit.all;                          -- TO_UNSIGNED(int, size) 사용
use std.textio.all;

entity testfill is
end testfill;

architecture fillmem of testfill is
type RAMtype is array (0 to 8191) of unsigned(7 downto 0);
signal mem: RAMtype := (others => (others => '0'));

procedure fill_memory(signal mem: inout RAMType) is
type HexTable is array (character range <>) of integer;
-- 유효 16진 문자: 0, 1, ... A, B, C, D, E, F(대문자만)
constant lookup: HexTable('0' to 'F'): =
  (0, 1, 2, 3, 4, 5, 6, 7, 8, 9, -1, -1, -1,
   -1, -1, -1, -1, 10, 11, 12, 13, 14, 15);
file infile: text open read_mode is "mem1.txt"; -- 읽기 위해 file open
-- file infile: 텍스트는 "mem1.txt" 안에 있음         -- '87 VHDL 버전
variable buff: line;
variable addr_s: string(4 downto 1);
variable data_s: string(3 downto 1);               -- data_s(1)은 'space'를 가짐
variable addr1, byte_cnt: integer;
variable data: integer range 255 downto 0;
begin
  while (not endfile(infile)) loop
    readline(infile, buff);
    read(buff, addr_s);                            -- addr hexnum 읽기
    read(buff, byte_cnt);                          -- 바이트 수 읽기
    addr1 := lookup(addr_s(4)) * 4096 + lookup(addr_s(3)) * 256
             + lookup(addr_s(2)) * 16 + lookup(addr_s(1));
    readline(infile, buff);
    for i in 1 to byte_cnt loop
      read(buff, data_s);                      -- 두 자리 16진수 데이터와 'space'를 읽기
      data := lookup(data_s(3)) * 16 + lookup(data_s(2));
      mem(addr1) <= TO_UNSIGNED(data, 8);
      addr1:= addr1 + 1;
    end loop;
  end loop;
end fill_memory;
begin
  testbench: process
  begin
    fill_memory(mem);
    -- 메모리 데이터를 사용하는 code 삽입
  end process;
end fillmem;
```

그림 8-22 파일로부터 메모리 어레이를 채우기 위한 VHDL 코드

호 없는 벡터로 변환되어야 한다. 어드레스는 다음 바이트를 읽고 저장하기 전에 하나 증가된다. 파일의 끝부분에 도달하면 procedure가 빠져나온다.

이 장에서는 VHDL의 몇 가지 중요한 성질을 소개하였다. function과 procedure가 먼저 소개되었고, 신호 속성이 다음으로 소개되었다. 신호들과 관련된 속성들은 셋업 시간과 홀드 시간

그리고 기타 타이밍 정보를 체크할 수 있게 하였다. 어레이와 관련된 속성들은 어레이를 어떻게 인덱싱하느냐와 관계없이 procedure를 쓸 수 있게 하였다. 연산자의 오버로딩은 VHDL 연산자들의 정의를 확장하는 데 사용되어 다른 타입의 피연산자에 사용될 수 있도록 하였다. 다치 논리(multivalued logic)와 관련된 값 결정 function들은 삼상태 버스들과 한 개 이상의 소스로부터 드라이브되는 신호들을 모델링할 수 있게 하였다. IEEE 표준 1164는 VHDL에서 광범위하게 사용되는 9-논리 값 시스템을 정의하며, 지네릭은 컴포넌트가 사용될 때 파라미터 값을 규정한다. Generate 문은 반복적 구조를 갖는 시스템을 기술하는 데 효율적이다. 마지막으로, *TEXTIO* 패키지는 파일의 입출력을 다루는 데 편리하다.

연습문제

8.1 5-비트 벡터를 정수로 바꾸는 VHDL 코드를 써라. 이진수 $a_4a_3a_2a_1a_0$의 정수 값은 아래와 같이 계산된다.

$$((((0 + a_4)*2 + a_3)*2 + a_2)*2 + a_1)*2 + a_0$$

function을 수행하는 데 걸리는 시뮬레이션 시간은 얼마인가?

8.2 n-비트 벡터의 2의 보수를 만드는 VHDL function을 작성하라. `comp2(bit_vec, N)`으로 function 호출이 되도록 하라. 여기서 N은 벡터 길이이다. bit_vec의 범위에 대해 가정하는 것을 모두 기술하라. 루프문을 사용하여 한 비트 한 비트씩 반전시켜라.

8.3 N개의 정수 어레이에서 가장 큰 정수를 돌려주는 VHDL function을 작성하라. `LARGEST(ARR, N)`으로 function 호출이 되도록 하라.

8.4 A와 B는 부호 없는 이진수를 나타내는 bit_vector이다. $A > B$이면 'TRUE'를 되돌려주는 VHDL 구문을 써라. function 호출은 GT(A, B, N) 형식을 가져야 한다. 여기서 N은 비트 벡터의 크기이다. 힌트: A와 B의 최상위 비트부터 비교하여 하나씩 내려오면서 비교하라. 같지 않은 자릿수가 나오면 $A > B$인지 아닌지를 판단할 수 있다. 예를 들어 $A = 1011010$이고 $B = 1010110$이면 네 번째 비교 동작에서 $A > B$임을 결정할 수 있다.

8.5 VHDL function과 procedure의 중요한 차이점을 써라.

8.6 N비트 크기($N \le 31$)의 입력 벡터에 들어 있는 1의 개수를 카운트하는 VHDL procedure를 써라. 출력은 5비트 길이의 부호 없는 벡터이다.

8.7 X와 Y는 2의 보수로 음수를 표현하는 부호가 있는 이진수로서 N비트의 비트 벡터이다. $D = X - Y$를 계산하는 VHDL procedure를 작성하라. 이 procedure는 마지막 비트 위치(B)와 오버플로 플래그(V)로부터 borrow를 되돌려준다. 다른 function이나 procedure를 사용하지 마라. procedure 호출은 다음과 같은 형식이어야 한다.

```
SUBVEC(X, Y, D, B, V, N);
```

8.8 아래의 블록도에 나타낸 네 자리 BCD 가산기를 구현하는 VHDL 모듈을 작성하라. $LD = 1$이면, BCDacc는 $BCDacc + BCDin$과 대체된다. 각각의 네 자리 BCD 신호는 다음의 어레이 형식으로 정의된다.

```
type BCD4 is array (3 downto 0) of unsigned (3 downto 0);
```

두 개의 BCD 수와 캐리를 더하고 BCD 수와 캐리를 되돌리는 procedure를 써라. procedure를 동시에 네 번 호출하라.

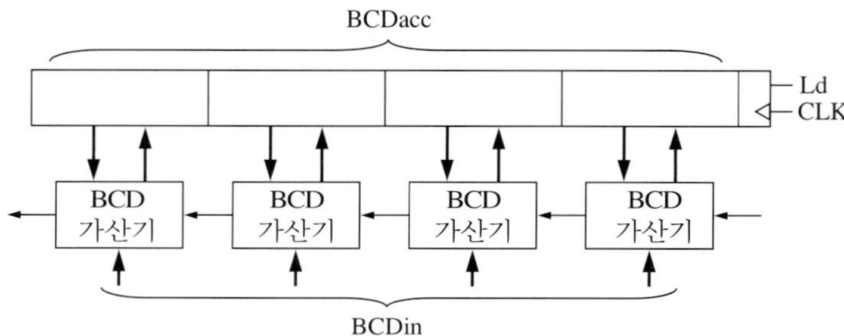

8.9 다음의 VHDL 코드에서 변화가 있을 때마다 B와 C 값을 리스트하라. 모든 델타 시간을 표기하고 시간이 8 ns 이상일 때 정지하라. B가 5 ns에서 "0110"으로 바뀜을 가정한다. procedure $P1$이 호출되는 시간을 표시하라.

```
entity Q1 is
  port(B, C: inout bit_vector(3 downto 0));
end Q1;

architecture Q1 of Q1 is
  procedure P1(signal A: inout bit_vector) is
  begin
    for i in 1 to 3 loop
      A(i) <= A(i-1);
    end loop;
    A(0) <= A(3);
  end P1;
begin
  process
  begin
    wait until B'event;
    P1(B);
    wait for 1 ns;
    P1(B);
```

```
    end process;
    C <= B;
  end Q1;
```

8.10 다음의 코드는 process의 일부이다. 코드가 수행되기 전에 $A = B = 0$으로 가정한다. 다음 코드를 수행한 직후 $X1, X2, X3, X4$ 값은 무엇인가?

```
wait until clock'event and clock = '1';
A <= not B;
A <= transport B after 5 ns;
wait for 5 ns;
X1 := A'event;
X2 := A'delayed'event;
X3 := A'last_event;
X4 := A'delayed'last_event;
```

8.11 두 개의 정수 벡터 A, B를 가지고 도트곱 $C = \Sigma a_i * b_i$를 계산하는 VHDL function을 작성하라. function 호출은 DOT(A, B) 타입대로 되게 하라. 벡터의 길이와 범위를 결정하기 위해 함수 내 속성을 사용하라. 범위의 최고와 최저 값에 대한 가정은 하지 마라. 예를 들어

$$A(3 \text{ downto } 1) = (1, 2, 3), B(3 \text{ downto } 1) = (4, 5, 6), C = 3 * 6 + 2 * 5 + 1 * 4 = 32$$

범위가 같지 않으면 경고 메시지를 출력하라.

8.12 두 개의 $n \times m$ 정수로 구성된 행렬 덧셈을 하는 procedure를 써라. 즉, $C <= A + B$ 동작이다. procedure 호출은 addM(A, B, C) 형식이어야 한다. 만약 A와 B에서 행의 수나 열의 수가 일치하지 않으면, procedure는 오류 메시지를 내야 한다. 숫자의 범위나 행렬 크기는 구애받지 않는다.

8.13 부호 있는 이진수를 나타내는 두 개의 bit_vector를 더하는 VHDL procedure를 작성하라. 음수는 2의 보수를 사용한다. 만약 벡터의 크기가 다르면, 크기가 작은 수는 덧셈 과정에서 부호 확장을 하여 자리를 맞춘다. 숫자의 크기는 구애받지 마라. procedure 호출은 Add2(A, B, Sum, V) 형식이어야 한다(덧셈이 오버플로되면 $V = 1$이 된다).

8.14 VHDL 엔티티는 입력 A와 B, 출력 C와 D를 갖는다. A와 B는 처음에 high이다. A가 low가 될 때마다 C가 5 ns 후 high로 된다. 만일 A가 다시 변하면 C도 5 ns 이후 다시 변한다. A가 5 ns 동안 아무런 동작이 없으면 D가 변한다.

(a) 출력 C와 D를 결정하는 프로세서를 갖는 VHDL 아키텍처를 써라.

(b) A가 high로 된 후 1 ns 후 2 ns 전에 B가 안정한 값을 갖는지 체크하는 process를 써라. 만약 B가 10 ns 이내에 low가 되면, process는 오류 메시지를 내야 한다.

8.15 비트 벡터들의 "<" 에 대한 오버로딩 function을 써라. A가 B보다 적으면 부울 TRUE를 돌려주고, 그렇지 않으면 FALSE를 돌려준다. 비트 벡터가 다른 크기를 가지면 오류 메시지를 낸다.

8.16 비트 벡터의 단일(unary) 연산자 "−"에 대한 오버로딩 function을 작성하라. *A*가 비트 벡터이면 -A는 *A*의 2의 보수를 되돌려준다.

8.17 다음 세 개의 병행 처리문에서 *R*은 X01Z의 결정 신호 값이다.

```
R <= transport '0' after 2 ns, 'Z' after 8 ns;
R <= transport '1' after 10 ns;
R <= transport '1' after 4 ns, '0' after 6 ns;
```

생성되는 다중 구동기와 0 ns에서 12 ns까지 결정된 출력 신호 *R*을 그려라.

8.18 어드레스 디코더의 VHDL 코드를 써라. 입력은 8-비트 어드레스인데 8비트의 크기를 갖는 어떤 범위의 것이어도 좋다; 예를 들어 bit_vector addr(8 **to** 15). 8-비트 어드레스 중 상위 6비트가 6-비트 체크 벡터와 일치하면, 어드레스 디코더는 *Sel* = '1'을 출력한다. 예를 들어 *addr* = "10001010"이고 *check* = "1000XX"이면 *Sel* = '1' 이다. *addr*의 맨 왼쪽 6비트가 비교되고 나머지 비트들은 무시된다. 체크 벡터의 'X'는 don't care로 취급한다.

8.19 74HC374(삼상태 출력을 가진 8개의 D형 플립플롭으로 구성됨)의 하나의 플립플롭을 위한 VHDL 모델을 써라. IEEE 표준 9-논리 값 패키지를 사용하라. 모든 논리 값은 'x', '0', '1', 또는 'z' 이다. assert 문을 사용하여 셋업 시간, 홀드 시간, 펄스폭 규정을 체크하라. 출력이 'z'가 아닐 때, 만약 *CLK* 또는 *OC*가 'x' 이거나 'x' 가 플립플롭에 저장되어 있으면, 출력은 'x' 이어야 한다.

8.20 두 개의 IEEE std_logic_vector들이 같은지 비교하는 VHDL function을 써라. 두 개 비트 벡터 중 어떤 비트라도 '0', '1', 또는 '−(don't care)' 가 아니면, 또는 두 개 벡터의 크기가 다르면 오류 메시지를 내도록 하라. function 호출은 벡터만 보낼 수 있도록 한다. 만약 벡터들의 값이 일치하면, 함수는 TRUE를 돌려주고 그렇지 않으면 FALSE를 돌려준다. 벡터들을 비교할 때 '0' = '−', '1' = '−' 로 생각하라. 두 벡터의 인덱스 범위에 대해서는 어떤 가정도 하지 마라(예를 들어 하나는 1 **to** 7, 다른 하나는 8 **downto** 0로 될 수 있다).

8.21 다음의 VHDL 문 안의 병행 처리문을 보고 물음에 답하라.

```
A <= transport '1' after 5 ns, '0' after 10 ns, 'Z' after 15 ns;
B <= transport '0' after 4 ns, 'Z' after 10 ns;
C <= A after 6 ns;
C <= transport A after 5 ns;
C <= reject 3 ns B after 4 ns;
```

(a) 신호 *A*와 *B*를 위한 드라이버(그림 2-27 참조)를 그려라.

(b) *C*를 위한 세 개의 드라이버 신호 *s*(0), *s*(1), *s*(2)(그림 8-11과 유사함)를 그리고, 각각의 타이밍 차트를 그려라.

(c) 드라이버에 의해 *C* 값이 새로 결정될 때마다 그 값을 적고 *C*를 위해 타이밍 차트를 그려라.

8.22 std_logic의 서브형 X01LH는 'X', '0', '1', 'L', 'H' 값을 가진다. 다음의 결정 function 표를 완성하라.

	'X'	'0'	'1'	'L'	'H'
'X'					
'0'					
'1'					
'L'					
'H'					

8.23 입력과 돌려지는 값이 std_logic_vector일 때 "not"에 대한 오버로딩 function을 작성하라. "not" function은 기본적으로 여러 개의 인버터를 시뮬레이션해야 한다. 출력 비트는 'U', '0', '1', 'X' 중의 하나이다. 초기화되지 않은 입력은 초기화되지 않은 출력을 만든다.

8.24 다음 코드에서 모든 신호는 1-비트 std_logic이다. 이 코드에 해당하는 로직 블록도를 그려라. CE 신호가 있는 D 플립플롭을 가정한다.

```
F <= A when EA = '1' else B when EB = '1' else 'Z';
process(CLK)
begin
  if CLK'event and CLK = '1' then
    if Ld = '1' then A <= B; end if;
    if Cm = '1' then A <= not A; end if;
  end if;
end process;
```

8.25 SRAM의 256바이트를 테스트하는 메모리 테스트 시스템을 설계하라. 시스템은 간단한 제어기, 8비트 카운터, 비교기, 아래 그림과 같은 메모리로 구성되었다. 카운터는 어드레스와 데이터(IO) 버스에 연결되어 0은 어드레스 0에, 1은 어드레스 1에, ... 255는 어드레스 255에 쓰여지게 된다. 그 다음 데이터가 어드레스 0, 어드레스 1. ... 어드레스 255로 읽혀져 어드레스 값과 비교된다. 만약 데이터가 일치하지 않으면, 제어기는 'fail' 상태로 간다. 256개 장소의 값이

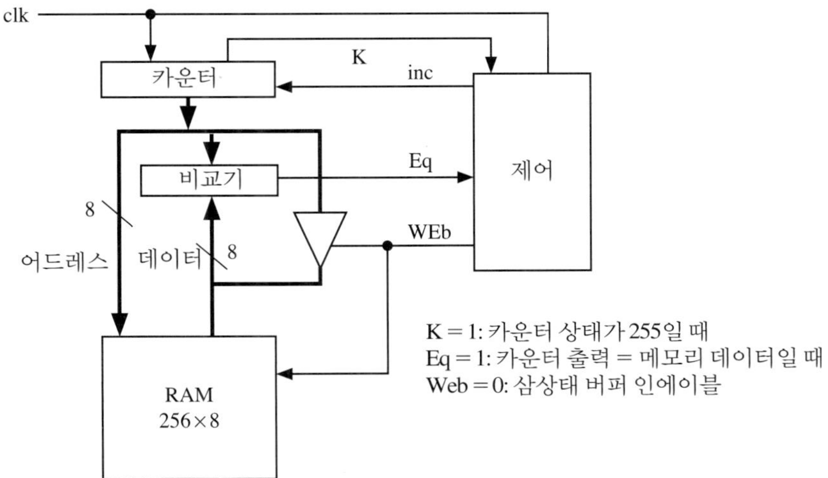

일치하면 'pass' 상태가 된다. $OE\_b = 0$, $CS_b = 0$으로 가정한다.

(a) 제어기(5개 상태) 설계를 위한 상태 그래프나 SM 차트를 그려라. 클럭 주기는 충분히 길어 매 클럭마다 하나의 워드씩 읽는다.

(b) 메모리 시스템 테스트를 위한 VHDL 코드를 작성하라.

8.26 문제 8-25와 유사한 메모리 시스템 테스트를 위한 VHDL 코드를 작성하라. 단, 메모리에 체커보드 패턴을 써 넣어라(어드레스 0에 01010101, 어드레스 1에 10101010 등). 블록도와 SM 차트를 보여라.

8.27 6116 CMOS SRAM(그림 8-15)의 동작을 검증하는 메모리 테스트 시스템을 설계하라. 테스터는 모든 기억 장소에 체커보드 패턴(0과 1이 짝수 어드레스에서, 1과 0이 홀수 어드레스에서 교차되게 저장되는 것)을 저장하고 다시 읽어낸다. 그 다음 테스터는 패턴을 바꾸어 테스트를 반복한다.

(a) 메모리 테스터의 블록도를 그려라. 모든 제어 신호를 보이고 설명하라.

(b) 제어부의 상태도 또는 SM 차트를 그려라. 간단한 RAM 모델을 사용하고 타이밍은 무시하라.

(c) 테스터를 위한 VHDL 코드를 쓰고 동작을 검증하는 테스트벤치를 작성하라.

8.28 클럭 신호가 있는 T 플립플롭은 다음과 같은 클럭 상승에지로부터 Q와 Q' 변화까지의 지연 시간을 갖는다. Q(또는 Q')가 1로 변하면 $t_{plh} = 8$ ns이고, Q(또는 Q')가 0으로 변하면 $t_{plh} = 10$ ns이다. 최소 클럭 펄스폭 $t_{ck} = 15$ ns, T 입력의 셋업 시간 $t_{su} = 4$ ns, 홀드 시간은 2 ns이다. 전달 지연 시간을 포함하는 T 플립플롭의 VHDL 문을 작성하라. 타이밍 규격을 위반하면 오류를 리포트하는 코드를 작성하라. 지네릭 파라미터와 디폴트값을 사용하여 모델을 작성하라.

8.29 (a) 직접 클리어 입력을 가진 D 플립플롭 모델을 작성하라. 다음의 지네릭 타이밍 파라미터를 사용하라(t_{plh}, t_{phl}, t_{su}, t_{cmin}). 허용되는 최소 클럭 주기는 t_{cmin}이다. 타이밍 오류가 발생하면 적절한 오류 리포트가 되게 하라.

(b) 위의 VHDL 모델을 테스팅하기 위한 테스트벤치를 써라(모든 오류 조건을 체크하여야 한다).

8.30 반복 네트워크(iterative network)를 사용하여 N-비트 비교기를 위한 VHDL 모델을 작성하라. 이 엔티티에서는 입력 비트 벡터 A, B의 크기를 정의하기 위해 지네릭 파라미터 N을 사용하라. 비교기의 출력은 $A = B$이면 EQ = '1', $A > B$이면 GT = '1'을 내도록 설계하라. 제일 높은 비트로부터 시작하여 매 비트를 비교하여 내려가는 for 루프 형식을 사용하라. 비교가 비트당 비교되는 형식을 띠지만 최종 EQ, GT 값은 A, B 전체 값에 대한 비교 결과임을 명심하자.

8.31 다음 그림과 같이 네 개의 메모리가 CPU에 연결되어 있다. 다음 RAM 컴포넌트가 있을 때

```
component SRAM
  port(cs_b, we_b, oe_b: in bit;
       address: in bit_vector(14 downto 0);
       data: inout std_logic_vector(7 downto 0));
end component;
```

네 개의 RAM을 버스들에 연결하는 VHDL 코드를 작성하라. generate 문과 신호 이름 연결을 사용하라.

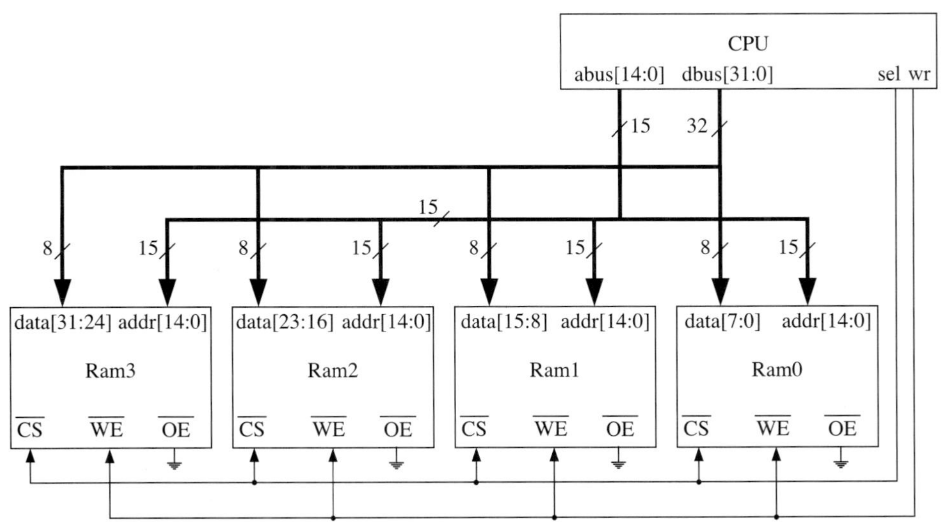

8.32 N-비트 직렬 입력, 직렬 출력의 모듈에 대한 구조적 VHDL 코드를 작성하라. 시프트 레지스터의 입력들은 *SI*(직렬 입력), *Sh*(시프트 인에이블), *CLK*이다. 모듈에는 엔티티 선언에서 지네릭과 아키텍처에서 generate 문을 포함하여야 한다. CE사에 있는 D 플립플롭의 컴포넌트가 있다고 가정한다.

8.33 N-비트 벡터 A와 제어 신호 B(1비트) 두 개의 입력을 갖는 모듈의 VHDL 코드를 작성하라. 모듈은 N-비트 출력 벡터 C를 가진다. $B = 1$일 때 $C <= A$이고, $B = 0$일 때 C는 모두 0이다. N(디폴트값 = 4)을 지정하기 위해 지네릭을 사용하라. 로직을 구현하기 위해 N개의 2-입력 AND 게이트를 불러오는 generate 문을 사용하라.

8.34 generate 문을 사용하여 4 × 4 어레이형 곱셈기를 설계하는 VHDL 구문을 보여라. 4장의 전가산기, 반가산기, AND 게이트의 컴포넌트를 사용하라.

8.35 B는 0~4 범위의 정수 어레이이다. "FILE2" 파일의 텍스트 라인을 읽고 어레이 B로부터 5개의 정수를 읽는 VHDL 코드를 작성하라. TEXTIO 라이브러리가 있다고 가정한다.

8.36 정수 신호와 파일 이름을 파라미터로 사용하는 procedure 문을 작성하라. 파일의 각 라인은 지연 시간과 정수 값을 가진다. 파일로부터 라인을 읽고 지연 시간을 기다린 다음 신호에 정수를 할당하고, 다음 라인을 읽는다. procedure는 end-of-file에 도달하면 값을 되돌려준다.

8.37 비트 벡터 신호 값을 시간별로 텍스트 파일에 적는 procedure 문을 작성하라. 신호가 변할 때마다 그때 시간과 신호 값을 파일에 써라. VHDL은 호출될 때 현재 시뮬레이션 시간을 돌려주는 NOW라는 함수를 이미 가지고 있다.

DESIGN OF A RISC MICROPROCESSOR 09

RISC 마이크로프로세서 설계

마이크로프로세서는 복잡한 디지털 시스템의 한 예이다. 이 장에서는 MIPS Technologies 사가 출시한 마이크로프로세서 MIPS R2000을 기술하고, MIPS 프로세서의 **명령어 셋 아키텍처(ISA)**의 일부분을 구현할 것이다. 명령어 셋 아키텍처라는 용어는 어셈블리어 프로그램 작성자가 볼 수 있는 명령어, 레지스터 수, 어드레싱 모드, 특정 프로세서에서 사용할 수 있는 동작(opcode)을 의미한다. RISC 배경철학이 우선 소개되고, MIPS ISA에 대한 기술이 이어진다. MIPS의 산술 명령어, 메모리 호출 명령어, 제어 전달 명령어가 제시된다. ISA를 구현하는 설계가 제시된 다음, MIPS에 대한 합성 가능한 VHDL 모델이 제시된다. 또한 설계를 테스팅하기 위한 테스트벤치의 사용이 예시된다.

9.1 RISC 배경철학

인텔 8086, 모토롤라 68000과 같은 많은 초기 마이크로프로세서들은 강력한 명령어와 어드레싱 모드를 다양하게 결합하였다. 이로 인한 자연스러운 결과는 설계가 복잡해지는 것, 특히 제어부가 복잡해지는 것이었다. 이러한 마이크로프로세서들은 마이크로프로그램된 제어부를 포함하고 있다. 그 이유는 이렇게 복잡한 디지털 시스템을 위해 직접배선(hardwire)된 제어부를 설계하거나 오류를 찾는 것이 어려웠기 때문이다. (마이크로프로그래밍과 직접배선의 복잡성에서 설계 선택의 절충(tradeoff)에 대한 논의를 보려면 5장을 참조하라.)

1970년대 후반과 1980년대 초반에 이르러 단순성의 가치가 더욱 분명해졌다. 그 결과는 **RISC**, 즉 *Reduced Instruction Set Computing* 배경철학의 출현이었다. RISC 프로세서는 복잡한 명령어와 다목적의 어드레싱 모드 대신에 작고 단순한 명령어 셋을 사용하는 마이크로프로세서의 일종이다. 첫 번째 RISC 프로젝트는 1970년대 후반부터 1980년대 초반 사이에 IBM, 스탠포드 대학, 버클리 캘리포니아 주립대학에서 비롯되었다. IBM 801, 스탠포드 MIPS, 버클리 RISC 1과 2는 모두 비슷한 배경철학을 갖고 설계되었는데, RISC로 알려지게 되었다. 이와 대조적으로 인텔 8086이나 모토롤라 68000/68020과 같은 초기 프로세서는 RISC 배경철학이 출현한 이후부터 **CISC**(*Complex Instruction Set Computing*) 프로세서로 불리기 시작했다. RISC 프로세서의 첫 번째 세대에는 MIPS의 MIPS R2000, Sun Microsystems의 SPARC, IBM의 RS/6000이 포함된다. IBM의 RS/6000은 POWERPC와 POWER 아키텍처로 발전하였다.

MIPS

MIPS Technologies사는 1980년대에 MIPS R2000 프로세서로 시작하여 몇 가지의 RISC 마이크로프로세서를 설계하고 판매했던 컴퓨터 제조업체이다. *MIPS*라는 용어는 성능 지표, 즉 1초당 백만 개의 명령어(Millions of Instructions Per Second) 지표로 컴퓨터 설계자에게 알려져 있는 것이 일반적이었다. 그러나 MIPS 회사 이름에 있는 MIPS는 그런 의미가 아니다. 그것은 하드웨어 인터록 처리 시스템을 가지고 있지 않은 마이크로프로세서(**M**icroprocessor without hardware **I**nterlock **P**rocessing **S**ystem)를 의미한다. 파이프라인을 갖는 프로세서 안에는 명령어들 사이의 의존성을 강제로 정하기 위한 방법이 존재하여야 한다. 그래서 만약 어떤 명령어가 이전 명령어의 결과를 필요로 한다면, 두 번째 명령어는 진행되지 않아야 한다. 이러한 타입의 의존성을 강제로 정하는 것은 보통 하드웨어 인터록에 의해 이루어진다. 그러나 첫 번째 MIPS 프로세서는 하드웨어 인터록을 가지고 있지 않았다. 그것은 소프트웨어로 처리될 수 있는 것은 무엇이든지 소프트웨어로 처리되어야 한다는 초기 RISC 이상주의를 반영한 것이었다. 파이프라인 인터록은 적절한 수의 *nop*(no operation) 명령어를 삽입함으로써 소프트웨어에 의해 구현되었다.

다음과 같은 설계 특징들은 대부분의 RISC 프로세서의 특성이 되어 왔다.

- **일정한 명령어 길이:** 모든 명령어는 동일한 길이(예를 들어 32비트)를 갖는다. 이것은 이전의 마이크로프로세서와 명백한 대조를 이룬다. 이전의 마이크로프로세서는 작게는 1바이트부터 크게는 16바이트까지의 명령어를 포함하였다.
- **적은 수의 명령어 형식:** RISC ISA는 가능한 한 적은 수의 명령어 형식을 가질 것과 명령어 내의 서로 다른 필드를 가능한 한 균일하게 인코딩하는 것을 강조하였다. 이로 인하여 명령어 디코딩이 매우 간단해졌다.
- **적은 수의 어드레싱 모드:** 대부분의 RISC 프로세서는 한 개나 두 개의 메모리 어드레싱 모드만을 지원한다. 어드레싱 모드는 명령어가 호출될 메모리 어드레스를 지시할 수 있는 여러 가지 방법을 제공한다. 예로서 직접 어드레싱, 즉시(immediate) 어드레싱, 베이스 플러스 오프셋

어드레싱, 베이스 인덱스 어드레싱, 간접 어드레싱이 있다. 많은 RISC 프로세서들은 하나의 어드레싱 모드만을 지원한다. 보통 이 어드레싱 모드는 레지스터와 오프셋으로 어드레스를 지정한다.

- **많은 수의 레지스터:** 일반적으로 RISC 설계 배경철학은 빈번한 메모리 호출에 의한 성능 손실을 막기 위해 많은 수의 레지스터를 포함시킨다. RISC 프로세서는 흔히 **레지스터–레지스터 아키텍처**라고도 한다. 모든 산술 동작은 레지스터 피연산자에 대하여 행해진다. 대부분의 RISC 아키텍처가 32개의 레지스터를 포함한 반면, CISC 아키텍처는 보통 8개나 12개의 레지스터를 포함하였다.
- **로드/저장 아키텍처:** RISC 아키텍처는 로드/저장 아키텍처라고도 한다. 핵심 아이디어는 메모리 피연산자에 직접적으로 동작하는 산술 명령어(즉, 메모리에서 한 개 이상의 피연산자를 취하는 산술 명령어)가 없다는 것이다. 메모리 호출이 허용되는 명령어는 로드 명령어와 저장 명령어뿐이다. 로드 명령어가 데이터를 레지스터로 가져오고, 산술 동작은 레지스터 안에 있는 데이터에 대해서 수행된다. 이러한 아키텍처는 레지스터-레지스터 아키텍처라고도 하는데, 그 이유는 계산 동작을 위한 입력 및 출력 피연산자가 레지스터 안에 있기 때문이다. 본질적으로 로드/저장 아키텍처는 레지스터-레지스터 아키텍처이기도 하다는 것을 의미한다.
- **함축된 피연산자나 부수 효과가 없음:** 대부분의 초기 ISA는 누산기와 같은 함축된 피연산자를 포함하였고, 캐리, 오버플로, 음수 등의 조건을 나타내기 위한 플래그(조건 코드)와 같은 함축된 결과(**부수 효과**)도 포함하였다. 함축된 피연산자와 부수 효과는 파이프라인과 병렬 구현을 할 때 어려움/난제의 원인이 된다. RISC 아키텍처의 배후에 있는 원칙은 최소한의 함축된 피연산자/동작과 부수 효과만을 갖는 것이다.

RISC 배경철학은 위에서 언급한 특징들을 고수하고 설계의 단순성을 받아들여 왔다. RISC와 CISC라는 용어는 반대말로 자주 사용되고 있으나 어느 정도의 *reduced*가 *complex*의 반대인지는 아마도 분명하지 않다. 심지어는 RISC 프로세서가 이전의 CISC 프로세서에 비해 더 작은 명령어 셋을 갖는지조차도 분명하지 않다. 일부 CISC 프로세서가 단지 80개의 명령어만을 갖는 반면, 일부 RISC ISA는 100개 이상의 명령어를 갖는다. 그러나 이와 같은 80개의 CISC 명령어는 여러 가지 어드레싱 모드를 가정하는 것일 수도 있다. CISC 프로세서인 모토롤라 68020은 20개까지의 서로 다른 어드레싱 모드를 지원하였다. 명령어가 취할 수 있는 서로 다른 형태를 모두 고려한다면, 대부분의 RISC ISA는 CISC ISA에 비해 적은 수의 명령어를 갖는다. RISC 배경철학에 있어서 핵심은 단순성을 강조해 온 것이다. 즉, 단순한 기본동작만을 갖는 것, 명령어 형식을 단순화하는 것, 어드레싱 모드의 수를 줄이는 것, 복잡한 동작을 없애는 것이다. 이와 같은 계산 방법론은 Simple Instruction Set Computing(SISC)으로 불릴 수도 있었다; 그러나 SISC는 발음이 CISC처럼 들린다.

CISC 아키텍처가 장점이 없는 것은 아니다. 명령어 인코딩은 RISC보다 CISC의 경우에 더

밀집된다. RISC에서는 명령어 폭이 고정되므로 일부 명령어는 필요 이상의 비트를 사용하게 된다. CISC ISA에서는 모든 명령어가 필요한 만큼의 폭을 갖는다. 따라서 CISC의 경우에 코드 크기가 더 작다. 만약 내장형 환경에서와 같이 명령어 메모리 사이즈가 작게 유지되어야 한다면, CISC ISA가 장점을 갖는다.

대부분의 현대적인 마이크로프로세서들은 RISC ISA를 갖는다. MIPS R14000, Sun UltraSPARC, IBM PowerPC, HP PA-RISC가 그 예이다. Pentium 4 또는 x86 프로세서들은 일반적으로 CISC ISA를 갖는 현대적인 프로세서의 예이다. (x86이란 용어는 인텔 8086에서 기원을 갖는 ISA를 사용하는 서로 다른 프로세서들을 언급하는 데 사용된다. 여기에는 인텔 8086, 80286, 80386, 80486, Pentium과 AMD K5, K6, Opteron 등이 포함된다.)

RISC와 CISC 중 어느 것이 더 좋은가는 1980년대와 1990년대에 격렬한 토론의 주제가 되어 왔다. 디코딩과 처리를 RISC ISA로 하는 것이 쉽다는 점이 지금은 이해되고 있다; 그러나 하드웨어가 복잡한 CISC 형태의 명령어를 RISC 형태의 명령어로 변환한 다음, 변환된 명령어를 처리할 수 있다는 사실도 입증되었다. Pentium 4와 오늘날의 다른 고성능 x86 프로세서들은 CISC ISA를 가지고 있다; 그러나 이들은 하드웨어를 사용하여 각각의 CISC 명령어를 하나 이상의 RISC 형태 명령어로 변환하거나, 쉽게 파이프라인될 수 있는 마이크로동작(*uops* 또는 *R-ops*라고 불리는)으로 변환한다. 지금까지의 모든 논쟁에도 불구하고 RISC ISA 구현의 용이함에 대한 의견의 불일치는 없다.

MIPS 명령어 셋 아키텍처는 초기 RISC ISA 중의 하나이며, 또한 가장 단순한 것 중의 하나이다. 이 아키텍처는 한 가지의 메모리 어드레싱 모드만을 갖는다. 이에 비해 또 다른 초기 RISC 아키텍처인 SPARC는 두 가지의 메모리 어드레싱 모드를 갖는다. MIPS ISA는 게리 케인(Gerry Kane)의 저서인 『*MIPS RISC Architecture*』[26]에 자세히 기술되어 있다. 또한 패터슨(Patterson)과 헤네시(Hennessey)의 저서인 『*Computer Organization and Design: The Hardware Software Interface*』[37]에도 기술되어 있다. 여기서는 MIPS ISA에 대한 매우 간결한 기술만을 제공하고자 한다.

➜ 단일 명령어 컴퓨터

단일 명령어를 가지고 마이크로프로세서를 설계할 수 있다는 사실이 또한 과거에 입증된 바 있다. 이러한 단일 명령어는 메모리 피연산자를 호출할 수 있어야 하고, 산술 동작을 할 수 있어야 하며, 제어 전달을 할 수 있어야 한다. 빼셈 명령어가 메모리 피연산자에 대하여 동작하고 결과를 메모리에 쓰며 빼셈 결과가 음수이면 어떤 어드레스로 분기한다고 할 때, 이 빼셈 명령어는 어떠한 프로그램 작성에도 사용될 수 있다. 이와 같은 단일 명령어 마이크로프로세서가 RISC로 불릴 자격이 있는가? 아마도 아닐 것이다. 그것이 단일 명령어 컴퓨터이기는 하지만, 레지스터-레지스터 아키텍처가 아니고 단순한 동작을 지원하는 ISA도 아니다. 모든 명령이 복잡한 분기 및 메모리 호출 명령어이기 때문에, 우리는 그것을 CISC 종류로 분류하고자 한다. 이러한 컴퓨터에 대한 더 많은 토론과 단일 명령어를 사용하여 작성된 프로그램의 예는 [37]에서 찾을 수 있다.

9.2 MIPS ISA(Instruction Set Architecture: 명령어 셋 아키텍처)

MIPS ISA는 단순한 산술, 로직, 메모리 호출, 분기, 점프 명령어로 구성되는 셋을 갖는다. 이 아키텍처는 단순성을 강조하며, 가장 보편적인 명령어보다 실행이 오래 걸릴 수 있는 명령어는 배제한다.

MIPS 아키텍처에는 32개의 범용 레지스터가 있다. 각각의 레지스터는 32비트 폭을 갖는다. MIPS 레지스터는 [37]에서와 같이 $ 부호를 사용하여 $0, $1, $2, . . . , $31로 조회할 수 있다. MIPS 명령어는 ALU 명령어에 대해 **삼중 어드레스 형식**을 따르는데, 이는 두 개의 소스 어드레스와 한 개의 최종 어드레스를 지정한다는 것을 의미한다. 예를 들어 레지스터 $3과 $4를 더하고 결과를 $5에 쓰는 덧셈 명령어는 다음과 같이 작성된다.

```
add $5, $3, $4
```

이제 각 명령어 그룹을 기술하고자 한다.

9.2.1 산술 명령어

MIPS ISA는 정수의 덧셈, 뺄셈, 곱셈, 나눗셈을 수행하는 명령어를 갖는다. 여러 가지 산술 명령어가 표 9-1에 요약되어 있다. 부호 있는 수나 부호 없는 수의 덧셈과 뺄셈은 *add*, *addu*, *sub*, *subu* 명령어를 사용하여 수행될 수 있다. 부호가 없는 산술 명령어가 오버플로를 감지하지 못하는 반면, 부호가 있는 산술 명령어는 오버플로를 감지한다. 예를 들어 다음 명령어

```
sub $5, $3, $4
```

는 레지스터 $3에 있는 값에서 레지스터 $4에 있는 값을 빼고 그 결과를 레지스터 $5에 쓸 것이다. 이것은 부호가 있는 명령어라서 오버플로가 감지될 것이다.

오버플로가 감지될 때 그것은 예외로 처리된다. 예외를 일으키는 명령어의 어드레스가 저장되고, 예외를 처리하는 운영체제로 제어가 전달되며, 운영체제가 예외를 처리한다.

레지스터의 내용과 명령어 안에 지정된 즉시 값을 더하는 것은 *addi*와 *addiu* 명령어를 사용하여 수행될 수 있다. 다음 명령어

```
addi $5, $3, 400
```

는 레지스터 $3에 있는 값을 즉시 상수 400에 더하고 그 결과를 레지스터 $5에 쓸 것이다. 즉시 상수(immediate constant)는 덧셈 전에 부호가 확장된다. *addiu* 명령어는 오버플로 예외를 절대로 일으키지 않는다는 점을 제외하면 이와 동작이 비슷하다.

표 9-1 MIPS ISA에 있는 산술 명령어

명령어	어셈블리 코드	동작	주석
add	add $s1, $s2, $s3	$s1 = $s2 + $s3	오버플로 감지됨
subtract	sub $s1, $s2, $s3	$s1 = $s2 - $s3	오버플로 감지됨
add immediate	addi $s1, $s2, k	$s1 = $s2 + k	16-비트 상수 k는 부호 확장되고 더해짐; 2의 보수 오버플로 감지됨
add unsigned	addu $s1, $s2, $s3	$s1 = $s2 + $s3	오버플로 감지되지 않음
subtract unsigned	subu $s1, $s2, $s3	$s1 = $s2 - $s3	오버플로 감지되지 않음
add immediate unsigned	addiu $s1, $s2, k	$s1 = $s2 + k	오버플로가 없다는 것 이외에는 addi와 동일함
move from co-processor register	mfc0 $s1, $epc	$s1 = $epc	epc는 예외 프로그램 카운터임
multiply	mult $s2, $s3	Hi, Lo = $s2 x $s3	부호가 있는 64-비트 곱이 Hi, Lo에 담김
multiply unsigned	multu $s2, $s3	Hi, Lo = $s2 x $s3	부호가 없는 64-비트 곱이 Hi, Lo에 담김
divide	div $s2, $s3	Lo = $s2 / $s3 Hi = $s2 mod $s3	Lo = 몫 Hi = 나머지
divide unsigned	divu $s2, $s3	Lo = $s2 / $s3 Hi = $s2 mod $s3	부호가 없는 몫과 나머지
move from Hi	mfhi $s1	$s1 = Hi	Hi를 $s1에 복사함
move from Lo	mflo $s1	$s1 = Lo	Lo를 $s1에 복사함

두 개의 32-비트 수의 곱셈은 한 개의 64-비트 결과로 귀결되는데, 이 결과는 한 개의 MIPS 레지스터 안에 저장될 수 없다. 따라서 HI와 LO라고 불리는 두 개의 특별한 레지스터가 곱셈 결과를 담기 위해 MIPS 프로세서에 의해 사용된다. 함축된 HI와 LO 레지스터의 사용은 분명히 RISC 배경철학에서 벗어난 것이다. 표 9-1은 MIPS ISA에 있는 곱셈과 나눗셈 명령어 및 HI와 LO 레지스터의 사용을 나타내고 있다. 또한 이와 같은 특별한 레지스터를 사용함으로써 이 레지스터로부터 필요한 최종 레지스터로 데이터를 옮기는 특별한 명령어가 필요하게 된다. **mfhi**와 **mflo** 명령어가 이를 완수한다.

9.2.2 로직 명령어

MIPS ISA에 있는 로직 명령어는 표 9-2에 제시되어 있다. MIPS ISA는 레지스터 내용에 대한 비트별 AND와 OR를 수행하는 로직 명령어를 갖는다. *and*와 *or* 명령어는 레지스터 피연산자에 대해 이러한 동작을 수행한다. 하나의 피연산자는 레지스터 안에 있고 다른 피연산자는 즉시 상수일 때, *andi*와 *ori* 명령어가 사용될 수 있다. *sll*과 *srl* 명령어는 레지스터 내용(0을 채워 넣음)에 대한 로직 좌측 및 우측 시프트를 수행하기 위해 제공된다. 시프트 횟수는 명령어 안에 있는 즉시 값으로 인코딩된다.

표 9-2 MIPS ISA에 있는 로직 명령어

명령어	어셈블리 코드	동작	주석
and	and $s1, $s2, $s3	$s1 = $s2 AND $s3	로직 AND
or	or $s1, $s2, $s3	$s1 = $s2 OR $s3	로직 OR
and immediate	andi $s1, $s2, k	$s1 = $s2 AND k	k는 16-비트 상수임; 먼저 0-확장됨
or immediate	ori $s1, $s2, k	$s1 = $s2 OR k	k는 16-비트 상수임; 먼저 0-확장됨
shift left logical	sll $s1, $s2, k	$s1 = $s2 << k	5-비트 상수 k만큼 좌측으로 시프트함
shift right logical	srl $s1, $s2, k	$s1 = $s2 >> k	5-비트 상수 k만큼 우측으로 시프트함

9.2.3 메모리 호출 명령어

MIPS ISA에서 메모리를 호출하는 명령어는 로드와 저장 명령어뿐이다. 로드 명령어는 메모리로부터 지정된 레지스터에 데이터를 전달한다. 저장 명령어는 레지스터로부터 지정된 메모리 어드레스에 데이터를 전달한다.

RISC 연구자들은 C와 같은 상위 레벨 언어 프로그램을 효율적으로 코딩하기 위해 필요한 어드레싱 모드의 개수를 조사하였다. 그들은 베이스 레지스터와 오프셋을 갖는 하나의 어드레싱 모드로 충분하다고 결론지었다. MIPS 프로세서에서 메모리 명령어를 위해 지원되는 유일한 어드레싱 모드는 하나의 베이스 레지스터와 부호가 있는 오프셋을 갖는 이 어드레싱 모드뿐이다. 메모리 어드레스는 레지스터 내용과 명령어 안에 지정된 오프셋의 합으로 계산된다.

다음과 같은 MIPS 로드 명령어를 생각해 보자.

```
lw $5, 100($4)
```

표 9-3 MIPS ISA에 있는 메모리 호출 명령어

명령어	어셈블리 코드	동작	주석
load word	lw $s1, k($s2)	$s1 = Memory[$s2 + k]	메모리로부터 32비트를 읽음; 메모리 어드레스 = 레지스터 내용 + *k*; *k*는 16-비트 오프셋임
store word	sw $s1, k($s2)	Memory[$s2 + k] = $s1	메모리에 32비트를 씀; 메모리 어드레스 = 레지스터 내용 + *k*; *k*는 16-비트 오프셋임
load halfword	lh $s1, k($s2)	$s1 = Memory[$s2 + k]	메모리로부터 16비트를 읽음; 부호 확장하고 레지스터에 로드함
store halfword	sh $s1, k($s2)	Memory[$s2 + k] = $s1	메모리에 16비트를 씀
load byte	lb $s1, k($s2)	$s1 = Memory[$s2 + k]	메모리로부터 바이트를 읽음; 부호 확장하고 레지스터에 로드함
store byte	sb $s1, k($s2)	Memory[$s2 + k] = $s1	메모리에 바이트를 씀
load byte unsigned	lbu $s1, k($s2)	$s1 = Memory[$s2 + k]	메모리로부터 바이트를 읽음; 바이트는 0-확장됨
load upper immediate	lui $s1, k	$s1 = k * 2^{16}	상수 k를 레지스터의 상위 16비트에 로드함

이 명령어는 레지스터 $4에 있는 값과 오프셋 100의 합으로 메모리 어드레스를 계산한다. 그래서 만일 레지스터 $4가 4000을 가지고 있다면, 유효 어드레스는 4100이다. 메모리 위치 4100의 내용이 프로세서 안에 있는 레지스터 $5로 이동된다. 다음과 같은 경우에는 레지스터 $8의 내용과 100의 합이 가리키는 메모리 위치에 레지스터 $6의 내용이 쓰인다.

```
sw $6, 100($8)
```

32비트가 모인 것을 MIPS 세계에서는 워드(word)라고 한다. MIPS는 워드, 하프워드(16비트), 또는 바이트(8비트)를 로드하고 저장하는 명령어를 갖는다. 이 명령어들은 표 9-3에 요약되어 있다.

9.2.4 제어 전달 명령어

전형적으로 프로그램 실행은 순차적 방식으로 진행되지만, 루프, procedure, 함수, 서브루틴은 프로그램 제어 흐름을 바꾼다. 마이크로프로세서는 비순차적 제어 흐름이 필요할 때마다 제어 전달을 완수하기 위해 분기와 점프 명령어를 필요로 한다. MIPS ISA는 표 9-4에 나타낸 것처럼 두 개의 조건 분기 명령어 *branch on equal* (*beq*)과 *branch on not equal* (*bne*)을 포함한다.

다음의 MIPS 명령어

```
beq $5, $4, 25
```

는 $5와 $4의 내용을 비교하고, 만약 $4와 $5가 같다면 PC + 4 + 100으로 분기할 것이다. 분기 명령어에서 제공된 상수 오프셋은 현재의 PC(프로그램 카운터)로부터의 명령어 수로 지정된다.

표 9-4 MIPS ISA에 있는 조건 제어 관련 명령어

명령어	어셈블리 코드	동작	주석
branch on equal	`beq $s1, $s2, k`	`if ($s1 == $s2) go to PC + 4 + k * 4`	레지스터들이 동일하면 분기함; PC 상대적 분기; 목표 = PC + 4 + 오프셋 * 4; k는 부호 확장됨
branch on not equal	`bne $s1, $s2, k`	`if ($s1 /= $s2) go to PC + 4 + k * 4`	레지스터들이 상이하면 분기함; PC 상대적 분기; 목표 = PC + 4 + 오프셋 * 4; k는 부호 확장됨
set on less than	`slt $s1, $s2, $s3`	`if ($s2 < $s3) $s1 = 1; else $s1 = 0;`	비교하고 셋함 (2의 보수)
set on less than immediate	`slti $s1, $s2, k`	`if ($s2 < k) $s1 = 1; else $s1 = 0;`	비교하고 셋함; k는 16-비트 상수임; 부호 확장되고 비교됨
set on less than unsigned	`sltu $s1, $s2, $s3`	`if ($s2 < $s3) $s1 = 1; else $s1 = 0;`	비교하고 셋함; 자연수
set on less than immediate unsigned	`sltiu $s1, $s2, k`	`if ($s2 < k) $s1 = 1; else $s1 = 0;`	비교하고 셋함; 자연수; k는 16-비트 상수이고 부호 확장됨; 오버플로 없음

표 9-5 MIPS ISA에 있는 무조건 제어 전달 명령어

명령어	어셈블리 코드	동작	주석
jump	`j addr`	Go to addr * 4; 즉, PC = addr * 4	목표 어드레스 = 즉시 오프셋 * 4; addr은 26비트임
jump register	`jr $reg`	Go to $reg; 즉, PC = $reg	$reg는 32-비트 목표 어드레스를 가지고 있음
jump and link	`jal addr`	복귀 어드레스= PC+ 4; go to addr * 4	procedure 호출에 대해, 복귀 어드레스가 링크 레지스터 $31에 저장됨

MIPS는 바이트 어드레싱을 사용한다. 따라서 워드 단위의 오프셋에 4를 곱하여 바이트 단위의 오프셋을 구한다. 프로그램 카운터는 PC + 4에 있는 다음 명령어를 이미 가리키는 것으로 가정한다; 따라서 목표 어드레스는 PC + 4 + 4* 오프셋으로 계산된다. 오프셋은 16비트 길이이지만, 한 개의 비트는 부호를 위해 사용된다. 그러므로 분기는 +/−32K만큼만 가능하다.

오직 두 개의 조건 분기 명령어를 갖는다는 것은 CISC 프로세서와 대비되는 점이다. CISC 프로세서는 branch on less than, branch on greater than, branch on higher than, branch on lower than, branch on carry, branch on overflow, branch on negative 등 여러 가지 조건 분기 명령어를 제공한다. MIPS 배경철학은 오직 두 개의 조건 분기 명령어가 필요하며, 다른 조건 검사는 명령어들을 조합하여 수행할 수 있다는 것이었다. 미만과 초과에 대한 검사를 용이하게 하기 위해 MIPS ISA는 set on less than(*slt*) 명령어를 제공한다. 이 명령어는 비교 결과에 따라 명시된 최종 레지스터를 1 또는 0으로 정할 명시적 비교 명령어이다. *slt* 명령어는 branch on less than, branch on greater than 등의 효과를 만들어내기 위해 *bne*나 *beq* 명령어와 함께 사용된다. 이 명령어는 상위 레벨 언어에 있는 *loop*와 *if-then-else* 문의 구현을 위해 사용된다.

MIPS ISA는 또한 표 9-5에 나타낸 것처럼 세 개의 무조건 점프 명령어를 포함한다. 이 명령어들은 function과 procedure 호출과 복귀를 구현하기 위해 사용된다.

jump 명령어는 명령어 안에 지정된 어드레스에 제어를 전달한다. MIPS 명령어는 32비트 폭이기 때문에, 어드레스를 인코딩할 때 사용할 수 있는 비트의 수가 (32 − 연산 코드 비트 수)일 것이다. MIPS에서 연산 코드(opcode)는 6비트를 소비한다; 그러므로 *jump* 명령어에서는 어드레스에 대하여 오직 26비트만 사용할 수 있다. 제어가 전달될 수 있는 어드레스의 범위를 증가시키기 위해 MIPS 설계자들은 지정된 어드레스를 워드 어드레스(바이트 어드레스 대신)로 생각하고 지정된 어드레스에 4를 곱하여 최종 바이트 어드레스를 구한다.

jump register(jr) 명령어는 **간접적 점프**이다. 이에 비하여 앞의 단락에서 기술된 *jump* 명령어는 **직접적 점프**로 불린다. 왜냐하면 점프 어드레스가 명령어 자체 내에서 직접 지정되기 때문이다. *jump register* 명령어의 경우, 프로그램이 제어를 전달해야 하는 어드레스로 레지스터의 내용이 사용된다. 이와 같은 타입의 분기 명령어는 상위 레벨 언어로부터 case 문을 구현할 때 매우 유용하다.

jump and link(*jal*) 명령어는 procedure 호출을 위해 특별히 설계되었다. 이 명령어는 명령어 안에 지정된 오프셋으로부터 목표 어드레스를 계산하지만, 그 어드레스에 제어를 전달하는 것뿐만 아니라 링크 레지스터 *$31*에 복귀 어드레스를 저장하기도 한다. 복귀 어드레스란 subroutine 이나 procedure 호출이 완료된 후에 제어가 복귀할 어드레스를 의미한다. 복귀 어드레스는 현재의 PC + 4와 동일하다. 왜냐하면 모든 명령어가 4바이트 폭이고 PC + 4는 현재 명령어(*jal* 명령어)에 이어지는 명령어의 어드레스이기 때문이다.

지금까지 MIPS ISA에 있는 주요한 명령어 종류들을 기술하였다. 명령어에 친숙해지기 위해 약간의 어셈블리어 프로그래밍을 연습하기로 하자.

예제

각각 100개의 구성요소를 갖는 두 개의 어레이 $x(i)$와 $y(i)$를 더하는 다음의 프로그램에 대한 MIPS 어셈블리어 프로그램을 작성하라.

```
for i = 1,100, i++      ; 100번 반복함
y(i) = x(i) + y(i)      ; 어레이의 i번째 구성요소를 더함
```

x와 y 어레이는 4000과 8000(십진수)의 위치에서 시작한다고 가정하라.

 **해답**

```
         andi   $3, $3, 0          ; 루프 카운터 $3을 0으로 초기화함
         andi   $2, $2, 0          ; 루프 경계선을 위해 레지스터를 클리어함
         addi   $2, $2, 400        ; 루프 경계선
$label:  lw     $15, 4000($3)      ; x(i)를 R15에 로드함
         lw     $14, 8000($3)      ; y(i)를 R14에 로드함
         add    $24, $15, $14      ; x(i) + y(i)
         sw     $24, 8000($3)      ; 새로운 y(i)를 보관함
         addi   $3, $3, 4          ; 어드레스 레지스터를 업데이트함, 어드레스=
                                   ; 어드레스 + 4
         bne    $3, $2, $label     ; 루프 카운터= 루프 경계선이면 조건을 점검함
```

MIPS R2000이 1980년대에 설계된 이후 MIPS ISA를 갖는 몇 가지 마이크로프로세서가 설계되었다. 그 당시에는 주 프로세서가 부동소수점부를 집적할 수 없었다. 그래서 부동소수점부는 수학 보조 프로세서인 MIPS R2010으로 구현되었다. 오늘날 부동소수점부는 주 CPU에 집적된다. MIPS R2000의 후속 모델은 MIPS R3000, R4000, R8000, R10000, R12000, R14000

이었다. 이들은 모두 MIPS ISA를 가지고 있으나 고성능을 달성하기 위해 상이한 수준의 파이프라인과 상이한 기법으로 구현되었다.

9.3 MIPS 명령어 인코딩

RISC 배경철학을 고수하기 위해, MIPS 프로세서에 있는 모든 명령어는 동일한 32비트 폭을 갖는다. 단순성을 지향하기 위해, MIPS 명령어에는 단지 세 가지의 서로 다른 명령어 형식만 존재한다. 이 세 가지 형식은 표 9-6에서 나타낸 것처럼 **R-형식**, **I-형식**, **J-형식**이라고 한다.

R-형식은 주로 세 개의 피연산자를 필요로 하는 ALU 명령어를 위한 것이다. ALU 명령어는 두 개의 소스 피연산자(입력 레지스터)와 지정될 한 개의 최종 어드레스(결과 레지스터)를 갖는다. *jump register* 명령어(*jr*)도 이 형식을 사용한다. 명령어는 6개의 필드로 구성되는데, 그 중 첫 번째가 6-비트 연산 코드 필드이다. 연산 코드 필드 다음에는 각각 5비트를 차지하는 세 개의 레지스터 필드 ***rs***, ***rt***, ***rd***가 뒤를 잇는다. 처음 두 개는 소스 레지스터 필드이고, 세 번째는 최종 레지스터 필드이다. 다음 필드는 시프트 분량(*shamt*) 필드라고 하는데, 시프트 명령어에서 행하여질 시프트 분량을 지정하기 위해 사용된다. 0～31 사이의 어떤 숫자도 시프트 분량으로 지정될 수 있다. 이 필드는 시프트 명령어에서만 사용된다. 마지막 필드는 부가적인 연산 코드 필드인데, 함수 필드 *funct* 또는 ***F_code***라 한다. 첫 번째 연산 코드 필드는 2^6, 즉 64개의 명령어만 인코딩할 수 있다. MIPS 프로세서는 로드의 서로 다른 여러 가지 변형들(바이트 로드, 하프워드 로드, 워드 로드, 부동소수점 로드 등)을 고려하여 64보다 많은 수의 명령어를 갖는다. 따라서 명령어를 완전히 지정하기 위해서는 6개보다 많은 수의 비트가 필요하다. MIPS 설계자들은 R-형식 명령어를 위해 처음 6비트를 0으로 하고, 명령어를 추가적으로 식별하기 위해 부가적인 필드(명령어의 마지막 6비트)를 사용하는 방법을 선택하였다.

I-형식은 명령어 안에 즉시 상수가 지정되는 것을 필요로 하는 산술 명령어, 로드/저장 명령어, 분기 명령어를 위한 것이다. 이 명령어들은 즉시 상수 이외에 두 개의 레지스터만 지정되는 것을 필요로 한다. 연산 코드 필드는 6비트, 두 개의 레지스터 필드는 각각 5비트를 갖는다. 남아 있는

표 9-6 MIPS ISA에 있는 명령어 형식

형식	필드						사용자
	6비트 31～26	5비트 25～21	5비트 20～16	5비트 15～11	5비트 10～6	6비트 5～0	
R-형식	연산 코드	rs	rt	rd	shamt	F_code (funct)	즉시, 점프 레지스터(JR)를 제외한 ALU 명령어
I-형식	연산 코드	rs	rt	오프셋/즉시			로드, 저장, 즉시 ALU, beq, bne
J-형식	연산 코드	목표 어드레스					점프(J), 점프 및 링크(JAL)

16비트는 *addi*와 같은 명령어에 대한 피연산자를 지정하거나, 로드/저장 명령어에서 오프셋을 지정하거나, 조건 분기 명령어에서 분기 오프셋을 지정하기 위한 즉시 상수로 사용된다.

J-형식은 *jump* 명령어를 위한 것이다. 명령어 워드의 처음 6비트는 연산 코드를 위해 사용되고, 나머지 26비트는 점프 오프셋을 지정하는 데 사용된다. 점프 오프셋은 바이트 어드레스가 아닌 워드 어드레스로 지정되기 때문에, 오프셋에 우선 4를 곱하고 PC의 최상위 4비트를 연결함으로써 32-비트 목표 어드레스를 얻는다. MIPS는 명령어와 데이터를 호출하기 위해 바이트 어드레싱을 사용한다.

표 9-7 MIPS 명령어에 대한 명령어 인코딩

이름	형식	필드						명령어 (연산, 최종 저장 장소, 소스1, 소스2)
		비트 31~26	비트 25~21	비트 20~16	비트 15~11	비트 10~6	비트 5~0	
add	R	0	2	3	1	0	32	add $1, $2, $3
sub	R	0	2	3	1	0	34	sub $1, $2, $3
addi	I	8	2	1	100			addi $1, $2, 100
addu	R	0	2	3	1	0	33	addu $1, $2, $3
subu	R	0	2	3	1	0	35	subu $1, $2, $3
addiu	I	9	2	1	100			addiu $1, $2, 100
mfc0	R	16	0	1	14	0	0	mfc0 $1, $epc
mult	R	0	2	3	0	0	24	mult $2, $3
multu	R	0	2	3	0	0	25	multu $2, $3
div	R	0	2	3	0	0	26	div $2, $3
divu	R	0	2	3	0	0	27	divu $2, $3
mfhi	R	0	0	0	1	0	16	mfhi $1
mflo	R	0	0	0	1	0	18	mflo $1
and	R	0	2	3	1	0	36	and $1, $2, $3
or	R	0	2	3	1	0	37	or $1, $2, $3
andi	I	12	2	1	100			andi $1, $2, 100
ori	I	13	2	1	100			ori $1, $2, 100
sll	R	0	0	2	1	10	0	sll $1, $2, 10
srl	R	0	0	2	1	10	2	srl $1, $2, 10
lw	I	35	2	1	100			lw $1, 100($2)
sw	I	43	2	1	100			sw $1, 100($2)
lui	I	15	0	1	100			lui $1, 100
beq	I	4	1	2		25		beq $1, $2, 25
bne	I	5	1	2		25		bne $1, $2, 25
slt	R	0	2	3	1	0	42	slt $1, $2, $3
slti	I	10	2	1	100			slti $1, $2, 100
sltu	R	0	2	3	1	0	43	sltu $1, $2, $3
sltiu	I	11	2	1	100			sltiu $1, $2, 100
j	J	2	2500					j 2500
jr	R	0	31	0	0	0	8	jr $31
jal	J	3	2500					jal 2500

표 9-7은 우리가 토론했던 MIPS 명령어에 대한 명령어 인코딩을 나타내고 있다. 연산 코드, 소스, 최종은 명령어 형식에서 가능한 한 동일한 필드로 할당된다. 처음 6비트(비트 31~26)는 세 개의 서로 다른 형식 모두에서 연산 코드를 위한 것이다. 소스와 최종 레지스터 필드는 가능한 한 비슷한 위치(비트 25~21, 비트 20~16, 비트 15~11)에 있다. 이렇게 함으로써 디코딩을 상당히 단순화시킨다.

인코딩은 매우 규칙적이다; 그러나 다양한 명령어들을 동일한 폭으로 조절하기 위한 절충이 이루어져야 한다. 예를 들면 3-레지스터와 2-레지스터 형식에서 최종 레지스터는 서로 다른 필드에서 나타난다. 마찬가지로, 로드 명령어에서 두 번째 레지스터 필드는 최종 레지스터이다; 반면에 저장 명령어에서는 저장될 데이터의 소스를 나타낸다. 이러한 불규칙성에도 불구하고 인코딩은 충분히 규칙적이라고 말할 수 있다.

MIPS 명령어 인코딩에 친숙해지기 위해 약간의 머신 코딩을 연습하자.

예제

다음과 같은 어셈블리어 프로그램에 해당하는 머신 코드를 생성하라.

```
         andi   $3, $3, 0          ; 루프 카운터 $3을 0으로 초기화
         andi   $2, $2, 0          ; 루프 경계선을 위해 레지스터를 클리어
         addi   $2, $2, 4000       ; 루프 경계선 레지스터
$label:  lw     $15, 4000($3)      ; x(i)를 R15에 로드
         lw     $14, 8000($3)      ; y(i)를 R14에 로드
         add    $24, $15, $14      ; x(i)+y(i)
         sw     $24, 8000($3)      ; 새로운 y(i)를 보관
         addi   $3, $3, 4          ; 어드레스 레지스터를 업데이트, 어드레스 =
                                   ; 어드레스 + 4
         bne    $3, $2, $label     ; 루프 카운터 = 루프 경계선이면 조건을 점검
```

 **해답**

다음의 첫 번째 명령어

```
andi   $3, $3, 0
```

는 아래와 같이 번역될 수 있다. 표 9-7은 **andi**에 대한 연산 코드가 12라는 것을 보여준다. 따라서 첫 번째 명령어에 대한 처음 6비트는 표 9-8의 1행(머리행 다음)에 표기된 것처럼 001100일 것이다. 소스 레지스터 필드는 그 다음이다. 소스 레지스터는 $3이기 때문에 00011이어야 한다. 최종 레지스터 필드는 그 다음이다. 최종 레지스터는 $3이기 때문에 00011이어야 한다. 즉시 상수는 0이므로 비트 0~15 사이에 있는 16개의 0으로 귀결된다. 이것이 1행의 내용에 대한 설명

이다. 16진수 표현으로 이것은 3063 0000이 된다.

마지막 명령어 bne $3, $2, label의 인코딩도 설명하기로 하자. 연산 코드는 5(즉, 000101)이다. 다음 필드는 레지스터 $3에 해당하므로 00011이고, 다음 필드는 레지스터 $2를 나타내기 위해 00010이다. 바이트 오프셋은 −24이어야 하지만 명령어는 워드 오프셋을 포함하도록 되어 있으며, 그 값은 −24를 4로 나눈 것(즉, −6)이다. 이 값은 2의 보수 표현으로 1010이다. 16비트를 채우기 위해 부호를 확장하면 1111111111111010을 얻게 되고, 이것이 비트 0∼15까지를 차지할 것이다.

모든 명령어에 해당하는 머신 코드는 표 9-8에서 보여준다.

표 9-8 예제에 대한 MIPS 머신 코드. 16진수와 이진수 표현을 보여줌

명령어	비트 31∼26	비트 25∼21	비트 20∼16	비트 15∼11	비트 10∼6	비트 5∼0	등가 16진수
andi $3, $3, 0	001100	00011	00011	00000	00000	000000	3063 0000
andi $2, $2, 0	001100	00010	00010	00000	00000	000000	3042 0000
addi $2, $2, 4000	001000	00010	00010	00001	11110	100000	2042 0FA0
lw $15, 4000($3)	100011	00011	01111	00001	11110	100000	8C6F 0FA0
lw $14, 8000($3)	100011	00011	01110	00011	11101	000000	8C6E 1F40
add $24, $15, $14	000000	01111	01110	11000	00000	100000	01EE C020
sw $24, 8000($3)	101011	00011	11000	00011	11101	000000	AC78 1F40
addi $3, $3, 4	001000	00011	00011	00000	00000	000100	2063 0004
bne $3, $2, −6	000101	00011	00010	11111	11111	111010	1462 FFFA

9.4 MIPS에 대한 구현

이 절에서는 MIPS ISA에 대한 단순한 구현을 기술한다. 표 9-9에 나타내었듯이, 여기에는 ALU, 메모리 호출, 분기 명령어를 포함하는 대부분의 중요한 명령어가 포함된다. 이 절에 제시된 것은 이러한 명령어 셋에 대한 초보적인 구현이다. 현대적인 마이크로프로세서는 다중 명령어 발행, 무작위 명령어 순서 실행(out-of-order execution), 분기 예측(branch prediction), 파이프라이닝과 같은 특징들을 구현한다. 단순성을 위해 여기서 제시하는 것은 단순한 순서를 지키는, 파이프라인이 없는 구현이다. 일부 연습문제들은 더 좋은 성능을 제공할 수 있는 다른 구현들을 기술한다.

9.4.1 데이터패스 설계

마이크로프로세서를 설계하기 위해서는 우선 명령어를 실행하는 동안 일어나는 일련의 동작을 조사한 다음, 명령어 실행을 완수하기 위해 필요한 하드웨어의 성질을 기술한다. 일반적으로

표 9-9 이 장에서 구현된 MIPS 명령어

산술	add subtract add immediate
로직	and or and immediate or immediate shift left logical shift right logical
자료 전달	load word store word
조건분기	branch on equal branch on not equal set on less than
무조건 분기	jump jump register

어떠한 마이크로프로세서라도 다음과 같은 방법으로 동작한다,

1. 프로세서가 명령어를 **인출**(fetch)한다.
2. 프로세서가 인출된 명령어를 **디코딩**(decoding)한다. 디코딩은 어떤 명령어인지 식별하는 작업을 의미한다.
3. 프로세서가 피연산자들을 읽고 명령어를 **실행**(execution)한다. RISC ISA에서 산술 명령어의 경우, 피연산자는 레지스터 안에 있다. 입력 피연산자를 포함하는 레지스터는 소스 레지스터라고 한다. 메모리 호출 명령어의 경우, 레지스터를 사용하여 어드레스가 계산되고 메모리가 호출된다. 실행 후, 프로세서는 명령어 실행 결과를 목적지에 **쓴다**(writing). 결과를 메모리에 쓰는 저장 명령어를 제외한 모든 명령어에 대해서 목적지는 레지스터이다.

따라서 설계가 포함하여야 하는 것은 명령어 **인출부**, 명령어 **디코더부**, 명령어를 실행하는 **산술논리부**(ALU), 피연산자를 보관하는 **레지스터 파일**, 명령어와 데이터를 저장하는 **메모리**이다. 이어지는 소절들에서 이와 같은 구성요소들이 기술된다.

명령어 인출부

일반적으로 마이크로프로세서는 명령어 메모리 내의 다음 명령어를 가리키는 프로그램 카운터(PC)라고 하는 특별한 레지스터를 가지고 있다. PC는 이 어드레스를 명령어 메모리(또는 명령어 캐시)로 보내고, 명령어 메모리는 명령어를 다시 되돌려 보낸다. 프로세서는 인출될 다음 명령어를 가리키기 위해 PC를 1만큼 증가시킨다. 명령어 인출부를 위한 블록도는 그림 9-1에 나타내었다.

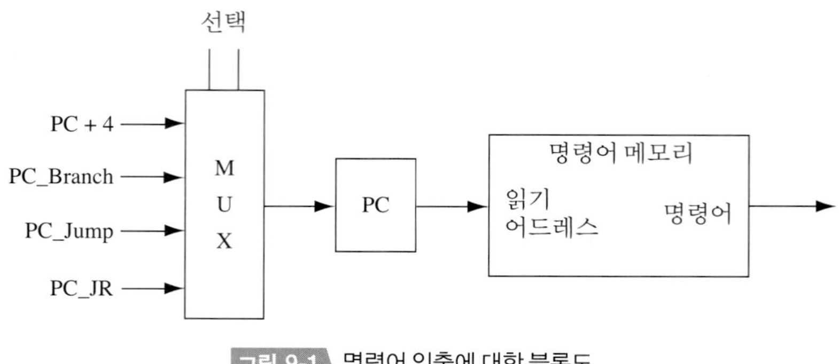

그림 9-1 명령어 인출에 대한 블록도

다음 PC는 현재 명령어에 따라 다음 중 하나가 된다.

a. **PC + 4:** 분기와 점프 명령어가 아닌 명령어의 경우, 다음 명령어는 어드레스 PC + 4에 있다. 왜냐하면 현재 명령어를 위해 4바이트가 필요하기 때문이다.

b. **PC_Branch:** 분기 명령어(bne와 beq)에서 다음 PC는 현재 PC에 명령어 안에 있는 오프셋을 더하여 얻어진다. MIPS ISA에서 분기 오프셋은 부호가 있는 워드 오프셋(앞이나 뒤로 점프하는 워드의 수)으로 제공된다. 워드 오프셋은 우선 부호 확장이 되고, 4를 곱하여 바이트 오프셋으로 변환된 다음, 현재 PC에 더해진다. 따라서 분기 명령어에 대한 다음 PC는 아래와 같다.

$$\text{PC\_Branch} = \text{PC} + 4 + \text{오프셋} * 4$$

c. **PC_Jump:** 점프 명령어(J)에서 새로운 목표는 명령어 안에 제공된다. MIPS ISA에서 연산코드는 32비트 중 6비트를 차지한다. 따라서 인코딩될 수 있는 가장 큰 점프 어드레스는 단지 26비트이다. 32-비트 점프 어드레스를 계산하기 위해서 명령어 안에 있는 26-비트 워드 어드레스를 우선 좌측으로 두 번 시프트하여 바이트 어드레스인 28-비트 어드레스로 만든다. 그런 다음, PC의 최상위 4비트와 연결함으로써 32-비트 어드레스를 산출한다. 따라서 점프 명령어를 위한 다음 PC는 아래와 같다.

$$\text{PC\_Jump} = \text{PC31..28} \parallel \text{어드레스} * 4$$

여기서 ||는 연결을 의미한다.

d. **PC_JR:** 점프 레지스터 명령어(JR)에서 점프 목표는 명령어 안에 지정된 레지스터로부터 얻어진다. 따라서 JR 명령어를 위한 다음 PC는 아래와 같다.

$$\text{PC\_JR} = [\text{REG}]$$

여기서 [REG]는 레지스터의 내용을 가리킨다.

적절한 목표 어드레스가 계산되고 PC에 공급된다. 멀티플렉서를 사용하여 명령어에 따라 분기 목표, 점프 목표, 점프 레지스터 목표, 또는 PC + 4 중에서 선택한다.

목표 어드레스를 언제 계산할 것인가에 대해 몇 가지 선택이 있다. 디폴트 목표인 PC + 4는 명령어 인출 단계 그 자체에서 계산될 수 있다. 왜냐하면 PC 그 자체 이외에는 다른 정보가 필요하지 않기 때문이다. 조건 분기 명령어에서 분기 목표(PC_Branch) 계산은 명령어를 읽자마자 수행할 수 있다. 그러나 분기가 택해질 것이냐 아니냐는 레지스터를 읽고 비교할 때까지 알 수 없을 것이다. 점프 명령어의 경우, 목표(PC_Jump)는 명령어가 인출되자마자 계산될 수 있다. 왜냐하면 목표에 대한 정보를 명령어 그 자체 안에서 얻을 수 있기 때문이다. 점프 레지스터(jr) 명령어에서 분기 목표(PC_JR)는 레지스터를 읽은 후에 계산될 수 있다.

명령어 디코더부

디코딩은 RISC ISA의 단순성 때문에 상당히 단순하다. 표 9-7에서 관찰할 수 있듯이, MIPS ISA에 있는 명령어 형식은 매우 규칙적이고 균일하다. 명령어의 처음 6비트는 대부분의 경우에 연산 코드를 지정한다. 그러나 9.3절에서 기술한 것처럼 R-형식 ALU 명령어의 경우, 처음 6비트는 0이고, **F_code**라 하는 명령어의 마지막 6비트는 명령어를 추가로 식별하기 위해 사용될 필요가 있다.

연산 코드는 명령어를 식별하고 또 명령어가 사용하는 형식을 식별하는 데 사용된다. 명령어 형식의 균일성은 많은 명령어 필드가 레지스터 어드레싱과 제어 신호 생성에 직접 사용되는 것을 허용한다. 명령어 연산 코드 비트들은 다양한 제어 신호를 생성하는 제어부에 공급된다.

명령어 실행부

일단 명령어가 디코드 단계에서 식별되면, 다음 작업은 피연산자를 읽고 동작을 수행하는 것이다. RISC 명령어 셋에서, 피연산자는 레지스터 안에 있다. MIPS 아키텍처는 32개의 레지스터를 포함하고 있으며, 이 레지스터들을 총체적으로 **레지스터 파일**이라 한다. 레지스터 파일은 동시에 두 개의 피연산자를 읽는 것을 지원하기 위해 읽기 포트를 적어도 두 개는 가지고 있어야 하고, 또한 한 개의 쓰기 포트를 가져야 한다.

레지스터 파일의 동작은 다음과 같다. 입력 피연산자를 보관하는 레지스터를 **소스 레지스터**라 하고, 결과를 받아야 하는 레지스터를 **최종 레지스터**라 한다. 소스 레지스터 어드레스는 레지스터 파일에 인가된다. 레지스터 파일은 해당 레지스터로부터 출력 데이터 라인 위로 데이터를 공급할 것이다. 이 데이터는 명령어를 실행하는 **산술논리부**(ALU)에 공급된다. ALU는 가산기나 시프터와 같은 기능부를 포함한다. 우리가 만들고 있는 제한된 설계는 곱셈을 포함하고 있지 않지만, ALU는 곱셈기와 같은 더 복잡한 부를 포함할 수도 있다.

대부분의 명령어에서 ALU로부터의 결과는 최종 레지스터 안에 쓰여야 한다. 이 작업을 완수하기 위해 레지스터 파일의 입력 데이터 라인에 ALU 결과가 인가된다. 최종 레지스터 이름과

register write(*RegW*) **명령**이 레지스터 파일에 인가된다. 그렇게 함으로써 입력 데이터가 최종 레지스터 안에 쓰이게 된다.

그림 9-2는 ALU와 메모리 명령어를 실행하는 데 필요한 데이터패스의 블록도를 보여준다. 데이터패스는 add, sub, and, or와 같은 동작을 수행할 ALU를 포함한다. R-형식 명령어의 경우, ALU에 대한 두 개의 피연산자가 모두 레지스터 파일로부터 읽혀진다. I-형식 명령어의 경우, 명령어 안에 있는 즉시 상수는 부호가 확장되어 두 번째 피연산자를 생성한다. ALU 피연산자 중 하나는 레지스터 파일이나 부호 확장기로부터 오기 때문에 적절한 피연산자를 선택하기 위해 멀티플렉서가 필요하다.

ALU는 비산술 명령어를 위해서도 필요하다. 메모리 호출 명령어의 경우, 호출할 어드레스를 먼저 계산하여야 한다. ALU는 어드레스를 계산하는 데 사용될 수 있다. 로드와 저장 명령어에 대한 어드레스 계산을 위해서는 명령어 안에 지정된 레지스터로부터 첫 번째 피연산자를 구하고, 명령어 내에 지정된 즉시 오프셋을 부호 확장함으로써 두 번째 피연산자를 얻는다.

ALU는 조건 분기 명령어를 위해서도 필요하다. 알다시피 MIPS는 단지 두 개의 분기 명령어, 즉 branch on equal(beq)과 branch not equal(bne)을 갖는다. 레지스터들이 같은지 여부를 결정하기 위한 비교는 ALU에 의해 수행될 수 있다. 이 비교에 대한 피연산자는 둘 다 레지스터 파일로부터 얻어질 수 있다. 로드와 저장 명령어는 데이터 메모리부를 호출해야 하기 때문에 데이터패스는 **데이터 메모리부**도 포함하여야 한다. 현대적인 마이크로프로세서는 온칩 데이터 캐시를 포함한다. 우리는 데이터 캐시 메모리를 설계하지는 않을 것이다; 그러나 데이터 어드레스가 메모리에 제공된 후 1 사이클 이내에 명령어에 의해서 호출될 수 있는 온칩 데이터 메모리가 존재한다고 가정할 것이다.

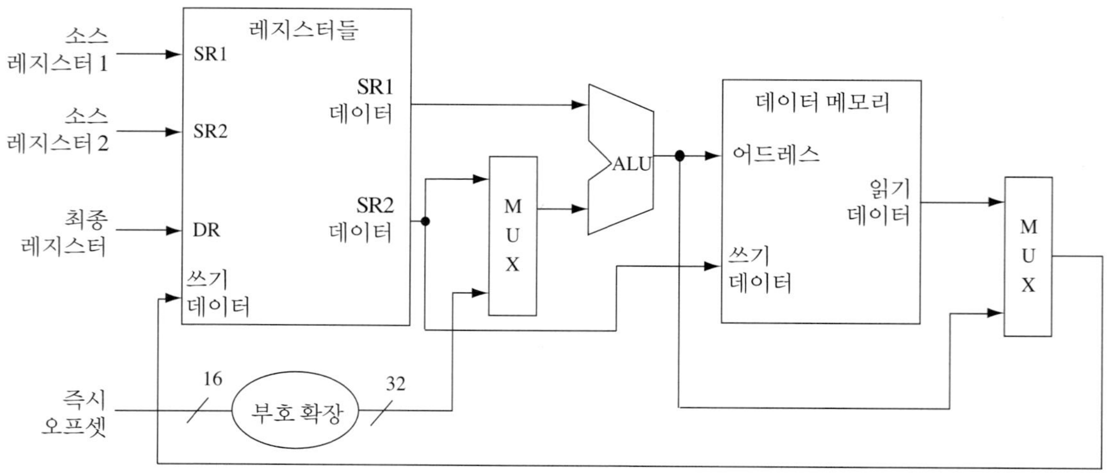

그림 9-2 계산과 메모리 명령어를 위해서 필요한 데이터패스

전체 데이터패스

전체 데이터패스는 그림 9-3에서 보여주고 있다. 그림 9-1과 9-2에 있는 인출과 실행 하드웨어를 집적하고, 올바른 동작을 위해 필요한 다른 구성요소를 추가한 것이다. 또한 제어 신호들도 보여준다.

그림 9-3은 몇 개의 멀티플렉서 사용과 명령어의 서로 다른 비트들이 어떻게 레지스터 파일에 연결되는지도 또한 보여준다. 표 9-6에서 나타낸 것처럼, 명령어의 비트 21～25는 모든 ALU 명령어에서 소스 레지스터 어드레스 중 하나를 포함한다. 따라서 이 비트들은 레지스터 파일의 첫 번째 소스 레지스터 어드레스에 직접 연결될 수 있다. 두 번째 레지스터 소스를 갖는 명령어는 어느 것이나 비트 16～20 사이에 레지스터 어드레스를 포함한다. 따라서 이 비트들도 레지스터 파일의 소스 레지스터 어드레스에 직접 연결될 수 있다. 그러나 최종 레지스터 어드레스는 다른 명령어에서는 다른 필드에 나타난다. R-형식 명령어에서 최종 레지스터 어드레스는 비트 11～15 사이에 나타난다. 그러나 I-형식 명령어에서는 최종 어드레스가 비트 16～20 사이에 있다. 따라서 적절한 최종 레지스터 어드레스를 선택하려면 멀티플렉서가 필요하다. 또 다른 멀티플렉서는 ALU를 위해서 즉시 피연산자나 레지스터 피연산자 사이에서 선택을 한다. 세 번째 멀티플렉서는 ALU 출력과 메모리 데이터 중 어느 것이 최종 레지스터에 쓰여질 것인지를 선택

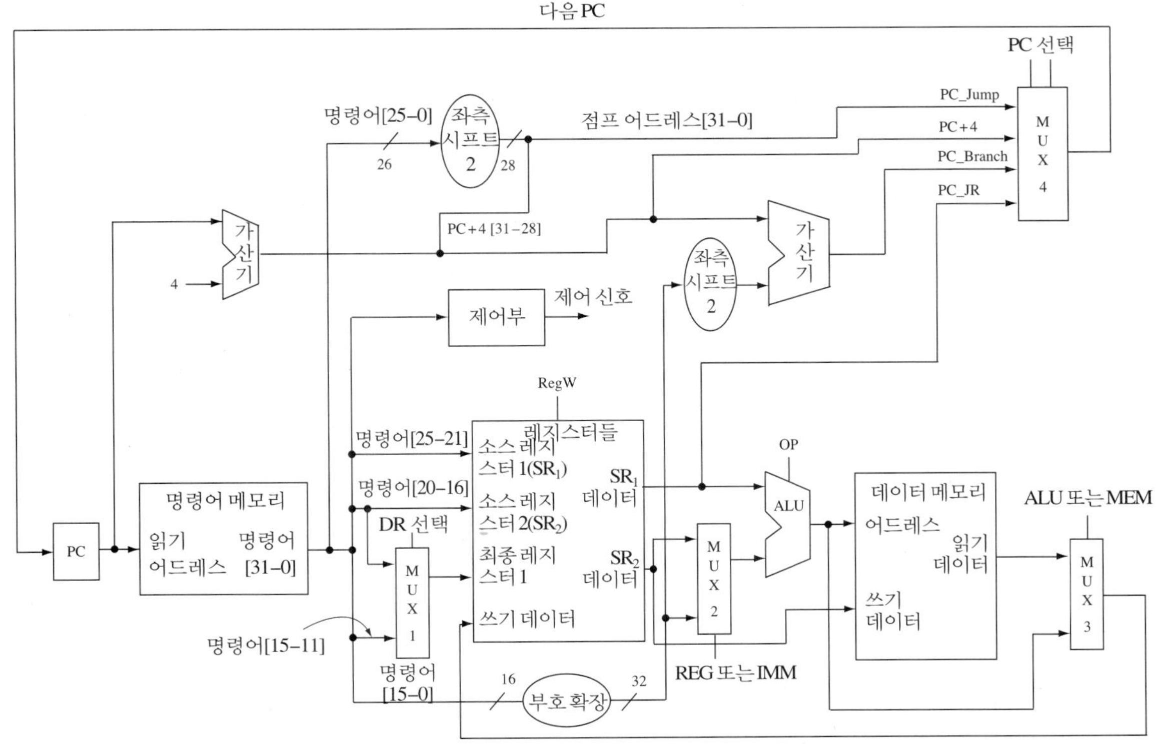

그림 9-3 전체 데이터패스

하는 데 사용된다.

그림 9-3은 또한 여러 가지 종류의 명령어에서 목표 어드레스의 계산을 자세히 나타내고 있다. PC + 4의 디폴트 다음 어드레스는 가산기를 사용하여 계산된다. PC에 분기 오프셋을 더하는 것도 별도의 가산기를 사용하여 수행된다. 멀티플렉서는 적절한 PC를 선택하는 데 사용된다.

요약하면 다음과 같다.

- MUX 1은 명령어 형식에 따라 적절한 레지스터 필드로부터 최종 레지스터 어드레스를 선택한다. R-형식 명령어의 경우, 비트 20～16은 최종 어드레스를 산출한다. I-형식 명령어의 경우, 명령어의 비트 15～11이 최종 어드레스를 제공한다.
- MUX 2는 ALU의 두 번째 피연산자가 레지스터로부터 오는지, 아니면 즉시 상수로부터 오는지를 선택한다. R-형식 ALU 명령어와 조건 분기 명령어의 경우, 레지스터가 선택된다. I-형식 ALU 명령어의 경우, 즉시 상수가 피연산자를 제공한다.
- MUX 3은 최종 레지스터에 들어갈 데이터를 위해 메모리 또는 ALU 출력 사이에서 선택한다. 로드 명령어의 경우, 메모리 데이터가 선택된다.
- MUX 4는 명령어의 타입에 따라 네 개의 가능한 다음 PC 값 사이에서 선택한다.

9.4.2 명령어 실행 흐름

그림 9-4는 가능한 구현에 대한 실행 흐름을 나타내었다.

첫 번째 단계는 모든 명령어들에 대한 인출이다. 프로그램 카운터(PC)에 있는 어드레스는 명령어 메모리부로 보내진다. 모든 명령어는 다음 명령어를 가리키기 위해 PC를 업데이트하는 것이 또한 필요하다. PC가 분기나 점프 명령어를 위해 다르게 업데이트되어야만 하는 반면, 명령어의 거의 대다수는 순차적이고, 따라서 PC는 순차적으로 다음 명령어를 가리키도록 업데이트될 수 있다. 분기와 점프 명령어는 나중에 적절하게 PC를 수정할 수 있다.

두 번째 단계는 디코드이다. 만나는 연산 코드에 따라 서로 다른 동작이 이어진다. R-타입 명령어와 일부 I-타입 명령어(예를 들어 *bne*와 *beq*)의 경우, ALU 피연산자는 둘 다 레지스터로부터 읽혀진다. 다른 I-타입 명령어의 경우, 하나의 피연산자는 레지스터 파일로부터 읽혀지고, 명령어 안의 즉시 상수는 다른 피연산자로서 부호가 확장된다. 레지스터 소스를 읽는 것은 R-타입 명령어인 점프 레지스터(*jr*) 명령어의 요구조건을 만족하는 것이다. 각각의 명령어를 위해 필요한 ALU 동작은 디코드 단계 동안 식별된다. 예를 들면 *bne*와 *beq* 명령어는 뺄셈 동작을 필요로 한다. 로드와 저장 명령어는 덧셈 동작을 필요로 한다. 만약 점프 연산 코드를 만나면, 점프 목표가 계산된다. 점프 명령어는 더 이상의 동작을 필요로 하지 않기 때문에, 제어 흐름은 첫 번째 단계로 갈 수 있다.

세 번째 단계는 명령어의 실제 실행이다. 명령어에 따라 서로 다른 ALU 동작이 이번 단계 동

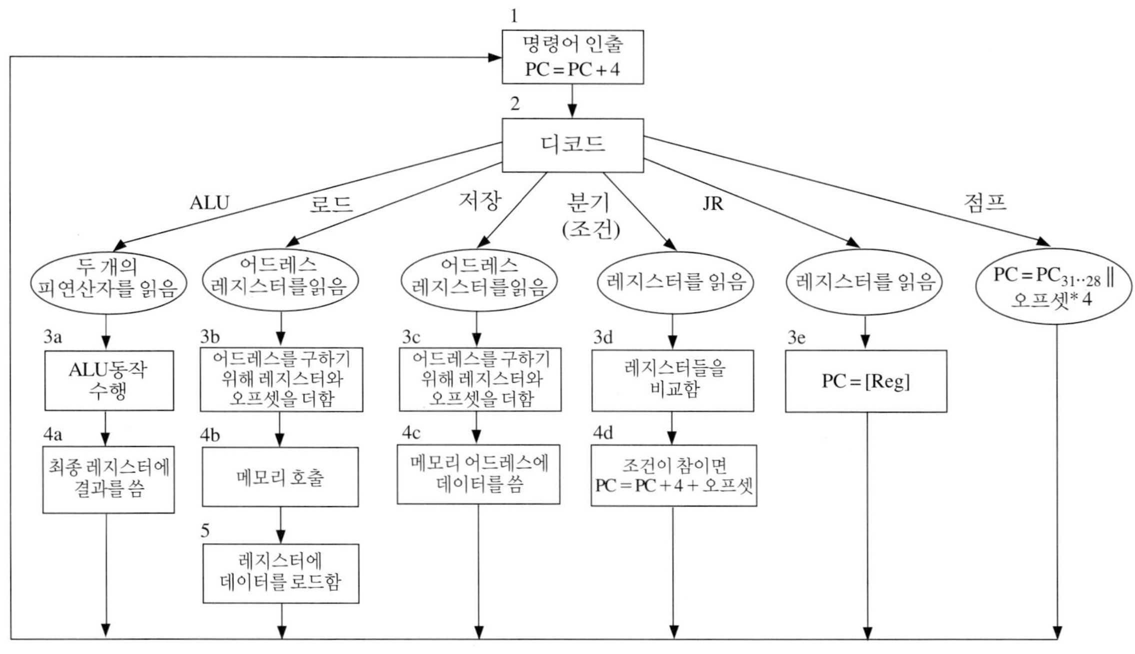

그림 9-4 명령어 처리에 대한 플로차트

안 수행된다. 서로 다른 타입의 명령어에 대해서 서로 다른 동작이 3a, 3b 등으로 명명된 상자 안에 보이고 있다. 각각의 명령어는 명령어의 타입이 어떤 것이냐에 따라 이러한 동작들 중 단지 하나만을 거쳐서 간다. 점프 명령어 이외의 모든 다른 명령어는 이 단계에 도달하여야 한다. 점프 레지스터 명령어(*jr*)는 어떠한 산술 동작도 필요로 하지 않으나, 두 번째 단계 동안 인출된 레지스터의 내용이 PC 안에 실려야 한다. 로드와 저장 명령어의 경우, ALU는 메모리 어드레스를 계산하기 위해 덧셈을 수행한다.

네 번째 단계는 명령어마다 광범위하게 변한다. 산술과 로직 명령어(R-타입과 I-타입)는 최종 레지스터에 계산 결과를 쓸 수 있다. 분기 명령어는 그 상태를 조사해서 분기를 할 것인지의 여부를 결정하여야 한다. 만약 분기가 취해진다면, 분기 목표 어드레스가 계산된다. 로드 명령어의 경우, 메모리 읽기 동작이 시작된다. 메모리 저장 명령어의 경우, 두 번째 소스 레지스터로부터의 데이터는 메모리로 향하게 되고 메모리 쓰기 동작이 시작된다. 이것이 로드 명령어를 제외한 다른 모든 명령어에 대한 최종 단계이다.

다섯 번째 단계는 로드 명령어만을 위해서 필요하다. 메모리로부터의 데이터 출력은 최종 레지스터에 쓰인다.

다양한 방법으로 이 명령어 흐름을 구현할 수 있다. 가장 초보적인 구현을 하는 경우, 우리는 매우 느린 클럭을 가질 수 있고 프로세서는 각각의 명령어에 대해 필요한 모든 동작을 한 개의 클럭 사이클 내에 수행한다. 이러한 방안의 단점은 모든 명령어가 가장 느린 명령어만큼 느려질 것이라는 점이다. 왜냐하면 클럭 사이클은 가장 느린 명령어에 대해 충분한 정도로 길어야 하기 때문이다. 또 다른 선택은 각각의 명령어가 다중 사이클, 그러나 각각의 명령어 종류에 대한 모든 동작을 완료하기에 충분한 수의 사이클을 취하는 구현을 하는 것이다. 예를 들면 그림 9-4는 각각의 상자가 한 개의 사이클을 취하는 SM 차트로 생각할 수 있다. 이 경우, ALU 명령어는 네 개의 사이클을 필요로 하고 로드 명령어는 5개의 사이클을 취하는 반면, 점프 명령어는 두 개의 사이클 내에 종료될 수 있다. 다음 절에서는 이와 같은 구현의 VHDL 모델을 소개한다.

9.5 VHDL 모델

프로세서에 대한 VHDL 모델은 그림 9-5에서처럼 구성된다. 명령어 메모리, 데이터 메모리, 레지스터 파일은 아키텍처와 엔티티 기술을 갖는 구성요소로 만들어진다. 주 코드인 MIPS 엔티티는 여러 단계의 동작을 통하여 명령어들의 어레이를 결정하는 제어를 끼워 넣는다. 단순성을 위해 명령어와 데이터 메모리부를 하나의 메모리로 결합하였으며, 어드레스와 데이터 버스의 사용을 보여준다. 나중에 테스트벤치를 사용할 때, 검사될 명령어들을 담아 놓기 위해 테스트벤치가 명령어 메모리에 직접 쓰는 것을 허용한다.

먼저 레지스터와 메모리 구성요소를 모델링하자.

9.5.1 레지스터 파일에 대한 VHDL 모델

그림 9-6은 레지스터 파일에 대한 VHDL 모델을 보여준다. REG 엔티티는 32개의 MIPS 레지스터를 나타내는 데 사용된다. 각각의 레지스터는 32비트 길이이다. 최종 레지스터 어드레스는 *DR*이고, 소스 레지스터 어드레스는 *SR1*과 *SR2*이다. 32개의 레지스터가 있기 때문에 *DR*,

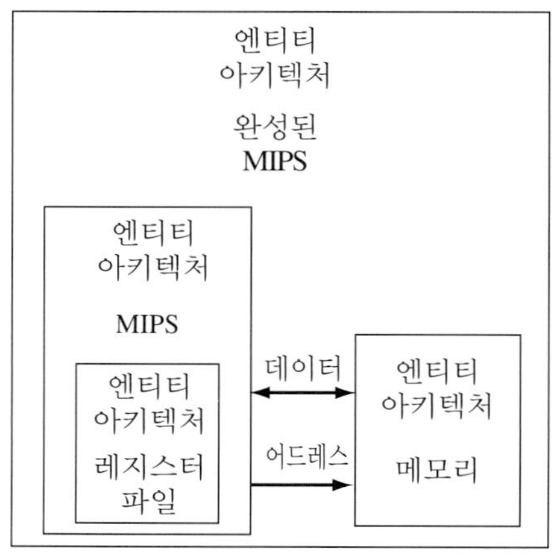

그림 9-5 프로세서에 대한 VHDL 모델의 구조

```
library IEEE;
use IEEE.std_logic_1164.all;
use IEEE.numeric_std.all;

entity REG is
port(CLK: in std_logic;
     RegW: in std_logic;
     DR, SR1, SR2: in unsigned(4 downto 0);
     Reg_In: in unsigned(31 downto 0);
     ReadReg1, ReadReg2: out unsigned(31 downto 0));
end REG;

architecture Behavioral of REG is
  type RAM is array (0 to 31) of unsigned(31 downto 0);
  signal Regs: RAM := (others => (others => '1')); -- 모든 reg 비트를 '1'로 셋함
begin
  process(clk)
  begin
    if CLK = '1' and CLK'event then
      if RegW = '1' then
        Regs(to_integer(DR)) <= Reg_In;
      end if;
    end if;
  end process;
  ReadReg1 <= Regs(to_integer(SR1)); -- 비동기 읽기
  ReadReg2 <= Regs(to_integer(SR2)); -- 비동기 읽기
end Behavioral;
```

그림 9-6 레지스터 파일에 대한 VHDL 코드

SR1, *SR2*는 각각 5비트이다. 출력 *ReadReg1*과 *ReadReg2*는 *SR1*과 *SR2*에 의해 지정된 레지스터의 내용이다. *ReadReg1*은 ALU에 곧바로 공급된다. *ReadReg2*는 두 번째 ALU 입력으로써 또는 저장 명령어의 경우에는 데이터 메모리에 대한 입력으로써 사용될 수 있다. 제어 신호 *RegW*는 레지스터 파일에 쓰는 동작을 제어하는 데 사용된다. 만약 *RegW*가 참이면, 라인 *Reg_In*에 있는 데이터는 *DR*이 가리키는 레지스터에 쓰인다.

만약 이 코드가 Xilinx Spartan FPGA를 위해 합성되면, 레지스터 파일을 분산된 RAM으로 만들어지게 하기 위해 제공된 코드처럼 읽기를 비동기식으로 수행하여야 한다. 6장에서 알 수 있듯이, Xilinx Spartan/Virtex FPGA는 전용 블록 RAM을 가지고 있다. 읽기를 동기식으로 수행하는 것은 바람직하다; 하지만 그렇게 하면 현재의 Xilinx 합성 도구로는 레지스터 파일이 BlockRAM으로 합성된다. 레지스터 파일에 대해 분산된 RAM이 생성되는 것을 허용하기 위해 비동기식 읽기를 사용하였다.

9.5.2 메모리에 대한 VHDL 모델

그림 9-7은 메모리부를 위한 VHDL 코드를 나타낸다. VHDL 모델은 8장에서 만들었던

```
library IEEE;
use IEEE.std_logic_1164.all;
use IEEE.numeric_std.all;

entity Memory is
  port(CS, WE, Clk: in std_logic;
       ADDR: in unsigned(31 downto 0);
       Mem_Bus: inout unsigned(31 downto 0));
end Memory;

architecture Internal of Memory is
  type RAMtype is array (0 to 127) of unsigned(31 downto 0);
  signal RAM1: RAMtype := (others => (others => '0'));
  signal output: unsigned(31 downto 0);
begin
  Mem_Bus <= (others => 'Z') when CS = '0' or WE = '1'
    else output;
  process(Clk)
  begin
    if Clk = '0' and Clk'event then
      if CS = '1' and WE = '1' then
       RAM1(to_integer(ADDR(6 downto 0))) <= Mem_Bus;
      end if;
    output <= RAM1(to_integer(ADDR(6 downto 0)));
    end if;
  end process;
end Internal;
```

그림 9-7 통합된 명령어/데이터 메모리에 대한 VHDL 코드

SRAM 모델과 비슷하다. 이 SRAM 모델은 삼상태 입력-출력 라인을 가지고 있으며, 테스트벤치를 사용하여 쉬운 검사를 할 수 있게 허용한다. 여기서 테스트벤치는 메모리에 명령어를 쓸 수 있고, 프로세서는 명령어를 읽을 수 있으며 데이터를 읽거나 쓸 수 있다. 테스트벤치와 프로세서는 메모리의 데이터 버스를 구동할 수 있다. 비록 그림 9-3은 분리된 명령어와 데이터 메모리를 나타내었지만, 편의상 그리고 어드레스와 데이터 버스의 사용을 보여주기 위해 명령어와 데이터 모두를 저장하는 통합된 메모리 모듈을 사용하였다. 메모리는 128개의 위치로 구성되며, 각각은 32비트 폭이다. 명령어는 어레이 내의 처음 64개 워드이고, 나머지 64개의 워드는 데이터 메모리를 위해 할당된다고 가정한다. 신호 *Address*는 메모리 안에서 읽혀지고 저장되는 위치를 지정한다. 어드레스 버스는 실제적으로 32비트 폭이지만, 작은 메모리만을 구현하기 때문에 7개의 하위 비트만을 사용한다.

어드레스 버스는 명령어와 데이터 호출을 위해 프로세서에 의해 적절하게 구동될 것이다. 어드레스 입력은 명령어를 읽기 위해서 프로그램 카운터로부터 올 수도 있고, 또는 메모리의 데이터 부분을 호출하는 어드레스를 계산하는 ALU로부터 올 수도 있다. 칩 선택(*CS*)과 쓰기 인에이블(*WE*) 신호는 프로세서가 읽기와 쓰기를 제어하는 것을 허용한다. *CS*와 *WE*가 참이면, *Mem_Bus* 위에 있는 데이터는 어드레스 *ADDR*이 가리키는 메모리 위치에 쓰인다.

단순성을 위해 어드레스는 **메모리에 대해 VHDL 코드 내에서 워드 어드레스로 보여진다.** 따라서 분기와 점프 오프셋은 그림 9-8에서처럼 4를 곱하지 않고 사용된다. 실제 MIPS 프로세서에서 메모리는 바이트 어드레스에 의해 지시할 수 있다. 그러므로 지정된 위치에서 발견된 데이터에 그 다음 세 개의 메모리 위치를 연결하여 각각의 명령어 메모리 호출을 구해야 한다. 예를 들어, 만약 어드레스=0이라면, 명령어 레지스터는 MEM[0], MEM[1], MEM[2], MEM[3]의 내용을 담아야 한다. 명령어는 머신의 바이트 우선 방식에 따라 저장된다(보조 자료 참조). 많은 현대적인 마이크로프로세서는 상위 바이트 우선과 하위 바이트 우선 접근 방식을 둘 다 지원한다.

9.5.3 프로세서 CPU에 대한 VHDL 코드

이 절에서는 마이크로프로세서의 중앙처리장치(CPU)에 대한 VHDL 코드를 제시한다. 앞 절에서 만들었던 레지스터 모듈이 여기서 사용된다. 그림 9-8은 표 9-9에 있는 MIPS 명령어에 대한 VHDL 모델을 보여준다. VHDL 모델은 일반적으로 명령어에 대한 인출, 디코드, 실행 단계를 구현하는 그림 9-4에 있는 흐름을 따른다. 코드의 판독성을 높이기 위해 몇 개의 alias를 정의한다. 명령어의 최상위 6비트는 alias *Opcode*에 의해 표시된다. 명령어의 최하위 6비트는 alias *F_Code*를 사용하여 표시된다. 시프트 명령어 안에 있는 시프트 분량은 *NumShift*를 사용하여 표시된다. 두 개의 레지스터 소스 필드는 *SR1*과 *SR2*로 alias된다. 다음 처리문들은 이와 같은 alias를 수행한다.

➜ 하위 바이트 우선과 상위 바이트 우선

16-비트 또는 32-비트 데이터를 바이트 어드레스에 의해 지시할 수 있는 메모리에 저장할 때, 데이터를 저장하는 두 가지 가능한 방법이 있다. 즉, 하위 바이트 우선과 상위 바이트 우선이 그것이다. 하위 바이트 우선 시스템에서는 순서상 가장 낮은 바이트가 첫 번째로 저장된다. 상위 바이트 우선 시스템에서는 순서상 가장 높은 바이트가 가장 낮은 저장 어드레스(즉, 첫 번째)에 저장된다. MIPS 명령어가 두 가지 시스템에서 바이트 어드레스에 의해 지시할 수 있는 메모리에 어떻게 저장될 것인지를 생각해 보자. MIPS 명령어 **andi $3, $3, 0**은 **30630000(16진수)**으로 인코드될 것이다. 이 명령어가 어드레스 2000에 저장될 때 상위 바이트 우선 또는 하위 바이트 우선 시스템 중 어느 것이 사용될 것이냐에 따라 메모리는 다음과 같이 보일 것이다.

어드레스	30630000(16진수)의 상위 바이트 우선 표현	30630000(16진수)의 하위 바이트 우선 표현
2000	30	00
2001	63	00
2002	00	63
2003	00	30

```
alias opcode: unsigned(5 downto 0) is Instr(31 downto 26);
alias SR1: unsigned(4 downto 0) is Instr(25 downto 21);
alias SR2: unsigned(4 downto 0) is Instr(20 downto 16);
alias F_Code: unsigned(5 downto 0) is Instr(5 downto 0);
alias NumShift: unsigned(4 downto 0) is Instr(10 downto 6);
```

코드의 판독성을 위해 여러 가지 연산 코드를 표 9-7에 있는 해당 코드와 연관시키는 상수 선언도 사용하였다. 예를 들어 로드 명령어 *lw*는 연산 코드로서 35를 가지며, 저장 명령어 *sw*는 연산 코드로서 43을 갖는다. 다음과 같은 몇 개의 처리문은 여러 연산 코드를 표시하기 위해 사용된다.

```
constant lw  : unsigned(5 downto 0) := "100011";  -- 35
constant sw  : unsigned(5 downto 0) := "101011";  -- 43
```

즉시량의 부호 확장은 다음 처리문에 의해 수행된다.

```
Imm_Ext <= x"FFFF"&Instr(15 downto 0) when Instr(15) = '1' else
           x"0000"&Instr(15 downto 0);
```

다음은 VHDL 모델에서 사용된 신호들이다.

MIPS 프로세서 모델 신호

CLK(입력)	클럭
Rst(입력)	동기식 리셋
CS(출력)	메모리 칩 선택. *CS*가 활성화되고 *WE*가 비활성화될 때, 메모리 모듈은 Addr에 의해 지정된 어드레스에 있는 메모리 내용을 mem_bus로 출력한다.
WE(출력)	메모리 쓰기 인에이블. *WE*와 *CS*가 활성화될 때, 메모리 모듈은 클럭의 하강에지 동안 mem_bus의 내용을 Addr에 의해 지정된 위치에 저장한다.
Addr(출력)	메모리 어드레스. 상태 0 동안(메모리에서 명령어를 인출함), Addr은 PC에 연결된다. 그렇지 않으면 Addr은 ALU 결과(32비트)에 연결된다.
Mem_Bus(입력/출력)	삼상태 메모리 버스; 메모리 모듈로 데이터를 보내고 메모리 모듈로부터 데이터를 가지고 온다. MIPS 모듈은 메모리 쓰기 동안 버스로 출력한다. 메모리 모듈은 메모리 읽기 동안 버스로 출력한다. 버스는 사용되지 않을 때 'hi-Z'(32비트)를 유지한다.
Op	ALU 동작 선택; ALU에 의해 수행될 특정한 동작(예를 들어 add, and, or)을 결정한다. 디코드 동안 결정된다.
Format	현재의 명령어가 R, I, 또는 J 형식인지를 표시한다.
Instr	현재의 명령어(32비트)
Imm_Ext	명령어로부터 부호가 확장된 즉시 상수(32비트)
PC	현재의 프로그램 카운터(32비트)
NPC	다음번 프로그램 카운터(32비트)
ReadReg1	첫 번째 소스 레지스터(SR1)의 내용(32비트)
ReadReg2	두 번째 소스 레지스터(SR2)의 내용(32비트)

Reg_In	레지스터로의 데이터 입력. 로드 명령어를 실행할 때, Reg_In은 메모리 버스에 연결된다. 그렇지 않으면 Reg_In은 ALU 결과(32비트)에 연결된다.
ALU_InA	ALU에 대한 첫 번째 피연산자(32비트)
ALU_InB	ALU에 대한 두 번째 피연산자. ALU_InB는 immediate 모드 명령어 동안 Imm_Ext에 연결된다. 그렇지 않으면 ALU_InB는 ReadReg2(32비트)에 연결된다.
ALU_Result	ALU의 출력(32비트)
ALUorMEM	Reg_In 멀티플렉서에 대한 선택 신호; 레지스터 입력이 메모리로부터 와야 하는지 또는 ALU로부터 와야 하는지 표시한다.
REGorIMM	ALU_InB 멀티플렉서에 대한 선택 신호; 두 번째 ALU 피연산자가 레지스터 출력인지 또는 부호가 확장된 즉시 상수인지 결정한다.
RegW	최종 레지스터에 쓰여야 하는지 표시한다. 일부 명령어는 레지스터에 아무런 결과도 쓰지 않는다(예를 들어 분기, 저장).
FetchDorI	ADDR 멀티플렉서에 대한 선택 신호; ADDR이 인출될 명령어의 위치인지 또는 읽혀지거나 쓰여질 데이터의 위치인지 결정한다.
Writing	메모리 버스로의 MIPS 프로세서 출력에 대한 제어 신호. 메모리 쓰기 동안을 제외하고, 출력은 'hi-Z' 이므로 버스는 다른 모듈에 의해 사용될 수 있다. Writing은 *WE*로 대체될 수 없다는 점에 유의하라. 왜냐하면 *WE*는 out 모드를 갖기 때문이다. *Writing*은 모드 *in*에서도 사용된다.
DR	최종 레지스터의 어드레스(5비트)
State	현재 상태
nState	다음 상태

두 개의 process가 코드 안에서 사용된다. 인출 동작, 디코드 동작, 실행 동작 등에 대해 분리된 클럭 사이클을 사용했기 때문에, 나중 사용을 위해 각 단계 동안 만들어진 신호들을 저장하는 것이 필요하다. 다음과 같은 처리문은

```
OpSave <= Op;
REGorIMM_Save <= REGorIMM;
ALUorMEM_Save <= ALUorMEM;
ALU_Result_Save <= ALU_Result;
```

관련된 신호의 저장(명시적 래칭)을 위해 클럭이 인가된 process(두 번째 process) 안에서 사용된다.

프로그램 카운터의 입력에 있는 멀티플렉서는 명시적으로 기술되지 않는다. 여러 데이터 전달은 여러 상태에서 동작적으로 기술된다. 좋은 합성기는 여러 데이터 전달을 완수하는 멀티플렉서를 생성할 수 있을 것이다. 마찬가지로, 최종 레지스터 어드레스를 선택하는 멀티플렉서도 명시적으로 기술되지 않는다. 만약 합성 도구가 이와 같은 다중화된 데이터 전달에 대한 하드웨어를 비효율적으로 생성한다면, 멀티플렉서를 데이터패스 안에 기술하여 선택 신호를 위한 제어 신호를 생성할 수 있다.

```
library IEEE;
use IEEE.std_logic_1164.all;
use IEEE.numeric_std.all;

entity MIPS is
  port(CLK, RST: in std_logic;
       CS, WE: out std_logic;
       ADDR: out unsigned (31 downto 0);
       Mem_Bus: inout unsigned(31 downto 0));
end MIPS;

architecture structure of MIPS is
  component REG is
    port(CLK: in std_logic;
         RegW: in std_logic;
         DR, SR1, SR2: in unsigned(4 downto 0);
         Reg_In: in unsigned(31 downto 0);
         ReadReg1, ReadReg2: out unsigned(31 downto 0));
  end component;
  type Operation is (and1, or1, add, sub, slt, shr, shl, jr);
  signal Op, OpSave: Operation := and1;
  type Instr_Format is (R, I, J);  -- (Arithmetic, Addr_Imm, Jump)
  signal Format: Instr_Format := R;
  signal Instr, Imm_Ext: unsigned (31 downto 0);
  signal PC, nPC, ReadReg1, ReadReg2, Reg_In: unsigned(31 downto 0);
  signal ALU_InA, ALU_InB, ALU_Result: unsigned(31 downto 0);
  signal ALU_Result_Save: unsigned(31 downto 0);
  signal ALUorMEM, RegW, FetchDorI, Writing, REGorIMM: std_logic := '0';
  signal REGorIMM_Save, ALUorMEM_Save: std_logic := '0';
  signal DR: unsigned(4 downto 0);
  signal State, nState: integer range 0 to 4 := 0;
  constant addi: unsigned(5 downto 0) := "001000"; -- 8
  constant andi: unsigned(5 downto 0) := "001100"; -- 12
  constant ori:  unsigned(5 downto 0) := "001101"; -- 13
  constant lw:   unsigned(5 downto 0) := "100011"; -- 35
  constant sw:   unsigned(5 downto 0) := "101011"; -- 43
  constant beq:  unsigned(5 downto 0) := "000100"; -- 4
  constant bne:  unsigned(5 downto 0) := "000101"; -- 5
  constant jump: unsigned(5 downto 0) := "000010"; -- 2
  alias opcode: unsigned(5 downto 0) is Instr(31 downto 26);
  alias SR1: unsigned(4 downto 0) is Instr(25 downto 21);
  alias SR2: unsigned(4 downto 0) is Instr(20 downto 16);
  alias F_Code: unsigned(5 downto 0) is Instr(5 downto 0);
  alias NumShift: unsigned(4 downto 0) is Instr(10 downto 6);
  alias ImmField: unsigned (15 downto 0) is Instr(15 downto 0);
begin
  A1: Reg port map (CLK, RegW, DR, SR1, SR2, Reg_In, ReadReg1, ReadReg2);
  Imm_Ext <= x"FFFF" & Instr(15 downto 0) when Instr(15) = '1'
    else x"0000" & Instr(15 downto 0);  -- 즉시 필드를 부호 확장함
  DR <= Instr(15 downto 11) when Format = R
    else Instr(20 downto 16);              -- 최종 레지스터 MUX(MUX1)
  ALU_InA <= ReadReg1;
  ALU_InB <= Imm_Ext when REGorIMM_Save = '1' else ReadReg2; -- ALU MUX(MUX2)
  Reg_in <= Mem_Bus when ALUorMEM_Save = '1' else ALU_Result_Save; -- 데이터 MUX
  Format <= R when Opcode = 0 else J when Opcode = 2 else I;
  Mem_Bus <= ReadReg2 when Writing = '1' else
    "ZZZZZZZZZZZZZZZZZZZZZZZZZZZZZZZZ"; -- 쓰기에서만 메모리 버스를 구동함
  ADDR <= PC when FetchDorI = '1' else ALU_Result_Save;
```

```
process(State, PC, Instr, Format, F_Code, opcode, Op, ALU_InA, ALU_InB, Imm_E>
begin
  FetchDorI <= '0'; CS <= '0'; WE <= '0'; RegW <= '0'; Writing <= '0';
  ALU_Result <= "00000000000000000000000000000000";
  npc <= pc; Op <= jr; REGorIMM <= '0'; ALUorMEM <= '0';
  case state is
    when 0 => -- 인출 명령어
      nPC <= PC + 1; CS <= '1'; nState <= 1; -- 워드 어드레스이므로 1을 증가함
      FetchDorI <= '1';
    when 1 =>
      nState <= 2; REGorIMM <= '0'; ALUorMEM <= '0';
      if Format = J then
        nPC <= "000000" & Instr(25 downto 0); nState <= 0; -- jump와 종료
        -- 메모리가 워드 어드레스이므로 오프셋에 4를 곱하지 않음
      elsif Format = R then  -- register instructions
        if    F_code = "100000" then Op <= add;  -- add
        elsif F_code = "100010" then Op <= sub;  -- subtract
        elsif F_code = "100100" then Op <= and1; -- and
        elsif F_code = "100101" then Op <= or1;  -- or
        elsif F_code = "101010" then Op <= slt;  -- set on less than
        elsif F_code = "000010" then Op <= shr;  -- shift right
        elsif F_code = "000000" then Op <= shl;  -- shift left
        elsif F_code = "001000" then Op <= jr;   -- jump register
        end if;
      elsif Format = I then -- 즉시 명령어
        REGorIMM <= '1';
        if Opcode = lw or Opcode = sw or Opcode = addi then Op <= add;
        elsif Opcode = beq or Opcode = bne then Op <= sub; REGorIMM <= '0';
        elsif Opcode = andi then Op <= and1;
        elsif Opcode = ori then Op <= or1;
        end if;
        if Opcode = lw then ALUorMEM <= '1'; end if;
      end if;
    when 2 =>
      nState <= 3;
      if    OpSave = and1 then ALU_Result <= ALU_InA and ALU_InB;
      elsif OpSave = or1 then ALU_Result <= ALU_InA or ALU_InB;
      elsif OpSave = add then ALU_Result <= ALU_InA + ALU_InB;
      elsif OpSave = sub then ALU_Result <= ALU_InA - ALU_InB;
      elsif OpSave = shr then ALU_Result <= ALU_InB srl to_integer(numshift);
      elsif OpSave = shl then ALU_Result <= ALU_InB sll to_integer(numshift);
      elsif OpSave = slt then -- set on less than
        if ALU_InA < ALU_InB then ALU_Result <= X"00000001";
        else ALU_Result <= X"00000000";
        end if;
      end if;
      if ((ALU_InA = ALU_InB) and Opcode = beq) or
         ((ALU_InA /= ALU_InB) and Opcode = bne) then
        nPC <= PC + Imm_Ext; nState <= 0;
      elsif opcode = bne or opcode = beq then nState <= 0;
      elsif OpSave = jr then nPC <= ALU_InA; nState <= 0;
      end if;
    when 3 =>
      nState <= 0;
      if Format = R or Opcode = addi or Opcode = andi or Opcode = ori then
        RegW <= '1';
      elsif Opcode = sw then CS <= '1'; WE <= '1'; Writing <= '1';
      elsif Opcode = lw then CS <= '1'; nState <= 4;
      end if;
```

```
      when 4 =>
        nState <= 0; CS <= '1';
        if Opcode = lw then RegW <= '1'; end if;
    end case;
  end process;

  process(CLK)
  begin
    if CLK = '1' and CLK'event then
      if rst = '1' then
        State <= 0;
        PC <= x"00000000";
      else
        State <= nState;
        PC <= nPC;
      end if;
      if State = 0 then Instr <= Mem_Bus; end if;
      if State = 1 then
         OpSave <= Op;
         REGorIMM_Save <= REGorIMM;
         ALUorMEM_Save <= ALUorMEM;
      end if;
      if State = 2 then ALU_Result_Save <= ALU_Result; end if;
    end if;
  end process;
end structure;
```

그림 9-8 MIPS 구현을 위한 VHDL 코드

9.5.4 전체 통합된 MIPS

프로세서 모듈과 메모리를 통합하여 완전한 MIPS 모델(그림 9-9)을 만든다. 프로세서부와 메모리부에 대한 컴포넌트 기술을 만든다. 이러한 컴포넌트는 포트 맵 문을 사용하여 집적된다. 상위 레벨 엔티티는 Complete_MIPS라 한다. 또한 어드레스와 데이터 버스를 상위 레벨 엔티티의 출력으로 끌어내었다. 코드가 합성될 때, 만약 엔티티 안에 아무런 출력도 없다면 빈 블록으로 귀결된다. 합성 도구에 따라 다를 수 있지만, 사용되지 않은 신호(그리고 해당 네트)는 합성된 회로에서 삭제될 수도 있다.

합성된 모델은 그림 9-9에서 보여준다. Spartan 3 FPGA를 목표로 하는 Xilinx ISE 도구는 1108개의 4-입력 LUT, 660개의 슬라이스, 111개의 플립플롭, 한 개의 블록 RAM을 생성한다. 레지스터 파일은 194개의 4-입력 LUT를 취한다. 한 개의 LUT는 16비트의 저장 능력을 줄 수 있기 때문에, 32개의 32-비트 레지스터는 64개의 LUT로부터의 저장 능력을 필요로 한다. 레지스터 파일은 두 개의 읽기 포트를 가지고 있으므로 128개의 LUT를 필요로 한다. 어드레스 디코더와 제어 신호를 위해 LUT가 부가적으로 더 필요하다. 시제품 보드에 설계를 구현하기 위해서는 입력과 디스플레이 모듈에 대한 인터페이스가 추가되어야 한다.

```
library IEEE;
use IEEE.std_logic_1164.all;
use IEEE.numeric_std.all;

entity Complete_MIPS is
  port(CLK, RST: in std_logic;
       A_Out, D_Out: out unsigned(31 downto 0));
end Complete_MIPS;

architecture model of Complete_MIPS is
  component MIPS is
    port(CLK, RST: in std_logic;
         CS, WE: out std_logic;
         ADDR: out unsigned(31 downto 0);
         Mem_Bus: inout unsigned(31 downto 0));
  end component;
  component Memory is
    port(CS, WE, Clk: in std_logic;
         ADDR: in unsigned(31 downto 0);
         Mem_Bus: inout unsigned(31 downto 0));
  end component;
  signal CS, WE: std_logic;
  signal ADDR, Mem_Bus: unsigned(31 downto 0);
begin
  CPU: MIPS port map (CLK, RST, CS, WE, ADDR, Mem_Bus);
  MEM: Memory port map (CS, WE, CLK, ADDR, Mem_Bus);
  A_Out <= ADDR;
  D_Out <= Mem_Bus;
end model;
```

그림 9-9 프로세서와 메모리 모듈을 통합한 VHDL 코드

9.5.5 프로세서 모델에 대한 테스팅

그림 9-10에서 보여주는 테스트벤치를 사용하여 전반적인 MIPS VHDL 모델을 테스팅한다. 테스트벤치는 각각의 구현된 명령어의 적절한 동작을 검증하여야 한다. 테스트벤치는 테스트 명령어를 갖는 MIPS 프로그램과 프로그램을 메모리 안에 탑재하고 프로그램의 출력을 검증하는 VHDL 코드로 구성된다. 메모리 안에 쓰기를 원하는 명령어에 대한 상수 어레이를 사용하고, 또한 프로세서 실행 결과와 비교할 예상 출력에 대한 상수 어레이를 사용한다.

그러나 메모리는 프로세서와 테스트벤치에 연결되어 있다는 점에 유의하라. 그것은 테스트벤치와 프로세서가 동시에 신호를 제어하려고 시도한다는 것을 의미한다. 이를 해결하는 한 가지 방법은 메모리의 입력 포트에 Mux를 놓는 것이다. 이러한 목적을 위한 몇 개의 Mux가 있다. 즉, 어드레스를 선택하기 위한 Address_Mux, CS 신호를 선택하기 위한 CS_Mux, WE 신호를 선택하기 위한 WE_Mux가 그것이다. Mux를 위한 선택 신호는 *init*이다. 신호가 '1' 일 때, 세 개의 Mux는 테스트벤치로부터 어드레스와 CS, WE 신호를 선택한다. 그렇지 않으면 프로세서 모듈로부터 이 신호들이 선택된다. 또한 테스트벤치가 메모리에 명령어를 쓰는 것을 끝마칠 때까

지 CPU는 동작하지 않는다는 것을 확실하게 하기 위해 초기화 과정 내내 CPU의 리셋을 행한다. *init*이 '0' 일 때, CPU와 메모리는 정상 동작을 위해 연결된다.

MIPS 프로그램이 실행될 때, 각각의 테스트 명령어는 그 결과를 서로 다른 레지스터에 저장한다. 모든 테스트 명령어가 실행된 후에 프로그램은 일련의 저장 명령어를 수행한다. 이 명령

```
library IEEE;
use IEEE.std_logic_1164.all;
use IEEE.numeric_std.all;

entity MIPS_Testbench is
end MIPS_Testbench;

architecture test of MIPS_Testbench is
  component MIPS
    port(CLK, RST: in std_logic;
         CS, WE: out std_logic;
         ADDR: out unsigned (31 downto 0);
         Mem_Bus: inout unsigned(31 downto 0));
  end component;
  component Memory
    port(CS, WE, CLK: in std_logic;
         ADDR: in unsigned(31 downto 0);
         Mem_Bus: inout unsigned(31 downto 0));
  end component;

  constant N: integer : = 8;
  constant W: integer : = 26;
  type Iarr is array(1 to W) of unsigned(31 downto 0);
  constant Instr_List: Iarr : = (
    x"30000000", -- andi $0, $0, 0  => $0 = 0
    x"20010006", -- addi $1, $0, 6  => $1 = 6
    x"34020012", -- ori $2, $0, 18  => $2 = 18
    x"00221820", -- add $3, $1, $2  => $3 = $1 + $2 = 24
    x"00412022", -- sub $4, $2, $1  => $4 = $2 - $1 = 12
    x"00222824", -- and $5, $1, $2  => $5 = $1 and $2 = 2
    x"00223025", -- or $6, $1, $2   => $6 = $1 or $2 = 22
    x"0022382A", -- slt $7, $1, $2  => $7 = 1 because $1<$2
    x"00024100", -- sll $8, $2, 4   => $8 = 18 * 16 = 288
    x"00014842", -- srl $9, $1, 1   => $9 = 6/2 = 3
    x"10220001", -- beq $1, $2, 1   => 분기하면 안됨
    x"8C0A0004", -- lw $10, 4($0)   => $10 = 5th instr = x"00412022" = 4268066
    x"14620001", -- bne $1, $2, 1   => must branch to PC+1+1
    x"30210000", -- andi $1, $1, 0  => $1 = 0 (bne가 올바르게 동작했다면 건너뜀)
    x"08000010", -- j 16            => PC = 16
    x"30420000", -- andi $2, $2, 0  => $2 = 0 (j 16이 올바르게 동작했다면 건너뜀)
    x"00400008", -- jr $2           => PC = $2 = 18 = PC+1+1. $3 wrong if fails
    x"30630000", -- andi $3, $3, 0  => $3 = 0 (jr $2가 올바르게 동작했다면 건너뜀)
    x"AC030040", -- sw $3, 64($0)   => Mem(64) = $3
    x"AC040041", -- sw $4, 65($0)   => Mem(65) = $4
    x"AC050042", -- sw $5, 66($0)   => Mem(66) = $5
    x"AC060043", -- sw $6, 67($0)   => Mem(67) = $6
    x"AC070044", -- sw $7, 68($0)   => Mem(68) = $7
```

```
    x"AC070044", -- sw $7, 68($0)    => Mem(68) = $7
    x"AC080045", -- sw $8, 69($0)    => Mem(69) = $8
    x"AC090046", -- sw $9, 70($0)    => Mem(70) = $9
    x"AC0A0047"  -- sw $10, 71($0)   => Mem(71) = $10
);
   -- 마지막 명령어들은 레지스터 3~10을 메모리에 저장하는 일련의 sw 동작을 수행한다.
   -- 메모리 쓰기 단계 동안 테스트벤치는 레지스터 값과 (버스 값을 관찰함으로써)
   -- 예상 출력을 비교할 것이다.
   -- 분기 명령어에 대한 명시적 검사/assertion은 하지 않는다.
   -- 그러나 분기가 예상대로 실행되지 않으면 오류가 검출될 것이다.
   -- 왜냐하면 분기 명령어 이후의 명령어에 대한 assertion이 틀릴 것이기 때문이다.
  type output_arr is array(1 to N) of integer;
  constant expected: output_arr: = (24, 12, 2, 22, 1, 288, 3, 4268066);
  signal CS, WE, CLK: std_logic : = '0';
  signal Mem_Bus, Address, AddressTB, Address_Mux: unsigned(31 downto 0);
  signal RST, init, WE_Mux, CS_Mux, WE_TB, CS_TB: std_logic;
begin
  CPU: MIPS port map (CLK, RST, CS, WE, Address, Mem_Bus);
  MEM: Memory port map (CS_Mux, WE_Mux, CLK, Address_Mux, Mem_Bus);

  CLK <= not CLK after 10 ns;
  Address_Mux <= AddressTB when init = '1' else Address;
  WE_Mux <= WE_TB when init = '1' else WE;
  CS_Mux <= CS_TB when init = '1' else CS;

  process
  begin
    rst <= '1';
    wait until CLK = '1' and CLK'event;

    -- 테스트벤치로부터 명령어를 초기화함
    init <= '1';
    CS_TB <= '1'; WE_TB <= '1';
    for i in 1 to W loop
      wait until CLK = '1' and CLK'event;
      AddressTB <= to_unsigned(i-1,32);
      Mem_Bus <= Instr_List(i);
    end loop;
    wait until CLK = '1' and CLK'event;
    Mem_Bus <= "ZZZZZZZZZZZZZZZZZZZZZZZZZZZZZZZZ";
    CS_TB <= '0'; WE_TB <= '0';
    init <= '0';

    wait until CLK = '1' and CLK'event;
    rst <= '0';

    for i in 1 to N loop
      wait until WE = '1' and WE'event;   -- 워드 저장이 실행될 때
      wait until CLK = '0' and CLK'event;
      assert(to_integer(Mem_Bus) = expected(i))
        report "Output mismatch:" severity error;
    end loop;

    report "Testing Finished:";
  end process;
end test;
```

그림 9-10 프로세서 모델에 대한 테스트벤치

어들의 각각은 실행될 때 서로 다른 레지스터의 내용을 버스 위에 싣는다. 그래서 만약 검증하기를 원하는 10개의 명령어가 있다면, 10개의 저장 워드 명령어도 갖게 된다. 각각 저장되는 동안 버스 위의 값은 assert 문을 통하여 그 레지스터에 대한 예상 결과와 비교된다. MIPS 프로세서에서 레지스터 $0은 항상 0이다. 우리는 레지스터 파일 안에 그것을 구현하지 않았다. 따라서 명령어를 사용하여 레지스터 $0을 클리어한다. 테스트 순서 안에서 첫 번째 명령어가 그 일을 한다. 통상적인 MIPS 프로세서 코드에서는 레지스터 $0을 목적지로 갖는 명령어를 찾지는 못할 것이다. 본질적으로 레지스터 $0에 어떤 값을 쓰는 것은 MIPS에서 무시된다.

다음 명령어 파일이 VHDL 모델을 검사하는 데 사용되었다. 우리가 관심이 있는 모든 신호가 최상위 엔티티에 모두 존재하지는 않는다. 여기서 최상위 엔티티는 테스트벤치이다. 이 경우 올바른 시뮬레이션을 하려면 신호를 기술하는(신호가 나타나는 컴포넌트를 특별히 가리키는) 완전한 경로가 제공되어야 한다. `configure list-delta collapse` 명령은 중간 델타 상태에 있는 출력들을 제거한다.

```
add list -hex sim:/mips_testbench/cpu/instr
add list -unsigned sim:/mips_testbench/cpu/npc
add list -unsigned sim:/mips_testbench/cpu/pc
add list -unsigned sim:/mips_testbench/cpu/state
add list -unsigned sim:/mips_testbench/cpu/alu_ina
add list -unsigned sim:/mips_testbench/cpu/alu_inb
add list -signed sim:/mips_testbench/cpu/alu_result
add list -signed sim:/mips_testbench/cpu/addr
configure list -delta collapse
run 2330
```

시뮬레이션 결과는 다음과 같다.

MIPS 명령어	ns	Instr	PC	State	ALU_InA	ALU_InB	ALU_Result	Addr
andi $0, $o, 0	570	30000000	0	0	–	–	0	0
	908	30000000	1	1	–	–	0	X
	610	30000000	1	2	–	0	0	X
	630	30000000	1	3	–	0	0	0
addi $1, $o, 6	650	30000000	1	0	0	0	0	1
	670	20010006	2	1	0	6	0	0
	690	20010006	2	2	0	6	6	0
	710	20010006	2	3	0	6	0	6
ori $2, $0, 18	730	20010006	2	0	0	6	0	2
	750	34020012	3	1	0	18	0	6
	770	34020012	3	2	0	18	18	6
	790	34020012	3	3	0	18	0	18
add $3, $1, $2	810	34020012	3	0	0	18	0	3
	830	00221820	4	1	6	6176	0	18
	850	00221820	4	2	6	18	24	18
	870	00221820	4	3	6	18	0	24

MIPS 명령어	ns	Instr	PC	State	ALU_InA	ALU_InB	ALU_Result	Addr
sub $4, $2, $1	890	00221820	4	0	6	18	0	4
	910	00412022	5	1	18	6	0	24
	930	00412022	5	2	18	6	12	24
	950	00412022	5	3	18	6	0	12
and $5, $1, $2	970	00412022	5	0	18	6	0	5
	990	00222824	6	1	6	18	2	12
	1010	00222824	6	2	6	18	2	12
	1030	00222824	6	3	6	18	0	2
or $6, $1, $2	1050	00222824	6	0	6	18	0	6
	1070	00223025	7	1	6	18	0	2
	1090	00223025	7	2	6	18	22	2
	1110	00223025	7	3	6	18	0	22
slt $7, $1, $2	1130	00223025	7	0	6	18	0	7
	1150	0022382A	8	1	6	18	0	22
	1170	0022382A	8	2	6	18	1	22
	1190	0022382A	8	3	6	18	0	1
sll $8, $2, 4	1210	0022382A	8	0	6	18	0	8
	1230	00024100	9	1	0	18	0	1
	1250	00024100	9	2	0	18	288	1
	1270	00024100	9	3	0	18	0	288
srl $9, $1, 1	1290	00024100	9	0	0	18	0	9
	1310	00014842	10	1	0	6	0	288
	1330	00014842	10	2	0	6	3	288
	1350	00014842	10	3	0	6	0	3
beq $1, $2, 1	1370	00014842	10	0	0	6	0	10
	1390	10220001	11	1	6	18	0	3
	1410	10220001	11	2	6	18	−12	3
lw $10, 4($0)	1430	10220001	11	0	6	18	0	11
	1450	8C0A004	12	1	0	–	0	−12
	1470	8C0A004	12	2	0	4	4	−12
	1490	8C0A004	12	3	0	4	0	4
	1510	8C0A004	12	4	0	4	0	4
bne $1, $2, 1	1530	8C0A004	12	0	0	4	0	12
	1550	14620001	13	1	24	1	0	4
	1570	14620001	13	2	24	18	6	4
j 16	1590	14620001	14	0	24	18	0	14
	1610	08000010	15	1	0	0	0	6
jr $2	1630	08000010	16	0	0	0	0	16
	1650	00400008	17	1	18	0	0	6
	1670	00400008	17	2	18	0	0	6
sw $3, 64($0)	1690	00400008	18	0	18	0	0	18
	1710	AC030040	19	1	0	24	0	0
	1730	AC030040	19	2	0	64	64	0
	1750	AC030040	19	3	0	64	0	64

명령어들을 메모리 모듈 안에 탑재하기 위해 사용되는 초기화 사이클은 보여주지 않는다. 일단 프로세서에 의해 명령어 인출이 시작되면, 제시된 데이터는 사이클에 부합한다. 첫 번째 저장 명령어만이 여기에 보여진다. 그러나 모든 저장 명령어들은 테스트벤치에서 테스트된다. 메

모리 안에 저장된 위치로부터 데이터를 읽음으로써 더 종합적인 테스트를 고안해 낼 수 있다.

이 장에서는 많이 알려져 있는 RISC 명령어 셋인 MIPS를 제시하였다. 명령어 셋 사양에서 시작하여 MIPS 명령어 셋에 대한 설계를 제시하였다. 합성이 가능한 VHDL 모델을 제시하였다. 프로세서 모델을 검사할 테스트벤치의 사용을 예시하였다.

연습문제

9.1 *ISA*라는 용어는 무엇을 의미하는가? Pentium 4와 Pentium 3는 동일한 ISA를 갖는가?

9.2 마이크로프로세서 *X*는 명령어 셋에서 30개의 명령어를 가지고 있으며, 마이크로프로세서 *Y*는 명령어 셋에서 45개의 명령어를 가지고 있다. *Y*가 RISC 프로세서라는 말을 들었다고 하자. 그렇다면 *X*가 RISC 프로세서라고 결론지을 수 있는가? 그렇다면 그 이유는? 그렇지 않다면 또 그 이유는?

9.3 프로세서를 RISC 타입으로 만드는 네 가지 중요한 특징을 열거하라.

9.4 MIPS `addi` 명령어와 `addiu` 명령어의 차이점은 무엇인가?

9.5 다음의 MIPS 명령어들을 위한 머신 언어 인코딩은 무엇인가? 16진수로 답하라. 모든 오프셋은 십진수로 표기되어 있다.

(i) `add $6, $7, $8`
(ii) `lw $5, 4($6)`
(iii) `addiu $3, $2, -2000`
(iv) `sll $3, $7, 12`
(v) `beq $6, $5, -16`
(vi) `j 4000`

9.6 다음의 MIPS 명령어들을 위한 머신 언어 인코딩은 무엇인가? 16진수로 답하라. 모든 오프셋은 십진수로 표기되어 있다.

(i) `addi $5, $4, 4000`
(ii) `sw $5, 20($3)`
(iii) `addu $4, $5, $3`
(iv) `bne $2, $3, 32`
(v) `jr $5`
(vi) `jal 8000`

9.7 다음의 16진수 숫자에 해당하는 MIPS 명령어는 무엇인가? 만약 표 9-7에 없는 명령어라면 illegal opcode라고 표시하라.

(i) 33333300

(ii) 8D8D8D8D

(iii) 1777FF00

(iv) BDBD00BD

(v) 01010101

9.8 다음의 16진수 숫자에 해당하는 MIPS 명령어는 무엇인가? 만약 표 9-7에 없는 명령어라면 illegal opcode라고 표시하라.

(i) 20202020

(ii) 00E70018

(iii) 13D300C8

(iv) 0192282A

(v) 0F6812A4

9.9 다음의 유사 코드 부분에 대한 MIPS 어셈블리어 프로그램을 작성하라. *x*와 *y* 어레이가 어드레스 4000과 8000(십진수)에서 시작한다고 가정한다.

```
for(i = 0; i < 100; i++)
  x(i) = x(i) * y(i)
```

9.10 다음의 유사 코드 부분에 대한 MIPS 어셈블리어 프로그램을 작성하라. *x*와 *y* 어레이가 어드레스 4000과 8000(십진수)에서 시작한다고 가정한다.

```
for(i = 1; i < 100; i++)
  x(i) = x(i) + x(i-1)
```

9.11 다음의 유사 코드 부분에 대한 MIPS 어셈블리어 프로그램을 작성하라. *x*와 *y* 어레이가 어드레스 4000과 8000(십진수)에서 시작하고, *a*는 어드레스 12000(십진수)에 있다고 가정한다.

```
for(i = 0; i < 100; i++)
  y(i) = a * x(i) + y(i)
```

9.12 그림 9-8은 MIPS 명령어에 대한 모델을 제시하고 있다. 현재의 Xilinx 소프트웨어를 사용하여 최첨단의 Xilinx FPGA를 목표로 모델을 합성하라. 몇 개의 로직 블록, 플립플롭, 메모리 블록이 사용되는가? (주: 다른 FPGA 회사와 그 소프트웨어로 바꾸어서 당신의 환경에 맞도록 이 질문을 변형시켜 보라.)

9.13 (a) 그림 9-8은 MIPS 명령어에 대한 모델을 제시하고 있다. FPGA 시제품 보드 위에 있는 입

력 스위치와 LED/디스플레이에 모델을 인터페이스하기 위한 모듈을 추가함으로써 모델을 개선하라. 당신의 인터페이스는 MIPS 프로세서의 동작을 정지시킬 수 있어야 하고, 8개의 LED 위에 $1의 하위 8비트를 디스플레이할 수 있어야 한다. 당신의 인터페이스는 또한 시제품 보드의 내부 클럭을 분할하여 모델에 느린 클럭(예를 들어 100-Hz 클럭)을 공급하여야 한다. 시제품 보드의 역량에 맞추어서 다른 LED나 디스플레이 소자를 이용하여 부가적인 정보를 디스플레이할 수도 있다. 모델을 합성하고 그것을 시제품 보드에 구현하라.

(b) 이 질문에 대해서는 (a)의 모델을 사용하라. 회전하는 빛(시제품 보드 위에 있는 8개의 LED를 사용하여 구현된)을 생성하는 MIPS 어셈블리어 프로그램을 작성하라. 빛은 1초 간격으로 하나의 LED에서 다음으로 회전한다.

(c) 이 질문에 대해서는 (a)의 모델을 사용하라. 신호등 제어기를 생성하는 MIPS 어셈블리어 프로그램을 작성하라. 다음과 같은 모양을 갖도록 당신의 신호등을 구현하라.

길A			길B			
빨강	노랑	초록	빨강	노랑	초록	
0	0	1	1	0	0	(5초)
0	1	0	1	0	0	(2초)
1	0	0	1	0	0	(1초)
1	0	0	0	0	1	(5초)
1	0	0	0	1	0	(2초)
1	0	0	1	0	0	(1초), 그리고 반복함

9.14 많은 마이크로프로세서들은 메모리 매핑에 의해 입출력 동작을 수행한다. 메모리 어드레스 F0002F2F는 프로세서를 위한 병렬 포트라고 가정한다. 병렬 포트의 LSB 위에 약 8 MHz의 주파수를 갖는 구형파를 발생시키는 MIPS 프로그램을 작성하라. 100-MHz 클럭으로 동작하는 그림 9-8에 기반을 둔 MIPS 프로세서 시제품을 가지고 있다고 가정한다.

9.15 (a) MIPS VHDL 코드에 있는 add와 addi 명령어에 오버플로 감지를 추가하라(그림 9-8).

(b) (a)의 코드를 검사하는 테스트벤치를 작성하라.

9.16 (a) 그림 9-8에서 구현된 MIPS 내의 모든 오버플로-인에이블 명령어에 오버플로 감지를 추가하라.

(b) (a)의 코드를 검사하는 테스트벤치를 작성하라.

9.17 (a) MIPS VHDL 코드(그림 9-8)에 MIPS 명령어 `JAL`(jump and link)을 추가하라. `JAL`은 procedure 호출에 사용된다. `JAL jumpaddr`은 복귀 어드레스 (PC + 1)를 레지스터 파일 $31에 넣고, 다음 명령어를 위해 `jumpaddr`로 간다. (주: 원래의 MIPS는 (PC + 4)와 `jumpaddr*4`를 사용했다; 그러나 9장에 있는 구현은 바이트 어드레싱 대신 워드 어드레싱을 사용하므로 "4"는 "1"로 대치된다.) `JAL` 명령어는 J 형식을 사용한다; 그러므로 처음 6비트는

opcode(3)이고, 남은 26비트는 `jumpaddr`이다. 필요하면 VHDL 코드에 몇 가지 수정을 가하라.

(b) 이 명령어를 검사할 테스트벤치를 작성하라.

9.18 (a) 두 개의 범용 레지스터의 하위 절반에 저장된 두 개의 16-비트 숫자를 곱하고 그 결과를 또 다른 32-비트 레지스터에 저장하는 명령어를 그림 9-8에 있는 프로세서 모델에 추가하라. (주: 이러한 명령어는 MIPS에 존재하지 않는다.)

(b) 이 명령어를 검사할 테스트벤치를 작성하라.

9.19 (이 문제는 학기 프로젝트로 사용될 수 있다. 파이프라이닝에 대한 더 많은 정보는 참고문헌 37에서 얻을 수 있다.) 현대적인 마이크로프로세서는 명령어 처리량을 증가시키기 위해 파이프라이닝을 채용한다. 인출, 디코드 및 레지스터 읽기, 실행, 메모리 호출, 레지스터 다시 쓰기 단계를 포함하는 5단계 파이프라인을 생각하라. 첫 번째 단계 동안, 명령어는 명령어 메모리로부터 인출된다. 두 번째 단계 동안, 인출된 명령어는 디코드된다. 또한 이 단계 동안 피연산자 레지스터도 읽혀진다. 세 번째 단계 동안, 산술 또는 로직 동작이 두 번째 단계 동안 읽혀진 레지스터 데이터에 대해 수행된다. 네 번째 단계 동안, 로드/저장 명령어에서 데이터 메모리가 읽히거나 쓰인다. 산술 명령어는 이 단계 동안 어떤 동작도 수행하지 않는다. 다섯 번째 단계 동안, 산술 명령어는 최종 레지스터에 결과를 쓴다.

(a) 그림 9-8에 나타낸 MIPS 설계의 파이프라인 구현을 설계하라. 파이프라인의 일반적인 구조를 표시하는 블록도를 그려라. VHDL 코드를 작성하고, FPGA 목표를 위해 합성하고, FPGA 시제품 보드에 구현하라. 각각의 단계는 한 클럭 사이클이 걸린다고 가정한다. 시제품 보드에 구현할 때 8-Hz 클럭을 사용하라.

명령어 메모리 호출과 데이터 메모리 호출은 단지 한 사이클만 걸린다고 가정한다. 명령어와 데이터 메모리는 첫 번째 단계와 네 번째 단계로부터의 동시 호출을 허용하기 위해 분리될 필요가 있다(또는 2 포트를 가져야 한다).

명령어는 불완전한 명령어와의 의존성이 없는 한(파이프라인에서 그보다 앞에 있는 상황), 두 번째 단계에서 레지스터 파일로부터 피연산자를 읽을 수 있다. 만약 그러한 의존성이 존재한다면, 디코드 단계에서 현재 명령어는 레지스터 데이터가 준비될 때까지 기다려야 한다. 각각의 명령어는 이전 명령어와의 의존성을 검사하여야 한다. 이것은 현재 명령어의 소스 레지스터와 현재 명령어 앞에 있는 불완전한 명령어의 최종 레지스터를 비교함으로써 행해질 수 있다.

레지스터 파일은 다섯 번째 단계에서 쓰이고 두 번째 단계에서 읽힌다. 합리적인 가정으로, 쓰기는 사이클의 전반에 수행되고 읽기는 사이클의 후반에 수행된다고 하자. 사이클의 전반에 최종 레지스터에 쓰인 데이터가 동일한 사이클의 후반에 또 다른 명령어에 의해 읽힐 수 있다고 가정한다.

(b) 의존성이 없는 N개의 명령어를 실행하는 데 몇 개의 사이클이 걸리는가?

(c) 이 파이프라인을 통해 다음의 명령어 순서를 실행하는 데 몇 개의 사이클이 걸리는가?

```
add $5,$4,$3
add $6,$5,$4
add $7,$6,$5
add $8,$7,$6
```

9.20 (이 문제는 학기 프로젝트로 사용될 수 있다. 파이프라이닝과 데이터 포워딩에 대한 더 많은 정보는 참고문헌 37에서 얻을 수 있다.) 문제 9.19에서 가정하기를, 이어지는 명령어가 데이터를 읽을 수 있기 전에 명령어의 다시 쓰기 단계 동안 데이터가 레지스터 파일에 쓰여야 한다고 했다. 만약 명령어 $i + 1$이 명령어 i에 의존적이라면, 이 가정은 두 개의 유휴(idle) 사이클을 초래한다. 많은 프로세서들이 이 문제를 해결하기 위해 사용하는 기술은 데이터 포워딩(data forwarding)이라고 한다. 만약 어떤 명령어가 그 앞에 있는 명령어로부터 결과를 필요로 한다면, 그 결과는 현재 명령어에 전달되어야 한다. 이것은 ALU의 입력에 멀티플렉서를 놓음으로써 해결된다. 이때 멀티플렉서는 레지스터 파일이나, ALU 출력으로부터의 전달 경로나, 메모리 호출 단계(네 번째 단계)의 출력으로부터 피연산자를 취한다. 명령어 사이의 의존성이 명확하게 식별되고, 멀티플렉서는 올바른 데이터를 전달하도록 적절하게 제어된다.

(a) 그림 9-8에 나타낸 MIPS 설계의 파이프라인 구현을 데이터 포워딩을 가지고 설계하라. 포워딩 하드웨어를 표시하는 블록도를 그려라. VHDL 코드를 작성하고, FPGA 목표를 위해 합성하고, FPGA 시제품 보드에 구현하라. 시제품 보드에 구현할 때 8-Hz 클럭을 사용하라.

(b) 이 설계에 대한 문제 9.10과 9.11에 있는 코드, 문제 9.19에 있는 설계, 그림 9-8에 있는 설계가 취하는 사이클 수를 비교하라.

HARDWARE TESTING AND DESIGN FOR TESTABILITY

10

하드웨어 테스팅과 테스트를 고려한 설계

이 장은 디지털 시스템 테스팅과 테스트가 더 용이하도록 시스템을 만드는 설계 방법을 소개한다. 우리는 이미 설계 과정 동안 테스팅을 사용하는 것에 대해 토론하였다. 그리고 전반적인 설계와 사용된 알고리즘이 올바른지 검증하기 위해 VHDL 테스트벤치를 작성하였다. 또한 설계가 논리적으로 올바르고 사양에 부합하는지 검증하기 위해 로직 레벨에서 시뮬레이션을 사용하였다. IC의 로직 레벨 설계가 완료된 후, 설계가 올바르게 구현되었고 타이밍이 올바른지 검증하기 위해 회로 레벨에서 시뮬레이션을 함으로써 추가적인 테스팅이 이루어질 수 있다.

디지털 시스템이 제조될 때, 기능이 올바른지 검증하기 위해서는 그 이상의 테스팅이 필요하다. 하나의 IC에 대한 여러 개의 복사본이 제조될 때, 각각의 복사본은 제조상의 결함이 없는지 검증하기 위해 테스트되어야 한다. 이러한 테스팅 과정은 비용이 매우 많이 들 수 있고, 시간이 많이 소요될 수도 있다. 오늘날의 복잡한 IC에 대해서, 테스팅 비용은 제조비용 중 큰 부분을 차지한다. 그러므로 디지털 시스템을 테스트하는 효율적인 방법을 개발하고, 테스트를 하기 쉽도록 시스템을 설계하는 것은 매우 중요하다. 따라서 **테스트를 고려한 설계**(design for test, DFT)는 현대적 IC 설계에서 중요한 사항이다.

이 장에서는 발생할 수 있는 기본적인 타입의 고장에 대해 조합논리를 테스트하는 방법을 우선 토론한다. 그런 다음, 순차논리에 대한 테스트 시퀀스를 결정하기 위한 방법을 기술한다. **자동 테스트 패턴 생성기**(automatic test pattern generator, ATPG)는 회로와 시스템을 테스트하는데 필요한 테스트 시퀀스를 생성하기 위해 사용된다. 직면하는 문제들 중 하나는 보통 테스트되고 있는 회로의 입력과 출력에만 접근할 수 있고, 내부 상태에는 그렇지 못하다는 것이다. 이러한 문제를 해결하기 위해서는 내부 테스트 지점을 IC의 별도의 핀에 가져다 놓을 수도 있다. 필요한 테스트 핀의 수를 줄이기 위해, 시스템의 상태가 시프트 레지스터에 저장될 수 있고 직렬로 시프트 출력될 수 있는 **주사 설계**(scan design)의 개념을 소개한다. 마지막으로, **내장형 자기테스트**(built-in self-test, BIST) 개념에 대해 토론한다. IC에 더 많은 구성요소들을 추가함으로써 값비싼 외부 테스팅을 필요로 하지 않고, 테스트 시퀀스를 생성하며, 이 시퀀스에 대한 응답을 내부적으로 검증할 수 있다.

10.1 조합논리 테스팅

두 가지 보편적인 타입의 고장(fault)은 단락회로와 개방회로이다. 만일 게이트 입력이 접지에 단락된다면, 그 입력은 논리 0에 고착된 것처럼 동작한다. 만일 게이트 입력이 양의 전력 공급 전압에 단락된다면, 그 게이트 입력은 논리 1에 고착된 것처럼 동작한다. 만일 게이트 입력이 개방회로라면, 사용되고 있는 논리의 타입에 따라 그 입력은 0이나 1에 고착된 것처럼 동작한다. 따라서 논리회로에서의 고장을 stuck-at-1(s-a-1) 또는 stuck-at-0(s-a-0) 고장으로 모델화하는 것이 통상적인 관례이다. 게이트 입력을 s-a-0에 대하여 테스트하기 위해서는 게이트 입력이 1로 되어야 한다. 그래서 0으로의 변화가 검출될 수 있다. 마찬가지로, 게이트 입력을 s-a-1에 대하여 테스트하기 위해서는 정상적인 게이트 입력이 0으로 되어야 한다. 그래서 1로의 변화가 검출될 수 있다.

그림 10-1(a)에서 보여주는 것처럼, 모든 입력에 1을 인가함으로써 s-a-0 고장에 대하여 AND 게이트를 테스트할 수 있다. 그러면 정상적인 게이트 출력은 1이다. 그러나 만일 어떤 입력이 s-a-0이라면, 출력은 0이 된다. 게이트 입력 a에 있는 표기법 $1 \rightarrow 0$은 a의 정상적인 값이 1이지만 s-a-0 고장 때문에 그 값이 0으로 변했다는 것을 의미한다. 게이트 출력에 있는 표기법 $1 \rightarrow 0$은 이러한 변화가 게이트 출력에 전달되었다는 것을 표시한다. 그림 10-1(b)에서 보여주는 것처럼, 테스트되고 있는 입력에 0을 인가하고 다른 입력들에는 1을 인가함으로써 s-a-1에 대하여 AND 게이트 입력을 테스트할 수 있다. 그러면 정상적인 게이트 출력은 0이다. 그러나 만일 테스트되고 있는 입력이 s-a-1이라면, 출력은 1이 된다. s-a-1에 대하여 OR 게이트 입력을 테스트하기 위해서는 모든 입력에 0을 인가한다. 만일 어떤 입력이 s-a-1이라면, 출력은 1로 변할 것이다(그림 10-1(c)). s-a-0에 대하여 OR 게이트 입력을 테스트하기 위해서는 테스트되고 있는 입력에 1을 인가하고 다른 입력들에 0을 인가한다. 테스트되고 있는 입력이 s-a-0이라면, 출력은 0으로 변할 것이다(그림 10-1(d)). s-a-0과 s-a-1에 대하여 게이트 입력을 테스트하는 과정에서 게이트 출력에서의 s-a-0과 s-a-1 고장도 또한 검출할 수 있다.

그림 10-2의 2-레벨 AND-OR 회로는 9개의 입력과 한 개의 출력을 가지고 있다. OR 게이트

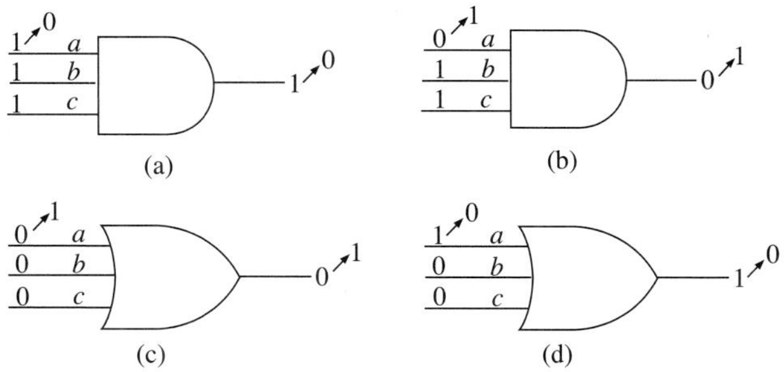

그림 10-1 stuck-at 고장에 대한 AND와 OR 게이트 테스팅

입력들(p, q, r)에 접근할 수 없어서 게이트들을 개별적으로 테스트할 수 없다고 가정한다. 이 회로를 테스트하는 한 가지 접근 방법은 $2^9 = 512$개의 서로 다른 입력 조합을 모두 인가하고 출력을 관찰하는 것이다. 보다 더 효율적인 접근 방법은 표 10-1에서 보여주는 바와 같이 모든 s-a-0과 s-a-1 고장에 대한 테스팅에 기반을 두는 것이다. s-a-0에 대하여 AND 게이트 입력 abc를 테스트하기 위해서는 그림 10-2(a)에서 보여주는 바와 같이 a, b, c에 1을 인가하여야 한다. 그러면 만일 어떤 게이트 입력이 s-a-0이라면, 게이트 출력(p)은 0이 될 것이다. OR 게이트 출력에 그 변화를 전송하기 위해서는 다른 OR 게이트의 입력들이 0이어야 한다. 이를 달성하기 위해서 $d = 0$, $g = 0$(그러면 e, f, h, i는 "don' t care")으로 설정할 수 있다. 이 테스트 벡터는 $a0$, $b0$, $c0$뿐만

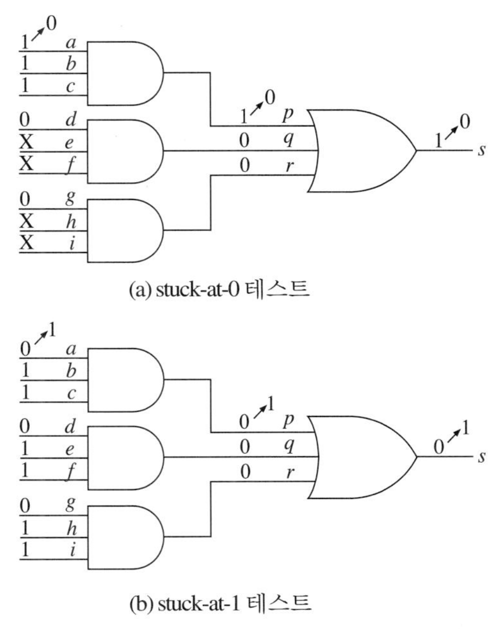

그림 10-2 AND-OR 회로 테스팅

표 10-1 그림 10-2에 대한 테스트 벡터

A	*B*	*C*	*D*	*E*	*F*	*G*	*H*	*I*	테스트된 고장
1	1	1	0	X	X	0	X	X	$a0, b0, c0, p0$
0	X	X	1	1	1	0	X	X	$d0, e0, f0, q0$
0	X	X	0	X	X	1	1	1	$g0, h0, i0, r0$
0	1	1	0	1	1	0	1	1	$a1, d1, g1, p1, q1, r1$
1	0	1	1	0	1	1	0	1	$b1, e1, h1, p1, q1, r1$
1	1	0	1	1	0	1	1	0	$c1, f1, i1, p1, q1, r1$

아니라 $p0$(p stuck-at-0)도 검출할 것이다. 유사한 방법으로, $d = e = f = 1$, $a = g = 0$으로 설정함으로써 $d0$, $e0$, $f0$, $q0$를 테스트할 수 있다. $g = h = i = 1$, $a = d = 0$으로 설정한 세 번째 테스트는 남아 있는 s-a-0 고장을 테스트할 것이다. $a1$, 즉 s-a-1에 대하여 a를 테스트하기 위해서는 그림 10-2(b)에서 보여주는 바와 같이 $a = 0$, $b = c = 1$로 설정하여야 한다. 그러면 만일 a가 s-a-1이라면, p는 1이 될 것이다. 이러한 변화를 출력에 전송하기 위해서는 이전처럼 $q = r = 0$을 가져야 한다. 그러나 만일 $d = g = 0$, $e = f = h = i = 1$로 설정한다면, $a1$과 동시에 $d1$과 $g1$에 대한 테스트를 할 수 있다. 이 동일한 테스트 벡터는 또한 $p1$, $q1$, $r1$에 대한 테스트도 한다. 표에 나타낸 것처럼, 하나의 테스트 벡터로 $b1$, $e1$, $h1$에 대하여 테스트를 할 수 있고, 유사하게 $c1$, $f1$, $i1$에 대하여 테스트도 한다. 따라서 6개의 테스트만으로 모든 s-a-0과 s-a-1 고장을 테스트할 수 있다. 반면에 억지로 모든 경우를 시도하는 접근 방법은 512개의 테스트를 필요로 할 것이다. 6개의 테스트를 인가할 때 고장이 있는지 없는지 여부를 결정할 수 있지만, 고장의 정확한 위치를 결정할 수는 없다. 앞에서 진행했던 분석에서 오직 하나의 고장만이 한 번에 발생한다고 가정하였다. 많은 경우에 다중 고장의 존재도 검출될 것이다.

다중 레벨(multilevel) 회로를 테스트하는 것은 2-레벨 회로를 테스트하는 것보다 상당히 더 복잡하다. 회로의 내부 고장에 대하여 테스트를 하기 위해서는 그 고장을 활성화하고 회로 출력으로 고장 효과를 전달할 입력 집합을 선택하여야 한다. 그림 10-3에서 a, b, c, d, e는 회로 입력이다. 만일 게이트 입력 n s-a-1에 대하여 테스트하기를 원한다면, n은 0이어야만 한다. 그림에서 보여주는 것처럼 $c = 0$, $a = 0$, $b = 1$로 설정한다면 이를 달성할 수 있다. 고장 n s-a-1을 출력 F에 전달하기 위해서는 $d = 1$, $e = 0$으로 만들어야 한다. 이러한 입력 집합에 대해서, 만일 a, m, n 또는 p가 s-a-1이라면, 출력 F는 틀린 값을 가질 것이고 고장이 검출될 수 있다. 더구나 만일 a를 1로 변화시키고 게이트 입력 a, m, n 또는 p가 s-a-0이라면, 출력 F는 1에서 0으로 변할 것이다. 이때 a, m, n, p를 통과하는 경로가 감지되었다고 말하는데, 왜냐하면 그 경로 상에 있는 어떠한 고장도 검출될 수 있기 때문이다. **경로 감지 방법**(path sensitization)은 회로 입력 집합 중 하나를 사용하여 수많은 서로 다른 stuck-at 고장들에 대한 테스트를 허용한다.

다음으로, 모든 단일 stuck-at-1과 stuck-at-0 고장들에 대하여 그림 10-4의 회로를 테스트하

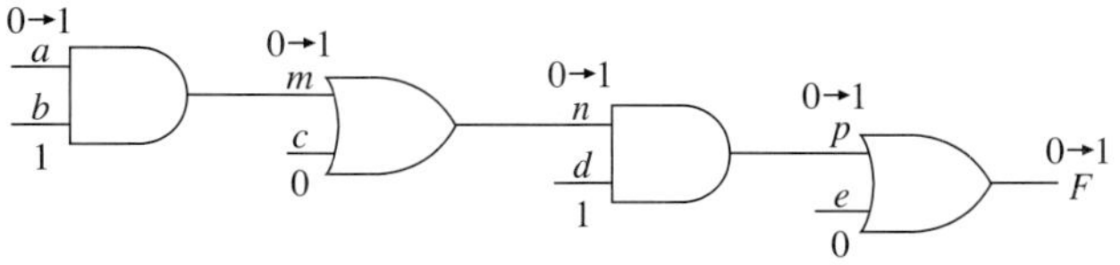

(a) s-a-1 테스트

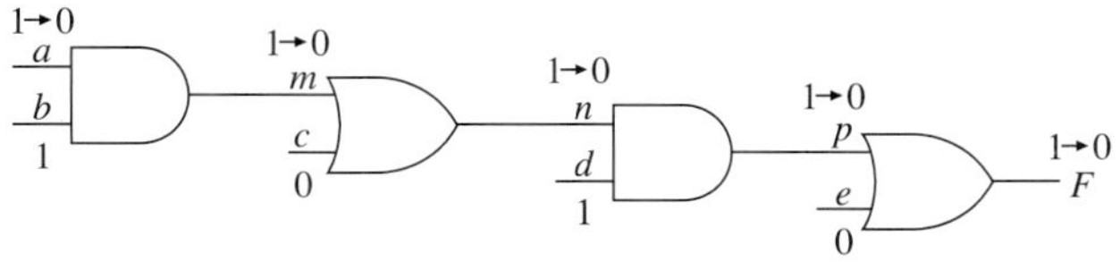

(b) s-a-0 테스트

그림 10-3 경로 감지를 이용한 고장 검출

기 위한 테스트 벡터의 최소 집합을 결정하고자 한다. A, B, C, D에 입력을 인가할 수 있고, 출력 F를 관찰할 수 있으며, 내부 게이트 입력과 출력은 접근할 수 없다고 가정한다. 테스트 벡터를 결정하는 일반적인 절차는 다음과 같다.

1. 테스트되지 않은 고장을 선택한다.
2. 필요한 $ABCD$ 입력을 결정한다.
3. 테스트될 추가적인 고장을 결정한다.
4. 모든 고장에 대해서 테스트를 찾을 때까지 이 절차를 반복한다.

s-a-1에 대하여 입력 p를 테스트하는 것으로 시작하자. 이렇게 하기 위해서는 $p = 0$이 되도록 입력 A, B, C, D를 선택하여야 한다. 만일 p가 s-a-1이라면, 이 고장을 출력 F에 전달하여야 한다. 그래서 고장이 관찰될 수 있다. 이 고장을 전달하기 위해서는 $c = 0$, $w = 1$로 만들어야 한다. $t = 1$ 또는 $u = 1$로 만들어서 $w = 1$로 만들 수 있다. $u = 1$을 만들기 위해서는 $D = 1$, $r = 1$을 가져야 한다. 다행스럽게도 $C = 0$으로 결정한 결과 $r = 1$이 된다. $p = 0$을 만들기 위해 $A = 0$을 선택한다. $B = 1$을 선택함으로써 경로 A-a-p-v-f-F를 감지할 수 있어서 입력 집합 $ABCD = 0101$은 고장 $a1$, $p1$, $v1$, $f1$에 대하여 테스트할 것이다. 이 입력 집합은 c s-a-1에 대한 테스트도 한다. c s-a-1은 게이트 내부에 있는 고장이라고 가정한다. 그래서 c s-a-1이 발생해도 $q = 0$과 $r = 1$을 갖는 것이 여전히 가능하다.

경로 A-a-p-v-f-F 상에 있는 s-a-0 입력들에 대하여 테스트하기 위해 입력 $ABCD = 1101$을 사용할 수 있다. 고장 $a0$, $p0$, $v0$, $f0$에 대한 테스팅에 추가하여, 이 입력 벡터는 다음과 같은 고장도 테스트한다: $b0$, $w0$, $u0$, $r0$, $q1$, $d0$. 나머지 stuck-at 고장들에 대한 테스트를 결정하기 위해서는 테스트되지 않은 고장을 선택하고, 필요한 $ABCD$ 입력을 결정하며, 테스트될 추가적인 고

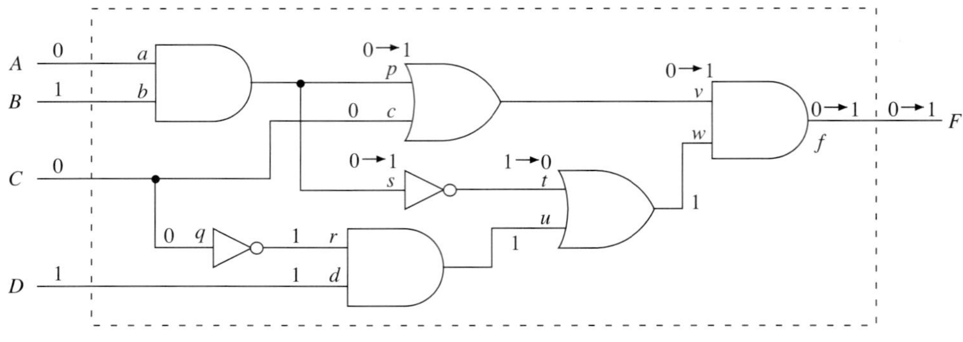

그림 10-4 stuck-at 고장 테스팅을 위한 회로의 예(*p* stuck-at-1)

표 10-2 그림 10-4에 나타낸 stuck-at 고장에 대한 테스트

테스트 벡터				정상적인 게이트 입력													테스트된 고장
A	*B*	*C*	*D*	*a*	*b*	*p*	*c*	*q*	*r*	*d*	*s*	*t*	*u*	*v*	*w*	*F*	
0	1	0	1	0	1	0	0	0	1	1	0	1	1	0	1	0	*a*1 *p*1 *c*1 *v*1 *f*1
1	1	0	1	1	1	1	0	0	1	1	1	0	1	1	1	1	*a*0 *b*0 *p*0 *q*1 *r*0 *d*0 *u*0 *v*0 *w*0 *f*0
1	0	1	1	1	0	0	1	1	0	1	0	1	0	1	1	1	*b*1 *c*0 *s*1 *t*0 *v*0 *w*0 *f*0
1	1	0	0	1	1	1	0	0	1	0	1	0	0	1	0	0	*a*0 *b*0 *d*1 *s*0 *t*1 *u*1 *w*1 *f*1
1	1	1	1	1	1	1	1	1	0	1	1	0	0	1	0	0	*a*0 *b*0 *q*0 *r*1 *s*0 *t*1 *u*1 *w*1 *f*1

장들을 결정한다. 그런 다음, 모든 고장에 대해서 테스트를 찾을 때까지 이러한 절차를 반복할 수 있다. 표 10-2는 그림 10-4에 나타낸 모든 단일 stuck-at 고장들을 테스트할 5개의 테스트 벡터를 열거하고 있다.

Stuck-at 고장 이외에 브리징 고장과 같은 다른 타입의 고장도 발생할 수 있다. 두 개의 연결되지 않은 신호선이 서로 단락될 때 브리징 고장이 발생할 수 있다. 대규모 조합회로에 대해서 모든 가능한 고장들을 테스트할 테스트 벡터의 최소 집합을 찾는 것은 매우 어렵고 시간이 많이 걸리는 일이다. 여분의 게이트를 포함하는 회로에 대해서는 일부 고장에 대한 테스팅이 불가능할 수 있다. 종합적인 테스트 벡터 집합이 찾아진다고 해도 모든 벡터를 인가하는 것은 너무 많은 시간과 비용이 들 수 있다. 이러한 이유들로 인하여 대부분의 고장들을 테스트할 상대적으로 작은 테스트 벡터 집합을 사용하는 것이 통상적인 관례이다. 일반적으로, 이와 같은 벡터 집합을 결정하는 것은 어려우며 집중적인 계산을 필요로 하는 문제이다. 많은 알고리즘과 이에 대응되는 컴퓨터 프로그램들이 이러한 테스트 벡터 집합을 생성하기 위해 개발되었다. 컴퓨터 프로그램은 또한 고장을 포함하는 시뮬레이션을 하기 위해서도 개발되었다. 이와 같은 프로그램들은 발생될 수 있는 고장들 중 주어진 입력 벡터 집합에 의해 테스트되는 비율을 사용자가 결정하도록 허용한다. 발생될 수 있는 고장들 중 입력 벡터 집합에 의해 테스트될 수 있는 비율을 테스트 벡터의 **커버 범위**(coverage)라고 한다.

10.2 순차논리 테스팅

순차논리를 테스트하는 것은 일반적으로 조합논리를 테스트하는 것보다 훨씬 어렵다. 왜냐하면 테스팅을 위해 입력 시퀀스를 사용해야 하기 때문이다. 만일 입력과 출력 시퀀스만을 관찰할 수 있고 순차회로 안에 있는 플립플롭의 상태를 관찰할 수 없다면, 매우 많은 수의 테스트 시퀀스가 필요할 수 있다. 기본적으로 문제는 테스트되는 회로가 올바르게 기능하는 회로와 등가인지를 결정하는 것이다. 테스트되고 있는 순차회로가 리셋 입력을 가지고 있어서, 알고 있는 초기상태로 그 순차회로를 리셋할 수 있다고 가정하자. 만일 억지로 모든 경우를 시도하는 접근 방법을 사용하여 회로를 테스트하려고 시도했다면, 회로를 초기상태로 리셋하고, 테스트 시퀀스를 인가하며, 출력 시퀀스를 관찰했을 것이다. 만일 출력 시퀀스가 맞았다면, 또 다른 시퀀스에 대해 테스트를 반복했을 것이다. 이러한 과정은 모든 가능한 입력 시퀀스에 대해 반복되어야 한다. 머신 내의 모든 상태와 상태 천이를 남김없이 테스트하려면 많은 수의 테스트가 필요하다. 억지로 모든 경우를 시도하는 접근 방법은 완전히 비현실적이므로, 의문이 생긴다: 회로를 충분히 테스트할 상대적으로 작은 테스트 시퀀스 집합을 유도할 수 있는가?

순차회로에 대해서 테스트 시퀀스를 유도하는 한 가지 방법은 그 회로를 반복회로로 변환하는 것이다. 반복회로는 순차회로의 조합 부분이 여러 번 반복되어 각 시간에서 회로의 조합 부분의 상황을 표시하는 것을 의미한다. 반복회로는 조합회로이므로, 조합회로에 대한 표준 방법들

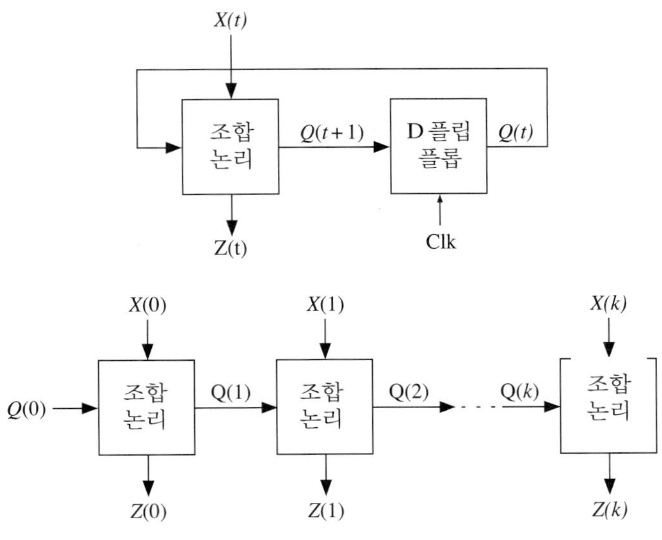

그림 10-5 순차회로와 반복회로

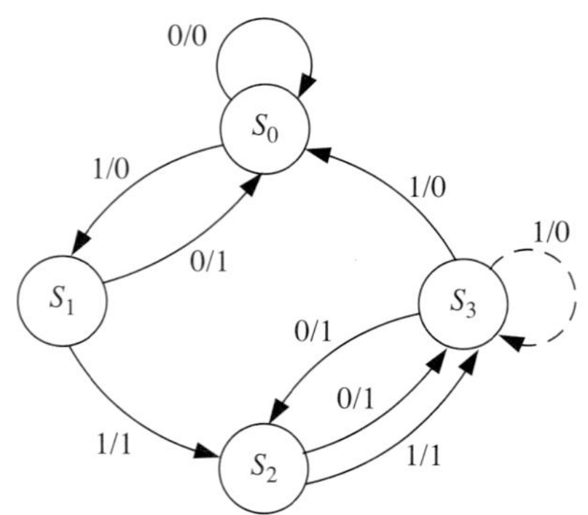

그림 10-6 테스트 예제에 대한 상태 그래프

중 하나를 사용하여 반복회로에 대한 테스트 벡터를 유도할 수 있다.

한 예로서, 그림 10-5는 표준 밀리 순차회로와 이에 대응되는 반복회로를 보여준다. 이 그림에서 X, Z, Q는 단일 변수이거나 또는 벡터일 수 있다. 반복회로는 순차회로 안에 사용된 조합 네트워크에 대한 $k+1$개의 동일한 복사본을 갖는다. 여기서 $k+1$은 순차회로를 테스트하는 데 사용되는 시퀀스 길이이다. 순차회로에 대해, $X(t)$는 입력 시퀀스를 시간적으로 나타낸다. 반복회로에서, $X(0)\ X(1) \cdots X(k)$는 동일한 시퀀스를 공간적으로 나타낸다. 반복회로의 각 셀은 $Q(t)$와 $X(t)$를 사용하여 $Z(t)$와 $Q(t+1)$을 계산한다. 가장 좌측에 있는 셀은 $t=0$에서의 값들을 계산하고, 다음 셀은 $t=1$에 대해서, 등등이다. 반복회로에 대해서 테스트 벡터들이 유도된 다음, 이 벡터들은 원래의 순차회로를 테스트하기 위해 사용되는 입력 시퀀스가 된다. 반복회로에 있는 셀의 수는 순차회로를 테스트하기 위해 필요한 시퀀스 길이에 의존한다.

순차회로를 충분히 테스트할 작은 테스트 시퀀스 집합을 유도하는 것은 일반적으로 어렵다. 그림 10-6에 나타낸 상태 그래프와 이에 대응되는 상태표(표 10-3)를 고려해 보자. 회로를 상태 S_0로 리셋할 수 있다고 가정한다. 테스트 시퀀스가 회로로 하여금 모든 가능한 상태 천이를 겪도록 만드는 것이 필요하다. 그러나 이것은 충분한 테스트는 아니다. 예를 들어 다음의 입력 시퀀스

$$X = 0\,1\,0\,1\,1\,0\,0\,1\,1$$

는 상태들을 연결하는 모든 호(arc)들을 운행하며, 다음과 같은 출력 시퀀스를 생성한다.

표 10-3 그림 10-6에 대한 상태표

		다음 상태		출력	
Q1Q2	상태	$X=0$	1	$X=0$	1
00	S_0	S_0	S_1	0	0
10	S_1	S_0	S_2	1	1
01	S_2	S_3	S_3	1	1
11	S_3	S_2	S_0	1	0

$$Z = 001011110$$

만약 점선으로 나타낸 것과 같이 S_3에서부터 S_0까지의 호를 자기 루프로 치환하면, 출력 시퀀스는 동일하겠지만, 새로 만든 순차 머신은 이전의 것과 등가가 아니다.

모든 상태가 다른 모든 상태로부터 도달될 수 있는 상태 그래프를 **강하게 연결되었다**(stronly connected)라고 한다. 강하게 연결된 상태 그래프를 가지고 있으며 등가 상태들을 갖지 않는 순차회로에 대한 일반적인 테스트 전략은 각각의 상태를 다른 상태들로부터 구별할 입력 시퀀스를 우선 찾아내는 것이다. 이와 같은 입력 시퀀스를 **구별되는 시퀀스**(distinguishing sequence)라고 한다. 상태 머신 M의 두 개의 상태가 구별될 수 있는 필요충분조건은 M에 적용될 때 서로 다른 출력 시퀀스를 발생시키는 적어도 하나의 유한 입력 시퀀스가 존재하는 것이다. 만일 출력 시퀀스가 모든 가능한 입력 시퀀스에 대해서 동일하다면, 명백하게 상태들은 등가이다. 만일 머신 M의 두 개의 상태가 구별될 수 있다면, 길이가 $n-1$ 이하인 시퀀스에 의해 구별될 수 있으며, n은 M에 있는 상태의 수라는 것이 증명되었다[28]. 구별되는 시퀀스가 주어진다면, 상태표의 각각의 항목은 검증될 수 있다.

그림 10-6의 예제에 대해, 하나의 구별되는 시퀀스는 11이다. 이 구별되는 시퀀스는 다음과 같이 구해질 수 있다. 상태 S_0, S_1, S_2, S_3를 두 개의 그룹으로 나눈다. 여기서 테스트 시퀀스 길이가 단지 1비트라면 각 그룹에 있는 상태들은 등가이다. 예를 들어 표 10-3은 1비트 테스트 시퀀스를 인가함으로써 그룹 $\{S_0, S_3\}$와 그룹 $\{S_1, S_2\}$를 구별할 수 있다는 것을 보여주고 있다. 만일 입력이 1이면, $\{S_0, S_3\}$에 대한 출력은 0이고, $\{S_1, S_2\}$에 대한 출력은 1이다. 테스트 시퀀스가 오직 1이면, 각 부분 안에 있는 상태들은 등가이다. 이제 표 10-3에서 알 수 있는 것처럼, 만일 테스트 입력 1을 다시 인가했다면, 그룹 $\{S_0, S_3\}$에 있는 상태들이 구별될 수 있다는 것이다. 그룹 $\{S_1, S_2\}$에 있는 상태들도 역시 테스트 입력 1에 의해 구별될 수 있다. 따라서 시퀀스 11은 네 가지 상태를 구별하기에 충분하다. 최악의 경우로 3-비트 시퀀스이면 충분했을 것이다. 왜냐하면 머신에는 네 개의 상태만 존재하기 때문이다. 만일 S_0에서 시작한다면, 입력 시퀀스 11은 출력 시퀀스 01을 만든다; S_1에 대해서 출력은 11이다; S_2에 대해서 출력은 10이다; S_3에 대해서 출력은 00이다. 그러므로 입력 시퀀스 11을 사용함으로써 네 개의 상태를 구분할 수 있다. 그러면 다

입력	출력	검증된 천이
R011	001	$(S_0 \sim S_0)$
R111	011	$(S_0 \sim S_1)$
R1011	0101	$(S_1 \sim S_0)$
R1111	0110	$(S_1 \sim S_2)$
R11011	01100	$(S_2 \sim S_3)$
R11111	01100	$(S_2 \sim S_3)$
R110011	011110	$(S_3 \sim S_2)$
R110111	011001	$(S_3 \sim S_0)$

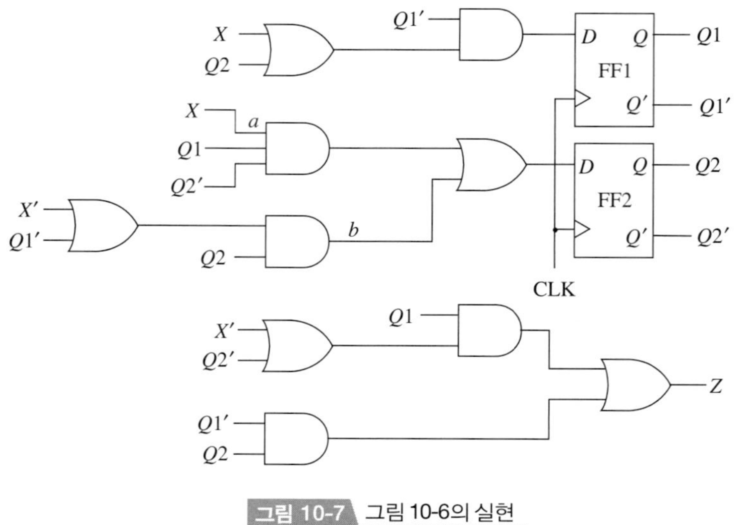

그림 10-7 그림 10-6의 실현

음과 같은 시퀀스를 사용하여 상태표에 있는 모든 항목을 검증할 수 있다. 여기서 R은 상태 S_0로의 리셋을 의미한다.

테스트 시퀀스를 유도하는 또 다른 접근 방법은 stuck-at 고장에 대한 테스팅에 기반을 두는 것이다. 그림 10-7은 다음과 같은 상태 할당을 사용하여 그림 10-6의 실현을 보여준다: S_0, 00; S_1, 10; S_2, 01; S_3, 11. 만일 a s-a-1에 대하여 테스트하기를 원한다면, 우선 상태 S_1, 즉 $Q1Q2 = 10$으로 이동함으로써 고장을 활성화시킨 다음, $X = 0$으로 설정한다. 정상적인 동작에서 다음 상태는 S_0가 될 것이다. 그러나 만일 a가 s-a-1이면, 다음 상태는 $Q1Q2 = 01$, 즉 S_2이다. 이러한 테스트 시퀀스는 다음과 같이 구축될 수 있다.

- S_1으로 이동하기 위해: 리셋을 한 다음, $X = 1$
- a s-a-1을 테스트하기 위해: $X = 0$
- 도달하는 상태를 구별하기 위해: $X = 11$

마지막 시퀀스는 R1011이다. 정상적인 출력은 0101이고, 고장이 있는 경우의 출력은 0110이다.

우리는 순차회로에 대한 테스트 시퀀스를 유도하기 위해 사용되는 일부 방법들을 나타내는 간단한 예를 보여주었다. 회로의 입력과 상태의 수가 증가함에 따라, 필요한 테스트 시퀀스의 수와 길이가 급격히 증가하고, 이러한 테스트 시퀀스의 유도가 훨씬 더 어려워진다. 차례로 이것은 회로를 테스트하는 데 필요한 시간과 비용이 입력과 상태의 수에 따라 급격히 증가한다는 것을 의미한다.

10.3 주사 테스팅(Scan Testing)

회로 출력만을 관찰하는 대신 모든 플립플롭의 상태를 관찰할 수 있다면 순차회로를 테스트하는 문제는 훨씬 간단해진다. 플립플롭의 각각의 상태 그리고 각각의 입력 조합에 대해, 회로 출력이 올바르며 또한 회로가 올바른 다음 상태로 이동하는지 검증할 필요가 있다. 한 가지 접근 방법은 테스트되고 있는 IC 내의 각 플립플롭의 출력을 IC 핀들 중 하나에 연결하는 것이다. IC에 있는 핀의 수가 매우 제한적이므로, 이 접근 방법은 실용적이지 못하다. 그래서 질문이 생긴다: IC에 있는 핀을 많이 소모하지 않고 어떻게 모든 플립플롭의 상태를 관찰할 수 있는가? 만일 플립플롭들을 어레이하여 시프트 레지스터를 형성했다면, IC에 있는 하나의 직렬 출력 핀을 사용함으로써 플립플롭들의 상태를 1비트씩 시프트 출력할 수 있을 것이다. 이것이 **주사 경로 테스팅**(scan path testing)의 개념에 이르게 한다.

그림 10-8은 2-포트 플립플롭에 근거한 주사 경로 테스팅 방법을 보여주고 있다. 통상적으로, 순차회로는 조합논리 부분과 플립플롭으로 구성되는 상태 레지스터로 나누어진다. 각각의 플립플롭은 두 개의 D 입력과 두 개의 클럭 입력을 갖는다. $C1$에 펄스가 인가될 때, $D1$ 입력은 플립플롭 안에 저장된다. $C2$에 펄스가 인가될 때, $D2$는 플립플롭 안에 저장된다. 각 플립플롭의 Q 출력은 다음 플립플롭의 $D2$ 입력에 연결되어 시프트 레지스터를 형성한다. 조합논리에 의해 생성되는 다음 상태 $(Q_1^+ Q_2^+ \ldots Q_k^+)$는 $C1$에 펄스가 인가될 때 플립플롭에 로드된다. 그리고 새로운 상태 $(Q_1 Q_2 \ldots Q_k)$는 조합논리에 피드백된다. 회로가 테스트되고 있지 않을 때, 시스템 클럭

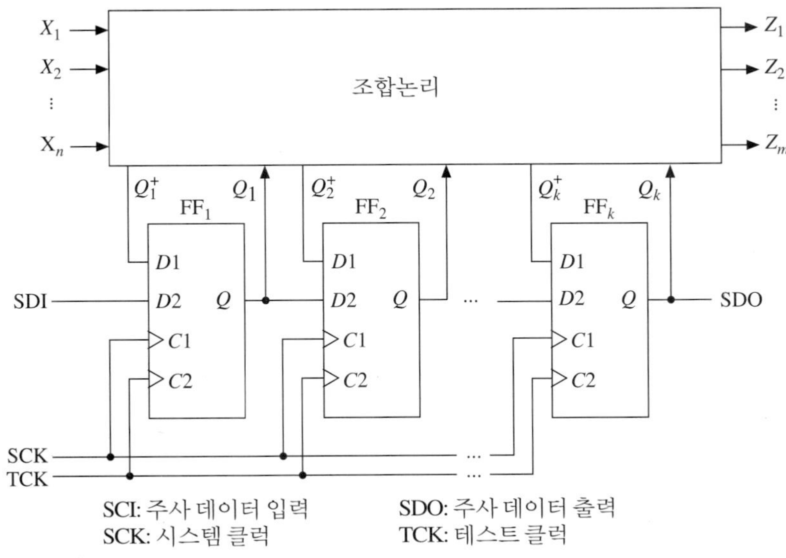

그림 10-8 2-포트 플립플롭을 이용한 주사 경로 테스트 회로

$(SCK = C1)$이 사용된다. 입력 집합 $(X_1X_2 \ldots X_n)$이 인가되고, 출력 $(Z_1Z_2 \ldots Z_m)$이 생성되고, SCK에 펄스가 인가되고, 회로가 다음 상태로 이동한다.

회로가 테스트되고 있을 때, 주사 데이터 입력(SDI)과 테스트 클럭(TCK)을 사용하여 상태 코드를 레지스터 안으로 시프트 입력함으로써 플립플롭들이 지정된 상태로 설정된다. 테스트 입력 벡터 $(X_1X_2 \cdots X_n)$이 인가되고, 출력 $(Z_1Z_2 \ldots Z_m)$이 검증되고, SCK에 펄스가 인가되어 회로를 다음 상태로 이동시킨다. 그런 다음, 상태 코드를 주사 데이터 출력(SDO)을 경유하여 주사 데이터 레지스터로부터 시프트 출력하기 위해 TCK에 펄스를 인가함으로써 다음 상태가 검증된다. 이 방법은 순차회로 테스팅 문제를 조합회로 테스팅 문제로 축소시킨다. 조합논리에 대한 테스트 벡터 집합을 생성하기 위해서는 표준 방법들 중 어느 것을 사용해도 된다. 조합논리에는 n개의 X 입력과 k개의 상태 입력이 있으므로, 각 테스트 벡터는 $(n+k)$개의 비트를 포함한다. 테스트 벡터의 X 부분은 직접 인가되고, Q 부분은 SDI를 경유하여 시프트 입력된다. 요약하면, 테스트 절차는 다음과 같다.

1. 테스트 클럭 TCK를 사용함으로써 SDI를 경유하여 테스트 벡터 Q_i 값을 주사 입력한다.
2. 대응되는 테스트 값을 X_i 입력에 인가한다.
3. 신호가 조합회로를 통하여 전달될 충분한 시간 후에 출력 Z_i 값을 검증한다.
4. 대응되는 플립플롭에 Q_i^+의 새로운 값을 저장하기 위해 시스템 클럭 SCK에 한 개의 클럭 펄스를 인가한다.
5. 테스트 클럭 TCK에 펄스를 인가함으로써 Q_i 값을 주사 출력하고 검증한다.
6. 각각의 테스트 벡터에 대해 단계 1∼5까지 반복한다.

이전의 테스트 결과를 주사 출력하는 동안 하나의 테스트 벡터를 주사 입력하는 것이 가능하기 때문에 단계 5와 단계 1은 겹쳐질 수 있다.

두 개의 입력, 세 개의 플립플롭, 두 개의 출력을 갖는 순차회로를 테스트하기 위해 이 방법을 적용하고자 한다. 회로는 그림 10-8과 같이 입력 X_1X_2, 플립플롭 $Q_1Q_2Q_3$, 출력 Z_1Z_2로 구성된다. 상태 천이표에서 하나의 행은 다음과 같다.

	$Q_1^+Q_2^+Q_3^+$				Z_1Z_2			
$Q_1Q_2Q_3$	$X_1X_2 =$ 00	01	11	10	00	01	11	10
101	010	110	011	111	10	11	00	01

그림 10-9는 천이표의 이 행을 테스트하기 위한 타이밍도를 보여준다. 먼저 101이 TCK를 이용하여 최하위 비트(Q_3) 먼저 시프트 입력된다. 입력 $X_1X_2 = 00$이 인가되고, $Z_1Z_2 = 10$이 읽혀진다. SCK에 펄스가 인가되고, 회로는 상태 010으로 이동한다. TCK를 이용하여 010이 시프트 출력될 때, 다음 테스트를 위해 101이 시프트 입력된다. 이 과정은 테스트가 완료될 때까지 계속된다.

일반적으로, IC에 의해 구현되는 디지털 시스템은 그림 10-10(a)에서 보여주는 바와 같이 조

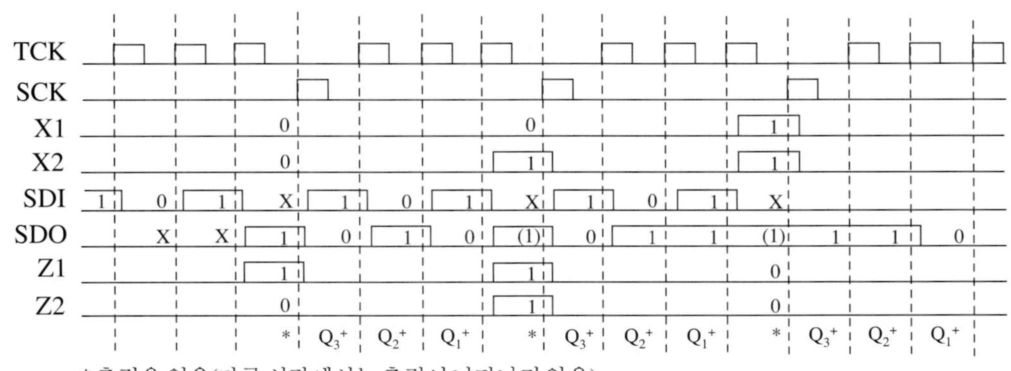

그림 10-9 주사 테스트를 위한 타이밍 차트

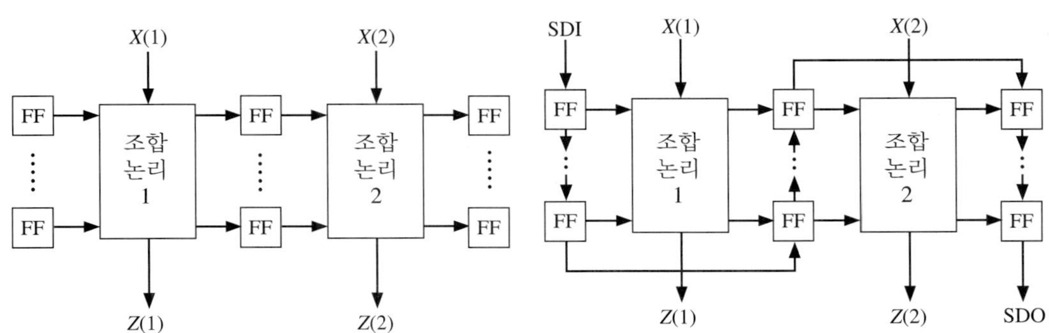

그림 10-10 플립플롭 레지스터와 조합논리 블록을 갖는 시스템

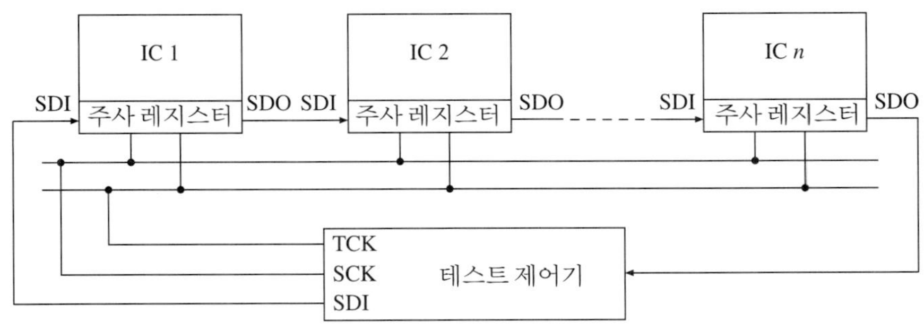

그림 10-11 여러 개의 IC를 갖는 주사 테스트 구성

합논리 블록에 의해 분리된 플립플롭 레지스터들로 구성된다. IC에 주사 테스트를 인가하기 위해서는 그림 10-10(b)에서 보여주는 바와 같이 플립플롭들을 2-포트 플립플롭(또는 다른 타입의 주사 가능한 플립플롭)들로 대체하고, 모든 플립플롭을 하나의 주사 체인으로 연결할 필요가 있다. 그러면 테스트 데이터를 모든 레지스터들에 주사 입력할 수 있고, 테스트 클럭을 인가할 수

있으며, 결과를 주사 출력할 수 있다.

여러 개의 IC가 하나의 PC 보드 위에 장착될 때, 하나의 직렬 액세스 포트를 사용하여 전체 보드를 테스트할 수 있도록 각 IC에 있는 주사 레지스터들을 함께 체인으로 묶을 수 있다(그림 10-11).

10.4 경계 주사(Boundary Scan)

핀이 점점 더 많아지고 이로 인해 IC가 더욱 복잡해짐에 따라, 인쇄 회로 보드는 여러 개의 층과 극히 미세한 선을 가지며 더욱 빽빽해졌다. 따라서 복잡한 IC들을 장착한 후에 이러한 PC 보드를 테스트하는 것은 매우 어려워졌다. 에지 연결기에 의해 보드를 테스트하는 것은 충분한 테스팅을 제공하지 않으며, 매우 긴 테스트 시퀀스를 필요로 할 수 있다. PC 보드가 더 넓은 선을 갖고 덜 빽빽했을 때, 테스팅은 테스트 보드를 사용하여 자주 이루어졌다. 이 방법은 보드 상의 선을 접촉하기 위해 예리한 탐침을 사용하였고, 따라서 테스트 데이터는 보드 상의 여러 IC들에 인가되고 읽혀질 수 있었다. 테스트 보드를 이용한 테스팅은 미세한 선과 복잡한 IC들을 갖는 고밀도 PC 보드에 대해서는 실용적이지 못하다.

복잡한 PC 보드 테스팅을 용이하게 하기 위해 경계 주사 테스트 방법론이 도입되었다. 이 방법론은 많은 IC들을 가지고 있는 회로 보드를 테스트하기 위한 통합된 방법이다. 경계 주사 테스팅에 대한 표준이 **Joint Test Action Group**(JTAG)에 의해 개발되었고, 이 표준은 **ANSI/IEEE Standard 1149.1**, "표준 테스트 액세스 포트와 경계 주사 아키텍처"로 채택되었다. 많은 IC 제조업체들이 이 표준에 부합되는 IC를 만든다. 이와 같은 IC들은 PC 보드 상에서 서로 연결될 수 있어서 PC 보드 에지 연결기에 있는 일부 핀만을 사용하여 테스트될 수 있다.

그림 10-12는 IEEE 표준에 따라 추가적인 경계 주사 로직을 갖는 IC를 보여준다. 경계 주사 레지스터(BSR)의 하나의 셀은 각각의 입력 또는 출력 핀과 내부 코어 로직 사이에 놓인다. IC의 네 개나 5개 핀들이 **테스트-액세스 포트**(test access port), 즉 **TAP**에 전용으로 할당된다. IC에 있는 코어 로직에 TAP 제어기와 추가적인 테스트 로직이 또한 더해진다. TAP 핀의 기능(표준에 따른)은 다음과 같다.

TDI 테스트 데이터 입력(이 데이터는 직렬로 BSR에 시프트 입력된다.)

TCK 테스트 클럭

TMS 테스트 모드 선택

TDO 테스트 데이터 출력(BSR로부터의 직렬 출력)

TRST 테스트 리셋(TAP 제어기와 테스트 로직을 리셋함; 선택 가능한 핀)

여러 개의 경계 주사 IC들을 갖는 PC 보드는 그림 10-13에서 보여준다. IC 안에 있는 경계 주

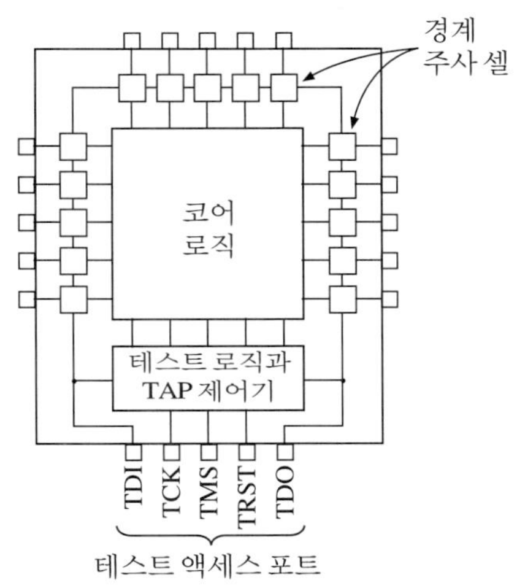

그림 10-12 경계 주사 레지스터와 테스트 액세스 포트를 갖는 IC

사 레지스터들은 입력 *TDI*와 출력 *TDO*를 갖는 단일 체인 안에 직렬로 연결된다. *TCK*, *TMS*, *TRST*(사용된다면)가 모든 IC에 병렬로 연결된다. 이러한 신호들을 사용하여 테스트 명령어와 테스트 데이터가 보드 상의 모든 IC로 클럭에 맞추어 인가될 수 있다.

그림 10-12는 경계 주사 표준에 부합하는 각 IC의 가장자리에 있는 경계 주사 셀들을 나타내었다. 전형적인 경계 주사 셀의 구조는 그림 10-14에서 보여준다. 경계 주사 셀은 두 개의 입력, 즉 TDI 직렬 입력과 병렬 입력 핀을 갖는다. 마찬가지로, 경계 주사 셀은 두 개의 출력, 즉 직렬 출력과 병렬 데이터 출력을 갖는다. 정규 모드에 있을 때는 병렬 입력 핀으로부터의 데이터가 IC에 있는 내부 코어 로직으로 향하거나, 코어 로직으로부터의 데이터가 출력 핀으로 향한다. 시프트 모드에 있을 때는 이전의 셀로부터 직렬 데이터가 플립플롭 *Q*1으로 클럭에 맞추어 인가된다. 동시에 *Q*1에 저장된 데이터가 다음 경계 주사 셀로 클럭에 맞추어 인가된다. *Q*2가 업데이트된 후, 테스트 데이터는 내부 로직이나 출력 핀에 공급될 수 있다.

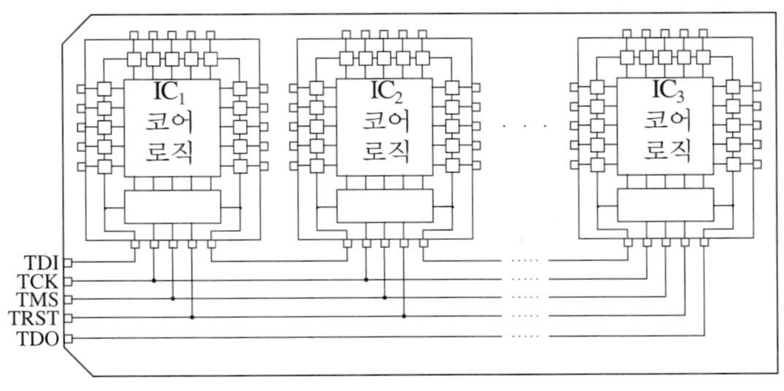

그림 10-13 IC를 갖는 PC 보드

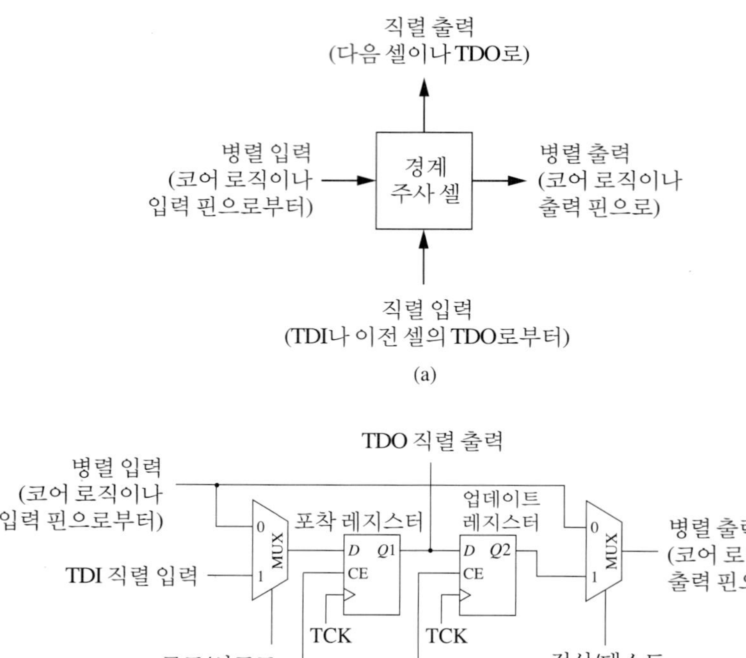

그림 10-14 전형적인 경계 주사 셀

그림 10-15는 각 경계 주사 IC에 구현된 기본적인 경계 주사 아키텍처를 보여준다. 경계 주사 레지스터는 두 부분으로 나누어진다. BSR1은 경계 주사 셀에 있는 $Q1$ 플립플롭으로 구성되는 시프트 레지스터를 나타낸다. BSR2는 업데이트 신호를 받을 때 BSR1으로부터 병렬로 로드될 수 있는 $Q2$ 플립플롭을 나타낸다. 직렬 입력 데이터(*TDI*)는 경계 주사 레지스터(BSR1)로 시프트 입력되거나, 우회 레지스터를 시프트 통과하거나, 또는 명령어 레지스터로 시프트 입력될 수 있다. 각 IC에 있는 TAP 제어기는 상태 머신을 갖는다(그림 10-16). 상태 머신의 입력은 *TMS*이고, *TMS*에 인가된 0과 1의 시퀀스는 *TDI* 데이터가 명령어 레지스터 안으로 시프트 입력될지, 아니면 경계 주사 셀을 시프트 통과할지를 결정한다. TAP 제어기와 명령어 레지스터는 경계 주사 셀의 동작을 제어한다.

TAP 제어기 상태 머신은 16개의 상태를 갖는다. 상태 9～15까지는 명령어 레지스터의 로드와 업데이트를 위해 사용되고, 상태 2～8까지는 데이터 레지스터(BSR1)의 로드와 업데이트를 위해 사용된다. TRST 신호는 만일 사용된다면 상태를 Test-Logic-Reset으로 리셋한다. 상태 그래프는 다음과 같은 흥미 있는 특성을 가지고 있다. 초기 상태에 관계없이 TMS 입력에 5개의 1을 연속적으로 인가하면 항상 머신을 상태 0으로 리셋할 것이다.

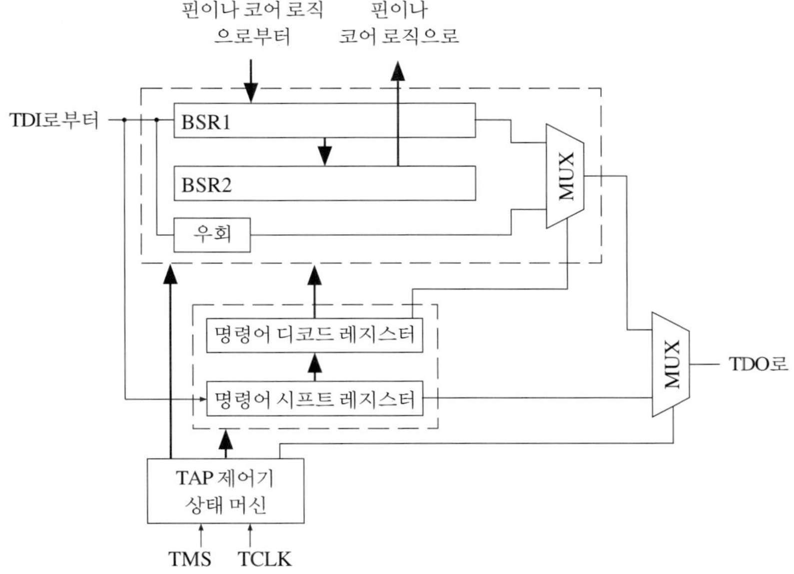

그림 10-15 기본적인 경계 주사 아키텍처

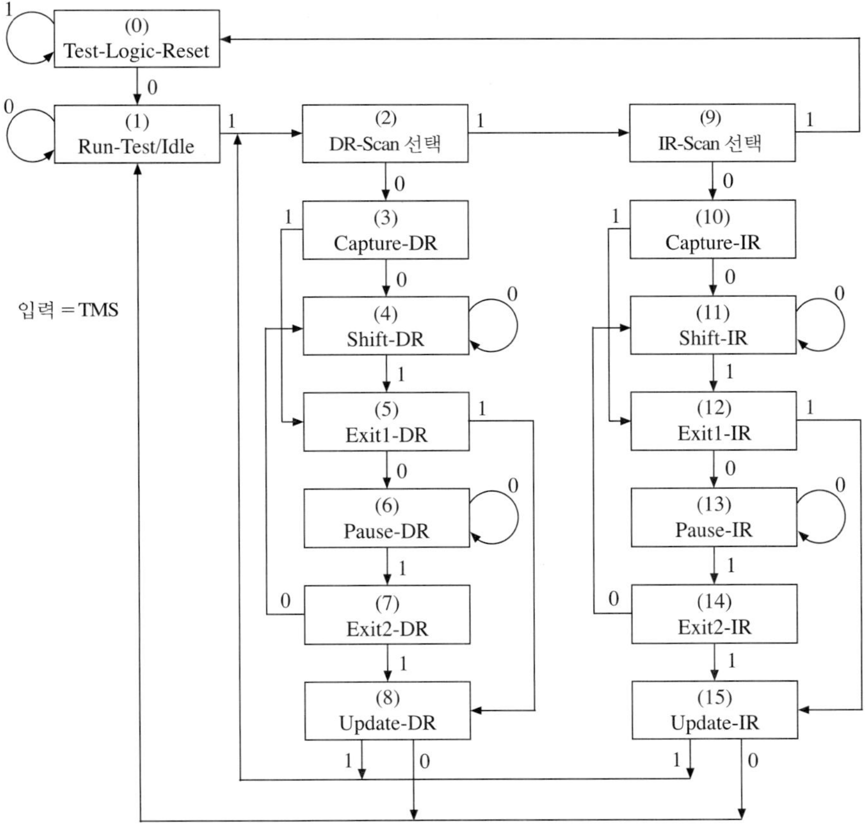

그림 10-16 TAP 제어기에 대한 상태 머신

다음의 명령어들은 IEEE 표준에 정의되어 있다.

- BYPASS: 이 명령어는 *TDI* 직렬 데이터가 경계 주사 레지스터를 통과하는 대신, IC에 있는 1 비트 우회 레지스터를 통과하는 것을 허용한다. 이러한 방법으로 다른 IC들이 테스트되고 있는 동안 PC 보드 상에 있는 하나 이상의 IC들이 우회될 수 있다.
- SAMPLE/PRELOAD: 이 명령어는 코어 로직의 정규 동작을 방해하지 않고 경계 주사 레지스터를 주사하는 데 사용된다. 데이터는 코어 로직과 IC 핀 사이에 양방향으로 아무런 방해 없이 전달된다. 이 데이터의 샘플이 취해질 수 있고, 경계 주사 레지스터를 통하여 주사 출력될 수 있다. 테스트 데이트는 BSR로 시프트 입력될 수 있다.
- EXTEST: 이 명령어는 보드 수준 연결 테스팅을 허용한다. 또한 경계 주사 테스트 특징을 포함하고 있지 않은 구성요소 집단에 대한 테스팅도 허용한다. 테스트 데이터는 BSR로 시프트 입력되고, 그 다음에는 출력 핀으로 이동한다. 입력 핀으로부터의 데이터는 BSR에 의해 포착된다.
- INTEST(선택 가능): 이 명령어는 테스트 데이터를 경계 주사 레지스터로 시프트 입력함으로써 코어 로직에 대한 테스팅을 허용한다. BSR로 시프트 입력된 데이터는 입력 핀으로부터의 데이터를 대신하고, 코어 로직으로부터의 출력 데이터는 BSR에 로드된다.
- RUNBIST(선택 가능): 이 명령어는 IC 내에 있는 특별한 내장형 자기테스트(BIST) 로직을 실행시킨다. (10.5절은 테스트 시퀀스를 생성하고 테스트 결과를 점검하는 데 어떻게 BIST가 사용될 수 있는지 설명한다.)

여러 가지의 기타 선택 가능한 사용자가 정의한 명령어들도 포함될 수 있다.

IC 핀, 경계 주사 레지스터, 코어 로직 사이의 데이터 경로는 TAP 제어기의 상태뿐만 아니라 실행되고 있는 명령어에도 의존한다. 그림 10-17, 10-18, 10-19는 Sample/Preload, Extest, Intest 명령어들에 대한 데이터 경로를 돋보이게 나타내고 있다. 각각의 경우에 있어서 경계 주

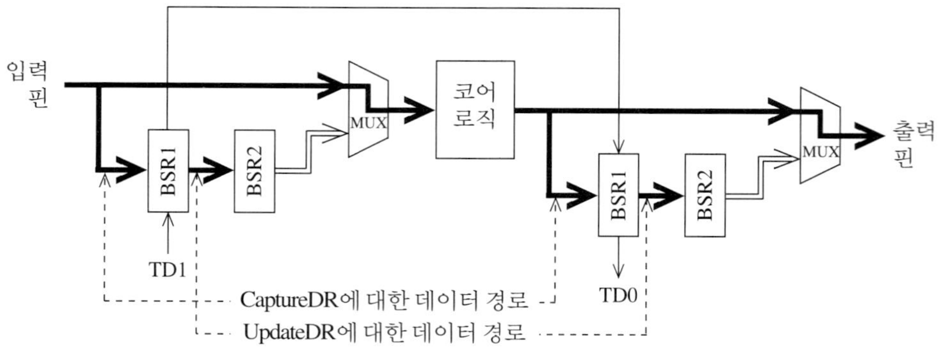

그림 10-17 Sample/Preload 명령어에 대한 신호 경로(하이라이트되어 있음)

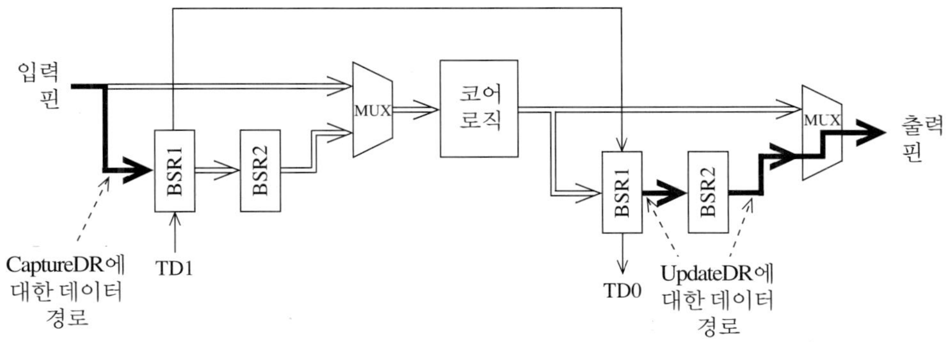

그림 10-18 Extest 명령어에 대한 신호 경로(하이라이트되어 있음)

사 레지스터 BSR1과 BSR2는 두 부분, 즉 입력 핀과 연관된 것과 출력 핀과 연관된 것으로 분할된다. 테스트 데이터는 TDI으로부터 BSR1으로 시프트 입력될 수 있고, TDO로 시프트 출력될 수 있다.

Sample/Preload 명령어(그림 10-17)에 대해, 코어 로직은 정규 모드에서 IC의 입력 핀으로부터 입력을 받고 출력 핀으로 출력을 내주며 동작한다. 제어기가 CaptureDR 상태에 있을 때, BSR1은 입력 핀으로부터 그리고 코어 로직의 출력으로부터 병렬로 로드된다. UpdateDR 상태에서 BSR2는 BSR1으로부터 로드된다.

Extest 명령어(그림 10-18)에 대해서, 코어 로직은 사용되지 않는다. UpdateDR 상태에서 BSR1은 BSR2로 로드되고, 데이터는 IC의 출력 핀으로 향한다. CaptureDR 상태에서 입력 핀으로부터의 데이터는 BSR1으로 로드된다.

Intest 명령어(그림 10-19)에 대해서, IC 핀들은 사용되지 않는다. UpdateDR 상태에서 이전에 BSR1으로 시프트 입력되었던 테스트 데이터는 BSR2로 로드되고 코어 로직 입력으로 향한다. CaptureDR 상태에서 코어 로직으로부터의 데이터는 BSR1으로 로드된다.

다음의 단순화된 예는 두 IC 사이의 연결이 SAMPLE/PRELOAD와 EXTEST 명령어를 사

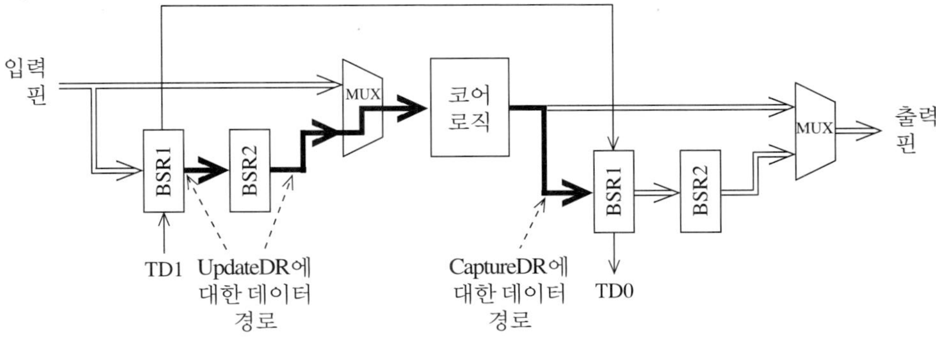

그림 10-19 Intest 명령어에 대한 신호 경로(하이라이트되어 있음)

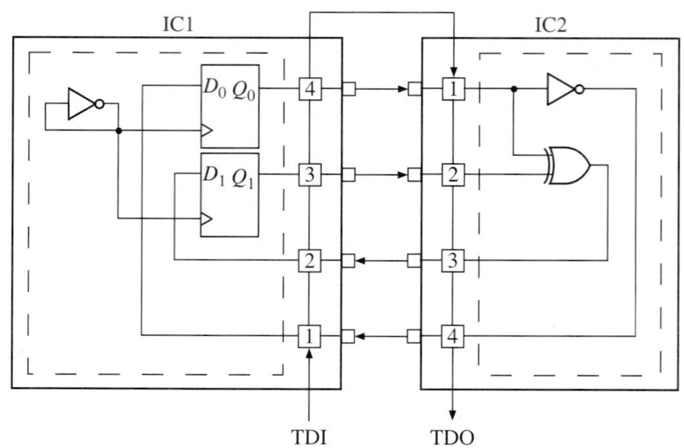

그림 10-20 경계 주사를 사용한 연결 테스팅

용함으로써 어떻게 테스트될 수 있는지 나타낸다. 테스트는 PC 보드선에서의 단락과 개방을 점검하도록 의도된다. 두 개의 IC 모두 그림 10-20에서 보여주는 바와 같이 두 개의 입력 핀과 두 개의 출력 핀을 가지고 있다. 테스트 데이터는 *TDI*를 경유하여 BSR로 시프트 입력된다. 그러면 입력 핀으로부터의 데이터는 BSR로 병렬 로드되고 *TDO*를 경유하여 시프트 출력된다. 각 IC에 있는 명령어 레지스터는 000으로 코드화된 EXTEST와 001로 코드화된 SAMPLE/PRELOAD에 대하여 3-비트 길이라고 가정한다. IC1에 있는 코어 로직은 클럭 발진기로 연결된 인버터와 두 개의 플립플롭이다. IC2에 있는 코어 로직은 인버터와 XOR 게이트이다. 두 개의 IC는 연결되어 2-비트 카운터를 형성한다.

IC 사이의 연결을 테스트하는 데 필요한 단계는 다음과 같다.

1. *TMS*에 5개의 1을 연속으로 입력하여 TAP 상태 머신을 Test-Logic-Reset 상태로 리셋한다.
2. 여기에 주어진 *TMS*와 *TDI*에 대한 시퀀스를 사용하여 양쪽 IC에 SAMPLE/PRELOAD 명령어를 주사 입력한다. 상태 수에 대해서는 그림 10-16을 참조하라.

상태:	0	1	2	9	10	11	11	11	11	11	11	12	15	2
TMS:	0	1	1	0	0	0	0	0	0	0	1	1	1	
TDI:	–	–	–	–	–	1	0	0	1	0	0	–	–	

TMS 시퀀스 01100은 TAP 제어기를 Shift-IR 상태로 보낸다. 이 상태에서, SAMPLE/PRELOAD 명령어(코드 001)의 복사본들은 양쪽 IC에 있는 명령어 레지스터로 시프트 입력된다. Update-IR 상태에서, 명령어들은 명령어 디코드 레지스터로 로드된다. 그러면 TAP 제어기는 Select DR-scan 상태로 되돌아간다.

3. *TMS*와 *TDI*에 대한 다음의 시퀀스를 사용하여 테스트 데이터의 첫 번째 집합을 IC에 미리 로드한다.

상태:	2	3	4	4	4	4	4	4	4	4	5	8	2
TMS:	0	0	0	0	0	0	0	0	0	1	1	1	
TDI:	–	–	0	1	0	0	0	1	0	0	–	–	

데이터는 Shift-DR 상태에 있는 BSR1으로 시프트 입력되고, Update-DR 상태에 있는 BSR2로 전달된다. 결과는 다음과 같다.

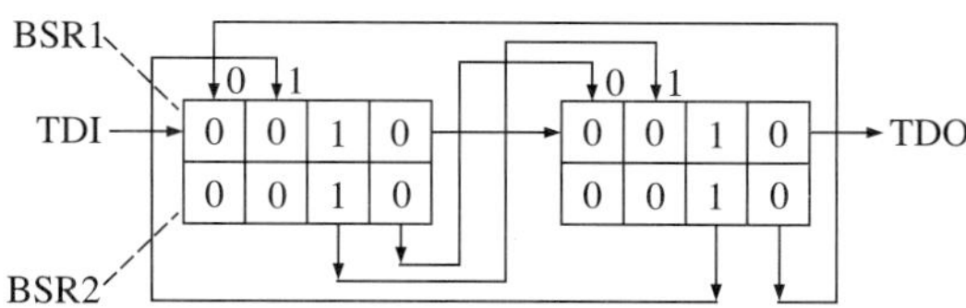

4. 다음 시퀀스를 사용하여 양쪽 IC에 EXTEST 명령어를 주사 입력한다.

상태:	2	9	10	11	11	11	11	11	11	12	15	2
TMS:	1	0	0	0	0	0	0	0	1	1	1	
TDI:	–	–	–	0	0	0	0	0	0	–	–	

EXTEST 명령어(000)는 Shift-IR 상태에서 명령어 레지스터로 주사 입력되고, Update-IR 상태에서 명령어 디코드 레지스터로 로드된다. 이 시점에서, 미리 로드된 테스트 데이터는 출력 핀으로 가고, 인쇄 회로 보드선을 경유하여 인접한 IC 입력 핀으로 전송된다.

5. IC 입력으로부터 테스트 결과를 포착한다. 이 데이터를 *TDO*로 주사 출력하고, 다음의 시퀀스를 사용하여 테스트 데이터의 두 번째 집합을 주사 입력한다.

상태:	2	3	4	4	4	4	4	4	4	4	5	8	2
TMS:	0	0	0	0	0	0	0	0	0	1	1	1	
TDI:	–	–	1	0	0	0	1	0	0	0	–	–	
TDO:	–	–	x	x	1	0	x	x	1	0	–	–	

입력 핀들로부터의 데이터는 Capture-DR 상태에서 BSR1으로 로드된다. 이 시점에서, 만일 고장이 검출되지 않았으면, BSR은 아래와 같이 구성되어야 한다. 여기서 X는 테스트에 관련되지 않은 포착된 데이터를 표시한다.

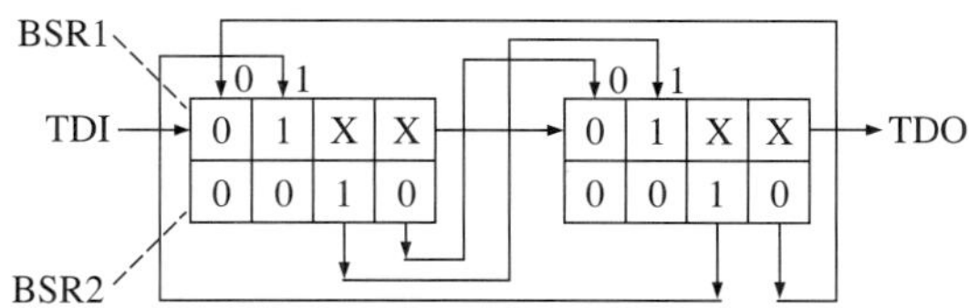

테스트 결과는 새로운 데이터가 시프트 입력될 때 Shift-DR 상태에서 BSR1으로부터 시프트 출력된다. 새로운 데이터는 Update-IR 상태에서 BSR2로 로드된다.

6. IC 입력으로부터 테스트 결과를 포착한다. 이 데이터를 *TDO*로 주사 출력하고, 다음 시퀀스를 사용하여 모든 0을 주사 입력한다.

```
-- 그림 10-15의 경계 주사 아키텍처에 대한 VHDL

entity BS_arch is
  generic(NCELLS: natural range 2 to 120 := 2);
         -- 경계 주사 셀의 수
  port(TCK, TMS, TDI: in bit;
       TDO: out bit;
       BSRin: in bit_vector(1 to NCELLS);
       BSRout: inout bit_vector(1 to NCELLS);
       CellType: bit_vector(1 to NCELLS));
       -- 입력 셀에 대해서는 '0', 출력 셀에 대해서는 '1'
end BS_arch;

architecture behavior of BS_arch is
  signal IR, IDR: bit_vector(1 to 3);          -- 명령어 레지스터
  signal BSR1, BSR2: bit_vector(1 to NCELLS); -- 경계 주사 셀
  signal BYPASS: bit;                          -- 우회 비트
  type TAPstate is (TestLogicReset, RunTest_Idle,
    SelectDRScan, CaptureDR, ShiftDR, Exit1DR, PauseDR, Exit2DR, UpdateDR,
    SelectIRScan, CaptureIR, ShiftIR, Exit1IR, PauseIR, Exit2IR, UpdateIR);
  signal St: TAPstate;                         -- TAP 제어기 상태
begin
  process (TCK)
  begin
    if TCK'event and TCK='1' then
     -- TAP 제어기 상태 머신
     case St is
       when TestLogicReset =>
         if TMS='0' then St <= RunTest_Idle; else St<=TestLogicReset; end if;
       when RunTest_Idle =>
         if TMS='0' then St <= RunTest_Idle; else St <= SelectDRScan; end if;
       when SelectDRScan =>
         if TMS='0' then St <= CaptureDR; else St <= SelectIRScan; end if;
       when CaptureDR =>
         if IDR = "111" then BYPASS <= '0';
         elsif IDR = "000" then  -- EXTEST(입력 셀이 핀 데이터를 포착함)
           BSR1 <= (not CellType and BSRin) or (CellType and BSR1);
         elsif IDR = "001" then - SAMPLE/PRELOAD
           BSR1 <= BSRin;
         end if;   -- 모든 셀이 셀 입력 데이터를 포착함
         if TMS='0' then St <= ShiftDR; else St <= Exit1DR; end if;
       when ShiftDR =>
         if IDR = "111" then BYPASS <= TDI; -- 우회 레지스터를 통해 데이터를 시프트함
         else BSR1 <= TDI & BSR1(1 to NCELLS-1); end if;
          -- BSR로 데이터를 시프트 입력함
         if TMS='0' then St <= ShiftDR; else St <= Exit1DR; end if;
       when Exit1DR =>
         if TMS='0' then St <= PauseDR; else St <= UpdateDR; end if;
       when PauseDR =>
         if TMS='0' then St <= PauseDR; else St <= Exit2DR; end if;
       when Exit2DR =>
         if TMS='0' then St <= ShiftDR; else St <= UpdateDR; end if;
       when UpdateDR =>
         if IDR = "000" then        -- EXTEST(출력 셀에 대해서 출력 레지스터를 업데이트함)
           BSR2 <= (CellType and BSR1) or (not CellType and BSR2);
         elsif IDR = "001" then     -- SAMPLE/PRELOAD
           BSR2 <= BSR1;            -- 모든 셀에 대해서 출력 레지스터를 업데이트함
         end if;
         if TMS='0' then St <= RunTest_Idle; else St <= SelectDRScan; end if;
```

```
        when SelectIRScan =>
          if TMS='0' then St <= CaptureIR; else St <= TestLogicReset; end if;
        when CaptureIR =>
          IR <= "001";  -- 표준에서 요구하는 대로 IR의 두 개의 LSB에 01을 로드함
          if TMS='0' then St <= ShiftIR; else St <= Exit1IR; end if;
        when ShiftIR =>
          IR <= TDI & IR(1 to 2);  -- 명령어 코드를 시프트 입력함
          if TMS='0' then St <= ShiftIR; else St <= Exit1IR; end if;
        when Exit1IR =>
          if TMS='0' then St <= PauseIR; else St <= UpdateIR; end if;
        when PauseIR =>
          if TMS='0' then St <= PauseIR; else St <= Exit2IR; end if;
        when Exit2IR =>
          if TMS='0' then St <= ShiftIR; else St <= UpdateIR; end if;
        when UpdateIR =>
          IDR <= IR;    -- 명령어 디코드 레지스터를 업데이트함
          if TMS='0' then St <= RunTest_Idle; else St <= SelectDRScan; end if;
      end case;
    end if;
  end process;

  TDO <= BYPASS when St = ShiftDR and IDR = "111"  -- BYPASS
    else BSR1(NCELLS) when St=ShiftDR    -- EXTEST 또는 SAMPLE/PRELOAD
    else IR(3) when St=ShiftIR;

  BSRout <= BSRin when (St = TestLogicReset or not (IDR = "000"))
    else BSR2;                           -- 셀 출력을 정의함
end behavior;
```

그림 10-21 기본적인 경계 주사 아키텍처에 대한 VHDL 코드

상태:	2	3	4	4	4	4	4	4	4	4	5	8	2	9	0
TMS:	0	0	0	0	0	0	0	0	0	1	1	1	1	1	
TDI:	–	–	0	0	0	0	0	0	0	0	–	–	–	–	
TDO:	–	–	x	x	0	1	x	x	0	1	–	–	–	–	

입력 핀으로부터의 데이터는 Capture-DR 상태에서 BSR1으로 로드된다. 그러면 모든 0이 시프트 입력될 때 Shift-DR 상태에서 시프트 출력된다. Update-DR 상태에서 0이 BSR2로 로드된다. 제어기는 Test-Logic-Reset 상태로 복귀하고, IC의 정규 동작이 일어날 수 있다. 관찰된 *TDO* 시퀀스가 위에서 주어진 것과 부합하면 연결 테스트가 통과한 것이다.

그림 10-15의 기본적인 경계 주사 아키텍처에 대한 VHDL 코드가 그림 10-21에 주어져 있다. 세 개의 필수 명령어(EXTEST, SAMPLE/PRELOAD, BYPASS)만이 3-비트 명령어 레지스터를 사용하여 구현된다. 이 명령어들은 000, 001, 111로 각각 코드화된다. *BSR*에 있는 셀의 수는 지네릭(generic) 파라미터이다. 두 번째 지네릭 파라미터 *CellType*은 각 셀이 입력 셀인지 출력 셀인지를 지정하는 bit_vector이다. case 문은 TAP 제어기 상태 머신을 구현한다. 명령어 코드는 Capture-IR, Shift-IR, Update-IR 상태에서 주사 입력되고 *IDR*로 로드된다. 명령어들은 Capture-DR, Shift-DR, Update-DR 상태에서 실행된다. 이러한 상태에서 취해지는 동작은 실

행되고 있는 명령어에 의존한다. 레지스터 업데이트와 상태 변화는 *TCK*의 상승에지에서 모두 일어난다. VHDL 코드는 IEEE 경계 주사 표준에 의해 요구되는 대부분의 기능을 구현하지만, 이 표준을 완전히 만족하는 것은 아니다.

그림 10-20의 연결 테스트 예를 구현하는 VHDL 코드가 그림 10-22에 주어져 있다. TMS와 TDI 테스트 패턴은 단계 2～6까지 사용된 테스트 패턴을 연결한 것이다. 기본적인 경계 주사

```
-- 경계 주사 테스터

entity system is
end system;

architecture IC_test of system is
  component BS_arch is
    generic(NCELLS:natural range 2 to 120 := 4);
    port(TCK, TMS, TDI: in bit;
         TDO: out bit;
         BSRin: in bit_vector(1 to NCELLS);
         BSRout: inout bit_vector(1 to NCELLS);
         CellType: in bit_vector(1 to NCELLS));
         -- 입력 셀에 대해서는 '0', 출력 셀에 대해서는 '1'
  end component;

  signal TCK, TMS, TDI, TDO, TDO1: bit;
  signal Q0, Q1, CLK1: bit;
  signal BSR1in, BSR1out, BSR2in, BSR2out: bit_vector(1 to 4);
  signal count: integer := 0;

  constant TMSpattern: bit_vector(0 to 62) :=
    "011000000011100000000011111000000111000000000111000000000111111";
  constant TDIpattern: bit_vector(0 to 62) :=
    "000001001000000010001000000000000000001000100000000000000000000";
begin
  BS1: BS_arch port map(TCK, TMS, TDI, TDO1, BSR1in, BSR1out, "0011");
  BS2: BS_arch port map(TCK, TMS, TDO1, TDO, BSR2in, BSR2out, "0011");
  -- 각 BSR은 두 개의 입력 셀과 두 개의 출력 셀을 가지고 있음
  BSR1in(1) <= BSR2out(4);                   -- IC1 외부 연결
  SR1in(2) <= BSR2out(3);
  BSR1in(3) <= Q1;                           -- IC1 내부 로직
  BSR1in(4) <= Q0;
  CLK1 <= not CLK1 after 7 ns;               -- 내부 클럭
  process(CLK1)
  begin
    if CLK1 = '1' then                       -- D 플립플롭
      Q0 <= BSR1out(1);
      Q1 <= BSR1out(2);
    end if;
  end process;

  BSR2in(1) <= BSR1out(4);                   -- IC2 외부 연결
  BSR2in(2) <= BSR1out(3);
  BSR2in(3) <= BSR2out(1) xor BSR2out(2);    -- IC2 내부 로직
  BSR2in(4) <= not BSR2out(1);

  TCK <= not TCK after 5 ns;                 -- 테스트 클럭
```

```
  process
  begin
    TMS <= '1';
    wait for 70 ns;                        -- 내부 로직을 실행함
    wait until TCK = '1';
    for i in TMSpattern'range loop         -- 주사 테스트를 실행함
      TMS <= TMSpattern(i);
      TDI <= TDIpattern(i);
      wait for 0 ns;
      count <= i + 1;                      -- 출력을 일람하는 트리거를 카운트함
      wait until TCK = '1';
    end loop;
    wait for 70 ns;                        -- 내부 로직을 실행함
    wait;                                  -- 멈춤
  end process;
end IC_test;
```

그림 10-22 연결 테스트 예에 대한 VHDL 코드

아키텍처의 복사본이 IC1과 IC2에 대해 사용되었다. 각 IC의 외부 연결과 내부 로직이 그 다음에 지정된다. 내부 클럭주파수는 테스트 클럭주파수와 다르도록 임의로 선택되었다. 테스트 process는 내부 로직을 수행하고, 주사 테스트를 수행하고, 다시 내부 로직을 수행한다. 테스트 결과는 IC 로직이 올바르게 수행되는지, 그리고 주사 테스트가 예측된 결과를 생성하는지를 검증한다.

10.5 내장형 자기테스트(Built-In Self-Test)

디지털 시스템이 점점 더 복잡해지면서 훨씬 더 어려워지고 테스트 비용도 더욱 증가한다. 이러한 문제에 대한 한 가지 해결책은 IC에 로직을 추가하여 스스로 테스트할 수 있도록 하는 것

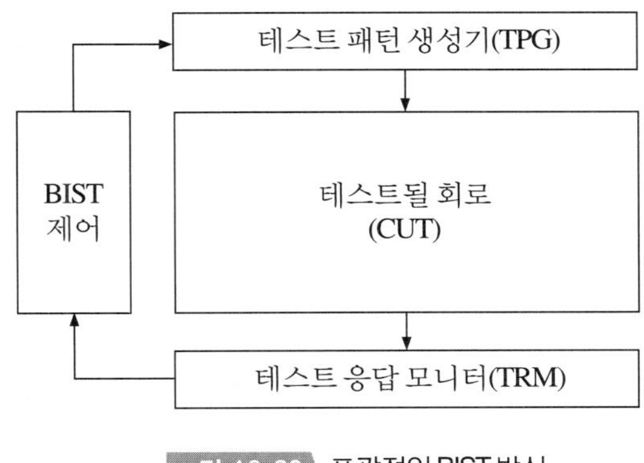

그림 10-23 포괄적인 BIST 방식

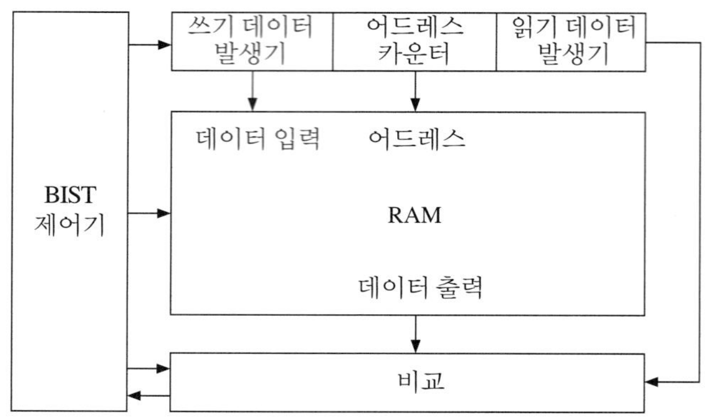

그림 10-24 RAM에 대한 자기테스트 회로

이다. 이것을 내장형 자기테스트(built-in self-test, BIST)라고 한다. 그림 10-23은 BIST를 사용하기 위한 일반적인 방법을 나타내었다. 온칩 테스트 생성기는 테스트될 회로에 테스트 패턴을 인가한다. 그 결과로 발생되는 출력은 응답 관측기에 의해 관찰되는데, 응답 관측기는 틀린 출력 패턴이 검출되면 오류 신호를 발생한다.

BIST는 흔히 메모리를 테스트할 때 사용된다. 메모리 칩의 규칙적인 구조는 테스트 패턴의 생성을 쉽게 한다. 그림 10-24는 RAM에 대한 자기테스트 회로의 블록도를 나타내었다. BIST 제어기는 데이터 쓰기 생성기와 어드레스 카운터를 작동시켜 데이터가 RAM의 각 위치에 쓰이도록 한다. 그런 다음, 어드레스 카운터와 데이터 읽기 생성기가 작동되고, 각 RAM 위치에서 읽힌 데이터가 올바른지 검증하기 위해 데이터 읽기 생성기의 출력과 비교된다. 메모리는 흔히 모든 메모리 위치에 **체커보드**(checkerboard) **패턴**(0과 1을 교대로 반복)을 쓰고 다시 읽음으로써 테스트된다. 예를 들어, 먼저 모든 짝수 어드레스에 0과 1을 교대로 반복하여 쓰고, 모든 홀수 어드레스에는 1과 0을 교대로 반복하여 쓸 수 있다. 이들을 다시 읽어들인 후에는 테스트를 완료하기 위해 홀수와 짝수 어드레스 패턴이 서로 교환될 수 있다. 또 다른 테스트인 **행진형 테스트**(March test)에서는 각 셀이 읽히고 보수 값이 쓰인다. 이 과정은 메모리 어레이를 전부 거칠 때까지 계속된다. 그런 다음, 어드레스의 반대 순서로 그 과정이 반복된다.

테스트 회로는 시그너처 레지스터를 사용하여 간략화될 수 있다. 시그너처 레지스터는 출력 데이터를 **시그너처**(signature)라고 불리는 짧은 문자열로 압축하고, 이 시그너처는 올바르게 기능하는 구성요소에 대한 시그너처와 비교된다. **다중 입력 시그너처 레지스터**(multiple-input signature register, **MISR**)는 여러 개의 출력 스트림을 결합하여 단일 시그너처로 압축한다. 그림 10-25는 RAM 자기테스트 회로의 간략화된 버전을 보여준다. 데이터 읽기 생성기와 비교기는 제거되고 MISR로 대체되었다. MISR의 한 가지 타입은 RAM에 저장된 모든 데이터 바이트들을 더함으로써 단순하게 체크 합을 형성한다. ROM을 테스트할 때는 데이터 쓰기 생성기가

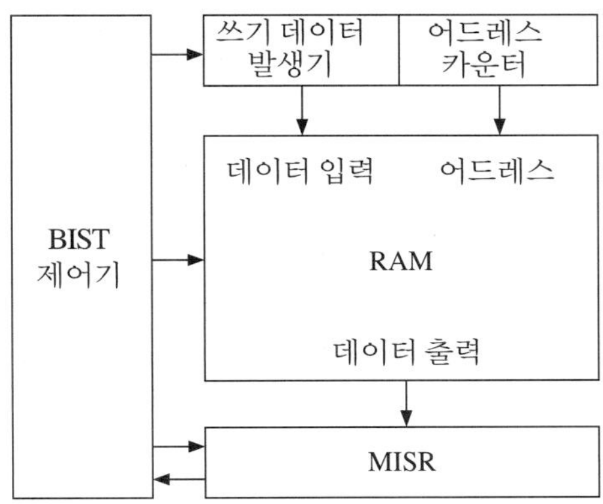

그림 10-25 시그너처 레지스터를 갖는 RAM에 대한 자기테스트 회로

필요 없으므로 그림 10-25는 더 간략화될 수 있다.

선형 피드백 시프트 레지스터(linear feedback shift register, **LFSR**)는 테스트 패턴을 생성하고 테스트 출력을 시그너처로 압축할 때 흔히 사용된다. LFSR은 직렬 입력 비트가 현재 시프트 레지스터 내용의 일부 비트들에 대한 선형함수인 시프트 레지스터이다. 직렬 입력에 영향을 주는 비트 위치를 **탭**(tap)이라고 한다. LFSR의 일반적인 형태는 두 개 이상의 플립플롭 출력들이 서로 XOR되고 첫 번째 플립플롭으로 피드백되는 시프트 레지스터이다. **선형**(linear)이라는 이름은 XOR가 모듈로-2 덧셈과 등가이고, 덧셈은 선형 동작이라는 사실로부터 유래한다. 그림 10-26은 LFSR의 한 예를 보여준다. 첫 번째와 네 번째 플립플롭의 출력이 서로 XOR되고 첫 번째 플립플롭의 D 입력으로 피드백된다; 탭은 위치 1과 4이다.

XOR 게이트를 통하여 피드백된 출력들을 적절하게 선택함으로써 n-비트 시프트 레지스터를 사용하여 $2^n - 1$개의 서로 다른 비트 패턴들을 생성하는 것이 가능하다. 모두 0인 것을 제외하고는 모든 가능한 패턴이 생성될 수 있다. 그림 10-26의 LFSR에 의해 생성되는 패턴들은 다음과 같다.

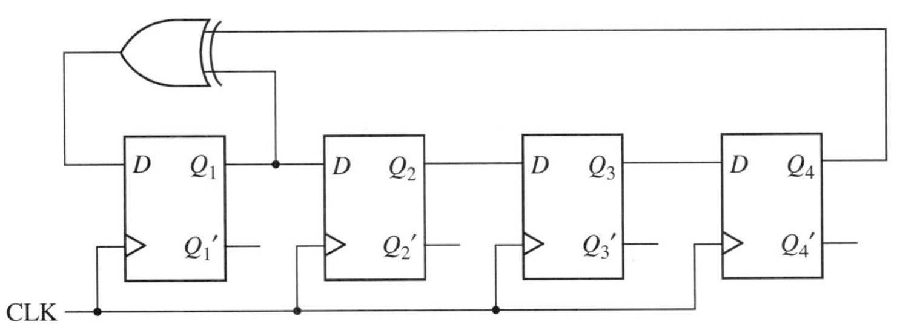

그림 10-26 4-비트 선형 피드백 시프트 레지스터(LFSR)

표 10-4 최대 길이 LFSR 시퀀스에 대한 피드백

n	피드백
4, 6, 7	$Q_1 \oplus Q_n$
5	$Q_2 \oplus Q_5$
8	$Q_2 \oplus Q_3 \oplus Q_4 \oplus Q_8$
12	$Q_1 \oplus Q_4 \oplus Q_6 \oplus Q_{12}$
14, 16	$Q_3 \oplus Q_4 \oplus Q_5 \oplus Q_n$
24	$Q_1 \oplus Q_2 \oplus Q_7 \oplus Q_{24}$
32	$Q_1 \oplus Q_2 \oplus Q_{22} \oplus Q_{32}$

1000, 1100, 1110, 1111, 0111, 1011, 0101, 1010, 1101, 0110, 0011,
1001, 0100, 0010, 0001, 1000, . . .

이 패턴들은 분명한 순서를 가지고 있지 않으며, 어느 정도의 랜덤 특성을 갖는다. 이와 같은 LFSR은 흔히 **유사 랜덤 패턴 생성기**(pseudo-random pattern generator, **PRPG**)라고도 한다. PRPG는 작은 크기의 논리회로로 많은 테스트 패턴들을 생성할 수 있어서 BIST에 분명히 매우 유용하다. 표 10-4는 범위가 $n = 4 \sim 32$인 길이를 갖는 일부 LFSR에 대하여 $2^n - 1$개의 비트 패턴을 모두 생성할 피드백 조합을 제공한다.

만일 모두 0인 테스트 패턴이 필요하다면, n-비트 LFSR은 $n - 1$개의 입력을 갖는 AND 게이트를 추가함으로써 수정될 수 있다. 그림 10-27은 $n = 4$인 경우를 보여준다. 상태 0001에 있을 때, 다음 상태는 0000이다; 상태 0000에 있을 때, 다음 상태는 1000이다; 그렇지 않으면 시퀀스는 그림 10-26과 동일하다.

그림 10-28에서 보여주는 바와 같이, MISR은 XOR 게이트를 추가하여 LFSR을 수정함으로써 구성될 수 있다. 테스트 데이터 $(Z_1Z_2Z_3Z_4)$는 XOR되어 매 클럭마다 레지스터에 입력되고, 최종 결과는 이미 알고 있는 올바르게 기능하는 구성요소에 대한 시그너처와 비교될 수 있는 시그너처를 나타낸다. 이러한 형태의 시그너처 분석은 전부는 아니지만 많은 가능한 오류들을 잡

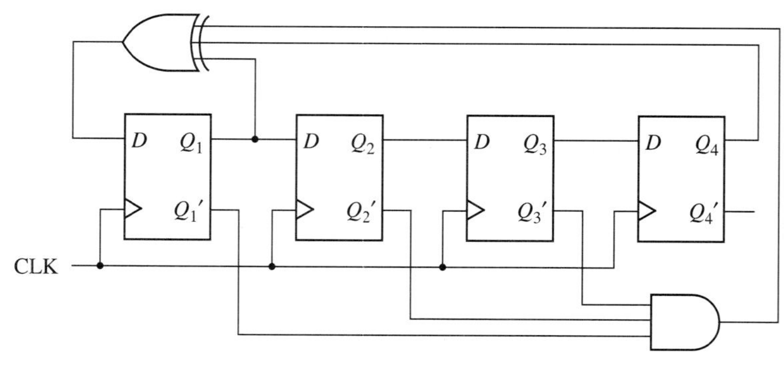

그림 10-27 0000 상태를 갖는 수정된 LFSR

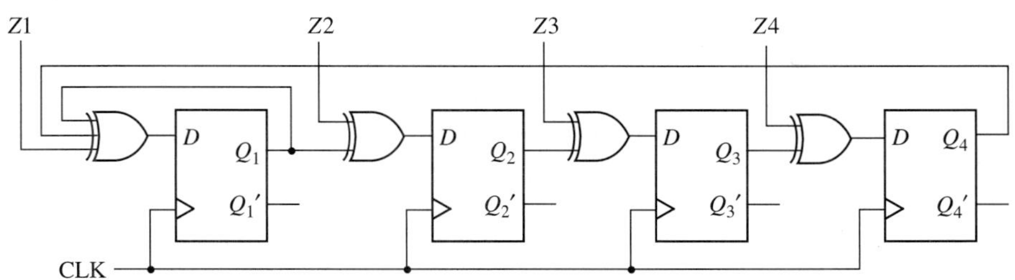

그림 10-28 다중 입력 시그너처 레지스터(MISR)

아낼 것이다. n-비트 시그너처 레지스터는 모든 가능한 입력 스트림들을 2^n개의 가능한 시그너처 중 하나로 매핑한다. 이들 중 하나는 올바른 시그너처이고, 나머지들은 오류가 발생했다는 것을 표시한다. 틀린 입력 시퀀스가 올바른 시그너처로 매핑될 확률은 $1/2^n$ 규모이다.

그림 10-28의 MISR에 대해서, 올바른 입력 시퀀스는 1010, 0001, 1110, 1111, 0100, 1011, 1001, 1000, 0101, 0110, 0011, 1101, 0111, 0010, 1100이라고 가정한다. MISR의 초기 내용이 0000이라는 가정 하에, 이 시퀀스는 시그너처 0010으로 매핑된다. 한 개의 비트가 틀린 입력 시퀀스는 항상 다른 시그너처로 매핑된다. 예를 들어, 만일 시퀀스에서 0001이 1001로 바뀌면, 결과로 발생하는 시퀀스는 0000으로 매핑된다. 두 개의 오류를 갖는 대부분의 시퀀스들은 검출될 것이다. 그러나 만일 원래의 시퀀스에서 0001이 1001로 바뀌고 0010이 0110으로 바뀌면, 결과는 0010으로 매핑된다. 이것은 올바른 시그너처이므로 오류가 검출되지 않을 것이다.

BIST에 대해 여러 가지 타입의 아키텍처가 제안되었다. 두 가지 널리 알려진 예가 STUMPS 아키텍처와 BILBO 아키텍처이다.

STUMPS는 MISR 및 병렬 SRSG를 이용한 자기테스트(**S**elf-**T**esting **U**sing an **M**ISR and **P**arallel **S**RSG)를 뜻한다. 다음으로, SRSG는 시프트 레지스터 시퀀스 생성기(Shift Register

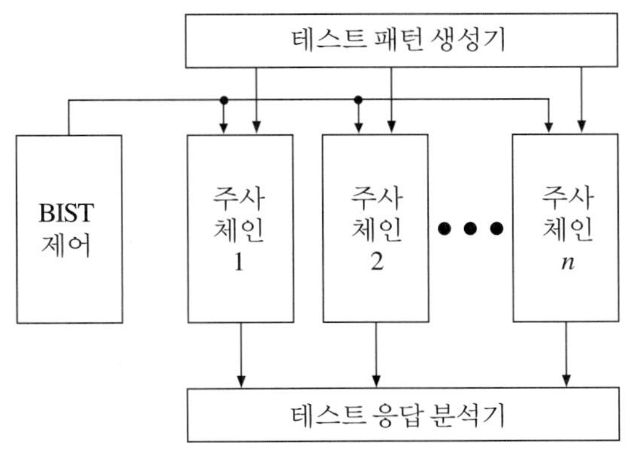

그림 10-29 STUMPS 아키텍처

Sequence Generator)를 뜻한다. STUMPS는 주사 체인을 사용하는 BIST 아키텍처이다. STUMPS 아키텍처의 개요는 그림 10-29에 나타내었다. 유사 랜덤 패턴 생성기는 테스트 스티뮬러스를 주사 체인에 공급하고, 포착 사이클(capture cycle) 후에 테스트 응답 분석기는 테스트 응답을 수신한다. STUMPS에서의 테스트 절차는 다음과 같다.

1. 테스트 패턴 생성기(LFSR)로부터 모든 주사 체인으로 패턴을 주사 입력한다.
2. 정규 기능 모드로 전환하고 시스템 클럭을 사용하여 클럭을 한 번 인가한다.
3. 주사 체인으로부터 테스트 시그너처가 생성되는 테스트 응답 분석기(MISR)로 시프트한다.

만약 주사 체인이 100개의 주사 셀을 포함한다면, 단계 1과 3은 100개의 클럭을 필요로 할 것이다. 모든 주사 체인은 먼저 유사 랜덤 패턴 생성기에 의해 채워져야 한다; 따라서 긴 주사 체인은 긴 테스팅 시간을 필요로 한다. 하나의 주사마다 하나의 테스트가 수행되므로, STUMPS 아키텍처를 **주사당 테스트 방식**이라 한다. 테스팅 시간을 줄이기 위해서 많은 수의 병렬 주사 체인이 사용될 수 있다. 이렇게 하면 모든 주사 체인이 병렬로 로드될 수 있으므로 주사 체인을 테스트로 채우는 시간이 줄어든다.

STUMPS 구조는 원래 다중 칩 모듈의 자기테스트를 위해 개발되었다[7]. 각 로직 칩(모듈)에 있는 주사 체인은 유사 랜덤 패턴 소스로부터 병렬로 로드된다. 필요한 클럭 사이클의 수는 가장 긴 주사 체인에 있는 플립플롭의 수와 동일하다. 만일 가장 긴 주사 체인에 m개의 주사 셀이 있다면, 테스트를 한 번 수행하는 데 $2m + 1$개의 사이클이 소요될 것이다(주사 입력에 m개의 사이클, 포착에 한 개의 사이클, 주사 출력에 m개의 사이클). 이보다 짧은 주사 체인들은 MISR로 넘쳐 들어갈 것이지만, 최종적인 올바른 시그너처에는 영향을 주지 않을 것이다.

테스트 시간을 줄이기 위해 단계 1과 3은 겹쳐질 수 있다. 한 번의 테스트 후에 주사 체인이 MISR로 빠져나올 때 SRSG로부터의 다음 유사 랜덤 패턴 집합은 동시에 주사 체인으로 로드될 수 있다(즉, 테스트 I에서의 테스트 응답이 시프트 출력되고 있을 때 테스트 $I + 1$에 대한 테스트 패턴이 시프트 입력될 수 있다). 테스트의 주사 출력과 다음 번 테스트의 주사 입력 사이의 겹침을 가정한다면, 각 테스트 벡터는 $m + 1$개의 사이클을 필요로 할 것이고, n개의 테스트 벡터를 인가하는 것은 마지막 주사 출력에 소요되는 m개의 사이클을 포함하여 $n(m + 1) + m$개의 사이클을 필요로 할 것이다.

방금 논의했던 주사당 테스트 방식에 반대되는 것으로, **클럭당 테스트 방식**이 더 빠른 테스팅을 위해 사용될 수 있다. 이와 같은 방식 중 하나는 **내장형 로직 블록 기능 관찰**(built-in logic block observer, **BILBO**) 기법이다. BILBO 방식에서는 일부 주사 레지스터가 상태 레지스터, 패턴 생성기, 시그너처 레지스터, 또는 시프트 레지스터로 동작할 수 있도록 주사 레지스터가 수정된다. 시프트 레지스터가 사용될 때, 테스트 데이터는 통상적인 방법으로 주사 입력되고 주사 출력될 수 있다. 테스트하는 동안 일부의 주사 레지스터는 패턴 생성기(PRPG)로 사용될 수

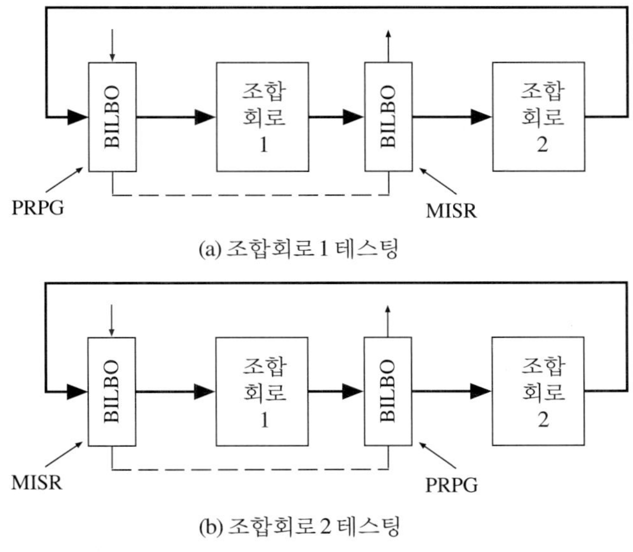

(a) 조합회로 1 테스팅

(b) 조합회로 2 테스팅

그림 10-30 BILBO 레지스터를 이용한 BIST

있고, 일부의 주사 레지스터는 조합 블록 중 하나를 테스트하는 시그너처 레지스터(MISR)로 사용될 수 있다. 그런 다음, 다른 조합 블록을 테스트하기 위해 역할이 변경될 수 있다. 테스팅이 종료될 때, 주사 레지스터는 정규 동작을 위해 상태 레지스터 모드로 설정된다. BILBO 레지스터가 초기화된 후, 주사 체인의 경우와 같이 테스트 패턴을 로드하지 않으므로, 테스트는 각 클럭 사이클마다 인가될 수 있다. 따라서 이것은 클럭당 테스트 BIST 방식으로 분류된다. BILBO의 경우, 테스트 길이는 더 짧아지지만, 테스트 하드웨어는 더 많아진다.

그림 10-30은 두 개의 조합 블록을 갖는 회로를 테스트하기 위한 BILBO 레지스터의 배치를 보여준다. 첫 번째 BILBO가 PRPG로 사용되고, 두 번째 BILBO가 MISR로 사용될 때 조합회로 1이 테스트된다. 조합회로 2를 테스트하기 위해서는 레지스터의 역할이 반대로 된다. 정규 동작 모드에서 양쪽 BILBO는 관련된 조합논리를 위한 레지스터 역할을 한다. 데이터를 주사 입력하고 주사 출력하기 위해, 양쪽 BILBO는 시프트 레지스터 모드에서 동작한다.

그림 10-31은 4-비트 BILBO 레지스터의 한 버전의 구조를 보여주고 있다. 제어 입력 B_1과 B_2가 동작 모드를 결정한다. Si와 So는 시프트 레지스터 모드에 대한 직렬 입력과 출력이다. Z는 조합논리로부터의 입력이다. 이 BILBO 레지스터에 대한 식은 다음과 같다.

$$D_1 = Z_1 B_1 \oplus (Si\, B_2' + FB\, B_2)\,(B_1' + B_2)$$
$$D_i = Z_i B_1 \oplus Q_{i-1}\,(B_1' + B_2)\ (i > 1)$$

$B_1 = B_2 = 0$일 때, 다음 식으로 축소된다.

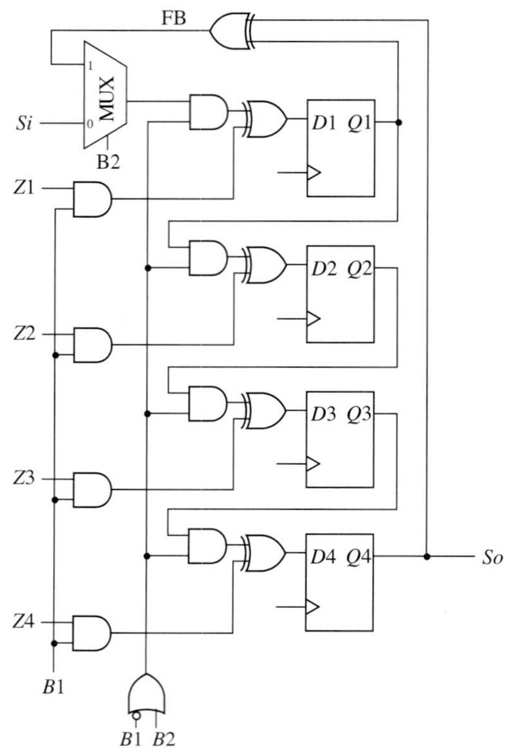

그림 10-31 4-비트 BILBO 레지스터

$$D_1 = Si, \qquad D_i = Q_{i-1}\ (i > 1)$$

이것은 시프트 레지스터 모드에 해당한다. $B_1 = 0$이고 $B_2 = 1$일 때, 다음 식으로 축소된다.

$$D_1 = FB, \qquad D_i = Q_{i-1}$$

이것은 PRPG 모드에 해당하며, BILBO 레지스터는 그림 10-26과 등가이다. $B_1 = 1$이고 $B_2 = 0$일 때, 다음 식으로 축소된다.

$$D_1 = Z_1, \qquad D_i = Z_i$$

이것은 정규 동작 모드에 해당한다. $B_1 = B_2 = 1$일 때, 다음 식으로 축소된다.

$$D_1 = Z_1 \oplus FB, \qquad D_i = Z_i \oplus Q_{i-1}$$

이것은 MISR 모드에 해당하며, BILBO 레지스터는 그림 10-28과 등가이다. 요약하면, BILBO 동작 모드는 다음과 같다.

```
entity BILBO is                    -- BILBO 레지스터
  generic (NBITS: natural range 4 to 8 := 4);
  port (Clk, CE, B1, B2, Si: in bit;
        So: out bit;
        Z: in bit_vector(1 to NBITS);
        Q: inout bit_vector(1 to NBITS));
end BILBO;

architecture behavior of BILBO is
  signal FB: bit;
begin
  Gen8: if NBITS = 8 generate
    FB <= Q(2) xor Q(3) xor Q(NBITS); end generate;
  Gen5: if NBITS = 5 generate
    FB <= Q(2) xor Q(NBITS); end generate;
  GenX: if not(NBITS = 5 or NBITS = 8) generate
    FB <= Q(1) xor Q(NBITS); end generate;
  process(Clk)
    variable mode: bit_vector(1 downto 0);
  begin
    if (Clk = '1' and CE = '1') then
      mode := B1 & B2;
      case mode is
        when "00" =>          -- 시프트 레지스터 모드
          Q <= Si & Q(1 to NBITS-1);
        when "01" =>          -- 유사 랜덤 패턴 생성기 모드
          Q <= FB & Q(1 to NBITS-1);
        when "10" =>          -- 정상 동작 모드
          Q <= Z;
        when "11" =>          -- 다중 입력 시그너처 레지스터 모드
          Q <= Z(1 to NBITS) xor (FB & Q(1 to NBITS-1));
      end case;
    end if;
  end process;
  So <= Q(NBITS);
end behavior;
```

그림 10-32 그림 10-31의 BILBO 레지스터에 대한 VHDL 코드

그림 10-32는 n-비트 BILBO 레지스터의 VHDL 기술을 보여준다. 비트 수 NBITS는 4~8

B1B2	동작 모드
00	시프트 레지스터
01	PRPG
10	정규
11	MISR

범위의 지네릭 파라미터이다. 레지스터는 클럭 인에이블(*CE*)을 더했다는 것을 제외하면 그림 10-31과 기능적으로 등가이다. LFSR에 대한 피드백(*FB*)은 비트 수에 의존한다.

그림 10-33에 나타낸 시스템은 BILBO 레지스터의 사용을 예시한다. 이 시스템에서 레지스

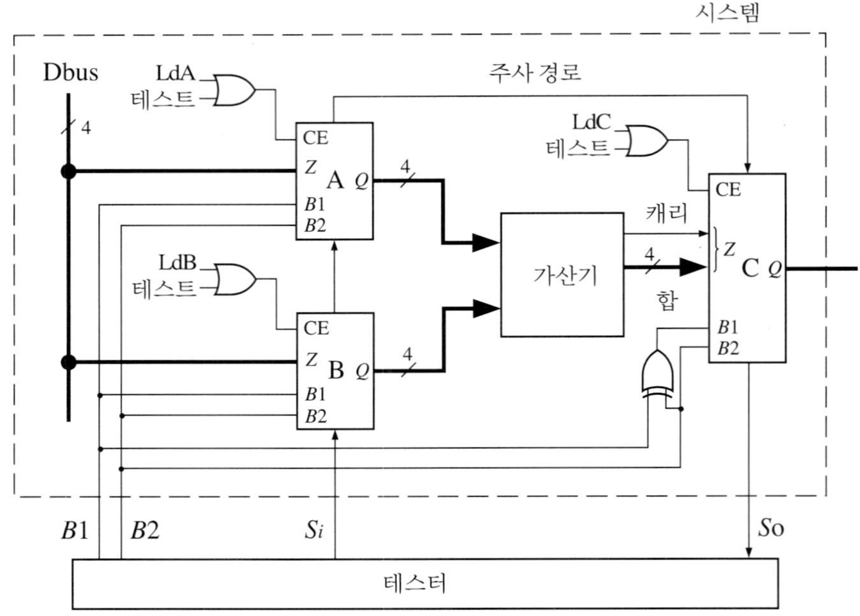

그림 10-33 BILBO 레지스터와 테스터를 갖는 시스템

터 *A*와 *B*는 *LDA*와 *LDB* 신호를 사용하여 Dbus로부터 로드될 수 있다. 그런 다음, 레지스터들이 더해지고 합과 캐리는 레지스터 *C*에 저장된다. $B1 \& B2 = 10$일 때, 레지스터는 정규 모드($Test = 0$)에 있고, 레지스터의 로딩은 *LDA*, *LDB*, *LDC*에 제어된다. 가산기를 테스트하기 위해, 우선 $B1 \& B2 = 00$으로 설정하여 레지스터를 시프트 레지스터 모드에 놓고 *A*, *B*, *C*에 대한 초기값을 주사 입력한다. 그런 다음, $B1 \& B2 = 01$로 설정하여 레지스터 *A*와 *B*를 PRPG 모드에 놓고 레지스터 *C*를 MISR 모드에 놓는다. 15개의 클럭 후, 테스트가 완료된다. 그런 다음,

```
entity BILBO_System is
  port(Clk, LdA, LdB, LdC, B1, B2, Si: in bit;
       So: out bit;
       DBus: in bit_vector(3 downto 0);
       Output: inout bit_vector(4 downto 0));
end BILBO_System;
architecture BSys1 of BILBO_System is
  component Adder4 is
    port(A, B: in bit_vector(3 downto 0); Ci: in bit;
         S: out bit_vector(3 downto 0); Co: out bit);
  end component;
  component BILBO is
    generic(NBITS: natural range 4 to 8 := 4);
    port(Clk, CE, B1, B2, Si : in bit;
         So: out bit;
         Z: in bit_vector(1 to NBITS);
         Q: inout bit_vector(1 to NBITS));
  end component;
```

```
architecture BSys1 of BILBO_System is
  component Adder4 is
    port(A, B: in bit_vector(3 downto 0); Ci: in bit;
         S: out bit_vector(3 downto 0); Co: out bit);
  end component;
  component BILBO is
    generic(NBITS: natural range 4 to 8 := 4);
    port(Clk, CE, B1, B2, Si : in bit;
         So: out bit;
         Z: in bit_vector(1 to NBITS);
         Q: inout bit_vector(1 to NBITS));
  end component;

  signal Aout, Bout: bit_vector(3 downto 0);
  signal Cin: bit_vector(4 downto 0);
  alias Carry: bit is Cin(4);
  alias Sum: bit_vector(3 downto 0) is Cin(3 downto 0);
  signal ACE, BCE, CCE, CB1, Test, S1, S2: bit;
begin
  Test <= not B1 or B2;
  ACE  <= Test or LdA;
  BCE  <= Test or LdB;
  CCE  <= Test or LdC;
  CB1  <= B1 xor B2;
  RegA: BILBO generic map (4) port map(Clk, ACE, B1, B2, S1, S2, DBus, Aout);
  RegB: BILBO generic map (4) port map(Clk, BCE, B1, B2, Si, S1, DBus, Bout);
  RegC: BILBO generic map (5) port map(Clk, CCE, CB1, B2, S2, So, Cin, Output);
  Adder: Adder4 port map(Aout, Bout, '0', Sum, Carry);
end BSys1;
```

그림 10-34 BILBO 레지스터와 테스터를 갖는 시스템에 대한 VHDL 코드

```
-- BILBO 테스트벤치를 가진 시스템

entity BILBO_test is
end BILBO_test;

architecture Btest of BILBO_test is
  component BILBO_System is
    port(Clk, LdA, LdB, LdC, B1, B2, Si: in bit;
         So: out bit;
         DBus: in bit_vector(3 downto 0);
         Output: inout bit_vector(4 downto 0));
  end component;
  signal Clk: bit := '0';
  signal LdA, LdB, LdC, B1, B2, Si, So: bit := '0';
  signal DBus: bit_vector(3 downto 0);
  signal Output: bit_vector(4 downto 0);
  signal Sig: bit_vector(4 downto 0);

  constant test_vector: bit_vector(12 downto 0) := "1000110000000";
  constant test_result: bit_vector(4 downto 0) := "01011";
begin
  clk <= not clk after 25 ns;
  Sys: BILBO_System port map(Clk,Lda,LdB,LdC,B1,B2,Si,So,DBus,Output);
  process
  begin
```

```
    B1 <= '0'; B2 <= '0';               -- 테스트 벡터를 시프트 입력함
    for i in test_vector'right to test_vector'left loop
      Si <= test_vector(i);
      wait until clk = '1';
    end loop;

    B1 <= '0'; B2 <= '1';               -- PRPG와 MISR을 사용함
    for i in 1 to 15 loop
      wait until clk = '1';
    end loop;

    B1 <= '0'; B2 <= '0';               -- 시그너처를 시프트 출력함
    for i in 0 to 5 loop
      Sig <= So & Sig(4 downto 1);
      wait until clk = '1';
    end loop;

    if (Sig = test_result) then         -- 시그너처를 비교함
      report "System passed test.";
    else
      report "System did not pass test!";
    end if;

    wait;
  end process;
end Btest;
```

그림 10-35 BILBO 시스템에 대한 테스트벤치

$B1\,\&\,B2 = 00$으로 설정하여 시그너처를 주사 출력할 수 있다.

시스템에 대한 VHDL 코드가 그림 10-34에 주어져 있고, 테스트벤치는 그림 10-35에 주어져 있다. 시스템은 세 개의 BILBO 레지스터와 그림 8-20의 4-비트 가산기를 사용한다. 테스트벤치는 BILBO 레지스터를 초기화하기 위해 테스트 벡터를 주사 입력한다; 그런 다음, 레지스터 A와 B를 PRPG로 사용하고 레지스터 C를 MISR로 사용하여 테스트를 실행한다. 결과로 발생하는 시그너처는 시프트 출력되어 올바른 시그너처와 비교된다.

이 장에서는 조합회로, 순차회로, 복잡한 IC, PC 보드를 포함하는 하드웨어를 테스트하는 주제를 소개하였다. 테스팅을 위한 주사 기법과 내장형 자기테스트의 사용은 디지털 시스템이 더욱 복잡해지면서 필수적이 되었다. 최종적인 하드웨어가 효율적으로 그리고 경제적으로 테스트될 수 있도록 설계 단계 초기에서 테스트를 고려한 설계를 생각해야 한다는 것은 매우 중요하다.

연습문제

10.1 (a) u stuck-at-0에 대하여 테스트하기 위해 다음 회로에 필요한 입력을 결정하라.

(b) 이 입력 집합에 대해서, 어떤 다른 stuck-at 고장들이 테스트될 수 있는지 결정하라.

(c) r stuck-at-1에 대하여 (a)와 (b)를 반복하라.

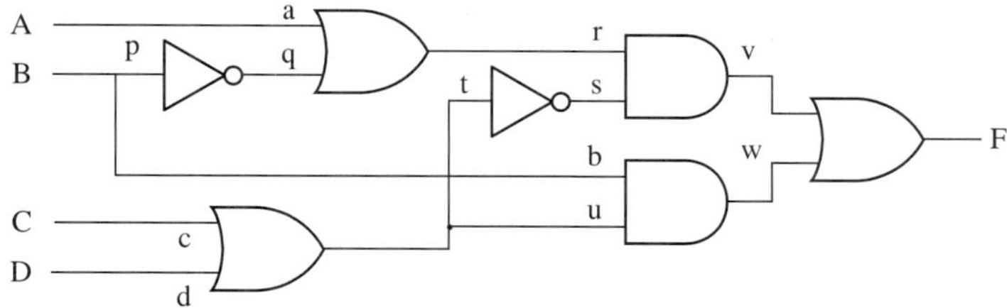

10.2 다음 회로에 대해서,

(a) e s-a-1에 대하여 테스트하기 위해 필요한 A, B, C, D 값을 결정하라. 이 입력 벡터에 의해 테스트되는 다른 고장들을 지정하라.

(b) g s-a-0에 대하여 (a)를 반복하라.

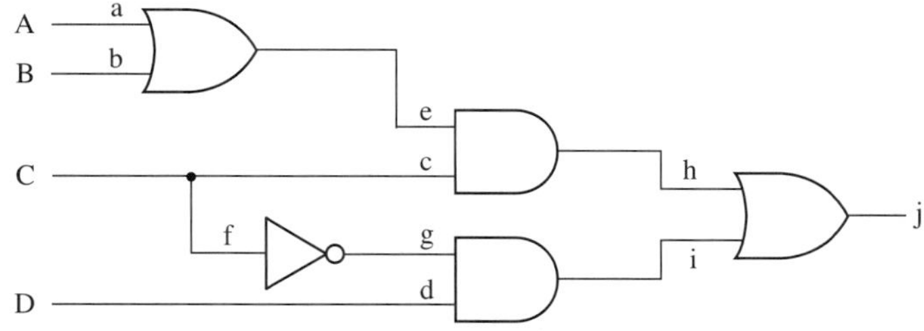

10.3 다음 회로에서 모든 단일 stuck-at-0과 stuck-at-1 고장들을 테스트할 최소의 테스트 집합을 찾아라. 각 테스트에 대해서, 어느 고장이 s-a-0에 대해 그리고 s-a-1에 대해 테스트되는지 지정하라.

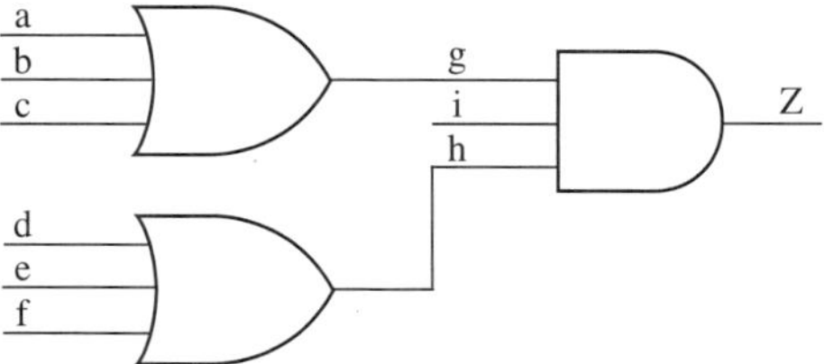

10.4 다음 회로에 있는 모든 stuck-at 고장들을 테스트할 최소의 테스트 벡터 집합을 제시하라. 각 테스트 벡터에 의해 테스트되는 고장들을 열거하라.

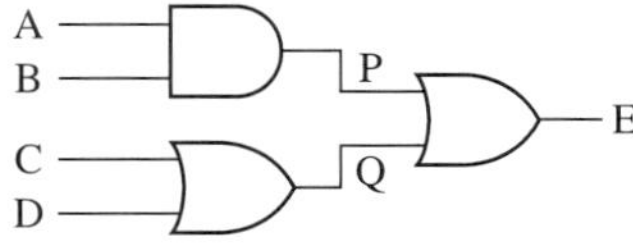

10.5 다음 회로에 대해서, 모든 stuck-at 고장들에 대해 테스트할 a, b, c, d, e에 대한 최소의 테스트 벡터 집합을 지정하라. 각 테스트 벡터에 의해 테스트되는 고장들을 지정하라.

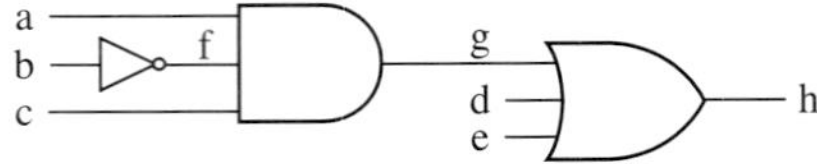

10.6 다음 회로에 대해서, AND와 OR 게이트 입력에 있는 모든 s-a-0과 s-a-1 고장들을 테스트할 최소의 테스트 벡터 집합을 찾아라. 각 테스트 벡터에 대해 A, B, C, D 값과 테스트되는 stuck-at 고장들을 지정하라.

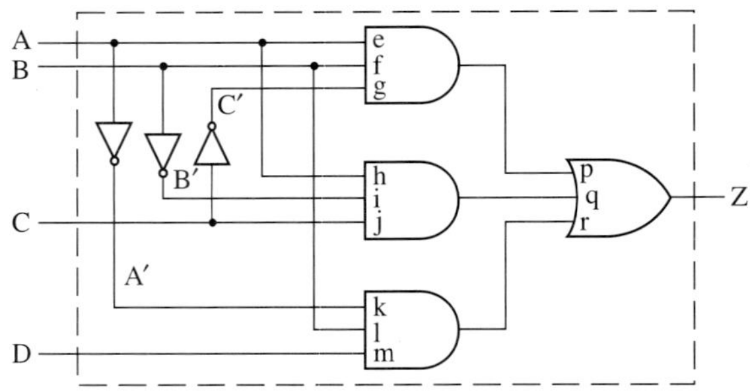

10.7 그림 10-7의 순차회로에서 b s-a-0에 대해 테스트하는 테스트 시퀀스를 찾아라.

10.8 순차회로가 다음과 같은 상태 그래프를 갖는다.

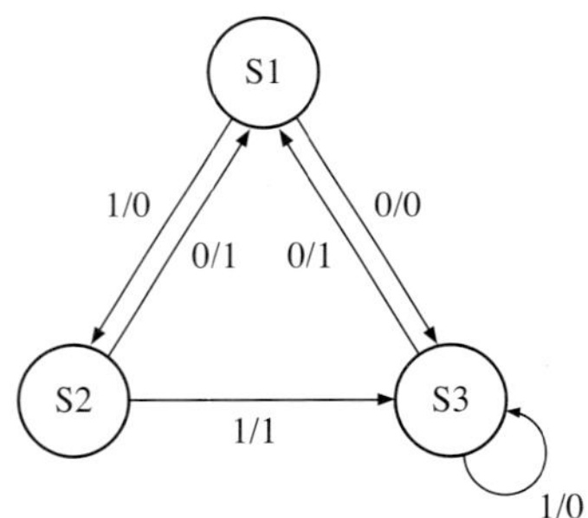

세 개의 상태는 입력 시퀀스 11을 사용하고 출력을 관찰함으로써 구별될 수 있다. 회로는 상태 S_1으로 리셋하는 리셋 입력 R을 갖는다. 모든 상태 천이를 테스트할 테스트 시퀀스 집합을 제시하고, 각 시퀀스에 의해 테스트되는 천이를 제시하라. (상태 천이를 테스트할 때 출력 시퀀스를 관찰함으로써 출력과 다음 상태가 올바른지 검증하여야 한다.)

10.9 두 개의 순차 머신에 대한 상태 그래프가 다음에 주어져 있다. 첫 번째 그래프는 올바르게 작동하는 머신을 나타내고, 두 번째 그래프는 오작동하는 동일한 머신을 나타낸다. 두 개의 머신이 시작 상태(S_0와 T_0)로 리셋될 수 있다는 가정 하에 두 개의 머신을 구별할 가장 짧은 입력 시퀀스를 결정하라.

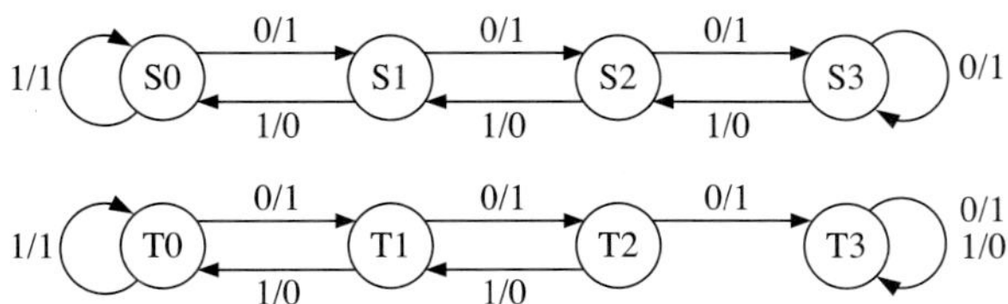

10.10 순차회로를 테스트할 때, 입력 시퀀스를 인가하고 출력 시퀀스를 관찰하는 것과 비교하여 주사 경로 테스팅을 사용하는 것의 주요 장점은 무엇인가?

10.11 그림 10-8에 나타낸 타입의 주사 경로 테스트 회로는 세 개의 플립플롭, 두 개의 입력, 두 개의 출력을 가지고 있다. 테스트될 순차회로의 상태표의 첫 번째 행은 다음과 같다.

	$Q_1^+Q_2^+Q_3^+$				Z_1Z_2			
$Q_1Q_2Q_3$	$X_1X_2 =$ 00	01	11	10	00	01	11	10
011	010	110	011	111	10	11	00	01

표의 이 행에 대해서, 입력 00, 01, 10에 대한 다음 상태와 출력을 검증하기 위해 회로가 어떻게 테스트될 수 있는지 보여주는 그림 10-9와 유사한 타이밍도를 완성하라. Z_1과 Z_2 출력이 읽혀져야 하는 시간에서 예상되는 Z_1과 Z_2 출력을 보여라.

10.12 (a) 그림 1-26의 코드 변환 회로를 2-포트 플립플롭을 사용하는 그림 10-8의 형태로 다시 그려라.
(b) 그림 1-24(b)의 천이표의 처음 두 행을 검증할 테스트 시퀀스를 결정하라. 당신의 테스트 시퀀스에 대한 그림 10-9와 유사한 타이밍도를 그려라.

10.13 (a) 2-포트 플립플롭에 대한 VHDL 코드를 작성하라.
(b) 문제 10.12(a)에 대한 당신의 답에 대해서 VHDL 코드를 작성하라.
(c) 문제 10.12(b)로부터의 테스트 시퀀스를 인가하는 테스트벤치를 작성하고, 결과 파형과 문제 10.12(b)에 대한 당신의 답을 비교하라.

10.14 그림 10-8에 나타낸 타입의 2-포트 플립플롭을 사용하는 대신, D_1 또는 D_2를 선택하기 위해서 각 D 입력에 MUX를 갖는 표준 D 플립플롭을 사용하여 주사 테스팅이 이루어질 수 있다. D 플립플롭과 MUX를 사용함으로써 주사 체인을 확립하기 위해 그림 1-22의 회로를 다시 그려라. 테스트 신호(T)는 먹스들을 제어하여야 한다.

10.15 그림 10-16을 참조하여, 명령어 레지스터에 011을 로드하고 경계 주사 레지스터 BSR2에 1101을 로드하는 데 필요한 *TMS*와 *TDI* 입력 시퀀스를 결정하라. 상태 0에서 시작하고 상태 1에서 종료하라. *TMS*와 *TDI* 입력과 함께 상태 시퀀스를 제시하라.

10.16 INTEST 명령어(코드 010)는 테스트 데이터를 경계 주사 레지스터 (BSR1)로 시프트 입력하

고, 이 테스트 데이터로 BSR2를 업데이트함으로써 코어 로직을 테스트하는 것을 허용한다. 입력 셀에 대하여 이 데이터는 입력 핀으로부터의 데이터를 대신한다. 코어 로직으로부터 출력 데이터는 BSR1에서 포착되고, 그 다음에 시프트 출력된다. 이 문제에 대하여, BSR이 세 개의 셀을 가지고 있다고 가정한다.

(a) 그림 10-16을 참조하여, 명령어 레지스터에 010을 로드하고 BSR2에 011을 로드할 *TMS*와 *TDI*를 위한 시퀀스를 제시하라. 또한 상태 0에서 시작하는 상태 시퀀스를 제시하라.

(b) 그림 10-21의 코드에서, INTEST 명령어를 구현하기 위해서는 마지막 BSRout 할당문에서, CaptureDR 상태에서, UpdateDR 상태에서 어떤 변화나 추가가 이루어져야 하는가?

10.17 그림 10-21의 VHDL 코드를 기반으로, 2-셀 경계 주사 레지스터를 설계하라. 첫 번째 셀은 입력 셀이어야 하고, 두 번째 셀은 출력 셀이어야 한다. TAP 제어기는 설계하지 마라; *shift-DR*, *capture-DR*, *update-DR*과 같은 필요한 제어 신호들이 있다고 가정하라. 명령어 레지스터 또는 명령어 디코딩 로직은 설계하지 마라; 다음 신호들이 있다고 가정한다: EXT(EXTEST 명령어가 실행되고 있음), *SPR*(Sample/Preload 명령어가 실행되고 있음), *BYP*(Bypass 명령어가 실행되고 있음). BSR1에 대해 두 개의 플립플롭, BSR2에 대해 두 개의 플립플롭, 한 개의 BYPASS 플립플롭을 사용하라. 위에서 언급한 제어 신호에 추가하여, 입력은 *Pin*1(핀으로부터), *Core*2(코어 로직으로부터), *TDI*, *TCK*이다; 출력은 *Core*1(코어 로직으로), *Pin*2(핀으로), *TDO*이다. 모든 플립플롭에 대한 클럭 입력으로 *TCK*를 사용하라. 플립플롭, MUX, 등등을 보여주는 블록도를 그려라. 그런 다음, 각 플립플롭 D 입력, 각 CE(클럭 인에이블), 각 MUX 제어 입력에 대한 논리식이나 상호연결을 제시하라.

10.18 그림 10-22의 경계 주사 테스터를 시뮬레이션하고 결과가 예측한 것과 같은지 검증하라. IC1에 대한 하위 입력이 접지에 단락되는 경우를 나타내기 위해 코드를 바꾸고, 다시 시뮬레이션한 다음, 결과를 해석하라.

10.19 그림 10-14(b)의 경계 주사 셀에 대한 VHDL 코드를 작성하라. BSR에 대한 동작적 코드의 일부 대신에 이 경계 주사 셀을 구성요소로 사용하는 그림 10-21의 VHDL 코드를 다시 작성하라. 이 구성요소에 대한 NCELLS개의 복사본을 불러오기 위해 generate 문을 사용하라. 그림 10-22의 경계 주사 테스터 예를 사용하여 당신의 새 코드를 테스트하라.

10.20 (a) 최대 길이 시퀀스를 생성하는 $n = 5$를 갖는 LFSR에 대한 회로도를 그려라.

(b) 00000이 상태 시퀀스에 포함되도록 로직을 추가하라.

(c) 실제 상태 시퀀스를 결정하라.

10.21 (a) 최대 길이 시퀀스를 생성하는 $n = 6$을 갖는 LFSR에 대한 회로도를 그려라.

(b) 000000이 상태 시퀀스에 포함되도록 로직을 추가하라.

(c) 101010에서 시작하는 시퀀스의 10개의 요소를 결정하라.

10.22 (a) 그림 10-28과 유사한 8-비트 MISR에 대한 VHDL을 작성하라.

(b) 6116 SRAM(그림 8-15 참조)에 대한 그림 10-25와 유사한 자기테스트 회로를 설계하라. 데이터 쓰기 생성기는 다음과 같은 시퀀스로 데이터를 저장하여야 한다: 00000000, 10000000, 11000000, . . . , 11111111, 01111111, 00111111, . . . , 00000000.

(c) 당신의 설계를 테스트하는 VHDL 코드를 작성하라. 시스템을 적어도 하나의 예에 대하여 오류가 없는 경우, 한 개의 오류가 있는 경우, 두 개의 오류가 있는 경우, 세 개의 오류가 있는 경우로 시뮬레이션하라.

10.23 그림 10-33의 시스템에서, *A*, *B*, *C*는 BILBO 레지스터이다. 각 레지스터의 B_1과 B_2 입력은 다음과 같이 BILBO 동작 모드를 결정한다.

$B_1B_2 = 00$, 시프트 레지스터

$B_1B_2 = 01$, PRPG (패턴 생성기)

$B_1B_2 = 10$, 정규 시스템 모드

$B_1B_2 = 11$, MISR (시그너처 레지스터)

A, *B*, *C*에 시프트 입력하는 것은 항상 LSB가 먼저이다. 테스트 모드에서, Dbus는 사용되지 않는다. 다음과 같은 동작들을 수행하기 위해 필요한 테스터 출력(B_1, B_2, S_i)의 시퀀스를 지정하라.

(1) *A*에 1011, *B*에 1110을 로드하고, *C*를 클리어한다.

(2) 패턴 생성기로서 *A*와 *B*를 사용하고 시그너처 레지스터로서 *C*를 사용하여 네 개의 클럭 시간 동안 시스템을 테스트한다.

(3) *C* 레지스터 출력을 테스터로 시프트 입력한다.

(4) 정규 시스템 모드로 복귀한다.

$B_1\,B_2\,S_i = 0\,0\,0, \ldots$

10.24 아래에 나타낸 BILBO 레지스터가 주어진 상황에서, 다음의 각 모드에 대한 B_1과 B_0를 지정하라.

정규 모드

시프트 레지스터 모드

PRPG(LSFR) 모드

MISR 모드

PRPG 모드에 있을 때, 초기상태가 001이라고 가정하면, Q_1, Q_2, Q_3에 대해 어떤 상태 시퀀스가 생성될 것인가?

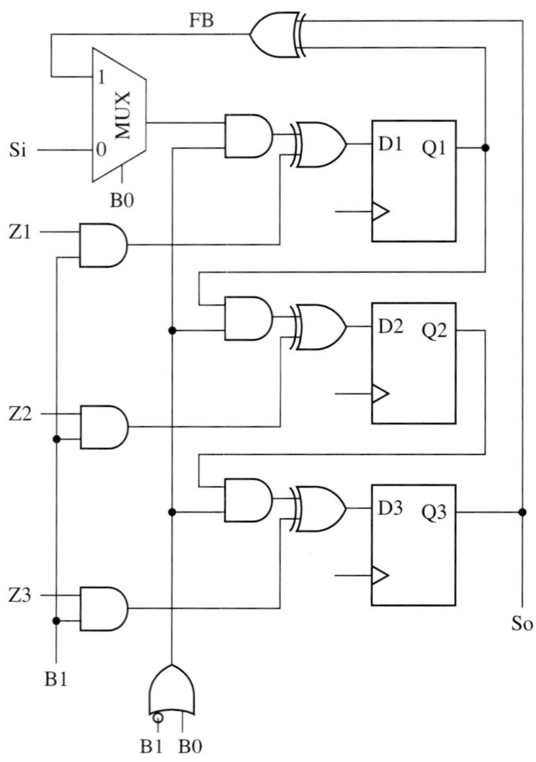
FB
1
MUX
0
Si
B0
D1 Q1
Z1
D2 Q2
Z2
D3 Q3
Z3
So
B1
B1 B0

11

ADDITIONAL DESIGN EXAMPLES

추가적인 설계 예제

이 장에서는 복잡한 디지털 시스템을 시뮬레이션하고 설계하는 데에 합성 도구와 함께 VHDL이 어떻게 사용될 수 있는지 보여주는 추가적인 예제들을 제시한다. 먼저 자명종과 스톱워치 기능을 갖는 손목시계를 설계한다. 그런 다음, 구체적인 타이밍 사양을 갖는 메모리 칩에 대한 시뮬레이션 모델이 제시된다. 마지막으로, 직렬 데이터 포트에 대한 수신기-송신기가 제시된다.

11.1 손목시계 설계

이 절에서는 시간 유지, 자명종, 스톱워치 기능을 갖는 다기능 손목시계를 설계할 것이다. 손목시계는 모드를 변경하고, 시간을 설정하고, 자명종을 설정하고, 스톱워치를 시작하고 멈추는 등에 사용되는 세 개의 버튼(B1, B2, B3)을 갖는다. 버튼 B1을 누르면 **시간 모드**(Time Mode)에서 **자명종 모드**(Alarm Mode), **스톱워치 모드**(Stopwatch Mode), 그리고 다시 **시간 모드**(Time Mode)로 변경된다. 버튼 B2와 B3의 기능은 모드에 따라 다른데, 다음 단락에서 설명된다.

11.1.1 사양

시간 모드에서의 동작 디스플레이는 hh:mm:ss(A 또는 P) 형식을 사용하여 시간과 오전, 오후를 표시한다. 시간 모드에 있을 때, B3를 누름으로써 자명종을 수동으로 끌 수 있다. B2를 누르면 시 설정 상태나 분 설정 상태로 변경되고, 다시 시간 모드로 돌아온다. 시 설정이나 분 설정 상태에 있을 때는 B3를 누를 때마다 시 또는 분이 1씩 증가한다.

자명종 모드에서의 동작 디스플레이는 hh:mm(A 또는 P) 형식을 사용하여 자명종 시간과 오전, 오후를 표시한다. B2를 누르면 자명종 시 설정 상태나 자명종 분 설정 상태로 변경되고, 다시 자명종 모드로 돌아온다. 자명종 시 설정이나 자명종 분 설정 상태에 있을 때는 B3를 누를 때마다 자명종의 시 또는 분이 1씩 증가한다. 자명종 상태에 있을 때는 B3를 눌러서 자명종을 설정하거나 리셋한다. 자명종이 일단 울리기 시작하면, 50초 동안 울린 다음 스스로 꺼진다. 또한 시간 모드에서 B3를 누름으로써 수동으로 자명종을 끌 수 있다.

스톱워치 모드에서의 동작 디스플레이는 mm:ss.cc(cc는 1/100초) 형식으로 스톱워치 시간을 표시한다. B2를 누르면 시간 카운터가 시작하고, 다시 B2를 누르면 멈춘다. 그런 다음 B2를 누르면 재시작하고, 등등이다. B3를 눌러서 시간을 리셋한다. 스톱워치가 일단 시작되면, 손목시계가 시간 모드 또는 자명종 모드일 때에도 계속 돌아간다.

11.1.2 설계 구현

그림 11-1은 설계에 대한 블록도를 보여준다. **입력 모듈**은 시스템 클럭을 100-Hz 클럭, CLK

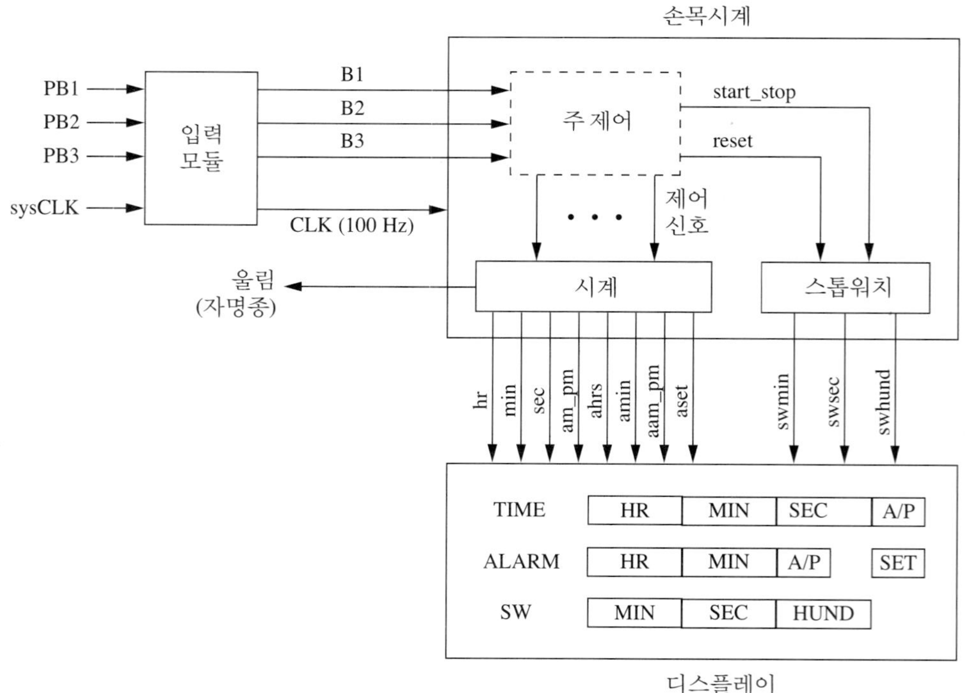

그림 11-1 손목시계 설계의 블록도

로 분주한다. 입력 모듈은 입력 버튼들(PB1, PB2, PB3)을 디바운스하고 CLK와 동기시킨다. PB1, PB2, PB3가 눌릴 때마다 그에 대응되는 신호 B1, B2, B3가 정확하게 한 클럭 시간 동안 1이 될 것이다. 4.7절에서 설계했던 단일 펄스 회로가 이 모듈을 만드는 데 사용될 수 있다.

손목시계 모듈은 손목시계에 대한 **주 제어**, 시간 유지와 자명종 기능을 구현한 **시계 모듈**, 스톱워치 기능을 구현한 **스톱워치 모듈**을 포함한다. 100-Hz 클럭(CLK)은 제어부와 시간 레지스터의 동작을 동기시킨다. 그림 11-2는 제어기에 대한 상태 그래프를 보여준다. 이 상태 머신은 버튼을 누르는 것에 대한 응답으로 다음과 같은 제어 신호들을 생성한다.

inch	set_hours 상태에서 시를 증가함
incm	set_minutes 상태에서 분을 증가함
alarm_off	자명종이 울릴 때 이를 끔
incha	자명종 시를 증가함
incma	자명종 분을 증가함
set_alarm	자명종 설정을 켜거나 끔
start_stop	스톱워치 카운터를 시작하거나 멈춤
reset	스톱워치 카운터를 리셋함

그림 11-3은 손목시계 모듈에 대한 VHDL 코드를 보여준다. 이 모듈은 시계와 스톱워치 모듈을 불러오고 상태 머신을 구현한다. 이 상태 머신은 B1, B2, B3 버튼 신호를 테스트하고 제어 신호를 생성한다. 다음은 VHDL 코드에서 사용되는 신호 이름의 일부이다.

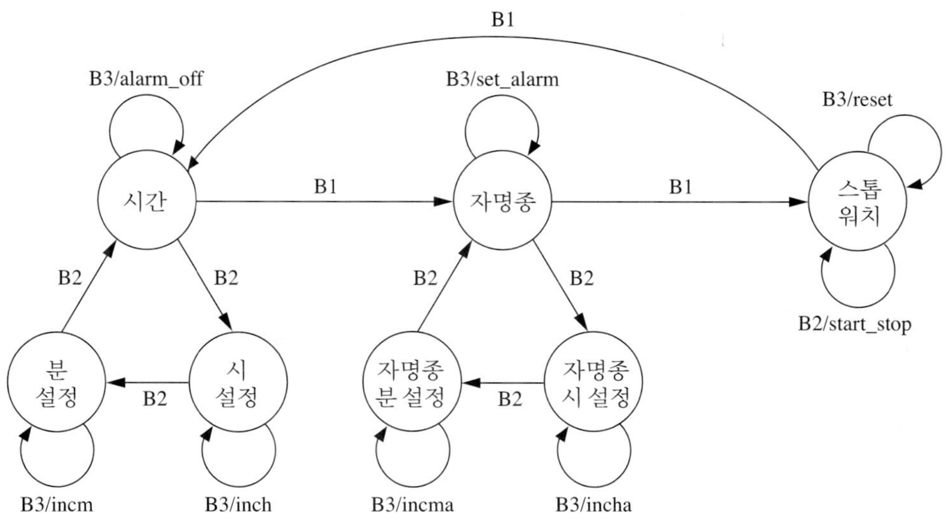

그림 11-2 손목시계 모듈의 상태 그래프

am_pm	시간 모드에서의 오전 또는 오후
aam_pm	자명종 모드에서의 오전 또는 오후
alarm_set	자명종이 설정되어 있음을 표시함
ring	만약 자명종이 설정되어 있다면, 자명종 설정과 시간 카운터가 일치한다는 것을 표시함
hours	시간 모드에서의 시
ahours	자명종 모드에서의 시
minutes	시간 모드에서의 분
aminutes	자명종 모드에서의 분
seconds	시간 모드에서의 초
swhundredths	스톱워치 모드 동안의 1/100초
swseconds	스톱워치 모드에서의 초
swminutes	스톱워치 모드에서의 분

```
library IEEE;
use IEEE.numeric_bit.all;

entity wristwatch is
  port(B1, B2, B3, clk: in bit;
       am_pm, aam_pm, ring, alarm_set: inout bit;
       hours, ahours, minutes, aminutes, seconds: inout unsigned(7 downto 0);
       swhundreths, swseconds, swminutes: out unsigned(7 downto 0));
end wristwatch;
architecture wristwatch1 of wristwatch is
  component clock is
    port(clk, inch, incm, incha, incma, set_alarm, alarm_off: in bit;
         hours, ahours, minutes, aminutes, seconds: inout unsigned(7 downto 0);
         am_pm, aam_pm, ring, alarm_set: inout bit);
  end component;
  component stopwatch is
    port(clk, reset, start_stop: in bit;
         swhundreths, swseconds, swminutes: out unsigned(7 downto 0));
  end component;
  type st_type is (time1, set_min, set_hours, alarm, set_alarm_hrs,
                   set_alarm_min, stop_watch);
  signal state, nextstate: st_type;
  signal inch, incm, alarm_off, set_alarm, incha, incma,
         start_stop, reset: bit;
begin
  clock1: clock port map(clk, inch, incm, incha, incma, set_alarm, alarm_off,
                         hours, ahours, minutes, aminutes, seconds, am_pm,
                         aam_pm, ring, alarm_set);
  stopwatch1: stopwatch port map(clk, reset, start_stop, swhundreths,
                                 swseconds, swminutes);
process(state, B1, B2, B3)
begin
  alarm_off <= '0'; inch <= '0'; incm <= '0'; set_alarm <= '0'; incha <= '0';
```

```
    incma <= '0'; start_stop <= '0'; reset <= '0';
    case state is
      when time1 =>
        if B1 = '1' then nextstate <= alarm;
        elsif B2 = '1' then nextstate <= set_hours;
        else nextstate <= time1;
        end if;
        if B3 = '1' then alarm_off <= '1';
        end if;
      when set_hours =>
        if B3 = '1' then inch <= '1'; nextstate <= set_hours;
        else nextstate <= set_hours;
        end if;
        if B2 = '1' then nextstate <= set_min;
        end if;
      when set_min =>
        if B3 = '1' then incm <= '1'; nextstate <= set_min;
        else nextstate <= set_min;
        end if;
        if B2 = '1' then nextstate <= time1;
        end if;
      when alarm =>
        if B1 = '1' then nextstate <= stop_watch;
        elsif B2 = '1' then nextstate <= set_alarm_hrs;
        else nextstate <= alarm;
        end if;
        if B3 = '1' then set_alarm <= '1'; nextstate <= alarm;
        end if;
      when set_alarm_hrs =>
        if B2 = '1' then nextstate <= set_alarm_min;
        else nextstate <= set_alarm_hrs;
        end if;
        if B3 = '1' then incha <= '1';
        end if;
      when set_alarm_min =>
        if B2 = '1' then nextstate <= alarm;
        else nextstate <= set_alarm_min;
        end if;
        if B3 = '1' then incma <= '1';
        end if;
      when stop_watch =>
        if B1 = '1' then nextstate <= time1;
        else nextstate <= stop_watch;
        end if;
        if B2 = '1' then start_stop <= '1';
        end if;
        if B3 = '1' then reset <= '1';
        end if;
    end case;
  end process;
  process(clk)
  begin
    if clk'event and clk = '1' then
      state <= nextstate;
    end if;
  end process;
end wristwatch1;
```

그림 11-3 손목시계 모듈에 대한 VHDL 코드

```
library IEEE;
use IEEE.numeric_bit.all;

entity clock is
  port(clk, inch, incm, incha, incma, set_alarm, alarm_off: in bit;
       hours, ahours, minutes, aminutes, seconds: inout unsigned(7 downto 0);
       am_pm, aam_pm, ring, alarm_set: inout bit);
end clock;

architecture clock1 of clock is
  component CTR_59 is
    port(clk, inc, reset: in bit; dout: out unsigned(7 downto 0);
         t59: out bit);
  end component;
  component CTR_12 is
    port(clk, inc: in bit; dout: out unsigned(7 downto 0); am_pm: inout bit);
  end component;
  signal s59, m59, inchr, incmin, c99: bit;
  signal alarm_ring_time: integer range 0 to 50;
  signal div100: integer range 0 to 99;
  begin
    sec1: ctr_59 port map(clk, c99, '0', seconds, s59);
    min1: ctr_59 port map(clk, incmin, '0', minutes, m59);
    hrs1: ctr_12 port map(clk, inchr, hours, am_pm);
    incmin <= (s59 and c99) or incm;
    inchr <= (m59 and s59 and c99) or inch;
    alarm_min: ctr_59 port map(clk, incma, '0', aminutes, open);
    alarm_hr: ctr_12 port map(clk, incha, ahours, aam_pm);
    c99 <= '1' when div100 = 99 else '0';
    process(clk)
    begin
      if clk'event and clk = '1' then
        if c99 = '1' then div100 <= 0;      -- div100(100으로 나누는 기능) 카운터
        else div100 <= div100 + 1;
        end if;
        if set_alarm = '1' then
        alarm_set <= not alarm_set;
      end if;

      if ((minutes = aminutes) and (hours = ahours) and (am_pm = aam_pm)) and
          seconds = 0 and alarm_set = '1' then
        ring <= '1';
      end if;
      if ring = '1' and c99 = '1' then
        alarm_ring_time <= alarm_ring_time + 1;
      end if;
      if alarm_ring_time = 50 or alarm_off = '1' then
        ring <= '0'; alarm_ring_time <= 0;
      end if;
    end if;
  end process;
end clock1;
```

그림 11-4 시계 모듈의 VHDL 코드

시계 모듈은 자명종의 시와 분 설정을 저장하는 데 사용되는 카운터(*ahours*, *aminutes*)뿐만 아니라 시간을 기록하는 카운터(*hours*, *minutes*, *seconds*)도 포함하고 있다. 이 카운터들은 각각 적절한 시간에 증가되는 두 자리 이진화 십진수(binary-coded-decimal, BCD) 숫자를 저장한다. 또한 모듈은 100-Hz 클럭을 100으로 나누는 카운터를 포함하고 초 카운터를 증가시키는 신호를 제공한다.

그림 11-4에 나타낸 VHDL 코드는 *sec*1, *min*1, *hrs*1로 이름 붙여진 세 개의 카운터를 불러온다. div100 카운터(100으로 나누는 카운터)가 상태 99에 있을 때, *sec*1 카운터에 대한 증가 신호로 사용되는 신호 *c*99를 출력한다. *sec*1은 초를 세고, div100 카운터가 한 바퀴 돌아갈 때, *c*99 = 1이기 때문에 초가 1만큼 증가된다. *sec*1은 div60 카운터이고, 59에 도달할 때 신호 *s*59를 출력한다. *min*1은 분을 센다. *s*59와 *c*99가 둘 다 1이고, *set_minutes* 상태에서 *incm*도 1일 때 *min*1이 증가된다. 신호 *incmin*은 버튼을 누르기 때문이든 아니면 세는 동안의 제어 신호 때문이든 분이

```
library IEEE;
use IEEE.numeric_bit.all;

entity stopwatch is
  port(clk, reset, start_stop: in bit;
       swhundreths, swseconds, swminutes: out unsigned(7 downto 0));
end stopwatch;

architecture stopwatch1 of stopwatch is
  component CTR_59 is
    port(clk, inc, reset: in bit; dout: out unsigned(7 downto 0); t59: out bit);
  end component;
  component CTR_99 is
    port(clk, inc, reset: in bit; dout: out unsigned(7 downto 0); t59: out bit);
  end component;
  signal swc99, s59, counting, swincmin: bit;
begin
  ctr2: ctr_99 port map(clk, counting, reset, swhundreths, swc99);
     -- 1/100초 카운트
   sec2: ctr_59 port map(clk, swc99, reset, swseconds, s59);
     -- '초'를 카운트
   min2: ctr_59 port map(clk, swincmin, reset, swminutes, open);
     -- '분'을 카운트
   swincmin <= s59 and swc99;
   process(clk)
   begin
      if clk'event and clk = '1' then
        if start_stop = '1' then
          counting <= not counting;
        end if;
      end if;
   end process;
 end stopwatch1;
```

그림 11-5 스톱워치 모듈의 VHDL 코드

증가되어야 할 조건을 표시하는 데 사용된다. *min*1이 59에 도달할 때 신호 *m*59를 출력한다. *hrs*1은 시를 세고, 시간이 11:59:59:99에서 12:00:00:00으로 바뀔 때 *am_pm* 플립플롭도 반전시킨다. *m*59 = *s*59 = *c*99 = 1이고, *set_hours* 상태에서 *inch*도 1일 때 *hrs*1이 증가된다. 신호 *inchr*은 버튼을 누르기 때문이든 아니면 세는 동안의 제어 신호 때문이든 시가 증가되어야 할 조건을 표시한다.

시계 VHDL 코드는 또한 자명종 기능을 구현한다. 이 코드는 자명종 시와 분을 설정하기 위한 카운터들을 불러온다. *alarm_set* 플립플롭은 *alarm_set*이 1일 때 반전된다. 자명종 설정이 시간 카운터와 일치하고 자명종이 설정되어 있을 때 *ring* 플립플롭이 1이 된다. *alarm_ring_time*은 자명종이 울릴 때 초를 세는 카운터이다. *ring* 플립플롭은 50초가 지나거나 *alarm_off* 신호를 받을 때 클리어된다.

그림 11-5에 나타낸 VHDL 코드는 스톱워치 기능을 구현한다. 이 코드는 1/100초, 초, 분에 대한 카운터들을 불러온다. *start_stop* 신호를 받을 때 *counting* 플립플롭이 반전된다. *ctr*2는 *counting* = 1일 때 매 클럭마다 증가되는 div100 BCD 카운터이다. *ctr*2는 상태 99에 있을 때 신호 *swc*99를 생성한다. div100 카운터에 대한 VHDL 코드는 그림 11-6에서 보여준다. *sec*2는

```
library IEEE;
use IEEE.numeric_bit.all;
-- div100 카운터
entity CTR_99 is
  port(clk, inc, reset: in bit; dout: out unsigned(7 downto 0); t59: out bit);
end CTR_99;

architecture count99 of CTR_99 is
  signal dig1, dig0: unsigned(3 downto 0);
begin
  process(clk)
  begin
    if clk'event and clk = '1' then
      if reset = '1' then dig0 <= "0000"; dig1 <= "0000";
      else
        if inc = '1' then
          if dig0 = 9 then dig0 <= "0000";
            if dig1 = 9 then dig1 <= "0000";
            else dig1 <= dig1 + 1;
            end if;
          else dig0 <= dig0 + 1;
          end if;
        end if;
      end if;
    end if;
  end process;
  t59 <= '1' when (dig1 = 9 and dig0 = 9) else '0';
  dout <= dig1 & dig0;
end count99;
```

그림 11-6 div100 카운터에 대한 VHDL 코드

```
library IEEE;
use IEEE.numeric_bit.all;
-- 0~60까지 '분'이나 '초'를 카운트
entity CTR_59 is
  port(clk, inc, reset: in bit; dout: out unsigned(7 downto 0); t59: out bit);
end CTR_59;

architecture count59 of CTR_59 is
  signal dig1, dig0: unsigned(3 downto 0);
begin
  process(clk)
  begin
    if clk'event and clk = '1' then
      if reset = '1' then dig0 <= "0000"; dig1 <= "0000";
      else
        if inc = '1' then
          if dig0 = 9 then dig0 <= "0000";
            if dig1 = 5 then dig1 <= "0000";
            else dig1 <= dig1 + 1;
            end if;
          else dig0 <= dig0 + 1;
          end if;
        end if;
      end if;
    end if;
  end process;
  t59 <= '1' when (dig1 = 5 and dig0 = 9) else '0';
  dout <= dig1 & dig0;
end count59;
```

그림 11-7 div60 카운터의 VHDL 코드

*swc*99 = 1일 때 증가되는 초 카운터이다. *sec*2는 상태 59에 있을 때 신호 *s*59를 생성한다. 분 카운터 *min*2는 *s*59와 *swc*99가 모두 1일 때 증가된다.

div60 카운터에 대한 VHDL 코드(그림 11-7)는 간단하다. 카운터는 59까지 세고 리셋한다.

시 카운터(그림 11-8)는 증가 신호가 1일 때 12까지 세고, 그 다음에 1로 변한다. 시 카운터는 11에서 12로 변할 때 *am_pm* 신호를 반전시킨다.

```
library IEEE;
use IEEE.numeric_bit.all;
-- 카운터는 시간을 1에서 12까지 세고 AM, PM 구분 동작
entity CTR_12 is
  port(clk, inc: in bit; dout: out unsigned(7 downto 0); am_pm: inout bit);
end CTR_12;

architecture count12 of CTR_12 is
  signal dig0: unsigned(3 downto 0);
  signal dig1: bit;
```

```
begin
  process(clk)
  begin
    if clk'event and clk = '1' then
      if inc = '1' then
        if dig1 = '1' and dig0 = 2 then
          dig1 <= '0'; dig0 <= "0001";
        else
          if dig0 = 9 then dig0 <= "0000"; dig1 <= '1';
          else dig0 <= dig0 + 1;
          end if;
          if dig1 = '1' and dig0 = 1 then am_pm <= not am_pm;
          end if;
        end if;
      end if;
    end if;
  end process;
  dout <= "000" & dig1 & dig0;
end count12;
```

그림 11-8 시 카운터에 대한 VHDL 코드

11.1.3 손목시계 테스팅

다음으로, 손목시계 모듈에 대한 테스트벤치(그림 11-9)를 작성할 것이다. 테스트벤치는 100-Hz 클럭뿐만 아니라 일련의 버튼 누르기를 생성해야 하고, 시간, 자명종 설정, 스톱워치 카운터를 디스플레이해야 한다. 사실상, 테스트벤치는 전반적인 설계에 있는 입력과 디스플레이 모듈을 대신한다. 테스트벤치 코드 작성을 간략화하기 위해 두 개의 procedure를 작성하였다. procedure `wait1(N1)`은 호출될 때마다 *N*1개의 클럭을 기다린다. procedure `push(button, N)`은 호출될 때마다 버튼을 *N*번 누르는 것을 시뮬레이션한다. 따라서 `push(B2, 23)`은 B2를 23번 누르는 것을 시뮬레이션한다. push procedure는 입력 모듈로부터의 출력을 시뮬레이션한다. 그러므로 각 버튼 신호는 정확히 한 클럭 시간 동안 켜지고 CLK와 동기된다. procedure는 버튼이 눌릴 때마다 1.2초를 기다린다. 또한 버튼을 누르는 사이에 기다리는 시간이 더 길거나 더 짧은 경우에 대한 테스팅도 수행되어야 한다. 부호 없는 수와 numeric_bit 패키지를 사용하고 있기 때문에, 모든 레지스터는 테스트벤치가 시작될 때 클리어될 것이다. 만일 numeric_std를 대신 사용했다면, 시뮬레이션이 수행되기 전에 모든 레지스터들을 리셋하여야 했을 것이다.

우리가 사용한 테스트 시퀀스는 다음과 같다.

1. 시간을 오후 11:58로 설정한다.
2. 자명종 시간을 오전 12:00로 설정한다.
3. 자명종을 설정하고 시간 모드로 변경한 다음, 시간이 자정으로 넘어갈 때까지 기다린다.
4. 5초 후에 자명종을 끈다.

```
library IEEE;
use IEEE.numeric_bit.all;

entity testww is    -- 손목시계에 대한 테스트벤치
  port(hours, ahours, minutes, aminutes, seconds,
       swhundreths, swseconds, swminutes: inout unsigned(7 downto 0);
       am_pm, aam_pm, ring, alarm_set: inout bit);
end testww;

architecture testww1 of testww is
  component wristwatch is
    port(B1, B2, B3, clk: in bit;
         am_pm, aam_pm, ring, alarm_set: inout bit;
         hours, ahours, minutes, aminutes, seconds: inout unsigned(7 downto 0);
         swhundreths, swseconds, swminutes: out unsigned(7 downto 0));
  end component;
  signal B1, B2, B3, clk: bit;
begin
  wristwatch1: wristwatch port map(B1, B2, B3, clk, am_pm, aam_pm, ring,
                                   alarm_set, hours, ahours, minutes, aminutes,
                                   seconds, swhundreths, swseconds, swminutes);
  clk <= not clk after 5 ms;    -- 100 Hz 클럭을 생성함
  process
  procedure wait1    -- N1개의 클럭을 기다림
    (N1: in integer)
    variable count: integer;
  begin
    count := N1;
    while count /= 0 loop
      wait until clk'event and clk = '1';
      count := count - 1;
      wait until clk'event and clk = '0';
    end loop;
  end procedure wait1;
  procedure push    -- 버튼을 N번 누르는 것을 시뮬레이션함
    (signal button: out bit; N: in integer) is
  begin
    for i in 1 to N loop
      button <= '1';
      wait1(1);
      button <= '0';
      wait1(120);    -- 버튼을 누름과 누름 사이에 1200 ms를 기다림
    end loop;
  end procedure push;
  begin
    wait1(10);         -- 시간을 오후 11:58으로 설정함
    push(b2, 1); push(b3, 23); push(b2, 1); push(b3, 57); push(b2, 1);
    report "time should be 11:58 P.M.";
    push(b1, 1);      -- 자명종을 오전 12:00로 설정함
    push(b2, 1); push(b3, 24); push(b2, 2); push(b3, 1); push(b1, 2);
    report "alarm should be set to 12:00 A.M.";
    wait until hours = "00010010" and seconds = "00000101";
    push(b3, 1);      -- 12시 5초에 자명종을 끔
    push(b1, 2);      -- 스톱워치를 실행하고, 시간 모드로 간 다음, 스톱워치로 되돌아감
    push(b2, 1); wait1(120); push(b1, 1); wait1(1000); push(b1, 2);
    wait until swminutes = "00000001" and swseconds = "00000010";
      -- 1분 2초 후에 스톱워치를 멈추고, 리셋함
    report "stopwatch should read 1 min. 2 sec.";
    push(b2, 1); push(b3, 1); push(b1, 1);
```

```
    wait;
  end process;
end testww1;
```

그림 11-9 손목시계에 대한 테스트벤치

5. 스톱워치 모드로 변경하고 스톱워치를 시작한다.
6. 시간 모드로 변경하고 10초를 기다린다(스톱워치는 계속 돌아간다).
7. 스톱워치 모드로 다시 변경하고 1분 2초가 될 때까지 기다린다.
8. 스톱워치를 멈추고 리셋한 다음, 시간 모드로 돌아간다.

앞에 있는 테스트 시퀀스를 가지고 시뮬레이션을 수행하기 위해 다음 명령어들을 사용하였다.

```
vsim -t 1ms testww    -- 시뮬레이터 해상도를 1 ms로 설정함
add list -hex hours minutes seconds am_pm
              ahours aminutes aam_pm ring
add list b1 b2 b3 wristwatch1/state
add list -hex swminutes swseconds -notrigger swhundredths
run 300000 ms
```

테스트 결과는 손목시계 모듈이 사양에 따라 작동하는 것을 보여준다. 손목시계 모듈은 Xillinx Spartan 3 FPGA를 사용하여 구현될 때 87개의 슬라이스, 80개의 플립플롭, 158개의 4-입력 LUT를 필요로 한다. 설계를 완성하기 위해 입력과 디스플레이 모듈에 대한 코드를 작성하는 것이 여전히 필요하다.

11.2 메모리 타이밍 모델

여러 개의 구성요소를 갖는 복잡한 디지털 시스템을 설계할 때, 시스템 구성요소들이 적절하게 함께 작동하기 위해서는 많은 타이밍 제약들이 만족되어야 한다. 예를 들어, 만일 메모리 구성요소들을 마이크로프로세서 버스에 인터페이스하고 있다면, 모든 버스 인터페이스 타이밍 사양들이 만족되어야 한다. VHDL을 사용하여 이와 같은 시스템을 시뮬레이션하기 위해서는 각 구성요소에 대하여 정확한 타이밍 모델을 개발하여야 한다. 이 절에서는 작은 SRAM에 대한 타이밍 모델을 개발할 것이다. 이것은 제조업체의 사양으로부터 타이밍 파라미터들을 고려하는 VHDL 모델로 옮겨가는 과정을 나타낼 것이다. 이러한 타입의 타이밍 모델은 SoC(system on a chip) 설계를 개발할 때 매우 유용하다.

그림 11-10은 2048개의 8-비트 데이터 워드를 저장할 수 있는 6116 SRAM의 블록도를 나타내었다. 이 메모리는 128 × 128 메모리 행렬에 배열된 16,384개의 셀을 가지고 있다. RAM은

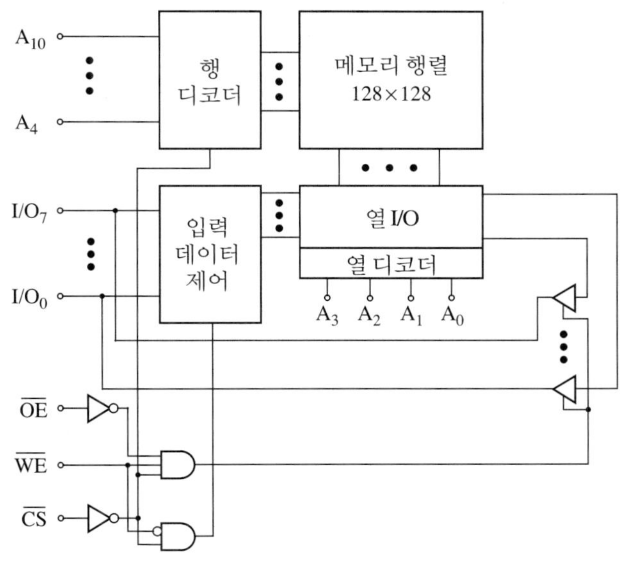

그림 11-10 6116 SRAM의 블록도

어드레스 디코더와 메모리 어레이를 포함한다. 어드레스 디코더는 보통 열 디코더와 행 디코더로 분리된다. 2^{11}개의 데이터 바이트에 어드레스를 정하는 데 필요한 11개의 어드레스 라인(address line)은 열 디코더 그룹과 행 디코더 그룹으로 나누어진다. A0에서 A3까지의 선은 한 번에 행렬 내의 8개 열을 선택한다. 왜냐하면 각각의 어드레스에 대해 8개의 데이터 라인(data line)이 있기 때문이다. A4에서 A10까지의 선은 행렬 내의 128개의 행 중에서 하나를 선택한다. 행렬로부터의 데이터 출력은 데이터 I/O 선과 연결되기 전에 삼상태 버퍼를 통과한다. 이 버퍼는 메모리로부터 읽을 때를 제외하고는 동작이 억제된다.

그림 11-10은 또한 칩 선택($\overline{CS}$), 출력 가능($\overline{OE}$), 쓰기 가능($\overline{WE}$) 신호들의 연결을 나타낸다. 이 신호들의 기능은 표 8-7에서 설명되었다. $\overline{CS}$가 높은 상태에 있을 때(활성화되지 않을 때), 하나의 0 입력이 두 개의 AND 게이트에 도달한다; 따라서 삼상태 제어 전압이 낮은 상태가 되고, high-Z 출력으로 귀결된다. 마찬가지로, $\overline{OE}$가 높은 상태에 있을 때, 칩 선택이 활성화된다고 하더라도 삼상태 제어는 활성화되지 않고 high-Z 출력으로 귀결된다. 칩 선택과 $\overline{WE}$가 활성화될 때, 쓰기 동작이 일어나고 I/O 선에 있는 데이터는 RAM에 쓰인다. 칩 선택과 $\overline{OE}$가 활성화되고 $\overline{WE}$가 활성화되지 않을 때, 읽기 동작이 일어나고 RAM 내용이 I/O 선에 나타난다.

우리는 8.7절에서 일부 SRAM 모델을 제시하였다. 그러나 그 모델은 타이밍 사양을 고려하지 않는다. 메모리 칩을 사용하여 시스템을 설계할 때는 메모리 타이밍도와 사양이 고려되어야 한다. 이 절에서는 특정한 타이밍 사양을 갖는 메모리 칩의 시뮬레이션 모델들을 제시한다.

타이밍 파라미터들이 읽기와 쓰기 사이클에 대해서 표 11-1에 정의되어 있는 CMOS SRAM

표 11-1 CMOS SRAM 6116 SA-15에 대한 타이밍 사양

파라미터	기호	타이밍 사양 최소(ns)	타이밍 사양 최대(ns)
읽기 사이클 시간	t_{RC}	15	–
어드레스 접근 시간	t_{AA}	–	15
칩 선택 접근 시간	t_{ACS}	–	15
칩 선택에서 low-Z에 있는 출력	t_{CLZ}	5	–
출력 인에이블에서 출력 유효	t_{OE}	–	10
출력 인에이블에서 low-Z에 있는 출력	t_{OLZ}	0	–
칩 선택 해제에서 high-Z에 있는 출력	t_{CHZ}	2*	10
출력 디스에이블에서 high-Z에 있는 출력	t_{OHZ}	2*	8
어드레스 변화로부터의 출력 홀드	t_{OH}	5	–
쓰기 사이클 시간	t_{WC}	15	–
칩 선택에서 쓰기 끝	t_{CW}	13	–
어드레스 유효에서 쓰기 끝	t_{AW}	14	–
어드레스 셋업 시간	t_{AS}	0	–
쓰기 펄스폭	t_{WP}	12	–
쓰기 회복 시간	t_{WR}	0	–
쓰기 인에이블에서 high-Z에 있는 출력	t_{WHZ}	–	7
데이터 유효에서 쓰기 끝	t_{DW}	12	–
쓰기 끝으로부터의 데이터 홀드	t_{DH}	0	–
쓰기 끝으로부터의 출력 유효	t_{OW}	0	–

* 제조업체가 지정한 값이 아닌 예상되는 값

6116을 생각해 보자. 15-ns 접근 시간을 갖는 6116 SA-15 RAM에 대하여 사양이 주어져 있다. 표에 있는 대시 부호(–)는 사양이 관련이 없었거나 제조업체가 사양을 제공하지 않았다는 것을 표시한다.

그림 11-11(a)는 $\overline{CS}$와 $\overline{OE}$가 어드레스가 변하기 전에 둘 다 낮은 상태에 있는 경우에 대한 읽기 사이클 타이밍을 보여준다. 이 경우 어드레스가 변한 후, 과거 데이터는 메모리 출력에 시간 t_{OH} 동안 유지된다; 그런 다음, 데이터가 변할 수 있는 천이 기간이 존재한다(교차 평행선으로 표시되어 있다). 새로운 데이터는 어드레스 접근 시간 t_{AA} 이후 메모리 출력에서 안정된 상태를 유지한다. 어드레스는 읽기 사이클 시간 t_{RC} 동안 안정된 상태를 유지하여야 한다.

그림 11-11(b)는 $\overline{OE}$가 낮은 상태에 있고 $\overline{CS}$가 낮은 상태로 가기 전에 어드레스가 안정된 상태를 유지하는 경우에 대한 타이밍을 보여준다. $\overline{CS}$가 높은 상태에 있을 때, *Dout*은 '0'과 '1'의 중간선으로 표시된 것과 같이 high-Z 상태에 놓인다. $\overline{CS}$가 낮은 상태로 갈 때, *Dout*은 시간 t_{CLZ} 후에 high-Z 상태를 벗어나고, 데이터가 변할 수 있는 천이 기간이 존재하며, 새로운 데이터는

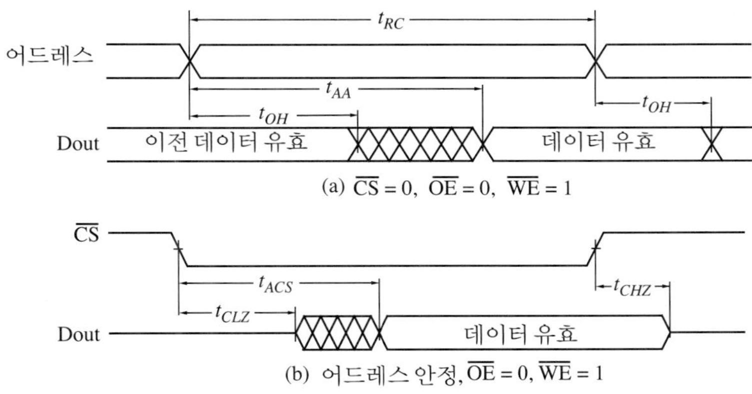

그림 11-11 읽기 사이클 타이밍

$\overline{CS}$가 변한 후 시간 t_{ACS} 후에 안정된 상태를 유지한다. *Dout*은 $\overline{CS}$가 높은 상태로 간 다음 시간 t_{CHZ}에서 high-Z로 되돌아간다.

그림 11-12는 $\overline{OE}$가 전체 사이클 동안 낮은 상태에 있고 메모리 쓰기가 $\overline{WE}$에 제어되는 경우에 대한 쓰기 사이클 타이밍을 보여준다. 이 경우 $\overline{WE}$가 낮은 상태로 가기 전에, 혹은 이와 동시에 $\overline{CS}$가 낮은 상태로 간다고 가정한다. 그리고 $\overline{CS}$가 높은 상태로 가기 전에, 혹은 이와 동시에 $\overline{WE}$가 높은 상태로 간다고 가정한다. $\overline{CS}$에 있는 교차 평행선은 $\overline{CS}$가 높은 상태에서 낮은 상태로(또는 낮은 상태에서 높은 상태로) 갈 수 있는 구간을 표시한다. 어드레스는 $\overline{WE}$가 낮은 상태로 가기 전에 어드레스 셋업 시간 t_{AS} 동안 안정된 상태를 유지하여야 한다. 시간 t_{WHZ} 후 삼상태 버퍼에서 출력된 데이터는 high-Z 상태로 가고, 입력 데이터는 I/O 선에 놓인다. 메모리에 입력되는 데이터는 $\overline{WE}$가 높은 상태로 가기 전에 셋업 시간 t_{DW} 동안 안정된 상태를 유지하여야 한다.

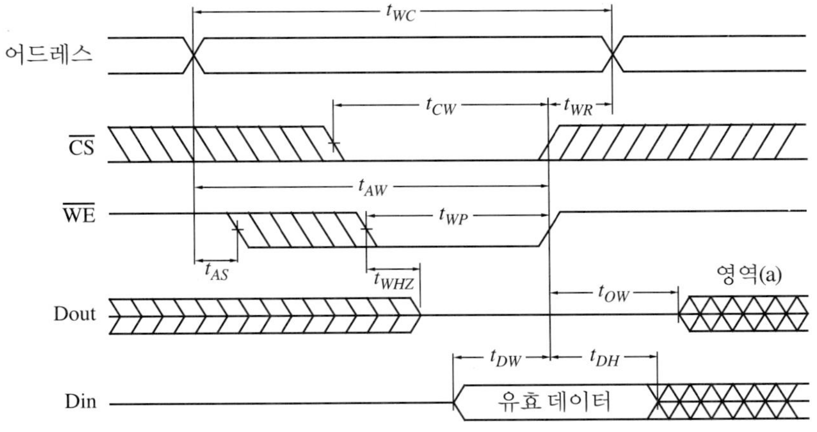

그림 11-12 $\overline{WE}$에 의해서 제어되는 쓰기 사이클 타이밍($\overline{OE}$ = 0)

그런 다음 홀드 시간 t_{DH} 동안 안정된 상태를 유지하여야 한다. 어드레스는 $\overline{\text{WE}}$가 높은 상태로 간 후 t_{WR} 동안 안정된 상태를 유지하여야 한다. $\overline{\text{WE}}$가 높은 상태로 갈 때, 메모리는 읽기 모드로 다시 돌아간다. t_{OW}(최소) 후와 영역 (a) 동안 *Dout*은 천이 기간을 통과한 다음 메모리에 방금 저장된 데이터와 같아진다. 만일 어드레스가 변하거나 또는 만일 $\overline{\text{CS}}$가 높은 상태로 가면 *Dout*에 추가적인 변화가 일어날 수 있다. 영역 (a) 동안 버스 충돌을 피하기 위해서는 *Din*이 high-Z이거나 *Dout*과 동일하여야 한다.

그림 11-13은 $\overline{\text{OE}}$가 전체 사이클 동안 낮은 상태에 있고 메모리 쓰기가 $\overline{\text{CS}}$에 제어되는 경우에 대한 쓰기 사이클 타이밍을 보여준다. 이 경우 $\overline{\text{CS}}$가 낮은 상태로 가기 전에, 혹은 이와 동시에 $\overline{\text{WE}}$가 낮은 상태로 간다고 가정한다. 그리고 $\overline{\text{WE}}$가 높은 상태로 가기 전에, 혹은 이와 동시에 $\overline{\text{CS}}$가 높은 상태로 간다고 가정한다. 어드레스는 $\overline{\text{CS}}$가 낮은 상태로 가기 전에 어드레스 셋업 시간 t_{AS} 동안 안정된 상태를 유지하여야 한다. 메모리에 입력되는 데이터는 $\overline{\text{CS}}$가 높은 상태로 가기 전에 셋업 시간 t_{DW} 동안 안정된 상태를 유지하여야 한다. 그런 다음 홀드 시간 t_{DH} 동안 안정된 상태를 유지하여야 한다. 어드레스는 $\overline{\text{CS}}$가 높은 상태로 간 후 t_{WR} 동안 안정된 상태를 유지하여야 한다. 이러한 쓰기 사이클은 $\overline{\text{WE}}$에 의해서 제어되는 사이클과 매우 유사하다는 것에 유의하라. 두 경우 모두에서, $\overline{\text{CS}}$와 $\overline{\text{WE}}$가 모두 낮은 상태에 있을 때 메모리 쓰기가 일어나며, $\overline{\text{CS}}$와 $\overline{\text{WE}}$ 중 하나가 높은 상태로 갈 때 쓰기가 완료된다.

다음으로, 그림 11-11, 11-12, 11-13에서 보여준 읽기와 쓰기 사이클을 기반으로 타이밍 정보를 포함하기 위해 그림 8-15에 제시된 RAM 모델을 개정한다. $\overline{\text{OE}}$ = '0' 으로 가정한다. 그림 11-14에 있는 VHDL RAM 타이밍 모델은 중요한 타이밍 파라미터에 대한 디폴트값을 정의하기 위해 지네릭(generic) 선언을 사용한다. 관성지연을 사용할 때 발생할 수 있는 취소 문제를 피하기 위해 전달지연이 전체적으로 사용된다. RAM process는 *CS_b*, *WE_b*, 또는 어드레스의 변화

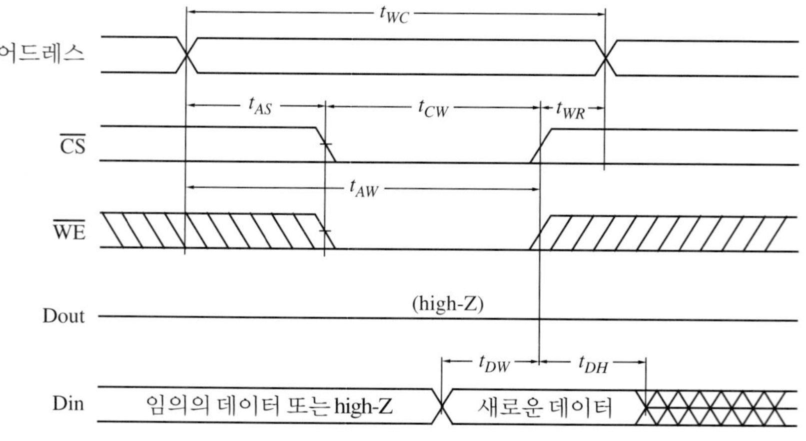

그림 11-13 $\overline{\text{CS}}$에 의해서 제어되는 쓰기 사이클 타이밍($\overline{\text{OE}}$ = 0)

```
-- 타이밍을 가진 메모리 모델 (OE_b=0)
library IEEE;
use IEEE.std_logic_1164.all;
use IEEE.numeric_std.all;

entity static_RAM is
  generic(constant tAA:  time := 15 ns;     -- 6116 정적 CMOS RAM
          constant tACS: time := 15 ns;
          constant tCLZ: time :=  5 ns;
          constant tCHZ: time :=  2 ns;
          constant tOH:  time :=  5 ns;
          constant tWC:  time := 15 ns;
          constant tAW:  time := 14 ns;
          constant tWP:  time := 12 ns;
          constant tWHZ: time :=  7 ns;
          constant tDW:  time := 12 ns;
          constant tDH:  time :=  0 ns;
          constant tOW:  time :=  0 ns);
  port(CS_b, WE_b, OE_b: in std_logic;
       Address: in unsigned(7 downto 0);
       IO: inout unsigned(7 downto 0) := (others => 'Z'));
end Static_RAM;

architecture SRAM of Static_RAM is
  type RAMtype is array(0 to 255) of unsigned(7 downto 0);
  signal RAM1: RAMtype := (others => (others => '0'));
begin
  RAM: process (CS_b, WE_b, Address)
  begin
    if CS_b='0' and WE_b='1' and Address'event then
    -- 어드레스가 변할 때 읽음          s
      IO <= transport "XXXXXXXX" after tOH,
            Ram1(to_integer(Address)) after tAA; end if;
    if falling_edge(CS_b)and WE_b='1' then
    -- CS_b가 낮은 상태로 갈 때 읽음
      IO <= transport "XXXXXXXX" after tCLZ,
            Ram1(to_integer(Address)) after tACS; end if;
    if rising_edge(CS_b) then    -- 칩 선택을 해제함
      IO <= transport "ZZZZZZZZ" after tCHZ;
      if We_b='0' then              -- CS에 의해 제어되는 쓰기
        Ram1(to_integer(Address'delayed)) <= IO; end if;
    end if;
    if falling_edge(WE_b) and CS_b='0' then     -- WE에 의해 제어되는 쓰기
      IO <= transport "ZZZZZZZZ" after tWHZ; end if;
    if rising_edge(WE_b) and CS_b='0' then
      Ram1(to_integer(Address'delayed)) <= IO'delayed;
      IO <= transport IO'delayed after tOW;     -- 쓰기 후에 다시 읽음
        -- IO'delayed는 상승에지 직전의 IO 값임
    end if;
  end process RAM;

  check: process
  begin
    if NOW /= 0 ns then
      if address'event then
        assert (address'delayed'stable(tWC))    -- tRC = tWC라고 가정함
          report "Address cycle time too short"
          severity WARNING;
```

```
      end if;
    -- 다음의 코드는 WE_b에 의해 제어되는 쓰기에 대한 검사만을 수행함:
      if rising_edge(WE_b) and CS_b'delayed = '0' then
        assert (address'delayed'stable(tAW))
          report "Address not valid long enough to end of write"
          severity WARNING;
        assert (WE_b'delayed'stable(tWP))
          report "Write pulse too short"
          severity WARNING;
        assert (IO'delayed'stable(tDW))
          report "IO setup time too short"
          severity WARNING;
        wait for tDH;
          assert (IO'last_event >= tDH)
          report "IO hold time too short"
          severity WARNING;
      end if;
    end if;
    wait on CS_b, WE_b, Address;
  end process check;
end SRAM;
```

그림 11-14 6116 CMOS SRAM에 대한 타이밍 시뮬레이션 모델

를 기다린다. 만일 *CS_b*가 '0' 일 때 *WE_b*의 상승에지가 발생하거나, *WE_b*가 '0' 일 때 *CS_b*의 상승에지가 발생하면, 이것은 쓰기의 끝을 표시하므로 데이터가 RAM에 저장된 다음 그 데이터는 t_{OW} 후에 다시 읽혀진다. 만일 *CS_b*가 '0' 일 때 *WE_b*의 하강에지가 발생하면, RAM은 쓰기 모드로 전환하고 데이터 출력은 high-Z로 간다.

만일 *CS_b*의 상승에지가 발생했다면, RAM 선택은 해제되고, 데이터 출력은 지정된 지연 후에 high-Z로 간다. 그렇지 않다면, 만일 *CS_b*의 하강에지가 발생하고 *WE_b*가 '1' 이면, RAM은 읽기 모드에 놓인다. 데이터 버스는 시간 t_{CLZ}(최소) 후에 high-Z 상태를 벗어날 수 있지만, 시간 t_{ACS}(최대)까지 유효 데이터 출력을 갖는다는 것이 보장되지는 않는다. 사이에 있는 영역은 버스 상태를 알 수 없는 천이 영역이기 때문에 I/O 선에 'X' 를 출력함으로써 이 영역을 모델링한다. 만일 어드레스 변화가 발생하고 RAM이 읽기 모드(그림 11-11(a))에 있다면, 과거 데이터는 시간 t_{OH} 동안 그 값을 유지한다. 그런 다음, 유효 데이터가 시간 t_{AA} 후에 RAM에서 읽혀질 때까지 출력은 알 수 없는 천이 상태에 놓인다.

RAM process와 동시에 수행되는 check process는 일부 메모리 타이밍 사양들이 만족되는지 알아 보는 테스트를 한다. *NOW*는 현재 시간과 일치하는 미리 정의된 변수이다. (VHDL은 현재의 시뮬레이션 시간을 호출하기 위해서 NOW를 제공한다. 이것은 사실상 미리 정의된 함수이다. 이것은 시뮬레이션을 수행하는 동안 다른 시간에서 호출될 때 다른 값을 반환한다.) 잘못된 오류 메시지를 피하기 위해, *NOW*가 0일 때나 칩이 선택되지 않았을 때는 점검을 하지 않는다. 어드레스가 변할 때, process는 어드레스가 쓰기 사이클 시간(t_{WC}) 동안 안정된 상태를 유지하는지 점검하고,

만일 그렇지 못하면 경고 메시지를 출력한다. 이 테스트를 수행할 때 어드레스 이벤트가 방금 발생했으므로, *Address'stable*(t_{WC})는 항상 FALSE를 반환할 것이다. 그러므로 *Address* 대신에 *Address'delayed*가 사용되어야 한다. 그리하여 *Address*가 한 개의 델타만큼 지연되고, *Address*가 변하기 전에 안정성 테스트가 이루어지도록 해야 한다. 다음으로, 쓰기에 대한 타이밍 사양이 점검된다. 우선 어드레스가 t_{AW} 동안 안정된 상태를 유지하는지 검증한다. 그런 다음, *WE_b*가 t_{WP} 동안 낮은 상태에 있었는지 알아 보는 점검을 한다. 최종적으로 데이터에 대한 셋업과 홀드 시간을 점검한다.

RAM 타이밍 모델의 부분적인 테스트를 위한 VHDL 코드는 그림 11-15에서 보여준다. 이 코

```
library IEEE;
use IEEE.std_logic_1164.all;
use IEEE.numeric_std.all;

entity RAM_timing_tester is
end RAM_timing_tester;

architecture test1 of RAM_timing_tester is
  component static_RAM is
    port(CS_b, WE_b, OE_b: in std_logic;
         Address: in unsigned(7 downto 0);
         IO: inout unsigned(7 downto 0));
  end component Static_RAM;
  signal Cs_b, We_b: std_logic := '1';    -- 낮은 상태에서 활성화되는 신호
  signal Data: unsigned(7 downto 0) := "ZZZZZZZZ";
  signal Address: unsigned(7 downto 0):= "00000000";
begin
  SRAM1: Static_RAM port map(Cs_b, We_b, '0', Address, Data);
  process
  begin
    wait for 20 ns;
    Address <= "00001000";                -- WE에 의해 제어되는 쓰기
    Cs_b <= transport '0', '1' after 50 ns;
    We_b <= transport '0' after 8 ns, '1' after 40 ns;
    Data <= transport "11100011" after 25 ns, "ZZZZZZZZ" after 55 ns;

    wait for 60 ns;
    Address <= "00011000";                -- RAM 선택이 해제됨
    wait for 40 ns;
    Address <= "00001000";                -- 읽기 사이클
    Cs_b <= '0';
    wait for 40 ns;
    Address <= "00010000";
    Cs_b <= '1' after 40 ns;
    wait for 40 ns;
    Address <= "00011000";                -- RAM 선택이 해제됨
    wait for 40 ns;
    report "DONE";
  end process;
end test1;
```

그림 11-15 RAM 타이밍 모델을 테스트하기 위한 VHDL 코드

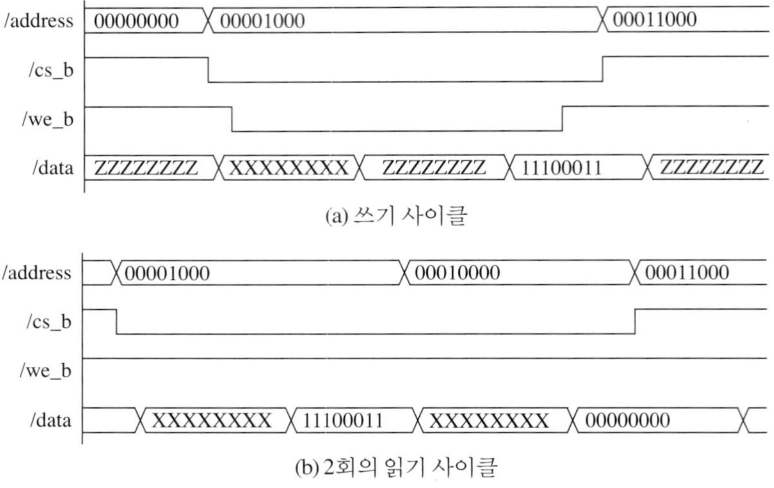

그림 10-16 RAM 타이밍 모델에 대한 테스트 결과

드는 1회의 쓰기 사이클과 이어지는 2회의 읽기 사이클을 수행한다. RAM은 사이클 사이에서 선택이 해제된다. 그림 11-16은 테스트 결과를 보여준다. 또한 동시에 입력 변화가 일어나는 경우와 타이밍 사양이 위반되는 경우에 대하여 모델을 테스트했으나, 이 테스트 결과들은 여기에 포함되지 않았다.

11.3 범용 비동기식 수신기-송신기(Universal Asynchronous Receiver-Transmitter, UART)

대부분의 컴퓨터와 마이크로컨트롤러는 키보드, 직렬 프린터와 같은 직렬 입력/출력 장치와 통신하는 데 사용되는 하나 이상의 직렬 데이터 포트를 가지고 있다. 직렬 포트에 연결된 모뎀(변조기-복조기)을 사용함으로써 전화선을 통하여 원거리에 직렬 데이터를 송신하거나 수신할 수 있다(그림 11-17 참조). 직렬 데이터를 수신하고 송신하는 직렬 통신 인터페이스는 흔히 범용 비동기식 수신기-송신기라고 한다. 그림 11-17에서, *RxD*는 수신된 직렬 데이터 신호이고 *TxD*

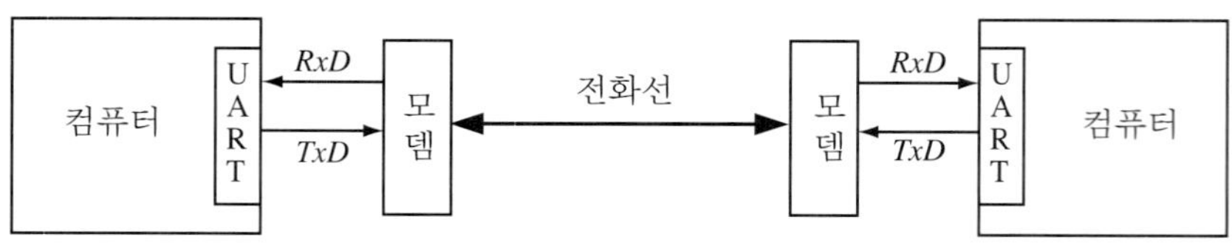

그림 11-17 직렬 데이터 송신

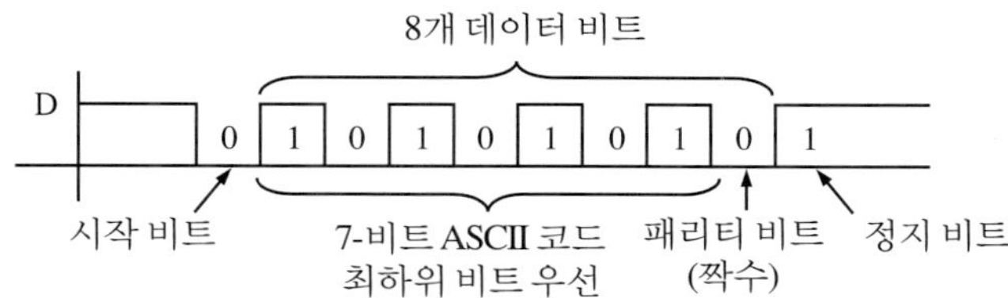

그림 11-18 표준 직렬 데이터 형식

는 송신된 데이터 신호이다.

그림 11-18은 직렬 데이터 송신에 대한 표준 형식을 보여준다. 클럭 라인이 없으므로, 데이터 (*D*)는 한 번에 한 바이트씩 비동기식으로 송신된다. 데이터가 송신되고 있지 않을 때, *D*는 높은 상태를 유지한다. 송신 시작을 표시하기 위해, *D*는 한 개의 비트 시간 동안 낮은 상태로 가는데, 이것을 시작 비트라고 한다. 그런 다음 8개의 데이터 비트가 최하위 비트부터 순서대로 송신된다. 텍스트가 송신되고 있을 때, ASCII 코드가 보통 사용된다. ASCII 코드에서, 각 영숫자 글자는 7-비트 코드로 표현된다. 8번째 비트는 패리티 검사 비트로 사용될 수 있다. 이 예제에서, 1010101로 코드화된 문자 U는 0 패리티 비트가 이어져 전송되어 1의 총 개수가 짝수가 되도록 한다(짝수 패리티). 8개의 비트가 송신된 후, *D*는 적어도 한 개의 비트 시간 동안 높은 상태로 가야 하는데, 이것을 정지 비트라고 한다. 그런 다음, 다른 글자의 송신은 아무 때나 시작될 수 있다.

초당 송신되는 비트의 수를 흔히 보오레이트(baud rate)라고 한다.

송신할 때, UART는 병렬 데이터의 8개의 비트를 취하여 직렬 비트 스트림으로 변환한다. 이 스트림은 한 개의 시작 비트(로직 '0'), 8개의 데이터 비트(최하위 비트 우선), 하나 이상의 정지 비트(로직 '1')로 구성된다. 수신할 때, UART는 시작 비트를 검출하고, 8개의 데이터 비트를 수신하고, 정지 비트를 검출할 때 데이터를 병렬 형태로 변환한다. 클럭이 송신되지 않으므로,

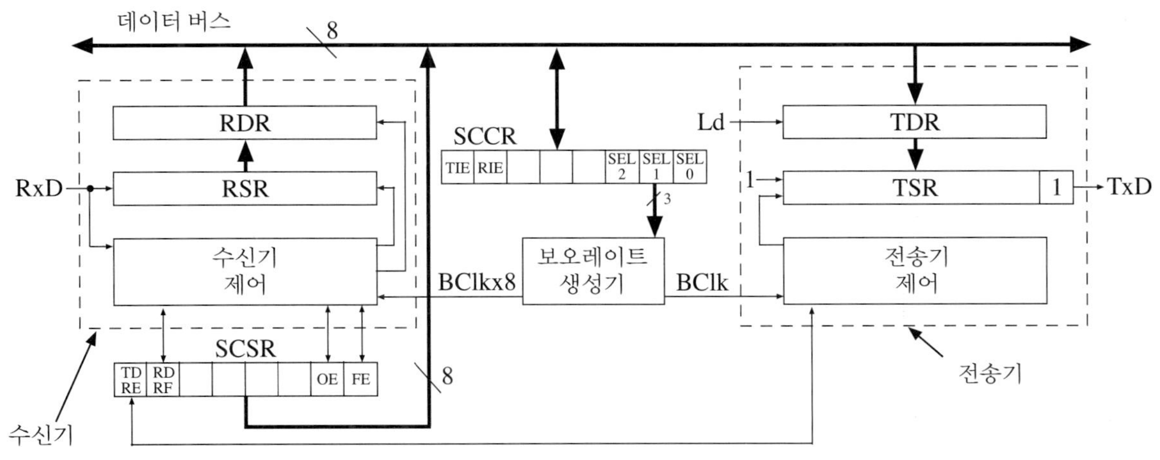

그림 11-19 UART 블록도

UART는 입력되는 비트 스트림을 지역 클럭과 동기시켜야 한다.

이제 마이크로컨트롤러 MC6805, MC6811, 그리고 다른 마이크로컨트롤러들 안에서 사용된 것과 비슷한 간략화된 버전의 UART를 설계한다. 그림 11-19는 8-비트 데이터 버스에 연결된 UART를 보여준다. 다음과 같은 6개의 8-비트 레지스터가 사용된다.

RSR 수신 시프트 레지스터
RDR 수신 데이터 레지스터
TDR 송신 데이터 레지스터
TSR 송신 시프트 레지스터
SCCR 직렬 통신 제어 레지스터
SCSR 직렬 통신 상태 레지스터

CPU가 레지스터를 읽고 쓸 수 있도록 UART가 마이크로컨트롤러 데이터 및 어드레스 버스에 연결되었다고 가정하고 다음 토론을 한다. *RDR*, *TDR*, *SCCR*, *SCSR*은 메모리 맵 방식이다. 즉, 각 레지스터는 마이크로컨트롤러 메모리 공간에 어드레스를 할당받는다. *RDR*, *SCSR*, *SCCR*은 삼상태 버퍼를 통해 데이터 버스를 구동할 수 있다; *TDR*, *SCCR*은 데이터 버스로부터 로드될 수 있다.

레지스터 이외에 UART의 세 개의 주요 구성요소는 보오레이트 생성기, 수신기 제어기, 송신기 제어기이다. 보오레이트 생성기는 시스템 클럭을 분주하여 주기가 1-비트 시간과 일치하는 비트 클럭(*BClk*) 및 *BClk* 주파수의 8배의 주파수를 갖는 *BClkX8*을 제공한다.

*SCSR*에 있는 *TDRE*(Transmit Data Register Empty) 비트는 *TDR*이 비었을 때 셋된다. 마이크로컨트롤러가 데이터를 송신할 준비가 되었을 때, 다음 사항이 일어난다.

1. 마이크로컨트롤러는 *TDRE* = '1' 이 될 때까지 기다린 다음, *TDR*에 1-바이트 데이터를 로드하고 *TDRE*를 클리어한다.
2. UART는 데이터를 *TDR*에서 *TSR*로 전송하고 *TDRE*을 셋한다.
3. UART는 1-비트 시간 동안 시작 비트('0')를 출력한 다음, *TSR*을 우측으로 시프트하여 8개의 데이터 비트에 정지 비트('1')를 덧붙여서 송신한다.

그림 11-20은 송신기에 대한 SM 차트를 보여준다. 대응되는 순차 머신(SM)은 마이크로컨트롤러 시스템 클럭(*CLK*)에 의해서 클럭을 받는다. IDLE 상태에서, SM은 *TDR*이 로드되었고 *TDRE*가 클리어될 때까지 기다린다. SYNCH 상태에서, SM은 비트 클럭의 상승에지(*Bclk* ↑)를 기다린 다음, *TSR*의 하위 비트를 클리어하여 1-비트 시간 동안 '0' 을 송신한다. TDATA 상태에서, *Bclk* ↑ 가 검출될 때마다 *TSR*을 우측으로 시프트하여 다음 번 데이터 비트를 송신하고 비트 카운터(*Bct*)를 증가시킨다. *Bct* = 9일 때, 8개의 데이터 비트와 정지 비트가 송신되었다. 그런 다음, *Bct*는 클리어되고 SM은 IDLE로 되돌아간다.

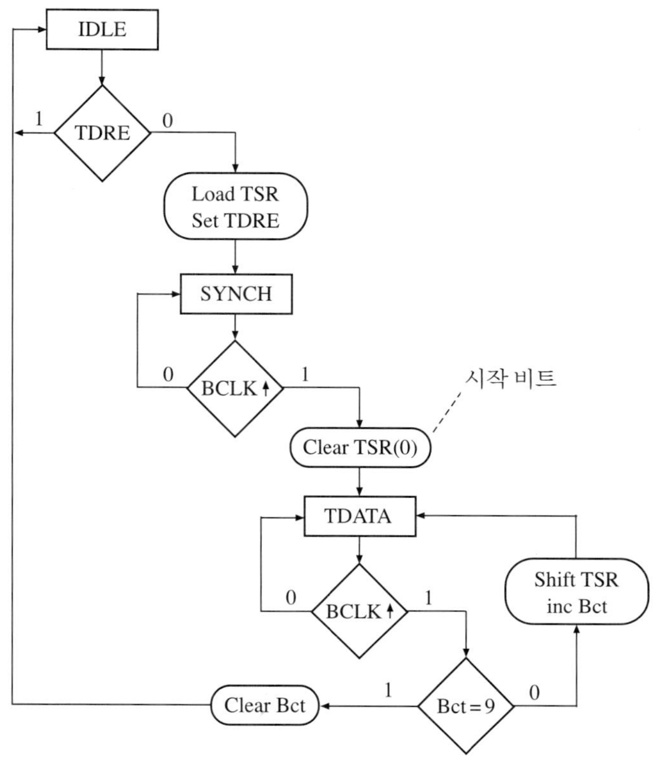

그림 11-20 UART 송신기에 대한 SM 차트

UART 송신기에 대한 VHDL 코드(그림 11-21)는 그림 11-20의 SM 차트를 기반으로 한다. 만약 std_logic_vector 타입이 사용되면, `use IEEE.numeric_std.all` 문은 필요하지 않다. 우리는 여기서와 UART의 다른 모듈들에서 부호 없는 타입을 사용한다. 송신기는 *TDR*과 *TSR* 레지스터, 송신 제어부를 포함한다. 이것은 *TDRE* 및 데이터 버스(DBUS)와 인터페이스한다. 첫 번째 process는 다음 상태와 제어 신호를 생성하는 조합 네트워크를 나타낸다. 두 번째 process는 클럭의 상승에지에서 레지스터를 업데이트한다. *Bclk*의 상승에지에 이어지는 한 개의 시스템 클럭 시간 동안 신호 *Bclk_rising*은 '1' 이 된다. *Bclk_rising*을 생성하기 위해, *Bclk*는 *Bclk_Dlayed*라 이름 붙인 플립플롭에 저장된다. 그런 다음, 만일 *Bclk*의 현재 값이 '1' 이고 이전 값(*Bclk_Dlayed*에 저장됨)이 '0' 이면, *Bclk_rising*은 '1' 이 된다. 따라서 다음과 같이 된다.

```
Bclk_rising <= Bclk and not Bclk_Dlayed;
```

UART 수신기의 동작은 다음과 같다.

1. UART가 시작 비트를 검출할 때, UART는 남아 있는 비트들을 직렬로 읽어서 *RSR*로 시프트 입력한다.

```
library IEEE;
use IEEE.std_logic_1164.all;
use IEEE.numeric_std.all; -- use this if unsigned type is used.

entity UART_Transmitter is
  port(Bclk, sysclk, rst_b, TDRE, loadTDR: in std_logic;
       DBUS: in unsigned(7 downto 0);
       setTDRE, TxD: out std_logic);
end UART_Transmitter;

architecture xmit of UART_Transmitter is
  type stateType is (IDLE, SYNCH, TDATA);
  signal state, nextstate: stateType;
  signal TSR: unsigned(8 downto 0);     -- 송신 시프트 레지스터
  signal TDR: unsigned(7 downto 0);     -- 송신 데이터 레지스터
  signal Bct: integer range 0 to 9;     -- 송신한 비트 수를 카운트함
  signal inc, clr, loadTSR, shftTSR, start: std_logic;
  signal Bclk_rising, Bclk_Dlayed: std_logic;
begin
  TxD <= TSR(0);
  setTDRE <= loadTSR;
  Bclk_rising <= Bclk and (not Bclk_Dlayed);
  -- 비트 클럭의 상승에지를 표시함

  Xmit_Control: process(state, TDRE, Bct, Bclk_rising)
  begin
    inc <= '0'; clr <= '0'; loadTSR <= '0'; shftTSR <= '0'; start <= '0';
    -- 제어 신호를 리셋함
    case state is
      when IDLE =>
        if (TDRE = '0') then
          loadTSR <= '1'; nextstate <= SYNCH;
        else nextstate <= IDLE;
        end if;
      when SYNCH =>    -- 비트 클럭과 동기시킴
        if (Bclk_rising = '1') then
          start <= '1'; nextstate <= TDATA;
        else nextstate <= SYNCH;
        end if;
      when TDATA =>
        if (Bclk_rising = '0') then nextstate <= TDATA;
        elsif (Bct /= 9) then
          shftTSR <= '1'; inc <= '1'; nextstate <= TDATA;
        else clr <= '1'; nextstate <= IDLE;
        end if;
    end case;
  end process;

  Xmit_update: process(sysclk, rst_b)
  begin
    if (rst_b = '0') then
      TSR <= "111111111"; state <= IDLE; Bct <= 0; Bclk_Dlayed <= '0';
    elsif (sysclk'event and sysclk = '1') then
      state <= nextstate;
      if (clr = '1') then Bct <= 0;
      elsif (inc = '1') then
        Bct <= Bct + 1;
      end if;
      if (loadTDR = '1') then TDR <= DBUS;
```

```
      end if;
      if (loadTSR = '1') then TSR <= TDR & '1';
      end if;
      if (start = '1') then TSR(0) <= '0';
      end if;
      if (shftTSR = '1') then TSR <= '1' & TSR(8 downto 1);
      end if;
      -- 한 비트를 시프트 출력함
      Bclk_Dlayed <= Bclk;      -- Bclk가 한 개의 sysclk만큼 지연됨
    end if;
  end process;
end xmit;
```

그림 11-21 UART 송신기에 대한 VHDL 코드

2. 모든 데이터 비트들과 정지 비트가 수신되었을 때, *RSR*은 *RDR*로 로드되고 *SCSR*에 있는 *RDRF*(Receive Data Register Full) 플래그가 셋된다.
3. 마이크로컨트롤러는 *RDRF* 플래그를 검사하고, 만일 셋되어 있다면, *RDR*이 읽혀지고 플래그는 클리어된다.

*RxD*에서 입력되는 비트 스트림은 지역 비트 클럭(*Bclk*)과 동기되지 않는다. 만일 *Bclk*의 상승에지에서 *RxD*를 읽으려고 시도했는데 *RxD*가 클럭 에지 근처에서 변했다면, 문제가 되었을 것이다. 셋업과 홀드 시간 문제가 발생했을 수 있다. 만일 입력되는 신호의 비트 속도가 *Bclk*와 약간 달랐다면, 일부 비트를 잘못된 시간에서 읽는 것으로 결말이 날 수 있다. 이 문제를 피하기 위해서는 각 비트 시간 동안 8번 *RxD* 표본을 추출할 것이다. (일부 시스템은 비트당 16번 표본을 추출한다.) 우리는 *BclkX8*의 상승에지에서 표본을 추출할 것이다. 그림 11-22에서 나타낸 화살표는 *BclkX8*의 상승에지를 표시한다. 이상적으로는 최대의 신뢰도를 위해 각 비트 시간의 중앙에서 비트 값을 읽어야 한다. *RxD*가 처음 '0' 으로 갈 때는 네 개의 *BclkX8* 주기를 기다릴 것이다. 그러면 시작 비트의 중앙 근처에 있게 된다. 그런 다음 8개의 *BclkX8* 주기를 더 기다릴 것이다. 그러면 첫 번째 데이터 비트의 중앙 근처에 가게 된다. 이렇게 함으로써 정지 비트를 읽을 때까지 8개의 *BclkX8* 클럭마다 한 번씩 읽는 것을 계속한다.

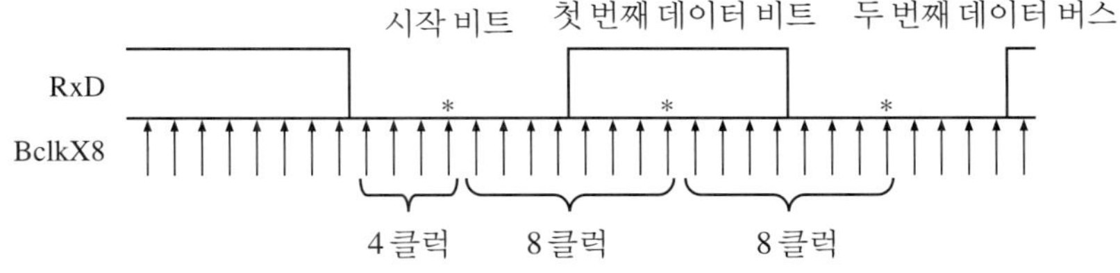

그림 11-22 BclkX8을 가지고 RxD 표본 추출

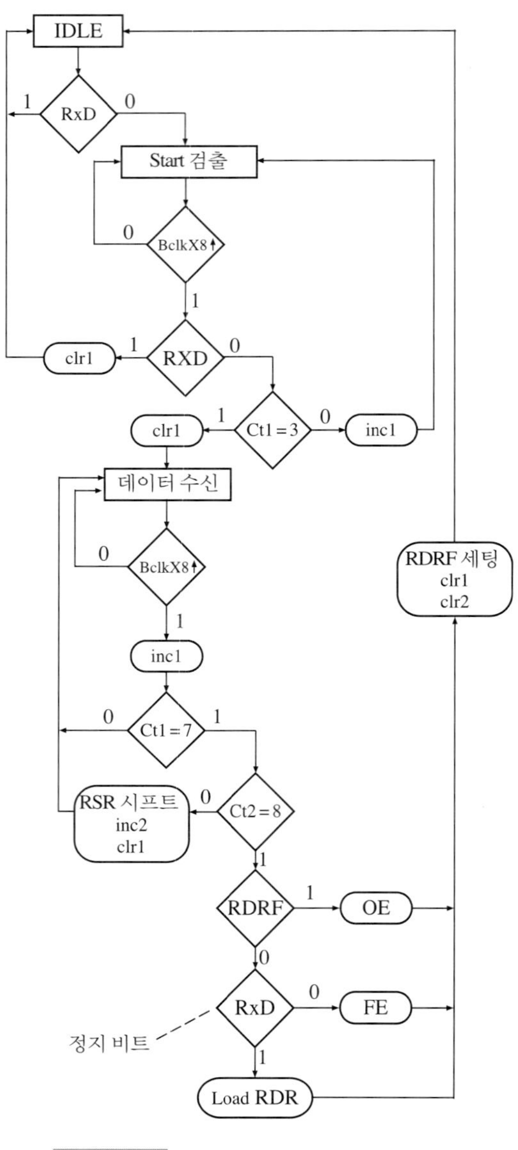

그림 11-23 UART 수신기에 대한 SM 차트

그림 11-23은 UART 수신기에 대한 SM 차트를 보여준다. 두 개의 카운터가 사용된다. *Ct*1은 *BclkX8* 클럭의 수를 센다. *Ct*2는 시작 비트 이후에 수신된 비트의 수를 센다. IDLE 상태에서, SM은 시작 비트(*RxD* = '0')를 기다린 다음 Start Detected 상태로 간다. SM은 *BclkX8*의 상승 에지(*BclkX8*↑)를 기다린 다음 다시 *RxD* 표본을 추출한다. 시작 비트가 8개의 *BclkX8*↑ 클럭 동안 '0'이므로 '0'을 읽어야 한다. *Ct*1은 여전히 0이어서 *Ct*1은 증가되고, SM은 *BclkX8*↑을 기다린다. 만일 *RxD* = '1'이면, 이것은 오류 상태이므로 SM은 *Ct*1을 클리어하고 IDLE 상태로 리셋한다. 그렇지 않다면, SM은 루프를 돈다. *RxD*가 네 번째 시간 동안 '0'일 때 *Ct*1 = 3이고,

따라서 *Ct*1은 클리어되고, 상태는 Receive Data로 간다. 이 상태에서 SM은 *BclkX8*의 모든 상승에지 후에 *Ct*1을 증가시킨다. 8번째 클럭 후에 *Ct*1 = 7이고 *Ct*2가 검사된다. 만약 *Ct*2가 8이 아니라면, *RxD*의 현재 값은 *RSR*로 시프트 입력되고, *Ct*2는 증가되며, *Ct*1은 클리어된다. 만일 *Ct*2 = 8이면, 모든 8개의 비트가 읽혀졌으므로 정지 비트의 중앙에 있어야 한다. 만약 *RDRF* = '1' 이면, 마이크로컨트롤러는 아직 이전에 수신된 데이터를 읽지 않았고, 그래서 오버런 오류가

```
library IEEE;
use IEEE.std_logic_1164.all;
use IEEE.numeric_std.all;  -- 부호가 없는 타입을 사용하기 위해서

entity UART_Receiver is
port(RxD, BclkX8, sysclk, rst_b, RDRF: in std_logic;
     RDR: out unsigned(7 downto 0);
     setRDRF, setOE, setFE: out std_logic);
end UART_Receiver;

architecture rcvr of UART_Receiver is
  type stateType is (IDLE, START_DETECTED, RECV_DATA);
  signal state, nextstate: stateType;
  signal RSR: unsigned(7 downto 0);      -- 수신 시프트 레지스터
  signal ct1 : integer range 0 to 7;     -- RxD 입력을 언제 읽을지 표시함
  signal ct2 : integer range 0 to 8;     -- 읽혀진 비트 수를 카운트함
  signal inc1, inc2, clr1, clr2, shftRSR, loadRDR: std_logic;
  signal BclkX8_Dlayed, BclkX8_rising: std_logic;
begin
  BclkX8_rising <= BclkX8 and (not BclkX8_Dlayed);
    -- bitX8 클럭의 상승에지를 표시함
  Rcvr_Control: process(state, RxD, RDRF, ct1, ct2, BclkX8_rising)
  begin
   -- 제어 신호를 리셋함
   inc1 <= '0'; inc2 <= '0'; clr1 <= '0'; clr2 <= '0';
   shftRSR <= '0'; loadRDR <= '0'; setRDRF <= '0'; setOE <= '0'; setFE <= '0';
   case state is
     when IDLE =>
       if (RxD = '0') then nextstate <= START_DETECTED;
       else nextstate <= IDLE;
       end if;
     when START_DETECTED =>
       if (BclkX8_rising = '0') then nextstate <= START_DETECTED;
       elsif (RxD = '1') then clr1 <= '1'; nextstate <= IDLE;
       elsif (ct1 = 3) then clr1 <= '1'; nextstate <= RECV_DATA;
       else inc1 <= '1'; nextstate <= START_DETECTED;
       end if;
     when RECV_DATA =>
       if (BclkX8_rising = '0') then nextstate <= RECV_DATA;
       else inc1 <= '1';
         if (ct1 /= 7) then nextstate <= RECV_DATA;
           -- 8개의 클럭 사이클 동안 기다림
         elsif (ct2 /= 8) then
           shftRSR <= '1'; inc2 <= '1'; clr1 <= '1';  -- 다음 데이터 비트를 읽음
           nextstate <= RECV_DATA;
         else
           nextstate <= IDLE;
           setRDRF <= '1'; clr1 <= '1'; clr2 <= '1';
```

```
            if (RDRF = '1') then setOE <= '1';       -- 오버런 오류
            elsif (RxD = '0') then setFE <= '1';      -- 프레이밍 오류
            else loadRDR <= '1';                      -- 수신 데이터 레지스터를 로드함
            end if;
          end if;
        end if;
    end case;
  end process;

  Rcvr_update: process(sysclk, rst_b)
  begin
    if (rst_b = '0') then state <= IDLE; BclkX8_Dlayed <= '0';
      ct1 <= 0; ct2 <= 0;
    elsif (sysclk'event and sysclk = '1') then
      state <= nextstate;
      if (clr1 = '1') then ct1 <= 0; elsif (inc1 = '1') then
        ct1 <= ct1 + 1;
      end if;
      if (clr2 = '1') then ct2 <= 0; elsif (inc2 = '1') then
        ct2 <= ct2 + 1;
      end if;
      if (shftRSR = '1') then RSR <= RxD & RSR(7 downto 1);
      end if;
      -- 시프트 레지스터를 업데이트함
      if (loadRDR = '1') then RDR <= RSR;
      end if;
      BclkX8_Dlayed <= BclkX8;     -- BclkX8이 한 개의 sysclk만큼 지연됨
    end if;
  end process;
end rcvr;
```

그림 11-24 UART 수신기에 대한 VHDL 코드

발생하였다. 이 경우에는 상태 레지스터에 있는 *OE* 플래그가 셋되고 새로운 데이터가 무시된다. 만약 *RxD* = '0' 이면, 정지 비트는 적절하게 검출되지 않았고 상태 레지스터에 있는 프레이밍 오류(*FE*) 플래그가 셋된다. 만약 어떠한 오류도 발생하지 않았다면, *RDR*은 *RSR*로부터 로드된다. 모든 경우에 있어서, *RDRF*는 수신 동작이 완료되고 카운터들이 클리어되는 것을 표시하기 위해 셋된다.

UART 수신기에 대한 VHDL 코드(그림 11-24)는 그림 11-23의 SM 차트를 기반으로 한다. 수신기는 *RDR*과 *RSR* 레지스터 및 수신 제어부를 포함한다. 제어부는 *SCSR*과 인터페이스하고, *RDR*은 데이터를 데이터 버스로 구동할 수 있다. 첫 번째 process는 다음 상태와 제어 신호를 생성하는 조합 네트워크를 나타낸다. 두 번째 process는 클럭의 상승에지에서 레지스터를 업데이트된다. *BclkX8*의 상승에지에 이어지는 하나의 시스템 클럭 시간 동안, 신호 *BclkX8_rising*은 '1' 이 된다. *BclkX8_rising*은 *Bclk_rising*과 동일한 방식으로 생성된다.

그림 11-25는 Xilinx Spartan 3 디바이스 FPGA 시리즈를 목표로 사용하여 UART 수신기를 합성한 결과를 보여준다. 구현 결과는 26개의 플립플롭, 21개의 슬라이스, 32개의 4-입력 LUT

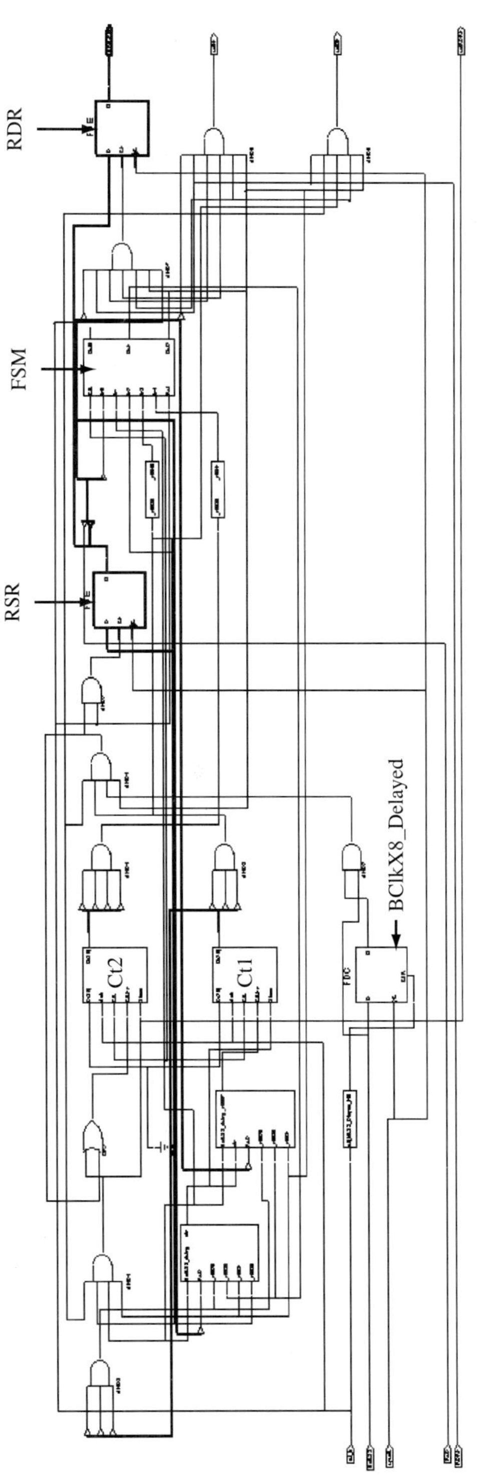

그림 11-25 합성된 UART 수신기

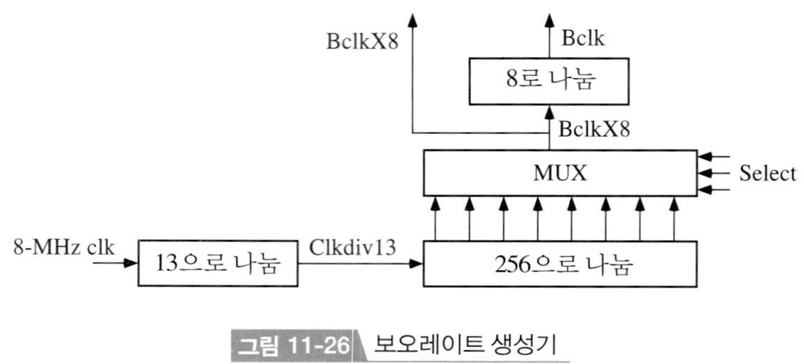

그림 11-26 보오레이트 생성기

를 필요로 한다.

다음으로, 프로그램 가능한 보오레이트 생성기를 설계할 것이다. *SCCR*에 있는 세 개의 비트는 8개의 보오레이트 중 하나를 선택하는 데 사용된다. 시스템 클럭이 8 MHz이고 우리가 원하는 보오레이트가 300, 600, 1200, 2400, 4800, 9600, 19,200, 38,400이라고 가정한다. 필요한 최대 *BclkX8* 주파수는 38,400 × 8 = 307,200이다. 이 주파수를 얻기 위해서는 8 MHz를 26.04로 나누어야 한다. 정수로 나누는 것만 가능하기 때문에 보오레이트에 대한 약간의 오차를 수용하거나, 보상을 하기 위해 시스템 클럭주파수를 7.9877 MHz로 낮추어 조정하는 것이 필요하다.

그림 11-26은 보오레이트 생성기에 대한 블록도를 보여준다. 우선 8-MHz 시스템 클럭이 카운터를 사용하여 13으로 나누어진다. 이 카운터 출력은 8-비트 이진 카운터로 이동한다. 이 카운터에 있는 플립플롭의 출력들은 2로 나눔, 4로 나눔, . . . , 256으로 나눔에 대응된다. 이들 출력 중 하나는 멀티플렉서에 의해 선택된다. MUX 선택 입력은 *SCCR*의 하위 세 개의 비트로부터 들어온다. MUX 출력은 *BclkX8*에 대응되며, 이것은 8로 다시 나누어져 *Bclk*를 얻는다. 8-MHz 클럭을 가정하면, 생성된 주파수는 다음 표로 주어진다.

선택 비트	보오레이트(*Bclk*)
000	38,462
001	19,231
010	9615
011	4808
100	2404
101	1202
110	601
111	300.5

보오레이트 생성기에 대한 VHDL 코드가 그림 11-27에 주어져 있다. 첫 번째 process는 시스템 클럭의 상승에지에서 13으로 나누는(div13) 카운터를 증가시킨다. 두 번째 process는 *Clkdiv*13의 상승에지에서 256으로 나누는(div256) 카운터를 증가시킨다. 병행 처리문은 MUX 출력 *BclkX*8을 생성한다. 세 번째 process는 *BclkX*8의 상승에지에서 8로 나누는 카운터를 증가시켜 *Bclk*를 생성한다.

```
library IEEE;
use IEEE.std_logic_1164.all;
use IEEE.numeric_std.all;   -- 오버로드된 + 연산자와 변환함수를 위한 것

entity clk_divider is
  port(Sysclk, rst_b: in std_logic;
       Sel: in unsigned(2 downto 0);
       BclkX8: buffer std_logic;
       Bclk: out std_logic);
end clk_divider;

architecture baudgen of clk_divider is
  signal ctr1: unsigned(3 downto 0) := "0000";          -- 13으로 나누는 카운터
  signal ctr2: unsigned(7 downto 0) := "00000000";      -- 256으로 나누는 카운터
  signal ctr3: unsigned(2 downto 0) := "000";           -- 8로 나누는 카운터
  signal Clkdiv13: std_logic;

begin
  process(Sysclk)    -- 시스템 클럭을 13으로 나눔
  begin
    if (Sysclk'event and Sysclk = '1') then
      if (ctr1 = "1100") then ctr1 <= "0000";
      else ctr1 <= ctr1 + 1;
      end if;
    end if;
  end process;
  Clkdiv13 <= ctr1(3);     -- Sysclk를 13으로 나눔

  process(Clkdiv13)    -- ctr2는 8비트 카운터임
  begin
    if (Clkdiv13'event and Clkdiv13 = '1') then
      ctr2 <= ctr2 + 1;
    end if;
  end process;

  BclkX8 <= ctr2(to_integer(sel));     -- 보오레이트를 선택함
  process(BclkX8)
  begin
    if (BclkX8'event and BclkX8 = '1') then
      ctr3 <= ctr3 + 1;
    end if;
  end process;
  Bclk <= ctr3(2);     -- Bclk는 BclkX8을 8로 나눈 것임
end baudgen;
```

그림 11-27 보오레이트 생성기에 대한 VHDL 코드

UART 설계를 완성하기 위해, 지금까지 설계했던 세 개의 구성요소를 서로 연결하고, 제어부와 상태 레지스터를 연결하고, 인터럽트 생성 로직과 버스 인터페이스를 추가하는 것이 필요하다. 그림 11-28은 완성된 UART에 대한 VHDL 코드를 제공한다.

*SCI_IRQ*는 UART 수신기나 송신기가 주목을 필요로 할 때 CPU를 인터럽트하는 인터럽트 신호이다. *RIE*(receive interrupt enable)가 *SCCR*에서 셋될 때, *RDRF*나 *OE*가 '1' 일 때마다 *SCI_IRQ*가 생성된다. *TIE*(transmit interrupt enable)가 *SCCR*에서 셋될 때, *TDRE*가 '1' 일 때

```
library IEEE;
use IEEE.std_logic_1164.all;
use IEEE.numeric_std.all;

entity UART is
  port(SCI_sel, R_W, clk, rst_b, RxD: in std_logic;
       ADDR2: in unsigned(1 downto 0);
       DBUS: inout unsigned(7 downto 0);
       SCI_IRQ, TxD: out std_logic);
end UART;

architecture uart1 of UART is
  component UART_Receiver
    port(RxD, BclkX8, sysclk, rst_b, RDRF: in std_logic;
         RDR: out unsigned(7 downto 0);
         setRDRF, setOE, setFE: out std_logic);
  end component;
  component UART_Transmitter
    port(Bclk, sysclk, rst_b, TDRE, loadTDR: in std_logic;
         DBUS: in unsigned(7 downto 0);
         setTDRE, TxD: out std_logic);
  end component;
  component clk_divider
    port(Sysclk, rst_b: in std_logic;
         Sel: in unsigned(2 downto 0);
         BclkX8: buffer std_logic; Bclk: out std_logic);
  end component;
  signal RDR: unsigned(7 downto 0);       -- 수신 데이터 레지스터
  signal SCSR: unsigned(7 downto 0);      -- 상태 레지스터
  signal SCCR: unsigned(7 downto 0);      -- 제어 레지스터
  signal TDRE, RDRF, OE, FE, TIE, RIE: std_logic;
  signal BaudSel: unsigned(2 downto 0);
  signal setTDRE, setRDRF, setOE, setFE, loadTDR, loadSCCR: std_logic;
  signal clrRDRF, Bclk, BclkX8, SCI_Read, SCI_Write: std_logic;
begin
  RCVR: UART_Receiver port map(RxD, BclkX8, clk, rst_b, RDRF, RDR,
                          setRDRF, setOE, setFE);
  XMIT: UART_Transmitter port map(Bclk, clk, rst_b, TDRE, loadTDR,
                          DBUS, setTDRE, TxD);
  CLKDIV: clk_divider port map(clk, rst_b, BaudSel, BclkX8, Bclk);
  -- 이 process는 제어와 상태 레지스터를 업데이트함
  process(clk, rst_b)
  begin
    if (rst_b='0') then
      TDRE <= '1'; RDRF <= '0'; OE <= '0'; FE <= '0';
      TIE <= '0'; RIE <= '0';
    elsif (rising_edge(clk)) then
      TDRE <= (setTDRE and not TDRE) or (not loadTDR and TDRE);
      RDRF <= (setRDRF and not RDRF) or (not clrRDRF and RDRF);
      OE <= (setOE and not OE) or (not clrRDRF and OE);
      FE <= (setFE and not FE) or (not clrRDRF and FE);
      if (loadSCCR = '1') then TIE <= DBUS(7); RIE <= DBUS(6);
        BaudSel <= DBUS(2 downto 0);
      end if;
    end if;
  end process;

  -- IRQ 생성 로직
  SCI_IRQ <= '1' when ((RIE='1' and (RDRF='1' or OE='1')) or
```

```
                    (TIE='1' and TDRE='1'))
               else '0';
  -- 버스 인터페이스
  SCSR <= TDRE & RDRF & "0000" & OE & FE;
  SCCR <= TIE & RIE & "000" & BaudSel;
  SCI_Read <= '1' when (SCI_sel = '1' and R_W = '0') else '0';
  SCI_Write <= '1' when (SCI_sel = '1' and R_W = '1') else '0';
  clrRDRF <= '1' when (SCI_Read = '1' and ADDR2 = "00") else '0';
  loadTDR <= '1' when (SCI_Write = '1' and ADDR2 = "00") else '0';
  loadSCCR <= '1' when (SCI_Write = '1' and ADDR2 = "10") else '0';
  DBUS <= "ZZZZZZZZ" when (SCI_Read = '0')    -- 읽지 않을 때는 삼상태 버스
          else RDR when (ADDR2 = "00")
  -- 적절한 레지스터를 버스에 쓰기
          else SCSR when (ADDR2 = "01")
          else SCCR;     -- ADDR2가 "10"이나 "11"이면 dbus = sccr
end uart1;
```

그림 11-28 완성된 UART에 대한 VHDL 코드

마다 *SCI_IRQ*가 생성된다.

UART가 *SCI_sel* = '1' 에 의해 선택될 때, CPU가 UART 레지스터들을 읽고 쓸 수 있도록 UART는 마이크로컨트롤러 어드레스와 데이터 버스에 인터페이스된다. *R_W* 신호와 함께 어드레스(*ADDR*2)의 마지막 두 개의 비트는 레지스터 선택을 위해 다음과 같이 사용된다.

ADDR2	*R_W*	동작
00	0	DBUS ← RDR
00	1	TDR ← DBUS
01	0	DBUS ← SCSR
01	1	DBUS ← hi-Z
1-	0	DBUS ← SCCR
1-	1	SCCR ← DBUS

UART가 읽기에 대해 선택되지 않을 때, 데이터 버스는 high-Z로 구동된다.

그림 11-28에 나타낸 VHDL 코드는 Xilinx SPARTAN 3 시리즈 FPGA를 목표로 사용하여 합성되었다. 구현 결과는 62개의 슬라이스, 109개의 4-입력 LUT, 74개의 플립플롭을 필요로 하였다.

이 장은 디지털 시스템의 설계와 시뮬레이션에서 VHDL을 사용하는 세 가지 예제를 제시하였다. 두 개의 예제, 즉 손목시계와 UART, 그리고 시뮬레이션 예제인 메모리 칩이 제시되었다. 설계 예제들에서는 우선 설계에 대한 블록도와 시스템의 제어기를 나타내는 상태 머신 차트를 개발하였다. 다음으로, 시스템에 있는 여러 블록들에 대한 동작적 VHDL 모델을 제시하였다. 테스트벤치의 사용이 예시되었다. 그런 다음, VHDL 코드가 FPGA에 대해 합성되었다. 설계가 다운로드되었고 동작이 검증되었다.

또한 이 장에서는 메모리 칩에 대한 시뮬레이션 모델을 제시하였다. 이 모델은 메모리 칩에 대한 타이밍 파라미터들을 포함하고 있다. 그리고 셋업과 홀드 시간 및 다른 타이밍 사양들이 만족되는지 검증하기 위한 내장된 검사들을 포함하고 있다. 이와 같은 모델은 SoC(system on a chip)를 설계하는 동안 제 3자의 코어/칩이 사용될 때 도움이 된다.

연습문제

11.1 FPGA 보드에 11.1절의 손목시계 설계를 구현하고 있다고 가정한다. 당신이 가지고 있는 FPGA 보드를 위해 손목시계에 대한 입력 모듈을 설계하고, VHDL 코드를 작성하라.

11.2 FPGA 보드에 11.1절의 손목시계 설계를 구현하고 있다고 가정한다. 손목시계에 대한 디스플레이 모듈을 설계하고, VHDL 코드를 작성하라. LCD 디스플레이를 갖는 FPGA 보드를 사용하라. 손목시계가 동작하는 모드에 맞추어 시간, 자명종 설정, 또는 스톱워치 시간을 디스플레이하라.

11.3 (a) 그림 11-2와 11-3의 손목시계 모듈에 카운트다운 타이머 모드를 추가하라. 타이머는 초, 분, 시를 세야 한다. 타이머 상태에 있을 때, B2는 상태를 변경하여 B3로 시, 분, 초를 설정하는 것을 허용하여야 한다. 설정이 완료되고 손목시계가 주 타이머 상태로 돌아갈 때, B3는 카운트다운을 시작하여야 한다. 만약 B3가 다시 눌러진다면, 카운트다운을 멈추어야 한다; 그렇지 않다면 카운트다운은 00:00:00에 도달할 때 멈춘다. 이 경우에는 타이머가 1초 동안 신호음을 울린다.

(b) 테스트벤치를 수정하고, 당신의 타이머를 테스트하라.

11.4 부호 없는 이진수를 더하기 위한 간단한 계산기의 설계에 관한 문제이다. 모든 입력과 출력이 이진수이고 유일한 동작이 +라는 것만 제외하고는 간단한 들고 다니는 계산기와 동작이 유사하다. 계산기는 소수점과 함께 8개의 비트를 디스플레이한다. 계산기는 5개의 키만 갖는다: 0, 1, ., +, 리셋. 리셋은 모든 레지스터를 클리어하고 계산기를 시작 상태로 리셋한다. 첫 번째 숫자가 입력된 후, + 키는 입력을 종료하고 두 번째 숫자가 입력되는 것을 허용한다. +가 다시 눌러질 때, 합이 누산기에 놓이고 다른 숫자가 입력될 수 있다. 이것은 계산기가 리셋될 때까지 계속된다. 등호 키가 없다는 것에 유의하라. 정상적인 입력 시퀀스만 발생한다. 즉, 숫자는 항상 +가 눌러지기 전마다 입력될 수 있다고 가정해도 좋다. 덧셈이 수행되기 전에 소수점 추가는 시프팅에 의해 정렬되어야 한다. 만약 덧셈이 오버플로를 만들어내면, 가능하다면 오버플로는 정정되어야 한다. 만약 가능하지 않다면, $E = 1$로 설정하여 오류를 표시하라.

키들은 인코드되지 않는다. 계산기는 6개의 입력 신호를 갖는다: *zero*, *one*, *dot*, *plus*, *reset*, *V*. 모든 입력 신호들은 디바운스되며, 키가 눌러질 때마다 한 개의 클럭 시간 동안 $V = 1$이라고 가정한다. 디스플레이로 보내는 출력은 *A* 레지스터, *RCTA*(소수점의 우측에 있는 비트들의 개수), *E*로부터의 8개의 비트이다.

(a) 필요한 레지스터, 카운터, 가산기 등을 보여주는 계산기에 대한 블록도를 그려라. 필요한 제어 신호들을 보이고, 의미하는 바를 설명하라. 예를 들어 *RSHA*는 우측 시프트 *A*를 의미한다. 각 레지스터의 크기를 지정하라.

(b) 주 계산기의 코드에 대한 SM 차트를 그려라. 이진수 입력, 소수점 정렬, 더하기, 그리고 가능한 경우의 오버플로 정정을 포함하라. 사용된 모든 제어 신호들을 정의하라.

(c) 주 계산기 모듈에 대한 VHDL 코드를 작성하라.

(d) 당신의 VHDL 모듈에 대한 테스트벤치를 작성하라.

11.5 이 문제는 SRAM 읽기 쓰기 사이클을 참조한다(그림 11-11과 11-12 참조). 이 문제에 대하여 특정 숫자에 대해서가 아니라 일반적으로 답하라.

(a) 만약 $\overline{\text{WE}} = 1$이고 $\overline{\text{CS}}$가 0으로 가는 것과 동시에 어드레스가 변한다면, 유효 데이터가 RAM 출력에서 입수되기 전 최대 시간은 얼마인가? (주: 타이밍도는 척도에 맞추어 그려지지 않는다.)

(b) 무엇이 RAM으로부터 읽혀질 수 있는 초당 최대 바이트 수를 결정하는가? 당신이 설정한 가정에 대해 언급하라.

(c) $\overline{\text{WE}}$에 의해 제어되는 쓰기 사이클에 대해서, RAM에 쓸 때 발생하는 이벤트들의 정상적인 시퀀스는 무엇인가?

(d) RAM에 데이터를 올바르게 쓰기 위해서는 어떤 타이밍 조건이 만족되어야 하는지 명확하게 언급하라. 예를 들어 $\overline{\text{WE}}$는 적어도 t_{wp} 동안 0이어야 한다.

11.6 6116 SA-15 CMOS SRAM에 대하여 다음 질문에 답하라. 표 11-1에 나타낸 타이밍 사양을 참조하라.

(a) 사용 가능한 최대 클럭주파수는 얼마인가?

(b) 어드레스나 $\overline{\text{CS}}$가 변한 다음 유효 데이터가 읽혀질 수 있는 최소 시간은 얼마인가?

(c) $\overline{\text{WE}}$에 의해 제어되는 쓰기 사이클에 대해서, $\overline{\text{WE}}$가 낮은 상태로 간 다음 새로운 데이터가 구동될 수 있는 가장 이른 시간은 얼마인가?

(d) 쓰기 사이클에 대해서, 유효 데이터가 데이터 버스로 구동되어야 하는 최소 시간은 얼마인가?

11.7 6116 CMOS RAM에 대한 간략화된 메모리 모델에 관한 문제이다. $\overline{\text{CS}}$와 $\overline{\text{OE}}$가 모두 항상 낮은 상태에 있어서 메모리 동작이 어드레스와 $\overline{\text{WE}}$에만 의존한다고 가정한다.

(a) 모든 타이밍 정보를 무시하는 메모리에 대한 간단한 VHDL 모듈을 작성하라. (당신의 모델은 $\overline{\text{CS}}$나 $\overline{\text{OE}}$를 포함하지 않아야 한다.)

(b) 당신의 모델에 다음과 같은 타이밍 사양을 추가하라: t_{AA}, t_{OH}, t_{WHZ}, t_{OW}. 읽기를 위해,

*Dout*은 t_{OH} 후에 "XXXXXXXX"(미지수)로 간 다음 t_{AA} 후에 유효 데이터 출력을 해야 한다. 쓰기를 위해, *Dout*은 t_{WHZ} 후에 high-Z로 가고 t_{OW} 직후에 저장된 값으로 가야 한다.

(c) 만약 다음과 같은 사양들 중 어느 것이라도 만족되지 않으면, 적절한 오류 메시지를 주는 또 다른 process를 추가하라: t_{WP}, t_{DW}, t_{DH}

11.8 6116 메모리의 동작을 기술하는 VHDL 모델이 그림 11-14에 주어져 있다.

(a) 만약 메모리 쓰기에 대한 데이터 셋업 시간이 만족되지 않거나, 메모리 쓰기에 대한 데이터 홀드 시간이 만족되지 않거나, 또는 *WE_b*에 대한 최소 펄스폭 사양이 만족되지 않으면, 코드가 경고를 줄 것이라는 것을 검증하라.

(b) 만약 *OE_b*($\overline{OE}$)를 고려한다면, 필요한 원래 VHDL 코드에 대한 변화와 추가사항을 표시하라. 읽기에 대하여, 만약 *CS_b*가 낮은 상태로 간 다음 *OE_b*가 낮은 상태로 간다면, t_{OE} 접근 시간이 고려되어야 한다는 것을 유의하라. 또한 *OE_b*가 높은 상태로 갈 때, 데이터 버스는 시간 t_{OHZ} 후에 high-Z로 갈 것이라는 것도 유의하라.

11.9 VHDL 6116 RAM 타이밍 모델(그림 11-14)에 있는 check process에서 어드레스 셋업 시간(t_{AS})과 쓰기 회복 시간(t_{WR}) 사양을 검증하기 위해서는 어떠한 수정이 이루어져야 하는가?

11.10 CMOS SRAM(그림 11-13)에 대한 CS에 의해 제어되는 쓰기 사이클을 생각하라. 타이밍 모델(그림 11-14)에 있는 check process에서 어떠한 VHDL 코드가 필요한가? 당신은 t_{CW}, t_{DW}, t_{DH}와 같은 타이밍 사양을 검사하여야 한다.

11.11 ROM(read-only memory)은 8-비트 어드레스 입력, 출력 가능(*OE*), 8-비트 데이터 출력을 가지고 있다. *OE* = 0일 때 *data* = hi-Z이다. *OE* = 1일 때 ROM으로부터 *data*가 읽힌다. 타이밍도를 아래에 나타내었다. 타이밍 사양을 포함하는 ROM에 대한 VHDL 모델을 작성하라.

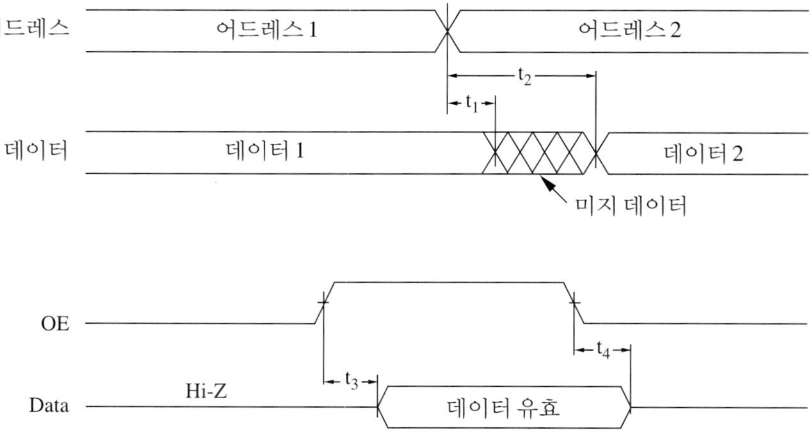

11.12 SRAM 메모리는 그림에서 보여주는 바와 같이 $\overline{WE}$에 의해 제어되는 쓰기 사이클을 사용한

다. 이 메모리는 크기가 t_{hn}인 음의 홀드 시간을 가지고 있다. 이것은 셋업 시간(t_{dw})이 만족되는 한, 입력 데이터가 $\overline{\mathrm{WE}}$의 상승에지 이전에 구간 t_{hn} 동안 어느 때나 변해도 괜찮다는 것을 의미한다. 만약 입력 데이터(*Dbus*)가 $\overline{\mathrm{WE}}$가 상승하기 이전의 시간 구간 $t_{dw}-t_{hn}$에서 변한다면, 오류를 주는 process를 작성하라.

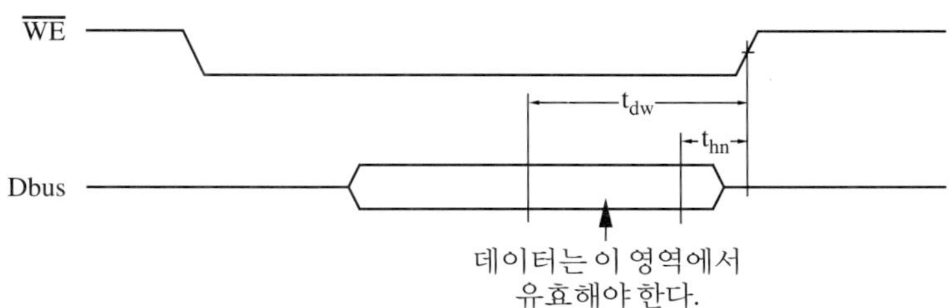

11.13 UART 수신기 VHDL 코드에서, 8X 비트 클럭 대신에 16X 비트 클럭을 사용하도록 필요한 수정을 가하라. 더 빠른 샘플링 클럭을 사용하면 수신기의 잡음 여유도를 개선할 수 있다.

11.14 (a) UART에 대한 VHDL 테스트벤치를 작성하라. 오버런 오류, 프레이밍 오류, 잘못된 시작을 야기하는 잡음, 보오레이트의 변화 등을 테스트하기 위한 경우들을 포함하라. VHDL 코드를 시뮬레이션하라.

(b) 만약 적합한 하드웨어를 이용할 수 있다면, *TxD*를 외부적으로 *RxD*에 연결한 상태에서 루프-백 테스트를 허용하는 더 간단한 테스트벤치를 작성하라. UART와 함께 테스트벤치를 합성하고, 목표 디바이스에 다운로드하고, 하드웨어의 올바른 동작을 검증하라.

11.15 11.3절에 기술된 UART에 패리티 선택사양을 추가하기 위해 VHDL 코드에 필요한 수정을 가하라. 다음과 같이 패리티 모드를 선택하는 *SCCR*에 두 개의 비트(P_1P_0)를 추가하라.

$P_1P_0=00$ 8개의 데이터 비트, 패리티 비트 없음
$P_1P_0=01$ 7개의 데이터 비트, 8번째 비트가 패리티를 짝수로 만듦
$P_1P_0=10$ 7개의 데이터 비트, 8번째 비트가 패리티를 홀수로 만듦
$P_1P_0=11$ 7개의 데이터 비트, 8번째 비트는 항상 '0' 임

송신기는 지정된 대로 짝수, 홀수 또는 '0' 패리티 비트를 생성하여야 한다. 수신기는 패리티 비트가 올바른지 검증하기 위해 이를 검사하여야 한다. 만약 아니라면, SCSR에 있는 PE(parity error) 플래그를 셋해야 한다.

11.16 동기식 수신기의 동작은 11.3절에서 토론한 UART 수신기와 다소 비슷하다. 다른 점은 데이터(*RxD*)와 데이터 클럭(*Dclk*)이 모두 송신되어 데이터를 지역 클럭과 동기시킬 필요가 없고, 시작과 종료 비트는 필요 없다는 것이다. 다음에 나타낸 것처럼, 데이터의 8개의 비트가 송신될 때, 클럭은 실제로 9개의 클럭 시간 동안 활성화되고, 그런 다음 비활성화된다. 첫 번째 8개의 클럭 동안 데이터는 수신 시프트 레지스터(RSR)로 시프트 입력되고, 9번째 클럭에서

데이터는 수신 데이터 레지스터(RDR)로 전달되며, RDRF 플래그가 셋된다.

(a) 카운터를 포함하여, 동기식 수신기에 대한 블록도를 그려라. (주: 상태 머신은 필요 없지만, 제어 신호 *Load*와 *Shift*를 생성하는 것이 필요하다.)

(b) (a)에 대응되는 합성 가능한 VHDL 코드를 작성하라. 신호 *Load*와 *Shift*가 당신의 코드에서 명시적으로 보여야 한다.

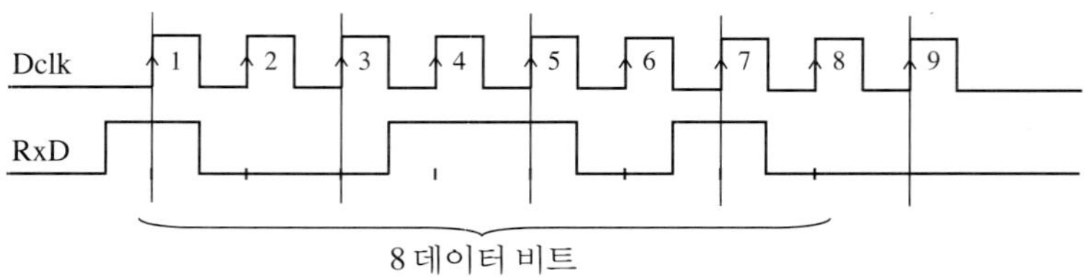

11.17 루프-백 테스트(loop-back test)를 수행하는 UART에 대한 테스트벤치를 작성하라. TDR에 로드된 어떤 데이터라도 자동적으로 *TxD*로부터 송신되고, *RxD*로 수신되고, RDR로 로드될 수 있도록 테스트벤치는 UART의 *TxD* 출력을 *RxD* 입력에 연결한다. 테스트벤치는 TDR에 “01010101”을 쓰고, RDRF = ‘1’ 일 때까지 루프 안에서 상태 레지스터를 읽고, 그런 다음 RDR로부터 읽는 CPU의 작동을 시뮬레이션해야 한다.

VHDL 언어 요약

참고: 이 VHDL 요약은 완전하지 않고 몇 가지 특별한 경우를 포함한다. 이 책에서 사용된 VHDL 처리문만 열거된다. VHDL 문법에 대한 완전한 기술을 보려면 참고문헌 6, 9, 23을 참조하라.

주:

- VHDL은 대문자와 소문자를 구별하지 않는다.
- 신호 이름과 기타 식별자는 문자, 숫자, 밑줄(_) 글자를 포함해도 된다.
- 식별자는 문자로 시작하여야 한다.
- 식별자는 밑줄로 끝날 수 없다.
- 모든VHDL 처리문은 세미콜론으로 끝나야 한다.
- VHDL은 엄격한 타입을 갖는 언어이다. 일반적으로, 데이터 타입의 혼합은 허용되지 않는다.

사용 부호 설명

굵은 글자	예약어
[ ]	선택 항목
{ }	0번 이상 반복
|	또는

1. 미리 정의된 타입

bit '0' 또는 '1'

boolean	거짓 또는 참
integer	$-(2^{31}-1)$에서 $+(2^{31}-1)$까지의 범위를 갖는 정수 (어떤 구현은 더 넓은 범위를 지원한다)
real	−1.0E38에서 +1.0E38까지의 범위를 갖는 부동소수점 수
character	대문자, 소문자, 숫자, 특수문자를 포함하는 적법한 VHDL 글자 (각 인쇄 가능한 글자는 단일 인용부호로 둘러싸여야 한다; 예를 들어 'd', '7', '+')
time	fs, ps, ns, us, ms, sec, min 또는 hr 단위를 갖는 정수
natural	정수 ≥ 0
positive	정수 > 0
bit_vector	비트 벡터
string	글자 어레이
delay_length	시간 ≥ 0

2. 증가하는 우선순위 순서로 나열한 연산자

1. 이진 논리 연산자: **and or nand nor xor xnor**
2. 관계 연산자: = /= < <= > >=
3. 시프트 연산자: **sll srl sla sra rol ror**
4. 덧셈 연산자: + − & (접합)
5. 단일 부호 연산자: + −
6. 곱셈 연산자: * / **mod rem**
7. 기타 연산자: **not abs** **

3. 미리 정의된 속성

값을 반환하는 신호 속성:

속성	반환 내용
S'ACTIVE	현재의 델타 동안 트랜잭션이 발생했으면 참, 아니면 거짓
S'EVENT	현재의 델타 동안 이벤트가 발생했으면 참, 아니면 거짓
S'LAST_EVENT	*S*에 발생한 선행 이벤트 이후 경과된 시간
S'LAST_VALUE	*S*에 발생한 선행 이벤트 이전의 *S* 값
S'LAST_ACTIVE	*S*에 발생한 선행 트랜잭션 이후 경과된 시간

신호를 생성하는 신호 속성:

속성	생성 내용
S'DELAYED[(time)]*	지정된 시간만큼 지연된 S와 동일한 신호
S'STABLE[(time)]*	지정된 시간 동안 S에 이벤트가 없으면 참인 부울 신호
S'QUIET[(time)]*	지정된 시간 동안 S에 트랜잭션이 없으면 참인 부울 신호
S'TRANSACTION	S의 모든 트랜잭션마다 변화하는 비트 타입의 신호

* 시간이 지정되지 않으면 델타가 사용된다.

어레이 속성:

```
type ROM is array (0 to 15, 7 downto 0) of bit;
signal ROM1 : ROM;
```

속성	생성 내용	예
A'LEFT(N)	N번째 인덱스 범위의 왼쪽 경계	ROM1'LEFT(1) = 0 ROM1'LEFT(2) = 7
A'RIGHT(N)	N번째 인덱스 범위의 오른쪽 경계	ROM1'RIGHT(1) = 15 ROM1'RIGHT(2) = 0
A'HIGH(N)	N번째 인덱스 범위의 가장 큰 경계	ROM1'HIGH(1) = 15 ROM1'HIGH(2) = 7
A'LOW(N)	N번째 인덱스 범위의 가장 작은 경계	ROM1'LOW(1) = 0 ROM1'LOW(2) = 0
A'RANGE(N)	N번째 인덱스 범위	ROM1'RANGE(1) = 0 to 15 ROM1'RANGE(2) = 7 downto 0
A'REVERSE_RANGE(N)	N번째 인덱스 범위의 반대 범위	ROM1'REVERSE_RANGE(1) = 15 downto 0 ROM1'REVERSE_RANGE(2) = 0 to 7
A'LENGTH(N)	N번째 인덱스 범위의 크기	ROM1'LENGTH(1) = 16 ROM1'LENGTH(2) = 8

4. 미리 정의된 Function

NOW	현재 시뮬레이션 시간을 반환한다.
FILE_OPEN([status], FileID, string, mode)	파일을 연다.
FILE_CLOSE(FileID)	파일을 닫는다.

5. 선언

entity 선언:

```
entity entity-name is
        [generic (list-of-generics-and-their-types);]
        [port (interface-signal-declaration);]
        [declarations]
end [entity] [entity-name];
```

인터페이스 신호 선언:

```
list-of-interface-signals: mode type [:= initial-value]
{; list-of-interface-signals: mode type [:= initial-value]}
```

주: 인터페이스 신호는 in, out, inout, 또는 buffer 모드를 가질 수 있다.

아키텍처 선언:

```
architecture architecture-name of entity-name is
        [declarations]          -- 변수 선언은 허용되지 않음
begin
        architecture-body
end [architecture] [architecture-name];
```

주: 아키텍처 본문은 컴포넌트 생성문, process 문, 블록문, 할당문, procedure 호출 등을 포함할 수 있다.

정수 타입 선언:

```
type type_name is range integer_range;
```

번호가 붙여진 타입 선언:

```
type type_name is (list-of-names-or-characters);
```

서브타입 선언:

```
subtype subtype_name is type_name [index-or-range-constraint];
```

변수 선언:

```
variable list-of-variable-names: type_name [:= initial_value];
```

신호 선언:

```
signal list-of-signal-names: type_name [:= initial_value];
```

상수 선언:

```
constant constant_name: type_name := constant_value;
```

alias 선언:

```
alias identifier[:identifier-type] is item-name;
```

주: 항목 이름은 상수, 신호, 변수, 파일, 함수 이름, 타입 이름 등일 수 있다.

어레이 타입과 객체 선언:

```
type array_type_name is array index_range of element_type;
signal|variable|constant array_name: array_type_name
[:= initial_values];
```

procedure 선언:

```
procedure procedure-name (parameter list) is
       [declarations]
begin
       sequential statements
end procedure-name;
```

주: 파라미터는 신호, 변수, 또는 상수일 수 있다.

function 선언:

```
function function-name (parameter-list) return return-type is
         [declarations]
begin
         sequential statements              -- return return-value;를 포함해야 함

end function-name;
```

주: 파라미터는 신호 또는 상수일 수 있다.

라이브러리 선언:

```
library list-of-library-names;
```

use 문:

```
use library_name.package_name.item;  (.item은 .all일 수도 있음)
```

패키지 선언:

```
package package-name is
       package declarations
end [package][package-name];
```

패키지 본문:

```
package body package-name is
       package body declarations
end [package body][package name];
```

컴포넌트 선언:

```
component component-name
      [generic (list-of-generics-and-their-types);]
      port (list-of-interface-signals-and-their-types);
end component;
```

파일 타입 선언:

```
type file_name is file of type_name;
```

파일 선언:

```
file file_name: file_type [open mode] is "file_pathname";
```

주: mode는 read_mode, write_mode, 또는 append_mode일 수 있다.

6. 병행 처리문

신호 할당문:

```
signal <= [reject pulse-width | transport] expression [after
delay_time];
```

주: 신호 할당이 병행 처리문으로 이루어지면, 우변에 변화가 발생할 때마다 신호 값이 다시 계산된다. 만약 [after delay_time]이 생략되면, 신호는 델타 시간 후에 업데이트된다.

조건 할당문:

```
signal <= expression1 when condition1
          else expression2 when condition2
          . . .
          [else expression];
```

선택된 신호 할당문:

```
with expression select
        signal <= expression1 [after delay_time] when choice1,
                  expression2 [after delay_time] when choice2,
                  . . .
                  [expression [after delay_time] when others];
```

assert 문:

```
assert boolean-expression
        [report string-expression]
        [severity severity-level];
```

컴포넌트 불러오기:

```
label: component-name
        [generic map (generic-association-list);]
        port map (list-of-actual-signals);
```

주: 컴포넌트 출력이 연결되어 있지 않다면 **open**을 사용하라.

generate 문:

```
generate_label: for identifier in range generate
[begin]
        concurrent statement(s)
end generate [generate_label];

generate_label: if condition generate
[begin]
        concurrent statement(s)
end generate [generate_label];
```

process 문(감지 신호(sensitivity) 리스트를 갖는 경우):

```
[process-label:] process (sensitivity-list)
        [declarations]        -- 신호 선언은 허용되지 않음
begin
        sequential statements
end process [process-label];
```

주: 이와 같은 형태의 process는 초기에 수행되고, 그 이후부터는 감지 신호 리스트에 있는 항목의 값이 변할 때만 수행된다. 감지 신호 리스트는 신호들의 리스트이다. wait 문은 허용되지 않는다.

process 문(감지 신호 리스트를 갖지 않는 경우):

```
[process-label:] process
        [declarations]        -- 신호 선언은 허용되지 않음
begin
        sequential statements
end process [process-label];
```

주: 이와 같은 형태의 process는 하나 이상의 wait 문을 포함하여야 한다. 이 처리문은 즉시 수행되며, wait 문을 만날 때까지 지속된다.

procedure 호출:

```
procedure-name (actual-parameter-list);
```

주: in 모드를 갖는 실제 파라미터로 표현식이 사용될 수 있다; 실제 파라미터의 타입은 형식 파라미터의 타입과 일치하여야 한다; open은 사용될 수 없다.

function 호출:

```
function-name (actual-parameter list)
```

주: function 호출은 표현식 안에서(또는 대신에) 사용된다. function 호출은 그 자체가 처리문이 아니라 처리문의 일부이다.

7. 순차 처리문

신호 할당문:

```
signal <= [reject pulse-width | transport] expression [after
delay_time];
```

주: 만약 [after delay_time]이 생략되면, 신호는 델타 시간 후에 업데이트된다.

변수 할당문:

```
variable := expression;
```

주: 이 처리문은 process, function, procedure 안에서만 사용될 수 있다. 변수는 항상 즉시 업데이트된다.

wait 문은 다음과 같은 형식을 취할 수 있다:

```
wait on sensitivity-list;
wait until boolean-expression;
wait for time-expression;
```

if 문:

```
if condition then
          sequential statements
{elsif condition then
          sequential statements}   -- 0개 이상의 elsif 구문이 포함될 수 있음

[else sequential statements]
end if;
```

case 문:

```
case expression is
        when choice1 => sequential statements
        when choice2 => sequential statements
        . . .
        [when others => sequential statements]
end case;
```

for 루프문:

```
[loop-label:] for identifier in range loop
        sequential statements
end loop [loop-label];
```

주: 현재 루프를 끝내려면 **exit**를 사용할 수 있다.

while 루프문:

```
[loop-label:] while boolean-expression loop
        sequential statements
end loop [loop-label];
```

exit 문:

```
exit [loop-label] [when condition];
```

assert 문:

```
assert boolean-expression
        [report string-expression]
        [severity severity-level];
```

report 문:

```
report string-expression
        [severity severity-level];
```

procedure 호출:

```
procedure-name (actual-parameter-list);
```

주: in 모드를 갖는 실제 파라미터로 표현식이 사용될 수 있다; 실제 파라미터의 타입은 형식 파라미터의 타입과 일치하여야 한다; open은 사용될 수 없다.

function 호출:

```
function-name (actual-parameter list)
```

주: function 호출은 표현식 안에서(또는 대신에) 사용된다. function 호출은 그 자체가 처리문이 아니라 처리문의 일부이다.

IEEE STTANDARD LIBRARIES 부록 B

IEEE 표준 라이브러리

이 책에서 사용했던 IEEE 라이브러리에 있는 두 개의 패키지로 NUMERIC_BIT와 NUMERIC_STD가 있다. 이 패키지의 헤더는 다음과 같다.

표준 VHDL 합성 패키지(1076.3, NUMERIC_BIT)

```
-- 개발자: IEEE DASC Synthesis Working Group, PAR 1076.3
-- 목적: 이 패키지는 합성 도구와 함께 사용할 숫자 타입과 산술함수들을 정의한다.
--     두 가지 숫자 타입이 정의된다:
--     --> UNSIGNED: 벡터 형식의 부호가 없는 숫자를 나타낸다.
--     --> SIGNED: 벡터 형식의 부호가 있는 숫자를 나타낸다.
--     기본 구성요소 타입은 BIT 타입이다.
--     가장 좌측에 있는 비트를 최상위 비트로 취급한다.
--     부호가 있는 벡터는 2의 보수 형식으로 나타낸다.
--     이 패키지는 SIGNED와 UNSIGNED 타입에 대해
--     오버로드된 산술 연산자를 포함한다.
--     이 패키지는 또한 유용한 타입 변환 함수,
--     클럭 감지 함수, 기타 다용도 함수도 포함한다.
```

표준 VHDL 합성 패키지(1076.3, NUMERIC_STD)

```
-- 개발자: IEEE DASC Synthesis Working Group, PAR 1076.3
-- 목적: 이 패키지는 합성 도구와 함께 사용할 숫자 타입과 산술함수들을 정의한다.
```

```
--      두 가지 숫자 타입이 정의된다:
--      --> UNSIGNED: 벡터 형식의 부호가 없는 숫자를 나타낸다.
--      --> SIGNED: 벡터 형식의 부호가 있는 숫자를 나타낸다.
--      기본 구성요소 타입은 STD_LOGIC 타입이다.
--      가장 좌측에 있는 비트를 최상위 비트로 취급한다.
--      부호가 있는 벡터는 2의 보수 형식으로 나타낸다.
--      이 패키지는 SIGNED와 UNSIGNED 타입에 대해
--      오버로드된 산술 연산자를 포함한다.
--      이 패키지는 또한 유용한 타입 변환 함수도 포함한다.
```

전체 패키지 목록은 다음에서 볼 수 있다.

http://www.eda.org/rassp/vhdl/models/standards/numeric_bit.vhd

http://www.eda.org/rassp/vhdl/models/standards/numeric_std.vhd

numeric_bit **패키지에 있는 유용한 변환** Function:

`TO_INTEGER(A)`: 부호가 없는(또는 부호가 있는) 벡터 *A*를 정수로 변환

`TO_UNSIGNED(B,N)`: 정수를 길이 *N*의 부호가 없는 벡터로 변환

`TO_SIGNED(B,N)`: 정수를 길이 *N*의 부호가 있는 벡터로 변환

`UNSIGNED(A)`: 컴파일러가 bit_vector *A*를 부호가 없는 벡터로 취급

`SIGNED(A)`: 컴파일러가 bit_vector *A*를 부호가 있는 벡터로 취급

`BIT_VECTOR(B)`: 컴파일러가 부호가 없는(또는 부호가 있는) 벡터 *B*를 bit_vector로 취급

동일한 변환 function을 numeric_std 패키지에서 이용할 수 있다. 다른 점은 bit_vector가 std_logic_vector로 대체되는 것이다.

주:

1. numeric_bit 패키지는 정수를 부호가 없는 타입에 더하는, 그러나 비트를 부호가 없는 타입에 더하지는 않는 오버로드된 연산자를 제공한다. 그러므로 만약 *A*와 *B*가 부호가 없는 타입이면, A+B+1은 허용된다. 그러나 다음과 같은 형식의 처리문은 캐리가 비트 타입일 때 허용되지 않는다.

```
Sum <= A + B + carry;
```

캐리는 부호 없는 벡터 A+B에 더해지기 전에 부호 없는 타입으로 변환되어야 한다. **unsigned'(0=>carry)**라는 표현이 필요한 변환을 수행할 것이다. 다음과 같은 처리문

을 사용하라.

```
Sum <= A + B + unsigned'(0=>carry);
```

2. 더해지는 숫자보다 합에 더 많은 비트가 있기를 원한다면 '0' 을 연결함으로써 숫자를 확장하여야 한다. 예를 들어, 만약 *X*와 *Y*가 4비트이고 캐리 출력을 포함하는 5-비트 합을 원한다면, '0' 과 *X*를 연결함으로써 *X*를 5비트로 확장하라. (*Y*는 맞추기 위해서 자동적으로 확장될 것이다.) 따라서:

```
Sum5 <= '0' & X + Y;
```

위의 처리문은 두 개의 4-비트 숫자의 덧셈을 수행하고 5-비트 합을 제공한다.

Textio 패키지

```
package TEXTIO is
  -- 텍스트 I/O를 위한 타입 선언:
  type LINE is access STRING; -- A LINE is a pointer to a STRING value.
  -- 이 타입을 위해서 미리 정의된 연산자들은 다음과 같다:
  -- function "=" (anonymous, anonymous: LINE) return BOOLEAN;
  -- function "/=" (anonymous, anonymous: LINE) return BOOLEAN;
  type TEXT is file of STRING; -- 가변길이 ASCII 레코드의 파일
  -- 이 타입을 위해서 미리 정의된 연산자들은 다음과 같다:
  -- procedure FILE_OPEN (file F: TEXT; External_Name; in STRING;
  -- Open_Kind: in FILE_OPEN_KIND := READ_MODE);
  -- procedure FILE_OPEN (Status: out FILE_OPEN_STATUS; file F: TEXT;
  -- External_Name: in STRING;
  -- Open_Kind: in FILE_OPEN_KIND := READ_MODE);
  -- procedure FILE_CLOSE (file F: TEXT);
  -- procedure READ (file F: TEXT; VALUE: out STRING);
  -- procedure WRITE (file F: TEXT; VALUE: in STRING);
  -- function ENDFILE (file F: TEXT) return BOOLEAN;
  type SIDE is (RIGHT, LEFT); -- 필드 내의 출력 데이터 행의 길이를 가지런하게 하기 위함
  -- 이 타입을 위해서 미리 정의된 연산자들은 다음과 같다:
  -- function "=" (anonymous, anonymous: SIDE) return BOOLEAN;
  -- function "/=" (anonymous, anonymous: SIDE) return BOOLEAN;
  -- function "<" (anonymous, anonymous: SIDE) return BOOLEAN;
  -- function "<=" (anonymous, anonymous: SIDE) return BOOLEAN;
  -- function ">" (anonymous, anonymous: SIDE) return BOOLEAN;
  -- function ">=" (anonymous, anonymous: SIDE) return BOOLEAN;
  subtype WIDTH is NATURAL; -- 출력 필드의 폭을 지정하기 위함

  -- 표준 텍스트 파일:
  file INPUT: TEXT open READ_MODE is "STD_INPUT";
  file OUTPUT: TEXT open WRITE_MODE is "STD_OUTPUT";
  -- 표준 타입을 위한 입력 루틴들:
  procedure READLINE (file F: TEXT; L: inout LINE);
  procedure READ (L: inout LINE; VALUE: out BIT; GOOD: out BOOLEAN);
  procedure READ (L: inout LINE; VALUE: out BIT);
  procedure READ (L: inout LINE; VALUE: out BIT_VECTOR; GOOD: out BOOLEAN);
  procedure READ (L: inout LINE; VALUE: out BIT_VECTOR);
```

```
    procedure READ (L: inout LINE; VALUE: out BOOLEAN; GOOD: out BOOLEAN);
    procedure READ (L: inout LINE; VALUE: out BOOLEAN);
    procedure READ (L: inout LINE; VALUE: out CHARACTER; GOOD: out BOOLEAN);
    procedure READ (L: inout LINE; VALUE: out CHARACTER);
    procedure READ (L: inout LINE; VALUE: out INTEGER; GOOD: out BOOLEAN);
    procedure READ (L: inout LINE; VALUE: out INTEGER);
    procedure READ (L: inout LINE; VALUE: out REAL; GOOD: out BOOLEAN);
    procedure READ (L: inout LINE; VALUE: out REAL);
    procedure READ (L: inout LINE; VALUE: out STRING; GOOD: out BOOLEAN);
    procedure READ (L: inout LINE; VALUE: out STRING);
    procedure READ (L: inout LINE; VALUE: out TIME; GOOD: out BOOLEAN);
    procedure READ (L: inout LINE; VALUE: out TIME);
    -- 표준 타입을 위한 출력 루틴들:
    procedure WRITELINE (file F: TEXT; L: inout LINE);
    procedure WRITE (L: inout LINE; VALUE: in BIT;
                     JUSTIFIED: in SIDE:= RIGHT; FIELD: in WIDTH := 0);
    procedure WRITE (L: inout LINE; VALUE: in BIT_VECTOR;
                     JUSTIFIED: in SIDE:= RIGHT; FIELD: in WIDTH := 0);
    procedure WRITE (L: inout LINE; VALUE: in BOOLEAN;
                     JUSTIFIED: in SIDE:= RIGHT; FIELD: in WIDTH := 0);
    procedure WRITE (L: inout LINE; VALUE: in CHARACTER;
                     JUSTIFIED: in SIDE:= RIGHT; FIELD: in WIDTH := 0);
    procedure WRITE (L: inout LINE; VALUE: in INTEGER;
                     JUSTIFIED: in SIDE:= RIGHT; FIELD: in WIDTH := 0);
    procedure WRITE (L: inout LINE; VALUE: in REAL;
                     JUSTIFIED: in SIDE:= RIGHT; FIELD: in WIDTH := 0;
                     DIGITS: in NATURAL:= 0);
    procedure WRITE (L: inout LINE; VALUE: in STRING;
                     JUSTIFIED: in SIDE:= RIGHT; FIELD: in WIDTH := 0);
    procedure WRITE (L: inout LINE; VALUE: in TIME;
                     JUSTIFIED: in SIDE:= RIGHT; FIELD: in WIDTH := 0;
                     UNIT: in TIME:= ns);
    -- 파일 위치 속성:
    -- function ENDFILE (file F: TEXT) return BOOLEAN;
end TEXTIO;
```

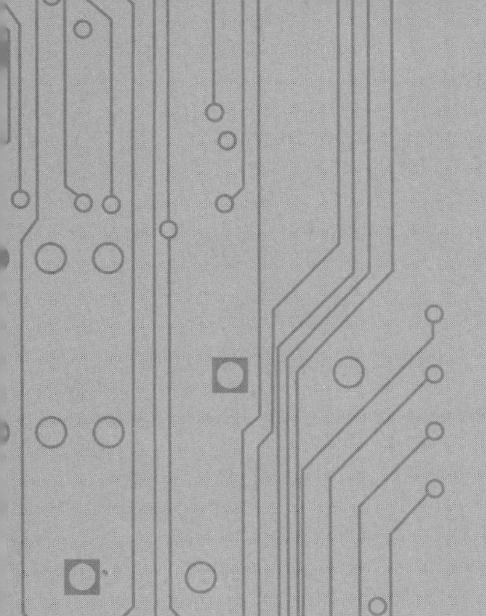

PROJECTS 부록 D

프로젝트

각각의 프로젝트에 대해, 적절한 FPGA나 CPLD를 목표 장비로 선정하고 다음 단계들을 수행하라.

1. 시스템에 대한 전반적인 설계 전략을 만들어내고 블록도를 그린다. 적절하다면 시스템을 여러 모듈로 분할한다. 각 모듈에 대하여 적절하게 알고리즘, SM 차트, 상태 그래프를 개발한다. 달리 지정된 것이 없다면, 당신의 설계는 입력을 클럭과 동기시키기 위해 적절한 회로가 추가된 동기식 시스템이어야 한다.
2. 각 모듈에 대하여 합성 가능한 VHDL 코드를 작성하고, 시뮬레이션하고, 오류를 정정한다. 하드웨어의 타이밍 문제를 피하기 위해, 변수 대신 신호를 사용하고, 코드가 래치 없이 합성되도록 확인한다. 각 모듈의 올바른 동작을 검증하기 위해 적절할 때 테스트벤치를 사용한다.
3. 모듈들에 대한 VHDL 코드를 집적하고, 시뮬레이션하며, 전반적인 시스템을 테스트한다.
4. 필요한 변화를 주고 목표 장비에 대하여 VHDL 코드를 합성한다. 합성 후에 시스템을 시뮬레이션한다.
5. 목표 장비에 대하여 비트 파일을 생성하고 다운로드한다. 하드웨어가 올바르게 작동하는지 검증한다.

P1. 푸시 버튼을 이용한 문 잠금장치

표준화된 전화기 키패드를 입력으로 사용하는 푸시 버튼을 이용한 문 잠금장치를 설계하라. 4장에서 설계된 키패드 스캐너를 모듈로 사용하라. 번호 조합 길이는 4~7자리이다. 문 잠금을 해제하기 위해, 번호 조합을 입력한 다음 # 키를 입력하라. #이 눌러지고 있는 한, 문 잠금은 해제된 상태에 있고 열릴 수 있다. #을 놓을 때, 문은 다시 잠긴다. 번호 조합을 변경하기 위해, 우선 올바른 번호 조합을 입력한 다음 * 키를 입력하라. 그러면 잠금장치는 "저장" 모드가 된다. "저장" 표시등이 켜지고 번호 조합이 성공적으로 변경될 때까지 유지된다. 다음으로, 새로운 번호 조합(4~7자리)을 입력한 다음 #을 입력하라. 그런 다음, 새로운 번호 조합을 두 번째로 입력하고 #을 입력하라. 만약 두 번째가 첫 번째와 일치하지 않으면, 새로운 번호 조합은 다시 두 번 입력되어야 한다. 번호 조합을 8개의 4-비트 레지스터나 작은 RAM에 저장하라. 4-비트 키 코드를 저장하고 # 키에 대한 코드를 저장하라. 또한 키패드의 일부가 아닌 리셋 버튼을 제공하라. 리셋 버튼이 눌러질 때, 시스템은 "저장" 상태에 들어가고 새로운 번호 조합이 입력되어야 한다. 입력이 들어올 때 개수를 세기 위해 별도의 카운터를 사용하라. 4-비트 코드, 키-다운 신호(*Kd*), 유효 데이터 신호(*V*)는 키패드 모듈로부터 이용할 수 있다.

P2. 동기식 직렬 주변 인터페이스

마이크로컨트롤러와 함께 사용하는 데 알맞은 SPI(동기식 직렬 주변 인터페이스) 모듈을 설계하라. SPI는 주변장치 또는 기타 마이크로컨트롤러와의 동기식 직렬 통신을 허용한다. SPI는 네 개의 레지스터, 즉 *SPCR*(SPI 제어), *SPSR*(SPI 상태), *SPDR*(SPI 데이터), *SPSHR*(SPI 시프트 레지스터)을 포함한다. 다음 그림은 두 개의 SPI가 직렬 통신을 위해 어떻게 연결될 수 있는지 보여준다. 하나의 SPI는 마스터로 동작하고, 또 하나의 SPI는 슬레이브로 동작한다. 마스터는 송신과 수신 동작을 동기시키기 위한 클럭을 제공한다. 1바이트의 데이터가 마스터 *SPSHR*로 로드될 때, 직렬 전송을 초기화하고 직렬 클럭(*SCK*)을 공급한다. 8개의 클럭 내에 마스터와 슬레이브 시프트 레지스터 사이에 데이터가 교환된다. 전송이 완료되자마자 각 *SPSHR*로부터의 데이터는 대응되는 *SPDR*로 전송되고, *SPSR*에 있는 SPI 플래그(*SPIF*)는 셋된다.

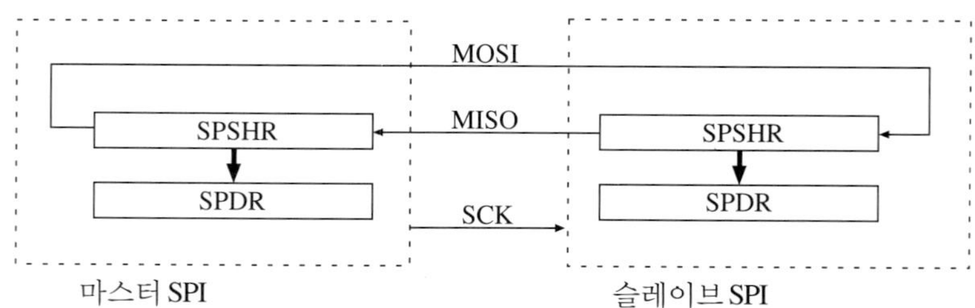

핀의 기능은 장치가 마스터 모드에 있는지 또는 슬레이브 모드에 있는지에 의존한다.

MOSI — 마스터의 경우 출력, 슬레이브의 경우 입력
MISO — 마스터의 경우 입력, 슬레이브의 경우 출력
SCK — 마스터의 경우 출력, 슬레이브의 경우 입력

*SPDR*과 *SPSHR*은 동일한 어드레스에 매핑된다. 이 어드레스로부터의 읽기는 *SPDR*을 읽지만, 쓰기는 *SPSHR*을 로드한다. *SPSR*의 7번째 비트는 SPI 플래그(*SPIF*)이다. *SPSR*은 오류 플래그

도 포함할 수 있지만, 이번 설계에서는 생략할 것이다. 다음 시퀀스는 *SPIF*를 클리어할 것이다.

*SPIF*가 셋될 때 *SPSR*을 읽는다.

SPDR 어드레스를 읽거나 쓴다.

SPCR 레지스터는 다음의 비트를 포함한다.

SPIE—SPI 인터럽트를 활성화한다.

SPE—SPI를 활성화한다.

MSTR—마스터 모드의 경우 '1'로, 슬레이브 모드의 경우 '0'으로 설정한다.

*SPR1*과 *SPR0*—*SCLK* 속도를 다음과 같이 설정한다.

SPR1&*SPR0* = 00 *SCLK* 속도 = Sysclk 속도/2

SPR1&*SPR0* = 01 *SCLK* 속도 = Sysclk 속도/4

SPR1&*SPR0* = 10 *SCLK* 속도 = Sysclk 속도/16

SPR1&*SPR0* = 11 *SCLK* 속도 = Sysclk 속도/32

P3. 볼링 점수 기록장치

아래에 나타낸 디지털 시스템은 볼링 경기의 점수를 기록하는 데 사용될 것이다. 점수 기록 시스템은 다음의 (통상적인) 볼링 규칙에 따라 경기의 점수를 계산할 것이다: 볼링 경기는 10개의 프레임으로 나누어진다. 각 프레임 동안 경기자는 모든 볼링 핀을 쓰러뜨릴 두 번의 기회를 갖는다. 프레임이 시작될 때 10개의 핀이 세워진다. 만약 경기자가 첫 번째 던지기에서 10개의 핀을 모두 쓰러뜨린다면, 그 프레임은 **스트라이크**로 점수가 계산된다. 만약 핀의 일부(또는 전부)가 첫 번째 던지기 후에 그대로 서 있다면, 경기자는 두 번째 기회를 갖는다. 만약 경기자가 두 번째 시도에서 모든 핀을 쓰러뜨린다면, 그 프레임은 **스페어**로 점수가 계산된다. 그렇지 않다면, 그 프레임 동안 쓰러뜨린 핀의 총 개수가 점수로 계산된다.

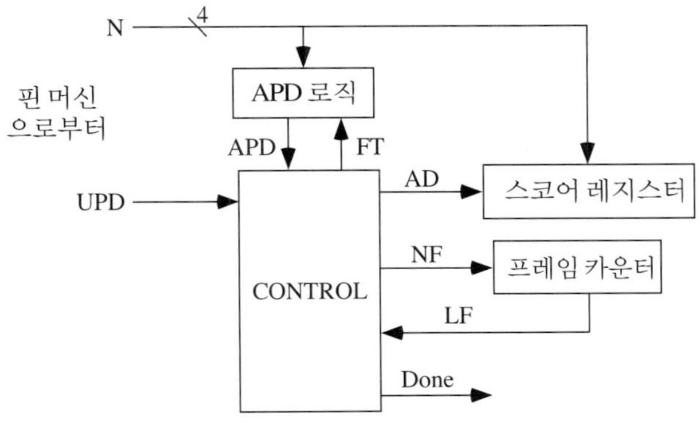

게임의 총 점수는 쓰러뜨린 핀 개수의 합과 스트라이크나 스페어에 대한 보너스를 더한 것이다. 스트라이크는 10점(10개의 핀을 모두 쓰러뜨림에 대한 것)에 다음 두 번의 던지기(프레임이 아님)에서 쓰러뜨린 핀 개수를 더한 만큼의 가치가 있다. 스페어는 10점(10개의 핀을 쓰러뜨림에 대한 것)에 다음번 던지기에서 쓰러뜨린 핀 개수를 더한 만큼의 가치가 있다. 만약 경기자가 10번째 프레임에서 스페어를 얻는다면 던지기 기회를 한 번 더 갖는다. 이 추가적인 던지기를 통해 쓰러뜨린 핀의 개수가 현재 점수에 더해져서 최종 점수가 된다. 만약 경기자가 마지막 프레임에서 스트라이크를 얻는다면, 던지기 기회를 두 번 더 갖고, 쓰러뜨린 핀의 개수가 점수에 더해진다. 만약 경기자가 9번째와 10번째 프레임에서 스트라이크를 얻는다면, 던지기 기회를 두 번 더 갖지만, 첫 번째 보너스 던지기의 점수가 두 배로 총 점수에 더해지며(9번째 프레임에서의 스트라이크에 대해서 한 번, 10번째 프레임에서의 스트라이크에 대해서 한 번), 두 번째 보너스 던지기는 한 번만 더해진다. 완벽한 경기(모두 스트라이크일 경우)의 최고 점수는 300이다. 볼링 경기의 점수 계산 예를 아래에 나타내었다.

프레임	첫 번째 던지기	두 번째 던지기	결과	점수
1	3	4	7	7
2	5	5	스페어	7 + 10 = 17
3	7	1	8	17 + 7(프레임 2의 스페어 보너스) + 8 = 32
...	...	...	...	87
9	10	–	스트라이크	87 + 10 = 97
10	10	–	스트라이크	97 + 10(이번 던지기) + 10(프레임 9의 스트라이크 보너스)
–	6	3	–	117 + 6(프레임 9의 스트라이크 보너스) + 6(프레임 10의 스트라이크 보너스) + 3(프레임 10의 스트라이크 보너스) = 132

점수 기록 시스템은 앞에 주어진 표에서 나타낸 형식을 갖는다. 제어 네트워크는 세 개의 입력을 갖는다: *APD*(모든 핀이 쓰러짐), *LF*(마지막 프레임), *UPD*(업데이트). 만약 경기자가 10개의 핀을 모두 쓰러뜨리면(한 번 또는 두 번의 던지기에서), *APD*는 1이다. 만약 프레임 카운터가 상태 9(프레임 10)에 있다면, *LF*는 1이다. *UPD*는 네트워크가 점수를 업데이트하도록 만드는 신호이다. *UPD*는 경기자가 던지기를 마칠 때마다 정확하게 한 개의 클럭 사이클 동안 1이다. 업데이트와 업데이트 사이에는 많은 수의 클럭 사이클이 존재한다.

제어 네트워크는 네 개의 출력을 갖는다: *AD*, *NF*, *FT*, *Done*. *N*은 현재 던지기에서 쓰러뜨린 핀의 개수를 나타낸다. 만약*AD*가 1이면, *N*은 다음번 클럭의 상승 에지에서 점수 레지스터에 더해질 것이다. 만약 *NF*가 1이면, 프레임 카운터는 다음번 클럭의 상승에지에서 증가할 것이다. 프레임에서 첫 번째 던지기가 이루어질 때 *FT*는 1이다. 만약 모든 10개의 프레임과 보너스 던지기(적용할 수 있다면)가 완료된다면, *Done*은 1로 셋되어야 한다.

10-비트 점수 레지스터를 사용하고, 이진수보다는 BCD 형식으로 점수를 기록하라. 즉, 점수 197은 01 1001 0111로 표현될 것이다. 레지스터의 하위 두 개의 십진수는 두 개의 7-세그먼트 LED 표시기를 사용하여 디스플레이되어야 하고, 상위 2비트는 두 개의 단일 LED에 연결될 수 있다. *ADD* = 1이고 레지스터에 클럭이 인가될 때, *N*은 레지스터에 더해져야 한다. *N*은 0∼10 사이 범위의 4-비트 이진수이다. 중간 BCD 숫자에 대해서는 4-비트 BCD 카운터 모듈을 사용하라. 하위 4비트에서, BCD 숫자와 캐리를 구하기 위해 이진수를 BCD 숫자에 더할 것이라는 점에 유의하라.

P4. 단순한 마이크로컴퓨터

부호 있는 8-비트 이진수에 대한 단순한 마이크로컴퓨터를 설계하라. 데이터 입력을 위해 키패드를 사용하고, 한 개의 256×8 SRAM 메모리를 사용하라. 마이크로컴퓨터는 다음과 같은 8-비트 레지스터를 가져야 한다: *A*(누산기), *B*(곱셈기), *MDR*(메모리 데이터 레지스터), *PC*(프로그램 카운터), *MAR*(메모리 어드레스 레지스터). *IR*(명령어 레지스터)은 명령어가 어떻게 인코딩되느냐에 따라 5∼8비트이다. *B* 레지스터는 *A* 레지스터에 연결되어 곱셈을 하는 동안 *A*와 *B*가 함께 시프트될 수 있도록 하여야 한다. 오직 한 개의 8-비트 가산기와 한 개의 보수기만 허용된다. 마이크로컴퓨터는 명령어와 데이터를 저장하기 위해 256-워드×8-비트 메모리를 가져야 한다. 마이크로컴퓨터는 두 개의 모드를 가져야 한다: (a) 메모리 로드, (b) 실행 프로그램. 모드를 선택하기 위해 DIP 스위치를 사용하라.

메모리 로드 모드는 다음과 같이 동작한다: 모드 = 0을 선택하고, 시스템을 리셋하라. 키패드에 있는 두 개의 키를 누른 다음, 버튼을 눌러서 메모리에 있는 각 워드를 로드하라. 첫 번째 워드는 어드레스 0에 로드되고, 두 번째 워드는 어드레스 1에 로드되고, 등등이다. 데이터는 프로그램에 이어서 즉시 로드되어야 한다. 실행 모드는 다음과 같이 동작한다: 모드 = 1을 선택하고, 리셋을 눌러라. 실행은 어드레스 0에 있는 명령어부터 시작한다.

각 명령어는 한 개나 두 개의 워드 길이일 것이다. 첫 번째 워드는 연산 코드일 것이고, 두 번째 워드는 (있다면) 8-비트 메모리 어드레스이거나 즉시 피연산자(immediate operand)일 것이다. 연산 코드에 있는 한 개의 비트는 메모리 어드레스와 즉시 피연산자 모드(immediate operand mode)를 구별하여야 한다. 음수를 2의 보수로 표현하라. 다음 명령어들을 구현하라.

LDA <memadd>	지정된 메모리 어드레스로부터 *A*를 로드한다.
LDA <imm>	즉시(immediate) 데이터로 *A*를 로드한다.
STA <memadd>	지정된 메모리 어드레스에 *A*를 저장한다.
ADD <memadd>	메모리 어드레스로부터의 데이터를 *A*에 더하고, 만약 캐리가 있으면 캐리 플래그를 셋하고, 2의 보수 오버플로가 있으면 *V*를 셋한다.
ADD <imm>	즉시 데이터를 *A*에 더하고, 만약 캐리가 있으면 캐리 플래그를 셋하

고, 오버플로가 있으면 *V*를 셋한다.

SUB <memadd> 메모리 어드레스로부터의 데이터를 *A*에서 빼고, 만약 빌려오기가 있으면 캐리 플래그를 셋하고, 2의 보수 오버플로가 있으면 *V*를 셋한다.

SUB <imm> 즉시 데이터를 A에서 빼고, 만약 빌려오기가 있으면 캐리 플래그를 셋하고, 오버플로가 있으면 *V*를 셋한다.

MUL <memadd> 메모리 어드레스로부터의 데이터를 *B*와 곱한다. *A* & *B*로 귀결된다.

MUL <imm> 즉시 데이터를 *B*와 곱한다.

SWAP *A*와 *B*를 교환한다.

PAUSE 버튼이 눌리고 놓일 때까지 일시 정지한다. (주: 레지스터는 항상 LED에 디스플레이되어야 한다.)

JZ <target addr> 만약 $A = 0$이면 목표 어드레스로 건너뛴다.

JC <target addr> 만약 캐리 플래그(*CF*)가 셋되어 있으면 목표 어드레스로 건너뛴다.

JV <target addr> 만약 오버플로 플래그(*V*)가 셋되어 있으면 목표 어드레스로 건너뛴다.

제어 모듈은 곱셈기 제어를 위해서 별도의 상태 머신을 갖는 연결된 상태 머신으로 구현되어야 한다. 상태의 수를 작게 유지하라. (좋은 해답은 주 제어부에 대해 약 10개의 상태를 가져야 한다.) 곱셈기 제어는 시프트 수를 세기 위해 별도의 카운터를 사용하여야 한다. 클럭 속도가 충분히 느려서 메모리가 한 개의 클럭 주기 내에 접근될 수 있다고 가정한다.

P5. 스택 기반 계산기

부호 있는 8-비트 이진수에 대한 스택 기반 계산기를 설계하라. 계산기의 입력 데이터는 키패드로부터 또는 데이터 입력을 위한 별도의 푸시 버튼을 갖는 DIP 스위치로부터 올 수 있다. 계산기는 다음과 같은 동작을 하여야 한다.

enter 스택에 8-비트 입력 데이터를 넣는다.

0−clear 스택 상단을 클리어하고, 스택 카운터를 리셋하고, 오버플로를 리셋하고, 등등이다.

1−add 스택 상단에 있는 데이터 두 개를 합으로 대체한다.

2−sub 스택 상단에 있는 데이터 두 개를 차로 대체한다(스택 상단 — 다음 입력).

3−mul 스택 상단에 있는 데이터 두 개를 곱으로 대체한다(8×8비트를 하여 8-비트 곱을 만듬).

4−div 스택 상단에 있는 데이터 두 개를 몫으로 대체한다(스택 상단/다음 입력)(8비트를 8비트로 나누어 8-비트 몫을 만듦).

5−xchg 스택 상단에 있는 데이터 두 개를 서로 교환한다.

6−neg 스택 상단을 2의 보수로 대체한다.

음수는 2의 보수로 표현되어야 한다. 2의 보수 오버플로에 대한 오버플로 표시기를 제공하라.

만약 곱이 부호를 포함하여 8개보다 많은 비트를 필요로 하거나, 0으로 나누는 것이 시도된다면, 이 표시기는 또한 셋되어야 한다.

네 개의 8-비트 워드를 갖는 스택 모듈을 구현하라. 스택은 다음과 같은 동작을 하여야 한다: push, pop, 스택 상단에 있는 데이터 두 개를 서로 교환함. 스택 상단은 항상 8개의 LED에 디스플레이되어야 한다. 스택 오버플로(다섯 번째 워드를 push하려는 시도)와 스택 언더플로(빈 스택에서 pop하려는 시도 또는 스택 상단을 빈 위치와 서로 교환하려는 시도)에 대한 표시기를 포함하라.

연결된 상태 머신을 이용하는 계산기에 대한 제어부를 설계하라. 곱셈과 나눗셈 제어를 위해 별도의 SM 차트를 갖는 주 SM 차트를 그려라. 산술부를 설계할 때, 불필요한 레지스터를 추가하지 않도록 하라. 세 개의 레지스터(각각이 8개 또는 9개의 비트임), 한 개의 가산기, 두 개의 보수기 등으로 산술부를 구현할 수 있어야 한다.

P6. 부동소수점 산술부

부동소수점 산술부를 설계하라. 각 부동소수점 수는 2의 보수로 표현된 음수와 함께 4-비트 가수와 4-비트 지수를 가져야 한다. (이것은 7장의 예제에서 사용된 표현 방식이다.) 이 부는 다음과 같은 부동소수점 명령어를 받아들여야 한다.

001	FPL — 부동소수점 누산기를 로드한다(가수와 지수).
010	FPA — 부동소수점 피연산자를 누산기에 더한다.
011	FBS — 부동소수점 피연산자를 누산기에서 뺀다.
100	FPM — 누산기를 부동소수점 피연산자와 곱한다.
101	FPD — (선택사항) 부동소수점 누산기를 부동소수점 피연산자로 나눈다.

각 연산의 결과(4-비트 가수와 4-비트 지수)는 부동소수점 누산기에 존재하여야 한다. 모든 출력은 알맞게 정규화되어야 한다. 누산기는 항상 7-세그먼트 LED에 16진 숫자로 디스플레이되어야 한다. 오버플로를 표시하기 위해 LED를 사용하라.

부동소수점 부의 입력은 4장에서 설계한 것과 비슷한 스캐너를 사용하는 4×4 16진 키패드로부터 올 것이다. 각 명령어는 키패드로부터의 세 개의 16진 숫자, 즉 연산 코드, 가수, 지수에 의해 표현될 것이다. 예를 들어 FPA 1.011×2^{-3}은 2 B D = 0010 1011 1101로 코드된다. 모든 입력은 알맞게 정규화되거나 0이라고 가정한다. 당신의 설계는 다음의 모듈들을 포함하여야 한다: 가수부, 지수부, 제어 모듈, 4-비트 이진수를 7-세그먼트 디스플레이로 변환하는 로직.

P7. Tic-Tac-Toe 경기

FPGA를 사용하여 tic-tac-toe의 수비 경기를 하는 머신을 설계하라. 입력은 3×3 키패드, 리셋 버튼, 스위치 SW1이다. SW1이 꺼지면, 가능하다면 머신이 항상 승리해야 하거나, 승리가 불가능하다면 비겨야 한다(아무도 승리하지 못한다). SW1이 켜지면, 때때로 경기자가 승리할 수 있도록 머신의 일부 로직이 우회되어야 한다. 출력은 각 네모칸 안에 있는 적색과 녹색 LED의 3×3 어레이이다. 두 개의 LED를 사용하여 경기자나 머신의 승리를 표시하라. 경기가 비겼을 때, 두 LED를 모두 켜라. 머신이 수비를 하고 있으므로, 사람 경기자가 항상 먼저 움직일 것이다. 경기자가 움직일 때마다, 머신은 움직이기 전에 2초 동안 기다려야 한다. 당신의 VHDL 코드는 사용 가능한 하드웨어 자원을 효율적으로 활용하는 동기식 디지털 시스템을 나타내어야 한다.

여기에 경기를 하기 위한 한 가지 전략이 있다. (경기자 = X, 머신 = O)

1. 경기자가 먼저 움직인다.
2. 머신이 적당한 첫 번째 움직임을 한다. 경기자가 중앙에서 시작하면, 머신은 모퉁이에서 경기를 한다; 그렇지 않으면, 머신은 중앙에서 경기를 한다.
3. 경기자의 이후 움직임마다 머신은 다음 순서대로 점검한다.
   (a) 두 개의 O가 한 행에 있을 경우: 머신은 세 번째 네모칸에서 경기를 하고 승리한다.
   (b) 두 개의 X가 한 행에 있을 경우: 머신은 경기자를 막기 위해 세 번째 네모칸에서 경기를 한다.
   (c) 머신의 두 번째 움직임이라면, 특별한 움직임이 필요할 수 있다: 경기자의 처음 두 움직임이 반대편 모퉁이라면, 머신의 두 번째 움직임은 측면이어야 한다. 경기자의 첫 번째 움직임이 중앙이라면, 규칙 (b)가 적용되지 않으면 머신의 두 번째 움직임은 모퉁이라야 한다.
   (d) 교차하는 두 행이 각각 하나의 X만 포함할 경우: 머신은 두 행의 교차점에 있는 네모칸에서 경기를 한다(이는 경기자가 강제로 승리하게 하는 것을 막는다).
   (e) 더 좋은 움직임이 없다면, 아무 곳에서나 경기를 한다.

앞서 말한 규칙들은 당연히 적당한 네모칸이 비어 있을 때만 적용된다.

P8. CORDIC 계산부

CORDIC(coordinate rotation digital computer)은 삼각함수를 계산하기 위해 2차원 평면 회전을 이용하는 계산 기법이다. 이 알고리즘은 계산기에서 위성항법장치까지 다양한 응용 분야를 갖는다. 계산이 단지 덧셈과 시프트의 반복이므로, 이 알고리즘은 디지털 시스템에 적용하기에 완벽하다. 이 알고리즘에 대해 상세히 알려면 논문[1]을 검토하라. "A Survey of CORDIC Algorithms for FPGA-Based Computers,"는 http://www.andraka.com/files/crdcsrvy.pdf에 있다.

FPGA를 사용하여 CORDIC 알고리즘을 구현하라. −179도에서 +180도에 이르는 입력각의 사인 또는 코사인을 올바르게 산출하여야 한다. 8-비트 정밀도를 만족하기만 하면 된다. 입력은 키패드를 통해 십진수 형식으로 받을 것이다. 세 개의 십진 숫자(최상위 숫자 우선)에 이어 부호

1. R. Andraka, "A Survey of CORDIC Algorithms for FPGA-Based Computers," in *Proceedings of the 1998 ACM/SIGDA Sixth International Symposium on Field Programmable Gate Arrays*, pp. 191−200, February 22−24, 1998.

가 입력될 것이다. 각도는 초기에 BCD로 표현되고, 그 다음 이진수(음의 각도는 2의 보수로 표현됨)로 변환되어야 한다. 사인과 코사인을 위한 두 개의 특별한 키를 지정하라. 출력은 네 개의 7-세그먼트 LED에 디스플레이된다.

다음의 유사코드는 CORDIC 알고리즘의 기초를 보여준다. 위에서 참조한 문헌을 읽은 다음, 이 일고리즘을 이해하는 데 도움을 얻기 위해 수작업으로 이 과정을 반복하라.

```
for i = 0 to n                // n-비트 정밀도
    dx = x/(2^i)              // x는 소수 값을 나타내는 16-비트 레지스터이다.
                              // .607(1001_1011_0111_0001)로
                              // 초기화되어야 한다. 알고리즘이 종료되면
                              // x는 cos(a)를 갖는다. dx도 16비트이다.
    dy = y/(2^i)              // y는 소수 값을 나타내는 16-비트 레지스터이다.
                              // 0(0000_0000_0000_0000)으로
                              // 초기화되어야 한다. 알고리즘이 종료되면
                              // y는 sin(a)를 갖는다. dy도 16비트이다.
    da = arctan(2^-i)         // 미리 계산되어 검색표에 있다.
                              // 이 값들은 다음과 같이 표현되어야 한다:
                              // 상위 8-비트 정수부, 하위 8-비트 소수부.
                              // a는 최소 10비트로 표현되는 입력각이다.
                              // 모든 입력각은 정수이다.
    if (a >= 0) then
        x = x - dy; a = a - da; y = y + dx;
    else
        x = x + dy; a = a + da; y = y - dx;
    end if
end loop
```

이 알고리즘에 대한 작업을 할 때, 사인과 코사인에 관련된 음과 양의 값을 산출하지 않는다는 점에 유의하라. 부호를 결정하는 별도의 로직을 만들어라. 위에서 보여주는 알고리즘은 −90도에서 +90도까지의 입력각에 대해서만 동작한다. 1사분면 내에서 모든 계산을 하면 설계를 간략화 할 수 있다 (예를 들어 sin(105)는 sin(75)와 동일하다).

P9. 평균과 표준편차 계산기

시험 점수 집합에 대한 평균과 표준편차를 계산하는 특수목적 계산기를 설계하라. 입력은 십

진수 키패드로부터 받고 출력은 LCD 디스플레이로 표시한다. 각 시험 점수는 0∼100까지의 정수이다. 점수의 개수는 1∼31까지의 범위이다.

입력 시퀀스 각 점수에 대해서 한 개, 두 개, 또는 세 개의 숫자와 이어서 E(Enter)를 입력하라. 모든 점수가 입력된 후, 평균을 계산하기 위해서 A를 누른 다음, 표준편차를 계산하기 위해 D를 누른다. 평균과 표준편차는 소수점 아래 한 자릿수까지 디스플레이되어야 한다.

표준편차에 대한 식은 다음과 같다.

$$\text{s.d} = \sqrt{\frac{\sum_{i=1}^{N}(x_i - A)^2}{N}} = \sqrt{\frac{\sum_{i=1}^{N}x_i^2}{N} - A^2}$$

여기서 A는 평균이다. N개의 점수를 저장할 필요는 없으므로 뒤의 식을 사용하라.

당신의 설계는 입력, 계산, 디스플레이의 세 개의 주 모듈을 가져야 한다. 계산 모듈은 입력 데이터의 평균과 표준편차를 계산한다. 모든 계산은 이진 정수로 이루어져야 한다. 입력 데이터는 10의 배수로 확대되고 입력 모듈에 의해 이진수로 변환된다. 출력은 십진수로 변환되고 디스플레이 모듈에서 10의 배수로 축소된다.

입력 모듈은 4장에서 설계한 것과 유사한 키패드 스캐너를 포함하여야 한다. 키가 눌릴 때마다 스캐너는 키를 디바운스하고 디코드한다. 그런 다음, 눌러진 키에 대한 4-비트 이진수 코드를 유효 신호(V)와 함께 출력한다. 이 입력 모듈은 키패드 스캐너로부터 받은 숫자를 처리하고 입력 숫자를 이진수로 변환한다. 이 모듈은 다음 작업들을 수행하여야 한다.

1. 입력이 0∼9까지의 숫자이면 레지스터에 저장한다. 잘못된 입력은 무시한다.
2. 한 개, 두 개, 또는 세 개의 숫자에 이어서 E가 입력된 후, 숫자가 범위(≤100) 안에 포함되는지 점검한다. 포함되지 않으면 오류 신호를 켠다.
3. 입력 숫자가 범위 안에 있으면 BCD 0을 덧붙인다. 이것은 사실상 10을 곱한 것이다. 예를 들어 입력 시퀀스가 7, 9, E이면, BCD 레지스터는 0000 0111 1001 0000 (790)을 포함하여야 한다.
4. BCD를 이진수로 변환하고, 변환이 완료되면 계산부로 신호를 보낸다.
5. A나 D 키가 눌릴 때 계산 모듈에 대한 신호를 생성한다.

계산 모듈은 입력의 합을 축적하는 레지스터와 입력의 제곱의 합을 축적하는 또 하나의 레지스터를 가져야 한다. 데이터 입력은 십진수 범위가 0∼1000(점수×10)까지인 이진 정수이어야 한다. 세 개의 입력 제어 신호를 가정하라: V1(유효 데이터), A(평균을 계산하고 출력하라), S(표준편차를 계산하고 출력하라). 평균의 계산이 완료되지 않는 한 S를 무시하라. 계산 모듈은 9-비트 정수 결과를 내기 위해 18-비트 이진 정수의 제곱근을 구하는 제곱근 회로를 포함하여야 한다. 이진 제곱근 알고리즘에 대해서는 참고문헌 35를 참조하라. 계산 모듈을 테스트할 때 최악의 경우를 반드시 포함하라: 31개의 입력에 대한 가장 큰 평균(표준편차는 0이어야 한다), 30개의 입력에 대한 가장 큰 표준편차(평균은 500이어야 한다).

디스플레이 모듈은 두 줄짜리 LCD 디스플레이를 구동하여야 한다. 이 모듈은 두 가지 기능을 제공한다: 첫 번째, 각 숫자가 입력되고 있을 때 이를 디스플레이한다. 두 번째, 평균과 표준편차를 디스플레이한다. 입력되는 동안, 각 유효 십진수는 디스플레이로 시프트 입력되어야 한다. E가 눌릴 때, 다른 키가 눌릴 때까지 입력 숫자는 디스플레이된 상태로 남는다. 평균이 계산된 후, 디스플레이 모듈은 평균을 BCD로 변환하고 LCD 디스플레이의 첫 번째 줄에 출력하여야 한다. 표준편차가 계산된 후, BCD로 변환되어 두 번째 줄에 디스플레이되어야 한다.

P10. 사칙연산 십진 계산기

십진수에 대한 사칙연산 휴대용 계산기를 설계하고 FPGA를 사용하여 구현하라. 입력은 키패드로 받고 출력은 LCD 디스플레이에 한다. FPGA에 설계를 구현할 때, 휴대용 계산기에서 속도는 중요하지 않으므로 면적을 최적화하라. 계산기의 일반적인 동작은 표준 사칙연산 계산기와 유사하여야 한다.

주 계산기 입력 키패드는 다음과 같이 이름 붙여진 16개의 키를 갖는다.

7 8 9 ÷
4 5 6 *
1 2 3 −
0 . = +

클리어 기능을 위해 추가로 하나의 키를 더 사용하라. 입력과 출력은 최대로 8개의 십진수와 소수점이며, 선택적으로 음수 부호를 갖는다. 언제든 어떤 키든 눌릴 수 있다고 가정한다. 적절한 동작을 하거나 키 누름을 무시하라. 만약 8개보다 많은 숫자가 입력되면, 여분의 숫자는 무시된다.

답이 8개보다 많은 숫자를 필요로 하면, 소수점 오른쪽 몇 개의 숫자를 버린다.

예: 123.45678 + 12345.678 = 12469.134

소수점 왼쪽으로 8개보다 많은 숫자를 필요로 하면, 오류를 표시하기 위해 문자 E를 디스플레이하라. 1보다 작은 숫자에 대해서는 소수점 앞에 0을 디스플레이하라.

당신의 계산기는 세 개의 모듈을 가져야 한다. 입력 모듈은 키패드를 스캔하고, 디바운스하고, 디코드한다. 주 모듈은 입력 모듈로부터 숫자와 명령어를 받아서 처리한다. 디스플레이 모듈은 입력 숫자와 결과를 LCD 디스플레이에 디스플레이한다.

주 모듈은 두 개의 8-숫자 BCD 레지스터 A와 B를 가져야 한다. 레지스터 A는 숫자의 개수를 세는 연계된 카운터(ctrA), 소수점 오른쪽 숫자의 개수를 세는 또 다른 카운터(rctA), 부호 플립플롭(signA)을 가져야 한다. 레지스터 B는 이와 비슷한 연계된 하드웨어를 가져야 한다. 각각의 십진수가 입력될 때, 숫자의BCD 코드가 A로 시프트 입력되어야 한다. 각 계산 결과는 A에 위치하여야 한다. 디스플레이 모듈은 항상 연계된 소수점 및 부호와 함께 A의 내용을 디스플레이하여야 한다. 새로운 숫자의 첫 번째 숫자가 A로 입력될 때, A에 있던 기존의 내용은 B로 전송되어야 한다. 비록 입력과 출력이 부호와 크기 BCD이지만, 내부 계산은 2의 보수 이진 산술을 이용하여 수행되어야 한다. A와 B를 더하는 전형적인 계산 순서는 다음과 같다.

1. A와B를 소수점이 맞추어지도록 조정한다.
2. A와 B를 이진수로 변환한다(Abin과 Bbin).
3. Abin과 Bbin을 더한다.
4. 결과를 BCD로 변환하고 A에 저장한다.
5. 오버플로가 발생하면 가능한 한 정정한다. 그렇지 않다면 E(오류) 플래그를 셋한다.

디스플레이 모듈은 A 레지스터의 내용을 적절하게 디스플레이하기 위해 LCD로 신호를 출력하여야 한다. LCD를 초기화하고 클리어한 후, 오류 플립플롭이 셋되어 있으면 "E"를 디스플레이하여야 한다. 그렇지 않은 경우, signA = '1' 이면 음의 부호를 출력하고, 이어서 올바른 위치에 있는 소수점과 함께 8개까지의 숫자를 출력한다. 앞에 있는 0들은 빈 칸으로 대체되어야 한다.

REFERENCES

참고문헌

참고문헌 14, 19, 21, 27, 28, 39, 41, 46, 48은 디지털 로직과 디지털 시스템 설계에 대한 일반적인 참고문헌이다. 참고문헌 2, 3, 4, 15, 16, 20, 24, 30, 40, 42, 44, 47, 49, 50은 PLD, FPGA, CPLD에 대한 정보를 제공한다. 참고문헌 10, 21, 31, 38, 43, 45, 52는 VHDL에 대한 기초적인 소개를 제공한다. 참고문헌 5, 6, 8, 9, 17, 18, 22, 23, 33, 34, 51은 좀 더 깊이 있는 VHDL 주제를 포함한다. 참고문헌 1, 7, 11, 29, 32, 36은 하드웨어 테스팅과 테스트를 고려한 설계와 관련이 있다. MIPS ISA와 여러 가지 MIPS 프로세서에 대한 아키텍처는 참고문헌 13, 25, 26, 37에 기술되어 있다. 참고문헌 37은 다양한 컴퓨터 구조 주제들에 대한 훌륭한 개론을 제공하므로, 이것을 이해하면 9장에서 제시한 내용을 학습하는 데 도움이 될 것이다.

1. Abromovici, M., Breuer, M., and Friedman, F. *Digital Systems Testing and Testable Design*. Indianapolis, Ind. Wiley–IEEE Press, 1994.
2. Actel Corporation, Actel Technical Documentation, www.actel.com/techdocs/
3. Altera Corporation, Altera Literature, www.altera.com/literature/lit-index.html
4. Atmel Corporation, Atmel Products, www.atmel.com/products
5. Armstrong, James, and Gary, G. *Structured Logic Design with VHDL*. Upper Saddle River, N.J.: Prentice Hall, 1993.
6. Ashenden, Peter J. *The Designer's Guide to VHDL*, 2nd ed. San Francisco, Calif.: Morgan Kaufmann, an imprint of Elsevier, 2002.
7. Bardell, P. H., and McAnney, W. H. "Self-Testing of Logic Modules," *Proceedings of the International Test Conference*, Philadelphia, PA November, 1982, pp. 200–204.
8. Berge, F., and Maginot, R. J. *VHDL Designer's Reference*. Boston, Mass.: Kluwer Academic Publishers, 1992.
9. Bhasker, J. *A Guide to VHDL Syntax*. Upper Saddle River, N.J.: Prentice Hall, 1995.
10. Bhasker, J. *A VHDL Primer*, 3rd ed. Upper Saddle River, N.J.: Prentice Hall, 1999.
11. Bleeker, H., van den Eijnden, P., and de Jong, Frans. *Boundary Scan Test—A Practical Approach*. Boston, Mass.: Kluwer Academic Publishers, 1993.
12. Brayton, Robert K. et al. *Logic Minimization Algorithms for VLSI Synthesis*. Boston, Mass.: Kluwer Academic Publishers, 1984.
13. Britton, Robert. *MIPS Assembly Language Programming*. Upper Saddle River, N.J.: Prentice Hall, 2003.

14. Brown, Stephen and Vranesic, Zvonko. *Fundamentals of Digital Logic with VHDL Design*, 2nd ed. New York: McGraw-Hill, 2005.
15. Brown, Stephen D., Francis, Robert J., Rose, Jonathan, and Vranesic, Zvonko G. *Field-Programmable Gate Arrays*. Boston, Mass.: Kluwer Academic Publishers, 1992.
16. Chan, P., and Mourad, S. *Digital Design Using Field Programmable Gate Arrays*. Upper Saddle River, N.J.: Prentice Hall, 1994.
17. Chang, K. C. *Digital Design and Modeling with VHDL and Synthesis*. Los Alamitos, Calif.: IEEE Computer Society Press, 1997.
18. Cohen, Ben. *VHDL—Coding Styles and Methodologies*. Boston, Mass.: Kluwer Academic Publishers, 1995.
19. Comer, David J. *Digital Logic and State Machine Design*, 3rd ed. New York: Oxford University Press, 1995.
20. Cypress Semiconductor Programmable Logic Documentation, www.cypress.com
21. Dewey, Allen. *Analysis and Design of Digital Systems with VHDL*. Toronto, Ontario, Canada: Thomson Engineering, 1997.
22. *IEEE Standard Multivalue Logic System for VHDL Model Interoperability (Std_logic_1164)*. New York: The Institute of Electrical and Electronics Engineers, 1993.
23. *IEEE Standard VHDL Language Reference Manual*. New York: The Institute of Electrical and Electronics Engineers, 1993.
24. Jenkins, Jesse H. *Designing with FPGAs and CPLDs*. Upper Saddle River, N.J.: Prentice Hall, 1994.
25. Kane, Gerry, and Heinrich, Joseph. *MIPS RISC Architecture*. Upper Saddle River, N.J.: Prentice Hall, 1991.
26. Kane, Gerry. *MIPS RISC Architecture*. Upper Saddle River, N.J.: Prentice Hall, 1989.
27. Katz, Randy H. *Contemporary Logic Design*, 2nd ed. Upper Saddle River, N.J.: Prentice Hall, 2004.
28. Kohavi, Z., *Switching and Finite Automata Theory*. New York: McGraw-Hill, 1979.
29. Larsson, Erik *Introduction to Advanced System-on-Chip Test Design and Optimization*. Springer, 2005.
30. Lattice Semiconductors, www.latticesemi.com
31. Mazor, Stanley, and Langstraat, Patricia. *A Guide to VHDL*, 2nd ed. Boston, Mass.: Kluwer Academic Publishers, 1993.
32. McCluskey, E. J. *Logic Design Principles with Emphasis on Testable Semicustom Circuits*. Upper Saddle River, N.J.: Prentice Hall, 1986.
33. Navabi, Zainalabedin. *VHDL—Analysis and Modeling of Digital Systems*, 2nd ed. New York: McGraw-Hill, 1997.
34. Ott, Douglas E., and Wilderotter, Thomas J. *A Designer's Guide to VHDL Synthesis*. Boston, Mass.: Kluwer Academic Publishers, 1994.
35. Parhami, Behrooz. *Computer Arithmetic: Algorithms and Hardware Design*. New York: Oxford University Press, 2000.
36. Parker, Kenneth P. *The Boundary Scan Handbook*, 3rd ed. New York: Springer, 2003.
37. Patterson, David A., and Hennessey, John L. *Computer Organization and Design: The Hardware Software Interface*, 3rd ed. San Francisco, Calif.: Morgan Kaufmann, an imprint of Elsevier, 2005.

38. Perry, Douglas. *VHDL: Programming by Example*, 4th ed. New York: McGraw-Hill, 2002.
39. Prosser, Franklin P., and Winkel, David E. *The Art of Digital Design: An Introduction to Top-Down Design*, 2nd ed. Englewood Cliffs, N.J.: Prentice Hall, 1987.
40. QuickLogic Corporation, Products and Services, www.quicklogic.com
41. Roth, Charles H. *Fundamentals of Logic Design*, 5th ed. Toronto, Ontario, Canada: Thomson Engineering, 2004. (Includes Direct VHDL simulation software.)
42. Rucinski, Andrzej, and Hludik, Frank. *Introduction to FPGA-Based Microsystem Design*. Texas Instruments, 1993.
43. Rushton, Andrew, *VHDL for Logic Synthesis*, 2nd ed. New York: John Wiley & Sons Ltd., 1998.
44. Salcic, C., and Smailagic, A. *Digital Systems Design and Prototyping Using Field Programmable Logic*, 2nd ed. Boston, Mass.: Kluwer Academic Publishers, 2000. (Includes VHDL software for Altera products.)
45. Skahill, Kenneth, and Cypress Semiconductor. *VHDL for Programmable Logic*. Reading, Mass.: Addison-Wesley, 1996. (Includes VHDL software for Cypress products.)
46. Smith, M. J. S. *Application-Specific Integrated Circuits*. Reading, Mass.: Addison Wesley, 1997.
47. Tallyn, Kent. "Reprogrammable Missile: How an FPGA Adds Flexibility to the Navy's TomaHawk," *Military and Aerospace Electronics*, April 1990. Article reprinted in *The Programmable Gate Array Data Book*, San Jose, Cal.: Xilinx, 1992.
48. Wakerly, John F. *Digital Design Principles and Practices*, 4th ed. Upper Saddle River, N.J.: Prentice Hall, 2006.
49. Xilinx, Inc. *Xilinx Documentation and Literature*, www.xilinx.com/support/library.htm
50. XILINX, Inc. *The Programmable Logic Data Book*, 1996. www.xilinx.com
51. Yalamanchili, S. *Introductory VHDL: From Simulation to Synthesis*. Upper Saddle River, N.J.: Prentice Hall, 2001. (Includes XILINX Student Edition Foundation Series Software.)
52. Yalamanchili, S. *VHDL: A Starter's Guide*, 2nd ed. Upper Saddle River, N.J.: Prentice Hall, 2005.

INDEX

찾아보기

ㄱ

ㄴ

ㄷ

ㅅ

ㅈ

ㅊ

ㅋ

ㅌ

ㅍ

ㅎ

A

T

U

V

W

X